Ottmar Ette
LiebeLesen

Aula

———

Herausgegeben von
Ottmar Ette

Ottmar Ette

LiebeLesen

Potsdamer Vorlesungen zu einem großen Gefühl und dessen Aneignung

DE GRUYTER

ISBN 978-3-11-066506-2
e-ISBN (PDF) 978-3-11-066509-3
e-ISBN (EPUB) 978-3-11-066539-0
DOI https://doi.org/10.1515/9783110665093

Library of Congress Control Number: 2020933844

Bibliografische Information der Deutschen Nationalbibliothek
Die Deutsche Nationalbibliothek verzeichnet diese Publikation in der Deutschen
Nationalbibliografie; detaillierte bibliografische Daten sind im Internet über
http://dnb.dnb.de abrufbar.

© 2020 Ottmar Ette, publiziert von Walter de Gruyter GmbH, Berlin/Boston
Dieses Buch ist als Open-Access-Publikation verfügbar über www.degruyter.com.

Coverabbildung: Jean-Auguste-Dominique Ingres, „Paolo et Francesca" (1819). Fotograf: Benoît
Touchard. Musée des beaux-arts d'Angers, Frankreich © RMN-Grand Palais
Satz:Integra Software Services Pvt. Ltd.
Druck und Bindung: CPI books GmbH, Leck

www.degruyter.com

Vorwort

Die in der Regel frei gehaltenen Vorlesungen dieses Bandes reflektieren bereits in ihrer Gattungsbezeichnung den Vorgang des Lesens selbst. So ist es nicht verwunderlich, dass bisweilen die nachfolgenden Seiten einen selbstreflexiven Bezug besitzen. Die Faszinationskraft des frei gesprochenen Wortes, die leicht von all jenen bestätigt werden kann, die einmal den Vorlesungen eines Hugo Friedrich lauschen durften, verweist zugleich auf jenen Kosmos des Geschriebenen und Verschriftlichten, welcher gleichsam hinter dem einmaligen Sprechakt steht und den in Schrift überführten Vorlesungen Form und Farbe zu geben suchte. Vorlesungen haben so in gedruckter Form als Lesevorlagen ihre eigene Berechtigung, ja, besitzen ihren ganz spezifischen Charme: Sie sind Vorlagen für weitere, weiterführende Auseinandersetzungen mit ihren Inhalten und führen damit, weit über die historische Dokumentation hinaus, eine prospektive Blickrichtung ein.

Die Vorlesungen zum Thema *LiebeLesen* setzen die Veröffentlichungen meiner Vorlesungsmanuskripte fort, die mit dem Band *ReiseSchreiben* im Verlag Walter de Gruyter eröffnet wurde. Das Thema „Liebe" beschäftigte mich bereits in meinem zweiten Potsdamer Semester und führte dann 2003 zu einer ersten Lehrveranstaltung zu diesem Thema. Ihr folgte gleich 2004 eine weitere Vorlesung zu den „Geschichte(n) und Figuren des Lesens in den romanischen Literaturen der Moderne". Es mag diese zeitliche Nähe gewesen sein, die mich dazu veranlassten, beide Themen zehn Jahre später erstmals in einer Vorlesung miteinander zu verbinden. Seither hat mich die Thematik nicht mehr losgelassen und im Wintersemester 2019/2020 zu der nun vorgelegten Weiterentwicklung eines verdoppelten, aber intensiv miteinander verwobenen Themenkreises geführt. In all diesen Veranstaltungen haben die Studierenden mir vielfältige Impulse gegeben und dazu beigetragen, dass das Thema sich – zunächst noch von mir selbst unbemerkt – wie ein roter Faden durch meine Potsdamer Veranstaltungen zog.

Noch bei keiner Buchveröffentlichung hatte ich bislang so sehr den Eindruck, nur eine sehr vorläufige Auswahl an behandelten Texten und Aspekten getroffen zu haben. Vieles musste ich den Grenzen einer Buchveröffentlichung opfern und wurde schlicht herausgekürzt. Mich tröstet freilich der Gedanke, dass dieses Thema auch in künftigen Bänden noch weiter zu behandeln und gerade auch für einen transkulturellen Rahmen zu öffnen sein wird – Bereiche außerhalb der (um mit Denis de Rougemont zu sprechen) Liebe im Abendland.

Markus Alexander Lenz gilt mein inniger Dank für die umsichtige und zielstrebige redaktionelle Bearbeitung, für kluge Ideen und Ratschläge, welche ebenso die zurückliegende Vorlesung wie die Entstehung dieses Buches begleiteten. In bewährter Manier hat Pauline Barral dankenswerter Weise für Vorlesung und Band die richtigen Illustrationen besorgt. Mein Dank gilt des weiteren Ulrike Krauß, die sich von Beginn an beim Verlag Walter de Gruyter für die Idee der Publikation dieser Vorlesungsskripte engagiert hat, sowie Gabrielle Cornefert, die auch diesen Band verlagsseitig bestens betreute. In den Zeiten einer Leserevolution, aber auch einer Liebesrevolution – jeweils unter digitalen Vorzeichen – vertraut der vorliegende Band *LiebeLesen* ganz im Sinne von Wilhelm und Alexander von Humboldt auf die Wechselwirkungen zwischen Lehre und Forschung sowie auf die *écoute* der Gemeinschaft von Lehrenden und Lernenden, in welcher die Lehrenden stets Lernende sind. Darin liegt ihr Glück.

Ottmar Ette
Potsdam, Neujahr 2020

Inhaltsverzeichnis

Teil IV: Epilog: Die Liebe nach der Liebe

Teil I: **Erstes Hauptstück: Leben, Lesen und Lieben
im Abendland**

Einführung in die Themenstellung der Vorlesung

Unsere Vorlesung versucht, einem verführerisch vielfältigen und unendlich verwirrenden Thema näher und auf die Schliche zu kommen: der Liebe. Zugleich einer Tätigkeit und kulturellen Praxis, die Literatur erst zum Leben erweckt: dem Lesen. Dies ist eine waghalsige, riskante, aber eben darum auch attraktive und überaus verlockende Themenstellung, der wir uns in der Folge liebevoll und mit der notwendigen literaturwissenschaftlichen Schärfe und vor allem Würze widmen werden, ganz dem Schlusswort von Roland Barthes in seiner *Leçon* vor dem *Collège de France* folgend: „*Sapientia*: nul pouvoir, un peu de savoir, un peu de sagesse, et le plus de saveur possible."[1] Und an Würze, an *saveur*, wird es in dieser Vorlesung nicht mangeln!

Dabei geht es im Kern um die spezifisch literaturwissenschaftlichen und ästhetischen Implikationen eines *Lebenswissens*, das als diskursiver Treibstoff und erzählerische Bewegungsfigur die Literaturen (nicht erst) der Moderne in Gang hält. Von der Liebe und dem Abendland (Denis de Rougemont) bis zu den Fragmenten einer Sprache der Liebe (Roland Barthes), den Schreibformen des Marquis de Sade, von Giacomo Casanova oder Italo Calvino über die Liebes- und Lesekristallisationen Prousts bis hin zur Liebe in den Zeiten der Cholera (Gabriel García Márquez), von der Liebe zwischen zwei Dichtern und der Transzendenz ihres Begehrens (Juana Borrero) zu den Liebesgeschichten zwischen den Sprachen und Kulturen (Assia Djebar), hin zu den Theorien der Liebesgeschichten nach der Liebe (Michel Houellebecq), von Tristan und Isolde über Don Juan sowie Romeo und Julia bis zu Sab, Emma Bovary und den Versatzstücken aktueller Massenkommunikation zwischen Lese- und Liebesrevolution soll das Verhältnis von Liebe, Leben und Lesen, von Literatur und Leidenschaft analysiert werden. Ziel unserer Vorlesung ist nicht die Definition von Liebe, sondern ein Parcours durch grundlegende Konstellationen literarischer Leidenschaft unter den Bedingungen der Moderne mit Vorliebe, aber keineswegs ausschließlich in den Romanischen Literaturen der Welt.

Eine Vorlesung über die Liebe ist innerhalb der üblichen Lehrveranstaltungen im Rahmen der Romanistik oder über unser Fach hinaus an dieser Fakultät keine alltägliche und keine gewohnte, beziehungsweise gewöhnliche Angelegenheit. Die Themenstellung ‚Liebe / Lesen' ist etwas ganz Besonderes, auf Bayerisch würde man es wohl ein Schmankerl nennen, zumal sie gepaart ist mit einem speziellen Fokus auf dem Lesen und damit der aktiven Rolle der Lesenden

---

1 Barthes, Roland: *Leçon. Leçon inaugurale de la Chaire de sémiologie littéraire du Collège de France, prononcée le 7 janvier 1977.* Paris: Seuil 1978, S. 46.

(und implizit auch Liebenden). Lesen und Lieben verbinden sich – das werden wir noch sehen – in vielfältigen Figuren der Liebe miteinander: Und gerade darin ist auch ein nicht geringer Teil der diskursiven Triebkraft dieses Treibstoffes zu sehen.

Auch wenn wir in literaturwissenschaftlichen Seminaren selbstverständlich immer wieder auf das Thema Liebe stoßen, scheint dieser Themenbereich doch viel zu komplex, viel zu weitschweifig und allzu wenig fassbar, als dass wir der Liebe – und sei es nur jener in den Romanischen Literaturen der Welt in der Moderne – eine ganze Vorlesung widmen sollten oder könnten. Wird uns das Thema nicht etwa zwischen den Fingern zerrinnen? Werden wir überhaupt in der Lage sein, die Liebe begrifflich fassen zu können? Welche Kategorien und Einteilungen lassen sich entwickeln, um aus literatur- und kulturwissenschaftlicher Perspektive Herangehensweisen zu entwickeln, ein solch überwältigendes Thema zu bewältigen?

Die Liebesthematik ist zweifellos sehr anziehend und verführerisch, sind wir doch alle mit dieser literaturwissenschaftlichen Themenstellung oder viel besser: mit diesem großen Gefühl, das uns alle beschäftigt, bindet, verstrickt höchst verbandelt. Wenn wir über Liebe sprechen, sprechen wir vielleicht auch immer über *unsere* Liebe, mag sein. Darin liegt eine Gefahr, aber auch eine Chance, dies wird jeweils auszuloten sein. In jedem Falle aber reicht ein Leben nicht hin, alle Varianten und Variationen der Liebe auszukosten. Aber keine Bange: Dafür haben wir ja die Literaturen der Welt.

Im Verlauf unserer Vorlesung werden Sie sicherlich auch vieles darüber erfahren, was Sie noch nicht wussten. Aber auch sie weiß vieles von der Liebe nicht. Gerade darin auch will sie liebevoll vorgehen ... und wohldosiert. Denn nicht umsonst warnt uns William Shakespeare gleich zu Beginn von *Romeo und Julia*, dass alle Kräuter stets ein *pharmakon* seien: Genießen wir etwa nur ihren Duft, so wirken sie wohltuend und kräftigend; schlucken wir sie hinunter, so können sie uns umbringen. Nicht umsonst ist Liebe als eines der großen Gefühle gerade auch in diesem Sinne ein *pharmakon*:[2] Es kommt stets auf den Gebrauch und nicht zuletzt auch auf die Dosierung an. Aber dringen wir nicht gleich zu Beginn unserer Vorlesung zu tief in die Texte und Praktiken ein.

Doch wie behandeln wir im Verhältnis zur Liebe das Lesen? Nun, noch einmal ein Anstoß aus dem anglophonen Raum. Virginia Woolf gab uns 1923 eine Leitlinie vor: „Denn das Verlangen zu lesen ist wie alle anderen Sehnsüchte, die

---

2 Vgl. hierzu Fuest, Leonhard: Materia Cruda. Zur Essentialität des Poetopharmakons. In: Ette, Ottmar / Sánchez, Yvette / Sellier, Veronika (Hg.): *LebensMittel. Essen und Trinken in den Künsten und Kulturen.* Zürich: Diaphanes 2013, S. 81–89; sowie (ders.): *Poetopharmakon. Heilmittel und Gifte der Literatur.* Bielefeld: Transcript Verlag 2015.

unsere unglückliche Seele aufwühlen, der Analyse fähig."[3] Kaum ein Gegenstand der fremdsprachigen Philologien ist spannender und zugleich auch verwirrender als die Geschichte und die Geschichten des Lesens. Da tut es gut, aus berufenem Munde die Analysefähigkeit des Lesens attestiert zu bekommen. Und natürlich war und ist die Analyse des Lesens eine der vorzüglichsten Aufgaben von Literatur- und Kulturwissenschaft.

Literarische wie nicht-literarische Texte existieren erst als Werke, wenn es ein Lesepublikum – und sei es noch so klein – gibt, das sie distanziert liest, aufgeregt verschlingt und sie gerade dadurch erst in Bewegung setzt. Eine Literatur im abendländischen Sinne kann es ohne Leserinnen und Leser streng genommen nicht geben. Wir werden uns im Verlauf der Vor-Lesung mit verschiedensten Lese(r)figuren und Lesarten, mit der Geschichte des Lesens von der Schriftrolle bis zur Lektüre von Palindromen auf unserer DNS und vom Tod des Autors bis zur Geburt des Lesers, mit unterschiedlichsten Leseanweisungen in literarischen Texten, mit den Orten des Lesens zwischen Bibliothek, Bahn und Bett, mit dem lauten und dem stillen Lesen und seinen körper-leiblichen Konsequenzen, mit den Folgen des Lesens von der Verführung und Verdammung bis zur Verwissenschaftlichung oder Verdummung beschäftigen, wobei ungeachtet mancher Ausflüge der Schwerpunkt unserer Vorlesung wiederum auf den Romanischen Literaturen der Welt liegen wird. Die Liebe wird beim Lesen stets mit dabei sein.

Quer zur Geschichte und zur Theorie des Lesens als kultureller und sozialer, als politischer, ökonomischer und symbolischer Praxis sollen uns die Geschichten des Lesens und die Lust am Text in ihren Bann ziehen. Denn genau hier gibt es jene Überschneidung, die ich nicht zufällig zentral zu stellen versuchen werde: eine Art Kreuzungspunkt in der *Lust am Text* oder wie Roland Barthes es in einem eindrucksvollen Kurztext der Theorie formulierte: *Le Plaisir du texte*.[4] Denn es ist diese Lust, welche die Liebe mit dem Lesen als Leidenschaft verbindet.

Doch es gibt noch eine zweite Verbindung, welche Liebe und Lesen neben der Lust am Text miteinander verbindet. Es ist ein viertes *L*, ein vierter Begriff, der auch in unserer Vorlesung eine gewichtige Rolle spielen wird: Es ist das Lebenswissen. Denn die Literatur ist aus meiner Sicht in einer ganz grundlegenden Weise ein sich wandelnder interaktiver Speicher von Lebenswissen, aus dem in den unterschiedlichsten Kulturen, Sprachen und Literaturen der Welt immer wieder ein Wissen über das Leben geschöpft wurde. Literatur also ist in einem ganz

---

3 „For the desire to read, like all the other desires which distract our unhappy souls, is capable of analysis." Woolf, Virginia: Sir Thomas Browne, a review of the Golden Cockerel edition of the Works of Sir Thomas Browne. In: *Times Literary Supplement* (June 28, 1923), S. 436.
4 Vgl. Barthes, Roland: *Die Lust am Text*. Aus dem Französischen von Ottmar Ette. Kommentar von Ottmar Ette. Berlin: Suhrkamp Verlag (Suhrkamp Studienbibliothek 19) 2010.

grundlegenden Sinne Lebenswissen, aber auch Erlebenswissen, Überlebenswissen und Zusammenlebenswissen, ja selbst ein Weiterlebenswissen, obwohl wir diesen letzteren Punkt nur selten in unserer Vorlesung berühren werden.

Dies bedeutet freilich keineswegs, dass ich damit behaupten würde, man könnte die Literatur mit der außersprachlichen Realität oder schlicht dem tatsächlich gelebten Leben gleichsetzen. Nichts läge mir ferner. Aber mir scheint es weder historisch noch methodologisch gerechtfertigt, so zu tun, als hätte die Literatur mit dem Leben nichts zu schaffen. Dafür sprechen alle Befunde rund um die Literaturen der Welt eine ganz andere Sprache. Übrigens: Wenn ich von den Literaturen der Welt spreche, so meine ich dies in einem Sinne, der den Begriff der Weltliteratur Goethe'scher Provenienz als einen längst historisch gewordenen betrachtet. Aber davon später ein wenig mehr.[5]

Jener Bereich aber, in dem die Überschneidung von Literatur, Lieben und Leben sich ansiedelt, ist das Lesen, ist die Lektüre. Genau deshalb sollten wir uns aus einer veränderten Perspektivik an die Formen der Lektüre und des Lesens, aber auch – um mit dem Philosophen Hans Blumenberg zu sprechen – an die Frage einer Lesbarkeit der Welt und ihrer großen Emotionen neu annähern. Die Lektüre, das Lesen bildet daher den zweiten Mittelpunkt all jener Fragen, um die unsere aktuelle Vorlesung kreisen wird. Denn Hans Blumenberg hatte schon früh darauf hingewiesen, wie schon im altgriechischen Epos oder im Buch der Bücher die Bucherfahrung in Rivalität zur Welterfahrung tritt. Gleich zu Beginn seines ersten Kapitels, das unter dem Thema „Bücherwelt und Weltbuch" steht, schrieb der deutsche Philosoph:

> Zwischen den Büchern und der Wirklichkeit ist eine alte Feindschaft gesetzt. Das Geschriebene schob sich an die Stelle der Wirklichkeit, in der Funktion, sie als das endgültig Rubrizierte und Gesicherte überflüssig zu machen. Die geschriebene und schließlich gedruckte Tradition ist immer wieder zur Schwächung von Authentizität der Erfahrung geworden. Es gibt so etwas wie die Arroganz der Bücher durch ihre bloße Quantität, die schon nach einer gewissen Zeit schreibender Kultur den überwältigenden Eindruck erzeugt, hier müsse alles stehen und es sei sinnlos, in der Spanne des ohnehin allzu kurzen Lebens noch einmal hinzusehen und wahrzunehmen, was einmal zur Kenntnis genommen und gebracht worden war.[6]

Sie sehen also, dass es einen lektüre- und buchtechnischen Hintergrund hatte, wenn ich Ihnen eingangs versicherte, dass wir alle in unserem je individuellen Leben niemals alle Liebespraktiken würden ausschöpfen können, die es gibt oder

---

5 Zum Begriff der Literaturen der Welt vgl. Ette, Ottmar: *WeltFraktale. Wege durch die Literaturen der Welt*. Stuttgart: J.B. Metzler Verlag 2017.
6 Blumenberg, Hans: *Die Lesbarkeit der Welt*. Frankfurt a. M.: Suhrkamp 1986, S. 17.

die denkbar sind, aber dass wir zugleich dafür ja den großen Speicher der Literaturen der Welt hätten, welcher letztlich eine wahrlich erschöpfende Menge an Varianten und Variationen von Liebe enthalten würde – und tatsächlich auch enthält.

Abb. 1: Hans Blumenberg (Lübeck, 1920 – Altenberge bei Münster, 1996).

Lassen Sie mich hier auf eben diesen großen Speicher der Literaturen der Welt zurückgreifen und Ihnen eine der für mich selbst gewiss schönsten, ergreifendsten und zugleich hintergründigsten Passagen jener Literaturgeschichte präsentieren, in der wir selbst auf gewisse Weise immer noch leben. Denn in ihr treffen wir auf zwei Liebende, auf Paolo und Francesca, die in die Hölle kamen, weil sie gemeinsam ein Buch lasen – und sie taten dies, wie im Mittelalter eben üblich, mit lauter Stimme, bewegten also ihre Münder. Doch hören Sie selbst und lernen Sie dieses vielleicht berühmteste Liebespaar der Welt, das von der Erde verbannt wurde, kennen:

> Per più fiate gli occhi ci sospinse
> quella lettura, e scolorocci il viso:
> ma solo un punto fu quel che ci vinse.
> Quando leggemmo il disiato riso
> esser baciato da cotanto amante,
> questi, che mai da me non fia diviso,
> la bocca mi baciò tutto tremante.
> Galeotto fu il libro e chi lo scrisse:
> quel giorno più non vi leggemmo avante.

> [Mehrmals ließ, was wir da lasen, uns die Augen erheben;
> wir sahen uns ins bleiche Gesicht,
> aber dann kam eine einzige Stelle, die uns besiegte.
> Als wir lasen, wie der begehrte lachende Mund
> von diesem Liebhaber geküßt wurde,
> da küßte dieser Mann, der niemals von mir getrennt wird,
> mich auf den Mund, zitternd am ganzen Leib.
> Den Kuppler Galehaut spielten das Buch und der es schrieb.
> An diesem Tag lasen wir nicht weiter.][7]

---

7 Alighieri, Dante: *Commedia, Inferno* V, 130–138. Deutsche Übersetzung aus Alighieri, Dante: *Commedia: In deutscher Prosa von Kurt Flasch.* Frankfurt a. M.: S. Fischer 2011, *Inferno*, V, 130–138.

Abb. 2: Dante Alighieri (Florenz, 1265 – Ravenna, 1321).

Es ist – und dies ist in den Literaturen der Welt fürwahr kein seltenes Thema – die Beschreibung einer Ehebruchszene, welche die beiden Liebenden mit nachfolgenden Höllenqualen teuer bezahlen müssen. Eine tragische Liebesbeziehung? Ja, zweifellos. Doch wie schön war die Liebe zwischen den beiden zuvor. Denn die gemeinsame Lektüre führt zu gemeinsamer Liebe, der Mund als Stimmbildungsort wird zum Mund, auf den sich ein Kuss senkt, bevor sich ein anderer Mund öffnet, der die beiden Liebenden miteinander vereint.

Der gefährliche Leseakt entbrannte an einem Text aus dem Lancelot-Stoff, an jener Figur von Galeotto, die wir mit dem edlen Galehaut aus dem Umkreis von Lancelot identifizieren und damit in der mittelalterlichen Erzähl- und Sagenwelt verorten können. Das gemeinsame Lesen verwandelt sich in ein gemeinsames Lieben, da die Worte des Dichters durch den Kuss ins Stocken kommen und durch die eigene Körpersprache, die Sprache der eigenen Körper, ersetzt werden. „An jenem Tage lasen sie nicht weiter" – ist dies nicht die schönste aller Liebesbeschreibungen einer Liebe, die wohlgemerkt in die Hölle führt, aber zuvor den Umweg über das Liebesparadies einschlägt? Denn das Nicht-Weiterlesen eröffnet jenen Raum der Liebe, welcher die beiden Liebenden vereinen und zur Vereinigung führen wird. Wir werden Paolo und Francesca bald schon wiedersehen.

Abb. 3: „Vergil, Dante, Paolo und Francesca", Miniatur aus der Göttlichen Komödie des Alfons von Aragon, Mitte des XV. Jahrhunderts.

Abb. 4: „Dante und Vergil begegnen Paolo und Francesca", Miniatur aus Dantes *Göttlicher Komödie*, Ende des XIV. Jahrhunderts.

Doch kommen wir wieder zurück zur *Lesbarkeit der Welt*. Sie wird uns schon bei unserem ersten, eingehender analysierten Beispiel beschäftigen. Wir fragen mit Hans Blumenberg also nicht nur nach dem Verhältnis zwischen Buch und Wirklichkeit, Lesen und Realität, sondern auch nach dem genauen Ort, den das Lesen im Leben einnimmt und wie sein Verhältnis zum Lieben bestimmt werden kann. Tritt das Weltbuch an die Stelle des Buches der Welt und verdrängt es dieses? Oder ist das Lesen doch nur Zeitvertreib, eine Art Totschlagen der Zeit? Für beide Haltungen – und für viele mehr – lassen sich zahlreiche Beispiele aus der Literatur finden, natürlich. In all diesen Fällen übrigens – auch im letztgenannten – stoßen wir auf signifikante Beziehungen zwischen Lesen und Leben. Denn auch das Lesen als Zeitvertreib erfüllt ja eine Funktion gegenüber dem Leben im Leben.

Man könnte aber auch auf eine auf den ersten Blick ganz radikale, absolute Idee verfallen, der ein großer Charme nicht abzusprechen ist: auf jene Idee nämlich, dass man letztlich nur das erkennen und leben kann, was man zuvor bereits gelesen hat. Dies ließe sich mit der Einsicht in der aktuellen Hirnforschung verbinden, dass wir nur scheinbar – und unserem Bewusstsein vorgespiegelt – Entscheidungen treffen. Im Grunde bildet die Literatur für den Fall, dass wir dieses Verständnis des Zusammenhangs von Leben, Lieben und Lesen entwickeln wollten, ein ungeheures kollektives Gehirn, das uns prägt. Wir können dieses Gehirn literaturwissenschaftlich als Intertextualität bezeichnen. Intertextualität ist nicht mehr und nicht weniger als das schlagende Herz der Literaturen der Welt.

Doch all dies wäre gerade in diesem Extremfall nichts weniger und nichts mehr als ein Lebenswissen, ein Wissen, das letztlich auch das Leben von sich selbst hat. Dann aber ist es entscheidend, dieses Gehirn unserer Gesellschaften und Kulturen zu erforschen. Und Intertextualitätsforschung – also die Erforschung der Bezüge zwischen Texten unterschiedlichster Autorinnen und Autoren – ist eben dies: eine Erforschung jener Graphosphäre – also der Atmosphäre geschriebener Wörter, Sätze und kultureller Praktiken, die wir beständig lesen –, die uns auf geradezu natürliche Weise umgibt, in der wir mit unseren ersten Kinder- und Jugendbüchern aufgewachsen sind und die uns von morgens bis abends begleitet. Es ist die Welt all jener Wörter und Begriffe, all jener Begründungen, vor allem Geschichten, die uns von Kindesbeinen an umgeben haben, noch immer umgeben und künftig auch umgeben werden. Diese Graphosphäre ist kulturell vorgegeben, aber keineswegs ein Fatum, ein Schicksal: Wir können uns in unserem Leben nach und nach unterschiedliche Kulturen und damit unterschiedliche Welten eröffnen und zu eigen machen.

Sicherlich zielen Lehrveranstaltungen stets darauf ab, dass das, was man sich in der Theorie erarbeitet, auch in die Praxis umgesetzt werden kann. Darin macht die aktuelle Vorlesung keine Ausnahme. Doch soll dieser Aspekt des Lernens und Erlernens – auch des Erlernens der Liebe selbst – ebenso wenig im Vordergrund stehen wie Versuche, die Liebe als solche zu definieren und damit zu fixieren. Unsere Vorlesung wird sich also nicht wie jene Serie von Geschenkartikeln, von Tellern, Tassen, Gläsern, Laken oder Bettdecken verhalten, auf denen vor Jahrzehnten – aber bis heute nicht ganz aus der Mode gekommen – Definitionen von Liebe zu lesen waren. *Liebe ist*: Und es folgten drei Pünktchen und die jeweilige Antwort.

Insoweit muss ich Sie also gleich enttäuschen: Sie werden nicht mit einer griffigen Definition von Liebe diesen Hörsaal verlassen. Ich hoffe aber, dass ich Ihnen andere Geschenke mitgeben kann – denn schließlich waren es ja Sie, waren es die Studierenden der Romanistik, die sich eine Vorlesung zum Thema Liebe gewünscht hatten. Und ich bin dankbar dafür, diesem Wunsch nachgehen zu können. Wir lernen Liebe so, wie wir rechnen, schreiben und lesen lernen.

Wenden wir uns nun kurz einem italienischen Autor zu, der immer wieder großen Erfolg damit hatte, Vorstellungen der Antike in unserer Gegenwart und mehr noch in unserem Alltagsleben ausfindig zu machen und darüber ausführlich zu reflektieren. Dabei gibt es auch ein Buch, das sich explizit mit der Liebe beschäftigt. Beim Folgenden handelt es sich um Überlegungen, die aus meiner Lektüre von Luciano De Crescenzos 1991 unter dem Titel *Miti dell'Amore* erschienenen Buch stammen, das in deutscher Übersetzung unter dem Titel *Von der Macht der Liebe* vorliegt.

Wenn Luciano De Crescenzo, laut Klappentext der deutschen Ausgabe „der lachende Philosoph aus Neapel",[8] die Liebesgeschichten der Antike noch einmal nacherzählt, so erlaube ich mir, einfach De Crescenzo in einigen wenigen Punkten meinerseits nachzuerzählen und zu deuten. Dies tue ich, um daraus eine Art Sammelsurium zu gewinnen von Themen und Varianten, auf die wir im Verlauf unserer Vorlesung immer wieder stoßen werden. Haben wir also keine Scheu vor einem italienischen Bestsellerautor, den man im gestrengen deutschen Sinne wohl eher nicht als Philosophen bezeichnen würde!

Allem voran betont De Crescenzo, dass schon die Griechen und nach ihnen die Römer sehr wohl wussten, dass die Liebe eine große Macht ist, mit der fürwahr nicht zu spaßen sei, könne sie doch beglückend, aber auch höchst zerstörerisch sein. De Crescenzo konstatiert in seinem Buch zunächst einmal, dass die Kenntnis der mythologischen Persönlichkeiten und Figuren in unserer Gegenwart

---

[8] De Crescenzo, Luciano: *Von der Macht der Liebe. Geschichten aus der Antike.* Aus dem Italienischen übersetzt von Bruno Gänzler. München: Goldmann 1998.

abgenommen, die aber des Denver-Clans zugenommen habe. Doch auch wenn Adonis und Aphrodite abgetreten seien, so werde doch bei ausführlicherem Nachdenken deutlich, dass die griechische Mythologie deswegen aus unserem Denken keineswegs verschwunden sei. Denn schließlich seien die Erzählkerne selbst, sozusagen das mythische Grundlagenmaterial, gleich geblieben und hätten sich nur in andere, zeitgenössische Formen gekleidet.

Solchermaßen gerüstet, dürfen wir zur Kenntnis nehmen, dass Eros (alias Cupido) in der Antike als boshaft, heimtückisch und unbarmherzig gedacht wurde. Also keineswegs jener lieblichen Figur eines gelockten Kindchens entsprach, das liebevoll seine Pfeile verschießt. Stellen Sie sich die Figur von Eros bitte ganz anders – machtvoller, herrschender, wohl auch herrischer – vor. Er verschießt lustvoll seine Pfeile, ja, aber ein Entrinnen gab es nicht. Dabei hatte Eros zwei Sorten von Pfeilen in seinem Köcher: Goldpfeile und Bleipfeile. Die einen erregten die Liebe, die zweiten blockierten sie. Eros ist damit eine allmächtige, ja geradezu eine weltenschöpfende Figur der Antike und nicht das kleine unschuldige Jüngelchen, als das man ihn immer wieder verniedlichte. Wir stellen also fest: Eros ist eine Macht – und keine geringe.

All dies wirft natürlich die Frage auf, ob die Liebe eine Kunst ist oder etwas Natürliches, etwas Instinkthaftes. Immerhin, so dürfen wir hier einschieben, ist unser Körper ja nicht nur aus Natur gemacht, wie unsere Schulmediziner meinen, sondern auch aus Kultur: In unserem Körper selbst überschneiden sich Natur und Kultur so intensiv, dass wir in dieser Verbindung durchaus die Grundlage für eine generellere Sichtweise nicht nur der menschlichen, sondern auch der irdischen, der planetarischen Natur erblicken können. Natur ist eben von Kultur nicht zu trennen: beide sind unauflöslich miteinander verbunden.

Stets betrachten wir die Natur von der menschlichen Kultur aus. Dies ist für uns gleichsam natürlich: Wir haben keine andere Wahl. Aber natürlich ist Natur nicht natürlich. Gewiss: Die abendländische Kultur unterschied die Natur von der Kultur nicht nur als voneinander getrennte Einheiten, sondern setzte beide mehr noch in ein Gegensatzverhältnis. Doch vergessen wir hierbei nicht, dass die altchinesische oder die altjapanische Kultur beispielsweise keine getrennten Begriffe für Natur und Kultur besaß und sehr spät auf Lehnwörter zurückgriff, um das abendländische Schema des Natur-Kultur-Gegensatzes nachzubilden. Beide Kulturen unterschieden die Natur nicht von der Kultur. Wir müssen in diesem Jahrhundert wohl erst mühsam erlernen, dass wir Natur und Kultur nicht als Gegensatz, sondern notwendig zusammendenken müssen.

Wenn wir uns auf dieser Ebene bewegen, so sollten wir sogleich eine Unterscheidung mithinzuziehen, die der lange Zeit eher vergessene Philosoph Helmuth Plessner eingeführt hat. Denn er differenzierte zwischen dem Körper, den wir haben, und dem Leib, der wir sind. Diese Aufteilung ist höchst folgenreich und wir sollten uns kurz mit dem Spiel zwischen Körper und Leib beschäftigen.[9] Das Körper-Haben (*having a body*) zielt auf die Objektivierung des Körpers, meint also einen Körper, den wir besitzen, über den wir als Objekt, als Gegenstand, verfügen und den wir reparieren, schmücken, bemalen, tätowieren oder kosmetisch verschönern können. Wir piercen uns oder rupfen uns Haare und Härchen aus, behandeln unseren Körper folglich als ein Objekt, das wir wie einen Gegenstand bearbeiten. Das Leib-Sein (*being a body*) wiederum meint den eigentlichen Leib, der wir sind und in dem wir etwa Schmerz oder auch Lust empfinden, über den wir nicht als Objekt verfügen, sondern den wir als Subjekte durchleben. Wie gesagt: Die Folgen dieser schlichten Unterscheidung zwischen Körper-Haben und Leib-Sein sind sehr weitreichend, denken Sie etwa an die Verbindungen zwischen Leib-Sein und Körper-Haben beim Liebesakt, in welchem sich beide Bereiche immer wieder anders durchdringen und in dem wir ständig zwischen Körper-Haben und Leib-Sein oszillieren.

Aber zurück zu De Crescenzo und seiner Deutung der griechischen Mythologie sowie deren Übersetzung in eine italienische, ja neapolitanische Alltagswelt, die noch immer von den Vorstellungen der Antike tief durchdrungen sei. Hier also erscheint Eros als eine Macht, der wir nicht entgehen können, die uns beherrscht und lenkt, ohne dass wir sie wirklich beeinflussen oder gar umstoßen könnten. Wir sind also zum Lieben verdammt. Denken Sie dabei etwa an *Romeo und Julia* von William Shakespeare, die zwei unterschiedlichen, miteinander tief verfeindeten Adelsgeschlechtern entstammen und doch nicht anders können, als sich zu lieben, als sich im anderen zu verlieren und dabei alles zu verlieren. Das ist in etwa die Vorstellung, die es hier aufzurufen gilt, wollen wir begreifen, welche unbeirrbare, ja unangreifbare Rolle Eros zukommt.

Damit wäre die Frage, ob Liebe eine Kunst ist oder etwas Natürliches, Instinktives, schon beantwortet. Es ist natürlich beides, denn es macht keinen Sinn, an unserem Körper Natur und Kultur zu unterscheiden: wir sind stets beides – und wir sind auch in der Liebe beides, Natur *und* Kultur.

Für De Crescenzo ist Ovids *Ars Amatoria* natürlich das beste Handbuch zur Liebeskunst des perfekten *Latin Lover*. So wird aus hoher Literatur ein Stückchen Alltagskultur. Und so kann man es auch sehen. Es handelt sich folglich *auch* um eine Kunst, die erlernt werden will, wie es schon zu Beginn dieses Werkes heißt. Auf diese Weise lernen wir mit Ovid viel über das antike Rom und seine herausragenden Orte, an denen Römer und Römerinnen miteinander anbandeln konnten

---

9 Vgl. hierzu ausführlich Krüger, Hans-Peter: Das Spiel zwischen Leibsein und Körperhaben. Helmuth Plessners Philosophische Anthropologie. In: *Deutsche Zeitschrift für Philosophie* (Berlin) XLVIII, 2 (2000), S. 1–29.

und sich anschließend in ihrer Liebeskunst vervollkommneten. Dass dies freilich im Rahmen einer patriarchalisch organisierten Gesellschaft vonstattenging, ist keine Frage und zeigt sich auch im Verlauf von Ovids Werk mit aller Deutlichkeit. Daher rät er gerade den Männern, bei ihren Schönen nicht vor den wildesten Versprechungen zurückzuschrecken: Wir erfahren hier die Tricks und Kniffe, die nicht nur in der Antike angesagt waren, sondern offenkundig auch eine prospektive Dimension bewahren. Oder täusche ich mich?

Die Männer versprechen, die Frauen lügen bei Ovid. Doch man erlernt auch die Kunst, wie man den jeweiligen Liebespartner längerfristig an sich binden kann. Dabei dürfen in der patriarchalischen Gesellschaft seiner Zeit die Männer ihre Frauen betrügen, nicht aber umgekehrt. Freilich sei es nicht klug, die Geliebte mit einem Anderen in flagranti zu ertappen; auch dürfe man den schönen Mädchen ihre Fehler nicht vorhalten. Aber Sie sehen schon: Hier kommen wir in Gefilde, die von unseren heutigen Gewohnheiten wahrlich meilenweit entfernt sind, nicht wahr? Ovid führt uns deutlich vor, wie die Liebeskunst zugleich in den Kodex der Benimmregeln seiner Zeit integriert ist. Der römische Dichter erkennt also die Macht von Eros an, gibt der menschlichen Liebe aber doch jenen Spielraum, in dem sich Tipps, Tricks und Kniffe für ein erfülltes Liebesleben ansiedeln.

Bevor wir uns nun aber Hals über Kopf in unseren Gegenstand, den Themenbereich „Liebe / Lesen", stürzen, möchte ich Ihnen noch etwas begreiflich zu machen versuchen, vor welchem literatur- und kulturtheoretischem Hintergrund ich Ihnen dieses Thema näherbringen möchte. Dabei haben Sie vielleicht schon bemerkt, dass ich hier einen Begriff eingeführt habe, der Sie vielleicht etwas überrascht hat: den des Lebenswissens. Dieser Begriff bildet den eigentlichen Hintergrund für diese, vielleicht aber auch für künftige Vorlesungen, die sich anderen Phänomenen des Lebens wie Krankheit oder Gesundheit, Eifersucht oder Tod widmen könnten und – *in the long run* – wohl auch einmal widmen werden. Was aber ist unter dem Begriff Lebenswissen zu verstehen? Zur Beantwortung dieser Frage greife ich auf Überlegungen zurück, die ich in meiner Trilogie *ÜberLebens-Wissen* erläutert habe.[10] Dass das Liebeswissen von Ovid sich sehr wohl als ein Lebenswissen verstehen lässt, leuchtet – so glaube ich – unmittelbar ein. Aber was genau ist unter dem Begriff „Lebenswissen" zu verstehen?

Nun, dieser Begriff beruht auf einer komplexen Relation zwischen den beiden semantischen Polen dieses Kompositums. Die Interpretierbarkeit dieser Relation als *genitivus obiectivus, partitivus, possessivus, qualitatis* und nicht zuletzt als *genitivus subiectivus* verdeutlicht, dass ebenso ein Wissen über das

---

10 Vgl. Ette, Ottmar: *ÜberLebensWissen I–III*. Drei Bände im Schuber. Berlin: Kulturverlag Kadmos 2004–2010.

Leben wie ein Wissen des Lebens von sich selbst, ebenso ein Wissen als wesentlicher Bestandteil des Lebens (und Überlebens) wie eine fundamentale Eigenschaft von Leben überhaupt, ebenso ein Wissen zum Leben wie ein Wissen im Leben mitgedacht und in diesen komplexen Begriff einmontiert sind. Man kann aus dieser Perspektive verschiedene Dimensionen des Lebenswissens voneinander unterscheiden; doch wollen wir uns in dieser Vorlesung nicht mit diesen Differenzierungen aufhalten, sondern uns auf das beziehen, was unmittelbar hinsichtlich der Thematik Liebe und Lesen zielführend ist.

Lebenswissen erscheint gerade mit Blick auf diesen Themenkomplex als ein je spezifischer Modus von Lebensführung und Lebenspraxis, kann als modellhafte Vorstellung wie als beschreibende Aneignung von Leben verstanden werden, wobei die Selbstreferentialität und Selbstreflexivität aller Prozesse des Lebenswissens von herausgehobener Bedeutung ist. Ovids *Ars Amatoria* lässt sich in diesem Sinne als eine Konkretisierung dieses allgemein verfügbaren, aber jeweils individuell und subjektiv gebrochenen Lebenswissens begreifen, wobei sich der römische Dichter in seinen Recherchen zu seinem Lehrgedicht bemühte, weit über den subjektiv-individuellen Bereich seines eigenen Liebeswissens hinauszugreifen.

Vor diesem Hintergrund und in unterschiedlichen kulturellen Kontexten ist Lebenswissen sehr unterschiedlich strukturiert, insoweit sich Dynamik, Mobilität, Diskontinuität und Fragmentiertheit von Beständen des Lebenswissens immer auch am Flexibilitätsgrad und der Stärke multi-, inter- und transkultureller Prozesse orientieren. Lebenswissen ist hier an spezifische Lebenserfahrungen, nie aber an eine einzige Logik zurückgebunden; vielmehr ist in diesem Begriff gerade die (Überlebens-)Fähigkeit enthalten, gemäß verschiedener Logiken *zugleich* denken und handeln zu können, kurzum: *polylogisch* zu reflektieren und zu agieren.

Unser Lebenswissen wird jedoch nicht nur durch konkrete Erfahrungen in unmittelbaren realen Lebenskontexten, sondern auch durch die Produktion und Konsumption symbolischer Güter, durch die unterschiedlichsten Rezeptions- und Aneignungsformen von Kunst und Literatur gewonnen. Ohne hier auf die Frage nach der Legitimität und Gültigkeit von Überzeugungen, Haltungen und Handlungen, Prinzipien und Praktiken eingehen zu können, bleibt doch festzuhalten, dass es in den nachfolgenden Sitzungen unserer Vorlesung immer wieder um die spezifische Wirkkraft von Literatur gehen wird, die als ein Wissen über Leben und ein *Wissen im Leben* zugleich ein ÜberLebenswissen bereithält, dessen sich die Figuren unserer ausgewählten Texte bedienen können. Dabei ist die unhintergehbare Vorläufigkeit allen Wissens vom und im Leben, aber auch die ganze Vieldeutigkeit und Fragmenthaftigkeit im Eigen-Leben, im Eigen-Sinn der Literatur geborgen.

Aus diesen Überlegungen folgt nicht zwangsläufig, dass man in der Literatur eine Art „höheres Lebenswissen" erblicken müsste, das dem Lebenswissen in unserer Realität überlegen wäre. Wohl aber kommt den Literaturen der Welt das Vermögen zu, normative Formen von Lebenspraxis und Lebensvollzug nicht nur in Szene zu setzen, sondern auch performativ im ernsthaften Spiel zur Disposition und möglichen Aneignung zu stellen. Das Literarische enthält stets ein Wissen um die Grenzen der Gültigkeit von Wissensbeständen einer gegebenen Gesellschaft oder Kultur und thematisiert dies auch, wird folglich selbstreflexiv. Untersuchen wir Leseprozesse, so untersuchen wir Aneignungsprozesse oder -versuche dieses Wissens, die – wie wir noch sehen werden – historisch und kulturell hochgradig variabel sind. Dabei können Lesen und Lieben gleichermaßen im Fokus des Lebenswissens stehen. Denn das Lesen ist wie das Lieben, soviel können wir jetzt schon sagen, keine anthropologische Konstante, sondern ein hochgradig variabler Prozess, der sich je nach historischem oder kulturellem Kontext sehr stark verändert.

Vor diesem Hintergrund und mit allen notwendigen, von diesen Kontexten abhängigen Differenzierungen darf Literatur in ihren unterschiedlichsten Schreibformen als ein sich wandelndes und zugleich interaktives Speichermedium von Lebenswissen verstanden werden. Anders als in der Philosophie geht es freilich im Bereich des Literarischen nicht um die Konstruktion in sich kohärenter logischer Sinnsysteme, sondern um die künstlerische Fähigkeit, Kohärenzen durch Dekohärenzen – worunter man in der Quantentheorie Überlagerungszustände und Superpositionen versteht – zu bereichern. Polysemie war noch immer der Schlüssel zu den Literaturen der Welt.

Es ist die Aufgabe der Philologie, sich mit diesen spezifischen und höchst unterschiedlichen Traditionen, Genres, Dimensionen und Ausprägungsformen von Lebenswissen auseinanderzusetzen. Die Philologien würden sich dadurch in die Lage versetzen, ihrerseits Formen und Modi von Lebenswissen zu produzieren, die gesellschaftlich, politisch und kulturell relevant und bedeutungsvoll werden könnten. Sie würden damit Alternativen zu Lebensoptionen oder auch politischen Entscheidungen offerieren, um einer zunehmend phantasielos gewordenen Welt der Politik Alternativen bieten zu können.

Zweifellos benötigen wir eine grundlegende Einsicht in die Tatsache, dass sich Lebenswissen auf *allen* Ebenen der literarischen Kommunikation ansiedelt. Dabei steht gerade nicht ein vermeintlich „direkter" Dialog zwischen literarischem Text und textexterner Leserschaft im Vordergrund. Von vorrangigem Interesse könnten gerade jene Bestände an Lebenswissen sein, die sich auf die textinterne Kommunikationssituation beziehen und beispielsweise die verschiedenen Figuren eines Romans mit sehr unterschiedlichen Formen von Lebenswissen (etwa mit Blick auf Liebesgeschichten oder Leseprozesse) ausstatten. Dabei sollten wir keinesfalls die herausragende Fähigkeit der Literaturen der Welt vergessen, in den unterschiedlichsten kulturellen und sozialen Kontexten die dispersen Fragmente des Lebenswissens in ein Überlebenswissen zu verwandeln, welches nicht nur von textinterner Bedeutung ist. Auch dieses Wissen kann von der Leserin und vom Leser beansprucht werden: Lesen kann das Leben nicht nur bereichern, es kann auch zum eigenen Überleben beitragen. Selbstverständlich können bestimmte Wissenssegmente als Gnoseme von Überlebenswissen angeeignet werden. Ganz so, wie wir auch den anderen Fall kennen, bei dem die Lektüre letztlich zum Tod führt – denken wir nur an die Selbstmordwelle nach der Lektüre von Goethes *Werther*. Und nicht umsonst ist bei diesem literarischen Beispiel Liebe und Lesen ganz eng miteinander verbunden. Aber dazu später mehr.

Literatur – in einem weiten Sinne verstanden – richtet ihren Lebensbegriff weder vorrangig an einer Scheidung von Organischem und Anorganischem, weder allein an leiblichen oder körperlichen, seelischen oder geistigen Dimensionen von Leben aus. Sie verfügt über viele Codes, über unterschiedlichste Denk- und Schreibtraditionen, die in ihrer Vielgestaltigkeit, aber auch in ihrer Aussagekraft mit den Ergebnissen aktueller biowissenschaftlicher Forschungen in Beziehung gesetzt werden können und sollten. Denn wie naturwissenschaftliche Forschung beruht auch die Praxis der Literatur auf Recherche, auf der Erforschung jeweils definierter Gegenstandsbereiche. Im Unterschied zu den Naturwissenschaften aber ist die Literatur nicht an die Herrschaft einer einzigen Logik gebunden, sondern kann sehr wohl *polylogisch* vorgehen, sich folglich in verschiedenen Logiken zugleich bewegen. Selbst in den traditionellsten Geisteswissenschaften beginnt die Überzeugung Raum zu greifen, dass der menschliche Körper nicht mehr nur aus motivgeschichtlicher Sicht erforscht und ansonsten als „Natur" den medizinisch-naturwissenschaftlichen Fakultäten überlassen werden kann. Die Entwicklung neuer Formen inter- und transdisziplinärer Zusammenarbeit ist zum Erwerb neuen Wissens über Leben, Lesen und Lieben dringend geboten. Eben dies ist die Chance der Literatur und mehr noch ihrer Philologien.

Es kann folglich nicht darum gehen, Lebenswissen, wie es sich in textueller Form ästhetisch ausdrückt, ausschließlich disziplinär zu erfassen und damit zu disziplinieren. Der Begriff des Wissens – und damit auch jener des Lebenswissens – übersteigt den Bereich der Wissenschaft und schließt insbesondere künstlerische, narrative, poetische und körperleibliche Wissens-, Ausdrucks- und Speicherformen mit ein, die ihrerseits wissenschaftlicher Analyse zugänglich sind oder doch gemacht werden können. Dabei sind in den Literaturen der Welt unterschiedlichste Formen narrativen Wissens eine wesentliche Grundlage des entfalteten Lebenswissens. Ich möchte daher an dieser Stelle auf eine Geschichte, auf eine künstliche Mythe, die ich im Eröffnungsband meiner Trilogie

ÜberLebensWissen behandelt habe,[11] zurückgreifen, um noch einen weiteren Aspekt von Lebenswissen in seiner Verbindung mit der Liebe und mit dem Lesen herauszuarbeiten.

Unsere Geschichte spielt im Mittelmeer und selbstverständlich in der Antike. Dem Ende seines Lebens nahegekommen, erhält Epicharmus von Dionysius den Befehl, ein vielberufenes Bild zu deuten, um das sich das Volk von Syracus seit langer Zeit versammelt. Allen Erklärungsversuchen zum Trotz war das Rätsel jenes Bildes, dem man nachträglich den Titel *Der rhodische Genius* gegeben hatte, noch immer ungelöst geblieben. In diesem Werk eines unbekannten Künstlers hält, von einer Gruppe unbekleideter Jünglinge und Mädchen umgeben, ein jugendlicher, fast noch kindlicher Genius mit himmlischem Blick eine lodernde Fackel empor und schaut gebieterisch auf die zu seinen Füßen versammelte sehnsuchts- und kummervoll zugleich wirkende Jugend herab. Erst als ein aus Rhodos in den Hafen von Syracus eingelaufenes Schiff dem Tyrannen ein Gemälde überbringt, das denselben rätselhaften Genius inmitten seiner Gruppe zeigt, nun aber mit gesenktem Haupt, erloschener Fackel und umgeben von Mädchen und Jünglingen, die sich im Zustand wilder Entfesselung umarmen, wird das Bedürfnis nach Deutung unerträglich: Epicharmus, der Philosoph, soll das Rätsel lösen – und sie sehen angesichts der ineinander liebevoll vereinigten Körper von Mädchen und Jünglingen unschwer, wie viel diese Mythe mit dem Thema Liebe zu tun hat. Aber auch mit dem Themenkomplex des Lesens: Denn die Aufgabe des Philosophen – und des Philologen – besteht genau darin, die beiden Bildtexte zu lesen und damit ihre Rätselstruktur zu lösen.

Der Philosoph und Philologe ist dabei erfolgreich. Er vermag es, die Gründe für die enthemmte Orgie auf der symbolischen Ebene zu entschlüsseln. Auch wenn der Wahrheitsfreund fernab vom Hofe lebt, der selbst den Geistreichsten stets von ihrem Geist und ihrer Freiheit raubt, weiß er dabei doch um seine Pflichten gegenüber der Macht. So schart er, wie Philosophen es zu tun pflegen, seine Schüler um sich und enthüllt ihnen nach intensiver Betrachtung beider Gemälde das Geheimnis. Des Rätsels Lösung ist dabei eine durchaus komplexe Lesart beider Gemälde: *Der rhodische Genius* symbolisiert die Lebenskraft, die anders als in der anorganischen Natur gebieterisch im Organismus all jene Elemente und Stoffe vereinigt, die sich sonst meiden, um zugleich jene anderen voneinander fernzuhalten, die ohne die Lebenskraft miteinander verschmelzen, ineinander stürzen und vergehen müssten. Epicharmus ist sich seiner Sache sicher und führt aus:

---

11 Vgl. die Eröffnung von Ette, Ottmar: *ÜberLebenswissen. Die Aufgabe der Philologie.* Berlin: Kulturverlag Kadmos 2004.

Tretet näher um mich her, meine Schüler, und erkennet im rhodischen Genius, in dem Ausdruck seiner jugendlichen Stärke, im Schmetterling auf seiner Schulter, im Herrscherblick seines Auges das Symbol der Lebenskraft, wie sie jeden Keim der organischen Schöpfung beseelt. Die irdischen Elemente, zu seinen Füßen, streben gleichsam ihrer eigenen Begierde zu folgen und sich mit einander zu mischen. Befehlend droht ihnen der Genius mit aufgehobener, hochlodernder Fackel, und zwingt sie, ihrer alten Rechte uneingedenk, seinem Gesetze zu folgen.[12]

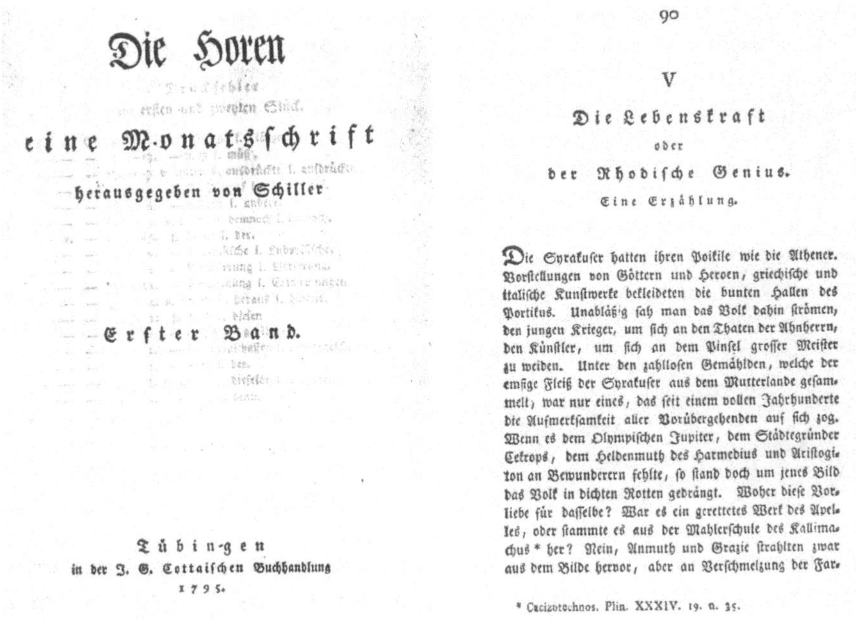
Die Horen

eine Monatsschrift

herausgegeben von Schiller

Erster Band.

Tübingen
in der J. G. Cottaischen Buchhandlung
1795.

90

V

Die Lebenskraft
oder
der Rhodische Genius.
Eine Erzählung.

Die Syrakuser hatten ihren Poikile wie die Athener. Vorstellungen von Göttern und Heroen, griechische und italische Kunstwerke bekleideten die bunten Hallen des Portikus. Unabläßig sah man das Volk dahin strömen, den jungen Krieger, um sich an den Thaten der Ahnherren, den Künstler, um sich an dem Pinsel grosser Meister zu weiden. Unter den zahllosen Gemählden, welche der emsige Fleiß der Syrakuser aus dem Mutterlande gesammelt, war nur eines, das seit einem vollen Jahrhunderte die Aufmerksamkeit aller Vorübergehenden auf sich zog. Wenn es dem Olympischen Jupiter, dem Städtegründer Cekrops, dem Heldenmuth des Harmedius und Aristogiton an Bewunderern fehlte, so stand doch um jenes Bild das Volk in dichten Rotten gedrängt. Woher diese Vorliebe für dasselbe? War es ein gerettetes Werk des Apelles, oder stammte es aus der Mahlerschule des Kallimachus * her? Nein, Anmuth und Grazie strahlten zwar aus dem Bilde hervor, aber an Verschmelzung der Far-

* Cacizotechnos. Plin. XXXIV. 19. n. 35.

Abb. 5a und b: Titelblatt der Zeitschrift *Die Horen* und des Beitrags von Alexander von Humboldt, 1795.

So erweist sich die Orgie, das Übereinanderfallen der noch jugendlichen Körper von jungen Männern und jungen Frauen, in Wahrheit als eine symbolhafte Darstellung des Erlöschens der Lebenskraft, also des Todes schlechthin. Im zweiten Bild fehlt die *vis vitalis*, das alles belebende Prinzip. Der Philosoph von Syracus durfte sich seiner Sache sicher sein, hatte ihm doch Alexander von Humboldt nach eigenem Bekenntnis Lehrsätze zur Lebenskraft aus der Physiologie der

12 Humboldt, Alexander von: Die Lebenskraft oder der rhodische Genius. Eine Erzählung. In (ders.): *Ansichten der Natur, mit wissenschaftlichen Erläuterungen*. Nördlingen: Greno 1986, S. 429f.

Pflanzen in den Mund gelegt, die er selbst 1793 in den „Aphorismen" seiner *Flora Fribergensis* in lateinischer Sprache hatte abdrucken lassen. Epicharmus scheint nichts anderes als das Sprachrohr der Wissenschaft zu sein: einer Wissenschaft freilich, die sich in das Gewand griechischer Mythologie kleidet.

Abb. 6: Alexander von Humboldt (Berlin, 1769 – ebenda, 1859).

Als Alexander von Humboldt in Friedrich Schillers *Horen* 1795 die kleine Erzählung zum ersten Mal erscheinen ließ, bewegte sie sich folglich auf naturwissenschaftlich gesichertem Terrain. Zwei Jahre später aber, am Ende seiner *Versuche über die gereizte Muskel- und Nervenfaser* – die er als „ein großes Werk über das Leben" bezeichnete[13] – war sich der junge Wissenschaftler seiner Sache längst nicht mehr so sicher, hielt er doch nun „das Vorhandensein jener eigenen Lebenskräfte keineswegs für erwiesen".[14] Wir befinden uns an einem wichtigen Übergang der Wissenschaftsgeschichte, der die Verbannung der *vis vitalis* aus dem Bereich der Wissenschaft, nicht aber aus der metaphorischen, übertragenen Rede oder auch der Alltagssprache bezeugt.

Es erstaunt daher zumindest auf den ersten Blick, dass Alexander von Humboldt seine Erzählung, die sein älterer Bruder Wilhelm von Humboldt kurzerhand

---

13 Humboldt, Alexander von: *Briefe aus Amerika 1799–1804*. Herausgegeben von Ulrike Moheit. Berlin: Akademie Verlag 1993, S. 63.
14 Humboldt, Alexander von: *Ansichten der Natur*, S. 432.

den „halbdichterische[n] Einkleidungen ernsthafter Wahrheiten" zurechnete,[15] Jahrzehnte später in die 1826 erschienene zweite Ausgabe seiner *Ansichten der Natur* (sogar als Schlusstext) aufnahm und auch in der dritten, nochmals erweiterten Auflage von 1849 seine Jugendschrift nicht missen wollte. War dies die Nostalgie eines alten Mannes, der auf die achtzig Jahre seines Lebens und mehr als sechs Jahrzehnte erfolgreicher wissenschaftlicher Arbeit zurückblicken konnte?

Nun, zunächst liegen die Gründe für den erneuten Abdruck tatsächlich wohl in einer Form der Selbstliebe, einer Wertschätzung dessen, was er selbst vor so langer Zeit geschrieben hatte und in dem er sich selbst noch immer trefflich spiegeln konnte. In der Tat enthält die Erzählung durch die Zusätze von 1849, in denen Alexander von Humboldt auf seine frühesten Schriften verweisen, aber auch mehrfach aus seiner wissenschaftlichen Summa, dem *Kosmos*, zitieren konnte, (s)eine Wissenschaftlerbiographie *in nuce*. Und nicht minder musste manche Passage ein eigentümliches Licht auf den als Kammerherrn am preußischen Hofe lebenden Schriftsteller und Gelehrten werfen, ließ der Erzähler von Epicharmus sein zeitgenössisches Publikum doch wissen:

> Er besuchte selten den Hof der Dionyse: nicht, als hätten nicht ausgezeichnete Männer aus allen griechischen Pflanzstädten sich um ihn versammelt, sondern weil solche Fürstennähe auch den geistreichsten Männern von ihrem Geist und ihrer Freiheit raubt. Er beschäftigte sich unablässig mit der Natur der Dinge und ihren Kräften, mit der Entstehung von Pflanzen und Thieren, mit den harmonischen Gesetzen, nach denen Weltkörper im großen, und Schneeflocken und Hagelkörner im kleinen sich kugelförmig ballen.[16]

Nicht allein vor dem Hintergrund des preußischen Königshofes in Berlin und Potsdam, sondern auch angesichts der Tatsache, dass Alexander von Humboldt mit den beiden preußischen Königen, denen er als Kammerherr diente, ein freundschaftliches Verhältnis verband, besitzt der Text etwas Schillerndes – gerade auch mit Blick auf den Zeitpunkt seiner Wiederveröffentlichung in den *Ansichten der Natur*. Die Beispiele für die Präsenz des eigenen Lebens, der autobiographischen Dimension seiner Erzählung, ließen sich trotz der Kürze des Textes leicht mehren.

Und doch tritt in dieser Schrift neben der naturwissenschaftlichen und der autobiographischen Dimension des Lebens noch eine weitere hinzu, die das Leben des Textes selbst betrifft und die Humboldt zum späten und wiederholten Abdruck seines frühen literarischen Versuchs bewegt haben dürfte. Der naturwissenschaftlichen Legitimation, der allegorischen Behauptung einer

---

15 Alexander zitiert in seinem auf März 1849 datierten Vorwort zur zweiten und dritten Ausgabe der *Ansichten der Natur* aus dem Brief seines Bruders (*Ansichten der Natur*, S. 10).
16 Humboldt, Alexander von: *Ansichten der Natur*, S. 428.

wissenschaftlich angenommenen Existenz von Lebenskräften, war längst die Grundlage entzogen; an autobiographischen Passagen war im Humboldt'schen Gesamtwerk kein Mangel. Die Gründe für die Aufnahme des kurzen Textes in seine *Ansichten der Natur*, in denen sich Literatur und Wissenschaft miteinander verknüpfen und jene „Verbindung eines litterarischen und eines rein scientifischen Zweckes" eingehen, die Humboldt so sehr erstrebte, mussten daher andere sein. Fassen wir dies etwas genauer ins Auge.

Diese Gründe dürften jenseits des autobiographischen Charmes zum einen sicherlich im Thematischen liegen. Denn die Beschäftigung mit dem Leben in seinen vielfältigsten wissenschaftlichen und gesellschaftlichen, kulturellen und künstlerischen Formen ist im Kosmos der Humboldt'schen Schriften und Aktivitäten zweifellos von überragender Bedeutung. Alles scheint sich bei Humboldt um den „Prozess des Lebens" zu drehen: Er war beständig, wie es Ilse Jahn ausdrückte, „dem Leben auf der Spur".[17] Allein schon durch ihre bis heute die Leserschaft überraschende Präsenz macht „Die Lebenskraft oder der rhodische Genius" auf diese Tatsache aufmerksam. Denn der Begriff des Lebens war für alle Schriften Humboldts von zentraler Relevanz.

Zum anderen aber führt der literarische Text selbst vor, wie er sich der vom Philosophen vorgetragenen wissenschaftlichen Begründung ein ums andere Mal entzieht und sein Eigen-Leben entwickelt. Nicht umsonst ist der Titel dieser Erzählung zweigliedrig: Eine allein wissenschaftliche Titelgebung – etwa „Die Lebenskraft" – hätte nicht ausgereicht, um die verdoppelte Bewegung von wissenschaftlicher und literarischer Logik wiederzugeben. Humboldts Text ist in seiner Vieldeutigkeit bestechend: Er spielt die volle Kraft des Literarischen nicht gegen, aber mit dem Wissenschaftlichen aus. Die Erzählung mag zwar ein Rätsel lösen, gibt aber viele weitere Rätsel auf: Warum wird das Erlöschen der Lebenskraft gerade mit den „mannigfachen Umarmungen" der nackten Jünglinge und Mädchen verbunden, die sich im „Zustand wilder Entfesselung" der „Befriedigung lang genährter Sehnsucht" überlassen? Oder warum ist die Erkenntnis der Lebenskraft mit dem unmittelbar bevorstehenden Tode des Epicharmus verknüpft? Alexander von Humboldts kleine literarische Skizze lässt viele Fragen offen, mit anderen Worten: Sie weist eine hohe semantische Offenheit auf, die von keiner physiologischen Hypothese begrenzt werden kann. Warum ist die Liebe symbolhaft mit dem Tod verbunden? Die literarische Logik lässt sich auf die (natur-)wissenschaftliche nicht reduzieren. Die Proble-

---

17 Vgl. Jahn, Ilse: *„Dem Leben auf der Spur". Die biologischen Forschungen Alexander von Humboldts.* Leipzig – Jena – Berlin: Urania Verlag 1969; sowie dies.: „Dem Leben auf der Spur". Die biologischen Forschungen Alexander von Humboldts. In: *HiN – Alexander von Humboldt im Netz* (Potsdam – Berlin) X, 18 (2009), S. 68–95.

matik des Lebens ist durch Axiome nicht fest-zustellen. Sie entzieht sich und kommt in den Bereichen des Ästhetischen als eines Verbindungswissens zwischen allen Wissenschaften, zwischen allem Wissen, zum umfassenden und vieldeutigen Ausdruck.

Doch Alexander von Humboldts „Rhodischer Genius" hält für unsere Vorlesung noch weitere bemerkenswerte Aspekte bereit. Denn es ist aufschlussreich, dass in Humboldts Erzählung die Frage nach der Lebenskraft erst auftaucht, als sich an das erste ein zweites Bild anfügt und damit eine – freilich nicht nur linear deutbare – *Bewegung* im Sinne einer Bilderfolge in den Blick gerät. Diese Bewegung führt zwischen lodernder und gelöschter Fackel narrative Strukturen und nicht auf eine einzige Finalität oder Kausalität reduzierbare Polysemien ein, deren Vieldeutigkeit das Leben als Offenheit textuellen Eigen-Lebens vorführt. Erst die bewegten Bilder bewegen den Philosophen zu seiner grundlegenden Deutung, welche Leben, Lesen und Liebe miteinander in Verbindung bringt und zugleich auf symbolischer Ebene eine lebenswissenschaftliche Tonart anschlägt. So wird deutlich, dass „Die Lebenskraft oder der rhodische Genius" ein Wissen vom Leben bereithält, das sich gerade nicht auf eine naturwissenschaftliche Theoriebildung vom Leben beschränken und begrenzen lässt. Die ästhetische Dimension des Schreibens meint nichts Ornamentales, sondern ist gerade in der Unabschließbarkeit der von ihr in Gang gesetzten oder noch in Gang zu setzenden Bedeutungsprozesse selbst *Wissen vom Leben*, in narrativer Form.

Es ist dieses narrative Wissen, das sich in seiner literarischen Vieldeutigkeit mit dem naturwissenschaftlichen Wissen verbindet und eine *lebenswissenschaftliche* Dimension in diesen frühen und zugleich späten literarischen Text Humboldts einbringt. Und eben darum darf die Literatur, dürfen die Literaturen der Welt als ein sich wandelndes und zugleich interaktives Speichermedium von Lebenswissen verstanden werden. In eben diesem Sinne ist die Literatur eine zutiefst lebenswissenschaftliche Kunst- und Wissensform und bedarf einer lebenswissenschaftlich ausgerichteten Philologie, um sie in ihrer viellogischen und vieldeutigen Strukturierung genussreich zu lesen.

Alexander von Humboldts Erzählung ist ein Grenztext, der die erwähnte Absicht seiner *Ansichten der Natur*, die „Verbindung eines litterarischen und eines rein scientifischen Zweckes", in hoher ästhetischer Verdichtung demonstriert und vorführt. In der zweiten Hälfte des 20. Jahrhunderts, vergessen wir dies nicht, sind die Grenzen zwischen den Wissenschaften, aber auch zwischen Wissenschaft und Literatur erneut und in ebenso vielfältiger wie fundamentaler Weise in Bewegung geraten. Feste Grenzziehungen zwischen Natur- und Kulturwissenschaften, Geistes- und Gesellschaftswissenschaften entsprechen zwar noch immer gängigen Ordnungssystemen des Wissenschaftsbetriebs zu Beginn des 21. Jahrhunderts, aber längst nicht mehr den Entwicklungen innerhalb einer zunehmend transdisziplinär ausgerichteten Wissenschaftspraxis, für welche auch die Grenzen zwischen Natur und Kultur und damit auch die von Charles Percy Snow beschworenen *Two Cultures*, brüchig und fragwürdig geworden sind. Bereits zu Beginn der neunziger Jahre des zurückliegenden Jahrhunderts zeichnete sich eine derartige Entwicklung deutlich ab. Es bedarf keiner Sehergabe, um heute prognostizieren zu können, dass sich diese Entwicklung unter dem Eindruck der Entfaltung transdisziplinärer Wissenschaftskonzepte parallel und komplementär zu weiteren Formen von Ausdifferenzierung und Spezialisierung des Wissens im 21. Jahrhundert weiter beschleunigen wird. Unsere Vorlesung versucht, dieser Entwicklung Rechnung zu tragen und die Zusammenhänge zwischen Lieben, Lesen und Leben aus einer stark lebenswissenschaftlich geprägten Perspektive auszuleuchten.

Gewiss ist die Veränderung wissenschaftlicher Paradigmen eine höchst komplexe und in der Regel eher langsam verlaufende Angelegenheit. Gleichzeitig ist diese Transformation in hohem Maße an die Entfaltung wissenschaftlicher Kreativität gekoppelt. Die Erschließung neuer Wissensräume zwischen oder quer zu vorhandenen Einteilungen vorherrschender Wissenschaftssystematik bildet eine der fundamentalen Voraussetzungen für Kreativität und Produktivität, aber auch für Präsenz und Performanz der Wissenschaften in ihrem jeweiligen gesellschaftlichen Umfeld. Doch gibt es nicht selten den Fall, dass neue Wissensräume nicht erschlossen und genutzt, sondern nominell okkupiert werden, ohne dass die beteiligten Wissenschaften in der Lage wären, ein ihrer neu geschaffenen Begrifflichkeit entsprechendes Instrumentarium zu entwickeln, das den von ihnen selbst ausgespannten *Horizont* füllen könnte. Nicht selten sind wissenschaftsstrategische Entscheidungen mit derlei Entwicklungen verbunden.

Ein gutes Beispiel hierfür bietet der Begriff der Lebenswissenschaften. Seit das Jahr 2001 von der damaligen Bundesministerin für Bildung und Forschung im Verbund mit wissenschaftlichen Institutionen zum „Jahr der Lebenswissenschaften" ausgerufen wurde, erweckten die Diskussionen um das menschliche Genom, um die Stammzellenforschung oder um die Möglichkeiten, tierisches oder menschliches Leben zu klonen, Erbgut oder Saatgut gentechnisch zu manipulieren, in der Öffentlichkeit zunehmend den Eindruck, die hier angesprochenen hochspezialisierten Wissenschaften deckten das gesamte Spektrum menschlichen Lebens ab. Dieser Eindruck bei einer breiten Öffentlichkeit war durchaus erwünscht. Feuilletons, Fernsehserien, politische Debatten oder Talk-Shows waren zumindest vor dem 11. September 2001 von der Suche nach dem Schlüssel zum menschlichen Leben beherrscht, wobei man sich Leben mit zunehmender Ausschließlichkeit als einen komplexen, aber entschlüsselbaren Code vorzustellen begann. Derlei Vorstellungen waren öffentlichkeitswirksam inszenierbar. Und sie wurden unendliche Male in Szene gesetzt.

Die sich hieraus ergebenden Konsequenzen waren in ihrer Tendenz eindeutig. Dank faszinierender Verstehensmodelle und beeindruckender Forschungsergebnisse, die mehr und mehr auf Bereiche des Alltagslebens und der Zukunftssicherung durchschlugen, wurden die Biowissenschaften in den Massenmedien, aber auch in der Forschungsförderung zu dem, was über den ursprünglichen Gebrauch des englischsprachigen Begriffs der *life sciences* deutlich hinausgeht: Sie wurden zu den Wissenschaften vom Leben überhaupt proklamiert. Das Rätsel des Lebens, das Alexander von Humboldt noch als literarisch-philosophisch-naturwissenschaftliche Allegorese gestalten konnte, schien nun entzifferbar: als rechenbare und letztlich berechenbare Kette: als Code direkt und eindeutig *lesbar*. Doch das Leben ist mehr als ein lesbarer, eindeutig verwertbarer Code.

Dem Universalitätsanspruch und der Hegemonie eines bestimmten Fächerspektrums innerhalb des seit Beginn des 19. Jahrhunderts verschärft ausgetragenen Wettstreits der Wissenschaften sollte man jedoch entgegenhalten, was Hans-Georg Gadamer ausgehend von einer Philosophie des Hörens und Zuhörens zum Verhältnis zwischen Natur- und Geisteswissenschaften ins Feld führte:

> Nun pflegt man den Geisteswissenschaften ja gern gerade die Frage zu stellen, in welchem Sinne sie Wissenschaft sein wollen, wenn es kein Kriterium für das Verständnis von Texten oder Worten gibt. Für die Naturwissenschaften und die Verkehrsformen der Technik ist gewiß richtig, daß Eindeutigkeit der Verständigungsmittel garantiert ist. Aber unbestreitbar macht selbst der Apparat einer auf Wissenschaft und Technik gegründeten Zivilisation lange nicht das Ganze des Miteinanderlebens aus.[18]

Abb. 7: Hans-Georg Gadamer (Marburg, 1900 – Heidelberg, 2002), in seinem Heidelberger Arbeitszimmer im Jahr 1999.

Vorsicht ist also geboten: Hüten wir uns vor dem Alleinvertretungsanspruch bestimmter Wissenschaften, die doch nur ein ganz bestimmtes und von ihnen definiertes Feld des Wissbaren zu erkunden vermögen. Das Abstecken bestimm-

---

18 Gadamer, Hans-Georg: Über das Hören. In: Vogel, Thomas (Hg.): *Über das Hören. Einem Phänomen auf der Spur.* Tübingen: Attempto Verlag 1996, S. 202f.

ter begrifflicher Claims sollte uns dabei nicht davon abschrecken, die Polylogik der Geistes- und Kulturwissenschaften gerade auf dem Gebiet des Wissens vom Leben im Leben geltend zu machen. Der Begriff der Lebenswissenschaften ist nicht nur so vieldeutig und schillernd, so umfassend und marktgängig, als wäre er von Werbestrategen eigens für die Durchsetzung biowissenschaftlich-naturwissenschaftlicher Interessen in Sozial- wie Forschungsgemeinschaften konzipiert; er ist überdies ein Verdrängungsbegriff, der nicht nur den Begriff vom Leben im Vergleich zur abendländischen Antike ungeheuer reduziert, sondern durch seine besitzergreifende Tendenz andere Wissenschaften gleichsam vom Zugang zum Leben fernhält – und dies gerade wegen seiner Nutzbarmachung einer der Literatur und den Geisteswissenschaften entlehnten Metaphorik. Nicht nur der genetische Code des Lebens, sondern auch jener der Inszenierung der Biowissenschaften ist in einem kritischen und wissenschaftspolitisch aufgeklärten Sinne *lesbar*. Wir sollten folglich den neuen Mythen der Natur- und Biowissenschaften nicht aufsitzen und auch deren Terminologie stets hinterfragen.

Die unterschiedlichen Geistes- und Kulturwissenschaften haben disziplinär jeweils verschieden auf diese Herausforderungen reagiert. So hat die Philosophie längst – dies ist aus der Geschichte dieser Disziplin selbstverständlich – im Bereich der Eugenik die Frage nach einem Leben ohne „das Bewegende von moralischen Gefühlen der Verpflichtung und der Schuld, des Vorwurfs und der Verzeihung, ohne das Befreiende moralischer Achtung, ohne das Beglückende solidarischer Unterstützung und ohne das Bedrückende moralischen Versagens, ohne die ‚Freundlichkeit‘ eines zivilisierten Umgangs mit Konflikt und Widerspruch" gestellt.[19] Doch ist die Tragweite des biowissenschaftlichen Griffes in die semantische Trickkiste in jenen Wissenschaften, die sich doch vordringlich mit semantischen Verfahren beschäftigen, noch kaum reflektiert worden. Dies aber scheint mir überfällig.

Wenn es denn Lebenswissenschaften in einem dem Begriff adäquateren Sinne geben soll, müssen sie das breite Spektrum des griechischen *bíos* (und nicht nur *zoé*) und damit auch die unterschiedlichen Logiken, die sich in der Beschäftigung mit verschiedenartigsten Bereichen des Lebens ausgebildet haben, integrieren. Es wird folglich in dieser Vorlesung darum gehen, gerade auch die kulturellen Dimensionen des Lebensbegriffs – und damit meine ich auch implizit die multi-, inter- und vor allem transkulturellen Dimensionen – einzubeziehen und für eine fruchtbare Analyse bereitzuhalten. Leben ist *per se* viellogisch und nicht gemäß

---

19 Habermas, Jürgen: *Die Zukunft der menschlichen Natur. Auf dem Weg zu einer liberalen Eugenik?* Vierte, erweiterte Auflage. Frankfurt am Main: Suhrkamp 2002, S. 124.

einer disziplinären Logik – und sei es die eines Fächerensembles – strukturiert. Das „nackte", das „bloße" Leben, das den Menschen mit allen anderen Lebewesen verbindet, und das politisch, sozial und kulturell geprägte Leben – und damit „Natur" und „Kultur" in ihrem Lebensbezug – sind gemäß unterschiedlichster Logiken relational aufeinander zu beziehen. Denn wir haben ja bereits gesehen, dass wir Natur und Kultur nicht länger simplistisch voneinander trennen dürfen.

Auf der Ebene des Lebenswissens überschneiden sich Kultur- und Naturwissenschaften, bilden Heterotopien des Wissens, die wir nicht einfach dem einen oder dem anderen Bereich allein zuordnen und damit monosemieren können. Als *Horizontbegriff* stellt Lebenswissen disziplinäre Grenzziehungen in Frage und verlangt nach transdisziplinären Herangehensweisen, welche Wissensbestände der Literatur- wie der Gesellschaftswissenschaften, der Kultur- wie der Naturwissenschaften mit dem sich verändernden Gedächtnis der Literaturen der Welt verbinden. Die kulturellen Praktiken des Lesens wie auch die großen Emotionen der Liebe sind dem Lebenswissen wie den breit verstandenen Lebenswissenschaften zugänglich und erschließen in ihrer Verknüpfung neue, kreativ zu eröffnende Bereiche des Wissens. Die Einsicht, „daß Rationalität plural ist",[20] bietet eine gute Grundlage, um unterschiedliche Logiken, verschiedene Kulturen, Künste und Wissenschaften vielstimmig zu Wort und zu Gehör kommen zu lassen. Dass unser Schwerpunkt als Philologinnen und Philologen dabei auf den Literaturen der Welt liegt, versteht sich von selbst.

Literatur erschließt Lebenswissen narrativ nicht zuletzt als *Erlebenswissen*. Dies betrifft gerade den Themenkomplex sehr deutlich, in welchem wir uns zwischen Liebe und Lesen bewegen. Dieses Erleben ist als Erlebnis wie als Nacherleben ohne jeden Zweifel wissenschaftlicher Analyse zugänglich, sei sie produktions- oder rezeptionsästhetischer Ausrichtung. Die Narration des großen Gefühls der Liebe und deren rezeptionsbedingte Aneignung durch eine Leserschaft stellt Fragen nach einer Erzeugung und Generierung wie nach den Tradierungs- und Aneignungsformen von Liebe in unserer aktuellen Gesellschaft wie auch in vorgängigen, historisch gewordenen Gesellschaftsformationen. Vielleicht liegt hierin das Vermächtnis der postum veröffentlichten Vorlesung Roland Barthes' am *Collège de France*, die der Frage des Zusammenlebens in Differenz und damit einer zutiefst lebenswissenschaftlichen Problematik gewidmet ist. Denn nicht umsonst hatte auch Hans-Georg Gadamer im oben angeführten Zitat auf die Notwendigkeit eines „Miteinanderlebens", einer Konvivenz der

---

20 Daston, Lorraine: *Wunder, Beweise und Tatsachen. Zur Geschichte der Rationalität.* Aus dem Englischen von Gerhard Herrgott, Christa Krüger und Susanne Scharnowski. Frankfurt am Main: Fischer Taschenbuch 2001, S. 11.

Wissenschaften, hingewiesen. Dies gilt auch und gerade für ein transdisziplinär konzipiertes Zusammenspiel unterschiedlicher Wissenschaften, welches für unsere Vorlesung von entscheidender Bedeutung ist, will sie ihre Themenstellung vielperspektivisch angehen.

Zugleich sollen auch Bereiche eines Lebenswissens erfasst werden, die sich noch nicht stabilisiert haben und im Grunde noch über keine (wissenschaftstheoretischen) Diskurse und folglich keine diskursive Existenz verfügen, auch wenn sie von den Künsten, Literaturen und Medien längst präsentiert und repräsentiert werden. Hierzu zählt auch und gerade der diskursive Bereich der Liebe, der – das wird Sie vielleicht überraschen – als einer der absoluten Einsamkeit bezeichnet worden ist. Dem werden wir nachgehen, keine Sorge!

Leben und Lust, Körper und Wissen, Spielformen literarischen Schreibens und Schreibformen literaturwissenschaftlichen Spiels sollen bei der Findung und Erfindung neuer Wissensräume in die Konstruktion wissenschaftlicher Objekte eingehen und zugleich deren wissenschaftliche Subjekte bereichern und verändern. Die Aufgabe der Philologie als treue Freundin des (literarischen) Wortes und als Wissenschaft mag in der Zukunft nicht unwesentlich davon abhängen, wie sie ihr Verhältnis zum Leben und zur Liebe – und damit natürlich auch zum Tod – bestimmt.

Nun, diese Überlegungen sollten Sie zunächst einmal mit einer gewissen wissenschaftsgeschichtlichen, aber auch methodologischen und forschungsstrategischen Logik konfrontieren, die dem Vorhaben zu Grunde liegt, das wir heute gemeinsam miteinander in Angriff nehmen. Zugleich aber sollte Ihnen auch klargeworden sein, dass man den Begriff Liebe – ebenso wenig wie den Begriff Leben – auf biowissenschaftliche Dimensionen reduzieren darf; denn dann wird aus dem Leben wie aus der Liebe das Funktionieren eines bestimmten Apparats, den ich mechanistisch oder gentechnologisch, aber doch im Grunde aus der Logik der abendländischen Wissenschaften heraus letztlich als eine Maschine oder ein von wem auch immer aufgezeichnetes Programm und das Abspulen dieser programmierten Abläufe verstehen kann. Liebe aber ist *auch* und keineswegs zuletzt eine hochdifferenzierte diskursive Semantik und eine kulturell gesteuerte Ästhetik, die ihre pragmatische Seite nicht verleugnen kann.

Damit rücken – wie das von uns kurz untersuchte Humboldt'sche Beispiel zeigt – intermediale Übersetzungsformen von Wissen, aber auch performative Aspekte gerade mit Blick auf die Lebenspraxis und ein anzustrebendes „gutes Leben" in den Vordergrund. Ein Wissen von der Liebe kann dabei ebenso in Schrifttexten (etwa im Roman oder einer philosophischen Lebens- oder Liebeslehre, in Biographien oder Autobiographien, in philologischen Reflexionen oder moralistischen Maximen) wie in Bildtexten, in der Inszenierung und Performanz des Körper-Leibs wie in der Befragung und (künstlerischen oder wissenschaftlichen)

Repräsentation von Körperwissen hergestellt, dargestellt und gedeutet werden. Wir werden uns mit all diesen unterschiedlichen Gattungen und Textsorten in unserer Vorlesung befassen. Gerade den Spielformen eines narrativen Wissens werden wir uns dabei besonders zuwenden, sind in ihrem Erzählen von Geschichten doch zugleich auch Handlungsmöglichkeiten und Handlungsanweisungen versteckt, die sehr wohl auf eine jeweilige Leserschaft Einfluss nehmen können. Auch hier ist wiederum die Art der Aufnahme dieses Wissens das Lesen.

Besteht aber nicht die Gefahr, Literatur und Kunst – mithin „sekundäre modellbildende Systeme",[21] von denen Jurij M. Lotman geradezu liebevoll sprach – mit dem „Leben" und damit das Lesen von der Liebe mit dem Erleben der Liebe gleichzusetzen, einer kruden Widerspiegelungstheorie zu huldigen oder in einen schematischen Realismus prästrukturalistischer wie präpoststrukturalistischer Provenienz zurückzufallen?

Eine klare Trennung zwischen textinternen und textexternen Kommunikationsebenen in den nachfolgenden Untersuchungen dürften derartige Befürchtungen zusammen mit einer jeweiligen soziohistorischen und kulturellen Kontextualisierung der analysierten Texte ausräumen. Es gilt, eine Vielzahl unterschiedlicher Perspektivierungen unseres Forschungsgegenstandes – also des Wissens von der Liebe – zu erproben und auszutesten. Die wissenschaftliche Beschäftigung mit einem Wissen von der Liebe kann die Vermittlung von Erlebenswissen ebenso miteinschließen wie Erörterungen eines Wissens vom Zusammenleben verschiedener Kulturen, ebenso Fragen von Leiblichkeit oder Körperlichkeit erörtern wie wissenschaftliche oder pseudowissenschaftliche Abhandlungen über diese Themenkomplexe untersuchen. Die Lust am Text wird dabei die Bereiche von Liebe und Lesen stets miteinander zu verbinden trachten.

Doch was haben Leben und Liebe mit dem Lesen, mit dem Akt der Lektüre zu tun? Eine fundamental-komplexe Sichtweise von Leben ließe sich auch auf jenes fundamental-komplexe System der Literatur übertragen, das so spielerisch mit den Problematiken von Reversibilität und Prognostizierbarkeit umzugehen versteht und uns zugleich Anfang und Ende des Lebens – die unserem bewussten Erleben als Menschen entzogen sind – in der verlebendigenden Kraft des Leseakts zugänglich macht. Es geht beim Lesen folglich immer um die Sehnsucht nach einer Ganzheit von Leben und Liebe, um die Herstellung jener Totalität, die uns Menschen im realen Leben grundlegend entzogen ist, können wir uns doch weder an den Vorgang unserer eigenen Zeugung oder unserer eigenen Geburt, also an unsere Anfänge, noch an unser eigenes Ende selbstreflexiv erinnern. Allein die

---

21 Lotman, Jurij M.: *Die Struktur literarischer Texte*. Übersetzt von Rolf-Dietrich Keil. München: Fink – UTB ²1981, S. 23.

Literatur erlaubt es uns, über die Totalität eines Lebens mit seinen Anfängen und mit seinen Enden zu verfügen. Und genau dies gilt auch und gerade für die Liebe und deren Geschichten und Vorgeschichten. Noch das Scheitern einer Liebesbeziehung und damit des Zusammenlebens mit dem geschlechterspezifisch, kulturell, religiös oder ethnisch Differenten setzt in der Literatur ein Wissen frei, das sie für ihr Lesepublikum als komplexes, nicht auf simple Handlungsanweisungen reduzierbares Wissen vom Leben und von der Liebe bereithält. Um eben dieses Wissen geht es uns.

Lesen und Schreiben sind fundamentale Kulturtechniken des Menschen, und sie sind dabei auf eine grundlegende Komplementarität hin angelegt. Dies gilt in vielfacher Hinsicht: ebenso mit Blick darauf, dass das Geschriebene durch Lesen angeeignet wird, wie auch, dass das Gelesene seinerseits wieder eingeht in ein Schreiben, das nur – wie wir noch sehen werden – auf den ersten Blick Teil einer rein schriftlichen, nicht-mündlichen Kommunikation ist. Doch Schreiben und Lesen, Lesen und Schreiben verkörpern auch höchst unterschiedliche Gewichtungen von Wissen, wie dies Michel de Certeau in einer Passage festhielt, die von Roger Chartier und Guglielmo Cavallo in ihrem lesenswerten Buch *Die Welt des Lesens* an den Anfang gestellt wurde. Sie haben damit an den Anfang ihres Schreibens ein Gelesenes gesetzt, so wie ich meinerseits auf dieses von ihnen Gelesene als ein Geschriebenes zurückgreife, das ich wiederum meinerseits zum Lesen gebe, ohne dabei freilich die beiden Lektüreforscher zu vergessen. Doch hören wir erst dieses Zitat des französischen Philosophen Michel de Certeau:

> Weit davon entfernt, Schreibende zu sein, Gründer einer Heimstatt auf den Erblanden der Sprache, Bauern der Vergangenheit, Bohrer von Brunnen und Erbauer von Häusern, sind Leser Reisende: Sie ziehen wie Nomaden durch fremdes Gebiet, wildern auf Feldern, die nicht ihre Handschrift tragen, und plündern alle Schätze Ägyptens, um sich daran zu erfreuen. Das Schreiben häuft an, lagert ein, widersteht der Zeit durch die Schaffung einer Heimstatt und vermehrt seine Erzeugnisse durch eine auf Expansion bedachte Vervielfältigung. Das Lesen sichert sich nicht ab gegen den Verschleiß durch die Zeit (man vergisst sich und man vergisst es), es bewahrt das Erworbene nicht oder nur schlecht auf, und jeder Ort, an dem es vorbeikommt, ist eine Wiederholung des verlorenen Paradieses.[22]

---

22 Certeau, Michel de: *L'invention du quotidien*, Bd. 1, *Arts de faire*, Paris: Gallimard, S. 251. Soweit nicht anders angegeben, stammen alle Übersetzungen ins Deutsche vom Verfasser. Die originalsprachigen Zitate finden die Leserin und der Leser in den Anmerkungen.

Abb. 8: Michel de Certeau (Chambéry, 1925 – Paris, 1986).

Zweifellos: Literatur steht in einer ganz fundamentalen Beziehung zu einem Paradies, genauer: zu einem verlorenen Paradies.[23] Doch laut Michel de Certeau ergibt sich hier vor allem eine Art Opposition zwischen dem Schreiben und dem Lesen, die wie eine Art Zweitaktmotor unseres kulturellen Systems im Abendland funktionieren. Das Schreiben ist sesshaft und zielt auf Sammlung und Lagerung, das Lesen hingegen ist nomadisch und zielt auf Umherziehen, Plünderung und ständige Wiederholung eines immer wieder von neuem vergessenen oder verlorenen Paradieses.

Man könnte hier vieles anmerken, auf was wir auch im Folgenden noch kommen werden: etwa die Tatsache, dass auch das Lesen – schon etymologisch gesehen – anhäuft und vor allem sammelt, was freilich nicht notwendigerweise zu einer sesshaften Lebensweise führen muss. Lesen aber ist – wie man es im Deutschen noch mit dem Begriff der Weinlese vor Augen führen kann – mit dem Sammeln, der Sammlung verbunden, ohne die das Lesen nun einmal nicht auskommt.[24] Selbstverständlich sind auch wir Literaturwissenschaftlerinnen und Literaturwissenschaftler Sammler, die ihre Schätze in privaten Bibliotheken anhäufen, vor allem aber ihre Sammlungen im Kopf ständig pflegen.

Wichtig an Michel de Certeaus Bemerkung aber scheint mir auch die Verbindung zu sein, die zwischen dem Lesen und dem Reisen hergestellt wird, eine Verbindung, die sich sicherlich auch auf der Ebene der Bewegung auf dem Papier – in unserer Kultur von links oben nach rechts unten, aber auch springend, hüpfend, hin- und herblätternd – nachzeichnen lässt. Lesen ist in einem fundamentalen Sinne mit dem Reisen verbunden – und zwar nicht nur in der Reiseliteratur, für welche die Beziehung zwischen Reisen und Schreiben grundlegend ist.

Doch die Verbindung zwischen dem Lesen und dem Reisen ist tiefgründig, bedeutet das Lesen doch stets den Besuch neuer Orte, die besichtigt werden, die Auseinandersetzung mit neuen Wissensinhalten und Wissensformen, die

23 Vgl. Ette, Ottmar: *Konvivenz. Literatur und Leben nach dem Paradies*. Berlin: Kulturverlag Kadmos 2012.
24 Vgl. Sánchez, Yvette: *Coleccionismo y literatura*. Madrid: Ediciones Cátedra 1999.

zugänglich gemacht werden, die Aneignung von etwas Fremdem, das gleichsam inkorporiert wird. Wenn wir etwas von Liebe lesen, inkorporieren wir folglich etwas, das uns potenziell irgendwann als ein Handlungsmuster dienen kann oder als ein abzulehnendes Gegenmodell erscheint, das wir weit von uns weisen können.

Die Verbindung zwischen der Lesemetaphorik und der Reisemetaphorik lässt sich quer durch die Literaturen der Welt nachweisen. Und nicht zuletzt steht auch am Anfang des abendländischen modernen Romans, in Miguel de Cervantes' *Don Quijote,* die Reise, die auch immer ein Lesen der Welt auf der Hintergrundfolie des Lebens darstellt. Das Gelebte wird aus dem Gelesenen bezogen, und dieses Gelesene zwingt – wie beim Ritterroman – zur ständigen Bewegung: ebenso im Leben wie beim Lesen. So sammeln wir folglich bei der Lektüre Handlungsmuster, Handlungsformen und Handlungsnormen im Bereich gerade auch der Liebe.

Nun aber ist es an der Zeit, dass wir uns mit einem ersten literarischen Text, einem ersten Roman, beschäftigen. Er soll uns als eine Art Vorspiel dienen, als ein Beispiel, an dem wir vorab genau jene Beziehung untersuchen können, welche im Zentrum unserer Vorlesung steht: die vielfältige Relationalität zwischen Lesen und Lieben.

Machen Sie sich also auf ein erstes „Schmankerl", einen literarischen Leckerbissen, gefasst. Denn ich möchte diese für die Literaturen der Welt konstitutive Beziehung gerne mit Ihnen am Beispiel eines der großen – nicht nur italienischen – Romane der zweiten Hälfte des 20. Jahrhunderts näher überprüfen. Anhand dieses Exempels werde ich Ihnen exemplarisch vorführen, worum es im Kern in dieser Vorlesung geht – und die Lust am Text ist dabei garantiert.

Italo Calvino oder Lese- und Liebesabenteuer

Eine literaturwissenschaftliche Auseinandersetzung mit dem italienischen Erzähler, Romancier und Literaturtheoretiker Italo Calvino kann in unseren Tagen zweifellos – auch wenn der Calvino-Boom schon eine Weile zurückliegt – von einer auch bei Nicht-Italianisten recht verbreiteten Kenntnislage zumindest einiger Biographeme und einiger Texte des italienischen Schriftstellers ausgehen. Ich möchte Ihnen daher zu Beginn unserer Beschäftigung mit Italo Calvino nur einige wenige biographische Hinweise geben, um dafür umso rascher die Analyse seiner Texte unter dem Aspekt jener Beziehung anzugehen, die der Roman *Se una notte d'inverno*, oder zu Deutsch *Wenn ein Reisender in einer Winternacht*, als experimenteller Roman zwischen Liebesabenteuern und Leseabenteuern explizit herstellt. Dass in diesem Roman auch wesentliche Aspekte einer literarischen Postmoderne aufscheinen, soll eher nebenbei angemerkt werden. Denn unser Hauptaugenmerk soll auf das Lesen und die Lektüre in ihrer wechsel- und vor allem spannungsvollen Relation mit der Liebe gerichtet sein.

Folglich einige wenige Biographeme vorab. Italo Calvino wurde am 15. Oktober 1923 in Santiago de las Vegas in der Provinz Havanna auf Kuba als Sohn einer Botanikerin und eines Agrarwissenschaftlers geboren. Seine Kindheit verbrachte Calvino in Sanremo in Ligurien, einer Region, der er auch literarisch stets verbunden blieb. Nach dem Gymnasialabschluss 1941 begann Calvino zunächst mit einem Studium der Agrarwissenschaften in Turin; dieses Studium gab er schon bald nach den ersten Examina auf und begann, Philosophie und Literatur zu studieren, an denen er bereits in seiner Schulzeit viel Freude gehabt hatte. 1943 tauchte Calvino zunächst unter und schloss sich bald darauf der *Resistenza* an. Er nahm an den Kämpfen in Ligurien und im März 1945 auch an der Schlacht von Bajardo teil, der letzten des italienischen Partisanenkrieges gegen den Faschismus und Nazideutschland.

Nach der Befreiung Italiens vom Faschismus beendete er sein Studium in Turin 1947 mit einer Abschlussarbeit über Joseph Conrad. Danach begann er seine Arbeit als Faktotum und schließlich als Lektor beim tonangebenden linksliberalen Turiner Verlag Einaudi. Calvino trat in die Kommunistische Partei Italiens ein und arbeitete mit an Elio Vittorinis Zeitschrift „Il Politecnico" sowie an der Turiner Ausgabe der kommunistischen „Unità". Daneben begann er, seine Zeit in der *Resistenza* literarisch zu verarbeiten: Erste Erzählungen und Romantexte entstanden in rascher Folge. Bereits 1947 konnte, unterstützt von Cesare Pavese, sein Romanerstling *Il sentiero dei nidi di ragno* erscheinen. Berühmt wurden aber auch seine *Fiabe italiane*, seine italienischen Märchen, die er in verschiedenen Dialekten Italiens fand und in eine literarische Form brachte; sie wurden wie viele seiner Bände zu Hausbüchern seiner italienischen Leserschaft und Schullektüre.

Abb. 9: Italo Calvino (Santiago de las Vegas, 1923 – Siena, 1985), Anfang der 80er Jahre.

Im selben Jahr 1956 brach Calvino mit der noch immer an der Sowjetunion orientierten KP Italiens, blieb aber für eine Neuorientierung der Partei stets offen. Seit 1964 arbeitete er als Lektor wiederum bei Einaudi, heiratete seine argentinische Frau in seinem kubanischen Geburtsort und traf auch mit Che Guevara zusammen, nach dessen Tod er einen wichtigen Nachruf publizierte. Spätestens seit der Veröffentlichung von *Il barone rampante* 1957 stand Calvino im Lichte einer internationalen Öffentlichkeit.

Italo Calvino lebte zwischen 1967 und 1980 in Paris und freundete sich mit vielen französischen Intellektuellen – darunter Roland Barthes –, aber auch mit dem Literatenkreis rund um *Oulipo*, dem *Ouvroir de littérature potentielle*, an, das seiner literarischen Produktion wichtige Impulse gab. Auch sein wohl größter Erfolg, *Se una notte d'inverno un viaggiatore*, (1979) verdankt den experimentellen Spielformen der Gruppe um Perec und Queneau viel. Während *Palomar* seinen literarischen Schlusspunkt darstellte und am Ende mit der Beschreibung (s)eines Todes endet, blieb sein aus Vorlesungen in Harvard hervorgegangenes Buch *Lezioni americane: Sei proposte per il prossimo millenio*, das postum 1988 erschien, eine Art Vermächtnis des Schriftstellers für die Literatur des kommenden Jahrtausends. Bis zu seinem Tod am 19. September 1985 lebte Italo Calvino als freier Schriftsteller, ausgezeichnet mit manchen der wichtigsten italienischen und internationalen Literaturpreise, zwischen Rom und Paris.

Die wechselseitige Beziehung von Lesen und Lieben, aber auch von Schreiben und Lesen wird wohl in nur wenigen Texten so komplex und zugleich unterhaltend dargeboten wie in Italo Calvinos *Se una notte d'inverno un viaggiatore*, einem experimentierfreudigen Roman, der aus dem Jahre 1979 stammt. Es ist, schlicht gesagt, ein Meisterwerk, das mit den Jahren seit seinem erstmaligen Erscheinen immer komplexer geworden ist und der Literaturwissenschaft immer wieder neue Aufgaben vorlegt.

Der Roman besitzt eine unglaubliche Leichtigkeit des Seins, ist – wie schon Cesare Pavese von Italo Calvino sagte – wie von einem literarischen Eichhörnchen geschrieben, das kundig und überraschend zugleich von einem Baumwipfel zum nächsten hüpft und springt. Die seit langem eingetretene und diagnostizierte Krise klassischer Repräsentationsformen von Realität, wie wir sie später in seinem Roman *Il barone rampante* noch beobachten und analysieren werden, wird hier von einem experimentellen und gleichsam metaliterarischen Standpunkt aus neu produktiv: Es ist der intelligente und mit allen Wassern der Literaturtheorie gewaschene Versuch, literarischen und metaliterarischen Text zusammenzudenken und nicht mehr nur zusammenzumontieren.

Abb. 10: Mitglieder der Gruppe Oulipo im September 1975 in Boulogne (Frankreich).

Die Fruchtbarmachung bestimmter literatur- und kulturtheoretischer, philo-sophischer und ästhetischer Ansätze und Praktiken zwischen *Oulipo* und der Gruppe *Tel Quel* um Philippe Sollers trug hierzu ebenso bei wie die intensive Auseinandersetzung Calvinos mit literarischen Entwicklungen aus dem außer-europäischen Bereich der Romania, also aus der gesamten Spannbreite der Romanischen Literaturen der Welt. Italo Calvino war zweifellos ein Tausend-sassa zwischen den Literaturen – nicht umsonst hatte er als Lektor bei Einaudi ein immenses Lektüreprogramm zu absolvieren. Auf diese Dimensionen komme ich sogleich zurück.

ITALO CALVINO

**SE UNA NOTTE D'INVERNO
UN VIAGGIATORE**

EINAUDI

Abb. 11: Cover der Erstausgabe von
Italo Calvinos *Se una notte d'inverno un
viaggiatore.*

Beginnen wir unsere Analyse mit dem *incipit* dieses Romans und stellen wir dabei
sogleich die Frage nach dem Lesen. Mit Ulrich Schulz-Buschhaus[1] könnten wir angesichts der für unsere Literaturen insgesamt beobachtbaren Entwicklung von einer
Veränderung des Schwerpunkts ebenfalls bei Calvino von der Poetik zur Legetik
sprechen, von einer produktionsorientierten zu einer eher rezeptionsorientierten
Schreibweise, die ja bereits in dem berühmt gewordenen Auftakt von Calvinos
Roman literarische Gestalt annahm. Denn hier rückte Italo Calvino, der mit allen
zeitgenössischen literaturtheoretischen Entwicklungen und selbstverständlich
auch mit Roland Barthes' „Tod des Autors" bestens vertraut war, den Leser und mehr
noch den – um mit Wolfgang Iser zu sprechen – Akt des Lesens[2] in den Vordergrund:

> Du schickst dich an, den neuen Roman *Wenn ein Reisender in einer Winternacht* von Italo
> Calvino zu lesen. Entspanne dich. Sammle dich. Schieb jeden anderen Gedanken beiseite.
> Lass deine Umwelt im Ungewissen verschwimmen. Mach lieber die Tür zu, drüben läuft
> immer das Fernsehen. Sag es den anderen gleich: „Nein, ich will nicht fernsehen!" Heb die
> Stimme, sonst hören sie's nicht: „Ich lese! Ich will nicht gestört werden!" Vielleicht haben

---

1 Vgl. Schulz-Buschhaus, Ulrich: Aspekte eines Happy-Ending – über das XII. Kapitel von Calvinos „Se una notte d'inverno un viaggiatore". In: *Italienisch* (Frankfurt am Main) 16 (November
1986), S. 68–81.
2 Ich verwende hier bewusst die rezeptionsästhetisch bestimmte, aber zugleich in gewisser
Weise auch erotisch aufgeladene Formulierung von Iser, Wolfgang: *Der Akt des Lesens.* München: Fink 1994.

sie's nicht gehört bei all dem Krach; sag's noch lauter, schrei: „Ich fange gerade an, den neuen Roman von Italo Calvino zu lesen!" Oder sag's auch nicht, wenn du nicht willst; hoffentlich lassen sie dich in Ruhe.

Such dir die bequemste Stellung: sitzend, langgestreckt, zusammengekauert oder liegend. Auf dem Rücken, auf der Seite, auf dem Bauch. Im Sessel, auf dem Sofa, auf dem Schaukelstuhl, auf dem Liegestuhl, auf dem Puff. In der Hängematte, wenn du eine hast. Natürlich auch auf dem Bett oder im Bett. Du kannst auch Kopfstand machen, in Yogahaltung.

Dann selbstverständlich mit umgedrehtem Buch.[3]

Dies ist ein fürwahr furioser Auftakt! Zweifellos handelt es sich bei diesem *incipit* um eine sehr originelle Lösung, die in der Tat – wie sich das für ein *incipit* gehört – wesentliche Elemente enthält, die im Verlaufe des weiteren Textes wiederaufgenommen und entwickelt werden – gerade auch mit Blick auf das *letto*, das Bett aber auch das Gelesene, in dem sich am Ende des Textes Leserin und Leser wiederfinden werden. Doch noch ist die Beziehung zwischen Lesen und Lieben eine implizite, wenn auch am Ort des Bettes und darüber hinaus die unterschiedlichsten Positionen oder Stellungen eingenommen werden, von denen letztlich keine einzige die allein seligmachende zu sein scheint. Noch ist das *letto* nicht mit dem *matrimoniale* verknüpft, sondern steht allein für das Gelesene, für die Lektüre, die an just dieser Stelle lustvoll beginnt.

Zunächst springt freilich eine sehr hintergründige Besonderheit dieses Romans ins Auge. Da ist in faszinierender Direktheit das Element der Autoreferentialität, der Selbstbezüglichkeit des Textes also, das bedingt, dass bereits im ersten Satz des Romans der Text sich selbst thematisiert und auch seinen Autor beim Namen nennt: Gestatten, Italo Calvino! Wir haben es hier mit einem Verfahren zu tun, das wir etwa bei Borges in *El Aleph* feststellen können – und selbstverständlich kannte Calvino den argentinischen Autor und dessen Texte bestens. Aber ist „Borges" in Borges' Text Borges? Ist „Calvino" in Calvinos Text Calvino?

Wir haben es mit einer textinternen literarischen Figur zu tun, die keineswegs mit dem realen Autor gleichgesetzt werden darf, die in diesem Falle aber durchaus einen Autornamen als wichtiges identifizierendes und identifikatorisches Element eines Lesevorgangs bezeichnet. Der Calvino in Anführungszeichen ist nicht der Calvino in Lebensgröße, nicht der Autor mit Haut und Haar, Fleisch und Blut, den wir auf den Straßen von Rom oder Paris hätten treffen können. Bei Calvino freilich wird die Attacke auf die Grenze zwischen textinternem und textexternem Bereich noch um einige Grade verschärft: mit einer Art kalten, berechnenden, fast natürlichen oder selbstverständlichen Logik, welche tief in die Grundlagen von Fiktionalität und Literarizität eindringt.

---

3 Calvino, Italo: *Se una notte d'inverno un viaggiatore*. Turin: Einaudi 1979, S. 3.

Denn *spielt* Literatur nicht auf einer anderen Ebene, spielt sie nicht *mit* der Realität selbst? Immerhin hat der hier angesprochene Leser, der zweifellos – nicht nur auf den ersten Blick – die explizite Leserfigur darstellt, das gerade begonnene Buch ja selbst in Händen; und der Name Italo Calvino muss ihm vom Titelblatt ja bereits untergekommen sein. Fällt der konkrete Leser also nicht mit dieser Leserfigur in eins, verschmilzt also die literarische Figuration des Leseakts nicht mit dem Leseakt selbst, in dem wir gerade als Leser engagiert sind?

Folglich haben wir es hier auch mit einem Spiel nicht nur mit dem Autornamen, sondern mehr noch mit der Autorfunktion zu tun, die von Michel Foucault in seiner berühmten Frage von 1969, was denn ein Autor sei, so folgenreich thematisiert wurde.[4] Die Formeln des ersten Satzes beziehen sich also nicht so sehr auf eine interne literarische Figur als auf eine Autorfunktion – und die ist natürlich in aller Regel textextern. Sie merken, so einfach das auch daherkommt: das ist raffiniert gebaute Literatur, die vom ersten Satz an auch ein gewichtiges Stück zeitgenössischer Literaturtheorie und Philosophie verarbeitet. Denn die Lust am Text ist garantiert, wenn wir in einem Roman Italo Calvinos eine literaturwissenschaftliche Lektion über die Differenz, aber auch die Zusammenhänge zwischen Literatur und Leben erhalten. Denn „Calvino" ist nicht Calvino und kann doch ohne Calvino nicht sein. Oder anders: Literatur ist, weil sie mehr ist, als sie ist.

Bemerkenswert an dieser fiktional und wohlkalkuliert ersonnenen literarischen Situation ist, dass der Leser hier direkt angesprochen und selbstverständlich auch geduzt wird: Er gehört gleichsam zur Familie. Das bringt die Grenze zwischen Mündlichkeit und Schriftlichkeit ins Wanken, da hier in schriftlicher Form eine mündliche Sprache in direkter Rede an den Leser gerichtet wird, der seinen Augen vielleicht bei der ersten Lektüre nicht ganz trauen mag, weil er diese Sprache eigentlich über seine Ohren hätte sinnlich erfahren müssen. Dieser Kunstgriff, den die russischen Formalisten mit dem Begriff des *skaz* bezeichneten, vermittelt ein Gefühl der Unmittelbarkeit und Präsenz, das die Appellstruktur des *incipit* noch unterstreicht. Wir könnten an dieser Stelle die keineswegs schwer zu belegende These wagen, dass literarische Texte nicht nur innere Bilder hervorrufen, also die Hypotypose im Sinne der klassischen Rhetorik evozieren, sondern auch eine innere Stimme im Leser zum Klingen bringen.

Genau hierauf zielt der Text an diesem ausgeklügelten Beginn. Wir werden später noch sehen, dass diese innere Stimme in der Geschichte des Lesens gleich-

---

4 Vgl. Foucault, Michel: Qu'est-ce qu'un auteur? In: *Bulletin de la Société Française de Philosophie* (Paris) LXIII, 3 (1969), S. 73–95; sowie ders.: Was ist ein Autor? (Qu'est-ce qu'un auteur?) In (ders.): *Schriften zur Literatur*. Frankfurt am Main – Berlin – Wien: Ullstein 1979, S. 7–31.

sam eine höchst körperliche Präsenz besaß, als die Entwicklung hin zu einem dominanten leisen Lesen noch nicht absehbar war und laut gelesen wurde. Die Geschichte des Lesens ist in uns stets präsent, auch wenn wir selbst nicht mehr so gelesen oder zu lesen gelernt haben. Aber um hierzu noch Genaueres zu erfahren, muss ich Sie erst einmal auf später vertrösten.

Die evozierte innere Stimme, die in gewisser Weise noch unkörperlich ist, nimmt aber bald eine körperliche Form an, insofern der Leser beziehungsweise die Leserfigur dazu gebracht werden soll, seine eigene Stimme zu erheben, ja zu schreien, um genau mit diesem Kraftakt der Körperlichkeit jene Stille zu erzeugen, welche Voraussetzung für das lautlose Lesen sowie die Entstehung der inneren Stimme – oder zumindest deren unbeeinträchtigte Entfaltung – ist. Natürlich unterstreicht das auch die appellative Funktion von Sprache, welche zugleich die Sprache als Sprachhandlung ausweist: Ich schreibe oder sage etwas, und diese Handlung nimmt Deine konkrete Handlung in Zeit und Raum sogleich vorweg oder leitet sie an. Deswegen müssen wir beim Lesen dieses Romananfangs nicht gleich zu brüllen beginnen, dass wir jetzt gerade mit dem Roman *Wenn ein Reisender in einer Winternacht* von Italo Calvino anfangen. Aber wir können diese Stimme, unsere Stimme, vielleicht doch als innere Stimme hören.

Und mehr noch: Der erste Satz des Textes ist zum wörtlich und körperlich realisierten Satz des Lesers (oder der Leserin) geworden, hat damit die Subjektgrenze überschritten, das Subjekt (*sujet énonciateur*) gleichsam gewechselt. Die Sprache des Textes ist also schon zur Sprache des Lesers geworden: Er inszeniert diese Sprache, führt diese Sprache aus. Der Leser wird in einem ganz musikalischen Sinne zum Interpreten und sein Körper zum Klanginstrument des Komponisten. Er wird zum ausführenden Organ des Schreibenden, des Schriftstellers. Er wird folglich zum Interpreten einer Partitur, die ein anderer geschrieben hat; doch das Musikstück könnte nicht ohne diesen Interpreten, nicht ohne diesen Musiker existieren, in der Welt sein. Auch ein literarischer Text existiert nur durch seine Aufführung, durch seine Lektüre. Ein Text ohne Leserinnen und Leser existiert nur als Potentialis.

Gleichzeitig handelt es sich aber auch um eine Vorlesefunktion, in welche der Leser als Vorleser eintritt. Wir werden noch sehen, dass diese Vorlesefunktion historisch den Sklaven in der Antike vorbehalten war. Doch auch ein Alexander von Humboldt musste als Kammerherr derartige Vorlesedienste am preußischen Königshof unweit von hier in Sanssouci leisten. Bisweilen konnte er den Lesestoff auswählen, zumeist aber wohl nicht. So wird der Leser zum Sprechen gebracht, gleichsam ferngesteuert. Doch ist er weit mehr als eine mechanische oder elektronische Sprachausgabe: Er wird zum Interpreten des Textes. Ein wenig unheimlich wird einem da schon, wenn man die Konsequenzen überdenkt. Denn diese Interpretenfunktion lässt sich wohl nicht allein mit dem Musiker, sondern vielleicht mehr noch mit der Funktion eines Dirigenten gleichsetzen. Wir beginnen zu verstehen, welche Komplexität die „innere Stimme" in der Literatur besitzt.

Doch greifen wir einen weiteren Punkt heraus: die Lektüre selbst. Sie braucht, wie wir unschwer erkennen können, zunächst einmal ihren eigenen Ort, ihren eigenen Raum. Dieser Ort muss von der Außenwelt relativ abgeschottet sein, wie uns Italo Calvino in seinem *incipit* deutlich vor Augen und Ohren führt. Andere, historische Lesesituationen und Leseräume werden in der Folge im Text zwar erwähnt; doch hier geht es nicht um die diachrone, sondern um die synchrone Achse der Betrachtung. Der Leser ist offenkundig nur in sehr prekärer Weise allein, denn er muss die anderen förmlich aussperren, will er sich seinem Text, von dem wir schon wissen, dass dieser sein Gesprächspartner ist, vollständig und intensiv zuwenden.

Dies bedeutet nicht nur, dass der Text des Romans seine volle Aufmerksamkeit beansprucht. Denn er fordert die exklusive, alleinige Kommunikation nachdrücklich und klagt somit einen geradezu totalitären Anspruch ein: Der Leser gehört fortan dem Roman und nicht umgekehrt. Zugleich aber bedeutet dies auch – und dabei haben wir es mit dem diskursiven und narrativen Motor unseres Romans zu tun –, dass in diesem alleinigen Anspruch andere Gesprächspartner und Gesprächspartnerinnen ausgeschlossen werden sollen. Das Lesen ist eine einsame Tätigkeit – und da scheint von Beginn an kein Platz für Zweisamkeit, kein Platz für die Liebe zu sein. Sehen wir uns diese Situation aber etwas näher an, zumal *Se una notte d'inverno un viaggiatore* nicht nur ein Leseroman, sondern auch ein Liebesroman ist.

Die Modalität der einsamen Lektüre und des stillen Lesens existierte bereits in der Antike, war aber bis zum 10. Jahrhundert noch höchst ungewöhnlich. Sie hat sich, wie wir wissen, erst im 18. Jahrhundert durchgesetzt, wobei die Institution der Schule im 19. Jahrhundert entscheidend an dieser Durchsetzung beteiligt war.[5] Die Modalität des stillen Lesens finden wir bei den Griechen im Übrigen schon seit dem fünften vorchristlichen Jahrhundert, doch war sie niemals zuvor dominant. Seit der Antike gab es auch völlig andere Leseformen, von denen ich hier nur aus bestimmten Gründen die laute Lektüre in Gesellschaft, etwa zu zweit, erwähnen möchte. Hier kommen wir unserer Sache etwas näher.

---

5 Vgl. hierzu Manguel, Alberto: *Eine Geschichte des Lesens*. Reinbek bei Hamburg: Rowohlt 1999; siehe hierzu des weiteren Kittler, Friedrich A.: Autorschaft und Liebe. In (ders., Hg.): *Austreibung des Geistes aus den Geisteswissenschaften. Programme des Poststrukturalismus.* Paderborn – München – Wien – Zürich: UTB 1980, S. 142–173; sowie ders.: „Das Phantom unseres Ich" und die Literaturpsychologie: E.T.A. Hoffmann – Freud – Lacan. In: ders. / Turk, Horst (Hg.): *Urszenen. Literaturwissenschaft als Diskursanalyse und Diskurskritik.* Frankfurt am Main: Suhrkamp 1977, S. 139–166.

Diese durchaus widersprüchliche Problematik lässt sich sogleich mit der in den Roman eingewobenen Liebesproblematik in enge Verbindung bringen, handelt es sich doch um eine Liebesgeschichte, die – wie ich Ihnen schon vorab verraten will – im Bett enden wird, eben jenem Bett (italienisch *letto*), das wir schon auf der ersten Seite unseres Textes erwähnt gefunden und angemerkt hatten. Die Abkoppelung des Leseprozesses von der Gesellschaft und die Hinwendung zum stillen, einsamen Lesen führt zu einer zunehmend privaten, intimen Hinwendung des Lesers und der Leserin zum Buch, und dafür ist der Ort des Bettes als Ort des Intimen sowie zugleich des Erotischen zweifellos der geeignetste Ort.

Interessanterweise wissen wir auch – dafür gibt es bei dem sogleich zu konsultierenden Alberto Manguel Belege –, dass nicht nur bereits in der Antike, sondern auch im Mittelalter etwa bei den Mönchen im Bett gelesen werden konnte, war das Bett doch früh schon ein privilegierter Ort des Lesens. Es handelt sich folglich um einen Ort, der keineswegs allein mit unserer Kindheit verknüpft ist, wo wir – das haben Sie doch auch getan? – sehr viele unserer ersten Lektüreerfahrungen, vielleicht auch unter der Bettdecke und mit Leselampe, gemacht haben. Die Beziehungen zwischen Bett und Lektüre sind im Roman Italo Calvinos ganz explizit und offensichtlich (und von Calvino bewusst auch historisch motiviert): So sind die Relationen zwischen dem Gelesenen und dem Bett der Geliebten unübersehbar. Doch erstens dürfen wir nicht vergessen, dass der italienische *poeta doctus* hier eine Geschichte des Lesens in seinen Roman integriert hat, und dass des Weiteren diese Doppelbedeutung nicht ganz in der deutschen Übersetzung nachbildbar ist. Natürlich könnte man all dies spielerisch auch im Deutschen weiterbilden. Denn mit ein wenig Humor könnten wir auf die Tatsache zurückgreifen, dass Bett auf Spanisch *cama* heißt, so dass wir scherzhaft davon sprechen könnten, dass wir es hier mit der Dimension des *Camasutra* dieses Calvino-Romans zu tun haben. In jedem Falle aber dürfen wir festhalten, dass sich im Bett die Liebesgeschichte mit der Geschichte des Lesens verbandelt.

Ich möchte Ihnen gerne an dieser Stelle eine kleine Passage aus einem sehr lesenswerten Buch einblenden, das eine Geschichte des Lesens mit vielen persönlichen Reminiszenzen eines Lesers verbindet, der auch einmal Vorleser des blinden Jorge Luis Borges in Buenos Aires gewesen war. Wenn das mal keine Fügung ist! Ich spreche von Alberto Manguel, der ein wirklich empfehlenswertes Buch über das Lesen und die Lektüre geschrieben hat. Alberto Manguel wurde 1948 in London geboren, wuchs in England auf und ist heute kanadischer Staatsbürger, der über einige Jahre freilich die Nationalbibliothek in Buenos Aires – ganz wie Borges selbst – leitete. Ich hatte das Vergnügen, mit ihm zweimal in der Jury des großen Literaturpreises der Buchmesse von Guadalajara zusammenzuarbeiten, aber da hatte ich sein Buch längst gelesen. Er arbeitete in den verschiedensten Städten dieser Welt als Verlagslektor – noch einer also – und Literaturdozent sowie als Übersetzer. Daneben verfasste Alberto Manguel auch Romane, war also schriftstellerisch tätig, was Sie der nachfolgenden Passage ohne Weiteres entnehmen können.

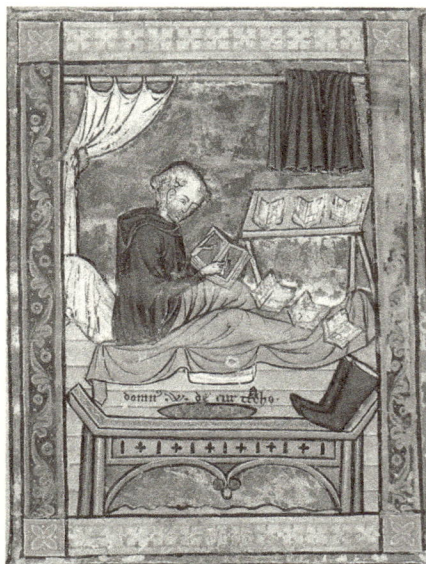

Abb. 12: „Mönch beim Studium im Bett",
Buchillumination aus einem Manuskript der
Bibliothèque Mazarine in Paris, um 1260.

Abb. 13: Die Grabplatten der Eleonore von Aquitanien und Heinrichs II. von England, in der Abtei-Kirche von Fontevraud, Frankreich, XIII. Jahrhundert (Detail).

Auch ich lese im Bett. Die vielen Betten, in denen ich die Nächte meiner Kindheit verbrachte –
in absonderlichen Hotelzimmern, wo die Lichter vorbeifahrender Autos gespenstisch über die
Decke huschten, in Häusern, deren Gerüche und Geräusche mir fremd waren, in Ferienhüt-
ten, die klamm vom Seewind oder der Bergluft so trocken waren, daß neben meinem Bett eine
Schüssel mit heißem Eukalyptuswasser stand, damit ich Luft bekam – in all den vielen Betten
gewährte mir die Kombination von Bett und Buch ein Zuhause, in das ich immer zurückkehren konnte, Nacht für Nacht, unter welchem Himmel auch immer. Niemand würde nach mir
rufen und irgend etwas von mir verlangen; mein Körper brauchte nichts, er lag unbeweglich
unter der Decke. Alles was geschah, geschah im Buch, und der Erzähler der Geschichte war
ich. Das Leben vollzog sich, weil ich die Seiten umblätterte. Ich kann mich wohl kaum an eine
tiefere, allumfassendere Freude erinnern als den Augenblick, wenn ich kurz vor dem Ende
des Buches angelangt war: Ich legte das Buch weg, um mir den Schluß für den nächsten Tag
aufzuheben, ich schloß die Augen mit dem Gefühl, die Zeit angehalten zu haben.[6]

Abb. 14: Alberto Manguel (Buenos Aires, 1948) im Jahr 2014.

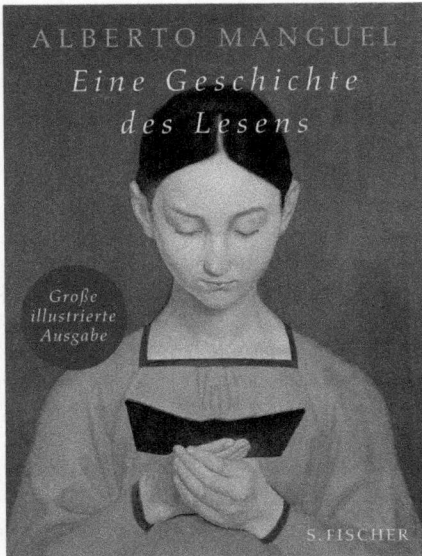

Abb. 15: Cover von Alberto Manguels *Eine
Geschichte des Lesens*.

6 Manguel, Alberto: *Eine Geschichte des Lesens*. Aus dem Englischen von Chris Hirte. Berlin:
Volk & Welt 1998, S. 178 f.

In dieser schönen literarischen Passage wird nicht nur die innige Verbindung zwischen Bett und Buch, zwischen der Lektüre und einem Leseort nachgezeichnet, sondern zugleich eine Lesewelt konstruiert, in der nichts außerhalb des Buches geschieht. Der Körper ist gleichsam stillgestellt, nur noch die Düfte und Gerüche dringen zu ihm und in seine Lesewelt. Im Buch vollzieht sich das „eigentliche" Leben, alle anderen Dinge bleiben außerhalb dieser Welt der Buchstaben.

Vielleicht eignet sich der Begriff der Welt hierfür in ganz besonderer Weise. Denn er meint stets jene Totalität, die wir in der Abstraktion dieses Lexems in seiner Begriffsgeschichte erkennen können. Sie lehrt uns, dass die Weltbegriffe schon von ihrer Etymologie her stets menschhaltig sind, enthalten sie doch das altgermanische Etymon für „Mensch". Die Lesewelt können wir mithin als eine vollständige Welt betrachten.

Wir verstehen jetzt besser, dass sich eine Lektüre nicht im luftleeren Raum vollzieht, sondern sich an ganz bestimmten Orten ansiedelt, an denen wir Bücher lesen, die nur hierher gehören und nirgendwo anders sein können. Bücher schaffen ihre eigene Welt, aber der Akt des Lesens bestimmter Bücher ist räumlich von uns jeweils geprägt. Und selbstverständlich haben auch Sie Bücher, die nicht notwendigerweise ebenso am Schreibtisch wie im Bett gelesen werden können, sondern nach ihrem jeweiligen Ort verlangen. Es kommt eben nur darauf an, im Kontext einer dominant gewordenen stillen, „innerlichen" Lektüre den jeweiligen Ort zu finden.

Hierzu vielleicht am besten noch ein Zitat von Marcel Proust, dessen Romankunst aufs Engste mit dem Lesen und der Reflexion über das Lesen verbunden ist. Er hat Passagen über das Lesen, über die Lektüre verfasst, die von einer brillanten Schönheit sind und zugleich auch seine Theorie des Lesens literarisch einfassen. So heißt es in seinen *Tagen des Lesens* sehr schön:

> Meine einzige, dem Lesen gegenüber respektvolle Gesellschaft waren die bemalten Teller an der Wand, der frisch abgerissene Kalender, die Uhr und der Kamin, die sprechen, ohne eine Antwort zu erwarten, und deren Gemurmel, im Unterschied zu menschlichen Worten, nicht versucht, den Sinn der gelesenen Worte durch einen anderen Sinn zu ersetzen. [...] Doch dann kam die Köchin viel zu früh, um den Tisch zu decken; und wenn sie ihn wenigstens gedeckt hätte, ohne zu reden! Aber sie fühlte sich verpflichtet zu sagen: „Das kann doch nicht bequem für Sie sein; soll ich Ihnen einen Tisch bringen?" Und allein indem man antworten mußte: „Nein, danke vielmals!" war man gezwungen, zu einem Punkt zu kommen und von weit her seine Stimme zurückzuholen, die, versteckt hinter den Lippen, lautlos und sehr schnell alle Wörter, die die Augen lasen, wiederholten; man muß seine Stimme zum Stillstand bringen, mußte sie ins Freie gelangen lassen, und, um ordentlich „Nein, danke vielmals!" zu sagen, ihr den Anschein des Alltäglichen geben, den Ton des Antwortens, den sie verloren hatte.[7]

---

7 Proust, Marcel: Journées de lecture. In (ders.): *Pastiches et mélanges*. Paris: Gallimard 1970, S. 181.

In dieser wunderbaren Passage wird *en filigrane* eine sehr materielle und zugleich auch körperliche Beschreibung einer Lesesituation gegeben, in der die für das Lesen notwendige äußere Stille in Beziehung gesetzt wird zu einer stillen inneren Stimme, die gleichsam hinter den Lippen spricht und die Möglichkeit dafür bietet, den Text, den die Augen aufnehmen, zu verstehen und einwirken zu lassen. Die Wichtigkeit dieser „inneren Stimme" in der Modalität des stillen Lesens ist offenkundig – auch wenn wir uns dies nicht immer bewusst machen.

Dabei ist die eigentliche Stimme geradezu aktiv ausgeschaltet, eine Tatsache, die wir selbst an uns leicht überprüfen können. Denn haben wir lange Zeit still und einsam gelesen, dann müssen wir erst wieder unsere körperliche Stimme finden, müssen uns räuspern, wenn jemand ins Zimmer tritt oder uns jemand anruft und wir unvermittelt aus unserer Lesewelt auftauchen und sprechen müssen. Die präzise Beschreibung derartiger Modalitäten des einsamen Lesens und der stillen Lektüre ist bei Proust nicht nur in den *Journées de lecture*, sondern auch in seiner *A la recherche du temps perdu* ein ums andere Mal meisterhaft ausgeführt. Er ruft uns in Erinnerung, wie komplex diese innere Stimme in uns ist und welch große Bedeutung sie für unser Lesen und für die Gestaltung unserer inneren Welt besitzt.

Doch kehren wir noch einmal zum *incipit* von Italo Calvinos Roman *Wenn ein Reisender in einer Winternacht* zurück. Wir haben es auf der ersten Seite unseres Textes auch sofort mit Körperstellungen zu tun, wobei die schönste Lektürestellung natürlich die des Buches auf dem Kopf, ich meine des Lesers auf dem Kopf, in der Yoga-Position ist. Entscheidend ist dabei nur, dass der Blickkontakt zwischen Leser und Text in der richtigen Richtung und in der richtigen Ausrichtung nicht abbricht. Der Körper muss in alle erdenklichen Stellungen gebracht werden, um die Vereinigung mit dem Buch nicht zu unterbrechen oder ganz abreißen zu lassen. Hier rückt also nun die Dimension der Körperlichkeit sowie jene der Materialität des Lektüreprozesses ins Blickfeld – und selbstverständlich auch eine ganze Vielzahl von Parallelen zwischen dem Leseakt und dem Liebesakt. Wir alle kennen das Gefühl, wenn uns eine Lesehaltung zu unbequem wird und wir gezwungen sind, unsere Lesehaltung von Zeit zu Zeit zu ändern. Im Verlaufe eines längeren Lektüreprozesses dürfte man die meisten der hier geschilderten Lesehaltungen einmal eingenommen haben. Nur so können wir den Seiten des Romans mit großer Aufmerksamkeit folgen und uns auf die Abfolge der Geschehnisse im Erzähltext konzentrieren. Und dass dieser Text eine Abfolge, eine Serie und eine Reise ist, das zeigt sich bereits in seinem Titel, der explizit vom Reisenden in einer Winternacht spricht. Doch auf die Beziehungen zwischen Literatur und Reisen, auf die so eigene Welt der Relationen zwischen

Reisebewegung und Schreibvorgang, bin ich in einer anderen Vorlesung eingegangen.[8]

Die Körperlichkeit literarischer Prozesse ist seit den sechziger Jahren ein wichtiges Thema von Literatur- und Kulturtheorie; in den siebziger Jahren wurde die Fokussierung von Körper und *corporéité* fast schon ein Topos der Literarästhetik und Philosophie. So konnte Italo Calvino an einem simplen lese- und leserbezogenen Beispiel geschickt und humorvoll die Dimensionen dieser spezifischen Körperlichkeit am Beispiel eines Lesers und einer Leserin, die sich ineinander verlieben, vor Augen führen. Zugleich wird die Materialität aller Rezeptions- und Produktionsprozesse von Literatur vorgestellt, die im weiteren Verlauf des Textes mit der Einführung verschiedener Leserfiguren und verschiedener Autorenfiguren ebenfalls noch an Körper und Körperlichkeit sowie an Komplexität gewinnt. Gerade auch auf dieser Ebene erweist sich der Text als ein faszinierendes und zugleich witziges Stück einer Literatur, die sich der literaturtheoretischen Implikationen ihres Spiels mit Theorien und Theoremen vollauf bewusst ist.

Vieles wäre noch zu diesen ersten Zeilen des Romans zu sagen, doch erlaubt uns die Zeit keine noch weitergehende und noch radikalere Analyse. So mag es denn mit unserem *close reading* des *incipit* ein Ende haben – und zwar durchaus in dem Bewusstsein, noch lange nicht am Ende zu sein. Vor dem Hintergrund aktueller Diskussionen um die Einbettung der Literatur in ein komplexes kulturelles System, das von Massenmedien und Massenkommunikation beherrscht wird, sollten wir aber nicht darauf hinzuweisen vergessen, dass sich der Leser nicht nur seinen Freiraum gegenüber den anderen, sondern auch gegenüber deren vorherrschender Beschäftigung – nämlich dem Fernsehschauen – behaupten muss. Er schreit es förmlich heraus, was auf die Lautstärke dieses Massenmediums, das ununterbrochen läuft, aufmerksam macht. Gewiss, seither sind Jahrzehnte vergangen, während derer sich die Dinge massenmedial verändert haben, so dass wir heute elektronische Medien an die Stelle der alten Fernsehkiste setzen müssten. Aber ich glaube, dass sich dadurch an der (bedrängten) Position der Literatur im Zusammenspiel mit anderen Massenmedien nichts Fundamentales mit Blick auf die minoritäre Stellung des Literarischen verändert hat. Folglich können wir Calvinos augenzwinkernde Kritik an der Massenkultur durchaus übernehmen.

Die Literaturen der Welt werden somit von Beginn an in ein Konkurrenzverhältnis und mehr noch ein Konfliktverhältnis zum bislang noch vorherrschenden Massenmedium, dem Fernsehen, gestellt. Der Roman, durchaus verständlich für einen literarischen Text, fordert die Leserschaft auf, auch hier dem Alleinver-

---

8 Vgl. Ette, Ottmar: *ReiseSchreiben. Potsdamer Vorlesungen zur Reiseliteratur.* Berlin – Boston: Walter de Gruyter 2020.

tretungsanspruch der Literatur zu folgen, auch wenn die intermedialen Beziehungen, die im Verlauf des gesamten Experimentalromans entwickelt werden, alles andere als simpel sind. Immerhin aber fordert selbst die Instanz des literarischen Textes in Gestalt der Erzählerstimme den expliziten Leser nicht direkt auf, den Fernsehbildschirm einzutreten und damit ein für alle Mal außer Gefecht zu setzen. Wir wissen nun: Literatur ist ein Kommunikationsmedium, das sich – auch wenn es dies zunächst nicht will – in einen komplexen Medienzusammenhang stellen muss und nur in diesem Kontext wiederum verstanden werden kann. Dies bedeutet freilich keinesfalls, dass die Eigengesetzlichkeit und mehr noch Eigenlogik von Literatur entsprechend hochgehalten werden muss, unabhängig davon, ob sich diese Literatur der Tontafeln oder des Papyrus, des beschriebenen oder bedruckten Papiers oder eines leuchtenden Bildschirms bedient.

Ich möchte Ihnen im Folgenden nicht eine Lektüre der gesamten Struktur des Romans vorlegen, die Ihnen zeigen könnte – doch dies ist schon oft unternommen worden –, wie präzise konstruiert dieser experimentelle Erzähltext aufgebaut ist und selbst in seinen Details funktioniert. Italo Calvino selbst hat uns noch im Jahr seines Erscheinens, also 1979, ein Strukturmodell aufgeschrieben, das uns deutlich zeigt, wie die serielle Grundstruktur des Textes funktioniert. Ich möchte es Ihnen kurz als Abbildung wiedergeben, denn es zeigt sehr gut, wie die strukturelle *contrainte*, die selbstverpflichtende Grundstruktur eines Textes, im Kontext des *Ouvroir de littérature potentielle* funktioniert. Ähnlich etwa wie die Vorgabe, im Falle von Georges Perec, einen Roman ohne den Buchstaben „e" zu schreiben.

Nach all diesen theoretischen Spielen und vielleicht auch Spielereien wird es Zeit für eine handfeste und gelungene Liebesbeziehung, werden Sie sagen. Glücklicherweise ist die Hochzeit der Postmoderne nicht allzu geizig, was die *Happy-Ends* von Liebesabenteuern angeht. Und *happy endings* sind gerade hier und heute bei diesem so theoretisch durchkalkulierten, aber gleichwohl federleichten Roman wichtig. Der bei Jorge Luis Borges in dessen Erzählung *El Aleph* freigebliebene Platz im Schlafgemach wird bei Calvino nicht länger frei bleiben. Bei ihm wird es eine – um mit Dante zu sprechen – Beatrice, eine Beatriz Viterbo, die dem Ich-erzähler namens „Borges" noch versagt blieb, geben. Doch greifen wir Italo Calvinos Geschichte, seiner *story* oder *histoire*, nicht vor.

Denn Italo Calvinos Roman *Se una notte d'inverno un viaggiatore*, 30 Jahre nach der Veröffentlichung von Jorge Luis Borges' *El Aleph* erschienen, ist ein kunstvoll gebauter Roman voller „Leseabenteuer",[9] in denen die Liebe nicht

---

9 Vgl. Helmich, Werner: Leseabenteuer. Zur Thematisierung der Lektüre in Calvinos Roman „Se una notte d'inverno un viaggiatore". In: Schulz-Buschhaus, Ulrich / Meter, Helmut (Hg.): *Aspekte des Erzählens in der modernen italienischen Literatur*. Tübingen: Gunter Narr Verlag 1983, S. 227–248.

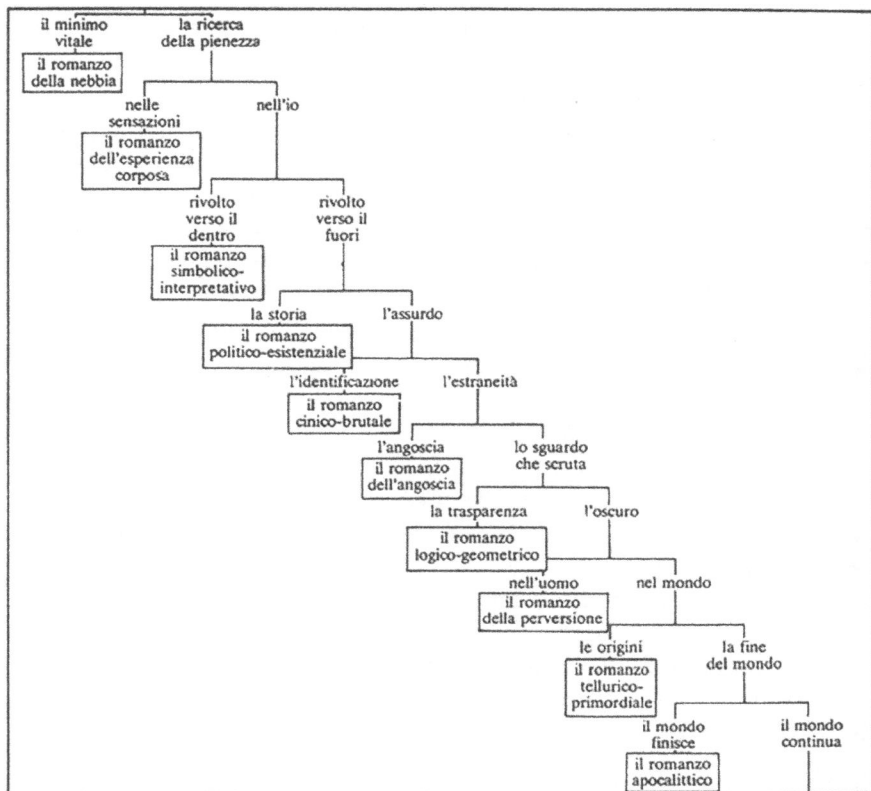

Abb. 16: Nachträgliches Schema der Gliederung von *Se una notte d'inverno un viaggiatore*.

fehlt. Im Mittelpunkt dieses so komplex strukturierten und zugleich schwungvoll geschriebenen Textes stehen die verschiedensten Erfahrungen und mehr noch Erlebnisse mit Lektüren und Lesarten, die verschiedenartigsten Typen von Lesern und Leserinnen, eine Vielzahl theoretisch reflektierter, aber literarisch verkleideter Reflexionen über Rolle und Beziehung von und zwischen Autor und Leser, vor allem aber – als handlungstragendes Element – die vom männlichen Leser hartnäckig verfolgte Liebesbeziehung zwischen ihm und der von ihm verehrten Leserin. Die durch nahezu alle immer wieder abgebrochenen literarischen Strukturen hindurch verfolgte Liebesbeziehung führt schließlich, das wissen Sie ja bereits, zum Erfolg und nicht nur in einen *one night stand*, sondern ins matrimoniale Eheleben und zugleich in die gemeinsam-einsame Lektüre.

Alle Romanfiguren Calvinos bewegen sich in einer Welt aus Büchern, die nicht von ungefähr immer wieder an Borges' „La biblioteca de Babel" erinnern.

Borges ist so etwas wie der eingestandene und zugleich ironisch verehrte Schutzpatron des gesamten Romans. Die intertextuellen Bezüge von *Wenn ein Reisender in einer Winternacht* sind ungeheuer zahlreich, aber die Relationen zu Borges' Texten nehmen dabei eine strukturierende, wenn auch nicht notwendig beherrschende Stellung ein. Es ist nicht wirklich verwunderlich, dass gegenüber dem Autor des Romans immer wieder einmal der Vorwurf erhoben wurde, ein allzu büchernes Produkt geschaffen zu haben.[10] Diesen Vorwurf zu machen, bedeutet aber zugleich, die eigentliche Bedeutung dieses Erzählkunstwerks nicht zu erkennen und damit ästhetisch zu verfehlen. Die Protagonisten von *Se una notte d'inverno un viaggiatore* sind unablässig damit beschäftigt, die Phänomene dieser Welt buchstäblich zu entziffern; und sie partizipieren alle, wenn auch in höchst unterschiedlicher Weise, an dem Glauben an das, was Hans Blumenberg *Die Lesbarkeit der Welt* nannte.[11] Denn in der Welt zu leben, heißt für diese Figuren, die Welt zu lesen.

Calvino griff bei der Anlage seines Romans auf das Schema der Rahmenhandlung zurück, das uns auf die Beziehung zum Aufbau von *Tausendundeiner Nacht* verweist, wobei sich dort das Spiel zwischen Rahmen- und Binnenhandlung auf eine altindische literarische Tradition zurückverfolgen lässt. Im Grunde ist die vom italienischen Autor gewählte Romanstruktur einfach und transparent strukturiert, eine Anlage, welcher der Erzähltext stringent folgt. Zwischen die zwölf römisch durchnummerierten Kapitel der Rahmenhandlung sind zehn sehr unterschiedliche Romanfragmente eingeschoben, die in ihrer Heterogenität zunächst nur auf der Ebene des *plots* auf die Rahmenhandlung bezogen zu sein scheinen, zu unterschiedlich sind zumindest auf den ersten Blick doch Spielplätze, Genres und Schreibweisen dieser stets fragmentarisch bleibenden Texte gewählt. Denn *Wenn ein Reisender in einer Winternacht* ist auch dies: ein lebendiges Museum an Schreibweisen und Stilen, welche der italienische Autor geduldig pastichierte.

In einer monographischen Untersuchung hat Christine Lessle zu Recht von einer „labyrinthischen Darstellung der fiktiven Realität" gesprochen.[12] Die Metaphorik des Labyrinths und der vielfältigen Spiegelungen tauchen in der Tat immer wieder – bisweilen unterschwellig und augenzwinkernd, bisweilen aber auch ganz unverblümt – auf und verweisen wiederum auf Beziehungen zu dem von Calvino aufmerksam studierten, in manchen Passagen pastichierten und offen bewunderten Argentinier Jorge Luis Borges. Dies bedeutet aber keinesfalls,

---

10 Vgl. u. a. Badley, Linda C.: Calvino „engagé": Reading as Resistance in „If on a Winter's Night a Traveler". In: *Perspectives on Contemporary Literature* X (1984), S. 102.

11 Blumenberg, Hans: *Die Lesbarkeit der Welt*. Frankfurt am Main: Suhrkamp 1981.

12 Lessle, Christine: *Weltreflexion und Weltlektüre in Italo Calvinos erzählerischem Spätwerk*. Bonn: Romanistischer Verlag 1992, S. 45.

dass wir es bei diesem Roman mit einem *pasticcio* oder schlimmer noch mit einem Plagiat zu tun hätten. Calvino verstand es nur, bestimmte Textelemente *herbeizu-zitieren*, ganz so, wie das spanische *citar* in der Stierkampfkunst auch die Dimension des Herbeilockens, des „Herbeizitierens" besitzt. Insofern packte Calvino gleichsam den intertextuellen Stier bei den Hörnern.

Abb. 17: Inhaltsverzeichnis von *Se una notte d'inverno un viaggiatore*.

Die Anlage des Romans selbst lässt sich bereits – wie in der Calvino-Forschung mehrfach herausgearbeitet wurde – auf einen *friktionalen* Text der *Ficciones*, „Examen de la obra de Herbert Quain", zurückführen.[13] Auch auf andere Texte des argentinischen Schriftstellers, insbesondere auf „La biblioteca de Babel" und „El Aleph", wird immer

---

13 Christine Lessle hat in ihrer Studie auf diese Beziehung aufmerksam gemacht. Kann es verwundern, dass auch sie Borges mit der Erzählerfigur gleichsetzt? „Der Roman [*April March* des fiktiven Schriftstellers Herbert Quain], so Borges, umfasst dreizehn Kapitel und neun Romane" (*ibid.*, S. 68). Den Begriff des *Friktionalen* habe ich mehrfach dargelegt, darunter erstmals in meinem Band *Roland Barthes. Eine intellektuelle Biographie*. Frankfurt am Main: Suhrkamp Verlag, 3. unveränderte Auflage 2012.

wieder intertextuell angespielt, ein Verfahren, das auf die relative Vertrautheit der italienischen Leserschaft mit Borges' erzählerischem Werk setzen konnte, war Italien doch neben Frankreich jenes europäische Land, in dem die Borges-Rezeption am frühesten eingesetzt hatte und wohl auch am dauerhaftesten geblieben war.[14] Doch insgesamt entsteht ein dichtes Knäuel an Verweisen und Anspielungen zu Aberdutzenden von Texten, das nicht nur die Belesenheit dieses *poeta doctus*, sondern auch seinen leichtfüßigen, aber keinesfalls leichtsinnigen Umgang mit den literarischen Bezügen seiner Literatur-Welt bezeugt. Und in dieser Literatur-Welt bewegen sich die wechselnden Erzählerfiguren des Romans wie Fische im Wasser.

Wir befinden uns also in einer großartigen und postmodern ausstaffierten Lesewelt, in der sich all diese Leseabenteuer ansiedeln. Doch der Roman bleibt dabei beileibe nicht stehen. Bestimmte Romanfragmente – und auch dies konnte die Calvino-Forschung überzeugend herausarbeiten[15] – lassen sich als Pastiches lateinamerikanischer Autoren, insbesondere von Gabriel García Márquez, Juan Rulfo oder José María Arguedas, verstehen und verweisen auf die Vertrautheit des in Kuba geborenen Italieners mit der lateinamerikanischen Literatur des 20. Jahrhunderts. Wir sehen also: Dem Schreiben Italo Calvinos geht ein ausführliches Lesen voraus, die komplexe Intertextualität seines Romans führt Lesen und Schreiben in einer Inszenierung des Leseabenteuers zusammen, welches sich beständig auf Liebesabenteuer öffnet.

Noch einmal kurz zurück zu den Bezügen zur lateinamerikanischen Literatur und dabei vor allem zu jenem Autor, der für die Postmoderne zu *dem* herausragenden und prägenden Schriftsteller wurde. Insbesondere die Verbindung zwischen Calvino und Borges ist insoweit von zusätzlichem Interesse, als sich die Texte des argentinischen Schriftstellers gleichsam *en amont* jener poststrukturalistischen Theoriebildungen situieren, die sich seit den sechziger Jahren auch und besonders im literaturtheoretischen Bereich Gehör verschafften. Ich kann dabei nicht auf die verschiedenen Entwicklungen und Ausprägungen postmoderner Theoriebildung in den USA, in Frankreich, Spanien, Italien oder Deutschland eingehen, dies überlasse ich einer eigenen Vorlesung. Aber ich will Ihnen doch auch im nachfolgenden Kapitel hierzu einige Hinweise geben, da sie nicht nur für das Verständnis von *Se una notte d'inverno un viaggiatore* wichtig sind.

Mit Autoren und Theoretikern der französischen Avantgarde der fünfziger, sechziger und siebziger Jahre war Italo Calvino bestens vertraut, insofern er nicht nur zu Vertretern des *nouveau roman*, zu Roland Barthes oder zu Mitgliedern der

14 Vgl. hierzu Maison, Elvira Dolores: Algunos aspectos de la presencia de Borges en Italia. *Cuadernos Hispanoamericanos* (Madrid) 505–507 (julio – septiembre 1992), S. 211–220.
15 Vgl. hierzu schon früh Schulz-Buschhaus, Ulrich: Aspekte eines Happy-Ending – Über das XII. Kapitel von Calvinos „Se una notte d'inverno un viaggiatore", S. 68–81.

Tel Quel-Gruppe, sondern auch zu aktiven Mitarbeitern am *Ouvroir de Littérature Potentielle* – wie schon erwähnt – intensiven Kontakt pflegte, trat er dieser Gruppe um Raymond Queneau oder Georges Perec doch 1974 bei. Dies sind nun allesamt Gruppen, Tendenzen und Vereinigungen, die wir nur schwerlich unter dem Begriff der Postmoderne rubrizieren können. Und doch lassen sich von jeder Gruppe aus sehr spezifische Bande zu dieser allgemeinen Bewegung herstellen.

All diese Entwicklungen in der französischsprachigen Welt haben stark auf unseren italienischen Autor eingewirkt. So ließe sich sagen, dass sich Calvinos 1979 erschienener Roman *en aval* jener literaturtheoretischen, philosophischen beziehungsweise epistemologischen Theorien ansiedelt, welche seit den sechziger Jahren nicht nur unsere Sichtweise von Literatur, sondern auch Funktion und Rolle des Lesers grundlegend veränderten. Mit anderen Worten: Calvino hatte nicht nur diese Theoriebildungen in ihrer Entstehung aufmerksam verfolgt und begleitet, sondern auch eine Reihe von Schreiberfahrungen gemacht, die er nun – aus einer gewissen zeitlichen Distanz – in *Se una notte d'inverno un viaggiatore* seinerseits wieder spielerisch aufgreifen, dekonstruieren oder ad absurdum führen konnte. Er war kein distanter Zuschauer all jener Bewegungen gewesen, sondern hatte seine Schreib-Welt an den Entwicklungen innerhalb dieser Theorie-Landschaft Frankreichs ausgerichtet, die zum damaligen Zeitpunkt – und noch bis etwa 1980 – zweifellos eine weltweite Zentralstellung behaupten konnte. Paris war damals noch der Nabel der Welt der Theorie gewesen.

Ich will mich im Folgenden nicht an der in den vergangenen Jahrzehnten intensiv diskutierten Frage beteiligen, welche Theoretiker und Schriftsteller, welche Positionen und Publikationen von Calvinos spitzer Feder aufgespießt oder kreativ anverwandelt worden sind. Die Bezüge Calvinos zu Theorien unterschiedlichster Provenienz sind Legion. Gerade Jorge Luis Borges und Roland Barthes (insbesondere *S/Z* und *Le Plaisir du texte*) könnten so in neuen, doppelten Spiegelungen erscheinen und die Kraft einer textgenerierenden Lektüre belegen. Ich möchte mich in diesen, unsere Calvino-Lektüre abschließenden Überlegungen vielmehr auf die für unsere Themenstellung zentrale Argumentationslinie beschränken, ohne freilich den Hinweis darauf zu vergessen, dass die Einbeziehung bestimmter narratologischer Überlegungen oder Literaturtheoreme, also diktionalen Materials, in den Roman stets mit einer so grundlegenden fiktionalen Einbindung einhergeht (insoweit derartige Positionen von textinternen Instanzen und Romanfiguren vorgetragen werden), dass wir wohl von friktionalen Elementen und Aspekten, nicht aber von friktionaler Literatur sprechen können. Dazu ist der Roman Calvinos zu sehr mit dem Pol der Fiktionalität verbandelt.

Grundlegend für ihn ist die entstehende Liebesbeziehung zwischen einer Leserin und einem Leser, wobei der aktive Part geschlechtertypenkonform deutlich dem Leser zukommt. Aus der Vielzahl verschiedener Lesertypen ragen *lettore* und *lettrice* – wobei letztere ohne Zweifel eine selbständige, genießende, gleichsam „naive" Leserposition markiert, deren Ideal bisweilen auch in Borges' Texten aufscheint – deutlich heraus. Gerade die liebevoll ausgestattete Figur der Ludmilla, die im Gegensatz zu ihrem männlichen Gegenpart mit einem „tausendfach ludisch-spielerischen" Namen ausgezeichnet wurde, verkörpert eine schier grenzenlose Lust am Lesen, die sie für die hervorstechendste und am sorgfältigsten konstruierte Autorfigur des Romans, Silas Flannery, besonders attraktiv macht.

Ludmilla – und ich verwende den Begriff hier im doppelten Sinne – fasziniert alle männlichen Leserfiguren, in deren Augenweite sie gerät. Sind die Berufsleser, nicht zuletzt auch im universitären Bereich, von einer grassierenden Leseunlust heimgesucht, und zeichnen sie sich vor allem durch eine fehlende Liebe zum Gegenstand ihrer Untersuchungen aus, so vereinigt die *lettrice* die teleskopischen Projektionen nicht nur Flannerys, sondern auch des *lettore* (mit dem sie eine Zufallsbegegnung in einer Buchhandlung in Kontakt brachte) in sich: kein Wunder also, wenn Ludmillas Liebe zur Literatur bei den unterschiedlichen männlichen Protagonisten des Romans Liebesgefühle weckt, die nicht bücherner Natur, gleichwohl aber – wie zu zeigen sein wird – über Bücher vermittelt sind. Sie praktiziert jene *Lust am Text*, die im Sinne von Roland Barthes durchaus erogener Natur ist und in Wollust umschlagen kann.

Ich möchte Ihnen dies kurz anhand von *Le Plaisir du texte* von Roland Barthes zeigen und zugleich darlegen, wie sehr diese Aspekte alle miteinander verbunden sind und die Lust am Text mit der Wollust untrennbar verbunden ist. Ich tue dies anhand der Figur 6 mit dem Titel „Clivage / Klüftung", denn Roland Barthes hat seinen Theorietext in kleine Figuren unterteilt, die in höchst konzentrierter Form seine Literatur- und Kulturtheorie zum Ausdruck bringen:

> Text der Lust: der befriedigt, erfüllt, Euphorie erzeugt; der von der Kultur herkommt, nicht mit ihr bricht, gebunden ist an eine behagliche Praxis der Lektüre. Text der Wollust: der in den Zustand des Sichverlierens versetzt, der Unbehagen auslöst (vielleicht bis hin zu einem gewissen Überdruß), die historischen, kulturellen, psychologischen Grundfeste des Lesers, die Konsistenz seiner Vorlieben, seiner Werte und seiner Erinnerungen erschüttert, seine Beziehung zur Sprache in eine Krise stürzt.
>
> Es ist daher ein anachronistisches Subjekt, das beide Texte in seinem Feld und in seinen Händen die Zügel der Lust und der Wollust hält, denn es hat zugleich und widersprüchlich Anteil am tiefen Hedonismus jeder Kultur (die friedlich unter dem Deckmantel einer Lebenskunst, zu der die alten Bücher gehören, in es eindringt) und an der Zerstörung dieser Kultur: Es genießt die Konsistenz seines Ich (das ist seine Lust) und sucht nach seinem Verlust (das ist seine Wollust). Es ist ein zweifach zerklüftetes, zweifach perverses Subjekt.[16]

---

16 Barthes, Roland: *Die Lust am Text*. Aus dem Französischen von Ottmar Ette. Kommentar von Ottmar Ette. Berlin: Suhrkamp Verlag (Suhrkamp Studienbibliothek 19) 2010, Figur „Clivage", S. 23f.

Ohne an dieser Stelle auf die Figur näher eingehen zu können – ich habe dies in meiner kommentierten Übersetzung ausführlich getan –, sei doch festgehalten, dass das *plaisir* immer auch die *jouissance* enthält und umgekehrt, dass es zwischen beiden folglich eine Wechselbeziehung gibt, die sich immer wieder verschieben kann und gleichsam den Antriebsmodus des Subjekts befeuert. Dabei ist unschwer zu sehen, in welchem Maße Barthes hierbei die Liebe und die körper-leibliche Wollust mit dem Akt des Lesens – und ich meine dies hier durchaus erotisch – verbunden sieht. Doch kehren wir an dieser Stelle rasch zurück zu Italo Calvino: Denn wir hatten ihn just an jener Biegung des Flusses hin zum Liebesabenteuer verlassen, das ich nun schon so lange hinausgezögert habe.

Die Verknüpfung von Lesen, Leben und Lieben bahnt sich bereits frühzeitig im Roman an, als sich *lettore* und *lettrice* auf die Suche nach der Wahrheit (und dies bedeutet auch: auf die Suche nach dem erst „angelesenen" Buch von Italo Calvino) machen und die gemeinsamen Leseabenteuer ihren Lauf nehmen:

> Du streckst die Beine aus, klappst sie wieder zusammen, streckst sie von neuem aus. Etwas hat sich verändert seit gestern: Du bist mit deiner Lektüre nicht mehr allein, du denkst an die Leserin, die jetzt im selben Moment auch gerade ihr Buch aufschlägt – und schon legt sich über den Roman, den du lesen möchtest, ein Roman, den du möglicherweise leben könntest, die Fortsetzung deiner Geschichte mit ihr, oder besser: der Anfang einer möglichen neuen Geschichte.[17]

Eine Geschichte, eine Liebesgeschichte beginnt sich abzuzeichnen. Noch ganz zart. Es deutet sich also das Durchbrechen des Schemas der einsamen Lektüre an, und zwar in der Figur einer parallelen, aber räumlich getrennten doppelten Lektüre zweier Menschen, zweier Körper, die einander nicht kopräsent sind, aber die spätere Kopräsenz bereits zumindest von männlicher Seite ersehnend und erträumend vorwegnehmen. Die ganze Macht gemeinsamer Lektüre ist hier bereits erotisch kodiert und führt den gesamten Roman hindurch zu Leseabenteuern, die zugleich auch Liebesabenteuer sind.

Die gemeinsame Lektüre geht wie in Borges' „Tlön, Uqbar, Orbis Tertius" in eine detektivische Suche über, führt aber nicht – wie sich etwas überzeichnend sagen ließe – zu einer einsamen Lektüre, die sich auf die Spuren einer fiktionalen Welt heften müsste, welche am Ende totalitär über die „reale" Welt hereinbrechen wird. Sie führt vielmehr über zwar voneinander räumlich getrennte, individuelle, aber parallele Lektüren zur Erfahrung einer Gemeinsamkeit, die sich in gemeinsame Liebeserfahrung verwandelt und so vom Akt des Lesens ins Liebes-

---

17 Calvino, Italo: *Se una notte*, S. 36.

leben führt. Aus der Leseerfahrung wird ein Liebeserleben, das sich im obigen Zitat freilich erst abzuzeichnen beginnt.

Dabei ist selbstverständlich, dass dieses Liebesleben als ein Liebeslesen inszeniert ist, dass also der Körper des geliebten Anderen in ähnlicher Weise dechiffriert wird wie ein geöffnetes Buch. Die Lesbarkeit der Welt wird auch auf den Körper-Leib des geliebten Menschen übertragen, der unter den Augen, unter den Fingern des Subjekts Gestalt annimmt und zugleich als Liebende(r) dekodiert wird. Liebesobjekt und Leseobjekt verschmelzen im Liebesakt, der in einer kaum noch abzuschließenden *Sem*-Analyse gipfelt und zum Höhepunkt getrieben wird:

> Leserin, nun wirst du gelesen. Dein Körper wird einer systematischen Lektüre unterzogen, vermittelt durch die Informationskanäle der Tast-, Gesichts- und Geruchssinne, nicht ohne Mitwirkung der Geschmackspapillen. Auch das Gehör nimmt teil, aufmerksam deinen Seufzen und Juchzen folgend. Aber nicht nur dein Körper ist Leseobjekt: Der Körper zählt nur als Teil eines Ganzen aus komplizierten Elementen, die nicht alle sichtbar und nicht alle zugegen sind, aber in sichtbaren und spontanen Begebenheiten zutage treten: im Matt-werden deiner Augen, in deinem Lachen, in deinen Worten, in der Art, wie du dein Haar zusammenbündelst und ausbreitest, wie du Initiative ergreifst und dich zurückziehst, in allen Zeichen auf der Grenzlinie zwischen dir und den Gepflogenheiten und den Gebräu-chen und dem Gedächtnis und der Vorgeschichte und der Mode, in allen Kodes und Zei-chensystemen, in all den armseligen Alphabeten, durch welche ein menschliches Wesen in gewissen Momenten ein anderes menschliches Wesen zu lesen glaubt.[18]

Der Akt des Lesens wird hier im wahrsten Sinne zu einem Akt des Liebens, der nicht aufhören kann, doch noch immer ein Akt des Lesens zu sein. Lesen und Lieben werden eins: Beide Akte verschmelzen. Der Leseakt ist in den Liebesakt übergegangen, ohne doch als Leseakt jemals beendet zu sein. Ist da nicht etwas zu spüren von jener Dominanz des Lesens, der Lektüre, die stärker ist als jedes Hervorbringen, als jegliche Produktion, als jegliches Generieren und Kinder zeugen?

Gewiss, die Partnerbeziehung ist bei Italo Calvino heterosexuell angelegt. Aber dies muss nicht notwendig so sein. Denn die Liebesspiele sind hier zwar männlich / weiblich kodiert, aber die Lektüreprozesse können sich an allen mög-lichen Körpern erfreuen. Entscheidend ist das Gelesene, das *letto*, das Bett.

In gewisser Weise sind *lettore* und *lettrice* – um es mit den Worten eines anderen großen Italieners, Dante Alighieri, zu sagen – auf ihrem Weg durch den „fitto bosco", den sie mühsam durchqueren mussten, ins „paradiso"[19] vorgesto-ßen, das die vorübergehende grammatikalische Vereinigung der beiden „Du" in

---

18 Ebd.: S. 180.
19 Vgl. Alighieri, Dante: *Commedia*, Inferno I, Purgatorio XXXIII u. Paradiso I.

ein „Ihr" bereithält. Doch ist nicht nur bei der Buchlektüre, sondern auch im Liebesakt die Leseerfahrung weniger eine gemeinsame, als eine von zwei Individuen parallel zueinander erlebte, wobei das Spiel von Körper-Haben und Leib-Sein immer wieder von Neuem und mit vertauschten Rollen angegangen wird. So lesen wir in unmittelbarer Fortsetzung des vorangehenden Zitats:

> Aber auch du, Leser, bist unterdessen ein Leseobjekt für die Leserin: Bald überfliegt sie deinen Körper wie ein Inhaltsverzeichnis, bald schaut sie irgendwo nach, wie erfasst von einer plötzlichen und präzisen Wissbegier, bald hält sie forschend inne und wartet, dass ihr eine stumme Antwort gegeben werde, als interessierte sie jede Teilbesichtigung nur in Hinblick auf eine weiträumigere Erkundung. Bald verweilt sie auf unbedeutenden Einzelheiten, womöglich auf kleinen Stilfehlern wie zum Beispiel deinem vorspringenden Adamsapfel oder der Art, wie du deinen Kopf in ihre Halsbeuge schmiegst, und bedient sich ihrer, um einen gewissen Abstand zu gewinnen, sei's für einen kritischen Vorbehalt oder für eine scherzhafte Vertraulichkeit.[20]

Der Körper wird zum Leib und der Leib wird zum Körper, das Objekt wird zum Subjekt und das Subjekt wiederum zum Objekt des Begehrens. Die Buch- und Lesemetaphorik macht deutlich, dass nicht mehr wie bei Dantes Paolo und Francesca, auf die wir ja zu Beginn unserer Vorlesung gestoßen waren, eine gemeinsame laute Lektüre des Buches (im Buche) erfolgte, wie sie im Mittelalter fraglos vorherrschte. Und so ist es auch nicht der Fall, dass die beiden Liebenden zunächst zu einer Vereinigung ihrer beiden Münder gebracht werden, welche die liebenden Worte der Fiktion (nach-)sprachen, um sie dann in die Realität, in *ihre* Realität, zu übertragen („la bocca mi baciò tutto tremante"). Die Szenerie des gemeinsamen Lesens ist verändert, und doch ist sie im Kern, in der Übertragung vom Buch ins Leben, gleich geblieben. Ja, gemeinsame Lektüre ist gefährlich: Die Literaturen der Welt haben an derlei Stellen immer schon ein Warnschild aufgestellt.

Calvinos moderne Liebende lesen leise,[21] und ihre Lektüre hört auch mit dem Übergang vom Buch zum Leben nicht auf. Sie unterliegen jener Veränderung der Lesegewohnheiten, die gemeinsame Lektüre nicht mehr als Wechselspiel von Vorlesen und Zuhören in Szene setzt, eine (historische) Differenz, die Calvinos Erzählerfigur zu Beginn des vierten Kapitels, wenn auch in einem anderen Zusammenhang, streift. Aber wir können es dem Zitat sogleich ansehen, dass hier ein Kenner *en connaissance de cause* zu uns spricht:

---

20 Calvino, Italo: *Se una notte*, S. 180 f.
21 Vgl. hierzu Kittler, Friedrich A.: Autorschaft und Liebe, S. 142–173.

Zuhören, wie jemand vorliest, ist etwas ganz anderes als selber lesen. Wenn du selbst liest, kannst du dir Zeit nehmen oder die Sätze rasch überfliegen – du bist es, der das Tempo bestimmt. Wenn dir jemand vorliest, musst du dich ständig bemühen, deine Aufmerksamkeit mit seinem Lesetempo in Einklang zu bringen – mal liest er zu schnell und mal zu langsam.[22]

Abb. 18: „Paolo and Francesca da Rimini", Aquarell von Dante Gabriel Rossetti, 1855.

Sie bemerken hier ohne jeden Zweifel, wie viel schon seit der ersten Seite des Romans auf derartige Vorstellungen spezifischer Mündlichkeit und Körperlichkeit Bezug genommen wird. Italo Calvino griff in seinem Roman zentrale Thematiken der Literaturtheorie der zurückliegenden beiden Jahrzehnte auf. Und verband sie selbstverständlich wieder mit den Grundthemen der Literaturen aller Zeiten, was uns nicht zuletzt auch ein Wiedersehen mit Dantes Paolo und Francesca bescherte.

Doch anders als ihnen ist den beiden Liebenden der (Post-)Moderne nur mehr das stille Lesen möglich. Auch dieses stille Lesen hat es ja in sich, wie wir mit Blick auf die innere Stimme erfahren haben. Im Gegensatz zu Dantes Figuren aber endet die „gemeinsame" Lektüre der Liebenden, das Umschlagen des Leseaktes in den Liebesakt, nicht im Inferno, sondern im Abschluss der Lektüre von Calvinos *notte d'inverno*, und damit auch ihrer selbst.

Das letzte Wort hat im Roman die textinterne Figur des *lettore*, der sich als Liebespartner Ludmillas gegenüber dem ebenfalls textinternen Autor Silas Flan-

---

22 Calvino, Italo: *Se una notte*, S. 78.

nery durchsetzen konnte, nicht aber gegenüber der textexternen Instanz selbst, ist sein letztes Wort doch der Name des realen italienischen Autors. Hören wir das letzte, das zwölfte Kapitel des Romans, in seiner vollen Länge:

> Leser und Leserin, nun seid ihr Mann und Frau. Ein großes Ehebett empfängt eure parallelen Lektüren.
> Ludmilla klappt ihr Buch zu, macht ihr Licht aus, legt ihren Kopf auf das Kissen, sagt: „Mach du auch aus. Bist du nicht lesemüde?"
> Und du: „Einen Moment noch. Ich beende grad Wenn ein Reisender in einer Winternacht von Italo Calvino."[23]

Nicht in der Hölle, sondern im Himmelbett, im „grande letto matrimoniale", endet im zwölften und letzten Kapitel die Liebe von Leserin und Leser, ein Doppelbett, in dem die beiden Romanfiguren ihren parallelen Lektüren weiter frönen dürfen. Seit der Antike gab es das *lectus*, das Lesebett,[24] ein überaus bequemer Ort, von dem aus – wie etwa bei Petronius sichtbar wird – sowohl geschrieben als auch gelesen werden konnte. Auch im Mittelalter finden sich Zeugnisse für eine derartige Verwendung des Bettes, selbst wenn dort große Betten ausschließlich Teile des Besitzstandes von Reichen waren.

Bei Italo Calvino – und ich wiederhole es noch ein letztes Mal – vereinigen sich in der Homonymie des Wortes „letto", das zugleich für „Bett" *und* „gelesen" steht, Liebe und Lesen paradiesisch auf ewig. Man muss kein „Calvinist", kein Glaubensanhänger des italienischen „Calvinismo" sein um festzustellen, dass dieser poeta doctus damit, ganz im Sinne Hans Blumenbergs *Arbeit am Mythos*,[25] einen Mythos zu Ende gebracht hat, indem er Dantes ehebrecherische Liebende aus ihrem Inferno erlöste und – über das Purgatorium der von ihnen gemeinsam zu bestehenden Leseabenteuer – ins Paradies der ewigen Lektüre führte. Dort wollen wir die beiden Liebenden auch belassen – bis zu einem erneuten Wiedersehen. Meine sehr verehrten Damen und Herren: *lettore* und *lettrice* sind nun in ihrem großen *letto matrimoniale*, in dem sich Gelesenes, Gelebtes und Geliebtes miteinander verbinden. Stören wir die beiden Liebenden nicht weiter und löschen wir sachte das Licht!

Lassen Sie mich an dieser Stelle nur noch anfügen, dass in Calvinos *Se una notte d'inverno* bereits ein literarischer Raum zu beobachten ist, der auf ganz selbstverständliche Weise nicht nur mehr die Literaturen Europas, sondern auch die Gegenwartsliteraturen der sogenannten Neuen Welt, also etwa Romane und

---

23 Ebd.: S. 305.
24 Vgl. Manguel, Alberto: *Eine Geschichte des Lesens*, S. 183f.
25 Vgl. Blumenberg, Hans: *Arbeit am Mythos*. Frankfurt am Main: Suhrkamp 1979.

Erzählungen von Juan Rulfo, Jorge Luis Borges, Mario Vargas Llosa oder Gabriel García Márquez miteinbezieht und damit eine spezifische Erweiterung des literarischen Horizonts vorantreibt. Dies ist eine neue Situation, die aber keineswegs innerhalb der Literaturgeschichte Europas ein gänzlicher Neustart ist. Mir scheint vielmehr, dass sich gerade in den Jahren der Nachkriegszeit alle Voraussetzungen dafür ausbildeten, dass die grundlegende Erweiterung des literarischen Raumes im europäischen Roman nun auch die außereuropäische Welt – und insbesondere natürlich die literarische Romania – literarisch produktiv werden lassen konnte. In den europäischen Literaturen verbreitete sich mehr und mehr die Auffassung, dass sich jenseits der jeweiligen nationalen und der europäischen Ebene, über die nordamerikanischen Literaturen hinaus, ein literarischer Horizont manifestierte, den miteinzubeziehen immer wichtiger war. Der sogenannte „Boom" der lateinamerikanischen Literatur trug hierzu sein Scherflein bei.

Dies war ein gewichtiger Schritt auf dem Weg zu neuen Vernetzungen der Literaturen der Welt, die Johann Wolfgang von Goethe mit seinem Konzept der „Weltliteratur" anderthalb Jahrhunderte zuvor bereits im Auge gehabt hatte. Zu der Fragestellung werden wir in unserer Vorlesung verschiedentlich zurückkehren. Calvino war auf dieser Ebene – wie auf vielen anderen – zwar vielleicht nicht der erste, aber einer der führenden Schriftsteller, die sich mit einer weit ausstrahlenden Wirkung jener neuen Entwicklungen bemächtigten.

Nun aber möchte ich gerne mit Ihnen gemeinsam einen weiteren Schritt von der allgemeinen Kontextualisierung von Liebe im Horizont von Lesen und Lektüre, aber auch von Lebenswissen, hin zu literaturtheoretischen wie schreibstrategischen Möglichkeiten machen, den Begriff und den Diskurs der Liebe sprachlich, aber auch spezifisch ästhetisch wie wissenschaftlich genauer zu fassen. Ich will dabei mit Ihnen im Verlauf dieser Vorlesung verschiedene Ansätze näher untersuchen, die aus meiner Sicht relevant sind für die Fragestellungen und die Fragehorizonte, die ich für Sie zu entwickeln versuchen werde. Auf unserer Suche nach einer Theorie der Liebe bleiben wir zunächst im Umfeld von Italo Calvino und beschäftigen uns mit dem französischen Kulturwissenschaftler und Semiologen, Denker und Schriftsteller Roland Barthes, der unmittelbar vor Italo Calvino einen gewichtigen und einflussreichen Band zur Liebe veröffentlicht hatte.

Roland Barthes oder das Spiel mit den Bruchstücken der Liebe

Der originellste, prägnanteste und aus meiner Sicht für die Perspektivik unserer Vorlesung höchst relevante Versuch französischer Theoretiker, des Themas „Liebe" habhaft zu werden, ist ein wissenschaftlicher Bestseller, der auch im deutschsprachigen Raum großen Erfolg verzeichnen konnte. Vielleicht ist er der einen oder dem anderen von Ihnen bereits bekannt und Sie haben den Band zuhause. Es handelt sich um die *Fragments d'un discours amoureux* des französischen Zeichentheoretikers und Philosophen Roland Barthes. Es ist ein Buch aus seinen letzten Lebensjahren, in denen Barthes sich aus dem Orbit der Gruppe *Tel Quel* verabschiedet hatte und seinen sehr eigenen Weg zu einer Art Zwitterwesen zwischen Denker und Schriftsteller ging. Ich möchte Ihnen diesen wichtigen Kopf des 20. Jahrhunderts vorstellen, damit Sie einen Einblick in seine intellektuelle Entwicklung erhalten können. Dabei nehme ich mir etwas Zeit und Raum, denn die Entwicklungen von Roland Barthes sind in vielerlei Hinsicht wegweisend für die Entwicklungen der Literatur- und Kulturtheorie der zweiten Hälfte des 20. Jahrhunderts und gerade auch für die Themenstellung „Liebe / Lesen" von größter Bedeutung.

Roland Barthes wurde am 12. November 1915 im französischen Cherbourg geboren. Nach dem frühen Tod seines Vaters 1916, im Ersten Weltkrieg, zog er mit seiner Mutter Henriette zu den Großeltern nach Bayonne in den Südwesten Frankreichs, dem er zeitlebens emotional sehr verbunden blieb. Dort wuchs der Junge unter der Obhut dreier Frauen – der Großmutter, einer Tante sowie der geliebten Mutter (die als Buchbinderin arbeiten musste) – wohlbehütet, wenn auch vaterlos auf. Im Jahre 1924 zog er zusammen mit seiner Mutter Henriette nach Paris um, wo der schulisch hochbegabte Junge zunächst das Lycée Montaigne und später das renommierte Gymnasium Louis le Grand besuchte. Mit seiner Mutter und einem Stiefbruder lebte er bis Ende der fünfziger Jahre stets in finanziell recht prekären Situationen.

Früh begeisterte sich der junge Barthes für Literatur, Theater und Musik. Bald folgten den umfangreichen Lektüren erste literarische Versuche, die bereits einen Einblick in seine spätere Entwicklung gewähren. Nach dem Abitur 1933 wurde die angestrebte Aufnahme in die Elite-Hochschule *Ecole Normale Supérieure* durch eine Tuberkulose-Erkrankung im Mai 1934 unmöglich. Zwischen 1934 und 1946 verbrachte er insgesamt fast acht Jahre in Sanatorien zuerst in den Pyrenäen, später in den französischen und Schweizer Alpen. Zwar konnte er zwischen 1935 und 1939 an der Sorbonne das Studium der klassischen Literatur aufnehmen, doch schien nun die ursprünglich angestrebte brillante ENS-Karriere für immer

𐃏 Open Access. © 2020 Ottmar Ette, publiziert von De Gruyter. (cc) BY-NC-ND Dieses Werk ist lizenziert unter der Creative Commons Attribution-NonCommercial-NoDerivatives 4.0 International Lizenz.
https://doi.org/10.1515/9783110665093-003

unerreichbar zu sein. 1937 begann er einen kurzen Studienaufenthalt in Ungarn; und 1938 reiste er nach Athen und in die Inselwelt Griechenlands, zusammen mit den Mitgliedern der „Gruppe Antikes Theater", die er an der Sorbonne mitbegründet hatte. Sein kurzer, Jahre später im Sanatorium veröffentlichter Text *En Grèce* wird für sein Schreiben und insbesondere seine Kurzschreibweise charakteristisch sein.

Abb. 19: Roland Barthes (Cherbourg, 1915 – Paris, 1980), am Schreibtisch in Paris, 1972.

Es folgten von 1939 bis 1940 eine Tätigkeit als Aushilfslehrer in Biarritz, von 1940 bis 1941 eine pädagogische Aushilfstätigkeit an Pariser Gymnasien, vor allem aber die Gesangsstunden bei dem berühmten Charles Panzéra, die er Ende 1941 wegen einer erneuten Tuberkulose-Erkrankung abbrechen musste und erst 1956 für eine kurze Zeit wieder aufnehmen konnte. 1943 schloss er während einer kurzfristigen Besserung seine *Licence* an der Sorbonne ab. Während seiner langen Jahre im Sanatorium unternahm Roland Barthes umfangreiche Lektüren, hielt Vorträge über Musik wie Literatur und verfasste erste literaturkritische Veröffentlichungen.

Nach dem Krieg kehrte er 1946 nach Paris zurück. Erneut lebte er mit seiner Mutter in einer schwierigen finanziellen Situation; Barthes' berufliche Lage war völlig ungeklärt. So nahm er 1947 eine Stelle als Bibliothekar und Lehrer am *Institut Français* in Bukarest an. Nach dessen Schließung aus politischen Gründen kam er Ende 1949 als Lektor im ägyptischen Alexandria unter. 1950 kehrte Barthes nach Paris zurück und übernahm bis 1952 eine Tätigkeit in der Kulturabteilung des französischen Außenministeriums. Barthes nahm literaturkritische und wissenschaftliche Gelegenheitsarbeiten an und erhielt von 1952 bis 1954 ein Arbeitsstipendium des *Centre National de la Recherche Scientifique*. Dort war er von 1955 bis 1959 im Bereich der Soziologie forschend tätig. Eine berufliche Sicherheit ergab sich jedoch erst in den sechziger Jahren, als Barthes von 1960 bis 1962 *Directeur d'Etudes* an der *Ecole Pratique des Hautes Etudes* im Bereich Sozial- und Wirtschaftswissenschaften, 1962 dann *Directeur d'Etudes* im Bereich Soziologie der Zeichen, Symbole und Darstellungen wurde. Diese Funktion übte er achtzehn Jahre lang aus.

In den sechziger Jahren wurde Roland Barthes zum Wortführer der *Nouvelle Critique* und zu einem der einflussreichsten Intellektuellen Frankreichs. Seine

Seminare wurden legendär. Barthes unternahm Reisen nach Marokko, Japan und in die USA, die ihn in einen der innovativsten Reiseschriftsteller des 20. Jahrhunderts verwandelten. Die Ereignisse vom Mai 1968 blieben dem zur undogmatischen Linken gezählten Intellektuellen freilich fremd. 1969 trat er eine Gastdozentur in Rabat an, kehrte aber 1970 vorzeitig wieder nach Paris zurück, wo er seine (kleinen) Seminare in der für ihn charakteristischen gemeinschaftlichen Atmosphäre an der EPHE wieder aufnahm.

Neben Literatur und Musik widmete er sich nun zunehmend als Kritiker wie als Künstler der Malerei. 1974 reiste er mit Mitgliedern der *Tel-Quel*-Gruppe nach China, doch konnte er die Japan-Erfahrung nicht wiederholen: Sein Reisebericht ist gleichwohl bis heute höchst aufschlussreich, dokumentiert zugleich aber auch seine zunehmende Entfremdung von *Tel Quel*. 1976 wurde er auf Vorschlag von Michel Foucault auf den für ihn eigens eingerichteten Lehrstuhl für literarische Semiologie am renommierten *Collège de France* berufen. Roland Barthes war auf dem Höhepunkt seiner Karriere angelangt. Doch im Oktober 1977 starb seine Mutter: Die tiefe Trauer des Autors spiegelt sich eindrucksvoll in seinem *Journal de deuil*. Am 25. Februar 1980 wurde Barthes beim Überqueren einer Straße angefahren; er erholte sich von den Folgen des Unfalls nicht mehr und starb am 26. März 1980 in Paris.

1977 ist im Leben von Roland Barthes sicherlich ein entscheidendes Jahr. Denn in es fallen seine Antrittsvorlesung am *Collège de France*, der große Publikumserfolg seiner *Fragments d'un discours amoureux*, die Veranstaltung eines ihm gewidmeten Colloque de Cerisy sowie der erwähnte Tod seiner Mutter.

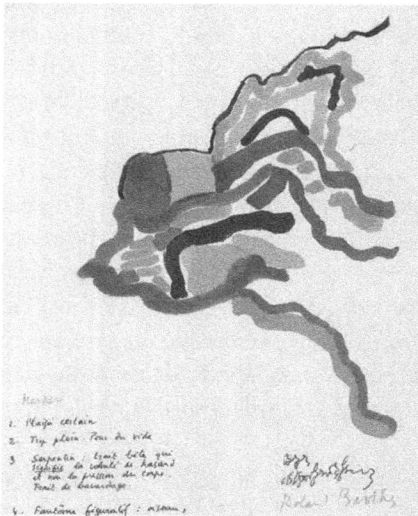

Abb. 20: „Plaisir certain", Zeichnung von Roland Barthes, 1971.

Abb. 21: Die von Julia Kristeva fotografierte Gruppe „Tel quel" auf dem Tian'anmen-Platz, Peking, im April 1974.

Insofern sind seine *Fragments* noch ein glückliches Buch, wurde er nun doch einer breiten Öffentlichkeit als Schriftsteller und Denker bekannt, erhielt sogar einen Fernsehauftritt in Bernard Pivots berühmter Sendung *Apostrophes* – und noch war der Tod von Henriette Barthes, mit der er sein Leben geteilt hatte, nicht absehbar.

Die hybride Einheit von Barthes' erstmals zwischen 1993 und 1995 in einer Werkausgabe gesammelten Veröffentlichungen zeichnet in beispielloser Prägnanz den Weg eines französischen Intellektuellen von der produktiven Auseinandersetzung mit Jean-Paul Sartre und der *Nouvelle Critique* über Strukturalismus und *Tel Quel* bis hin zu poststrukturalistischen Positionen nach. Die Komplexität dieses Weges ist angesichts der ständigen Neubestimmungen der eigenen Position Barthes' beispiellos. Sein Lebensstil und seine publikumswirksame Selbstinszenierung gehören notwendig zu den schöpferischen Ausdrucksformen dieses sich gängigen Kategorisierungen stets entziehenden französischen Essayisten. Mit *Le Degré zéro de l'écriture* (1953) katapultierte sich Barthes in die Theoriedebatten eines im Zeichen des Sartre'schen *écrivain engagé* stehenden Nachkriegsfrankreich. Existentialistisch geprägte Begriffe wie Engagement, Wahl und Solidarität werden von der inhaltlich-ideologischen auf die Ebene der *écriture* transponiert, die als der eigentliche Ort von Freiheit und Erlösung erscheint. Verfolgen wir hier den Weg von Roland Barthes noch kurz.

Abb. 22: Le déjeuner structuraliste : Michel Foucault, Jacques Lacan, Claude Lévi-Strauss et Roland Barthes.

Auch in seinem *Michelet par lui-même* (1954) ging es ihm vor allem um die Schreibweise des berühmten Historikers, dessen „Netz von Obsessionen", so etwa sexuelle Repräsentationsmuster geschichtlicher Prozesse, er mit Hilfe existentialpsychoanalytischer Ansätze und mehr noch der *critique thématique* aufzudecken suchte. Die *écriture courte* seiner zunächst in Zeitschriften publizierten „Mythen des Alltags" rundet er 1957 in seinem Band *Mythologies* mit dem Versuch ab, den Strukturalismus kulturkritisch auf die französische Gesellschaft und deren Mythen zu beziehen. Unvergessen seine Texte über Greta Garbo, über die neue *DS* von Citroën oder die Überschwemmungen in Paris. Spätestens mit diesem Band ist Roland Barthes in aller Munde und profiliert sich zunehmend als einer der führenden Intellektuellen Frankreichs. Strukturalistische Begriffspaare erfahren eine ideologiekritische und mehr noch kulturtheoretische Zuspitzung, wobei die oftmals verblüffenden Beobachtungen diesen Essayband auch außerhalb Frankreichs rasch zu einem Klassiker nicht nur der Zeichen- und Kulturtheorie werden lassen.

Doch Barthes wollte mehr. Mit der bewusst gegen die universitäre Kritik gerichteten Veröffentlichung von *Sur Racine* (1963) und seinen *Essais critiques* (1964), die sich als breit angelegte Untersuchung zum Moderne-Begriff lesen lassen, gelang Barthes die Festigung seiner geradezu ubiquitären Position als Vertreter der *Nouvelle Critique* im intellektuellen Feld Frankreichs, eine Position, die er mit seinem Machtwort in der von ihm ausgelösten Polemik, *Critique et vérité* (1966), untermauerte. Die am Ende von „Kritik und Wahrheit" angestellten Überlegungen zeigen zugleich einen Barthes, der sich mit Autoren wie Gérard Genette, Algirdas Greimas, Umberto Eco oder Claude Bremond diskursanalytischen und narratologischen, aber mehr noch nietzscheanisch beziehungsweise dekonstuktivistisch eingefärbten Standpunkten der französischen Neoavantgarde und vor allem der frühen *Tel Quel*-Gruppe um Philippe Sollers, Jaques Derrida und Julia Kristeva nahe weiß.

Sind *Elemente der Semiologie* (1964) und *Système de la mode* (1967) noch dem Saussure'schen Paradigma, der strukturalen Anthropologie und einem weiten Kulturbegriff verpflichtet, so zeigt sich in seinem international vieldiskutierten Essay „La mort de l'auteur" von 1967 eine philosophische Ausrichtung, in der Polyvalenz und Offenheit des Textes semiologisch und texttheoretisch radikalisiert werden und im Verschwinden des Autor-Subjekts, in der Rede vom „Tod des Autors", sowie in der damit einhergehenden „Geburt des Lesers" gipfeln. Lesen und Lektüre stehen jetzt im Fokus seiner literatur- und kulturtheoretischen Überlegungen.

Der Autor Barthes freilich arbeitet unermüdlich an seiner *écriture courte*, die ebenso seine 1969 entstandenen, aber erst postum veröffentlichten marokkanischen Reiseskizzen *Incidents* (1987) wie auch sein Japan-Buch *L'empire des signes* (1970) sowie *S/Z* (1970) prägt. In der letztgenannten, auf den ersten Blick strukturalistisch anmutenden Mikroanalyse einer Novelle Balzacs sind die Gewichte vom Werk- zum (als Gewebe verschiedener Codes gedeuteten) Textbegriff und von der Produktion zur (textproduzierenden) Rezeption verschoben; Lektüre erscheint als Entfaltung einer unbeschränkten Sinn(en)vielfalt, eine Lesepraxis, die Barthes 1971 in *Sade, Fourier, Loyola* kanonverändernd vorführt. In einer Foucaults Begriff „Diskursbegründer" recht verwandten Metaphorik werden die drei Titelfiguren als *logothètes* oder „Sprachbegründer" gedeutet, wobei eine „Befreiung" des Signifikanten vom Referentiellen grundlegend ist.

Aus einem übergreifenden Blickwinkel schöpft Roland Barthes nahezu das gesamte Spektrum an zentralen Stichworten der Theoriedebatten aus, wobei er selbst für zahlreiche theoretische Diskussionen Stichwortgeber ist. Zwischen Nietzsche und Lacan, Sade und Sollers siedelt sich *Le Plaisir du texte* (1973) an, das Barthes' letzte Schaffensperiode einleitet und diese in das Zeichen einer enthierarchisierten, jenseits binärer Oppositionen stehenden Erotik des Textes stellt. Die „Lust am Text" öffnet sich am Ende zu einer erotischen Lust des Ohres an der Körperlichkeit der Stimme und zeichnet so Barthes' eigenwilligen Weg aus dem Textualitätsdogma von *Tel Quel* vor. Denn in Barthes' gesamtem Schaffen steht immer wieder die *corporéité* im Zentrum – und mit ihr Eros, Lust und Liebe.

Mit dem Körper kehrt eine imaginierte Subjektivität zurück, welche die Grundlage für die autobiographische Fiktion *Roland Barthes par Roland Barthes* (1975), für den Bestseller *Fragments d'un discours amoureux* (1977) – mit dem wir uns sogleich beschäftigen werden – wie zumindest teilweise für sein letztes Buch, *La Chambre claire* (1980) bildet. Nicht nur durch seine literar- und kulturtheoretischen Ansätze, sondern auch durch die ästhetische Gestaltung seiner Buchprojekte hat Barthes in seinem Spiel mit den Grenzen zwischen Metatext und (literarischem) Text die Schreibweise vieler, nicht nur französischer Autorinnen und Autoren bis in die Gegenwart geprägt. Was aber hatte der französische Autor zur Liebe zu sagen?

Kommen wir also zu jenen *Fragments d'un discours amoureux*, die neben seinen *Mythologies* zum größten Verkaufserfolg seiner wissenschaftlichschriftstellerischen Karriere wurden.

Mit den *Fragments* gelang Barthes, was im Regelfall nur Schriftstellerinnen und Schriftstellern vorbehalten bleibt: Er landete im Frühjahr 1977 einen wirklichen Bestseller. Nach einer rasch vergriffenen Startauflage von immerhin 15000 Exemplaren lässt sein Verlag noch im selben Jahr sieben weitere Auflagen drucken und verkauft 79000 Exemplare des Bandes allein im Jahre 1977. Der Erfolg übertrifft alle Erwartungen und überrascht auch den Autor selbst. Barthes konnte sich vor Interviewanfragen nicht nur bei Zeitungen und Zeitschriften, sondern auch in Rundfunk und Fernsehen kaum retten. Wiederum nur wenige Wochen später, im Juni 1977, findet das bereits erwähnte Kolloquium von Cerisy-la-Salle statt, das sich seinem bisherigen, teilweise aber auch bereits seinem künftigen Schaffen widmet. Ein Kolloquium in Cerisy stellte für französische Schriftsteller wie Philosophen die definitive Konsekration dar.

Barthes hatte eine Erklärung für den Erfolg seines Buches, die er in Cerisy äußerte. Er deutet diesen Erfolg so, dass sich „die Leute" in seinem Buch über die Liebe „wiedererkennen würden, nicht etwa, weil es wahr wäre, sondern weil es geschrieben" sei: „Weil ich an der Schreibweise dieses Buches gearbeitet habe, verkauft es sich, und nicht, weil es wahr ist."[26] Also alles nur eine Frage von Form und Formulierung?

Diese Deutung durch Barthes selbst erklärt den Erfolg des Bandes ebenso wenig wie der durchaus witzige Einwurf des französischen Schriftstellers Alain Robbe-Grillet, bei den *Fragmenten einer Sprache der Liebe* handle es sich keineswegs um den ersten Roman von Barthes, sei der Autor des *Michelet* doch mittlerweile schon bei seinem fünften oder sechsten angelangt. Die Bemerkung des Hauptvertreters des *nouveau roman* warf freilich ein Schlaglicht auf das Schreiben von Barthes, dessen Sprache seit dem Erscheinen von *Am Nullpunkt des Schreibens* unablässig der Vorwurf gemacht wurde, preziös, unlesbar, unfranzösisch oder intellektualistisch zu sein. Roland Barthes hatte unter den beständigen Angriffen gegen seine Sprache, gegen seinen Stil, gegen seine *écriture*, stets sehr gelitten. Nun aber räumte er, zweifellos mit einem gewissen Wohlgefallen, ein, dass er immer häufiger gefragt werde, ob er gerade an einem Roman schreibe. In

---

26 Vgl. die Bemerkung Barthes' in Compagnon, Antoine (Hg.): *Prétexte: Roland Barthes.* Colloque de Cerisy. Paris: 10/18 1978, S. 219.

einem Diskussionsbeitrag sprach er gar von einer „journalistischen Offensive", die aus ihm – koste es, was es wolle – einen Schriftsteller machen wolle, gemäß der Formel „aber ja, Barthes ist ein Schriftsteller, das wissen wir schon seit langem".[27] Barthes bastelte offensichtlich an seinem eigenen Mythos.

Wie in seiner experimentellen Autobiographie *Roland Barthes par Roland Barthes* blieb Barthes auch in den *Fragments d'un discours amoureux* seiner Liebe zur *écriture courte*, zum Fragment, wieder einmal treu. Der gesamte Band wird von einer Formel eröffnet, welche für den gesamten Band die Stimme gleichsam programmiert: Denn es ist „ein Liebender, der hier spricht und sagt".[28] Es handelt sich folglich um einen *discours amoureux*, den Diskurs eines Liebenden, womit gleichzeitig ein Diskurs im transphrastischen und narratologischen Sinne und ein Sprechen, eine mündliche Rede gemeint ist, welche „ein Liebender" auf den folgenden Seiten artikuliert. Beginnen wir ausgehend von dieser Bestimmung unseren Durchgang durch Barthes' Text, der wunderbar die Mehrdeutigkeit von Metatext und literarischem Spiel aufrecht erhält, so dass man zwischen Zitaten, Kommentaren und Setzungen sowie Aphorismen bald nicht mehr weiß, auf welcher Textebene man sich befindet.

So, wie der Autor (oder besser die Autorfigur) von Barthes zunächst aus dem Text vertrieben wurde, um dann – in *Roland Barthes par Roland Barthes* – als Autorfiktion wieder zurückkehren zu dürfen, kehrt nun auch das Subjekt wieder in den literarischen Text „heim": als eine Fiktion oder, genauer noch, als eine *Figuration*. In *Die Lust am Text* hatte Barthes den Autor als eine von ihm benötigte „Figur"[29] bezeichnet, deren Notwendigkeit spätestens in seiner experimentellen Autobiographie erkennbar wurde, da nur so ein Spiel wechselseitiger Spiegelungen zwischen „Subjekt(en)" und „Objekt(en)" des Schreibens geschaffen werden konnte. Es geht also keinesfalls um den realen Autor, um den Autor mit Haut und Haaren, Fleisch und Knochen. Ähnlich verwendet Barthes nun das Subjekt des Liebenden als eine Figur, in der sich die verschiedensten Fragmente eines Diskurses bündeln lassen. Oder besser als eine Figuration, die in unterschiedlichste Figuren trennbar und damit durchbuchstabierbar ist. Der Liebende wird daher nicht als Individuum mit einer psychologischen „Tiefe" dargestellt, sondern in den Strukturierungen seines Sprechens inszeniert. Er wird in einzelne figurale Bewegungen unterteilt, die gesondert untersucht werden.

Diese Anlage seines Textes entstand nicht spontan, sondern entwickelte sich in ihm über einen längeren Zeitraum. Vorüberlegungen zu einem solchen Buch

---

27 Ebda., S. 414 sowie S. 251.
28 Barthes, Roland: *Fragments d'un discours amoureux*. Paris: Seuil 1977, S. 13.
29 Barthes, Roland: *Fragments d'un discours amoureux*. In (ders.): *Oeuvres complètes Edition établie et présentée par Eric Marty*. 3 Bde. Paris: Seuil 1993–1995, Bd. II, S. 1508.

finden sich bereits in Kapitel LXXV von *S/Z*. Denn dort war Barthes ausgehend von Balzacs Novelle *Sarrasine* auf die Variationen von Liebesschwüren und Liebesverweigerungen eingegangen: „Nur eine historische Inventur der Formen der Liebessprache (*parole amoureuse*) könnte diese Variationen ausnutzen und uns den Sinn des „*Parlez-moi d'amour*" aufzeigen, wenn dieser Sinn sich weiterentwickelt hat usw. Die Unendlichkeit kommt ihrerseits von der Wiederholung: die Wiederholung, das ist genau, dass es keinen Grund gibt aufzuhören."[30] Was im Liebesdiskurs unbedingt vermieden werden sollte, das ist der Schlusspunkt.

In Barthes' *S/Z* ist noch nicht von Diskurs, wohl aber von einem mündlichen Sprechen die Rede, das die Liebenden auszeichnet. Dieses Sprechen soll nun im realisierten Projekt der *Fragments d'un discours amoureux* in Szene gesetzt werden: Dafür braucht Barthes die Figur eines Subjekts. Zugleich muss das Sprechen aber auch auf ein historisches Inventar hin geöffnet werden, und dies wäre im Gegensatz zur individuellen Ebene der *parole* die intersubjektive, „kollektive" Ebene des Diskurses. Der Begriff des Diskurses ist für Barthes hier essentiell – und deshalb ist es leider auch grundfalsch, wie in der deutschen Übersetzung von den „Fragmenten einer Sprache der Liebe" zu sprechen. Ich spreche daher lieber von den *Fragmenten eines **Diskurses** der Liebe*, was den Absichten Roland Barthes' wesentlich stärker entspricht.

Dem gesamten Band hat Roland Barthes – wie in den siebziger Jahren recht oft – eine Art Gebrauchsanweisung des Buches vorangestellt unter dem Titel „Comment est fait ce livre". Damit ist in didaktischer Hinsicht eine Art Leseanweisung verbunden, die das Buch auch für breitere Leserschichten öffnet – ohne dass Barthes freilich an einen derartigen Publikumserfolg gedacht hätte. Dort heißt es gleich zu Beginn in wohlgesetzten Worten:

> Die Beschreibung des Diskurses der Liebe ist also durch seine Nachbildung ersetzt worden, und dieser Diskurs hat seine entscheidende Hauptperson zurückerstattet bekommen, das *Ich*, und zwar so, dass eine Ausdrucksweise inszeniert wurde, keine Analyse. Was vorgestellt wird, ist, wenn man so will, ein Porträt, aber kein psychologisches, sondern ein strukturales: es gibt einen sprachlichen Ort zur Lektüre auf: den Ort jemandes, der für sich, als Liebender, spricht, der angesichts des anderen (des Liebesobjektes) spricht, der seinerseits schweigt.[31]

Ich muss mich an dieser Stelle für die recht holprige Übersetzung entschuldigen. Sie stammt ausnahmsweise nicht von mir, sondern ist dem Suhrkamp-Band entnommen, der ja schon den fehlerhaften Titel trägt; übersetzt wurde übrigens

---

30 Barthes, Roland: S/Z. In (ders.): *Oeuvres complètes*, Bd. II, S. 674.
31 Barthes, Roland: *Fragmente einer Sprache der Liebe*. Aus dem Französischen von Hans-Horst Henschen. Frankfurt a. M. : Suhrkamp 1984, S. 15.

von Hans-Horst Henschen, einem mit Barthes bestens vertrauten Übersetzer und Interpreten.

Zentral ist folglich die Figur eines Sprechenden, eines „Ich". Der Diskurs dieses („eines") Liebenden greift auf ein heterogenes, historisch wie individualgeschichtlich aufgehäuftes Material zurück, das keineswegs historisiert, sondern in der Figur des Sprechenden aktualisiert, vergegenwärtigt wird. Damit ist keine Psychologisierung dieser Figur verbunden. Wir treten vielmehr in ein Netz von Beziehungen, in eine Welt intertextueller Bezüge ein. In einer dem Buch nachgestellten „Tabula gratulatoria" werden Bezugspunkte dieses Diskurses der Liebe oder dieses liebenden Diskurses genannt. Wie sieht dieses Beziehungsnetz aus?

In einer ersten Gruppe finden sich mit Barthes befreundete Schriftsteller (wie Sollers oder Sarduy), Mitstreiter oder Teilnehmer seiner Seminare an der *Ecole Pratique des Hautes Etudes*. Die zweite Gruppe wird von einem Einzelwerk ausgefüllt, Goethes *Die Leiden des jungen Werther*, dessen französische Übersetzung Roland Barthes zum zweifellos wichtigsten Intertext seines Buches machte. Dies ist bemerkenswert, gibt diese Wahl doch schon eine gewisse Stoßrichtung für den Liebesdiskurs vor. In einer dritten Gruppe dieser Ehrentafel finden sich verschiedenste Autoren von Balzac, Bataille und Baudelaire, über die bereits mehrfach erwähnten Nietzsche-Studien von Deleuze und Klossowski, die Schriften Freuds und Lacans, Diderots und Flauberts, von Novalis und Proust, bis hin zu Denis de Rougemont und Sartre, Stendhal und Szondi. In der vierten und letzten Gruppe schließlich treffen wir auf Komponisten wie Wagner, Mozart und Schubert; aber auch auf Buñuels Film *Der diskrete Charme der Bourgeoisie* wird verwiesen. Eine bunte Gemengelage an Liebesdiskursen, würde man auf den ersten Blick sagen. Und sie alle überschneiden sich im „Ich".

Auf diese Weise wird ein breiter literarischer Raum abgesteckt, der Literatur und Musik, Freundeskreis und Film, Philosophie und Psychoanalyse umfasst; ihm werden in den Fragmenten eine Vielzahl von leicht erkennbaren Biographemen Barthes', von Dialogen mit Freunden und schließlich ein Ausschnitt aus dem Gemälde „Tobias und der Engel" aus der Werkstatt von Andrea del Verrocchio beigegeben, das die vordere Umschlagseite des Bandes ziert. Durch den Einbau von Autobiographemen wird aus den *Fragments* unter der Hand auch und gerade ein zutiefst autobiographisches Buch, dem auch die durchaus subjektiven Lektüren und Lesarten der einbezogenen Texte entsprechen. Übrigens hat Barthes nicht umsonst den Verweis auf sein eigenes Leben unter dem Stichpunkt „Références" hinzugefügt: „Il y a enfin ce qui vient de ma propre vie."[32] Hier wird nicht allein die autobiographische, sondern weitaus mehr die lebenswissenschaftliche

---

32 Barthes, Roland: *Fragments d'un discours amoureux*, S. 12.

Dimension deutlich einbezogen, auch wenn diese als Begriff selbstverständlich nicht gegeben ist. Denn die *Fragments* bilden ein Buch, das mit Hilfe literarischer Bezugsquellen wie auch unter Rückgriff auf das Leben des Autors ein Wissen vom Leben im Leben und auch ein Wissen vom Zusammenleben und vom Überleben aus der Perspektivik eines Erlebenswissens darstellt. Dies ist, wie man vorsichtig anführen darf, ein Gutteil Forschung.

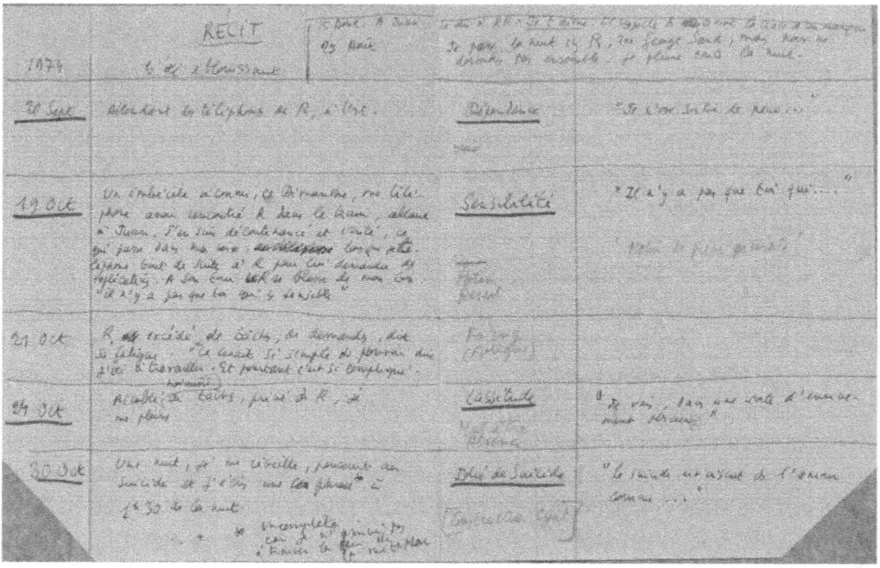

Abb. 23: Notizen zur Vorbereitung der *Fragments d'un discours amoureux*: Chronologisches Notizheft.

Der erwähnte, den Umschlag des Bandes gestaltende Ausschnitt aus einem Gemälde macht bereits auf der Ebene des Paratextes das Fragmentarische, das vom Titel des Buches angekündigt wird, *anschaulich*. Alle Teile dieses Textes sind aufs Engste miteinander verwoben und versuchen stets, eine literarisch-künstlerische Ebene mit einer deutlich metatextuellen Dimension zu verknüpfen.

Wie schon bei *Roland Barthes par Roland Barthes* wird auch bei diesem Buch auf die Gestaltung der paratextuellen Elemente große Sorgfalt verwendet. Sie ist bei den Büchern von Roland Barthes stets zentral, werden doch paratextuell bestimmte Lektüremuster und Lesarten vorgegeben oder zumindest nahegelegt. Dem Titel des Bandes kommt dabei eine große Wichtigkeit zu. Dies betrifft nicht nur die bereits erwähnte Benutzung des Begriffes „Diskurs", die wir ja schon erörtert haben. Der Titel signalisiert auch, dass es nicht um *den* Liebesdiskurs schlechthin, sondern um *einen* Diskurs (eben dieses *einen* Liebenden) geht. Das Ich ist singulär und doch aus verschiedensten Quellen gespeist: Gerade darin besteht seine Individualität und zugleich seine Repräsentativität für das Menschliche überhaupt, für die großen Gefühle des Menschen.

Diese Singularisierung besitzt aufgrund der Einstreuung von Biographemen Barthes' einen personalisierenden Effekt, der sich auf den Autor des Buches selbst richtet. Die Formen des Autobiographischen waren mit *Roland Barthes par Roland Barthes* noch längst nicht erschöpft. Schon der Titel des Fragments lässt eine autobiographische Lesart zu, ohne sie doch zu bestätigen. Man könnte daher sehr wohl in ihnen eine Fortsetzung der Autobiographie (mit anderen Textmitteln) erblicken, die durchaus nicht weniger experimenteller Natur als in *Roland Barthes par Roland Barthes* ist. So kommt dem Titel eine die Strukturierung des gesamten Bandes bereits ankündigende Funktion zu. Von großem Gewicht ist aber auch das, was Barthes in seiner 1973 vorgelegten Analyse einer Erzählung Poes recht anschaulich als die "aperitive Funktion" des Titels bezeichnete: Der Text sei eine "Ware" und es komme darauf an, "beim Leser den Appetit anzuregen"[33]. Genau dies gelingt Barthes mit dem Zusammenspiel von Titel, Autorname und Bildfragment bereits auf der ersten Umschlagseite. Die gesamte Komposition ist appetitanregend und verspricht bei ausgedehnter Lektüre noch mehr.

Roland Barthes' Arbeit am Paratext setzt sich auf der vierten Umschlagseite fort. Auf der U4 wird dem Leser ein Schriftbild präsentiert, in dem er eine menschliche Figur, aus Buchstaben gemacht, erkennen kann. Es wird von einer Reihe kurzer, alphabetisch angeordneter Ausdrücke gebildet, in deren "Zentrum" das in seiner Zeile allein stehende *Je-t-aime* steht und lockt. Barthes hat hier als optischen Blickfang jene Stichworte angeordnet, denen die einzelnen Fragmente des Liebesdiskurses zugeordnet sind. Sie werden im Buch selbst als "Figuren" beziehungsweise als "Argumente" bezeichnet. Die einzelnen Figuren bilden dergestalt eine Gesamtheit, eine wohldurchdachte Figuration.

Die Gesamtstruktur des Buches ist – sagen wir es vorsichtig – ungewöhnlich. Denn der eigenwillige Semiologe hat seine Fragmente in eine Abfolge voneinander abgetrennter Figuren der Liebe oder des liebenden Subjekts (denn das Geschlecht des "Ich" ist nicht durchgängig determiniert) eingeteilt, um auf diese Weise jegliche Geschichte, jegliche Narration zu vermeiden. Der Diskurs der Liebe, der "heute *von einer extremen Einsamkeit*"[34] sei, wird nicht narrativ erlöst:

---

33 Barthes, Roland: *Roland Barthes par Roland Barthes*. In (ders.): *Oeuvres complètes*, Bd. II, S. 1657.
34 Barthes, Roland: *Fragments d'un discours amoureux*, S. 5.

ROLAND BARTHES

Fragments
d'un discours
amoureux

Collection "Tel Quel"
AUX ÉDITIONS DU SEUIL

Fragments d'un discours amoureux

S'abîmer
Absence Adorable
Affirmation Altération Angoisse
Annulation Ascèse Atopos Attente Cacher
Casés Catastrophe Circonscrire Cœur Comblement
Compassion Comprendre Conduite Connivence Contacts
Contingences Corps Déclaration Dédicace Démons Dépendance
Dépense Déréalité Drame Écorché Écrire Errance Étreinte
Exil Fâcheux Fading Fautes Fête Fou
Gêne Gradiva Habit Identification
Image Inconnaissable Induction
Issues Jalousie
Je-t-aime
Langueur Lettre
Loquèle Magie Monstrueux
Mutisme Nuages Nuit Objets
Obscène Pleurer Potin Pourquoi Ravissement
Regrette Rencontre Retentissement Réveil
Scène Seul Signes Souvenir
Suicide Tel Tendresse
Union Vérité
Vouloir-saisir

AUX ÉDITIONS DU SEUIL

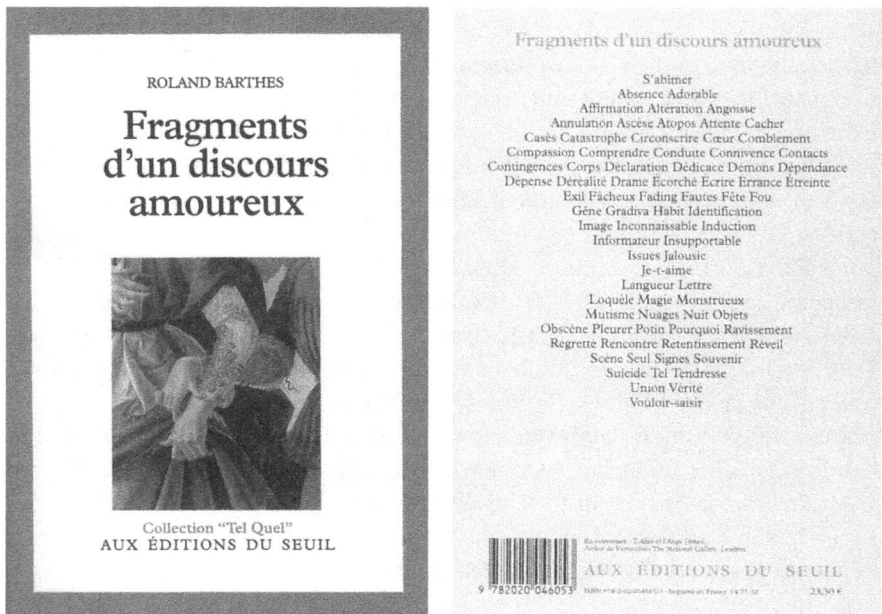

Abb. 24a und b: Cover und Klappentext der Originalausgabe von Roland Barthes' *Fragments d'un discours amoureux*.

Wir haben keine *Love Story* vor uns. Das liebende Subjekt bleibt auf sich selbst zurückgeworfen, ohne dass dies doch zu einer psychologischen Tiefendimension des Liebenden führen würde: „Die Einsamkeit des Liebenden ist keine Einsamkeit einer Person (die Liebe wird gestanden, spricht, wird erzählt), es ist eine Einsamkeit des Systems".[35] Dies überrascht dann doch: Denn ist das liebende Subjekt wirklich in seiner Einsamkeit gefangen? Ist die Liebe nicht so oft eine Flucht aus der Einsamkeit in eine wie auch immer möblierte Zweisamkeit?

Die Vereinzelung des Liebessubjekts erweist sich als „eine ‚philosophische' Einsamkeit, da die Liebe als Leidenschaft heute von keinem größeren Denksystem einbezogen" werde.[36] So ist das liebende Subjekt gleichsam soziodiskursiv in absoluter Einsamkeit gefangen, gleichviel, ob es sich dessen bewusst ist oder nicht. Der Diskurs des oder der Liebenden wird von keiner Philosophie, weder christlicher noch marxistischer Herkunft, gestützt und abgesichert. Die entsprechenden Figuren des Textes lassen daran keinerlei Zweifel aufkommen:

---

35 Ebda., S. 251.
36 Ebda., S. 249.

Die Einsamkeit des Liebenden ist keine Einsamkeit der Person (die Liebe vertraut sich an, sie spricht, sie teilt sich mit), sie ist Einsamkeit des Systems: ich bin der einzige, der sie zum System macht (vielleicht deshalb, weil ich unaufhörlich auf den Solipsismus meines Diskurses zurückgeworfen werde). Schwieriges Paradoxon: ich kann von jedermann verstanden werden (die Liebe kommt aus Büchern, ihr Dialekt ist geläufig), aber gehört („prophetisch" aufgenommen) werden nur von Subjekten, die *hier* und *jetzt* genau die *gleiche* Sprache sprechen wie ich. Die Liebenden, sagt Alkibiades, sind den von einer Schlange Gebissenen ähnlich: „Denn man sagt ja, wem dies begegnet sei, der wolle niemandem sagen, wie ihm gewesen, als den ebenfalls Gebissenen, weil diese allein verstehen und verzeihen könnten, was einer auch alles getan und geredet hat vor Schmerz" [...].[37]

Wir sind gleichsam in einem Netz von Verweisen, in einem Garten der Pfade, die sich verzweigen, intertextuell *aufgehoben* (in einem doppelten Wortsinne). Sie sehen an dieser Passage, wie Roland Barthes aus der Position des Liebenden die Figur der Einsamkeit thematisiert und – hier etwa im Rückgriff auf Alkibiades, wenig später auf den von ihm so oft herbeizitierten Mystiker Ruysbroeck – anhand von eingewobenen Beispielen vorführt oder ausagiert. Wir sehen auch schon an diesem kleinen Beispiel die komplexen Paradoxien, die den gesamten Text auffällig durchziehen. Denn diese Paradoxien erlauben es Roland Barthes, sich jeweils einer *Doxa* zu entziehen. Sie werden nur dadurch plastisch vor Augen geführt, insofern sie von verschiedenen Stimmen und Positionen aus vorgetragen werden und doch immer wieder das *sujet amoureux* fokussieren. Der Liebesdiskurs der *Fragments d'un discours amoureux* ist polylogisch aufgebaut.

Bereits im orientierenden Vorwort – über die Funktionen des Paratextuellen haben wir ja bereits gesprochen – wird jedoch betont, dass es „monströs" gewesen wäre, diese Leerstelle mit einer eigenen Philosophie der Liebe zu füllen,[38] dürfe hier doch nur eine „Affirmation",[39] eine Bejahung und Bekräftigung erwartet werden. An dieser Bekräftigung der Liebe fehlt es wahrlich nicht – und die Literaturen der Welt sind voll davon. Das Ich erscheint wie eine Echokammer, in welcher all diese Stimmen widerhallen. Hingegen wird nicht nur die Erzählung, sondern auch die Metasprache, auf der jegliches philosophisches System beruht, sorgfältig vermieden. Roland Barthes gibt sich damit erneut seiner Liebe zur Sprache in Fragmenten hin und vermeidet es, seine Liebesfragmente und Liebesbekräftigungen mit einer Philosophie der Liebe zu überhöhen. Damit bleibt die viellogische Strukturierung des Bandes erhalten. Doch wie ist diese Polylogik, wie ist diese Polyphonie musikalisch instrumentiert?

---

37 Barthes, Roland: *Fragmente*, S. 35.
38 Barthes, Roland: *Fragments d'un discours amoureux*, S. 12.
39 Ebda.

Das von Roland Barthes inszenierte und zum Sprechen gebrachte Subjekt ist aus Bruchstücken literarischer und philosophischer, musikalischer und filmischer, schriftlicher und mündlicher, autobiographischer wie fiktionaler Provenienz montiert. Die Montage ist das eigentliche Signum des Buches. Die dramatische Erfahrung der Machtlosigkeit und Ungeschütztheit des Liebesdiskurses kommt in den insgesamt 80 Figuren im vollen Wortsinn *theatralisch* zum Ausdruck. Denn es handelt sich um in Szene gesetzte Diskurse. Die Zuordnung der Fragmente zu einer Figur hält diese quasi in einer Serie akausal angeordneter *Standbilder* fest: Sie sind zugleich Statuen und in ihrer ständigen Bewegung festgehaltene Momentaufnahmen des liebenden Subjekts. Man könnte diese Anlage auch mit einem *Mobile* vergleichen, in welchem sich die Betrachter *und* die jeweiligen Figuren ständig bewegen und ihre jeweiligen Bezugspositionen wechseln.

So ist die an den Leser gewandte Erklärung zu verstehen, sie nicht als rhetorische, sondern eher als gymnastische oder choreographische Figuren aufzufassen.[40] Ein Bewegungsraum ist entstanden, der voller Überraschungen steckt. Diese Choreographie der Liebesfiguren greift auf zwei dem französischen Literatur- und Zeichentheoretiker teure Verbindungen von Körper und Schrift zurück: Erstens auf jene Körper, die sich in den Texten des Marquis de Sade zu rhetorischen Figuren anordneten, die Barthes in *Sade, Fourier, Loyola* analysierte. Und zweitens sein Rückgriff auf das Alphabet von Erté, dessen grazile und geschmückte Frauenkörper sich in die Graphie der Buchstaben fügen. Körperlichkeit und Bildlichkeit sind den Figuren damit doppelt, auf der Ebene des Textes wie auf der intratextuellen Ebene, eingeschrieben. Sie beginnen sich zu bewegen und bilden jene vielgestaltige *Figuration*, die sich als ein textuelles *Mobile* beschreiben lässt.

Diese Bewegung ist zentral. Wie schon in *Leçon*, Barthes' Antrittsvorlesung am *Collège de France*, wird der Begriff des Diskurses als eine Bewegung, als ein Hin- und Herlaufen verstanden. Insofern zeichnet bereits dort das zwischen seiner Mutter und irgendwelchen zufällig erblickten Gegenständen hin- und herlaufende Kind die Figuren der Liebe nach. In den *Fragmenten eines Diskurses der Liebe*, wo die Liebe der beziehungsweise zur Mutter – „der wohltuende Ruf, die Rückkehr der *Mutter*"[41] – gleichfalls präsent ist, ist diese Bewegung jedoch tänzerischer und erinnert an das, was Barthes in seinem 1965 erschienenen Lexikonartikel über „Das griechische Theater" den Griechen nachsagte: Sie hätten

---

40 Ebda., S. 7.
41 Ebda., S. 49.

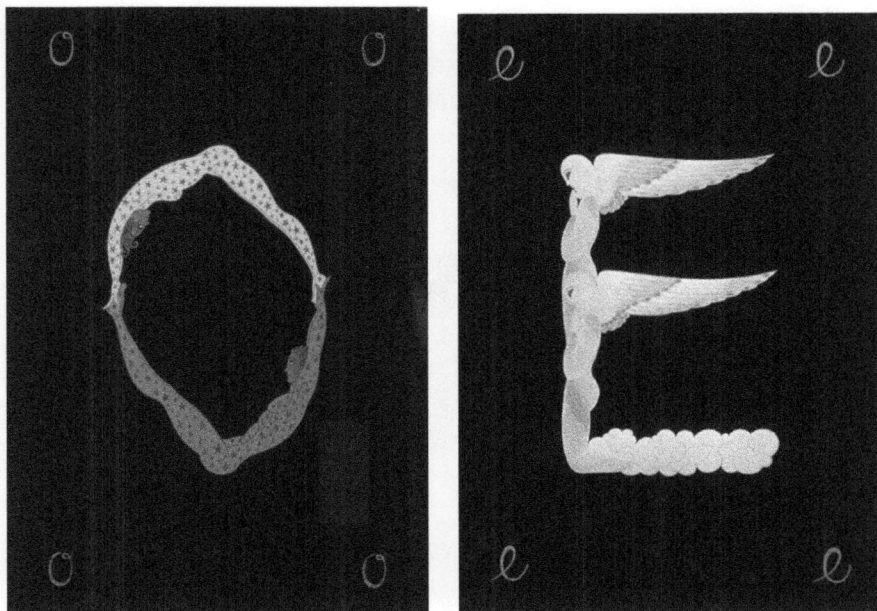

Abb. 25a und b: Alphabet von Erté.

die Figuren oder Schemata des Tanzes als Kodierungen gelesen.[42] Barthes greift immer wieder auf diese Choreographien – die Choreographien der Liebe sind – als Bewegungsfiguren zurück.

In einer im Oktober 1972 in *La Quinzaine littéraire* erschienenen Rezension von Gérard Genettes Buch *Figures III* beschrieb Roland Barthes dessen Verständnis von Figuren als „logische[n] Formen, Ausdrucksarten (*manières*) des Diskurses, deren Feld nicht bloß eine kleine Gruppe von Wörtern, sondern die Struktur des Textes in seiner Gesamtheit" sei.[43] Doch vergessen wir nicht die anhaltende Beschäftigung des Zeichentheoretikers seit seinem *Michelet* mit dem Körper und dessen Körperlichkeit. Denn gegenüber dieser narratologischen, diskursanalytischen Definition zeichnet sich der Barthes'sche Figurbegriff durch seine Körperlichkeit, Plastizität und Sinnlichkeit aus. Auch und gerade die Formen der Wissbegierde und des Wissens sind bei Barthes nicht nur figurativ, sondern erotisch.

---

42 Barthes, Roland: *Oeuvres complètes*, Bd. I, 1552.
43 Barthes, Roland: *Oeuvres complètes*, Bd. II, S. 1433.

Abb. 26: Roland Barthes mit der „Groupe de théâtre antique de la Sorbonne" während einer Reise nach Griechenland, Sommer 1938.

Eine „Geschichte der Quellen", so heißt es in *Roland Barthes par Roland Barthes*, müsse ersetzt werden durch eine „Geschichte der Figuren", die in der Folge als Posturen, als Körperstellungen verstanden werden.[44] Schon in seiner Analyse von Balzacs Novelle in *S/Z* zeigte Barthes auf, dass auch der Lektüreakt eine Abfolge von Körperstellungen ist, die der Leser dem Text gibt. Nicht umsonst hatte Italo Calvino gleich in seinem *incipit* von *Se una notte d'inverno un viaggiatore* ein besonderes Gewicht auf diese Körperstellungen gelegt. Die erotische Dimension dieser Stellungen bedarf keines zusätzlichen Kommentars.

In diesem Sinne sind die Figuren der *Fragments* Roland Barthes' *choreographische* Figuren der Liebe, die auch das Lesepublikum in ihr Spiel miteinbeziehen. Es könnte gerade diese leseraktivierende Dimension gewesen sein, die zusätzlich zu den bereits genannten Gründen zum Erfolg der *Fragmente eines Diskurses der Liebe* weltweit geführt hat. Denn der Text von Barthes berührt seine Leserschaft. In der deutschen Übersetzung wurde nicht – was durchaus problematisch ist – die Abfolge der einzelnen Textfragmente Barthes', sondern das Ordnungsprinzip der alphabetischen Ordnung übernommen, welche im Deutschen selbstverständlich eine ganz neue, andere Sequenz erzeugt. Damit wird zwar die ursprüngliche Ordnung des Bezugstexts zerstört; dafür aber entsteht ein eigener Text, in dem die einzelnen Fragmente, gemäß ihrer neuen deutschsprachigen

---

44 Barthes, Roland: *Roland Barthes par Roland Barthes*, S. 103.

Titel alphabetisch angeordnet, neue Beziehungen eingehen, die belegen, dass auch in den *Fragments d'un discours amoureux* die Leserichtung auf vielfache Weise umkehrbar ist. Barthes' Text ist insofern durchaus mit einem je eigenen Spiel in andere Sprachen übersetzbar und wurde selbst ins Chinesische übertragen.

Noch einmal zur Frage, wie der Band gemacht ist. Die einzelnen Figuren sind innerhalb des Textes stark untergliedert, so dass – ähnlich wie in *S/Z* – eine recht komplexe graphische (beziehungsweise grammatextuelle) Strukturierung des Schriftbilds ins Auge fällt. Grundlegend ist Barthes' Kurzschreibweise, seine *écriture courte*. Jeder Überschrift (oder „Figur") folgt ein „Argument", das im Gewand der Definition in ein Wechselspiel mit dem Titel der jeweiligen Figur, aber auch mit den nachfolgenden, zur Figur gehörenden durchnummerierten Fragmenten tritt. Allen drei Bestandteilen einer *figure* sind unterschiedliche Schriftgrößen zugeordnet, welche die Gesamtfiguren untergliedern. Hinzu kommt, dass – wie in Lehrbüchern – Bezugstexte in einer Kommentarkolonne neben den Fragmenten aufgeführt werden, so dass der Leser den jeweiligen Gesprächspartner beziehungsweise Intertext leicht ausfindig machen und zuordnen kann. Durch Fußnoten werden zusätzliche, graphisch abgesetzte Verweise gegeben.

Dieses Verfahren führt zu einem recht komplexen Aufbau der einzelnen Figuren, wobei Titel, Argumente und Fragmente oft in einen Kontrast gebracht werden, der auf die Willkür der Benennungen aufmerksam macht. Dem produktiven Zufall wird dabei viel Spielraum gegeben. So entspricht zwar der Figur „Geisterschiff" das Argument „Herumirren"; doch werden etwa den Figuren „Laetitia" beziehungsweise „Unaussprechliche Liebe" als Argumente „Eingrenzen" beziehungsweise „Schreiben" an die Seite gestellt. Immer wieder überschneiden sich dabei auch die für unsere Vorlesung zentralen Themenbereiche von Liebe und Lesen, wobei diese Konstellation im Sinne der vom „Ich" gelesenen intertextuellen Bezüge ohnehin grundlegend ist. Nicht nur die zahlreichen Zitate, sondern auch die semantischen, diskursiven und graphischen Brüche signalisieren die bewusste Fragmentierung nicht allein des Textes oder des Diskurses der Liebe, sondern auch des liebenden Subjekts selbst. Denn gerade auch das liebende „Ich" ist von der fundamentalen Fragmentierung aller Dinge und aller Diskurse erfasst. Es ist ein zerklüftetes, gespaltenes Ich, ganz so, wie wir es in unserem Zitat aus *Le Plaisir du texte* bereits gesehen haben.

Es entsteht auf diese Weise ein künstlerisches *Figurenfeld*, das sich einer strikten Klassifizierbarkeit ebenso entzieht wie einer notwendig einzuhaltenden Leserichtung. Es ist die „Ordnung" eines Mobile. Die Beziehungen sind variabel, bilden ständig sich wandelnde Konstellationen. An die Stelle der Ordnung tritt die Anordnung. Die Leserinnen und Leser können zwischen den einzelnen

" Je m'abîme, je succombe... "

S'ABÎMER. Bouffée d'anéantissement qui vient au sujet amoureux, par désespoir ou par comblement.

Werther

1. Soit blessure, soit bonheur, il me prend parfois l'envie de *m'abîmer*.

Ce matin (à la campagne), il fait gris et doux. Je souffre (de je ne sais quel incident). Une idée de suicide se présente, pure de tout ressentiment (aucun chantage à personne); c'est une idée fade; elle ne rompt rien (elle ne « casse » rien), s'accorde à la couleur (au silence, à l'abandon) de cette matinée.

Un autre jour, sous la pluie, nous attendons le bateau au bord d'un lac; de bonheur, cette fois-ci, la même bouffée d'anéantissement me vient. Ainsi, parfois, le malheur ou la joie tombent sur moi, sans qu'il s'ensuive aucun tumulte : plus aucun pathos : je suis dissous, non dépiécé; je tombe, je coule, je fonds. Cette pensée frôlée, tentée, tâtée (comme on tâte l'eau du pied) peut revenir. Elle n'a rien de solennel.
Ceci est très exactement la *douceur*.

WERTHER : « En ces pensées, je m'abîme, je succombe, sous la puissance de ces magnifiques visions » (4). « Je la verrai [...] Tout, oui, tout, comme englouti par un abîme, disparaît devant cette perspective » (43).

15

Abb. 27a und b: Seitenlayout der ersten Seiten von Roland Barthes' *Fragments d'un discours amoureux*, S. 15–16.

S'abîmer

Tristan
Baudelaire

2. La bouffée d'abîme peut venir d'une blessure, mais aussi d'une fusion : nous mourons ensemble de nous aimer : mort ouverte, par dilution dans l'éther, mort close du tombeau commun.

L'abîme est un moment d'hypnose. Une suggestion agit, qui me commande de m'évanouir sans me tuer. De là, peut-être, la douceur de l'abîme : je n'y ai aucune responsabilité, l'acte (de mourir) ne m'incombe pas : je me confie, je me transfère (à qui ? à Dieu, à la Nature, à tout, sauf à l'autre).

Rusbrock

3. Lorsque ainsi il m'arrive de m'abîmer, c'est qu'il n'y a plus de place pour moi nulle part, même pas dans la mort. L'image de l'autre – à quoi je collais, de quoi je vivais – n'est plus; tantôt c'est une catastrophe (futile) qui semble l'éloigner à jamais, tantôt c'est un bonheur excessif qui me la fait rejoindre; de toute manière, séparé ou dissous, je ne suis recueilli nulle part; en face, ni moi, ni toi, ni mort, plus rien *à qui parler.*

(Bizarrement, c'est dans l'acte extrême de l'Imaginaire amoureux – s'anéantir pour avoir été chassé de l'image ou s'y être confondu – que s'accomplit une chute de cet Imaginaire : le temps bref d'un vacillement, je perds ma structure d'amoureux : c'est un deuil factice, sans travail : quelque chose comme un non-lieu.)

TRISTAN : « Dans le gouffre béni de l'éther infini, dans ton âme sublime, immense immensité, je me plonge et m'abîme, sans conscience, ô volupté! » (Mort d'Isolde).
BAUDELAIRE : « Un soir fait de rose et de bleu mystique, Nous échangerons un éclair unique, Comme un long sanglot, tout chargé d'adieux » (*la Mort des amants*).
RUSBROCK : « ... le repos de l'abîme » (40).

16

Abb. 27a und b (fortgesetzt)

Abb. 28: Notizen zur Vorbereitung der *Fragments d'un discours amoureux*: Index der Figuren.

Figuren hin- und herspringen und damit dem Text eigene Figuren, eigene *postures* übertragen. Es steht der Leserschaft frei, aus den Fragmenten eine Philosophie der Liebe abzuleiten; das Buch selbst entwickelt eine solche Philosophie nicht, ja vermeidet sie akribisch. Jeglicher Systemcharakter wird dekonstruiert oder, wie man noch besser sagen könnte, choreographiert, in Figuren und Körperkonstellationen aufgelöst. Alles, einschließlich des Lesepublikums, ist in Bewegung.

Freilich könnte man gerade dies wiederum als eine *andere* Philosophie der Liebe interpretieren. Denn wäre nicht gerade auch aus der Mobilität, aus der Beweglichkeit aller Faktoren, aller Subjekte eine solche Philosophie abzuleiten? Ein logisches und kausal aufgebautes Denksystem lässt sich aus den *Fragments d'un discours amoureux* aber nicht errichten. Die Liebe entzieht sich – zumindest deuten dies die *Fragmente* mit ihren jeweiligen Figuren an – jeglicher diskursiver Herrschaft über sie. Die Liebe steht mit dem Körper und mit dem Leib, mit dem Lesen und mit der Lust im Bunde.

Die Figuren des Liebestänzers gehorchen – durchaus in einem an Friedrich Nietzsche geschulten Sinne – ihrer jeweils eigenen Logik. Sie tauchen im Kopf jedes Subjekts ohne erkennbare Ordnung nacheinander auf:

> Bei jedem dieser Zwischenfälle (das, was ihn „überfällt", „befällt") schöpft der Liebende aus dem Vorrat (dem Schatz?) der Figuren, je nach den Bedürfnissen, den Weisungen oder den Lüsten seines Imaginären. Jede Figur blitzt auf, vibriert allein wie der aus einer Melodie herausgelöste Klang – oder wiederholt sich bis zum Überdruss wie das Motiv einer in sich kreisenden Musik.[45]

Dies erinnert uns an die Lektüre des Körpers der und des Geliebten in Italo Calvinos Lese- und Liebesroman. Barthes selbst mochte sehr wohl an seine marokkanischen *Incidents* gedacht haben, die er 1969 in seiner Zeit im Maghreb niedergeschrieben hatte. Dort war die Lektüre des anderen mit einer Lektüre des eigenen Körpers verbunden worden und hatte zu einer rationalen Erklärungsmustern nicht mehr zugänglichen Logik geführt. Im Anderen haben wir den Körper als ein Objekt vor uns, das doch urplötzlich zum Leib wird, während sich unser eigener Leib in einen Körper verwandelt.

Die *Incidents* von Roland Barthes lassen sich zweifellos als ein Buch der Fragmente einer homosexuellen Liebe lesen, als einen Band, dessen Erscheinen sein Autor zu Lebzeiten seiner Mutter nicht wünschte. Diese Konstellation von Körper-Haben und Leib-Sein findet sich auch in den *Fragmenten eines Diskurses der Liebe*. Im Buch von 1977, das sich ebenfalls einer fragmentarischen, aber

---

45 Barthes, Roland: *Fragments d'un discours amoureux*, S. 10.

wesentlich komplexer strukturierten Schreibweise bedient, ist die Dimension der Körperlichkeit jedoch in weit vielfältigerer Weise gegenwärtig, wobei auch hier der homosexuellen Liebe (wenngleich viel diskreter) eine wichtige Funktion im Sprechen des liebenden Subjekts zukommt. Denn die Liebe ist hier nicht heterosexuell oder homosexuell oder wie auch immer geschlechtlich denkbar determiniert.

Das oben angeführte Zitat belegt gleichfalls, dass der Körper des liebenden Subjekts auch durch die Dimension, die Vibrationen und Schwingungen der Musik repräsentiert wird. Nicht umsonst hatte Barthes den letzten Teil seiner „Tabula gratulatoria" vor allem den Komponisten und damit der von ihm so sehr geschätzten und geliebten Musik vorbehalten. So stoßen im Diskurs der Liebe die verschiedensten Logiken aufeinander, ohne doch auf eine einzige Logik reduzierbar zu sein. Der *discours amoureux* erscheint als zutiefst paradoxer Diskurs, der nicht einer bestimmten Logik – auch nicht der Körperlogik – überantwortet werden kann und keiner *Doxa* unterliegt. Er entzieht sich der Macht und jeglichem System, das sich seiner bemächtigen und ihn sich gefügig machen könnte.

Sein Ende findet er erst dort, wo der Diskurs, wo die Sprache endet: in der geschlechtlichen Vereinigung.[46] So heißt es in der Figur *étreinte* (Umarmung) eindringlich:

> Außer der eigentlichen geschlechtlichen „Paarung" (zum Teufel dann mit dem Imaginären) gibt es jene andere Art von Umarmung, die reglose Umschlingung: wir sind verzaubert, betört: wir liegen im Schlaf, ohne zu schlafen; wir sind in der kindlichen Wonne des Einlullens befangen: das ist der Augenblick des Geschichtenerzählens, der Augenblick der Stimme, die mich bannt, mich entrückt, es ist die Heimkehr zur Mutter („im sanften Frieden deiner Arme", sagt ein von Duparc vertontes Gedicht). In diesem verlängerten Inzest ist dann alles außer Kraft gesetzt: die Zeit, das Gesetz, das Verbot: nichts müht sich ab, nichts wird gewollt: alle Begierden sind aufgehoben, weil sie endgültig gestillt scheinen.[47]

Dies ist die Figur einer völligen Erfüllung, die auch eine Vereinigung mit der Mutter und damit die Umgehung des Inzesttabus beinhaltet. Doch alle Wünsche, alle Begierden *scheinen* nur endgültig gestillt. In dieser Passage findet sich eine Vielzahl von Elementen, die sich hier zur Umarmung zusammenfinden, im Grunde aber auch auf eine von Barthes nicht genannte Figur – jene der Ewigkeit – anwendbar wären. Denn wie schon Nietzsche sagte: „Denn alle Lust will Ewigkeit, [...] will tiefe, tiefe Ewigkeit."[48]

---

46 Barthes, Roland: *Fragments d'un discours amoureux*, S. 121.
47 Barthes, Roland: *Fragmente*, S. 214.
48 Nietzsche, Friedrich: *Also sprach Zarathustra*, Bd. 4. Leipzig: Druck und Verlag von C. G. Naumann 1891, S. 129.

Bei Barthes steht immer wieder die Mutter im Mittelpunkt des Liebesdiskurses wie jeglichen Diskurses, und selbstverständlich ist damit dann auch das Geschichtenerzählen und letztlich der Roman und die Literatur verbunden. Die Umschlingung steht so in einem eigenartigen Spannungsverhältnis zur Umarmung in den Liebespositionen, zur körperlichen Vereinigung des Liebespaares, in welcher der Körper-Leib nun spricht, der Diskurs aber zu einem Ende gekommen scheint. Nur scheint: Denn auch diesem Augenblick nähert sich Barthes diskursiv an.

Italo Calvino hatte noch von den verschiedenen anderen armseligen Alphabeten gesprochen, mit deren Hilfe sich die Menschen wechselseitig zu lesen glauben. Das Schreiben des Liebenden *hintergeht d*ie Mode, ist „altmodisch" und „anachronistisch im Verhältnis zum modernen Text".[49] Damit wird ein Motiv aufgenommen, das schon im ersten Satz des Vorworts anklang: Es geht darum, „das hören zu lassen, was in seiner Stimme an Unzeitgemäßem, das heißt an Unbehandelbarem mitschwingt".[50] Auch dies ist unverwechselbar nietzscheanisch geprägt, von einem literarischen Philosophieren also, das die Unzeitgemäßheit zum Programm erhob.

Roland Barthes versucht, das Unzeitgemäße und Altmodische – in seinem Sinne etwa die Musik von Schumann und Schubert – gegen das Modische und Moderne auszuspielen, um daraus eine neue Aktualität zu gewinnen. Der „moderne Text", dies hatte er schon 1972 festgestellt, führe sein eigenes Zerbersten in verschiedenste Fragmente herbei; da könne man den „alten Text" durch eine neue Lektüre viel effektvoller zur Explosion bringen: „Je älter ein Text ist, umso besser explodiert er".[51] Damit ist zugleich die Freiheit der Lektüre, die Freiheit des Lesepublikums zuungunsten einer ehemals vorherrschenden Autorschaft gemeint. der Leser steht im Fokus – auch und gerade in der Verschmelzung von Leseakt und Liebesakt.

Eine Reihe von Tagebuchaufzeichnungen aus dieser Zeit, die Barthes 1979 noch einmal in *Tel Quel* veröffentlichte, führen eindringlich vor Augen, wie er im Jahr seiner großen Erfolge ständig zwischen Angst und Hoffnung schwankte: „Dunkle Gedanken, Ängste, Angstzustände: ich sehe den Tod des teuren Wesens".[52] „Mam geht es heute besser. Sie sitzt im Garten, mit einem großen Strohhut."[53] Doch alles Bangen und Hoffen half letztlich nicht: Henriette Barthes verstarb am 25. Oktober 1977. Barthes' *Journal de deuil* legte nicht allein

49 Barthes, Roland: *Fragments d'un discours amoureux*, S. 112.
50 Ebda., S. 7.
51 Barthes, Roland: *Oeuvres complètes*, Bd. II, S. 1431.
52 Barthes, Roland: *Le bruissement de la langue. Essais critiques IV*. Paris: Seuil 1984, S. 402.
53 Ebda., S. 404.

von der tiefen Trauer ihres Sohnes ein beredtes Zeugnis ab; der postum veröffentlichte Band ist auch so etwas wie ein lebendiger Grabstein für die Liebe zu seiner Mutter. Das Nachdenken über den Tod, das sich in der zweiten Hälfte der siebziger Jahre bereits verstärkt hatte, erhielt nun eine gänzlich andere, bittere Färbung. Seine *Fragments d'un discours amoureux* blieben davon unberührt und zeugen von der noch heiteren *Ars amatoria* des Roland Barthes.

Wir könnten an dieser Stelle weiterverfolgen, wie sich nun der Komplex der Mutterliebe im Schreiben von Barthes in ein Spiel zwischen Leben, Liebe und Tod verwandelt, das 1980, in seinem Todesjahr, seinen Höhepunkt mit der Veröffentlichung von *La Chambre claire* finden sollte. Doch möchte ich noch etwas bei Barthes' *Fragments d'un discours amoureux* verweilen, um im Sinne unserer Themenstellung besser zu verstehen, wie seine einzelnen Figuren aufgebaut sind und welchen narrativen Kernen oder choreographischen Bewegungen sie sich widmen. Denn wir haben die Polylogik dieses Textes bei Weitem nicht ausgeschöpft.

Ich hatte bereits die Rückseite des Bandes erwähnt, auf der die insgesamt achtzig Figuren aufgeführt sind und menschliche Gestalt in Buchstabenform annehmen. In der deutschsprachigen Übersetzung lassen sie sich wie folgt in der zufälligen alphabetischen Reihung zusammenfassen:

Abhängigkeit, Abwesenheit, Allein, Anbetungswürdig, Angst, Askese, Atopos, Auswege, Begegnung, Beiläufigkeiten, Bejahung, Berührungen, Betretenheit, Bild, Brief, Dämonen, Drama, Eifersucht, Einbezogen, Einverständnis, Entstellung, Entwertung, Entwirklichung, Erfüllung, Erwachen, Erwartung, Exil, Fading, Fehler, Fest, Gedenken, Gradiva, Habenwollen, Hautlos, Herz, Hingerissenheit, Ich-liebe-Dich, Identifizierung, Induktion, Katastrophe, Klatsch, Kleidung, Körper, Lästig, Liebeserklärung, Magie, Mitleid, Mittelsperson, Monströs, Nachklang, Nacht, Objekte, Obszön, Redeseligkeit, Schreiben, Schweifen, Sehnen, Selbstmord, So, Stummheit, Szene, Umarmung, Umschreiben, Unbegreiflich, Unerträglich, Verausgabung, Verbergen, Vereinigung, Verhalten, Vermißt, Verrückt, Verstehen, Wahrheit, Warum, Weinen, Wolken, Zärtlichkeit, Zeichen, Zueignung, Zugrundegehen.[54]

Im französischen Original:

S'abîmer Absence Adorable Affirmation Altération Angoisse Annulation Ascèse Atopos Attente Cacher Casés Catastrophe Circonscrire Coeur Comblement Compassion Comprendre Conduite Connivence Contacts Contingences Corps Déclaration Dédicace Démons Dépendance Dépense Déréalité Drame Ecorché Ecrire Errance Etreinte Exil Fâcheux Fading Fautes Fête Fou Gêne Gradiva Habit Identification Image Inconnaissable Induction Informateur Insupportable Issues Jalousie Je-t-aime Langueur Lettre Loquèle Magie Monstrueux

---

54 Barthes, Roland: *Fragmente*, Klappentext.

Mutisme Nuages Nuit Objets Obscène Pleurer Potin Pourquoi Ravissement Regretté Rencontre Retentissement Réveil Scène Seul Signes Souvenir Suicide Tel Tendresse Union Vérité Vouloir-saisir.[55]

Diese Sequenz mag Ihnen eine Vorstellung von der Ausrichtung des Bandes geben und von der Vielfalt seiner Themen, die wirklich ein breites Spektrum an Liebeserleben und Liebeserfahrungen abdecken. Die einzelnen Figuren lassen sich in unterschiedlichste Abfolgen bringen, wie auch ein Vergleich zwischen der Aufeinanderfolge im französischen und im deutschen Text zeigt, welche aufgrund des Alphabets voneinander grundverschieden ist. Im Zentrum des von Buchstaben gebildeten Körperbildes freilich steht das berühmte Wort *Je-t-aime*, in etwas ungewöhnlicher Schreibung, gleichsam eine Symmetrie in der Figur des Zentrums zum Ausdruck bringend. Ist der Liebesschwur, die Liebeserklärung oder auch die Liebesbehauptung aber nicht selbst in eine komplexe Liebesrhetorik eingebettet, die uns der Band Stück für Stück erläutern wird?

Nun, es handelt sich beim französischen „Ich-liebe-Dich" um eine recht umfangreiche, nicht weniger als zehn Seiten einnehmende Figur. Dabei gehe es bei dieser Formel nicht um die Liebeserklärung im eigentlichen Sinne, so erfahren wir, denn diese sei gleich schon nach dem ersten Mal verbraucht. Insoweit würde ich-liebe-dich dann nichts mehr sagen oder zum Ausdruck bringen. Hier geht es vielmehr um das *Je-t-aime* als Liebesschrei, als *cri d'amour* des einsamen, liebenden Ich. Im Rückgriff auf Lacan betont Barthes' Liebender, dass dieses Wort eigentlich nichts sagen wolle, sondern eine Situation meine, in der das Subjekt einer Spiegelbeziehung zum Anderen ausgesetzt ist.[56]

Die verschiedenen Fragmente, die sich dem *Je-t-aime* widmen, beleuchten sehr unterschiedliche Aspekte, von denen ich einen Teil, welcher dem neunten Fragment entstammt, etwas genauer unter die Lupe nehmen möchte. Sehen wir uns dies einmal näher an, denn wir können hier eine neue Perspektive auf die gängigste unter allen Liebesformeln einnehmen:

Daraus ergibt sich eine neue Sicht des *ich-liebe-dich*. Es ist kein Symptom, es ist Aktion. Ich spreche, damit du antwortest, und die gewissenhafte Form der Antwort (der Brief) bekommt einen effektiven Wert, nach Art einer Formel. Es reicht also nicht aus, daß der andere mir mit einem einfachen Signifikat antwortet, und sei es positiv („*ich auch*"): das angesprochene Subjekt muß sich bereitfinden, das *ich-liebe-dich*, das ich ihm entbiete, zu formulieren, auszusprechen [...]; ich will die Formel, den Archetypus des Liebeswortes bekommen, mit einem Schlage, ganz, buchstäblich, ohne Ausflucht: keine syntaktische Ausrede, keine Variation: ich will, daß die beiden Worte einander ohne Rest entsprechen, Signifikant für

---

55 Barthes, Roland: *Fragments d'un discours amoureux*, Klappentext.
56 Barthes, Roland: *Fragments d'un discours amoureux*, S. 137.

> Signifikant zusammenfallen [...]; worauf es ankommt, ist die physische, körperliche, labiale Aussprache des Wortes: öffne die Lippen, damit es hörbar wird (sei obszön). Was ich hartnäckig will, ist: *das Wort bekommen* [...]; der Fliegende Holländer irrt auf der Suche nach dem Wort umher; wenn er es bekommt (durch Treueeid), hat seine Unstetigkeit ein Ende (was im Mythos zählt, ist nicht die Empirie der Treue, sondern ihre Proferation, ihr Gesang).[57]

Es ist fast, als hätten wir es mit einem Fetisch-Wort zu tun. In dieser Passage wird deutlich, mit welcher Wucht die Codierungen der Liebe zuschlagen können. Das scheinbar nur Formelhafte wird gerade auf Grund seiner Formelhaftigkeit zu einer Sprachhandlung, deren Performanz nicht etwa nur einen Pakt schließt, sondern einen Pakt erzwingt, eine Formel herauspresst, die im Grunde nicht notwendigerweise so gegeben werden muss. Aber wir haben es im Grunde mit einem Akt – zugegeben – sanfter Gewalt zu tun.

So imaginiert der Liebende in Barthes' Text auch jenen utopischen Augenblick, in dem die beiden Liebenden gleichzeitig und unabhängig voneinander das Ich-liebe-Dich aussprechen, so dass hier zwar noch das Formelhafte, nicht aber der Gewaltakt in diesem Sprechen als erzwungenes Versprechen vorhanden ist. Beide kommen sozusagen zeitgleich zum Punkt. Wir sehen: Die Figur des Ich-liebe-dich hat es wahrlich in sich, und so soll uns dieses Beispiel auch dazu inspirieren, uns nicht allein die Verstrickungen der Liebe in die Gewalt, sondern auch die unbestreitbare Komplexität gerade auch der formelhaften Elemente des Liebesdiskurses näher anzuschauen.

Als letztes Beispiel einer Figur aus den *Fragments* möchte ich Ihnen gerne eine Grundfigur nennen, jene des Körper-Leibes, mit dem wir es – auf der Ebene der Körperlogik, aber auch des Körperwissens – im Verlauf unserer Vorlesung noch mehrfach zu tun haben werden. Wir hatten uns ja bereits mit den Differenzen, aber auch dem wechselseitigen Durchdringen von Körper-Haben und Leib-Sein ausgehend von Helmuth Plessner beschäftigt. Aus dieser relativ kurzen Figur will ich Ihnen die Anfangs- und die Schlusspassage vorstellen:

> Sein Körper war in zwei Hälften geteilt: einerseits sein eigentlicher Körper – seine Haut, seine Augen –, zart, warm; andererseits seine Stimme, kurz, verhalten, Anwandlungen von Abneigung unterworfen, seine Stimme, die nicht bot, was sein Körper bot. Anders ausgedrückt: einerseits sein weicher, warmer Körper, gerade nachgiebig genug, samtig, mit seiner Befangenheit kokettierend, und auf der anderen seine Stimme – die Stimme, immer die Stimme –, dunkel, gutausgebildet, mondän usw. [...] Kalt musterte ich sein ganzes Gesicht, seinen ganzen Körper: seine Wimpern, seinen Zehennagel, den sanften Schwung seiner Augenbrauen, seiner Lippen, den Schmelz seiner Augen, jenes Muttermal, seine Art,

---

57 Barthes, Roland: *Fragmente*, S. 142.

beim Rauchen die Finger zu spreizen; ich war fasziniert – und doch war die Faszination insgesamt nur der äußerste Punkt der Losgelöstheit –, fasziniert von dieser Art kolorierter, porzellanener, zu Glas erstarrter Schönheit, in der ich, ohne irgend etwas davon zu verstehen, die *Ursache meiner Begierde* lesen konnte.[58]

In dieser Passage wird sehr eindrucksvoll vorgeführt, wie der Körper des anderen in ein dem Blick des anderen und dem Gebrauch durch den anderen ausgelieferten, brauchbaren Körper als Objekt, das begehrt wird, und eine Stimme zerfällt, die widersprüchlich ist, die weit mehr die Anwesenheit des anderen unterstreicht, der seine eigenen Gedanken, auch seine abweisende Haltung, kontrollieren kann. Die Stimme ist die Präsenz des anderen als Subjekt, vielleicht auch in der Form des Leibes, während der Körper wesentlich stärker unter dem Aspekt des Gebrauchtwerdens, der Objektwerdung oder Objektivierung zu verstehen ist. Dieser Körper zerfällt in seiner Objektivierung, in seiner Vergegenständlichung, auch in den zerstückelten Körper, wird an verschiedenen Punkten isoliert wahrgenommen, von den Wimpern bis zum Fußzeh. Es ist der Lacan'sche *corps morcelé*, jener zerstückelte Körper, der zugleich auch der erotische Körper ist, auf den sich das Begehren des Ich richtet.

Denn das Erotische geht nicht vom gesamten Körper, nicht von einer gesamten Nacktheit des Körpers, aus, sondern von einzelnen Teilen des Körpers, die sichtbar sind, die ins Auge springen, während andere Bereiche bedeckt oder verdeckt bleiben. Dass hier die kulturelle und auch religiöse Prägung eine ganz entscheidende Rolle spielen, werden wir noch sehen; aber evident ist schon jetzt, dass jede Kultur und jede Religion uns vorschreibt, welche Teile unseres Körpers sichtbar sind und welche absolut bedeckt gehalten werden müssen, während die Grenzlinien des Sichtbaren und Erahnbaren genau den prickelnden Punkt bezeichnen. In der christlich-abendländischen Kultur sind es immer das Gesicht und unsere Hände, die im Allgemeinen, wenn es die Witterung erlaubt, sichtbar gehalten werden. Dass dies nicht in allen Kulturen der Fall ist, brauche ich an dieser Stelle nicht zu erläutern. In Abhängigkeit davon findet eine Semiotisierung und auch Erotisierung der einzelnen Körperpartien statt, mit der wir uns noch beschäftigen werden.

Doch zurück zur Figur in Barthes' *Fragments d'un discours amoureux*. Deutlich ist die Stimme im Kontext der damaligen Diskussionen natürlich auch die Verkörperung des Textes, also der Weg oder sogar Ausweg aus dem Textualitätsdogma, das die Gruppe *Tel Quel*, der Barthes noch kurz zuvor zugerechnet worden war, unbeirrbar und mit zunehmendem Dogmatismus vertrat. Für die *Telqueliens*, etwas holzschnittartig ausgedrückt, war alles Text, waren alle

---

58 Barthes, Roland: *Fragmente*, S. 158 f.

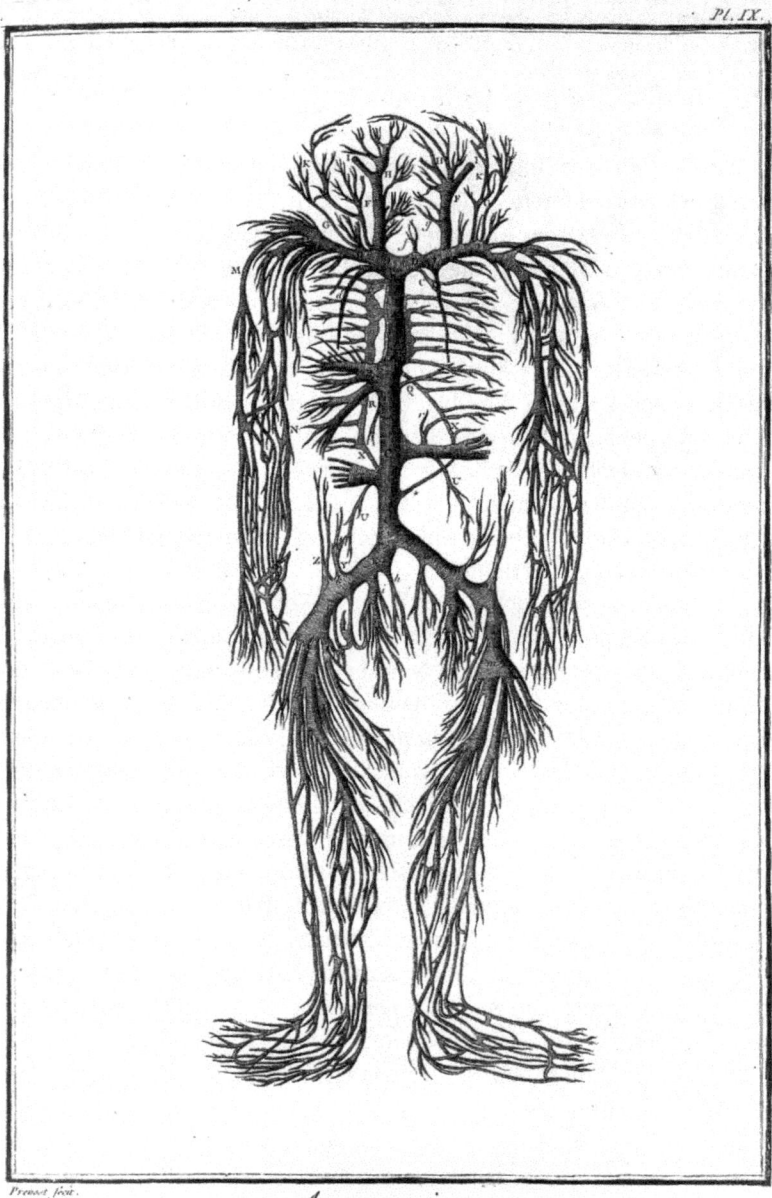

Abb. 29: „Les troncs de la veine cave avec leurs branches disséquées dans un corps adulte, &c. d'après les Transactions Philosophiques", Kupferstichtafel aus der *Encyclopédie*, nach einer Zeichnung von James Drake.

Zeichen außersprachlicher Wirklichkeit als Texte lesbar und nur der Text vorhanden. Allein zu dieser Frage, wie also von der Textualität bei Annahme des Todes des Autors bzw. jeglicher Art von Subjektivität wieder wegzukommen wäre, könnte sich eine ganze Vorlesung widmen, die damit freilich einen zentralen Punkt der hitzigen Debatten in der zweiten Hälfte des 20. Jahrhunderts berühren würde.

Wir erkennen erneut eine terminologische Scheidung, deren Wichtigkeit gerade auch für unsere Vorlesung Sie sicherlich bemerkt haben: die Unterscheidung zwischen dem Körper als Objekt, als Körperhaben, als eine Objekthaftigkeit, als Körper, über den verfügt werden kann, und als Leibsein, als der gleichsam bewohnte, vom Subjekt geführte Körper, der Schmerz, Lust und Freude empfinden kann, der nicht als das Objekt sowohl des Anderen als auch des Ich dient. Die Objektivierung des Körpers des Anderen ist im zweiten Teil des obigen Zitats sehr deutlich, denn hier wird sein Körper gleichsam zum erstarrten, Objekt gewordenen, dem Blick preisgegebenen Körper, der eine Faszination ausübt, das Ich in seinen Bann schlägt, ohne dass es doch wüsste, warum dies so ist und was ihm da eigentlich geschieht. Der Körper des Anderen ist für das liebende Ich nicht nur ein Spielfeld der eigenen Liebesprojektionen, sondern auch ein Faszinosum, dem es sich nicht entziehen kann. Er zieht den Blick auf sich und bannt ihn zugleich. Die Stimme des Anderen aber zeigt an, dass es jenseits des Habens des anderen Körpers noch ein inkommensurables Du in seiner Komplexität gibt.

Im weiteren Verlauf der Vorlesung werden wir immer wieder die Figuren von Roland Barthes heranziehen, um mit Hilfe seiner *Fragments d'un discours amoureux* jeweils interessante Punkte im Liebesdiskurs zu beleuchten, die uns vielleicht ohne den französischen Kulturtheoretiker nicht so einfach zugänglich gewesen wären. Die *Fragmente* dienen uns in der Folge ebenso als Theorie des Liebesdiskurses wie auch als literarisches Vergleichsstück, das seine eigene Vieldeutigkeit besitzt.

Abschließend soll kurz von einer Vorlesung die Rede sein, die Roland Barthes am *Collège de France* hielt und die nach seinem Tode in Buchform publiziert wurde. Es existiert auch ein Mitschnitt auf mehreren CD's, den ich aber lieber nicht verwende, ist die Lautstärke der Studierenden doch wahrlich ohrenbetäubend und gewiss kein gutes Beispiel für Sie. Freilich kann man dabei auch die souveräne Ruhe bewundern, mit welcher der längst zum internationalen Star avancierte Barthes seine Vorlesung und seine oftmals auch recht vorläufigen Überlegungen durchzog.

In ihr gibt es einen Gedanken, der genau die Problematik der Objektwerdung, jenen Augenblick also darstellt, an dem der Andere für den Liebenden zu einem Bild wird, das er sich geformt hat, wobei genau dies das gemeinsame Zusammenleben nicht länger ermöglicht. Dies ist ein fürwahr einschneidender Augenblick, dem Barthes all seine Aufmerksamkeit widmete. Das sehr wohl lebenswissenschaftliche Thema der Vorlesung lautete *Comment vivre ensemble*, und es ging im Grunde um eine Lektüre von Literatur als Simulation des Lebens, die ihrerseits eine Unmenge an Wissen über das Leben gespeichert hat. In diesem Kontext heißt es gegen Ende in einem auf der Auswertung unterschiedlichster philosophischer und literarischer Texte beruhenden Versuch, eine Utopie des Zusammenlebens selbstreflexiv zu entwickeln:

> Man würde an dieser Stelle wieder diesen Wert erreichen, den ich Schritt für Schritt unter dem Namen der *„délicatesse"* definieren werde (ein etwas provokantes Wort in der heutigen Welt). *Délicatesse* will sagen: Distanz und Achtung, Abwesenheit von Gewicht in der Beziehung, jedoch zugleich lebendige Wärme dieser Beziehung. Das zu Grunde liegende Prinzip wäre: den anderen, die anderen nicht herumschubsen, nicht manipulieren, aktiv auf alle Bilder verzichten (von den einen wie den anderen), alles vermeiden, was das Imaginäre der Beziehung alimentieren könnte.[59]

Gleich in seiner ersten Vorlesung am renommierten *Collège de France* untersucht Barthes also die Grundbedingungen menschlichen Zusammenlebens vorrangig nicht anhand soziologischer Befunde oder juristischer Untersuchungen, sondern auf eine gänzlich andere, im Grunde unerhörte Art: Er zieht die Literatur als Quelle heran und greift ihre Anregungen auf. Denn die Literaturen der Welt können Wesentliches zur Diskussion unterschiedlichster Formen des Zusammenlebens in Differenz – und somit zu einer der Grundfragen einer lebenswissenschaftlich perspektivierten Philologie – beisteuern.

In einer Welt, die zweifellos im gesamten 20. Jahrhundert, insbesondere aber seit den achtziger Jahren und wohl weit über unsere Tage hinaus, fundamental von Migrationen gekennzeichnet ist, ist die Frage nach multikulturellen, interkulturellen und transkulturellen Beziehungen und Formen des Zusammenlebens von ungeheurer Wichtigkeit. Denn welches sind die Voraussetzungen und Grundbedingungen einer gelingenden *Konvivenz*? Wie können wir diese Rahmenbedingungen erkennen? Und wie können wir sie gesellschaftlich implementieren?

Literatur soll hier unsere vorrangige Bezugsquelle sein. Denn sie beruht auf Forschung, auf unendlich vielen, von wichtigen Persönlichkeiten zusammengetragenen Untersuchungen, die nicht in einer monologischen Art und Weise und nicht mit Hilfe einer eindeutigen, jegliche Vieldeutigkeit vermeidenden Sprache

---

59 Barthes, Roland: *Comment vivre ensemble. Simulations romanesques de quelques espaces quotidiens. Notes de cours et de séminaires au Collège de France, 1976–1977.* Paris: Seuil 2002, S. 170f.

zusammengestellt wurden. Vielmehr geht es in der Literatur ums Ganze – und dies heißt auch: um das Vermeiden jeglicher Reduktionen, jeglicher Vereindeutigungen. Vielfalt des Denkens, des Lebens, auch des Liebens gegen die um sich greifende Einfalt in unserer heutigen Welt. Anders gesagt: Es geht in den Literaturen der Welt nicht um die Repräsentation von Wirklichkeit, sondern um die Darstellung einer *gelebten* Wirklichkeit, von *gelebten* Wirklichkeiten, die in ihrer ganzen Vieldeutigkeit, in ihrer Polysemie und Polylogik erfasst werden müssen und als *lebbare* Wirklichkeiten gesellschaftlich zu etablieren sind.

Insofern bilden die Literaturen der Welt nicht allein ein Frühwarnsystem und ein seismographisches Beobachtungsnetz, das sich über den gesamten Planeten erstreckt, sondern auch ein Laboratorium oder vielleicht besser noch einen Spiel-Raum, innerhalb dessen die unterschiedlichsten Formen des Nebeneinanderherlebens, des Zusammenlebens und der Bewegungen quer zu den Kulturen erprobt, in Frage gestellt und in unterschiedlichen Konstellationen untersucht werden können. Die Erfassung dieser Dimensionen von Literatur ist heute überlebenswichtig.

Roland Barthes hat in seinen Vorlesungen, aber auch in vielen seiner Schriften in der Tat ein Zusammenleben literarisch erprobt, das ihm im praktischen Leben nur bedingt gelang, wenn wir einmal sein lebenslanges Zusammenleben mit seiner Mutter Henriette Barthes ausklammern. Literatur hält also nicht den Schlüssel für ein glückliches Zusammenleben bereit – das wäre denn doch zu einfach. Aber die Literatur führt uns Lebensmöglichkeiten vor, erweitert radikal unseren Horizont an Alternativen, zu denen uns im Alltagsleben oft die Phantasie fehlt. Genau diese phantasierten, aber dennoch real lebbaren Möglichkeiten der Konvivenz offeriert sie uns. Wir müssen die Literaturen der Welt nur anders lesen, um uns diese Lebensalternativen konkret vor Augen halten zu können.

Eine gelingende Konvivenz schließt selbstverständlich die Konzeptionen und Verwirklichungen von Liebe mit ein. Dabei wird zugleich auch deutlich, dass Liebe letztlich auch diese Frage beinhaltet: Inwieweit es möglich ist, den anderen in seiner Differenz zu lassen, ohne ihm gegenüber auf längere Zeit zunehmend indifferent zu werden. Ohne ihn oder sie herumzuschubsen, zu manipulieren, zu unserem Objekt zu machen, unserer Gewalt – und sei es aus Liebe – zu unterwerfen. Dieser Frage stellt sich Roland Barthes. Genau dies ist aber eine Frage, welche die Filme Hollywoods, die stets mit dem Schild *Just married* enden, nicht zu beantworten vermögen. Was immer auch nach dem *coup de foudre*, nach der ersten Nacht, nach dem Ja-wort oder was an Szenen der Liebe insgesamt auch immer imaginiert werden kann, weiter geschehen wird ... im Film!

In ihm geht eine ganze Produktionsmaschinerie, eine industrielle Schwerindustrie in Stellung, um unsere Imaginationen und Bedürfnisse zu befriedigen, aber vielleicht weniger, um uns Lebensalternativen vor Augen zu führen.

In der Literatur sind es nur einzelne Individuen, die im intertextuellen Rückgriff auf andere Texte ihre Forschungen und Untersuchungen in Worte fassen; und sie bedürfen lediglich einer Leichtindustrie, eines Verlagssystems, um mit einer Leserschaft zu kommunizieren und in Verbindung zu treten. Gewiss sprechen auch hier beherrschende Marktkonzerne ein gewichtiges Wort mit. Aber selbst wenn ich hier nur holzschnittartig argumentieren kann, so ist doch deutlich, dass die Forschungen der Literaturen der Welt schon strukturell wesentlich weiter und radikaler gehen können als etwa die von großen Produktionsfirmen überwachte Filmindustrie, die Produktion all jener Bilder, die unser Imaginäres filmisch bilden.

Lassen Sie mich diesem Teil abschließend noch hinzufügen, dass das große Gefühl der Liebe seit allen Anfängen der Literaturen der Welt an da ist: ebenso im *Shi Jing* wie im *Gilgamesch-Epos*. Im letztgenannten Epos werden im Übrigen fast alle denkbaren Formen der körperlichen und unkörperlichen Liebe durchstudiert: von der Liebe zu den Göttern und zu den Tieren, über die heterosexuelle und die homosexuelle Liebe, die brüderliche Liebe wie die mütterliche Liebe, bis hin zur Liebe der Götter sowie die Liebe zwischen den Göttern und den Menschen, und so weiter. Dass in diesem Epos aus dem Zweistromland Mesopotamien – wie später auch in Griechenland – nicht alles auf die heterosexuelle Liebe eingeschränkt ist, versteht sich von selbst und verweist zugleich auf die radikale Eingrenzung und Beschränkung der Liebeskonzeptionen, wie sie sich historisch im Abendland herausgebildet haben. Dennoch will ich mich in dieser Vorlesung *grosso modo* auf jenen *discours amoureux* beschränken, wie ihn Roland Barthes für uns abgesteckt hat. Seine *Fragments d'un discours amoureux* eröffnen durch die geschlechtliche Nicht-Identifizierung des Liebenden-Diskurses einen Horizont von sehr diversen Liebesdiskursen und Liebespraktiken, die heute – wenn auch bei Weitem nicht weltweit – in den Kanon der Formen und Normen von Liebe übergegangen sind. Mit diesen Lebensformen und Erlebensformen der Liebe und ihrer Aneignung durch die Formen und Normen unseres geschichtlich gewordenen Lesens möchte ich mich befassen und dazu einen weiteren Schritt tun.

Ausblick auf Revolutionen des Lesens

Roger Chartier und Guglielmo Cavallo haben in ihrer *Welt des Lesens*[1] betont, dass sich eine Geschichte des Lesens nicht auf jenen Zeitraum beschränken dürfe, als allein mit den Augen und leise zu lesen begonnen wurde. Denn dies sei nur eine unter vielen Modalitäten des Lesens, deren Geschichte sich leicht in ihrer historischen Entwicklung nachzeichnen lasse. Es kann im Rahmen unserer Vorlesung freilich nicht darum gehen, eine wirkliche und wahrlich umfangreiche Geschichte des Lesens nachzuvollziehen, die von der Antike bis in die Gegenwart reichen würde und den Weg von den Schriftrollen, den *volumina*, dem Papyros, über den Codex mit Buchseiten – Julius Cäsar soll der erste gewesen sein, der Schriftrollen in einzelne Seiten für seine Truppen binden ließ – und viel später die Gutenberg'sche Druckerpresse des 15. Jahrhunderts, bis hin in die Gegenwart des Taschenbuches und der Papierseiten sowie der Computerbildschirme und deren *scrollende* Schriftrollen zu verfolgen. Eine solche Geschichte ist faszinierend, aber ihre Historie ist sehr gut aufgearbeitet und hätte mit unserem Fach, der Romanistik und Komparatistik, wenig zu tun. Konzentrieren wir uns also auf einige jener Elemente, die für unseren Themenkreis von Belang sind.

In den Ländern des Abendlandes entwickeln sich zwischen dem 16. und dem 19. Jahrhundert die Lesepraktiken durchaus unterschiedlich, wie Chartier und Cavallo betonten: je nach dem Stand der industriellen und gesellschaftlichen Entwicklung, der Alphabetisierung und vieler weiterer Parameter, die den Entwicklungsstand der westlichen Gesellschaften beschreiben.

Die Akten der Inquisition in den Ländern des Mittelmeeres – und insbesondere in Spanien – geben uns einen hervorragenden Aufschluss über bestimmte Lesepraktiken, aber auch Formen des Zugangs zum Buch und weiteren Darbietungsformen von Wissen. Denn dieser Zugang war strikt festgelegt und geregelt – vergessen wir nicht, dass etwa Frauen, um nur ein Beispiel herauszugreifen, die Benutzung der lateinischen Sprache und damit der Zugang zu den damaligen Wissensbeständen der Wissenschaft streng verboten war. Nicht allein im iberischen Mutterland, sondern gerade auch in den Kolonialgebieten wurden vielfältige Erklärungen von Angeklagten zu den von ihnen gelesenen und von der Inquisition inkriminierten Werken gesammelt. Die Akribie der Inquisitoren, möglichst viele Details über diese Praktiken zu sammeln, bietet eine nahezu perfekte Grundlage für deren wissenschaftliche Auswertung.

---

1 Vgl. Chartier, Roger / Cavallo, Guglielmo (Hg.): *Die Welt des Lesens. Von der Schriftrolle zum Bildschirm.* Frankfurt am Main – New York – Paris: Campus Verlag – Editions de la Maison des Sciences de l'Homme 1999, S. 12.

Abb. 30: Roger Chartier (Hg.), Guglielmo Cavallo (Hg.): *Die Welt des Lesens. Von der Schriftrolle zum Bildschirm*, Cover.

Im europäischen Puritanismus sind es wiederum die spirituellen Autobiographien und die pietistischen Lebensbeichten, die aufschlussreiche Zeugnisse über die Lesegewohnheiten ihrer Verfasser liefern können. Im Verlauf des 18. Jahrhunderts entstehen dann auf Grund der industriellen Entwicklung neue Märkte für das gedruckte Buch, neue Leserschichten und letztlich auch neue Lesepraktiken, die wir uns etwas näher anschauen wollen.

Man kann mit Roger Chartier und Guglielmo Cavallo von drei großen Revolutionen des Lesens in der Neuzeit sprechen.[2] Die erste der profunden Transformationen, welche die Lesepraktiken betreffen, ist dabei technischer Natur. Denn in der Mitte des 15. Jahrhunderts erfolgte eine Revolutionierung durch das Prinzip der beweglichen Lettern und der Druckerpresse, so dass seither die handschriftliche Abschrift nicht mehr die einzige Möglichkeit war, die Vervielfältigung und Zirkulation von Texten zu gewährleisten. Mit dieser bahnbrechenden Erfindung ging eine Senkung der Kosten und zugleich eine deutliche Verminderung der Herstellungsdauer gedruckter Texte einher, außerdem die Tatsache, dass die so gedruckten Bücher miteinander identisch, textgleich waren und keine individuellen Schreibfehler und Lesefehler mehr vorkamen. Einmal abgesehen von

---

2 Ebda., S. 39 ff.

manchen *Ficciones* von Jorge Luis Borges. Die Gutenberg-Galaxis war entstanden, und mit ihr eine der technischen Grundlagen der rasanten Entwicklung des Abendlandes.

Jedoch hob das französisch-italienische Forscherteam auch hervor, dass allein dies noch keine Revolution der Lesepraktiken mit sich gebracht hätte. Es lässt sich allerdings trefflich darüber streiten, ob die neuen Techniken in der Gutenberg-Galaxis an den Grundstrukturen des Buches – wie die beiden Autoren behaupteten – wirklich nichts zu ändern vermochten. Denn immerhin – und dies lässt sich in einer Vielzahl von Texten nachweisen – wurde durch die Druckerpresse die Handschrift und damit die Körperlichkeit des Schreibenden ausgeschlossen und zugleich entindividualisiert. Denn die metallenen Lettern waren nun für alle gleich – unabhängig davon, ob sie ihre Texte diktierten, ob sie sie auf Papier niederschrieben und welche Handschrift sie dabei verwendeten: Ihr Körper war aus den Bewegungen der Schrift fortan ausgeschlossen.

Dies ist auch bei den weiteren technischen Implementierungen auf Ebene der Niederschrift von Manuskripten der Fall: Während in der Handschrift noch der gesamte Körper-Leib sichtbar und anschaulich ist, können wir ihn in der Schreibmaschine doch noch immerhin von Spezialisten in bestimmten Anschlagweisen rekonstruieren. Es gab früher noch Kriminologen, welche die Schreibmaschinenschrift zu analysieren wussten. Doch in Ihren heutigen Computern oder Smart Phones ist kein Unterschied mehr sichtbar, egal, ob sie das „e" der Tastatur mit besonderer Vehemenz drücken oder nicht: Das Ergebnis ist immer gleich, Ihr Körper ist ausgeschlossen.

Diesem Ausschluss des Körpers aus Seiten der Schreibenden entspricht auch ein Ausschluss des Körpers auf Seiten der Lesenden zumindest insoweit, als der *scriptor* nun nicht mehr mit seinem eigenen Körper präsent ist. Zugleich verbleiben durch die gedruckte Schrift nur noch ganz bestimmte und kleine Stellen, an denen der *lector*, oder auch *commentator*, eigene persönliche Reflexionen an den Rand schreiben und damit zu Protokoll geben kann. Wir wissen, dass sich dies bei elektronischen Texten erneut gewandelt hat und wir heute nicht nur über umfangreiche Korrekturfunktionen verfügen, sondern gleichsam halbe Romane in das Geschriebene vormaliger Verfasser einfügen können. Gewiss haben Chartier und Cavallo recht mit ihrer Behauptung, dass das Buch vor und nach Gutenberg durchaus recht ähnlich strukturiert war. Denn die Untergliederungen und Einteilungen der Bücher sind kein Ergebnis des Buchdrucks, sondern zu einem viel früheren Zeitpunkt eingeführt worden. Schon zu Zeiten der Handschrift verbreiten sich Inhaltsverzeichnisse, Indices, Glossare usw.; und selbst eine genaue Rangfolge der Formate setzte sich in den letzten Jahrhunderten der Handschrift – und nicht erst nach der Einführung des Buchdrucks – durch: vom Groß-Folio-Format abwärts. Der Buchdruck trug all diese Innovationen in sein eigenes Universum ein und hob diese Errungenschaften damit zugleich in ein neues Zeitalter. So können wir heute, um nur ein Beispiel zu nennen, nach bestimmten Elementen eines Inhaltsverzeichnisses unsere Texte durchsuchen oder auch verändern.

Die erste eigentliche Leserevolution der Neuzeit ist also weitgehend unabhängig von der technischen Revolution, die im 15. Jahrhundert die Buchherstellung so radikal verändert hatte. An dieser historischen Schnittstelle gilt es, die enorme Wichtigkeit des Übergangs vom monastischen zum scholastischen Lesemodell zu berücksichtigen, denn hier erst wird das Buch zum Gegenstand und Werkzeug geistiger Arbeit. Denn anders als beim monastischem Lesen, bei dem es darum ging, wenige Bücher möglichst intensiv zu kennen und immer wieder von neuem zu lesen, ja auch auswendig zu lernen, geht es beim scholastischen Lesen um eine möglichst breite Kenntnis unterschiedlichster Schriften, wobei die Bücher dabei die eigentlichen Arbeitsinstrumente – und nicht statische Quellen der Erkenntnis – sind. Dies ist eine in ihren Konsequenzen fundamentale Veränderung, die noch für uns heute von erheblicher Bedeutung ist.

So war das gleichzeitige Lesen verschiedener Bücher bereits in der Scholastik als Lesepraxis aufgekommen. Ich weiß nicht, ob Sie immer erst einmal in einem Buch lesen und es abschließen, bevor Sie zu einem anderen übergehen, oder ob Sie zu den Leserinnen und Lesern zählen, die zwei oder mehrere Bücher gleichzeitig lesen und von einem ins andere wechseln. Fakt ist, dass Sie bei der Praxis eines Lesens in mehreren Büchern durchaus schon auf eine lange Lesegeschichte zurückblicken können. Denn früh schon wurden auch sogenannte Bücherräder oder Leseräder verwendet, die ein bequemes gleichzeitiges Lesen unterschiedlicher Bücher ermöglichten beziehungsweise erleichterten.

Im Humanismus verstärkte sich diese Tendenz und Lesepraxis noch; und so habe ich Ihnen auch die Abbildung der von Ramelli erfundenen raffinierten Lesemaschine aus dem Jahre 1588 mitgebracht.[3] Sie steht im Grunde nur für eine veränderte Lesepraxis, die sich weit vom monastischen Modell entfernt hat – und in gewisser Weise sind etwa philologische Lesepraktiken hier historisch auch verankert. Verstehen Sie mich bitte nicht falsch: Damit ist keinerlei Wertung verbunden. Und die Ein-Buch-Lektüre vermag mindestens genauso intensiv zu sein wie die Art und Weise, mehrere Bände gleichzeitig zu verschlingen.

---

3 Vgl. Manguel, Alberto: *Eine Geschichte des Lesens*, S. 157.

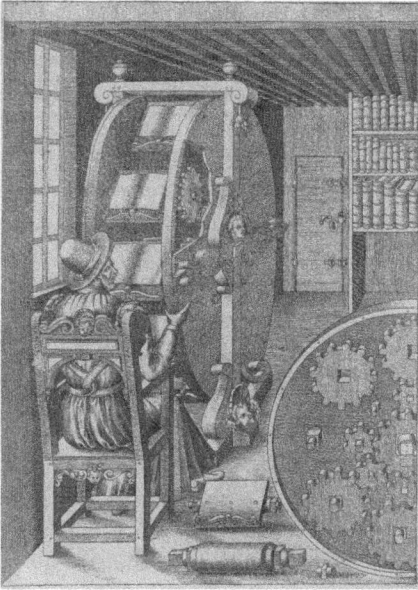

Abb. 31: Ramellis Bücherrad aus dem 16. Jahrhundert.

Damit ging eine Entwicklung hin zum stillen Lesen einher, mit der wir uns ja bereits beschäftigt haben. Mit diesem stillen Lesen ist eine grundlegende Zäsur verknüpft, welche auch das parallele Lesen in großen Gelehrtengemeinschaften ermöglicht. Denn was wäre ohne die Kulturpraxis des stillen Lesens ein Lesesaal, sagen wir in der Staatsbibliothek? Das stille Lesen stellt eine Beziehung zum Geschriebenen her, die freier, auch geheimer, und in jedem Falle völlig innerlich sein kann.[4] Dies war in der Tat eine wirkliche, aber stille Revolution des Lesens und der Lektüre.

Die zweite Leserevolution der Neuzeit verdankt sich ganz offensichtlich der industriellen Buchproduktion. In der zweiten Hälfte des 18. Jahrhunderts – so behauptet man – soll auf das intensive Lesen ein anderes Lesen gefolgt sein, das im Allgemeinen als extensiv bezeichnet wird. Der intensive Leser verfügte über ein genau definiertes, von Generation zu Generation weitergereichtes Korpus von Büchern, die gelesen und wiedergelesen wurden. Der Kanon stand nicht in Frage, sondern war die Norm, an der man sich orientierte.

Dies ist, um es mit der heutigen Lage und den aktuellen Bedingungen des Studierens zu vergleichen, eine gänzlich andere Situation, haben die neuen Studierendengenerationen doch keinen Bezug mehr zu einer Liste von Werken, die

---

4 Ebda., S. 47.

unbedingt im Verlauf des Studiums gelesen werden müssen. In den neunziger Jahren noch habe ich am Institut für Romanistik eine Leseliste eingeführt und ging dabei von der Vorstellung aus, dass man als Studierende an jedem Wochenende im Jahr ein Buch zu Ende lesen könne. So hatte ich nach Anweisung eines meiner Dozenten mein eigenes Studium auch aufgebaut. Wie dem auch sei: Auf diese Weise wären innerhalb kürzester Zeit die hundert oder hunderfünfzig Werke der Leseliste tatsächlich zu lesen gewesen. Doch die heutigen Zeiten sind derartigen Praktiken nicht mehr günstig gesonnen. Denn der Bologna-Prozess, der heute selbst von jenen kritisiert wird, die ihn eingeführt haben – ein im Übrigen eigenartiger Tatbestand von Fahrerflucht, der freilich nicht geahndet wird –, sowie die Vielzahl an unterschiedlichen Studiengängen, die studiert werden können, erschweren – verbunden mit den auf das gesamte Studium verteilten Prüfungsleistungen – und der dauernden Anspannung aufgrund eines beständigen *workloads* jegliche Orientierung an einem Lesekanon. Dies gilt es nicht zu beklagen, sondern zu konstatieren. Das heutige Studium und die damit verbundenen Lesepraktiken haben sich zumindest für die Mehrzahl der Studierenden erheblich gewandelt. Und die Medien, in denen gelesen wird, selbstverständlich auch.

Aber kommen wir zurück auf die Unterscheidung zwischen einem intensiven und einem extensiven Lesertypus. Denn anders als bei der intensiven Lektüre waren die extensive Leserin, der extensive Leser von einer Lesewut getrieben, wie sie sich in der Goethe-Zeit Deutschlands bemächtigt zu haben scheint. Man spricht von einem freien, unehrerbietigen, respektlosen Lesen, das ständig die Druckerzeugnisse wechselte und hemmungslos konsumierte. Wir werden dafür noch ein literarisches Beispiel kennenlernen, das uns genau in diese Zeit führt und zugleich mit der Liebesthematik verbandelt ist.

Doch lassen sich diese klassischen Thesen im Lichte neuerer Forschungen und Untersuchungen wohl nicht mehr länger aufrechterhalten. Denn durchaus zahlreich sind die extensiven Leser zur Zeit der intensiven Lektüre – wofür einmal mehr das Bücherrad, aber auch die Sammlungen von Gemeinplätzen stehen mögen. Genau zeitgleich mit dieser Leserevolution entfaltet sich mit Rousseau, Bernardin de Saint-Pierre oder Richardson eine höchst intensive Lektüre, durch die sich der Roman des Lesers bemächtigt und ihn in seinen Bann und in seine Abhängigkeit zwingt. Wir werden auch dafür noch mehrfach Beispiele finden, doch erscheint es mir an dieser Stelle schon sinnvoll, erneut auf einen Roman Italo Calvinos zu verweisen, in dem diese Lesewut, die ins Unheil führen kann, deutlich wird: *Il barone rampante*, der Baron auf den Bäumen, mit dem wir uns noch näher beschäftigen werden. Und ich bitte Sie schon an dieser Stelle um Vergebung dafür, dass ich noch ein zweites Mal Italo Calvino bemühen werde, ist sein Roman doch mehr als jeder andere dazu geeignet, uns für diese Leserevolution – aber auch für die Liebeskonzeptionen der Zeit – die Augen zu öffnen.

Große Romane dieser Zeit des 18. Jahrhunderts wie *Pamela, Julie ou la Nouvelle Héloïse, Paul et Virginie* oder der *Werther* werden ständig gelesen, wiedergelesen, zitiert und rezitiert, wobei eine Identifikation des Lesepublikums mit den Figuren des jeweiligen Romans erfolgt und das eigene Leben im Lichte der literarischen Gestalten gedeutet wird. Bei dieser identifikatorischen Lesart, bei dieser intensiven Lektüre neuen Typs wird nun die ganze Gefühlswelt in Anspruch genommen: Tränen und Gefühlsausbrüche können kaum zurückgehalten werden, die Lektüre ist notwendig mit starken Emotionen verbunden. Dabei schreibt man auch häufig an den Verfasser, der mit seinen Werken zu einem wahren Lebensberater geworden ist und durchaus in Kontakt mit seinem zeitgenössischen Lesepublikum steht. Auch an dieser längst historisch gewordenen Lesesituation zeigt sich also, dass das Buch bei einer derart intensiven Lektüre unmittelbar ein Lebenswissen zu enthalten scheint, das sich eine zunehmend breiter gefächerte Leserschaft aneignen und einverleiben will. Wir stoßen bei diesen Lesarten unzweifelhaft auf jene Dimension, mit der wir uns immer wieder beschäftigen werden: Literatur als Lebenswissen.

Halten wir also fest: Belege für eine wirkliche Leserevolution in der zweiten Hälfte des 18. Jahrhunderts lassen sich zumindest in England, Frankreich und Deutschland leicht finden. Die entscheidenden Faktoren dafür sind eine wachsende Buchproduktion, die sich von Beginn des 18. Jahrhunderts bis in die 1780er Jahre verdreifacht bis vervierfacht, die rasche Zunahme der Tageszeitungen, ein deutliches Sinken des Buchpreises, die Zunahme von Lesegesellschaften, Leihbibliotheken und Clubs. Das Lesen am Ausgang des 18. Jahrhunderts ist nicht mehr das, was es zu Beginn dieses Jahrhunderts gewesen war. So bildet das Jahrhundert der industriellen (ausgehend von England) sowie der politischen Revolution (ausgehend von Frankreich) auch das Jahrhundert einer Leserevolution, welche in mehr als einem Sinne die Moderne im letzten Drittel des 18. Jahrhunderts eröffnet.

Die dritte Revolution des Lesens, Sie haben es schon kommen sehen, fällt nun in unsere Tage. Sie betrifft die elektronische Speicherung und Übertragung der Texte und die durch sie diktierte Art des Lesens, die sich grundlegend verändert hat. Denn auf einem Bildschirm, auf einem *screen* (sei es der Ihres Computers oder der Ihres Smart Phones) zu lesen ist anders, als in einem Codex, auf Papyrus oder auch auf Papier in einem Buch zu lesen.

Dabei verändert sich nicht zuletzt der Kontextbegriff, insoweit Texte nun innerhalb logischer Architekturen positioniert werden, etwa innerhalb elektronischer Datenverwaltungen oder Datenbanken, innerhalb von zur Verfügung gestellten oder autonomen Sucharchitekturen oder auch von hyper- und metatextuellen Verweissystemen. So gerät das ganze bisherige System der Erkennung und Handhabung, der Zettelkästen und Recherchen von Daten aus den Fugen – oder genauer: Es rückt in neue Fugen ein. Diese Revolution vollzog sich innerhalb von weniger als einer Generation. Sie würden lachen, wenn ich Ihnen erzählte, dass ich noch mit der Hand schrieb und eine Reiseschreibmaschine bediente, als ich mein Studium aufnahm, und dass ich als junger Student (so nannte man das damals) eine Einführung in die Bibliographie und das bibliographische Arbeiten erhielt von einem Mann, der eigens für derartige Einführungen eingestellt war und an dem der Staub von Hunderten von Zettelkästen buchstäblich klebte.

In gewisser Weise – und durchaus paradoxerweise – findet man einiges von der aktuellen Stellung des Lesers in der Antike wieder, der ein *volumen*, eine Schriftrolle las, die er sukzessive ent-wickelte oder eben *scrollte*. Gleichzeitig aber ist der Text auf Ihrem Computerbildschirm, auf Ihrem iPad oder Ihrem Smart Phone mit einer Seitennummerierung und mit allen Markierungen eines Codex ausgestattet, so dass man hier mit Chartier und Cavallo sehr wohl von der „Kreuzung zweier Logiken" sprechen kann.[5]

Zugleich wird die Gleichzeitigkeit von Produktion, Übermittlung und Lektüre ein- und desselben Textes möglich: Die getrennten Aufgaben des Schreibens, Herausgebens und Verteilens sind nicht länger voneinander getrennt. Unterschied man in der Antike oder im Mittelalter der Scholastik noch zwischen *scriptor*, *compilator*, *commentator* und *auctor*, so haben sich in der aktuellen Welt diese Funktionen von Textinstanzen nicht nur deutlich verändert: sie haben sich jenseits alter Grenzziehungen viel stärker miteinander vermischt und vermengt. Als Herausgeber einer Hybrid-Edition historischer Schriften an der Berlin-Brandenburgischen Akademie der Wissenschaften kann ich Ihnen verraten, dass die verschiedenen Autor- oder Herausgeberfunktionen, aber auch die Textfunktionen selbst in einem erheblichen Maße schwanken, je nachdem, ob man sich im Printbereich oder im Digitalbereich befindet. Dass wir für unsere Hybrid-Edition das Digitale als Grundlage gewählt haben, ist heute noch innovativ, entspricht aber durchaus den sich im Aufbau befindlichen Standards der *Digital Humanities*. Diese Standards aber werden sich ihrerseits wieder verändert haben, bis in etwa fünfzehn Jahren unser Projekt an ein vorläufiges Ende gelangt.

All dies hat ebenso Folgen für rechtliche Kategorien wie das sich in einer öffentlichen Debatte befindliche Copyright, für philologische Kategorien wie die Vollständigkeit, Beständigkeit eines Textes, oder für ästhetische Kategorien wie die Originalität, die ikonotextuelle oder Faksimile-Darstellung, aber auch für normative Kategorien wie die Ablieferung von Pflichtexemplaren usw. Es wäre müßig, an dieser Stelle die Vor- und Nachteile von *Open Access* nicht nur für die „Bücher", sondern auch für die Verlagslandschaft selbst zu diskutieren, in welcher diese Bücher entstehen. Waren die bibliophilen Nachlässe von

---

5 Chartier, Roger / Cavallo, Guglielmo (Hg.): *Die Welt des Lesens*, S. 45.

Gelehrtenbibliotheken einstmals Gegenstand hitziger Begehrlichkeiten und entbrannten um sie wahre Kämpfe, so winken heutige Bibliotheken müde ab, wenn wieder einmal eine Privatbibliothek verkauft werden soll: Die Kosten für die Erhaltung papierener Buchbestände rechnet sich in Zeiten digitaler Archivierung längst nicht mehr. Allerdings unabhängig von der Tatsache, dass noch immer die Lesbarkeit dieser Bestände für eine längere Zukunft nicht garantiert ist. Denn unter diesen Voraussetzungen sind die Tontafeln des *Gilgamesch-Epos* nach wie vor das herausragende Medium, das selbst noch nach Jahrtausenden – und nach vielen mächtigen Leserevolutionen – schlicht akzessibel und lesbar geblieben ist.

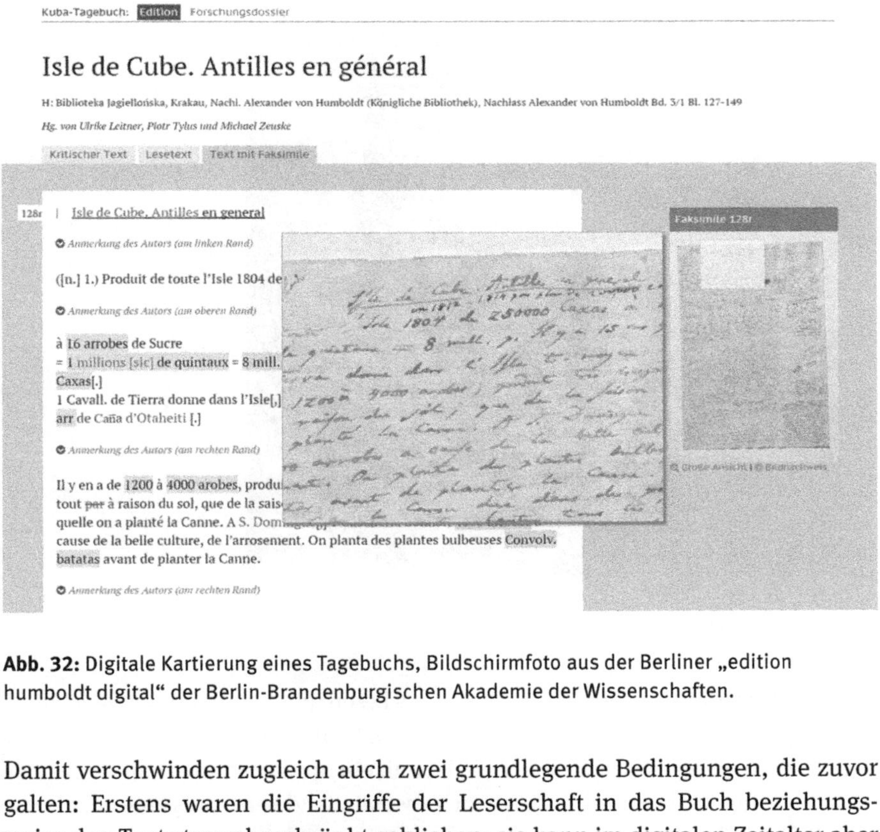

Abb. 32: Digitale Kartierung eines Tagebuchs, Bildschirmfoto aus der Berliner „edition humboldt digital" der Berlin-Brandenburgischen Akademie der Wissenschaften.

Damit verschwinden zugleich auch zwei grundlegende Bedingungen, die zuvor galten: Erstens waren die Eingriffe der Leserschaft in das Buch beziehungsweise den Text streng beschränkt geblieben; sie kann im digitalen Zeitalter aber gleichsam zum Ko-Autor des Textes avancieren. Überhaupt ist die Funktion des literarischen Autors mehr als brüchig geworden. Und zweitens wird nun der Widerspruch aufgehoben, der schon den Menschen der Antike plagte: der Widerspruch zwischen dem Traum von einer universalen Bibliothek und der zwangsläufig enttäuschenden Wirklichkeit tatsächlich und real existierender Bibliotheken – und ich sage dies nicht nur mit Blick auf unsere Universitätsbibliothek in Potsdam, die sich im Verlauf der zurückliegenden Jahre freilich verbessert hat. Internetgestützt kann ich mir riesige Universalbibliotheken auf mein Smart Phone holen – und die damit verbundene Demokratisierung des Wissens ist ein herausragender, wenn auch freilich nur *ein* Aspekt unter vielen. Die elektronische Vernetzung hebt die bislang zwangsläufige Verbindung zwischen dem Ort des Textes und dem Ort von Leserin und Leser auf, so dass der alte Traum von der universalen Bibliothek – einen Zugang zum Netz vorausgesetzt – sich zunehmend verwirklicht oder auch schon verwirklicht hat.

Abb. 33: Tontafel V des Gilgamesch-Epos.

Soviel also zu den drei Revolutionen, die das Lesen im Abendland seit dem Mittelalter geprägt und strukturiert haben. Wir leben heute in einer Zeit des Umbruchs, gerade auch, was Lektürepraktiken und damit ein fundamentales kulturelles Praxiswissen angeht. Ich möchte Ihnen dies abschließend vermittels eines Zitats von Cavallo und Chartier vorführen:

> Wie Armando Petrucci zeigt, ist die traditionelle Lektüre in unserer heutigen Welt der Konkurrenz durch das Bild ausgesetzt und zugleich der Bedrohung, ihre durch schulische und gesellschaftliche Normen vermittelten Repertoires, Regeln und Verhaltensweisen zu

verlieren. Zu diesem Umbruch kommt ein zweiter, der vorerst noch kaum ausgeprägt ist und je nach Land unterschiedlich wahrgenommen wird: dass nämlich der Träger des Geschriebenen verändert und der Leser plötzlich zu neuen Gesten und neuen intellektuellen Praktiken gezwungen ist. Der Schritt vom Kodex zum Bildschirm ist ebenso bedeutend wie der von der Schriftrolle zum Kodex. Mit ihm wird die Ordnung der Bücher, die den Männern und Frauen des Abendlandes seit den ersten Jahrhunderten des christlichen Zeitalters vertraut war, in Frage gestellt. So setzten sich neue Arten des Lesens durch oder drängen sich auf, die man in ihrer Gesamtheit noch nicht kennzeichnen kann, die jedoch zweifellos grundlegend neue Lesepraktiken mit sich bringen.[6]

Doch tauchen wir jetzt wie versprochen ein in die neuen Lese- und Liebespraktiken, die sich im Verlauf der zweiten Hälfte des 18. Jahrhunderts herauskristallisierten. Dazu wollen wir erneut auf ein Beispiel aus der italienischen Literatur zurückgreifen.

---

6 Chartier, Roger / Cavallo, Guglielmo (Hg.): *Die Welt des Lesens*, S. 47 f.

Italo Calvino oder vom Lesen und Lieben auf den Bäumen

Innerhalb unserer einführenden Beschäftigung mit den Leseformen, Liebesformen, Leserfiguren und Liebesfiguren in den Romanischen Literaturen der Welt möchte ich gerne ein zweites und letztes Mal – und ich hoffe, Sie sehen mir dies nach – auf einen Text Italo Calvinos zurückkommen, einen Text, der uns überdies einen unmittelbaren sinnlichen Zugang zum 18. Jahrhundert ermöglichen wird. Kaum ein anderer europäischer Schriftsteller hat wie Italo Calvino derart intensiv und zugleich spielerisch über die Möglichkeiten nachgedacht, die der Akt des Lesens in Verbindung mit dem Akt des Liebens für die Literaturen in der Moderne bereithält. So verwundert es auch nicht, wenn Calvino immer wieder unterschiedlichste Leserfiguren in seine Romane einbaute, an welche sich komplexe Liebesgeschichten anknüpften. Dies war eines der großen Themen des Calvino'schen Schreibens, vielleicht sogar sein größtes Thema überhaupt.

Italo Calvino war ein literarischer Meister, ebenso auf dem Gebiet der experimentellen Erzählkunst wie auch seiner stets damit verbundenen ästhetischen Reflexionen über die Literatur und ihr Verhältnis zur dargestellten Wirklichkeit. Immer wieder kreisten seine Überlegungen um die Unendlichkeit der literarischen Möglichkeiten und über deren rational begrenzbare Notwendigkeiten der Ausschöpfung. Es ist gerade diese am Rationalen orientierte Neugierde an den nicht nur ästhetischen und philosophischen, sondern gerade auch an den logischen Möglichkeiten des Schreibens, die ihn recht früh mit dem Werk des Argentiniers Jorge Luis Borges in eine fruchtbare Beziehung brachte. Hinzu kamen die Schreibstrategien und Auflagen des *Ouvroir de littérature potentielle* rund um Raymond Queneau und Georges Perec, die ihn immer wieder von neuem stimulierten.

Im Folgenden soll es in der gebotenen Kürze um einen der – sicherlich nicht nur für mich – schönsten Texte dieses italienischen Autors gehen, dem Roman *Il barone rampante*, der in den Jahren 1956 und 1957 entstand. Es sind die Jahre, in welchen gleichsam der *Takeoff* für die Literaturen im Zeichen der Postmoderne entstand, wenn wir von den frühen *Ficciones* des Jorge Luis Borges einmal absehen. Aus meiner Sicht dabei unzweifelhaft ist, dass die Literaturen der Welt eine Reihe von Themenstellungen entwickelten, welche im Bereich der Philosophie erst mit einer gewissen Verspätung aufgegriffen, zumindest teilweise aber auch verzögert „ausgedacht" werden sollten. Denn die Literaturen der Welt bilden nicht nur eine Experimentierfläche für das Heraufziehende und noch Ungedachte, sondern stellen auch eine Art Seismograph für alle kommenden Entwicklungen dar, die von Belang und Bedeutung für die Geschichte der

Menschheit sind. Doch bemühen wir vorerst diese seismographische Funktion der Literatur nicht weiter.

Abb. 34: Cover der Erstausgabe von Italo Calvinos *Il Barone rampante*.

Worum geht es in diesem insgesamt in dreißig durchlaufend nummerierte Kapitel eingeteilten Roman? Wir könnten darauf antworten, dass es sich auf den ersten Blick um einen Text handelt, der ein wenig der Geschichte unseres „Suppenkasper" verwandt ist. Denn im ersten Kapitel, das im Text gleich im ersten Satz auf den Sommer des Jahres 1767 datiert ist, wird aus der Perspektive des Bruders der Hauptfigur Cosimo ein Geschehen geschildert, das sich so oder so ähnlich an vielen Mittagstischen nicht nur Italiens abgespielt haben dürfte. Cosimo Piovasco di Rondò, der älteste Sohn des Barons von Rondò und dessen deutscher Frau, der Tochter des Generals von Kurtewitz, weigert sich nachhaltig, eine Schneckensuppe zu essen, der als Hauptgericht dann auch noch ein Schneckenmahl folgen soll. Soweit so alltäglich. Doch die Schnecken haben es in sich.

Denn die Zusammenstellung des Mittagsmahles geht auf Cosimos Schwester Battista zurück, die ihr grausames Spiel mit allerlei Tieren in ihrer Umgebung treibt. Ihr von der Familie geduldetes Hobby besteht darin, nicht nur Schnecken zu fangen und zu köpfen, sondern auch viele andere Tiere wie Regenwürmer, Mäuse, Vögel usw. zu malträtieren und in der Folge in verschiedensten Formen dargereicht als gastronomische Spezialitäten anzubieten. Sie kocht sozusagen ihr eigenes Süppchen, das freilich andere dann auslöffeln müssen. Und Cosimo hat den Hals gestrichen voll.

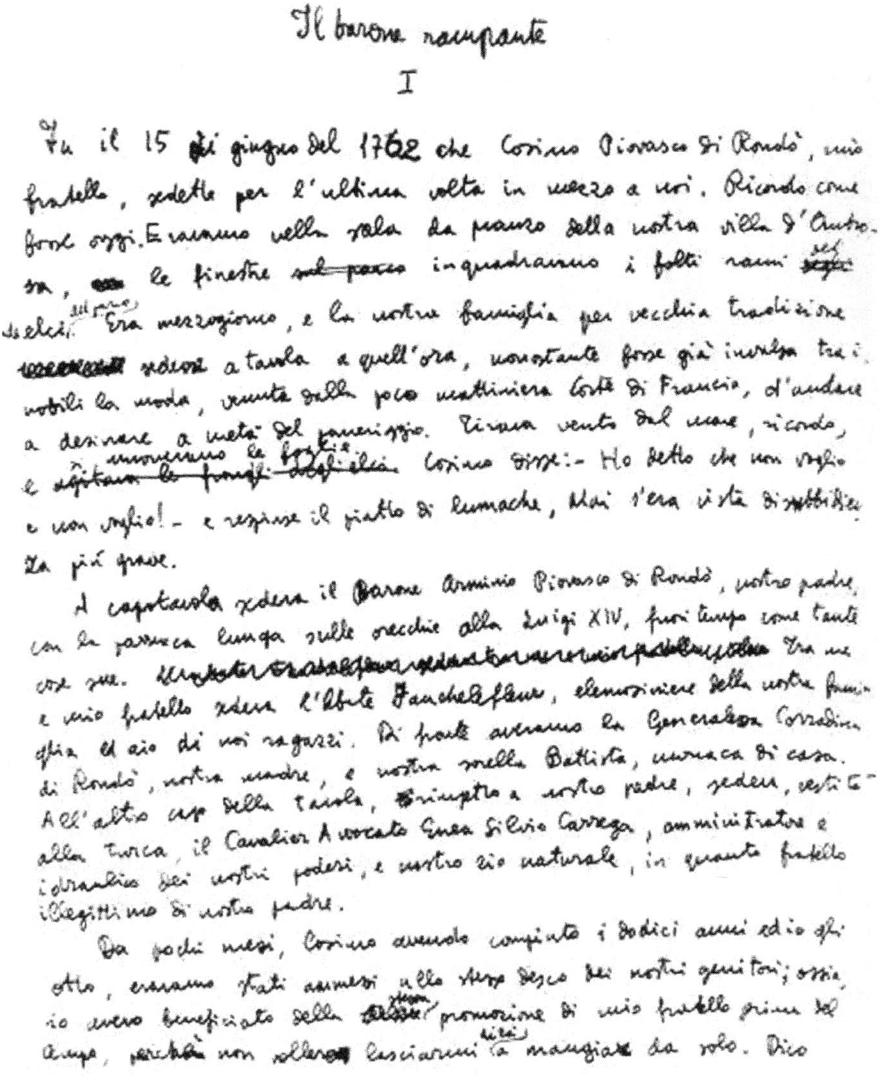

Il barone rampante

I

Fu il 15 di giugno del 1767 che Cosimo Piovasco di Rondò, mio fratello, sedette per l'ultima volta in mezzo a noi. Ricordo come fosse oggi. Eravamo nella sala da pranzo della nostra villa d'Ombrosa, le finestre inquadravano i folti rami del leccio. Era mezzogiorno, e la nostra famiglia per vecchia tradizione sedeva a tavola a quell'ora, nonostante fosse già invalsa tra i nobili la moda, venuta dalla poco mattiniera Corte di Francia, d'andare a desinare a metà del pomeriggio. Tirava vento dal mare, ricordo, e si muovevano le foglie. Cosimo disse: - Ho detto che non voglio e non voglio! - e respinse il piatto di lumache. Mai s'era vista disobbedienza più grave.

A capotavola sedeva il Barone Arminio Piovasco di Rondò, nostro padre, con la parrucca lunga sulle orecchie alla Luigi XIV, fuori tempo come tante cose sue. Tra me e mio fratello sedeva l'Abate Fauchelafleur, elemosiniere della nostra famiglia ed aio di noi ragazzi. Di fronte avevamo la Generalessa Corradina di Rondò, nostra madre, e nostra sorella Battista, monaca di casa. All'altro capo della tavola, di rimpetto a nostro padre, sedeva, vestito alla turca, il Cavalier Avvocato Enea Silvio Carrega, amministratore e idraulico dei nostri poderi, e nostro zio naturale, in quanto fratello illegittimo di nostro padre.

Da pochi mesi, Cosimo avendo compiuto i dodici anni ed io gli otto, eravamo stati ammessi allo stesso desco dei nostri genitori; ossia, io avevo beneficiato della stessa promozione di mio fratello prima del tempo, perché non vollero lasciarmi a mangiare da solo. Dico

Abb. 35: Handschriftliches Incipit des *Barone rampante*.

Eines schönen Tages hatten Cosimo und sein jüngerer Bruder Biagio, wie gesagt die Erzählerfigur dieses Romans, das Schneckenfass entdeckt, in dem die von Battista gefangenen Schnecken in einer Art Schneckenhölle (wie es im Text heißt) gefangen gehalten wurden. Ein Loch in dieses Fass zu bohren und die Schnecken in die verdiente Freiheit zu führen war ein Weniges für die beiden Buben, den achtjährigen Biagio und vor allem den Rädelsführer, den zwölfjährigen Cosimo. Dieses tierfreundliche Tun, welches heute mit einem Tierwohllabel ausgezeichnet werden würde, ward aber noch in der Nacht von Schwester Battista entdeckt und vom Vater durch Prügelstrafe und Verurteilung zu Karzer bei Wasser und Brot hart bestraft worden. Und nun kamen die Schnecken auch noch auf den Tisch.

Cosimos Wiedereingliederung in die Runde des mittäglichen Familientisches wurde als erschwerende Präambel daher das Kosten und Verspeisen eines von der sadistisch gelagerten Schwester Battista gekochten Schneckensüppchens vorgeschaltet. Genau hieran entzündet sich die Rebellion des jungen Baron Cosimo. Er weigert sich nicht nur, sondern greift dem Ausruf des Herrn Vater – „Weg von diesem Tische!" – voraus, indem er aus eigenem Antrieb die Runde verlässt und auf einen nahegelegenen Baum klettert, eine im von Calvino geliebten Ligurien häufige Steineiche (elce oder *quercus ilex* für die Botaniker unter Ihnen) mit dem Versprechen, nie mehr von den Bäumen herunterzukommen. Und er wird dieses dem Vater gegebene Wort auch einhalten, wird also zeit seines Lebens den Boden, die Erde seines Heimatlandes, nicht mehr betreten, sondern einige Meter höher auf den Bäumen leben. Der junge Baron hat Charakter.

Die narrative Ausgangssituation dieses Romans ist damit klar: Es ist eine Art Gegen-Welt, vielleicht auch eine Welt auf dem Kopf, die sich Cosimo fortan konstruiert und die in immer stärkerer Weise nicht nur literarisch ausgestaltet, sondern auch als Gegenwelt gegen die offizielle Welt seiner Zeit gestaltet wird. Denn in gewisser Weise handelt es sich um einen historischen Roman, auch wenn die Story von Italo Calvino frei erfunden ist. Die historischen Ingredienzien dieses Romans sind es nicht.

Dies beginnt schon bei den dominanten Themen der Geschichte. Insbesondere das Thema der Freiheit, zugleich natürlich auch eines der zentralen Themen des 18. Jahrhunderts, ist dabei seit der Befreiung der wehrlosen Schnecken aus ihrer Schneckenhölle zum Leitthema auserkoren und bestimmt den weiteren Lebensweg Cosimos nicht weniger als das der individuellen und kollektiven Selbstverwirklichung. Die Liebe kommt ein wenig später hinzu, haben Sie noch Geduld! Dass die Gegenwelt als eine konkret realisierte Utopie in so unmittelbarer Nähe der offiziellen, der „eigentlichen" Welt angesiedelt ist, zeigt, dass hier nicht nur eine abstrakte Utopie an einen Ort, den es nicht gibt – *U-topos*: kein Ort, nirgends – verlagert wird, sondern in die gesellschaftliche Realität zumindest unseres Textes, aber sicherlich auch des 18. Jahrhunderts insgesamt direkt eingebettet wird.

Noch ein Wort zur Gattung, die wir natürlich nicht der des historischen Romans zuordnen können: Dazu fehlt es an der Realität nachgebildetem historischen Personal. Doch von Beginn an sei betont, dass das 18. Jahrhundert als Diegese des Romans natürlich die parabelhafte Dimension nicht ausschließen kann, ja sie vielleicht sogar noch verstärkt, insoweit Ereignisse des Romans wie etwa militärische Auseinandersetzungen, Partisanenkämpfe usw. mit Ereignissen und autobiographischen Erfahrungen im Italien des 20. Jahrhunderts und im Italien Italo Calvinos durchaus präsent und eingeflochten sind. Wir haben es folglich mit einem historisch hochkomplexen, auf zumindest zwei verschiedenen Ebenen spielenden Roman zu tun.

Wenn ich gerade von einem Roman gesprochen habe, so muss ich gleich hinzufügen, dass die Gattungsform – keineswegs erstaunlich bei einem *poeta doctus* wie Italo Calvino – auch in direkter Beziehung zur Romandiegese steht. Daher können wir parallel zur offenen und schwankenden Begrifflichkeit des 18. Jahrhunderts diesen Text durchaus als „roman" im Sinne des 18. Jahrhunderts begreifen und dürfen ihn in einer Linie sehen mit eben jenen Romanen und *contes philosophiques*, die auch noch für die Leser des zu Ende gehenden 20. und des beginnenden 21. Jahrhunderts ganz wesentlich den Charme des 18. Jahrhunderts mitgeprägt haben und weiterhin prägen. Gerade die *contes philosophiques*, meisterhaft von einem Voltaire ausgeführt, verkörpern wie kaum eine andere literarische Form die spielerische Leichtigkeit einer vieldeutigen Literatur, gepaart mit einem schneidenden Verstand, der gleichzeitig auf gesellschaftliche Kritik und Veränderung drängt. Aus der Distanz des 20. Jahrhunderts bediente sich Italo Calvino meisterhaft dieser Form.

In *Il barone rampante* haben wir es also zugleich auch mit einer philosophischen Erzählung im Stile eines Voltaire zu tun, in der es oft orientalisierende und märchenhafte Züge, aber auch eine Vielzahl didaktischer Grundmuster gab. Auf die Verbindung zwischen Romandiegese, Gattungswahl und Beziehungen zu anderen Künsten komme ich aber noch zurück.

Wir können aber schon hier mit Ulrich Schulz-Buschhaus[1] sagen, dass es sich um einen Text über das 18. Jahrhundert im Stile des 18. Jahrhunderts handelt, der an Eichendorffs Motiv vom *Taugenichts auf den Bäumen* anknüpfend eine Vielzahl architextueller Relationen herstellt zum Bildungsroman, zum Erziehungsroman

---

1 Vgl. Schulz-Buschhaus, Ulrich: Calvinos politischer Roman vom Baron auf den Bäumen. In: *Romanische Forschungen* (Frankfurt am Main) 90 (1978), S. 17–34.

und nicht zuletzt auch zum damals entstehenden historischen Roman. Mit all diesen Beziehungen pflegt der italienische Romancier aber einen so ludischen Umgang, dass der Eindruck jener Leichtigkeit entsteht, welche durchaus in das Umfeld der Literaturen im Zeichen der Postmoderne gehört und die Lust an der Lektüre steigert.

Was aber macht ein junger Mann aus adligem Hause, der künftige Baron von Rondò, auf den Bäumen, will er denn sein Wort halten, niemals wieder herunterzusteigen, um erneut als ein „normaler" Mensch an den „normalen" Grausamkeiten dieses Lebens teilzunehmen? Er muss natürlich versuchen, sich zunächst einmal eine eigene Welt aufzubauen. Und wir schauen ihm dabei zu. Er tut dies zunächst auf der Ebene des Raumes, indem er versucht, sich einige Meter über dem Erdboden ein eigenes Reich zu erschaffen: mit einer eigenen Topographie, mit eigenen Lieblingsorten und einer eigenen Infrastruktur, die ihm nicht nur einen neuen Blick auf die Welt gleichsam aus einer ruhenden Vogelperspektive erlaubt, sondern auch existierende Grenzziehungen auf der Erde ganz einfach missachtet: eine räumliche Gegen-Welt.

Cosimo begibt sich sogleich – und zwar schon im zweiten Kapitel des Romans – in den durch eine Mauer vom eigenen Grundstück der Rondò abgetrennten Nachbargarten, der eine Vielzahl für den künftigen Baron bislang unbekannter und die Sinnenwelt reizender Gegenstände enthält. Er findet sich unversehens in einem Zaubergarten wieder, ist doch jener der Familie der Ondariva ganz typisch für die Gärten des 18. Jahrhunderts von einer Vegetation geprägt, welche durch die unterschiedlichsten Forschungsreisen und botanischen Expeditionen des 18. Jahrhunderts nach Europa geholt worden war. Wie in einem Fraktal vereint, findet sich hier die ganze Vegetation unseres Planeten wieder, nicht nur die Steineichen. Denken Sie dabei an den vor den Toren der Universität Potsdam liegenden Park von Sanssouci mit all seinen Bäumen und Sträuchern aus allen Weltteilen, und darin vielleicht auch an den Paradiesgarten, der gar nicht weit von hier entfernt liegt.

In den letzten Kapiteln des Bandes wird uns übrigens das Ende dieses Prozesses vor Augen geführt, in Gestalt einer Transformation der Vegetation, die einer enormen Reduktion der Unterschiede in den Landschaftsformen gleichkommt. Die gesamte Physiognomie dieser mediterranen Landschaft wird verändert, und zwar nicht allein in den umfriedeten Grundstücken, sondern im gesamten Küstenbereich: Eine gewaltige Verarmung tritt ein, die freilich längst historisch geworden ist und uns heutigen Besuchern der Mittelmeerlandschaften gar nicht mehr auffällt. So werden die Küsten Liguriens, die einstmals von der Pinie und der Steineiche geprägt waren, nunmehr von den Bäumen Australiens, Asiens und Arabiens beherrscht. Die Pinie hat sich auf die höheren Lagen – wenn überhaupt noch – zurückgezogen und hat dem Eukalyptus, aber vor allem der Palme, jenem – wie es im Text heißt – traurigen Baum der Wüsten, Platz gemacht. Diese massiven Eingriffe des Menschen in die Vegetation sind für unseren Baron auf den Bäumen selbstverständlich von vitaler Bedeutung.

Abb. 36: Schloss Sanssouci in Potsdam am Hang des Weinberges (1745–1747).

Im Garten der Ondariva ist freilich die Vegetation nicht das einzige, das das Herz des künftigen Baron höher schlagen lässt. Denn bald schon sieht er mit erstaunten Augen, wie ein hübsches junges Mädchen in für ihr Alter zu großen Kleidern auf einer Schaukel sitzend gleichsam durch die Bäume gleitet und damit eine Art Zwischenstellung zwischen Himmel und Erde einnimmt. Da es sich um eine Begegnung handelt, die für beide letztlich von lebenslanger Bedeutung sein wird, wollen wir sie etwas näher betrachten und die Abenteuer der Liebe sich entwickeln sehen:

> Es war ein blondes Mädchen, mit einer hochgesteckten, für ein Kind ein wenig komisch wirkenden Frisur, mit einem ebenfalls zu großen blauen Kleid, und der beim Schaukeln hochgeraffte Unterrock war überreich mit Spitzen besetzt. Die Kleine hatte die Augen leicht geschlossen und hielt die Nase in die Luft, als sei sie gewohnt, die große Dame zu spielen; sie biss in einen Apfel und neigte bei jedem Biss den Kopf der Hand entgegen, die den Apfel umklammern und sich zugleich am Seil der Schaukel festhalten musste; jedes Mal, wenn die Schaukel den Tiefpunkt ihrer Bahn erreichte, stieß sie sich ab, wobei sich die Spitzen ihrer Schühchen ins Erdreich bohrten, und blies sich die Schalenreste der verzehrten Apfelstücke von den Lippen; und dabei sang sie: „Oh là là là! La *ba-la-nçoire* … ", wie ein kleines Mädchen

singt, das sich aus Schaukel und Lied und Apfel schon nichts mehr macht (wenn ihm auch der Apfel noch etwas wichtiger ist) und das bereits andere Gedanken im Kopf hat. [...]

Viola sprang von ihrer Schaukel und begann Cosimos Schaukel sachte anzustoßen. „UH!" Auf einmal hatte sie den Sitz der Schaukel, auf dem mein Bruder stand, gepackt und umgedreht. Es war ein Glück, dass Cosimo sich unausgesetzt an den Seilen festhielt! Sonst wäre er auf die Erde gepurzelt wie eine Salami.

„Verräterin!", schrie er, und kletterte nach oben, wobei er sich an beide Taue klammerte, aber der Aufstieg war weit schwieriger als der Abstieg, vor allem da das blonde Mädchen einen seiner boshaftesten Augenblicke hatte und von unten an den Stricken in alle Himmelsrichtungen zog.

Schließlich erreichte er den dicken Ast und setzte sich rittlings darauf. Mit seinem Spitzenkragen trocknete er sich den Schweiß von der Stirn. „Haha, du hast es nicht geschafft!"

„Um ein Haar!"[2]

Das war also gerade noch einmal gut gegangen! Das hübsche blonde Mädchen hat ihren eigenen Kopf und steckt voller Überraschungen. Die erste Begegnung zwischen dem gerade erst auf die Bäume gekletterten Cosimo und der jungen Viola verläuft daher durchaus stürmisch. Noch ist es zu früh für eine Liebesgeschichte, aber wir sehen schon, wie sich in Cosimo etwas für das junge, attraktive Mädchen zu regen beginnt.

Auffällig ist, dass sich Viola in ständiger Bewegung befindet und zwischen Himmel und Erde gleichsam zu schweben scheint, während sich der gerade noch rechtzeitig gerettete Cosimo wieder sicher und fest in die Wipfel der Bäume zurückgezogen hat und auf seine Verräterin und Verführerin blickt. Das Mädchen aber beißt in einen Apfel, ist also als neue Eva die Versuchung in Person. Der Apfel fällt ihr aus der Hand, als sie den Eindringling Cosimo erblickt, der sich in ihren Garten gestohlen hat. Schnell jedoch fängt sie sich wieder und beherrscht die Situation. Ihren Apfel hebt Cosimo auf und verspeist ihn: Diese Einverleibung ist ein deutliches Zeichen dafür, dass er fortan von ihren Reizen, von ihrer Verführungskraft eingenommen und keineswegs nur vorübergehend von ihrer Sinnlichkeit betört ist. Das Verspeisen von Violas Äpfelchen ist wie ein Liebesbund zwischen den beiden eigensinnigen Adeligen.

Bereits in dieser ersten Begegnung wird deutlich, dass Viola die in der Lebenswelt weitaus erfahrenere ist. Sie lässt sich keinen Bären aufbinden und glaubt Cosimo nicht, als dieser sich zunächst als Obstdieb, danach als gefährlicher Brigant vorstellt. Denn das junge Mädchen weiß es besser: Sie kennt sowohl die kleinen Obstdiebe als auch die im Wald lebenden Briganten – und allen voran Gian dei Brughi – persönlich, kann Cosimo also schnell der Lüge überführen.

---

2 Calvino, Italo: *Il barone rampante*. Prefazione e note di Tonio Cavilla. Turin: Einaudi 1965, S. 37 ff.

Cosimo hat bei weitem nicht die Lebenstüchtigkeit und Gewandtheit, die Viola auszeichnen. Immerhin ist er für sie ein schräger Vogel auf den Bäumen und mit seinem gutmütigen Charakter der Schnelligkeit und dem Wankelmut der jungen Adligen unterlegen, wäre da nicht seine Standfestigkeit und Standhaftigkeit, die freilich auf eine arge Probe gestellt werden. Es ist die erste Bewährung des jungen Baron, die glücklich zu seinen Gunsten ausfällt.

Während Cosimo nur dem einen Element der Luft – beziehungsweise den Wipfeln der Bäume – zugehört, herrscht die schöne Viola über den gesamten Raum zwischen Himmel und Erde. Sie ist Gebieterin auf dem Boden; aber auch in der Höhe, auf den Bäumen, kann sie versuchen, dem jungen Baron nahezukommen – in des Wortes vielfacher Bedeutung. Sie kann auf der Erde leben, kann sich dort bewegen wo und wie sie will, während Cosimo an den Bereich der Bäume und Baumwipfel gebunden bleibt. Sie kann aber auch – wie sich später zeigen wird – auf den Bäumen leben und nicht nur das: Sie vermag dort zu lieben, in jener heftigen Art, die ihr gesamtes pendelndes Wesen auszeichnet. *La donna è mobile*, könnten wir hier aus *Rigoletto* vieldeutig hinzufügen.

Wir haben es folglich mit zwei unterschiedlichen Charakteren zu tun, die einander bekämpfen, weil sie sich so unendlich lieben; zwei Königskinder, die zunächst zueinander nicht kommen können, nicht weil das Wasser viel zu tief, sondern weil der Graben zwischen ihren Welten (noch) zu groß ist. Violas spontaner Versuch, Cosimo zu ihrem Gefangenen zu machen, indem sie ihn auf die Schaukel lockt, um ihn dann von dieser herunterzuschütteln, scheitert; doch um ein Haar wäre ihr diese Tat gelungen. Aus Cosimos Geschichte wäre keine geworden, wäre er wie eine Salami heruntergepurzelt auf den Boden. Er wäre ein selbsternannter Herr der Lüfte geblieben, der gleich nach wenigen Stunden schon wieder auf den Boden der Tatsachen zurückgeholt worden wäre. So aber setzt sich sein Leben auf den Bäumen fort und der junge Mann erschafft Stück für Stück seine eigene Welt.

Fortan hat Cosimo nicht nur einen negativen Grund – die Rebellion gegen eine ihm verhasste, überkommene Ordnung –, sondern auch einen positiven Anreiz, auf den Bäumen zu bleiben: Seine ihm zunächst noch unbewusste Liebe zur jungen, schönen Viola, die ihn freilich von Beginn an in sentimentale Abgründe stürzt und die stets den aktiven Part in ihrer Beziehung spielen wird. Doch Liebe auf den ersten Blick fragt nicht nach Abgründen. Der Ich-Erzähler des Romans hat schnell erkannt, dass sein Bruder in Viola einen vielleicht noch viel wichtigeren Grund gefunden hat, um seine Lebenskonzeption zu bewahren und sich selbst die eigene Standfestigkeit zu beweisen: die noch unbewusste, aber darum nicht weniger starke Liebe zum anderen Geschlecht, das in jeder Hinsicht zu ihm in einer Alteritätsbeziehung steht. In dieser Liebeskonstruktion Calvinos sind es die Gegensätze, die sich anziehen. Doch sie müssen auch gemeinsame Berührungspunkte besitzen, sonst wird aus der Liebe nichts.

Viola ist für Cosimo die Andere schlechthin. Aber prekär wird der Bereich, in dem sich die beiden künftigen Liebenden treffen können, von Beginn an stets bleiben. Nur auf der Schaukel, zwischen Himmel und Erde, scheint es einen eigenen Raum unsteter Verbindung zu geben: Nur die Schaukel vermag in ihrer Pendelbewegung, die Gegensätze kurzzeitig zu überbrücken. Sehen wir uns also dieses Instrument der Liebe in seiner Hin- und Her-Bewegung etwas näher an!

Auch wenn es sich bei den Protagonisten noch um Kinder handelt: Die erotische Dimension ihrer Beziehung steht außer Frage und macht sich an der Schaukel fest. Wir sind im Jahre 1767, und just aus jenem Jahr stammt eines der sicherlich berühmtesten und meistkopierten Gemälde des 18. Jahrhunderts überhaupt: eben „Die Schaukel" des durch seine Italienreisen stark von italienischen Schöpfern angeregten französischen Malers Jean-Honoré Fragonard (1732 bis 1806), das hier in einer verkleinerten Abbildung vorliegt. Es zeigt uns die andere, die lebenslustige, luftige, liebeshungrige und auch erotische Seite des 18. Jahrhunderts, das ja keineswegs auf die Problematik abendländischer Rationalität und philosophischer Aufklärung reduziert werden kann. Italo Calvino zeichnet in seinem Roman ein wesentlich vielstimmigeres Bild jenes Jahrhunderts, das gleichwohl auf einen Aufstand gegen alles Alte, auf jene politische Revolution hinauslief, die nicht nur für Frankreich maßgebend war.

Jean-Honoré Fragonard steht in diesem 18. Jahrhundert als Maler, und sein vielleicht berühmtestes Gemälde „La balançoire" als Ikone für eine Welt der Sinnlichkeit, die uns zugleich auch Einblick gibt in die Produktionstechnik der literarischen Palette Italo Calvinos. Denn selbstverständlich hat letzterer sehr bewusst und kunstvoll auf dieses berühmte Gemälde zurückgegriffen und lässt seine kleine Heldin den Hinweis auf die französische Herkunft ihres Tuns selbst geben, indem er sie ein französisches Lied singen lässt. Ein untrügliches Zeichen für die Leserschaft!

Calvino veränderte freilich einige Elemente, indem er etwa den seit dem Paradies semantisch aufgeladenen und in der *Genesis* mit dem Baum des Wissens in Verbindung stehenden Apfel hinzufügt, die Figur des älteren, das junge Mädchen am Zügel haltenden Mannes rechts unten fortlässt und – ein wenig deserotisierend – die Figur des männlichen Betrachters, ja des jungen Voyeurs, nach oben, und so aus der Blicklinie der Strumpfbänder, verbannt. Zugleich hat er aus den Jugendlichen Kinder gemacht und sie damit auch bezüglich ihres Lebensalters zunächst etwas von einer überbordenden Geschlechtlichkeit entfernt.

Gleichwohl sind auch bei Italo Calvino das Element des Schühchens und des Füßchens – beides sehr wichtige Sexualsymbole, wie wir der *Traumdeutung* von Sigmund Freud entnehmen dürfen – nicht aus der literarischen Textmalerei verschwunden. Calvino hat hier deutlich bild-textliche Techniken der Ekphrasis angewandt und damit versucht, seine Romandiegese nicht nur gattungsspezifisch und inhaltlich, sondern auch durch intermediale Einbindung als Dialog mit der Malerei mit der Leserschaft unserer Tage zu verbinden. Der italienische Romancier ist zu einem Bilderleser geworden, eine Variante, auf die wir noch des Öfteren bei ihm stoßen werden.

Abb. 37: „Die Schaukel", Öl auf Leinwand von Jean-Honoré Fragonard, 1767–1768.

Damit sind Lust und Liebe – wie der weitere Verlauf des Romans zeigen wird – jedoch nicht verbannt, so dass die Schaukel als erotisches Motiv weiterbestehen kann, wird sie doch später nach der Rückkehr Violas in die Villa und ihren Garten von der mittlerweile in Liebesdingen erfahrenen jungen Frau wieder an derselben Stelle aufgehängt. Es ist ein Anknüpfen an die Macht von Eros inmitten einer üppigen Vegetation, in der es überall blüht und sprießt. Nicht umsonst hat das erotische Motiv der Schaukel auch die Zeitgenossen Fragonards in Anschluss an seine Behandlung des Themas in Atem gehalten. Ein gutes Beispiel hierfür ist der berühmte Stich eines der großen Meister des 18. Jahrhunderts, Nicolas de Launay, der seinem Werk den Titel „Les hasards heureux de l'escarpolette" gab. Lust und Leichtigkeit sind in diesen Bildern wie auch im Erzähltext Italo Calvinos, der in seiner kreativen Auseinandersetzung mit der Kunst des Jahrhunderts der Aufklärung zu einem aufmerksamen Bilder-Leser wird, überall zu spüren.

Wir haben aus den bisherigen Überlegungen und Untersuchungen bereits den Schluss ziehen dürfen, dass es sich bei Italo Calvino um einen Autor handelt, der überaus bewusst und geradezu konstruktivistisch die unterschiedlichsten

Elemente präzise auf die Romandiegese, also auf die raumzeitlichen Koordinaten des von ihm Erzählten, zu beziehen versteht. Er ist ein raffinierter Künstler beim Spiel der Reflexe zwischen Text und Kontext und zugleich ein gelehrter Leser – ebenso der textuellen wie der ikonischen Intertexte in *Il barone rampante*.

Abb. 38: „Les Hazards heureux de l'Escarpolette", Stich von Nicolas de Launay nach Jean-Honoré Fragonard, um 1782.

Mit größter ästhetischer Präzision baut dieser *poeta doctus* sein eigenes Universum aus Worten und Texten auf und verstrickt seine Leserschaft in ein heiteres Spiel von Liebe und Lesen. So stellt sich sogleich auf dieser Ebene selbstverständlich eine Beziehung her zwischen der Funktion des Autors und Schriftstellers und jener des Demiurgen Cosimo, der sich ebenfalls schöpferisch eine eigene Welt schafft mit ihren eigenen Gesetzen, Verfahren und Gegenständen, die gleichwohl wie die des literarischen Autors nicht gänzlich von der Welt allgemein zugänglicher Natur getrennt ist. Denn diese Welt aus Buchstaben ist keineswegs scharf abgegrenzt von den gemeinhin gültigen Gesetzen und den damit zusammenhängenden Lebenserfahrungen sowie von all dem, was wir bisweilen ein wenig vorschnell als „Realität" oder außersprachliche Wirklichkeit zu bezeichnen pflegen. Diese poetologisch-demiurgische Verwandtschaft zwischen den beiden Weltenschöpfern gilt es natürlich im Auge zu behalten und auf jene Immanenz des Textes und seine Selbstreferentialität zu beziehen, die in grundlegender Weise zu den Merkmalen von Literaturen im Zeichen der Postmoderne zählt. Diese

Elemente machen zugleich aber auch auf die Komplexität aller Lesevorgänge in Calvinos Romantext aufmerksam.

Im Kontext dieser Überlegungen möchte ich zugleich auf die Tatsache aufmerksam machen, dass Italo Calvino seinen Roman in sehr unterschiedlichen Fassungen veröffentlicht hat, eine Tatsache, die einen gewissen Tonio Cavilla dazu bewog, ein Vorwort für eine Ausgabe dieses Textes in der Reihe *Letture per la Scuola Media* zu verfassen, wo wir die folgenden Bemerkungen lesen. An dieser Stelle, in dieser Ausgabe, wird Italo Calvino zum Leser seiner selbst und gestaltet sich selbst als eine Leserfigur, die wir gerade im Zeichen der Postmoderne sehr häufig finden und die eine sehr spezifische Form der Verschränkung von Lesen und Schreiben in Zeiten einer akuten Selbstreferentialität darstellt.

> *Der Baron auf den Bäumen* wurde nicht ausdrücklich für ein sehr junges Publikum geschrieben; aber seine Filiationen zu den Klassikern der Kindheit, das abenteuerbeladene Kaleidoskop, der geschichtliche Hintergrund, die Klarheit und Genauigkeit des Schreibens, die moralisierende Art stellten allesamt Gründe dar, die das Buch dazu drängten, sein Lesepublikum auch bei den Jugendlichen zu suchen. In der Tat zog der Autor selbst aus dem Text, wie er erstmals 1957 publiziert worden war, mit einem geringen Aufwand an Schnitten und Verbindungen die Ausgabe für Jugendliche (*l'edizione per ragazzi*) heraus (von etwas verkürztem Umfang im Vergleich zur *editio maior*), die dann mit farbigen Illustrationen 1959 erschien und pünktlich (wie die *editio maior*) jedes Jahr nach einer Neuauflage verlangte. Viele Schulklassen der *Scuole Medie* haben sie als Lektüretext übernommen, und zwar so sehr, dass eine neue Ausgabe nötig wurde, die ausdrücklich für die Schule konzipiert wurde, das heißt jene, die wir heute vorstellen.[3]

Halten wir zunächst einmal fest, dass Calvinos *alter ego* Tonio Cavilla als erfundene Leserfigur einen eher umständlichen Stil pflegt. Denn dieser Schulausgabe ist ein wenig didaktisch und oberlehrerhaft die nachfolgende „Nota dell'editore" vorangestellt: „Zwischen dem eigenen Buch und sich selbst wollte Italo Calvino die Figur eines pingelig genauen Dozenten und Pädagogen, Tonio Cavilla, einführen, der den Text mit kritischer Distanz und jener Seriosität, die dem Autor notwendig schienen, analysiert und kommentiert hat."[4] Calvino macht sich selbst also einen Spaß daraus, nicht nur seine Leserfiguren zu schaffen, sondern auch noch zu kommentieren und einzuordnen. So bettet er seinen Roman in ein hochkomplexes Netz verschiedener Leseprozesse ein, die wir als Leserinnen und Leser wiederum erforschen können.

Was folglich Tonio Cavilla mit der dem Kritiker eigenen Geste der Selbstzufriedenheit vorstellt, ist eine italienische Schulbuchausgabe, die wir in der Folge parallel zu unserer „offiziellen" und kompletten, ungekürzten Ausgabe benutzen

---

3 Calvino, Italo: *Il barone rampante* 1965, S. 11.
4 Ebda., S. 4.

wollen, um aus den beiden Fassungen sowie den von Tonio Cavilla eingebrachten Kommentaren und Fußnoten zusätzliche Hinweise und Aspekte herauszufiltern. Sie sollen uns nicht nur über den Text selbst, sondern auch über neue Formen von Selbstreferentialität oder Selbstbezüglichkeit (in denen der Autor sich selbst zum Anderen, zum Leser, macht) aufklären. Zugleich wird die gesellschaftliche Praxis, das Lesen durch bestimmte Institutionen – etwa die der Schule – anzuleiten, sehr schön dokumentiert und bisweilen ironisch hinterfragt. Auch hier also zeigt sich, auf welch direkte und doch komplexe Weise das Lesen mit dem Leben verbunden ist und nicht zuletzt auch gesellschaftlich kontrolliert wird. Dass man bei dieser Lesekontrolle die Liebe und insbesondere die Liebesszenen in den *Scuole Medie* etwas unterschlagen hat, überrascht nicht wirklich.

Abb. 39: Cover der Neuausgabe von Italo Calvinos *Il barone rampante. Prefazione e note di Tonio Cavilla*.

Im Verlauf des Romans beweist Cosimo, welch starken Charakter er besitzt und wie wenig er sich von seiner Umwelt bezüglich seines Entschlusses, auf den Bäumen zu leben, beeinflussen lässt. Keiner kann den Jungen wie den älter werdenden Baron seit dem missglückten Versuch Violas, ihn von der Schaukel zu schubsen, wieder auf den Boden unserer Welt und ihrer Gewohnheiten zurückholen – nicht einmal mehr der Tod, wie das Ende dieses Romans uns zeigen wird. Nicht die kleinen, aus armen Familien stammenden und zerlumpten Obstdiebe können es, denen der junge Adlige nach Kräften hilft; nicht sein Vater, der Baron, der ihn einst des Tisches verwies, und nicht die Schwester Battista, die mit ihren Schneckenmartyrien Ausgangspunkt für den Weg Cosimos war und die ihn später mit Hilfe von Vogelleim auf seinem Ast festkleben will. Doch ihr gehen nur eine Reihe armer Vögel und Falter in die Falle. Keine der vielen erfundenen oder historischen Gestalten wie Napoleon Bonaparte, die im Verlaufe seines langen Lebens jenem berühmt gewordenen Baron auf den Bäumen ihre Aufwartung machen wollen, vermag es, diesen von seinem Entschluss abzubringen. Denn der steht ein für alle Mal fest!

Der von seiner Entscheidung, alles in seinem Leben auf den Bäumen zu verrichten, nie mehr abrückende Baron ist von der Welt der „normalen" Menschen ebenso unwiederbringlich entrückt wie dieser Welt verbunden, von der ihn ja nur wenige Meter trennen. Aber wie der Romantext uns dies sehr schön beschreibt: Es gibt Reisen, die nur über wenige Meter führen und doch ohne jede Rückkehr sind. Nicht der Versuch einer Teufelsaustreibung durch den Hauslehrer und Abbé Fauchelafleur, nicht eine im Auftrag des Vaters durchgeführte Treibjagd können fürderhin den jungen Mann davon abhalten, eine Welt aufzubauen, die doch eigentümlich um den Garten einer schönen Villa gruppiert, von seiner melancholischen Sehnsucht nach diesem Ort und dem jungen, hübschen Mädchen zentriert wird.

Nach vielerlei Abenteuern, welche der Baron zu bestehen hat und die diesen Text in die Tradition der Kinder- und Jugendliteratur stellen, und nach der Entfaltung zunehmend komplexer gedachter gesellschaftlicher Einsichten, die deutlich auf die gesellschaftskritische Stoßrichtung der französischen Aufklärer, aber auch auf die aktuelle Situation Italiens bezogen sind, nähern wir uns einer für das gesamte Buch wichtigen Episode, die für unsere Lektüre von großer Bedeutung ist. Sie steht wiederum im Zeichen der Freiheit und ist erneut mit der Problematik von Armut und Besitz verbunden. Sie konfrontiert den mittlerweile berühmten Cosimo mit einem nicht weniger berühmten Bewohner des Waldes, dem von ihm selbst schon mehrfach aufgerufenen Briganten Gian dei Brughi, dessen Stoppelhaare und Stoppelbart so rot wie das Heidekraut sind, das er in seinem Namen trägt. Doch diese Konfrontation erweist sich als eine höchst ungleiche.

Das erste Zusammentreffen zwischen Cosimo und Gian dei Brughi erfolgt im Zeichen der Lektüre: Denn Cosimo sitzt gerade bequem auf einem Nussbaum und ist mit Lesen beschäftigt, als der große Brigant von 2 Häschern verfolgt in den Wald stürmt und von Cosimo, der die Ordnungshüter in die Irre leitet, vor weiterer Verfolgung geschützt wird. Cosimo steht der herrschenden Ordnung, dem feudalistischen *Ancien Régime*, kritisch gegenüber und hat stets ein Herz für die armen Leute, die sich irgendwie durchzuschlagen versuchen. Es ist freilich auch denkbar, dass seine Handlungsweise von seiner

Lektüre nicht unbeeinflusst geblieben war, denn Cosimo las gerade den *Gil Blas* von Lesage, einen französischen Schelmenroman, der im 18. Jahrhundert die spanische *novela picaresca* des 16. und 17. Jahrhunderts philosophisch wie literarisch umfunktionierte und nach Frankreich holte. Der französische Autor wusste sein französisches Publikum wie das aufgeklärte Lesepublikum seiner Zeit mit allerlei schönen philosophischen Äußerungen anstelle jener *moralités superflues* zu versorgen, die die Leser des 18. Jahrhunderts laut Lesage so sehr störten.

Wir sehen deutlich: Cosimo ist ein sehr aufmerksamer und fast idealer Leser. Seine Lektüre bleibt niemals ohne Rückwirkung auf sein alltägliches Leben. Dies gilt auch für die Beziehung zu dem großen Räuber und Verteidiger der Armen. Denn auf das Ende der Relation zwischen beiden wird gleich zu Beginn ihres ersten Treffens angespielt, wirft Cosimo doch Gian dei Brughi ein Seil herunter, damit dieser sich auf einen Baum hochziehen und in Sicherheit bringen kann. Am Ende des Romans wird Gian dei Brughi als ein Opfer der Lektüre von einem Baum herunterhängen – eine fürwahr schicksalhafte Begegnung zumindest für den roten Briganten. Denn sein Fehler, sein Vergehen, war die Abhängigkeit von Lektüren, die für ihn zu einer Droge wurden: Nichts konnte seinem hemmungslosen Verschlingen von Büchern aller Art Einhalt gebieten. So wurde er letztlich für die Ordnungshüter ein leichter Fall, verlor er doch die Fähigkeit, sich ihnen immer und immer wieder zu entziehen. Ja, Lesen ist gefährlich! Der Brigant reiht sich in die lange Liste von Leseopfern, von Opfern der Lektüre ein, zu deren bekanntesten – neben Paolo und Francesca – zweifellos Don Quijote und Emma Bovary zählen.

Dabei fing alles so harmlos an. Das erste Gespräch zwischen beiden beginnt mit der höflichen Frage und Bitte des geretteten Briganten, ob Cosimo ihm das Buch, das er gerade lese und von dem er nur selten einmal aufblicke, einmal ausleihen könne. Er müsse sich tagelang versteckt halten und wisse dann nie, was er tun solle. Also fürwahr: die idealen Voraussetzungen für eine intensive Lektüre, zu der es – im Gegensatz zu vielen anderen Grundsituationen – keiner zusätzlichen Motivation mehr bedarf. Kurz und gut, Gian dei Brughi hat bald schon Lesages *remake* ausgelesen und leiht sich bei Cosimo andere Bücher, die dieser aus der väterlichen Bibliothek, zunehmend aber auch von einem jüdischen Buchhändler, der ihn mit den Schriften der Aufklärer versorgt, bezieht. Gian dei Brughi liest also, was man im 18. Jahrhundert eben so las.

Doch bald schon entwickelt er mit stetig anwachsender Lektüre einen eigenen Geschmack und will sich keineswegs mit dumpfen Liebesgeschichten abspeisen lassen. Es kommt, wie es nicht anders kommen kann: Gian dei Brughi befällt eine ungeheure Lesewut und er verschlingt ein Buch nach dem anderen, wobei er manche Bücher an einem einzigen Tag herunterliest. Längst ist für Gian dei Brughi zum alleinigen Hauptzweck die Lektüre und nicht mehr der Raub geworden, wobei auch der Lesekonsum Cosimos in jener Zeit unter dem Einfluss des Briganten deutlich zunimmt. Während Cosimo von einer Leidenschaft für die Literatur und für das gesamte menschliche Leben ergriffen wird, so dass er die Lektürezeiten beim Schein einer Laterne auch in die Nachtstunden ausdehnt, entwickelt sich Gian dei Brughi zu einem Opfer seiner Lesewut, wird gleichsam ein Raub der Bücher, die nun *ihn* verschlingen.

Gian dei Brughi begeistert sich – wie viele andere Leser seiner Zeit – insbesondere für die Romane des Briten Samuel Richardson, der ihn weitaus mehr fesselt (wörtlich gemeint) als etwa der *Télémaque* von Fénelon. Wir selbst mögen ihm dies verzeihen, nicht aber seine Räuberbrüder, die zunehmend gefährdet sind, wird doch der Wald, in dem auch sie wohnen, immer intensiver von Polizei und Sbirren auf der Suche nach Gian dei Brughi durchstreift, was sie in der Ausübung ihres eigenen noblen Handwerks sehr beeinträchtigt.

So versuchen zwei Vertreter dieser Räuber, Gian dei Brughi wieder für dessen eigentlichen Beruf zu interessieren und ihn auf den rechten Weg als Räuberhauptmann zurückzuführen. Doch dieser hat sich grundsätzlich verändert: Er sehnt sich nach einem geregelten häuslichen Leben mit festem Tagesablauf und ergreift, wo er doch früher vor nichts Angst hatte, nun plötzlich selbst vor Spinnen die Flucht. Für nichts interessiert er sich mehr, was außerhalb der Bücherwelt liegt. Ein hoffnungsloser Fall!

So gelingt es den beiden Kumpanen auch nur, Gian dei Brughi zu einem geplanten Raubzug zu pressen, indem sie damit drohen, die letzten Seiten des Romans Samuel Richardsons, den Gian dei Brughi gerade liest – nämlich *Clarissa Harlowe* –, schön nacheinander auszureißen. Mit dem Ende würden sie anfangen, falls er nicht mitmache. Da bleibt dem Briganten nichts anderes übrig. Gian dei Brughi ist von jener Clarissa begeistert, da sie ihre Rolle als verfolgte Unschuld in einer Konstellation spielt, welche der Marquis de Sade in gänzlich anderer Weise auch für seine *Justine ou la vertu persécutée* nutzte. Nichts kann ihn daher vom Lesen abhalten und er willigt lediglich ein, seine Lektüre nur kurz zu unterbrechen.

Allein unter dem Versprechen, sein Buch gleich nach dem Raub sofort wieder zu bekommen und weiterlesen zu dürfen, lässt sich Gian auf den Raubzug ein, tritt dann aber selbst geradezu als fiktionale Gestalt auf, die sich nicht ernstnehmen kann, und wird folgerichtig sehr schnell von den wesentlich fester im Leben stehenden, vermeintlichen Opfern gefangengesetzt. Das Ende seines Lebens und damit auch seines Lesens ist nahe. Gian dei Brughi hat aus der Literatur gelernt, sich vor allem von außen zu betrachten, sich also gleichsam als eine Figur eines gerade gelesenen Romans zu begreifen. Dies verändert seine Einstellung zum Leben in grundlegender Weise – und natürlich auch zum Tod.

Dabei kümmert es ihn wenig, dass man ihn der verschiedensten Überfälle anklagt und in einen Turm wirft, solange er nur hinter den Gittern seines Gefängnisses noch die Stimme Cosimos hören kann, der ihm auf einem Baum sitzend laut die Lieblingsromane vorliest. Dies ist wahre Hingabe: Cosimo macht sich gleichsam zum Leseklaven für einen Briganten, wobei er als Vorleser vorbildlich agiert. Ganz nebenbei führt uns Italo Calvino damit eine weitere historische Modalität der Lektüre *in actio* vor. Wahre Leselust – in etwa so, wie von einem nicht unbekannten Vertreter unseres Faches einmal behauptet werden konnte, er werde selbst in seinem Sarg noch ein offenes Buch in Händen halten.

In jedem Falle bringt Cosimo Richardsons *Clarissa* nun für Gian dei Brughi buchstäblich zu Ende, worauf – weiß Cosimo eigentlich um seine schuldhafte intertextuelle Verstrickung? – ein neuer Roman, diesmal von Henry Fielding, folgt. Die Tage des Prozesses von Gian dei Brughi sind gekommen; doch denkt dieser nur an das mögliche Ende dieses seines letzten zu Lebzeiten gelesenen Romans. Bevor der Roman zu Ende ist, kommt jedoch der Tag der Hinrichtung, ein wirklich grausiges Schicksal für einen passionierten Leser. Doch hören wir selbst das Ende des zwölften Kapitels:

> Bevor der Roman zu Ende war, kam der Tag der Hinrichtung. Auf dem Karren, begleitet von einem Mönch, trat Gian dei Brughi seine letzte Reise zu Lebzeiten an. Die Hinrichtungen wurden in Ombrosa an einer hohen Eiche mitten auf dem Platz vollzogen. Ringsum bildete das gesamte Volk einen Kreis.
>
> Als er das Seil an seinem Hals hatte, hörte Gian dei Brughi einen Pfiff, der aus den Zweigen kam. Er hob den Kopf. Cosimo war's, mit dem geschlossenen Buch.
> – Sag' mir, wie es zu Ende geht, meinte der Verurteilte.
> – Es tut mir leid, Dir das sagen zu müssen, Gian, antwortete Cosimo, aber Jonathan endet am Galgen.
> – Danke, Cosimo, so sei es auch mit mir! Auf Wiedersehen! – und er selbst kickte die Leiter weg und ward erdrosselt.
>
> Als sein Körper zu zappeln aufgehört hatte, ging die Menge weg. Cosimo blieb die Nacht über rittlings auf dem Zweig, von dem der Hingerichtete baumelte. Immer dann, wenn ein Rabe in die Nähe kam, um dem Kadaver die Augen oder die Nase zu zerhacken, verjagte ihn Cosimo mit seinem Dreispitz.[5]

Das Spiel ist aus – und mit ihm die Lektüre! Ein schreckliches und zugleich doch tröstliches Ende des Briganten, ganz im Einklang mit dem letzten von ihm

---

5 Ebda., S. 148.

gelesenen, gehörten Roman. Denn hier hält nicht nur ein guter Freund, sondern zugleich auch ein gutes Buch dem Gehenkten die Totenwache und erweist ihm damit die letzte Ehre. Ja mehr noch: Henry Fieldings *Jonathan Wild* bildet nicht nur das Modell, dem Gian dei Brughi seinerseits nacheifert. Dieser wird selbst zum Hauptdarsteller einer Aufführung, die sein Leben beendet und durch ihre intertextuellen Verweise in ein Stück Fiktion verwandelt. Der Brigant tritt gleichsam aus seinem Räuberleben und wird zum Protagonisten eines Romans, liest somit zugleich sein eigenes Lebensende. Lektüre und Ende des Lebens fallen ineinander.

Wäre Gian dei Brughi noch rechtzeitig geklont worden, er könnte wohl doch keinerlei Trost aus der Tatsache ziehen, dass seine Verdoppelung dazu führt, dass sein Doppelgänger und nicht er selbst überleben wird. In obenstehender Passage aber verwandelt sich jemand in den Doppelgänger einer literarischen Figur und entrückt sich auf diese Weise selbst einem banalen irdischen Schicksal. Denn in diesem Zitat wird die Aufnahme des Helden in einen literarischen Raum gefeiert, dem er sich selbst durch intensive Lektüre zuordnete. Er stirbt als zufriedenes Opfer einer Lektüre, der er immer weitere Teile seines Lebens schenkte, bis das Lesen endgültig an die Stelle des Lebens rückte und selbst zum literarischen Leben wurde.

Kein Wunder also, dass uns die literarische Figur Gian dei Brughi so sehr besticht: Sie ist ein gutes Stück Literatur. Indem sie sich selbst als ein solches erkennt und das geschlossene Buch als ein Stück symbolischen Bewusstseins dafür gewinnt, noch ein Bewusstsein für den eigenen Tod zu entwickeln, wird nicht nur das Buch zum wahren, zum wirklicheren und höheren Leben, sondern das Leben selbst zum wahren und wirklicheren Buch. Und wie in einer richtigen Geschichte gibt es auch hier noch ein Postskriptum, insoweit es einen trauernden Gast gibt, dessen Bild sorgender Anteilnahme dem Gehenkten gleichsam doppelt nachgeschickt wird. Denn Cosimo hält seinem Freund die Treue und liest bis zum bitter-süßen Ende.

So bleiben nicht nur die Nase, sondern auch die Augen, welche so begierig die Seiten der vorausgehenden Romane lasen, verschont von der Zerstörung durch die Natur, verschont von dem, was sich diese Natur gleichsam zurückholt. „Polvo serás / mas polvo enamorado." Denn noch im Tode des Briganten wird deutlich, dass dieser das Lesen über alles liebte. So ist die Liebe nicht nur ein bloßer Gegenstand der Lektüre: Lesen wird selbst zum Gegenstand der Liebe.

Die Reise – und auch hier taucht die Reisemetaphorik in der Literatur wieder auf – des Gian dei Brughi auf der Erde ist zu Ende. Doch ist dies noch nicht gleichbedeutend mit dem Ende der Reise auf Ebene der Literatur. In der Figur des Briganten verschränken sich Leben und Lesen zu einer sich wechselseitig verbindenden und bedingenden Schicksalsgemeinschaft des eigentlichen und des wahren Lebens als eines Lesens. Bliebe zu fragen, ob der Literaturkritiker Tonio Cavilla dies ähnlich sehen kann.

In der Tat finden wir in der italienischen Schulbuchausgabe für die *Scuole Medie* einen aufschlussreichen Kommentar zum zwölften Kapitel. Erneut äußert sich der reale Autor in der Figur eines pedantischen, lehrerhaften Lesers über eine Leserfigur als Leser seines eigenen Buches:

> Das zwölfte Kapitel ist von den vorangehenden gänzlich verschieden und bildet gleichsam eine Erzählung für sich: eine Art satirischen Apolog unter den Auswirkungen der Kultur, gleichsam eine „philosophische Erzählung" im Stile des 18. Jahrhunderts (aber konstruiert mittels einer narrativen Technik der Moderne, mit Dialogen). Auch die einzelnen Elemente der Erzählung entstammen dem 18. Jahrhundert: das traditionelle Motiv der Briganten (eine Mythe, die hier ins Lächerliche gezogen wird: der legendäre Brigant ist ein armer Tunichtgut, der sich nichts anderes erträumt als sentimentale Lektüren) und die Woge des Romans, der schon im 18. Jahrhundert eine ganze Industrie zum Leben erweckte. Der Kontrakt zwischen dem ehemaligen Briganten, der sich darauf versteift, Romane zu lesen, und einem Cosimo, der durch die Lektüre zu einem verantwortungsvollen und aktiven Menschen wird, mag den Verbund repräsentieren zwischen einer Lektüre als Evasion und Lektüre als Bildung. Aber die wahre Funktion dieses Kapitels besteht innerhalb der Entwicklung des Romans darin, uns über die Lektüren von Cosimo Rechenschaft abzulegen, ein Motiv, das sogleich wichtig werden wird. Ungeachtet der Feinheit der Fabel wird das Kapitel von einer gewissen Kühle charakterisiert (denn angesichts des Todes des Briganten bleibt nur ein visuelles Bild); wir sind weit entfernt von der Fülle der Darstellungen der ersten Kapitel des Buches.[6]

Italo Calvino erweist sich in diesen Passagen einmal mehr als ein aufmerksamer Leser und kritischer Kommentator seiner eigenen Texte. Denn Sie merken: Das Spiel mit dem eigenen Text schließt nicht zuletzt auch die Kritik dieses Textes mit ein. Ob wir allerdings hier von einer *freddezza*, von einer Kühle und Oberflächlichkeit sprechen können, sei einmal dahingestellt. Entscheidend für diese Äußerungen scheint mir vielmehr jenseits aller Versuche, dem (vorwiegend jungen) Publikum Hinweise auf die konkrete Textgestalt und deren historische Hintergründe zu geben, eine Auseinandersetzung mit dem eigenen Text dergestalt zu führen, dass literarische und metaliterarische Gestaltung miteinander in einen engen Dialog eintreten, der nicht nur die Selbstdistanzierung, sondern vor allem auch das Weiterschreiben am eigenen Text beinhaltet. Denn Italo Calvino schreibt nicht allein *über* seinen eigenen Text, er schreibt diesen Text vor allem *weiter* und diskutiert dessen Bedeutungsebenen mit didaktischer Emphase, aber auch ironischer Distanz.

---

6 Cavilla, Tonio: Nota al dodicesimo capitolo. In: Calvino, Italo: *Il barone rampante* 1965, S. 149.

Dadurch entsteht ein neues Textgewebe. Die Verbindung zwischen literarischer und metaliterarischer Ebene, die in diesen *Note* und Fußnoten Tonio Cavillas auf paratextuelle Weise gelöst ist, wird freilich im weiteren Verlauf der literarischen Entwicklung Calvinos (und eines Großteils zeitgenössischer Autoren) vom Paratext in den eigentlichen Text selbst hineinverlagert, so dass literarische und metaliterarische Ebenen bisweilen unentwirrbar miteinander verbunden sind. Zugleich schlägt Italo Calvino alias Tonio Cavilla, bei aller Satire über die Schreibweise der Literaturkritik, auch eben jenes Thema an, das von zentraler Bedeutung für unsere Vorlesung über LiebeLesen ist: die zentrale Rolle des Lesens und der Lektürepraktiken, die Selbstbezüglichkeit der Literatur auf die Literatur, die intertextuelle Immanenz ihres eigenen Sich-Selbst-Schreibens und die grundlegende Neubewertung der Lektüre in all ihren Formen und Positionen als letztlich texterzeugende aktive und kreative Praxis.

Es geht folglich gerade nicht um die Lektüre als Evasion, sondern um das Lesen als Produktion des Textes, als textgenerierende Praxis. Wir haben auch mit großer Aufmerksamkeit wahrgenommen, dass wir Gian dei Brughis Lektüre keineswegs nur als Evasion und Flucht aus der Realität charakterisieren können. Denn sie ist viel mehr: eine konstitutive Grundlage der Textproduktion wie des Lebens selbst. Lesen und Leben sind aufs Engste miteinander verbunden – und so ist es auch die Liebe. Wir haben ja bereits gesehen, welch grundlegende Bedeutung Calvino der Lektüre beziehungsweise dem Lektüreakt in seinem Roman *Se una notte d'inverno un viaggiatore* zukommen ließ. Aber schon einige Jahrzehnte früher, in *Il barone rampante*, tritt diese Beziehung bei ihm offen zu Tage.

Lassen Sie uns aber unsere Auseinandersetzung mit diesem Calvino-Roman der fünfziger Jahre abschließen. Denn es folgt ein sehr bedeutungsvolles Kapitel, das in der Schulbuchausgabe den Titel „La foresta dei libri" trägt und damit die Metaphorik der Bäume und des Blattwerks explizit auf den Bereich des literarischen Dickichts, der Beziehungen zwischen verschiedenen Büchern untereinander, überträgt. Ich werde auf diese Metaphorik mit Blick auf das Romanende nochmals zurückkommen, aber bereits an dieser Stelle darauf hinweisen, dass nun ein literarischer Raum aufgebaut wird, der ganz an der Diegese des Romans ausgerichtet ist. So wird die Bücherwelt im Kopf Cosimos rekonstruiert. Aus ihr entspringen letztlich die konkreten Handlungen im „wahren Leben" dieser literarischen Figur.

Auch hieran können Sie erkennen, welche Bedeutung und welche Kraft der Lektüre im Roman zuerkannt werden. In jedem Falle geht es um das Lesen und Schreiben und deren Verquickung: also um die Blätter, die die Welt bedeuten. Der Schüler Cosimo ist jedenfalls längst zum Lehrer des Hauslehrers, des Abbé Fauchelafleur geworden und korrespondiert mit Schriftstellern und Philosophen wie

Denis Diderot oder Jean-Jacques Rousseau, liest die *Encyclopédie* oder die Texte des Baron de Lahontan. Die zentralen philosophisch-geistigen Auseinandersetzungen des 18. Jahrhunderts werden in die Romandiegese eingeblendet: ebenso im Bereich der Anthropologie wie der Gesellschaftstheorie, im Bereich der Liebes- wie der Gotteskonzeption, hinsichtlich der wünschenswerten Regierungsform wie der individuellen Lebenspraxis. Insoweit geht hier ein ganzes gebildetes Stichwortregister kunstvoll in die diegetische Ausgestaltung des Romans ein, der selbstverständlich über einen intradiegetischen Erzähler verfügt, welcher eine Vielzahl zusätzlicher Erfahrungen und Einsichten in seinen Text miteinbringen kann. Leichtigkeit und Lebendigkeit von *Il barone rampante* täuschen: Der Roman ist mit Anspielungen und Verweisen, mit impliziten Interpretationen und Kommentaren übervoll.

Cosimo ist mittlerweile achtzehn Jahre alt; und so kommt der Baron di Rondò vorbeigeritten, um eine Art Aussöhnung zu finden und den Generationenvertrag im Adelshause fortzuschreiben. Er schnallt dem Sohn den Degen eines Barons um, obwohl dieser auf dem Baum sitzt und auf die Frage, ob er sich denn der Tatsache bewusst sei, ein Baron di Rondò zu sein, antwortet, er sei sich vor allem der Tatsache bewusst, ein Mensch zu sein und wolle alles in seinen Kräften Stehende tun, um sich dieses Namens „Mensch" würdig zu erweisen.

Trotz der Radikalität seines Entschlusses, auf die Bäume zu klettern und zeit seines Lebens nicht mehr herunterzukommen, ist Cosimo letztlich doch ein auf Harmonie und Gleichgewicht abzielender Bürger Rondò, ein eher sanfter Revolutionär, dem es nicht um die Zerstörung, sondern vielmehr um die konstruktive Dimension des Lebens und um eine auf Ausgleich gerichtete Konvivenz geht. Noch einmal: Es ist an dieser Stelle nicht möglich, den einzelnen, insbesondere intertextuell sehr dicht gewobenen Kapiteln sowie den jeweiligen unterhaltsamen Abenteuern Cosimos im Detail nachzugehen, zu weit würde uns dies von unserem eigentlichen Thema der Vorlesung wegführen. Fehlen darf aber nicht der Verweis auf die Tatsache, dass Cosimo zunehmend nicht nur Literatur konsumiert und produktiv verarbeitet, sondern selbst zum Geschichtenerzähler wird, zum *barone contastorie*, wie der Titel des sechzehnten Kapitels der Schulbuchausgabe es andeutet. Dies ist eine bedeutungsvolle Wendung im *plot* des Romans.

Die Widersprüchlichkeit seiner *storie* ist dabei weniger interessant als die Lust, derartige Geschichten zu verfassen und damit ein Publikum zu belehren und zu unterhalten, das möglichst breit aufgestellt ist und eine demokratische Öffentlichkeit unserer Tage vorwegnimmt. Immer stärker kommt der *barone rampante* damit in eine aufschlussreiche Nähe zu jenem Lügenbaron, der in der deutschen Kulturgeschichte noch immer unvergessen ist und unter dem Namen des Barons von Münchhausen heute noch fast jedem Kind geläufig ist. Cosimo entwickelt eine eigentümliche Lust am Erfinden derartiger Geschichten, während der Erzähler jener Geschichte, die wir lesen, Biagio, seinerseits versucht, nicht aus dem Tritt zu kommen und den wahren Kern oder den roten Faden nicht zu verlieren. Bisweilen blendet er die Erzählungen seines Bruders ein, wenn er selbst nicht so genau anzugeben weiß, wie sich eine Geschichte wirklich ereignet hat. Biagio steht stets im Schatten seines Bruders.

Für Cosimo freilich ist das Erzählen von Geschichten nichts anderes als die Suche nach einem Publikum. Und diese Suche nach Zuhörern ist letztlich nur ein Surrogat für die bedauernswerte Tatsache, dass er noch immer nicht die Liebe in all ihren Formen kennengelernt hat. Wir nähern uns also jenem Themenbereich erotischer Liebe an, der bereits auf der Schaukel angedeutet worden war und der sich in der Schulbuchausgabe des *Barone rampante* nicht findet. Doch die Liebe ist das zweite große Thema des Romans. Auch in Italien versucht man eben, in der Schule die ohnehin altersbedingt verwirrten Gemüter nicht noch weiter zu verwirren. An der Universität und in unserer Vorlesung aber sei es mir erlaubt, ein derartiges Thema nicht zu verschweigen, ist doch die erotische Liebe dem wahren Lesepublikum ein vertrauter Gegenstand, welcher niemanden mehr aus der Fassung bringen kann. Aber wie lernt unser Cosimo die Liebe kennen?

Cosimo ist, wie wir sahen, ein großer Leser und dabei auch ein Verschlinger von Liebesromanen, die in der zweiten Hälfte des 18. Jahrhunderts *en vogue* waren und ein breites Lesepublikum erreichten. Cosimo lernt die Liebesnormen und die Liebesformen vermittelt durch die Lektüre, durch ein wahres LiebeLesen. Sie fragen sich jetzt bestimmt, wie sich das Leben und Lesen auf den Bäumen mit der Liebe verträgt! Nun, es gibt auch noch eine zweite Quelle eines Liebeswissens, die sich mit der erstgenannten vermischt.

Denn Cosimo lernt die erotische, körperliche Liebe in Olivabassa kennen, einem Örtchen, wohin sich eine Reihe spanischer Edelleute zurückgezogen hat, die von Carlos III., dem Bourbonen und Reformkönig, zusammen mit den Jesuiten aus Spanien und seinen Besitztümern vertrieben worden war. Da sie jedoch ihren Fuß nicht auf fremden Boden setzen konnten, lebten sie auf Bäumen, auch wenn sie im Gegensatz zu Cosimo nicht autark blieben, sondern sich von mit Leitern bewaffneten Bürgern und Bauern bedienen ließen. In diesem Ambiente trifft Cosimo ein hübsches spanisches Mädchen mit grünen Augen, das auf den Namen Ursula hört und mit ihm – eng wie zwei Vögel aneinandergepresst – auf einem Zweig sitzt, bis sich geradezu zwangsläufig ein Kuss löst. So fängt es also an, und es bleibt nicht dabei!

Aber Cosimo verliert seine Ursula wieder, die ihn in für ihn völlig neue Liebespraktiken einführte, als die spanischen Adligen begnadigt werden, nach Spanien zurückkehren dürfen und auch die junge Ursula mit Gewalt in eine Kutsche in

Richtung Spanien zerren. Immerhin: Cosimo ist nun aufgeklärt und wird zur Attraktion aller hübschen Mädchen, die bis zu diesem Zeitpunkt die Erfahrung der Liebe höchstens in einer Entfernung vom Fußboden machen konnten, die nicht höher als etwa ein Meter ist. Der Baron auf den Bäumen streicht des Nachts wie eine Katze miauend um die kleine Stadt Ombrosa; und er gilt bald bei Alt und Jung als Vater all jener Kinder, für deren Vaterschaft niemand geradestehen will. Immerhin: Etwas Wahres wird schon daran gewesen sein, jagt ihm ein eifersüchtiger Rivale doch auch einmal eine Ladung Schrot in die werte Kehrseite. Während der Rekonvaleszenz entwirft Cosimo das Bild einer Gesellschaft, die auf den Bäumen lebt, wobei er allerlei erotische Histörchen, der Zeitsitte gemäß, in das Kapitel über das Eherecht einstreut. An diesem Punkt verbindet sich der Strang der Aufklärungsphilosophie mit jenem des *libertinage* höfischer Prägung, der nicht ohne eine eigene Liebesphilosophie im Boudoir – ohne eine *Philosophie dans le boudoir*, um auf den Titel des Marquis de Sade anzuspielen – auskam.

Doch was ist mit der „wahren Liebe" Cosimos? Nun, sie lässt nicht mehr lange auf sich warten. Eines schönen Tages ist nämlich die schöne Viola, die den greisen Fürsten Tolemaico ein Jahr vor dessen Tod geheiratet hat und nun als Witwe lustig und freizügig leben kann, wieder zu ihren Besitzungen zurückgekommen und nimmt die alte Villa und den Garten derer von Ondariva erneut in Besitz. Beide Königskinder sehen sich wieder, und sie tun dies natürlich am Ort der Schaukel. Ihre künftige Beziehung wird nun in deren Zeichen stehen. Viola ist nicht weniger schauklig und verwirrend als früher: Sie ist noch immer die starke Persönlichkeit, die über einen Raum gebietet, der weiter als der Cosimos ist. Und sie besitzt eine intensive erotische Ausstrahlung, die den jungen Mann in ihren Bann zieht.

Die schöne Viola ist in der Liebe mittlerweile sehr erfahren und mehr noch: Sie pflegt, ihre Liebeserfahrungen ständig auszuweiten, um diese für neue Liebeskonzeptionen offenzuhalten. Da kann der an Harmonie und Ausgleich, an Natürlichkeit und Mäßigung orientierte Cosimo bei weitem nicht mithalten, tritt ihm doch nun die raffinierte und im Buch vom Erzähler Biagio als pervers deklarierte Liebeserfahrung der wollüstigen jungen Marchesa gegenüber. Viola ist nun einundzwanzig oder zweiundzwanzig Jahre alt und verführerischer denn je. Sie ist keinen Zügelungen mehr unterworfen und kann, wie sie selbst sagt, endlich tun und lassen, was ihr Spaß macht. Und der liebeslustigen Witwe macht sehr viel Spaß.

Auch an dieser Stelle folgen nun Szenen, die keinen Eingang in das Schulbuch fanden, getreu Dantes Motto „An jenem Tage lasen sie nicht weiter": *Quel giorno più non vi leggemmo avante*. Doch wir wollen weiterlesen, jenseits der Grenzen einer italienischen Schulbuchausgabe. Die Liebe ist – wie auch das Schreiben – hoch in die Bäume projiziert, in jenes Gewebe an Ästen und Blättern, das Fragonard in seinem Gemälde so liebevoll ausmalte und das Calvino mit anderen Texten und Inhalten füllt. Im Namen des italienischen Schriftstellers erobern sich die beiden Liebenden nun diesen letzten, von ihnen zuvor noch nicht gemeinsam beherrschten Raum des Gemäldes und ihrer Sehnsüchte:

> „Küss mich!"
> Er drückte sie gegen den Stamm, küsste sie. Als er aufblickte, wurde er ihrer Schönheit gewahr, als hätte er sie niemals zuvor gesehen. „Mein Gott: wie schön du bist ... "
> „Für dich", und damit knöpfte sie ihre weiße Bluse auf. Ihre Brüste waren jung, mit rosa Wärzchen. Cosimo konnte sie nur eben streicheln, Viola entschlüpfte ihm über die Zweige, dass es schien, als flöge sie, er kletterte hinter ihr her und hatte ihren Rock vor Augen. [...]
> Sie erkannten sich. Er erkannte sie und sich selbst, denn in Wahrheit hatte er sich noch nie gekannt. Und sie erkannte ihn und sich selbst, denn obgleich sie sich schon immer gekannt hatte, war es ihr doch noch nie vergönnt gewesen, sich auf solche Weise zu erkennen.[7]

Dies ist zweifellos der Höhepunkt des erotischen Liebesspiels auf den Bäumen. Das Äpfelchen von Viola hatte zusammen mit ihrem Füßchen und Schühchen nicht zu viel versprochen. Das paradiesische Versprechen der Eva und ihres Apfels ist eingelöst, und die Liebenden werden folglich bald schon aus ihrem Paradies vertrieben. Unsere beiden Liebenden werden bald nach dieser Szene die Grenzen des Liebesspiels erreicht haben, zu sehr sind sie in ihren gegensätzlichen Liebeskonzeptionen und Weltanschauungen gefangen. Das Paradies auf den Bäumen ist nur von kurzer Dauer; aber unauslöschlich ist der Augenblick ihrer Erkenntnis und Selbsterkenntnis in und durch die Liebe: denn er erkannte sie und dadurch sich selbst und sie erkannte ihn und dadurch sich selbst. Ihm und ihr war es noch nie vergönnt gewesen, sich auf solche Weise zu kennen. Die Ekstase wird hier nicht vorrangig als sexuelle Handlung, sondern auch als eine Vereinigung im metaphysischen Erkenntnisraum verstanden und zugleich als eine Vermengung, als ein Ineinander von Körper und Leib, von Leib-Sein und Körper-Haben, in dem sich die Liebenden so zu erleben und erfahren vermögen, wie sie sich alleine niemals hätten wahrnehmen können. Das also ist die Liebe! Die schönste Zeit des Lebens hatte für beide begonnen: Und sie lieben einander über dem Abgrund, wie es im Text heißt. Doch – um noch einmal Friedrich Nietzsches berühmten Satz zu bemühen – „alle Lust will Ewigkeit, [...] will tiefe, tiefe Ewigkeit" ...

Das Aufeinanderprallen zweier grundsätzlich verschiedener Liebeskonzeptionen, wie sie in der Tat auch in verschiedenen philosophischen und religiösen Systemen wurzeln, kann am Ausgang des 18. Jahrhunderts, noch vor

---

7 Calvino, Italo: *Il barone rampante*. Mailand: Mondadori 1990, S. 138.

der unmittelbar bevorstehenden Französischen Revolution, nicht gut gehen. Ersparen wir uns die Chronik eines angekündigten Abschieds: Eine Trennung der beiden ist unvermeidlich, ein *happy end* unserem Cosimo und seiner Viola im Gegensatz zum Liebespaar in *Se una notte d'inverno un viaggiatore* nicht vergönnt. Dafür ist Cosimo zum Weltdeuter und Menschenfreund, zum Weltweisen (wie man damals sagte), zum Philosophen geworden. Ein Mann der Bücher, ein Mann des Lesens, aber auch in Liebesdingen jetzt erfahren.

Die auf die endgültige Trennung der beiden Liebenden folgenden Jahre bilden eine Girlande für den Leser leicht zu rekonstruierender historischer Ereignisse, die vom Zeitpunkt der Französischen Revolution von 1789 über die Auseinandersetzungen in Italien, die Kriege der französischen Republik, dann des Kaisers Napoleon bis hin zur Neugliederung Europas unter den Gesetzen der Restauration und damit all jener restaurativen und reaktionären Ideen führen, gegen die Cosimo ein Leben lang gekämpft hatte. Nein, es war ihm nicht vergönnt, ein Staatswesen unter den Bäumen wachsen zu sehen, wie er es sich gewünscht und vorgestellt hätte.

An dieser Stelle lässt sich gewiss jene bereits erwähnte politische Lektüre des Textes durch Ulrich Schulz-Buschhaus einführen, die für den Ablauf des gesamten Romans die Entwicklung der hinter dem Erzähler sichtbar werdenden deplorablen, anti-utopischen Situation des Italiens der fünfziger Jahre von der optimistischen Allegorie zur Enttäuschung skizzierte: Jene Entwicklung, die von der Rebellion, dem Engagement, der Aufklärung, bis hin zur misslungenen Revolution und schließlich zur Restauration führt.[8] So entsteht ein gewaltiges historisches Fresko.

Im letzten Kapitel haben wir das Jahr 1820 und damit zugleich das Ende der Romandiegese erreicht. Fünfzig Jahre sind seit der Schneckensuppe vergangen, die Cosimo als Zwölfjähriger vehement zurückgewiesen hatte. Wieder sind die alten Mächte an der Macht, nichts scheint sich verändert zu haben. Einen Ausweg kann auch die Liebe nicht mehr eröffnen: Sie böte bestenfalls die Chance einer Evasion.

Die Welt von Kindheit und Jugend jedenfalls sind nicht mehr. Cosimo dürfte nun etwa fünfundsechzig Jahre alt sein – und er liegt im Sterben. Man bittet ihn, auf den Boden zurückzukehren, denn klar ist, dass er ja eines Tages wieder in den Boden kommen und zu Staub zerfallen werde. Doch nicht Cosimo: Noch immer gilt sein Wort, nicht mehr von den Bäumen herabzusteigen. Ist der politische Fortschritt auch ausgeblieben, so macht sich doch der technische Fortschritt bemerkbar. Es erscheint eine Montgolfiere am Horizont, deren Seil mit Anker

---

8 Vgl. Schulz-Buschhaus, Ulrich: Calvinos politischer Roman vom Baron auf den Bäumen, S. 17–34.

über die Bäume von Ombrosa streicht. Cosimo erkennt die Chance, springt auf den Anker und lässt sich von der Montgolfiere mit aufs Meer hinausnehmen. Als die Montgolfiere auf der anderen Seite der Bucht wieder landet, ist der Platz auf dem Anker leer.

So blickt auch der Erzähler Biagio am Ende dieses letzten Kapitels in einen Himmel und auf Bäume, die leer sind und leer bleiben. Und doch entwickelt sich gerade hieraus ein Romanschluss, wie er schöner wohl selten geschrieben wurde, laufen in ihm doch nochmals sämtliche Erzählfäden des Romans zusammen, um sich dann im Nichts zu verlieren. Hatte Tonio Cavilla den *incipit*, den Romananfang hervorgehoben, indem er darauf verwies, dass drei Grundthemen des Romans in ihm schon anklängen, so bildet der Schluss doch gleichzeitig den poetologischen Höhepunkt des Romans. Es lohnt sich also, ganz genau zu lesen:

> Von Zeit zu Zeit halte ich inne im Schreiben und trete ans Fenster. Der Himmel ist leer, und uns alten Ombrosanern, die wir gewohnt waren, unter jenen grünen Kuppeln zu leben, schmerzen die Augen bei seinem Anblick. Fast scheint es, als hätten die Bäume nicht standhalten können, nachdem mein Bruder weggegangen ist, oder als wären die Menschen von der Raserei der Äxte befallen worden. [...]
>
> Ombrosa ist nicht mehr. Wenn ich zum entvölkerten Himmel hochschaue, frage ich mich, ob es wirklich existiert hat. Diese Enklave aus Zweigen und Blättern, Gabelungen, Samenlappen und Flaum, die so winzig war und endlos, dieser Himmel, der nur aus regellosen Lichtspitzern und Fetzen bestand, vielleicht gab es das alles nur, damit mein Bruder mit seinem leichten Schwanzmeisengang darüber hinweghuschen konnte, ein Stickmuster war es, über dem Nichts gewoben, diesem Tintenfaden gleichend, den ich über Blätter und Blätter laufen ließ, beladen mit Korrekturen, Strichen, nervösen Klecksen, Flecken, Lücken, diesen Faden, der sich zuweilen zu dicken, lichten Beeren ausweitet, zuweilen sich, wie zu punktförmigen Samen, zu winzigen Zeichen verdichtet, bald in sich selbst zurückschlingt, bald sich gabelt, bald Satzklümpchen mit Blätter- oder Wolkengirlanden verbindet und dann stockt und sich abermals zu verschlingen beginnt und läuft und läuft und sich in einer letzten törichten Traube von Worten Ideen Träumen abspult und verwickelt und endet.[9]

Wieder ist das Buch zu Ende und mit ihm das Leben – und auch das Leben der Schrift. Der Erzähler Biagio erkennt, wie jenseits der von ihm so lange für real gehaltenen Realität eine andere Realität aufscheint und sich metaphorisch einschleicht in die andere Welt, sie gleichsam als undurchdringliches Dickicht unterwandert und schließlich in ihrer Baummetaphorik in die Text- und Gewebemetaphorik hinüberführt. Die Äste und die Zweige verwandeln sich – oder ist es umgekehrt? – in jene fortgeführte Linie des Schreibens, der Tinte, die sich ihren eigenen Weg sucht und ihr eigenes Dickicht schafft, so dass nun der Blick aus

---

9 Calvino, Italo: *Il barone rampante* 1965, S. 240f.

dem Fenster letztlich der Blick in die Leere ist, die Fülle doch nicht außerhalb des Textes, sondern nur in ihm zu finden ist.

Das Ende des Romangewebes ist selbstverständlich auch das Ende des Erzählers selbst, der hier zugleich mit der Autorfigur verschmilzt, nicht dem realen Autor zwar, wohl aber einer Figur, die doch unverkennbar einen höheren Abstraktionsgrad und ein höheres Reflexionsvermögen besitzt, als dies Biagio bislang vorzuführen in der Lage war. Der *ricamo fatto sul nulla* zeigt in aller Deutlichkeit, wie sehr der ganze Roman das Ergebnis einer bewussten Konstruktion, einer bewussten Schöpfung ist, die freilich dennoch nicht allein den Gesetzen ihres Schöpfers gehorcht. Denn sie entwickelt ihr Eigen-Leben.

Die Welt ist leer ohne den *Barone rampante*: Die Bäume, die Welt, die Federstriche scheinen nur für seine Bewegungen gemacht. Doch ist der Baron in das Nichts zurückgekehrt, aus dem ihn die Verzweigungen und Bifurkationen und Striche und das ganze Dickicht der Sätze geholt und zusammengesetzt hatten. Die Literatur und das Schreiben erscheinen so letztlich als der *ricamo fatto sul nulla*, als eben jene Kraft, die in der Lage ist, die Strickarbeit auf dem Nichts, das Weben des Textes zu bewerkstelligen. Das Ineinanderschlingen und Verweben dieser Gewebemetaphorik lässt am Ende selbst den Autor in seinem Text verschwinden. Ombrosa gibt es nicht mehr, es ist verschwunden: Und doch ist das Gewebe des Textes da, welches die Leserschaft in der Form des Buches in ihren Händen hält.

Es ist diese Mmetaphorik, die – das macht der Begriff Text selbst schon deutlich – keineswegs im 20. Jahrhundert erfunden wurde. Dort aber erhielt sie eine deutlich andere Definition und Deutung, in welcher sich die Poetik der zweiten Hälfte unseres Jahrhunderts ihre Formen der Selbstverständigung über sich und die Welt suchen sollte. Die Texttheorie, die im Verlauf der siebziger Jahre bereits zum Textualitätsdogma zu erstarren begann, die Rede von der *écriture*, von der Schriftlichkeit, die zunehmend die Mündlichkeit und die Oralität verdrängt und zuletzt auch noch den Autor kassierend selbst zur Produktivität werden sollte: In diesem Textschluss von Calvinos Baron, der der für real gehaltenen Realität so nah und zugleich doch so fern ist, erscheint all dies noch in einer Flüssigkeit, die jene der Tinte selbst ist, bevor diese zum Robbe-Grillet'schen *miroir d'encre* erstarrte. Wir könnten durchaus sagen, dass sich in dieser Passage schon der „Tod des Autors" von Roland Barthes, die Schreibweise und die Poetik, die *écriture* und die *trace* selbst nicht nur ankündigen, sondern aufspüren und dekonstruieren, gleichsam *avant la lettre* oder vor der Postkarte Derridas. Die Literatur ist der Theorie immer einen schönen Schritt voraus.

So haben wir es mit einer literarischen Ausgestaltung zu tun, die den Autor zum Verschwinden bringt und sich mit jener etwas halsbrecherischen Metaphorik von Roland Barthes verknüpfen lässt, die den Autor sich im Spinnennetz seines Gewebes selbst auflösen sieht. Mithin macht Biagio dem *ricamo fatto sul*

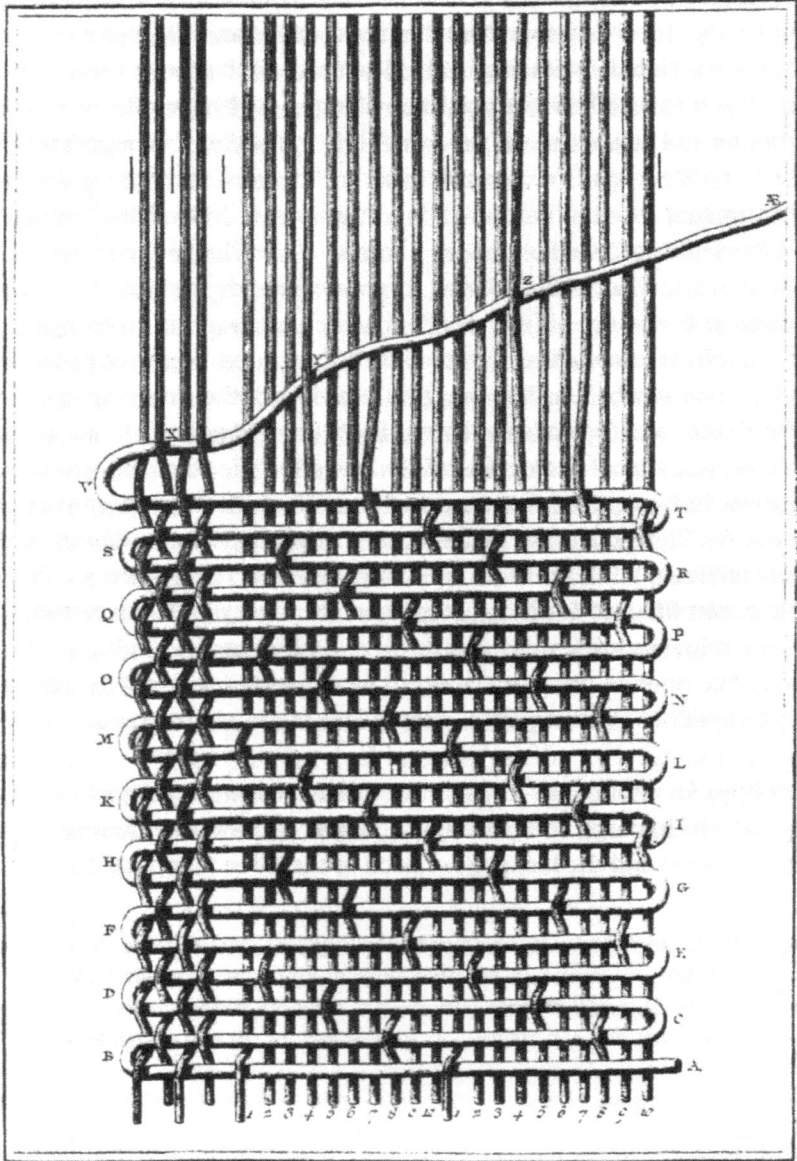

Abb. 40: Der Text als Gewebe, „Soierie. Etoffes en plein. Satin à dix Lisses. Vu de côté de l'envers.", Kupferstichtafel aus der *Encyclopédie* von Denis Diderot et Jean le Rond d'Alembert.

nulla Platz, einem Gewebe, das sich zunehmend seiner eigenen Produktivität als Text bewusst wird.

Doch ist – wie wir schon sahen – nicht nur das Textgewebe produktiv, sondern auch die Leserschaft und insbesondere das Lesen selbst. Mit den Worten von Barthes wird der Tod des Autors mit der Geburt des Lesers bezahlt. Doch wollen wir an dieser Stelle nicht die großen Theoriedebatten der sechziger und siebziger Jahre in Frankreich aufrollen. Unser *tour d'horizon* verschiedener Leserfiguren und Lesemodalitäten geht hier zu Ende und macht schon bald einer stärker chronologisch ausgerichteten Betrachtung Platz, die wir – und Calvinos Baron war ein Schritt hierzu – im 18. Jahrhundert beginnen lassen. Bevor wir damit anfangen, möchte ich Ihnen ein kurzes Zitat von Alberto Manguel zur Macht des Lesens und zur Macht der Leserinnen und Leser nicht vorenthalten. Denn dies schrieb der argentinische Diplomatensohn nicht nur vor dem Hintergrund der argentinischen Militärdiktatur:

> Nicht nur totalitäre Regime fürchten das Lesen. Auch auf Schulhöfen, in Umkleideräumen, in Regierungsämtern und Gefängnissen wird die Gemeinde der Leser mit Mißtrauen betrachtet, weil man ihre Autorität und potentielle Macht spürt. Die Beziehung zwischen Buch und Leser wird zwar als nützlich und fruchtbringend anerkannt, gleichzeitig aber gilt sie als hochmütig und abweisend, vielleicht weil der Anblick eines Lesers, der sich in die Ecke zurückgezogen und die Welt und sich vergessen hat, auf eine undurchdringliche Privatsphäre hinweist, einen selbstbezogenen Blick und einsames, eigensüchtiges Handeln. („Geh raus und lebe", sagte meine Mutter immer, wenn sie mich lesend fand, als hätte meine stille Beschäftigung ihrer Vorstellung vom Leben widersprochen.) [...]
>
> Borges erzählte mir einmal von den populistischen Demonstrationen, die die Perón-Regierung 1950 gegen opponierende Intellektuelle organisiert hatte und auf denen die Demonstranten skandierten: „Schuhe ja, Bücher nein!" Die Replik „Schuhe ja, Bücher auch!" überzeugte niemanden. Die Wirklichkeit, die harte, nüchterne Wirklichkeit, wurde als unvereinbar mit der flüchtigen Traumwelt der Bücher empfunden. Unter diesem Vorwand wird der künstliche Gegensatz zwischen Lesen und Leben von den Mächtigen erfolgreich geschürt. Populistische Regierungen verlangen, daß wir vergessen, und deshalb brandmarken sie Bücher als überflüssigen Luxus; totalitäre Regime verlangen, daß wir nicht denken, und darum verbieten, verfolgen und zensieren sie den Geist; beide wollen uns dumm und unterwürfig machen im großen und ganzen und begünstigen daher den Konsum von TV-Müll. Unter solchen Umständen können Leser gar nichts anderes sein als subversiv.[10]

Wir wollen der Subversivität des Lesens als Thema im Umfeld der von uns zu verfolgenden Lektüreprozesse weiter nachgehen. Zugleich aber wollen wir darüber nicht vergessen, dass nicht nur das Lesen, sondern auch die Liebe eine hochgradig gesellschaftsverändernde Kraft besitzt, die freilich immer wieder auf die

---

10 Manguel, Alberto: *Eine Geschichte des Lesens*, S. 32.

Probe gestellt und gesellschaftlich herausgefordert wird. Wie prägend Liebes-konzeptionen für Aufbau und Struktur ganzer kultureller Formationen – wie etwa jener des Abendlandes – sind oder sein können, wurde in einer heute als klassisch zu bezeichnenden Studie untersucht, die wir uns zum Abschluss dieses ersten Hauptstückes unserer Vorlesung vornehmen wollen.

Denis de Rougemont oder die Sprengkraft der Liebe in ihrer geschichtlichen Entwicklung im Abendland

Machen wir uns nichts vor: Wir haben uns bislang ausschließlich auf das Leben, die Liebe und das Lesen im Abendland konzentriert! Selbstverständlich ist der kulturelle wie auch inter- und transkulturelle Horizont der Literaturen der Welt wesentlich weiter gezogen – und ich werde mich in der Vorlesung immer wieder bemühen, auch ein wenig über unseren abendländischen Tellerrand hinauszuschauen. Denn damit wir begreifen können, was etwa die Liebe im Abendland ausmacht, müssen wir verstehen, wie diese so spezifische Konzeption der Liebe, die sich massenmedial über unseren ganzen Planeten verbreitet, im Konzert und im Beziehungsgeflecht mit anderen Liebeskonzeptionen verwoben ist, und wie sich diese Liebesauffassungen wechselseitig beeinflusst haben. Eben dies ist die tiefgehende Einsicht des frankophonen Schweizer Essayisten Denis de Rougemont.

Ich möchte mich daher nun einem großen, Aufsehen erregenden Buch zuwenden – sozusagen zum Abschluss dieses Eingangsportals zu unserer Vorlesung –, in welchem wir die Entwicklungen der abendländischen Liebeskonzeption(en) aus historischer und zugleich inter- und transkultureller Perspektive näher betrachten werden. Es geht um Denis de Rougemonts *L'amour et l'Occident*, dessen erste Fassung bereits im Jahre 1939 erschien und das nach dem Zweiten Weltkrieg sehr rasch zu einem vieldiskutierten Standardwerk der Liebesdiskussionen geworden ist.

Es ist nicht ganz zufällig, dass wir mit Denis de Rougemont (1906–1985), diesem Vordenker und Vorkämpfer einer föderalen Europäischen Union und diesem philosophischen Aktivisten des europäischen Gedankens zum Zeitpunkt des Ausbruchs des Zweiten Weltkrieges, einen Literaten und Philosophen vor uns haben, der die grundlegenden Werte Europas oder des Abendlandes zu fassen versucht. Denn die Liebe, ihre Begriffe und Konzeptionen stellen einen derartigen Grundwert für Europa dar – das ist vielleicht die erste Lektion, die wir von diesem engagierten Schweizer lernen dürfen. Wenn heute in einem umfangreichen Vorhaben „A Soul for Europe", nach einer Seele für Europa gesucht wird, dann dürfte eigentlich *Die Liebe und das Abendland* von Denis de Rougemont hierbei nicht fehlen. Bis zu seinem Lebensende trat der Schweizer gegen den Nationalstaat und für ein Europa der Regionen in die literarisch-politische Arena und bestach mit einer Vielzahl von Büchern, in denen er die Konsequenzen aus der Katastrophe von Nationalsozialismus und Faschismus ziehen wollte. Im Jahre 1939 aber war in den Zeiten von Hass und Mord ein Buch über die Liebe wahrlich ein gegenzyklisches Unterfangen.

Abb. 41: Denis de Rougemont (Couvet im Kanton Neuenburg, 1906 – Genf, 1985), in den siebziger Jahren.

Nachdem wir eine gleichsam strukturalistisch-poststrukturalistische Sicht des liebenden Subjekts bei Roland Barthes gesehen und näher untersucht haben, nachdem wir mit Italo Calvino zwei Varianten einer literarischen Verbindung zwischen Lesen und Lieben kennengelernt haben, bildet Denis de Rougemonts Buch den Versuch, die Liebe mit der Definition des Abendlandes, und damit als eine geschichtlich gewachsene und gerade mit dem Orient in vielfältigen Austauschbeziehungen stehende Kategorie zu entwickeln – so dass das Abendland, der Okzident, ganz nebenbei aus der Fiktion erlöst wird, ein dem Orient als Gegensatz gegenüberstehendes Totum zu sein, das so gar nichts auf Ebene der hohen Kultur wie der Alltagskultur mit dem Orient zu tun habe. Wir wissen: Das Gegenteil ist der Fall. Diese Fiktion aber wirkt heute noch fort, auch wenn sich intelligente Bücher wie etwa Hans Beltings *Florenz und Bagdad* dagegen stemmen.[1] Doch schon Denis de Rougemonts Text zeigte die vielfältigen Verbindungen und Wechselbeziehungen zwischen Orient und Okzident auf. Dies sollten wir uns etwas genauer ansehen!

Denis de Rougemont hat sein Hauptwerk *L'amour et l'Occident* mehrfach, darunter 1956 und 1971, überarbeitet. Der Schriftsteller, der verschiedenen Institutionen für Europa vorstand und bis zu seinem Lebensende an der Universität Genf tätig war, sieht dabei die Leidenschaft als *la tentation orientale de l'Occident* und verfolgt sie bis ins 12. Jahrhundert zurück. Es handelt sich folglich um eine historische Tiefenanalyse des westöstlichen Austausches von Liebeskonzepten, die wir heute nur mehr dem Abendland zuzuschreiben gewillt sind. Doch die historische Entwicklung war deutlich komplexer.

In seinem auf Juni 1938 datierten Vorwort zur ersten Ausgabe von *L'amour et l'Occident* betonte Denis de Rougemont gleich mehrfach den Bezug seines Buches zum Leben, auch und gerade zu seinem eigenen Leben. Ich möchte Ihnen diese Passage, die aus meiner Sicht sehr schön die spezifisch *lebenswissenschaftliche* Dimension seines Ansatzes verdeutlicht, nicht vorenthalten.

---

1 Vgl. Belting, Hans: *Florenz und Bagdad. eine westöstliche Geschichte des Bildes.* München: Beck 2008.

Abb. 42: Cover von Denis de Rougemonts *L'amour et l'Occident*.

Dass man es als angenehm empfindet, über alles, was mit Liebe zusammenhängt, zu sprechen, ist ein recht wenig überzeugender Vorwand, wenn es sich um einen so dicken Band handelt. Übrigens ein zweifelhafter Vorzug: man müsste erörtern, ihn mit so und so vielen Bestseller-Autoren zu teilen. Daher habe ich auch einige Schwierigkeiten bewusst in Angriff genommen. Ich wollte das, was Stendhal „leidenschaftliche Liebe" (l'amour-passion) nennt, weder verschönern noch herabwürdigen, sondern versuchen, es als ein historisches Phänomen eigentlich religiösen Ursprungs zu beschreiben. Nun dulden Männer und Frauen es sehr wohl, dass man von Liebe spricht, ja, sie werden dessen nie überdrüssig, so alltäglich die Rede auch sein mag; sobald man aber anfängt, die Leidenschaft zu definieren, und sei es auch mit noch so wenig Strenge, werden sie kopfscheu. [...] Daraus folgt, dass dies Buch seine Notwendigkeit in *dem* Maße zeigen wird, wie es Missfallen erregt; seine Nützlichkeit wird es überhaupt nur unter Beweis stellen können, wenn es die überzeugt, die sich bei seiner Lektüre der Gründe bewusst werden, die sie für ihr anfängliches Misstrauen anführen könnten. [...]

Wozu Zeit und Worte verlieren, um immer wieder zu erklären, dass die Wirklichkeit sehr viel komplexer ist als alles, was man darüber zu sagen vermag. Wenn das Leben unübersichtlich ist, so bedeutet das nicht, dass ein Buch es hierin nachahmen soll.[2]

An diesem Zitat wird deutlich, dass de Rougemont bei seinen Leserinnen und Lesern – und er sprach ganz explizit in seinem ersten Vorwort zum einen von den männlichen Gelehrten, zum anderen von den weiblichen Leserinnen – nicht nur ein hohes Interesse, sondern auch große Widerstände dagegen vermutete, über Liebe anders zu sprechen als im vertraulichen, fast intimen, in jedem Falle unsystematischen Ton der Konversation. Liebe ist also ein tolles Thema, so Rougemont, doch der Glaube sei weit verbreitet, die Liebe eigne sich nicht für wissenschaftliche Untersuchungen und Definitionen. Nun, wir haben ja schon mit Roland Barthes eine sehr prägnante und kreative Antwort auf diese grundlegende Herausforderung für jeglichen systematischen Diskurs über Liebe gefunden.

Mit seinen Vorbehalten lag Denis de Rougemont durchaus richtig. Denn das Buch hat Rougemont sehr viel Kritik von allen Seiten eingetragen; und gleichwohl ist es zu einem Klassiker geworden – vielleicht auch, weil es im Grunde nur wenige solcher Bücher über die Liebe gibt. Vergessen wir nicht, dass Roland Barthes mit guten Gründen nicht zuletzt auch über die absolute Einsamkeit eines Diskurses über die Liebe sprach. Es gibt also eine seltsame Koinzidenz zwischen einem großen öffentlichen Interesse und einem hohen, vom Autor zu überwindenden Widerstand gegen eine wissenschaftliche Behandlung dieses Themas der Liebe.

---

2 De Rougemont, Denis: *L'amour et l'Occident*. Édition définitive. Paris: Plon 1972, hier S. 7f.

Nun folgt ein kleines Geständnis, nach mehr als hundert Seiten: Ich habe diese Passage aus dem Vorwort nicht zuletzt aus dem Grund gewählt, um Ihnen eben jene Befürchtung oder Skepsis anzuzeigen, die auch mich selbst beschlich und beschleicht, wenn ich Ihnen in dieser Vorlesung von der Liebe berichten und die Liebe analysieren will. Im Grunde hat sich an diesem Wagnis nicht viel geändert, sehen wir einmal von der Tatsache ab, dass es mittlerweile klar ist, dass nicht nur Roland Barthes, sondern auch Denis de Rougemont zu Bestseller-Autoren geworden sind, die nicht nur ihr Thema, sondern auch ihre Bücher gut verkauft haben. Letzteres wiederum ist keine Motivation für unsere Vorlesung, umschreibt aber die große Öffentlichkeit, welche dem Thema Liebe im Allgemeinen sicher ist. Und es ist ein Themenkreis, der ohne die zentrale Berücksichtigung der Literaturen der Welt nicht anzugehen ist.

Entscheidend im obigen Zitat ist freilich, dass Rougemont den Bezug zum Leben herstellt. Dabei betont er, dass ein Buch nicht von derselben Komplexität sein solle wie das Leben: Es ist – um mit Jurij Lotman zu sprechen – ein sekundäres modellbildendes System,[3] das die Liebe eben gerade in ihrer Systemhaftigkeit darzustellen vermag, weil es das primäre System in seiner Komplexität nicht simpel nachahmt oder – wie man auch sagen könnte – widerspiegelt, sondern eine wie auch immer geartete Abstraktionsebene einführt. Es ist eben ein Modell (und eine Modellierung) der außersprachlichen Wirklichkeit und nicht diese selbst.

Letztlich aber bleibt der Bezug zum Leben aufrechterhalten. Es gibt sozusagen keine vollständige Emanzipation des Buches vom Leben, im Gegenteil: Der Anspruch, etwas Neues herauszubekommen und zugleich damit auf das Leben zurückzuwirken, wird mitnichten aufgegeben. So meinte Rougemont auch im Vorwort zu seiner Auflage von 1956, er habe nichts von der zahlreichen Kritik vergessen, der man sein Buch unterzogen habe, im Gegenteil: Er habe manches hinzugelernt. Doch fährt er im unmittelbaren Anschluss fort: „übrigens mehr durch das Leben als durch die Lektüre meiner Kritiker, denn die waren sich kaum einig".[4] So wurde selbst die Arbeit am fertigen Buch und dessen kritischer Überarbeitung im Zeichen des Lebens vorgenommen, was letztlich bedeutet, dass für Rougemont das Leben und der Bezug zu ihm zum Gradmesser der Beurteilung eines Buches avancieren. Dies in dieser Direktheit auszudrücken ist bemerkenswert.

---

3 Vgl. Lotman, Jurij M.: *Die Struktur literarischer Texte*. Übersetzt von Ralf-Dietrich Keil. München: W. Fink ²1981.
4 De Rougemont, Denis: *L'amour et l'Occident*, S. 11.

Doch es handelt sich zweifellos zugleich um einen gefährlichen Standpunkt. Das Leben – und insbesondere das individuelle und subjektiv wahrgenommene Leben – kann nicht als überzeugender Gradmesser und als objektive Beurteilungsinstanz eines wissenschaftlichen Werkes gelten, auch wenn ein Essayist wie Rougemont hier wesentlich größere Spielräume hat als ein Literaturwissenschaftler. Aber wir könnten aus diesen Ausführungen doch lernen, wie wichtig es ist, den Bezug zur Lebenswirklichkeit und zum Lebensvollzug aufrechtzuerhalten, soll der Wissenschaft auch künftig ein (hoffentlich wieder größer werdender) Sitz im Leben zugeschrieben werden können. Behalten wir folglich diesen lebenswissenschaftlichen Aspekt von *L'amour et l'Occident* im Auge!

Lassen Sie uns an dieser Stelle auf den Auftakt von Rougemonts *Die Liebe und das Abendland* eingehen, bevor wir uns mit der zentralen historischen These des Buches auseinandersetzen. Denn Rougemont ist ein Meister seines Faches; und so hat er selbstverständlich bereits zu Beginn die Köder ausgelegt, welche die Leserschaft anlocken und für den Rest der Lektüre interessieren sollen. Mithin heißt es im ersten, dem Tristan-Mythos gewidmeten Kapitel:

> Liebe und *Tod*, Liebe, die zum Tode führt: ist das nicht die ganze Dichtung, so doch wenigstens all das, was volkstümlich ist, all das, was in unseren Literaturen allgemein bewegend ist, in unseren ältesten Legenden und in unseren schönsten Liedern. Die glückliche Liebe hat keine Geschichte. Es gibt Romane nur von der Liebe, die zum Tode führt, d.h., von der bedrohten und vom Leben selbst verdammten Liebe. Was die abendländische Liebe begeistert, ist nicht die Sinnenfreude oder der reiche Frieden der Vermählten. Es ist weniger die erfüllte Liebe als die *Leidenschaft* der Liebe. Und Leidenschaft bedeutet Leiden. Darin liegt der innere Sinn.
>
> Aber die Begeisterung, die wir für den Roman und den Film, der aus diesem Roman entstanden ist, zeigen, die idealisierte Erotik, die sich durch unsere ganze Kultur, unsere Erziehung, die Bilder, die unser Leben verschönen, hindurchzieht, endlich das verzweifelt gewordene Bedürfnis nach einer Ausflucht, hervorgerufen durch den Überdruß an unserer technisierten Welt, alles in und um uns verherrlicht die Leidenschaft in einem solchen Maße, daß wir dahin gekommen sind, in ihr die Verheißung eines lebendigen Lebens zu sehen, eine Macht, die verklärt, etwas, was jenseits von Glück und Leiden liegt, eine glühende Glückseligkeit.[5]

Auch in dieser Passage fällt die Frequenz des Lexems „Leben" auf. Immer wieder wird in diesem Zitat die Dimension der Liebe auf eine Gruppe von Menschen, die des Abendlands, bezogen, die sich durch eine Liebeskonzeption definieren, welche an der Leiden schaffenden Leidenschaft ausgerichtet ist. Ist unsere, die abendländische Kultur also eine leidende, gar eine agonale Kultur? Die narrative Dimension von Liebe, so scheint es, beschränkt sich allein auf diese Dimension:

---

5 De Rougemont, Denis: *L'amour et l'Occident*, S. 15f.

Alles andere sei nicht zu erzählen, habe keinerlei Geschichte. Dem widerspricht natürlich durchaus das *happy-ending* vieler Hollywood-Filme oder Arztromane – aber das wusste Denis de Rougemont auch selber.

Doch selbst in diesen Geschichten, in diesen Narrationen gibt es stets die Dimension des Leidens, denn sonst gäbe es keine Geschichte, auch nicht eine solche, die auf ein geteiltes Glück hinausläuft. Rougemont aber ging es darum aufzuzeigen, wie sehr unsere Kultur von der Leidenschaft und mehr noch von der Verheißung der Leidenschaft durchtränkt ist, wie sehr wir also mit der Liebeskonzeption letztlich auch eine Lebenskonzeption teilen, in der die Leidenschaft und auch und gerade das Leiden erst auf Erfüllung warten – ob in diesem oder einem anderen Leben. Die Parallelen zu religiösen Vorstellungen und spirituellen Handlungsweisen sind bei dieser Darstellungsweise offensichtlich.

Aufschlussreich ist auch, wie stark Rougemont – geradezu heideggerianisch – in seinem Buch auf der Dimension der Liebe zum Tode sowie des Daseins zum Tode insistiert. Eros ist damit schon immer mit Thanatos verknüpft, so wie im Liebesakt – dem Lebensakt *par excellence* – auch immer schon der Tod, zumindest der kleine Tod, gegenwärtig ist. Liebe und Tod sind, wie wir noch sehen werden, ein kaum voneinander zu trennendes Geschwisterpaar. Eine Liebeskultur dieser Art impliziert damit immer den Tod und ist auf diese Weise stets auch eine Todeskultur. Freilich kann man sich sehr wohl darüber streiten, ob alle Dichtung wirklich Liebesdichtung ist, die zum Tode führt. Dagegen ließen sich durchaus gewichtige Argumente ins Feld führen. Doch auf den kleinen Tod im Liebesakt, im Spiel von Körper-Haben und Leib-Sein, kommen wir noch zurück.

Die Leidenschaft als zentrale Dimension der Liebe ist – ganz im Stendhal'schen Sinne – letztlich immer auch mit einem Erkenntniswillen gepaart, ganz so, wie wir dies in Italo Calvinos *Il barone rampante* bei Viola und Cosimo gesehen hatten, die sich selbst und den jeweils anderen im Liebesakt neu wahrnahmen und erkannten. Liebe, so ließe sich sagen, ist im vollen Wortsinne immer auch Sehnsucht nach einer Erkenntnis, nach einer Erkenntnis des anderen, ja mehr noch: das Begehren einer Erkenntnis, die sich im anderen, im geliebten Objekt, verkörpert und Gestalt annimmt. Der Wille zur Liebe ist insoweit nicht nur Wille zur Macht und vielleicht auch Wille zum Tod – das werden wir später noch vielfach finden –, sondern auch Wille zur Erkenntnis, welche sich im Anderen verkörpert und im Ich vollzieht. Dies scheint mir eine wichtige und anhand möglichst vieler literarischer Texte zu überprüfende Dimension von Liebe insgesamt zu sein.

Denis de Rougemont hat seine Thesen immer wieder vorgetragen und leicht variiert; und so werden Sie manches auch in der folgenden Passage wiederfinden, was wir bereits besprochen haben. Jedoch scheint es mir wichtig, diesem Insistieren und der Variation eines bestimmten Gedankens hier etwas Raum zu geben und Rougemont erneut zu Wort kommen zu lassen:

Mir scheint, das erklärt ein gut Teil unserer Psyche. Ohne Hindernisse bei der Liebe gäbe es keinen „Roman". Aber den Roman liebt man ja gerade, d.h. das Bewusstsein, die Intensität, die Variationen und das Aufschieben der Leidenschaft, ihr Crescendo bis zur Katastrophe – und nicht etwa ihr allzu schnelles Sichverzehren. Sehen Sie sich unsere Literatur an. Das Glück der Liebenden bewegt uns nur durch die Erwartung des Unglücks, das es bedroht. Diese Bedrohung des Lebens und die feindselige Wirklichkeit, die es in irgendein Jenseits verlegen, sind geradezu notwendig. Die Sehnsucht, das Erinnern bewegen uns, und nicht die Gegenwart. Die Gegenwart ist unausdrückbar, sie besitzt keine fühlbare Dauer, sie kann nur ein gnadenreicher *Augenblick* sein – das Duett von Don Juan und Zerlina. Oder man verfällt in ein Postkartenidyll.

Die glückliche Liebe hat *in der abendländischen Literatur* keine Geschichte. Und die Liebe, die nicht gegenseitig ist, gilt nicht als wahre Liebe. Das ist der große Fund der Dichter Europas, das, was sie vor allem in der Weltliteratur auszeichnet, was am tiefsten die Besessenheit des Europäers zum Ausdruck bringt: Erkenntnis durch den Schmerz hindurch, das ist das Geheimnis des Tristanmythos, die leidenschaftliche Liebe, die zugleich geteilt und bekämpft wird, die um ein Glück bangt, das sie zurückstößt, die in ihrer Katastrophe verherrlicht wird; *die gegenseitige unglückliche Liebe.* [...]

Gegenseitige Liebe in dem Sinne, dass Tristan und Isolde sich gegenseitig lieben, oder wenigstens davon überzeugt sind. Sie sind ja wirklich einer dem anderen in einer beispielhaften Weise treu. Das *Unglück* aber ist, dass die Liebe, die sie „lenkt", nicht die Liebe zum anderen ist, wie dieser in seiner konkreten Wirklichkeit ist. Sie lieben einander, aber jeder liebt den anderen *nur von sich selbst, nicht vom anderen her.*[6]

In dieser Passage wird die These von der glücklichen Liebe, die keine Geschichte hat und daher auch kein Roman sein kann, wieder aufgenommen und mit einigen Hinweisen auch narrativer Art – etwa auf die Notwendigkeit, kein schnelles Sich Verzehren zu erlauben – erweitert. Dies ist fast schon ein Schreibrezept für Liebesromane – zumindest auf hohem Niveau und eher ohne den Anspruch, jemals zum Bestseller zu werden. Glück – und zumal Liebesglück – interessiert nur in seiner Bedrohung, in seinem Bedroht-Sein durch Unglück: so zumindest in der abendländischen Kultur. Nur dann wird eine literarische Geschichte daraus.

Bemerkenswert und aufschlussreich ist auch der Hinweis auf die Gegenwart, die uns nicht interessiere. Denn diese Gegenwart ist immer noch Vergangenheit oder vielleicht auch schon Zukunft, auf die sie immer verweist. Natürlich ist hier auch an die Untersuchung zu denken, dass wir Gegenwart empirisch gesehen als einen Zustand von sehr kurzer Dauer, von nur wenigen Sekunden wahrnehmen. Denn schon nach wenigen Sekunden ist laut experimentellen Untersuchungen eine Wahrnehmung der Vergangenheit überantwortet, und die Bewegung, die ich gleich ausführen werde, der Satz, den ich gleich sprechen werde, sind immer schon der Zukunft zugehörig. So ist es folglich auch mit der Liebe, die immer entweder noch Erinnern oder schon Sehnsucht ist. So passt

---

6 De Rougemont, Denis: *L'amour et l'Occident*, S. 54f.

das geflügelte Zitat aus Goethes *Faust I* (um V. 1700) hier auch in seiner agonalen Dimension sehr gut: „Werd ich zum Augenblicke sagen: / Verweile doch! du bist so schön! / Dann magst du mich in Fesseln schlagen, / Dann will ich gern zugrunde gehn!"

Was die Literaturen Europas innerhalb der Weltliteratur auszeichne, so Denis de Rougemont, sei die Erkenntnis durch den Schmerz hindurch. Dies meint im Grunde eine Bemerkung, die ich vor wenigen Zeilen gemacht habe: dass Liebe nämlich stets ein Versuch der Gewinnung von Erkenntnis ist. In der Liebe stoßen wir oft auf eine Sehnsucht nach Erkenntnis – und genau hierin sind sich Tristan und Isolde auch durch ihre Liebe treu. Der Tristanmythos aber zeigt, folgen wir der Analyse von Denis de Rougemont, dass es hier nicht um die Erkenntnis des Anderen geht, sondern um die Erkenntnis des Ich.

Diese Selbsterkenntnis ist gewiss ein hehres Ziel; und letztlich ist jede Erkenntnis in gewissem Maße immer auch Selbsterkenntnis. Sobald sie aber sich dogmatisch durchsetzt und die Erkenntnis des anderen zurückdrängt, ist die Liebe als wechselseitige Wahr-Nehmung fraglos gefährdet. In diesem Sinne könnte man auf der körperlichen Ebene auch von der wechselseitigen Benutzung primärer Geschlechtsmerkmale sprechen, so wie dies Immanuel Kant in einem bekannten Zitat formulierte. Sollen wir das als Liebe bezeichnen?

Innerhalb einer abendländischen Tradition, so jedenfalls Denis de Rougemont, können wir dies nicht. Damit fällt schon mal eine Unmenge an Pornographie in unserer Gegenwart, aber auch bereits in der Vergangenheit weg. Liebe wäre in diesem Sinne also die Liebe zum Anderen, wie dieser in einem ganz konkreten Sinne ist: *So, wie er ist, so, wie sie ist, so, wie sie sind.* Zugleich haben wir es mit der Selbstliebe, dem Narzissmus zu tun, den es in jeder Liebesbeziehung gibt und geben muss, der aber in einer absolut dominanten Art die Liebe im abendländischen Sinne verunmöglicht und zum Scheitern führt.

Denis de Rougemont hat sich den Mythos von Tristan und Isolde nicht als einen schieren literarischen Text, sondern als einen Mythos ausgesucht. Und dies heißt für ihn: als eine (künstlerische) Form, die Macht über die Menschen hat. Zugleich steht der Tristan-Mythos laut Rougemont für die Beziehungen zwischen Mann und Frau in einer bestimmten sozialen Gruppe, jener nämlich der abendländischen Ritterschaft im zwölften und dreizehnten Jahrhundert. Insoweit ist für den Schweizer Essayisten der Rückgriff auf den Mythos immer auch – so könnten wir mit Hans Blumenberg formulieren – eine *Arbeit am Mythos*[7] und zugleich ein Griff zu einer historischen Form der Liebe: zu einem bestimmten Zeitpunkt und in einer bestimmten Gesellschaft sowie gesellschaftlichen Gruppe; damit der Zugriff

---

7 Vgl. Blumenberg, Hans: *Arbeit am Mythos*. Frankfurt a. M.: Suhrkamp 1979.

auf eine bestimmte Entwicklungsgeschichte von Liebe, welche freilich – so der Autor – folgenreich gerade auch für uns selbst geworden ist.

Mit großer Häufigkeit findet sich bei Rougemont das Insistieren auf dem Überspringen des Mythos und der Literatur ins Leben, eine Beziehung, die wir lebenswissenschaftlich deuten dürfen. Der Tristan-Mythos wird gleichzeitig auch als die Gestaltung des Ehebruchmotivs verstanden, ein Verständnis, das in vielen anderen Geschichten dann immer wieder auf direkte oder indirekte Weise zum Vorschein kommt. Für den Autor von *L'amour et l'Occident* bietet der Tristan-Mythos die Möglichkeit, die Differenz zwischen einer Konzeption der Liebe als Leidenschaft und der Konzeption als Ehe aus christlicher Sicht immer wieder aus anderen Perspektiven auszuhandeln und diesen Mythos gleichsam als Zentralachse jeglicher Geschichte der Entwicklung des Mythos herauszuarbeiten. Diese Möglichkeit erklärt, warum Tristan in diesem Buch eine solche Dominanz besitzt.

An dieser Stelle erscheint es sinnvoll, Ihnen einmal in verkürzter Form den Mythos von Tristan und Isolde – in Anlehnung an Rougemont – ins Gedächtnis zu rufen, wobei hier im Grunde die fünf verschiedenen Fassungen des Mythos, die ihrerseits auf einer unbekannten Urfassung beruhen und wiederum zum Ausgangspunkt aller späteren Fassungen wurden, berücksichtigt sind. Nun, Tristan wird im Unglück geboren; sein Vater ist gerade gestorben und seine Mutter Blanchefleur überlebt seine Geburt nicht. Daher der Name des Helden und die finstere Farbe, in die sein Leben getaucht ist. Blanchefleurs Bruder, der König Marke von Cornwallis, nimmt das Waisenkind in seinen Hof auf und zieht es groß. Tristans Sieg über den Riesen Morholt ist seine erste große Heldentat. Der Kampf gegen ihn nimmt einen nicht unbeträchtlichen Teil der Überlieferung ein. Doch Tristan erleidet dabei einen Streich durch ein vergiftetes Schwert. Ohne Hoffnung, je wieder zu genesen, besteigt Tristan aufs Geratewohl ein Schiff ohne Segel und Ruder; Seine einzigen Begleiter sind sein Schwert und seine Harfe. So gelangt er an die irische Küste.

Tristan ist in einer verzweifelten Lage. Allein die Königin von Irland kennt das Geheimnis, das den jungen Helden vor den Folgen des vergifteten Schwertschlages retten kann. Denn der Riese Morholt war kein anderer als ihr Bruder; und so muss sich Tristan hüten, seinen Namen und die Ursache seiner Erkrankung einzugestehen. Die schöne Isolde, die königliche Prinzessin, pflegt und heilt ihn; Tristan kehrt nach Cornwall zurück. Soweit der Prolog.

Einige Jahre später beschließt König Marke, jene Frau zu heiraten, von der ein Vogel ihm ein goldenes Haar gebracht hatte. Kurz entschlossen schickt er den jungen Tristan auf die Suche, und der Sturm treibt den Helden wiederum zur Insel Irland. Dort kämpft er mit einem Drachen, der die Hauptstadt bedroht, und tötet ihn. Wir haben es mit dem Motiv der von einem Ritter befreiten Jungfrau zu tun, das recht geläufig ist. Doch Tristan wurde von dem Ungeheuer verwundet und erneut von Isolde gepflegt – die Dinge wiederholen sich. Eines Tages jedoch entdeckt die schöne Prinzessin, dass der von ihr Gepflegte niemand anders als der Mörder ihres Onkels ist. Sie ergreift Tristans Schwert und droht, ihn im Bade zu töten. Da entdeckt er den Auftrag, den er von König Marke erhalten hat, die Frau mit den goldenen Haaren zu ihm zu bringen. Isolde lässt Gnade walten, denn sie hegt den verständlichen Wunsch, Königin zu werden.

Abb. 43a: Miniatur aus *Tristan und Isolde* des Gottfried von Straßburg mit der Fortsetzung des Ulrich von Türheim, folio 67v.

In einigen Fassungen des Tristan-Mythos bewundert sie aber auch die Schönheit des jungen Tristan. Alsbald sind Tristan und Isolde unterwegs zu König Marke. Doch auf ihrem Weg auf hoher See schläft der Wind ein und die Hitze wird alsbald drückend. Durch einen Irrtum schenkt ihnen die Magd Brangäne jenen Trank ein, der von der Mutter für die künftigen Ehegatten vorgesehen war. Es ist das Motiv des Liebestrankes, der noch in jedem Hollywood-Film in verschiedenen Formen auftaucht. Isolde und Tristan sind auf dem Weg in ein Schicksal, das sie nie in ihrem Leben wieder freilässt, denn sie haben ihre Vernichtung und ihren Tod getrunken: Sie gestehen sich ihre Liebe und geben ihr nach. In einer Fassung des Mythos wird die Wirksamkeit des Liebestrankes auf drei Jahre beschränkt. Ein anderer Bearbeiter lässt aus Abneigung gegenüber dem Wunderbaren die

Bedeutung des Liebestrankes in den Hintergrund treten und stellt die Liebe zwischen Tristan und Isolde als spontane Zuneigung dar, die bei der Szene im Bad zum ersten Mal in Erscheinung getreten sei. In der Mehrzahl der Bearbeitungen aber wird dem magischen Kräuterwein eine unbegrenzte Wirksamkeit zugeschrieben – und laut Denis de Rougemont ist nichts bedeutsamer als diese Variante, wie wir bei unserer Untersuchung noch sehen werden.

Der schöne und verliebte Tristan freilich bleibt durch seinen vom König empfangenen Auftrag gebunden; und so bringt er trotz ihres beiderseitigen Liebesverrates Isolde zu König Marke. Brangäne wird dem König durch eine List anstelle von Isolde während der Hochzeitsnacht zugeführt und rettet so ihre Herrin vor Schande, indem sie den verhängnisvollen Irrtum büßt, den sie begangen hat. Doch dem König wird durch einen Verräter die große Liebe zwischen Tristan und Isolde angezeigt. Tristan wird daraufhin verbannt. Doch durch eine neue List überzeugt er Marke von seiner Unschuld und kehrt an den Hof zurück. Der Zwerg Frocine, der es am Hofe mit den Adelsleuten hält, stellt den beiden Liebenden eine Falle, denn zwischen den Betten von Tristan und Isolde streut er Blüten von Getreide. Eine frische Wunde – wieder das Motiv der Verwundung – an Tristans Bein verrät ihn durch die Blutspuren auf den Getreideblüten. So ist der Beweis des Ehebruchs erbracht. Zur Strafe wird Isolde einer Aussätzigen übergeben, Tristan zum Tode verurteilt.

Abb. 43b: Miniatur aus *Tristan und Isolde* des Gottfried von Straßburg mit der Fortsetzung des Ulrich von Türheim, folio 90r.

Doch er vermag zu entweichen und gelangt bei seiner Flucht in eine Kapelle. Er befreit die hoffnungslose Isolde und zieht sich mit ihr in den Wald von Morrois zurück, wo die ehemals glücklichen Liebenden ein graues, tristes und hartes Leben führen. Eines Tages entdeckt König Marke sie im Schlaf, und findet überrascht, dass Tristan sein blankes Schwert zwischen sich und Isolde gelegt hat als Zeichen der Keuschheit. Er erkennt dies als ein Zeichen an und begnadigt die beiden Liebenden. Ohne ihn zu wecken, nimmt der König Marke Tristans Schwert und legt sein königliches an die Stelle.

Nachdem drei Jahre verstrichen sind, hört der Liebestrank – so eine Fassung des Tristan-Mythos – auf zu wirken. Da erst beginnt Tristan, seine liebestrunkene Handlungsweise zu bereuen, und Isolde beginnt, sich nach dem Leben am Hofe von König Marke zu sehnen. Sie suchen den Einsiedler Ogrin auf, durch dessen Vermittlung Tristan dem König anbietet, ihm seine Frau zurückzugeben; Marke verspricht seine Gnade. Kann doch noch einmal das Geschehene zurückgedreht werden und alles in seine gesellschaftliche Ordnung zurückfinden? Die Liebenden trennen sich bei der Annäherung des königlichen Gefolges. Isolde bittet Tristan, im Lande zu bleiben, bis sie sicher sei, dass Marke sie gut behandelt. Die Kautele ist gefährlich: Auf das erste Zeichen hin werde sie wieder zu Tristan zurückkommen, ohne dass sie etwas zurückhalten könnte, weder Turm noch Mauer noch Festung. Es handelt sich um eine Art Reisekostenrücktrittsversicherung. Sofort nach ihrer Ankunft bei Hofe fordern die verräterischen Adelsherren einen Tugendbeweis von der zurückgekehrten Königin. Sie erbittet daraufhin ein Gottesurteil, um ihre Unschuld zu bezeugen.

Abb. 43c: Miniatur aus *Tristan und Isolde* des Gottfried von Straßburg mit der Fortsetzung des Ulrich von Türheim, folio 107v.

Dank einer Ausflucht und List gelingt ihr letztlich dieser Beweis. Sie schwört, niemals in den Armen eines anderen Mannes gelegen zu haben als in jenen des Königs und des Bauern, der ihr aus dem Schiffe geholfen habe. Doch letzterer ist niemand anders als der verkleidete Tristan. Tristan glaubt anscheinend nicht mehr an Isoldes Liebe und willigt ein, eine andere Isolde jenseits des Meeres, Isolde mit den weißen Händen, um ihres Namens und ihrer Schönheit willen, zu heiraten. Doch im Grunde seines Herzens sehnt er sich noch immer nach seiner Isolde Goldhaar, die nun wieder Königin ist. Erneut zu Tode verwundet, lässt Tristan die Königin von Cornwallis rufen, denn sie ist die einzige, die ihn noch retten kann. Ein weißes Segel sollte das vereinbarte Zeichen ihres Kommens sein. Doch dann kündigt ein schwarzes Segel die Rückkehr des nach England entsandten Schiffes an: Tristan ist nun unrettbar dem Tode geweiht und stirbt. Isolde kommt auf das Schloss und umarmt ihren geliebten Toten.

Soweit also der Tristan-Mythos in seiner groben Darstellung, die ich Ihnen etwas ausführlicher nacherzählt habe, weil wir gleich nach Rougemont den Tristan-Mythos noch einmal in einer neueren Version kennenlernen werden. Der Schweizer Essayist und Literat hob in *L'amour et l'Occident* hervor, dass dieser Mythos von einem langanhaltenden und die Liebeskonzeptionen des Abendlandes wesentlich mitprägenden Einfluss gewesen sei, und dass er auch weiterhin noch wirke. Dafür werden wir im weiteren Fortgang unserer Vorlesung ein literarisches Beispiel aus dem transkulturellen Bereich wählen und erneut in das westöstliche Spannungsfeld der Argumentation von Denis de Rougemont stellen.

Ich würde Ihnen an dieser Stelle gerne eine der berühmtesten Szenen einer Bearbeitung des Tristanstoffes zu Gehör bringen, und zwar die Schlussszene des dritten Aufzugs von Richard Wagners Oper *Tristan und Isolde*. Der „Tristan" ist von Wagner im Sommer 1857 begonnen worden und war Anfang August 1859 fertig komponiert, wurde jedoch erst am 10. Juni 1865 in München aufgeführt. Dies geschah kurz nach der großen Wende in Wagners Leben, als ihn der bayerische König Ludwig II. 1864 dorthin holte. Die Schwierigkeiten auf Grund der hohen Anforderungen an die Sänger waren so beträchtlich, dass ein früherer Aufführungsversuch in Wien wieder abgebrochen werden musste. Wagners Kunstkonzeptionen holten auch noch das Letzte aus den Darstellern und Musikern heraus. Der kubanische Romancier und Musiksachverständige Alejo Carpentier witzelte einmal, in Lateinamerika gehe den Wagner-Aufführungen immer ein Rattern und Sägen voraus, weil man überall den Raum für das Orchester vergrößern müsse. Doch Richard Wagner war auch durch die Wiener Erfahrung nicht mehr aufzuhalten: Er war von seinem Werk überzeugt, sei es doch mehr Musik als alles, was er zuvor je geschrieben habe.

Hören Sie nun die Schlussszene, das Zusammensinken Isoldes über dem Leichnam ihres Tristan, in einer Einspielung von Georg Solti mit den Wiener Philharmonikern von 1961, wobei den Part Isoldes Birgit Nilsson singt. Wir setzen etwas abrupt in der Schlussszene ein, nachdem Brangäne ihre Herrin Isolde fragt, ob sie denn nicht höre, ob sie nicht die Treue vernehmen könne:

Isolde, die nichts um sie her vernommen, heftet das Auge mit wachsender Begeisterung auf Tristans Leiche.

ISOLDE. Mild und leise / wie er lächelt, / wie das Auge / hold er öffnet – / Seht ihr's, Freunde? / Seht ihr's nicht? / Immer lichter / wie er leuchtet, / Stern-umstrahlet / hoch sich hebt? / Seht ihr's nicht? / Wie das Herz ihm / mutig schwillt, / voll und hehr / im Busen ihm quillt? /

Wie den Lippen, / wonnig mild, / süßer Atem / sanft entweht? / Freunde! Seht! / Fühlt und seht ihr's nicht? – / Höre ich nur / diese Weise, / die so wunder- / voll und leise, / Wonne klagend, / Alles sagend, / mild versöhnend / aus ihm tönend / in mich dringet, / auf sich schwinget, / hold erhallend / um mich klinget? / Heller schallend, / mich umwallend, / sind es Wellen / sanfter Lüfte? / Sind es Wolken / wonniger Düfte? /

Wie sie schwellen, / mich umrauschen, / soll ich atmen, / soll ich lauschen? / Soll ich schlürfen, / untertauchen? / Süß in Düften / mich verhauchen? / In dem wogenden Schwall, / in dem tönenden Schall, / in des Welt-Atems / wehendem All –, / ertrinken, / versinken –, / unbewußt –, / höchste Lust!

Isolde sinkt, wie verklärt, in Brangänes Armen, sanft auf Tristans Leiche. – Große Rührung und Entrücktheit unter den Umstehenden. – Der Vorhang fällt während der letzten Fermate.[8]

Abb. 44: Ludwig und Malwine Schnorr von Carolsfeld als Tristan und Isolde in der Münchner Uraufführung, Fotografie von Joseph Albert, 1865.

---

8 Wagner, Richard: *Tristan und Isolde*, Dritter Aufzug.

Sie merken, wie die Lust noch jeden Schmerz tief durchdringt und ihm letztlich seinen Seinsgrund vermittelt. Liebe erscheint als eine Leidenschaft, die Leiden schafft, aber von höchster Lust durchdrungen ist – bis zum Tode. Es gibt vor allem zwei Quellen, die zu Richard Wagners Oper *Tristan und Isolde* geführt haben. Zum einen handelt es sich dabei um Gottfried von Straßburgs Epos *Tristan und Isolt* (1210), und zum anderen die *Tragödie mit dreiundzwanzig Personen von der strengen Lieb' Herrn Tristans mit der schönen Königin Isolden* (1553) von Hans Sachs. Seit 1854 beschäftigte sich Richard Wagner mit diesem Stoff für ein Liebesdrama, wie er an Franz Liszt schrieb, und zwar vor dem Hintergrund der Bekanntschaft, die er mit der Philosophie Schopenhauers gemacht habe. So spitzte sich der Mythos von Tristan und Isolde, gleichsam im Lichte Schopenhauers, romantisch zu einem Gesamtkunstwerk zu.

Die sich die gesamte Oper über steigernde Ekstase des Liebespaares findet in einer Musik ihre Entsprechung, die an die Grenzen der Tonalität stößt. Hinzu aber kommt auch eine besondere, übersteigert wirkende Sprache, die den seelischen Vorgängen – wie wir sahen – den größten Platz einräumt und hierin die Handlung kulminieren lässt. Bei Wagner lieben sich Tristan und Isolde von Anfang an, und der Trank bildet nur ein äußeres Symbol für die Überwindung auch noch der letzten Hemmnisse. Achten Sie einmal darauf, wie häufig dieses alte Motiv selbst in der Gegenwartsliteratur erscheint. Von Schopenhauers Thesen beeinflusst, schuf Wagner hier eine expressive Ausdrucksform des Mythos von der ausweglosen, tödlichen Liebe, wobei jegliche Art äußerlicher Handlung bei Wagner auf ein Minimum beschränkt blieb. Alles wird nach innen geblendet: Selbst der tote Tristan scheint in den Augen Isoldes noch zu leben und zu atmen.

Doch kehren wir wieder zu Denis de Rougemont und seiner Analyse abendländischer Liebe in *L'amour et l'Occident* zurück. Im Grunde ließe sich sein gesamter Band als ein einziger gewaltiger Kommentar zu Richard Wagners *Tristan und Isolde* lesen, denn der Schweizer Essayist, der in den dreißiger Jahren in Frankfurt am Main die Entwicklungen innerhalb der immer nationalsozialistischer werdenden Romanistik und Universitätslandschaft aus nächster Nähe verfolgt hatte, erläuterte in großer Breite jene Traditionslinien und Quellen, aus denen sich auf direkte oder vielfach vermittelte Weise die Wagner'sche Oper speist. Dabei sieht Rougemont das 12. Jahrhundert als die entscheidende Phase innerhalb der abendländischen Liebesauffassung an. Zugleich wird dieses 12. Jahrhundert zu einem herausragenden und bis in die Gegenwart hinein wirksamen Wendepunkt innerhalb der Herauskristallisierung dessen, was wir als das Abendland oder den Okzident beschreiben können. Dies bedarf einer Erläuterung.

Der für diese Entwicklung entscheidende Schlüssel ist für Rougemont die höfische Liebe. Sie besitzt eine klare Stoßrichtung gegen die christliche Agape und insbesondere gegen die christliche Institution der Ehe, gegen die sich auch später Immanuel Kant verwehren sollte als jene Institution, die den wechselseitigen Gebrauch der Geschlechtsorgane regelt und gesellschaftlich normalisiert. Die Konzeption des Rittertums wendet sich gerade gegen jenen Aspekt einer Regelung der Affekte in einer normalisierten Geschlechterbeziehung, aus der die Leidenschaft und Leidenschaftlichkeit ausgebürgert wurden. Dabei ging der Verfasser von *Die Liebe und das Abendland* zugleich davon aus, dass nur im Kontext der höfischen Liebe jene Troubadour-Lyrik entstehen konnte, die alle spätere Lyrik im Abendland prägen sollte. Denn für Rougemont geht jegliche spätere Dichtung auf die Troubadour-Lyrik und damit zuletzt auch auf deren Sprache zurück.

Gewiss, eine solche Sichtweise argumentiert recht monokausal. Nicht umsonst hatte Rougemont im Vorwort gewarnt, dass ein Buch möglichst nicht die Komplexität des Lebens erreichen sollte. Aber die Argumentation des Schweizers ist in ihrer Stringenz durchaus bestechend. Das Rittertum mit seiner Vasallenschaft gegenüber dem Lehensherrn übertrug laut Rougemont diese soziale Konzeption auf die geliebte und idealisierte Frau, auf die *belle dame sans merci*, die schöne Frau ohne Gnade, die wir später noch als eine Konstante durch die Literaturgeschichten – etwa bei Balzac oder im *Fin de siècle* – geistern sehen werden. Das Motiv der *femme fatale* ist hier nicht weit entfernt, sondern leitet sich in der Argumentation von Rougemont direkt aus dieser Traditionslinie ab.

Damit stehen sich im Abendland letztlich zwei Liebeskonzeptionen gegenüber, die sich in der Tat durch die nachfolgenden Jahrhunderte hindurch gerade in der Literatur, aber ebenso in den Künsten allgemein verfolgen lassen. Überdeutlich ist, dass die Liebe, um die es Denis de Rougemont geht, jene der später von Stendhal so bezeichneten *amour-passion* ist, und diese leidenschaftliche Liebe sich ihrerseits aus Quellen speist, die einer spezifischen gesellschaftlichen Konstellation – der des Rittertums – und einer weiteren Traditionslinie entstammen, die man zunächst grob als eine religiöse bezeichnen könnte. Mit der letzteren Liebeskonzeption ist zugleich eine Liebe nicht notwendig zum Anderen, sondern vor allem zur Liebe selbst verbunden, wobei der Verfasser von *L'amour et l'Occident* auf das berühmte Wort von Augustinus verweist, der die Liebe zur Liebe selbst und nicht zum Geliebten festhält.

Dabei handelt es sich um das berühmte *amabam amare*, auf das wir im Grunde schon bei Roland Barthes gestoßen waren, und das sich im Tristan-Mythos ebenso unverhohlen ausspricht: die Liebenden sind jeweils in sich gefangen. Denn hier können gute Gründe dafür ins Feld geführt werden, dass Tristan im eigentlichen Sinne nicht in erster Linie seine Geliebte liebt, sondern *seine* Liebe zur Geliebten. Von daher bedarf Tristan auch nicht ihrer Präsenz, ihrer Gegenwart, sondern braucht im Wesentlichen ihre Abwesenheit und das Unglück der Liebe selbst. Diese unglückliche Liebe wiederum entzündet die Fähigkeit zur vorrangigen Betrachtung der eigenen Liebe und verstärkt diese Liebeskonzeption wie in einer Endlosschleife. So zeigt sich hier eine weitere Dimension dieser Liebespraxis, nämlich die einer Liebe, die im Grunde nur eines fernen, ja fast unerreichbaren Liebesobjekts bedarf, einer Liebe, die aber implodieren würde, sobald sich dieses Liebesobjekt annähern und dauerhaft zur Verfügung stehen würde. Im Angesicht eines erreichbaren Liebesobjekts würde diese Liebe, die auf die Selbstliebe gerichtet ist, erlöschen oder zugrunde gehen.

Innerhalb dieses gedanklichen Horizonts aber wird nach Rougemont die Liebe nicht auf das Leben, sondern auf den Tod gerichtet. Dies ist eine Verbindung von Eros und Thanatos, auf die wir immer wieder stoßen werden und die im Grunde eine zentrale Dimension der abendländischen Liebeskonzeption ausmacht, lange vor Goethes *Werther* und den von diesem Roman ausgelösten Selbstmordwellen. Damit ist die Sprache der Liebe als Sprache der Leidenschaft auch eine Sprache, die am Leiden Gefallen findet und sich letztlich nach dem Tode sehnt, da die Lehnsherrin, deren Vasall der Ritter ist, letztlich unerreichbar und die Liebe des Troubadours unerfüllt bleibt. Die Kodierung dieser Sprache ist dabei unverkennbar eine religiöse.

Aufschlussreich ist, wie stark Denis de Rougemont diesen Diskurs der abendländischen Liebe mit Traditionen verbindet, die gleichsam weltweit verlaufen, insbesondere aber die Beziehungen zwischen Abendland und Morgenland hervorheben:

> Die höfische Liebe ist im zwölften Jahrhundert inmitten einer Revolution der abendländischen *Psyche* entstanden. Sie ist aus derselben Bewegung hervorgegangen, die das Weibliche Prinzip der *Shakti*, den Kult der Frau, der Mutter und der Jungfrau in das Halbdämmern des Bewusstseins und des lyrischen *Seelen*ausdrucks aufsteigen ließ. Sie nimmt teil an jener Epiphanie der Anima, die in meinen Augen die Rückkehr eines symbolischen Morgenlandes im abendländischen Menschen darstellt. Sie wird uns verständlich durch gewisse historische Marksteine: durch ihre Verbindung mit der zur gleichen Zeit entstandenen Häresie der Katharer und durch ihren versteckten oder offenen Gegensatz zur christlichen Eheauffassung. Sie wäre uns vollkommen gleichgültig, hätte sie nicht durch zahlreiche Wiedergeburten hindurch, deren Verlauf wir noch zu beschreiben haben, in unserem Leben ein geheimes, stets wieder neues Gift hinterlassen.[9]

Am Ausgang dieser Passage ist das Lexem „Gift" gewiss in seiner Doppelbedeutung zu verstehen als ein *pharmakon*, das als Arzneimittel stets je nach Dosierung entweder heilende oder schädliche Wirkungen zeitigt. Es ist gleichsam beides in einem. Dieses Gift ist im deutschen Sinne eine Vergiftung der Beziehungen zwischen den Geschlechtern, aber zugleich im englischen Sinne eine Gabe, die den beiden Geschlechtern zur Verfügung steht. Wir sind nun fast schon in der

---

9 De Rougemont, Denis: *L'amour et l'Occident*, S. 135f.

Lage, diese Überlegungen Rougemonts vollständig zu verstehen. Deutlich ist uns freilich bereits jetzt die Tatsache, dass Rougemont die aktuellen Liebeskonzeptionen rückgebunden sieht an jene Konzeption der Liebe, welche im Umfeld der höfischen Liebe die Liebe als Leidenschaft zelebrierte und in unterschiedlichsten Formen sehr subtil und kodifiziert entwickelte. Nun aber benötigen wir noch ein entscheidendes Verbindungsstück, um die Gedanken des Schweizer Essayisten vollständig zu begreifen.

Dazu müssen wir etwas in die Geschichte der sogenannten Häresien und ihrer blutigen Unterdrückung im Abendland eintauchen. Als Bernard de Clairvaux im Jahre 1209 den Kreuzzug gegen die Katharer predigte, begann das blutige Ende einer Entwicklung heraufzuziehen, die von der katholischen Kirche und ihrer Inquisition seit langem argwöhnisch und mit wachsender Sorge beobachtet worden war. Die Häresie der Katharer, die sich wohl ursprünglich im bulgarischen Raum entwickelte, hatte sich in verschiedene andere Regionen Europas hin ausgebreitet, darunter sowohl nach England als auch in den Süden Frankreichs. Zum Zentrum der Katharer waren der Languedoc, die Grafschaft Toulouse und vor allem die Stadt Albi geworden, die in der Folge zum Sinnbild der gesamten Bewegung, und damit auch zum Ziel der Kreuzzüge der sogenannten Albigenserkriege wurde. Wenn Sie diese wunderschöne Stadt – Albi, la pourpre – im Süden Frankreichs heute besuchen, dann werden sie noch unschwer die Spuren dieser Albigenserkriege vorfinden.

Die Katharer, abgeleitet aus dem griechischen Wort für „rein", verstanden sich als eine Kirche der Liebe, in der eine strenge Trennung zwischen den „perfecti", den Vollkommenen, und den gemeinen Gläubigen herrschte. Während letztere sich in der Welt und auch in der Geschlechtlichkeit einrichten konnten, war es den erstgenannten untersagt, Beziehungen zu Frauen zu unterhalten. Denis de Rougemonts These nun ist, dass die Troubadoure und die Konzeption der höfischen Liebe, der „cortesia", ohne die Entwicklung der häretischen Katharer gar nicht möglich gewesen wäre, ohne dass man deswegen die Troubadoure gleichsam als Sänger der Häresie verstehen müsste. Aber in ihnen kommen Liebeskonzeptionen zum Ausdruck, welche die Dimension der Leidenschaft und der Unerreichbarkeit der hochgestellten Frauen beinhalten und in scharfem, schroffem Gegensatz zur Institution der Ehe im Sinne der machtvollen katholischen Kirche stehen. Vielleicht sind uns aufgrund dieser Liebeskonzeptionen auch die albigensischen Häretiker stets in der Geschichte Frankreichs sympathisch geblieben. Fakt ist, dass die Kirche gegen die Anhänger dieser Liebeskonzeptionen mobil machte und schließlich zu einem Kreuzzug rief, der in einem grauenhaften Blutbad endete.

Wir sehen hier erstmals in der Geschichte eine zentrale Verbindung zwischen Liebe und Häresie, zwischen Liebesleidenschaft und religiösem, abweichlerischem Eifer, der institutionsgefährdend und subversiv sein kann. Mit der radikalen Zerstörung der Kultur der Katharer, der rücksichtslosen Vernichtung ihrer

Schriften durch die Inquisition und all jenen Gräueltaten, die Rougemont als den ersten geplanten Genozid des christlichen Abendlands bezeichnete, wird freilich nicht die Liebesauffassung im Kontext weiterer Elemente dieser Kultur zerstört. Vielmehr findet diese in einem sehr breiten Maße Eingang in die Konzeptionen des Abendlandes überhaupt. Liebesvorstellungen sind so einfach nicht zu bekriegen und zu unterwerfen.

In diesem Zusammenhang sprach Denis de Rougemont auch von „Eros und dem Begehren ohne Ende",[10] insoweit die Entrückung des Liebesobjekts es ermöglicht, die Liebe gleichsam zu einer Leidenschaft ohne konkretes Ziel und letztlich auch ohne ein Ende zu stilisieren. Allein im Zusammenspiel von Rittertum und Katharer-Häresie entwickelt sich gleichsam jener Treibsatz leidenschaftlicher und unglücklicher Liebe, der – so Denis de Rougemont – erstmals im berühmten Liebespaar Eloïse und Abélard im 12. Jahrhundert zum Ausdruck kam. Aber auch der Tristan-Mythos selbst stellt das vielleicht nachhaltigste und zugleich anschaulichste Zeugnis der künstlerisch machtvollen Entwicklung dieser Liebeskonzeption dar. Denn in der Kultur kann sehr wohl fortleben, was im Krieg bekämpft und scheinbar zerstört worden ist.

Vor diesem historischen Hintergrund und aus dieser spezifischen Perspektivik wird verständlich, warum die christliche Mystik hier nun eine wesentliche Brückenfunktion übernimmt und ihr ein derartiges Gewicht zukommt. Denn Mystiker wie Ruysbroek oder Meister Ekkehardt (auf die wir bereits bei Roland Barthes in seinen *Fragments d'un discours amoureux* gestoßen waren), insbesondere aber auch die Spanier San Juan de la Cruz oder Santa Teresa de Avila verbinden diese christlichen Auffassungen mit Traditionen, die ganz ohne Zweifel aus dem arabischen Raum und von muslimischen Mystikern stammen.

Diese Situation des 16. Jahrhunderts, die ganz grundlegend die christliche Liebeskonzeption in den Bannkreis einer Vereinigungssehnsucht rückte, drückt sich in wunderbarer Weise in der mystischen Literatur der Heiligen Teresa von Avila, wie beispielsweise ihren *Moradas*, aus. Es sind Vorstellungen der durchaus erotischen Vereinigung mit Christus, der sogenannten *unio mystica*, die eine Lexik geprägt haben, welche direkt auch auf unsere Liebesbegrifflichkeiten erheblichen Einfluss nahmen. Wenn wir im 21. Jahrhundert von der Liebe reden, so spricht in uns noch immer etwas von dem, was im 12. wie im 16. Jahrhundert gedacht und gesprochen wurde. Nicht umsonst kommt der Begriff der Mystik aus dem Griechischen und ist mit dem Schließen der Augen verbunden.

Die christlichen Liebesvorstellungen, welche auch auf andere Quellen, vor allem aber auf leidenschaftlich-mystische Konzeptionen von Liebe in einer

---

10 De Rougemont, Denis: *L'amour et l'Occident*, S. 61.

geradezu tantrischen Vereinigung mit Gott verweisen, greifen letztlich zurück auf jenen gewaltigen Einfluss der arabischen Mystiker und Sufis. Sie gewannen auf die abendländischen Mystikerinnen und Mystiker so starken Einfluss, dass von einer klaren Trennung zwischen Ost und West, zwischen Abendland und Morgenland nicht mehr die Rede sein kann. Denis de Rougemont verfolgt diese Traditionen zurück bis in jene Entwicklung von Sekten, die sich etwa im Tantrismus, aber auch in anderen Formen ebenso spiritueller wie physischer Liebe entwickelten.

Der Hinweis auf die Shakti im obigen Zitat verweist zweifellos auf den Tantrismus, der in Shakti die geheime Kraft anbetete, welche den Kosmos belebt und die Götter erhält, an erster Stelle Shiva und Buddha. Einen westlichen Abklatsch finden wir in zahlreichen Veröffentlichungen zum *Tantra der Liebe*, das für eine westliche Leserschaft auf bestimmte praktikable Liebesstellungen reduziert wird. Das Spirituelle flüchtet sich dabei zumeist ins Vor- oder Nachwort. Auch auf diese Weise wird die Liebe mit dem Lesen verbunden.

Abb. 45: „Die Verzückung der heiligen Theresa", Frontalskulptur von Gian Lorenzo Bernini, 1645–1652 (Detail).

An dieser Stelle wird deutlich, dass der Tantrismus, der in regelmäßigen Abständen im Abendland bekannt wurde, Eingang in esoterisches Wissen fand und ab dem 20. Jahrhundert als Liebestechnik im Westen vermarktet wurde. Doch er entwickelte eine Konzeption der Liebe, welche letztlich auf die Erkenntnis des Lebens und die Erkenntnis der Welt hinausläuft. Tantra wird heutzutage im Westen bestenfalls als eine Kunst der Liebe verstanden, wobei die spirituellen und mystischen Hintergründe dieser ursprünglich in Indien entwickelten tantrischen Lehre durchaus bewusst aus dem Blickfeld gerieten. Tantra heißt nämlich zunächst „Fäden" oder „Gewebe" – also gar nicht so weit vom Lesen und von unserer Textmetaphorik entfernt. Es bedeutet zugleich aber auch „innerstes Wesen" oder „Essenz".

Tantra zielt nicht auf die sexuelle Vereinigung, für die es bestimmte Stellungen entwickelt hat, sondern versucht, durch die sexuelle Vereinigung neue spirituelle Räume der Begegnung und den Erfahrung zu öffnen, sie für ein vollständiges Erleben den Liebenden zugänglich zu machen. All diese Vorstellungen stammen ursprünglich aus der geistigen Welt von Hinduismus und Buddhismus; die einzelnen Traktate oder Schriften, die diese tantrischen Schulen entwickelten, nannte man einfach Tantras. Sie dokumentieren den Dialog zwischen der männlichen Gottheit Shiva und seiner Geliebten Parvati; und aus beider Vereinigung entsteht ein ganz bestimmtes Wissen über die Liebe, über die Welt und über den Kosmos, das in den Tantras gesammelt und den Eingeweihten zur Verfügung gestellt wurde.

In einer Reihe von Dialogen klärt die männliche Gottheit Shiva – und sie bemerken ohne weiteres die *patriarchale* Ausrichtung – seine göttliche Gefährtin, die eine Personifizierung Shaktis ist, über die Bedeutungen der Liebe und des Kosmos auf. Die Ursprünge des tantrischen Wissens gehen wahrscheinlich bis in die Anfänge der Hochkulturen *matriarchaler* Zivilisation vor mehr als zehntausend Jahren zurück, bilden also einen uralten Lehrkörper, demgegenüber sich unser Christentum als eine sehr späte Entwicklung erweist, die gleichwohl noch älter als der Islam, aber deutlich jünger als das Judentum ist. Ich kann an dieser Stelle nicht auf die unterschiedlichen Schulen des Tantrismus eingehen, sondern will Ihnen nur einige grobe Züge vermitteln.

Es sei zumindest festgehalten, dass im Zentrum aller Schulen die Suche nach der Einheit – wie in allen östlichen Philosophien und Religionen –, nach Harmonie, Balance und Ausgleich steht. Die tantrische Schöpfungsgeschichte geht dabei von einer Urgöttin und damit von einem weiblichen Prinzip als Ausgangspunkt aller Kraft und aller Schöpfung aus. So verwundert es auch nicht, dass die Urgöttin an erster Stelle nicht einen Mann, sondern zunächst eine Frau schuf und dann erst den Mann. Von Beginn an kommt dabei dem Schöpfungs- und Zeugungsakt eine zentrale Erkenntnisfunktion zu, so dass auch im Weiteren die Sexualität stets eingebunden ist in eine Gesamtheit schöpferischer Energien und Erkenntnisformen. Dass sie auch in den abendländischen Traditionen nicht einfach eine davon abgetrennte Funktion ist, sondern ihr auch eine grundlegende

Erkenntnis- und Selbsterkenntnisfunktion zukommt, haben wir bei unserem *Baron auf den Bäumen* mit Italo Calvino gesehen. Freilich haben wir durchaus zu beklagen, dass es im Westen nur mehr eine Art Schwundstufe ist, die von dieser Erkenntnisfunktion übrig geblieben ist. Und doch ist sie vorhanden.

Die kosmische Dimension der Liebe wird anhand dieser Zusammenhänge deutlich: Hier geht es um eine Vereinigung nicht nur im körperlichen Sinne, sondern mit einem Ur-Einen, in dem sich das einzelne Individuum verliert. Um diese Erkenntnis zu erlangen, sind bestimmte Techniken notwendig. Dabei ist die Rolle der Frau, so scheint mir, eher die eines Mediums und letztlich eines Objekts, das den Zugang zu dieser Erkenntnis erlaubt oder öffnet. Ohne in dieser Argumentation auf größere Kenntnisse des Tantrismus und des Tantra der Liebe zurückgreifen zu können, sei doch festgehalten, dass die körperliche Liebe – das, was wir in der griechischen Tradition als Eros beschreiben – eine hochgradig spirituelle Dimension entfaltet, insoweit sie uns Zugang zum Wissen über den Kosmos verschafft, und damit natürlich über die höchste Form des Lebenswissens überhaupt.

Klar ist dadurch auch, dass Liebe sehr oft – oder vielleicht sogar immer? – die Dimension des Kosmischen beinhaltet. Sie wissen, dass in dem griechischen Begriff *Kosmos* zwei Dimensionen zusammengebunden und zusammengeführt werden: erstens die Dimension der Ordnung, des Geordneten, das dem Chaos gegenübertritt; und zweitens die Dimension der Schönheit, des Ästhetischen also, die mit dieser Ordnung einhergeht. Noch in unserem Begriff der „Kosmetik" wird diese Verbindung deutlich, wird doch eine „Ordnung" etwa im Gesicht hergestellt, die zugleich und vor allem auf das Ästhetische und die Herstellung von Schönheit abzielt. Insofern sind selbst hier noch beide Dimensionen enthalten, auch wenn der zentrale Aspekt des Zugangs zur Erkenntnis größtenteils aufgegeben wurde – denn nicht selten soll durch Kosmetik ja gerade das Problematische und Fehlerhafte ausgeglichen werden, also eine Art Oberflächenkosmetik betrieben werden.

Der Tantrismus beinhaltet durchaus eine dienende Funktion des Mannes gegenüber der verehrten Frau, eine offenkundige Parallele zur Konzeption des Rittertums und der höfischen Liebe, die wir noch in Cervantes' *Don Quijote* in dessen Liebe zur unerreichbaren Dulcinea in all ihrer Stärke, aber auch in ihrem abgründigen Aspekt karikiert finden. Das Dienen erlaubt dem Manne gleichzeitig über einen langen Zeitraum der Annäherung eine zunehmende Besitzergreifung der Frau anzuvisieren oder in die Wege zu leiten. Damit verbindet sich zugleich eine Annäherung an die Erkenntnis, an das weibliche Prinzip und damit an ein Naturprinzip, wobei dieser binäre Schematismus in unserer abendländischen Kultur eine grundlegende Bedeutung entwickelt hat. Selbstverständlich haben wir es wohl selbst im Sinne von Judith Butler nicht mit dem „biologisch" verankerten *sex*, der für die US-amerikanische Philosophin ohnehin zu dekonstruieren und aufzulösen ist, sondern mit *gender* in einem rein kulturellen Sinne zu tun, wie er unsere kulturell konfigurierten Geschlechtlichkeiten durchdringt.

In diesem durch Kultur definierten und bestimmten Bereich sieht Denis de Rougemont auch den Anknüpfungspunkt einer Verbindung der Liebeskonzeptionen jenseits allzu einfacher und schematischer Trennungen zwischen Ost und West, zwischen Abendland und Morgenland. Wir beginnen zu begreifen, dass beide Kulturen nicht einfach voneinander zu trennen sind, sondern dass wir das Morgenland im Abendland, den Orient im Okzident seit jeher vorfinden. In diesem Zusammenhang sind es vor allem die Mittelmeerländer – und allen voran natürlich Spanien[11] –, aber eben auch der *Midi*, der Süden Frankreichs, die als wesentliche Vermittlungsräume für diese Lehren, Sekten und Häresien dienten. Vergessen wir dabei niemals, dass nicht allein die christlichen Mystiker von der Inquisition bedrängt waren, sondern auch und gerade die arabischen Sufis und Mystiker von jeher lebensbedrohlichen Verfolgungen ausgesetzt blieben. Die Konzeptionen der Liebe enthielten bei diesen *Outlaws* und Marginalisierten außerhalb der jeweils herrschenden *Doxa* stets auch genügend Sprengkraft, um den orthodoxen Vorstellungen im Bereich der Religion gefährlich werden zu können. Kein Zweifel: Liebe ist stets auch der Versuch einer Erkenntnisgewinnung, eines Vordringens zu einer Erkenntnis und Selbsterkenntnis, die uns ohne diese Erfahrung und ohne dieses Erleben nicht möglich wären. Ihre gesellschaftliche Sprengkraft sowie ihr Potential, gesellschaftsverändernd zu wirken, haben die verschiedenen Auffassungen von Liebe seit der Antike über das Mittelalter, bis hin zum *Christopher Street Day* stets unter Beweis gestellt.

All diese Konzeptionen und Praktiken stehen selbstverständlich in einem grundlegenden Gegensatz zur christlichen Auffassung von der monogamen Ehe, die im zwölften Jahrhundert in eine tiefe Krise stürzte. Auch hiergegen wandte sich der Kreuzzug der katholischen Kirche, wobei Bernard de Clairvaux freilich klug genug war, bestimmte mystische Dimensionen und nicht zuletzt auch die Rolle der Frau in seine Erneuerung des christlichen Glaubens miteinzubeziehen. Denn für die Katharer war die Frau – ähnlich wie in den einzelnen Schulen des Tantrismus – sowohl die Mutter als auch die Jungfrau, sowohl die Geliebte und Gattin als auch die Tochter, beinhaltete also alle Dimensionen des weiblichen Prinzips und nicht nur eine einzige Rolle und Funktion, die dann zum Objekt der Liebe und zugleich zum Liebesobjekt auserkoren werden kann.

Damit ist letztlich auch eine Sichtweise und eine Rolle der Frau entwickelt, die sich quer durch die patriarchalisch bestimmte Geschichte des Abendlandes

---

11 Vgl. hierzu Walter, Monika: *Der verschwundene Islam? Für eine andere Kulturgeschichte Westeuropas.* Paderborn: Wilhelm Fink Verlag 2016.

ziehen wird. Das weibliche Prinzip scheint in den unterschiedlichsten Liebesfiguren noch durch, die uns in unserer Kultur von massenkulturellen Aufbereitungen und Variationen her vorgespiegelt und suggestiv vor Augen geführt werden. Dies ist genau das, was Denis de Rougemont als die verschiedenen Wiedergeburten dieser Liebeskonzeption, insbesondere auch unter der Form des Tristan-Mythos, bezeichnen wird. Noch in den Pornofilmen übelsten Zuschnitts können wir Elemente dieses Mythos erkennen, und sei es in jenem Trank, den die Liebenden vor dem Geschlechtsakt einnehmen, bevor sie sich in die Arme fallen. Denn nicht umsonst handelt es sich um eine Form der Inkorporation, die im Grunde die Verkörperlichung und Einführung vorwegnimmt, die schon immer im Liebestrank Tristans und Isoldes, des von der Mutter hergestellten und von der Magd Brangäne zur Verfügung gestellten Liebestrankes also, vorhanden war. Der Mythos erscheint oft dort, wo wir ihn gerade nicht vermuten würden. Und doch ist er da.

Damit haben wir nun jene Elemente versammelt, die es uns erlauben, die gesamte Tragweite der Konzeption Denis de Rougemonts zu verstehen und zu begreifen, dass die Konzeption leidenschaftlicher Liebe im Abendland das Ergebnis einer hochkomplexen inter- und transkulturellen Entwicklung war, die im zwölften Jahrhundert unter den Bedingungen von Rittertum und Häresie, von christlichen und arabischen Sekten, innerhalb eines geographischen und kulturellen Raumes entstand, der vom Iran und Irak bis ins arabische Spanien und in die arabisch mitgeprägten südlichen Teilen Frankreichs reichte. Wir befinden uns in einer Epoche – dies sollten wir nicht vergessen –, in welcher die größte Stadt Europas Córdoba, und die arabische Kultur der europäischen in den meisten Parametern überlegen war. In weiten Teilen Spaniens, selbst in den unterschiedlichen und von arabischen Herren dominierten Taifas, bildete die morgenländische Kultur die Spitze einer verfeinerten Zivilisation innerhalb der Grenzen dessen, was wir heute als Europa begreifen.

Dies ist die arabische Dimension des Abendlandes, die allzu viele so gerne aus all unseren Identitätskonzeptionen ausbürgern würden, ähnlich wie dies über einen so langen Zeitraum mit jener jüdischen Kultur versucht wurde, ohne deren reichen Erfahrungs- und Wissensschatz es doch niemals zur Ausbildung und Ausprägung jener Zivilisation gekommen wäre, die wir gerne exklusivistisch als Abendland, als Okzident oder als den Westen bezeichnen. Die kulturhistorische Analyse von Denis de Rougemont ist klar und deutlich:

> Im zwölften Jahrhundert werden wir im Languedoc und im Limousin Zeugen eines in der Geschichte einmaligen Zusammenfließens geistiger Strömungen. Auf der einen Seite eine große religiöse manichäische Strömung, die im Iran ihren Ursprung hat und die durch Kleinasien und über den Balkan bis nach Italien und Frankreich dringt mit ihrer esoteri-

schen Lehre von der Sophia Maria und der Liebe für die „Lichtform" des Selbst. Auf der anderen Seite eine höchst verfeinerte Rhetorik mit ihren Techniken, ihren Themen und stets wiederkehrenden Personen, mit ihren Doppeldeutigkeiten, die stets an den gleichen Stellen auftauchen, und schließlich mit ihrer Symbolik, die aus dem Irak von den platonisierenden und manichäisierenden Sufis bis ins arabische Spanien vordringt, über die Pyrenäen wandert und in Südfrankreich auf eine Gesellschaft trifft, die nur auf die sprachlichen Ausdrucksmittel zu warten schien, um *auszudrücken*, was sie weder in der Sprache der Geistlichkeit, noch in der volkstümlichen Sprache einzugestehen wagte, noch eingestehen konnte. *Aus diesem Zusammentreffen ist die höfische Dichtung geboren worden.*

So entstand am Zusammenfluss der „Häresien" der Seele und des Begehrens, die aus demselben Orient an den beiden Ufern des Meeres der Zivilisationen entlanggewandert sind, das große westliche Modell der Sprache der leidenschaftlichen Liebe.[12]

Dieser *discours amoureux*, mit dessen Fragmenten wir uns im Verlauf dieser Vorlesung beschäftigen, ist folglich ein Produkt der transkulturellen Migration von Vorstellungen, die zumindest Anteile der altindischen, der arabischen und der christlichen Tradition miteinander vereinigen, wobei diese drei Traditionsstränge jeweils in bestimmten Häresien erscheinen, so etwa konkret in der Form arabischer Mystiker und christlicher Ketzer, von Sufis und Sekten also, für welche die Liebe eine ganz bestimmte zentrale Rolle spielte. Die höfische Liebe ist damit ein kulturelles Hybrid, das seinerseits wiederum die weitere Entwicklung der Liebeskonzeptionen im Abendland entscheidend vorantrieb.

So wäre eine Santa Teresa de Jesús, in deren Denken – im Übrigen nicht zuletzt auch auf Grund ihrer eigenen Herkunft – jüdische Elemente Eingang fanden, ohne die grundlegende orientalische Dimension gar nicht verständlich und verstehbar. Die Sprache ihrer Gottesliebe ist eine Sprache des körperlichen Begehrens, einer Sehnsucht nach der Vereinigung mit dem Geliebten in jener *unio mystica*, in der alles in göttlich-menschlicher Ekstase zur Einheit zusammenfließt. Bedeutet *mystein* das Schließen der Augen des Körpers, so sind damit bei Santa Teresa freilich nicht die Augen der Seele gemeint. Im letzten Gemach wartet der Geliebte, nachdem alle Prüfungen überstanden sind.

Die Sprache von Santa Teresa oder von San Juan de la Cruz, dem heiligen Johannes vom Kreuz, ist deswegen eine körperliche Sprache, weil die Gottesliebe gleichsam mehrfach religiös kodiert ist als geschlechtliche Liebe, die stets auch Erkenntnis im und durch den anderen ist. Daher die Hochzeitsmetaphorik, die oft erstaunlich direkte Rede von der Vereinigung, von der Verschmelzung, von der Zusammenkunft mit dem Geliebten und der verzehrenden Sehnsucht nach dem Einen, in dem man die Lichtgestalt zu finden hofft, durch die überhaupt erst die Erkenntnis zugänglich werden kann. Es ist eine göttliche und erotische

---

12 De Rougemont, Denis: *L'amour et l'Occident*, S. 117f.

Erkenntnis zugleich, die in der Liebe ihren Ausdruck und buchstäblich ihren Höhepunkt findet.

Wir beginnen damit zu begreifen, warum Liebe stets mehr als Liebe ist. Denn wir verstehen, warum der Diskurs der Liebe stets mehr als ein Diskurs über Liebe ist, und warum die Liebeskonzeption letztlich eine Lebenskonzeption in ganz entscheidender Weise prägt: bei den Katharern ebenso wie in der Kommune 1, bei den Festen aus Anlass des *Christopher Street Day* ebenso wie in der Liebeskonzeption der christlichen Mystik. Liebe besitzt eine gesellschaftspolitische Sprengkraft – eigentlich auf den ersten Blick erstaunlich, dachten wir doch, dass es sich bei der Liebe um ein höchst individuelles und zugleich intimes Gefühl handelt, das sich gerade vor der Gesellschaft und vor der Gemeinschaft abschottet.

Doch die Liebe entwirft ihr eigenes Bild von sich selbst und von der Gesellschaft – bis hin zu jener Konzeption des Lebens, in der das Leben selbst nicht das höchste Gut ist, sondern aufgegeben werden kann im Sinne jener Lust, die das letzte Wort in Richard Wagners *Tristan und Isolde* bildet. Der Diskurs der Liebe als Erkenntnisdiskurs durchdringt unsere Kultur noch bis hinein in die Rede von der Lust, die – folgen wir der Einsicht Friedrich Nietzsches – immer auf Ewigkeit hin angelegt ist und immer auf Ewigkeit abzielt.

Damit aber sind zugleich einige der zentralen Dimensionen von Liebe ausgemessen, die ich Ihnen im ersten, einführenden Hauptstück dieser Vorlesung vorführen wollte. Auch die Liebe in Zeiten der Moderne partizipiert noch an diesen Traditionen und Dimensionen. Und auch in ihrer desakralisiertesten Form lässt sich in der Liebe doch stets jenes Begehren erkennen oder wiedereinführen, das die Liebe im Abendland in verschiedenartigster Weise, aber letztlich doch immer konstant mit Hilfe der unterschiedlichsten symbolischen Formen kodierte.

Darum also ist Liebe stets auch Lebenswissen: Ein Wissen über die Liebe ist nicht nur ein handwerkliches, technisches Wissen, wie man Liebe macht oder mit Hilfe welcher Elemente über Liebe zu sprechen oder Liebe zu analysieren ist. Stets gibt es eine transzendente Dimension, die nach der Erkenntnis von Leben insgesamt fragt und strebt. So verstehen wir jetzt auch besser, warum in Alexander von Humboldts *Die Lebenskraft oder Der rhodische Genius* noch immer die Kraft der Liebe vorhanden sein muss, um die Kraft des Lebens zu beleuchten – und sei es in einer griechisch-antiken Verkleidung christlicher Vorstellungen, in denen das Zusammenfallen der nackten Leiber gerade nicht mehr auf der Seite des Lebens, sondern auf jener des Todes steht. Diese thanatische Dimension des Erotischen wird uns quer durch die unterschiedlichsten Texte und Literaturen begleiten.

—

Teil II: **Zweites Hauptstück zur Liebe und einigen
ihrer kulturellen Spielarten**

Assia Djebar oder die Liebe im transkulturellen Kontext

Wir wollen nun, zu Beginn des zweiten Hauptstückes, gleich an das Ende des ersten Hauptstückes anknüpfen und uns auf Denis de Rougemont und seine Hauptthesen zum Tristan-Mythos in *L'amour et l'Occident* auf einer literarischen Ebene beziehen. Dies scheint mir insoweit höchst angebracht, als von dem Schweizer Essayisten ja der inter- und transkulturelle Tradierungszusammenhang des Tristan-Mythos im ostwestlichen Zusammenspiel hervorgehoben wurde. Ich will Sie also mit einem Roman konfrontieren, der genau diese Ebene der Transkulturalität weiter radikalisiert und nach den Konsequenzen für die Liebeskonzeption gerade auch im Schlepptau von *Tristan und Isolde* fragt.

Dabei gelangen wir an dieser Stelle unserer Vorlesung an jenen Ort, der von wesentlicher Bedeutung für die Entfaltung des Mythos von *Tristan und Isolde* wurde: Kommen wir also zu Gottfried von Straßburg und seiner schönen Stadt an der Ill! Und entdecken wir damit eine neue Landschaft, eine Landschaft der Liebe, aber zugleich auch eine Landschaft der Theorie, in welche die verschiedenen Liebesgeschichten eingewoben sind, welche uns in diesem Roman erzählt werden. Diese Landschaft der Theorie ist die Landschaft zwischen den Vogesen und dem Schwarzwald, jene Landschaft, die immer wieder zum Ort wütender Kämpfe und Kriege wurde und von der doch etwas sehr Friedliches ausgeht. Kein anderer als René Schickele hat diese Landschaft der Theorie wohl je besser beschrieben:

> Das Land der Vogesen und das Land des Schwarzwaldes waren wie die zwei Seiten eines aufgeschlagenen Buches; ich sah deutlich vor mir, wie der Rhein sie nicht trennte, sondern vereinte, indem er sie mit seinem festen Falz zusammenhielt. Die eine der beiden Seiten wies nach Osten, die andre nach Westen, auf jeder stand der Anfang eines verschiedenen und doch verwandten Lieds, und so war es Europa, das offen vor mir lag.[1]

Wohlgemerkt: Diese Sätze wurden im Bewusstsein entsetzlicher Kriege geschrieben und lange bevor Strasbourg oder Straßburg zum Sitz des Europaparlaments wurde. Mit seinen wohlkalkulierten Worten umschreibt also der elsässische Schriftsteller René Schickele in seinem 1922 erschienenen Essay „Blick vom Hartmannsweilerkopf" jene Landschaft beiderseits des Oberrheins, die seit Jahrhunderten zum Inbegriff einer Grenzlandschaft und jener blutigen Auseinandersetzungen geworden war, welche das Verhältnis zwischen Deutschen und

---

[1] Schickele, René: Blick vom Hartmannsweilerkopf. In (ders.): *Wir wollen nicht sterben!* München: Wolff 1922, S. 230.

Franzosen über einen langen Zeitraum europäischer Geschichte prägten. Der Entwurf dieses Sehnsuchtsortes Schickeles könnte literarischer kaum sein, schreibt sich die durchdachte Passage doch auf eine ganz selbstverständliche Weise ein in die Metaphorologie des Buches von der Natur, welche die abendländische Literaturgeschichte in ihrer dialektischen Beziehung zwischen dem Weltbuch und der Bücherwelt quert.[2] Zugleich reiht sich unser Zitat ein in die lange Tradition der Bergbesteigung und des Blicks vom Berge, der seit Petrarcas Aufstieg zum Gipfel des Mont Ventoux auf unterschiedlichste Weise mit der Lektüre (in) der Landschaft wie mit der ästhetischen Erfahrung der Transparenz gekoppelt ist.[3]

Abb. 46: René Schickelé (Oberehnheim im Elsass, 1883 – Vence in den Alpes-Maritimes, 1940), auf der Rheinbrücke um 1930.

Die Rheinebene um Strasbourg zwischen Schwarzwald und Vogesen als Keimzelle Europas? Vielleicht war es einzig von einer derart literaturgeschichtlich gestärkten Position aus möglich, einen zu diesem Zeitpunkt so visionären Blick auf eine Landschaft zu werfen, in welcher der Rhein nicht länger die Grenze, sondern das Verbindende sein sollte, in dem sich der Osten und der Westen zu einem neuen, offenen Europa zusammenfügen konnten. Denn René Schickele, der Sohn eines Elsässers und einer Französin, die kein Deutsch verstand, wusste sehr wohl, dass er von einem Ort aus sprach, um den sich im Ersten Weltkrieg Deutsche und Franzosen verlustreich geschlagen hatten und der für ein Elsass stand, das wie kaum eine andere Region Europas auf geschichtlicher und kultureller, auf sprachlicher und literarischer Ebene jenes stets umkämpfte *entre-deux* repräsentierte, das in seinem transkulturellen und translingualen Reichtum mächtigeren Nachbarn als Spielball diente. Schickele kann mit guten Gründen als ein literarischer Visionär bezeichnet

---

2 Vgl. Blumenberg, Hans: *Die Lesbarkeit der Welt*. Frankfurt a. M.: Suhrkamp 1986.
3 Vgl. Ritter, Joachim: Landschaft. Zur Funktion des Ästhetischen in der modernen Gesellschaft. In (ders.): *Subjektivität. Sechs Aufsätze*. Frankfurt am Main: Suhrkamp 1989, S. 141–163; sowie Starobinski, Jean: *Jean-Jacques Rousseau. La transparence et l'obstacle. Suivi de Sept Essais sur Rousseau*. Paris: Gallimard 1971.

werden; und seiner Literatur eignet mit Blick auf das künftige Europa etwas zutiefst Prospektives. Die Literatur hat stets gewusst, wie gerade an den beanspruchtesten Stellen einer beiderseits konflikthaften Geschichte eine Konvivenz, ein Zusammenleben, gestiftet und ein Zusammenlebenswissen entfaltet werden kann. Dies lehrt uns auch noch heute, rund hundert Jahre danach, René Schickeles Blick vom Hartmannsweilerkopf, von den Gräbern der im Ersten Weltkrieg Gefallenen.

Abb. 47: Gedenkstätte und zerstörte Landschaft am Hartmannsweilerkopf nach dem Ersten Weltkrieg.

Doch der überzeugte Elsässer René Schickele konnte noch nicht ahnen, dass er schon wenige Jahre später, nach Hitlers Machtergreifung und einer sich erneut im Elsass abzeichnenden Konfrontation zwischen deutschen und französischen Truppen, in das Exil jener Landschaft am Fuße des Mont Ventoux fliehen musste, in der er sich der eigenen Heimatlosigkeit bewusst wurde – jener Heimatlosigkeit, in der Friedrich Nietzsche nicht von ungefähr das Erkennungszeichen der guten Europäer, der „Erben Europas", der „reichen, überhäuften, aber auch überreich verpflichteten Erben von Jahrtausenden des europäischen Geistes",[4] erblickt hatte. Auch wenn er nun aus der Provence einen anderen, dunkler eingefärbten

---

4 Nietzsche, Friedrich: Die fröhliche Wissenschaft („La Gaya Scienza"). In (ders.): *Sämtliche Werke. Kritische Studienausgabe in 15 Einzelbänden.* Herausgegeben von Giorgio Colli und Maz-

Blick auf die von ihm verlassene alemannische Landschaft zwischen Basel und Straßburg warf, so erschien sie ihm – nun in französischer Sprache – in seinem Text „Le Retour (Die Rückkehr)" doch noch immer als eine eigene Ganzheit, als ein Mikrokosmos, der zugleich als geschlossener, wohlkultivierter Raum eines „immense jardin", eines „unermesslichen Gartens", *und* als eine Landschaft der Bewegung und des Transits gedacht werden konnte: „ventiliert vom Luftzug, der frei zwischen Burgund und Nordsee zirkulierte".[5] Im „Dazwischen" des Elsass – gleichviel, ob in west-östlicher oder nord-südlicher Richtung – ist aus René Schickeles literarischer, das heißt mit dem Wissen der Literatur gesättigter Sicht stets eine ganz eigene Art von Freiheit und Bewegung geborgen. Das alemannische Land als eine Keimzelle Europas: wir sollten uns dies wahrlich merken!

Aus dieser in deutscher *und* französischer Sprache gebildeten Doppelperspektive eines großen elsässischen Schriftstellers, dessen Werk und Wert im „Dazwischen", im *entre-deux* der deutschen wie der französischen Nationalliteratur, nur schwer zur Geltung kam, wird eine Landschaft der Theorie entworfen, in der Vogesen und Schwarzwald zwar ein festes Territorium umgrenzen, wo zugleich aber der Rhein und der Wind jene mobilen Faktoren darstellen, die dem west-östlichen Grenzland eine beständige Dynamik in nord-südlicher Richtung beifügen. So erweist sich der scheinbar eingefriedete Raum als ein Bewegungsraum und als ein Kreuzungspunkt, von dem aus ein offenes Europa in seiner Vielgestaltigkeit und Vielsprachigkeit – als „Anfang eines verschiedenen und doch verwandten Lieds"[6] – konkret gedacht werden kann. Welch schöneres Bild für ein offenes, vielstimmiges Europa wäre denkbar?

Abb. 48: Die Landschaft der Rheinebene zwischen Vogesen und Schwarzwald, Aussicht vom Schloss Hohkönigsburg.

---

zino Montinari. Bd. 3. München – Berlin: Deutscher Taschenbuch Verlag – Walter de Gruyter ³1988, S. 631.
5 Schickele, René: Le Retour. In (ders.): *Werke in drei Bänden*. Bd. 3. Köln – Berlin: Kiepenheuer 1959, S. 799.
6 Schickele, René: Blick vom Hartmannsweilerkopf, S. 230.

Immer wieder queren und durchdringen sich die Sprachen, immer wieder kreuzen sich die Vektoren von Bewegungen, die diesen Bewegungs-Raum par excellence erst zeugen und hervorbringen. So heißt es im Auftaktkapitel des ursprünglich 1927 erschienenen Romans *Blick auf die Vogesen* unter dem französischen Titel „Vive l'Alsace" gleich auf der ersten Seite:

> Der Rhein, der Rhein!
> Immer häufiger blieb Claus stehen, reckte sich, tief atmend, spreizte die bloßen Hände, warf den Kopf in den Nacken, senkte ihn lächelnd. Da klopfte sein Herz in der Schwebe zwischen Deutschland und Frankreich, mitten auf dem Rhein, der ein heiliger Strom war, und trieb fröhlich das Blut durch den Körper, und ihm war, als kreiste ein heller Schimmer davon auch außerhalb seiner Leiblichkeit, viel, viel weiter als die waagerecht ost- und westwärts ausgestreckten Arme – von einem Gebirgszug am Horizont zum andern! [...] Ja, auch dort, den schmalen Rand entlang zwischen Wald und Himmel, glomm und züngelte es wie von einem Ätherbrand, der ein großes, mildes Werk vollbrachte. Und auch im Strome selbst fuhr dies Seelenlichtlein hin und her, tauchte unter und entflog wieder in die Bläue.[7]

Was am Ende der Romantrilogie Schickeles in *Der Wolf in der Hürde* (1931) erneut mit der Natursymbolik des Rheins auf das Verhältnis zwischen deutschen und Franzosen projiziert wird, die sich hier „als Geschwister" bekennen sollten, „wie das Schicksal ihnen befahl",[8] wird in *Blick auf die Vogesen* auf Körper und Leib des Protagonisten gewendet, wird der heilige Strom doch zum Strom seines Blutes, der das Ich in der Schwebe zwischen Deutschland und Frankreich, zwischen Land und Wasser, zwischen Himmel und Erde vorwärtstreibt. Das Territoriale, die feste Grenzziehung, wird auf eine Bewegung hin transzendiert, deren Dynamik, erst einmal in ihrem ständigen Fließen und Strömen erkannt, alles erfasst. Es ist diese Dynamik, diese Mobilität, diese nie endende Bewegung, welche dieser Landschaft ihre Bestimmung, ihre alemannisch-europäische Vokation verleiht.

Die visionäre Kraft, die in den Romanen und Essays René Schickeles ein Europa erschafft, das im *entre-deux-guerres* der Zwischenkriegszeit im Elsass aus einem *entre-deux* der Sprachen und Kulturen hervorgeht, transformiert den Raum am Oberrhein in eine Bewegung, die den Körper wie die Leiblichkeit des Protagonisten selbst erfasst und mit sich fortreißt. Sein Körper-Leib und die diesen umgebende Landschaft werden eins, vereinigen sich in mystischer Weise: Fast könnte man von einer *unio mystica* sprechen. Es *verkörpert* sich eine Landschaft, die zugleich eine hochverdichtete Landschaft der Theorie ist. Im Vektorenfeld

---

7 Schickele, René: „Vive l'Alsace". In (ders.): *Blick auf die Vogesen. Zweiter Roman der Trilogie: Das Erbe am Rhein*. Frankfurt am Main: Fischer Taschenbuch Verlag 1983, S. 7.
8 Schickele, René: *Der Wolf in der Hürde. Dritter Roman der Trilogie: Das Erbe am Rhein*. Frankfurt am Main: Fischer Taschenbuch Verlag 1983, S. 408.

zwischen Osten und Westen, Süden und Norden entfaltet sich ein vielgestaltiger und vielsprachiger Spiel-Raum Europas, der sich vom Mikrokosmos des Oberrheins auf den Makrokosmos der Bläue, die sich im Strom und über dem Strom wölbt, öffnet.

In dieser Landschaft, in diesem politischen und militärischen, geschichtlichen und gesellschaftlichen, kulturellen und sprachlichen Bewegungsraum im Herzen Europas hat eine am 30. Juni 1936 in Cherchell unweit von Algier als Fatima-Zohra Imalayène geborene Schriftstellerin, die unter ihrem *nom de plume* Assia Djebar berühmt wurde,[9] ihren 1997 veröffentlichten Roman *Les Nuits de Strasbourg (Die Straßburger Nächte)*[10] angesiedelt. Oder eigentlich müsste man anders formulieren: Im Zentrum der Romandiegese, die weit über die Grenzen Europas hinausreicht, steht weniger eine Landschaft, ein *landscape*, als vielmehr die Stadtlandschaft, der *cityscape* der elsässischen Metropole Strasbourg. Und diese Stadtlandschaft wird gleichsam transkulturell gequert und in ein Vektorenfeld zwischen Orient und Okzident verwandelt.

Abb. 49: Assia Djebar (Cherchell bei Algier, 1936 – Paris, 2015), in Casablanca, 1965.

Denn in dieser Stadt, die in vielerlei Hinsicht als „grenzüberschreitende Stadt", als *ville transfrontalière* verstanden werden darf,[11] bündelt sich ein Geschehen, das zeitlich, mit Ausblicken auf die Epoche des europäischen Mittelalters oder die Anfänge des französischen Kolonialismus in Nordafrika, auf ein langes 20. Jahrhundert hin fokussiert ist und räumlich, von Strasbourg ausgehend, Frankreich, Deutschland und Holland, aber auch die nordafrikanische „Gegenküste" Europas und insbesondere Algerien einblendet. Alle Wege innerhalb dieses weit ausgespannten Raumes kreuzen sich im Elsass, genauer: in Straßburg, das der

---

9 Zum Gesamtwerk der in Algerien geborenen Autorin vgl. Jürgs, Britta: Assia Djebar. In: Arnold, Heinz Ludwig (Hg.): *Kritisches Lexikon zur fremdsprachigen Gegenwartsliteratur*. 56. Nachlieferung. München: Edition text + kritik 2001.
10 Djebar, Assia: *Les Nuits de Strasbourg*. Roman. Arles: Actes Sud 1997.
11 Vgl. hierzu Asholt, Wolfgang: Les villes transfrontalières d'Assia Djebar. In: Calle-Gruber, Mireille (Hg.): *Assia Djebar, Nomade entre les murs … Pour une poétique transfrontalière*. Paris: Maisonneuve & Larose 2005, S. 147–160.

etymologischen Bedeutung seines Stadtnamens zufolge als ein Ort präsentiert wird, an dem sich alle Straßen und Wege kreuzen und treffen. So heißt es in einer aufschlussreichen Passage kurz vor dem Ende des Romans:

> Ich ließ mich überraschen, aber warum? Bis zu diesem Zeitpunkt erhellte die Dämmerung mit ihrem Grau-Blau kaum die tiefen Straßen des Stadtzentrums, ich verkrieche mich – wie bei meinem ersten Besuch gehe ich von Hotel zu Hotel, um morgens zu schlafen. Die Leute glauben, ich wäre gerade mit dem Flugzeug oder dem Zug angekommen; tatsächlich aber habe ich die ganze Nacht hindurch im Schatten von Straßburg navigiert. In der Stadt, die mir allein geschenkt ist! ... „Die Stadt der Straßen", so nannte man sie im Anfang; meiner Straßen, die sich hier vermischen ..."[12]

Die Gründung der Stadt erscheint bei Assia Djebar als eine geradezu sprachliche, etymologische. Am mythischen Anfang der Stadt, die hier im bläulich-grauen Zwielicht (*twilight*) der für den Roman wichtigen Zeit der Morgendämmerung erscheint, stehen die Straßen dieser *ville des routes*. Straßburg/ Strasbourg erscheint als ein Ort, der sich aus den Straßen, aus der Bewegung und dem Getriebe gebildet hat. In dieses Netz der Straßen schreiben sich jene der Ich-Erzählerin ein: Straßen, die zwischen den Kulturen verlaufen und keinen Ursprung, kein Ziel zu haben scheinen. Im Anfang also waren die Straßen und das Wort dafür. Und so geht es in diesem Stadtroman, unter dessen französischem immer auch der deutsche Stadtname hervorlugt, auch nicht um die *roots*, um die Wurzeln und Verwurzelungen einer klar definierbaren (und damit abgrenzbaren) Identität, die von einem einzigen Ursprung her begriffen wird, sondern um die *routes*, um die Wege und Bewegungen, die dieses Ich, diese Stadt, dieses Netz an Straßen, das weder über einen Ursprung noch über ein Ende verfügt, geschaffen haben. Der Text nimmt uns auf in sein netzartiges Gewebe ohne Naht. Und in seine Wege der Liebe.

So überrascht es nicht, dass in diesem symmetrisch aufgebauten, über einen Prolog, einen (nicht als solchen gekennzeichneten) Epilog und einen in neun Nächte gegliederten Hauptteil verfügenden Roman das fünfte – und damit zentrale – Kapitel den Titel „Le fleuve, les ponts (Der Strom, die Brücken)" trägt und mithin die Stadtlandschaft der Theorie in den Mittelpunkt rückt. Und es ist auch nur folgerichtig, dass am Anfang des Romans, im Prolog *„La Ville"*, die Stadt mit ihren Verbindungen und Straßen, im Blickpunkt steht.

---

12 Djebar, Assia: *Les Nuits de Strasbourg*, S. 399 f.

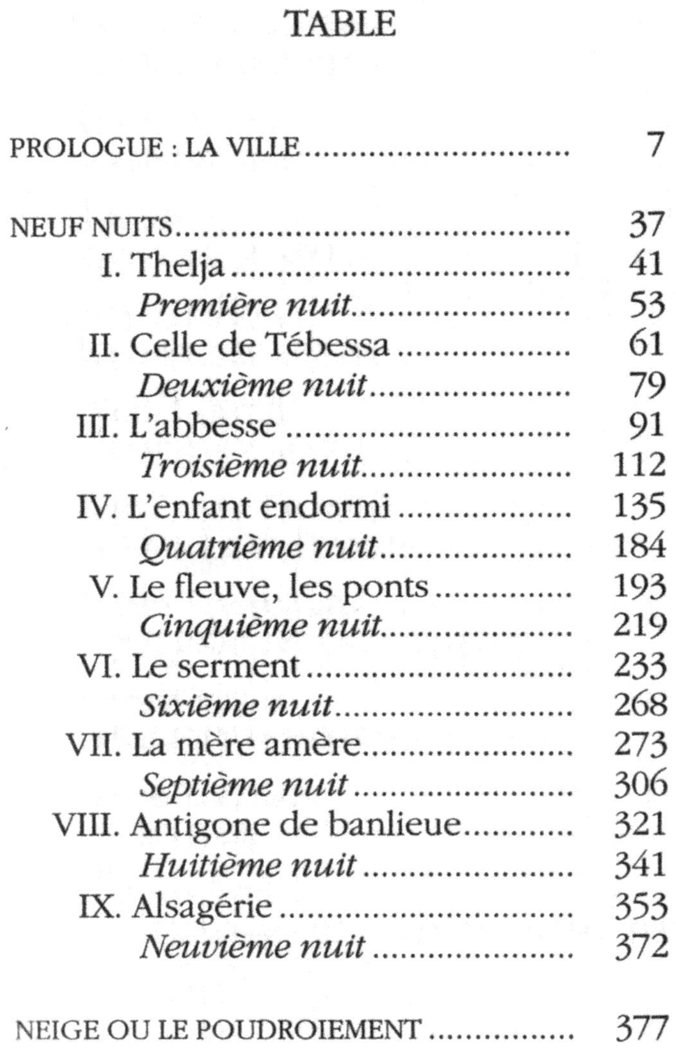

TABLE

Abb. 50: Inhaltsverzeichnis von Assia Djebars *Les nuits de Strasbourg*, Arles: Actes Sud 1997.

Doch das Stadtzentrum, das *centre-ville* dieser Stadt erscheint wie in der leeren Stadt, welche die Ich-Erzählerin ein letztes Mal durchquert und in der sich das nahe Morgengrauen ankündigt, von Beginn an als ein *centre vide*: als ein städtischer Mittelpunkt, den seine Bewohner im September 1939 verlassen mussten, da man bei einem bevorstehenden Angriff der deutschen Wehrmacht auf die Stadt, die vor der berühmten Maginot-Linie lag, Strasbourg militärisch nicht verteidigen zu können glaubte und daher aufgab. Wir sind also inmitten der deutsch-französischen Erbfeindschaft, die sich ein weiteres Mal – aber hoffentlich ein letztes Mal – in kriegerischen Ausbrüchen äußert. So sind es auch hier wieder Bewegungen – freilich ganz anderer Art –, die im Sinne von Vertreibungen, Migrationen und Delokalisierungen das *incipit* des Romans prägen:

> Die Bewohner der Stadt, Verjagte. Verjagte? Nein. Man hat ihren massiven Aufbruch seit Monaten oder eigentlich seit zwei, drei Jahren vorbereitet. Seit dem von den deutschen Messerschmitt in Guernica verübten Massaker.
>
> Die Stadt befindet sich jenseits der befestigten Linie; die Stadt und mit ihr ein Saum von vierzig Dörfern. [...] Alle urplötzlich draußen, auf dem Pflaster oder auf den Straßen, eine ganze Armee, eine Horde; ein Exodus.[13]

Wir sehen eine Stadt in Auflösung, entlang der historischen Ereignisse von 1939. So stehen das Elsass und Strasbourg einmal mehr im Zeichen der deutsch-französischen Kriege, die von der Erzählerin sofort in den Kontext des massiven Eingreifens der deutschen Luftwaffe, der berüchtigten „Legion Condor", im Spanischen Bürgerkrieg gestellt und damit als Ende der Zwischenkriegszeit sowie als Beginn eines weiteren Weltkriegs markiert werden. Einmal mehr liegt das Elsass, liegt Strasbourg im Schussfeld des *entre-deux*, in dem die Stadt und ihr Land schon so oft gelegen hatten.

Evakuierung und Flucht, Vertreibung und Vernichtung bilden den Hintergrund für jene Bewegungen, welche die Bewohner von Straßburg im Herbst 1939 auf die Straßen und in den Exodus treiben. Im Begriff des „Exodus" erscheint ebenso die biblische Dimension eines Exils wie die nationalsozialistische Barbarei einer Shoah, die wie die anderen Textelemente des *incipit* im weiteren Verlauf des Romans, der fünfzig Jahre nach dieser Szenerie des Zweiten Weltkriegs spielt, in der Präsenz gehalten werden. Dunkel und düster zeichnet sich noch im Zwielicht eine Szenerie ab, die zugleich einen anderen kriegerischen Konflikt heraufbeschwört.

Die Menschen fliehen, doch die Straßen bleiben. Sieht man von den französischen Truppen in ihren Kasernen und den Beamten einmal ab, die zur Aufrechterhaltung der Ordnung in der verlassenen Stadt abkommandiert wurden, sind es vor allem die Statuen, die mit dem Geflecht ihrer Blicke von Brücken, Kirchen und Sockeln herab die leere Stadt vernetzen. Auch wenn sie zunächst wie die Häuser, Kirchen oder Brücken selbst den Menschen „indifferent"[14] gegenüberstehen, so erweisen sich ihre Blicke doch rasch als rege: Ihre Augen erkennen

---

13 Ebda., S. 11.
14 Ebda., S. 14.

Abb. 51a–d: Archivfotografien der evakuierten Stadt Straßburg, Winter 1939/1940 – Frühjahr 1940.

Abb. 51a–d (fortgesetzt)

die Veränderungen, hören das Schweigen, ja lehnen sich gegen die „fremdartige Stummheit"[15] auf. Sie ahnen noch nicht, dass sie später „abgeschraubt, zerkleinert, ins Warenlager abtransportiert, deportiert"[16] werden, wenn die Stadt, „eingetaucht in diese Leere",[17] gleichsam verplombt wird. Erst am 15. Juni 1940 überqueren die Truppen Nazideutschlands den Rhein bei Colmar und erreichen vier Tage später Strasbourg, das – anders als bei der im Roman mehrfach erwähnten preußischen Besetzung von 1870 – kampflos aufgegeben wird. Am Ende des Prologs steht die Kapitulation der französischen Regierung am 22. Juni, also nur wenige Tage später.[18] Ein Blitzkrieg, dessen Blitzstrahlen in den Blicken erst erahnt werden können ... und der sich bitter rächen wird.

Damit schließt die algerische Schriftstellerin ihre Erinnerungsarbeit an der europäischen Geschichte jedoch nur scheinbar ab, enthält die Leere von Strasbourg, die in deutschen oder französischen Geschichtswerken kaum einmal Erwähnung findet, doch eine Lehre in Form eines Rätsels, an dessen Enthüllung sich die aus Algerien stammende Protagonistin fünfzig Jahre später macht: Es ist die gewiss auch für das 21. Jahrhundert entscheidende Frage, wie wir in Frieden und in gegenseitiger Achtung unserer Differenz zusammenleben können und wie wir dieses Zusammenleben vor dem Hintergrund einer langen Abfolge von Kriegen und blutigen Auseinandersetzungen gestalten wollen. Und welche Rolle die Liebe hierbei spielt.

Das erste, der Protagonistin gewidmete Kapitel präsentiert uns Thelja als eine junge, in Paris lebende Frau, die schon bald in Strasbourg die Fremde, *l'étrangère*, sein wird.[19] Ihr Bewegungsmuster im Roman ist das einer selbstgewählten doppelten Delokalisierung: von Algerien nach Paris und von Paris nach Strasbourg. Thelja kommt noch vor dem Morgengrauen mit dem Nachtzug aus Paris in der Hauptstadt des Elsass an und beginnt sogleich damit, die Straßen des noch menschenleeren Straßburg, „die entvölkerten Straßen" mit ihren Steinen, Statuen, Plätzen und Kirchen zu durchstreifen, wobei sie bei diesem ersten Rundgang sorgsam die *cathédrale*, das Münster – und damit das Zentrum der Altstadt – vermeidet.[20] Warum tut sie dies? Und was erhofft sie sich von Strasbourg? Dieser erste Spaziergang führt die Verräumlichung, die Spatialisierung aller Verstehensprozesse im Roman ein. Damit nähert sich Thelja der Stadt in ihren Bewegungen so an, wie es Assia Djebar auf der strukturellen Ebene des Romans tat: Ein *centre-ville* wird zunächst als *centre vide* in Szene gesetzt. Die Stadt besitzt keinen „Kern".

---

15 Ebda., S. 17.
16 Ebda.
17 Ebda., S. 18.
18 Ebda., S. 35.
19 Ebda., S. 41.
20 Ebda., S. 50.

Die junge Algerierin ist auf eigenen Entschluss hin nach Strasbourg gekommen, der Liebe wegen. Die zunächst oberflächliche Bekanntschaft, die sie noch in Paris mit François, einem Franzosen mit elsässischem Akzent, verbindet, wird erst nach einer scheinbar nebensächlichen, in Klammern gesetzten Geste zur Beziehung: „(Zum ersten Mal lege ich meine Hand auf die Ihre, und Sie behalten sie.)"[21] Diese Geste eines angedeuteten Paktes oder Vertrags erinnert an jene andere Hand-Bewegung, die den ersten Schultag des Ich in Assia Djebars erstmals 1985 erschienenen autobiographischen Roman *L'Amour, la fantasia* eröffnete:

> Das kleine arabische Mädchen, das zum ersten Mal an diesem Herbstmorgen in die Schule geht, ihre Hand in der Hand des Vaters. Der trägt, einen Fez auf dem Kopf, seine hoch aufragende, gerade Silhouette in seinen europäischen Anzug gesteckt, eine Schultasche, er ist Lehrer in der französischen Schule. Das kleine arabische Mädchen in einem Dorf der algerischen Sahelregion.[22]

Diese Urszene in der literarischen Welt Assia Djebars, die schon zuvor in *Les Enfants du nouveau monde* (*Die Kinder der neuen Welt*, 1962) angedeutet wurde, bringt die ganze Ambivalenz nicht nur der großen Gefühle des kleinen arabischen Mädchens gegenüber ihrem Vater zum Ausdruck, der ihr als Französischlehrer die Welt der Bildung und die Welt der *Fremd-Sprache* des Französischen erschließt und eröffnet. Sie führt vielleicht mehr noch die abgründige Ambivalenz des Verhältnisses zwischen dem dialektalen Arabisch der Muttersprache und der Sprache der französischen Kolonisatoren vor Augen, die – in ihrer hybriden Stellung von der Gestalt des arabisch *und* europäisch gekleideten Vaters eindrucksvoll verkörpert – zur Literatursprache der algerischen Autorin werden sollte.[23] In der (kolonialen) Sprachenfrage werden bereits die Wichtigkeit von Übersetzung und Transkulturalität deutlich.

Als in ihren Filmen wie in ihren Büchern[24] unermüdlich als Übersetzerin zwischen dem gesprochenen Arabischen, dem *kalam*,[25] und dem geschriebenen

21 Ebda., S. 48.

22 Djebar, Assia: *L'Amour, la fantasia*. Paris: Albin Michel 1995, S. 11.

23 Vgl. hierzu auch Spiller, Roland: Dangerous Liaisons. Transatlantic Multilinguism in Latin American and Maghreb Literature. With Examples from Elias Canetti, Jorge Luis Borges, Rubén Darío, Assia Djebar. In: Ette, Ottmar / Pannewick, Friederike (Hg.): *ArabAmericas. Literary Entanglements of the American Hemisphere and the Arab World*, S. 210.

24 Vgl. hierzu Donadey, Anne: Rekindling the Vividness of the Past: Assia Djebar's Films and Fiction. In: *World Literature Today* (Norman) LXX, 4 (Autumn 1996), S. 885–892; sowie Gronemann, Claudia: Die transmediale Strategie im filmischen Werk Assia Djebars. In: Ruhe, Ernstpeter (Hg.): *Assia Djebar*. Würzburg: Königshausen & Neumann 2001, S. 189–200.

25 Vgl. hierzu Ruhe, Ernstpeter: „Un cri dans le bleu immergé". Binswanger, Foucault et l'imagination de la chute dans „Les nuits de Strasbourg". In (ders., Hg.): *Assia Djebar*. Würzburg: Königshausen & Neumann 2001, S. 187.

Französisch ihrer Literatursprache tätige Autorin signalisiert Assia Djebar mit der Hand des Töchterchens in der Hand des Vaters den Abschluss eines folgenschweren Paktes, dessen Konsequenzen das kleine schwarzhaarige Mädchen gewiss noch nicht überblicken kann. Er besiegelt den Eintritt in ein neues Leben, das sich der ganzen Komplexität einer kolonialen Situation und ihrer postkolonialen Befreiungen, einschließlich aller damit verbundenen Widersprüchlichkeiten, Stück für Stück bewusst wird. Ein Leben, das für das von Millionen und Abermillionen steht und doch einzigartig gestaltet ist. Denn die Literatur ermöglicht es uns, diese koloniale und postkoloniale Wirklichkeit nicht als Darstellung von außen zu betrachten, sondern gleichsam als gelebte Wirklichkeit selbst nachzuerleben.

Gesten sind wichtig in diesem Roman der am 6. Februar 2015 in Paris verstorbenen algerischen Autorin, der noch zu Lebzeiten ein prestigeträchtiges und höchst faszinierendes *Colloque de Cerisy* gewidmet wurde. Denn nicht anders als mit dem Vater steht auch die Berührung und Verbindung der beiden Hände von Thelja und François für einen zwischen beiden wortlos geschlossenen Pakt. Wieder ist der Partner des weiblichen Ich um mindestens zwei Jahrzehnte älter, und wieder steht er – wie sein Name bereits sagt – für Frankreich und das Französische, das er wie der arabische Vater des arabischen Mädchens in *L'Amour, la fantasia* mit hörbarem Akzent spricht. Wieder gibt es ein prononciertes Ungleichgewicht zwischen den beiden Vertragschließenden; doch diesmal liegen Initiative und Wissensvorsprung auf Seiten der etwa dreißigjährigen algerischen Frau, die dank eines – wie wir später erfahren – kunstgeschichtlichen Stipendiums[26] in Paris lebt und ihren algerischen Mann wie ihren Sohn in Algerien zurückgelassen hat. Das (Liebes-)Spiel kann beginnen.

Denn Thelja ist es, die Ort und Zeitpunkt ihrer Treffen mit François bestimmt, und sie hält beim stummen Vertragsabschluss in Paris noch auf ihren Lippen („sur mes lèvres"[27]) zurück, was ihr Geliebter in Strasbourg nachträglich mit seinen Fingern auf ihren Lippen zu ertasten, ja buchstäblich zu begreifen versucht: ihren Entschluss, mit dem ihr eigentlich Fremden insgesamt neun Liebesnächte zu verbringen. So heißt es gleich zu Beginn der ersten Nacht ihres *nine nights stand*:

> Der Mann antwortet nicht. Seine Finger tasten das Gesicht der Gesprächigen ab, befühlen die Lippen, eine nach der anderen.
> –Es ist nicht die Kälte! (Sie atmet lange unter seinen Fingern, und sie findet in einem Blitz die Wahrheit.) Ich erlebe einen Anfang ...[28]

---

26 Djebar, Assia: *Les Nuits de Strasbourg*, S. 295.
27 Ebda., S. 49.
28 Ebda., S. 53f.

Von Beginn an ist Liebe mit (der Suche nach) Erkenntnis gepaart. Zugleich sind Liebe und Sprache unauflöslich miteinander verbunden und finden in der Metaphorologie der Lippen ihren doppelten Körperort. Die zuvor wortkarge Thelja spricht, wird gesprächig und öffnet sich im Angesicht des Fremden. Wie in der Djebar'schen Urszene ist der Hand-in-Hand-Vertrag mit der Zunge, mit der Sprache unauflöslich gekoppelt: Zunge, Sprache und Liebe sind eins. Und die Lippen sind für alles die Schleusen, die zwischen zwei Räumen, zwei Bereichen vermitteln.

An die Stelle der Asymmetrie der Sprachkenntnisse, welche die Beziehung zwischen Vater und Tochter regelte, ist nun eine spiegelbildliche Symmetrie der Sprachen und Sprachkenntnisse getreten. Während Thelja mit dem dialektalen Arabisch und dem Berberischen über zwei Sprachen verfügt, die ihrem Geliebten nicht zugänglich sind, spricht François mit dem Deutschen und dem Elsässischen seinerseits zwei Sprachen beziehungsweise Dialekte, die seine Partnerin nicht zu entschlüsseln vermag. Beide bedienen sich aber des Französischen, das zur Sprache ihrer Verbindung, zur Sprache ihrer Liebe wird, ohne dass die anderen Sprachen und dialektalen Formen völlig ausgeblendet würden. Sie bleiben im Roman stets gegenwärtig.

So wird die Vielzahl an möglichen Sprachen im Text stets erwähnt und evoziert. Entscheidend aber ist, dass sich in dieser symmetrischen Anlage zugleich eine asymmetrische verbirgt: Denn während das Französische für François die Muttersprache ist, ist es für Thelja eine (allerdings vertraute und „familiäre") Fremdsprache. Es ist die Sprache der ehemaligen Kolonialherren.

Wie schon für das kleine arabische Mädchen, beginnt auch für Thelja in *Les Nuits de Strasbourg* ein neuer Lebensabschnitt; doch ist es diesmal das weibliche Subjekt, das die Bedingungen für diese *Vita Nova* festlegt, ja geradezu diktiert. Im Zentrum der Freiheit, die sich Thelja nimmt, steht ihr eigenes Leben und Erleben (*je vis un commencement*), ihr Bewusstsein, diesen Beginn in höchster Wachheit und Sinnlichkeit zu erfahren und dieses Erleben in die Sprache eines neuen Lebenswissens zu übersetzen. Die Straßburger Nächte bilden neun Nächte und Stationen einer Lebenslehre, die freilich immer – wie der Epilog des Romans zeigt – im Zeichen jener Leere stehen, die ein weibliches Künstlersubjekt, Camille Claudel, festhielt: „Es gibt immer etwas Abwesendes, das mich quält (*il y a toujours quelque chose d'absent qui me tourmente)".[29] Dieses Abwesende aber glänzt durch seine Präsenz.

War die Hand in der Hand zu Beginn von *L'Amour, la fantasia* – einem Text, an dessen Ende nicht von ungefähr eine abgeschlagene Frauenhand im Sand

---

29 Ebda., S. 390.

liegt[30] – letztlich eine *Manipulation* väterlich-patriarchaler Macht, so ist es nun die noch junge Frau, die in mehr als nur einer Hinsicht den deutlich älteren Mann, der seine Ehefrau bei einem Unfall verloren hat, buchstäblich *manipuliert*. Während sie François durch ihre Gesprächigkeit – in einer Form von zungenfertig-erotischem Aufschub – daran hindert, sich mit ihr endlich zu vereinigen, beginnen wenig später ihre Finger, auf seinem Körper ein Eigenleben zu entwickeln, das in den ersten Liebesakt der ersten Nacht mit seiner ganzen Sinnlichkeit überleitet. Die stets kursiv gesetzten Schilderungen der Nächte führen die sukzessive wechselseitige Vereinigung durch Perspektivenwechsel, durch Blickwechsel ein:

> Sie lachte; dann füllte sich das Zimmer mit flüssigem Schweigen. [...] Er, abwesend und anwesend; er und seine Haut, über die meine Finger träumerisch gleiten, denn meine Finger sind es, die sich bewegen, die träumen – sie spricht zu sich selbst, die Liebende, sie, die er umschlungen hat ...
> Sie schließt die Augen, konzentriert sich intensiv: Später wird sie an diesen Augenblick der ersten Nacht denken; sie liebt es so sehr, „mit ihren Fingerspitzen zu betrachten", und so wird sie sich an diesen genauen Augenblick erinnern, in dem sich ihre ineinander verschlungenen Körper anspannen, sich quer über's Bett lang machen.[31]

Bei dieser ersten der vielen im Roman – durchaus ‚sexually explicit' – geschilderten Vereinigungen handelt es sich keineswegs um die literarische Realisierung eines Emma-Bovary-Syndroms, innerhalb dessen der männliche Geliebte zur unverzichtbaren Ingredienz eines romantisch modellierten Frauenlebens der großen Gefühle wird, sondern vielmehr um eine von Thelja selbst bestimmte Versuchsanordnung, die an lebendiger Komplexität und leibhaftiger Körperlichkeit nichts zu wünschen übrig lässt. Längst haben sich die Finger verselbständigt, sind nicht zu gehandelten Objekten eines Ich, sondern zu handelnden Subjekten für die junge Frau geworden.

Denn es geht um ein Experiment im Zusammenleben, das innerhalb eines begrenzten Raumes und einer im Vorhinein begrenzten Zeit die Möglichkeiten und Bedingungen für ein Zusammenleben in Differenz auslotet. Dabei wird die Differenz nicht als ein ‚störendes' Drittes, sondern als lustvoller Reibungspunkt und Ort einer Friktion verstanden, aus der sich die nicht allein erotische Spannung zwischen den sorgsam ausgesuchten Gegensätzen aufbaut und wieder entlädt. Die beiden Figuren, die beiden Körper liegen sich in der Wahrheit ihrer Nacktheit gegenüber: Das literarische Experiment lustvoller Kohabitation hat

---

30 Vgl. Jürgs, Britta: Assia Djebar, S. 7.
31 Djebar, Assia: *Les Nuits de Strasbourg*, S. 56 f.

begonnen. Und mit dieser Kohabitation die Suche nach der Erkenntnis, nach einem ebenso lustvollen wie schmerzhaften Wissen.

Im Mittelpunkt der literarischen Versuchsanordnung steht – wie am Ende des vorausgegangenen Zitates – das Bett. Es handelt sich in *Les Nuits de Strasbourg* nicht um ein spezifisches, individualisiertes Bett, sondern um eine Abfolge verschiedener Betten in verschiedenen Hotelzimmern und – vor allem mit Blick auf andere Liebespaare im Roman – Wohnungen und Appartements. All diese Betten sind Orte der Vereinigung und Orte des Wissens. *Das Bett in seiner abstrakten Räumlichkeit und Funktionalität wird zur zentralen Spielfläche des Liebens wie des Lebens:* Hier bündeln sich alle Kraftlinien, Bewegungen und Bewegungsmuster, die diesen faszinierenden Roman durchlaufen. Aber wird es auch zu einem Ort des Lesens?

Unter Rückgriff auf den von Edward Twitchell Hall eingeführten Neologismus *Proxemics* hat Roland Barthes in seiner 1976 und 1977 am *Collège de France* gehaltenen Vorlesung zum Thema „Comment vivre ensemble (Wie zusammenleben)" den Begriff der *Proxémie* definiert als den „sehr eingegrenzten Raum, der das Subjekt unmittelbar umgibt: als Raum des vertrauten Blickes, der Gegenstände, die man mit dem Arm erreichen kann, ohne sich zu bewegen".[32] Dabei rückt Barthes zwei Gegenstände in den Fokus seiner Analyse, die als „Proxemie-Erzeuger (*créateurs de proxémie*)"[33] verstanden werden: Lampe und Bett. Damit wird durch diese Objekte gleichsam eine Minimal-Grammatik geschaffen, derer sich vor allem Thelja, die aktive Frau, bedient.

Ohne an dieser Stelle auf die vor allem an Marcel Proust geschulten Beobachtungen Roland Barthes' zum Bett und auf seine Unterscheidung zwischen Subjekten näher eingehen zu können, die eine „gute Beziehung" oder eine nur funktionale Relation mit dem Bett besitzen,[34] soll das Bett mit Blick auf *Les Nuits de Strasbourg* weniger als Ort des Arbeitens und des Lesens (durchaus wichtigen Funktionszuweisungen innerhalb der Kulturgeschichte des Bettes im Abendland, wie wir bereits sahen), sondern vielmehr als *Verdichtungs- und Bewegungsraum* des Zusammenlebens (und sei es eines *vivre ensemble* flüchtiger, transitorischer Kohabitation) verstanden werden. Denn in der Tat ist *le lit* – im Verbund mit der Lampe, die im Roman spätestens seit der zweiten Nacht explizit für die unterschiedlichen Beleuchtungen und Ausleuchtungen der ‚Bett-Szenen', aber auch für deren völlige Verdunkelung sorgt – der eigentliche Ort von Lust, List und Last

---

32 Barthes, Roland: *Comment vivre ensemble. Simulations romanesques de quelques espaces quotidiens*, S. 155.
33 Ebda., S. 156.
34 Ebda.

all derer, die die Seiten (und die Betten) des Romans bevölkern. Denn auch im Französischen sind Bett und Lesen eng als Homophone miteinander verbunden.

Noch bevor sich der Hand-in-Hand-Vertrag von Paris in der zitierten Passage zum ersten Mal in den Körper-in-Körper-Vollzug des Liebesaktes in einem Straßburger Hotelzimmer verwandelt, wird nicht nur die Lust, sondern auch die historische Last, die diese Beziehung prägt, deutlich signalisiert, ja mit Händen greifbar. Gerade an dieser intimen Stelle wird der Liebesakt als Erkenntnisakt, als Verstehensakt, oder zumindest als Suche nach Erkenntnis deutlich. So unterbricht Thelja das Liebesspiel mit einer Frage:

> Sie bleibt teils auf ihm in Kauerstellung liegen, lastet auf ihm mit ihrem ganzen Gewicht und flüstert:
> – Wo warst Du damals? ... (Ihre Frage ist gebieterisch.)
> – Während des Krieges bei Dir zuhause? ... [...]
> – Du bist mein Geliebter und Du bist Franzose! ... Als ich vor zehn Jahren in Algier ankam, um an die Universität zu gehen, wäre mir eine derartige ... Intimität unwahrscheinlich erschienen! ...[35]

Die beiden Liebenden sind im Bett vereint, doch zunächst gilt es etwas zu klären auf der Ebene der Kollektivgeschichte. In dieser im Frühjahr 1989 angesiedelten Bett-Szene lastet der Körper der Dreißigjährigen schwer auf dem Körper des Fünfzigjährigen: Wo warst Du, François/Français, während des Algerienkrieges? Die junge Frau ist, wie der französische Staatsbürger später erfährt, gleichsam eine Frucht dieses bewaffneten Kampfes, wird sie doch im Widerstand gezeugt, während François durchaus als Soldat am Algerienkrieg teilgenommen haben könnte. Frankreich und Algerien verbindet untrennbar eine schmerzhafte Kolonialgeschichte.

François war nach eigenem Bekunden nicht im Krieg und nicht in Algerien – und doch wäre es Thelja, unabhängig von dieser Antwort, noch zehn Jahre zuvor als völlig unwahrscheinlich und abwegig erschienen, mit einem Franzosen, der auf ihren Vater, der im Widerstand ums Leben kam, geschossen haben könnte, das Bett zu teilen. Die im Symboljahr 1959, auch das Jahr der Kubanischen Revolution, im Zeichen des Freiheitskampfes Geborene gesteht im Bett, zu Beginn der fünften Nacht, ihre anfängliche Angst, ihr französischer Geliebter hätte den Krieg in ihre Beziehung einschleppen können: „Ich hätte dann gewusst, dass es zwischen uns keine weitere Nacht mehr gegeben hätte".[36] Denn mit einem potentiellen Mörder ihres Vaters hätte die junge Frau keine neun Nächte im Bett verbracht.

---

35 Djebar, Assia: *Les Nuits de Strasbourg*, S. 54f.
36 Ebda., S. 219.

Diese Vorstellung stellt für Thelja eine absolute Grenze dar. So aber kann das Experiment intimer Konvivenz auf Zeit weitergehen, die Versuchsanordnung also durchgeführt werden. Die List der Geschichte, aber auch die List der von Assia Djebar rund ums Bett gerankten Geschichten, besteht darin, dass diesseits dieser Grenze die Last der Geschichte die Lust der Liebe keineswegs verwehrt oder blockiert. Die Differenzen zwischen den Geschlechtern, zwischen den Altersstufen, zwischen den gegensätzlichen Erfahrungswelten in einer alten, blutigen Konfrontation, zwischen den Religionen, den Kulturen, den Sprachen werden nicht aufgehoben, sondern in Bewegung gesetzt: Sie werden gleichsam *vektorisiert* und damit zugleich verlebendigt.

Denn die Bewegungen der Liebenden im Bett künden – wie die obige Passage, aber auch ungezählte andere zeigen können – von den alten Konflikten, haben die alten Bewegungen, Motionen und Emotionen in sich aufgenommen und vektoriell gespeichert, um aus ihnen neue – wenn auch von den alten nicht unabhängige – Bewegungsmuster zu schaffen. Diese Bewegungsmuster dominieren den Roman und geben ihm seinen speziellen Rhythmus.

Die Vereinigung der Körper bringt folglich keine Verschmelzung, keine Tilgung der geschlechtlichen, altersmäßigen, geschichtlichen, politischen, kulturellen, religiösen oder sprachlichen Differenz(en) mit sich, baut aber – und hierin besteht die List – aus dieser Last, aus diesen Speicherungen neue Wege und Bewegungen des Zusammenlebens auf. Etwas Neues entsteht, eingedenk des Alten. Von den Straßburger Betten aus entfalten *Les Nuits de Strasbourg* die Intimität der Differenz nicht als einen Prozess der Entdifferenzierung und Homogenisierung, der dauerhaften Verschmelzung und Fusion, sondern als zeitlich und räumlich begrenztes Experiment mit dem Auseinanderstrebenden, in dem sich das Spiel der Differenzen auf intimste Weise und hautnah entfalten kann. Die Liebe als intimer Erprobungsraum literarischer Konvivenz: ein Spiel auf Zeit, gewiss, aber gerade darum experimentell und aufschlussreich. Assia Djebar hat in das experimentelle Geschehen viel Herzblut gelegt.

Die Liebesbeziehung zwischen Thelja und François ist daher von Beginn an auf einer makrohistorischen Ebene in den langanhaltenden Konflikt zwischen der Kolonialmacht Frankreich und dem kolonisierten Algerien eingespannt, der innerhalb der langen Geschichte der Auseinandersetzungen zwischen Orient und Okzident keineswegs erst mit der Invasion französischer Truppen im Jahre 1830 begann und mit der Erringung der politischen Unabhängigkeit im Jahre 1962 auch gewiss kein definitives Ende gefunden hat. Stand Straßburg in René Schickeles Blick vom Hartmannsweilerkopf für die Verbindung und Vermittlung zwischen dem Westen und dem Osten Europas entlang der süd-nördlichen Achse des Rheins ein, so wird Strasbourg in Assia Djebars Roman zu einem Ort der vielen Wege und Straßen, die den Orient mit dem Okzident und den Okzident mit dem

Orient quer durch die Jahrhunderte verbinden. Ihre Sichtweise und ihr Blick auf diese europäische Landschaft ist ein anderer, wesentlich weiterer und wird von den inter- und transkulturellen Beziehungen und Konflikten zwischen Abendland und Morgenland bestimmt.

Die Geschichte beider Liebenden, aber auch beider Kulturbereiche kann nicht separat von der jeweils anderen gedacht und gedeutet werden. Der Roman entwirft gerade *nicht* die Aussicht auf einen Schlusspunkt dieser Auseinandersetzungen und versucht auch ebenso wenig, eine (allzu simple) Hoffnung auf die Überwindung aller Konflikte in der Liebe zu verkünden. Jenseits eines derartigen *Make Love, Not War*, das zu keinem Zeitpunkt, weder in der ersten noch in der letzten der Straßburger Nächte anklingt, fordert das im Roman unternommene Experiment seinen Leserinnen und Lesern vielmehr die Bereitschaft ab, sich auf fundamental-komplexe Zusammenhänge einzulassen, die individuelle wie kollektive Lebensformen und Lebensnormen modellieren. Die Leserinnen und Leser des Romans, in welcher Sprache sie *Les Nuits de Strasbourg* auch immer lesen mögen, sind – und auch hierauf wird zurückzukommen sein – unverzichtbare Bestandteile des Experiments, das sie nacherleben, erleben und *durcherleben*[37] können – um es mit einem Begriff Wilhelm Diltheys zu sagen.

Doch die Liebe und deren Reflexion und Darstellung erschöpft sich in *Les Nuits de Strasbourg* keineswegs in der Beziehung zwischen Thelja und François. Steht die Liebesbeziehung des zentralen Liebespaares, dessen neun Nächte den gesamten Roman strukturieren, im Zeichen der vielschichtigen Beziehungen zwischen Orient und Okzident, zwischen europäischer *Metropole* und außereuropäischer *Peripherie*, so ist die Liebesbeziehung zwischen Eve und Hans, zwischen einer im Maghreb geborenen Jüdin und einem idealtypisch gezeichneten Deutschen, von dem wir wenig mehr als seinen Heidelberger Wohnsitz erfahren, im makrohistorischen Kontext innerhalb des Konfliktbereichs zwischen Judentum und Christentum, zwischen Nationalsozialismus und Shoah angesiedelt. Die Erfahrung der Shoah ist auf der kollektiven, der familiären wie der individuellen Ebene tief ins Gedächtnis dieser Eva eingesenkt, die ihrer alten Kindheitsfreundin, ihrer „soeur de Tébessa",[38] Thelja berichtet, sie fühle sich in ihrer Beziehung zu dem Deutschen im Paradies und in der Hölle *zugleich*:

---

37 Dilthey, Wilhelm: Goethe und die dichterische Phantasie. In (ders.): *Das Erlebnis und die Dichtung. Lessing – Goethe – Novalis – Hölderlin*. Göttingen: Vandenhoeck & Ruprecht [16]1985, S. 139.
38 Djebar, Assia: *Les Nuits de Strasbourg*, S. 70.

Er hat damit begonnen, ganz methodisch das Französische zu studieren; er sagt, er wolle danach den Dialekt erlernen ... Ich gebe mich hin. Ich habe alles auf eine Karte gesetzt. Ich bin in der Hölle und im Paradies („in der Hölle" wegen des Gedächtnisses, „im Paradies" wegen der Wollust).[39]

Eve ist nach Strasbourg gezogen, damit der in vielerlei Hinsicht „methodisch" vorgehende Hans an den Wochenenden aus Heidelberg zu ihr kommen kann, ohne dass er mit ihr doch dauerhaft zusammenleben dürfte. Auch hier also Kohabitation, eine Konvivenz auf Zeit. In dieser ebenso heterosexuellen Paarbeziehung gibt die junge, außerhalb Europas geborene Frau – die doch im gängigen Sinne durch ihr Frau-Sein und ihre koloniale Herkunft traditionellerweise doppelt benachteiligt sein müsste – gleichfalls die Spielregeln vor. Der Roman Assia Djebars führt uns in der Tat starke Frauencharaktere vor.

Dafür aber gibt es nicht zuletzt historische Gründe: Eve ist als Jüdin weder bereit, Deutschland – das Land der Täter – zu betreten noch die Sprache der nationalsozialistischen Mörder zu sprechen, obgleich sie in ihrer Schulzeit dem Deutschunterricht gefolgt war. Die beiden Liebenden hatten sich gleichsam extraterritorial in der Hafenstadt Rotterdam – und damit an der Mündung des Rheins – kennen und lieben gelernt, freilich ohne über eine gemeinsame Sprache der Liebe jenseits derer ihrer Körper zu verfügen: „ohne Worte, außerhalb der Worte, er und ich plötzlich verstummt."[40] Daher das fleißige Sprachenlernen von Hans, der seine Liebesbeziehung nicht allein auf Gesten und der Sprache der Körper errichten will.

Auch für Eve und Hans wird Strasbourg zur Stadt der Straßen, die andere Wege und Bewegungen sowie neue Formen des Zusammenlebens erlauben, ohne die alten Bewegungen, ohne die Massenmorde, die auf beiden lasten, zu vergessen oder zu verdrängen. In Assia Djebars Romangeschehen wird die historische Last niemals verdrängt oder totgeschwiegen, sondern stets adressiert und bearbeitet. Auch für dieses Liebespaar wird das Französische – und künftig vielleicht auch der arabische Dialekt, in dem Eve einst aufwuchs und den Hans ebenfalls zu erlernen bestrebt ist – zur Sprache der Liebe und zum Versuch eines neuen Bundes, der ein Zusammenleben nach der Shoah ermöglichen soll. Auch hier wird die Sprache zum maßgeblichen Mittel der List, um nicht jenseits, sondern innerhalb der historischen Last neue Wege der Lust des Zusammenlebens zu bahnen. Himmel und Hölle – Eves Wollust ist hierbei ein Indikator der gemeinsam einzuschlagenden Richtung, welche Liebe wie stets mit dem Wunsch und dem Willen nach Erkenntnis koppelt.

---

39 Ebda.
40 Ebda., S. 69.

Eine Vielzahl von Parallelen verbindet beide Liebespaare miteinander. Die Hoffnung auf eine *Vita Nova* – auch Eve hat im Übrigen wie ihre „Schwester" Thelja einen ersten Mann und ein erstes Kind an einem anderen Ort hinter sich gelassen – nimmt höchst konkrete Gestalt an, ist die aus dem Maghreb stammende Jüdin doch bereits hochschwanger und erwartet ein Kind von Hans, der sich diese Frucht ihrer Verbindung unbedingt wünscht. Doch auch bei diesem Liebespaar, dessen Verbindung anders als bei Thelja und François nicht begrenzt, sondern möglicherweise auf Dauer gestellt ist, kann die Liebe nicht einfach die Vergangenheit zum Verschwinden bringen, wie sich in einer hochdramatischen und sehr detailliert geschilderten Bett-Szene zeigt. Vielmehr potenziert die Liebe auch in ihrer physischen Dimension den Willen nach Erkenntnis, nach einem tiefen Verstehen der eigenen in der ‚großen' Geschichte. Der soeben erst in Strasbourg eingetroffene Hans dringt in einem verzögerten Rhythmus immer wieder in die hochschwangere Frau ein, und beide erfahren in der Anwesenheit des anderen, ihres sich im Mutterbauch bewegenden Kindes, eine wahre Explosion ihrer Lust. Doch dabei bleibt es nicht!

Denn die Last ihrer beider Geschichte wird im unmittelbaren Anschluss deutlich, als Eve Hans mit veränderter, lauter Stimme ihren Beschluss mitteilt, bei einem männlichen Nachkommen am siebten Tage eine Beschneidung vornehmen zu lassen.[41] Hans quittiert diese unabhängig von ihm getroffene Entscheidung trocken mit der Bemerkung: „Ich nehme an, Du wirst dann die Vorhaut aufessen … wie eine gute jüdische Mutter!"[42]

Das bleierne Schweigen im „Liebeszimmer", in der *chambre d'amour*,[43] zwischen den noch nackten Körpern, schlägt rasch in Schreie und Schläge um: Das Bett wird zum Ort einer unvermittelt handgreiflichen Gewalt, in der sich die gestaute Geschichte in großen Gefühlen Luft macht. Im Bett noch ist die Last wieder an die Stelle der Lust getreten, die streichelnde wird zur schlagenden, zur strafenden Hand der Frau, bevor ein englischsprachiger Vers eines „irischen Dichters" das Französische durchbricht, das von einer Sprache der Liebe in eine Sprache des Hasses, in eine *Hate Speech*,[44] mutierte:

> „I would like my love to die!" Dieser Vers eines irischen Dichters kommt ihm ausgerechnet da in den Sinn, nicht etwa vorher? … Warum leben sie ihre Liebe nicht in Irland? Warum nicht auf dieser Insel, auf irgendeiner Insel, aber nicht in dieser Stadt (die gleichwohl eine Insel in der Ill ist), wo Eve glaubte … Alles zu vergessen? So überquert er jede Woche den

---

41 Ebda., S. 160.
42 Ebda., S. 161.
43 Ebda.
44 Vgl. Butler, Judith: *Haß spricht. Zur Politik des Performativen.* Aus dem Englischen von Kathrina Menke und Markus Krist. Berlin: Berlin Verlag 1998.

Strom, mein Tristan, und ich, ich bin plötzlich nicht in der wahren Isolde, sondern vielmehr in der falschen Isolde mit den weißen Händen. In der Isolde mit den feindlichen Händen ...[45]

Unvermittelt befinden wir uns mittendrin im Tristan-Mythos. In dieser hochverdichteten Szenerie, in der mehrere literarische Stoffe und Bezugstexte miteinander verwoben sind, kommt die Literatur den sich entzweienden Liebenden gänzlich unerwartet zu Hilfe. Denn Literatur vermag zu heilen. Die Insel des Bettes als Insel der Liebe wird – nicht ohne eine Anspielung auf die Reise zur Liebesinsel Kythera – nach Irland, der Heimat eines namentlich nicht genannten Dichters projiziert, nach jenem Irland, dessen gesprochener Name dem engl. *island* so sehr ähnelt. Nach jenem Irland, das im Tristan-Mythos gleich zweimal eine so zentrale Rolle spielt.

Damit aber wird ein Gegenbild und mehr noch eine Heterotopie aufgebaut zur *île* jener *ville* von Strasbourg, deren Altstadt eine Insel im Flüsschen *Ill* bildet, um sogleich im weiteren Fortgang der Assoziationskette mit dem zumindest bis ins 12. Jahrhundert zurückreichenden Stoff von Tristan und Isolde verknüpft zu werden. Unversehens erscheinen hinter dem Liebespaar Eve und Hans die uns wohlbekannten Figuren von Tristan und Isolde. Nicht unbedingt ein Zeichen für eine glückende, glückliche Liebe – aber sehr wohl für eine Liebe in all ihrer tosenden Macht.

Die Einblendung von Irland als Insel der „wahren" Isolde wie der wahren Insel führt jene Konfiguration von Liebe und Tod ein, die in der Gestalt der „falschen" Isolde, der Isolde Weißhand, den wahrhaftig Liebenden zur Todesfalle wird. Von hier aus führt der Weg zurück zum Anfang der Kette literarischer Assoziationen, die von einem Vers aus einem vom Autor, von Samuel Beckett selbst aus dem Französischen ins Englische übersetzten Gedicht ihren Ausgang nahm: „I would like my love to die / and the rain to be falling on the graveyard / and on me walking the streets / mourning the first and last to love me".[46] Wie Irland zur Heterotopie, zum Ander-Ort wird, so wird auch das Englische zur Heteroglossie, zur Ander-Sprache, die weder die Sprache von Eve noch die Sprache von Hans ist und damit zu einer durch Über-Setzen erreichbaren Zwischenwelt wird, die neue, versöhnlichere Bewegungen erlaubt. Das Englische als Zwischen-Sprache wird zu einer Vermittlerin zwischen Liebe und Hass. Und die beiden Liebenden beginnen sich zu beruhigen.

---

45 Djebar, Assia: *Les Nuits de Strasbourg*, S. 164.
46 Beckett, Samuel: *Quatre poèmes*. New York: Kaldewey 1986.

Abb. 52: „Straßburg, von der Grande-Île zur Neustadt, eine europäische Stadtszenerie", Luftbild von 2014.

Wir stoßen hier auf das uns aus anderen Kontexten und Texten bereits bekannte Gnosem der Einführung eines Dritten, das die Opposition aufhebt und verstellt, ohne eine Fusion, ohne eine dialektische Aufhebung zu bewerkstelligen. Dieses Gnosem des Zusammenlebens, dieses kleinste Element des Wissens um eine Konvivenz, wird für beide Liebenden und ihre Liebe zur Rettung. Eve und Hans werden folglich nicht zu Tristan und Isolde: Sie (er)leben die Liebe nicht als Tod, sondern erleben und durchleben dank der lebensrettenden Kraft der Literatur einen lebendigen Bewegungsraum jenseits starrer Oppositionen, die ihnen immer wieder eine historische Last aufzubürden und aufzuzwingen suchen. Die Einführung eines Dritten jenseits des schieren Gegensatzes zwischen zwei Polen kann Leben retten. Und es ist die Lektüre, es ist das Lesen, das diesen vermittelnden, ausgleichenden Zwischen-Raum eröffnet und offen hält.

Die Erinnerung, das Gedächtnis der Shoah, des Massenmords an ihrem Volk, vermischt sich bei Eve am hochgradig literarisierten Ausgang dieser Liebes- und Hassszene im Bett mit dem Gedächtnis der Literatur, das ihr in rascher Folge verschiedenste Figuren, Formen und Orte der Liebe eingibt. Dies sind zugleich auch Figuren, Formen und Worte der Lektüre. Hans murmelt ihr danach einige wenige Worte eines deutschen Verses, die Eve nicht versteht, ins Ohr – und so setzt die Literatur, unterschiedliche Sprachen querend, ihre Wirkung und ihr Wissen auch jenseits eines rationalen Verstehens und Begreifens fort. Eve kommt wieder zur Ruhe und schläft auf dem Bett der Liebe ein, das zum Ort einer transgenerationalen Last, zum Lager Tristans und zur Insel des Todes geworden war: zu einem Ort tragischen Liebeserlebens.

Thelja und Eve, die beiden großen maghrebinischen Frauenfiguren dieses Romans von Assia Djebar, sind mit der Welt der Literatur auf höchst intensive Weise verwoben. Denn beide sind sie große Leserinnen, wie die Autorin selbst. Zahlreich sind ihre Anspielungen auf Werke von Homer und Pindar, von Georg Büchner und Johann Wolfgang Goethe, von Louise Labé oder Victor Hugo bis hin zu Camille Claudel oder René Char. Sie sind – der Romandiegese angemessen – mit dem Wissen der abendländischen Literatur intim vertraut und blenden ihre Lesefrüchte in ihr Erleben und ihr Leben ein.

Die befreiende Kraft dieser Literatur gerade für diese beiden „algerischen Frauen" ist von Ernstpeter Ruhe in seiner Analyse deutlich vor Augen geführt worden.[47] Zugleich jedoch tritt der im Roman ausgespannte innerliterarische Raum komplexer intertextueller Verweisungen neben das historische als ein literarisches Gedächtnis, das mit seinen spezifischen Lebensformen und Lebensnormen die erdrückende Last einer Geschichte insofern mildert, als das Lebenswissen der Literatur ein Wissen zur Verfügung stellt, das zeigt, wie man leben und zusammenleben kann und welche Grenzen es dafür gibt. Denn die Literaturen der Welt bilden ein interaktives Experimentierfeld für ein Lebenswissen, ein Erlebenswissen, ein Überlebenswissen und ein Zusammenlebenswissen, das durch kein anderes Medium so zu gewährleisten ist oder ersetzt werden könnte.

Die Literaturen der Welt entwerfen auf diese Weise neue Spiel-Räume der Bewegung, die der Last der Geschichte mit List und Lust neue und alte Entwürfe der Freiheit an die Seite stellen. Die Liebe ist dabei mit dem Lesen vielfältig und viellogisch verbunden. Die Logik *einer* Geschichte wird vielperspektivisch und vieldeutig – wie in der obigen literarischen Assoziationskette – gesprengt: Und eben dies ist die List der Literatur, die jeglichem Manichäismus das Polylogische des Literarischen als Widerstand entgegensetzt. Neue Handlungsmuster für ein Zusammenleben, das sich der Last der Geschichte bewusst ist und diese nicht vergisst, ihr aber auch nicht ausgeliefert ist, werden durch dieses Lebenswissen der Literatur implementierbar und zu Gnosemen des ÜberLebenswissens und ZusammenLebensWissens umgeformt. Die Literaturen der Welt zeigen auf, welche Lebensformen und Lebensnormen möglich und gegebenenfalls lebbar sind.

---

47 Vgl. Ruhe, Ernstpeter: „Un cri dans le bleu immergé". Binswanger, Foucault et l'imagination de la chute dans „Les nuits de Strasbourg", S. 177.

Insofern gilt es nun, die Dialektik zwischen Leben und Lieben zu einer Triade zu erweitern, in welcher dem Lesen und der Literatur eine wichtige Funktion zukommt – und zwar keineswegs jene einer „Einschläferung" oder „Betäubung", sondern die einer Belebung und Erweiterung. Im Dreieck von Lieben, Leben und Lesen übernimmt die Literatur die Funktion eines Gedächtnisses, das sich der schieren Logik ständig sich wiederholender Konflikte innerhalb einer erdrückenden, unausweichlichen Geschichte – *ohne* zu vergessen – zu entziehen vermag und zugleich doch prospektiv, zukunftsorientiert ausgerichtet ist. Die Literaturen der Welt stellen dieser Logik der Historiographie die plurale, vielgestaltige und vielsprachige Logik eines literarischen Lebenswissens an die Seite, das nicht auf Gegensatzpaare reduzierbar ist, sondern immer wieder neue viellogische Strukturen und Strukturierungen entfaltet. Es überrascht daher nicht, dass sich gerade von der Seite des Lesens her für das Leben Wege und Straßen finden lassen, welche just an dem von Assia Djebar gewählten Ort, dem (mobilen) Sitz des Europäischen Parlaments, den Blick auf individuelle wie kollektive Formen des Zusammenlebens eröffnen.

Das in diesem Beziehungsgeflecht sichtbar werdende Spannungsfeld von Geschichte und Literatur, innerhalb dessen sich das gesamte literarische und filmische Schaffen von Assia Djebar ansiedelt, markiert eine der für das Verständnis von *Les Nuits de Strasbourg* sicherlich fundamentalen Passagen, anhand derer Formen und Normen, aber auch Strategien des Zusammenlebens reflektiert werden. Dabei kommt dem Ort des Geschehens, der bereits evozierten Stadt der Straßen, eine zusätzliche, historisch gewachsene Bedeutung zu, die im Text als Gnosem zugunsten einer Konvivenz ausgespielt wird, welche dem Lesepublikum zur Verfügung steht.

Eine Stunde, bevor Hans wie gewöhnlich den Zug nach Heidelberg nimmt und den Rhein wieder in östlicher Richtung überquert, holt Eve eine antiquarisch erstandene und etwas verstaubte *Histoire de la langue française* aus dem Regal, um ihn vor dem Hintergrund der Geschichte ihrer eigenen Familie, die eine Abfolge ständiger Vertreibungen und Migrationen war, an einen von ihm vergessenen Teil der gemeinsamen Geschichte von Deutschen und Franzosen zu erinnern.[48] Es handelt sich um die sogenannten *Serments de Strasbourg*, die im Jahre 842 zwischen Karl dem Kahlen und Ludwig dem Deutschen abgelegten *Straßburger Eide*, die als das erste schriftsprachliche Zeugnis der französischen Sprache angesehen werden und in denen das Französische, wie es in einer neueren Sprachgeschichte heißt, „ans Licht der Welt tritt".[49] Damit ist zugleich aber

---

48 Djebar, Assia: *Les Nuits de Strasbourg*, S. 234.
49 Wolf, Heinz Jürgen: *Französische Sprachgeschichte*. Heidelberg: Quelle & Meyer – UTB 1979, S. 56.

auch eine oftmals übersehene Lebenslehre verbunden, ein Wissen von einem Zusammenleben, das nichts von seiner Aktualität verloren hat. Und wieder wird dieses Wissen durch eine Lektüre in den Text des Romans hereingeholt.

Denn die *Serments de Strasbourg* sind in vielerlei Hinsicht exemplarisch. Außergewöhnlich an diesem zwischen den beiden Brüdern geschlossenen Pakt war nicht nur die Tatsache, dass „Verträge sowohl vor- als auch nachher auf Lateinisch abgefaßt wurden",[50] so dass es sich hierbei durchaus um einen gewissen Konventionsbruch handelt. Für Eve – und selbstverständlich für uns – ist vor allem die Tatsache bedeutungsvoll und relevant, dass sich in den *Straßburger Eiden* Charles le Chauve und Louis le Germanique wechselseitig und gleichsam translingual Beistand und ein Ende aller Auseinandersetzungen zusicherten, insoweit die Eidesformeln von ihnen und ihren Truppen jeweils in der Sprache der anderen, also in „deutscher" und in „französischer" Sprache (*romana lingua*), abgelegt wurden. Die Sprache des anderen ist das Tor zum Verstehen – nicht nur des Anderen, sondern innerhalb eines weiteren Horizonts, der auch das eigene Verstehen miteinschließt.

Wir stoßen hier auf ein weiteres Gnosem des Überlebens wie des Zusammenlebens – und wiederum eines, das uns durch das Lesen von Literatur und nicht eines bloßen historischen Dokuments zugänglich wird. Dieses frühe Zeugnis des (Alt-)Französischen rückt die historische Entwicklung einer Sprache in den Vordergrund, die ebenso die Sprache der Liebespaare Eve und Hans sowie Thelja und François wie die Literatursprache der in Algerien geborenen Assia Djebar ist. Zugleich wird ein Verfahren vorgeführt, das programmatisch auf die Überwindung kriegerischer Auseinandersetzungen und ein friedvolles Zusammenleben abzielt, indem jeweils die Sprache und damit Kultur des anderen anerkannt und zur Geltung gebracht wird. Der direkte Gegensatz, der blanke Antagonismus wird durch eine derartig überkreuzende Strategie in Frage gestellt, ja bereits unterlaufen: auch im Individuellen, ja höchst Intimen.

Dergestalt zeichnet sich eine weitere List ab, um die Last einer (kollektiven und/oder individuellen) Geschichte so zu bewältigen, dass sich daraus die Lust an und in einem künftigen Zusammenleben bilden kann. Leben, Lieben und Lesen bilden eine unzertrennbare Triade, die den Roman in all seinen Tagen, in all seinen Nächten durchläuft und stringent gliedert.

Die Anerkennung des Anderen im Geiste der Brüderlichkeit ist für Eve – die sich Hans nähert, „mit ihren Lippen seine Lippen streifend"[51] – mehr noch als ein bloßer Beistandspakt ein wahrhaftiger *serment d'amour*,[52] ein Liebeseid, der für

---

50 Ebda.
51 Djebar, Assia: *Les Nuits de Strasbourg*, S. 236.
52 Ebda.

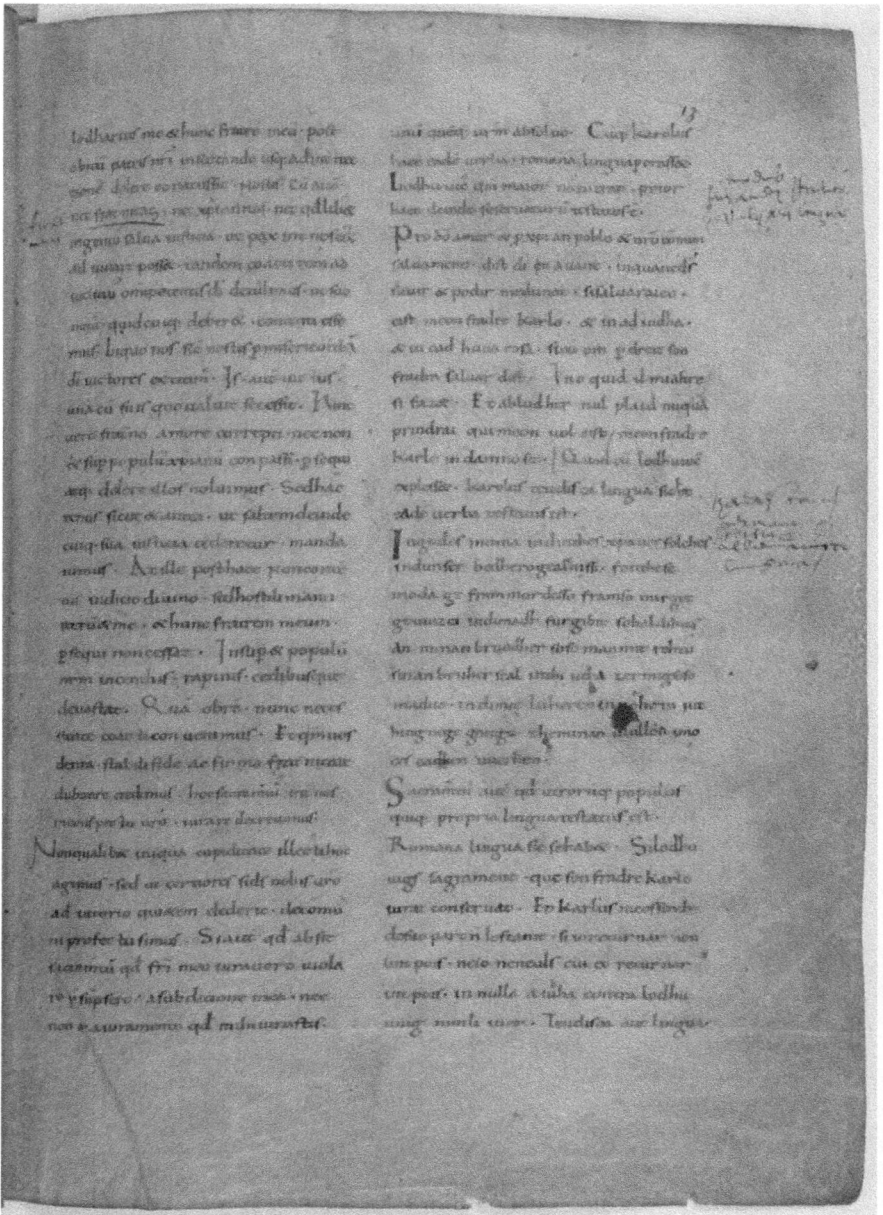

Abb. 53: Handschriftliche Nachschrift der *Straßburger Eide*, folio 13 recto, Ende des X. Jahrhunderts.

Vertrag von Verdun: ▨ Reich Lothars I. ☐ Reich Ludwigs des Deutschen ▮ Reich Karls II., des Kahlen

Abb. 54: Karte der fränkischen Reichsteilung nach dem Vertrag von Verdun im Jahr 843.

sie selbst bedeutet, sich erstmals seit ihrer Schulzeit wieder des Deutschen (das nicht mehr über ihre Lippen sollte) zu bedienen. Das historische und zugleich literarische, er*lese*ne Beispiel verändert das Leben und Lieben der zweiten starken Frauenfigur aus dem Maghreb in Assia Djebars Roman. Und so folgt dem „Straßburger Eid" des christlichen Deutschen der Straßburger Eid der maghrebinischen Jüdin: „Ihre Stimme wurde immer klarer, sie deformierte nichts an den Konsonanten, nichts am Rhythmus der Sprache von Hans, der ihr bewegt zuhörte".[53]

---

53 Ebda., S. 237 f.

Im Spannungsfeld von Geschichte, Literatur und Sprache wird auf diese Weise in Assia Djebars brillantem Roman ein historisch akkumuliertes, wenn auch weitgehend vergessenes – da nur auf die Dimensionen eines linguistisch zu untersuchenden Sprachdenkmals reduziertes – Wissen vom Zusammenleben von der kollektiven auf eine individuelle Ebene projiziert. Dieses literarisch akkumulierte Lebenswissen und Zusammenlebenswissen wird auf der individuellen Ebene angewandt und nutzbar gemacht – der Roman geht folglich mit gutem Beispiel voran. Denn auch wir sollten lernen, die Literatur als einen interaktiven Speicher von Lebenswissen und Zusammenlebenswissen zu verstehen, der uns zu adaptierende Modelle für das eigene Leben oder für eigene Handlungsweisen zur Verfügung stellt und auf kreative Anwendungen wartet. Dies impliziert freilich auch eine aktive Rolle für das Lesepublikum.

Nichts von diesem Geist ist in jenen in der Regel nationalkulturell ausgerichteten Sammlungen und Sprachgeschichten gerade auch der Zwischenkriegszeit zu spüren, die zwar vom „ältesten Denkmal unserer Sprache" sprechen,[54] nicht aber auf die Bedeutung dieses am 14. Februar 842 mit Bedacht zu Strasbourg abgelegten brüderlichen Schwures eingehen, der mit den bemerkenswerten Worten beginnt:

> Pro Deo amur et pro christian poblo et nostro commun salvament, d'ist di en avant, in quant Deus savir et podir me dunat, si salvarai eo cist meon fradre Karlo, et in aiudha et in cadhuna cosa [...].[55]

Die *Straßburger Eide* sind ein Modell für die Aufrechterhaltung von Frieden zwischen kriegerisch eingestellten Nachbarn – bis heute. Wie Assia Djebar den französischen wie den deutschen LeserInnen ihres Romans einen zwar sprachgeschichtlich vielfach untersuchten, aber weitgehend vergessenen (da aus den unterschiedlichsten Gründen verdrängten) Teil der deutsch-französischen Geschichte in *Les Nuits de Strasbourg* in Erinnerung ruft, so sorgen die aus dem Maghreb stammenden Eve (mit ihren erneuerten, im doppelten Sinne Geschlechter übergreifenden Eiden) und Thelja (dank ihrer profunden geschichtlichen wie kunstgeschichtlichen Kenntnisse) dafür, den wenig brillanten Kenntnisstand ihrer jeweiligen deutschen und französischen Geliebten etwas zu verbessern. Denn die Liebe kann auf das intensive Lesen und dessen aktive Einbeziehung nicht verzichten.

Die Schrift der *Straßburger Eide* hält ein Wissen bereit, das sich weder in der Geschichtsschreibung noch in der Sprachgeschichtsschreibung, wohl aber

---

54 Bornecque, Henri: *Les Chefs-d'oeuvre de la Langue Française des origines à nos jours. Prose.* Paris: Bibliothèque Larousse 1924, S. 7.
55 Ebda.

im Reich der Literatur als ein ZusammenLebensWissen rekonstruieren und auf die unterschiedlichsten Praktiken des Lebens beziehen lässt. Der Roman führt uns dies gerade auch in seiner Art der Anwendung dieses Wissens vor Augen. *Les Nuits de Strasbourg* treten mithin in die Spur der *Serments de Strasbourg* als ein interaktiver Speicher des Wissens vom Zusammenleben, im Zusammenleben und aus dem Zusammenleben, um Widerstand zu leisten gegen jenes Nicht-Zusammenleben-Wollen oder Nicht-Zusammenleben-Können, das den historischen Erfahrungsraum der aus Algerien stammenden Schriftstellerin prägt. Mit anderen Worten: Der translinguale Umgang mit der Sprache des Anderen, mit den Worten des Anderen, wird hier zu einem grundlegenden Gnosem des individuellen wie kollektiven Zusammenlebens.

Assia Djebar hat stets ihr eigenes literarisches oder filmisches Tun theoretisch und kritisch reflektiert. In ihrer am 18. Oktober 1996 in Norman, Oklahoma gehaltenen Dankesrede anlässlich der Überreichung des „Neustadt International Prize for Literature" hielt sie zu einem Zeitpunkt, der noch innerhalb des in *Les Nuits de Strasbourg* angegebenen Entstehungszeitraums zwischen Sommer 1993 und 1997[56] liegt, fest:

> Ich erwähnte bereits, dass ich Fiktion schreibe (that I am a writer of fiction). Der peruanische Romancier Mario Vargas Llosa hat die Fiktion in einem seiner Essays definiert als „Wahrheit durch Lügen" („truth through lying"). Er fügt eine Bemerkung hinzu, die ich am liebsten selbst geschrieben haben würde: „Im Herzen jeder Fiktion brennt die Flamme des Protests hell auf."[57]

Diese ästhetischen und ethischen Positionen, wie sie Mario Vargas Llosa insbesondere in *La verdad de las mentiras* (Die Wahrheit der Lügen)[58] vertreten hat, finden sich in vielen Schriften des Autors von *La casa verde*. So heißt es etwa in seinem Essay *Cervantes und die Fiktion*, auf den ich an dieser Stelle gerne aufmerksam machen möchte:

> Aber die Einbildungskraft hat ein schlaues und subtiles Gegenmittel für die unvermeidliche Scheidung zwischen unserer begrenzten Realität und unseren maßlosen Gelüsten ersonnen: die Fiktion. Dank ihrer Hilfe sind wir mehr und sind wir andere, ohne doch aufzuhören, dieselben zu sein. In ihr lösen wir uns auf und vervielfachen uns, indem wir viele Leben mehr leben als jenes, das wir besitzen, oder jene, die wir leben könnten, wenn wir nicht beschränkt blieben auf das Wahre, wenn wir aus dem Gefängnis der Geschichte nicht herauskämen.

---

56 Djebar, Assia: *Les Nuits de Strasbourg*, S. 405.
57 Djebar, Assia: Neustadt Prize Acceptance Speech. In: *World Literature Today* (Norman) LXX, 4 (autumn 1996), S. 784.
58 Vargas Llosa, Mario: *La verdad de las mentiras. Ensayos sobre la novela moderna* (1990).

> Die Menschen leben nicht bloß von Wahrheiten; sie brauchen auch Lügen: jene, die sie ganz nach ihrem freien Willen erfinden, nicht die anderen, die man ihnen auferlegt; jene, die sie zeigen, wie sie sind, nicht die anderen, die im Gewand der Geschichte geschmuggelt werden. Die Fiktion bereichert ihre Existenz, vervollständigt sie und kompensiert vorübergehend diese tragische Lebensbedingung, die die unsere ist: immer mehr zu begehren und mehr zu erträumen als das, was wir erreichen können. [...] Aus dieser Freiheit werden die anderen Freiheiten geboren. Diese privaten Zufluchtsorte, die subjektiven Wahrheiten der Literatur, übertragen der historischen Wahrheit, die sie ergänzt, eine mögliche Existenz und eine eigene Funktion: einen wichtigen Teil – wenn auch nur einen Teil – unserer Erinnerung zu retten: jene Formen der Größe und des Elends, die wir mit den anderen in unserem Dasein als Herdentiere teilen.[59]

Der in Peru geborene Autor ergänzt hier vor dem Hintergrund seines eigenen erzählerischen Schaffens das aus seiner Sicht notwendige Spiel von Geschichte und Fiktion durch den Begriff des Lebens, der – so ließe sich sagen – beide Pole gleichsam quert und durchzieht[60] und sie auf diese Weise miteinander verbindet. Er hätte sich dabei auf eine wichtige Passage in Wilhelm Diltheys *Das Erlebnis und die Dichtung* beziehen können, wo der Philologe und Philosoph das Leben zu einer ästhetischen Kategorie der Schöpfung werden lässt:

> Dem durch seinen Lebensgang eingeschränkten Menschen befriedigt es, die Sehnsucht, Lebensmöglichkeiten, die er selber nicht realisieren kann, durchzuerleben. Es öffnet ihm den Blick in eine höhere und stärkere Welt. Und es beschäftigt im Nacherleben sein ganzes Wesen in einem ihm gemäßen Ablauf der seelischen Vorgänge, von der Freude an Klang, Rhythmus, sinnlicher Anschaulichkeit bis zum tiefsten Verständnis des Geschehnisses nach dessen Beziehungen zur ganzen Breite des Lebens.[61]

Bei dieser ebenso der Literatur wie der Literaturwissenschaft letztlich – so meine ich – gemeinsamen Suche nach der „ganzen Breite des Lebens" ergibt sich erst aus der bewussten Verbindung mit der Begrifflichkeit des Lebens jener Protest, jener Widerstand der Fiktion, jene Widerständigkeit des Ästhetischen gegen eine Geschichte, deren Gefängnissen das Individuum ansonsten weitgehend ausgeliefert ist. Und auch wenn Assia Djebar – wie sie in ihrer Preisrede formulierte – gegenüber der „Nützlichkeit" und Wirkung von Literatur insgesamt skeptisch bleibt und allenfalls hofft, durch ihre Werke „das Echo der Stimmen so vieler

---

59 Vargas Llosa, Mario: *Cervantes y la ficción – Cervantes and the Craft of Fiction.* Basel: Schwabe 2001, S. 19 f.

60 Vgl. hierzu ausführlicher Ette, Ottmar: Laudatio: Ette, Ottmar: Laudatio: Mario Vargas Llosa oder die Praxis einer lebenswissenschaftlich ausgerichteten Literaturwissenschaft. In: Ette, Ottmar / Ingenschay, Dieter / Maihold, Günther (Hg.): *EuropAmerikas. Transatlantische Beziehungen.* Frankfurt am Main - Madrid: Vervuert - Iberoamericana 2008, pp. 9–23.

61 Dilthey, Wilhelm: Goethe und die dichterische Phantasie, S. 139.

anderer Frauen" verlängern zu können,[62] so macht sie doch deutlich, in welcher Weise sich ihr Widerstand in der Literatur und durch die Literatur artikuliert. In diesem lebenswissenschaftlichen Sinne ist Literatur Widerstand gegen die Geschichte und bildet vielleicht mehr noch eine (ästhetisch wirksame) Widerständigkeit, die Sand im Getriebe all jener Institutionen ist, die auf eine Willfährigkeit und Widerstandslosigkeit setzen. Denn gerade auch dort, wo Widerstand rasch zu einer subsumierbaren Gegen-Position verkommen kann, lässt die Literatur eine Resilienz entstehen, die wesentlich schwerer gesellschaftlich und gesellschaftspolitisch zu inkorporieren und damit unsichtbar zu machen ist.

In einer Rede vom 28. November 1998 am Berliner Haus der Kulturen der Welt merkte Assia Djebar, die der algerische Schriftsteller Mohammed Dib einmal als eine „Eva in ihrem Garten" beschrieb,[63] zur Diegese ihrer Fiktion von *Les Nuits de Strasbourg* an, dass die Wahl der elsässischen Metropole für sie kein „Spiel des Zufalls", sondern „der Notwendigkeit" gewesen sei.[64] Die algerische Autorin hatte 1993 dank eines Stipendiums drei Monate lang in Strasbourg gelebt, hatte sich intensiv mit der Geschichte dieser Stadt beschäftigt, war auf die zehnmonatige Leere der *ville frontière* zwischen September 1939 und Juni 1940 gestoßen und hatte bald darauf damit begonnen, „die Leere von 1939 mit Liebesgeschichten aus dem Jahr 1989"[65] zu füllen. Durch diese Liebes-Fiktionen arbeitete sie eine Darstellung von Wirklichkeit um in die Darstellung einer gelebten und zugleich auch lebbaren Wirklichkeit.

Zwischen dem Beginn der Arbeit an diesem Roman im Sommer 1993 in Strasbourg und Paris und seinem Abschluss 1997 zu einem Zeitpunkt, als Assia Djebar ihre Arbeit als Direktorin des „Center for French and Francophone Studies" an der Louisiana State University in Baton Rouge gerade aufgenommen hatte, lagen die verstörenden Nachrichten von den blutigen Massakern in Algerien, denen sie mit zwei Büchern über den Tod – *Le Blanc de l'Algérie* (1996) und *Oran, langue morte* (1997) – geantwortet hat und den Widerstand, die Widerständigkeit ihrer Ästhetik, ihrer Fiktionen entgegensetzte. Ihre „erste Reaktion auf die blutige Gegenwart" sei es gewesen, „noch ausführlicher über jene imaginären neun Liebesnächte in Straßburg zu schreiben! Geben wir es zu – meine Fantasie war

---

62 Djebar, Assia: Neustadt Prize Acceptance Speech, S. 784.
63 Dib, Mohammed: Assia Djebar, or Eve in her Garden. In: *World Literature Today* (Norman) LXX, 4 (autumn 1996), S. 788.
64 Djebar, Assia: Schreiben in Europa. Über den Roman „Nächte in Straßburg". Rede im Haus der Kulturen der Welt, Berlin, 28. November 1998. In: <http://www.unionsverlag.com/info/link. asp?link_id=256&pers_id=12&pic=../portrait(5.5.2004)>, S. 2.
65 Ebda., S. 3.

in gewissem Sinn reine Therapie!"[66] Zweifellos besitzt die Literatur, wie bereits betont, eine therapeutische, eine heilende Wirkung. Doch diese ist nicht notwendig auf das Individuum und das schreibende Individuum begrenzt.

Schreiben kann Therapie und Widerstand gegen eine blutige, dem Wahnsinn und der Raserei anheimgefallene Gegenwart sein: Es ist folglich der grausame Hintergrund einer Unfähigkeit zum Zusammenleben in ihrer Heimat, vor dem sich jenes literarische Experiment ansiedelt, das mit *Les Nuits de Strasbourg* die Möglichkeiten wie die Grenzen eines Zusammenlebens zwischen verschiedenartigen Geschichten, Kulturen, Religionen, Sprachen und Geschlechtern erforscht. Dabei erkundet die Autorin nicht allein mit Hilfe der Fiktion die unterschiedlichen Geschichten der einzelnen Faktoren einer sie schockierenden blutigen Geschichte, sondern zielt zugleich, anders als die Geschichtswissenschaft, auf Rettung, Heilung und Abhilfe ab.

Literatur ist wohlgemerkt in dem Sinne Widerständigkeit gegen die Geschichte, als sie auf deren Verbesserung, auf deren Korrektur drängt. Entfaltet der Roman auf die Autorin bezogen ein geradezu therapeutisches ÜberLebenswissen, insofern er allem Hass und aller Zerstörung eine Gegenwelt der Liebe und der Liebesnächte entgegenstellt, so speichert er für seine Leserinnen und Leser in einer Welt, die von scheinbar unversöhnlichen Gegensätzen geprägt ist, ein Wissen von den stets prekären Möglichkeiten des ZusammenLebens und des Ausgleichs. Es ist ein literarischer Kampf gegen die Fiktion von interessegeleiteter Seite, dass die Gegensätze zwischen den Konfliktparteien selbstverständlich unüberbrückbar und unüberwindlich seien. Die literarische Fiktion bekämpft derartige krude Fiktionen, wie sie uns allenthalben etwa von politischer Seite präsentiert werden. War der Gegensatz zwischen Deutschland und Frankreich unüberbrückbar? Oder war der Konflikt zwischen der Kolonialmacht Frankreich und der (ehemaligen) Kolonie Algerien unausweichlich? Die Erfahrung der *Serments de Strasbourg* spricht eine andere Sprache und zeigt die Möglichkeiten einer friedlichen Konvivenz auf. Ein Wissen, das die Listen, das die Gnoseme von den Möglichkeiten und Risiken des Überlebens und Zusammenlebens in eindrucksvoller Vieldeutigkeit und Konkretheit zugleich vor die Augen ihrer Leserschaft führt: Das ist der Kern der Fiktion des Romans von Assia Djebar.

Denn gerade die *Straßburger Eide* zeigen, dass ein derartiges ZusammenLebensWissen, dessen Ausprägung und Entwicklung unter bestimmten kulturellen und gesellschaftlichen Bedingungen historisch anwachsen, aber auch wieder verspielt werden kann, sich ebenso auf eine makrohistorisch-gesellschaftliche wie auf eine mikrohistorisch-individuelle Ebene beziehen lässt und nach Anwendung

---

66 Ebda., S. 4.

drängt. Dabei ist es – ganz im Sinne von Wilhelm Dilthey wie von Mario Vargas Llosa – die Lüge der Fiktion, die die eigentliche Wahrheit hervortreibt, vor allem aber jene Räume der Freiheit schafft, die vom Gefängnis der Geschichte, „la cárcel de la historia",[67] begrenzt und ausgegrenzt werden. Wir befinden uns hier im Kernbereich dessen, was die Fiktion in den Literaturen der Welt leisten kann. Denn Literatur vermag nicht nur individuell zu heilen.

Eben diesen verschlossenen Gefängnis-Raum der Geschichte hat Assia Djebar in *Les Nuits de Strasbourg* in Bewegung gesetzt, mit Leben gefüllt und (wieder) belebt: um „mittels der Fantasie eine *Fiktion* aufzubauen, [...] einen Ort, eine Stadt neu zu beleben".[68] Schreiben als Widerstand und mehr noch Widerständigkeit gegen den Tod und die Absolutsetzung einer einzigen Logik der Geschichte, als Versuch, das ZusammenLebensWissen zu stärken und gesellschaftlich – mit den stets zugleich ungenügenden und überreichen Mitteln der Literatur – zugänglich zu machen: Dies ist der Kern der Djebar'schen Ästhetik und Literatur. So formulierte die algerische Schriftstellerin ursprünglich 1985 in einer Antwort auf die Frage, warum sie schreibe:

> Ich schreibe gegen den Tod, ich schreibe gegen das Vergessen ... Ich schreibe in der (lächerlichen) Hoffnung, eine Spur, einen Schatten, eine Kritzelei auf dem Treibsand, auf dem wieder auffliegenden Staub, in der sich nähernden Sahara zu hinterlassen ...[69]

Mit Blick auf ihren 1991 erschienenen Band *Loin de Médine* (*Fern von Medina*)[70] hielt Assia Djebar in einem 2002 veröffentlichten Interview fest, sie habe nach der Wahrheit gesucht: „nach der Wahrheit – das heißt aber auch nach dem Leben, nach den Bewegungen und den Leidenschaften der Menschen".[71] Es handelt sich um eine Literatur, die nach dem Leben trachtet und im Grunde das ganze Leben will, unverblümt und radikal – wie ihre Protagonistinnen in den Nächten Straßburgs.

Die fundamentale Bedeutung des Lebens – das in einem Atemzug mit Motionen und Emotionen beschworen wird – im Gesamtwerk der algerischen Schriftstellerin zeigt sich zweifellos in besonderem Maße in *Les Nuits de Strasbourg*, jener „Hommage an das Leben",[72] die Assia Djebar im Angesicht der fortgesetzten Massaker im Algerien der neunziger Jahre schrieb. Ihr eigenes Schreiben,

---

67 Vargas Llosa, Mario: *Cervantes y la ficción*, S. 19.
68 Djebar, Assia: Schreiben in Europa. Über den Roman „Nächte in Straßburg", S. 1.
69 Djebar, Assia: Pourquoi écrire. Nachdruck in: *Présence de femmes. Atelier de recherches sur les femmes algériennes (ARFA): Gestes acquis, gestes conquis*. Alger: Hiwar 1986, S. 69.
70 Djebar, Assia: *Loin de Médine. Filles d'Ismaël*. Roman. Paris: Albin Michel 1991.
71 Djebar, Assia: La mémoire des femmes. Propos recueillis par Aliette Armel. In: *Magazine littéraire* (Paris) 410 (2002), S. 102.
72 Ebda.

so die Autorin von *L'Amour, la fantasia*, sei aus der Perspektive der Frauen letztlich immer ein Versuch, der auf das Leben, das Überleben ziele: „Das Gedächtnis der Frauen wiederherzustellen: Darin besteht unser Überleben, so scheint mir."[73] Man darf getrost sagen, dass die algerische Autorin dieses Ziel im Verlaufe ihres Lebens vollständig erreichte, insofern sie in einer überragenden Manier dieses Wissen nicht allein in Erinnerung rief, sondern kreativ und mit den Mitteln der Fiktion gestaltete.

Ihr Roman *Les Nuits de Strasbourg* demonstrierte hierbei die Notwendigkeit, gerade in Zeiten, in denen das ZusammenLebensWissen verloren zu gehen droht, mit den Mitteln von Fiktion und Phantasie eine Spielfläche zu schaffen, in der dieses Wissen experimentell formuliert, erprobt und fortentwickelt werden kann. Dies ist weit mehr als ein Bewahren des Gedächtnisses. Dabei entfaltet die Literatur freilich ein Wissen, das sich insbesondere jener drei zentralen Aspekte annimmt, die aus biomedizinisch-technologischer Sicht die fundamentalen Koordinaten des Lebensbegriffes bilden: die Irreversibilität allen Lebens, die Unvorhersehbarkeit aller Lebenspozesse und die Tatsache, dass Leben mehr ist als die Summe seiner Bestandteile.[74]

Doch beschäftigen wir uns noch einmal mit den gezählten Liebesnächten des Romans. Gleich zu Beginn der ersten Liebesnacht wird die angehaltene Zeit, der *Temps arrêté* der Liebenden, vom Schlagen einer nahegelegenen Kirchturmglocke wieder in Bewegung gesetzt:[75] Die Tage und die Stunden sind gezählt, die für das Leben und das Lieben, aber auch für das Lesen zur Verfügung stehende Zeit ist knapp und begrenzt. Folgen wir der anregenden Studie von Harald Weinrich, so ist die Zeit dadurch nur umso kostbarer und wertvoller.[76] Schon in Paris hatte Thelja ihrem künftigen Liebhaber gesagt, sie sorge sich, weil er ihr auf dem Lebensweg, dem *chemin de la vie*, so weit vorausgehe, sie aber ihrerseits als Frau, die ihren Mann hinter sich gelassen habe, keine Zukunft mehr vor sich habe, da sie über kein „zweites Frauenleben" mehr verfügen könne.[77] Die Zeit ist nicht für alle gleich, und auch den Glücklichen schlägt dann doch die Stunde. Dies wusste Assia Djebar bis in ihren Tod hinein.

Immer wieder versuchen die Liebenden, ihre Liebe dem unabänderlichen Fluss der Zeit – der auch im Strom des Rheins gegenwärtig ist, zu dem es François

---

73 Ebda., S. 103.

74 Vgl. hierzu Cramer, Friedrich: *Chaos und Ordnung. Die komplexe Struktur des Lebendigen.* Frankfurt a. M. – Leipzig: Insel Verlag 1996, S. 222–224.

75 Djebar, Assia: *Les Nuits de Strasbourg*, S. 53.

76 Vgl. Weinrich, Harald: *Knappe Zeit. Kunst und Ökonomie des befristeten Lebens.* Dritte, überarbeitete Auflage. München: C.H. Beck 2005.

77 Djebar, Assia: *Les Nuits de Strasbourg*, S. 43.

nach dem Verschwinden von Thelja zieht[78] – zu entziehen und noch einmal den Beginn einer *Vita Nova* zu erleben. Die Zeit läuft gegen die Liebenden. Gegen die Unvorhersehbarkeit aller Lebensprozesse setzt der Roman die experimentelle Begrenzung von Raum und Zeit im Kunstwerk, das diese Unvorhersehbarkeit im Gegenzug aber in alle Dimensionen dieser Verdichtung und fraktalen Modellierung aufnimmt.

Dass das Leben mehr ist als die bloße Summe seiner Bestandteile, führt der Roman immer wieder eindrucksvoll vor Augen: Nicht nur mit Blick auf Strasbourg geht es der Autorin darum, „Erinnerungen zu vernetzen"[79] und dadurch ein Höchstmaß an Komplexität und Vielverbundenheit zu erzielen. Nicht in der Summe einzelner Elemente, sondern in einer fundamental-komplexen Relationalität liegt auch im Roman der Schlüssel zum Leben und zum Zusammenleben.

Daher werden nicht nur die individuellen, sondern auch die kollektiven Erinnerungen ständig auf neue Weise miteinander vernetzt. Vom Bett aus spinnen die Liebenden ihr mobiles Netz, das die vielen Verbindungen zwischen der französischen, algerischen, deutschen oder elsässischen Geschichte, zwischen den Weltreligionen von Judentum, Christentum, Islam und Atheismus auf eine so entschiedene Weise potenziert, dass klar wird, in welchem Maße die eine Geschichte nicht ohne die andere, die eine Kultur nicht ohne die andere, die eine Religion nicht ohne die andere gedacht werden kann. Kein Ort für Reduktionismen: Denn alles ist Wechselwirkung, beruht auf komplexen Interaktionen zwischen allen beteiligten Faktoren.

So ist es nicht möglich, einzelne Regionen oder Nationen, ja einzelne Areas oder gar Kontinente voneinander zu isolieren: Alles hängt im Roman mit allem zusammen. Und doch stehen die meisten dieser in *Les Nuits de Strasbourg* aufgezeigten und in Szene gesetzten Zusammenhänge unverkennbar im Zeichen eines jeweils gescheiterten Zusammenlebens: Auf einer globalen Ebene repräsentieren dies die in den Ersten und den Zweiten Weltkrieg verwickelten Staaten mit ihren jeweiligen Kolonialgebieten weltweit; auf einer einzelne Areas übergreifenden Ebene die vom französischen Kolonialismus geprägten Beziehungen zwischen Frankreich und Algerien; auf einer internationalen Ebene die Abfolge der Kriege etwa zwischen Deutschen und Franzosen; auf einer nationalen Ebene die blutigen Machtkämpfe im politisch unabhängig gewordenen Algerien oder im Reich der Roten Khmer; auf einer regionalen Ebene die Auseinandersetzungen zwischen den Bewohnern auf beiden Seiten des Rheins; auf einer lokalen Ebene die Spannungen und Gewaltausbrüche zwischen den Migranten in den Vorstädten

---

78 Ebda., S. 385.
79 Djebar, Assia: Schreiben in Europa, S. 4.

und den Bewohnern der besseren Wohnviertel. Wohin wir im Roman auch immer blicken: Alles ist woller Konflikte, brutaler Gewalt und dem Wunsch nach wechselseitiger Zerstörung. Es ist, als lebten alle in einer Welt des wechselseitigen Hasses, als würde der *Hate Speech* alles dominieren.

Denn viele weitere Beispiele liessen sich in *Les Nuits de Strasbourg* aufzählen. Dazu kommen, um nur einige wenige weitere im Roman skizzierte Spannungslinien zu erwähnen, die Konflikte zwischen den Anhängern gegensätzlicher Ideologien, den Angehörigen unterschiedlicher Religionen, den Repräsentanten verschiedener Kulturen oder den Vertretern der beiden Geschlechter. Die Menschheit im ausgehenden 20. und beginnenden 21. Jahrhundert: ein hoffnungsloser Fall? Und wo sind hier der Ort und die Funktion von Liebe?

All diese Konfliktlinien werden in den neun Kapiteln des Hauptteils von *Les Nuits de Strasbourg* auf zwei Ebenen gebündelt, die bereits graphisch durch die Kursivierung der Nächte und die Nicht-Kursivierung der Tage voneinander abgesetzt erscheinen. Die Tage werden von der französischen und europäischen Großstadt Strasbourg beherrscht, deren Stadtlandschaft zwischen den Illufern und dem Rhein, vom Strom und vom Fluß, von unzähligen Kanälen und Schleusen, Brücken und Stegen, von der Altstadt und ihren so unterschiedlichen Vorstädten geprägt ist. Selbstverständlich sind in dieser Stadtlandschaft infolge von Kriegen und Kolonialbeziehungen, Deportationen und Vertreibungen, Arbeitsmigrationen und politischem Asyl VertreterInnen der unterschiedlichsten Gemeinschaften und Gruppen präsent, die ihre wechselseitigen Konflikte, aber auch ihr Wissen – oft in der Form eines delokalisierten oder auch translokalisierten Wissens – in die Stadtlandschaft einbringen.

Ein hochkomplexer *cityscape* entsteht, in welchem die unterschiedlichen Geschichten in die „große" Geschichte eingewoben sind. Die Leserinnen und Leser des Romans werden zu Lesern dieser Geschichte(n). Strasbourg ist eine europäische Metropole und kann eben deshalb nicht mehr allein von Europa oder Frankreich, geschweige denn vom Elsass aus adäquat verstanden werden: die Straßen der Stadt Straßburg bilden ein weltweites Netz an Routen, nicht an *roots* oder Verwurzelungen.

Im Gegensatz zu Paris ist Strasbourg jedoch keine nationale, sondern eine regionale Hauptstadt, die als Grenzstadt für einen aus nationaler Perspektive peripheren Raum steht. Zugleich ist die Stadt aber als Sitz des Europäischen Parlaments in eine zentrale Position im Zeichen eines politischen und wirtschaftlichen Einigungsprozesses gerückt. Zurecht erscheint Strasbourg folglich mitunter als Nabel Europas, als „*nombril de l'Europe*"[80] – nicht nur eine Körpermetaphorik

---

80 Djebar, Assia: *Les Nuits de Strasbourg*, S. 350.

der Zentralität, sondern auch einer über den eigenen Körper hinausweisenden Relationalität, die europäischen wie globalen Zuschnitts ist.

Als Stadt im Zeichen der Europäischen Union wird Strasbourg auch zum Ort des Einklagens von Menschenrechten, wie am Beispiel von Angehörigen eines Orchesters aus dem scheinbar so fernen Pnom Penh deutlich wird. Sie haben die Massenmorde und Massendeportationen der Roten Khmer überlebt und versuchen nun, die zerstörte jahrhundertealte Musik ihres Landes mit Hilfe von Geldern des Europäischen Parlaments zu rekonstruieren und wieder zur Aufführung zu bringen.[81] Das Wissen dieser Überlebenden ist gerade mit Blick auf ihre Musik ein stark *delokalisiertes*, aus seinen ursprünglichen lokalen Bezügen herausgerissenes Wissen, das gleichwohl innerhalb einer neu entstandenen Relationalität *translokalisiert* werden kann und eine neue Bedeutung ebenso für die künftige Entwicklung des Herkunftslandes wie innerhalb des Konzerts der unterschiedlichen Kulturen auch und gerade in Europa entwickeln will. Es sind derartige Verweise, die dem Roman Assia Djebars seine unbestritten globale Reichweite und, vielleicht mehr noch, Tragweite geben.

Halten wir es noch einmal deutlich fest: Strasbourg ist weit davon entfernt, eine Idylle an der Ill darzustellen. Die Marginalisierung der Migranten von Hautepierre, die immer wieder – etwa im Leben der jungen Djamila – sichtbar werdenden Zeichen von Xenophobie, oder der Mord an der zuvor vergewaltigten Straßburgerin Jacqueline, die mit Migranten eine Theateraufführung der „Antigone" einstudiert, ihre Leidenschaft für junge Männer ausländischer Herkunft aber mit ihrem Leben bezahlen muss, beweisen dies hinlänglich: Die Gewalt gegen Menschen wie gegen Dinge ist allgegenwärtig und wird immer wieder hervorgehoben.

Und doch verkörpert die Stadtlandschaft des elsässischen und europäischen Strasbourg (einschließlich des über die „Europa-Brücke" ohne Passkontrolle bequem erreichbaren badischen Kehl, wo 1989 noch immer eine riesige französische Fahne die Präsenz französischer Truppen und die Gegenwart der Folgen des Zweiten Weltkriegs anzeigt) die Hoffnung auf neue Möglichkeiten eines Zusammenlebens, das im Zeichen der Vielsprachigkeit und der Achtung von Differenz steht. Auch wenn man der Behauptung von Leïla Sebbar gewiss nicht zustimmen muss, Strasbourg sei „eine Grenzstadt, die sich nicht in Frankreich befindet, die nicht Frankreich ist", so ist deren Bezeichnung als „freie Stadt" und „Dritt-Stadt (*tierce-ville*)" mit Blick auf den Roman doch sicherlich zutreffend.[82] Sie ist, eingebettet in die kulturell vielgestaltige europäische Landschaft der Theorie, eine

---

81 Ebda., S. 274 f.
82 Sebbar, Leïla: Les nuits de Strasbourg. In: *Magazine littéraire* (Paris) 358 (octobre 1997), S. 80.

Stadt, in welcher die weltumspannenden Dimensionen ebenso deutlich markiert sind wie die lokalen.

Abb. 55: Europäische Landschaft zwischen Straßburg und Kehl: Luftaufnahme des grenzüberschreitenden „Gartens der zwei Ufer" am Rhein.

Die Stadt wie die Stadtlandschaft von Strasbourg machen mit ihren Kanälen und Schleusen, Straßen und Brücken deutlich, dass es nicht um die Privilegierung einer einzigen Zugehörigkeit (*appartenance*) und einer einzigen Identität, sondern im Sinne Amin Maaloufs um ein ganzes Bündel, um ein ganzes Netz an Zugehörigkeiten geht, das es Straßburg erlaubt, jenseits aller Idealisierungen ein Wissen von neuen Formen und Normen des Zusammenlebens zu entwickeln. Kein Ort wäre daher für das aus der Verzweiflung geborene Experiment – ebenso Theljas wie Assia Djebars – besser geeignet als diese Stadt der Straßen, die die Lehre aus der Leere in ihrer Vergangenheit gezogen hat und die *routes* gegenüber den *roots* bevorzugt. Doch was ist, wenn in Strasbourg die Lichter angehen?

Im Mittelpunkt des Romans stehen zweifellos nicht die Tage, sondern die titelgebenden Nächte von Strasbourg, die in immer wieder anderen Hotels – darunter auch zweimal das etwas außerhalb der Stadt gelegene „Hôtel de l'Ecluse"[83] – stattfinden.

---

83 Djebar, Assia: *Les Nuits de Strasbourg*, S. 109.

Der Beginn der vierten Nacht scheint bereits ein Heimischwerden, ja eine gewisse Ritualisierung der Handlungsabläufe in einem Hotelzimmer anzudeuten, das Thelja für zwei aufeinanderfolgende Nächte reservierte:

> Als sie das Zimmer vom Vorabend wieder betraten, brannte an einer Ecke des Tisches die Lampe noch. Eine Vase mit Blumen vom Feld – Margeriten, Dahlien und eine Sonnenblume – thronte auf der Kommode.[84]

Ist alles schon zu einer liebgewonnenen Gewohnheit geworden? Haben die Liebesformen bereits eine gewisse Normierung erhalten? Das Zimmer ist dasselbe: Selbst die Lampe brennt noch und sorgt für unveränderte Beleuchtung eines Bettes, auf dem sich – so steht zu erwarten – dieselben Gesten der Liebe wiederholen werden. Doch das *„Presque chez nous"*,[85] das „Fast-wie-bei-uns-zuhause" Theljas, die sich plötzlich der Behaglichkeit dieses Hotelzimmers bewusst wird, in dem die selbstgepflückten Blumen so etwas wie das Stillleben einer Zweierbeziehung darstellen, durchbricht die sich bereits ankündigende Kette der Liebkosungen: Die junge Frau wünscht sich *„eine lange keusche Nacht zwischen uns!"*[86] Ein im Grunde ungeheurer, unerhörter Wunsch.

Denn Thelja sprengt damit die Kette sich wiederholender Abläufe, verändert die Proxemie von Bett und Lampe radikal. Die beiden Liebenden sind im Bett, doch erstmals kommt es zu keiner Vereinigung: Nach einer Nacht, in der die patriarchale Gewalt und Macht des Mannes dominiert hatte, erfolgt eine von der Frau gesteuerte Entautomatisierung aller routinemäßigen Abläufe und Stellungskämpfe. Die junge algerische Frau fordert *ihr* Recht ein und verweigert sich dem männlichen Begehren.

So wird eine neue Choreographie der Bewegungen im Bett erprobt: Thelja versinkt in einen Traum von ihrem ersten Geliebten, in dessen himmelwärts aufsteigender Bewegung sich die Schlussszene des Romans bereits andeutet, während es sich François, vollständig bekleidet, auf der „anderen Seite des Bettes"[87] bequem zu machen versucht. Als die junge Algerierin am Morgen aus ihrem Traum erwacht, stellt sie sich kurz die Frage: „Was mache ich eigentlich in diesem Zimmer? ... Was für ein Unbekannter schläft denn hier?"[88] Und während der erste Sonnenstrahl ins Zimmer dringt und die so ganz andere Bett-Szene mit seinem Licht beleuchtet, springt Thelja auf: „Schnell jetzt einen Kaffee und dann

---

84 Ebda., S. 184.
85 Ebda., S. 185.
86 Ebda.
87 Ebda., S. 187.
88 Ebda., S. 192.

die Schleuse vor dem Hotel bewundern. Es dämmert schon!"[89] Aber warum wird gerade an dieser Stelle die Funktion und Metaphorik der Schleusen evoziert?

Das Wunderwerk der Schleusen bildet innerhalb der Stadtlandschaft jenes *entre-deux* einer Zwischenwelt, die das Elsass zwischen Frankreich und Deutschland oder das Elsässische zwischen dem Deutschen und dem Französischen verkörpert. Am Körper der Stadt bilden die Schleusen das, was am menschlichen Körper die Lippen bilden. Im *Hôtel de l'Ecluse* gelingt es Thelja, ihr experimentelles Zusammenleben mit François insofern abzusichern, dass ein Rückfall in Routinen jeglicher Art ausgeschlossen wird. Die Liebe wird nicht auf Dauer, die Berührung nicht auf Besitz gestellt. Es gibt keinen festen Ort für eine feste Beziehung.

Der von Bett und Lampe proxemisch geschaffene Raum wird folglich nicht zum Schauplatz einer Wiederholung, sondern zum Experimentierfeld eines weiteren Bruchs, der in der Keuschheit einer gemeinsam verbrachten Nacht die Fremdheit des Anderen wiederherstellt, um sich in der fünften, zentralen Nacht, wieder neu auf diesen „Fremden", „Unbekannten" einlassen zu können. Die Liebeschoreographie wird entautomatisiert.

Wie im *incipit* des Romans Strasbourg einst in der Morgendämmerung die deutschen Messerschmitt erwartete, so quert eine Abfolge von Dämmerungen die Grenzen von Tag und Nacht, taucht alles in ein *twilight*, ein Zwielicht im Sinne einer doppelten Anwesenheit von Tag und Nacht – jenen Schleusen gleich, die eine Zwischenwelt bilden, ohne die Differenz zwischen dem von ihnen in Verbindung gebrachten auszugleichen. Schleusen verbinden, ohne zu verschmelzen – und so haben wir es hier zweifellos mit der gegenständlichen Inszenierung eines Gnosems des ZusammenLebensWissens zu tun. Das *Hôtel de l'Ecluse* trägt seinen Namen zurecht: Sein Zimmer und sein Bett verbinden, ohne zu verschmelzen, sind Schleuse, nicht Schmelze. Damit sind die Schleusen für eine neue Art der Konvivenz, für neue Versuche des Zusammenlebens und sich Liebens, geöffnet.

Die nächtlichen Begegnungen zwischen Thelja und François leuchten im Brennpunkt von Lampe und Bett – und im Fokus ihrer Fragmente eines Liebesdiskurses – die ganze Spannbreite körperlicher Liebe aus. Es sind in der Tat Choreographien, wie sie Roland Barthes in seinen *Fragments d'un discours amoureux*,[90] seinen Fragmenten eines Diskurses der Liebe, auf der diskursiven Ebene nachgezeichnet hat – ganz so, wie wir dies im ersten Teil unserer Vorlesung kennengelernt haben. Alle Positionierungen, alle Stellungen, alle Diskurse werden getestet und probiert, nur dass freilich gegenüber Barthes die heterosexuelle Rol-

---

89 Ebda.
90 Barthes, Roland: *Fragments d'un discours amoureux*. Paris: Seuil 1977.

lendistribution festgeschrieben ist. Doch Lust und Wollust stehen wie bei Barthes im Zentrum aller Aktivitäten.

Dabei hält schon die zweite Vereinigung in der ersten Liebesnacht eine Gewalt bereit, die vom Mann ausgeht, aber rasch die Frau erfasst und beide „in einer gemeinsamen Gewalt, die sie überflutet",[91] miteinander vereinigt. Wie im *excipit* von Barthes' *Die Lust am Text*, wenn der Körper des Anderen ins Ohr eindringt – „Das körnt, das knistert, das streichelt, das schabt, das schneidet: das lüstet"[92] –, durchzieht ein immer schnellerer Rhythmus den Schlussteil der ersten Straßburger Nacht:

> Sie sieht ihre Körper, aufgerichtet und miteinander verbunden, sich draußen ergehen, hoch auf die Dächer fliegen, über den Kirchtürmen, über der höchsten Brüstung schweben, als sie sich in einem Aufbranden ihres miteinander vermengten Begehrens an ihn klammert, an seine Hüften, an seine Lenden, an seine Beine, und dann in einem breiten Aufstöhnen vergeht. Atem des unsichtbaren Stromes, rhythmische Stöße des Geliebten, verlängert in ihrem tiefsten Innern, sie tragend ... Sie weitet sich aus, füllt sich, taucht in dieses gleißende Fließen ein. Eine Welle, die an ihre Wange schlägt, lässt sie endlich in den Lauf der Wollust versinken, der sich langsam, langsam erschöpft. [...]
> – Ach mein Schnee, stöhnt er auf, Du brennende Frau, Du verbrennst mich![93]

Die Metaphorik des Überströmens und Fließens, der Ströme, Flüsse, Kanäle und Brücken ist in dieser leibbezogenen Passage offenkundig. Der Akzent liegt hier weniger auf dem Körper in seiner Objekthaftigkeit als vielmehr auf dem Leib als Lust und intensivstes Fühlen. Mit der Verwandlung einer äußeren in eine innere Landschaft, deren Spielfläche nicht mehr die Stadt, sondern das Bett ist, geht ein sich steigerndes Wechselspiel einher, in welchem der Körper des Anderen wie der eigene Körper zum Objekt, zum Gegen-Stand gemacht wird, der in die Lust des eigenen Leibes überführt werden kann. Daraus entsteht ein Rhythmus, dessen Gewalt am Ende nur langsam vergeht.

Diese Verschränkung von Körper-Haben und Leib-Sein,[94] deren Differenzierung – wie bereits im ersten Teil der Vorlesung ausgeführt – der philosophischen

---

91 Djebar, Assia: *Les Nuits de Strasbourg*, S. 58.
92 Barthes, Roland: *Die Lust am Text*. Aus dem Französischen von Ottmar Ette. Kommentar von Ottmar Ette. Berlin: Suhrkamp Verlag (Suhrkamp Studienbibliothek 19) 2010, S. 84.
93 Djebar, Assia: *Les Nuits de Strasbourg*, S. 56.
94 Vgl. hierzu ausführlicher Ette, Ottmar: Mit Haut und Haar? Körperliches und Leibhaftiges bei Ramón Gómez de la Serna, Luisa Futoransky und Juan Manuel de Prada. In: *Romanistische Zeitschrift für Literaturgeschichte / Cahiers d'Histoire des Littératures Romanes* (Heidelberg) XXV, 3–4 (2001), S. 429–465.

Anthropologie Helmuth Plessners zu verdanken ist,[95] führt in der Vergegenständlichung des eigenen Körpers jene Verleiblichung herauf, in welcher Lust und Schmerz[96] gemeinsam gelebt und erlebt werden können. Hieraus entsteht ein Spiel von „Körper" und „Leiblichkeit", wie es sich in dem von René Schickele meisterhaft dargestellten körperlich-leibhaftigen Erleben der Landschaft rund um den großen Strom auf einer solitären Ebene ausdrückt[97] – ein Strom und ein Strömen, das nun von Assia Djebar auf geradezu phantasmagorische Weise in den Körper-Leib selbst integriert worden ist.

Das Liebesspiel beruht auf Wechselwirkung. Das Erleben des eigenen wie des anderen Körpers, und des eigenen wie des anderen Leibes, lässt die unterschiedlichen Körper-Leib-Logiken der beiden Liebespartner hervortreten, auf die zumeist – wenn auch gewiss nicht immer – wechselseitig Rücksicht genommen wird. Im Verlauf ihrer Liebesnächte entwickeln die Liebenden eine Isorhythmie, eine Annäherung ihrer Rhythmen, die zur Grundlage ihrer ausgedehnten Lust an der körperlichen Liebe wird.

Dabei kommt es sehr wohl zu Grenzüberschreitungen. Gerade die Frage der (zumeist vom Mann ausgehenden) Gewalt, die etwa in der dritten Nacht an eine Vergewaltigung grenzt,[98] für die sich François in der Folge entschuldigt, wird immer wieder zum Ausgangspunkt einer Neujustierung von körperlichem Rhythmus und leibhaftiger Lust einschließlich deren Interruption. Das zumeist unreflektiert bleibende, aber dennoch allgegenwärtige Körperwissen wird hier zu einem wichtigen Bestandteil des ZusammenLebensWissens der Liebenden. Und nichts scheint die Liebenden in ihrem gemeinsamen Vergehen aufhalten zu können.

Denn die Gewalt ist rasch Teil der erotischen Dynamik. So streckt Thelja, die im sexuellen Zusammenspiel oft die Initiative ergreift, François ihre Brüste entgegen, schlägt dem Mann vor, ihr weh zu tun, ihr Liebesbisse und blaue Flecken beizubringen.[99] Das Körperwissen beider Liebespartner erlaubt die Vertiefung des Experiments von Lieben als Zusammenleben, bricht aber immer dort ab, wo dieses Wissen zur Gewohnheit, zum vorhersehbaren Stellungsspiel und zu einem oft beschrittenen gewohnten Weglein, eben zu einer *routine* verkommt. Auch hier geht es um die *routes*, die Straßen in Straßburg, und nicht um die Routinen.

---

95 Vgl. Plessner, Helmuth: Anthropologie der Sinne (1970). In (ders.): *Gesammelte Schriften*. Bd. III: *Anthropologie der Sinne*. Herausgegeben von Günter Dux, Odo Marquard und Elisabeth Ströker. Frankfurt am Main: Suhrkamp 1980, S. 317–393.
96 Vgl. u. a. Djebar, Assia: *Les Nuits de Strasbourg*, S. 311.
97 Schickele, René: *Blick auf die Vogesen. Zweiter Roman der Trilogie: Das Erbe am Rhein*, S. 7.
98 Djebar, Assia: *Les Nuits de Strasbourg*, S. 113.
99 Ebda., S. 310.

Denn die Liebe zwischen der Algerierin und ihrem elsässischen Franzosen ist paradox: Die in einer Oase geborene Thelja steht mit ihrem Namen, der zugleich an den Kampf ihres Vaters im Widerstand gegen die Franzosen erinnert, ein für die Gleichzeitigkeit von Kälte und Glut. Ihr Name führt François erstmals wieder zu jener weißen Schneelandschaft zurück, die das Trauma seiner Straßburger Kindheit im Kriegswinter von 1939/1940 war. Doch dieser Schnee der Frau aus dem Maghreb verbrennt ihn lustvoll.

Theljas Name („Schnee") steht für jene Hitze des Südens, in der jeglicher Schnee des Nordens schmilzt. Noch bei ihrem letzten Wiedersehen, im abschließenden, unter dem Titel „Schnee oder das Flimmern" stehenden Teil des Romans wird sie François liebevoll „mein brennender Schnee"[100] nennen, ein Oxymoron, in dem Schmerz und Lust nicht voneinander zu trennen sind. Das Leib-Sein erscheint hier in allen seinen Schattierungen. Die *Neige*, die aus der Oase kommt, steht für das Ephemere[101] und zugleich für das Delokalisierte: So wird Thelja folgerichtig weder zur Stetigkeit noch zur Bewegungslosigkeit domestiziert werden können. Ihr Wissen vom Leben im Leben ist längst ein transkulturelles und nicht mehr ein an einen einzigen Ort rückzubindendes Lebenswissen geworden.

Die junge verführerische Frau kann nicht in Besitz genommen werden, und so kommt es nach der neunten Nacht zu keiner weiteren Vereinigung mehr: „Sie befreite sich langsam aus der Umarmung."[102] Theljas Experiment des Zusammenlebens ist oder scheint geglückt, ohne dass sie dabei ihre Freiheit verloren hätte: Die Trennung als Befreiung führt ein ZusammenLebensWissen vor, das an keiner Stetigkeit, an keiner Sesshaftigkeit, an keinem routinierten und geglätteten Zusammenleben interessiert ist. Theljas Experiment endet folglich mit einer Geste der Befreiung.

Jede Figur des Romans ist mit einem höchst unterschiedlichen Lebenswissen ausgestattet, so dass sich auf Grund der vielfältigen kulturellen, religiösen, nationalen, sprachlichen, geschlechtlichen oder gesellschaftlichen Zugehörigkeiten ein wahrer Mikrokosmos verschiedenartigster Formen und Normen des Lebenswissens im Roman ergibt. Durch ihr Leben zwischen den Welten des Orients und des Okzidents verfügt Thelja über ein nomadisch[103] geprägtes Wissen, das sich

---

100 Ebda., S. 392.
101 Vgl. Ruhe, Ernstpeter: „Un cri dans le bleu immergé". Binswanger, Foucault et l'imagination de la chute dans „Les nuits de Strasbourg", S. 176 u. 181.
102 Ebda.
103 Zur Dimension des Nomadischen im Werk Assia Djebars vgl. Calle-Gruber, Mireille (Hg.): *Assia Djebar, Nomade entre les murs ... Pour une poétique transfrontalière*. Paris: Maisonneuve & Larose 2005.

auch in den Spielregeln ausdrückt, die sie François wie selbstverständlich auferlegt. So erklärt sie ihrer Freundin Eve:

> Wir treffen uns, er und ich, im selben *Café-Restaurant*, aber ich beharre stets darauf, jede Nacht das Hotel zu wechseln. Da ich den ganzen Tag habe, um nach Zufall die alten Straßen entlangzuschlendern, wähle ich dieses oder jenes Viertel nach Lust und Laune aus ... Ich habe ihm gleich am ersten Abend dieses Spiel vorgeschlagen ... Ich teile ihm meine Wahl für die Nacht erst beim Abendessen mit! ... Warum? Vielleicht eine Art, um ihn jeden Abend spüren zu lassen, dass er ein Nomade werden muss! Ohne jede Bindung, wie ich, aber in seiner eigenen Stadt, der Stadt seiner Vergangenheit, in der er arbeitet! Vielleicht wird er so am Morgen spüren, wie sehr ich in jedem Augenblick bereit dazu bin, wieder wegzugehen: Ich bin nicht wegen einer *Liaison* gekommen, wie man hier sagt, ich ...[104]

Thelja betont stets ihre Herkunft als Nomadin, ihre ständige Bewegung und Bewegungsfreiheit. Sie ist als selbstbestimmte Frau nicht die „amante prête-à-porter", sondern eine „amante prête-à-partir": stets zum Aufbruch bereit. Auch wenn sich Thelja innerhalb der von ihr selbst aufgestellten Spielregeln die Freiheit erlaubt, abweichend von ihrem ursprünglichen Plan in zwei aufeinander folgenden Nächten das *Hôtel de l'Ecluse* zu wählen, macht diese Passage doch deutlich, welch grundlegende Bedeutung dem Element des Nomadisierens zukommt.[105] Denn Thelja versucht, die Transiträume der Hotelzimmer experimentell für die Nomadisierung ihres Partners zu nutzen, der anders als sie, als in Straßburg geborener Straßburger, sehr wohl über einen festen, ererbten Wohnsitz verfügt und in der Region verwurzelt ist. Auch hier handelt es sich um eine List, um sich von der Last des Ererbten zugunsten der Lust des zu Erlebenden wie zu Durchlebenden zu befreien. Und Thelja zögert nicht, diese List anzuwenden, um ihren Lebensabschnittspartner zu transformieren.

Assia Djebar hat stets mit Vorliebe Frauenfiguren gestaltet und ihren Frauen zugleich auch große Kraft und Stärke mitgegeben. Es ist augenfällig, wie sehr gerade jene in Assia Djebars Roman von dieser nomadischen und nomadisierenden Grundstruktur geprägt sind oder erfasst werden. Sie sind fast ausnahmslos zu Nomadinnen geworden. Nicht nur Theljas Freundin Eve oder die mit ihrer Schauspielertruppe in einer Straßburger Vorstadt arbeitende Jacqueline[106] weisen derartige Züge auf, sondern auch Irma, die Tochter elsässischer Juden, die als kleines Mädchen beim Abtransport ihrer Eltern ins Konzentrationslager von ihrer Familie – und damit von ihrer genealogischen

---

104 Djebar, Assia: *Les Nuits de Strasbourg*, S. 108 f.
105 Vgl. hierzu auch Ruhe, Ernstpeter: „Un cri dans le bleu immergé". Binswanger, Foucault et l'imagination de la chute dans „Les nuits de Strasbourg", S. 181.
106 Djebar, Assia: *Les Nuits de Strasbourg*, S. 363.

Herkunft – getrennt wurde. Bei Assia Djebar werden die Nomadinnen und Nomaden nicht wie in der abendländischen Kultur aus dem Bereich der *cultura*, der Pflege des Ackerbaus und der sesshaften Landwirtschaft, ausgeschlossen, sondern erscheinen geradezu als Mittelpunkt einer Kultur, die stets transkulturell angelegt ist.

Als der schönen Irma der in sie verliebte Karl eröffnet, er sei ein in einer elsässischen Familie in Algerien aufgewachsener *pied noir* in Strasbourg, und sie fragt, ob sie diese Genealogie überhaupt interessiere, bejaht Irma (deren Bett im Übrigen zu breit ist für sie[107]) dies sofort: „Vor allem für mich ... bin ich doch ohne Genealogie, ohne Bindungen, ohne Wurzeln!"[108] Ja, so fügt sie im Stillen hinzu, sie fühle sich wie eine Migrantin, „eine Ausgewanderte, aber ohne Ausgangspunkt und daher ohne Hoffnung, irgendwo anzukommen."[109] Einmal mehr zeigt sich, dass in diesem Roman nicht die Verwurzelungen, die *roots*, zählen, sondern vielmehr die Wege und Straßen, die Bewegungsräume der *routes*, die in Straßburg zusammenlaufen und sich wieder trennen.

Strasbourg war als „*ville des passages*"[110] – wie Thelja die Stadt der Straßen in der fünften, zentralen Nacht nennt – immer schon Durchgangsort für jene Frauen, die wenig später als Königinnen und Kaiserinnen[111] zu Gemahlinnen französischer Herrscher wurden und in der Folge ihrer *cohabitation* für deren Nachkommenschaft zu sorgen hatten. Sie aber, so Thelja mit Blick auf das Zusammenleben mit ihrem Mann Halim in Algerien, aber auch auf ihren elsässischen Liebhaber – wolle nie mehr schwanger sein, nie mehr „schwer", nie mehr *lourde*[112] werden, wie man mit gutem Grund auf Arabisch sage. Es geht für sie um ein Ballast-Abwerfen. Die dreißigjährige Algerierin hat sich für ein Leben ohne festen Wohnsitz entschieden.

Dies bedeutet keineswegs, zu einem Leben in Einsamkeit verdammt zu sein und keine Beziehungen mehr zu haben. Thelja sucht nach keinem zweiten festen Ort, an dem sie sich verwurzeln könnte, sondern nach einem Leben ohne feste Bindungen, das nicht zur selbstgewählten Einsamkeit und Marginalisierung verdammt, sondern auf andere Formen des Wissens vom Leben und Zusammenleben zwischen den Welten geöffnet ist. Und doch ist Camille Claudels Satz, „*Es gibt immer etwas Abwesendes, das mich quält*",[113] ihr förmlich auf den

---

107 Ebda., S. 288.
108 Ebda., S. 287.
109 Ebda.
110 Ebda., S. 222.
111 Ebda., S. 194.
112 Ebda., S. 110.
113 Ebda., S. 390.

schönen Leib geschrieben. Theljas literarische (Bewegungs-) Figur enthält kein Glücksversprechen: nur das Versprechen des Experiments und intimer Intensität. Dies scheint ein leichtes Gepäck zu sein für die Nomadin.

Ein Weg, um ihr Lebenswissen auszudehnen und sich von früher befolgten festgezurrten Lebensnormen zu befreien, ist die Schaffung von Schleusen, von Zwischenwelten des *entre-deux*, sowie die diskursive wie körperliche Vereinigung mit einem Anderen, mit einem Fremden, ohne das Risiko einer *liaison* einzugehen. Denn die Schleuse hält zugleich auch getrennt, was nicht dauerhaft verbunden sein kann. Es geht weder um Bindung noch um Findung, sondern um eine Liebe im Zeichen des Transitorischen und des Translokalen.

Das „zentrale Thema" ihres Romans, so Assia Djebar in ihrer bereits erwähnten Rede von 1998, sei die „Frage, welche Sprache den Menschen während der Liebe begleitet, ihm folgt, ihn umgibt".[114] Und nicht ohne ein gewisses Erschrecken stellte sie in einem Interview des Jahres 2002 rückblickend fest:

> Lange Zeit habe ich mich nur vorwärtsgetastet in einer schriftstellerischen Psycho-Auto-Analyse. Ich war schon über vierzig Jahre alt; und stellte fest, dass ich niemals Liebesworte auf Französisch hatte sagen können! ... War es, um zu lieben und es zu sagen, notwendig, dass ich nur in meiner Sprache spräche, dass Zärtlichkeit und Hingabe im Timbre der Stimme (dans le grain de la voix) allein den mütterlichen Klang besäßen? [...] Kurzum, ich musste erst einmal dieses französisch-arabische Ineinanderverschränktsein in mir auseinanderklamüsern, und zwar in der Gegenwart! Für mein Schreiben wurde dies zu einer absoluten Notwendigkeit.[115]

Es ist daher von besonderem Interesse, wie die Liebe in den Straßburger Nächten sprachlich gestaltet ist. Theljas Liebesnächte mit François führen dieses *enchevêtrement franco-arabe* im Reich der Zeichen – und mit dem *grain de la voix*[116] – leibhaftig vor Augen, bringen all dies hautnah zu Gehör. Die tiefe Beziehung zwischen Liebe und Schreiben beziehungsweise Schrift bei Assia Djebar ist offenkundig:[117] Es gilt mithin, im Kontext eines fiktional entworfenen Lebens ohne festen Wohnsitz das Dreieck von Lieben, Leben und Lesen um einen vierten Begriff zu erweitern: den des Schreibens.

Immer wieder ist im Gesamtwerk von Assia Djebar die Thematik der Sprache von entscheidender Bedeutung. So gewänne die Frage Theljas in der fünften Liebesnacht eine zusätzliche, auf das Schreiben weisende Dimension, möchte sie

---

114 Djebar, Assia: Schreiben in Europa, S. 3.
115 Djebar, Assia: La mémoire des femmes. Propos recueillis par Aliette Armel, S. 100.
116 Vgl. Barthes, Roland: *Le Grain de la voix. Entretiens 1962–1980*. Paris: Seuil 1981.
117 Vgl. u. a. Gracki, Katherine: Writing Violence and the Violence of Writing in Assia Djebar's Algerian Quartet. In: *World Literature Today* (Norman) LXX, 4 (autumn 1996), S. 835.

doch wissen, was mit der Liebe geschähe, wenn die Liebenden nicht über eine gemeinsame Sprache verfügten, wenn ihr die Sprache von François nur „ein Plappern", ein *babil* – und dieser Begriff bildet nicht zufällig den Titel der dritten Figur in Roland Barthes' *Die Lust am Text* –, nur „eine Vogelsprache" wäre, so dass sich fortan weniger die Körper als die Zungen berührten.[118] Die Sprache ist für Thelja körperlich-leibhaftig, verfügt und enthält die Geschlechtlichkeit des anderen, den *sexe de la langue*,[119] und ist zugleich „ein unbekanntes und faszinierendes Lebensmittel":[120] Sprache ist Thelja Lebensmittel, Überlebensmittel und Zusammenlebensmittel zugleich.

Denn was wäre mit der Liebe und was wäre mit der Literatur, wenn es keine Sprache gäbe, die die Liebenden beziehungsweise die Schreibenden und Lesenden teilten? Kein Zweifel: Die Nähe zu einer auf der *langue*, einer auf Sprache und Zunge zergehenden Ästhetik der Lust, wie sie Roland Barthes in *Le Plaisir du texte* vorgeschlagen hat, ist überdeutlich. Gehen wir am Ende unserer Beschäftigung mit Assia Djebars Straßburg-Roman dieser Frage nach einer Ästhetik der Lust und ihrem Zusammenhang mit dem Schreiben bei der algerischen Autorin nach.

Assia Djebars Roman *Les Nuits de Strasbourg* ist zwischen Strasbourg, Paris und Louisiana in einem Exil fernab Algeriens, gleichsam in einem Exil zwischen den Welten, entstanden, das für die algerische Autorin seit langem auch auf der Ebene der Sprache zu einem Schreiben ohne festen Wohnsitz geworden war. Das Oszillieren zwischen verschiedenen Orten des Schreibens ging dabei einher mit einer sehr reflektierten Sprachenwahl, die von der grundlegenden Vielsprachigkeit ihres Heimatlandes ihren Ausgang nahm – zwischen dem Berberischen, dem dialektalen Arabisch und der einzig schreibbaren arabischen Hochsprache, zu denen das Französische als Kolonialsprache hinzustieß. Auf diese Sprachenvielfalt habe ich bereits hingewiesen – nun aber wollen wir diesen für das Djebar'sche Schreiben so zentralen Aspekt noch vertiefen.

Jenseits der von Assia Djebar konstatierten *vertikalen,* zwischen dem dialektalen und dem standardisierten Arabischen angesiedelten Diglossie und einer *horizontalen,* mithin zwischen der Sprache der Frauen und jener der Männer unterscheidenden Diglossie,[121] wird aber die in Algerien gegebene Spra-

---

118 Djebar, Assia: *Les Nuits de Strasbourg*, S. 225.
119 Ebda.
120 Asholt, Wolfgang: Les villes transfrontalières d'Assia Djebar, S. 157.
121 Vgl. hierzu Ruhe, Doris: Which Society's Norms? Francophone Writers in Algeria Facing the Postcolonial Dilemma. In: Pflitsch, Andreas / Winckler, Barbara (Hg.): *Poetry's Voice – Society's Norms. Forms of Interaction between Middle Eastern Writers and Their Societies.* Wiesbaden: Reichert 2006, S. 135–146.

chenvielfalt längst aus der Sicht Djebars von einer monolingualen Durchsetzung des Arabischen als Sprache des Patriarchats bedroht, eine Entwicklung, welche die Frauen Algeriens von emanzipatorischen Kommunikations- und Ausdrucksmöglichkeiten abschneidet. Diese sich über Jahrzehnte zuspitzende Situation hat Assia Djebar in Essays und Interviews, aber auch in ihrem Romanschaffen wie zuletzt in *La disparition de la langue française* (*Das Verschwinden der französischen Sprache*)[122] ebenso eindrucksvoll wie kritisch thematisiert.

Denn die bemerkenswerte Tatsache, dass mit der politischen Unabhängigkeit von 1962 in Algerien keineswegs die auch von Frantz Fanon erträumte Befreiung und Gleichstellung der Frauen einherging,[123] ließ in den Augen der Schriftstellerin das Französische, die einst aufgezwungene Sprache der Kolonisatoren, zu einer Sprache werden, die zum einen der Autorin selbst die Beibehaltung der von ihr nicht für ihr Schreiben verwendeten Sprachen und Dialekte gewährleistete, zum anderen aber die arabischen Frauen davor schützte, allein auf die mündliche Sprache des *arabe des femmes* zurückgeworfen zu sein. Dies scheint mir ein sehr wichtiger, wenngleich paradoxaler emanzipatorischer Aspekt einer Sprachenpolitik zu sein, der zu Recht von Assia Djebar im Sinne einer Emanzipierung der algerischen Frauen und ihres freien Zugangs zu Bildung und allgemeiner gesellschaftlicher Teilhabe hervorgehoben wurde.

Aus diesem Grunde überrascht es nicht, wenn Thelja – wie die reale Autorin selbst – sich im Roman weit überwiegend des Französischen bedient, aber immer wieder Zeichen ihrer Vielsprachigkeit durch die Verwendung arabischer oder berberischer Ausdrücke und Metaphern setzt. Denn die translinguale Dimension ist Beleg für eine transkulturelle Offenheit, die jeglicher monologischen Sprachverwendung und damit Kulturauffassung scharf entgegentritt. Gerade in der Sprache der Liebe bricht sich oft ein „arabisches Wort der Zärtlichkeit"[124] auf beide Liebespartner erregende Weise Bahn, wie ein kurzes Beispiel aus einer der Liebesnächte zeigen mag:

---

122 Djebar, Assia: *La disparition de la langue française*. Paris: Librairie Générale Française 2003; vgl. hierzu auch Bertelmann, Christina: „L'écriture qui saigne": la recherche identitaire chez Assia Djebar et Nina Bouraoui. In: Mathis-Moser, Ursula / Mertz-Baumgartner, Birgit (Hg.): *La littérature „française" contemporaine. Contact de cultures et créativité*. Tübingen: Gunter Narr Verlag 2007, S. 225–233.
123 Vgl. Faulkner, Rita A.: Assia Djebar, Frantz Fanon, Women, Veils, and Land. In: *World Literature Today* (Norman) LXX, 4 (Autumn 1996), S. 847–855.
124 Djebar, Assia: *Les Nuits de Strasbourg*, S. 270.

Sie gibt sich nicht hin, sie nimmt den Mann brünftig in sich auf und weist ihn wieder ab und nimmt ihn wieder auf, während ihre Stimme unablässig das Wort „inta" skandiert, das ist ein Anderer, das ist ein arabisches „Du", sie widersteht aus ihrem tiefsten Innern.[125]

Kein Zweifel: Die Bewegungen der Körper implizieren die Bewegungen zwischen den Sprachen und Kulturen, vereinigen sich zu komplexen Isorhythmien, um doch stets ihren „Eigen-Sinn" zu bewahren. Im Erleben und Durchleben der Lust erscheint immer ein Licht, blitzt die Wahrheit in ihrer Fülle auf: „Ein Blitzstrahl der Wahrheit scheint auf [...], weil die Lust so vollständig war."[126] Liebe und Lust sind stets mit dem Willen zur Erkenntnis, ja zu einer höheren Erkenntnis gepaart. Wie sollte man dieses Wahrheitsmoment der Lust nicht auch auf der Ebene des Textes und des Schreibens vermuten?

Doch bleiben wir noch für einen Augenblick bei Theljas Alltag! Sie bewegt sich nicht nur nachts, sondern ebenso tagsüber ganz selbstverständlich in einer vielsprachigen Situation, in der sie im Elsass auch mit dem Deutschen und dem Elsässischen – zwei Sprachen, die sie anders als François nicht spricht – konfrontiert wird. Zugleich erscheint das Französische, also die Sprache des Kolonialismus in ihrem Heimatland, als die Sprache ihrer (im Übrigen auch sexuellen) Befreiung, die sie keineswegs in neue Abhängigkeiten bringt. Denn sie befreit sich selbst in Gestalt ihres Liebespartners François auch von jeder männlichen Sprachenherrschaft des *Français*, dem sie ihr eigenes Geschlecht zu geben versucht.[127] Wie sollte ihre Sprache der Liebe nicht die Sprache ihrer Liebe sein?

Und doch ist das Französische weder Theljas noch Assia Djebars Muttersprache. Im Schreiben jenseits der Muttersprache[128] aber entsteht ein spezifisches Schreiben ohne festen Wohnsitz, das in die gewählte Sprache, gleichsam die Sprache der Sesshaften, ein nomadisierendes Element einbringt – ganz so, wie François für die Dauer von neun Nächten zu einem Nomaden in der eigenen Stadt wird. Das Schreiben bleibt wie das Zusammenleben ohne festen Wohnsitz – und dies als Frucht einer ganz bewussten Entscheidung.

Ist dies nicht auch die doppelte Rolle Assia Djebars, die seit 1999 Mitglied der Königlich Belgischen Akademie für französische Sprache und Literatur und, nach ihrer 2005 erfolgten Wahl, seit 2006 ordentliches Mitglied der Académie Française war? Hat sie nicht aus ihrer nomadisierenden Bewegungs-Position heraus die französische Sprache umgestaltet und transformiert? In jedem Falle

---

125 Ebda., S. 270f.
126 Ebda., S. 314.
127 Ebda., S. 225.
128 Vgl. hierzu Ette, Ottmar: *ZwischenWeltenSchreiben. Literaturen ohne festen Wohnsitz (Über-Lebenswissen II)*. Berlin: Kulturverlag Kadmos 2005.

lässt sich die Beziehung zwischen der nomadisierenden Thelja und dem in Bewegung gesetzten sesshaften François auch als eine *mise en abyme* des Verhältnisses zwischen Literaturen ohne festen Wohnsitz und von diesen gleichsam gequerten Nationalliteraturen verstehen, deren Koordinaten sich aufgrund dieser transkulturellen, aber in ihrer jeweiligen nationalen Literatursprache selbst durchgeführten Sprach-Spiele grundsätzlich verändern.

Alles wird durch das Nomadisieren in Bewegung gesetzt. Das geradezu „natürlich" einem Raum Zugehörige und Sesshafte wird durch die Gegenwart des Nomadisierenden in seiner Sesshaftigkeit und Stabilität erschüttert und dynamisiert. So wird François im Roman auf hintergründige Weise bewusst, dass er seine Geburtsstadt und deren Geschichte auch aus ganz anderen Perspektiven und vor dem Hintergrund anderer Wege und Bewegungen betrachten und begreifen kann, ja begreifen muss. Das Experimentierfeld des Romans skizziert eine lebensnahe Schule des Viellogischen, mithin der Gültigkeit verschiedener Logiken zum gleichen Zeitpunkt und im selben Raum. Dies betrifft gerade auch die Gültigkeit sehr verschiedenartiger Sprachen im selben Bereich.

Ist das Französische wie das Englische – im Gegensatz zum Spanischen und Portugiesischen, die ihnen vorangingen – eine Sprache, die mit der zweiten Phase beschleunigter Globalisierung in der zweiten Hälfte des 18. Jahrhunderts weltweit verbreitet wurde, so verwandelt sich das kulturelle Erbe Frankreichs (wie auch Europas) umgekehrt in das Erbe all jener, die – etwa infolge des französischen beziehungsweise europäischen Kolonialismus – mit den kulturellen Entwicklungen dieses Raumes in Berührung kamen. Das Französische verändert, aber wird auch verändert: Globalisierung ist auch und gerade auf dem Feld der Sprachen keine Einbahnstraße.

Dies zeigt sich auch in Assia Djebars Roman – und die Figur Theljas ist hierfür beispielhaft modelliert. Sie beschäftigt sich ebenso mit der Geschichte maghrebinischer Migranten im Strasbourg des 20. Jahrhunderts, deren Dokumente und Photographien sie in einem kleinen, Ende der 1940er Jahre gegründeten und nun von Schließung bedrohten „Foyer für Nordafrikaner"[129] durchstöbert, wie aus kunstgeschichtlicher Sicht mit einem aus dem 12. Jahrhundert stammenden Manuskript der Äbtissin Herrad von Landsberg, das beim Angriff preußischer Truppen auf Strasbourg 1870 freilich – wie so viele andere Kunstschätze – in Flammen aufgegangen war. In mehr als einem Sinne ist Thelja das Spiegelbild ihrer wissensdurstigen Schöpferin.

---

129 Djebar, Assia: *Les Nuits de Strasbourg*, S. 254.

Doch mehr noch: Thelja ist ebenso fasziniert von der Geschichte für die Unabhängigkeit Algeriens kämpfender Frauen[130] wie von der revolutionären Leidenschaft eines Georg Büchner, der bekanntlich als politisch Verfolgter nach Strasbourg flüchtete, wo er „Probleme mit seinen Papieren – wir würden heute sagen: mit seiner Aufenthaltsgenehmigung"[131] bekam. Theljas Wege und Bewegungen auf diesem Gebiet zeigen es unübersehbar an: Die europäische Kultur ist längst nicht mehr ein Monopol der in Europa Geborenen – die Kultur Europas gehört schon lange nicht mehr allein Europa und den Europäern. Thelja steht wie Assia Djebar für die vielen außereuropäischen Frauen, welche sich mit Geschichte und Kultur Europas nicht nur auseinandersetzen, sondern diese nach eigenem Gusto weiterschreiben und fortentwickeln.

Beispiele hierfür bietet der Roman zuhauf. In welchem Maße Thelja ihren François über die Geschichte ihrer Stadt oder Eve ihren Deutschen über die Geschichte der Eidesformeln von Ludwig dem Deutschen und Karl dem Kahlen aufklären, auf welche Weise die beiden maghrebinischen Frauen ihre europäischen Geliebten folglich überhaupt erst mit deren *eigener* europäischer Geschichte vertraut machen, wurde bereits dargelegt. Die neuen, ungewohnten Perspektiven, die diese Algerierinnen für ihre europäischen Partner in *deren* Geschichte eröffnen, sind augenfällig. Die beiden Frauen begnügen sich auch auf der Ebene neuer und kreativer Erkenntnisse nicht mit einer passiven Rolle.

Viele Elemente europäischer Geschichte stellen sich aus dem Blickwinkel Theljas und Eves anders dar, lassen ein anderes Europa entstehen als das, was die Europäer zu kennen gewohnt waren. Für beide gilt, was sich Assia Djebar zur Aufgabe machte: „In und über Europa schreiben heißt für mich: Erinnerungen zu vernetzen":[132] „Ein einfaches Austauschen von Erinnerungen, die manchmal zu schwer wiegen."[133] *Les Nuits de Strasbourg* führt vor, wie auf der Basis einer neuen, anderen Zirkulation des Wissens eine vernetzte Bewegungsgeschichte Europas in Entstehung begriffen ist, kurz: eine andere, *weitere* und erweiterte Geschichte Europas entsteht.[134]

Längst ist es folglich nicht mehr möglich – und es war eigentlich noch nie möglich –, Europa als ein fest umrissenes Territorium zu begreifen: mit festen Grenzen und in sich homogen. Wer diesen Kontinent verstehen will, muss sich

---

130 Ebda., S. 222.
131 Ebda., S. 398.
132 Djebar, Assia: Schreiben in Europa, S. 4.
133 Ebda., S. 5.
134 Vgl. hierzu Ette, Ottmar: Weiter denken. Viellogisches denken / viellogisches Denken und die Wege zu einer Epistemologie der Erweiterung. In: *Romanistische Zeitschrift für Literaturgeschichte / Cahiers d'Histoire des Littératures Romanes* (Heidelberg) XL, 1–4 (2016), S. 331–355.

vor Augen führen, dass Europa – *in* Bewegung[135] wie *als* Bewegung[136] – in ganz grundsätzlicher Weise von jenen Bewegungen gebildet wird, die es queren und kreuzen, verletzen und vernetzen. Wollen wir von einer Raum- zu einer *Bewegungs*geschichte Europas vorstoßen, so sind die Literaturen ohne festen Wohnsitz für ein solches Verständnis von fundamentaler Bedeutung und mithin unverzichtbar. Denn das in ihnen gespeicherte und von ihnen hervorgebrachte vektorisierte Lebenswissen und ZusammenLebensWissen beruht auf der literarischen Verdichtung von Bewegungsmustern, die uns ein Verständnis Europas *von innen und außen zugleich* ermöglichen. Und es ist ein Verstehen, das auf der Darstellung einer gelebten Wirklichkeit aufruht.

Europa kann dabei vom Lebenswissen der Autorinnen und Autoren der Literaturen ohne festen Wohnsitz nur lernen. Das von ihnen entfaltete ZusammenLebensWissen vermag aus transkultureller und translingualer, verschiedene Kulturen und Sprachen querender Perspektive zu erläutern, welche Gefährlichkeit für ein Zusammenleben in Differenz von jeglichem Versuch ausgeht, eine bestimmte Identität – wie der in Beirut geborene Amin Maalouf es formulierte – auf eine einzige Zugehörigkeit zu reduzieren und diese, unter Ausschluss aller anderen, für die einzig relevante zu erklären.[137] Können wir diesen Prozess in der Geschichte nicht immer wieder verfolgen? Ist dies nicht ein wesentlicher Bestandteil jener „Weltentregelung", die Amin Maalouf in einem weiteren grundlegenden Essay brandmarkte?[138] Und in der wir jeden Tag mehr stecken?

In seiner Rede zum 50. Jahrestag der Wiedereröffnung des Wiener Burgtheaters machte der iranisch-deutsche Schriftsteller Navid Kermani darauf aufmerksam, dass man nur fünfhundert Kilometer weiter des 10. Jahrestages des Massakers von Srebrenica gedenken müsse, eines Massakers, das europäische Truppen nicht verhindert hätten.[139] Er wolle Europa, dem er nicht traue angesichts so vieler Unzulänglichkeiten und Unfähigkeiten, die neben der von der Europäischen Union gebotenen Freiheit und Freizügigkeit in neuen Ausgrenzungen fortbestünden, nicht verklären:

---

135 Vgl. hierzu Bade, Klaus: *Europa in Bewegung. Migration vom späten 18. Jahrhundert bis zur Gegenwart.* München: Verlag C.H. Beck 2000.

136 Vgl. hierzu Ette, Ottmar: Europa als Bewegung. Zur literarischen Konstruktion eines Faszinosum. In: Holtmann, Dieter / Riemer, Peter (Hg.): *Europa: Einheit und Vielfalt. Eine interdisziplinäre Betrachtung.* Münster – Hamburg – Berlin – London: LIT Verlag 2001, S. 15–44.

137 Vgl. hierzu Maalouf, Amin: *Les Identités meurtrières.* Paris: Grasset 1998.

138 Maalouf, Amin: *Le Dérèglement du monde. Quand nos civilisations s'épuisent.* Paris: Grasset 2001.

139 Kermani, Navid: *Nach Europa. Rede zum 50. Jahrestag der Wiedereröffnung des Wiener Burgtheaters.* Zürich: Ammann Verlag 2005, S. 12.

Ich könnte so vieles nennen, was mich an Europa verbittert. Dennoch wüsste ich kein Land und keinen Kontinent, der mir heute besser vorkäme als Europa, gerechter, toleranter, sicherer.[140]

Die zentrale Frage Navid Kermanis – so ließe sich aus der Perspektive der hier vorgestellten Überlegungen formulieren – lautet schlicht: Wie können wir heute in Europa (besser) zusammenleben? Denn wir wissen alle: Die Geschichte Europas ist – wie die anderer Kontinente – bis in die Gegenwart durchsetzt von Logiken, die wie in Srebrenica nur auf eine einzige Zugehörigkeit setzen und rasch mörderisch werden, in Mord und Totschlag umschlagen. In den Literaturen der Welt werden Antwortmöglichkeiten auf derartige Situationen und Herausforderungen gesucht sowie gelebte und erlebbare Wirklichkeiten gestaltet, die den geistigen und konkreten Handlungsspielraum durch die Lektüre, durch das Lesen und die Anverwandlung bestimmter Handlungselemente und Gnoseme wesentlich offener gestalten. In diesem experimentellen Charakter liegt ein Gutteil der Recherche, der Forschung und Suche begründet, die in den Literaturen der Welt mit Blick auf unser gesellschaftliches oder gemeinschaftliches Zusammenleben notwendig sind. Und in eben diesem Kontext siedelt sich der hier untersuchte Roman über Strasbourg an.

Assia Djebars Roman *Les Nuits de Strasbourg* weiß und erzählt von diesen Logiken und weiß auch von Geschichte und Entwicklung eines ZusammenLebensWissens, das sich – wie dies am Beispiel der „Straßburger Eide", der *Serments de Strasbourg* zeigt – gerade dann entfaltet, wenn die Sprache des anderen im Dialog vieler Sprachen, vieler Logiken, zu Wort kommt und gehört, vielleicht sogar zu eigen gemacht wird. In der Literatur der in Algerien geborenen Schriftstellerin werden diese Listen und Strategien des ZusammenLebensWissens entwickelt und als Gnoseme ebenso lustvoll wie experimentell erprobt. Darin liegen Lust und zugleich Erkenntnisgewinn dieses zweifellos großen Romans.

Im neunten und letzten Teil der „Straßburger Nächte" wird das bereits angeführte *enchevêtrement franco-arabe*,[141] das Thelja und François in der Verschränkung ihrer Körper und ihrer Zungen praktizieren, in eine transareale Beziehung zwischen Algerien und dem Elsass überführt, für die der liebevolle Neologismus „Alsagérie" mit seinen Varianten *gefunden* und *erfunden* wird.[142] In der verdop-

---

140 Ebda., S. 12f.
141 Djebar, Assia: La mémoire des femmes. Propos recueillis par Aliette Armel, S. 100.
142 Djebar, Assia: *Les Nuits de Strasbourg*, S. 353. Zur grenzüberschreitenden bzw. transnationalen Perspektive vgl. Barbé, Philippe: Transnational and Translinguistic Relocation of the Subject in „Les Nuits de Strasbourg" by Assia Djebar. In: *Esprit Créateur* (Baltimore) XLI, 4 (2001), S. 125–135; sowie Vialet, Michèle E.: Between Sound and Fury: Assia Djebar's Poetics of „l'entre-deux-langues". In: *Symposium* (Syracuse) LVI, 3 (2002), S. 149–162.

pelten Vielsprachigkeit dieses *gelebten* (und geliebten) Landes, das auf keiner Landkarte verzeichnet, aber sehr wohl im Lebenswissen der Romanfiguren verankert ist, wird ein Bewegungs-Raum entfaltet, der die viellogische, an neuen Formen eines ZusammenLebensWissens (das ständig von neuem erstritten werden muss) ausgerichtete Strukturierung des Romans ermöglicht. Dies ist der in vielerlei Hinsicht relevante Erkenntnisgewinn auf einer ebenso gemeinschaftlichen wie gesellschaftlichen Ebene, der im Roman erprobt und durch den Akt der Lektüre anverwandelt werden soll.

Im Kosewort Alsagérie/Alzagérie finden beide Sprachen, beide Zungen, beide Körper zusammen: „ein glückliches Paar, ein Paar bei der Liebe".[143] Für einen Augenblick steht im Roman die Zeit still, hält die Welt den Atem an. Algerien ist nicht länger ohne das Elsass, das Elsass nicht länger ohne Algerien vorstellbar: Beide verkörpern und verleiblichen einander wechselseitig: die Last ihrer Vergangenheit listig in freilich stets bedrohte Lust verwandelnd. Kein Teil lässt sich mehr ohne den anderen denken, denn zusammen bilden sie keine Teile einer Summe, sondern etwas, das weit über diese Summe dieser Teile hinausgeht.

Es wäre zweifellos möglich, die faszinierende Figur von Thelja als eine „neue Scheherazade" zu begreifen, die „alle Funktionen der zentralen Personentriade, gebildet aus Sultan, Scheherazade und ihrer Schwester Dinarzade, in sich vereinigen" würde.[144] Scheherazade wäre dann eine aus weiblicher Sicht umdefinierte Sultanin, die sich die männliche Befehlsgewalt angeeignet hat, sich frei bewegt und befiehlt, was der Mann ohne Murren ausführt. Die *Straßburger Nächte* wären dann sehr direkt mit *Tausendundeiner Nacht* in Verbindung zu bringen.

Und doch ist auch diese neue Scheherazade geprägt und bestimmt von jener Grundkonstellation, die nicht nur *Tausendundeine Nacht*, sondern auch die „Straßburger Nächte" und letztlich alle Literatur, wenn auch auf sehr unterschiedliche Weise, charakterisiert: die Einsicht, dass Literatur in ihrem Wissen vom ständigen Bedrohtsein zutiefst ein ÜberLebenswissen ist und auf ein ZusammenLebensWissen abzielt. Ohne Zweifel ist es möglich, in *Tausendundeiner Nacht* jene Gnoseme eines Zusammenlebenswissens herauszuarbeiten, die wir auch in Assia Djebars *Straßburger Nächten* in veränderter Form wiederfanden.[145]

---

143 Djebar, Assia: *Les Nuits de Strasbourg*, S. 373.

144 Ruhe, Ernstpeter: Die Versetzung des Mythos in den Roman. Assia Djebar und die Musen des Jenseits. In: *Lendemains* (Tübingen) XXX, 118 (2005), S. 24; sowie ders.: Les sirènes de Césarée. Assia Djebar chante „La femme sans sépulture". In: C *ELAAN. Revue du Centre d'Etudes des Littératures et des Arts d'Afrique du Nord* (Saratoga Springs, NY) II, 1–2 (summer – fall 2003), S. 85–100.

145 Vgl. das erste Kapitel in Ette, Ottmar: *ZusammenLebensWissen. List, Last und Lust literarischer Konvivenz im globalen Maßstab (ÜberLebenswissen III)*. Berlin: Kulturverlag Kadmos 2010.

Scheherazade, die Herrin der tausendundeinen Nächte, weiß sehr wohl, dass die Nacht die Zeit der Liebe und die Zeit des Erzählens im Angesicht des Publikums ist. Beide Dimensionen – und damit letztlich auch das Schreiben wie das Lesen von literarischen Texten – sind von ihrem Wissen vom Zusammenleben nicht zu trennen.

In diesem Sinne darf das in *Les Nuits de Strasbourg* narrativ entfaltete Über-Lebens- und ZusammenLebensWissen als ein ambitioniertes, die verschiedensten literarischen Traditionen zusammenführendes Experiment auf dem Gebiet literarischer Konvivenz in einer von Migration, Vertreibung und Delokalisierung geprägten Welt verstanden werden. Die Liebe wirkt hier wie ein Katalysator aller Erkenntnisprozesse, die sich in diesem Roman vor allem in den weiblichen Protagonisten, den starken Frauenfiguren, überschneiden. Aber müsste ein Experiment über die bereits erwähnten Kriterien hinaus nicht beliebig oft wiederholbar sein, um allgemeine Gültigkeit beanspruchen zu können?

Es lässt sich nicht bestreiten, dass die neun Nächte von Straßburg am Ende der neunten unweigerlich zu Ende gehen. Dies gehört zu den Regeln des von Thelja ausgeheckten Spiels und Experiments. Die Wiederholbarkeit dieses Experiments, das Assia Djebar mit ihrem Schreiben ohne festen Wohnsitz mit Bedacht im *entre-deux*, in der ZwischenWelt des Elsass, angesiedelt hat,[146] liegt aber darin, dass die Leserinnen und Leser dieses Romans dieses Experiment buchstäblich nachvollziehen und beliebig oft wiederholen, durchleben, sich schöpferisch einverleiben können. Der Akt der Lektüre, gleichsam das LiebeLesen, ist hier von überragender Bedeutung. Das ZusammenLebensWissen, das von Assia Djebars Roman ethisch fundiert und narrativ modelliert wird, ist ein Wissen, das mit seiner Komplexität und der Anforderung an die Leser, in mehreren Logiken zugleich denken zu müssen, für ein dem anderen gegenüber respektvolles Zusammenleben der Kulturen und Sprachen überlebensnotwendig ist. Der Akt der Lektüre wird somit zu einem Erkenntnisakt, der jede einzelne Szene dargestellter und lebbarer Liebe durchdringt.

Es ist beeindruckend zu sehen, wie *Les Nuits de Strasbourg* an jener Landschaft der Theorie beiderseits des Oberrheins weiterarbeitet, die René Schickele in einer dunklen Zwischenkriegszeit visionär, wie ein offenes Buch im Zeichen eines künftigen Europa, vor sich liegen gesehen hatte. Assia Djebar schreibt sich hier bewusst oder unbewusst in eine lange, alemannische Tradition ein, welche diese Region literarisch zu einem Land der Konvivenz gemacht hatte – etwas, das

---

146 Vgl. hierzu aus anderer Perspektive Horváth, Miléna: Une poétique de l'entre-deux: Figures de l'intermédiaire dans l'écriture d'Assia Djebar. In: *Présence francophone* (Sherbrooke) LVIII (2002), S. 28–39.

noch in der Rede vom alemannischen „Dreyecksland" heute gegenwärtig ist. Der Roman Assia Djebars weiß – wie der Blick vom Straßburger Münster zeigt – von der Schönheit dieser Landschaft, weiß aber auch davon, dass die Stadt mit der „flüssigen Grenze" des Rheins die Spur ihrer Verwundbarkeit wie eine „Tätowierung, die sichtbar ist – für alle Gefahren der Vergangenheit" bewahrt hat.[147]

Stets liegt ein Zauber des Prekären auf und in dieser Landschaft beiderseits des Rheins, zwischen Schwarzwald und Vogesen. Assia Djebars Literatur ohne festen Wohnsitz zeigt, dass ein Wissen vom Zusammenleben nie ein für allemal gegeben ist, sondern stets prekär und ephemer bleibt und in seiner vielgestaltigen Figur auch wieder verloren gehen kann. Das Schreiben, die Schrift und deren Lektüre, das Lesen: Sie bewahren es in vektorisierter Form für uns auf, um es nicht nur von neuem, sondern auch neu zu durchleben und nachzuerleben.

Die Fäden dieses Schreibens und dieses Lesens sind fein und zugleich weit gesponnen. Dass dem mehr als nur zwanzig Jahre älteren Elsässer in der jüngeren Algerierin eine literarische Partnerin entstand, die im Angesicht des Mordens und Tötens in ihrem Land ihr Wissen von den Möglichkeiten und Gefahren des Zusammenlebens zwischen Osten und Westen, zwischen Orient und Okzident, in die translingualen Formen eines Schreibens ohne festen Wohnsitz goss, lässt einen das Jahrhundert der Migrationen, der Kriege und Vertreibungen überspannenden Zusammenhang entstehen, in dem sich wie in *Alsagérie* das in die „Bläue" entfliegende Licht Schickeles[148] mit dem „Schrei ins Blaue versunken",[149] dem offenen Schlussakkord von *Les Nuits de Strasbourg*, vereint. Es ist ein Schlussakkord, der in seinem Schrei einen Schwindel aufruft, in welchem das Leben der Protagonistin zu vergehen scheint.

Aus der vielfachen Beleuchtung entsteht in der verdoppelten Landschaft des Stroms und der Flüsse, der Kanäle und Brücken, aber auch des west-östlichen wie des nord-südlichen Durchgangs das Bild eines Europa, das ohne Außereuropa weder gedacht noch gelebt werden kann: eines Europa, das sich der Last seiner Vergangenheit bewusst aller Listen eines Wissens bedient, um sich der Lust am Zusammenleben in Differenz zu verschreiben. Diese literarische Stadtlandschaft der Theorie verbindet Straßburg/Strasbourg, die Stadt der Straßen, in einer langen literarischen Filiation mit der Anrufung jener im Zweistromland gelegenen großen Stadt Uruk, deren Form, deren Figur das *Gilgamesch-Epos* prospektiv eröffnet. Auch hier liefen einst die Straßen der Welt zusammen.

---

147 Djebar, Assia: *Les Nuits de Strasbourg*, S. 248.
148 Schickele, René: *Blick auf die Vogesen. Zweiter Roman der Trilogie: Das Erbe am Rhein*, S. 7.
149 Djebar, Assia: *Les Nuits de Strasbourg*, S. 405.

Denn das Jahrtausende alte ZusammenLebensWissen der Literaturen der Welt steht mit jedem neuen Text an einem immer wieder erneuerten und stets erneuerbaren Anfang – in all seiner Prekarität. Dass hierbei Assia Djebars Roman kein *happy-ending* beschieden ist, bleibt ganz in der Tradition des von Denis de Rougemont herausgearbeiteten Liebeskonzepts in der Linie des hier evozierten Tristan-Mythos und der Tragik von künstlerisch gestaltbaren Liebesgeschichten im Abendland. Am Ende steht ein Schrei und mehr noch ein Schwindel, in welchen sich all diese Liebesgeschichten verwandeln und auflösen – ein Schwindel von unaussprechlicher Tragik und Schönheit, der noch lange nach dem Lesen nachhallt.

W. G. Sebald oder der Schwindel der Liebe

Lassen Sie mich nach unserer ausführlichen Beschäftigung mit der auf Französisch schreibenden Assia Djebar nun in aller Kürze auf einen deutschsprachigen Text eingehen, auf den 1990 erschienenen Band *Schwindel. Gefühle*, der von dem 1944 in Wertach im Allgäu geborenen und 2001 bei einem Autounfall tragisch ums Leben gekommenen Schriftsteller W. G. Sebald stammt. Dieser Band enthält sehr unterschiedliche Erzähltexte, die gänzlich verschiedenartigen Themen in variationsreichen narrativen Darstellungen nachgehen, dabei aber immer wieder versuchen, dem Phänomen des Schwindels auf hintergründige, Geschichte und Geschichten respektierende Weise nachzuspüren. Die Thematiken reichen folglich vom Schwindel als Gefühl bis hin zu den Gefühlen als Schwindel, eine fürwahr weite Spanne, die mit hoher literarischer Präzision ausgemessen wird. Dabei geht es selbstverständlich auch um die Liebe als Gefühl und um das Gefühl der Liebe im Schwindel und als Schwindel. Sie merken, wie komplex diese Themenstellung ist, die an dieser Stelle aber leider nicht näher ausgeleuchtet werden kann.

Abb. 56: W. G. Sebald (Wertach im Allgäu, 1944 – Norfolk, England, 2001).

Der Grund, warum ich mich der Beschäftigung mit W. G. Sebald und diesem Buch zuwende, ist ein vielfacher. Erstens ist es die Thematik des Schwindels in ihrer Beziehung zur Liebe, auf die wir bereits gestoßen sind und auf die wir im weiteren Verlauf unserer Vorlesung erneut treffen werden. Der zweite, spezifisch literaturwissenschaftliche Grund geht darauf zurück, dass sich W. G. Sebald in seinem in der Folge zu analysierenden Text mit fundamentalen Funktionen und Verfahren der Literatur auseinandersetzt und dabei insbesondere die Beziehung zwischen Literatur und Leben in einem engen Verbund sieht, beide Bereiche also miteinander verzahnt. Dabei geht gerade das Nicht-ineinander-Aufgehen mit dem Gefühl des Schwindels einher.

Der dritte Grund für unsere Entscheidung ist die Tatsache, dass die erste Erzählung, die den Band *Schwindel. Gefühle* eröffnet, jenem Verfasser eines Lehrbuches über die Liebe gilt, der später vor allem als Autor großer Romane wie *Le rouge et le noir* oder *La chartreuse de Parme* hervortrat und berühmt wurde.

Seinen großen Romanen liegt dabei die von ihm entwickelte Liebeskonzeption zu Grunde, mit der wir uns aufgrund ihrer Wirkung unbedingt beschäftigen sollten – weit über W. G. Sebald hinaus. Ich spreche von jenem französischen Schriftsteller, der unter dem Namen Henri Beyle geboren und unter seinem Pseudonym Stendhal berühmt geworden ist. Seit Hugo Friedrichs erstmals 1939 erschienener Studie *Drei Klassiker des französischen Romans* ist dieser Stendhal eingegangen in die heilige Trinität französischer Klassiker, und das Interesse an ihm ist, vergleichbar mit Honoré de Balzac oder Gustave Flaubert, bis heute nicht erlahmt. Das berühmte Buch aber, in welchem Stendhal seine eigene Liebeskonzeption entwickelt und verankert hat, heißt schlicht *De l'amour* oder *Über die Liebe*.

Abb. 57: Cover und Inhaltsverzeichnis von W. G. Sebalds *Schwindel. Gefühle.*

Diesem Henri Beyle alias Stendhal also ist der erste Erzähltext im Band *Schwindel. Gefühle* von Sebald gewidmet. Er trägt den Titel „Beyle oder das merckwürdige Faktum der Liebe". Dies ist zweifellos ein seinerseits höchst merkwürdiger Titel, der schon im Titelbegriff des Faktums auf jene Tatsache hindeutet, die meist nicht ohne einen gewissen Verlust des Bezugs zur Realität und eine überhöhte Beziehung zu der umgebenden Wirklichkeit einhergeht. Kein Wunder also, wenn und dass die Liebe Schwindel erzeugt. Aber ist die Liebe selbst auch ein Schwindel?

Abb. 58: Stendhal, eigentlich Marie-Henri Beyle (Grenoble, 1783 – Paris, 1842).

Dies darf man sich nach der Lektüre des Textes auch durchaus fragen. Der Erzähltext beginnt mit der Teilnahme des jungen Henri Beyle, der wegen seiner weit auseinanderstehenden Augen auch von seinen Kameraden gerne „le chinois" genannt wurde, an der berühmt-berüchtigten Alpenüberquerung der napoleonischen Truppen im Jahre 1800. So stand dem Feldherrn Italien offen, ein bis heute in Frankreich liebevoll gepflegter kleiner Mythos.

Damit aber begann zugleich der vielleicht wichtigste Abschnitt im Leben des Henri Beyle: die Liebe zu Italien, die ihn ein Leben lang begleitete und beglückte. Diese Liebe zu Italien rief bei ihm mehr als einmal Schwindel in allen denkbaren Formen hervor. Es war eine Liebe, die auch manche Liebe zu einer hübschen Italienerin miteinschloss.

All diese Erfahrungen machten starken Eindruck auf das sehr intensive, sensible, bisweilen dramatische, ja sogar tragische Liebesempfinden des jungen Franzosen, der unter gelegentlichen Anwandlungen von sexueller Impotenz litt, über die er in stark verhüllter Form auch literarisch schrieb. So kam es bei Beyle zu einer bewegenden Auseinandersetzung mit dem Wesen jenes Gefühls, das wir gewöhnlich „die Liebe" nennen. Seine Reflexionen, Erlebnisse und Erfahrungen führten schließlich zur Ausprägung jener sogenannten Kristallisationstheorie, die im Zentrum der Stendhal'schen Liebeskonzeptionen steht.

W. G. Sebald betont in seinem zunächst wie ein literaturkritischer Text funktionierenden Erzähltext, dass es sehr wohl möglich sei, dass die schöne junge Frau, die Stendhal auf seiner Reise von Oberitalien über Innsbruck nach Salzburg und in die Salzstollen von Hallein begleitet haben soll, und die zum Entwicklungsobjekt jener besagten Kristallisationstheorie wurde, nur vom französischen

Schriftsteller imaginiert war und niemals mit dem realen Autor außerhalb des Textes eine Reise in das Salzbergwerk am nördlichen Abhang der Alpen unternommen hat. Aber dies spielt keine wirkliche Rolle; denn Stendhals Theorie entfaltet sich auch am imaginierten weiblichen Objekt – und vielleicht sogar besser als in einer konkreten und nicht vorgestellten Liebesbeziehung. Wir haben es schließlich mit einem hochkarätigen literarischen Autor zu tun, für den die Fiktion eine höhere Form der Wahrheit darstellt.

Abb. 59: „Passage du Mont St. Bernard, le 30 floréal an 8", Radierung von Jean Duplessi-Bertaux und Louvet nach einer Zeichnung von Carle Vernet.

Der letzte Text von Roland Barthes, den der französische Zeichentheoretiker zu Lebzeiten schrieb und der noch in seiner Schreibmaschine steckte, als man seinen Tod in einem Pariser Krankenhaus feststellte, widmet sich ausgerechnet Stendhal und trägt einen wunderschönen Titel: „On échoue toujours à parler de ce qu'on aime", „Man scheitert stets, will man von dem sprechen, was man liebt". In diesem letzten Essay geht es um vieles von dem, was Barthes selbst liebte, aber auch um seine Liebe zu Italien und Stendhal, mit dessen Liebeskonzeption er sich gerade auch in seinen *Fragments d'un discours amoureux* intensiv auseinandergesetzt hatte. Immer wieder ist der große Romancier des französischen 19. Jahrhunderts zum Gesprächspartner für die verschiedensten Autoren geworden, die sich mit dem Phänomen der Liebe auseinandergesetzt haben: Sebald macht hier also keine Ausnahme.

Kehren wir daher zu ihm und seiner Beschäftigung mit jener Reise zurück, die den Kristallisationspunkt für die Liebeskonzeption Stendhals bilden sollte. Ausgangspunkt einer Reise, die eigentlich nicht geplant war, sondern relativ spontan erfolgte, ist die Stadt Bologna, die aber unter einer enormen Hitzeglocke lag. So beschlossen der junge Mann und die junge Frau, die freilich kein Liebespaar bildeten, an die oberitalienischen Seen und konkret zum Gardasee auszuweichen – auf der Suche nach etwas Kühlung. Das war damals nicht anders als zu Zeiten des römischen Reichs, als die Seen im italienischen Alpenvorland, eingebettet in malerische Gebirgszüge, ebenfalls gesuchte Erholungsorte waren.

Doch führte diese Reise nicht unbedingt zu einer Kühlung der großen Gefühle. Dafür sorgte schon die junge Frau mit Blick auf den etwas unsicheren Franzosen selbst. Aber immerhin kam es zu einer Kühlung der klimatischen Bedingungen des Sprechens über die Liebe, des Sprechens über das, was man liebt. Aber lesen wir Sebalds Erzähltext, um uns ein genaueres Bild zu verschaffen! Es ist eine gelesene Erzählung, ein gelesenes Erleben, das uns vom Autor als Leser Stendhals gleichsam doppelt gebrochen gespiegelt wird. Erneut stehen also Liebe und Lesen in einer intensiven Wechselbeziehung; und das Bild von Henri Beyle steht für den deutschen Autor im Mittelpunkt einer genauen Lektüre:

> Bei Tag rastend, bei Nacht reisend, durchqueren sie das Hügelland der Emilia Romagna und die von schwefligen Schwaden überhangenen Sümpfe von Mantua, um am Morgen des dritten Tages in Desenzano am Gardasee anzulangen. In seinem ganzen Leben nicht, schreibt Beyle, habe er die Schönheit und Einsamkeit dieses Gewässers tiefer empfunden als damals. Der drückenden Hitze wegen hätten er und Mme Gherardi die Abende auf dem See draußen auf einer Barke verbracht und im Einbruch der Dunkelheit die seltensten Abstufungen der Farben gesehen und die unvergeßlichsten Stunden der Stille erlebt. An einem dieser Abende hätten sie sich, so schreibt Beyle, über das Glück unterhalten. Mme Gherardi habe dabei die Behauptung aufgestellt, daß die Liebe, wie die meisten anderen Segnungen der Zivilisation, eine Chimäre sei, nach der es uns umso mehr verlange, je weiter wir uns entfernten von der Natur. In dem Maße, in dem wir die Natur nur in einem anderen Körper noch suchten, kämen wir ab von ihr, denn die Liebe sei eine Leidenschaft, die ihre Schulden in einer von ihr selbst erfundenen Währung begleiche, ein Scheingeschäft also, das man zu seinem Glück ebensowenig brauche wie den Apparat zum Zuschneiden der Federkiele, den er, Beyle, sich in Modena gekauft habe. Oder glauben Sie etwa, so habe sie, schreibt Beyle, noch hinzugefügt, Petrarca sei unglücklich gewesen, nur weil er nie einen Kaffee trinken konnte?[1]

In der romantisch inszenierten Gesprächssituation, in welcher ein freies Sprechen über die intimsten Gefühle möglich wird, erklärt sich die Gesprächspartnerin und gibt ihre Ansicht von der Liebe und damit auch vom Leben kund. In

---

1 Sebald, W.G.: *Schwindel. Gefühle.* Frankfurt am Main: Fischer 1990, S. 28f.

ihrem berufenen Mund erscheint die Liebe als eine Chimäre – und wir könnten damit schon vermuten, dass sie die Liebe, etwas vulgärer ausgedrückt, für einen einzigen Schwindel hält. Da kommt einem der Refrain eines Hits von Tina Turner in den Sinn: „What's Love but a second hand emotion?"

In dieser spiegelnden Szenerie entwickelt im Erzähltext unter der doppelten Feder von Sebald und Stendhal die junge Frau ihre Ansicht von der Liebe, die diese als ein Produkt der Zivilisation, und damit als ein kulturell erzeugtes Phänomen erscheinen lässt. Liebe ist gerade nicht der menschlichen Natur überantwortet, sondern schillert als ein künstlicher Gegenstand in den Augen seiner Betrachterinnen und Betrachter. Dies gibt zu denken!

Denn diese zivilisatorische Hervorbringung – oder auch Erfindung – der Liebe wird von der Gesprächspartnerin als Chimäre vorgestellt, die eine eigene Ökonomie, einen eigenen Austausch geschaffen habe, welcher zugleich natürlich auch eine eigene Währung erzeugt habe, in der alle Rechnungen in Liebesdingen zu begleichen seien. Die Liebe erscheint hier ganz eindeutig als ein Schwindel in dem Maße, als sie als Zivilisationsprodukt ihre eigene Ökonomie geschaffen habe, die eine Ökonomie des Scheins und gerade nicht eine Ökonomie des Seins sei. Diese Theorie wird in der offenen Szenerie einer romantischen Bergwelt vorgetragen, in einer Szenerie der Zweisamkeit, gleichsam in *der* Liebessituation überhaupt, in der sich eine heterosexuelle Liebe literarisch auszudrücken vermag. Damit kann natürlich auch jederzeit der Funke der Liebe überspringen und sich entzünden. Anders als Roland Barthes wählt Stendhal nicht die absolute Einsamkeit des liebenden Subjekts, sondern schafft, wohl mit fiktionalen Mitteln, eine heterosexuelle Austauschsituation, von der aus die Thesen und Gegenthesen entwickelt werden können.

Denn dieser Liebestheorie der schönen Madame Gherardi setzt – wie könnte sie auch lange unwidersprochen bleiben? – das männliche Ich schon bald auf der anderen Seite der Alpen seine eigene Gegen-Theorie entgegen. Dafür wählt der französische Schriftsteller ein anderes Setting. Sie wird nicht in der Offenheit der voralpinen Wasserfläche, sondern in der gleichsam fossil überstauten und vor allem abgeschlossenen Höhlendimension des Halleiner Salzbergwerks entwickelt und wenig später dezidiert vor- und ausgetragen. Die jeweiligen Situationen von These und Gegenthese könnten also gegensätzlicher nicht angelegt sein.

Zuvor war die Episode am Gardaseee unschön zu Ende gegangen, da sich die Zeichen des Todes in Riva am oberen Ende des Gardasees gemehrt hatten und sich die junge Dame genötigt sah, fast fluchtartig die Seelandschaft zu verlassen, da diese nun für sie eindeutig im Zeichen des Todes stand. So gelangte das ungleiche Paar also auf die andere Seite der Alpen, aber zugleich auch auf die andere Seite der Geschlechter, auf die andere Seite der offenen oder geschlossenen

Räumlichkeiten und vor allem auf die andere Seite eines (geteilten) Glücks, das doch in beiden Visionen im Grunde nicht zu haben war. W. G. Sebald arbeitet mit Hilfe seiner Erzählkunst diese Dimension sehr schön heraus und macht zugleich deutlich, dass die Theorie der Liebe von der Praxis der Liebe oft meilenweit entfernt ist und vielfach nichts mit ihr zu tun hat:

> Das düstere Ereignis von Riva, das sie in der Erinnerung noch einige Male überlief wie ein Schatten, war bald vergessen und machte einem solchen Übermut Platz, daß sie sich vor lauter Freude in Innsbruck einen breitkrempigen Tirolerhut kaufte, wie wir ihn aus Abbildungen des Hoferschen Aufgebots kennen, und Beyle, der hier eigentlich hatte umkehren wollen, veranlaßte, mit ihr noch weiter das Inntal hinab über Schwaz und Kufstein bis nach Salzburg zu fahren. Dort versäumten sie es während eines mehrtägigen Aufenthalts nicht, die weithin berühmten unterirdischen Galerien des Halleiner Salzbergwerks zu besuchen, wo Mme Gherardi von einem der Mineure ein zwar toter, dafür aber von Tausenden von Kristallen überzogener Zweig zum Geschenk gemacht wurde, an welchem, als sie wieder an den Tag zurückgekehrt waren, die Strahlen der Sonne so vielfach glitzernd sich brachen, wie sonst, so schreibt Beyle, nur das Licht eines hell erleuchteten Ballsaals an den Diamanten der von den Kavalieren im Kreise herumgeführten Damen.
>
> Der langwierige Prozeß der Kristallisation, der den toten Zweig in ein wahres Wunderwerk verwandelt hatte, schien Beyle, wie er eigens ausführt, eine Allegorie für das Wachstum der Liebe in den Salzbergwerken unserer Seelen. Lange redete er, dieses Gleichnis betreffend, auf Mme Gherardi ein. Mme Gherardi war aber nicht bereit, von der kindlichen Seligkeit, die sie an diesem Tag bewegte, abzulassen, um mit Beyle den tieferen Sinn der, wie sie spöttisch anmerkte, zweifellos sehr schönen Allegorie zu erörtern. Beyle empfand dies als eine Demonstration der auf der Suche nach einer seiner Gedankenwelt entsprechenden Frau unvermittelt immer wieder auftauchenden Schwierigkeiten, und er vermerkte, er habe damals eingesehen, daß auch die extravagantesten Veranstaltungen seinerseits diese Schwierigkeiten nicht würden aus dem Weg räumen können. Damit war er bei einem Thema angelangt, das ihn als Schriftsteller auf Jahre hinaus noch beschäftigen sollte.[2]

Henri Beyles Theorie von der langsamen, mühevollen Kristallisation als Prozess der Hervorbringung von Liebe ist berühmt geworden. Ihm gilt unsere volle Aufmerksamkeit. In der Inszenierung des Schriftstellers Stendhal im eigenen Text, und mehr noch in jener Inszenierung Sebalds gelingt diese Allegorie jedoch nicht in ihrer Übersetzung in die Praxis der Liebe. Es ist eine Schwierigkeit, eine Barriere, man könnte auch sagen eine Unfähigkeit oder – um es beim Namen zu nennen – eine Impotenz des Schriftstellers, die hier andererseits zum Ausgangspunkt einer lebenslangen Beschäftigung mit dem Phänomen der Liebe, und damit letztlich mit seinem Werk als Schriftsteller wird. Geradezu obsessiv hat diese Konstellation Stendhal in seinem Schreiben immer wieder begleitet – und

---

2 Sebald, W.G.: *Schwindel. Gefühle*, S. 30f.

eben dadurch ist sie schriftstellerisch so produktiv geworden. Denn Obsessionen sind für Schriftstellerinnen und Schriftsteller oftmals der Ausgangspunkt für eine enorme Kreativität.

Ohne all die Probleme, die wir in unserer kurzen Besprechung lediglich angedeutet haben, hätte es wohl nicht jenen berühmten Schriftsteller gegeben, der sich das Pseudonym Stendhal gab. Die Liebe erweist sich hier auf eine ganz andere Weise als Chimäre: Indem sie nämlich jene Welten erzeugt und bezeugt, die sich in einer eigenen, mit den Mitteln der Fiktion hervorgebrachten Darstellung einer gelebten Realität in der Lektüre entfalten. Sie erreichen ihren Kristallisationspunkt eben in jener Welt, die wir die Welt der Literatur nennen – und sie sind ebenso faszinierend wie jener funkelnde, von Kristallen behaftete Zweig, der seine Banalität auf solch künstlerische Weise transformiert hat und im Licht der Sonne glitzert. In W. G. Sebalds Erzähltext sind Leben, Lieben und Lesen ganz eindeutig enggeführt. Doch machen wir an dieser Stelle zunächst noch einen kleinen Sprung, um weitere Aspekte der abendländischen Liebeskonzeptionen zu erfassen!

Fanny Rubio oder der spanische Liebesdiskurs

Der literarische Text, mit dem wir uns in der Folge beschäftigen wollen, ist ebenfalls theoretischer und zugleich literaturwissenschaftlicher Natur, auch wenn sich seine Verfasserin nicht zuletzt als Romanautorin in Spanien und weit darüber hinaus einen Namen gemacht hat. Die Beschäftigung mit diesem Text soll uns ein erstes Mal mit den Spezifika des spanischen Liebesdiskurses vertraut machen, oder uns doch mit dieser Tradition enger in Berührung bringen. Die Verfasserin unseres Textes ist die Schriftstellerin Fanny Rubio, die in ihrem Hauptberuf als Professorin an der Universidad Complutense zu Madrid arbeitet. Ihr Buch hat den eher reißerischen Titel *El embrujo de amar*; und diese verhexte Liebe, die natürlich auch die Verzauberung, den *encanto* nicht ganz verloren hat, soll uns hier etwas näher beschäftigen. Es ist eine Arbeit über den spanischen Liebesdiskurs *nach* der Welle erotischer Literatur, die sich nach dem Tod von Generalísimo Franco und damit nach dem Ende der Diktatur über Spanien ergossen hat.

Der Band ist für uns im Rahmen unserer Vorlesung von sehr eigenem Interesse. Denn in gewisser Weise könnte man dieses Buch als eine spanische und zugleich als eine weibliche Replik auf Roland Barthes' *Fragmente eines Diskurses der Liebe* verstehen: freilich – das sei von Beginn an hinzugefügt – bei weitem nicht auf der Höhe der theoretischen Reflexionen des französischen Semiologen. Fanny Rubios Buch ist eher ein wenig im Plauderton gehalten, was aber den Vorzug hat, uns zu zeigen, wie Mann oder Frau heute in Spanien über das Thema Liebe sprechen kann. Ich darf sie also beruhigen: Die spanische Autorin hat kein Theoriebuch über die Liebe in den Spuren von Roland Barthes verfasst, sondern kokettiert nur ein klein wenig damit.

Ausgangspunkt für die gesamte Anlage des Bandes ist ein Treffen des Erzähler-Ichs mit Freundinnen und Freunden, darunter auch einigen ehemaligen Geliebten, bei einer madrilenischen Karaoke-Veranstaltung, wo die wunderschönsten Boleros mit Liebestexten gesungen und immer wieder in den Fortgang der Reflexionen der Ich-Erzählerin (alias Fanny Rubio) einbezogen werden. Wir sind bei der Lektüre also ganz tiefenentspannt, uns erwartet kein Traktat. Natürlich könnte man hier schon eine Grundidee vermuten, die uns immer wieder begleiten wird, die aber leider von Fanny Rubio nicht ausgeführt worden ist. Diese Grundfrage lautet: Wer spricht eigentlich, wenn wir von Liebe sprechen?

Bei Roland Barthes war das *sujet amoureux* ja in der Tat aus vielfältigen Fragmenten und Stimmen zusammengesetzt, die sich oftmals aus literarischen Intertexten herleiteten. Im Grunde ist es auch bei der Karaoke-Veranstaltung ganz genauso, denn auch hier werden die Subjekte im Grunde von den verschiedensten Fragmenten unterschiedlicher Herkunft gesprochen. Insofern bedient sich

Fanny Rubio also desselben Strickmusters, nur dass ihre handelnden und liebenden Figuren geschlechtlich sehr wohl determiniert sind und vieles im Sinne von „Ella cantaba boleros" – um Guillermo Cabrera Infante und seine *Tres tristes tigres* zu zitieren – vonstatten geht.

Abb. 60: Fanny Rubio, eigentlich Francisca Rubio Gámez (Linares, Jaén, 1949).

Abb. 61: Cover von Fanny Rubios *El embrujo de amar.*

Die nietzscheanische Frage „Wer spricht?" ist in gewisser Weise im Liebesdiskurs also noch verschärft, denn wir folgen bestimmten Schemata, Versatzstücken und Formeln, die wir kulturell gelernt haben und die in uns sprechen und ihr Eigen-Leben führen. Erneut erkennen wir, dass diese Formeln von uns auch gefordert werden, wie dies bei der Formel „Ich liebe Dich" recht anschaulich wird. Doch darauf werde ich noch mehrfach im weiteren Verlauf unserer Vorlesung zurückkommen.

Gerade auch das Setting dieses Buches, sozusagen seine diegetische Anlage, mag verdeutlichen, wie wichtig die jeweiligen Orte des Sprechens für die Reflexion, und wie wichtig gerade auch die Verkörperungen für das eigene oder fremde Liebesgeschehen sind: wie also, um es mit anderen Worten zu sagen, der Liebesdiskurs buchstäblich vom liebenden Subjekt verkörpert wird. Denn entscheidend ist in dieser Veranstaltung die Einbeziehung des Liedtextes in das eigene Singen und damit in den eigenen Körper-Leib: All dies geht in die Realisierung, in die Darstellung und in die Identifikation mit der Liebe selbst im Sinne einer Inkorporation, einer liebevollen Einverleibung, ein. Der Liebesdiskurs will stets ein Diskurs mit Haut und Haaren und folglich ein leibhaftiger Diskurs sein.

Zugleich macht uns diese Szenerie natürlich auch auf eine zentrale Vermittlungsebene aufmerksam: nicht auf die hehre hohe Literatur und ihre intertextuellen Beziehungen, sondern auf die Alltagskultur und dabei vor allem auch die Liedtexte von Schnulzen oder die etwas anspruchsvolleren Texte von Boleros, die mit viel Sehnsucht und Herzschmerz gesungen werden. Das hört sich kunstvoller an, als es tatsächlich ist! Denn auch eine andere Literaturwissenschaftlerin, Iris Zavala, die viel über spanischsprachige Frauenliteratur gearbeitet hat, wird hier sowohl beim Singen als auch mit einigen Aufsätzen in den Band eingeblendet. Doch alles erfolgt eher auf der Ebene eines gewöhnlichen Plaudertons, einer beliebigen Konversation über Liebe in Spanien.

Der Ausgangspunkt des Bandes ist eine recht simple Frage – und so heißt auch das erste Kapitel: „Was wir sagen, wenn wir ‚Liebe' sagen". Sie sehen, der Band stellt durchaus die elementaren Fragen nach der Liebe. Doch Fanny Rubio hütete sich freilich, eine klare Antwort zu geben. So ergibt sich ein zwangloser Spaziergang durch verschiedene Aspekte der Liebe unter besonderer Berücksichtigung der Geschlechterdifferenz, eine Unterscheidung, welche Roland Barthes gerade vermieden hatte. Es geht um die Liebe in Spanien zum Zeitpunkt der Veröffentlichung des Bandes, also mit einem gewissen Abstand zur Franco-Diktatur in einem demokratischen Land, in welchem freilich die Liebesdiskurse um die Jahrtausendwende je nach Sozialisation höchst unterschiedlich angelegt waren und wohl auch noch immer sind. Ich möchte Ihnen zunächst den Eröffnungssatz oder besser das *incipit* dieses Bandes kurz vorstellen, damit Sie einen direkten Texteindruck bekommen:

> Es gibt einen Augenblick in unser aller Leben, in dem wir eine Liebeswahl vornehmen müssen, eine einzige, auf Grund derer wir die Konsequenzen über einen großen Teil unseres Lebens gut oder schlecht leben, selbst in jenen Ländern, in welchen man an eine Kultur der *Berichtigung* gewöhnt ist, mit ihrer jeweiligen affektiven, rechtlichen Entsprechung, der Scheidung, die selbst von jener Handvoll an Gläubigen aller Religionen anerkannt wird, die

verstehen, dass die Tatsache, in einem bestimmten Alter eine bestimmte Wahl getroffen zu haben, nicht ohne weiteres und notwendig von einem Glücklichwerden gekrönt wird; oder aber zu einer lebenslänglichen Bestrafung all jener führen darf, die plötzlich entdecken, dass sie sich getäuscht haben.[1]

Fanny Rubios Band geht zum einen von Beginn an und nicht ganz zufällig vom Leben und damit von den Lebenserfahrungen eines jeden und einer jeden aus, um daran zunächst die These zu knüpfen, dass es in unser aller Leben sozusagen den Augenblick, den Moment einer Liebeswahl gebe, der für einen guten oder schlechten, aber in jedem Falle beträchtlichen Teil unseres weiteren Lebens – und nicht nur unseres Liebeslebens – entscheidend sei. Dabei gibt es bei dieser Überlegung sofort einen Verweis auf das Scheidungsrecht, dessen historische Entwicklung im katholischen Spanien mühsam war. Denn selbst unter den Bedingungen einer späteren Scheidung, also der Auflösung der einmal gewählten Partnerschaft, sei die ursprüngliche Liebesentscheidung von großer Tragweite. So weit, so gut!

Mit dieser durchaus alltäglichen, vielleicht auch banalen Argumentation wird die Liebe mit ihren Partnerwahlentscheidungen in eine zentrale Stellung für das gesamte Leben gerückt. Offenkundig ist: Ein Wissen über die Liebe ist folglich ein Wissen über das Leben und zugleich auch ein Wissen, das es möglicherweise erleichtern könnte, das Leben *in the long run* zu meistern. Zugleich wird deutlich, dass der hier benutzte Begriff von Liebe ein sehr weitgefächerter, aber sicherlich nicht einfach romantischer ist, sondern vielmehr einer vernunftbetonten Partnerwahl gehorcht, da er eine Vielzahl von Konsequenzen – auch juristischer Natur – für das weitere Leben mitbedenkt. Wir sind hier vom ersten Satz an fast im Duktus eines Ratgebers für den Bereich der Liebe.

Fanny Rubios Text ist in gewisser Weise charakteristisch für eine *literatura light*, eine leichte – wenn auch hier nicht unbedingt schlüpfrige – Literatur, die keine wirklich fundamentalen Erörterungen im Schilde führt, sondern versucht, ein Thema auf eine eher gefällige Weise zu bearbeiten und dabei den Erwartungen des Lesepublikums weit entgegenzukommen. Denn diese Art von Literatur ist für eine breite Leserschaft kalkuliert, die überwiegend den Eingangsfragen zustimmend gegenübersteht. Ihr Kalkül rechnet von Anfang an mit einer substantiellen Verbindung zwischen Liebe und Lesen bei einer Leserschaft, die sich *per se* für das Thema Liebe interessiert. Damit aber gewinnt der Text wiederum an Interesse für eine eher kulturwissenschaftlich-soziologische Deutung.

---

1 Rubio, Fanny: *El embrujo de amar. Amantes, pasiones y desencantos.* Madrid: Temas de hoy 2001, S. 15.

Darüber hinaus ist dieser Band auch in einer zweiten Hinsicht sehr charakteristisch, denn er spricht gerade die sexuelle Dimension der Liebe sehr direkt und wortreich, in zahlreichen umgangssprachlichen Varianten an. Dieses offene Gespräch, dieser offene Diskurs über die Liebe war in Spanien jahrzehntelang unter der Franco-Diktatur unterdrückt worden; und nach einer deutlichen Phase des *destape*, der ersten und auch kommerzialisierten Öffnung gerade auch für eine erotische Literatur, pegelte sich um die Jahrtausendwende eine gewisse Normalisierung des iberischen Liebesdiskurses ein, also des Sprechens über das zuvor verbarrikadierte und mit einer Vielzahl von Kautelen und Fangstricken versehene Thema.

Dies bedeutet mit anderen Worten, dass Sie als Studierende der Romanistik oder des Spanischen kaum einen besseren kommentierten Wortschatz über die Sprache der Liebe im Spanien des Übergangs zum 21. Jahrhundert finden können als dieses Buch von Fanny Rubio. Dabei nimmt die Verfasserin durchaus auf die alten Traditionen des iberischen und abendländischen Liebesdiskurses Rücksicht und baut sie in ihre Überlegungen mehr oder minder kunstvoll mit ein. So ist schon früh von Platons *Gastmahl* die Rede, auf das wir später noch zurückkommen werden, das uns aber bereits hier – wenn auch nur implizit – in der Figur des Alkibiades begegnet. Er tritt nämlich volltrunken in Platons *Symposion* auf und beklagt seine Liebe zu Sokrates, eine Liebe, die freilich unerwidert bleibt.

Doch die iberischen Traditionen bleiben im Vordergrund – und genau aus diesem Grunde beschäftigen wir uns ja auch mit diesem Buch, das uns ein wenig Einblick in den spanischen Liebesdiskurs und seine spezifischen Traditionslinien verschaffen soll. Ein zentraler Bezugstext ist für die Spanierin Rubio selbstverständlich in erster Linie Fernando de Rojas' *Celestina* aus dem Jahre 1499, der in der Frühen Neuzeit die iberischen Diskurse der Liebe wesentlich mitprägte und eine Langzeitwirkung entfaltete. Denn in der *Celestina* begegnen wir für die iberische Welt zentralen Liebeselementen, wobei die schöne Melibea, die dank einer Kupplerin dem Calixto zugeführt wird, als eine wichtige Figur der Liebenden herauspräpariert und anhand der Verse „Yo soy la que gozo / Yo soy la que gano" zu einer Art Urmutter der spanischen Frau wird, zu einer Frau, welche durchaus die Liebe genießt und die Lust an der Liebe bejaht.

Doch natürlich sind die Dinge nicht so einfach gestrickt – Denis de Rougemont lässt aus dem Bereich der Tragik von Liebesbeziehungen freundlich grüßen. Denn die Liebesfähigkeit der schönen Melibea ändert nichts an der Tatsache, dass sie nach dem Unfalltode ihres Calixto den Freitod wählt und sich vom Turm herabstürzt, eine psychoanalytisch besonders bedeutsame Handlung, die wir in der Symbolik von Sigmund Freuds *Traumdeutung* heute leicht zu entschlüsseln vermögen. Damit rückt der Liebesselbstmord im Rahmen tragisch verlaufender Liebesbeziehungen schon von Beginn der Frühen Neuzeit an in Spanien ein. Der

Wille zum Leben erlischt, wenn der Wille zur Liebe seinen geliebten Gegenstand, sein Liebesobjekt, verliert.

Das weite Themenfeld des Liebesselbstmords spielt dann aber auch bei jenem Text eine Rolle, den schon Roland Barthes ins Zentrum seiner Überlegungen zum *discours amoureux* gestellt hatte, Johann Wolfgang Goethes *Werther*. Man könnte hier durchaus eine gewisse Parallele zwischen Barthes und Rubio erkennen, auch wenn die theoretische Durchdringung der Materie bei Rubio wesentlich geringer ist. Aber gerade in diesem theoretischen Anspruch unterscheidet sich der spanische vom französischen Band über die Liebe: Nehmen wir das Buch der spanischen Autorin also für das, was es leisten kann und uns in der Tat zu vermitteln vermag!

In einem großen Gegensatz steht freilich in beiden Büchern die jeweilige Behandlung der körperlichen Liebe. Hier macht sich besonders die jüngste spanische Geschichtserfahrung bemerkbar. In Fanny Rubios Band erkennen wir leicht noch immer die Spuren des *destape* in der nachfranquistischen Zeit, jene Jahre also, welche eine so starke Veränderung der Alltagskultur in Spanien gerade bezüglich des Liebesdiskurses wie der Liebespraktiken mit sich brachten. Dieser *destape* führte in der sogenannten *movida* zunächst zu einer *liberación del porro*, zu einer relativen Freigabe von Drogen, mit denen eine ganze junge Generation fast wahllos experimentierte, um dann selbstverständlich auch die tabuisierten Bereiche der Sexualität in Angriff zu nehmen. Spanien hatte unendlich viel aufzuholen: Eine ganze Generation sehnte sich nach einem anderen Leben und wollte rasch nachholen, was ihr zuvor ganz einfach vorenthalten wurde – oder besser: von dem sie glaubte, dass es ihr in all den langen Jahren der Diktatur schlicht entgangen sei. Die hektische, nach sofortigem Vollzug strebende Atmosphäre jener Jahre hat aus meiner Sicht vielleicht am besten der 1981 präsentierte Film von Carlos Saura mit dem Titel *De prisa, de prisa* eingefangen.

Spanien wurde zweifellos in jenen Jahren von einer ungeheuren Welle des *erotismo* erfasst,[2] die bis heute im Grunde nicht völlig abgeebbt ist und eine Vielzahl von Ausdrucksformen gefunden hat, welche ebenso merkantiler wie auch ästhetischer Art sind. Gerade die Begründung von eigenen auflagestarken Reihen wie *La sonrisa vertical* hat das Thema von Sexualität, Erotik und Körperlichkeit zu einem so leicht in der Öffentlichkeit und in der Literatur behandelbaren gemacht, dass Fanny Rubios Buch in diesem Bereich sicherlich in keiner Weise tabubrechend wirkte, sondern der Erwartungshaltung eines spezi-

---

2 Eine schöne literaturwissenschaftliche Darstellung dieser Entwicklungen findet sich in Reinstädler, Janett: *Stellungsspiele. Geschlechterkonzeptionen in der zeitgenössischen erotischen Prosa Spaniens (1978–1995)*. Berlin – New York: Schmidt 1996.

fisch spanischen Lesepublikums vollauf entsprach. Man tut diesem Band ganz gewiss nicht Unrecht, wenn man ihn einem beherrschenden und nach Auflage schielenden *mainstream* zuordnet. Aber genau darin liegt auch seine Bedeutung für uns.

Am Ende des Textes steht – trotz aller Betonung der Gemeinsamkeit, des gemeinschaftlich verbrachten Karaoke-Abends und der vielen Erinnerungen an andere Menschen – die abgrundtiefe Einsamkeit. Es ist wahrlich kein Zufall, dass es gerade diese *soledad* ist, die den Schluss bildet und sich aller bemächtigt. Denn hierin drückt sich letztlich auch der tiefe Einfluss von Roland Barthes auf das Buch aus, in welchem er zwar bisweilen erwähnt wird, wo aber eine gewisse Scheu herrscht, mit seinen Verfahren zu arbeiten. Allzu übermächtig scheinen die *Fragments d'un discours amoureux* im Bereich des Schreibens über die Liebe vorzuherrschen. Und nicht umsonst hatte Roland Barthes die absolute Einsamkeit des liebenden Subjekts bei seinem Sprechen über die Liebe herausgehoben.

Was bei Barthes ganz am Anfang stand, steht nun bei Rubio also ganz am Ende: die Einsamkeit der Liebenden. Dort werden die Liebenden ganz schematisch den Geliebten gegenübergestellt, wobei letztere schlecht wegkommen, hätten sie sich doch opportunistisch und zugleich utilitaristisch verhalten und versucht, die sie Liebenden ständig im doppelten Wortsinne auszuziehen und allerlei Vorteile von ihnen zu erhaschen. Es bleibt also das Lob der wirklich, der richtig Liebenden. Schauen wir uns diese Passage doch einmal näher an:

> Was würde aus dem Geliebten oder der Geliebten werden ohne jene Magie der Liebe, welche die sie Liebenden für sie erzeugen! Was würde aus diesem Stein ohne jene sanfte Brise, die ihn neuerlich zu umarmen sucht, ohne jenen Liebeswind, der die Ampeln überspringt wie ein elektrischer Strom, welcher in sich den Keim der Unsicherheit und der Hoffnung trägt! [...]
> Diese Liebenden, welche ihre Zeit in Anwesenheit und in Abwesenheit verschenken, welche vor Emotion weinen, wenn sie lieben, welche beim Einschlafen noch an das letzte Wort denken, das sie von ihren Geliebten hörten, welche in einer ständigen Blase leben, welche die Probe von Weihnachten, die Probe des Sommers überstehen, welche sich dafür hergeben, Ton in den Händen der Kaprizen des Anderen zu sein, welche stumm werden bei der Anwesenheit dessen, den sie lieben: Sie verdienen die großzügigste Liebe! [...]
> Die wahre *Liebesgeschichte* wird von jenen Liebenden in der süßen Einsamkeit ihrer Spiegel gewoben.[3]

Es ist schon erstaunlich: Das so sehr auf den spanischen Zeitgeist mit seinen Brechungen und scheinbaren Tabubrüchen berechnete Buch endet mit einer Lobpreisung der Magie der Liebe, so als ob diese Kraft – gleichsam die Liebes-

---

3 Rubio, Fanny: *El embrujo de amar*, S. 219 f.

kraft – doch niemals versiegen könne und immer wieder durchbrechen müsse. Immer wieder werde es Liebende geben, die ihrer Geliebten wegen in Tränen ausbrechen, immer wieder Autorinnen und Autoren einer wahren Liebesgeschichte, die sich letztlich immer im tragischen Modos fortspinnen werde, aber niemals zu Ende gehe. Im Grunde werden hier Versatzstücke der romantischen Liebe beschworen, jene Liebenden, die sich Hals über Kopf ohne jede Brechung oder Berechnung in die Liebe stürzen und ihre Wonnen wie ihre Schmerzen auskosten.

Es geht in dieser Passage folglich um das, was Stendhal – wie wir gesehen haben – als *amour-passion* bezeichnet hat, jene Magie leidenschaftlicher Liebe, die man natürlich auch mit Frankreich und mit dem Paris des 19. Jahrhunderts in Verbindung bringt. Hier nun steht am Ende die erträumte Liebesgeschichte, die *historia de amor*, die gleichsam gewoben wird von jenen romantischen Liebenden, die sich und ihre Liebe in der Einsamkeit ihrer Spiegel gleichsam erfinden. Diese *soledad*, diese Einsamkeit ist hierbei schließlich auch jene, auf die Fanny Rubio aufmerksam macht, werde doch stets nur einer der Liebenden vom Pfeil Amors getroffen, während der andere ganz entzückt ist, nun aus Liebe vergöttert zu werden. Wir haben ja schon gesehen, dass der kleine Cupido zwei Arten von Liebespfeilen in seinem Köcher hat. Auf diese Weise stehen sich somit von Beginn an stets zwei Individuen einander gegenüber, die durchaus unterschiedliche Interessen und Gefühlslagen besitzen. Und so kann die ewige Liebesgeschichte mit ihren beiden so unterschiedlichen Seiten beginnen. Einsamkeit ist dabei die eine Seite dieses Motivs.

Die andere Seite betrifft nun etwas auf den ersten Blick gänzlich Anderes. Denn am Ende steht das Spiegelmotiv, ein Motiv, auf das wir immer wieder in seinen Varianten und Variationen zurückkommen werden. Der Spiegel steht in diesem Falle nicht vorrangig für Abspiegelung wie in der Stendhal'schen Spiegelmetapher für den Roman des 19. Jahrhunderts, oder für Abbildung im Sinne einer Re-Präsentation, sondern für Selbsterkenntnis, eine Selbstschau, die letztlich stets auf die Identität des Selbst-Beschauenden zielt. Das Spiegelmotiv als Motiv der Selbstreflexivität, der Ich-Bezogenheit und des Narzissmus, aber auch der Selbstdurchdringung und Selbsterkenntnis, wird hier mit der Textgattung der Innerlichkeit verknüpft, wie wir sie freilich aus jeder besseren Schnulze, aus jeder Seifenoper, kennen. Und doch hat es dieses Motiv in sich.

Genau an diesem Punkt, an dieser wichtigen Stelle liegt eines der Probleme wie der Chancen des Buches. Denn Fanny Rubio hat in ihren Text sorgsam die unterschiedlichsten Zitate aus dem Fernsehen, vor allem aber aus dem Kino, und an erster Stelle von Boleros, Hits und Schlagern sowie anderen Liedtexten eingebaut. Sie rhythmisieren ihr Buch und bilden gleichsam den Soundtrack für eine Lektüre, in welcher die Leserschaft im Grunde immer ein wenig mitsummen muss. Es handelt sich um Refrains, die weit verbreitet sind und die uns vielleicht auch ein wenig an die Jugendzeit der Autorin und Professorin erinnern mögen. Auf diese zwanglose Art wird eine durchaus postmoderne Überbrückung des Gegensatzes zwischen Hochkultur und Massenkultur in Szene gesetzt, gilt die Schleifung dieses Gegensatzes doch als eine der Kernforderungen in Ästhetik und künstlerischer Praxis der Postmoderne.

Dieses Verfahren von Fanny Rubios Textgestaltung erlaubt es, neben die höchsten Höhen der Literatur den Text einer weitgehend unbekannten Schnulzensängerin zu stellen und den Verweis auf die *Celestina* von Fernando de Rojas mit einem Refrain aus einem Bolero geschmackvoll zu kontern. *El embrujo de amar* macht's möglich: Die Grenzen zwischen den einzelnen Äußerungsformen des Liebesdiskurses werden gleichsam unterlaufen und ad absurdum geführt. Was herauskommt, ist ein Liebesdiskurs, der sich auch an der Literatur, aber nicht ausschließlich an ihr orientiert. Die Liebe erscheint – ganz wie im Anfangssatz – als ein Phänomen, dessen Konsequenzen unser gesamtes Leben prägen – auch wenn wir in der Liebessituation selbst die Folgen bei weitem noch nicht zu überblicken vermögen.

Man könnte folglich sehr wohl *El embrujo de amar* wie eine spanische Replik auf Barthes' *Fragments d'un discours amoureux* lesen, wobei der Band zugleich auch einen Ausblick auf die Liebe im 21. Jahrhundert ermöglicht. Denn sicherlich würden wir alle ganz gerne wissen, wie sich Schriftstellerinnen und Schriftsteller die Liebe in diesem Jahrhundert und mehr noch in der Zukunft vorstellen. Denn die Literaturen der Welt sind nicht allein Seismographen von Entwicklungen, die in Vergangenheit und Gegenwart ablaufen; den Literaturen der Welt eignet etwas Prospektives: Sie sind der Zukunft zugewandt.

So lautet das fünfzehnte und letzte Kapitel des an der Wende zum 21. Jahrhundert geschriebenen Buches auch schlicht „Amores después del 2000". Auch wenn das Prospektive der Literatur gerade nicht in der expliziten Bezugnahme auf eine Zukunft manifest wird, möchte ich mich doch auf den Beginn dieses letzten Kapitels stürzen, um Ihnen einmal vorzuführen, wie man in Spanien am Ausgang des 20. Jahrhunderts und damit nach dem Ende der lang anhaltenden Diktatur des Generalissimus Franco über die Zukunft der Liebe im einundzwanzigsten Jahrhundert nachdachte.

Ich verzichte an dieser Stelle aus Zeitgründen auf die Darstellung der Diskussion des aus meiner Sicht wichtigen Begriffs der „sincronía", der für das Zusammenleben der beiden Liebenden von größter Bedeutung ist. Wir finden in diesem Begriff etwas von dem vor, was Roland Barthes unter dem Konzept der Isorhythmie verhandelt hat, also jenen Bewegungen, die im selben oder gleichen Rhythmus erfolgen. Die Synchronie bei Fanny Rubio – und damit die Frage des Rhythmus – wird geradezu zum Fetisch und Glücksbringer für das Paar, denn diese Synergieeffekte beziehen sich auf die Liebe zwischen Liebenden, die wirklich im gleichen Rhythmus miteinander schwingen.

An dieser Stelle geht es mir aber viel mehr um einige Aspekte des Blicks auf die Liebe durch eine weibliche Autorin, die allerlei verletzte Körper in ihre Collagen einbaut. Nun also der Beginn des Kapitels über die Liebe im 21. Jahrhundert und das, was die spanische Autorin zur Liebe in der damaligen Zukunft zu sagen hatte:

> In dem Maße, in welchem die Frauen neue Räume besetzen, welche traditionellerweise den Männern vorbehalten gewesen waren, und vorankommen beim Genuss ihrer ökonomischen Unabhängigkeit und anderer individueller Freiheiten, und auch in dem Maße, in welchem Männer wie Frauen sich bemüßigt fühlen, ständig ihre Haushaltsgeräte, ihre Wohnungen und ihre Partner zu wechseln, wird die Eifersucht wieder auf der Bühne erscheinen, dieser höhlenartige Wahnsinn, der bis zum Verbrechen führen kann, wenn der Stärkere dabei die Zügel aus der Hand gleiten lässt. Ich beziehe mich auf die gefühlsmäßige Eifersucht, welche die Leidensform der Eifersucht ist, obwohl die Formen beruflicher und sozialer Eifersucht auch eine verquere Haltung vieler Subjekte darstellen. [...] Die Eifersucht ist untrennbar mit der Vorstellung von Glück und den Bewegungen der Besitzergreifung bei den Paaren verbunden, und sie taucht bei der ersten Unachtsamkeit auf, auf der Bühne der allerersten Spielchen, noch bevor die ersten Liebeserklärungen kommen. [...]
>
> Wir weibliche Liebende heterosexueller Ausrichtung müssen heute mehrere Dinge klar sehen: Das erste ist, dass wir einen und wir anderen nicht gleich sind, obwohl wir dieselben Rechte und dieselben Arbeitsplätze haben, obwohl wir an verschiedenen Stellen die Kastanien aus dem Feuer holen, obwohl wir zusammen dieselben Drinks bestellen und auch gemeinsam ins Fitnessstudio gehen. Beginnen wir mit dem Verabscheuenswürdigsten von jedem einzelnen, von jeder einzelnen: Sie spielen sich mit jeder Eroberung – gleich welcher Eroberung – in einem quantitativen Sinne auf, ich habe mehr, ich habe mehr, ich habe mehr. [...] Wir Frauen sind zurückgekehrt zum Wo und zum Wann, wir haben eine Obsession bezüglich dessen, was wir nicht sehen und dem, was abläuft, so wie wir es gerne hätten: Wo ist seine Ex-Frau, von wo aus haben sie ihn gerade angerufen, wohin geht er jetzt [...].[4]

Vielleicht hätten wir mit diesem Ergebnis nicht gerechnet in einer Welt, die nicht zuletzt auch Liebe konsumiert und in der wir professionelle Partnersuche auf Knopfdruck, nicht zuletzt auch zum Zeitvertreib bestellen können. Entscheidend und gefährlich für die Liebe im längst angebrochenen Jahrhundert sind also aus Sicht einer Spanierin die Anfälle von Eifersucht und Eifersüchtigkeit, die sich ständig neue Objekte und Begründungen suchen. Interessanterweise betont Fanny Rubio in Zusammenhang damit die Veränderungen im Bereich der Emanzipation und Gleichstellung von Frauen in Spanien, beziehungsweise die Entwicklungen im Bereich der Geschlechterdifferenz, die aus ihrer Sicht signifikativ sind für eine fortschreitende Gleichberechtigung der Geschlechter. Zweifellos

---

4 Ebd., S. 213ff.

hält die spanische Schriftstellerin und Professorin diese Gleichberechtigung in vielen Bereichen auf dem Papier für fast verwirklicht, was man durchaus diskutieren kann, war diese Einschätzung doch eher der Euphorie lange nach Ende der Franco-Ära geschuldet; doch führe die fortbestehende Geschlechterdifferenz noch immer zu vielfältigen Unterschieden und Ungleichheiten in der Praxis des Lebensvollzugs – und in der Praxis heterosexueller Liebe.

Dieser Befund wird in der letzten Passage des obigen Zitats sehr deutlich. Dabei insistiert die Ich-Erzählerin – die wohl aufgrund des wenig kunstvollen Aufbaus des Bandes durchaus weitgehend mit Fanny Rubio gleichgesetzt werden kann – auf der Geschlechterdifferenz im tatsächlichen Verhalten von und zwischen Männern und Frauen. Dieses unterschiedliche Verhalten betrifft zum einen die Rechte, die sich Männer und Frauen jeweils herausnehmen und sozusagen für sich als selbstverständlich reklamieren.

Dabei erkennt sie bei den spanischen Frauen wegen einer jahrhundertelangen Unterdrückung trotz aller emanzipatorischen Entwicklungen gegenüber den Männern, den *machos ibéricos*, eine insgesamt noch immer stark untergeordnete Rolle und Funktion, aber auch ein problematisches Selbstbewusstsein. Zum anderen macht sie bei den Männern – und auch diesen Aspekt sollten wir nicht vergessen – ein obsessives Beharren auf der Quantität, auf der Anzahl, auf der Statistik der Liebesbeziehungen aus – und selbstverständlich auch ein dementsprechendes Geprahle. Hierzu werden im Buch selbst auch durchaus Anmerkungen gemacht, belege die Liebesaktivität in Spanien mit neunzig Liebesakten pro Jahr doch nur einen Mittelplatz zwischen den mehr als einhundertzwanzig angeblichen Geschlechtsakten US-amerikanischer Paare und den freilich mit Zurückhaltung angegebenen nur knapp vierzig sexuellen Vereinigungen japanischer Paare pro Jahr. Nun ja, da mögen auch kulturelle Faktoren mit hineinspielen. Sie wissen ja, wie Statistiken zustande kommen ...!

Überdies, so Fanny Rubio im obigen Zitat weiter, gebe es bei den Frauen die Obsession des nicht leicht Beherrschbaren, also die Abfolge von Fragen, die im Grunde nicht nach einer Statistik, sondern nach einer Geschichte fragen und ein derartiges Narrativ ständig konstruieren und kontrollieren. Interessanterweise wird gerade eine recht nahe liegende Konsequenz aus dem ständigen Nachfragen der Frauen nicht gezogen: Denn wenn die Frage nach der Statistik und der Zahl der Geschlechtsakte oder Seitensprünge gerade nicht auf narrative, sondern eher auf iterative Strukturen zielt, dann müsste ja die Frage nach dem Wo, Warum, mit Wem, Wann usw. gerade auf die ständige, unablässige Konstruktion von Liebesgeschichten (einschließlich Eifersuchtsgeschichten) zielen. Damit wäre dann vielleicht auch zu belegen, dass sich Frauen besser auf das Erzählen und das Produzieren von Liebesgeschichten verstehen und weitaus weniger leicht zu durchschauende Narrative entwickeln. Aber so weit geht die Behauptung von Fanny Rubio nicht.

Immerhin: Die Grundthese, auf die *El embrujo de amar* hinausläuft, ist mit anderen Worten die, dass wir in unseren Liebesbeziehungen immer weniger an bestimmte vorgestanzte Muster, und immer weniger auch an die Beibehaltung eines einmal gewählten Zustandes gebunden sind. Wir trennen uns also öfter nicht nur von den eigenen vier Wänden, in denen wir leben, sondern auch von unsren Liebespartnerinnen oder Liebespartnern, mit denen wir zusammenleben, so dass grundsätzliche Fragen des Zusammenlebens und der Konvivenz folglich wesentlich grundlegender gestellt und die Beziehungen in ihrer Gesamtheit in Frage gestellt werden als früher. Insofern scheinen sich die gesellschaftlichen und auch soziologischen Rahmenbedingungen für die Liebe im Abendland durchaus verändert zu haben.

Dies bedeutet freilich, dass es immer weniger institutionelle und auch statistische Bindungen zwischen den verschiedenen Liebespartnern gibt; und hier – so die These – taucht nun die Eifersucht auf. Denn die Eifersucht, die bekanntlich mit Eifer sucht, was Leiden schafft, ist noch immer Besitzanspruch auf den Anderen oder die Andere: Sie ist laut Rubio noch immer das Beharren eines Partners auf dem Anspruch auf sein Liebesobjekt, sein Lieblingsspielzeug, den anderen Partner.

Dabei sieht Fanny Rubio durchaus eine wohldosierte Eifersucht als eine Stütze für den Erhalt einer Paarbeziehung an, als ein gleichsam stabilisierendes Element gerade auch in der heterosexuellen Paarbeziehung. Denn die *celos sentimentales*, die Eifersucht der Gefühle, bilden eine erneuerte und erneuernde Beschäftigung mit dem Anderen und der Beziehung zu ihm.

Wir sollten also von Fanny Rubios Buch nicht nur bei unserem Durchgang durch die Geschichte, den wir in der Folge nun antreten wollen, die Auflösung bestimmter institutioneller Praktiken (die Unauflösbarkeit der Ehe, die rechtliche Unterwerfung der Frau usw.) und die graduelle Einführung anderer institutioneller Praktiken (etwa die Einführung der Scheidung, die leichte Trennbarkeit von Paarbeziehungen zu Singles, die wiederum neue Beziehungen eingehen usw.) sehen, sondern auch das Wiederaufleben von Besitzansprüchen dort, wo wir vielleicht so ‚archaische‘ Gefühle wie die Eifersucht gar nicht vermutet hätten. Die Entwicklungen im Diskurs wie in den Praktiken der Liebe, so scheint mir, sind nicht unilinear als Entwicklung in eine einzige Richtung, sondern als viellogisch anzusehen: Die Liebe also ist, auch wenn wir sie nur im Abendland betrachten würden, komplex. Aber das wussten wir schon.

Daher verwundert es letztlich auch nicht, dass *El embrujo de amar*, das Buch von Fanny Rubio, auf das Lob der Liebenden in einem romantischen Sinne hinausläuft, auf eine Beschwörung der Magie der Liebe, deren Behexung und Verhexung ja bereits der Titel des Buches zelebriert. So entfernen wir uns zugleich von jener Liebesgymnastik, die aus wohldurchschaubaren kommerziellen Erwägungen so sehr im Mittelpunkt von *El embrujo de amar* steht, und die zugleich auch so opportunistisch eingebaut ist in den Liebesdiskurs des aktuellen Spanien. Wenden wir uns nach diesem Blick auf eine iberische Gegenwart, aber kaum auf eine wie auch immer genauer zu definierende Zukunft, der Historie, der Geschichte von Liebe und Lesen zu.

Teil III: **Drittes Hauptstück zu einer Geschichte von Liebe und Lesen**

Guillaume-Thomas Raynal oder Figuren und Funktionen des Lesens in der europäischen Aufklärung

Beginnen wir unsere Reise durch die Geschichte im 18. Jahrhundert. Denn dieses *Siècle des Lumières*, dieses Jahrhundert der Aufklärung ist zugleich auch ein Jahrhundert der Lektüre und des Lesens. Wie wir schon in unserer theoretischen Annäherung an die Geschichte des Lesens sahen, ereigneten sich umwerfende Umwälzungen des Lesens in einem Jahrhundert, das im Zeichen jener großen politischen Revolution steht, die von Frankreich aus die Welt erhellte. Daran war, um es etwas verkürzt zu sagen, das Lesen nicht unschuldig, oder anders: Ohne die Macht und Kraft der Lektüre wäre die Französische Revolution nicht vorstellbar gewesen.

Wir können aus heutiger Perspektive von einer europäischen Doppelrevolution sprechen, die mit der industriellen Revolution in England und der politischen in Frankreich die entscheidenden Veränderungen brachte, die weit über das 18. und 19. Jahrhundert hinaus ihre Wirkung entfalten sollten. Vergessen wir neben dieser europäischen aber nicht die amerikanische Doppelrevolution, die mit der antikolonialen Unabhängigkeitsrevolution der USA begann und mit der gegen die Sklaverei gerichteten Revolution auf Haiti nach über einem Jahrzehnt erbitterter Kämpfe im Jahre 1804 zu ihrem Abschluss gelangte.

In seiner berühmten, 1815 in seinem Zufluchtsort Kingston verfassten *Carta de Jamaica* verlieh Simón Bolívar seiner Hoffnung auf eine nationale und kontinentale Befreiung vom spanischen Joch Ausdruck, wobei er sich explizit auch auf jenen Autor bezog, dessen Name seit 1780 die Titelseite der erstmals 1770 veröffentlichten *Histoire des deux Indes* zierte:

> Trotz alledem werden die Mexikaner frei sein, denn sie haben die Sache des Vaterlandes ergriffen, entschlossen, ihre Vorfahren zu rächen oder diesen ins Grab zu folgen. So sagen sie bereits mit Raynal: Endlich ist die Zeit gekommen, um den Spaniern Gräueltaten für Gräueltaten heimzuzahlen und diese Rasse von Massenmördern in ihr Blut oder ins Meer zu werfen.[1]

---

1 Bolívar, Simón: *Carta de Jamaica. The Jamaica Letter. Lettre à un Habitant de Jamaïque.* Caracas: Ediciones del Ministerio de Educación 1965, S. 58.

Abb. 62: Simón Bolívar (Caracas, Neugranada, 1783 – Santa Marta, Großkolumbien, 1830), circa 1823–1825.

Simón Bolívar zitierte in seiner berühmten *Carta* ganz bewusst Raynal, den Verfasser eines der großen Bestseller des 18. Jahrhunderts und Organisator der wichtigsten Kolonialenzyklopädie der Aufklärung, weil dessen Lektüre in jenen Kreisen, die sich für eine Unabhängigkeit, für die *Independencia* der spanischen Kolonien einsetzten, selbstverständlich vorausgesetzt werden konnte. In diesem für ein Verständnis des *Libertador* grundlegenden Text griff der Vertreter der jungen kreolischen Eliten des künftigen Venezuela auf den Namen des französischen Philosophen nicht etwa zurück, um seine politischen und ideologischen Überzeugungen zu begründen, sondern um sich seiner eher als Waffe im Kampf der Texte und Diskurse gegen ein Spanien zu bedienen, dessen zwischenzeitlich verstärkte Truppen in den Kolonien eine Reihe von Siegen über die Aufständischen errungen hatten. Der Rückgriff auf die Lektüre und den Namen Raynals war von bedeutender Schlagkraft im Kampf um die Zukunft der künftigen amerikanischen Republiken.

Gerade in den Kolonien galt Raynal als der führende Vertreter der französischen Aufklärung und als einer jener entscheidenden Köpfe, welche die Französische Revolution in die Wege geleitet hatten. Doch ohne jeden Zweifel handelte es sich bei Bolívars Verweis auf Guillaume-Thomas Raynal um ein eher zweischneidiges Schwert im Kampf um die Unabhängigkeit. Denn der französische *philosophe* – der bei den aufgeklärten amerikanischen Kreolen noch immer unbestritten als der Verfasser der *Histoire des deux Indes* galt – war zwar für seine vehementen Ausfälle gegen die Spanier und ihr ebenso ungerechtes wie ineffizientes Kolonialsystem berühmt geworden, doch wussten die Angehörigen der kreolischen

Oberschicht nicht weniger um seine Angriffe auf die Dekadenz, die Trägheit und Unfähigkeit der Bewohner des südlichen Amerika.

Dabei schloss der französische Aufklärer sehr wohl die Kreolen in sein negatives Bild mit ein, denen er und andere europäische Autoren des 18. Jahrhunderts vorwarfen, sich nicht selbst regieren und eigene Regierungsformen geben zu können. Raynal war deshalb alles andere als ein Parteigänger dieser Kreolen, die als Trägerschicht der Unabhängigkeitsrevolution die Geschicke der entstehenden Republiken an sich zogen. Derlei Negativbilder und Anschuldigungen hatten den Ruf und das Prestige des französischen Philosophen in den intellektuellen Zirkeln der amerikanischen Kolonien daher auch stark beschädigt.

Nicht umsonst hatten in Neu-Spanien die herausragenden ‚mexikanischen' Vordenker wie Francisco Xavier Clavijero oder Fray Servando Teresa de Mier y Guerra eine Polemik gegen europäische Philosophen wie de Pauw, Robertson oder Raynal in Gang gesetzt. Sie hatten sich in den sogenannten *Disput um die Neue Welt* gegen jene Vertreter der europäischen Geisteswelt eingeschaltet, die versucht hatten, die abwertenden Urteile Montesquieus oder Buffons gegenüber Amerika und seinen Bewohnern weiter zu fassen und zu radikalisieren.[2] Auch in der sogenannten *Berliner Debatte um die Neue Welt* ging es wesentlich um das Bild der Bewohner Amerikas und die vorurteilsbeladenen Ansichten, die von Europa aus im Jahrhundert der Aufklärung über diese verbreitet wurden.[3]

Wenn die Rezeption des Raynal'schen Werkes in Lateinamerika auch von einer grundlegenden Ambivalenz gekennzeichnet war, so konnte die *Histoire des deux Indes* – und insbesondere ihre zahlreichen, gegen die spanische Kolonialverwaltung gerichteten Anklagen und Vorwürfe – doch als eine wichtige Waffe für jene, die für eine politische Selbständigkeit der spanischen Kolonien kämpften, von großem Nutzen sein. Denn die Lektüre und die Berufung auf die aufklärerischen Texte, die im Namen Raynals veröffentlicht wurden, konnten sehr wohl die Legitimität und die Herrschaftsbefugnis des spanischen Mutterlandes in seinen überseeischen Kolonien untergraben. Um diese subversive Funktion ging es im Kern. Die angeführte Passage belegt, dass keineswegs nur Simón Bolívar um die subversive Kraft dieses vielgestaltigen und widersprüchlichen Werkes wusste. Auch die spanische Kolonialverwaltung kannte diese Gefahr, so dass man von kolonialspanischer Seite her bald schon versuchte, ein Gegengewicht zur gefähr-

---

2 Vgl. hierzu die längst klassische Studie von Gerbi, Antonello: *La disputa del nuovo mondo. Storia di una polemica: 1750–1900*. Nuova edizione a cura di Sandro Gerbi. Con un profilo dell'autore di Piero Treves. Mailand – Neapel: Riccardo Ricciardi editore 1983.
3 Vgl. hierzu Bernaschina, Vicente / Kraft, Tobias / Kraume, Anne (Hg.): *Globalisierung in Zeiten der Aufklärung. Texte und Kontexte zur „Berliner Debatte" um die Neue Welt (17./18. Jh.)*. Teil 1. Frankfurt am Main – Bern – New York: Peter Lang Edition 2015.

lichen Wirkung von Raynals Attacken auf die aufgeklärte kreolische Elite zu schaffen. Lesen war im Zeitalter der Aufklärung eben eine subversive Angelegenheit: Es konnte staatsumstürzende, und in diesem Falle die *Independencia* fördernde Folgen nach sich ziehen: eine hochpolitische Tätigkeit also, mit der wir es hier am Übergang zum 19. Jahrhundert zu tun haben. Leser waren potentiell gefährlich!

Dies mag die dauerhaften Anstrengungen von spanischer Seite erklären, eine offizielle Geschichte des eigenen Kolonialreiches und der heroischen spanischen Conquista vorzulegen.[4] Sie beruhte auf einigen der spanischen Krone allein zugänglichen Informationen – und hierzu zählten nicht nur die Kolonialarchive, sondern auch eine Reihe von Berichten spanischer Reisender, die in spanischem Auftrag die Kolonien besuchten. Längst war ein Kampf um die sich im 18. Jahrhundert durch die Leserevolution herausgebildete Öffentlichkeit und die sogenannte ‚öffentliche Meinung' entbrannt.

Den Spaniern gelang es freilich außerhalb Spaniens nicht, gegen die so erfolgreiche *Geschichte beider Indien* vorzugehen und deren Attacken in die Vergessenheit zu drängen. Guillaume-Thomas Raynals Hauptwerk war nicht allein in Frankreich, sondern auch in ganz Europa und weit darüber hinaus ein absoluter Verkaufsschlager, der die öffentliche Meinung ganz wesentlich prägte. Aller Widersprüche und Ambivalenzen zum Trotz, welche die Wirkung der *Histoire des deux Indes* in den Kreisen der Hispanoamerikaner beeinträchtigten, standen Raynal und sein bekanntestes Werk symbolhaft für eine Befreiung aus kolonialer Unterdrückung, waren doch viele der am Befreiungskampf auf hispanoamerikanischer Seite Beteiligten mit den berühmt gewordenen *harangues* in dieser Enzyklopädie der europäischen Expansion als Leser bestens vertraut. Auch in der Neuen Welt verfehlte die revolutionäre Rhetorik der Alten Welt ihre Wirkung nicht und fand Eingang in den Diskurs der *Libertadores*. Und diese ‚Befreier' Amerikas waren zuallererst aufmerksame und begeisterte Leser.

Zweifellos ist die in der *Carta de Jamaica* von Simón Bolívar zu beobachtende Instrumentalisierung und Lesart Raynals nur eine unter unzähligen, die sich zwischen dem letzten Drittel des 18. und dem ersten Drittel des 19. Jahrhunderts in den künftigen Republiken eines erst in Entstehung begriffenen Lateinamerika beobachten lassen. Es handelte sich um eine populäre und in militanten Befreierkreisen sehr verbreitete Lektüreweise. Simón Bolívars bewusst gewählte Lesart ist

---

4 Vgl. Tietz, Manfred: Amerika vor der spanischen Öffentlichkeit des 18. Jahrhunderts. Zwei Repliken auf de Pauw und Raynal: die „Reflexiones imparciales" von Juan Nuix y Perpiñá und die „México conquistada" von Juan de Escoiquiz. In: López de Abiada, José Manuel / Heydenreich, Titus (Hg.): *Iberoamérica. Historia – sociedad – literatura. Homenaje a Gustav Siebenmann.* Bd. 2. München: Wilhelm Fink Verlag 1983, S. 989–1016.

ein schönes Beispiel für einen ‚interessierten' Lektüretyp, der uns freilich oftmals mehr über den Leser als über das Gelesene zu sagen vermag.

Doch gibt es auch andere, vielleicht weniger spektakuläre, aber darum nicht weniger interessante Lektüretypen zu analysieren. Beziehen wir folglich die Wirkung der *Geschichte beider Indien* auf die sich herausbildende Literatur der künftigen Nationalstaaten mit ein in unseren Blickwinkel. So wäre es – um bei dem von Bolívar erwähnten Raum Neu-Spaniens zu bleiben – leicht zu belegen, wieviel der erste von einem Hispanoamerikaner in Hispanoamerika geschriebene Roman *El Periquillo Sarniento* von José Joaquín Fernández de Lizardi einer aufmerksamen Lektüre der *Histoire des deux Indes* verdankt.[5] Viele diskursive Elemente aus Raynals Texten wurden gleichsam in die Fiktion aufgenommen und narrativ in Bewegung gesetzt.

Von Simón Bolívar im Norden bis hin zu Domingo Faustino Sarmiento im Süden des südamerikanischen Subkontinents, von den verschiedenen Repräsentanten einer politischen und philosophischen Aufklärung in Mexico bis hin zu Vertretern der Raynal'schen Ideen in Canada: diese Enzyklopädie des europäischen Kolonialismus provozierte auf dem gesamten amerikanischen Kontinent eine Vielfalt verschiedener, aber stets produktiver Lektüren. Raynals Kolonialenzyklopädie war folglich nicht nur in Europa, sondern gerade auch in den Amerikas ein zwar verbotener Geheimtipp, zugleich aber ein Bestseller. Wie ein in Wolfenbüttel veranstaltetes Raynal-Symposium zeigen konnte, war die Wirkung des Raynal'schen Oeuvre ebenso groß und weitverzweigt wie die Divergenz der von ihm ausgelösten Lektüren.[6] Dabei ist diese Divergenz der Lektüren Raynals in der Tat beeindruckend. Bevor die *Histoire des deux Indes* von dem nicht weniger enzyklopädischen Reisewerk Alexander von Humboldts im amerikanistischen Bereich überstrahlt wurde, hat das sicherlich nicht brisanteste, aber wohl doch weitreichendste und einflussreichste Werk des französischen Abbé eine Vielzahl von Lesarten in beiden Welten stimuliert.

Doch Lektüren und Leseweisen sind in der *Geschichte beider Indien* ubiquitär. Denn mag die Geschichte dieser Lektüren auch bis heute nichts von ihrer Faszination eingebüßt haben, so gilt doch, dass dieser französische Bestseller der zweiten Hälfte des 18. Jahrhunderts seinerseits auf einem weitgespannten

---

5 Zum Roman von Fernández de Lizardi vgl. Ette, Ottmar: Fernández de Lizardi: „El Periquillo Sarniento". Dialogisches Schreiben im Spannungsfeld Europa – Lateinamerika. In: *Romanistische Zeitschrift für Literaturgeschichte / Cahiers d'Histoire des Littératures Romanes* (Heidelberg) XXII, 1–2 (1998), S. 205–237.

6 Vgl. Lüsebrink, Hans-Jürgen / Tietz, Manfred (Hg.): *Lectures de Raynal. L'„Histoire des deux Indes" en Europe et en Amérique au XVIIIe siècle. Actes du colloque de Wolfenbüttel*. Oxford: The Voltaire Foundation 1991.

Gewebe von Lesevorgängen aufbaute, deren Komplexität bis heute überrascht und beeindruckt. In ihrem Bezug zur Tradition der Reisesammlungen präsentiert sich die *Histoire des deux Indes* unseren heutigen Augen als eine Fortsetzung und zugleich Radikalisierung der *Histoire générale des voyages* des Abbé Prévost. Nur dass sie eine wesentlich präziser definierte politische Funktion (und damit eben erhoffte Leseprozesse) bewusst anvisierte.

Neuere Forschungsarbeiten haben detailliert aufgezeigt, in welchem Maße Guillaume-Thomas Raynal, der „Abbé der Neuen Welt", nicht gezögert hatte, sich der *Histoire générale* zu bedienen und zahlreiche Passagen dieses wichtigen Bezugstextes dekontextualisierend zu übernehmen. Mit anderen Worten: Er befleißigte sich einer plündernden Lektüre. Zwischen den Polen schöpferischer Umsetzung und simplen Plagiats oszillierend, erweist sich die *écriture* Raynals doch stets als hochdosierte Anverwandlung und Aneignung fremder Texte durch sehr spezifische Leseprozesse. Schreiben und Neuschreiben, Lesen und Neulesen werden zu Vorgängen, die sich nicht mehr voneinander abtrennen lassen und eine Intertextualität produzieren, die durch die beschleunigte Proliferation fremder Textfragmente und verschiedenster Informationsquellen seit der ersten Ausgabe der *Histoire des deux Indes* im Jahre 1770 zunehmend zentrifugalen Charakter erhielt, und so das in den frühen Rezeptionszeugnissen bereits feststellbare Bedürfnis nach einer das gesamte Werk zentrierenden Autorfigur noch erhöhte. Hierin kann man den Schlüssel für die Dynamik des Raynal'schen Oeuvre erkennen.[7]

Dieses Bedürfnis nach diskursiver Zentralisierung leitete schließlich zu einer wachsenden *Autor*isierung des über die verschiedenen Ausgaben in ständiger Expansion befindlichen kollektiven Textes über. Das zeitgenössische Lesepublikum verlangte nach einem Urheber, nach einem Gewährsmann für diese Texte. In gewisser Weise benötigte die *Histoire des deux Indes* nicht so sehr die Figur eines Kompilators, als vielmehr jene eines Garanten, eines Autors im modernen Wortsinn: hier liegt der Grund für die wachsende *auteurisation* der *Histoire*. Und zugleich auch die Begründung für ihren stetig wachsenden Erfolg.

Guillaume-Thomas Raynal, der mit allen Wassern der *République des Lettres* des 18. Jahrhunderts gewaschen war, verlieh seinem Text eine größere *Autor*isierung und Autorität, indem er von Ausgabe zu Ausgabe der Figur *eines* Autors schärfere Konturen gestattete und schließlich auch seinen zuvor mehr oder minder geheim gehaltenen (Autor-)Namen preisgab. Diese Strategie erwies sich als überaus wirksam, denn der Abbé aus dem Aveyron wurde bis zu seiner

---

7 Vgl. hierzu Ette, Ottmar: Diderot et Raynal: l'oeil, l'oreille et le lieu de l'écriture dans l'„Histoire des deux Indes". In: Lüsebrink, Hans-Jürgen / Strugnell, Anthony (Hg.): *L'„Histoire des deux Indes": réécriture et polygraphie*. Oxford: Voltaire Foundation 1996, S. 385–407.

berüchtigten *Adresse à l'Assemblée Nationale* von 1791 nicht nur als einer der großen *philosophes*, sondern auch als einer der „Väter der Revolution" verehrt.[8] Gleichzeitig handelte es sich um eine Textstrategie von großer Subversivität: In einer früheren, hier aber nicht nochmals zu besprechenden Untersuchung habe ich nachzuweisen versucht, auf welche Weise die Inszenierung des Philosophen in seinem Arbeitszimmer auf dem Frontispiz der dritten Ausgabe von 1780 in vier Quartbänden bei Pellet in Genf eine subtile Dekonstruktion der Autorfunktion, ganz im Sinne Foucaults enthielt.[9] Dieses an poetologischen und epistemologischen Aspekten reiche Frontispiz präsentierte einen *écrivain-philosophe*, der nach den Aussagen der Zeitgenossen in keiner Weise jenem Manne ähnelte, den es zu re-präsentieren doch vorgab: eben Guillaume-Thomas Raynal. Seine Spiele mit der Autorschaft und mit den verschiedensten Lektüreformen und Lektürenormen sind an Komplexität, aber auch an literarischer Pfiffigkeit kaum zu übertreffen.

Auf epistemologischer Ebene ist die Welt der *Histoire des deux Indes* ein (Text-)Universum, das fast vollständig gegenüber der direkten Erfahrung der außereuropäischen Welt abgekapselt ist. In einer der aus Denis Diderots Feder stammenden Passagen wird dem Leser recht deutlich die epistemologische Grundlage dieser Kolonialenzyklopädie vor Augen geführt, wobei der Vergleich zwischen dem *homo contemplativus* und dem *homme voyageur* zu Ungunsten des letzteren ausfällt. Es handelt sich dabei um eine zentrale, für das Verständnis der anzusetzenden Lektüreweisen wichtige Passage, die an dieser Stelle kurz in unsere Vorlesung eingeblendet sei:

> Der *homo contemplativus* ist sesshaft; & der Reisende ist unwissend oder lügnerisch. Wem das Genie zuteil wurde, verachtet die genauen Details der experimentellen Erfahrung; & wer die Experimente macht, dem mangelt es fast immer an Genie.[10]

Im gesamten Verlauf der *Histoire des deux Indes* beharrt der Erzähler in der ersten Person Singular geradezu obsessiv auf derartigen Einschätzungen und Urteilen,[11] die epistemologisch von hoher Aussagekraft sind. So findet sich –

---

8 Vgl. hierzu Lüsebrink, Hans-Jürgen: Le rôle de Raynal et la réception de l'„Histoire des deux Indes" pendant la Révolution Française. In (ders. / Tietz, Manfred, Hg.): *Lectures de Raynal*, S. 85–97.

9 Vgl. Ette, Ottmar: Diderot et Raynal: l'oeil, l'oreille et le lieu de l'écriture dans l'„Histoire des deux Indes", S. 385–407.

10 Raynal, Guillaume-Thomas: *Histoire philosophique et politique des établissemens & du commerce des européens dans les deux Indes*. Genf 1781, livre XI, S. 43. Ich zitiere im Folgenden nach diesem Neudruck der dritten Ausgabe unter Angabe von Buch und Seitenzahl im Text.

11 So beispielsweise auch in der folgenden Verurteilung des Reisenden: „Qu'il soit permis de le dire, il n'y a point d'état plus immoral que celui de voyageur." (Raynal, Guillaume-Thomas: *Histoire*, IX, S. 16)

HISTOIRE
PHILOSOPHIQUE
ET POLITIQUE
Des Établissemens et du Commerce
des Européens dans les deux Indes.

Par GUILLAUME-THOMAS RAYNAL.

TOME PREMIER.

A GENEVE,
Chez Jean-Leonard PELLET , Imprimeur de la
Ville & de l'Académie.

M. DCC. LXXX.

Abb. 63a: Raynal, Guillaume-Thomas; Diderot, Denis (et alii): *Histoire philosophique et politique des établissemens et du commerce des Européens dans les deux Indes*, Titelblatt der 3. Ausgabe von 1780.

um nur ein weiteres Beispiel anzuführen – im neunzehnten Buch die Opposition zwischen Reisendem und *homo contemplativus* in abgewandelter Form und aus etwas veränderter Perspektive wieder. Sehen wir uns diese Variante einmal näher an:

Das sesshafte Leben ist das einzige, das der Bevölkerung günstig ist; wer reist, hinterlässt keinerlei Nachkommenschaft. [...] Die großen Reiseunternehmungen haben eine neue Spezies von wilden Nomaden gezeugt. Ich will von jenen Menschen sprechen, die so viele Gegenden durchstreifen, dass sie letztlich keiner einzigen mehr angehören; die sich Frauen nehmen, wo sie sie finden, & sie nur aus einem tierischen Bedürfnis nehmen: von jenen Amphibien, die nur an der Wasseroberfläche leben; die nur an Land für einen kurzen Augenblick gehen; für die jeder bewohnbare Strand ganz gleich ist; die in Wirklichkeit weder Väter noch Mütter noch Kinder noch Brüder noch Verwandte noch Freunde noch Mitbürger besitzen; bei denen die süßesten und heiligsten Bindungen erloschen sind; die ihrem Heimatland ohne Bedauern den Rücken kehren; die nur mit der Ungeduld dorthin zurückkehren, sogleich wieder aufzubrechen; & denen die Gewöhnung an ein schreckliches

Element ein gruseliges Aussehen verleiht. Ihre Rechtschaffenheit besteht die Probe der Überquerung des Äquators nicht; und sie handeln sich Reichtümer ein im Austausch für ihre Tugend & für ihre Gesundheit.[12]

Abb. 63b: Guillaume-Thomas Raynal (Lapanouse, 1713 – Chaillot, 1796).

In dieser schönen Passage aus der Feder Denis Diderots wird von einer neuen Spezies gesprochen, die mit den großen Reisen rund um die Welt entstanden sei. Hier ist zweifellos von der zweiten Phase beschleunigter Globalisierung und von den mit ihr zusammenhängenden großen Entdeckungsreisen und Weltumsegelungen der Bougainville, Cook oder Lapérouse die Rede, die wir hier nicht näher betrachten können.[13] Bei diesen Reisenden in ständiger unsteter Bewegung handele es sich um Menschen, die für ihr eigenes Vaterland keinen Sinn mehr hätten und diesem auch nicht länger von Nutzen seien.

Der nomadisierende europäische Reisende erscheint als ein moderner Wilder, dem gewisse Züge eines Ungeheuers zukommen, besitze er doch weder Vater noch Mutter noch irgendeine nennenswerte Nachkommenschaft. Durch seine ständigen

---

12 Raynal, Guillaume-Thomas: *Histoire*, XIX, S. 288 f.
13 Vgl. hierzu meine frühere Vorlesung Ette, Ottmar: *ReiseSchreiben. Potsdamer Vorlesungen zur Reiseliteratur*. Berlin – Boston: Walter de Gruyter 2020.

Reisen und Ortsveränderungen verliere er notwendig jedwede Integration in eine Gesellschaft und Gemeinschaft der Sesshaften, die eigentlich sein Vaterland bilden müssten. Das ist eine konfrontative Darstellung aller möglichen Forschungs- und Handelsreisenden, die zu jenem Zeitpunkt die Weltmeere bevölkerten. Welche Gründe hatte Diderot dafür? Denn dieser las sehr wohl Reiseberichte, siedelte sich aber sozusagen „oberhalb" des Wissens an, das von den Reisenden zusammengetragen wurde und das ihm als eifrigem Leser zugänglich war. Zur Beantwortung dieser Frage scheinen mir aber noch zwei zusätzliche Aspekte von Belang.

Zunächst bildet die Überquerung des Äquators, die zum damaligen Zeitpunkt an Bord aller Schiffe mit einem Ritual gefeiert wurde, das durchaus karnevaleske Züge trug, eine Art Demarkationslinie zwischen der europäischen und der außereuropäischen Welt beider Indien. Die räumliche Verlagerung vom Mutterland in die Kolonien bringt dem Erzähler zufolge eine „Degradierung", einen Verfall des europäischen Menschen auf allen Ebenen mit sich. In einer Passage des fünften Bandes der *Histoire des deux Indes* wird die Verwandlung oder Umwandlung des zivilisierten Menschen aus Europa beschrieben, ist dieser erst einmal über den Wendekreis des Krebses hinaus und in die Welt der Tropen geraten. Der zuvor zivilisierte Europäer mutiere in eine wahre Bestie. Denn er sei nicht länger Engländer, Holländer, Portugiese, Spanier oder Franzose, sondern werde zu einem geld- und goldgierigen, herrschaftssüchtigen Menschen, ja zu einem wirklichen Tier, einem „domestizierten Tiger, der zurück in den Urwald läuft".[14]

Gewiss scheint die Position der *Histoire des deux Indes* bezüglich der Verfallserscheinungen des Menschen in den Tropen noch deutlich zurückhaltender und nuancierter als jene eines Cornelius de Pauw zu sein, der für die Europäer in den Tropen nur eine rasche und irreversible Degenerierung ausmachte. Gleichwohl findet sich etwa im siebzehnten Buch die folgende Stelle: „Die Natur scheint die Neue Welt vernachlässigt zu haben! Die Menschen sind dort weniger stark und weniger mutig, ohne Bart & ohne Haare auf der Brust; sie sind degradiert bezüglich aller Zeichen der Männlichkeit [...]".[15] Die verbreitete europäische Schmährede von der Dekadenz der Tropenbewohner zeigt sich hier in ihrer ganzen Simplizität. Doch all diese Autoren waren nicht ein einziges Mal in Regionen gereist, die sich außerhalb von Europa befinden! Sie waren schlicht die selektiven Leser von europäischen Reiseberichten und kolportierten oder verstärkten unisono, was sie zuvor gelesen hatten.

Eine wahre Mythologie von transtropischen Klimazonen und Topographien wird hier in Bewegung gesetzt, um die „sesshafte" Position des Nicht-Reisenden

---

14 Raynal, Guillaume Thomas: *Histoire,* IX, S. 2.
15 Ebda., XVII, S. 206.

(oder vielleicht präziser noch: die Position dessen, der nur in einer Welt der Texte und ihrer Lektüren zu reisen pflegt) zu stärken. Es handelt sich hierbei um eine Fragestellung, welche ganz zu Beginn von Diderots *Supplément au Voyage de Bougainville* vorgelegt und höchst originell diskutiert wird. Dort kommt die Rede auf den Verfasser jenes Reiseberichts und insbesondere jener Darstellung Tahitis, die nicht nur in Frankreich eine wahre Südsee-Euphorie ausgelöst hatte. Denn Denis Diderot wusste sehr wohl, welch breite Rezeption Bougainvilles Reisebericht in Frankreich, ja in ganz Europa erfahren hatte:

> A. Ich verstehe diesen Menschen nicht. Das Studium der Mathematik, das ein sesshaftes Leben zur Voraussetzung hat, erfüllte die Zeit seiner jungen Jahre; und nun geht er plötzlich von einer meditativen und zurückgezogenen Tätigkeit zum aktiven, mühsamen, umherirrenden und aufgespaltenen Geschäft des Reisenden über.
> B. Aber keineswegs. Wenn das Schiff nur ein schwimmendes Haus ist, und wenn Sie den Seemann betrachten, der unermessliche Räume durchquert und dabei zusammengezogen und unbeweglich (*immobile*) in einer recht engen Umfriedung lebt, dann sehen Sie ihn, wie er auf einer Planke die Welt umrundet ganz so, wie Sie und ich auf unserem Parkett das ganze Universum umrunden.[16]

Wir haben es hier mit einer der berühmtesten Formulierungen des französischen Philosophen zu tun – und zugleich einer der spitzfindigsten, welche die physische Bewegung des Reisenden mit den Reisebewegungen eines Lesepublikums korreliert, das seinen Reiseberichten mit den Augen folgt. In dieser Passage ist auf eine andere Weise die Figur des Reisenden und des Lesenden zusammengedacht: Der eigentliche, der wahre Reisende ist nicht derjenige, der sich über die Ozeane und Länder hinwegbewegt, sondern der Reisende, der mit seinen Augen die Berichte aus fernen Welten zu durchdenken und in seinem Kopf eine eigene Welt zu schaffen in der Lage ist. Die wahren Reisenden sind folglich keine anderen als das Lesepublikum, welches gleichsam aus dem Stand die Reisebewegungen mitvollzieht, die es in raschester Abfolge an die verschiedenartigsten Orte und Regionen der Welt führt.

In Diderots *Supplément* scheint die Figur Bougainvilles die klare Trennung zwischen dem sesshaften und dem reisenden Menschen insoweit zu verwischen, als nun ein dritter Typus eingeführt wird, der in gewisser Weise zwischen beiden Polen zu oszillieren beginnt. Doch wird im Dialog zwischen A und B, welcher der Lektüre des *Voyage autour du monde* folgt, eben jener Mann, der zweifellos

---

16 Diderot, Denis: Supplément au Voyage de Bougainville ou Dialogue entre A et B. In (ders.): *Oeuvres*. Editions établie et annotée par André Billy. Paris: Gallimard 1951, S. 964.

als der berühmteste und gefeiertste französische Reisende des 18. Jahrhunderts gelten darf, in einer Art „Paradox über den Reisenden" umgedeutet. Denn dieser Reisende, der nicht reist, wird schließlich mit dem Sesshaften verglichen, der seinerseits Reiseerfahrungen macht, wobei ihm der feste Fußboden seines Hauses zu den schwankenden Schiffsplanken des kontemplativen Reisenden wird. So ist der Leser ein sesshafter Reisender, gleichsam ein sesshafter Lesenomade. Er überquert nicht die Linie (*passer la ligne*), er folgt vielmehr ihrer Spur beim Lesen quer zu allen Breiten- und Längengraden. Der eigentliche Reisende also ist der Leser – und der Leser ist der im tiefsten Sinne Reisende der europäischen Welt. Denn im Leseakt selbst konkretisiert sich alle Bewegung, läuft sie zusammen. Für den französischen Philosophen steht die Lektüre als gesamtgesellschaftliche Aktivität zentral.

Kommen wir noch einmal auf die angeführte Stelle aus dem neunzehnten Buch zurück, um bei diesem zweiten Durchgang einen zweiten, bislang noch nicht berührten Aspekt zu beleuchten. Glauben wir dem Erzähler, so hinterlässt der Reisende keinerlei Nachkommenschaft: „celui qui voyage ne laisse point de postérité". Dieser Satz lässt sich nicht nur auf eine familiäre beziehungsweise menschliche, sondern auch auf eine textuelle, ja existentielle und – wie noch zu zeigen sein wird – *aktantielle* oder handlungsorientierte Nachkommenschaft beziehen. Gehen wir dieser Fährte einmal nach.

Das Frontispiz von Raynals vierbändiger Ausgabe der *Histoire* von 1780 zeigt uns einen Schriftsteller, dessen Ort des Schreibens in einem Arbeitszimmer situiert ist, in welchem alle Informationen über die außereuropäische Welt gesammelt werden, um schließlich in einen universalistischen Diskurs überführt zu werden, als dessen Zentrum Europa oder die französische Hauptstadt Paris fungiert. Alle Fäden laufen dort zusammen – eine über lange Jahrhunderte in Frankreich jedem Intellektuellen eingepflanzte ‚Tatsache', deren Allgemeinverbindlichkeit wohl erst in den achtziger Jahren des 20. Jahrhunderts ins Wanken kam.

Die Autorität des Textes ruht also nicht auf der Figur des Reisenden, der die konkrete Wirklichkeit der außereuropäischen Welt aus eigener Erfahrung, aus eigenem Erleben kennt, sondern auf jener des Sammlers von Informationen, mithin des Lesers (und hier macht sich die gemeinsame etymologische Herkunft von Sammeln und Lesen unverkennbar bemerkbar). Der Reisende oder Reise-Schriftsteller produziert als Augenzeuge nur einen provisorischen und prekären Text, den allein der in der Heimat gebliebene Philosoph in all seinen Dimensionen zu verstehen und zu interpretieren vermag. Allein bei diesem hochqualifizierten Leser, der zugleich auch über Textautorität verfügt, liegt die Fähigkeit, alles zusammenzudenken. Hören wir hierzu ein Zitat aus Raynals *Histoire des deux Indes* von 1781 aus dem siebzehnten Buch:

Wie lange Zeit doch blieb die Neue Welt sozusagen unbekannt selbst dann, als sie entdeckt worden war? Es oblag nicht barbarischen Soldaten und nicht habgierigen Händlern, gerechte & vertiefte Vorstellungen über diese Hälfte des Universums zu verbreiten. Einzig die Philosophie sollte von jenen Erkenntnissen profitieren, welche in den Berichten von Reisenden & Missionaren angelegt waren, um Amerika so zu sehen, wie die Natur den Kontinent gemacht hat & um jene Beziehungen zu erfassen, die ihn mit dem Rest des Erdballs verbinden.[17]

Zu Beginn dieses – so die Überschrift – *Parallèle de l'ancien et du Nouveau Monde* des siebzehnten Buches findet so eine doppelte Bewegung der Enteignung statt. Denn zum einen ist die wahre Entdeckung Amerikas nicht das Verdienst derer, die sich dorthin aufmachten, um diese Welt in Augenschein zu nehmen und aus eigener Sicht kennenzulernen. Vielmehr ist es das Verdienst jener Menschen, die in der Lage waren, das von den anderen Erblickte und Beschriebene richtig zu interpretieren, indem sie deren Informationen mit anderen Informationen in Beziehung setzten, welche sie über andere Teile des Erdballs gesammelt hatten. Dabei müssen wir selbstverständlich hinzufügen, dass Raynal/Diderot hier lediglich die Soldaten und Conquistadoren, die Missionare und die Händler erwähnt, ohne auch andere Gruppen von Gebildeten miteinzubeziehen, welche die *ciudad letrada* in der Neuen Welt bevölkerten oder schon zu einem frühen Zeitpunkt Forschungsreisen in die spanischen Kolonien in Amerika unternahmen.

Zum anderen wird diese Deutung der Reiseberichte Dritter wiederum eine Sichtweise, eine Vision Amerikas „telle que la nature l'a faite" (so wie die Natur es angelegt hat) ermöglichen. In einer zur ersten analogen Bewegung wurde so die direkte Erfahrung der Neuen Welt, mithin ihre ‚Entdeckung' und Wahrnehmung durch reisende Augenzeugen, durch ihre intellektuelle ‚Ent-deckung' ergänzt und mehr noch ersetzt, durch eine Vision, die das Ergebnis einer kritischen Lektüre der verfügbaren Informationen war. Amerika wurde im 18. Jahrhundert in hohem Maße als Textualität, und zugleich distant von Europa aus wahrgenommen sowie als Text gelesen. An die Stelle des Reisens trat nicht allein im philosophischen Diskurs ganz selbstverständlichz das Lesen, die Lektüre.

Denn in diesem Diskurs, wie ihn etwa ein Diderot, aber auch die Autoren von großen Werken über die Neue Welt wie Robertson, de Pauw oder Raynal vertraten, vermochte allein der Philosoph als Instanz einer quellenkritischen Lektüre in Wert zu setzen, was die Reisenden oder die Missionare vor Ort in ihrer Beschränktheit bestenfalls teilweise sehen und erfassen konnten. Fortan kam den Texten von Reisenden und Augenzeugen nur ein sekundärer epistemischer

---

17 Raynal, Guillaume-Thomas: *Histoire*, XVII, S. 201 f.

Wert zu, sie blieben – um die Metaphorik des Erzählers zu verwenden – nichts anderes als *lumières semées*, ein ausgesätes Funkeln, welches allein die Philosophie in ein unter den Menschen verbreitetes Licht umzuwandeln fähig sein konnte. Im Disput zwischen den Reisenden und den Daheimgebliebenen gewannen die letzteren bezüglich der Legitimation ihrer Diskurse und Aussagen deutlich die Oberhand.

Denn allein auf diese Weise und kraft einer kritischen Lektüre konnte aus dem von den Reisenden ‚spontan' und eher zufällig Gesäten doch noch Fruchtbares entstehen, wobei die textuelle Dimension dieser Fruchtbarkeit dem Leser vor Augen stehen musste. Wir können unschwer erkennen: Das Weltbuch tritt an die Stelle des Buches der Welt. Die Entzifferung der Phänomene ist in erster Linie ein Entziffern einer in Schrift verwandelten Welt, die im Abendland über eine lange Tradition verfügt. Denn ganz im Sinne von Hans Blumenberg ist die Lesbarkeit der Welt nicht mehr vorrangig als Gottes Schöpfung, wohl aber als eine vom Menschen lesbare Natur die Grundlage aller Erkenntnis und besitzt einen deutlichen Vorrang vor einer experimentellen Erforschung von Welt und Umwelt. Das von Hans Blumenberg stammende Eingangszitat zu unserer Vorlesung gibt die Richtung dieser langen, seit der Antike bestehenden Tradition einer Lesbarkeit der Welt vor.

Die Umformung und Veredelung des Rohstoffes der zumeist europäischen Texte – also der Reiseberichte und anderer Informationen – in philosophisch abgesicherte Schriften, die würdig sind, eine Nachkommenschaft zu zeugen, wird nur unter der Maßgabe einer globalisierenden Lektüre möglich, welche die Beziehungen und wechselseitigen Abhängigkeiten zwischen den von den Reisenden gesammelten Daten und der Gesamtheit des Universums aufzeigt und ins Bewusstsein der Leserschaft hebt. Nicht die experimentelle Erfahrung von Details und Aspekten, sondern die universale Betrachtung aus philosophischer Sichtweise zählte im 18. Jahrhundert. Es verwundert mithin nicht, dass sich Raynals *Histoire des deux Indes* ganz am Ende ihres Parcours auf andere Lektüren und andere Schreibformen hin öffnet, die ihr eine Nachkommenschaft jenseits der Lebensdauer des Erzählers und Philosophen ermöglichen:

> Mögen von der Natur weit mehr begünstigte Schriftsteller mit ihren Meisterwerken vollenden, was ich mit meinen Versuchen begonnen! Möge sich unter den Auspizien der Philosophie eines Tages von einem Ende der Erde bis zum anderen jene Kette des Zusammenhalts & der Wohltaten sich verbreiten, welche alle zivilisierten Nationen einander weiter annähern sollte! Mögen sie den wilden Nationen nicht länger das Beispiel für lasterhaftes Verhalten & von Unterdrückung bieten! Ich schmeichle mir nicht, dass mein Name in der Epoche dieser glücklichen Revolution noch lebendig sein könnte. Das vorliegende schwache Werk, welches lediglich das Verdienst besitzt, dereinst weit bessere Werke hervorgebracht zu haben, wird ohne jeden Zweifel in Vergessenheit geraten sein. Zumindest aber werde ich

mir sagen können: Ich habe in dem Maße, wie es in meinen Kräften stand, dazu beigetragen, das Glück meiner Mitmenschen zu vergrößern & vielleicht von weither die Verbesserung ihres Schicksal befördert zu haben.[18]

Nichts vermag hier die Kraft des geschriebenen Wortes, die Stärke der schriftlich verbreiteten Ideen aufzuhalten in einer Bewegung, die zu immer größeren Höhen der Erkenntnis und der literarischen Form hinaufführt. Das Fortschreiten der Menschheit auf diesem Weg zivilisatorischer Verbesserungen im Wechselspiel von Schreiben und Lesen scheint unaufhaltsam: Die Zukunft hält die Befreiung der Menschheit bereit! In dieser Passage ist die weltverändernde Kraft des Buches – und insbesondere der Lektüre – nicht weniger spürbar als eine weitere Dimension von Schriftlichkeit und Buchkultur: Die Literatur ermöglicht ein Weiterleben nach dem Tode, verkörpert insoweit ein Überlebenswissen, insofern es dem Schriftsteller, dem Auctor gewährt, auch noch folgenden Generationen buchstäblich vor Augen zu stehen: als Vor-Bild, als ein literarisches Modell, das stets auf dem Sprung zur Lebenspraxis ist. Der philosophische und literarische Autor wird somit weit über sein eigenes Leben hinaus zum Garanten des Fortschritts der gesamten Menschheit.

Die Aufgabe des Erzählers – und dies betrifft sein literarisch-ideengeschichtliches ,Nachleben' – kann nur mit Hilfe einer Kette von Lektüren erfüllt werden, die ihrerseits zu jenen Meisterwerken hinführen, welche dereinst im Zeichen der Philosophie entstehen werden. Der Erzähler strebt also nicht nach einer Vervollkommnung seines Textes vermittels einer direkten Erfahrung und Recherche oder gar Feldforschung vor Ort, um so die Ausgangsbasis seiner Arbeit über die koloniale Expansion Europas kontrollieren und korrigieren zu können. Von einer derartigen Kontrolle ist sein Denken meilenweit entfernt. In seinen Augen verdankt sich eine solche Korrektur oder Verbesserung keineswegs einer wissenschaftlichen Reise, sondern vielmehr einer Textarbeit, die in der Lage wäre, „diese Geistesschärfe, welche die Mittel in Anschlag bringt, & jene Beredsamkeit, welche die Wahrheiten zu überzeugen vermag",[19] zum Ausdruck zu bringen. Verbesserungen und Korrekturen sind folglich nicht von einer wie auch immer gearteten empirischen, experimentellen Feldforschung, sondern einzig von einer vertieften schriftstellerischen Arbeit zu erwarten.

Wir haben es im Grunde mit einer philologischen Arbeit zu tun. Denn erst die aufmerksame Lektüre erlaubt dem sesshaften Menschen (aber nicht dem „faiseur d'expériences"), seine Mission im Dienste der Menschheit zu erfüllen.

---

18 Raynal, Guillaume-Thomas: *Histoire*, XIX, S. 291.
19 Ebd., S. 291.

Die Lektüre wird als kulturelle Technik – Geistesschärfe und Beredsamkeit sind die beiden durch *relecture* und *réécriture* zu erzielenden Hauptqualitäten – vor allem in ihrer sozialen Funktion und Bedeutung hervorgehoben:

> Der Handel mit den Erkenntnissen ist für den Gewerbfleiß notwendig geworden, & es ist alleine die Literatur, welche diese Verbindung herstellen kann. Die Lektüre etwa einer Reise um die Welt vermochte derartige Versuche auszulösen: Denn das Interesse allein führt noch nicht dazu, die Mittel für eine solche Unternehmung zu entdecken. Heutzutage kann man nichts anbauen ohne irgendwelche Studien, ohne irgendwelche Kenntnisse, welche durch die Lektüre vermittelt & verbreitet wurden.[20]

Die Lektüre und das Lesen sind jene Kulturtechniken, welche eine Gesellschaft überhaupt erst miteinander verbinden, in Kommunikation halten und jegliche Form des Handelns und der Aktivität unterstützen. Ohne ständige Lektüren ist für Raynal wie auch für Diderot weder eine Gesellschaft noch eine Gemeinschaft vorstellbar. Innerhalb eines derartigen Verständnisses erfüllt die Literatur eine kommunikative Funktion, die in gewisser Weise die gesellschaftliche Totalität erst schafft, indem sie das Wissen in alle Zweige und Verästelungen des gesamten sozialen Organismus trägt. Das Lesen bildet gleichsam den Mörtel, der eine Gesellschaft überhaupt erst zusammen und am Leben hält.

Doch die Reichweite von Lesen und Literatur geht in einer europäischen Gesellschaft der Aufklärung, der *Lumières*, ja in einem Europa mitten in der zweiten Phase beschleunigter Globalisierung, noch wesentlich weiter. Daher wird die Feststellung auch nicht überraschen, dass die Literatur für die textorganisierende Erzählinstanz künftig ein „empire" darstellt, das die „république Européenne" vorbereitet: „Das Licht der Aufklärung gewinnt indessen unmerklich einen weiteren Horizont. Eine Art von Reich hat sich sich herausgebildet, das Reich der Litratur, welches die europäische Republik anvisiert und vorbereitet."[21] So sind es die Literatur und das Lesen, welche in den Augen der französischen Aufklärer eine supranationale Vereinigung und Republik heraufzuführen vermögen, die eine wahrhaft *europäische* Republik sein werde. Die nicht allein nationale, sondern internationale und die verschiedenen Völker Europas verbindende Literatur übernimmt in diesen Gedankengängen also eine eminent politische und verbindende, gesellschaftsbildende Funktion. Die künftige Gesellschaft werde ein Reich der Literatur, ein Reich der Lektüre sein.

In diesem Sinne besitzt die Literatur (und mit ihr die Lektüre) eine zugleich kommunikative, gesellschaftsbildende und synthetisierende Kraft, die es für die

---

20 Ebd., S. 269.
21 Raynal, Guillaume-Thomas: *Histoire*, XIX, S. 268.

Philosophen der Aufklärung zu lenken gelte. Eine derart utilitaristische Konzeption der Literatur ist aufs Engste verbunden mit einem Verständnis von Wissen, wie es das Gemeinschaftswerk der *Encyclopédie* unterbreitet hatte. Die Literatur wie auch die *Encyclopédie* selbst sollten ein Werk zum Nutzen und Fortschritt der Gesellschaft sein. Innerhalb eines solchen Systems, das auf einer revolutionären Ausweitung dessen beruht, was wert ist, einem nicht-spezialisierten Publikum präsentiert zu werden und ihm bekannt zu sein, beschränkt sich das Wissen keineswegs auf die traditionellen Wissensbestände der Gebildeten. Zusammen mit einer Ausweitung des Lesens und der Lektüre erfolgt auch eine signifikante Erweiterung der Inhalte des Wissenswerten.

Dieses neugefasste Wissen und seine verschiedenen Bereiche schließen nunmehr grundlegend technische Kenntnisse wie das *savoir faire* der Handwerker mit ein, ein Wissen also, das über die gesamte Gesellschaft verstreut ist und von der Literatur her über die Lektüre allen interessierten Lesern zugänglich gemacht werden kann. Wir haben es hier ohne jeden Zweifel mit der Fähigkeit der Literatur zu tun, als interaktiver Speicher von Lebenswissen in das Leben selbst einzugreifen und damit eine soziale Praxis zu begründen, gesellschaftliche Strukturen zu verändern.

Von den zahlreichen Argumenten des Erzählers sei nur das folgende hier aufgeführt:

> Die Künste zu begünstigen & die Landwirtschaft zu vernachlässigen, das ist nichts anderes als die Steine in den Fundamenten einer Pyramide zu entfernen, um deren Spitze auszubauen. Die mechanischen Künste ziehen genügend Arbeiter an wegen der Reichtümer, die sie den Unternehmern verschaffen, durch die angenehmen Umstände, welche sie den Arbeitern ermöglichen, durch die Freiheiten, Vergnügen & Annehmlichkeiten, welche in den Städten entstehen, wo sich die Akteure des Gewerbfleißes treffen.[22]

Geht man von einer derartigen Aufgabenbestimmung der Literatur aus, dann versteht man leicht die wirtschaftliche, soziale, philosophische und politische Wichtigkeit der Lektüre wie auch des Gesamtprojekts der *Histoire philosophique et politique des établissements et du commerce des Européens dans les deux Indes*. Denn die Literatur zielt dann auf ein pragmatisches Lebenswissen, das zum Vorteil der Künste und der entstehenden Industrie genutzt werden kann.

Aber die Lektüre kann noch weitaus mehr und entfaltet ihre Macht auch auf anderen Gebieten. Denn zur politischen, wirtschaftlichen, gesellschaftlichen und kommunikativen Bedeutung der Lektüre tritt ihre unbestrittene Macht über die Menschen. So ist es – zu einem Zeitpunkt, als Frankreich seine Anstrengun-

---

22 Raynal, Guillaume-Thomas: *Histoire*, XIX, S. 180 f.

gen zu bündeln versuchte, um die Vormachtstellung der Briten als Seemacht wenn nicht zu brechen, so doch zumindest in die Schranken zu weisen – gerade die Lektüre einer Weltumsegelung, die ihre große Ausstrahlungskraft auf die Geister jener Zeit entfaltet und eine unmittelbare Anwendung des Erlebens des Lesers auf eine vitale und handlungsorientierte Erfahrung lenkt. Das Lesen zielt in der *Histoire des deux Indes* auf das Handeln, es zielt auf Macht über Menschen und deren Aktivitäten und versucht, diese in ganz bestimmte Richtungen zu lenken.

So ist Lesen daher paradoxerweise mehr als Reisen, bedeutet es doch, an einer gesellschaftlichen Verbreitung eines präzise umrissenen Wissens (nämlich der Erfahrung eines konkreten Reisenden) teilzuhaben, um diese neuen Wissensbestände in den Dienst aller zu stellen und künftig neue Reisen zu stimulieren. Die Lektüre eines Reiseberichts ist gleichbedeutend mit dem Nacherleben dieser Reise, ein Erleben, das von einer großen Leserschaft in relativ kurzer Zeit geteilt und weiter verbreitet werden kann. Auf diese Weise können die verschiedenen Wissenstypen und -bereiche vermittels der Literatur und der Lektüre – und stets im Zeichen der Philosophie – miteinander in Beziehung gesetzt und ausgetauscht werden, um neue Gebiete abzustecken und zu erobern.

Daraus erhellt sich die ganze Tragweite und Bedeutung dieser Kulturtechnik ebenso für Epistemologie und Genese der *Histoire des deux Indes* wie für deren Verbreitung und gesellschaftliche Wirkkraft. Es lohnt sich zu fragen, auf welche Weise dieser Text seinen Leser bildet, ihn informiert und zugleich umformt. Denn die *Histoire des deux Indes* ist nicht nur eine *Encyclopédie* der kolonialen Expansion Europas über die Welt, sie ist zugleich auch eine Kritik vieler kolonialer Praktiken, die es abzustellen gelte. Sie ist keineswegs eine Verurteilung des europäischen Kolonialismus *in toto*, wohl aber ein Versuch, diesen Kolonialismus in rationale Bahnen zu lenken – ein durchaus zweischneidiges und in sich widersprüchliches Unternehmen.

Es geht in unseren Überlegungen weder um eine neuerliche Analyse der verschiedenen Lesarten des Raynal'schen Hauptwerkes noch um eine Untersuchung der Lektüren Raynals und seiner zahlreichen Mitarbeiter, die zu diesem Kollektivwerk von enzyklopädischem Anspruch beigetragen haben. Vielmehr konzentrieren wir uns in diesem Teil unserer Vorlesung ganz auf die Kraft der Kulturtechnik des Lesens, seine gesellschaftliche Funktion und die Wirkung der Lektüre in einem Europa der Aufklärung, das erstmals eine ‚öffentliche Meinung' sich allenthalben entwickeln sah. Versuchen wir folglich, noch besser zu verstehen, wie Lektüre und Leser in der *Histoire des deux Indes* präsentiert werden, auf welche Weise die Lektüre in Szene gesetzt wird und wie dieser Bestseller der *Lumières* es unternimmt, die Aktivitäten und das konkrete gesellschaftliche

Handeln seiner Leser zu stimulieren und zu kanalisieren, indem der Leserschaft bestimmte Lektüremodelle angeboten werden.

Beginnen wir mit unseren Überlegungen bei einer Anekdote, die einen historischen Leseakt und dessen Bestrafung zeigt. Glaubt man einer in den *nouvelles à la main* kolportierten Szene, die Linguet in einer Besprechung des Raynal'schen Werkes für die *Annales* wiederaufnahm, dann wurde ein höherer Offizier der spanischen Kriegsmarine in Havanna dazu verurteilt, „öffentliche Abbitte zu leisten vor einer großen Menschenmenge, die in der Hauptstadt dieser spanischen Insel versammelt war, gegenüber Gott und der ‚Heiligen Inquisition'", weil er in seiner Kabine eine Passage aus der *Histoire des deux Indes* still und heimlich gelesen hatte.[23] Lesen war also alles andere als unschuldig. Denn die Lektüre eines Buches, das auf bisweilen heftigste Weise religiöse Despotie und Intoleranz im Allgemeinen und die spanische Inquisition im Besonderen anprangerte, brachte gewisse Gefahren mit sich, und zwar nicht nur für jenen, der seine Autorschaft ‚zugab' und Verfolgungen bis hin zur Exilierung ausgesetzt war, sondern auch – zumindest in bestimmten Ländern – für jene, deren Lektüre des Werkes (und erfolgte sie auch im stillen Kämmerlein) öffentlich bekannt wurde. Denn die Leser gesellschaftsverändernder, aufrührerischer Schriften konnten im Namen der herrschenden Macht belangt werden.

Überall machten sich in der Epoche der Aufklärung Menschen als Leser verdächtig. Denn jedweder Leser konnte ein virtueller Komplize des Autors sein, oder sich zumindest mit diesem solidarisch erklären: Die Leser steckten gleichsam mit ihren Autoren unter einer Decke. Daher überrascht die Feststellung nicht, dass die *Histoire des deux Indes* selbst eine derartige Lektüresituation enthält, wobei der Erzähler selbstverständlich nicht umhinkommt, die Bedeutung schriftlicher Kommunikation als Gegen-Macht ironisch und gleichsam nebenbei ins rechte Licht zu rücken. Lesen wir also kurz diese in der Kolonialenzyklopädie selbst in Szene gesetzte Lese- und Konfrontationssituation, da sie uns einiges über die erhofften Lektüreprozesse mitteilen kann:

> Man kann die Fortschritte der Aufklärung mitnichten aufhalten; man kann sie lediglich zu eigenen Ungunsten verzögern. Denn das Verbot irritiert nur & lässt in den Seelen das Gefühl einer Revolte entstehen & verleiht dem Werk den Ton eines Pamphlets; und man erweist unschuldigen Subjekten zuviel Ehre, wenn man unter seinem Befehl zweihunderttausend Mörder hat & dabei wenige Seiten Schrift so sehr fürchtet.[24]

---

23 Die Anekdote findet sich auch bei Guénot, Hervé: La réception de l'Histoire des deux Indes dans la presse d'expression française (1771–1781). In: Lüsebrink, Hans-Jürgen / Tietz, Manfred (Hg.): *Lectures de Raynal*, S. 76.
24 Raynal, Guillaume-Thomas: *Histoire*, X, S. 203.

Die Lektüre ist ein potenziell gesellschaftsverändernder Prozess, der von allen Herrschenden gefürchtet wird, könnte er doch die etablierte Ordnung in Gefahr bringen. Die *Histoire des deux Indes* weist eine Vielzahl von Situationen auf, die auf einer oft schweigenden Solidarität zwischen explizitem Autor und explizitem Leser beruhen. Das „sentiment de révolte" wird von beiden geteilt.

Es wäre gleichwohl unzutreffend, die Beziehungen zwischen den verschiedenen Autor- und Leserfiguren stets im Sinne eines gemeinsamen Kampfes zugunsten von Fortschritt und Aufklärung zu begreifen. Denn die Inszenierungen von Lektüreprozessen in der *Histoire des deux Indes* sind weitaus differenzierter zu sehen. Die komplexe Choreographie der wechselseitigen Beziehungen zwischen den expliziten Figuren Autor und Leser bildet nicht immer einen gemeinsamen affektiven Raum, wie er fraglos in einigen der bislang analysierten Passagen zum Ausdruck kommt. Freilich lässt sich immer wieder eine Inszenierung identischer Meinungen und gemeinsamer Gefühle erkennen, denken wir nur an jene berühmte Stelle, an welcher der an seinem Schreibtisch sitzende Schriftsteller die Feder nicht mehr weiterzuführen vermag, da ihm bei der Schilderung des von den Spaniern – jener „race d'exterminateurs", wie Bolívar sie 1815 nennen sollte – an den Indianern verübten Genozids Tränen in die Augen treten:

> Ihre Rasse ist nicht mehr. Ich muss einen Augenblick innehalten. Meine Augen füllen sich mit Tränen & ich sehe nicht mehr, was ich schreibe.[25]

An verschiedenen Stellen der *Geschichte beider Indien* muss der Schriftsteller warten und innehalten, bis seine Tränen wieder getrocknet sind, um im Anschluss wüste Vorwürfe und Beschimpfungen der Mörder aus seiner Feder auszuschütten. Aber dieses tränenreiche Verfahren ist ansteckend und gibt gleichsam die Lektüreanweisung für ein Lesepublikum, das emotional mitgerissen werden soll und in der Tat auch mitgerissen wurde – wie viele Rezeptionszeugnisse zeigen. Auch der wohlmeinende Leser wird bei der Lektüre der schrecklichen Szenerien von Unterwerfung und Kolonisierung der außereuropäischen Welt die Tränen angesichts der unzähligen Grausamkeiten nicht zu unterdrücken vermögen. Die unmittelbare Kommunikation zwischen ‚Autor'/ Erzähler und ‚Leser' kommt hier in einer analogen und symmetrischen Bewegung zum Ausdruck, die alle Spuren einer (gleichwohl fiktiven) mündlichen und kopräsenten Kommunikationssituation trägt. So weint im sechsten Buch endlich auch der Leser ganz explizit:

---

25 Ebd., VI, S. 223.

Sind Sie böse? Oder sind Sie gut? Sind Sie gut, so würden Sie, wie mir scheint, den Bericht all dieser Kalamitäten zurückweisen; sind Sie aber böse, so würden Sie verstehen, ohne dabei zu weinen. Aber halt, Sie weinen.[26]

Ist er nun gut oder ist er böse, der Leser der *Histoire des deux Indes*? Zu unserer Beruhigung haben wir es hier – die Heulprobe belegt es – mit dem guten, dem wohlmeinenden Lesertypus zu tun. Der Autor ist folglich im Einklang mit seinem Lesepublikum. Und das Lesepublikum ist gerührt von all jenen Gräueltaten, die ihm vom Verfasser der *Geschichte beider Indien* erzählt wurden.

Die Beziehungen zwischen expliziter Autor- und Leserfigur beschränken sich in der *Histoire des deux Indes* jedoch nicht auf dieses Grundmuster. Greifen wir auf die von Roland Barthes in seinen *Fragments d'un discours amoureux* verwendete Terminologie zurück, so könnten wir mit einigem Recht von verschiedenen *Figuren* sprechen, welche die von der *écriture* Raynals und Diderots inszenierte textinterne Kommunikation rhythmisieren. Es sind Figuren, *figurae*, im vollen Wortsinne – und der reale Autor spielt mit ihnen und spielt mit uns. Die *Histoire des deux Indes* enthält bekanntlich zahlreiche direkte Ansprachen an den Leser, die zweifellos wesentlich zum großen Erfolg des Textes beim Publikum des 18. Jahrhunderts beigetragen haben. Diese direkte Kommunikation zwischen ‚Autor' und ‚Leserschaft' ist von großer Tragweite und soll nunmehr näher untersucht werden, um besser zu verstehen, wie die *Geschichte beider Indien* seit ihrem erstmaligen Erscheinen zu einem solch Furore machenden Bestseller werden konnte. Es geht mir also im Folgenden um die Figuren der Leser und um die Figuren des Lesens.

Von jeher haben die in der *Geschichte beider Indien* so prominent positionierten „appels au lecteur" das Interesse der Forschung auf sich gezogen.[27] In diesen über den gesamten Verlauf der *Histoire des deux Indes* gestreuten Appellen wendet sich der Erzähler als Redner an sehr unterschiedliche Leser, wodurch ein virtueller öffentlicher Raum entsteht. Dieser öffentliche Raum schließt ebenso Unterdrückte wie Unterdrücker, ebenso manches gekrönte europäische Haupt (wie etwa in der berühmt gewordenen Wendung an Friedrich II. im vierzehnten Buch) wie auch die anonymen Sklaven Nordamerikas mit ein. Es war gerade die spannungsvolle Heterogenität dieses Raumes, welche von jeher die Leser der Kolonialenzyklopädie fesselte und zugleich virtuell eine Öffentlichkeit herstellte, in der Täter wie Opfer miteinbezogen wurden.

---

26 Ebd., S. 323.

27 Exemplarisch sei hier verwiesen auf die schöne Studie von Delon, Michel: L'appel au lecteur dans l'Histoire des deux Indes. In: Lüsebrink, Hans-Jürgen / Tietz, Manfred (Hg.): *Lectures de Raynal*, S. 53–66.

Doch dieser Raum der *Geschichte beider Indien* ist noch weiter. Denn bisweilen wendet sich der Erzähler in einer Art entsakralisiertem Gebet unmittelbar an Gott, um sich anschließend den Kolonisatoren zuzuwenden, die die noch unbestellten Felder der Neuen Welt erschließen. Die Vielfalt unterschiedlichster expliziter Adressaten gestaltet einen Kommunikationsraum innerhalb der *Histoire des deux Indes*, den es freilich nicht mit dem realen Wirkungskreis des Raynal'schen Werkes zu verwechseln gilt. Beide Bereiche sind klar voneinander getrennt. Doch handelt es sich um einen Interaktionsraum, der als Modell für die Beziehungen zwischen dem Autor und seinem Text einerseits, dem Leser und dessen Reaktionen andererseits fungiert und somit Leseprozesse modelliert und simuliert. Vor diesem Hintergrund ist überaus bedeutsam, dass die Erzählerinstanz gezwungen ist, gewisse Leser auszuschließen, um einen mehr oder minder klar umrissenen öffentlichen Raum zu schaffen. Denn es gibt – wie wir schon im obigen Zitat sahen – auch böse Leser. In diesen Fällen tritt die Figur des Bruchs an die Stelle jener der Solidarität, welche freilich stets den ‚Normalfall' der Kommunikation darstellt.

Diese Überlegungen seien anhand eines Beispiels kurz verdeutlicht. Als der Erzähler zu einem bestimmten Zeitpunkt von einem Leser, der nur nach Informationen über Reichtümer in den zu kolonisierenden Gebieten der Neuen Welt verlangt, direkt angesprochen wird, fällt seine Antwort wie folgt aus:

> Wer auch immer Du sein magst, der mich so herausforderst, Du habgieriger Mensch, Du geschmackloser Mensch, der Du einmal nach Mexico & nach Peru verbracht weder die Sitten noch die Gewohnheiten der Menschen studieren würdest [...]; ich sehe, dass Du in die Lektüre meines Werkes eingefallen bist ganz wie die grausamen Europäer in diese reichen & unglücklichen Gebiete; ich sehe, dass Du würdig wärst, diese zu begleiten, weil Du dieselbe Seele wie sie besitzt. Nun gut, steige in diese Bergbaustollen hinab; und finde dort den Tod an der Seite jener, die sie für Dich ausbeuten; & solltest Du wieder an die Erdoberfläche hinaufsteigen, so erkenne zumindest die verbrecherische Quelle dieser finstern Schätze, auf die Du es abgesehen hast; mögest Du sie niemals besitzen, ohne doch alle Skrupel zu empfinden. Möge das Gold seine Farbe wechseln & Deine Augen es nur in Blut getaucht erblicken.[28]

Dies ist ein herrlicher Fall aufklärerischer Publikumsbeschimpfung! Denn wir haben es hier mit einer kleinen, für den bösen Leser reservierten textinternen Hölle zu tun, in welche der bösartige Ausbeuter verstoßen wird, da er sich nur für Daten der *Geschichte beider Indien* interessiert, die seinen egoistischen Plänen zu nutzen vermögen. Zur Hölle mit ihm!

---

28 Raynal, Guillaume-Thomas: *Histoire*, VII, S. 117 f.

Es handelt sich um einen direkten Angriff auf einen bestimmten Lesertypus, den es historisch sehr wohl gab und der alles andere als selten war. Der hier von einem entrüsteten Erzähler apostrophierte habgierige Leser verlangt ohne Umschweife nach einem Text, der für Lesarten pragmatischen Zuschnitts gemacht ist. Und genau an solchen Daten und Fakten war ein nicht geringer Teil der Leserschaft der *Geschichte beider Indien* durchaus interessiert. Diesem Interesse entsprachen spezifische Editionen, welche genau auf derartige Angaben abzielten und viele andere, bloß philosophische Überlegungen ausklammerten. Denn das wohlkalkulierte Interesse an möglichst belastbaren Informationen und Fakten über die Kolonialgebiete war in europäischen Kreisen gewaltig. Dem aber wird zumindest rhetorisch ein Riegel vorgeschoben.

Wir haben es hier mit dem plündernden Leser zu tun, gegen den sich auch Nietzsche so vehement verwahrte, jener Leser, der aus einem Text nur das herausholt, was er selber gerade gut gebrauchen kann, ohne sich um den gesamten Text und dessen Bedeutungsebenen zu kümmern. Eine derart pragmatische Lesart würde es diesem Lesertypus erlauben, das in der Kolonialenzyklopädie angehäufte Wissen in einem Sinne zu instrumentalisieren, der den vom Erzähler affichierten Absichten diametral entgegengesetzt ist.

Wir wissen heute, dass die *Histoire des deux Indes* einer solchermaßen pragmatischen und fragmentarischen Lektüre in der Tat des Öfteren unterzogen wurde, und dass es sich bei dieser Leserschaft in erster Linie um Gruppen und Gesellschaften handelte, die am internationalen Handel beziehungsweise der gezielten Ausbeutung des materiellen Reichtums der Kolonialländer sehr gut verdienten.[29] Gewiss, diese Lesart blieb nicht auf die Leser der *Geschichte beider Indien* beschränkt, sondern erfasste selbst das Werk eines so kolonialismuskritischen Reisenden wie Alexander von Humboldt.[30] Doch sie war bei Raynal auch und gerade bezüglich der Übersetzungen seiner *Histoire des deux Indes* in verschiedene europäische Sprachen sehr ausgeprägt.

Es ist aufschlussreich, dass die zentralisierende Erzählerinstanz der *Histoire des deux Indes*, die ähnlich wie die *Encyclopédie* das Ergebnis einer kollektiven

---

29 Vgl. hierzu u. a. Lüsebrink, Hans Jürgen: Die „Geschichte beider Indien" – ein verdrängter Bestseller. In: Raynal, Guillaume / Diderot, Denis: *Die Geschichte beider Indien*. Ausgewählt und erläutert von Hans-Jürgen Lüsebrink. Nördlingen: Franz Greno Verlag 1988, S. 329–347.

30 Vgl. Ette, Ottmar: „Unser Welteroberer": Alexander von Humboldt, der zweite Entdecker, und die zweite Eroberung Amerikas. In: *Amerika: 1492–1992. Neue Welten – Neue Wirklichkeiten. Essays*. Herausgegeben vom Ibero-Amerikanischen Institut Preußischer Kulturbesitz und dem Museum für Völkerkunde Staatliche Museen zu Berlin. Braunschweig: Westermann 1992, S. 130–139.

Anstrengung war und sich durch eine fragmentarische Schreibweise[31] auszeichnet, den Versuch einer derartigen Aneignung und Instrumentalisierung durch den häufig wiederholten Hinweis auf eine notwendig umfassende und kontinuierliche Lektüre zu unterbinden sucht. Gegen die Interessen einer real existierenden Leserschaft freilich konnte dies wenig mehr sein als ein rhetorisches Hilfsmittel, das die *bonne foi* der an der Abfassung des Werkes beteiligten französischen Philosophen unterstrich.

Wir haben es in diesen Interaktionen nicht mehr mit der Figur einer geistigen und moralischen Solidarität zwischen explizitem Autor und explizitem Leser zu tun. Es ist vielmehr zu einem Bruch gekommen. Die Wünsche des Erzählers begleiten den habgierigen Menschen, dessen Laster gerade nicht die Lesegier ist, auf dessen Weg in die nach kolonialem Vorbild arrangierte Hölle. So finden die Missetaten eine ihnen angemessene Art der Bestrafung. Der europäische Ausbeuter steigt in die Schächte und Minen hinab, die seit dem 16. Jahrhundert, seit den europaweit vernommenen Klagen des Bartolomé de las Casas, zum Symbol von Ausbeutung und Genozid an den Indianern geworden waren. Doch noch immer triumphiert die Habgier des europäischen Kolonialismus, die hier in ihrer menschenverachtenden Grausamkeit vom Erzähler angeprangert wird. Wir wohnen geradezu der Hinrichtung einer expliziten Leserfigur bei, die nach Aussage des Erzählers in seinen Text so eingedrungen ist, wie es die „féroces européens" in den amerikanischen Kolonien taten. Doch das Lesen und Sammeln von Daten und Informationen ist ein nicht vom Autor oder vom Erzähler zu kontrollierender Prozess.

Die vom Erzähler gezogene Parallele zwischen Kolonie und Kolonialenzyklopädie entbehrt nicht des Interesses. Ein Leser, der zum Zwecke der Ausbeutung in die Tiefen der Bände der *Histoire* eingedrungen wäre, hätte zugleich den legitimen Besitzer dieser Reichtümer in einen Sklaven verwandelt, der stets von Verfolgung und Mord bedroht wäre. Wir hätten es folglich mit einer kolonisierenden Lektüre zu tun, welche die in jahrelanger Arbeit gesammelten und aufgehäuften Reichtümer der *Geschichte beider Indien* wohl verstanden, sich aber nur zur Verfolgung eigener Ziele angeeignet hätte. Dergestalt würde die *Histoire des deux Indes* auf der Ebene der Lektüre mit ihrem Gegenstand, den Kolonien, verschmelzen und deren Ausbeutung durch mächtige Nationen und Gesellschaften Europas noch beschleunigen. Die pragmatische Lesart erscheint daher als eine kolonialistische Lektüreweise.

---

31 Vgl. hierzu die frühe und verdienstvolle Untersuchung der Beziehungen zwischen Diderot und dem Raynal'schen Werk von Duchet, Michèle: *Diderot et l'Histoire des Deux Indes ou l'écriture fragmentaire*. Paris: Nizet 1978.

So präsentiert uns die Figur der Enteignung und Kolonisierung von Text und Autor, die der bereits dargestellten Figur der Solidarität entgegengesetzt ist, ein (Lese-)Modell, das auf einer grundlegenden Instrumentalisierung, aber auch auf einer fundamentalen Ungleichheit beruht. Auch ein solcher, auf den ersten Blick rein pragmatischer *lector in fabula* würde einen auf ein konkretes Handeln abgestellten Lektüretyp verkörpern, doch würden der Autor und sein Text zu dessen ersten Opfern. Der ohnehin fragmentarische Text würde wie in einer Goldmine in kleine und feinste Teilchen zerstückelt, um noch besser und effizienter im Sinne einer buchhalterischen Auflistung lohnenswerter Objekte der Ausbeutung der Kolonien und ihrer Bewohner durch die Europäer dienstbar gemacht werden zu können. Eine Literatur im Zeichen der Philosophie würde damit ihre gesamte kommunikative, egalitäre und synthetisierende gesellschaftliche Kraft einbüßen. Genau gegen diese Zweckentfremdung wendet sich vehement die zumeist von Denis Diderot gestaltete Erzählerfigur in der *Histoire des deux Indes*.

Doch bleiben wir noch für einen Augenblick bei der Inszenierung dieser Leseszene! Denn vergessen wir nicht, dass die vom Erzähler verkündete Todesdrohung gleichzeitig die Inszenierung einer Lektüre im Sinne einer Dramatisierung und in erster Linie eine Gerichtsszene ist, bei welcher dem schlechten Leser die Rolle des Angeklagten zukommt, während seinem Richter alle Attribute einer transzendenten Macht zufallen. Die Raynal-Forschung hat im Verlauf der letzten Jahrzehnte die fast obsessive Präsenz eines Erzählers als Geschichtsschreiber und Philosoph herausgearbeitet, dessen absolute Macht das Jüngste Gericht geradezu heraufbeschwört. In seiner luziden Studie über die Herausbildung des Kollektivsingulars der „Geschichte" als Grundstruktur des Denkens und der Epistemologie am Ende des 18. Jahrhunderts hat Reinhart Koselleck eben diesen Aspekt hervorgehoben. So schrieb er sehr pointiert:

> Fast unter der Hand wurde aus der – seit der Antike – richtenden Historiographie eine Historie, die selbsttätig die Richtsprüche vollstreckt. Das Werk von Raynal, nicht zuletzt dank Diderots Nachhilfe, zeugt davon. Das Jüngste Gericht wird seitdem gleichsam verzeitlicht. *Die Weltgeschichte ist das Weltgericht.*[32]

Nicht von ungefähr kommt es im Verlauf der *Histoire des deux Indes* zu einer Vielzahl von Gerichtsszenen, welche die Leserschaft bewegt haben dürften. Auch bei diesen Szenen finden wir freilich eine bipolare Struktur vor. Dem Tribunal der Inquisition, dem Symbol absurden Aberglaubens und finsterer Unterdrückung,

---

32 Vgl. Koselleck, Reinhart: Historia Magistra Vitae. Über die Auflösung des Topos im Horizont neuzeitlich bewegter Geschichte. In (ders.): *Vergangene Zukunft. Zur Semantik geschichtlicher Zeiten.* Frankfurt am Main: Suhrkamp ²1984, S. 64.

steht das Tribunal der Philosophie (und nicht nur der Geschichtsphilosophie oder der Weltgeschichte) gegenüber. Dieses Tribunal verkörpert die Vernunft und die Moral in sich:

> In der Tat ist vor dem Tribunal der Philosophie & der Vernunft die Moral eine Wissenschaft, deren Ziel die Bewahrung & das gemeinsame Glück der Menschheit ist. Diesem doppelten Ziele müssen ihre Regeln zugeordnet sein.[33]

Und der Erzähler präzisiert aus dieser Warte eines höheren Wissens und einer im Dienste der gesamten Menschheit stehenden Wissenschaft sogleich als Philosoph:

> Es gibt zwei Tribunale, jenes der Natur & jenes der Gesetze. Das eine kümmert sich um die Vergehen des Menschen gegen seinesgleichen, das andere um die Vergehen des Menschen gegen sich selbst.[34]

Der des Öfteren umfangreich kommentierte Auftritt der Polly Baker (oder „Polli Backer"[35]) vor ihren Richtern, ein Meisterstück der (literarischen) Gerichtsrede, das wir der Feder Diderots verdanken, könnte sehr wohl als Inszenierung dieses Modells gedeutet werden, wobei das Tribunal der Natur und der Gesetze vom Tribunal der Philosophie versinnbildlicht wird. Es stellt und stemmt sich ganz bewusst jedwedem Geiste der (spanischen) Inquisition entgegen. Innerhalb eines solchen Gedankengebäudes wird der Philosoph zum obersten Richter, der seine Urteile von übergeordneter Warte aus verkündet und damit einen Platz über den Menschen einnimmt, der mit dem eines Gottes der Vernunft vergleichbar wäre. Die Position des Philosophen ist folglich eine übergeordnete Machtposition, von der aus rhetorisch eindrücklich Recht gesprochen wird.

Der virtuelle öffentliche Raum, den die *Histoire philosophique et politique des établissements et du commerce des Européens dans les deux Indes* konstruiert, ist ein Raum, der von einer doppelten Bewegung der Desakralisierung und Resakralisierung geprägt ist und von der zentralen Figur des Autors, des Schöpfers dieses Werkes, beherrscht wird. Dieser Figur kommen nahezu übermenschliche Attribute zu, welche auch in der Einwirkung des *philosophe* auf die Leserschaft deutlich zum Ausdruck kommen.

Welche Rolle spielt nun die Lektüre innerhalb einer solchen Theatralisierung der öffentlichen Rede und des öffentlichen Raumes?

---

33 Raynal, Guillaume-Thomas: *Histoire,* XIX, S. 272.
34 Ebda., XIX, S. 273.
35 Ebda., XVII, S. 287 f.

Nur auf den ersten Blick scheint man in der *Histoire des deux Indes* eher wenig zu lesen. Die erwähnte Theatralisierung verleiht dem Text etwas zutiefst Mündliches und zugleich die Leserschaft unmittelbar Herausforderndes. Selbst des realen Autors Lektüre von Bezugstexten wird häufig in öffentliche Rede verwandelt: Wir sehen gleichsam bei der Entstehung des gesamten Werkes durch ein konzentriertes und aktives Lesen zu. Mag es sich um die unterschiedlichen Standpunkte der nordamerikanischen Siedler handeln, die den Raum eines Parlaments schaffen, das die Tyrannei des britischen Mutterlandes verurteilt[36] – und man könnte hier durchaus von einer Simulation des parlamentarischen Raumes sprechen, der die Voraussetzung für die alles beherrschende Stimme des Philosophen bildet –, oder mag es sich um einander entgegengesetzte Theorien über die Gebirgsbildung[37] gehen – stellen die Auseinandersetzungen zwischen Plutonisten und Neptunisten doch eine der großen Kontroversen dar, die das gesamte Jahrhundert der Aufklärung in ihren Bann schlugen – : Stets werden die jeweils aufgerufenen Bezugstexte in Reden und dialogische Stellungnahmen umgewandelt. Die dadurch immer wieder erzählte Mündlichkeit sorgt für die Unmittelbarkeit und Direktheit einer Ansprache der Leserschaft, die für den Erfolg des gesamten Werkes zweifellos mitverantwortlich war.

An dieser Stelle ist eine Differenzierung zwischen zwei Kommunikationsräumen, die sich auf der Ebene der Textualität der *Histoire des deux Indes* voneinander unterscheiden, unumgänglich. Auf der einen Seite lässt sich ein interner Kommunikationsraum ausmachen, der die wechselseitigen Stellungnahmen der unterschiedlichen narrativen Instanzen (wohlgemerkt: mit Ausnahme der des expliziten Lesers) präsentiert und dialogisch aufeinander bezieht. Auf der anderen Seite lässt sich hiervon ein externer Kommunikationsraum abgrenzen, der sich zwischen diesen narrativen Instanzen und den verschiedenen Leserfiguren der *Histoire* etabliert. Selbstverständlich sind diese beiden Räume (die sich allein auf der textinternen und nicht auf der textexternen Ebene, also zwischen dem realen Autor – Raynal, Diderot usw. – und dem realen Publikum des 18. Jahrhunderts ansiedeln) miteinander kommunizierbar und in der Tat auch eng miteinander verbunden. Gleichwohl stellen sie Räume eigenen Charakters dar, innerhalb derer die Kommunikation in der *Geschichte beider Indien* jeweils anderen Gesetzmäßigkeiten gehorcht.

Sehen wir uns diese klare Struktur noch einmal etwas näher an. Hinsichtlich des *internen* Kommunikationsraumes darf man festhalten, dass die Lektüren

---

36 Vgl. ebd., XVIII, S. 165ff. sowie S. 172ff.
37 Vgl. etwa die „Digression sur la formation des montagnes" in ebda., VII, S. 88ff. und deren dialogische Struktur.

Raynals und seiner Mitarbeiter fast immer in mündliche Stellungnahmen und ‚Redebeiträge' umgewandelt wurden. Dies scheint ein generelles Prinzip der *écriture* dieses Textes zu sein. So werden etwa die Theorien und Untersuchungen zur Naturgeschichte der beschriebenen Länder oftmals in mündliche Sprache umformuliert und dem Lesepublikum damit näher gebracht. Auf dieser Ebene lassen sich die zahlreichen Widersprüche und stilistischen Brüche ansiedeln, die den Text (zer-)gliedern und ihm vieles von einer durchaus möglichen Kohärenz nehmen.

Zugleich entsteht eine textuelle Heterogenität, für die das Ende des 20. und der Beginn des 21. Jahrhunderts – und dies wäre möglicherweise einer von mehreren Gründen für die ‚Wiederentdeckung' der *Histoire des deux Indes* und mehr noch des Interesses, das sich in den beiden zurückliegenden Jahrzehnten verstärkt bemerkbar gemacht hat – eine spezifische Sensibilität entwickelt hat, die diese Heterogenität als Phänomen offener Textualität zu genießen vermag. Der ‚zusammengesetzte' Charakter der *Geschichte beider Indien* stört die heutige Leserschaft nicht länger. Innerhalb dieses internen Kommunikationsraumes stellt das sicherlich bekannteste Werk, das unter dem Namen Raynals veröffentlicht wurde, einen offenen Text im Sinne einer Polyphonie, einer Vielstimmigkeit Bachtin'schen Zuschnitts dar. Die Intertextualität wurde so in eine direkte oder indirekte Interaktion zwischen verschiedenen Stimmen umgewandelt, welche von der zentralisierenden Erzählerfigur mehr oder minder dirigiert, bisweilen aber auch – so scheint es zumindest – ganz ‚vergessen' werden. Auch hieraus wird klar, welch herausragende Rolle dieser zentralen Erzählerfigur in der *Histoire* zukommt.

Wenden wir uns nun dem zweiten Raum zu. Bezüglich des *externen* Kommunikationsraumes besitzt die *Histoire des deux Indes* eine bewundernswerte Ambivalenz, von der die dort angesiedelten Lektüreprozesse betroffen sind. Die Wendung des Erzählers – bei größerer Diferenzierung ließe sich sicherlich von mehreren Erzählerfiguren sprechen – an den Leser ist unter Einschluss der bereits erwähnten „appels au lecteur" häufig von einer mündlichen Grundstruktur geprägt, welche an der Erzeugung von Unmittelbarkeit ausgerichtet ist. Sie richtet sich aber an ein Lesepublikum, dessen Lesetätigkeit unterstrichen wird.

Im Allgemeinen ist die Offenheit des Textes wie der Kommunikationssituation begrenzt. In diesem Kommunikationsraum siedeln sich jene Fragmente an, die – aus der Feder Diderots stammend und sich des Gesamttextes der *Histoire* gleichsam bedienend – dem Leser einen „discours incendiaire" entgegenschleudern, der nicht nur die hispanoamerikanischen Leser beeindruckte und gleichsam anfeuerte. In den Passagen eines in Brand setzenden Diskurses wird der Informationen empfangende Brennspiegel seinerseits zum Nachrichten, ja Aufrufe und Proklamationen ausstrahlenden Parabolspiegel umfunktioniert. Auf dieser Ebene entfaltet sich die ganze Gewalt und Kraft der Raynal'schen *machine de guerre*, die im 18. Jahrhundert so erfolgreich war.

Derlei Passagen versuchen zumeist, aus den vorangehenden Textteilen nicht nur Schlüsse zu ziehen, sondern den Leser zu konkreten Haltungen und Handlungen zu ermutigen, ja aufzustacheln. Als textinterne Figur wird der Leser in eine aktantielle Instanz verwandelt: Er ist zum Handeln bereit. Seine Reaktionen können affektiv (Tränen), intellektuell (Lektüre als interne Verwandlung des Lesers) oder an konkretem Handeln (Revolte) ausgerichtet sein. Stets handelt es sich um einen aktiven oder besser: um einen aktivierten Leser, der die gesellschaftsverändernde Bühne betritt und sich in die Entwicklungen seiner Epoche vehement einmischt. Wir verstehen daher die Dynamik, welche von der *Geschichte beider Indien* gerade in den Kolonialgebieten des amerikanischen Kontinents ausging.

Das folgende Beispiel mag den zweiten, zweifellos von der Forschung bislang wenig beachteten Reaktionstyp verdeutlichen und uns dessen Funktionsweise vor Augen führen:

> Ihr Europäer, die Ihr so stolz seid auf Eure Regierungen, auf Eure Gesetze, auf Eure Institutionen, auf Eure Monumente, auf all das, was Ihr als Eure Weisheit bezeichnet, erlaubt mir, Euch einen Augenblick aufzuhalten. Ich habe Euch gerade mit Einfachheit & ohne Kunstfertigkeit ein Gemälde des Lebens & der Sitten des Wilden vorgelegt. Ich habe Euch weder seine Laster verschwiegen noch seine Tugenden übertrieben. Ich bitte Euch, den Gefühlseindruck, den mein Bericht in Euch ausgelöst hat, in Euch zu bewahren, bis der schönste Geist, der beredsamste Mensch unter Euch allen seine Farbstifte spitzt & für Euch mit der gesamten Kraft, mit der ganzen Magie seiner Farbenpalette die guten & die schlechten Dinge Eurer so zivilisierten Gegenden vor Augen geführt hat. Sein Gemälde wird Euch vor Bewunderung bewegen, ich zweifle daran nicht: Aber glaubt Ihr, dass er in Euren Seelen die süße Gefühlsbewegung hinterlassen wird, die Ihr immer noch fühlt?[38]

Die in dieser Passage angestrebte Reaktion des Lesepublikums ist nicht ganz leicht zu fassen. Die Lektüre des vom Erzähler vorgelegten Berichts („récit") soll bei dessen europäischen Adressaten starke Emotionen durch eine Art Hypotypose freisetzen, welche das vom mit Worten malenden Ich-Erzähler entworfene Bild in der Seele, im Innersten des Lesers bewahren wird. Das entworfene *Tableau* ist im Französischen ein Gemälde, aber auch ein Schema, eine Übersicht, eine statistische Aufstellung, und von daher ebenso textueller wie ikonischer Natur.

Es handelt sich dabei um ein rein sprachliches Verfahren, das wesentlich stärker und eindringlicher als das rein Visuelle und Ikonische ist, dem in der *Histoire des deux Indes* stets etwas Negatives, eine Art visueller Oberflächlichkeit, Naivität und fehlende geistige Durchdringung, anhaftet. Mit Worten und mit Zahlen zu malen aber ist die Sache unseres Berichterstatters, unseres Auctors,

---

38 Ebd., XV, S. 22.

der sich für die Wahrhaftigkeit des von ihm Berichteten verbürgt. So erlaubt die einfache und poetische Sprache der Indianer Canadas Einblick in eine empfindsame und kindlich-offene Seele, die – folgen wir dem Erzähler – noch nichts von der Tiefe der Europäer besitzt:

> Ihre Seele drückte sich so aus, wie ihre Augen es sahen: Es waren stets physische Wesen, die sie mit empfindsamen Farben malten, & ihre Reden wurden malerisch-pittoresk.[39]

Wir haben es in diesem Zitat mit einer deutlichen Wertung der (sprachlichen) Ausdrucksfähigkeit der „Wilden", also der indigenen Bevölkerung der Amerikas (welche ohne jede kulturelle Differenzierung als eine einzige homogene Bevölkerungsmasse gesehen werden), zu tun. Bei diesen sogenannten „Wilden" erscheint die Beziehung zwischen Sprache und Bild, zwischen sprachlichem und bildhaftem Ausdruck seltsam verkehrt. Die der visuellen Wahrnehmung bei der indigenen Bevölkerung verhafteten Bilder der Seele verwandeln sich in einen malerischen („pittoresque") Diskurs, während der vom Erzähler arrangierte Bericht sich dank einer kunstvollen Gestaltung für den Leser in ein Bild, ein Gemälde transformiert. Stets sind es der Text und seine Lektüre, nicht aber die direkte Erfahrung, die dem Adressaten den Blick öffnen, die eine innere Vision ermöglichen, welche zweifellos der rein physischen Sinneswahrnehmung der Netzhaut überlegen ist. In gewisser Weise haben wir es hier mit einer entsakralisierten Fassung der topischen Metapher von den „Augen der Seele" zu tun, die den christlichen Mystikern so teuer und Guillaume-Thomas Raynal, dem ehemaligen Schüler des Jesuitenkollegs in Rodez, gewiss bestens vertraut war.

Bei den ‚wilden' Völkern hingegen beherrscht die direkte physische Erfahrung alles, die emotionalen Eindrücke nicht weniger als die sprachlichen Ausdrucksformen, in welche diese bei ihnen gekleidet werden. Der ‚Wilde' liest nicht, er verfügt über keine Schrift, kein Schreib- und Zeichensystem. Im Grunde erübrigt sich an dieser Stelle der Hinweis, dass ein so verstandener und an der alphabetischen Schrift orientierter Begriff des ‚Lesens' aus heutiger Sicht als Eurozentrismus angesehen werden darf. Denn die Verfasser der *Histoire des deux Indes* nahmen alle Schriftsysteme, welche nicht der alphabetischen Schrift entsprachen, nicht als ausgearbeitetes und differenziertes Zeichensystem wahr. Die europäische Aufklärung beachtete folglich nicht, was für die amerikanische längst eine Gewissheit war: die Anerkennung anderer, nicht-alphabetischer Schriftsysteme.

Die dem Vergleich zwischen „peuples sauvages" und „peuples policés" zugrundeliegende Ambivalenz verweist uns auf das siebzehnte Buch, wo uns zugleich der zivilisatorische Prozess und der Prozess der Zivilisation dargeboten wird:

---

39 Ebd., S. 16.

Ihr zivilisierten Völker, diese Parallele ist zweifellos schmerzlich für Euch: Aber Ihr würdet nur zu lebhaft unter der Last, unter der Ihr schmachtet und stöhnt, die Kalamitäten empfinden. Je mehr dieses Gefühl für Euch schmerzhaft ist, desto mehr wird es Eure Aufmerksamkeit schärfen für die wahren Gründe Eurer Übel. Vielleicht gelingt es Euch endlich, Euch davon zu überzeugen, dass sie ihre Quelle in der Entregelung Eurer Ansichten, in den Lastern Eurer politischen Verfassungen, in Euren bizarren Gesetzgebungen haben, durch welche die Gesetze der Natur fortwährend beleidigt werden.[40]

Der Blick in die weltweite Natur, der Blick in die verschiedensten Gesellschaften, die in der *Histoire des deux Indes* angesprochen und untersucht werden, erlaubt, ja zwingt förmlich zu einer Kritik der europäischen Institutionen und ihrer gesetzlichen wie wirtschaftlichen Grundlagen. Die ganze Ambivalenz eines derartigen Urteils wird deutlich, wenn Autor und Leser ihre „Blicke auf die physische Beschaffenheit"[41] der nordamerikanischen Welt werfen und dabei das Bild des (europäischen) Menschen entwerfen, der inmitten der „schöpferischen Kräfte" der amerikanischen Natur erscheint:

Plötzlich erschien der Mensch, und das nördliche Amerika veränderte sein Antlitz. Er brachte die Regel & die Sichel der Symmetrie mit sich, zusammen mit den Instrumenten aller Künste und Kunstfertigkeiten. Alsbald eröffneten sich ihm die vormals undurchdringlichen Wälder & in den weiten Lichtungen wuchsen bald angenehme Wohnungen. Zerstörerische Tiere weichen vor den häuslichen Herden zurück: & trockene Dornenfelder weichen üppigen Ernten. Die Wasser geben einen Teil ihrer Besitzungen auf & ergießen sich durch tiefe Kanäle ins Innere der Erde oder in das Meer. Die Küsten bevölkern sich mit großen Städten, die Buchten mit Schiffen; & die Neue Welt kommt unter das Joch des Menschen, ganz dem Beispiel der Alten Welt folgend. Welche mächtigen Triebkräfte haben diese wunderbaren Bauten des Gewerbfleißes & der europäischen Politik errichtet?[42]

Selbstverständlich ist diese Frage eine rein rhetorische, denn nur zu genau kennt der Verfasser jene Triebkräfte, welche die Europäer in ihrer ständigen Expansion vorwärtstreiben. Es wäre überflüssig, an dieser Stelle alle Inszenierungen der Lektüre und ihrer Folgen für den Leser aufzulisten: Zu zahlreich sind diese literarischen Gestaltungen des Lesens textintern in der *Geschichte beider Indien*. Die Konsequenzen der Lektüre können für die Leserschaft im Übrigen positiv oder auch negativ sein. Wird etwa nicht von Beginn des ersten Buches der *Histoire* an behauptet, dass die Päpste – die zu den bevorzugten Zielscheiben dieses Bestsellers der französischen Aufklärung zählen – sehr früh schon verstanden hätten,

---

40 Ebd., XVII, S. 216.
41 Ebda.
42 Ebda., S. 217.

dass die „Pflege der Literatur", die „culture des lettres", ihnen ein „neues Mittel, um über die Geister zu herrschen" an die Hand gegeben hatte[43]?

Zugleich ist es ein unhinterfragbares Dogma in der *Geschichte beider Indien*, dass die Schrift für die Menschen ein „mächtiges & wohl einzigartiges Mittel der Erhellung" darstellt, wobei unter dem Begriff der Schrift („écriture") allein die alphabetische Schrift verstanden und andere Systeme wie etwa die „Unvollkommenheit der Hieroglyphen"[44] und mehr noch die Pictogramme oder Knotenschriften (Quippus) der amerikanischen Welt verworfen und aus einer Fortschrittsgeschichte der Menschheit ausgeschlossen werden. Für die Verfasser der *Histoire des deux Indes* ist die (alphabetische) Schrift eine Kulturtechnik, die zwar auch im Sinne von Unterdrückung und Aberglaube verwendet werden könne, gleichwohl aber unersetzlich bleibt für die Verwirklichung des Fortschritts der gesamten Menschheit. Literatur, Philosophie und Naturgeschichte beschleunigen diese Bewegung mit Hilfe ihrer Einwirkung auf die Einbildungskraft, aber auch das intellektuelle Verständnis des Lesers:

> Der Geist der Gesetze (*l'esprit des loix*) erschien, & es erweiterte sich der Horizont für das Genie des Menschen. Die Naturgeschichte eines Französischen Plinius, welche Griechenland und Rom in der Kunst übertraf, die physische Welt zu erforschen & zu malen; diese kühne & wie ihr Gegenstand so große Geschichte, welche die Einbildungskraft der Leser erhitzte und sie an Betrachtungen fesselte, von denen ein Volk nicht herabsteigen darf, ohne nicht sogleich wieder in die Barbarei zurückzufallen. Dadurch wurde eine recht große Zahl an Bürgern über die wahren Bedürfnisse ihres Vaterlandes aufgeklärt.[45]

In diese Bewegung von Geschichte und Naturgeschichte, von Montesquieu und Buffon, von Wissenschaft und Philosophie schreibt sich die *Histoire des deux Indes* ganz bewusst ein. Dies hatte bereits unser Versuch einer ikonotextuellen ‚Lektüre' des Frontispizes der erwähnten dritten Ausgabe der *Histoire* nahegelegt, wo bei aufmerksamer Betrachtung in unmittelbarer Nähe zur Feder des Schriftstellers die Bände der *Encyclopédie* sichtbar werden[46] – und damit ein literarischer Raum, innerhalb dessen sich das eigene Schreiben des ins Zentrum gerückten Philosophen ansiedelt.

Das Vorhaben der *Histoire des deux Indes* ist wie die Projekte Buffons oder der Enzyklopädisten ganz auf die praxisbezogene Wirkung beim Lesepublikum abgestellt. Die *Geschichte beider Indien* will Wirkung erzielen, will gesellschaftsverändernd sein, will kurz gesagt die Welt der eigenen Gegenwart verwandeln.

---

43 Ebda., I, S. 25.
44 Ebda., VI, S. 254.
45 Ebda., XIX, S. 173.
46 Vgl. Ette, Ottmar: Diderot et Raynal, S. 385–407.

Der Leser erscheint als Bürger, der auf Politik, Geschichte und die vorherrschenden Konzeptionen seiner Zeit einzuwirken vermag: als ein aktiver Bürger, den es zu beeinflussen und in seinen Handlungen zu lenken gilt, will man die Geschicke des Staates grundlegend verändern. Ohne diesen Hintergrund der Lektüre ist das revolutionäre Pathos der *Geschichte beider Indien* nicht zu verstehen.

Denn diese Vorstellung einer aktiven, schöpferisch umsetzenden Aneignung eines in Buchform präsentierten Wissens wird in der *Histoire* ständig propagiert, um damit die angezielte Leserschaft in ihrer Lesart gleichsam ‚programmieren‘ und lenken, man könnte auch sagen: besser manipulieren zu können. Über die Lektüre verbindet den Autor mit dem Leser ein Band, an welchem der Verfasser des Textes allein zu ziehen und zu zerren vermag. Dieses Lektüre- und Beeinflussungsmodell herrscht vor allem im externen Kommunikationsraum vor, insbesondere also hinsichtlich der in Szene gesetzten Beziehung zwischen explizitem Autor und explizitem Leser, die direkt miteinander kommunizieren, aber sich nicht auf derselben Augenhöhe ansiedeln. Denn längst hat sich der Autor Macht über seine zum Teil sehr einflussreichen Leser verschafft.

Wenn der Erzähler in der Kommunikation mit dem expliziten Leser auch des Öfteren versucht, dessen Einbildungskraft zu erhitzen, indem er ihm vorrangig schreckliche Geschehnisse und Aspekte der kolonialen Expansion Europas vor Augen (also vor die Augen des realen Lesers) führt, so ist der Aufruf zu einer kritischen Lektüre doch auch in der *Histoire des deux Indes* zu vernehmen. Diese kritische Lektüre siedelt sich vorrangig innerhalb des internen Kommunikationsraumes an. In diesem von der Orchestrierung der verschiedenen Stimmen beherrschten Raum dominiert – wie bereits erwähnt – unverkennbar die (literarisch in Szene gesetzte) Mündlichkeit.

Im Rahmen des internen Kommunikationssystems wird im Allgemeinen wenig gelesen. Taucht Lektüre dennoch auf, so geschieht dies fast immer, um den kritischen Geist des Erzählers als Leser anzustacheln, nicht aber, um die Qualitäten des gelesenen Werkes hervortreten zu lassen. Beispielsweise zieht der Erzähler bei seinen Bemerkungen zu den Marianen-Inseln die Beschreibungen durch die „alten wie die modernen Reiseberichte" in Zweifel, wobei er betont, die einhellige Meinung der Historiker dürfe niemals „die Zweifel, welche ein so unwahrscheinlicher Bericht entstehen lassen musste"[47] im Keime ersticken. Oftmals wird die Kategorie des Wahrscheinlichen beschworen, um den spanischen Chronisten jedwede Glaubwürdigkeit zu entziehen. Aus der aufklärerischen und damit höheren Warte der Philosophie sind all diese spanischen Quellen höchst verdächtig und folglich frag- und unglaubwürdig. Das

---

47 Raynal, Guillaume-Thomas: *Histoire*, VI, S. 311.

„Wunderbare" („merveilleux") ihrer Berichte wird kritischen Reflexionen unterzogen, die auf eigener Leseerfahrung, bisweilen aber auch auf der Erfahrung bestimmter „aufgeklärter Geister" fußt, deren Namen der Erzähler freilich stets zurückhält.[48] Spanische Quellen stehen, von wenigen Ausnahmen abgesehen, folglich unter französischem Generalverdacht.

An dieser Stelle wird der Erzähler wieder zum obersten Richter, der sich allein auf die verschiedensten Texte stützt, nicht aber auf Besichtigungen vor Ort und direkte Kontakte mit jenen, die er nach seinen eigenen Gesetzen literarischer oder philosophischer Wahrscheinlichkeit beurteilt beziehungsweise verurteilt. Dieser oberste Richter hält nichts von solchen Besichtigungen, nichts von empirisch überprüfbarem Wissen, sondern argumentiert gänzlich in einem eigenen Textuniversum, in welchem er gleichsam als vorgeblich kritischer Philologe vorgeht. Anlässlich der Erörterung der Schriften Acostas und Herreras räumt er zwar ein, dass bestimmte Irrtümer unterlaufen könnten, denn sie „gehen von einem Werk ins andere über & Autoren, die wechselseitig voneinander abschreiben, übertragen diese Irrtümer von einem Zeitalter auf das nächste".[49] Jedoch ist er aller vorgeblichen Textkritik zum Trotz noch weit davon entfernt, diesen Teufelskreis unreflektierter Intertextualität zu durchbrechen, ordnet sich sein eigenes Werk doch in eine derartige Textkette fraglos ein.

Die getroffenen Vorsichtsmaßnahmen, um derartigen Textketten nicht auf den Leim zu gehen, sind freilich qualitativ wie quantitativ als gering zu veranschlagen. Eine kritische Durchsicht von Textinhalten anhand einer empirisch wie auch immer überprüfbaren Analyse erfolgt nicht: An Bezugstexten wird einbezogen, was dem Gutdünken des Verfassers und Herausgebers als zustimmungsfähig erscheint. Der Erzähler besteht lediglich ganz allgemein auf der Notwendigkeit einer kritischen Lektüre, die zweifellos auch für die Leserschaft der *Histoire des deux Indes* Modellcharakter haben soll. Diese kritische Lektüre ist aber ihrerseits nicht mehr an eine notwendige selbstkritische Sichtweise, an eine kontrollierende Lektüre der eigenen Schriften und ihrer literarischen Verfahren zurückgebunden.

An dieser Stelle sei lediglich darauf hingewiesen, dass der junge Alexander von Humboldt von anderen epistemologischen Voraussetzungen ausgehend Raynals Werk den (zumindest vorläufigen) Todesstoß versetzen sollte, fehlte den Schriften Raynals doch ebenso die Kontrolle durch direkte Erfahrung wie die Selbstkontrolle der narrativen und diskursiven Instanzen. Diese bemächtigten sich des Gesamttextes allzu oft, öffneten sich aber gerade darum auch gegenüber neuen, nicht mehr faktenorientierten Lesarten ohne jede Kontrolle. Humboldt

---

48 Stellvertretend für viele andere Beispiele in der *Histoire des deux Indes* s.VII, S. 108.
49 Ebd., VI, S. 285.

sprach von einer „glücklichen Revolution", die um die Wende zum 19. Jahrhundert eingesetzt habe und sich nunmehr an empirisch überprüfbarem Wissen ausrichte. Seitdem haben sich naturwissenschaftlich oder pragmatisch orientierte Leser kaum mehr um die von dem französischen Abbé zusammengetragene *Histoire des deux Indes* gekümmert. Eher historisch oder ästhetisch ausgerichtete Lektüren traten an ihre Stelle. Sie bemühten sich vorrangig um die Aufhellung von Genese, Struktur und innerer Funktionsweise des umfangreichen Textes, wie um dessen Wirkung an den verschiedensten Orten dieser Erde, bildeten selbst aber nicht mehr die Leitlinien von Forderungen und Einsichten ihrer Leserschaft. Diese auch längst im Sinne der Literaturgeschichte erfolgte ‚Historisierung' des Raynal'schen Werkes lässt für uns heute neue Verständnis- und Deutungsmöglichkeiten zu. Dies möchte ich zum Abschluss unseres Durchgangs durch das Hauptwerk des Abbé der Neuen Welt mit Blick auf die im Vordergrund stehenden Lektüreprozesse kurz ausführen.

Im *Tableau de l'Europe. Pour servir de Supplément à l'Histoire philosophique & politique des Etablissements & du Commerce des Européens dans les deux Indes* findet sich der nachfolgende Aufruf zur Lektüre, zum Lesen der eigenen Geschichte:

> Ihr Völker, bei denen die Könige heute all das anordnen und befehlen, was sie wollen, lest Eure Geschichte neu. Ihr werdet sehen, dass Eure Vorfahren sich versammelten, dass sie jedesmal beratschlagten, wenn es sich um Subsidien handelte. Ist die Gewohnheit dessen auch vergangen, so ging doch nicht das Recht darauf verloren; es steht an den Himmel geschrieben, der die Erde dem gesamten Menschengeschlecht gegeben, um sie zu besitzen; es steht auf diesem Feld geschrieben, das Ihr mühevoll umzäunt habt, um sich dessen Genusses zu versichern. Es steht in Euren Herzen geschrieben, wo die Gottheit die Liebe zur Freiheit eingeprägt hat. Dieser gen Himmel erhobene Kopf ist nicht nach dem Bilde des Schöpfers gemacht, sondern nur, um sich vor einem Menschen zu verneigen.[50]

Wir sehen sofort, welch wichtige, herausragende Funktion auch hier wieder dem Lesen der eigenen Geschichte zugewiesen wird. In diesem Auszug aus einem Text, den man mit Fug und Recht als das *Supplément au voyage de Raynal* bezeichnen könnte, wird der Appell an den Leser durch einen Appell an die Lektüre verdoppelt. Der Aufruf an die Völker, ihre Geschichte von neuem zu lesen, wird mit der Dissemination der Schrift über das gesamte Universum – im Himmel, auf Erden und in den Herzen der Menschen – verbunden. Überall ist diese Schrift lesbar und verlangt nach Leserinnen und Lesern, die sie sich aneignen und zueigen machen.

---

50 Raynal, Guillaume-Thomas: *Tableau de l'Europe. Pour servir de Supplément à l'Histoire philosophique & politique des Etablissements & du Commerce des Européens dans les deux Indes.* Amsterdam 1774, S. 128.

Betont man in der *Histoire des deux Indes* auch, dass die Annalen der Völker nicht mehr von geschichtsforschenden Rednern, sondern vielmehr von Handel treibenden Philosophen verfasst werden müssten,[51] so trägt doch die in diesem *Supplément* evozierte Schrift die Spuren der göttlichen *Ecriture(s)*. Diese Schrift von neuem zu lesen heißt handeln, heißt, vor den Tyrannen nicht länger den Kopf zu senken. Der Appell an den Leser als Appell an eine wiederholte Lektüre wandelt sich zu einem „discours incendiaire", ganz wie die Bewegung der Lektüre in revolutionäres Handeln umschlagen wird. Man versteht, warum der Abbé der Neuen Welt zum Zeitpunkt der Französischen Revolution als einer ihrer Hervorbringer, als einer ihrer Schöpfer gelesen und verstanden werden konnte.

Die Erwähnung und Bekräftigung des Lesens, der Lektüre, tendiert zumindest innerhalb des externen Kommunikationsraumes stets zur Aktion. Aus unserer Analyse der Lektüre in Raynals Hauptwerk geht nun deutlich hervor, warum der Aufruf zu ihr und ihrer Inszenierung im Verlauf der *Histoire des deux Indes* nicht so sehr ein intertextuelles als ein diskursives Phänomen war, das die kommunikative, synthetisierende und gesellschaftsverändernde revolutionäre Kraft der Lektüre ins Spiel bringt. Genau hier aber stellt sich für den Erzähler und Schriftsteller die Frage der Nachwelt und damit auch der (revolutionären) Nachkommenschaft.

Guillaume-Thomas Raynal blieb für seine Zeitgenossen nicht lange der „Vater der Revolution", hatte ihn – wie Hans-Jürgen Lüsebrink mehrfach überzeugend dargestellt hat – seine *Adresse à l'Assemblée Nationale* doch in den Augen vieler Franzosen endgültig diskreditiert. Die zunehmende *Autor*isierung der *Histoire des deux Indes* konnte die noch zu Lebzeiten einsetzende wachsende Enteignung Raynals, die zeitweise durch die Entdeckung seiner Mitstreiter und vor allem Diderots beschleunigt wurde, nicht verhindern. Raynal galt immer weniger als der eigentliche Autor der *Geschichte beider Indien* und wurde zunehmend in jeglicher Hinsicht ent*autor*isiert.

Doch dieser ‚Abstieg' Raynals beschränkte sich keineswegs auf Frankreich, sondern entsprach gleichsam einer ‚Entmündigung' des französischen Philosophen ebenso in Europa wie auch gerade in den Amerikas. Der doppelte Verlust seiner ‚Vaterschaft' bezüglich der revolutionären Ereignisse in Frankreich wie in Hinblick auf das unter seinem Namen veröffentlichte Werk ging – verbunden mit einer Reihe anderer, zu Beginn unserer Bechäftigung mit Raynal bereits kurz skizzierter Gründe – einher mit dem Verlust seines Prestiges bei den kreolischen Eliten, die sich durch einen französischen Philosophen zutiefst beleidigt fühlten. Denn dieser mit der Aura der Allwissenheit sich umgebende Philosoph reiste

---

51 Vgl. Raynal, Guillaume-Thomas: *Histoire*, VI, S. 199.

selbst nicht und kannte weder ihre Länder noch ihre Lebensverhältnisse aus eigener Erfahrung. Welche Autorität konnte ihm also noch zukommen?

Wenn Raynal, ganz wie seine Erzählerfigur (und auch Diderot), kaum einmal seinen Fuß in andere Länder setzte und es vorzog, seine (europäischen) Leser zu einer Weltreise einzuladen, ohne Heim und Herd verlassen zu müssen, dann verhielt sich dies mit seinen Büchern keineswegs so. Denn diese reisten sehr wohl und ordneten sich dem zu, was wir in unserer Vorlesung als das Paradox über den Reisenden bezeichnet haben. Der Erzähler selbst hatte dies bei seiner Analyse der noch jungen Geschichte der Unabhängigkeit der Vereinigten Staaten klar erkannt und kommentiert:

> Dieser Erfolg bildete den ersten Schritt des Englischen Amerika hin zur Revolution. Man ersehnte sie sich über alle Maßen. Man verbreitete überall die Prinzipien, welche sie rechtfertigten. Diese Prinzipien, welche in Europa & insbesondere in England entstanden, waren vermittels der Philosophie nach Amerika transplantiert worden. Man wandte gegen die Metropole deren eigene Aufklärung an [...].[52]

Auf eine ganz charakteristische, für die ins Auge gefassten historischen Prozesse zentrale Weise war die Revolution durch die kritische Philosophie der Aufklärung in die Amerikas gekommen: durch Transplantation.[53] Mit anderen Worten: Es war eine *République des Lettres* entstanden, die nicht nur Frankreich mit allen Ländern Europas vereinigte, sondern eine Aufklärungsbewegung entstehen ließ, welche weltumspannenden Zuschnitts war. Und dies bedeutete, dass Texte nicht mehr allein im nationalen oder kontinentalen Rahmen, sondern wirklich transkontinental gelesen wurden und ein öffentlicher Raum entstanden war, innerhalb dessen sich die Ideen durch Lesen fortpflanzten.

Wäre auch die Behauptung übertrieben, die in den spanischen Kolonien Amerikas um sich greifende Unabhängigkeitsbewegung sei in Form von Büchern aus Europa per Schiff eingeführt worden, so gilt es doch zu verstehen und zu berücksichtigen, dass die wütenden Angriffe und Attacken des „discours incendiaire" in der *Histoire des deux Indes* zusammen mit der vielfach wiederholten Inszenierung eines aktiven Lesers (der sich im Übrigen häufig zwischen divergierenden Ansichten in Raynals heterogenem Text entscheiden muss) nicht ohne Wirkung auf die Leserschaft in Europa, aber auch in Übersee bleiben konnten. Wir haben gesehen, wie Entrüstung und Revolte auf Seiten des expliziten Lesers in den Text selbst gleichsam als Rezeptionsvorgabe hineingespielt wurden. Diese

---

52 Ebda., XVIII, S. 150.
53 Vgl. hierzu Ette, Ottmar / Wirth, Uwe (Hg.): *Kulturwissenschaftliche Konzepte der Transplantation.* Unter Mitarbeit von Carolin Haupt. Berlin – Boston: Walter de Gruyter 2019.

Emotionalisierung des Lesepublikums wirkte in Zusammenhang mit den transportierten und transplantierten Ideen durchaus wie diskursiver Sprengstoff, der jederzeit auch fernab der Metropole an der Seine explodieren konnte.

Die Inszenierung der Lektüre sollte im externen Kommunikationsraum der *Histoire des deux Indes* auf eine Aktivierung des Lesers abzielen. Dies gelang, und daher kam dieser in Europa während mehr als hundert Jahre in Vergessenheit geratene Text doch noch zu seiner ersehnten Nachkommenschaft. So hat der zweifach seiner Vaterschaft beraubte Guillaume-Thomas Raynal, jener sesshafte Reisende, der sich der direkten Erfahrung der außereuropäischen Welt trotzig und überlegen als Daheimgebliebener entgegenstellte, im Bereich des politischen Handelns wie der Philosophie- und Literaturgeschichte eine doppelte Nachwelt gefunden. Gewiss wäre es allzu simplistisch, wollte man die Haitianische Revolution oder die in den spanischen Kolonien ausbrechende Unabhängigkeitsrevolution auf die Lektüre der Schriften Raynals zurückführen. Aber ihren Anteil an dieser Transplantation von Ideen in die Amerikas hatte die *Geschichte beider Indien*. Mehr als zweihundert Jahre nach dem Tode Raynals darf man unpathetisch festhalten, dass seinen Texten eine weltweit verstreute Nachkommenschaft und eine heute wieder wachsende Leserschaft zuteil geworden sind.

Doch gehen wir nun von unserer vertieften Auseinandersetzung mit der politischen Relevanz und der Machtbedeutung der Lektüre im 18. Jahrhundert über zum Schreiben und Lesen der Liebe im Jahrhundert der Aufklärung. Denn die *République des Lettres* befasste sich nicht allein mit der militärischen, kolonialen und wirtschaftlichen Expansion Europas oder mit einer politischen Revolution im nationalen Maßstab, sondern auch mit jenen Veränderungen im Verhalten der Geschlechter, welche sich in der Epoche der *philosophes* ereigneten.

Im Zeichen von *libertinage* und Erotomanie vollzogen sich durchaus einschneidende Umorientierungen in der Fokussierung der Liebe, auch und gerade bezüglich der Zahl der Liebespartnerinnen und -partner. Das 18. Jahrhundert bildete ein weites Experimentierfeld für Liebesbeziehungen verschiedenster Art, welche erst seit der zweiten Hälfte des 20. Jahrhunderts wieder freier diskutiert werden konnten. Hier lässt der Marquis de Sade, der ab den späten sechziger Jahren des letzten Jahrhunderts eine starke Kanonisierung erfuhr und sogar zur Schullektüre in Frankreichs *Collèges* avancierte, uns recht herzlich grüßen.

Diese Veränderung in den Geschlechterbeziehungen betraf nicht nur die Tatsache, dass man als Frau von Stand nicht nur einen Ehemann von Stand, sondern auch einen quasi-offiziellen Geliebten, einen *amant en titre*, ebenso besaß wie auch weitere Geliebte, die man mit einer gewissen Regellosigkeit auswechseln konnte. Man amüsierte sich in höheren gesellschaftlichen Kreisen recht intensiv. Dass hierin auch der katholische Klerus miteinbezogen war, ist in vielen Dokumenten belegt. Denn längst hatte das *Ancien Régime* der Liebe aufgehört, weiterhin einzig dominant zu sein: Längst hatten sich neue Liebespraktiken entwickelt, mit denen munter experimentiert wurde. In der Folge wollen wir uns in der Vorlesung auf die Suche nach diesen Veränderungen begeben, wobei wir als unseren *Cicerone* einen weithin bekannten ‚Latin Lover' ausgesucht haben, der uns auf diesem Weg ein wenig begleiten wird.

Giacomo Casanova oder die quantitative Seite der Liebe

Auf den ersten Blick mag der vielleicht größte Gegensatz zu jenen Überlegungen, die wir ausgehend und im Anschluss an Denis de Rougemont vorgestellt haben, die Beschäftigung mit einer historischen Figur sein, die im Sinne Fanny Rubios gewissermaßen als Emblem einer männlichen Neigung zur Quantifizierung des Geschlechtsakts und der sexuellen Beziehungen überhaupt gelten darf. Es geht in der Folge um jenen Italiener oder Venezianer, der zu einer fast mythischen Gestalt wurde und doch – anders als man dies für einen langen Zeitraum glaubte – zugleich eine historische Gestalt war, die sogar unweit von hier, im Park von Sanssouci und in der Altstadt von Potsdam, ihr Nachtlager aufschlug. Ich spreche von keinem Geringeren als Giacomo Casanova, der zweifellos innerhalb der Geschichte des Abendlandes den Typus des Verführers und damit eine spezifische Ausprägung des männlichen Diskurses der Liebe repräsentiert. Casanova ist für die Liebe in ihrer quantitativen Dimension bis heute sprichwörtlich geblieben. Seine großen Liebeserfolge aber haben etwas mit den veränderten Sitten im Jahrhundert der Aufklärung zu tun. Denn Aufklärung und Liebe bilden nicht nur in der zweiten Hälfte des 20. Jahrhunderts eine feste Beziehung.

Gleich zu Beginn seiner Auseinandersetzung mit Giacomo Casanova hat der Essayist und Schriftsteller Manès Sperber eine für unsere Herangehensweise recht interessante Beziehung zwischen Liebe und Leben hergestellt, die sehr gut auch in die von Casanova entworfene europäische Welt des 18. Jahrhunderts passt. Dabei macht der österreichisch-französische Philosoph und Schriftsteller eine schöne Differenz auf zwischen dem Leben in seinem stereotypen Ablauf einerseits und dem Erleben in seinen vielfältigen Schattierungen andererseits. Diese Unterscheidung gilt auch für das gewöhnliche Lieben und das Erleben der Liebe, wobei Letzteres alles Gewöhnliche plötzlich in einem gänzlich anderen Licht erscheinen lässt. Doch lassen wir Manès Sperber in seinem gelungenen Vorwort zu einer deutschsprachigen Casanova-Ausgabe selbst zu Wort kommen, denn es geht dem Denker und Essayisten um das Phänomen der Liebe:

> Nichts gleicht der Liebe, sie aber gleicht allen und allem: dem Glück und dem Unglück, der Dauer und der Vergänglichkeit, der Wahrheit und der Lüge, dem Mann und dem Weib, der lärmenden Musik und der Stille, vor oder nach dem Sturm, der fixen Idee und der Wandelbarkeit. Mit allem hat sie etwas gemeinsam, doch mit dem Leben allein den konstitutiven, dialektischen Widerspruch: als Geheimnis und Vorgang alltäglich und in den Ausdrucksformen stereotyp zu sein, als Erlebnis hingegen einzigartig und unwiederholbar zu bleiben. So ist die Liebe wie das Leben unendlich vergleichbar und durchaus unvergleichlich.

Seit Gutenbergs Erfindung ist die Liebe täglich redseliger geworden; seit der allgemeinen Verbreitung der sogenannten Massenmedia dringt die Reklame, die man für sie ohne Unterlaß verbreitet, bis in das einsamste Nomadenzelt, in das unter dem Nordpol schwimmende U-Boot und in die Kopfhörer schläfriger Kosmonauten. Für Ohr und Auge ist die Liebe fast so unausweichlich geworden wie der Tod, mit dem sie natürlich auch sonst nicht wenig gemein hat.[1]

Abb. 64: Manès Sperber (Zabłotów in Galizien, Österreich-Ungarn, 1905 – Paris, 1984).

Sperber macht in dieser Passage zunächst deutlich, wie stark die Liebe längst zu einem weltweit verbreiteten Konsumgut geworden ist, das gleichsam als Schlaftrunk und plaudernde Unterhaltung im Hintergrund unsere Vorstellungen und Wünsche befriedigt, aber gleichzeitig auch normiert und sogar abtötet. Nur auf den ersten Blick ergibt sich hier ein Widerspruch zwischen Sperber und Barthes und insbesondere zu der Barthes'schen Vorstellung, dass der Diskurs des Liebenden von einer absoluten Einsamkeit geprägt sei. Denn die Allverbreitung in einer weltweiten Logosphäre und ihre Allgegenwart in einer Gesellschaft des Konsums sagen noch nichts über die fundamentale *solitude* des liebenden Diskurses, des *discours amoureux*, und vor allem des liebenden Subjekts selbst aus.

Die Liebe ist längst, so Manès Sperber, zu einem ständig vorgeführten und scheinbar leicht erreichbaren Konsumgut geworden; und so sind auch die großen Verführer wie Don Juan und Giacomo Casanova durch gewöhnliche Heiratsschwindler ersetzt worden. Denn der großen, unvergleichlichen Verführer braucht es nach der sexuellen Revolution in den Ländern des Westens laut Sperber nicht länger. Die Liebe ist banalisiert und stereotyp geworden, wiederhol- und austauschbar. Zumindest will es so scheinen ...

Wäre dann aber, so könnte man zu fragen versucht sein, nicht gerade Casanova ein Inbegriff der zum Stereotyp, zum Klischee erstarrten Liebe, die gleichsam nur noch abgehakt, mitgenommen, konsumiert zu werden braucht? Wäre also Casanova nicht so etwas wie ein Vorläufer jener stereotyp verlaufenden

---

1 Sperber, Manès: Die Liebe und Casanova. In Casanova, Giacomo: *Geschichte meines Lebens*. Frankfurt a. M.: Ullstein 1985, XI, S. 7.

Liebesprozesse, die sich ebenso schnell anbahnen wie sie sich auflösen und wieder vergehen? Immerhin hat Casanova in seinen *Memoiren* nicht weniger als einhundertundsechzehn Mädchen und Frauen namentlich erwähnt und in den unterschiedlichsten Liebesrollen – oder im Sinne von Barthes' Liebes-Figuren – beschrieben. Kommt da nicht Langeweile auf? Ist die Wiederholung von immer wieder gleichen oder ähnlichen Liebesgeplänkeln und sich anschließender Liebesstrategeme nicht auf die Dauer ermüdend?

Schauen wir uns zunächst einmal nicht nur das Liebesleben, sondern auch und gerade das Leben von Giacomo Casanova kurz an. Ich habe Casanova in einer vorherigen Vorlesung als einen Autor von Reiseliteratur untersucht, möchte ihn in unserer aktuellen Vorlesung aber als einen Repräsentanten verschiedener Figuren der Liebe und nicht zuletzt der Figur des Verführers vorführen. Wir werden uns folglich mit anderen Passagen und Stellen in Casanovas Werk beschäftigen und zugleich auch darauf verweisen, dass sich sein gesamtes Leben im Grunde als ein einziger gigantischer Reisebericht verstehen lässt. Im Buch zur damaligen Vorlesung habe ich sein Leben als Reisebericht ausführlich vorgestellt und möchte dies jetzt nicht noch einmal tun.[2]

Gewiss ist dieses Leben Giacomo Casanovas, der sich den Ehrentitel eines Chevalier de Seingalt ziemlich hinterlistig ausgesucht, und den *sein galant* dabei bestimmt im Auge hatte, nicht von Reisen und vom ReiseSchreiben zu trennen. In seinen *Memoiren* entsteht ein gewaltiger Reisebericht, der uns gleichsam ein Europa der Liebe vorführt, das man auch mit Blick auf die unterschiedlichsten Reisebewegungen nachzeichnen kann. So ist die *Geschichte meines Lebens*, die Casanova am Ende desselben verfasste, zugleich eine Art Sittenportrait des damaligen Europa der Aufklärung.

Casanova war in einem vielfältigen Sinne ein Reisender, ja ein Handels-reisender in Sachen Liebe. Zum einen ist das Reisen stets einem Vektorenfeld des Begehrens zuzuordnen, beruht also immer auch auf einem Begehren des Anderen, anderer Landschaften, anderer Reichtümer, anderer Erfahrungen, aber auch anderer Körper und Leiber. Und zum anderen hat genau dieses Begehren auch sehr viel damit zu tun, dass Reisen nicht selten auch mit Sammeln ein-hergeht. Wir können Casanova daher auch als einen Sammler begreifen, dem immer noch ein weiteres Stück in seiner nie abzuschließenden Sammlung fehlte. Er bewegte sich in einem Europa des 18. Jahrhunderts, das in höchstem Maße von einer grundlegenden Internationalisierung und den verschiedensten Arten

---

2 Vgl. Ette, Ottmar: *ReiseSchreiben. Potsdamer Vorlesungen zur Reiseliteratur*. Berlin – Boston: De Gruyter 2020, S. 341–367.

internationalen Austauschs geprägt war, wie wir es vielleicht erst wieder gegen Ende der dritten Phase beschleunigter Globalisierung zu Beginn des 20. Jahrhunderts oder in unserer zu Ende gegangenen vierten Phase beschleunigter Globalisierung erreicht haben, die ähnlich stark von Austauschbeziehungen geprägt war und auch noch ist.

Giacomo Girolamo Casanova wurde am 2. April 1725 in Venedig geboren und verstarb am 4. Juni 1798 im böhmischen Dux oder Duchcov in Tschechien. Er war und blieb sein ganzes Leben hindurch ein Sohn der Lagunenstadt, in die es ihn immer wieder zurücktrieb, aus der er fliehen musste, aus der er vertrieben wurde, aber die ihn doch bis in sein Exil in Böhmen auf Schritt und Tritt verfolgte. Casanova liebte Venedig mit Haut und Haar – und doch riskierte er diese Liebe immer wieder, weil er sich nicht an die gesellschaftlichen Üsancen halten konnte oder wollte.

Abb. 65: Giacomo Girolamo Casanova (Venedig, 1725 – Dux in Böhmen, 1798), porträtiert von seinem Bruder Francesco Casanova, circa 1750–1755.

Noch an seinem Lebensende beschrieb er ausführlich seinen wohl größten Coup, der ihn schlagartig in ganz Europa berühmt machte: seine Flucht aus den Bleikammern der Inquisition, aus denen in Venedig wohl noch niemals jemand zuvor hatte entweichen können. Ihm aber gelang dies spektakulär am 31. Oktober des Jahres 1756. Doch nicht allein bei der Darstellung dieser Flucht erwies sich Casanova als ein ausgezeichneter Literat; eine Fülle von Texten stammt aus seiner Feder, wenn auch seine *Geschichte meines Lebens* das große literarische Denkmal bleibt, das für seinen Namen einsteht und das die *Bibliothèque Nationale* zu Paris für einen höheren Millionenbetrag als Manuskript einkaufte. Man könnte dies als eine späte Verneigung der Hauptstadt der französischen Sprache vor dem Venezianer begreifen.

Als er nach Abfassung einer Satire zum letzten Mal in seinem Leben aus Venedig vertrieben wurde, bot ihm nach mancherlei Irrungen und Wirrungen der junge Graf von Waldstein die Stelle eines Bibliothekars in seinem Schloss im nordböhmischen Dux an. Die letzte Phase seines Lebens beginnt. Und sie wird nicht die am wenigsten produktive bleiben. Im September 1785 übernahm Casanova sein neues Amt, unterhielt eine weitläufige Korrespondenz, widmete sich wissenschaftlichen und literarischen Arbeiten, und begann um 1789 oder 1790 mit der Niederschrift seiner *Memoiren*. Die *Histoire de ma vie*, die *Geschichte meines Lebens* umspannt die Jahre zwischen 1733 und 1774, also vier bedeutsame Jahrzehnte der Epoche der Aufklärung und des Rokoko, zugleich zentrale Jahre der europäischen Geschichte und Geistesgeschichte. Casanova war ein herausragender Zeuge nahezu aller Entwicklungen des 18. Jahrhunderts in Europa. Und er schrieb in der Sprache dieses Jahrhunderts, in der Sprache der *République des Lettres*.

Im Revolutionsjahr 1789 oder spätestens im Folgejahr 1790 begann der Venezianer also mit der Niederschrift seiner *Memoiren*. Wie die neuere Casanova-Forschung belegen konnte, verfügte er über ein ausgezeichnetes Gedächtnis, das es ihm erlaubte, die unterschiedlichsten Umstände und Zusammenhänge sehr präzise und überzeugend zu rekonstruieren – bei allem Flunkern, das ihm durchaus erlaubt sei. Doch *ein wenig* Fiktion ist, wie Jorge Semprún einmal bemerkte, eben das, was einer literarischen Darstellung die höhere Wahrheit eingibt. Denn an der Genauigkeit seiner Aufzeichnungen und der präzisen Erzählung vieler Episoden war nicht zu zweifeln. Wenn wir mit Roland Barthes an die *Lust am Text*, an *Le plaisir du texte*, denken, dann mag uns Giacomo Casanova in den Sinn kommen; denn die Niederschrift seiner *Memoiren* war zweifellos eine in höchstem Maße genussreiche und genießende.

Erlauben Sie mir noch eine kurze Bemerkung zum literarischen Genre, dessen sich Giacomo Casanova bediente – ich komme auf diese Fragen an anderer Stelle in unserer Vorlesung zurück. Auch in der *Geschichte meines Lebens* lässt sich bei ihm jene Zweiteilung des Ich in ein erzählendes und in ein erzähltes Ich beobachten, welche wir auch aus der modernen Autobiographie kennen. Für diese stehen die *Confessions* von Jean-Jacques Rousseau als ein leuchtendes Exempel, mit dem wir uns bald schon beschäftigen werden. Bei Casanova freilich bedingen und verstärken sich wechselseitig ebenso die autobiographischen wie die reiseliterarischen Charakteristika und geben seinem Text ein recht eigenes, charakteristisches Gepräge. Darüber hinaus blendet Casanova aber immer wieder auch

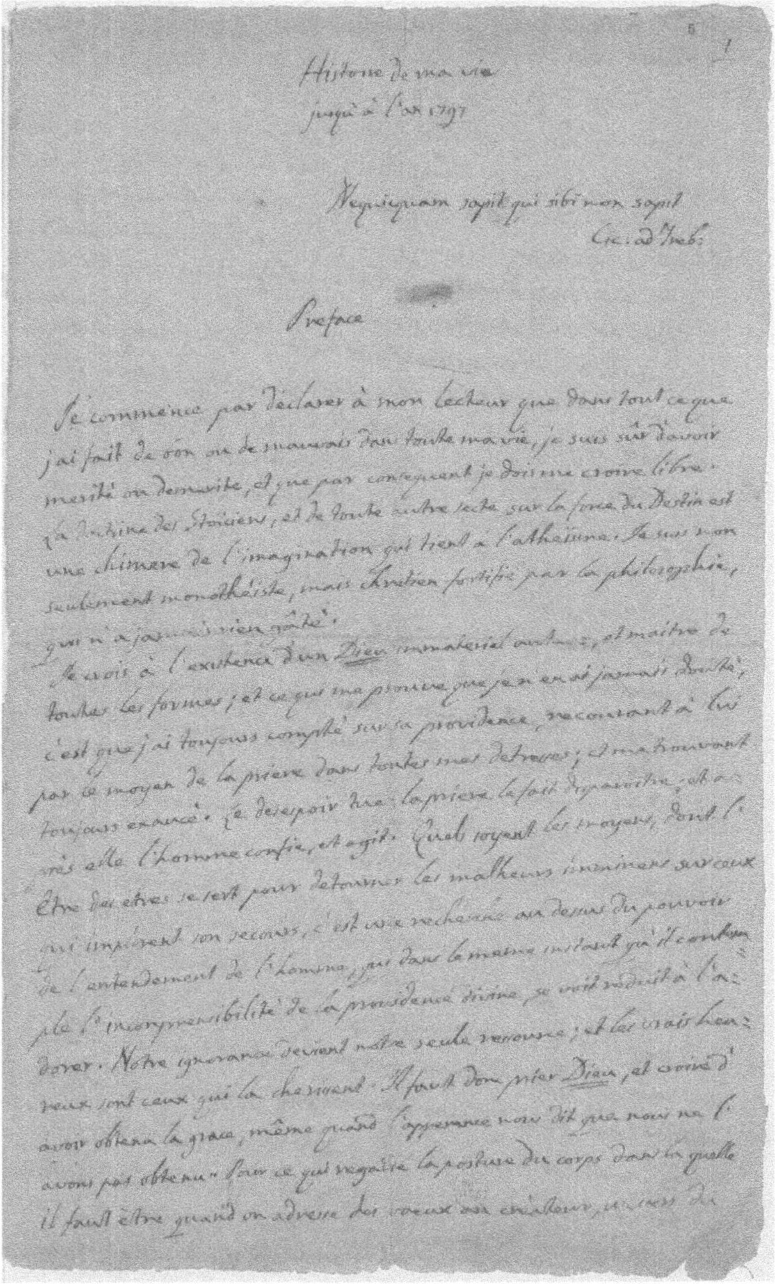

Histoire de ma vie
jusqu'à l'an 1797

Nequicquam sapit qui sibi non sapit
Cic. ad Treb.

Preface

Abb. 66: Originalmanuskript der *Geschichte meines Lebens*, erste Seite.

die Situation des Schreibenden ein und die Konditionen seiner Niederschrift im Schloss in Nordböhmen, die ihm – ich sage das ohne Pathos – ein ewiges Nachleben in der Literatur verschaffen sollte.

Giacomo Casanova selbst dürfte wohl kaum mit einem solch epochalen Erfolg seiner *Memoiren* gerechnet haben. Erst lange Jahre nach dem Ableben ihres Verfassers begann die *Histoire de ma vie,* zunächst in deutscher Übersetzung, ab 1822 bei Brockhaus in Leipzig zu erscheinen. Der Erfolg dieser durchaus problematischen Erstausgabe, von der aus kurioserweise ins Französische rückübersetzt wurde, sprengte alle Erwartungen und alle Vorstellungen. Als Motto ist dem Werk ein unvollständiges Cicero-Zitat vorangestellt, auf das Casanova am Ende seines Vorwortes wieder verweist: „Wer sich nicht selbst kennt, weiß gar nichts." Damit wird der Prozess der Selbsterkenntnis in den Mittelpunkt des Werkes gestellt. Und wir wissen ja von der Liebe bereits soviel, dass in ihr stets die Erkenntnis wie die Selbsterkenntnis zentrale Elemente eines Liebesdiskurses sind. So finden wir schon zu Beginn der *Histoire de ma vie* eine philosophische Einbettung vor, welche sich sehr wohl mit dem Diskurs der Liebe verbinden lässt.

Von Beginn an wendet sich Giacomo Casanova aber immer wieder direkt an den Leser und versichert sich gleichsam seiner Zustimmung, ja seiner Zuneigung:

> Aus diesem Grunde hoffe ich, lieber Leser, daß du, weit davon entfernt, in meiner Geschichte schamlose Prahlerei zu entdecken, darin solche Züge findest, die einer Generalbeichte zustehen, obschon du im Stil meiner Berichte weder das Gehabe eines Büßers noch das Schuldgefühl eines Menschen finden wirst, der errötend über seine losen Streiche Rechenschaft ablegt. Das sind Jugendtorheiten. Du wirst sehen, daß ich darüber lache, und wenn du wohl gesonnen bist, wirst du mit mir lachen.
>
> Du wirst lachen, wenn du liest, wie ich mir oft kein Gewissen daraus gemacht habe, Windbeutel, Spitzbuben und Dummköpfe hinters Licht zu führen, Wenn es in meinem Interesse nötig war. Beim Umgang mit Frauen hingegen handelt es sich nur um gegenseitige Täuschungen, die man nicht rechnen kann; denn wenn die Liebe mit im Spiel ist, sind gewöhnlich beide Teile die Betrogenen.[3]

Immer wieder wendet sich Casanova an seine erfundenen Leser, um ihnen zu versichern, dass er sich zu keinem Zeitpunkt der Prahlerei schuldig gemacht und sich niemals willentlich auf böse Absichten eingelassen habe. Die Liebe aber erscheint von Beginn an als ein Spiel, an dem beide Seiten beteiligt sind,

---

3 Casanova Chevalier de Seingalt, Giacomo: *Geschichte meines Lebens.* Mit einem Essay von Peter Quenell „Der Verführer in der Literatur". Herausgegeben und eingeleitet von Erich Loos. Erstmals nach der Urfassung ins Deutsche übersetzt von Heinz von Sauter. Berlin: Propyläen-Verlag 1985, I, S. 65.

die gleichermaßen von den Täuschungen dieser Liebe betroffen sind. Auf dem Feld der Liebe scheint es keine Betrüger und keine Betrogenen zu geben, es sei denn, beide Bereiche wären gleichmäßig auf die beiden Liebenden verteilt. Das Lachen des Autors aber gilt all jenen, die Casanova hinters Licht geführt hat, die er ganz bewusst betrogen hat und zum Narren hielt, weil es sich bei ihnen lediglich um Dummköpfe gehandelt habe, die überdies männlichen Geschlechts gewesen seien. Die Frauen nimmt Casanova ganz bewusst von dieser Kategorie Betrogener aus.

Der direkte Kontakt mit dem Lesepublikum, der immer wieder stark betont wird, zielt darauf ab, der Leserschaft ein Lebenswissen zu vermitteln, welches der italienische Autor im Laufe seines Lebens gesammelt und erworben hat. Dieses Lesepublikum ist keineswegs nur ein männliches, ist es doch eine Tatsache, dass sich unter den Lesern von erotischer Literatur im Jahrhundert der Aufklärung immer auch viele Leserinnen befanden, die der Venezianer durchaus anzusprechen verstand. Casanova dürfte auch vor diesem Panorama gute Gründe dafür gehabt haben, schon in seinem Vorwort – und damit paratextuell – deutlich seinen Respekt gegenüber den Frauen zum Ausdruck zu bringen.

Zu diesen Rücksichtsnahmen Casanovas passt sehr gut, dass der ‚Latin Lover' sehr wohl darauf bedacht war, seinen Respekt gegenüber der katholischen Kirche im Vorwort zum Ausdruck zu bringen, um nicht erneut mit der Inquisition in Konflikt zu geraten. Auch wenn Casanova nicht plante, seine *Memoiren* noch vor seinem Ableben zu veröffentlichen, so spielte dabei die Frage der drohenden Zensur zweifellos eine wichtige Rolle. Die intensive Beziehung zwischen explizitem Autor und explizitem Lesepublikum ist in jedem Falle eine Konstante, welche sich durch die gesamte *Geschichte meines Lebens* zieht. Denn Casanova war an seinen europäischen Lesern und nicht zuletzt auch an seinen Leserinnen sehr interessiert.

Zur gattungsspezifischen Ausstattung seiner *Memoiren* zählt die Tatsache, dass ihr männlicher Protagonist eine Figur darstellt, die in deutlicher Verbindung mit der des *pícaro* in der spanischen *novela picaresca*, dem spanischen Schelmenroman, steht. Denn wie der *pícaro* quert der Ich-Erzähler die unterschiedlichsten gesellschaftlichen Schichten, findet zum einen Gefallen an den hübschen Bauernmädchen, die ihm über den Weg laufen, zum anderen, aber auch an jenen hohen Damen, die an den wichtigsten Fürstenhöfen Europas das Sagen haben. Insofern durchlaufen wir als Leser der *Memoiren* zusammen mit Casanova fast die gesamte soziale Spannbreite der jeweiligen europäischen Gesellschaften, welche der Venezianer auf seinen Wegen kennenlernte. Und diese Wege führten ihn auch bisweilen an allerlei Trivialem vorüber, an jenem *Trivialen*, an dem sich etymologisch an der Kreuzung zwischen drei Wegen jene jungen Damen aufhielten, welche sich und ihre Körper-Objekte dort besser ins rechte Licht stellen und verkaufen konnten. Auch diese Offenheit für bezahlte Liebe zeichnet – wie wir noch sehen werden – die pikareske Grundstruktur der *Geschichte meines Lebens* aus. Denn Casanova nahm, wo er bekommen konnte.

Wovon aber wird Casanova, wovon wird unser Ich-Erzähler in dieser *Geschichte* motiviert? Der eigentliche Treibstoff für die unzähligen Ortsveränderungen und Reisen ist das Begehren, wohl weitaus mehr noch als die Lust oder gar die Wollust, die sich der junge und bald nicht mehr so junge Italiener von seinen jeweiligen Eskapaden und Abenteuern erhofft. Sein niemals erfülltes Begehren ist es, ständig neue Umgebungen, ständig neue Geliebte, ein ständig neues Erleben zu sammeln.

Dass der Treibstoff seiner unablässigen Reise- und Liebesbewegungen im Grunde immer ein Triebstoff war, macht Casanova schon im Vorwort mit seinem Hinweis auf die sinnliche Dominanz seiner Lebenserfahrungen deutlich. So betonte er bereits paratextuell, dass jede Frau, in die er sich verliebte, stets für ihn angenehm duftete, und dass er dies umso mehr genoss, je mehr sie bei seinen zärtlichen Bemühungen ins Schwitzen kam. Dieser olfaktorischen, haptischen und taktilen Sinnenfreude könnten wir folglich bei unserer Lektüre seines Lebens- und Liebesberichtes größere Aufmerksamkeit schenken. Es ist erstaunlich, mit welch hohem Grad an Selbstreflexion und Bewusstsein seiner selbst der Venezianer alle Episoden seines Lebens und Liebens betonte. Dies erfolgte bereits in der paratextuellen Schwellensituation, so dass wir noch ein letztes Mal die Vorrede des Autors zu Wort kommen lassen wollen:

> Wenn du, lieber Leser, dir über die Eigentümlichkeit dieser Vorrede Gedanken machst, wirst du leicht meine Absicht erraten. Ich habe sie geschrieben, weil ich möchte, daß du mich kennenlernst, bevor du mein Buch liest. Nur in Kaffeehäusern und an Wirtshaustischen unterhält man sich mit unbekannten Leuten.
>
> Ich habe meine Lebensgeschichte niedergeschrieben, und dagegen kann niemand etwas einwenden. Ist es aber klug von mir, sie einem Publikum zu übergeben, das ich nur zu seinen Ungunsten kenne? Nein. Ich weiß, daß ich damit eine Torheit begehe; warum aber sollte ich sie mir versagen, da ich doch die Beschäftigung und das Lachen brauche?[4]

In dieser explizit auf das Jahr 1797 datierten Vorrede hebt Casanova den Genuss hervor, den für ihn die Niederschrift seiner *Memoiren* bedeutete. In der obigen Passage freilich können wir in der Wendung an die Leserschaft zugleich ein weiteres *Movens* seines Schreibens erkennen: Es ist der Wunsch, sich seinem Lesepublikum vorzustellen, ja mehr noch, sich ihm zu erkennen zu geben. Wir können hierin eine fraglos autobiographische Stoßrichtung der *Geschichte meines Lebens*

---

4 Ebd., I, S. 66f.

erkennen, welche durchaus an die *Bekenntnisse* des Genfer Bürgers Jean-Jacques Rousseau erinnern mag.

Zweifellos geht es hier zugleich um die Legitimation der Niederschrift seiner *Geschichte*, denn im Grunde waren es allein die berühmten Männer, welche dazu berechtigt waren, ihre Geschichte einem europäischen Lesepublikum in der Verkehrssprache des 18. Jahrhunderts vorzustellen. Casanova war kein offizieller Würdenträger, kein hoher Vertreter eines Landes, der von vielen Begegnungen mit angesehenen Zeitgenossen hätte berichten können. Casanovas Fall ist weit davon entfernt, einzigartig zu sein. Denn wir wissen heute auch von vielen einfachen, aber des Schreibens kundigen Menschen, die autobiographische Schreibformen im ausgehenden 18. Jahrhundert praktizierten und für ihre Zwecke zu nutzen wussten.

Für Giacomo Casanova liegt die gesamte Begründung seines Schreibens nicht in jenen gekrönten und ungekrönten Häuptern, die er in seiner Lebensgeschichte Revue passieren lassen kann – und es sind derer viele –, sondern in seinem Leben selbst: „Denn Mein Leben ist mein Stoff, und mein Stoff ist mein Leben", wie es in seiner Vorrede heißt. Im Zentrum dieser Lebensgeschichte stehen also Erlebnisse eines Venezianers, der in seinem Nomadisieren quer durch Europa sehr genau beobachtete, was sich um ihn her ereignete und wer sich seinen galanten Avancen nicht entziehen konnte.

Wie bei einem anderen Venezianer, wie bei Marco Polo, glaubte man dem Verfasser der *Histoire de ma vie* im 19. Jahrhundert nicht ohne weiteres, dass es sich bei den von ihm erzählten Geschichten um wahre Episoden handelte. Wie Marco Polo stand auch Giacomo Casanova unter Lügenverdacht und in dem Ruf, ein Schwindler und Betrüger zu sein. Doch es ging Casanova weder um männliche Prahlerei oder ehrfürchtige Lebensbeichte am Ende eines langen Lebens. Und die Forschung konnte die Präzision seiner Angaben an vielen Stellen bestätigen. Gestützt auf sein Tagebuch und auf sein hervorragendes Gedächtnis, bietet Casanova in der *Geschichte meines Lebens* neben vielen anderen Aspekten auch ein hervorragendes Stück Zeitgeschichte. Daneben aber haben wir es mit herausragender Literatur und einer literarischen Inszenierung zu tun, die ein anerkannter *philosophe* und *homme de lettres* seiner Leserschaft nicht ohne Stolz zu präsentieren wusste.

Giacomo Casanova war in seiner Darstellung gerade der erotischen Szenen in seinen *Memoiren* wesentlich präziser und klarer als seine späteren Bearbeiter, die gerne eine gewisse Schlüpfrigkeit des Textes produzierten. Es stellt sich uns bei diesen recht präzisen Darstellungen von Liebesszenen freilich die Frage nach der Funktion der Liebe und nach den verschiedenen Figuren der Liebe, die sich in der Lebensgeschichte konfigurieren. In der Tat könnten wir mit Blick auf die *écriture* des Italieners von einem wahren Figurenkabinett sprechen, wobei die

Perspektive, aus der diese Figuren der Liebe und der Liebenden wie der Geliebten dargestellt werden, immer eine männliche, immer die des Ich-Erzählers bleibt. Diese Position ist gleichwohl innnerhalb gewisser männlicher Grenzen vielperspektivisch und sehr bewusst konstruiert. Wir sollten uns das Figurenkabinett der Liebe bei Giacomo Casanova in der Folge näher anschauen.

Die zahlreichen und verschiedenartigen Erfahrungen mit weiblicher Liebe beginnen nicht nur in einem zarten Alter, sondern zaghaft und werden von dem alt gewordenen Ich-Erzähler im Rückblick mit einer besonderen Zärtlichkeit geschildert. Wir stoßen in diesen Erzählungen immer wieder auf das Motiv der aktiven, die Initiative ergreifenden Frau. Dabei handelt es sich um ein vierzehnjähriges Mädchen namens Bettina, das sich um den jungen Pensionär fernab von Mutter und Großmutter, das in Venedig geblieben sind, aufmerksam kümmert. Die junge Dame erregt zunächst unbewusst, dann zunehmend bewusst allerlei Gefühle in dem jungen Mann, der zum damaligen Zeitpunkt wohl kaum älter als elf oder zwölf Jahre alt gewesen sein mag:

> Sie wusch mir Gesicht, Hals und Brust unter kindlichen Liebkosungen, und da ich diese für harmlos halten mußte, grollte ich mir, daß sie mich erregten. Da ich drei Jahre jünger war als sie, meinte ich, ihre Zuneigung müsse ohne Hintergedanken sein, und das machte mich auf meine eigenen Gefühle böse. Wenn sie auf meinem Bett saß und mir sagte, ich würde dick, und wenn sie, um mich davon zu überzeugen, sich mit eigenen Händen dessen vergewisserte, brachte sie mich in höchste Erregung. Ich ließ sie gewähren, aus Angst, sie könne sonst meine Erregbarkeit merken. Sagte sie mir, ich hätte eine zarte Haut, so ließ mich das Kitzeln zusammenzucken; ich war auf mich selbst böse, weil ich es ihr nicht mit Gleichem zu vergelten wagte, aber zugleich glücklich, daß sie nicht ahnen konnte, wie sehr mich danach verlangte. Nachdem sie mich gewaschen hatte, gab mir sie die zärtlichsten Küsse und nannte mich ihr liebes Kind; aber trotz meines Verlangens wagte ich nicht, sie zu erwidern. Als sie mich schließlich mit meiner Schüchternheit aufzuziehen begann, fing ich an, sie widerzuküssen, sogar mit größerem Geschick; aber ich hörte sofort auf, wenn mich die Lust überkam, weiterzugehen. Dann wandte ich den Kopf zur Seite und tat, als suchte ich etwas; und sie ging hinaus. Hatte sie mich verlassen, so war ich ganz verzweifelt, weil ich dem Drang meiner Natur nicht gefolgt war, und wunderte mich nur, daß Bettina ohne Gefahr für sich selbst alles tun konnte, was sie mit mir trieb, während ich mich nur mit allergrößter Mühe beherrschen konnte, nicht darüber hinauszugehen.[5]

Gerne möchte ich Ihnen diese Szene im obigen Zitat nur in ihrem Anfang vor Augen führen, da es sich im Grunde um die erste Bettszene der *Histoire de ma vie* handelt, welche freilich noch im Lichte einer noch beginnenden sexuellen Erregbarkeit und eines noch unschlüssigen, nicht zielgerichteten Begehrens steht. In dieser Szene sehen wir die Rolle der Frau als Mutter, als Schwester, ja als Pflege-

---

5 Ebd., I, S. 102f.

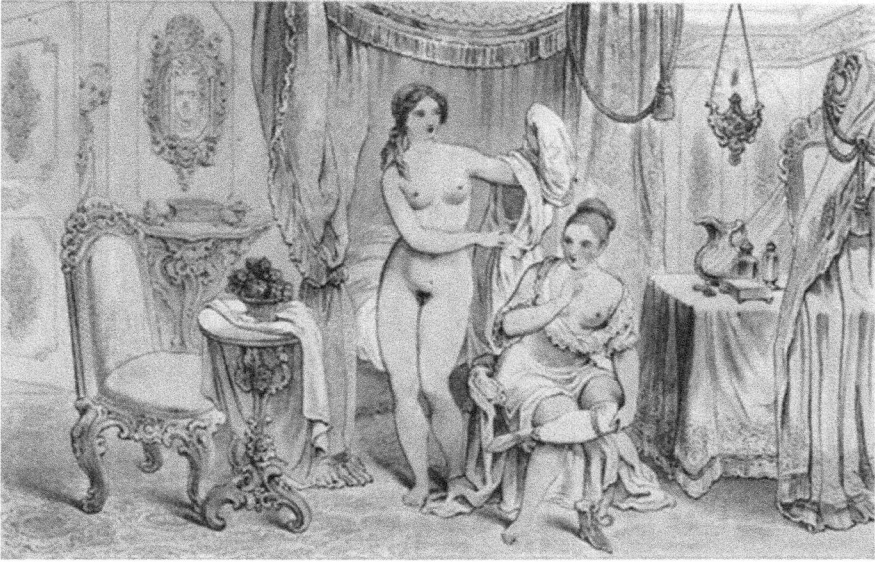

Abb. 67a–c: Zeichnungen aus Julius Nisles Casanova-Gallerie.

Abb. 67a–c (fortgesetzt)

rin aufleuchten, die aber doch zugleich zu einem Sexualobjekt wird, allerdings nicht ohne eigenes Zutun. Dieses Motiv der im Grunde aktiven, Impuls gebenden Frau werden wir in der *Geschichte meines Lebens* noch mehrfach antreffen: Es bildet geradezu eine Art Grundgerüst der Darstellungsweise der heterosexuellen Liebesbeziehungen Casanovas.

Nun, einige Seiten später wird der sich schüchtern gebende Ich-Erzähler die in vielfacher Hinsicht reizende Bettina als Verführerin bezeichnen. So ist die Figur der Verführung in diesem Buch des sprichwörtlichen Verführers an erster Stelle in einer gegenüber der Erwartungshaltung des Lesepublikums genau umgekehrten Richtung angeordnet: Die Verführung figuriert als eine Frau, der Mann ist der Verführte. Zugleich steht das Sich-Verlieben des Ich und die Rätselhaftigkeit der Anderen im Vordergrund, über deren Verhalten ständig Fragen aufkommen, die unbeantwortet bleiben müssen. Selbsterfahrung des liebenden Ich und Fremderfahrung sind hier ineinandergeblendet und – wie in der Liebe überhaupt – nicht mehr klar voneinander zu trennen.

Doch ganz so, wie Selbst- und Fremdwahrnehmung ineinander übergehen, sind auch die Erfahrungen von Körper und Leib, von Körper-Haben und Leib-Sein nicht länger voneinander trennbar. Denn der Körper des Ich wird von der schönen Bettina als ein zu waschender, zu reinigender Gegenstand genommen, aber dabei so behandelt, dass er gleichsam ein Eigen-Leben entwickelt und vom

Ich wiederum als Leib, der sich in einen erregten und erregenden Zustand versetzt sieht, empfunden werden muss.

Die weitere Entwicklung dieses ersten Liebesspiels, in das die weitaus erfahrenere Bettina rasch das Gift der Eifersucht träufelt, kann hier aus Zeit- und Platzgründen nicht dargestellt werden. Denn die Sache endet tragisch: Bettina wird schon bald zum Opfer eines Exorzismus, beschuldigt man sie doch, den Teufel im Leibe zu haben. Ihre Liebe, der sie als Verführerin nachgibt und die sie auslebt, gerät ihr in einer von Männern und Priestern, also männlichen Autoritäten beherrschten Gesellschaft, rasch zum Verhängnis. So wird ihr weiterer Lebensweg ein qualvoller sein. Die Geschlechterdifferenz im 18. Jahrhundert zeichnet sich von Beginn der Lebensgeschichte des Ich-Erzählers deutlich ab. Mädchen und Frauen sind dabei in fast jeglicher Hinsicht benachteiligt.

Der ein wenig reifer gewordene Ich-Erzähler wird seine Bettina, die ihn einst liebevoll wusch, kurz vor dem Ende ihres unglückseligen Lebens wiedersehen und in ihrer letzten Stunde, längst in einen erbarmungswürdigen Zustand verfallen, begleiten. Gewiss könnte man aus dieser Szene noch wesentlich weitergehende Schlüsse zur Geschlechterdifferenz im 18. Jahrhundert ziehen; doch möchte ich an dieser Stelle zu anderen Szenen übergehen, um einen größeren Überblick über die Frauen- und Liebesfiguren in Casanovas *Histoire de ma vie* zu gewinnen.

Bettina freilich wird jenseits ihrer eigenen Lebensgeschichte in gewisser Weise zum Paradigma der erfahrenen, Casanova letztlich obsessiv verfolgenden Frau, die als Verführerin auftritt und sich ihren kleinen Mann entschlossen erobert. Sie lebt das Spiel der Liebe aus rätselhafter, für den jungen Mann unverständlicher, da weiblicher Perspektive vor. Sie erregt, ohne zu befriedigen, sie löst aus, ohne zu kanalisieren. Damit sind gewiss auch viele der Unbefriedigtheiten und Ungereimtheiten, aber auch manches jener Ungerichtetheit des sexuellen Triebs und Treibens Casanovas im Grunde schon vorgezeichnet.

Bettina freilich steht zugleich auch für jenen Augenblick, in welchem die Figur der Mutter und der Mutterliebe sozusagen auf jene der Geliebten projiziert wird, die doch immer noch Mutter, Schwester und Pflegerin in einem ist, und daher auch von einem Inzesttabu bedroht bleibt. In diesem Sinne lässt sich die Liebesepisode mit Bettina als notwendige Phase der Ablösung einer infantilen heterosexuellen durch eine erwachsene heterosexuelle Liebesbeziehung deuten, wobei der Frau in dieser Konfiguration eine aktive, eine herausfordernde Rolle zukommt. Im Gegensatz dazu ist das männliche Ich der Erregte, der Herausgeforderte, der zur Liebe fast Gezwungene, der gleichwohl danach strebt, die ihm gesellschaftlich überantwortete Rolle des Aktiven zu übernehmen. Dieser gesellschaftliche Druck geht in die Anbahnung von Liebesbeziehungen ein.

Diese zugleich rätselhafte und zentrale weibliche Figur werden wir sogleich ein weiteres Mal am Beispiel von Lucia wiederfinden. Das gesellschaftliche Setting der Szenerie ist ein anderes. Der junge Abate Casanova wurde durch seine Bekanntschaft mit dem venezianischen Senator Malpieri gemeinsam mit Vertretern der höheren Kreise innerhalb der venezianischen Gesellschaft zu einem längren Aufenthalt auf einem Landgut eingeladen, wo die vornehme Versammlung sich etwas vom anstrengenden Stadtleben zu erholen sucht. Völlig unerwartet kommt wieder ein minderjähriges Mädchen ins Spiel. Denn die Tochter des Verwalters dieses Landguts ist vierzehn Jahre alt und tut das Ihre dazu, dass es äußerst lehrreiche Wochen für den jungen Geistlichen werden.

Wieder begegnen wir einem jungen Mädchen in einer dienenden Rolle. Denn Lucia bringt Casanova morgens den Kaffee ans Bett und erscheint dabei in so wunderschöner Unordnung, im Morgenrock mit zerzaustem Haar, dass ihm diese *naiveté* sehr unter die Haut geht. Aber da die schöne junge Dame nicht weniger naiv und vertrauensselig zu sein scheint als ihre Eltern, die bei den morgendlichen Besuchen ihrer Tochter nichts Problematisches erkennen können, beschließt der junge Mann, sich nicht länger diesen reizenden Versuchungen auszusetzen, da er sonst noch zum Schurken werden und sein Gelübde brechen müsste. Denn Lucia setzt sich allmorgendlich einfach und ohne Umstände auf sein Bett und lässt die Zeichen ihrer herzlichen Zuneigung doch nur so auf den Erzähler herabregnen.

Schließlich hält dieses Erzähler-Ich – also eigentlich das (aus großer zeitlicher Distanz) erzählte Ich – dieser Belastung nicht mehr stand und versucht, der schönen Lucia klarzumachen, dass sie ihn nicht mehr länger besuchen dürfe, könnte es doch sonst zu einem Unglück kommen. Er gesteht ihr dies unter Tränen und tief zerknirscht; doch Lucia ist durchaus nicht der Meinung, dass es zwischen Liebe und Trennung keine weiteren Möglichkeiten mehr gebe. Sie ist erfinderisch und versucht, mit ihm ein Gespräch über die Liebe zu beginnen, in welchem der junge Mann ganz zweifellos nur hinzulernen kann. Die nachfolgende Szene ist also ebenfalls im Grunde völlig harmlos und betrifft die Lehrjahre des Herzens, die *éducation sentimentale*, von Giacomo Casanova. Wir schalten uns mitten in die Ausführungen Lucias ein:

„[...] Wie kann eigentlich die Liebe, die doch keine Krankheit ist, Sie krank machen, während sie auf mich gerade die gegenteilige Wirkung hat? Womöglich täusche ich mich, und das, was ich für Sie empfinde, ist vielleicht gar keine Liebe? Als ich kam, war ich so fröhlich, weil ich die liebe lange Nacht von Ihnen geträumt habe [...]. Mein lieber Abate, wenn die Liebe für Sie eine Qual bedeutet, tut mir das leid. Sollten Sie wirklich dazu geboren sein, ohne Liebe zu leben? Ich will alles tun, was Sie mich heißen; nur könnte ich nie, selbst wenn Ihre Genesung davon abhinge, von der Liebe zu Ihnen lassen. Doch wenn Sie, um gesund zu werden, mich nicht mehr lieben dürfen, dann tun Sie alles, was in Ihrer Kraft steht; denn mir ist es lieber, daß Sie leben, ohne mich zu lieben, als daß Sie aus Liebe sterben. [...]"

Diese wahrhaftigen, treuherzigen und natürlichen Worte ließen mich erkennen, wieviel beredter doch die Natur ist als der philosophierende Verstand. Ich schloss das himmlische Mädchen zum ersten Mal in meine Arme und sagte: „Ja, liebe Lucia, du kannst dem Leiden, das mich verzehrt, wirksamste Linderung bringen; laß mich tausendmal deine Zunge küssen und deinen himmlischen Mund, der mir gesagt hat, daß ich glücklich bin." [...] Da ich den ganzen September auf dem Landgut blieb, erfreute ich mich an Lucia elf Nächte hintereinander, die sie im Vertrauen auf den guten Schlaf ihrer Mutter in meinen Armen zubrachte. Was uns geradezu unersättlich machte, war eine Enthaltsamkeit, von der sie mich mit allen Mitteln abzubringen versuchte.[6]

Nun, all ihren Verführungskünsten zum Trotz gelang dies Lucia doch nicht – oder zumindest noch nicht. Denn der junge Abate will noch nicht die Ehre des Mädchens und damit ihre Jungfräulichkeit aufs Spiel setzen. Wenig später wird er diesbezüglich weniger Skrupel haben. Aufschlussreich ist in dieser Passage, dass die Weisheit in den zwischengeschlechtlichen Beziehungen wiederum von den Frauen vorgetragen und ins Werk gesetzt wird. Erneut spielt hierbei das Wörtchen „Natur" eine wichtige Rolle.

Denn die Natur und das Natürliche sind es, die – wie Casanova bereits in seinem Vorwort ausführte – die Oberhand gewinnen und zu ihrem Recht kommen sollen. So verwundert es auch nicht, dass es die Frauen beziehungsweise die Mädchen sind, die den jungen Herrn aufklären, der durch den philosophierenden Geist viel weiter von der Natur entfernt scheint als seine munteren Gespielinnen. Die Frau wird – und dies ist, wie wir noch sehen werden, eine topische Vorstellung – dem Bereich der Natur zugeordnet oder doch zumindest in eine Position gerückt, die der Natur wesentlich nähersteht. Vor diesem Hintergrund erklärt sich auch die aktive Rolle der Frauen: Sie sind Geschöpfe der Natur und lassen die Natur, wie es scheint, stärker zu ihrem Recht kommen. Doch die Enthaltsamkeit wird beim jungen Geistlichen nicht lange anhalten.

Allerdings werden Mädchen und Frauen im Patriarchat des 18. Jahrhunderts wesentlich rascher zu Opfern der Gesellschaft. So sollte es auch dem jungen hübschen Mädchen gehen, das sich gerade eben noch so unverfroren und lustig auf das Bett des jungen Tonsurträgers setzte. Denn auch ihre weitere Lebensgeschichte ist traurig, ja tragisch. Sie sollte bald schon mit einem Kind sitzengelassen werden, musste sich durch allerlei Hafenstädte schlagen, ihren Körper prostituieren, um überhaupt überleben zu können; und so ist sie schon mit Anfang dreißig eine alte Frau. Denn die Frauen, so der weise gewordene Ich-Erzähler

---

6 Ebd., I, S. 164 f.

aus der Position der zeitlichen Distanz, seien stets so alt, wie sie aussähen: und unsere blutjunge Lucia ist binnen kurzer Zeit erheblich gealtert.

So bleibt ihr später denn auch nichts anderes mehr übrig, als sich als Kupplerin zu verdingen. In dieser unschönen, aber für die Liebesbeziehungen noch im 18. Jahrhundert wichtigen Rolle wird das Erzähler-Ich sie auch wieder zufällig an völlig anderem Orte wiedersehen. Ich möchte Ihnen gerne diese Passage einmal vorlegen, denn sie beschreibt in aller Deutlichkeit und Schärfe, aber ohne aufgesetzte Prahlerei mehrere Dimensionen der Geschlechterbeziehungen im 18. Jahrhundert, die für uns von großem Interesse sind.

Wir werden es – wie es an den Überschriften der *Memoiren* erkennbar ist – mit einer kleinen Orgie zu tun haben; doch ist die Beschreibung der gesamten Szenerie durchaus nicht orgiastisch. Kurz noch eine Bemerkung zur Vorgeschichte: Casanova hat verstanden, dass die als Liebesobjekt für Männer nicht mehr attraktive Lucia zu einer schnöden Zuhälterin geworden ist. Doch lässt er sie gewähren und wird sie in dieser Rolle aus reinem Mitleid und alter Anhänglichkeit unterstützen. Zudem tut er seinem Mitreisenden einen Gefallen und seiner Lucia gleich zwei:

> Ich fand die beiden Mädchen recht hübsch. Lucia stellte mich als Venezianer vor; sie waren außer sich vor Staunen und erfreut, jemanden zu treffen, mit dem sie sprechen konnten. [...] Ich fragte sie nach dem Namen ihres Onkels, doch sie sagten, sie könnten ihn mir aus guten Gründen nicht nennen. Rigerboos meinte, wir könnten auf dieses Wissen verzichten, und bemächtigte sich der einen, die ihm besser gefiel. Lucia ließ Austern, Schinken und reichlich viele Flaschen bringen; dann zog sie sich in ihr Zimmer zurück. Ich war nicht zu Späßen aufgelegt, aber Rigerboos wollte lachen und balzen. Die Mädchen versuchten, die Spröden zu spielen; doch er machte sich über sie lustig, und ich schlug gleiche Töne an. Da beschlossen sie, sich zu fügen, und nachdem wir sie in Naturzustand gebracht hatten, taten wir, sie oft vertauschend, alles mit ihnen, was die Wüstheit einem eingibt, der solche Orte aufsucht, um sich zu unterhalten. Nach drei oder vier Stunden zahlten wir und gingen. Der armen Lucia gab ich heimlich sechs Dukaten. Die Mädchen erhielten jede vier Dukaten; das ist in Holland eine sehr anständige Bezahlung. Wir gingen nach Hause zum Schlafen.[7]

In dieser Passage aus der Lebensgeschichte des Giacomo Casanova wird die andere Seite der Natur sehr deutlich, denn der Begriff des Naturzustands, der selbstverständlich aus der gerade geschmähten Philosophie kommt, wird nun spöttisch auf zwei junge italienische Dirnen angewandt, die in Holland arbeiten. Diese beiden Mädchen werden genau dafür bezahlt, Natur zu spielen und die sogenannten natürlichen Bedürfnisse der beiden Männer oder Freier zu befriedigen.

---

[7] Ebd., VI, S. 26f.

Doch was hier als Natur erscheint und als natürlich etikettiert wird, ist im höchsten Maße kulturell bedingt und in einer patriarchalen Gesellschaft ‚natürlich' von Männern vorprogrammiert. Giacomo Casanova beschreibt die Szenerie durchaus auf zwei verschiedenen und voneinander getrennten Ebenen, indem er sein eigenes Mitleid mit Lucia zum Ausdruck bringt und ihr auch ein größeres Geldgeschenk zukommen lässt. Zugleich setzt er aber auch die ihm dargebotene Gelegenheit der Befriedigung seiner rollengerechten männlichen Ansprüche ins Werk, indem er sich beider Mädchen bedient, nicht ohne in seinem Text für die bezahlte Liebe und die an den Mädchen vollzogene *libertinage* kritische Worte zu finden. Doch er scheut sich nicht, auch sexuelle Praktiken der Prostitution in seinen *Memoiren* zu schildern.

Der Naturzustand, der *état de la nature*, ist also einer, der klar auf einer Asymmetrie der Geschlechterbeziehungen fußt und zugleich auch die leere Mechanik der Liebe und ihrer Bewegungen vorführt – bis hinein in den Partnertausch. Im Grunde handelt es sich hier freilich um eine Szene, die eher aus den Darstellungen Casanovas herausfällt, denn bei ihm – anders als bei Don Juan – geht es im Grunde um Beziehungen, in denen die Liebe stets eine wichtige Rolle spielt, auch wenn diese Liebe zeitlich und räumlich begrenzt ist. Aber der Verweis auf das Geld für Lucia macht klar, dass es eine gesellschaftliche Hierarchie gibt, die zugunsten der Männer ausschlägt und auch jene Beziehungen zwischen den Geschlechtern erfasst, die nicht auf Prostitution basieren. Immer wieder verdeutlichen Casanovas Beschreibungen der Lage von Frauen, wie stark und heftig diese Asymmetrien im 18. Jahrhundert waren.

Ich möchte Ihnen an dieser Stelle aber gerne eine weitere Passage zeigen, die im Grunde den zweideutig-eindeutigen Ruf Casanovas bestärkte. Sie erlaubt in ihrem gerafften Ablauf eine Reihe von Einblicken und Einsichten in die kulturellen, gesellschaftlichen und moralischen Kontexte der Zeit insoweit, als in dieser Szene eine repräsentative heterosexuelle Geschlechterbeziehung geknüpft und sexuell vollzogen wird. Dabei spielt die Thematik und Physis der Jungfräulichkeit erneut eine wichtige Rolle, eine gesellschaftlich in Wert gesetzte Symbolik, die ja vom jungen Casanova zunächst – wie wir sahen – durchaus respektiert worden war. Hier aber wird sie ganz bewusst von einem Mädchen, oder besser einer jungen Frau außer Kraft gesetzt, die sich *en connaissance de cause* in die sexuelle Dimension der Geschlechterbeziehungen begeben will. Es ist keine Frage, dass nach unserem heutigen Bürgerlichen Gesetzbuch Geschlechtsverkehr mit Minderjährigen strafbar ist, nicht aber – verzeihen Sie mir, dass ich Sie darauf aufmerksam mache – im rechtlichen Sinne im Zeitalter der europäischen Aufklärung. Casanova musste also zu seiner Zeit keinerlei Strafverfolgung befürchten. Dass sein Verhalten bei der katholischen Kirche, deren Missbrauchsfälle wohl ebenso wenig verfolgt wurden wie in unserer Zeit, Zorn und Anklage auslöste, steht freilich auf einem anderen Blatt.

Lassen Sie mich kurz den Kontext für die nachfolgende Szenerie aus der *Histoire de ma vie* rekonstruieren. Der Ich-Erzähler hat gerade nicht nur das eigene Geld, sondern auch die Diamanten einer Geliebten verspielt und zugleich an den reichen Murray seine andere Geliebte, Tonina, abgetreten. Sie sehen, Frauen wurden wie Objekte im männlichen Besitzstand betrachtet, um die man Wetten abschließen oder Tauschgeschäfte in die Wege leiten konnte. Das Schicksal hält freilich nur wenige Zeilen später einen Trost für den momentan glücklosen Venezianer bereit, und zwar in der reizenden Gestalt von Toninas jüngerer Schwester Barberina, die sich ihm ganz bewusst als jenem Manne nähert, der sie von der Jungfernschaft befreien soll. Hier nun die kurze, gedrängte Szene. Barberina bittet überdies ihren Geliebten vor der Einwilligung, danach ihrer Schwester Tonina davon zu berichten und zu bestätigen, dass sie zuvor noch Jungfrau gewesen sei. Der Ich-Erzähler, längst in Liebesdingen wie in Liebesdiensten sehr erfahren, willigt leichten Herzens ein:

> Nach dieser Einleitung frühstückten wir; dann legten wir uns in vollkommenem Einverständnis ins Bett und hatten eher den Eindruck, Hymen zu opfern als Amor.
>
> Das Fest war für Barberina neu, und ihre Wonnen, ihre unreifen Ideen, die sie mir mit der größten Naivität mitteilte, und ihre von reizender Unerfahrenheit gewürzte Hingabe überraschten mich, weil ich selbst alles neu fand. Ich glaubte, eine Frucht zu genießen, deren Süße ich in der Vergangenheit noch nie so vollkommen genossen hatte. Barberina schämte sich, mir einzugestehen, daß ich ihr weh getan hatte, und das gleiche Bedürfnis nach Verstellung spornte sie dazu an, mir in jeder Hinsicht zu beweisen, daß sie größere Lust empfand, als es wirklich der Fall war. Sie war noch kein ausgewachsenes Mädchen, und die Rosen ihres knospenden Busens waren noch nicht erblüht; voll entwickelt war sie nur in ihrem jungen Kopf.
>
> Wir standen zum Mittagessen auf; dann legten wir uns erneut ins Bett und blieben darin bis zum Abend. Laura fand uns bei ihrer Rückkehr angezogen und zufrieden. Ich schenkte der hübschen Barberina zwanzig Zechinen und verließ sie mit dem Versprechen meiner ewigen Liebe, sicherlich ohne jede Absicht, sie zu täuschen; aber was das Schicksal für mich bereithielt, ließ sich schlecht mit solchen Plänen vereinen.[8]

Wir wohnen der Szenerie einer Entjungferung bei, in welcher der Mann auf den ersten Blick nur ausführendes Instrument ist, das auf Geheiß des Mädchens ‚arbeitet'. Der Ich-Erzähler vollzieht folglich aus eigener Sicht zunächst einen Liebesdienst, welcher dem Mädchen zugutekommt. Doch dieser Liebesdienst erweist sich rasch für ihn als höchst genussreich, und so kann er dieser Szene sehr viel abgewinnen. Das Liebesversprechen, welches das Ende dieser Passage schmückt,

---

8 Ebd., IV, S. 199.

scheint aus dem Herzen gesprochen, wiederholt sich in der *Histoire de ma vie* aber mehrfach und kann daher als formelhaft gelten. Denn der Handelsreisende in Sachen Liebe lässt sich in keinem Falle von Liebesschwüren und von Versprechen auf eine unverbrüchlicheTreue aufhalten – zu sehr ist er seinem Nomadismus und der ewigen Wanderung verpflichtet. Hierin kommt ein gewisser Fatalismus zum Ausdruck, da er sich den ihn betreffenden Wendungen des Schicksals jeweils getreu zu unterwerfen vorgibt. Dass dies mit einem Bewegungsmuster zu tun hat, das im 18. Jahrhundert von Denis Diderot in seinem *Jacques le fataliste et son maître* künstlerisch entwickelt worden war, hatte ich in meiner Vorlesung zum *ReiseSchreiben* bereits ausführlich betont. Ich möchte dieses textkonstitutive Element hier kurz erwähnen, komme aber nicht darauf zurück.

Im obigen Zitat wird die eigentliche Szene der Entjungferung in einer knappen, von topischen Metaphern nur vordergründig beleuchteten und ausgeschmückten Sprache, gleichsam mit einem klinischen, sezierenden Blick behandelt. Der Ich-Erzähler verhält sich zunächst wie in einer Versuchsanordnung. Doch der Übergang vom *observer* zum *participant* ist rasch und fließend – freilich ohne die auch sprachlich präzisen Qualitäten als *observer* gänzlich zu tilgen. Wir haben bereits festgehalten, dass es sich aus heutiger Sicht um Beischlaf mit Minderjährigen handelt, dass wir diesen nach heutigem Urteil gültigen Straftatbestand aber nicht auf das Jahrhundert der Aufklärung übertragen können, da es ihn noch nicht gab. Die gesamte Szenerie wechselt zügig von der kalkulierten Versuchsanordnung zu einer wahren Liebesszene, in welcher sich Körper und Leib, Körper-Haben und Leib-Sein bei beiden Liebespartnern lustvoll durchdringen.

Halten wir an dieser Stelle noch einmal fest, dass die Initiative für diesen Akt – wie so häufig bei Casanova – von der weiblichen Partnerin ausgeht, die in Liebesdingen noch nicht so erfahren ist. Sie ist es, die die latente Liebesbereitschaft des Venezianers abruft. Wir haben es hier mit einer Parallele zur ersten Erfahrung der Liebe mit Bettina zu tun, die ebenfalls die Initiative ergriffen und einen noch unerfahrenen Jungen namens Giacomo Casanova gleichsam initiiert hatte. Was sich danach zwischen beiden abspielt, hat etwas geradezu Maschinenhaftes an sich: Die Mechanik der Liebe wird routiniert in Gang gesetzt. Dies aber bietet dem männlichen Ich-Erzähler die Gelegenheit, seinen klinischen Blick auf die Ereignisse zu werfen und die Liebesäußerungen seiner noch jugendlichen Partnerin kritisch zu analysieren.

Der Ich-Erzähler brüstet sich in dieser Szenerie gegenüber dem Lesepublikum nicht etwa mit seinen männlichen Wundertaten, sondern hält den Schmerz und das Bemühen des Mädchens fest, sich der Situation gewachsen zu zeigen und Lust vorzutäuschen, wo Schmerz vorherrscht. Denn beides ist bei der Jugendlichen im Leib-Sein vereint, bildet die Entjungferung doch eine Durchdringung beider Wahrnehmungsbereiche des Leib-Seins. Der vom Ich-Erzähler vollzogene Blickwechsel, mit den Augen seiner Partnerin die Liebesszene zu betrachten, führt ihn zugleich tiefer in das Liebesgeschehen hinein, ist auch er doch nun in der Lage, höchste Lust zu empfinden und die Szenerie zu genießen.

Die bereits besprochenen Liebesschwüre des Ich-Erzählers werden aus einer gleichsam gedoppelten Perspektive, jener des erzählten Ich und jener anderen, korrigierenden des erzählenden Ich, dargestellt. Daraus entsteht eine Spannung, welche zwischen der Situation selbst und ihrer weiteren Verarbeitung unterscheidet und zugleich bekräftigt, dass es das erlebende Ich sehr wohl sehr ernst mit seinen Schwüren gemeint habe. Zugleich durchschaut das männliche Ich das Verhalten des unerfahrenen, aber liebeshungrigen Mädchens. Die Stratageme der noch nicht in ihrem Körper, aber sehr wohl in ihrem Kopf entwickelten jungen Frau werden der männlichen Sezierkunst zugänglich gemacht – und es bleibt offen, woher das Mädchen seine Vorstellungen von der Liebe bezog. Es könnte freilich sehr wohl sein – und wir werden im weiteren Verlauf unserer Vorlesung viele Beispiele dafür finden –, dass sich die Liebessehnsüchte und Liebeswünsche bei der Lektüre zeitgenössischer Liebesliteratur gebildet hatten. Der Kontrast zwischen Körper und Kopf scheint ein wenig darauf hinzudeuten. Auch hierin ergibt sich eine gewisse Parallele zwischen Barberina und Bettina, der so viele künftige Liebessituationen des Ich-Erzählers prägenden Ur-Liebespartnerin.

Von größtem Interesse für uns ist aus Sicht unserer Vorlesung, in welchen Assoziationskontext das junge Mädchen in ihrem körperlichen So-Sein gestellt wird. Denn Barberina erscheint als süße Frucht, die das männliche Ich lustvoll genießt. Sie wird damit als Frau zugleich objektiviert, folglich in einen Gegenstand verwandelt sowie naturalisiert, wird zu einem Stück Natur, das sich dem männlichen Blick und dem männlichen Biss darbietet.

Erneut stoßen wir hier auf eine Art Naturgeschichte der Frau im männlichen Bewusstsein, eine Geschichte, welche aus Sicht der Männer die Frau in den Bereich der Natur rückt, mit welcher sie im Übrigen die Zyklen teilt, die ihren Körper prägen. In dieser gleichsam philosophischen Naturgeschichte der Frau wird alles an ihr naturalisiert, und damit zugleich auch die Voraussetzung dafür geschaffen, dass sich der Mann dieses natürlichen Objekts bemächtigen kann. Nicht umsonst waren wir zuvor bereits auf viele naturalisierende Hinweise in Casanovas *Memoiren* gestoßen – und auch die Versetzung der Prostituierten in den „Naturzustand" hatte deutlich in diese Richtung gewiesen.

Diese „Natürlichkeit" des Mädchens hält noch zusätzliche Freuden für den Ich-erzähler bereit. Barberinas Hingabe wird zum Beispiel mit einer gehörigen Dosis Unerfahrenheit gewürzt, welche beim Ich-Erzähler neue Erfahrungshorizonte eröffnet, da er es längst ausschließlich mit erotisch wie sexuell sehr erfahrenen Frauen zu tun hat. Das Lust-Objekt Frau besitzt gleichsam eine „Natürlichkeit", die es für den Mann nur noch appetitlicher macht. Wir sehen hier in aller Deutlichkeit, wie und auf welcher Grundlage patriarchal bestimmte Vorstellungen die Geschlechterdifferenz bestimmen oder zumindest prägen. Auch an dieser Stelle erscheint die Frau oder das Mädchen nur als ein Gegenstand im Blick des Mannes, so verständnisvoll sich dieser in der Szenerie auch geben mag. Die Frau wird zugleich objektiviert, naturalisiert und distanziert – und in diesem Zusammenhang mag am Ende auch das Geld stehen, das gleichsam als letzter Abschiedsgruß des Ich-Erzählers und als Entgelt für die kostenlosen Liebesschwüre gelten kann. Denn mit der Bezahlung für die Liebe distanziert sich der Mann von der affektiven, emotionalen Seite der Liebesbeziehung und lässt alleine noch die zeitweise Verschränkung der Körper ineinander gelten.

Barberina verkörpert im besten Sinne den Typus des unschuldigen Mädchens, dessen Konnotationen wir mit Blick auf die vorgebliche „Natürlichkeit" bereits gesehen haben. Schon bei Lucia hatten wir die Unordnung bei der äußeren Präsentation bemerkt, welche den Ich-Erzähler ganz offenkundig erregt hatte. Dies fällt im 18. Jahrhundert unter die *naïveté* und die Nähe zur Natur, der ein geordneter, streng arrangierter und geordneter Körper als Gegenpol der Zivilisation entgegentritt. Wir verstehen jetzt besser, warum die wirren Haare, die leicht geöffnete Kleidung, die ganze Erscheinung dieser „Naivität" und „Natürlichkeit" den beobachtenden Mann so erregen. Dies sind geschlechterspezifische Klischees und Stereotype, die auch noch in unserer Werbung, aber auch in unserem Alltagsleben leicht abrufbar sind.

Zugleich verkörpert die Barberina den Topos der Zufallsbekanntschaft, des von Beginn an erotisch aufgeladenen Zusammentreffens mit einer schönen Unbekannten an einem dem Durchreisenden unbekannten Ort. Wir erkennen hier nicht allein die Identifizierung der unbekannten Schönen mit einer Stadt, mit einem Dorf oder einem Landstrich, sondern auch die Liebe erzeugende Macht des Zufalls, welche die Bekanntschaft so stark erotisch auflädt. Wir stoßen auf ein berühmtes literarisches Motiv, das Charles Baudelaire in seinem berühmten Gedicht „A une passante" aus seinen *Fleurs du mal* auf die Großstadt und die zwar mögliche, aber nicht realisierte Liebe beschreibt.

Bei Casanova wird dieses Motiv der Zufallsbekanntschaft hingegen sehr häufig von einer kurzen, aber heftigen Liebesbeziehung gekrönt. Man könnte nach der Lektüre der *Histoire de ma vie* mit guten Gründen sagen: Gelegenheit macht Liebe! In eben diesem Sinne handelt der Ich-Erzähler in den verschiedenen Liebesepisoden seines Lebens stets in latenter Liebesbereitschaft, um bei sich bietender Gelegenheit mit schönen unbekannten Frauen ein Schäferstündchen zu verbringen. Dabei ist die Quantität in sich kein Ziel, wird aber durchaus im

Tagebuch vermerkt und gelangt auch in die Aufzählungen und Listen, die in der *Geschichte meines Lebens* narrative Gestalt annehmen. An oberster Stelle regiert dabei im Text die Ungebundenheit und Freiheit dessen, den quasi das Schicksal von der einen Liebschaft zur anderen treibt.

Doch an dieser Stelle ist die Quantität auch mit der Sammelleidenschaft verbunden. Denn der Sammler ist nie an einem wirklichen Endpunkt angekommen, es fehlen ihm stets immer noch andere Stücke, ist eine Sammlung doch im Grunde niemals wirklich komplett, niemals vollständig und abgeschlossen. Der Kollektionismus Casanovas aber ist der Kollektionismus des Reisenden, der die Stücke nicht an sich, sondern in ihren Relationen braucht, in ihren und seinen Verhältnissen, die ein Muster erzeugen, in dem er sich selbst wiederfindet oder doch wiederfinden kann. Die Listen Casanovas führen uns folglich seine Sammelleidenschaft deutlich vor Augen und machen auf die Tatsache aufmerksam, dass Quantität durchaus einen spezifischen Wert, den Sammelwert, besitzt.

Die Liebe und die Liebesbeziehungen sind freilich in ihrer Diskursivität in starkem Maße von Literatur geprägt. Dies ist insbesondere bei den Frauen der Fall, die – wie wir später etwa auch bei Emma Bovary sehen werden – ihre Vorstellungen von erfüllter Liebe vor allem aus der Lektüre von Romanen beziehen. Die Barberina hat uns hier nur die Richtung gewiesen, der das 19. Jahrhundert folgen wird, selbst aber war sie nicht explizit ein derartiger Fall einer grundlegenden Verklammerung von Liebe und Lesen. In Casanovas *Memoiren* aber erweist sich die Position und Problematik des *Libertinage* im 18. Jahrhundert als eine auf einer grundlegenden Geschlechterungleichheit beruhende Beziehung, zumindest tendenziell ganz so, wie uns dies bereits Fanny Rubio vorgeführt und mit leicht oder stark moralisierendem Unterton in *El embrujo de amar* in Szene gesetzt hatte. Die Gymnastik der Liebe jedenfalls liest sich – hier am Beispiel des 18. Jahrhunderts – nicht als Beleg für die Gleichheit der Geschlechter, sondern ist eine Begegnung zwar auf gleicher Augen- und Mundhöhe, aber doch in einer klaren Asymmetrie der Liebespartnerinnen und Liebespartner. Darüber sollten wir uns nicht hinwegtäuschen!

Die Liebe, so könnte man formulieren, erscheint nicht in erster Linie als Realisierung einer Zweierbeziehung, sondern als eine Art Figurenfeld, ein Netzwerk verschiedener Figuren, das sich gerade nicht auf eine Zweierbeziehung reduzieren lässt. In Giacomo Casanovas *Histoire de ma vie* werden die verschiedenartigsten Figuren der Liebe vorgeführt und – wie wir sahen – mit bestimmten prägenden Grundmustern in Beziehung gesetzt. Wir haben es also mit einer relationalen Logik zu tun, wenn wir im Sinne Casanovas von der Liebe sprechen. Derartige Vorstellungen ließen sich – wie wir noch sehen werden – im 18. Jahrhundert auch bei anderen Autoren herausdestillieren, allen voran beim „göttlichen Marquis", beim Marquis de Sade.

Am Ende unseres Durchgangs durch die *Memoiren* von Giacomo Casanova sei nicht verschwiegen, dass er auf seinen Reisen nicht nur Höhen, sondern auch Tiefen durchzumachen hatte. So kam er nach einer Reihe von Enttäuschungen – insbesondere in England – in die Nähe eines Selbstmords. Nur ein Zufall, so erläutert er, habe ihn davon entfernt, und nur eine Frau, deren Zuneigung er verspürte, konnte ihn wieder ins Leben zurückholen und in eine dem Leben und der Liebe wieder zugewandte Person verwandeln. Dass er wenig später seine Liebesbezeugungen mit einer schönen Sarah austauschte, die daraufhin in eine ähnliche Zuneigung, aber zugleich in tiefe Ohnmacht verfiel, gehört zu den für den Ich-Erzähler weniger angenehmen Erlebnissen, wollte er doch, wie er in seinen *Memoiren* betonte, um nichts in der Welt den Schwächezustand der jungen Dame zur Befriedigung seiner Bedürfnisse nutzen.

Wenn sich Casanova – zumindest nach eigener Einschätzung – hier ganz als Ritter und edler Vertreter seines Geschlechts erwies, so rumorte es doch in ihm, in dieser Situation nicht auf seine Kosten gekommen zu sein. Seine Formel dafür ist einfach: „Um Sarah zu vergessen, hatte ich eine andere Sarah nötig."[9] Und in der Tat sollten sich recht bald wieder andere Liebschaften einstellen.

Es sind Liebschaften der eher berechnenden Art. Der Ich-Erzähler, der sich längst als *Libertin* zu erkennen gegeben hat, will endlich auf seine Kosten kommen und lässt es auch gegenüber einer jungen Schönen nicht an Beredsamkeit und Angeboten mangeln, um im Gegenzug eine Liebesnacht zu erhalten. Sehen wir uns diese Zweierbeziehung einmal näher an, denn sie sagt uns viel über die Liebeskonzeption des Italieners.

„Was werden Sie für uns tun", fragte sie, „wenn ich die Nacht mit Ihnen verbringe?"

„Ich werde Ihnen zwanzig Guineen geben, ich werde Sie auch alle unterbringen und verköstigen, solange Sie nett zu mir sind."

Ohne jede Antwort begann sie, sich auszuziehen, und kam in meine Arme, nachdem sie mich vergeblich gebeten hatte, die Kerzen auszulöschen. Ich fand nur Fügsamkeit. Sie ließ mich gewähren, das war alles; sie beehrte mich nicht mit einem einzigen Kuß. Das Fest dauerte eine Viertelstunde. Meine einzige Hilfe war die Vorstellung, ich hielte Sarah in meinen Armen. Beim verliebten Zusammensein ist die Illusion eine Grundvoraussetzung. Ihre herzlose Stumpfheit ärgerte mich derart, daß ich aufstand, ihr eine Zwanzigpfundnote gab und sagte, sie solle sich anziehen und in ihr Zimmer hinaufgehen.

„Morgen früh werden Sie alle das Haus verlassen", fügte ich hinzu, „denn ich bin mit Ihnen nicht zufrieden. Statt sich der Liebe zu überlassen, haben Sie sich prostituiert. Schämen Sie sich!"

Sie zog sich an und entfernte sich wortlos; ich schlief sehr verdrossen ein.[10]

---

9 Ebd., IX, S. 420.
10 Ebd., X, S. 17 f.

Das ist fürwahr starker Tobak und zugleich die Bankrotterklärung der Liebe! Lassen Sie uns unsere Beschäftigung mit Giacomo Casanova mit einer Szene beenden, die zwar einen vollzogenen Beischlaf, aber keinerlei Befriedigung oder gar Erfüllung des Liebesbegehrens beinhaltete. Das Thema der Prostitution wird erneut aufgerufen, und erneut ist auch der Ich-Erzähler bereit, für die Liebe Geld auf den Tisch oder das Bett des Hauses zu legen.

Doch was ist das für eine Szene! Das gesamte „Fest", also die Liebesvereinigung, wird herzlos durchgeführt und entspricht damit in keiner Weise den Liebesvorstellungen des Venezianers. Auch wenn Casanovas Erzählerfigur – wie wir sahen – durchaus von Zeit zu Zeit der Prostitution nicht abhold ist, so dürfen seine Liebesbeziehungen nicht danach aussehen oder riechen. Die Fügsamkeit einer Frau kommt einer Unterwerfung unter den Willen des Mannes gleich, doch diese Unterwerfung muss nach Ansicht des Venezianers aus Liebe, aus freiem Willen und nicht aus finanziellen oder anderen utilitaristischen Erwägungen erfolgen. Trotz des Vollzugs des Geschlechtsaktes findet das männliche Ich keinerlei Erfüllung: Wir haben es in seinen Augen mit einem gescheiterten Liebesverhältnis zu tun, das ebenso abrupt beendet wird, wie es zuvor abrupt begonnen wurde.

Und doch ist in dieser Szene eine kleine Bemerkung, eine eher marginale Beobachtung von großem Gewicht, welche der Ich-Erzähler gleichsam als Mittel seiner Erregung einsetzt. Denn er stellt sich während des Geschlechtsaktes vor, seine geliebte Sarah in den Armen zu halten und die Nacht mit ihr zu verbringen. Denn für den Ich-Erzähler ist die *Illusion*, mit anderen Worten die *Fiktion*, eine „Grundvoraussetzung" für ein „verliebtes Zusammensein", das weit über den Vollzug des Akts hinausgeht. Es ist diese Illusion, dieses illusionäre und letztlich fiktionale Element, das die Flachheit der ewig wiederholten Positionen und Stellungen, der reinen Physis und Mechanik der Liebe, zu überbrücken versteht. So erst kann sich eine Liebe einstellen, die das männliche Ich immer wieder von neuem begehrt.

Doch längst ist diese Mechanik der Liebe bei unserem *Libertin* heiß gelaufen und hat sich immer mehr ermüdet. Die Gedanken an Selbstmord kommen nicht von ungefähr. Lassen Sie mich abschließend noch diese bei Giacomo Casanova eigentlich kaum zu erwartenden Gedanken an den Freitod einblenden, zeigen sie doch auf, wie sehr die Quantität, wie sehr die rein physische Liebe den Venezianer auch mental ermüdet hat. Dabei wird ein weiteres Mal der Leser als Zeuge angerufen:

> Der Leser kann mir glauben, daß alle, die sich wegen eines großen Kummers umgebracht haben, damit dem Wahnsinn zuvorgekommen sind, der sich ihres Verstandes bemächtigt hätte, wenn sie es nicht getan hätten, und daß daher alle, die verrückt geworden sind,

dieses Unglück nur durch Selbstmord hätten verhindern können. Ich habe diesen Entschluß erst gefaßt, als ich daran war, den Verstand zu verlieren, wenn ich noch einen einzigen Tag gezögert hätte. Daraus ergibt sich: Der Mensch darf nie Selbstmord begehen, denn es kann der Fall eintreten, daß sein Kummer schwindet, bevor ihn der Wahnsinn befällt. Mit anderen Worten, wer stark genug ist, nie zu verzweifeln, ist glücklich. Ich war nicht stark genug, ich hatte alle Hoffnung verloren und wollte mich mit Vorbedacht umbringen.[11]

Die Gedanken Casanovas an Selbstmord stehen in Relation mit seinen Gefühlen, letztlich an Wahnsinn zu erkranken und zuvor seinem Leben selbst ein Ende zu bereiten. Es ist eine unglückliche Seite an ihm, dem großen Frauenverführer, welche sich nicht im herkömmlichen Bild des Italieners findet, aber doch zu seiner psychischen Ausstattung gehört. Denn der *Libertin*, der stets vorgibt, seine Gefühle im Griff zu haben, läuft in einer nach Jahrzehnten der Irrfahrten schwierigen Phase Gefahr, seinen Rhythmus und seinen Weg, der ein ständiges Hin- und Herspringen ist, zu verlieren. Doch Casanova kann sich wieder fangen und setzt mit verstärktem Elan seine Suche nach dem persönlichen Glück mit neuerlichen Reiseabenteuern und vielen Liebesabenteuern in den unterschiedlichsten europäischen Ländern fort.

Sein Begehren aber ist ungestillt und wohl auch unstillbar: Es ist ein Begehren nach Liebe, nach Zuneigung, nach einem verliebten Zusammensein, auch wenn dieses nur Tage oder Stunden andauern sollte. Stets treibt es ihn wieder fort, stets nimmt er sein Wanderleben nach überstandenen Abenteuern wieder auf. Doch bleibt der geschickte und erfahrene Verführer noch immer ein Suchender, ein Begehrender und letztlich – wie in diesem Falle der mit einer namenlosen, aber auch in Casanovas Augen herzlosen Schönen verbrachten Nacht – ein von der Liebe Betrogener. Seine Suche nach Liebe ist zugleich eine Suche nach Erkenntnis, welche in den kurzen Liebesintermezzi seines Lebens aber kaum zu gewinnen ist.

Bei Casanova gibt es keine feste Definition von Liebe, sondern nur die ständig sich wandelnde Relationalität: Liebe als eine gleichsam unendliche Sequenz und Sammlung, in der ständig neue Potentialitäten – und Potenzen – realisiert werden und vonnöten sind. Dabei lässt sich durchaus eine gewisse Nähe zu Roland Barthes' *Fragments d'un discours amoureux* beobachten. Denn auch dort ist die Liebe nichts Abgeschlossenes, keine wie auch immer definierte Essentialität, sondern ein in ständig neuen Konfigurationen und Positionen realisierter Diskurs, der – ganz im Sinne von Manès Sperber – so stereotyp und mechanistisch, und doch im Erleben zugleich so unvergleichlich und immer wieder anders konkretisiert wird.

---

11 Ebd., IX, S. 376.

Hatte Roland Barthes achtzig unterschiedliche Figuren aufgelistet, so sind die einhundertundsechzehn Frauen und Mädchen, welche in Casanovas *Histoire de ma vie* auftauchen, in gewisser Weise die Selbsterkundungen eines Ich, das sich letztlich doch – wie der alte Bibliothekar auf Schloss Dux – in einer absoluten Einsamkeit wiederfindet. Allerdings darf man Casanova durchaus so interpretieren, dass er – und auch dies wäre eine Parallele zur Einsamkeit der Archive und Bibliotheken – eine Art Vorstoß hin zu Eros und mehr noch einer Erotik des Wissens hin zu unternehmen versuchte. Sein Lebenswissen, das er in seinen Texten, aber auch in seinen Handlungen und seiner Performanz vorführte, ist ein Lebenswissen, das sich als Liebeswissen manifestiert und genau jenen Bezug zwischen Liebe und Leben konfiguriert, um den es uns in dieser Vorlesung geht. Wir erfahren ungemein viel über die Liebe bei Casanova; doch könnte es am Ende unserer Lektüre sehr wohl sein, dass wir eigentlich den Eindruck haben, weniger über die Liebe als über das Leben im 18. Jahrhundert gelernt zu haben. Denn Giacomo Casanova war ein herausragender Beobachter seiner Zeit.

Ungeheuer spannend aber ist es, die einzelnen hier zum Teil dargestellten Figuren als Figurenabfolge zu lesen und nicht nur als Figurenfeld, in dem sich die unterschiedlichsten Figuren der Liebe begegnen und miteinander in einen Dialog oder besser Polylog treten. Zumindest die ersten, aufeinander folgenden Figuren der Liebe, die ich Ihnen in unserem Durchgang auch vorgeführt habe, lassen sich eindeutig in eine Entwicklung integrieren, die zunächst von der Ablösung der Liebe zur Mutter aus- und gleichsam zu einer fast schwesterlichen Liebe übergeht. Das Ich verbringt mit Lucia elf Nächte, aber es kommt nach Casanovas Bekunden nie zum „Äußersten".

Die Anrede „Mein Kind" durch die vierzehnjährige Bettina weist in der ersten Bettszene der *Geschichte meines Lebens* im Grunde hervorragend darauf hin, dass in dieser – selbstverständlich nicht dokumentarisch, sondern friktional konstruierten – Szenerie das Objekt der Liebe, welches die körperliche Reaktion des Liebenden auslöst, noch sehr viel mit der Mutter zu tun hat, die freilich räumlich abwesend ist, und mehr noch einem grundlegenden Inzesttabu unterliegt. Diese Ablösung vom mütterlichen Liebesobjekt mag auch erklären, warum der Einbruch eines Nebenbuhlers in dieses eigentlich geschützte Revier als geradezu traumatisch empfunden wird.

Denn noch immer ist die Mutter ‚besetzt' vom Phantasma des Vaters, und selbstverständlich löst ihre Offenheit gegenüber diesem ‚Vierten' Verwirrung beim liebenden Ich aus. Auf diese Sehnsucht nach der *einen* Liebe scheint sich das Begehren des Ich zu konzentrieren, das dann geradezu notwendig auf die Rekonstruktion dieser nicht zugänglichen, da zerstückelten Liebe durch eine Vielzahl unterschiedlicher Liebesbeziehungen gerichtet ist. All dies ließe sich weiter ausführen und diskutieren; doch scheint es mir an dieser Stelle vor allem wichtig, dass die um drei Jahre ältere und in Liebesdingen ungleich erfahrenere Bettina als Liebesobjekt jene Figur der Liebe verkörpert, die als die Grundform einer Liebesentwicklung beim Heranwachsenden den Übergang von der Mutterliebe zur heterosexuellen Liebe bezeichnet und damit im Grunde eine Figur ‚mütterlicher', geradezu unschuldiger Liebe verkörpert. Dies mag erklären, warum das liebende Ich selbst bei den Prostituierten, selbst bei einer bezahlten Liebe, sich stets nach einem Kuss, nach einem Austausch liebender Umarmungen sehnt und bei deren Ausbleiben verärgert reagiert.

Innerhalb einer angenommenen Abfolge von Figuren der Liebe nähme dann in der *Geschichte meines Lebens* die schöne Lucia die zweite Figur eines Inzesttabus ein, jene nämlich einer Liebe zur Schwester, einer schwesterlichen Liebe, die ebenfalls durch den erfolgreich tabuisierten Vollzug der körperlichen Liebe charakterisiert wird. Die elf Nächte nacheinander zuverlässig funktionierende Unterbindung des vollzogenen Geschlechtsaktes und die Unersättlichkeit – wie es im Text heißt – der Fellatio bedeutet letztlich, wie sehr das Liebesobjekt für den nun gleichaltrigen Jugendlichen noch immer inzestuös und libidinös zugleich besetzt ist. Gleichzeitig verkörpert diese Beziehung die moralische Verantwortung des Bruders für die Ehre der Schwester, welche unangetastet bleibt.

Innerhalb einer patriarchalen Gesellschaft freilich ist die darauf folgende Figur der Liebe dann jene, die nach der Ablösung der Liebe von Tonina auf die Barberina und damit die jüngere Schwester übergeht, welche in der Funktion der Liebesdienerin erscheint und durch die Entjungferung erst einmal initiiert, gewissermaßen initialisiert werden muss. In dieser Funktion als Liebesdienerin stattet diese Figur der Liebe den Liebenden gleichsam mit den Zügen des überlegenen Mannes aus. Noch in dieser Liebesbeziehung ist im Grunde eine Inzestthematik im Hintergrund spürbar, nur dass sie nun männlich-patriarchal durchbrochen und der Liebesakt mit der vom Liebesobjekt erwünschten Entjungferung vollzogen wird. Das männliche Ich vollzieht damit den Inzest mit der noch unreifen Tochter, wobei hier – wie es Casanova formuliert – nicht dem Gott Amor, sondern dem Gott Hymen, der soziokulturellen Dimension des Jungfernhäutchens geopfert wird – die ja im Französischen zugleich für die christliche Institution der Ehe steht.

Die weitere Abfolge von Figuren der Liebe gehorcht dem Gebot, eine möglichst große Verschiedenartigkeit in diese außergewöhnliche Sammlung von Liebesfiguren zu bringen. In der Tat sind die Parallelen zu Roland Barthes' *Fragments d'un discours amoureux* ebenso überraschend wie zahlreich. Sie sehen folglich, dass es in Giacomo Casanovas *Histoire de ma vie* um weit mehr als eine Art Aufzeichnung von gemeinsamen heterosexuellen Liebes- und Leibesübungen geht, die höchstwahrscheinlich schon nach wenigen Dutzenden von Seiten monoton werden würde. Vor diesem Hintergrund wird schließlich auch eine weitere, in unseren Überlegungen ebenfalls besprochene Figur in ihrer Vieldimensionalität interpretierbar, ist es doch die ‚Schwesterfigur' der Lucia, die dem Ich die beiden käuflichen italienischen Liebespartnerinnen zuführt, so dass es gleichsam die Schwester ist, welche die Übertragung der Liebe auf andere Körper und Liebesobjekte zuwege bringt und dafür symbolisch ausbezahlt wird.

Doch haben Sie keine Angst: Wir wollen in der Folge nicht alle noch verbliebenen gut hundertzehn Liebesfiguren aus der *Geschichte meines Lebens* gemeinsam durchbuchstabieren! Machen wir hier also einen Punkt. Um nicht missverstanden zu werden: Mir geht es hier mitnichten um eine psychoanalytische Erklärung und Deutung Casanovas, sondern lediglich um die Frage, wie sich die Liebesbeziehungen als Figuren *in Casanovas Text* besser verstehen und perspektivieren lassen. Vor allem geht es mir in keiner Weise um eine Psychoanalyse des Autors selbst, dem wir in diesem Falle sonst deutlich eine mehrfache obsessionelle Reibung am Inzesttabu bescheinigen müssten.

Vielmehr geht es um die Deutung der von Casanova entworfenen und zugleich *gelebten* Figuren der Liebe, welche von der mütterlichen und der schwesterlichen bis hin zur väterlich-patriarchalen sowie zur käuflichen, prostituierten Liebe reichen und den Liebenden selbst – und weniger dessen Liebespartnerinnen – in den unterschiedlichsten Stellungen zeigen. Noch einmal: Gerade die Parallelen zu Roland Barthes' *Fragments d'un discours amoureux* scheinen mir als Erklärungs- und Strukturmuster für die *Histoire de ma vie* sehr erhellend.

So könnte man in Giacomo Casanovas *Geschichte meines Lebens* eine Art komplex miteinander verwobene, eine Vielzahl von Entwicklungen miteinander verbindende Multisequenz von Figuren sehen, die uns zeigen können, wie unterschiedlich die Realisierungsformen der Liebe sind und wie sehr sie bei allen Varianten und Variationen – die der Text wahrlich auskostet – doch nie in der Lage sind, die radikale, absolute Einsamkeit des Liebenden aufzulösen. Wir haben diese Einsamkeit in der Verzweiflung des Ich, überhaupt noch glücklich werden zu können, deutlich gesehen. Diese Einsamkeit ließe sich nur überwinden, wenn wir die Beendigung und zugleich Verfestigung dieser Einsamkeit nicht im Akt der Liebe selbst, sondern im Akt des Schreibens sähen. Denn Casanova war zweifellos ein hochbegabter Schriftsteller, der sich der Tragweite seiner *Memoiren* im öffentlichen wie im intimen Bereich durchaus bewusst war.

An genau diesem Punkt scheinen mir die Fäden zusammenzulaufen, die letztlich Giacomo Casanovas komplexes literarisches Gebäude konstruieren und auch zusammenhalten. Ich meine vor allem die Fähigkeit seines Textes, die unterschiedlichsten und zugleich vielschichtigsten Deutungsmuster zu erlauben und eine Art *Aleph der Liebe* zu bilden, ganz im Sinne von Jorge Luis Borges also jenen Punkt, an dem sich alle Figuren der Liebe zum gleichen Zeitpunkt treffen und beobachten lassen, ohne doch miteinander zu verschwimmen, ohne sich doch wechselseitig aufzulösen. Die Grundstruktur von Casanovas Text ist nicht linear und kumulativ, sondern relational und multiperspektivisch. Gerade hierin liegt seine außerordentliche Bedeutung, die es noch weiter zu erforschen gilt.

In diesem *Aleph der Liebe* freilich sind jene Fäden, die von der geradezu massenhaft, aber doch immer individuell vollzogenen heterosexuellen Liebe zur Mutterliebe und zur Schwesterliebe zurückführen, besonders vervielfacht ausgesponnen und deuten an, wie sehr im Bild der Frau als Mutter, Schwester, Tochter und Geliebte, aber auch als Pflegerin, Heiligen wie Hure noch immer und stets die inzestuösen Bedingungen durchscheinen und hochgradig libidinös besetzt bleiben, so dass letztlich alles mit allem in dieser relationalen Logik zusammenhängt. Ob die Figur des aktiven männlichen Verführers dann noch immer so dominant ist, wie sie zu Beginn unserer Untersuchungen wirkte, mögen Sie selber entscheiden.

Don Juan oder noch eine Figur des Verführers

Anders als bei dem Venezianer Giacomo Casanova handelt es sich bei Don Juan – dessen Mythos wiederum im romanischen Süden Europas verortet ist – um keine historische Gestalt, sondern um eine literarische Figur, die seit dem frühen 17. Jahrhundert so komplex weiterentwickelt wurde, dass sie eine ungeheure intertextuelle Dichte erworben hat. So kam es zur Ausarbeitung und Ausprägung eines vielverwobenen Don Juan-Stoffes, nicht allein in den Literaturen Europas, sondern in den Literaturen der Welt. Von Casanova unterscheidet Don Juan, dass diese Fiktion des spanischen Verführers deutlich älter ist als unser italienischer Handelsreisender in Sachen Liebe, an dessen realer Existenz freilich lange gezweifelt worden war. Versuchen wir also, uns zunächst einen kleinen Überblick über diesen literarischen Stoff zu verschaffen. Ich stütze mich dabei in jenen Aspekten, die für unsere Vorlesung wichtig sind, auf Elisabeth Frenzels Eintrag in ihrem in den Literaturwissenschaften längst kanonischen Überblicksband.[1]

Der Eintrag von Frenzel beginnt mit dem Hinweis, dass die Gestalt des Don Juan in einer ersten und für die weitere Geschichte dieser Figur fundamentalen Ausprägung in Tirso de Molinas berühmtem Theaterstück *El burlador de Sevilla y convidado de piedra* das Licht der Welt erblickte. Dieses Stück wurde erstmals im Spanien des *Siglo de Oro* im Jahre 1613 aufgeführt. In ihm werde die „unselige Leidenschaft" des Helden und Protagonisten Tirsos, Frauen zu verführen und damit zu entehren, anhand von vier verschiedenen Frauen vorgeführt: an Doña Isabella, der Don Juan des Nachts als ihr tatsächlicher Liebhaber Octavio erscheint, an Doña Anna, welcher er erneut in den Mantel des Liebhabers gehüllt erscheint und deren Vater Don Gonzalo de Ulloa er im Kampfe ersticht, sowie an zwei Mädchen aus dem Volk, welche er mit windigen Versprechen auf Heirat ködert und seinen Wünschen gefügig macht. Auf der Flucht gelangt er an das Grab Don Gonzalos, dessen Standbild er in seinem Übermut zu sich einlädt. Doch der *convidado de piedra* erscheint wirklich und überbringt ihm eine Gegeneinladung auf den Kirchhof. Als Don Juan dem steinernen Gast die Hand reicht, verbrennt ihn ein höllisches Feuer.

Die Gründe für die leidenschaftliche Verführungskunst des Don Juan werden bei Tirso de Molina nicht angegeben. Eine psychologische Ausleuchtung der Figur erfolgt bei dem spanischen Dramatiker im Grunde kaum. Sie wirkt allein durch ihr spektakuläres Handeln. Die Ursprünge dieses Stoffes scheinen in volkstümlichen

---

1 Frenzel, Elisabeth: *Stoffe der Weltliteratur. Ein Lexikon dichtungsgeschichtlicher Längsschnitte.* 6., verbesserte und um ein Register erweiterte Auflage. Stuttgart: Alfred Kröner Verlag 1983.

Überlieferungen zu liegen, doch wollen wir uns nicht in die unterschiedlichen Thesen verheddern. In jedem Falle geriet Don Juan schnell in einen nicht nur Spanien, sondern bald schon ganz Europa erfassenden Umlauf, so dass sich der Stoff zu einem der lebendigsten und aktivsten in der Geschichte der Literaturen der Welt entwickelte und allein in Spanien, Deutschland oder Frankreich jeweils weit über hundert Bearbeitungen erfuhr. Längst hat er sich über die ganze Welt ausgebreitet.

Bereits an dieser Stelle wird deutlich – und hierauf hinzuweisen ist im Rahmen dieser Vorlesung sicherlich nicht überflüssig –, dass eine rein nationalphilologische Herangehensweise an das Thema Don Juan im Grunde weitgehend irreführend und letztlich absurd ist, da die weltweit beteiligten Autorinnen und Autoren sich in der Tat niemals darum gekümmert haben, ob ihre Bezugstexte aus derselben oder einer anderssprachigen Literatur stammten. Es ist hier nicht der Ort, die Absurditäten einer solchen Sicht literarischer Gegenstände zu diskutieren! Eine transareale Herangehensweise wäre wohl die adäquateste Lösung.[2] Die Romanistik ist für eine derartige methodologisch abgesicherte Vorgehensweise zweifellos bestens gerüstet. Doch möchte ich mich beim Don Juan-Stoff im Folgenden nicht ausschließlich auf die Hispanistik und damit den spanischsprachigen Raum beschränken. Eine weltumspannende Erörterung des Stoffes andererseits kann in dieser Vorlesung natürlich nicht geleistet werden. Sie bezieht sich vielmehr auf den gesamten literarischen Komplex des Themas Liebe.

Der weitere Weg des Don Juan verläuft über Italien, wo sich bereits im 17. Jahrhundert mehrfache Bearbeitungen für das Theater finden lassen. Dort ging die für das Theater Tirsos so wichtige religiöse Dimension weitgehend verloren. Italienische Komödianten brachten den Stoff dann nach Frankreich, wo sich die Aufmerksamkeit von den sogenannten *lazzi* der Handlungsebene wieder zurück auf die Hauptfigur richtete, diese aber in einen brutalen Schurken verwandelte. Eine stärkere Straffung der einzelnen Handlungselemente bei verschiedenen französischen Bearbeitern führt dann zur Theaterfassung von Molière, der in seinem *Don Juan ou le Festin de Pierre* aus dem Jahre 1665 dem Stoff seine zweite klassische Fassung vermittelte. Mit dieser Fassung werden wir uns in der Vorlesung ebenfalls beschäftigen.

Bei Molière ist unser Don Juan moderner geworden, was sich im Übrigen auch in der langen Rezeptionsgeschichte dieses Stückes aus dem *Siècle classique* zeigt. wir haben es beim Don Juan Molières mit einer reiferen, selbstreflexiven und gera-

---

2 Vgl. zur methodologischen Grundlage und Begründung ausführlich Ette, Ottmar: *TransArea. Eine literarische Globalisierungsgeschichte.* Berlin – Boston: Walter de Gruyter 2012.

dezu intellektuellen Persönlichkeit zu tun, wie wir noch sehen werden. Die Verführungskünste Don Juans treten bei dem französischen Dramatiker in den Hintergrund: Der reife Schwerenöter hat längst Elvire geheiratet, nachdem er sie aus dem Kloster entführt hatte, sie dann aber verlassen, da ihn der Besitz einer Frau nicht interessiert. Freilich reizt ihn noch immer jede weibliche Schönheit zu einem Eroberungsversuch, den er in militärischer Metaphorik begreift und plant, ohne jedoch an der einmal Eroberten größeres Interesse zu verspüren. Bei Molières *Dom Juan* wohnen wir einer deutlichen Intellektualisierung bei. Mit Giacomo Casanova verbindet ihn freilich die Tatsache, dass er ein *Libertin* ist, der sich nicht langfristig über seine Eroberungen zu freuen vermag, sondern ganz und gar dem *Libertinage* verfallen ist. Nicht nur in Frankreich war Molières Deutung der Gestalt dieses Liebhabers und bösartigen Verführers für weitere Bearbeitungen prägend.

In Spanien wiederum tauchten zwei Motive auf, welche dann die weitere Fortschreibung des Stoffes im 19. Jahhundert stark beeinflussen sollten. Das eine Motiv erinnert an Corneilles *Le Cid*, denn die verführte Doña Ana verspürt eine deutliche Tendenz, ja Liebe zum Mörder ihres eigenen Vaters. Sollen wir hier von einem Cid-Komplex sprechen? Ich erspare mir an dieser Stelle jeglichen psychoanalytisch eingefärbten Kommentar. Und als zweites Motiv taucht die tiefe Reue des Don Juan auf, welche auch das Moment einer möglichen Erlösung schon früh beinhaltete.

Leichter und luftiger, stärker in der italienischen Tradition stehend, kommt Wolfgang Amadeus Mozarts *Don Giovanni* mit dem Libretto Da Pontes daher; seine Deutung aus dem Jahre 1787 steht ganz in der Tradition der *Opera buffa*. In seiner Oper kommt es zu einer Verschmelzung der unterschiedlichen Traditionslinien, wobei sich komische und tragische Elemente die Waage halten. In E.T.A. Hoffmanns Novelle „Don Juan" werden die moralischen Dimensionen des Don Juan-Stoffes, die seit Tirso de Molinas Stück im Vordergrund standen, wieder deutlicher herausgearbeitet. In dieser Fassung freilich stoßen wir auf einen Don Juan, der als ein von den Menschen Enttäuschter und Betrogener gegen die Menschen und gegen Gott aufbegehrt. Auch das Cid-Motiv wird stärker hervorgekehrt, denn Ana liebt ihn, obwohl er doch der Mörder ihres eigenen Vaters ist. So sehen wir eine deutliche Romantisierung des Don Juan in der ersten Hälfte des 19. Jahrhunderts, die von grundlegender Bedeutung für die weitere Entwicklung seines literarisch tradierten Bildes ist. Die psychologische Dimension der Figur gewinnt an Schärfe.

Die romantischen Autorinnen und Autoren, die sich mit dem Don Juan-Stoff im Drama, in der Erzählung oder im Roman beschäftigten, sind Legion. Ich kann hier nicht auf all diese Entwicklungen eingehen. Gerade das von E.T.A. Hoffmann eingeführte Motiv der Idealsuche entfaltet aber das für die Liebe so grundlegende Element der Erkenntnissuche und des Erkenntnisgewinns, das in vielen Werken zentral gestellt wird.

Die Mañara-Sage, die auf eine historische Figur aus dem Sevilla des 17. Jahrhunderts zurückgeht, enthielt Elemente, welche sich im 19. Jahrhundert leicht mit dem Don Juan-Stoff verbinden ließen. Denn die Erzählung von einem höchst erfolgreichen Liebhaber, der dann aber durch die Heirat mit einer Frau zum ehrenhaften Leben konvertiert und durch deren Tod zum reumütigen Wohltäter der Armen wird, verknüpfte sich leicht mit der Vorstellung des Idealsuchers, die im 19. Jahrhundert so starke Bearbeitungen auslöste. *Don Juan Tenorio* von Juan Zorrilla y Moral stellte hier 1844 eine entscheidende Wendung dar, mit der wir uns noch ausführlicher beschäftigen wollen. Dabei wird eine Wette in den Mittelpunkt gerückt, welche um die Verführung einer Nonne kreist, was wiederum sehr stark in ein spanisches Ambiente zurückführt und die Herkunft des Stoffes unterstreicht. Die schöne Inés, die Nonne werden soll, erscheint mitten in Don Juans frevlerischem Tun; die Erschlagung ihres Vaters knüpft wiederum an die alten spanischen Traditionslinien an und führt sie der Romantik gemäß weiter. Nun streckt sich Don Juan nicht länger die Hand des erschlagenen Vaters, sondern jene von Inés aus dem Grabe entgegen; die Verwandlung und Bekehrung des sündigen Don Juan führen die ursprüngliche religiöse Motivation wieder mit starken Zügen ein. So gelangte die romantische Rehabilitierung auf ihren Höhepunkt: *Don Juan Tenorio* wurde in Spanien und Lateinamerika gemeinhin am Allerseelentag geradezu zeremoniell aufgeführt.

Ich will hier nicht mehr auf die zahlreichen Versuche eingehen, die auf eine Desillusionierung des Don Juan abzielten und etwa einen gealterten oder vor seinem Greisenalter stehenden ehemaligen Frauenhelden zeigen. Nicht umsonst wurde Don Juan im weiteren Fortgang der Stoffgeschichte sogar die Männlichkeit schlechthin abgesprochen und ein effeminierter Don Juan entstand. Ein abgehalfterter oder großväterlicher Don Juan ist für unsere Vorlesung aber nicht mehr von Interesse. Eine fast unendliche Abfolge von psychologisierenden Remotivationen des Don Juan-Stoffes prägt das ausgehende 19. und das gesamte 20. Jahrhundert und zeigt, welche Faszinationskraft er noch immer ausübt. Eine besondere Note verdiente die italienische Rezeption des spanischen Stoffes, bei der ich an dieser Stelle nur Vitaliano Brancatis *Don Giovanni in Sicilia* stark zur Ferienlektüre anempfehlen will. Don Juan ist ohne jeden Zweifel zu einer durch die Literaturen der Welt beförderten Faszination geworden, die noch immer von dieser Figur des Frauenverführers ausgeht.

Kehren wir nun aber zum Theaterstück des Spaniers Tirso de Molina zurück, der um 1580 in Madrid geboren wurde und 1648 verstarb! In Madrid scheint auch um 1624 die Uraufführung seines *Don Juan* stattgefunden zu haben, von dem die lange Stoffgeschichte oder Ahnengalerie ausgeht. Wir wollen uns hierbei nicht um die zahlreichen Kontroversen kümmern, die um die Autorschaft von Tirso immer wieder aufflammten: Wichtig ist für uns allein der Stoff und die

Zentralstellung der Gestalt des männlichen Verführers. Und diese Zentralstellung erfolgt in Tirso de Molinas Stück ganz ohne Zweifel: Seine Figur beherrscht es geradezu. In ihr kommen all jene Traditionslinien aus der Volksliteratur zusammen, welche nicht allein die Herausforderungen an die Adresse menschlicher und gesellschaftlicher Normen, sondern auch an die überzeitlichen göttlichen Gebote thematisierten.

Abb. 68: Tirso de Molina, eigentlich Gabriel Téllez (Madrid, 1579 – Almazán in der Provinz Soria, 1648).

Die Verführung einer Herzogin am neapolitanischen Hof durch den jungen Edelmann Don Juan bildet den Ausgangspunkt dieses Stückes, das diegetisch sozusagen in das spanische Italien verlegt worden ist. Die Rückkehr des Verführers nach Spanien wird gesäumt von der Zerstörung der Unschuld einer jungen Fischerin, wonach sich Don Juan in Sevilla mit einer jungen Edeldame verbindet, deren Vater Don González er jedoch ermordet, als dieser eingreift, um die Ehre der Bedrängten zu retten. Als Don Juan später die Statue des von ihm Ermordeten erblickt und mit der herausfordernden Geste eines frevelhaften Spötters zum Nachtmahl einlädt, erscheint sie auf wundersame Weise zum vereinbarten Termin und lädt ihrerseits ihren Mörder ein, sich zu einem Essen in die Gruft zu begeben. Don Juan lässt sich in seiner Kühnheit nicht erschüttern und nimmt an diesem seltsamen Nachtmahl teil, bei dem Skorpione und Vipern aufgetischt werden. Als ihm der Ermordete zum Abschied die Hand reicht, ergreift sie Don Juan unerschrocken und wird erbarmungslos in den Höllenschlund gerissen. So wird der Freigeist, Frevler und Frauenschänder bestraft, die gesellschaftliche Ordnung wieder hergestellt und auch den göttlichen Geboten entsprochen.

Damit bewerkstelligt Tirso de Molina den Spagat zwischen Mantel-und-Degen-Drama und religiösem Spiel, das im letzten Teil des Theaterstückes deutlich dominiert. Die göttliche Strafe trifft, wer sich erst bei seinem Tod auf ein göttliches Erbarmen besinnt und zuvor ein lasterhaftes Leben geführt hat. Das Motiv der Höllenfahrt des Don Juan ist in dieser Hinsicht zentral und zeugt von der bildhaften literarischen Kunst des Verfassers wie von seiner didaktisch-christlichen Sendung. Die religiöse Bedeutung von Tirso de Molinas wohl bekanntestem Theaterstück ist offenkundig. Doch seine Grundstruktur bietet – wie bereits betont – für die unterschiedlichsten daran anknüpfenden Traditionen viele Möglichkeiten.

Ich möchte Ihnen gerne in einem kurzen Durchgang einige wenige Beispiele für diese Figur des männlichen Verführers und bestraften Frevlers aus der reichen Literatur dieses Stoffes zeigen, nachdem wir mit Casanova ja bereits die Figur des verführten Verführers kennengelernt hatten. Ein solcher ist nun Don Juan in keiner Weise: Denn er ist unzweifelhaft der aktive männliche Verführer in der Literatur und als spanischer Frauenheld und Frauenschänder als solcher dann erst für die nachfolgenden Abwandlungen und Variationen offen.

Beginnen wir also mit der nachfolgenden Szene aus Tirso de Molinas *Burlador de Sevilla*! Der nachfolgende Monolog Don Juans stammt aus der siebten Szene im zweiten Akt:

> Scheint es nicht Zauberei, was hier geschehn?
> Mir kommt dieß Briefchen mit der Post der Lüfte!
> Gewiß, das Fräulein ist's, das der Marques
> Mir so gepriesen hat; sieh nur mein Glück!
> Laut nennt Sevilla den Verführer mich;
> Und meine höchste Lust von jeher war's,
> Ein Weib verführen und entehrt verlassen.
> Bei Gott, ich will es öffnen. Erst geh' ich
> Ein wenig seitwärts von dem Haus; bedarf's
> Hier eine andre Kriegslist noch? Führwahr,
> Da muß ich lachen! – Auf diesem Brief!
> Er ist an den Marques; das ist ganz klar;
> Denn Doña Anna heißt die Unterschrift.
> Was schreibt sie?
>
> Liest
>
> „Seines Wortes vergessend, hat
> Mein Vater im Geheimen mich verlobt;

Mir half kein Widerstand. Kann ich noch leben,
Da er den Tod mir gab? Wenn nach Gebühr
Du meine Lieb' und meinen Willen achtest,
Und deine Liebe wahr ist, zeig es nun!
Auf daß du siehst, wie ich dich schätze, komm
In dieser Nacht ans Thor; es soll dir, Vetter,
Um *elf* geöffnet sein: so wirst du dann
Das Ziel erlangen deiner Lieb' und Hoffnung.
Zum Zeichen für Leonorilla und
Die Dienerinnen, Theurer, hülle dich
In einen rothen Mantel. – Meine Liebe
Baut nur auf dich, mein unglücksel'ger Freund!" –
Wie sich das fügt! Der Spaß giebt mir zu lachen.
Bei Gott, mit gleicher List und Täuschung will
Ich sie erobern, so wie Isabella
Einst Neapel.[3]

In dieser Szene verkündet Don Juan stolz seinen Spitznamen in Sevilla, *El Burlador* oder – nicht ganz zutreffend zu übersetzen – „der Spötter". Sein Ziel ist es stets, die von ihm ins Visier genommenen Frauen zu verführen, mit ihnen zu schlafen und sie dadurch buchstäblich ihrer Ehre zu entkleiden. Was mit diesen Frauen hernach geschieht und in welche geistigen oder religiösen Abgründe er diese entehrten Frauen stürzt, bleibt dem *Burlador*, dem Spötter, letztlich gleichgültig: Er will nur seinen Spaß haben.

Eine *burla* zielt als Spott auf ein bewusstes Hinters-Licht-Führen des Anderen, der dem Gelächter seiner Mitmenschen preisgegeben und ausgesetzt wird. Dies macht deutlich, dass es vor allem diese soziale Komponente ist, die eigentliche Entehrung der Frauen, welche Don Juan immer wieder sucht. Zugleich sollten wir nicht vergessen, dass in der Figur Don Juans – und gerade im Kontext der *burla* – die Frage von Wissen und Macht gestellt ist. Denn eine *burla* beruht auf einem Wissensgefälle: Don Juan weiß über sich, aber auch über Doña Ana Bescheid, während diese nur über sich selbst, nichts aber von Don Juan weiß. Die Asymmetrie der Beziehungen beruht auf einer Asymmetrie des Wissens. In Don Juans Falle zugleich aber auch auf einer Asymmetrie des Liebens. Dass diese Situation freilich auch für Don Juan selbst zur Falle wird, ist zu Beginn der Handlung noch nicht absehbar.

Noch einmal: Dieses Wissensgefälle ist eine wesentliche Voraussetzung der *burla* und zugleich auch des Verhaltens von Don Juan. Er erfährt in dieser Szene aus einem geheimen Briefchen von der nicht weniger geheimen Liebe Doña Anas

---

3 Tirso de Molina: *Der Spötter von Sevilla und der steinerne Gast*. Übersetzt von Ludwig Braunfels. Hg. von Karl-Maria Guth. Berlin. Contumax 2016, S. 50f. Das originalsprachige Zitat im Anhang aus Tirso de Molina: *El Burlador de Sevilla*. Buenos Aires: Ediciones Colihue 2008, II, 7, S. 74.

und macht sich diesen Wissensvorsprung zunutze. Schon im Königreich Neapel hatte er zuvor die schöne Isabela täuschen können, indem er frech in die Rolle ihres eigentlichen Liebhabers geschlüpft war. Genau diese Strategie wird er auch hier wieder zur Anwendung bringen, wobei es ihm weniger um die Frauen selbst geht – schon gar nicht um eine länger- oder mittelfristige Beziehung zu einer bestimmten Frau –, sondern um den Genuss, die Lust an der Zerstörung ihrer Ehre, ihres guten Leumunds. Dies aber zielt auf die soziale, die gesellschaftliche Dimension der Liebe, die für den Spanier im Mittelpunkt steht. Es geht Don Juan bei Tirso de Molina um einen größtmöglichen Schaden bei den Opfern seiner *burla*: Der Frauenverführer ist ein Frauenverspotter.

In der angeführten Passage spielen Liebe, Gesellschaft und Individuum ein geradezu verzweifeltes Spiel, da die Gesellschaft und deren Vertreter – einschließlich des Vaters der schönen Frau – Normen und Verhaltensmuster vorgeben, die nicht zu erfüllen sind. Sie überfordern daher das einzelne Individuum und bedrohen es im Falle einer Nicht-Erfüllung dieser Normen mit völliger gesellschaftlicher Zerstörung. Eben dies macht sich Don Juan zunutze.

Die einzige gesellschaftlich akzeptierte Form der Liebe ist die der christlichen Ehe, wobei die Ehepartner von den Eltern – und insbesondere den Vätern – einander zugeführt und miteinander verheiratet werden. Es ist wohl überflüssig, dies ausführlicher zu erläutern, zu präsent ist uns dies selbst heute noch! Für unsere Fragestellung ist aufschlussreich, dass sich Don Juan als Verführer genau diese insbesondere auf den Frauen lastende Zwangssituation zunutze macht, indem er ungerührt mit dem Eheversprechen, das er immer wieder vor sich herträgt, zu seinem Ziel zu gelangen sucht. Mit seiner Strategie ist er im Grunde höchst erfolgreich und deckt damit – zumindest aus heutiger Sicht – ein gesellschaftliches Manko auf. Denn der *burlador* macht sich stets und vor allem über die gesellschaftliche wie die göttliche Ordnung lustig, indem er sich – gleichsam iberisch anarchisch – über sie hinwegsetzt und sie kühn herausfordert.

Dabei gibt es von seiner Seite weder Mitleid mit den von ihm getäuschten oder verführten Frauen noch mit deren getäuschten, betrogenen oder getöteten Liebhabern oder Vätern. Das Begehren Don Juans ist ohne jeden Zweifel grundlegend gesellschaftszersetzend, zielt auf ein Unterlaufen der sozialen Normsetzungen ab, wird aber – wie es der gegebene Spitzname *El burlador* belegen mag – selbst wiederum vom jeweils schadenfrohen Teil der Gesellschaft mit Amüsement goutiert. Denn die *burla* und der *burlador* benötigen auch ein Publikum, das zumindest insgeheim den Listen Don Juans applaudiert.

Liebe wird in diesem Zusammenhang zu einer Abfolge von Stratagemen, die natürlich – wie die *Quiproquos* – auf der Theaterbühne leicht in Szene zu setzen sind. Don Juan ist dabei jener Typus eines männlichen Verführers, der gerne bereit ist, Kopf und Kragen für seine Abenteuer zu riskieren, wobei es ihm nicht um eine wechselseitige Liebe geht, sondern um die Durchsetzung seiner einseitig, asymmetrisch beschlossenen Pläne und seines festgelegten Ziels, eine Frau zumindest kurzzeitig in Besitz sowie unter seine Verfügungsgewalt zu bringen und – einmal entehrt – wieder zu entlassen, also der gesellschaftlichen Verachtung, dem Lachen preiszugeben.

Gegenüber der schönen Aminta schwört Don Juan in siebten Szene des dritten Aktes von Tirso de Molinas *El Burlador de Sevilla* – wie gegenüber anderen Frauen – ewige Treue, doch muss er ihr zugleich auch versichern, dass er sich wünsche, ein Mann solle ihn töten, wenn er sein Wort ihr gegenüber brechen würde. Gesagt, getan! An eben dieser Stelle des Theatertextes wird sich das gegebene Wort Don Juans gleichsam in ein göttliches Wort verwandeln, welches wie ein Boomerang zu dem spanischen Spötter zurückkehren und seinem Leben ein Ende bereiten wird.

Das Eingreifen Gottes am Ende, gleichsam in Form eines Wunders, führt die zweite, die christlich-katholische Dimension in das Theaterstück ein, das letztlich die Durchsetzung dieser christlichen und religiös fundierten Auffassung von Liebe bestätigt. Wenn Sie so wollen, haben wir in Don Juan immer noch den Kampf zwischen einer christlich sanktionierten Liebeskonzeption und einer diese bekämpfenden Liebesauffassung, zwischen rechtem Glauben und Häresie sowie den damit einhergehenden Konflikten um Konvivenz vor uns. Albi und die Albigenserkriege liegen förmlich in der Luft und die gesellschaftliche Schlüsselfunktion der Liebesauffassung ist evident.

Wie bereits in den Ausführungen von Denis de Rougemont in seinem *L'amour et l'Occident* begreifen wir, dass Liebe sehr wohl mit Religion, mit Glaube und religiösen Normen, in einer intimen und gesellschaftlich signifikanten Verbindung steht. Dies wird auch und gerade an der Figur Don Juans sehr deutlich und vermag damit die These des Schweizer Kulturhistorikers und Essayisten zu bestätigen. Die Liebe ist eine gesellschaftliche Kraft allererster Güte: Ihre Ordnung steht mit der Ordnung der Gesellschaft in einer intimen Wechselwirkung.

Doch wie ist all dies sprachlich umgesetzt? Im Don Juan-Stoff ist die militärische Sprache stets präsent, ja bisweilen erscheint Tirso de Molinas Stück in heutigen Aufführungen wie auch in der Tradition der Mantel- und-Degen-Stücke als ein Katalog von Kriegslisten, welche in der Sprache von Eroberungen und Plünderungen ausgeführt werden. Hierbei kommen dem Zuschauer die Heldentaten des Don Juan und seine beeindruckende Unerschrockenheit und Tapferkeit im Grunde wie Episoden im quasi militärischen Kampf gegen die Nebenbuhler, tatsächlichen Liebhaber oder Väter vor, wie die heldenhafte sowie strategisch erfolgreiche Finte gegen die gesellschaftlich rechtmäßigen patriarchalen Besitzer der von ihm ins Auge gefassten Frauen. Sein Kampf ist ein individueller, gleichsam anarchistischer Kampf gegen die Grundfeste der katholischen spanischen Gesellschaft.

Gehen wir an dieser Stelle über vom spanischen *Siglo de Oro* in das französische *Siècle Classique* mit seinen gesellschaftlich so differenten, aber ebenso autoritären Normsetzungen im 17. Jahrhundert. In seiner literarisch feinen Gestaltung der Figur des Don Juan, seiner *comédie* mit dem Titel *Dom Juan*, hat Molière es in Frankreich auf einzigartige Weise verstanden, diese militärische Sprache auf die Eroberungen der Schönen selbst zu beziehen und damit die Sprache der Liebe mit der Sprache der Kriegsführung so intensiv wie kaum ein anderer zu verquicken. Sein *Dom Juan ou le festin de pierre* ist daher auch für uns eine kurze Beschäftigung unter diesen Gesichtspunkten wert.

Versuchen wir zunächst, kurz ein allgemeines Bild dieser Auseinandersetzung mit dem Don Juan-Stoff vor dem Hintergrund der bereits skizzierten Stoffentwicklung zu zeichnen. Die Komödie in fünf Akten des 1622 in Paris geborenen und dort 1673 verstorbenen Molière wurde am 15. Februar 1665 in der französischen Hauptstadt im Palais Royal uraufgeführt. Anders als vor ihm die italienischen Bearbeiter des Stoffes interessierte sich Molière wenig für die komödiantischen und handlungsspezifischen Aspekte, sondern legte seinen Don Juan in einer mitunter geradezu modern wirkenden vielschichtigen Psychologie an. Molière griff auf viele Episoden auch früherer französischer Theaterleute zurück, stellte seinem Don Juan aber eine intelligente Frauengestalt, die kluge Elvira, gegenüber und beleuchtete ihn dadurch aus doppeltem Blickwinkel. Der durchaus von Molière mit positiven Attributen ausgestattete atheistische Freigeist täuscht christliche Reue und Bekehrung vor, doch weiß der Zuschauer um Don Juans Heucheln, da dieser sich seinem Diener Sganarelle – wie oft bei dem französischen Klassiker eine stark konturierte Figur – offenbart. Don Juan wird zu einem hintersinnigen *Libertin*, der sein Tun reflektiert und durch seine Eleganz besticht. Erst der fünfte Akt zeigt den französischen Don Juan als Häretiker und ruchlosen Individualisten, der sich keiner Ordnung unterwirft und aus gutem Grunde am Ende seine Höllenfahrt anzutreten hat. Gegen die Normen von Gesetz und Religion setzt er die freigeistigen Formen eines Lebens, das sich jeglicher Ordnung zu entziehen sucht und sich hinter den Stratagemen beständigen Heuchelns – ein weiteres großes Molière'sches Thema – versteckt.

Die gegen die christliche Religion gewendeten Sätze Don Juans, die teilweise der Zensur zum Opfer fielen, weisen ebenso die Selbstreflexion wie auch das Selbstbewusstsein des noch immer kühnen Titelhelden auf. Wie schon gegen seinen *Tartuffe*, so erhob sich auch gegen Molières *Dom Juan* eine geharnischte Querelle, die für den französischen Bühnendichter vielfältige Gefahren barg. Doch noch schützte ihn der französische König, noch schützte ihn der absolute Herrscher Louis XIV. vor allen Angriffen klerikaler wie auch bühnenspezifischer

Abb. 69: Molière, eigentlich Jean-Baptiste Poquelin (Paris, 1622 – ebenda, 1673), in der Rolle des Julius Caesar im Stück *La Mort de Pompée* von Pierre Corneille.

LE FESTIN DE PIERRE.

Abb. 70: Frontispiz zu Molières *Dom Juan ou le festin de pierre*.

Art, kritisierte man doch an dieser Komödie, dass sie Elemente des Tragischen in die *comédie* gemischt und gegen die in Frankreich gültige klassische Regelpoetik verstoßen habe. Doch vielleicht sind es zusammen mit der höchst hintergründigen Gestaltung der Dienerfigur Sganarelle diese Elemente, welche uns noch heute Molières Deutung des Stoffes als modern erscheinen lassen. Aus einer gänzlich anderen Perspektive als bei Tirso de Molina erscheint auch bei Molière die gesellschaftliche Relevanz und Bedeutungsmächtigkeit der Liebesvorstellungen in starkem, gleißendem Licht.

Auch wenn ich an dieser Stelle nicht ausführlich auf das Bühnenstück des französischen Theaterschriftstellers eingehen kann, so möchte ich doch einige wenige und für uns wichtige Aspekte dieser Fassung hervorheben. Uns interessiert im Kontext der Vorlesung vor allem die Sprache des Liebesdiskurses von Dom Juan, der – dies lässt sich zweifellos behaupten – mit seinen Auffassungen auch nicht hinterm Berg hält und mehrfach sprachlich vorzüglich seine Theorie der Liebe, oder besser der Liebespraxis, dem interessierten Theaterpublikum vor Augen und zu Ohren führt. So erklärt er bereits in der zweiten Szene des ersten Aktes dem Sganarelle, der das Vorgehen seines Herren zunächst verdammt, einige der Grundlagen seiner Auffassung von der Liebe in beredten Worten:

> Wie? Du willst, dass man sich an das erste einnehmende Wesen bindet, ihr zuliebe der Welt entsagt und für keine andere mehr Augen haben soll? Das ist eine schöne Sache, sich zu der zweifelhaften Ehre des Treuseins aufzuschwingen, sich für immer in einer einzigen Leidenschaft einzusargen und schon in der Jugend sich für alle anderen Schönheiten tot zu stellen! Nein, nein; Beständigkeit ist die Tugend der Dummköpfe. Alle Schönen haben ein Recht darauf uns zu bezaubern und der Vorteil, uns als erste begegnet zu sein, darf die berechtigten Ansprüche der anderen auf unser Herz nicht schmälern. Was mich betrifft, so reizt mich die Schönheit, wo ich sie finde und ich erliege leicht dieser sanften Gewalt, mit der sie uns anzieht. Mag ich auch gebunden sein, so verpflichtet mich die Liebe zu der einen Schönen nicht dazu, allen anderen Unrecht zu tun.
>
> Meine Augen erkennen sofort die Vorzüge jeder einzelnen und ich erweise ihr dafür die Ehre und zahle den Tribut, den uns die Natur abverlangt. Wie dem auch sei, ich kann mein Herz keiner verweigern, die mir liebenswert erscheint. Und wenn ein schönes Gesicht mein Herz begehrt, und ich zehntausend Herzen hätte – ich gäbe sie alle freudig hin! Die aufkeimende Neigung hat doch immer wieder ihren unerklärlichen Reiz und das reine Vergnügen in der Liebe liegt im Wechsel. Welch unbeschreiblicher Genuß, das Herz einer jungen Schönheit durch hunderterlei Liebesdienst zu bestürmen, Tag für Tag die kleinen Fortschritte zu bemerken, die man macht ... mit Beteuerungen, Tränen und Seufzern die unschuldige Scham einer Seele zu bekämpfen, die sich sträubt, die Waffen zu strecken, Schritt für Schritt die klein Widerstände aus dem Weg zu räumen, die sie uns entgegenstellt, die Skrupel zu überwinden, die ihr zu Ehre gereichen und sie langsam aber sicher dahin zu bringen, wo man sie haben will. Aber ist man erst einmal ihr Gebieter geworden, ja, was gibt es dann noch zu sagen, was gibt es da noch zu wünschen? Das Schöne an

der Leidenschaft ist vorbei und wir schlafen ein in dieser Art Liebe, wenn nicht ein neues Objekt der Begierde unsere Sehnsüchte weckt und unserem Herzen seine Reize zur Eroberung anbietet. Schließlich ist nichts süßer, als über den Widerstand einer Schönen zu triumphieren und ich habe auf diesem Gebiet den Ehrgeiz der großen Eroberer, die unablässig von Sieg zu Sieg eilend außerstande sind, ihre Wünsche zu zügeln. Nichts kann den ungestürmen Drang meines Begehrens aufhalten: ich fühle in mir ein Herz, daß die ganze Welt lieben will; und wie Alexander wünschte ich, es gäbe noch andere Welten, auf die ich meine Feldzüge der Liebe ausdehnen könnte.[4]

Ich habe Ihnen absichtsvoll diese gesamte Passage aus dem Dialog zwischen Sganarelle und Dom Juan alias Don Juan vorgestellt, weil in diesem Zitat in dichter Folge doch eine ganze Reihe aufschlussreicher Aspekte für den Diskurs und die Sprache der Liebe aufgelistet sind. Denn zum einen ist bemerkenswert, wie stark die Bedeutung der Augen – gleich zu Beginn dieser Passage – hervorgehoben wird. Don Juan, dies ist unverkennbar, ist ein Augenmensch. Ihm tritt und steht vor Augen, was er begehrt: Seine Lust ist eine Lust der *concupiscentia oculorum*.

Nun wissen wir aber spätestens seit Helmuth Plessner, dass die Augen ein Fernsinn sind, also aus der Entfernung die Gegenstände abtasten, ohne sie zu berühren und zugleich auch, ohne dass etwas in unseren eigenen Körper zusätzlich eindringt. So ist der Gesichtssinn – wie der optische Kanal auch genannt wird – der körperfernste Sinn überhaupt. Über die Augen wird ein Begehren erzeugt, dass auf andere menschliche Sinne, auf das Tasten, in den Mund nehmen, auf unsere Haut und unsere Haare gerichtet ist. Doch genau von diesem distantesten, entferntesten und unkörperlichsten Sinn der menschlichen Natur, des menschlichen Körper-Leibes, gehen das Begehren und die Liebe aus. Durch die Augen entzündet sich auch bei Don Juan, wie er selbst betont, die Liebe. Daher spielt selbstverständlich die Schönheit des geliebten Objekts eine große Rolle, und natürlich auch das Gesicht, auf das sich der Gesichtssinn ja zuallererst zu heften scheint. Don Juan und das, was er seine „Natur" nennt, werden erregt durch den Anblick der Schönen, die zuerst mit dem Gesichtssinn abgetastet werden, lange bevor andere Sinne aktiv werden.

Wir stellen folglich fest: Die Liebe unseres Don Juan ist auf der sinnlichen Ebene zuallererst ein Oberflächenphänomen. Auf diese Weise wird auch die Passion, die Leidenschaft angeregt, die es als eine Ungerechtigkeit erachten würde, nur von einem Liebesobjekt und nicht von unendlich vielen angesprochen zu werden. Die Aussagen des Don Juan sind auf diesem Gebiet eindeutig und

---

4 Molière, Jean Baptiste: *Don Juan oder Der steinerne Gast*. Komödie in fünf Akten. Deutsch von Karin Drechsel. Berlin: Felix Bloch Erben 1980, I, 2, S. 5. Originalzitat im Anhang aus Molière: *Don Juan, ou Le Festin de pierre*. Texte établi par Charles Louandre. In (ders.): *Oeuvres complètes*, tome II. Charpentier 1910, I, 2, S. 65f.

lassen sich auch mit modernen Liebesaufforderungen in Verbindung bringen, wie sie etwa im Jahre 1970 das Quartett Crosby, Stills, Nash & Young melodisch zu Gehör brachte: *If you can't be with the one you love, love the one you're with.*

Die durch das Auge und den Augenblick ausgelösten Leidenschaften des Don Juan richten sich zwar unverkennbar gegen die christliche Liebes- und Eheauffassung, aber haben andererseits nichts oder wenig mit dem Leiden und der Passion zu tun. Nein, der Don Juan Molières ist ganz bestimmt kein an der Liebe Leidender und Verzweifelnder. Wir dürfen hier also feststellen, dass gleichsam neben Denis de Rougemonts *amour-passion* eine weitere, ebenfalls häretische Liebeskonzeption getreten ist, jene der sukzessiven Polygamie oder des *amour-en-série*.

Allerdings liegen die Dinge – wie stets in der Liebe – nicht ganz so einfach, sondern komplizierter. Denn es gibt eine Reihe von Überschneidungen mit der höfischen Liebe im Sinne von Denis de Rougemont. Don Juan macht nämlich deutlich, dass der handlungsreiche und in militärischer Diktion beschriebene Eroberungsprozess und nicht etwa die erfüllte Liebe in geteilter Zweisamkeit den eigentlichen Genuss und Anreiz bildet.

Dies aber lässt sich sehr wohl mit jenem Genuss an einem (unerfüllbaren) Begehren in Verbindung bringen, das in der Liebe zu einer hochgestellten Dame ohne Gnade gleichsam von vorneherein nicht nach Erfüllung im Sinne einer konkreten Verkörperlichung streben konnte. Just an diesem Punkt freilich ist an die Stelle der Leidenschaft, immer neue Ausdrucksformen und Positionen dieses Leidens lyrisch darzustellen, die Leidenschaft des Taktikers und Strategen getreten, der die zu erobernde Frau als vorübergehende, austauschbare Kriegsbeute und damit letztlich als einen beliebigen Gegenstand betrachtet.

Im Übrigen ließe sich diese Beziehung innerhalb der abendländischen Kulturtradition auch aus der umgekehrten Perspektive nachweisen. So haben die Konquistadoren, die Kolonialherren wie die Kolonisten aller abendländischen Länder die Kolonien stets als Frauen metaphorisiert, die es zu erobern und zu unterwerfen, aber danach auch auszubeuten gelte.[5] Bei ihnen geht es nicht um die Liebe, sondern um die Eroberung und Unterwerfung; doch wird das eroberte Land, die Stadt oder das Volk in die Metaphorik der Frau gekleidet, um damit die Eroberung wie die eroberte Beute anschaulich zu machen.

Leidenschaftlich ist an der Liebe Don Juans also vor allem dieser Aspekt, sozusagen das Vorspiel der Taktik und vor allem der Strategie, die zur Eroberung führen. Der Erfolg wird vom Don Juan Molières also durchaus anvisiert und angestrebt: Es geht nicht um strategische Vorspiele um des Vorspiels willen, sondern

---

5 Vgl. hierzu Hölz, Karl: *Das Fremde, das Eigene, das Andere. Die Inszenierung kultureller und geschichtlicher Identität in Lateinamerika.* Berlin: Erich Schmidt Verlag 1998.

um den Prozess der schrittweisen Eroberung, der eindeutig im Zentrum des Begehrens steht. Damit kommt auch wieder das bereits bei Giacomo Casanova betonte quantitative Element zum Tragen. Vergessen wir darüber im Übrigen nicht, dass Molières Don Juan soviel Liebe in sich spürt, um die gesamte Welt zu umarmen und zu lieben. Auch auf dieser Ebene besitzt er eine gemeinsame Metaphorologie mit jenen Eroberern, die wie Alexander der Große am liebsten die ganze Erde unterwerfen würden.

Diese Art der leidenschaftlichen Passion ist nicht auf ein einzelnes Liebesobjekt gerichtet und folglich insgesamt auch nicht auf Ewigkeit gestellt. Vielmehr gehen unserem Molière'schen Don Juan – ganz wie Alexander dem Großen – leicht die zu erobernden Objekte der Liebe aus. Denn das Prinzip der (auf Quantität setzenden) Liebe ist – und Albert Camus wird dies später ausbauen – der ständig wiederholte Neubeginn, die ständig neu ins Blickfeld rückende und zum Objekt der Unterwerfung werdende Frau. Dergestalt kann Don Juan auch leicht zum Sisyphus werden, der immer wieder von neuem anfangen muss.

Dabei bieten sich ihm die Gegenstände der Eroberung von selbst an, und er erkennt ihnen das Recht zu, sich erobern zu lassen. Ist dies eine Art Frauenrecht, das es den Frauen erlaubt, die Männer aus monotonen und monogamen Situationen herauszuholen? Diese weitgehend stereotype Rolle der Frau beschränkt sich freilich darauf, gleichsam optisch das Begehren des Helden und Kriegers auszulösen und ihm in der Folge die Eroberung so schwer als irgend möglich zu machen. Doch der Fall der Frau, ihre Verwandlung in ein ‚gefallenes' Mädchen, steht aus der Perspektive Don Juans immer schon fest. Es ist allein eine Frage der Strategie, bis es zu diesem Punkt kommt.

Im Don Juan-Stoff ist zugleich immer schon die Dimension des Zufalls und der Zufallsbegegnung enthalten und gegenwärtig. Hierbei ist nicht von der wechselseitigen Bestimmung der Liebenden füreinander die Rede, sondern eher vom Zufall, der die Liebenden zufällig zusammenführt. Gerne wiederholen wir unsere Feststellung: Gelegenheit macht Liebe, wie man hier auch sagen könnte. In jedem Falle ist der Zufall hochproduktiv. Seine Valorisierung ermöglicht etwa eine offene Kette und Abfolge von Bekanntschaften und Liebesverhältnissen, also den *amour-en-série*, der zweifellos eine quantitative Komponente besitzt. Denn wenn einmal der Zufall zugeschlagen und eine Zufallsliebe entzündet hat, gibt es für Don Juan keinen Grund, warum dem künftig Tür und Tor verschlossen sein sollte. Er steht für alle denkbaren und begehrlichen Liebesverhältnisse gleichsam in einer latenten Standby-Funktion, bereit, jederzeit als Frauenverführer in Aktion zu treten. Der Don Juan Molières ist in dieser Hinsicht näher an den Casanova der *Memoiren* gerückt.

Für den französischen Theaterschriftsteller ist gewiss nicht im Sinne der höfischen Liebe, wohl aber im Sinne des gesellschaftlichen Lebens am Hofe und in der Stadt, in *la cour et la ville*,[6] wichtig, sich nicht der Welt gegenüber zu verschließen. Entsprechend sind gemäß der für das französische *Siècle Classique* gültigen Regelpoetik die Konstellationen des *honnête homme* in die Sprache wie vor allem die Beziehungen zwischen seinen Theaterfiguren übersetzt. Molières Figuren entsprechen den Normen und Usancen dieser französischen Gesellschaft von *la cour et la ville*. Dass dies der katholischen Kirche und ihren entsprechenden Institutionen sowie deren Vertretern am Hofe von Versailles nicht gleichgültig sein konnte, so dass die Liebe sowie verschiedene Liebeskonzeptionen bis hin zum *Libertinage* wiederum in einen gesellschaftlichen Konflikt mit der Kirche hineingezogen wurden, sollte Molière – der sich der Problematik sehr wohl bewusst war – mehrfach am eigenen Leibe erfahren. Entscheidend freilich ist für Don Juan als *Libertin* das Prinzip der *variatio delectat*, dass also erst die ständige Veränderung des Liebesobjekts die Lust garantiere. Dies konnte Louis XIV. erfreuen, der in seinen ungezählten Liebesverhältnissen davon reichlich Gebrauch machte, nicht aber die Vertreter der religiösen wie gesellschaftlichen Ordnung bei Hofe. Der Don Juan Molières, so sehr sich dieser auch scheinbar und heuchlerisch den Regeln des Verhaltens eines *honnête homme* unterwarf, musste wie eine starke Provokation auf diese Kräfte wirken.

Genau hier, bei der Anrufung des Prinzips der *variatio delectat*, gäbe es die wohl überzeugendste und einleuchtendste Anschlussmöglichkeit für die Theorien des Göttlichen Marquis, des Marquis de Sade, dessen Werke im 19. und 20. Jahrhundert in allen Giftschränkchen der Schriftsteller vorhanden waren. Heute finden sie sich nicht mehr dort, sind sie doch seit den sechziger Jahren nicht zuletzt auf Grund der Studien eines Roland Barthes kanonisiert und in den Schulunterricht in Frankreich aufgenommen. Dennoch haftet dem *Divin Marquis* auch in Deutschland zu Unrecht ein anrüchiges Bild an, von dem sich der französische Schriftsteller wohl erst in einem weiteren Jahrhundert befreien können wird.

Es ist sicherlich ein wenig kühn, vom Don Juan Molières und dem französischen 17. Jahrhundert zwei Verbindungslinien in das europäische 18. Jahrhundert zu ziehen – zum einen zu Giacomo Casanova und zum anderen zur Figur von Sade. Doch wir bekommen auf diese Weise die grundlegenden Traditionslinien besser in den Griff, welche die europäischen Literaturen zweifellos durchziehen. Damit sei nicht betont, dass sich eine direkte Linie von unserem Zitat aus Molières *Dom Juan* zu Casanova und Sade ziehen ließe, wohl aber eine vermittelte und komplexe, die in ihrer Wirkmächtigkeit keineswegs geringer ausfällt als eine

---

6 Vgl. hierzu die klassische Studie von Auerbach, Erich: La cour et la ville. In (ders.): *Vier Untersuchungen. zur Geschichte der französischen Bildung*. Bern: A. Francke Verlag 1951, S. 12–51.

direkte Filiation. Der Aufschrei der Kirche angesichts von Molières *Dom Juan* lässt sich auch nachträglich nicht rechtfertigen, wohl aber verstehen. Doch sehen wir uns dies einmal in aller gebotenen Kürze näher an!

Abb. 71: Donatien Alphonse François de Sade, genannt Marquis de Sade (Paris, 1740 – Saint-Maurice bei Paris, 1814).

Die Sade-Studien von Roland Barthes haben das Bild eines geradezu strukturalistischen Autors entworfen, der systematisch und methodisch vorging, der die Grenzen der körperlichen, objekthaften Kombinationsmöglichkeiten zu erforschen trachtete und der niemals die Wiederholung ein und derselben Liebessituation und Liebesstellung in seinen Schriften akzeptierte.[7] Auf diese Weise entwickelte de Sade eine durchaus physisch und physiologisch gemeinte Kombinatorik der Liebe, die im Grunde einige der Grundannahmen Don Juans teilt und in der *variatio* den eigentlichen Urgrund für die Lust erblickt.

Zugleich verlagert und verdoppelt Sade den Schwerpunkt der Leidenschaft und der Passion. Es geht nicht länger um den Prozess der strategisch vorbereiteten und geplanten Eroberung, sondern um die verschiedensten Formen der Inbesitznahme von Körpern oder, um es etwas stärker zu sagen, von Körper-Objekten. Wir haben es hierbei mit einer ebenfalls schier unendlichen Abfolge von *possessions* und Stellungen zu tun, zugleich mit einer gezielten Verlagerung des Leidens und damit der Passion in den Vollzug der Liebe und des Liebesaktes selbst. Diese Passion ist auf den Leib des Subjekts und dessen Lust gerichtet, wobei simultan, wenn auch nicht notwendig im selben Körper des Anderen höchste Lust und höchstes Leiden sowie das Leiden an der Lust zum Vollzug und zum Höhepunkt gebracht werden.

---

7 Vgl. Barthes, Roland: *Sade, Fourier, Loyola*. Paris: Seuil 1971.

Ich möchte Ihnen kurz einen Einblick in diese gezielte und wohlkalkulierte Kombinatorik von Stellungen anhand einer fast beliebig gewählten Stelle aus Sades *Justine ou les malheurs de la vertu* vor Augen führen und damit zugleich das Kapitel „Sade" auch schon wieder abschließen, wäre es doch notwendig, sich wesentlich ausführlicher mit dem Marquis zu beschäftigen, um seinem Werk gerecht zu werden. Hier also die Stelle, in der Justine von ihren Peinigern berichtet:

> Der dritte hieß mich auf zwei voneinander entfernte Stühle steigen und setzte sich darunter, erregt von der Dubois, die an seinen Beinen platziert war, und er liess mich vorbeugen, bis sein Mund sich quer zum Tempel der Natur befand; Sie könnten sich niemals vorstellen, Madame, was dieser obszöne Sterbliche zu begehren wagte; ich musste, ob nun Lust oder nicht, diese leichten Bedürfnisse befriedigen ... Gerechter Himmel! Welch depravierter Mensch kann denn auch nur einen Augenblick lang Lust bei solchen Dingen empfinden! ... Ich machte, was er wollte, ich überschwemmte ihn, und meine vollständige Unterwerfung erreichte bei diesem furchtbaren Menschen eine solche Trunkenheit, welche ohne diese Infamie nichts ausgerichtet hätte.[8]

Ich gebe zu, dass ich mit Bedacht diese Stelle ausgewählt habe, da sie zwar das ist, was in den Vereinigten Staaten als *sexually explicit* bezeichnet wird, zugleich aber nichts direkt benennt, was – so hoffe ich – bei Ihnen Anstoß erregen könnte. Gewiss, wir sind nicht mehr im Heidelberg der sechziger Jahre, wo die Erwähnung des „Göttlichen Marquis" durch den noch jungen Erich Köhler das Missfallen der Studierenden erregte und es Eier und Tomaten gehagelt haben soll, um die depravierte bürgerliche Literaturwissenschaft dieses linken Professors zu geißeln. Erich Köhler hat, soviel darf man sagen, unter diesem Missverständnis zeit seines Lebens sehr gelitten, auch noch, als er die Universität Heidelberg geradezu fluchtartig verließ und an die Universität Freiburg wechselte, wo alles rund um die Achtundsechziger-Generation etwas ruhiger zu sein schien. So hoffe ich, Ihnen diese Passage zumuten zu können, da sie ein wichtiges Segment des Liebesbegehrens abdeckt, das nicht im Zentrum unserer Vorlesung steht, wohl aber nicht unerwähnt bleiben soll.

Was ich Ihnen zeigen wollte, ist die präzise und bewusste Kombinatorik, die – wie Roland Barthes angeführt hat – der gesamten Sade'schen Lusttheorie zu Grunde liegt. Barthes hatte ein geradezu strukturalistisches Verhältnis zu Sade, dessen Szenerien er damit gleichsam die Spitze nahm und einen Perspektivenwechsel in den Sade-Studien herbeiführte. Dies ist zweifellos ein Thema – die

---

8 Sade, Donatien Alphonse François de: *Justine ou les Malheurs de la vertu*, „en Hollande chez les Libraires associés". Paris: Girouard 1791, S. 54f.

Kanonisierung Sades und dessen Überführung in einen Schulbuchautor – das sich näher auszuführen lohnte, allein mir fehlt die Zeit dazu in einer Vorlesung, in welcher es um Liebe und um Lesen, ums LiebeLesen geht.

Abb. 72: Titelblatt der Erstausgabe von *Justine ou les Malheurs de la vertu*, 1791.

Freilich müssen wir etwas ergänzen, das Roland Barthes geflissentlich und ganz bewusst aus seinen Studien ausblendete. Denn es kommt noch ein wichtiges, vielleicht das wichtigste Element hinzu, das ebenfalls in dieser Szene deutlich hervortritt: Die völlige Unterwerfung des Körpers der Frau, eine totale Gewalt, welche über die Körper aller Frauen ausgeübt wird und eine wichtige Grundbedingung für die Lust der Protagonisten ist. Denn wir haben es bei de Sade mit den Exzessen und dem erotischen Überschuss einer patriarchalen und phallogozentrischen Ständegesellschaft im *Ancien Régime* zu tun, die auf diesen Seiten deutlich in den Fokus rückt. Ihr Gewaltexzess und ihre Unterwerfung der Frau werden bei de Sade konsequent ins Bild gesetzt.

All dies – und noch viel mehr – läuft im 18. Jahrhundert unter dem Stichwort *Libertinage*. Doch lassen Sie uns hier erst einmal einen Punkt machen! Denn ich möchte an dieser Stelle nicht den scheinbar so direkten Weg von Don Juan zum Marquis de Sade weiterverfolgen, auch wenn er zweifellos so naheliegend gewesen wäre, da Molières Deutung des großen Frauenverführers ohne jeden Zweifel in die Tradition der großen *libertins* und Freidenker gehört. Ich möchte vielmehr wieder zum Don Juan zurückkehren und damit auf eine Traditionslinie kommen, welche für die Behandlung des Stoffes von großem Gewicht war und uns zugleich zu seinen iberischen Ursprüngen zurückführt.

Diese abschließende Rückkehr erfolgt mit einem Theaterstück, das sicherlich weltweit, aber vor allem in Spanien und Lateinamerika, zu den bekanntesten Don Juan-Bearbeitungen gezählt werden darf: José Zorrillas *Don Juan Tenorio*. Diese Deutung des Stoffes wurde zumindest für die Spanier zur Verkörperung eines nationalen Mythos – im Guten wie im Schlechten. Man darf ohne Übertreibung sagen, dass *Don Juan Tenorio* noch heute jeder Spanierin und jedem Spanier grundlegend vertraut ist und nicht aufgehört hat, eine spanische Schulbuchlektüre zu sein.

Das Hauptwerk von José Zorrilla y Moral, der 1817 im altkastilischen Valladolid geboren wurde und 1893 in Madrid verstarb, erlebte seine Uraufführung am 28. März 1844 im Teatro de la Cruz in der spanischen Hauptstadt. Bei Zorrilla erhält Don Juan einen Gegenspieler und wird am Ende durch die unsterbliche Liebe der unschuldigen Inés zurück ins Reich der katholischen Kirche geholt, die dankbar das Versdrama – wie bereits erwähnt – an Allerseelen immer wieder aufführen ließ. Mit Zorrilla kehren wir entschlossen jedweder *Libertinage* den Rücken und besinnen uns zugleich auf die religiösen und iberischen Kontexte, die von Tirso de Molina herrühren. Wir befinden uns also erneut im eigentlichen ‚Markenkern' dieses Stoffes.

Abb. 73: José Zorrilla y Moral (Valladolid, 1817 – Madrid, 1893), fotografiert im Jahr 1862.

In den ersten vier Akten des Stückes erleben wir Don Juan wie eh und je als einen Draufgänger, der die Frauen verführt und sein prahlerisches Gehabe in vollen Zügen auslebt. Aber Hochmut kommt vor dem Fall. Zorrilla war durch kein klassisches französisches Regelwerk oder etwa durch die Einheit der Zeit behindert und ließ den zweiten Teil seines Dramas einige Jahre später spielen. Im letzten Akt wird er, der nun seine Sünden bereuend stirbt, auf Fürbitten der verstorbenen Inés erlöst und in den Himmel aufgenommen.

Den Erfolg des Stückes schrieb man häufig der Tatsache zu, dass Zorrilla seinem Protagonisten eine Vielzahl an Eigenschaften mit in die Wiege legte, die in Spanien als typisch spanisch gelten. Man geht wohl nicht zu weit mit der Behauptung, dass neben oder hinter der Figur von Don Quijote wohl Don Juan Tenorio die zweite große Verkörperung von Spanien und den Spaniern ist, die wir in der hispanischen Literatur ausmachen können. Dazu gehört sicherlich die Tatsache, dass Zorrilla auf sehr überzeugende Weise an die Traditionslinie des *Siglo de Oro* anknüpfte und auch darin den Erwartungen eines iberischen Publikums vollauf entsprach.

Bis jetzt ist in unserer Vorlesung Don Juan stets alleine zu Wort gekommen. Das soll sich nun ändern! Denn wir wollen eine Verführungsszene belauschen, die Don Juan Tenorio als erfolgreichen Frauenhelden und schamlosen Lügner ausweist. Die Bewunderung für letztere scheint etwas Überzeitliches zu sein, denken wir doch gerade an den Bereich der aktuellen Politik, wo sich dreiste Lügen beim Wahlvolk in aller Regel wieder auszahlen und witzig als ‚alternative Wahrheiten‘ bezeichnet werden. Aber legen wir dieses traurige Thema rasch wieder beiseite und genießen wir diese Szenerie so, wie das spanische Publikum sie in aller Regel genossen hat, ohne dabei an Donald Trump, Boris Johnson und all die anderen politischen Führer und gefährlichen Spieler der gegenwärtigen Rechten zu denken, die uns mit ihren schamlosen Lügen verfolgen!

Wenden wir uns dem Text Zorrillas zu! Es ist die berühmte Passage der Verführung von Doña Inés zur Liebe in der dritten Szene des vierten Aktes, die wir uns ein wenig näher anschauen sollten:

Don Juan.
Ich hab' geschrieben,
Daß Ihr, aus der Gefahr befreit,
In meinem Schutze dann geblieben,
Und ruhig auf dem Lande seid.
D'rum sorge nicht, mein süßes Leben,
Und ruhe aus an dieser Stelle;
Nur einen kurzen Augenblick.
Denk' an die finstre Klosterzelle,
An Deinen Kerker nicht zurück.

O, sage mir, Du Engelsbild,
Ob hier, wo stiller Friede wohnt,
Nicht heller glänzt der Silbermond?
Ob freier nicht der Busen schwillt?
Und dieser Hauch, der in den Lüften
Sich leise regt, mit allen Düften
Der zarten Blumen angefüllt,
Die dort am schönen Ufer sprießen;
Und diese Wellen, rein und klar,
Die sanft und spielend weiter fließen,
Daß, unbekümmert um Gefahr,
Der Fischer bis zum Morgenroth
Sich schaukelnd singt im leichten Boot,
Das langsam hin und wieder geht;
O sage mir, Du holde Taube,
Ist's nicht wie meiner auch Dein Glaube,
Daß hier der Liebe Athem weht?
Und dieser Klänge, die der Wind
Aus all den tausend Blütenwipfeln,
Die er mit sanftem Hauch bewegt,
harmonisch uns herüberträgt;
Und dieser Töne Zauberfall
Aus dem Gesang der Nachtigall,
Die trillernd von Olivengipfeln
Dem nahen Tag entgegenschlägt,
Erfüllt von ewig heil'gem Triebe;
Du scheues Reh, Du lieblich Kind,
O sage mir, ist das die Liebe?
Und diese Rede, welche leis
Und schmeichelnd sich in's Herz Dir drängt,
Das schön an Don Juan's Lippen hängt,
Und noch nichts von dem Feuer weiß,
Das schöpferisch Dich neu belebet,
Ein Himmelsstrahl von Glück und Wonne!
O sage mir, Du meine Sonne!
Ist es nicht Liebe, die da wehet?
Und dieses flüss'ge Perlenpaar,
Das, wie Kristall so hell und klar,
An Deinen seid'nen Wimpern hängt,
Und langsam sich herniedersenkt
Aus diesen dunkeln Feueraugen,
Und ladet mich, es einzusaugen.
Das, wenn mein Mund nicht weg es küsste,
An eigner Glut vertrocknen müsste,
Und dieser Purpur Deiner Wangen,
Der in erhöhter Schönheit blüht,
Und zeugt von Sehnsucht und Verlangen,

Ist es nicht Liebe, die da glüht?
O Ines, meiner Augen Licht!
Daß Du nicht meine Rede störest,
Daß Du sie ohne Zürnen hörest,
O sage, ist das Liebe nicht?
Verräth'risch wollte dieses Herz
In wildem Stolze sich erheben,
Als müsst' es nimmer sich ergeben,
Als ob es unbesiegbar bliebe;
Jetzt sieh'es hier zu Deinen Füßen,
Anbetend, wonnig zu genießen
Der Sklaverei so süßer Liebe!

Doña Ines.
O schweigt, Don Juan, ich muss vergehn!
Welch' neu Gefühl ist mir erwacht?
Nur sterbend hätte ich die Macht –
Ich fühl' es – ihm zu widerstehn.
Aus Mitleid schweiget, ich beschwöre!
Bei jedem Worte, das ich höre,
Scheint mir's, daß mir der Sinn vergeht
Und daß mein Herz in Flammen steht.
O saget, einen Höllentrank
Habt Ihr mir heimlich eingegeben,
Ein Trank, der Frauentugend zwingt,
Sich willenlos Euch zu ergeben?
Habt Ihr vielleicht ein Amulet,
Mir unbewusst, in Euern Händen,
Unwiderstehlichen Magnet,
Daß sich mein Herz zu Euch muss wenden?
Oder hat gar der böse Feind
Euch seinen Zauberblick vertraut,
Und seiner Rede Schmeichellaut,
Die Liebe, die er Gott verneint?
Was soll ich thun, ich armes Kind,
Als auch in Eure Arme fallen,
Nachdem mein Herz Euch schon verfallen,
Das Ihr geraubt mit Wort und Blick?
Ich fühl's, ich kann nicht mehr zurück!
Es ist zu spät, Dir zu entfliehn;
Nicht wollen kann ich mehr, ich muss;
Es zieht mich zu Dir, wie den Fluss
Die Wellen hin zum Meere ziehn.
Wie Deine Nähe mich erfaßt,
Daß mir das eigne Selbst vergeht!
Wie Deine Worte mich umstricken!
Wie Deine Augen mich berücken!

Dein Hauch vergiftend mich durchweht!
O, so gewähre ritterlich
Was sich mein armes Herz erfleht:
Liebe oder tödte mich, Don Juan!
Liebe mich; denn ich bete Dich an![9]

In diesem literarisch mit allerlei Versatzstücken versehenen Dialog, das sehen wir rasch, wird mit ungleichen Waffen gefochten. Denn wir erkennen hier die Figur eines Don Juan, der über alle Listen und Überraschungstricks eines Verführungsdiskurses verfügt, der über literarische Quellen und eine an der antiken Rhetorik geschulte Sprachbeherrschung gebietet und diese Möglichkeiten auch schamlos zur Verführung der unschuldigen Inés einsetzt. Dabei malt Don Juan seiner künftigen Geliebten vor dem dunklen Hintergrund der Klostermauern eine Welt und insbesondere eine Natur aus, die Liebe atmet, eine von Liebe durchtränkte Natur, die gleichsam die entsakralisierte Variante einer von der Liebe Gottes – und der Gottesliebe – erfüllten Welt darstellt. Er tut dabei nicht wesentlich mehr als einen antiken *locus amoenus* auszumalen und mit dem Hauch weltlicher Liebe zu durchtränken. Sie führen an, dass dies heute nicht mehr ausreichen würde, um wen auch immer zu verführen? Mag sein! Die Sprache der Liebe hat sich gewandelt, wie wir zweifellos konstatieren müssen. Aber für Doña Inés war es die richtige Sprache der Liebe, denn alles ist für sie nun von zärtlichen weltlichen Liebesgefühlen durchzogen und durchwoben.

In diesen Zusammenhang gehört schon die Anrede von Doña Inés als Liebesengel, wobei hier der Begriff des Engels seiner sakralen und zugleich auch geschlechtslosen Züge verlustig geht, gemeinsam mit ihm aber auch der Begriff der Liebe sowie das Objekt selbst, also die angesprochene Nonne in ihrem christlichen Kloster. Dieser Liebesengel soll nämlich gerade zur Zielscheibe einer entsakralisierenden Strategie werden, welche das weibliche Opfer zunächst aus dem Kloster hinaus und in die Arme Don Juans hineintreiben soll. Sie sehen, wie rhetorisch raffiniert in diesen Versen der „ángel de amor", der Liebesengel, in die männliche Verführungsstrategie eingebaut ist, welche die Liebe der Nonne zu Gott in einem günstigen Augenblick nochmals in ihrer Liebesart verändert und auf den liebeshauchenden Verführer lenkt. Kein Zweifel: Don Juan ist belesen und zugleich gerissen, vor allem aber ein aufmerksamer und ausgezeichneter Leser einschlägiger Literatur.

---

9 Zorilla, José: *Don Juan Tenorio. Religiös-phantastisches Drama in zwei Abtheilungen* (Den Bühnen gebenüber als Manuscript gedruckt). Aus dem Spanischen übertragen durch G. H. de Wilde. Leipzig: F. A. Brockhaus 1850, IV, 3, S. 121–124. Originalzitat im Anhang aus Zorrilla, José: *Don Juan Tenorio*. Edición, prólogo y notas de Salvador García Castañeda. Barcelona: Editorial Labor 1975, 1a. parte, IV, 3, S. 158–162.

Was der erprobte Frauenverführer also entwirft, ist nicht mehr und nicht weniger als ein *locus amoenus* nach antikem Vorbild, ein Lustort, an dem es an nichts fehlt. Sie finden den kleinen Fluss oder Bach, das klare transparente Wasser, die Blumen und Blüten sowie die keimenden Pflanzen, aber auch die Musik des vor sich hin trällernden Fischers. Diese letztgenannte Figur erweist sich bei näherer Betrachtung übrigens eher als ein durchaus verräterisches Bild Don Juans, denn mit ihr wird im Grunde auch schon die Dimension des Köders, des Lockmittels eingebaut. In der Folge ergeht gleich viermal die rein rhetorisch gemeinte Frage, ob in all diesen geschilderten Gefilden denn nicht wirklich alles Liebe atme. Beim vierten und letzten Mal freilich schlägt diese Liebe dann bereits in die Liebesbeziehung um und entfaltet ihre durchschlagende Wirkung auf Doña Inés, die sich im Liebesdiskurs des Verführers verheddert.

In der zweiten Liebesstrophe wird das Element Luft thematisiert, das bereits angesprochen wurde; und so findet sich die allumfassende und weltumpsannende Harmonie natürlich gerade auch in den Schwingungen der Luft, die eine Nachtigall auslöst – auch sie nicht mehr und nicht minder ein festes Element des tradierten und erlernten *locus amoenus*. In der zweiten rhetorischen Frage ist die Taube, die im Angesicht der römisch-katholischen Dreifaltigkeit noch immer etwas Göttlich-Sakrales besitzt, zum Reh geworden, was natürlich ebenfalls sehr schmeichlerisch gemeint ist. Aber auch hier ergibt sich eine differenzierte Ausdeutungslage, da das Reh, im spanischen Original die Gazelle, auf die Jagd verweist, welche auf die schöne junge Dame eröffnet ist. Doch noch einmal atmet alles Liebe.

In der dritten Strophe kommt Don Juan zur Sache, denn dieser ist er sich bereits sicher. In jenen Versen geht es selbstreferentiell um die Worte des Ich selbst. Und ebenso autoreferentiell geht es um die schöne Gestalt des Verführers mit Worten, zu dem sich – so Don Juan selber sehr zutreffend – Doña Inés bereits unwiderstehlich hingezogen fühlt. Don Juan, dies macht diese Passage deutlich, ist ein Wortkünstler; und literarische Verführer ohne ausgeprägte Behandlung der Wortkunst scheint es an sich gar nicht geben zu können. Ist Don Juan folglich ein Autor, ein Schriftsteller, ein Künstler?

Jedenfalls kennt er sich aus im weiten Feld der Literatur. Er ist sozusagen ein Spezialist in angewandter Literatur. Die Worte des Verführers aber bilden einen Diskurs, der in Brand setzt, einen *discours incendiaire*, welcher das Opfer – in Liebe selbstverständlich – entflammen lässt und zumindest binnen kurzer Zeit zur Schmelze bringt. Zugleich wird die Geliebte als Stern (hier in der deutschen Übersetzung als Sonne), als „estrella mía", freilich wieder weiter entrückt, so weit, wie es ein Liebesengel im Himmel nur sein kann. Doch wie steht es mit der Wirkung, mit dem Impact bei der Schönen?

Die vierte Strophe besingt hier bereits jene Wirkung dieses Diskurses der Liebe. Sie spricht von jenen beiden Perlen, die Tränen aus Inés' Augen sind und die Rührung der schönen, unschuldigen jungen Frau anzeigen als ersten Lohn der rhetorischen Verführungskünste. Aber zugleich handelt es sich auch um einen wichtigen Verweis auf die Flüssigkeit, auf das Liquide, das in der Liebe auf allen Ebenen eine so herausragende Rolle spielt. Denn der Geliebte fühlt sich – ganz in den Codes der Liebe und diese Codes manipulierend – aufgerufen, diese Liebesflüssigkeit aus ihrem Körper zu trinken, zu inkorporieren und in sich aufzunehmen. Da sind wir gar nicht mehr so weit von jener Szene entfernt, die der Marquis de Sade mit den Worten Justines so trefflich schilderte.

Selbstverständlich kann der Verführer, fast schon am Ziel, nun bereits ihre irdische Schönheit preisen und sie als „hermosa mía" titulieren, als seine Schöne, die nun auch die entsprechende Farbe der Liebe auf ihren geröteten Wangen trägt. Sie wird ihm nun zum Spiegel und zum Licht seiner eigenen Augen, in deren Pupillen sich das kleine Püppchen der Geliebten reflektiert. Tauchten die Augen schon zuvor mit ihren Tränen als Spiegel der Seele auf, so widerspiegeln sie nun das geliebte Bild als Püppchen, als *pupilla*, das sich in den Pupillen des liebenden Gegenüber reflektiert weiß.

Das fünfte Erklingen des Zauberwortes Liebe, das nun endgültig auf die geliebte Inés übergesprungen ist, zeigt sie als Herrscherin über den zu ihren Füßen liegenden Don Juan. Der Verführer schlägt nun geschickt auch das Thema der Sklaverei, seiner eigenen Versklavung in Liebesdingen an. Die Metapher der Sklaverei aber weist bereits auf die absolute Abhängigkeit vom Anderen, auf eine völlige Hörigkeit, welche die zum Schein angebetete Inés in ihrer Antwort nun auch zum Ausdruck bringt und damit zugleich die Wirkung des erfolgreichen Liebesdiskurses von Don Juan bestätigt. Ihre Antworten enthalten eine Fülle von Aspekten, welche diese Wirkungen des Liebesdiskurses zeigen, aber zugleich auch die Stratageme der Verführung auf eine Inés selbst unbewusste Weise demaskieren und vorführen.

Denn Doña Inés ist von den lockenden Worten des Don Juan so hingerissen, dass sie ihnen nicht länger widerstehen kann und die Gefahr verspürt, andernfalls sterben zu müssen: Die Liebe und der Tod gehen hier jene intime Verbindung ein, die wir in unserer Vorlesung bereits thematisiert haben. Die körperlichen Orte, an denen der Liebesdiskurs Don Juans eingeschlagen hat, sind dabei deutlich bezeichnet. Zum einen handelt es sich um den Kopf, das Gehirn, den Verstand, die Rationalität, die außer Kraft gesetzt werden und in eine Verrückung, in ein Verrücktwerden, in Wahnsinn überzuspringen drohen. Inés selbst bezeugt, dass ihr Verstand wie gelähmt erscheint und sie handlungsunfähig macht.

Doch damit nicht genug! Denn der zweite Ort, der eigentliche Liebesort am menschlichen Körper, ist das Herz, das gezielt in Brand gesteckt wurde, was natürlich wesentlich leichter fällt, wenn die Vernunft zuvor ausgeschaltet wurde. Dies entspricht genau der Vorgehensweise des männlichen Verführers. Doña Inés erkennt sehr wohl das Infernalische, das sich der christlichen Nonne bemächtigt, da es ihr hier – in umgekehrter Bewegung – zu trinken gegeben und längst inkorporiert wurde. Es handelt sich um eine Art teuflisches oder höllisches Gift, das anders als die Tränen als Liebestrank hier nun die Abhängigkeit, die wirkliche Sklavenschaft auslöst und in die Hörigkeit, die absolute Abhängigkeit führt. Drangen die Tränen von innen nach außen als Spiegel der Seele, so dringt das infernalische Gift in den Körper der Nonne und führt sein Zerstörungswerk aus. Nicht Don Juan ist der Sklave, sondern Doña Inés eine Sklavin, die sich ihrem Sklavenhalter gänzlich unterwirft und um Liebe bettelt.

Blicken wir auf unsere ausführliche Beschäftigung mit Denis de Rougemont zurück, so sehen wir, dass das Thema des versehentlichen Liebestrankes für Tristan und Isolde nicht fern ist. Mehrfach wird die Metaphorik des Giftes von Inés bemüht, ohne dass die junge Frau gegen das ihre Widerstandskraft lähmende Gift vorgehen oder sich dessen Wirkung entziehen könnte. Sie ist Don Juan ausgeliefert.

Allerlei Vermutungen schließen sich an, wobei erneut das Satanische, der Teufelsbund, die magnetische Anziehungskraft, die nicht von dieser Welt allein sein kann, Erwähnung finden: Das Ausgeliefertsein der schönen Nonne ist unübersehbar und wird von ihr selbst auch thematisiert, ohne dass es doch zu Gegenmaßnahmen ihrerseits käme. Sie ist wie gelähmt im Spinnennetz des schamlosen Verführers, dessen Kalkül auf ganzer Linie siegt. Die Faszination des Gesichtssinnes hat etwas Teuflisches. Und so wird auch erkennbar, dass darunter ein alter christlicher Topos liegt. Erneut stoßen wir auf die Verführbarkeit des Menschen durch die Augen, die *concupiscentia oculorum*, welche alles Menschliche beinhaltet und zugleich auch dem Verderben weiht.

Zugleich erkennen wir noch einen anderen Befund im religiösen Spektrum – denn vergessen wir nicht, dass es sich bei Doña Inés um eine Nonne handelt, die nun der katholischen Kirche und vor allem ihrem Bund mit Christus untreu wird. Satanisch ist die Verweigerung der Liebe gegenüber Gott, und satanisch ist daher auch eine weg von Gott auf die Menschen, auf die Frau, auf den Mann gerichtete Liebe, wie wir schon seit Beginn dieser Passage geahnt hatten. Die Unausweichlichkeit der befürchteten und doch ersehnten Liebesbeziehung wird in die Fluss-und-Meer-Metaphorik gekleidet, also in eine nicht länger vom Verstand, der Ratio, sondern von Naturkräften geleitete Bewegung der Auflösung, des Verlusts der eigenen Identität und Unabhängigkeit überführt.

So bleibt am Ende – da eine *compasión*, ein Mitleiden, aber auch eine wirkliche Mitleidenschaft im Grunde nicht zu erwarten sind – nur die Alternative der Zerstörung des Herzens oder einer wirklichen totalen Liebe, die gleichsam übermenschliche Dimensionen annehmen muss. An eben diesem Punkt zeichnet sich auch schon die Lösung des Konflikts durch Zorrilla ab. Denn zum einen kommt es selbstverständlich zu ersterem, also zu der zerstörerischen Kraft der Liebe, die Inés aus ihrem Kloster, aus ihrer *virtud*, der sie verlustig geht, und letztlich auch aus ihrem Leben reißen wird. Das Herz – als Ort der romantischen Liebe – wird ihr buchstäblich aus dem Leib gerissen werden, und die Schöne wird ihre Liebe zu Don Juan nicht in dieser Welt überleben. Mit ihrem Leben bezahlt sie für ihre irdische Liebe. Doch zum Glück gibt es da ja auch noch die göttliche Erlösung der Liebenden, die selbst den Sünder Don Juan noch in den Himmel führt!

Denn die Liebe Gottes, welche sich in der Frau inkarniert, rettet – und dies ist die interessante und originale Wendung in Zorrillas *Don Juan Tenorio* – ebenso Doña Inés als auch Don Juan. Letzterer ist im zweiten Teil des Stückes längst dem Schrecken und einer einsetzenden Reue angesichts seiner Missetaten, die er selber aufzählt, verfallen. Mit einem Credo an die Adresse des Allmächtigen wendet er sich in der letzten Szene an den Himmel, freilich in der Überzeugung, dass es für seine Rettung zu spät ist. Doch es kommt anders!

Denn urplötzlich steigt Doña Inés aus ihrem Grab und erklärt ihrem Liebhaber, es sei nicht zu spät: Er könne noch immer – und zwar gemeinsam mit ihr – den Weg des christlichen Seelenheiles finden. Die Frau wird hier als Vermittlerin göttlicher Kräfte zur Retterin der Seele des Mannes: die Frau als Heilsbringerin, als Heilerin, als Wunderbringende, als heilbringende Inkarnation übermenschlicher Kräfte, von Gottes Liebe gespeist. Dies ist die Apotheose der christlichen und göttlichen Liebe gleichermaßen, die ich Ihnen zumindest kurz zum Abschluss unserer Beschäftigung mit *Don Juan Tenorio* sowie der nach Giacomo Casanova zweiten Verführerfigur einmal vorführen möchte.

Don Juan.
Gnäd'ger Himmel! Doña Inés!
Doña Inés.
Geister, auf! Ihr mögt verfließen!
Nur sein Glaube konnte retten.
Kehrt zu Euern Ruhestätten!
Also ist es Gottes Wille.
Meine Seele ward gepenigt,
Daß die seinige sich reinigt,
Und in seiner Gnade Fülle
Hört der Ewige mein Rufen,
Schenkt mir Don Juan's Seligkeit
Hier an meines Grabes Stufen [...]
Wird es den Gerechten klar,

Daß allein es Liebe war,
Die Don Juan an meinem Grabe
Vom Verderben hat gerettet [...]
Don Juan.
Gnäd'ger Gott, Heil Dir und Preis!
In Sevilla wird es Allen
Morgen früh das Herz ergreifen,
Daß von meiner Opfer Händen
Ich zur Sühne bin gefallen.
Nur gerecht ist's! Aller Welt
Liege hier das Zeugnis offen:
Weil ein Augenblick der Reue
Doch noch darf Erlösung hoffen
Und uns führt zum Himmelspfade.
Daß auch Juan Tenorio's Gott
Ist der Gott der höchsten Gnade.
(Don Juan fällt zu Doña Inés Füßen und beide sterben. Aus ihrem Munde steigen ihre Seelen in Gestalt zweier glänzenden Flammen empor, welche beim Klange der Musik sich nach oben velieren. Der Vorhang fällt.)[10]

In dieser Szenerie am Ende von Zorrillas berühmtem Theaterstück wird gleichsam der Ketzer, der Häretiker, der *Libertin* und ruchlose Frauenverführer wieder in die Kirche, in den Katholizismus, in die Gemeinschaft der Gläubigen und in die Gesellschaft zurückgeholt. Von diesem sicheren Ort der Ordnung aus tritt er in Begleitung der von ihm Verführten nicht die Höllenfahrt – wie bei Tirso de Molina – an, sondern wendet sich nach oben, gen Himmel, um – wohl über den Umweg des Fegefeuers – seinen finalen Aufstieg in die Gemeinschaft mit den Seligen und natürlich auch mit Doña Inés anzutreten. die Gültigkeit der göttlichen Ordnung und zugleich auch der Lehren der Kirche werden von ihm vollauf bestätigt.

Damit tritt eine andere Liebe, die Gottesliebe, an die Stelle der fleischlichsündigen Liebe Don Juans zu den Frauen. Zugleich setzt sich die Tradition der christlichen Liebe gegen die Tradition der häretischen, gesellschaftsgefährdenden, stets auf einer Art Passion beruhenden Liebeskonzeption durch: Don Juan Tenorio und Doña Inés sind ein Paar. Das Mittel der Errettung aber ist die Frau, die im Anruf Don Juans gleichsam in einem Atemzug mit Gott genannt und damit zur quasi göttlichen Frau, Mutter und Beschützerin wird. Auf diese Weise wird aus der geschändeten Frau Doña Inés, die ihrem Gelübde und ihrer klösterlichen Gemeinschaft untreu wurde, doch noch die Heilige, die auf ihrem Weg durch die Liebesstrategeme und die Machenschaften Don Juans verführt worden war.

---

10 Zorrilla, José: *Don Juan Tenorio*, II, 3 und 4, S. 202–204.

Die Frau ist jene Kraft, die nun Rettung und Erlösung bringt – wenn Sie so wollen eine spanische Spielart des Ewig-Weiblichen oder jener heiligen Iphigenie der Humanität, wie sie Goethe in seiner *Iphigenie auf Tauris* entwickelt hatte. Wir sehen bei Zorrilla freilich eine Liebeskonzeption, die – auch in ihrer Interpretation des Katholizismus – deutlich romantische Züge trägt und die wir uns im weiteren historischen Fortgang unserer Vorlesung folglich erst noch erarbeiten müssen.

Es ist in unseren Ausführungen aber offenkundig geworden, welches Gewicht dem Don Juan-Stoff innerhalb der europäischen Literaturen seit Tirso de Molina zukommt und wie sehr er – als literarische Inkarnation einer ausschließlich literarischen und nicht historischen Figur – die Figuren der Liebe im Abendland grundlegend geprägt hat. Die Psychologisierung Don Juans oder seine Stilisierung zum Suchenden, zum Philosophen, soll uns hier nicht interessieren, beschränken wir uns doch im gewählten Zusammenhang auf den spanischen Bereich, der eine solche Auslegung des Stoffes kaum kennt.

Die Figur des Verführers in der Literatur, wie sie seit Tirso de Molina unter dem Namen Don Juans präsent ist, besitzt sehr eigene Züge und kann beim besten Willen nicht in eine emanzipatorische, die tradierten Geschlechterbeziehungen aufbrechende Dimension überführt werden: Zu sehr sind in den Don Juan-Stoff – oder vielleicht mehr noch Don Juan-Mythos – Festschreibungen des Männlichen und des Weiblichen sowie deren Fixierung und bisweilen Radikalisierung eingegangen. Diese fixierten Geschlechteridentitäten und Geschlechterbeziehungen sind ebenso im ersten wie auch noch im zweiten Teil von Zorrillas *Don Juan Tenorio* evident.

In dieser allzu klaren Geschlechterordnung dürfte auch der Grund dafür liegen, warum Fanny Rubio in ihrem langen Essay zur Liebe und zu *El embrujo de amar* den Don Juan-Stoff als Spanierin zwar nicht vermeiden konnte und auch nicht ausklammerte, zugleich aber im spanischen Bereich auf eine bestimmte Lektüre von Fernando de Rojas' *Celestina* und dort insbesondere auf die Rolle Melibeas – „Yo soy la que gozo" – zurückgriff. Denn bei Don Juan gibt es auf Seiten der Frauen weder Erfüllung noch Lust – es sei denn die Lust am eigenen Untergang, an der eigenen Auflösung im Anderen, wie es die Metaphorik von Doña Inés treffend umschrieb: In der Ausmündung des Flusses ins Meer löst sich der Fluss spurlos auf.

Jean-Jacques Rousseau oder der göttliche Leser

Wenden wir uns nun einem für das europäische 18. Jahrhundert zentralen Schriftsteller und Philosophen zu, den wir in unserer Vorlesung gleich zweimal, aus dem Blickwinkel zweier seiner Werke, beleuchten wollen: Einmal von der Seite des Lesens, ein andermal von der Seite der Liebe her. Dazu habe ich zum einen *Les Confessions* und zum anderen *Julie ou la Nouvelle Héloïse* ausgewählt. Wir werden dabei sehen, in welch starker Wechselwirkung beide Perspektiven im gesamten Schaffen von Jean-Jacques Rousseau stehen.

Beginnen wir mit einigen biographischen Aspekten Rousseaus! Der Bürger Rousseau wurde 1712 als Sohn eines protestantischen Uhrmachers in Genf geboren, seine Mutter verstarb bei der Geburt. Nach einer Zeit als Lehrling in einer Kanzlei und bei einem Graveur verließ er 1728 seine Heimatstadt und lernte im nahe gelegenen Annecy Madame de Warens kennen, die ihn zur Konversion zum Katholizismus bewegte. Nach mehreren Reisen nahm er auf Anraten seiner späteren Geliebten 1732 in Besançon ein Musikstudium auf, welches er erfolglos wieder abbrach. Dennoch brillierte er 1741 in Paris auf dem Gebiet der Musik, was ihm wichtige Kontakte mit französischen Philosophen und Autoren wie Fontenelle, Marivaux oder Diderot eintrug. In der Folge führten ihn diverse Beschäftigungen etwa als Sekretär und Faktotum nach Venedig, von wo aus er 1744 wieder nach Paris zurückkehrte. In der französischen Hauptstadt arbeitete er an verschiedenen Opern und Singspielen. Er zog mit Thérèse Levasseur zusammen, mit der er insgesamt fünf Kinder zeugte, welche ausnahmslos ins Waisenhaus gegeben wurden. Rousseau galt als ausgesprochener Fachmann auf dem Gebiet der Musik, worüber er auch den einschlägigen Artikel in d'Alemberts und Diderots *Encyclopédie* verfasste. Seine *Lettre sur la musique française* von 1753 fand große Beachtung beim französischen Publikum.

Denis Diderot war es auch, der Rousseau wesentlich zu seinem ersten *Discours* sowie seinem zweiten *Discours sur l'origine et les fondements de l'inégalité parmi les hommes* anregte, welcher die Grundlage für Rousseaus Aufstieg als *philosophe* bildete. Zugleich zeichnete sich schon früh sein Bruch mit den Aufklärungsphilosophen um die *Encyclopédie* ab, insofern Rousseau ein gänzlich anderes Entwicklungsmodell der (europäischen) Gesellschaft entwarf. Seine *Lettre à d'Alembert* von 1758 vollzog mit der Abwertung des Theaters als moralischer Anstalt diesen Bruch bewusst, isolierte Rousseau aber zunehmend.

1762 wurde der Verfasser des *Contrat social* und Staatstheoretiker nach der Veröffentlichung seines *Emile* von staatlicher Seite in Frankreich verfolgt und entzog sich seiner Festnahme durch Flucht in die Schweiz und später – auf Einladung Humes – nach England. Vor allem in seinen *Confessions*, mit denen wir uns intensiver beschäftigen werden, sowie seinen *Rêveries d'un promeneur solitaire* entfaltete er die moderne Form der Autobiographie, in welcher der Selbstreflexion und ständigen Selbstbehauptung wie kritischen Selbstbefragung eine wichtige Rolle zukommt. Auch wenn das Pariser Publikum zunächst seine *Bekenntnisse* unschlüssig und teilweise perplex aufnahm, waren sie doch von ungeheurer Bedeutung nicht allein für die Gattung der Autobiographie, sondern auch für das auf uns gekommene Bild von Jean-Jacques, wie er selbst in der literaturwissenschaftlichen Forschung immer wieder genannt wird.

Abb. 74: Jean-Jacques Rousseau (Genf, 1712 – Ermenonville, 1778).

Sein Briefroman *Julie ou la Nouvelle Héloïse* wurde zu einem der großen Bestseller des Jahrhunderts der Aufklärung und wird im Zentrum unserer nachfolgenden Analyse stehen. Zugleich blieb der *Citoyen de Genève* für einen wichtigen Teil der französischen Aufklärungsphilosophie Zielscheibe des Spotts und der gehässigen Satire. Die Tatsache, dass ihn Denis Diderot 1778 in seinem *Essai sur les règnes de Claude et de Néron* als Verbrecher darstellte, der die Maske des Heuchlers trage, blieb bei weitem nicht der einzige Angriff, dem der Philosoph aus Genf in Frankreich ausgesetzt war. Umso mehr drängte es ihn, sich in immer neuen Spiegelungen literarisch seinem Lesepublikum als ganzen Menschen zu präsentieren. Dies war, wie wir noch sehen werden, literarisch höchst produktiv.

Doch die Anhänger Rousseaus, zu denen unter anderem Bernardin de Saint-Pierre, Louis-Sébastien Mercier oder Germaine de Staël zählten, traten vehement für den verstorbenen Genfer Bürger ein und betonten den Zusammenhang zwischen dessen der gesellschaftlichen Entwicklung gegenüber pessimistischem Denken und seiner eigenen Lebensführung. Im Kontext der Französischen Revolution blühte ebenso der revolutionäre Rousseau-Kult auf wie die Verehrung von Jean-Jacques im Kontext einer vor- und frühromantischen Ästhetik, als deren Wegbereiter der Autor von *Julie ou la Nouvelle Héloïse* bald ebenfalls galt. Rousseaus schier unaufhaltsamer Siegeszug begann schon zu Lebzeiten, nahm nach seinem Tod aber einen noch viel stärkeren Verlauf, auch wenn man nicht scharf genug zwischen Rousseau und dem Rousseauismus unterscheiden kann. 1794 wurden seine sterblichen Überreste ins Pariser Panthéon überführt. Gerade die Romantiker unterstrichen den von Rousseau ihrer Meinung nach evident gemachten Sinnverlust der Gesellschaft im Lichte eines Kulturpessimismus, dem man die Züge des Genfers gab. Der *Citoyen de Genève* stand so für die unterschiedlichsten Entwicklungen Pate, von der Französischen Revolution bis hin zum kulturpessimistischen Zweig der Romantik.

Ich hatte im Kontext unserer Beschäftigung mit Giacomo Casanova bereits auf den bedeutungsvollen Unterschied zwischen Autobiographie und Memoiren hingewiesen und in diesem Zusammenhang darauf aufmerksam gemacht, dass Rousseaus *Les Confessions* die erste Autobiographie im modernen Sinne und vielleicht mehr noch die erste Autobiographie in der Moderne darstellen. Das ist ein gewichtiges Wort! Um es zu überprüfen, werden wir uns eines *close reading*, einer sehr genauen, präzisen Textlektüre bedienen müssen, die einer Unzahl von Textverästelungen nachgehen wird.

Beginnen wir also mit diesem sicherlich zentralen Text des, um es noch einmal zu wiederholen, 1712 in Genf geborenen, sich sein Leben lang stolz als *Citoyen de Genève* apostrophierenden und 1778 in Ermenonville verstorbenen Jean-Jacques Rousseau, der mit der Niederschrift der ersten Fassung seiner *Confessions* im Jahre 1764 anfing! Dieses Vorhaben wurde dabei durchaus unterstützt von einem enormen verlegerischen Interesse an den ‚Memoiren' dieses großen Mannes der französischsprachigen Aufklärung. Aber es sollten eben keine Memoiren werden, sondern ein gänzlich anders gearteter Text, mit dessen ‚Gemachtsein' wir uns nun beschäftigen wollen. Beginnen wir dabei mit dem *incipit*, mit den ersten Sätzen der *Confessions*:

> Ich gestalte eine Unternehmung, welche niemals zuvor je ein Beispiel hatte, und deren Ausführung keinerlei Nachahmer finden wird. Ich will Meinesgleichen einen Menschen in der vollständigen Wahrheit der Natur zeigen, und dieser Mensch werde ich sein.
> Ich allein. Ich fühle mein Herz und ich kenne die Menschen. Ich bin gemacht wie kein einziger derer, die ich gesehen; ich wage zu glauben, dass ich wie keiner gemacht bin von all jenen, die existieren. Bin ich nicht mehr wert als diese, so bin ich doch zumindest anders. Wenn die Natur es gut oder schlecht tat, die Form zu zerbrechen, in die ich gegossen ward, so ist dies etwas, das man nur beurteilen kann, nachdem man mich gelesen.

Möge die Trompete des Jüngsten Gerichts ertönen, wann auch immer sie will: Ich werde mit diesem Buch in der Hand kommen, um mich vor dem Höchsten Richter zu präsentieren. Ich werde es laut sagen: Hier ist, was ich gemacht, hier ist, was ich gedacht, hier ist, was ich war. Ich habe das Gute und das Schlechte mit derselben Offenheit gesagt. Ich habe nichts Schlechtes verschwiegen, nichts Gutes hinzugefügt, und wenn es mir widerfuhr, irgend eine gleichgültige Ausschmückung zu benutzen, so geschah dies nie, um eine Leere zu tilgen, die einem Fehler meines Gedächtnisses entsprang; ich konnte als wahr annehmen, was ich als solches wissen konnte, und niemals das, was ich als falsch erkannt. Ich habe mich gezeigt, so wie ich war, verachtenswert und gemein, wie ich es war, gut, großzügig und erhaben, wenn ich dies war: Ich habe mein Innerstes entschleiert, so wie Du es selbst gesehen. Oh Ewiges Wesen, versammle um mich her die unzählige Masse aller, die mir gleichen; mögen sie meine Bekenntnisse hören, mögen sie über mein unwürdiges Verhalten seufzen, mögen sie über all meine Erbärmlichkeiten erröten. Möge ein jeder von ihnen am Fuße Deines Thrones sein Herz mit derselben Aufrichtigkeit enthüllen; und möge Dir dann auch nur ein einziger sagen, wenn er es wagen sollte: *Ich war besser als dieser Mann.*[1]

Dies also sind die berühmt gewordenen Anfangsworte der wohl berühmtesten Autobiographie der Welt. Sie spielen bereits in ihrem Titel auf die *Confessiones* des Augustinus an, betonen zugleich aber massiv und wiederholt, eine zuvor nie dagewesene Form und Reflexion eines Menschen darzustellen, die es so nie wieder geben werde. Auch wenn wir heute wissen, dass auch dieser Text keine *creatio ex nihilo* ist und auf eine Vielzahl von Vorläufern zurückblicken kann, so handelt es sich doch um ein Werk *qui fait date*, gerade weil es repräsentativ für eine generelle und keineswegs nur individuelle Entwicklung steht. Denn *Les Confessions* von Jean-Jacques Rousseau sollten den Weg bereiten für eine der großen literarischen Gattungen, die im Zeichen des Autobiographischen die Literaturen der Moderne prägten, sowie für die Entfaltung jener Epoche und jenes Denkens, das wir gemeinhin mit dem Begriff der Romantik belegen.

Es soll im Folgenden nicht um eine Gesamtdarstellung der *Confessions* gehen, sondern ausgehend vom *incipit* um eine Beleuchtung jener Aspekte und Entwicklungen, die für die unterschiedlichsten Aspekte des Lesens und des Buches, ja für die Skizzierung und Reflexion eines göttlichen Lesers, aber auch für eine generelle Entfaltung der Romantik von größter Tragweite waren und bis heute ihre Bedeutung kaum eingebüßt haben. Es geht nicht zuletzt um die Anfänge moderner Subjektivität und damit um eine Konstellation, die selbst aufgrund ihrer Infragestellung erneut seit der zweiten Hälfte des 20. Jahrhunderts im Zeichen der vorwiegend französischen (Neo-)Avantgarden zu einem fortdauernden Referenzpunkt philosophischen und literarischen

---

1 Rousseau, Jean-Jacques: *Les Confessions*. Paris: Launette 1889, I, S. 1f.

Schreibens geworden ist. Gehen wir jedoch bei unserer Annäherung, dem Verfahren eines *close reading* nahe, Satz für Satz vor und haben wir dabei stets auch das französische Original vor Augen!

Das *incipit* und der Anfangssatz beginnen mit einem Ich, einem *je*, ganz so, wie auch der zweite Satz – und eine Reihe weiterer Sätze – mit der ersten Person Singular anhebt und der erste Abschnitt auch mit einem *moi*, also erneut mit einem Verweis auf die erste Person, endet. Dabei ist dieser erste Satz autoreflexiv, bezieht sich also auf das Buch selbst und besitzt damit einen metadiskursiven Status, der hier souverän ausgeführt und ausgespielt wird. Auf der Inhaltsebene propagiert er seine eigene Einmaligkeit: Weder Beispiele oder Vorläufer gebe es noch Nachfolger oder Nachahmer werde es je geben können. Das ist von Beginn an starker Tobak: Rousseaus Text behauptet, um es im aktuellen Bürokratendeutsch zu sagen, sein unbedingtes Alleinstellungsmerkmal.

Damit kommt eine wesentliche Dimension von Beginn an in den Text: Das Moment der Einmaligkeit, des Unwiederholbaren und das gesamte Pathos, das diesem großen Augenblick, diesem herausragenden Moment der Fertigstellung dieses Buches eignet, mit dem der Verfasser vor seinen Schöpfer tritt. Das Ich dieses ersten Satzes stellt nun eine direkte Brücke her zwischen der textinternen Instanz des Ich-Erzählers und der textexternen Instanz des realen Autors, des Schriftstellers mit Namen Jean-Jacques Rousseau. Es führt damit jene gattungskonstitutive Dimension ein, die Philippe Lejeune[2] als den autobiographischen Pakt bezeichnete, also die Übereinkunft, welche – grob gesagt – der reale Leser mit dem realen Autor über den literarischen Text trifft. Es geht um die Identität zwischen der textinternen Instanz (wir werden gleich sehen, dass es deren mehrere gibt) und der textexternen Instanz und damit um die Frage, ob wir also die Textfigur des Ich mit dem textexternen realen Schriftsteller identifizieren wollen oder nicht. Im *incipit* der *Confessions* wird von Anfang an also das schriftstellerische Projekt, die *entreprise*, als eine Art Schwelle zwischen textexterner und textinterner Ebene benutzt und damit in der ersten Person Singular gebündelt. Dies hat Folgen...

Doch bleiben wir noch einen Augenblick beim ersten Satz! Denn die Tatsache, dass es für die *Confessions* – und gerade die Wahl des an Augustinus angelehnten Titels spricht dagegen – kein Beispiel, kein Vorbild gebe, macht uns darauf aufmerksam, dass wir es hier mit einem Ausscheren aus literarischen Traditionen, aber vielleicht auch aus gesellschaftlichen Konventionen und Normen zu tun haben, welche nun den Raum des Eigenen, den Raum des Ich, den Raum der

---

2 Vgl. die klassische Studie von Lejeune, Philippe: *Le pacte autobiographique*. Paris: Seuil 1975.

Subjektivität konstituieren, der mit der Originalität und Einmaligkeit der gesamten Unternehmung verbunden ist. Das Subjekt etabliert sich damit schon über sein Schreib- und Lese-Projekt in einem Zwischenraum zwischen der Masse der Gesellschaft und allerhöchster Individualität. Denn es ist auch innerhalb eines geschichtlichen Ablaufes ohne Vorläufer und ohne Nachfolger: Es ist einzig und einzigartig. Auch dies ist von grundlegender Bedeutung für die Konstituierung moderner Subjektivität, jener Konstellation, von welcher der französische Philosoph und Wissenschaftshistoriker Michel Foucault in Metaphern des Transitorischen sprach.

Der zweite Satz nun formuliert den Willen dieses Ich, all seinen *semblables*, also den ihm Gleichen, aber von ihm doch Unterschiedenen, einen Menschen und zugleich einen Mann, wie wir auch mit genderspezifischem Bedeutungsklang sagen könnten, zu zeigen, verbunden mit dem Anspruch auf Wahrheit und von der Natur verbürgt. Das *toute*, die *ganze* Wahrheit, steht dabei für die Totalität dieses Anspruchs ein: Es ist ein totaler, ja vielleicht sogar totalitärer Anspruch, welcher hier erhoben wird. Zugleich ist das entscheidende Verb das *montrer*, das Zeigen, das im weiteren Verlauf dieser Passage auch in das *dévoiler*, das Entschleiern, und das *découvrir*, das Aufdecken und Entdecken übergeht. Wir haben es folglich mit einem Zeigen und Beweisen (*démontrer*) der Wahrheit in ihrem absoluten Sinne zu tun, was zugleich auch auf eine Tiefe aufmerksam macht, die nicht der Oberfläche des Menschen und alles Menschlichen an Normen und Konventionen entspricht.

Das Zielpublikum ist jedoch klar formuliert, klar ausgemacht: Die Konstituierung des Ich benötigt die Präsenz eines Lesepublikums. Denn Subjektivität kann sich in einem modernen Sinne nur dann bilden, wenn sie sich anderen zeigt. Mit anderen Worten: Subjektivität konstituiert sich erst, wenn ihr Schreiben oder Handeln ostentativ wird und von einer Latenz in etwas Manifestes übergeht. Der Mensch, der gezeigt werden soll, ist das *moi*, ist das Ich. Damit kommt nun der autoreflexive Charakter in die autobiographische Strukturierung hinein.

Das Zurückbeugen des Ichs auf sich selbst führt zu einem zweiten Ich, das hier im betonten Personalpronomen in anderer Form erscheint, in einer Form, die wir im Deutschen nicht nachahmen können, als ein *moi*, das noch immer derselbe Mensch zu sein scheint, und doch vom *je* her gezeigt und konstruiert wird. Die Betonung dieses Ich, dieses *moi*, wird noch dadurch erhöht, indem ihm ein zweiter Einsilber an die Seite gestellt wird, der gleichsam explodiert: *Moi seul.*

Das eine Ich ist das Subjekt des Vorgangs des Zeigens und das andere Ich ist das Objekt desselben Vorganges. Es kommt damit zu einer Spaltung, zu einer Trennung, ganz so, wie das Projekt des Schreibens selbst eine Trennung, eine

Spaltung gegenüber allen anderen Projekten ankündigte und hier nun eine andere Dimension der Konstituierung von Subjektivität einbringt. Damit deutet sich eine Spaltung an in ein erzählendes oder *zeigendes* Ich und ein erzähltes, dargestelltes oder *gezeigtes* Ich, das freilich in seiner ganzen Wahrheit schonungslos entschleiert werden soll. Dies ist ein wichtiger gattungskonstitutiver Augenblick, der sehr früh in Rousseaus *Confessions* erscheint.

Die hier gewählte Benennung *zeigendes* versus *gezeigtes* Ich nehme ich an dieser Stelle nur aufgrund der entsprechenden Textvorgabe; denn im Grunde lesen wir gezeigte und auch konstruierte Ich-Figuren. Ich ziehe sie also nur vorläufig heran. Denn an einem kann es keinerlei Zweifel geben: Bei beiden Ichs handelt es sich nicht um den realen Autor, also um Jean-Jacques Rousseau, sondern um Subjektkonstruktionen im innerliterarischen Raum. Die Fiktion – auch gerade die Fiktion der Wahrheit und der absoluten Aufrichtigkeit – gestaltet und bildet das Feld, innerhalb dessen sich die Authentizität des Ich konstruieren lässt und gleichsam erprobt, experimentell untersucht und konstituiert werden kann.

Vor diesem Hintergrund ergibt sich die Anlage des gesamten Buches als ein ständiges Pendeln zwischen den beiden Ichs, dem *je* und dem *moi*, die sich selbstverständlich auf zwei verschiedenen Zeitebenen ansiedeln, welche sich zumindest tendenziell im weiteren Verlauf der *Confessions* einander annähern werden. Nicht umsonst beginnt nach diesem *incipit* der Text mit der eigenen Geburt und damit mit einem Datum, das schlechterdings nicht aus der Perspektive eigenen Erlebens gezeigt und dargestellt werden kann. Die Literatur kann durchaus diesen Augenblick der Geburt gestalten und sie hat sehr viele literarische Mittel dafür. Doch befinden sich diese außerhalb der klassischen Autobiographie und zugleich in einem thematischen Bereich, dem eine eigene Vorlesung gilt.

Der zweite Absatz führt die beobachtete Konzentration auf das Ich radikal weiter. War es zunächst um einen Menschen, einen Mann überhaupt gegangen, der in seiner ganzen Wahrheit gezeigt werden sollte, so ist es nun das Ich, das an die Stelle von *un homme* tritt. Es erscheint das Ich, das *moi* allein: *moi seul*. An die Seite des Totalitätsanspruchs tritt hier nun der Individualitätsanspruch und zugleich, das Wörtchen ist fürwahr verräterisch, das *seul*, das Alleinige, das Einzige, aber auch das Einsame, das Individuum, das von allen anderen abgetrennt wird und sich in seiner Eigenheit und Einsamkeit zugleich präsentiert.

Aber vielleicht deutet sich hier auch schon etwas an: Der Leseauftritt des Ich allein, das sich als gegenüber der Gesellschaft, gegenüber den *semblables* als von diesen getrenntes Ich auffasst und konstruiert. Die Ellipse des *Moi seul* ist daher von einem ungeheuren Gewicht. Und Rousseau hat mit dieser Formel tatsächlich noch einmal beide Gedanken zusammengefasst: Das Vorhaben wie der Gegenstand des Vorhabens werden von diesem Ich allein bestritten. Damit ist die Einsamkeit, aber auch die Originalität erfasst: die Originalität des Vorhabens wie des Ich selbst. Das Ich wird selbst – ganz etymologisch – zum Urheber seiner selbst und des Vorhabens oder der Unternehmung, wird zum Chef der *entreprise*, ganz allein.

Daraus ergibt sich eine grundsätzliche Problematik: jene der Beziehung – ja der trennenden Beziehung – zwischen diesem einmaligen, diesem unhintergehbaren Ich und der Masse der Menschen, seinen *semblables*. Diese Problematik ist dem Ich von Beginn an bewusst. Und eben hier setzt die Beziehung zwischen moderner Subjektivität und Kollektivität an: „Ich fühle mein Herz und ich kenne die Menschen."

Was in und mit diesen simplen Worten geschieht, ist eine Art Verortung des Anderen, *der* Menschen an und im eigenen Körper des Ich. Das Herz wird zum Organ der Erkenntnis der anderen, wird zum Erkenntnisorgan der Menschen überhaupt, insoweit es vom Fühlen (dem *sentir*) direkt den Zugang zum Wissen (dem *connaître*) herzustellen vermag. Das Individuum wird damit zu einer Art Synekdoche, zu einem *pars pro toto* der gesamten Menschheit – oder sollten wir geschlechterspezifisch besser sagen ‚Mannheit'? Dadurch ergibt sich eine generelle Verschränkung zweier Bewegungen, die wir durchaus als Paradox verstehen dürfen: Das Ich ist anders, einzigartig wie sein Vorhaben, von allen Menschen geschieden, allein, und doch zugleich mit allen anderen verbunden über das Organ seines eigenen Herzens.

In diesem Zusammenhang entwickelt sich eine Topographie des Körpers, eine Anordnung von Körperorten, die von größter Bedeutung für die Topographie, die Schreib- und Leseweise, aber auch die Körperlichkeit der Romantik wird: Es ist eine Schreibweise, die in gewisser Weise eine erkaltete Herzensschrift darstellt. Angedeutet wird in diesen Formulierungen, was wir in späteren Texten höchst entwickelt in der Romantik und insbesondere im romantischen Liebesdiskurs finden werden. Denn dort ist das Herz ebenfalls das zentrale Organ: Es wird vom Blut durchströmt, das letztlich jene Flüssigkeit darstellt, welche metaphorisch neben die Flüssigkeit der Tinte beim Schreiben tritt. Es ist die erkaltete Spur des Herzens, zur Herzensschrift koaguliert. Die Erkenntnisse dieses Herzens, soviel dürfen wir festhalten, bleiben nicht auf den eigenen Körper, auf die Erkenntnis des eigenen Ich beschränkt, sondern werden entgrenzt, übersteigen das Eigene, den eigenen Körper-Leib, und geben Auskunft über die gesamte Menschheit, unabhängig von ihrer Kultur, ihrer Zivilisation oder Religion: *Je sens mon coeur et je connais les hommes.*

Ist diese die gesamte Menschheit umspannende Verbindung erst einmal hergestellt, bedarf es zugleich auch einer Betonung der Abtrennung des Nicht-Trennbaren, des In-Dividuums: Ich bin gemacht wie keiner all jener, die ich je gesehen. An dieser Stelle wird die Parallele zwischen Ich und Schreibprojekt offenkundig. Das Ich ist ebenso konstituiert und konstruiert wie das Projekt der *Confessions* selbst: nämlich aus dem Bewusstsein einer radikalen Differenz heraus. Wir könnten hinzufügen: aus einer Differenz, die gleichsam im eigenen Ich anthropologisch verkörpert wird, in ihm verkörpert ist.

Die Betonung des Andersseins verschließt freilich nicht den Zugang zu den anderen, wohl aber die Identifikation mit den *semblables*. Dies bedeutet wiederum nicht, dass sich nicht die Anderen, dass sich nicht die Leserinnen und Leser mit diesem Ich identifizieren könnten. Wir werden sehen, dass es gerade über dieses Herz möglich wird, den Kommunikationsprozess umzukehren und das Herz des Ich zu jenem Organ zu machen, das mir als Leserin oder Leser die Selbsterkenntnis ermöglicht. Immerhin sind von hier, vom Herzen aus alle anderen begreifbar, erkennbar, gleichsam lesbar. Und zugleich erlaubt mir das Herz die Möglichkeit der Identifikation, die allen Leserinnen und Lesern weit offen steht.

So erkennen wir im Herzen das menschliche Organ, das eine neue Kommunikationssituation zwischen Autor und Leserschaft erlaubt. Dabei betont das Ich das Wagnis einer solchen Abtrennung des Ich, das Wagnis der Behauptung (und des Glaubens, *croire*) einer radikalen Andersartigkeit des Ich: „Bin ich nicht mehr wert als diese, so bin ich doch zumindest anders." Dies ist der Grundsatz der Spaltung zwischen dem Ich und der Gesellschaft, zwischen dem Ich und den Anderen: die Proklamation eines Individuationsprozesses, der freilich nicht transkulturell oder kulturenüberspannend so verläuft, sondern eine spezifische Form westlicher Identitätsbildung darstellt. Wir haben es hier mit der konstitutiven Abtrennung des Ich zu tun, die nicht einmal für die westliche Kultur überhaupt, wohl aber für eine bestimmte Phase der westlichen beziehungsweise abendländischen Kultur grundlegend geworden ist: Es ist die Moderne! Das Ich ist anders, und von dieser Einmaligkeit und Andersartigkeit aus konstruiert es seine Beziehungen zu den Anderen, zur Gesellschaft, zur Kollektivität.

Dann folgt eine Metapher, die nicht uninteressant ist. Denn die Natur hat gleichsam eine Leerform geschaffen, die das Ich gestaltet hat, eine Backform, die das Ich modelliert hat. Doch die Natur hat diese Form sogleich wieder zerbrochen und für immer dieses Modell, diese *figura*, zerstört. In der *nature* wird die Urheberin jener Form des Ich und zugleich auch jene Dimension der *vérité de la nature* erkannt, die wir bereits im zweiten Satz bemerkt hatten. Die Natur wird damit auch zum Gegenstandsbereich einer Zugangsmöglichkeit zum Grundlegenden, zur Grundform, auch wenn eine derartige *moule*, eine derartige Leerform wie jene, die für Rousseau gefertigt wurde, niemals mehr auftauchen wird.

Das Ich erscheint in diesen Wendungen als eine von der Natur gegebene Leerform, die das Ich dann erst in einem Prozess sukzessiver Füllung konstituieren wird. Diese von Rousseau gewählte Metapher ist aufschlussreich, denn das vorab Gegebene ist allein die Leerform, auch wenn sie die sich später weiter entwickelnde Vollform modelliert. Noch entscheidender aber ist das Ende dieses Satzes: Denn entscheiden und beurteilen könne der Leser erst, wenn er dieses Buch des Lebens gelesen habe.

Doch sehen wir noch einmal genauer hin! Der Leser liest im eigentlichen Sinne nicht das Buch, sondern das Ich: nachdem er *mich* gelesen hat. An die Stelle des Buches und des Buchprojekts tritt hier also endlich das ich, das unbetonte Personalpronomen, das gelesen, entziffert, gedeutet, eben *gelesen* werden kann. Im Mittelpunkt steht das Lesen. Damit tritt jene Identifikation von Ich und Buch explizit ein, die in der Parallelisierung bereits angelegt war, nun aber erst zum Tragen kommt: Das Ich ist das Buch, das in einem längeren Leseprozess einer aufmerksamen Lektüre unterzogen und erst danach be- oder verurteilt werden kann. Dieser Leser, der das Ich studiert, kann ein menschlicher Leser, eine menschliche Leserin sein; aber es ist sehr gut denkbar, dass es sich bei Rousseaus urteilender Leserfigur um einen göttlichen Leser handelt.

Soviel zunächst zu diesen beiden ersten Absätzen des *incipit*. In ihnen wohnen wir der Herausbildung des modernen abendländischen Subjekts bei. Es scheint mir nicht unwichtig zu sein, dass dieser Bereich gerade mit dem Leseprozess, mit dem Vorgang des Lesens, abgeschlossen oder zugleich eröffnet wird. In der Lektüre kulminiert die Selbstrepräsentation des Ich. Das Lesen ist in der Tat seit der zweiten Hälfte des 18. Jahrhunderts eine Tätigkeit, die immer weitere gesellschaftliche Bereiche und Sektoren erfasst. Die Alphabetisierungsrate steigt vor allem in der zweiten Hälfte des Jahrhunderts der Aufklärung. Zugleich wird das Lesen zu einem semiotischen, einem sinnbildenden Prozess, der über das Buch den Menschen, den *ganzen* Menschen, erfasst und erfassen soll. Das Lesen – ob als individuelle oder auch als kollektive Lektüre – wird zu einer verbreiteteren Kulturtechnik, zu welcher immer größere Teile der Gesellschaft Zugang haben.

In derselben Bewegung rückt das Buch auch an die Stelle des Körpers, wird zu jener grundlegenden Metonymie, die es erlaubt, dass die Literatur in der Moderne und für die Moderne zur entscheidenden sinnstiftenden und sinnbildenden Tätigkeit wird. Vergessen wir dabei nicht, dass das Ich mit dem Buch in der Hand vor seinen göttlichen Richter tritt und gleichsam mit seinem Lebensbuch Zeugnis ablegt von jener Aufrichtigkeit und Wahrheit, welche in den Augen des göttlichen Lesers erscheinen mögen. Nun aber zum dritten und längsten Abschnitt dieses wahrlich famosen *incipit*, das uns tief in die wesentlichen Veränderungen in der zweiten Hälfte des 18. Jahrhunderts führt, welche am Ursprung unserer Moderne – auch der philosophischen Moderne[3] – stehen.

Im dritten Abschnitt tritt das Ich dem Höchsten Richter am Tag des Jüngsten Gerichts gegenüber. Wir könnten auch sagen: Das Ich tritt mit dem Buch in der Hand – auf diese Buchmetaphorik, die wir auch in vielen mittelalterlichen Darstellungen des Jüngsten Gerichts immer wieder antreffen, komme ich noch zurück – dem allerhöchsten Leser gegenüber. Denn Gottvater wird zum Leser des Ich. Er ist am Jüngsten Gericht, aber gewiss auch schon vorher, der *lecteur suprême*.

Doch werden wir sogleich einer bemerkenswerten Substitution dieses göttlichen Lesers beiwohnen. Denn wir hören die Trompete des Jüngsten Gerichts, vielleicht zugleich aber auch jene Trompete der Fama, des Ruhmes, der so häufig in der allegorischen Darstellungsweise mit einer Trompete ausgestattet erscheint. Das Ich präsentiert sich natürlich nicht allein und nackt vor dem Schöpfer, dem Höchsten Richter, sondern erscheint mit dem Buch seines Lebens, mit seinen *Confessiones*, in der Hand.

Erneut lässt sich sagen: An die Stelle des Ich, des Körper-Leibs, ist eine Art Ersatz getreten, freilich in der Situation der Verdoppelung: Denn es erscheint das Ich und das Ich trägt ein Buch, das wiederum auf das Ich verweist, das seinerseits auf das Buch verweist, welches auf das Ich verweist und so weiter: eine Endlosschleife der Verweisungen. Damit entsteht eine zirkuläre, sich unendlich spiegelnde Beziehung zwischen Ich und Buch, die – so scheint es – jedem Jüngsten Gericht spielend zu trotzen in der Lage wäre. Denn das Jüngste Gericht wird unverzüglich entsakralisiert; es sind nicht die religiösen, die christlichen Aspekte, die hier vor diesem Gericht im Vordergrund stehen. An die Stelle des christlichen Gottes ist der *souverain*, der *juge* und vor allem der *souverain juge* als Ewiges Wesen, als *être eternel*, getreten: also ein oberster, souveräner, unbestechlicher, unabhängiger Richter, an dessen Stelle in der sich entsakralisierenden Moderne allzu bald der Kollektivsingular der Geschichte rücken wird. Dieser *souverain juge* ist bereits auf halbem Wege zwischen dem Thron Gottes und dem Thron der Geschichte.

Grundlage seines Gerichtsurteils ist dabei ganz offensichtlich im Wesentlichen das Buch des Lebens, die Autobiographie, die durch die Graphie, das Schreiben, selbst (auto) das Leben, *bíos*, zeugt und zeigt. Das Ich verweist auf die Schrift und präsentiert sich selbst, indem es sein Buch präsentiert: „Hier ist, was ich gemacht, hier ist, was ich gedacht, hier ist, was ich war." Das Sein – und auch

---

3 Vgl. hierzu Habermas, Jürgen: *Der philosophische Diskurs der Moderne. Zwölf Vorlesungen*. Frankfurt am Main: Suhrkamp 1985.

das gewesene Sein – umschließt also das Handeln, das Tun, das *faire*, ebenso wie das Denken, das *penser*: Beides bildet den Menschen, der sich dem göttlichen Urteil präsentiert. Aber unterwirft er sich diesem Urteil auch? Hat er sich nicht vielmehr selbst längst ein Urteil, ein definitives Urteil, gebildet?

Es geht nicht allein um das Handeln und es geht nicht allein um das Denken, sondern um ein Zusammenwirken im Sein und Geworden-Sein. Dieses Sein ist aber im Buch, so wird uns glaubhaft versichert, enthalten: Das Buch und die Schrift rücken an die Stelle des Seins, sie werden zu dessen Rechtfertigung. Das Buch legt Zeugnis ab wie die Märtyrer, die Zeugnis ablegen von ihrem Gott; es wird selbst zum unbestechlichen Zeugnis und zugleich zur Legitimation des Ich vor Gott und den Menschen, die freilich bestenfalls *semblables* sind, nicht aber vergleichbar mit dem Ich.

Hierbei erscheint weniger das Schreiben als das Sagen: mehr noch, das Sprechen. Es zählt unverkennbar eine Mündlichkeit, die offensichtlich für den Wunsch der Unmittelbarkeit, der Direktheit, der Unvermitteltheit steht. Das Ziel unmittelbarer Kommunikation ist von grundlegender Bedeutung für diesen Text und für Jean-Jacques Rousseau, wie Jean Starobinski in einer überzeugenden Studie festgestellt hat.[4] Doch die direkte, unmittelbare Kommunikation zwischen Autor und Leser*in ist eine Zielstellung jeglicher Lektüre, jeglichen Lesens und insbesondere auch der Lesevorgänge in der schon bald heraufziehenden Romantik. Die *franchise*, die Offenheit, das Frei-Heraus, wird zur Grundbedingung dieser direkten, unverstellten Kommunikation, deren Träger das Buch ist, gleichviel, ob es sich um die Darstellung des Guten oder jene des Schlechten handelt. Die Schrift ermöglicht in ihrer nachgebildeten Mündlichkeit eine Lektüre, welche die Direktheit der Verbindung zwischen Rousseau und seinem Lesepublikum sicherstellt.

Nichts an Bösem sei verschwiegen, nichts an Gutem hinzugefügt worden: Auch an dieser Stelle findet sich wieder die Behauptung des Unverfälschten, der absoluten Wahrheit, deren Anspruch zumindest in diesem *incipit* alles in großer, beeindruckender Radikalität durchdringt. Es handelt sich um einen Text mit einem totalen, fast totalitären *truth claim*, der keine abweichende Ansicht, keine anderen Gesichtspunkte erlaubt.

Das Ornamentale, Ausschmückende komme nur dort vor, wo den Verfasser sein Gedächtnis verlassen habe. Das Gedächtnis des Ich erscheint zwar als unbestechlich, aber nicht als grenzenlos verlässlich und treu. Die Kautelen Rousseaus sind deutlich vernehmbar! Das Gedächtnis ist gewiss nicht das Archiv,

---

4 Vgl. hierzu die noch immer lesenswerte Studie von Starobinski, Jean: *Jean-Jacques Rousseau. La transparence et l'obstacle. Suivi de Sept Essais sur Rousseau.* Paris: Gallimard 1971.

wohl aber jenes lebendige Organ, dem sich das Ich und das Buch vollumfänglich anvertrauen. Das Falsche sei durch dieses Gedächtnis als das Falsche auch aus dem Buch, aus der Niederschrift der *Confessions* ausgeschlossen worden. Nicht alles, was das Gedächtnis enthält, ist mithin in das Buch eingegangen; und das Buch selbst enthält mehr, als das Gedächtnis seinerseits enthält. Beide aber werden am Ideal nicht des *vraisemblable*, des Wahrscheinlichen oder allem Anschein nach Wahren, ausgerichtet, sondern an der radikalen Instanz des *vrai*, des absolut und vollständig Wahren.

Daher nun erneut das Zeigen, das *montrer* und *démontrer* des Ich: „Ich habe mich gezeigt, so wie ich war." In diesem Satz erscheint nochmals deutlicher die Gespaltenheit des Ich als ein Zeigendes und zugleich Gezeigtes und, damit einhergehend, die temporale Verschiedenheit von *je* und *moi*. Dieses Doppelt-Sein ist zugleich das von Schreibendem und Lesendem, von Sich-Selbst-Schreibendem und Sich-Selbst-Lesendem, welcher sich als Schreibender und als Schreibenden selber liest und einer genauen Lektüre unterzieht. Das Ich habe sich als verachtenswert und schlecht (zwei Adjektive) gezeigt, wenn es dies gewesen sei, und als gut, großzügig und erhaben (drei und damit mehr Adjektive), sobald dies der Fall gewesen sei.

An dieser Stelle tritt eine Dimension des Erhabenen, des Sublimen mit in den Diskurs, die uns noch später beschäftigen wird, auf die ich hier aber bereits aufmerksam machen will. Denn das Sublime, das Erhabene, wird zu einer das 19. Jahrhundert prägenden Kategorie, welche auch in den verschiedensten Künsten ihren angemessenen Ausdruck zu finden sucht.

An die Stelle des Zeigens, des *montrer*, tritt jetzt die Metaphorik des Aufdeckens, des Enthüllens, des *dévoiler*, der Entschleierung aller Gegenstände. Jean Starobinski hat in der bereits erwähnten Folge von Studien diese Bedeutung des Schleiers enthüllt und auf die Wichtigkeit der Transparenz für Jean-Jacques Rousseau hingewiesen. Hier ist also jene Formel zu sehen, auf die – wenn auch in anderem Kontext – noch ein Charles Baudelaire zurückgreifen wird, wenn er von *Mon coeur mis à nu*, meinem gänzlich entschleierten und nackten Herzen sprechen wird. Denn der Schleier wird weggezogen; und das Ich erscheint so, wie es vor den Augen seines Schöpfers, des Schöpfers aller Dinge erscheint, der hier als unmittelbarer Gesprächspartner auftaucht und in den Blick des Lesepublikums rückt.

Mit dieser Geste, mit dieser Einbeziehung ist damit neben das menschliche Lesepublikum eine Art Überleser getreten, das *être suprême*, das oberste Wesen, das im Grunde alles schon weiß, aber an dieser Stelle nun zum doppelten Leser des Ich wird. Das Innere wird so nach außen gekehrt: Es kommt eine Dynamik ins Spiel, die das Innere als Bedingung des Zeigens und des Schreibens auf ein Äußeres bezieht, das demgegenüber abgewertet wird. An die Stelle des Äußeren, des Schleiers, tritt das De-Voilierte, das Ent-Hüllte, das seiner Hülle Entkleidete, oder anders: das Wahre, das Wahrhaftige, das nackt erscheint.

In diesem Teil des *incipit* stoßen wir auf eine Topik, die auch eine Topographie beinhaltet, und die dem Verborgenen, dem Tiefen, dem in der Tiefe Befindlichen die eigentliche Wahrheit zuschreibt. Dies wird noch in der Psychoanalyse Sigmund Freuds der Fall sein, die ihre Wahrheit und Erkenntnis nicht im Manifesten, nicht in dem an der Oberfläche Befindlichen, sondern im Verborgenen und Aufzudeckenden, zu Enthüllenden sucht. Denn sie ist ein Vordringen in die Tiefe, vom Manifesten zum Latenten, vom Bewussten ins Unbewusste, das die Abgründe des Es erreicht und Stück für Stück dem Ich zugänglich macht: Wo Es war, muss Ich werden. Sie verstehen jetzt vielleicht ein wenig besser, warum die Psychoanalyse von sich aus stets autobiographisch sein muss, den Analytiker also miteinbezieht und miteinbeziehen muss. Das in der Tiefe Gefundene ist wahrer als das, was wir an der Oberfläche vorfinden. Das postmoderne Denken wird in der zweiten Hälfte des 20. Jahrhunderts versuchen, diese Beziehung, diese Topik zu verändern, umzudrehen, um der Oberfläche ihren Rang, ihre Erkenntnis- und Sinnhaftigkeit zurückzugeben.

Vor diesem Hintergrund überrascht es nicht, dass Jean-Jacques Rousseau schon wenige Seiten später in seinen *Confessions* gerade dem Lesen eine überaus wichtige Rolle bei der Herausbildung von Subjektivität sowie gleichzeitig für seinen eigenen Entwicklungsgang und Lebensweg zuschreibt. Die Lektüre wird – auf den nachfolgenden Seiten von *Les Confessions* wie auch anderer Schriften Rousseaus – zu einem bevorzugten und privilegierten, wenn auch nicht unkritisch wahrgenommenen Mittel und Vehikel der eigenen Entwicklung des Ich. Das Ich liest sich selbst als schreibendes und sich entwickelndes.

Bei aller Einsicht in die Gefahren – wir haben ja bereits einige Opfer des Lesens kennengelernt und ahnen bereits, worum es geht – überwiegt doch deutlich eine positive Sichtweise der Lektüre als beschleunigender Kraft bei der Herausbildung des Menschen im eigentlichen Sinne. Nehmen wir uns also ein zweites Zitat vor, das sich nur wenige Seiten nach dem *incipit* der *Confessions* befindet.

Ich fühlte, bevor ich dachte: Dies ist das allgemeine Schicksal der Menschheit. Ich empfand mehr als ein anderer. Ich weiß nicht, was ich bis zum Alter von fünf oder sechs Jahren machte; und ich weiß nicht recht, wie ich lesen gelernt; ich erinnere mich lediglich an meine ersten Lektüren und an ihre Wirkung auf mich: Dies ist der Zeitpunkt, von dem an ich ein ununterbrochenes Bewusstsein meiner selbst herleite. Meine Mutter hatte mir Romane hinterlassen. Mein Vater und ich machten uns daran, sie nach dem Abendessen zu lesen. Es ging zunächst nur darum, mich durch amüsante Bücher an die Lektüre zu gewöhnen:

Aber bald schon war das Interesse an ihnen so lebendig, dass wir sie Buch für Buch ohne Unterlass lasen und alle Nächte mit dieser Beschäftigung zubrachten. Wir konnten niemals damit aufhören, bevor wir nicht das Ende erreicht hatten. Bisweilen, wenn mein Vater des Morgens die Schwalben hörte, sagte er ganz schuldbewusst: Gehen wir zu Bett; ich bin kindlicher noch als du.

Innerhalb kurzer Zeit erlernte ich mit Hilfe dieser gefährlichen Methode nicht nur eine hohe Fähigkeit des Lesens und mich Verstehens, sondern eine für mein Alter einzigartige Intelligenz für die Leidenschaften. Ich besaß keinerlei Vorstellung von den Dingen, als mir schon längst alle Gefühle vertraut waren. Ich hatte noch nichts gesehen, aber schon alles gefühlt. Diese konfusen Gefühlsbewegungen, die ich Zug um Zug empfand, entstellten keineswegs den Verstand, den ich noch nicht besaß; aber sie unterrichteten mich von einem ganz anderen Schlage, und sie vermittelten mir vom menschlichen Leben bizarre und romaneske Begriffe, von denen mich Erfahrung und Reflexion niemals mehr gänzlich geheilt.[5]

Abb. 75: „Premières lectures", Illustration zu *Les Confessions*, 1889.

Wir stoßen hier auf einen Leser, der ähnlich wie Italo Calvinos Gian dei Brughi mit dem Lesen nicht mehr aufhören kann und pausenlos Buch um Buch verschlingt. Diese Leidenschaft des Lesens prägt alle Gefühle vor – und wir hatten bei Giacomo Casanova ein junges Mädchen kennengelernt, dessen

---

5 Rousseau, Jean-Jacques: *Les Confessions*, I, S. 4.

Körper zwar noch nicht gänzlich ausgeformt, aber dessen Kopf voller Gefühle und Vorstellungen dessen war, was sie in ihrem Leben freilich noch niemals gesehen und erlebt hatte. Wie wir ganz zweifelsfrei bestätigen können, stoßen wir hier auf eine Leserfigur, wie sie in der Literatur aus dem 18. Jahrhundert oder *über* das Jahrhundert der Aufklärung sehr präzise beschrieben worden ist. Bei Jean-Jacques Rousseau ist diese Selbstzeichnung dabei deutlich mit Kritik ausgestattet.

Wir begreifen anhand des obigen Zitats, in welchem Maße im Sinne Rousseaus die Subjektwerdung, der Prozess der eigentlichen Bewusstwerdung des Ich gegenüber sich selbst, mit der Erfahrung des Lesens verknüpft ist oder verknüpft wird. Lesen bleibt nicht ohne längerfristige Auswirkungen auf das Ich: Es formt das Ich in seinem Werdegang. Dabei ist entscheidend, dass sich dieses Lesen der Bücher aus der Bibliothek der Mutter zunächst auf Romane richtet, welche das Ich gemeinsam mit seinem Vater liest oder vielleicht besser noch verschlingt. Diese gemeinsame Lektüre ist eine *lecture à voix haute*, also keine leise, sondern eine laute, wobei sich die beiden jeweils abgewechselt zu haben scheinen. Über die Rahmenbedingungen des Lesens im 18. Jahrhundert und die Revolution der Lektüre haben wir ja bereits diskutiert, so dass wir das Verhalten von Vater und Sohn besser einordnen können.

Zugleich manifestiert sich in dieser Passage eine ausgeprägte und weiter wachsende Lesewut, die gleichsam nächtelang von beiden in einer Art kindlicher Euphorie und kindlicher Lektüre ausagiert und befriedigt wird. Nicht umsonst bemerkte Roland Barthes in *S/Z*, dass nur die Professoren, die Alten und die Kinder Bücher mehrfach läsen. Längst geht es nicht mehr um das Lesenlernen, denn rasch hat die Lektüre selbst auf das Leben übergegriffen: Lesen ist lebensverändernd oder kann dies doch zumindest sein.

Das Lesenlernen mit Hilfe dieser – wie Rousseau schreibt – gefährlichen Methode bringt auch Veränderungen mit sich, die unbeabsichtigt sind. Im Zentrum der Romane steht ein Wissen über die Leidenschaften; und diese einzigartige Intelligenz, die das Ich in diesen Dingen entwickelt, ist nicht auf eine Erfahrung in der textexternen Welt zurückzuführen, sondern geht allein auf die gemeinsam gelesenen Romane zurück. Das Ich wird so schon bald zu einem Experten nicht in den Dingen (*les choses*), sondern in den Worten (*les mots*), weiß über all das Bescheid, was im eigenen Leben außerhalb des Lesens noch nicht erfahren werden konnte.

Und doch prägt dieses Lesen dann auch die späteren Erfahrungen im Leben, prägt die Wahrnehmung wie die Reflexion über Vorgänge und Erfahrungen, die doch immer aller Rationalität und Vernunft zum Trotz von den Leseerfahrungen anstelle der Lebenserfahrungen geprägt werden. Das Lebenswissen der Romane, die Vater und Sohn in der Bibliothek der verstorbenen Mutter finden, wird gleichsam auf das Leben selbst direkt und unvermittelt bezogen, das Lesen also mit dem Leben kurzgeschlossen. Wir wissen alle, was daraus entstehen kann – Rousseau spricht nicht umsonst von der Gefährlichkeit dieser Methode, Lesen zu lernen. Auch bei dem Genfer Bürger wird ein Warntäfelchen aufgestellt: Vorsicht, Lesen ist gefährlich! Denn das Lesen bildet das Leben.

Auch wenn der Archi-Leser Gott, der göttliche Leser, noch immer im Hintergrund schlummern könnte – ein schläfriger Gott, der nur von Zeit zu Zeit in die Bücher seiner Menschen schaut: Entscheidend ist, was der irdische Leser, die irdische Leserin in Rousseaus *Bekenntnissen* liest. Und jenseits aller Werke und Texte, die der Schriftsteller Jean-Jacques Rousseau vom Leser Rousseau sich berichten und auflisten lässt, zeigt sich hier doch deutlich, dass es im Grunde ohne den Prozess des Lesens bei Rousseau eine völlig andere Entwicklung des Lebens gegeben hätte. Denn das Lesen ist für den Schriftsteller und Philosophen noch immer mit der Utopie der Direktheit gekoppelt: Literatur als Kommunikation, aber mehr noch Literatur als Lebenswissen: Jenes Wissen, welches das Leben von sich selbst hat und uns als Schreibenden in die Feder und als Lesenden ins Ohr diktiert.

Rousseau hat nicht nur Kritik an seiner frühen Lektüre von Romanen geübt, welche seine Mutter einst gelesen hatte, sondern hat sich selbst auch als Romanschriftsteller erprobt. Und dies tat er mit gewaltigem Erfolg: Denn Rousseau hat einen Bestseller des 18. Jahrhunderts verfasst, der zum Klassiker der Liebesliteratur geworden und aus den Bücherschränken der nachfolgenden Jahrhunderte kaum wegzudenken ist. Dabei hat die Liebeskonzeption, welche Rousseau in seinem Roman über eine fundamentale Dreiecksbeziehung verfasste, stark auf das Verständnis der Liebe im 19. Jahrhundert gewirkt.

Jean-Jacques Rousseau ist unter den wahrlich großen Figuren des 18. Jahrhunderts zweifellos der für die Moderne wohl folgenreichste Philosoph, in jedem Falle aber jener Kopf, der zusammen mit sehr wenigen anderen aus dem Jahrhundert der Aufklärung dauerhaft herausragt. Unter seinen Zeitgenossen freilich gab es viele, die ihn anfeindeten und sogar verspotteten; wir werden auch noch näher sehen, warum dies der Fall war. Vielleicht wäre als Einstieg in unsere Auseinandersetzung mit der Liebeskonzeption Rousseaus am besten eine kurze Passage aus dem fünften Band von Giacomo Casanovas *Histoire de ma vie* geeignet, die ein knappes Portrait des Genfer *philosophe* zeichnet; denn über die Liebe wie auch über die Philosophie vermochte der Venezianer Treffliches zu schreiben. Nur konnte Casanova auf keinen Fall auf der Seite des Genfer Bürgers stehen, war er doch dem Rationalismus der Aufklärung viel zu nahe:

Um diese Zeit gelüstete es Madame d'Urfé, die Bekanntschaft von J.-J. Rousseau zu machen, und so fuhren wir nach Montmorency, um ihn zu besuchen; wir brachten ihm Musiknoten zum Abschreiben, was er ganz hervorragend verstand. Man bezahlte ihm doppelt soviel wie einem anderen, aber er verbürgte sich auch dafür, dass man keine Fehler darin finden würde. Er lebte davon.

Wir fanden in ihm einen Menschen, der richtig urteilte und sich einfach und bescheiden gab, der aber weder durch seine Person noch durch seinen Geist hervorragte. Wir fanden aber nicht, was man einen liebenswürdigen Menschen nennt. Er schien uns ein wenig unhöflich, und mehr bedurfte es nicht, damit Madame d'Urfé ihn als Grobian betrachtete. [...] Auf der Rückfahrt nach Paris lachten wir über die Absonderlichkeit dieses Philosophen. Hier ein genauer Bericht über den Besuch, den der Prinz von Conti, der Vater des damaligen Grafen de la Marche, ihm abgestattet hatte.

Dieser liebenswürdige Prinz fuhr ganz allein nach Montmorency, nur um einen angenehmen Tag im Gespräch mit dem Philosophen zu verbringen, der bereits berühmt war. Er traf ihn im Park, sprach ihn an und sagte, er sei gekommen, mit ihm zu speisen und den Tag über ungezwungen mit ihm zu plaudern.

„Eure Durchlaucht werden eine recht kärgliche Tafel vorfinden; ich sage schnell Bescheid, daß man noch ein Gedeck auflegen soll."

Er ging, kam zurück und führte den Prinzen, nachdem er zwei oder drei Stunden mit ihm spazieren gegangen war, in das Wohnzimmer, in dem sie speisen sollten. Als der Prinz drei Gedecke auf dem Tisch sah, fragte er:

„Wer ist denn der Dritte, mit dem Sie mich speisen lassen wollen? Ich glaubte, wir würden nur zu zweit bei Tisch sitzen."

„Dieser Dritte, Monseigneur, ist mein anderes Ich. Es ist ein Wesen, das nicht meine Frau, nicht meine Geliebte, nicht meine Bedienerin, nicht meine Mutter und nicht meine Tochter ist, und doch alles zusammen."

„Mag sein, lieber Freund; aber da ich nur hierher gekommen bin, um mit Ihnen zu speisen, will ich Sie lieber mit Ihrem Universalwesen allein essen lassen. Leben Sie wohl."

Solche Dummheiten begehen Philosophen, wenn sie aus Großmannssucht den Sonderling spielen. Die Frau war Mademoiselle Levasseur, der er, bis auf einen Buchstaben getreu, die Ehre seines Namens in Form eines Anagramms hatte zuteil werden lassen.[6]

In dieser Passage wird recht hübsch deutlich, welche gesellschaftliche Rolle Philosophen in der feudalistischen Gesellschaft des 18. Jahrhunderts für die Adeligen spielen. Denn rasch wird in dieser sehr selbstverständlich daherkommenden Darstellung deutlich, wie sehr ein Philosoph wie Jean-Jacques Rousseau als Kuriosität und seltsames Tierchen, das man jederzeit im Zoo besuchen kann, herhalten muss und zugleich auch diese Rolle zu spielen gelernt hat. Casanova steht hier ganz auf der Seite der gesellschaftlichen Normen seiner Zeit, wusste er sich doch an diese Umgangsformen anzupassen. Nicht aber Rousseau ...

---

6 Casanova, Giacomo: *Geschichte meines Lebens*, V, S. 253–255.

Keineswegs uninteressant ist auch, wie Rousseau seinerseits seine Lebenspartnerin einführt und ihr in der Tat letztlich die Züge eines weiblichen Universalwesens zuschreibt, das Mutter und Tochter, Geliebte und Ehegattin in sich vereinigt und ein Frauenbild projiziert, das gleichsam die unterschiedlichsten Schichten der Geschlechterdifferenz aus männlicher Sicht führwahr inkarniert. Thérèse Levasseur erscheint hier in all diesen Rollen, die für den Genfer Philosophen lebenswichtig waren: Denn sie war es, die sozusagen Rousseaus Laden schmiss. Dies mag vielleicht ein erster Vorgeschmack auf Rousseaus Liebeskonzeption sein, spielen doch die spezifischen Rollen der Frauen bei ihm eine grundlegende Rolle. Doch aus der Erzählung von Giacomo Casanova dürfte zugleich herauszulesen gewesen sein, wie sehr Rousseaus Kollisionen mit der adeligen Pariser Gesellschaft ihm das Bild eines gesellschaftsfremden Einzelgängers aufprägten, das ihn weit über seinen Tod hinaus begleitete. Es ist Rousseaus zeitlebens geführter Kampf gegen eine gesellschaftliche Anpassung, welcher seiner Sozialtheorie und seiner Gegenüberstellung von Gesellschaft und Gemeinschaft sehr überzeugend entsprach.

Persönliches Glück spricht freilich weder aus dieser hier nur kurz skizzierten Anlage wie aus den verschiedenen Epochen von Rousseaus Leben selbst. Weder *Les Confessions* noch die *Rêveries d'un promeneur solitaire* erteilen einem Glücksgefühl das Wort, das wir mit dem Namenszug Rousseaus verbinden könnten. Und in der Tat: Mit einem gewissen Recht hat Roland Barthes darauf hingewiesen, Voltaire – einer der großen Gegenspieler Rousseaus im Kreis der *philosophes* – sei „der letzte der glücklichen Schriftsteller" gewesen, ein Befund, den wir sicherlich nicht auf Rousseau, den Bürger von Genf und Uhrmachersohn, ausdehnen dürfen. Zu sehr dominiert bei ihm immer wieder die Abkehr von der Gesellschaft und eine kritische, kulturpessimistische Sichtweise der gesamten gesellschaftlich-zivilisatorischen Entwicklung.

Das Moment des Unglücks ist mit dem der Trennung verbunden: Und diese Trennung ist durchaus unterschiedlicher Natur. In diesem Sinne der Subjektkonstituierung ist Rousseau nicht nur moderner – wenn Sie so wollen – als Voltaire; er repräsentiert auch die Moderne in einem anderen, zerrisseneren Sinne als jener letzte der glücklichen Schriftsteller, der gleichwohl für Jean-Paul Sartre nicht zu Unrecht zu einer der prägenden Gestalten für ein anderes Element der Moderne, für das *engagement* innerhalb der bürgerlichen Gesellschaft, avancierte. Die Kinder der Aufklärung sind, wie die der Revolution, sehr zahlreich.

An dieser Stelle sollten wir uns nun einem für die Liebesvorstellungen Rousseaus, aber auch des nachfolgenden Jahrhunderts zentralen Text annähern, der bis heute wie kein anderer die nach eigener Diktion „romanesken" Züge des Genfer Schriftstellers repräsentiert: dem Briefroman *Julie ou la Nouvelle Héloïse*. Im Titel dieses äußerst erfolgreichen Romans, der zusammen mit

Voltaires *Candide* und Guillaume-Thomas Raynals *Histoire des deux Indes* den größten Bucherfolg des französischen 18. Jahrhunderts darstellte, findet sich bereits der Hinweis auf eine Liebespassion und eine Liebesleidenschaft, die eine tiefe Spur vom Mittelalter bis in die Gegenwart hinterlassen hat. Sehen wir uns diese Spur der Passion von Abélard und Héloïse in aller notwendigen Kürze einmal näher an!

Abélard oder Abälardus war ein scholastischer Theologe und Philosoph, der im Jahre 1079 in Le Pallet bei Nantes das Licht der Welt erblickte und am 21. April 1142 im Kloster St. Marcel bei Châlon verstarb. Weltberühmt wurde er freilich weniger durch seine durchaus wichtigen philosophischen Einsichten, als durch seinen unglücklichen Liebes- und Ehebund mit der schönen Heloïse, der Nichte des Kanonikus Fulbert in Paris, der ihn aus Rache für die Liebesbeziehung letztlich entmannen ließ. Gegenüber seiner großen Liebesgeschichte mit Héloïse tritt seine Rolle als Mitbegründer und Hauptvertreter der scholastischen Methode etwas in den Hintergrund. In Philosophie wie Theologie hinterließ er sichtbare Spuren: Im Universalienstreit milderte er den extremen Nominalismus seines Lehrers Roscelinus zum Konzeptualismus, in der Theologie suchte er Glauben und Wissen zu versöhnen. In seiner Ethik wiederum vertrat er den Standpunkt, dass es nicht auf die Schriften und Werke, sondern vor allem auf die Gesinnung ankomme.

Im Kern der Liebesgeschichte steht die Tatsache, dass der bereits berühmte Abélard die im Rufe hoher Gelehrsamkeit stehende Héloïse verführte, die von 1100 bis 1163 lebte. Es war ihr Onkel, der Kanonikus selbst gewesen, der den erfahrenen Abélard zu ihrem Lehrer bestellt hatte. Nach ihrer Liebesvereinigung entführte sie Abélard zu seiner Schwester in die weit entfernte Bretagne, wo sie einen Jungen zur Welt brachte. Verschiedene Versionen sprechen von einer geheimen Eheschließung; doch ging Héloïse, um allen Gerüchten ein Ende zu bereiten, in das Kloster von Argenteuil. Ihr Onkel glaubte freilich an Betrug, ließ Abélard überfallen und kurzerhand kastrieren. Während Héloïse ganze sieben Jahre in ihrem Kloster weilte, brachte sich Abélard zunächst im Koster Saint-Denis in Sicherheit, wandte sich aber dann einem Zufluchtsort in der Nähe von Troyes zu, von wo aus er wieder zu lehren begann und erneut Schüler um sich versammelte. Im Jahre 1131 übergab Abélard seinen Zufluchtsort an Héloïse und deren aus Argenteuil geflohene Mitschwestern, musste sich angesichts übler Nachrede aber bald wieder von seiner Liebe trennen.

Héloïses und Abélards berühmter Briefwechsel soll durch seine autobiographische Schrift *Historia calamitatum mearum* ausgelöst worden sein, in welcher die junge Frau ihre andauernde Liebe beschwor, ihr Liebespartner sie aber auf die Liebe zu Gott verwies. Abélard, dem der Papst verziehen hatte, starb letztlich in dem einsamen Kloster von Saint-Marcel. Héloïse gelang es, seine Umbettung in ihr Kloster, seine alte Wirkungsstätte, zu erreichen, wo sie später Äbtissin war und später an seiner Seite beerdigt wurde. Seit 1817 ruhen beider Gebeine auf dem Friedhof Père-Lachaise zu Paris.

Abb. 76: Grabmal von Héloïse und Abélard auf dem Friedhof Père-Lachaise, 1925.

Das Schicksal dieses unglückseligen mittelalterlichen Liebespaares wurde von einer Vielzahl an Schriftstellern bearbeitet und entwickelte sich zu einem wichtigen Stoff der europäischen Liebesliteratur. Die Liebesbriefe der beiden gerieten nach ihrer Veröffentlichung im 17. Jahrhundert zum Ausgangspunkt für literarische Bearbeitungen vielfältiger Thematiken. Im 18. Jahrhundert kam es vor allem von England aus zu einer intensiven Auseinandersetzung mit diesem Stoff, in dessen Zentrum immer wieder die Liebesbriefe stehen. An diese auch in Frankreich weitergesponnenen Traditionslinien konnte Rousseau 1761 mit seinem großen Briefroman über zwei Liebende am Fuße der Alpen anknüpfen. Dabei diente ihm gerade die häufige Fokussierung auf die junge Frau als Leitlinie seiner freien Bearbeitung, eine Fokussierung, die bereits in der Titelwahl seines Romans deutlich wird.

Der in seinem Briefroman zum Ausruck kommende Konflikt zwischen subjektiver Empfindung und gesellschaftlichen Normen sowie Moralvorstellungen entspricht ganz der gegen die Vernunftausrichtung weiter Teile der französischen

Aufklärungsphilosophie gerichteten Position Rousseaus. Der Genfer Philosoph situiert diesen Konflikt innerhalb einer radikalen Gesellschaftskritik, innerhalb derer er unterschiedliche Gesellschaftsmodelle im Roman fiktional gegeneinander aufbietet. Denn es sind die simplen sozialen Schranken einer überkommenen Ständeordnung des *Ancien Régime*, welche eine eheliche Verbindung zwischen Julie d'Etanges und ihrem bürgerlichen Hauslehrer Saint-Preux untersagen und definitiv verunmöglichen. Julies Entschluss, den älteren Herrn de Wolmar zu ehelichen, um im Schutze des Ehesakraments ihrem eigentlichen Geliebten treu bleiben zu können, trägt Saint-Preux unter Qualen mit. Von Mylord Edouard überzeugt, geht der noch immer liebestrunkene Hauslehrer auf eine für die Epoche charakteristische Weltumsegelung, von welcher er erst nach Jahren wieder an den Genfer See zurückkehrt. Das tragische Ende einer sich selbst gegenüber stets treuen Julie, die im Roman zunehmend zu einer Heiligen stilisiert wird, erlebt der gereifte, aber noch immer im Überschwang seiner Gefühle lebende Saint-Preux mit. Diese Tragik entspricht durchaus jener Analyse, wie sie Denis de Rougemont über die *Liebe im Abendland* vorangetrieben hat. Nur über die glückende und glückliche Liebe gibt es nichts zu sagen.

Die stark von den Landschaften am Genfer See und in den nahegelegenen Alpen angeregten und durch die Naturempfindungen stimulierten Liebesbriefe zwischen Saint-Preux und seiner Julie machen nahezu die erste Hälfte dieses umfangreichen Briefromans aus. Immer mehr weitet sich die Zahl der Briefeschreiber und -empfänger aus und macht einer Reflexion gesellschaftlicher Utopien Platz, in welchen der ideale Gesellschaftszustand mehr herbeigesehnt und herbeigeschrieben als beschrieben und analysiert wird.

Clarens steht für jenen Ort, an welchem Julie im Kreise ihrer Familie, ihres Mannes und ihrer beiden Kinder zu sich selbst gefunden zu haben scheint; an diesem schon namentlich von Klarheit durchfluteten *locus amoenus* situiert sich die eigentliche Utopie, mit welcher Rousseau seinen philosophischen Gesellschaftsroman ausstattet. Die beiden Liebenden jedoch können einander nicht vergessen und sind auf immer aneinander gebunden, so vernunftbezogen Julie und ihr Mann auch argumentieren mögen. Die Liebe durchzieht alle Ebenen und Episoden des Romans auch dort, wo von ihr nicht die Rede ist oder wir – wie etwa bei der Weltumsegelung Saint-Preux' – Tausende von Meilen vom Ort des Geschehens entfernt sind.

So gehen die beiden Liebenden in die Geschichte des Romans ein als die neuen Héloïse und Abélard des 18. Jahrhunderts, die von den gesellschaftlichen Normen ebenso um ihre Liebe betrogen wurden wie das unsterbliche französische Liebespaar aus dem Hochmittelalter. Saint-Preux ist nicht mehr in Julie de Wolmar verliebt, sondern in jene junge und unbeschwerte Julie d'Etanges, die der ebenfalls junge Hauslehrer kennen und lieben gelernt hat. Ist seine Liebe damit ruhig gestellt? Keineswegs! Denn es werden die gesetzten Grenzen zwar von beiden Liebenden anerkannt, ohne dass sich an der Tragik ihrer Liebesbeziehung dadurch etwas geändert hätte. Die Liebe wird durch den Verzicht im eigentlichen Sinne verklärt und gleichsam sublim(iert) sakralisiert.

Abb. 77: „Promenade de Julie et Saint-Preux sur le lac de Genève", Öl auf Leinwand von Charles Edouard de Crespy Le Prince, 1824.

Clarens ist Rousseaus konkrete Utopie, der Ort, an dem er seine Gesellschaftsvorstellungen liebevoll ausmalte. Es ist eine Gesellschaft *und* Gemeinschaft, an der alle gleichmäßig Anteil haben und partizipieren. In dieser Ausrichtung ist sie deutlich gegen alle Gesellschaftsmodelle des *Ancien Régime* gerichtet. Gesellschaftliche Zivilisation und Natur sowie Naturempfinden sind miteinander versöhnt, wie dies etwa am Erntefest in Clarens sehr deutlich vorgeführt wird. Doch zugleich gibt es auch eine unbestrittene Autorität. Wie in einem französischen Salon des 18. Jahrhunderts ist alles um die schöne, aber zugleich pragmatische Julie im Kreis versammelt – es ist ein Gemeinschaftsmodell, das rund um den Mittelpunkt der Frau seine Erfüllung findet. Sie regiert über alle und alles: Wie eine Salonière herrscht Julie über jedermann in ihrem Kreis.

Doch in all dies hinein ist die erkaltete, aber immer noch allgegenwärtige Herzensschrift einer unabgegoltenen und letztlich tragischen Liebe geschrieben.

Dieser Schrift, die sich nicht allein durch die Liebesbriefe, sondern durch alle Seiten des Briefromans zieht, kann niemand ausweichen – auch und gerade das Liebespaar nicht. Nach dem Unfall in der Seenlandschaft bereits im Sterben liegend, gesteht Julie in einem letzten Brief Saint-Preux ihre unveränderte und starke, aber zugleich schuldige und himmlische Liebe.

Wie stark die Liebe, die allein in ihrem Verzicht lebbar wird, auf die nachfolgenden Schriftsteller nicht nur Frankreichs gewirkt hat, lässt sich kaum ermessen. Die Empfindsamkeit des Rousseau'schen Paares prägte zum einen die Vorstellungswelt von Paul und Virginie in Bernardin de Saint-Pierres großem gleichnamigen Roman, befeuerte aber auch die der Emma Bovary, mit der sich Gustave Flaubert über die Liebeskonzeptionen der Vorromantik durchaus mokierte. Doch dazu später mehr! Denn sicher ist: Ebenso als Liebesroman wie als Gesellschaftsroman zeugte *Julie ou la Nouvelle Héloïse* eine reiche Nachkommenschaft.

Jürgen von Stackelberg betonte wie viele andere die Verbindung zwischen dem Briefroman des 18. Jahrhunderts und der Subjektivität des Individuums, die sich im Brief ausdrückt, womit gleichsam eine bürgerliche Öffentlichkeit begonnen habe.[7] Natürlich dürfen wir über aller Liebesrhetorik nicht vergessen, dass die Epoche des Briefromans auch mit der Epoche eines modernen Postwesens zusammenfällt. Und selbstverständlich hatten schon Héloïse und Abélard sich gegenseitig Briefe geschrieben, freilich nicht mit derselben Schnelligkeit, wie dies im 18. Jahrhundert der Fall war.

Der Brief wird im Kontext der Empfindsamkeit – so Jürgen von Stackelberg weiter – wie der Abdruck einer Seele gelesen. Zugleich wird der Briefroman um 1750 unverkennbar als sich herausbildende Gattung begriffen. Dabei kommen ihm Unmittelbarkeit, Anteilnahme des Lesers an der Leidenschaft, Improvisationscharakter und Gefühlsausdruck wie bei keiner anderen Gattung zu, wobei zugleich auch eine Nähe zum Konversationsstil und zur Mündlichkeit besteht. Man könnte zudem auch von einer Ästhetik der *négligence* sprechen, die in ihm zum Tragen kommt. Überdies zeigt sich die Nähe zum Theater, wobei im Briefroman auf Grund der Kommunikationssituation freilich die Dimension der Seelenanalyse stärker gegeben ist. Ganz im Sinne Rousseaus spricht hier das Herz zum Herzen auf direkte, unverschleierte und transparente Weise.

Nun haben wir genügend über den Liebesdiskurs bei Rousseau und seine Einbettung ins Jahrhundert der Aufklärung diskutiert, um uns nun dezidiert der Textanalyse und einem *close reading* der Liebe in *Julie ou la Nouvelle Héloïse*

---

7 Vgl. Stackelberg, Jürgen von: Der Briefroman und seine Epoche. Briefroman und Empfindsamkeit. In: *Romanistische Zeitschrift für Literaturgeschichte* (Heidelberg) 1 (1977), S. 293–308.

zuzuwenden. Diese genaue und detaillierte Textanalyse und Interpretation soll herausarbeiten, welche Besonderheiten die Liebeskonzeption Rousseaus in dieser Übergangszeit zwischen den *Lumières*, der Empfindsamkeit und der Romantik aufweist. Steigen wir also ein in die Liebesbriefe zwischen unseren beiden Liebenden und sehen wir, was Julies berühmter Kuss bei ihrem Hauslehrer anrichtet:

> Was hast Du getan? Ah! Was hast Du getan, meine Julie? Du wolltest Dich bei mir bedanken, und Du hast mich verloren. Ich bin trunken oder bin vielmehr der Sinne bar. Meine Sinne sind verändert, all meine Fähigkeiten sind verwirrt durch diesen tödlichen Kuss. Du wolltest meine Übel besänftigen! Du Grausame! Du hast sie noch bitterer gemacht. Gift ist es, was ich auf Deinen Lippen trank: Es fermentiert und verbrennt mein Blut, es tötet mich, und Dein Mitleid lässt mich sterben.
>
> Oh, unsterbliche Erinnerung an diesen Augenblick der Illusion, des Deliriums und der Verzückung. Niemals, niemals wirst Du aus meiner Seele getilgt; und solange die Reize von Julie dort eingemeißelt stehen, solange dieses hin und her geschüttelte Herz mir Gefühle und Seufzer liefern wird, wirst Du die Folter und das Glück meines Lebens sein![8]

Abb. 78: „Le premier baiser", Zeichnung von Jean-Michel Moreau le Jeune, Illustration zu *La Nouvelle Héloïse* von Jean-Jacques Rousseau, 1773.

Lassen Sie uns nach diesem Schwelgen im vorromantischen Liebesdiskurs vorsichtshalber die Regeln dieses Diskurses durchbrechen und zu einer nüchternen Sprache der Analyse finden! Denn man könnte zu dieser Passage im Grunde mehr

---

8 Rousseau, Jean-Jacques: *Julie ou la Nouvelle Héloïse*, Paris: A. Houssiaux 1852–1853, S. 30.

oder minder trocken anmerken: Es geht eigentlich um drei Flüssigkeitskreisläufe: Erstens die Flüssigkeit, die Saint-Preux von den Lippen Julies empfängt; zweitens die Flüssigkeit seines eigenen Blutkreislaufs; und drittens die Flüssigkeit der Tinte bei seinem eigenen Schreiben in jener Schrift, die fraglos die Schrift seines Herzens ist, das nicht umsonst im obigen Zitat angerufen wird. Die drei Kreisläufe von Flüssigkeiten durchdringen sich und träufeln das Gift in die Blutbahn, die Blutbahnen nähren das Herz und seine Emotionen, das Herz wiederum antwortet auf die Flüssigkeit jenes Giftes, das Saint-Preux auf den Lippen von Julie sammelte, mit einer absoluten Verwirrung aller Sinne. Wie, diese Verwirrung aller Sinne ist Ihnen sprachlich noch nicht nahe genug? Dann lassen Sie uns von einer *Total Eclipse* sprechen, die alle Sinne und alles Einsehen verdunkeln. Das Gift ist in den germanischen Sprachen stets ein doppeltes Liquid: Es ist einerseits eine zerstörerische Flüssigkeit, die bisweilen hinterrücks und insgeheim ihre Wirkung tut, zum anderen ist es zugleich aber immer auch Gabe und Geschenk, wie wir das vom englischen *gift* kennen. Ebenso ist die gesamte Szenerie des Kusses zwischen Julie und Saint-Preux ein *supplice* und zugleich das *bonheur* des jungen Mannes.

In diesem kurzen Auszug aus dem vierzehnten Brief, den Saint-Preux an seine geliebte Julie d'Etange richtet, erfahren wir Grundlagen nicht nur der Liebeskonstellation und deren Fortschritte, sondern auch eine Vielzahl von (literarischen) Aspekten der Topik der Liebe im Kontext des Rousseau'schen Entwurfs und Schreibens. Aus dieser Passage wird deutlich, dass die Liebe des Hauslehrers zu seiner gelehrigen Schülerin Julie eine leidenschaftliche in dem Sinne ist, als sie in ihrer höchsten Ambivalenz stets auf Leiden beruht und mit aller Macht Leiden schafft.

Die Liebe beinhaltet das Glück und zugleich die Folter, wie Saint-Preux seiner Schülerin gesteht, die ihm als Lohn einen schüchternen Kuss gab. Dieser Kuss aber wird zum *baiser mortel*, zum tödlichen oder todbringenden Kuss, da der Liebende von den Lippen Julies zugleich die Liebe und das Gift, den Liebestrank und den Todestrank gekostet und getrunken hat. Denn beides ist in dieser Körperflüssigkeit: Glück und Folter, Leben und Tod sind unausweichlich miteinander verbunden. Es wird für Julie wie für Saint-Preux fortan nicht mehr möglich sein, sich entweder für das eine oder das andere zu entscheiden.

Liebe und Tod sind von der Szene des *baiser mortel* an aufs Engste miteinander verbunden. Zugleich ist die Liebe in diesem ersten Teil des Romans einerseits unschuldig, in *naiveté* und *franchise* vorgetragen und gelebt; zum anderen aber ist diese Auffassung von Liebe sich der unüberwindlichen Standesgrenzen bewusst, welche es nicht erlauben, dass die adelige junge Dame einen Bürgerssohn niederer Herkunft heiratet. Beide Liebende wissen von dieser Unmöglichkeit und können ihr doch nicht ausweichen. Liebe ist stets etwas, das eine bestehende Gesellschaftsordnung herausfordert, unabhängig von der Art und Weise dieser Liebe – zumindest dann, wenn sie an geltende Normen und Verpflichtungen rührt und mit diesen kollidiert.

Die Konsequenzen für den Briefroman des Genfer Bürgersohnes sind unmissverständlich. Denn aus der genannten Konstellation ergibt sich die ganze Rhetorik von Geburtsadel, Geldadel und Seelenadel, welche ihn durchzieht und nicht selten auch in einen geradezu sozialrevolutionären, die Standesgrenzen überschreitenden Diskurs einmündet. Die Grenzen zwischen Bürgertum und Adel werden nach der Heirat Julies mit dem Adligen de Wolmar aufrechterhalten, zusätzlich aber mehr als alles andere durch die Grenzen zwischen leidenschaftlicher Liebe und christlicher Ehe – und somit der christlich institutionalisierten Liebe – verstärkt. Die *passion*, also gelebte Leiden und Leidenschaften, entzünden sich an dieser Konstellation einer Unwegbarkeit und Unwägbarkeit der Liebe, die doch immer wieder nach Formen ihres Ausdrucks und ihrer Selbstversicherung sucht. Für die Liebenden in der Fiktion ergibt sich freilich kein Ausweg, keine Ausflucht; für die Gesellschaft in der Sozialtheorie Rousseaus dagegen schon. Eben hier liegt der sozialrevolutionäre Akzent dieses so facettenreichen Briefromans.

Die Liebe wird zum eigentlichen Katalysator für die Entfaltung der eigenen Subjektivität des Individuums und einer kollektiv verstärkten Subjektivität, wie sie für unsere Moderne charakteristisch geworden ist. Sie wird dadurch zum Herzstück einer sich ständig modernisierenden Gesellschaft, wie sie gerade die von Julie und de Wolmar geschaffene Gesellschaftsutopie von Clarens am Genfer See darstellt. Dort zeigt Rousseau unweit seiner Geburtsstadt auf, wohin die Auflösung einer Ständegesellschaft tendieren müsste. Die Liebe weist dabei den Weg.

Der Liebestrank, von den Lippen Julies getrunken, und damit die körperliche Flüssigkeit führt zur Trunkenheit von Saint-Preux, zugleich aber auch zum Verlust aller sinnlichen und kognitiven Fähigkeiten des armen Hauslehrers, wirkt also in der Tat wie ein Gift, das den anderen zugleich lähmt und lahmlegt. Die Frau, die diesen Trank verabreicht, bleibt dadurch zwar das geliebte Wesen, wird andererseits aber auch zur Grausamen, zur *belle dame sans merci*, welcher Saint-Preux willenlos ausgeliefert ist. Denn sie ist es ja, die die Leidenschaft erregt, aber im Grunde nicht stillt, sondern nur immer von neuem entfacht, bis dass sein Blut entflammt und seine ganze Person in Flammen steht. Und dies alles wegen eines unschuldigen Kusses?

Ja, nur wegen eines Kusses! Das Mitleiden der höhergestellten Dame – und auch hier sehen wir noch die Bezüge zur höfischen Liebe, nur mehr transportiert in den Kontext einer Gesellschaft auf dem Weg in ihre vom Bürgertum beherrschte Form – beendet das Leiden des Liebenden nicht, sondern verstärkt nur die tödliche Wirkung jener Flüssigkeit, die er von ihr empfangen hat. Zugleich ist all dies in seiner Sterblichkeit, vor dem Hintergrund des drohenden Todes, doch immer prospektiv ins Ewige, ins Unvergängliche, in ein Stillstehen der Zeit gehoben. Denn der Augenblick der Liebe wird zum ewigen Zeitraum, der in der Tat Saint-Preux niemals mehr vergehen wird, auch wenn ihn die Gesellschaft zwingt, diesen Augenblick einer für immer vergangenen Vergangenheit zu überantworten. Doch vergessen kann er niemals mehr!

Hierin besteht das *enchantement*, die Verzauberung und Verzückung durch die Liebe. Sie hält sich hinter den Reizen, hinter den *charmes* der schönen Julie grausam verborgen. Zugleich gibt es eine Art Topographie des Menschen beziehungsweise des menschlichen Körpers, genauer: des Körper-Leibs des Liebenden, die sich deutlich abzeichnet. Denn so wie die *charmes* von Julie in die Seele eingeschrieben sind – und die Schreibmetaphorik ist hier bedeutungsvoll –, so ist auch das Herz zu jenem Ort und Organ des Körpers des Liebenden geworden, das die Gefühle der Liebe hervorbringt, die unauslöschlich bleiben. Ungezählte Male wird immer wieder dieses Herz des Liebenden beschworen, das den Ort der Liebe darstellt, das zugleich aber auch jene Flüssigkeit – das Blut – zur Verfügung stellt und in Umlauf setzt, das die erkaltete Herzensschrift der Romantiker erzeugt. Im Dreieck von Kopf, Herz und (schreibender) Hand nimmt das liebende Herz die beherrschende Position ein. Es wird in der Schrift gespiegelt und erreicht den Liebespartner über die Lektüre, welche direkt ins Herz geht: So stellt sich über das Lesen der Schrift des Liebespartners eine Kommunikation direkt von Herz zu Herz ein.

Das Modell der unglücklichen Liebe von Héloïse und Abélard ist in Rousseaus Text implizit, nicht selten aber auch explizit als Bezugsgröße ständig präsent. Im vierundzwanzigsten Brief etwa schreibt der gebildete Hauslehrer Saint-Preux an seine Julie von jenen Warnungen, die er ihr mit Blick auf die Briefe zwischen den beiden Liebenden einst mitgegeben hatte:

> Als die Briefe von Héloïse und Abélard Ihnen in die Hände fielen, so wissen Sie, was ich Ihnen von dieser Lektüre und vom Verhalten dieses Theologen sagte. Stets habe ich Héloïse beklagt; sie besaß ein Herz, das für die Liebe gemacht war, doch Abélard erschien mir immer als ein Elender, der seines Schicksals würdig war und ebenso wenig die Liebe wie die Tugend kannte. Nachdem ich ihn verurteilt, ist es da notwendig, dass ich ihn nun nachahme? Unglück für einen jeden, der eine Moral predigt, welche er selbst nicht praktiziert![9]

Am Ende des 17. und zu Beginn des 18. Jahrhunderts hatte eine wahre Schwemme von Ausgaben und Veröffentlichungen zum Briefwechsel zwischen Héloïse und Abélard eingesetzt, so dass schon die *Encyclopédie* in ihrem Artikel zur Scholastik

---

9 Rousseau, Jean-Jacques: *Julie*, S. 41.

fragen musste, ob es denn noch jemanden gebe, der nicht diese berühmten Liebenden kenne. Die unglückliche Liebe zwischen den beiden war sprichwörtlich geworden. Rousseau machte in seinem Briefroman – wie wir aus obigem Zitat ersehen können – explizit auf den Bezug zum mittelalterlichen Liebespaar aufmerksam und baute die Briefe in die Diegese geschickt und gleich mit einer Deutung beider Figuren durch den liebenden Hauslehrer ein. Im Mittelpunkt von Saint-Preux' Lektüre der Liebesbriefe steht Julie, die Abélard bei weitem an Liebesfähigkeit und Gefühlen überlegen ist.

Dies aber bedeutet, dass die mittelalterliche Héloïse für die neue, die moderne Héloïse, unsere Julie d'Etange nämlich, längst zum Vorbild und Modell geworden ist, trotz aller Warnungen von Saint-Preux, der im übrigen seinerseits nur feststellen kann, dass er nicht sicher sei, die hohen moralischen Standards zu erfüllen, die er selbst an den Theologen Abélard angelegt habe. Immerhin sah er Gründe für das Schicksal Abélards, rechtfertigte also letztlich die Kastration; und es wäre ein Leichtes, daraus auch immer wieder die von den Vaterfiguren wie de Wolmar ausgehenden Kastrationsängste unseres jungen Hauslehrers im Briefroman nachzuweisen.

Doch ist in Jean-Jacques Rousseaus Briefroman die Lektüre das privilegierte Medium, das – wie sich hier, aber auch an vielen anderen Stellen zeigt – die Köpfe der jungen Mädchen verdreht und mit Liebesvorstellungen und Sehnsüchten füllt, freilich in einer ständischen Gesellschaft, welche so depraviert ist, dass sie Romane und insbesondere Liebesromane benötigt, um ein wenig Zerstreuung und Nervenkitzel zu empfinden. Unverkennbar aber ist die Tatsache, dass sich die beiden Liebenden nun in einem anderen gesellschaftlichen und historischen Kontext bewegen, dass wir es also mit einer Art Modernisierung und Readaptation der legendären Liebenden zu tun haben, die – wie wir schon wissen – ihren historischen Kern besitzt. Rousseau hat damit das mittelalterliche Liebespaar in seine zeitgenössische Gegenwart übersetzt und die mittelalterlichen Normen, gegen welche einst Héloïse und Abélard aufbegehrten, in die gesellschaftlichen Ständeschranken seiner Zeit, des Jahrhunderts der Aufklärung, übertragen und seine Liebesgeschichte mit viel Gesellschaftskritik gewürzt.

Vor diesem Hintergrund verwundert es uns selbstverständlich nicht länger, dass es im vierundfünfzigsten Brief, wiederum von Saint-Preux an Julie, den lange erwarteten Bericht von der geradezu unvermeidlichen Liebesnacht gibt und daher der Liebesvollzug gemeldet wird, der auch die beiden Liebenden des Mittelalters zusammengeführt hatte. Wie hätte Rousseau dieses nächtliche Schäferstündchen auch vermeiden können, orientierte er seine Leser doch schon im Titel an jener Liebesgeschichte, die ihnen im 18. Jahrhundert bestens vertraut war? Ich möchte Ihnen diese Passage nicht vorenthalten, zeigt sie doch auf, dass zumindest für einen Augenblick die Vereinigung des Liebespaares möglich war, während in der Folge die beiden Liebenden durch die Gesellschaft wieder auseinandergetrieben werden. Genießen wir also diese Szene, denn sie kommt nicht wieder:

> Julie! So bin ich denn in Deinem Gemach, so bin ich denn im Heiligtum all dessen, was mein Herz anbetet. Die Fackel der Liebe leitete meine Schritte, und ich glitt hinein, ohne dass man mich gesehen hätte. Oh reizender Ort, glückseliger Ort, der Du einstens so viele zärtliche Blicke unterdrückt, so viele brennende Seufzer erstickt gesehen hattest: Du, der Du meine ersten feurigen Gefühle entstehen und sterben sahest, zum zweiten Mal wirst Du sie nun gekrönt sehen: Du Zeuge meiner unsterblichen Beständigkeit, sei nun der Zeuge meines Glückes und verschleiere für immer die Lüste des treuesten und des glücklichsten der Menschen.
>
> Wie dieser mysteriöse Aufenthalt doch reizend ist! Alles schmeichelt und nährt die Glut, die mich verschlingt. Oh Julie! Er ist voll von Dir, und die Flamme meiner Begehren breitet sich über all Deine Spuren aus: Ja, alle meine Sinne sind zum gleichen Zeitpunkt trunken. Ich weiß nicht, welcher unmerkliche Duft, süßer noch als die Rose und leichter als die Iris, hier allüberall geatmet wird, ich glaube, hier den schmeichelnden Klang Deiner Stimme zu hören. Alle verstreuten Bestandteile Deiner Bekleidung zeigen meiner brennenden Einbildungskraft all jene Dinge von Dir selbst, die sie umhüllen: Diese leichte Haartracht, von langen blonden Haaren geschmückt, die sie doch zu verdecken vorgibt; dieser glückliche Stofffetzen, gegen den ich ein einziges Mal zumindest nicht anzumurren brauche; dieses elegante und einfache Négligé, das so trefflich den guten Geschmack jener Frau widerspiegelt, die es trägt; diese allerliebsten Pantöffelchen, die ein geschmeidiger Fuß so mühelos füllt; dieser von seinen Fesseln befreite Körper, der berührt und küssend umfängt ... Welch bezaubernde Taille! Obenan zwei leichte Konturen ... Oh Schauspiel der Wollust! ... Die Stangen des Korsetts sind unter der Kraft des Druckes gewichen ... Deliziöse Formen, die ich Euch tausendfach küsse! Ihr Götter, Götter, was wird sein, wenn ... Ah! Ich vermeine schon dieses zärtliche Herz unter einer glücklichen Hand schlagen zu spüren! Ah, Julie, meine charmante Julie! Ich sehe Dich, ich spüre Dich überall, ich atme Dich mit der Luft ein, die Du geatmet; Du durchdringst meine gesamte Substanz; wie ist das Zusammensein mit Dir brennend und schmerzhaft für mich! Wie schrecklich ist dies für meine Ungeduld! Oh komme, fliege, oder ich bin verloren.
>
> Welch ein Glück, Tinte und Papier gefunden zu haben! Ich bringe zum Ausdruck, was ich fühle, um das Übermaß zu bändigen; ich halte meine Gefühlsbewegungen im Zaume, indem ich sie beschreibe.
>
> Mir scheint, ich hörte Lärm: Sollte dies Dein barbarischer Vater sein? [...]
>
> Oh! Sterben wir, meine süße Freundin! Sterben wir, oh Du Geliebte meines Herzens! Was sollen wir fortan mit einer schalen, faden Jugend anfangen, deren Wonnen wir sämtlich gekostet?[10]

Wir erleben in dieser Passage sozusagen Schritt für Schritt die Annäherung, die Berührung, die wechselseitigen Durchdringungen der beiden Liebenden in einem Setting des 18. Jahrhunderts nach. Es ist dieses Erlebenswissen, das die Literatur

---

10 Rousseau, Jean-Jacques: *Julie*, S. 71 f.

uns zugänglich macht und uns als Nacherlebenswissen durch die Lektüre, durch das Lesen offeriert. Gewiss, die Sprache mag uns ferne sein, aber die Gefühle doch nicht. Denn wir können mit dem Liebenden uns langsam der Liebenden nähern und aus einer männlich determinierten Perspektive den weiblichen Körper in seiner Entschleierung unter dem männlichen Blick, unter dem Druck der männlichen Hände sehen. Welch anderes Medium als die Literatur wäre in der Lage, diese Empfindungen während einer Liebesszene im Jahrhundert der Aufklärung uns so unmittelbar vor Augen zu führen, uns einen Eindruck von der Gefühlswelt zu geben, welche die Liebe im 18. Jahrhundert hervorrief und bedeutete.

Und selbst die Unterbrechung der Liebesszene ist Programm. Es verwundert uns keineswegs, dass auch hier eine paternalistische Figur, in diesem Falle anders als bei Abélard und Héloïse nicht der Onkel, sondern der Vater selbst, als bedrohliche Gefahr näher kommt. Es ist ein Vater, an dessen Stelle bald schon de Wolmar treten und den Liebenden von der Liebenden abtrennen und ins Abseits stellen wird. Aber immerhin: Saint-Preux hat sich unsterblich mit seiner Julie vereinigt und wird diese zärtliche Erfahrung nie mehr in seinem Leben vergessen.

Von großer Wichtigkeit ist in diesem Zusammenhang auch die Verbindung zwischen Liebe und Schreiben bezüglich einer Liebe, die nicht nur in der Lektüre verwurzelt und verankert ist, sondern zugleich auch zum Schreiben drängt. Die obige Passage macht deutlich, wie eng das Schreiben mit der Liebe verbunden ist und über das LiebeSchreiben vor allem auch auf die Gefühlswelt des Verfassers Einfluss nimmt. Das Schreiben enthält hier ein Lebenswissen und auch ein Überlebenswissen, denn nur so scheint sich Saint-Preux der Gefahr zu entziehen, die Spannung nicht mehr ertragen zu können, die durch seine Liebe zu Julie d'Etange entstanden ist. Insofern erfüllt das Schreiben wie auch das Lesen des Schreibens einen unmittelbar therapeutischen Zweck.

Wie aber ist dieses Schreiben von der Liebe, dieses Schreiben über die Liebe beschaffen? Was sind die Ausdrucksformen, welches die rhetorischen Figuren, welche dieses Schreiben aus der unmittelbaren Erfahrung, aus dem unmittelbaren Erleben der Liebe prägen? Die Antwort auf diese Fragen ist schnell gegeben: Asyndeton, Katachrese, Agrammatikalität, eine Vielzahl von Interjektionen und alogischen Perioden führen jene Verwirrungen der Sinne und der geistigen Fähigkeiten vor, die von der Liebe und vom Verliebtsein beim Liebenden ausgelöst werden. Das liebende Subjekt kann sich seiner nicht mehr sicher sein und drückt dies auch sprachlich aus.

Die erste Liebesnacht mit Julie, die auch die letzte bleiben soll, ist noch vom Stoff, noch vom Schleier bedroht; doch dieser zerreißt – und auch hier ist dies bis hinein in die Körperlichkeit der Liebenden nachvollziehbar, wird damit doch der Vorgang der Entjungferung angedeutet. Doch der Schleier, der die ersehnte Transparenz aller Dinge verschleiert, ist damit nicht verschwunden, denn es wird nur kurze Zeit vergehen, bis dieser *voile* wieder in anderer Form zwischen Liebendem und Liebender auftauchen wird. Zugleich wird von Beginn an deutlich, dass wir es hier unverkennbar mit der Resakralisierung des Profanen, mit der Heiligsprechung des Objekts einer Liebe zu tun haben, die den Liebenden gleichsam in einen Anbetenden angesichts der von ihm vergötterten Frau verwandelt. Nicht umsonst bedient sich Saint-Preux des Verbums *adorer*.

Entscheidend aber ist die massive und zugleich ausdifferenzierte Sinnlichkeit dieser Passage, in der die einzelnen Sinne angesprochen, zugleich aber auch Synästhesien entfaltet werden, welche sie wieder miteinander verquicken. Auch das *je ne sais quoi* darf hier nicht fehlen, jener Restbestand des Irrationalen, der in diesem Zitat im Verbund mit den Düften, die am weitesten in die Kindheit als Erinnerungsspuren zurückreichen, genannt werden.[11]

Und immer wieder ist es die Metaphorik des Feuers, das brennende Begehren und die in Brand gesteckte Imagination, welche den Liebenden mit all seinen *feux* vorwärtstreiben und schließlich auch den Körper Julies – in einem Brief an Julie selbst, die sich gleichsam in der literarischen Pupille wie in einem Spiegel betrachten kann – in all seinen Einzelheiten erfassen, darstellen und berühren. An dieser Stelle nun erscheint auch das menschliche Herz in seiner konkreten Form gleichsam als weibliche Brust in der – wie es in diesem Zitat des Liebenden heißt – „glücklichen" Hand des männlichen Geliebten. Die einzelnen Teile des weiblichen Körpers werden personifiziert und gewinnen unter dem männlichen Blick, unter der männlichen Hand gleichsam ein Eigenleben. Die *Ver-Körperung* Julies ist geschlechterspezifisch determiniert.

So also wird ein Spektakel der Wollust in Szene gesetzt. Dies erfolgt mit Hilfe all jener literarischen Verfahren, über die Rousseau bereits in Perfektion verfügt und die im Grunde über eine lange Traditionslinie der Romantik hindurch präsent sein werden. Und doch ist selbst noch im Liebesgenuss, in der *volupté*, doch immer der Schmerz, der brennende Schmerz des Liebenden präsent: Nichts kann ihn tilgen oder vergessen machen. Ihm kann sich das liebende Subjekt nicht entziehen. Auch dies gehört zweifellos in das Umfeld der Liebestheorie von Denis de Rougemont.

Im Grunde wird der Liebende erst so die Authentisierung seiner *passion* an sich selbst erfahren können. Und im Grunde wird erst diese Dimension geteilter Leidenschaft und geteilten Leidens später erklären, wieso es am Ende mit dem Tod Julie de Wolmars doch noch zu der zuvor immer wieder abgewendeten Kata-

---

11 Zur Bedeutung des „Je ne sais quoi" vgl. die erhellende Studie von Köhler, Erich: „Je ne sais quoi". Ein Kapitel aus der Begriffsgeschichte des Unbegreiflichen. In (ders.): *Esprit und arkadische Freiheit. Aufsätze aus der Welt der Romania*. Frankfurt am Main: Klostermann 1966, S. 230 ff.

strophe kommt. Der Liebesroman von Jean-Jacques Rousseau hat kein *Happy End* und kann keines haben. Denn schon am Schluss des obigen Zitats, das eigentlich den Beginn des nachfolgenden und überaus interessanten Briefes darstellt, zeigt sich, dass nun bereits der Tod am Horizont erschienen ist. Denn die Lust ist genossen, die Wollust ein erstes Mal befriedigt: Alles andere kann nun nur noch ein vergeblicher kampf gegen die gesellschaftlichen Kräfte und – vielleicht schlimmer noch – immer nur die Wiederholung dieser so stürmisch und leidenschaftlich ersehnten *délices*, dieser Wonnen, sein. So enthält der Liebesvollzug sozusagen *in nuce* nicht nur den kleinen, sondern auch den großen Tod.

Die stets ersehnte Liebe wird in der Konstellation, die von Rousseau in seinem Briefroman entfaltet wird, zum eigentlichen Konstituens des Individuums, zu jener Kraft, die das moderne Subjekt und vielleicht mehr noch die moderne Subjektivität überhaupt erst konstituiert und ausmacht. Dies wird in einem langen Brief des zweiten Teils, dem elften Brief von Julie an Saint-Preux, deutlich, stellt die schöne Julie doch jene Frage, die natürlich für viele Romanfiguren mehr als vital ist: Was wären wir noch ohne die Liebe? Was wäre ein Liebespaar, das der Liebe verlustig gegangen wäre?

> Mein Freund, man kann auch ohne Liebe die erhabenen Gefühle einer starken Seele empfinden: Aber eine Liebe so wie die unsrige belebt und erhält sie solange sie brennt; sobald sie erlöscht, verfällt sie in Lähmung, und ein verbrauchtes Herz ist zu nichts mehr nutze. Sage mir, was wir wären, wenn wir uns nicht mehr liebten? Nun? Wäre es da nicht besser, nicht länger zu sein, als zu existieren, ohne etwas zu fühlen, und könntest Du Dich dazu durchringen, auf der Erde umherzuwandeln und das abgeschmackte Leben eines gewöhnlichen Menschen zu führen, nachdem Du alle Gefühlsbewegungen gekostet, die eine menschliche Seele verzaubern können? [...] Ich weiß nicht, ob Du woanders das Herz von Julie wiederfinden würdest; aber ich fordere Dich heraus, jemals bei einer anderen zu fühlen, was Du bei ihr gefühlt. Die Erschöpfung Deiner Seele wird Dir das Schicksal ankündigen, das ich Dir vorhergesagt; Traurigkeit und Überdruss werden Dich im Schoße Deiner frivolen Amüsements niederstrecken; die Erinnerung an unsere erste Liebe wird Dich Dir zum Trotze verfolgen; mein Bildnis, hundertmal schöner als ich es jemals war, wird Dich urplötzlich überkommen. Und sofort wird der Schleier der Abscheu all Deine Lüste bedecken, und tausendfaches bitteres Bedauern wird in Deinem Herzen wach werden. Mein Geliebter, mein süßer Freund, ah! Solltest Du mich je vergessen ... Oh weh, ich könnte daran nur sterben; aber Du würdest gemein und unglücklich leben, und ich wäre im Sterben nur zu gut gerächt.[12]

Was sind dies für liebevoll geäußerte, herzensliebe Drohungen! Und welche Verfluchung des Liebespartners ist diese liebevolle, zärtliche Umarmung, in der sich noch die Verwünschung all seiner Tage, die er auf Erden ohne sie verbrächte,

---

12 Rousseau, Jean-Jacques: *Julie*, S. 112.

äußert! In dieser Passage wird deutlich, wie sehr die Konstruktion der eigenen Subjektivität an der Konstruktion des Ichs als liebendem Subjekt ausgerichtet ist. Die Gattung des Briefromans ermöglicht es, die Perspektiven zu wechseln und damit auch die Sichtweise einer liebenden Frau einzunehmen, die ihrem Geliebten gleichsam ihr allgegenwärtiges Bildnis zur raschen Bestrafung schickt, sollte er sie jemals aus dem Blick verlieren. Julie möchte für ihren Saint-Preux folglich nicht den Tod; aber über ihre eigene Leiche[13] wünscht sie ihm ein ewiges Schmachten nach ihr, selbst und gerade in den Stunden der Lust mit einer anderen. Auch dies kann ein Diskurs, kann eine Sprache der Liebe sein: die Bilder des leidenden Anderen, der mir nach meinem Tode untreu geworden ist. Ihm sei ewige Verdammnis beschieden!

Literatur transportiert ein Wissen vom Leben und ein Wissen vom Lieben, das zweifellos auch und gerade die Grenze zwischen Leben und Tod übersteigt. Das Wissen über die Liebe und deren Vision bestimmen das Wissen über ein Leben, das es zu führen, aber auch über ein Leben, das es zu vermeiden gilt. Es ist ein Lebenswissen, das sich gegen das „ordinaire" richtet, gegen das gewöhnliche bürgerliche Lebens, gegen ein Leben ohne Passion, ohne diese Einzigartigkeit des unverwechselbaren Individuums, das nur von und durch die Liebe garantiert wird. Es ist ein Lebenswissen und ein Liebeswissen, das sich gegen die Norm, gegen die Konventionen, gegen die Gewohnheiten der Masse ausspricht, um eine eigene, unverwechselbare Form der Liebe und des Lebens zu errichten. Liebe strebt nicht allein nach Ewigkeit: Sie will auch vollumfängliche Einmaligkeit und Unwiederholbarkeit, zumindest in ihrer absoluten Lebens- und Liebesform.

Dieser Liebesschwur und die Liebesbeschwörung von Julie d'Etange bilden eine Aussage, die auf den ersten Blick in Kontrast und Konflikt mit der erzwungenen Vernunftehe mit de Wolmar und deren Akzeptanz durch die junge Frau wie ihren bürgerlichen Liebhaber zu stehen scheint. Doch zeigt gerade die Katastrophe des Untergangs von Julie de Wolmar, dass in Julie d'Etange letztlich doch die fortbestehende, unverändert liebende Julie als *Nouvelle Héloïse*, als neue Héloïse des 18. Jahrhunderts, zu erblicken ist. Ihre Gesellschaftsutopie von Clarens wirkt aus dieser Perspektive wie das Kloster von Heloïse, eine Gemeinschaft von Gleichdenkenden, die doch letztlich nie die Passion für und mit dem Anderen ersetzen können. Denn die Gemeinschaft der Gleichgesinnten tröstet, kann aber die individuelle Liebe des Liebespaares niemals ersetzen. Mag sein, dass Julie inmitten ihres Lebens mit de Wolmar das erschien, was sie auf Saint-Preux projizierte: Das Bildnis ihres Liebhabers, das sie noch in alle Stunden der Intimität hinein verfolgte.

---

13 Vgl. zu diesem Themenkomplex Bronfen, Elisabeth: *Nur über ihre Leiche. Tod, Weiblichkeit und Ästhetik.* München: Beck 1994.

Freilich zeigt sich in dieser Passage nicht nur der absolute Liebesanspruch des liebenden Subjekts sowie die geradezu existenzgefährdende Weise, mit welcher dem Liebespartner gleichsam eine *malédiction* nachgeschleudert wird, falls er oder sie das geliebte Objekt je vergessen und in den Armen einer oder eines anderen wiederfinden sollte. Wir haben hier noch immer das *amabam amare* des Augustinus, jene feine Beobachtung von Denis de Rougemont, dass in der Passion von Tristan und Isolde eben jene Liebe zum eigenen Ich, die Liebe zum Ich als Liebendem oder Liebender, immer wieder die Oberhand gewinnt. Vergessen wir diese Selbstliebe also nicht in der Liebesbeziehung zwischen beiden Liebenden am Genfer See: Sie bildet ganz zweifellos eine wichtige Komponente, die gerade auch in der sanften, liebevollen Verfluchung des Anderen zu Tage tritt.

Doch just in diesem Kontext wird die Ich-Konstruktion von der Liebe geleitet, so dass nicht verwundern kann, dass der Andere letztlich doch immer außerhalb dieser Konstruktion bleibt. Das geliebte Objekt ist dabei zunächst einmal völlig gleichgültig, wird auch noch so oft und so vehement Anspruch auf dieses *objet* von der Liebenden oder dem Liebenden erhoben. Die Einzigartigkeit des Subjekts erweist sich in der Einzigartigkeit seiner Liebe, die allein sie oder ihn davor sichert, in den Bereich des Gewöhnlichen, des Normalen, ja des Ordinären zurückzufallen und damit die eigene Größe und Unverwechselbarkeit aufzugeben. Stets schwingt das *amabam amare* bei der Subjektkonstruktion mit.

Genau an dieser Stelle aber findet sich die tiefe Beziehung zu Rousseaus *Les Confessions*, zur Konstruktion der Subjektivität als Abgrenzung von allen anderen, ohne den Anspruch aufzugeben, doch für alle anderen stehen und verstehen zu können: *Je sens mon coeur et je connais les hommes*. In dieser Hinsicht ist die Liebe das zentrale Konstruktionselement des Lebens; das Wissen über die Liebe ist damit ein Wissen über das Leben und letztlich auch über die Möglichkeiten und Unmöglichkeiten des Überlebens – und eben hierin wird das Wissen um Liebe auch zu einem Überlebenswissen, das Julie de Wolmar nicht im ausreichenden Maße zur Verfügung steht. So kann auch Rousseaus Liebesgeschichte, im Wissen um die von Elisabeth Bronfen herausgearbeiteten Zusammenhänge zwischen Tod, Weiblichkeit und Ästhetik, *nur über ihre Leiche*, nur über den Tod der weiblichen Protagonistin, verhandelt werden.

Wie bei Héloïse und Abélard, aber auch wie bei Tristan und Isolde bringt erst der Tod die wahre Vereinigung, auf die die Vereinigung im Leben nur ein erster Vorgeschmack, ein vorübergehender Augenblick war. Der kleine Tod geht dem großen Tod voraus. Doch in der geschlechtlichen Vereinigung, im Liebesakt also, ruht immer ein Versprechen von Ewigkeit und von unverbrüchlicher Passion. Dieses Versprechen aber gilt nicht für die christliche Liebe, nicht für das Sakrament der christlichen Ehe, die ganz im Sinne Rougemonts hier als Gegenbild entworfen wird – und zwar als ein Gegenbild in fast vollständiger Perfektion.

Denn die Ehe mit dem älteren und adeligen de Wolmar steht für dieses Gegen-bild, aber letztlich auch für dessen Scheitern ein. Die ideale Gemeinschaft von Clarens kann die Liebe der „Neuen Héloïse" zu Saint-Preux nicht überstrahlen.

Denn es ist die gegen die gesellschaftlichen Normen, gegen die Ständegren-zen des *Ancien Régime*, gegen die Konventionen, gegen die Gebote der Kirche gelebte Leidenschaft, welche seit dem Mittelalter als dauerhafte Strömung nach-weisbar nun in der Vorromantik und weit mehr noch in der Romantik mit einer ungeheuren Kraft hervorbricht und alles mitzureißen scheint, was sich ihr ent-gegenstellt. Gewiss, Albigenserkriege wurden um diese Liebeskonzeption nicht mehr geführt, um den Anspruch absoluter Liebe im Blute der Liebenden selbst zu ertränken. An vielfach vergossenem Blut wird es allerdings in den folgenden Kapiteln unserer Vorlesung nicht mangeln.

Doch lassen Sie uns an dieser Stelle noch ein letztes Mal zu den Schreib- und Lesemöglichkeiten des 18. Jahrhunderts hinabtauchen, bevor wir danach zu einer entscheidenden Phase innerhalb dieser Entwicklung von Liebe und Lesen in Europa – freilich bedeutungsvoll projiziert in die Neue Welt – kommen werden. Danach werden wir uns endlich auch den lateinamerikanischen Literaturen und ihren Auffassungen von Lesen und Liebe zuwenden. Zuerst aber zu einem der Gegenspieler Rousseaus in der französischsprachigen Aufklärung: dem mit ihm zu Beginn befreundeten Denis Diderot!

Denis Diderot, die Schrift der Vorsehung und der aktive Leser

Wir könnten ebenso Jean-Jacques Rousseau wie auch Denis Diderot in einen philosophisch-literarischen Zusammenhang stellen mit dem absichtsvollen Versuch, in ihren literarischen oder philosophischen Schriften die göttlichen Instanzen des Lesens und des Schreibens zu desakralisieren und an ihre Stelle menschliche Institutionen oder gar menschliche Figuren treten zu lassen. Im Verlauf des letzten Drittels des 18. Jahrhunderts avancierte die Geschichte als Kollektivsingular[1] zur großen, in gewisser Weise gottähnlichen Instanz, welche vergleichbar mit dem Jüngsten Gericht ihre Urteile über die Menschheit fällt. Wir haben bei unserer Beschäftigung mit *Les Confessions* von Rousseau bemerkt, wie an die Stelle des göttlichen Lesers des Lebensbuches, in diesem Falle der Autobiographie, nun der menschliche Leser tritt und das Lesen selbst zur Grundlage jeglichen Erkenntnis- und Sinnbildungsprozesses wird. Und wir können nun mit Denis Diderot erkennen, dass es zwar noch immer ‚da oben‘ eine Vorsehung gibt und eine quasi göttliche Instanz, dass ansonsten aber alles längst irdisch geworden ist und auf Erden verhandelt wird. Die göttlichen Instanzen und ihre jeweiligen weltlichen Vertreter sind ihrer Legitimität und Autorität größtenteils verlustig gegangen. dies blieb nicht ohne Konsequenzen für die Rolle des Lesepublikums.

Einer jener Denker der französischen Aufklärung, die sich dieser Herausforderung vielleicht am entschlossensten und zugleich auch am widerspruchsvollsten gestellt haben, ist der eigentliche Vater der berühmten französischen *Encyclopédie*, der französische Philosoph Denis Diderot, der von 1713 bis 1784 lebte. Beschäftigen wir uns nur ganz kurz mit einigen biographischen Tatsachen, die uns zum Schaffen dieses außergewöhnlich produktiven Denkers führen sollen!

Der am 5. Oktober 1713 geborene Denis Diderot erhielt von 1723 bis 1732 den ihn prägenden Unterricht am Jesuitenkolleg von Langres, später in Paris. Er versucht in der Folge erfolgreich, sich innerhalb einer sich im vollen Wandlungsprozess der Öffentlichkeit befindlichen französischen Gesellschaft zu behaupten und hält sich mit Theaterrezensionen, Übersetzungen und verschiedensten Texttypen über Wasser. Er nutzt die Zeit, um sich mit so unterschiedlichen Gegenständen wie der Mathematik sowie der griechischen Antike zu beschäftigen, und weitet seinen geistigen Horizont entschlossen aus. Berühmt ist seine eher kurzlebige

---

1 Vgl. hierzu Koselleck, Reinhart: *Vergangene Zukunft. Zur Semantik geschichtlicher Zeiten.* Frankfurt am Main: Suhrkamp 1979.

Freundschaft mit Rousseau, die im August 1742 begann. Noch waren die beiden Seiten der französischen Aufklärung vereint.

Abb. 79: Denis Diderot
(Langres, 1713 – Paris, 1784).

Im Jahre 1746 veröffentlicht Diderot anonym die *Pensées philosophiques*, die sofort vom Parlement de Paris dem Feuer überantwortet werden; fortan wird ihr Autor von der Polizei überwacht. Schon im Jahre 1747 aber wird die Grundlage für seine große philosophische Tat gelegt: D'Alembert und er unterschreiben den Gründungsvertrag für eine gemeinsam erstellte *Encyclopédie*. Neben seiner unermüdlichen Arbeit an diesem Grundlagenwerk beschäftigt er sich immer wieder mit literarischen Spielen oder Fingerübungen und veröffentlicht etwa im Jahr 1748 anonym ein Glanzstück der erotischen Literatur, *Les bijoux indiscrets*, auf die ich leider in dieser Vorlesung nicht eingehen kann. Der Tod seiner achtundzwanzigjährigen Schwester Angélique als wahnsinnig gewordene Ursulinerin im Kloster setzt ihm zu; er wird 1760 seine vehemente Schrift *La Religieuse* veröffentlichen.

Seine *Lettre sur les Aveugles* 1749 bedeuten für sein Denken einen Meilenstein; doch wird er am 24. Juli desselben Jahres per *lettre de cachet* gesucht, verhaftet und im Donjon von Vincennes eingesperrt. Er nutzt die Zeit zur Übersetzung von Platon, liest die ersten Bände der *Histoire naturelle* von Buffon und wird am 3. November wieder freigelassen. Und Diderot lässt sich nicht weichkochen. 1750 erscheint sein berühmter *Prospectus* für die *Encyclopédie*, das große Gemeinschaftswerk der französischen Aufklärung, deren erster Band im Juni 1751 publiziert und bald schon verboten wird.

Vergleichbar mit einem Voltaire wird Diderot zu einem Fuchs im Verlagsgeschäft, im Umgehen von weltlichen wie kirchlichen Veröffentlichungsverboten oder im verbotenen Drucken aufklärerischer Schriften unter falschen Verlagsorten. Er versteht es, an den Fäden einer gesamteuropäisch ausgerichteten Verlagslandschaft zu zupfen. So wird er rasch zu einem wendigen Intellektuellen *avant la lettre*. Zielstrebig arbeitet er weiter an den Bänden seiner *Encyclopédie*, veröffentlicht aber regelmäßig eigene philosophische Schriften, die seinen Ruf als einer der führenden europäischen Denker stärken. Spätestens 1757 ist die Freundschaft zwischen Diderot und Rousseau Geschichte; ab diesem Zeitpunkt lässt sich mit guten Gründen von einer Zweigleisigkeit der französischen *Lumières* sprechen und von einer Entwicklung in der *République des Lettres*, welche das kommende Jahrhundert mit der aufkommenden Empfindsamkeit vorbereiten wird.

Von September bis November 1759 verfasst er den *Salon de 1759* für die *Correspondance littéraire*, die auch alle nachfolgenden *Salons* des Philosophen aufnehmen wird. Diese Schriften sind von grundlegender Bedeutung für die ästhetischen Begriffe und Entwicklungen in der zweiten Hälfte des 18. Jahrhunderts. Diderot ist im Zentrum des französischen Denkens angekommen und darf fortan als einer seiner herausragenden Köpfe gelten. Im Januar 1766 erscheinen die letzten zehn Textbände der *Encyclopédie*; die Bände mit den berühmten *Planches*, den Illustrationen und Abbildungen, werden noch bis 1772 nach und nach veröffentlicht.

1772 entsteht auch die erste Fassung seines *Supplément au voyage de Bougainville*; Diderots Mitarbeit an Guillaume-Thomas Raynals *Histoire des deux Indes*, einer Art Kolonialenzyklopädie der europäischen Expansion, bleibt den Zeitgenossen zwar zunächst weitgehend verborgen, profiliert ihn aber auch auf diesem Gebiet als einen der maßgeblichen Denker seiner Zeit. Wir haben in unserer Vorlesung bereits untersucht, wie einflussreich seine Rolle als Koautor war und wie wichtig gerade auch seine Wendungen an die Leserschaft für diese *Histoire* wurden.

Die Zusammenarbeit mit Raynal an diesem Bestseller der *Lumières* setzt sich bis ins Jahr 1780 fort; 1781 verteidigt er den von Verfolgung bedrohten südfranzösischen Kleriker in seiner polemischen *Lettre apologétique de l'abbé Raynal*. Die Reisen nach Den Haag und nach St. Petersburg in den Jahren 1773 und 1774 festigen seine Stellung als europäischer *philosophe* von Rang; doch seine Rückkehr nach Paris führt ihn gleichsam in sein angestammtes geistiges Biotop zurück.

Im November des Jahres 1778 beginnt Diderot mit der Veröffentlichung von *Jacques le fataliste et son maître* – eine erste Fassung dieses Textes legte er schon 1771 vor – in der *Correspondance littéraire* von Grimm. Bis zu seinem Tod am 21. Juli 1784 bleibt Diderot einer der produktivsten Philosophen seiner Epoche.

Ich möchte Ihnen in der Folge einen kurzen Auszug aus dem Kontext der Reiseliteratur präsentieren und dabei zu einer hermeneutischen Grundfigur des Verstehens gelangen, dem Springen.[2] Diese zweifellos am ‚modernsten' anmutende Bewegungsfigur, die exemplarisch vorgestellt und diskutiert werden soll, ist auf den ersten Blick von etwas diffuser Natur und gar nicht so leicht nachvollziehbar. Denn sie betrifft einen Reisebericht und ein dazu gehöriges Verstehensmodell, in welchem weder ein konkreter Ausgangspunkt noch ein konkreter Zielpunkt der Reise angegeben werden. Haben wir es aber dann noch wirklich mit einer realen Reise und einer klaren Verstehensbewegung zu tun? Und wie lassen sich diese Bewegungen dann überhaupt *lesen*?

Nur auf den ersten Blick scheint es nicht einfach, für das 18. oder 19. Jahrhundert Beispiele für derartige Reisebewegungen anzuführen. Ich möchte daher auf ein der fiktionalen Erzählliteratur entstammendes Beispiel, den erwähnten und von Diderot verfassten Roman *Jacques le fataliste et son maître* zurückgreifen, der uns noch abschließend etwas über die Bewegungen der Lektüre und des Lesens im Jahrhundert der Aufklärung vermitteln soll. In der berühmt gewordenen Eingangsszene, in welcher der Erzähler mit dem/der Leser*in ein fiktives Zwiegespräch über die Protagonisten dieses Textes führt, treten die spezifischen Grundstrukturen der Reise- und Verstehensbewegungen im Roman deutlich vor Augen:

> Wie hatten sie sich getroffen? Durch Zufall, wie jedermann. Wie nannten sie sich? Was kümmert sie das? Woher kamen sie? Vom nächstgelegenen Ort. Wohin gingen sie? Weiß man denn, wohin man geht? Was sagten sie? Der Herr sagte nichts, und Jacques sagte, dass sein Hauptmann sagte, dass alles, was uns hier unten an Gutem und an Schlechtem zustößt, dort oben geschrieben ward.
>
> Der Herr: Das ist ein großes Wort!
>
> Jacques: Mein Hauptmann fügte hinzu, dass für jede Kugel, die aus einem Gewehr abgeschossen wird, die Adresse feststeht.
>
> Der Herr: Und er hatte recht ...[3]

Die intertextuelle Vernetzung mit anderen literarischen Bezugstexten ist schon in dieser Passage komplexer als dies auf den ersten Blick scheinen will. Die referierte Antwort des Capitaine findet sich bereits in Sternes *Tristram Shandy*: Diderot war ein guter Leser, wobei er bisweilen auch ein guter Plünderer war, der

---

2 Vgl. zu diesen hermeneutischen Bewegungsfiguren, auf die an dieser Stelle nicht mehr eingegangen werden kann, den vorangegangenen Band der Vorlesungen von Ette, Ottmar: *Reise-Schreiben. Potsdamer Vorlesungen zur Reiseliteratur.* Berlin – Boston: Walter de Gruyter 2020.
3 Diderot, Denis / Lecontre, Simone (Hg.) / Le Galliot, Jean (Hg.): *Jacques le fataliste et son maître.* Genève: Droz 1977, S. 3.

die Texte anderer für seine Zwecke einzusetzen wusste. Dies haben wir schon bei seiner Mitarbeit an Raynals *Histoire des deux Indes* deutlich vermerkt.

Aber *Jacques* ist von *Tristram Shandy* ja gar nicht allzu weit entfernt! Nicht weiter jedenfalls als das Lesen vom Schreiben, denn beide sind nicht nur einander entgegengesetzt, sondern auch komplementär zueinander und vor allem aufeinander abgestimmt. So war auch Hans Magnus Enzensberger ein ausgezeichneter Leser Diderots. Entsprechend heißt es in seinem Radio-Roman *Jakob und sein Herr* frei nach dem französischen Philosophen:

> Hörer: Wie waren die beiden zueinander gekommen?
> Erzähler: Von ungefähr, durch Zufall – wie denn sonst?
> Hörer: Wo kamen sie her?
> Erzähler: Aus dem nächstbesten Dorf an ihrem Weg.
> Hörer: Wo gingen sie hin?
> Erzähler: Weiß man je, wohin man geht?
> Hörer: Wie hießen die beiden?
> Erzähler: Sie hießen Jakob und sein Herr.
> Hörer: was sprachen die beiden miteinander?
> Erzähler: Der Herr kein Wort; Jakob hingegen:
>
> Jakob: Mein Hauptmann, Gott hab ihn selig, hat immer gesagt: Alles, was uns an Gutem oder Bösem auf Erden begegnet, steht dort oben geschrieben.
> Herr: Das ist ein großes Wort.
> Jakob: Und er pflegte hinzuzusetzen: Jede Kugel, die abgeschossen wird, hat ihre Adresse.
> Herr: Dein Hauptmann hatte recht.[4]

Sie sehen durch einen kurzen Textvergleich, dass wir es hier zugleich mit dem literarischen Verhältnis des Lesens als Schreiben, der Übersetzung als Kreation und der intermedialen Transposition – vom Roman zum Radio-Roman – zu tun haben. So verschieben sich die Grenzen zwischen den verschiedenen Modi der Lektüren deutlich und werden im Enzensberger'schen Text selbst undeutlich. Hans Magnus Enzensberger ist hier Leser, Übersetzer und Schriftsteller, er ist also – nach einer lange tradierten philologischen Terminologie – zweifellos zugleich *scriptor, compilator* und *auctor* sowie *lector* in einem. Der Ort „dort oben" aber ist in Wahrheit längst nicht mehr besetzt: Die Menschen haben die Rolle des göttlichen Lesers wie des göttlichen Schreibers übernommen. Das Lesen ist längst zu einem textproduktiven Vorgang geworden.

---

4 Enzensberger, Hans Magnus: *Jakob und sein Herr.* Hörspiel nach dem Roman von Denis Diderot. Rottenburg am Neckar: Diderot Verlag 2006. Erstsendung: 25.12.1979 (Saarländischer Rundfunk / Südwestfunk).

Doch bohren wir noch ein wenig weiter. Die Erwartungsklischees der fiktiven Leserfigur werden ein um's andere Mal enttäuscht, ihre Fragen führen nur zu Gegenfragen: *Est-ce que l'on sait où l'on va?* Der Zufall erscheint von Beginn an als eigentlicher Motor des Geschehens, und doch ist es, wie Erich Köhler in einer denkwürdigen Studie herausarbeiten konnte, ein Zufall, der im dialektischen Spiel mit der geschichtlichen Notwendigkeit ein in der jeweiligen historischen Situation angelegtes Mögliches entfaltet.[5] Es ist diese Kombinatorik, welche den jeweiligen Sinn hervorbringt, und nicht die Deutung durch einen göttlichen Leser, der aus dem Text eine feststehende Wahrheit herauszieht und verkündet.

Die Lektüre bringt folglich eine je nach historischem Kontext und vielen zusätzlichen Faktoren immer wieder neue ‚Wahrheit', einen sich immer wieder verändernden Sinn hervor, den die Leserinnen und Leser stets von neuem erzeugen und für sich gewinnen. Dem Geschehen liegt ebenso wenig ein göttlicher Heilsplan zugrunde wie der Reise ein detaillierter oder auch nur (voraus-) bestimmbarer Fahrplan. Herkunft und Zielort entziehen sich der Kenntnis des Lesers. Ja mehr noch: Dieses Lesepublikum wird am Ende des Romans vom Erzähler aufgefordert, einen Schluss für die Geschichte zu finden und als Leser*in – wie wir heute sagen würden – interaktiv zu sein. Zu diesem Zwecke bietet Denis Diderot mit Hilfe seines Erzählers dem Lesepublikum verschiedene Möglichkeiten an, unter denen zu wählen ist. Die Lektüre wird innerhalb einer Verstehensbewegung des Hin- und Herspringens jenseits aller genau festgelegten Reiserouten textproduktiv.

Dies ist ein im Grunde unerhörter Vorgang, welcher der Leserin und dem Leser eine hochaktive Rolle zuweist. Ein genau bestimmbarer Ort der Ankunft wird durch die Betonung einer radikalen Offenheit der Zukunft und des weiteren Reisewegs ersetzt: Weiß man denn, wohin die Reise geht? Ist dem Menschen die Verfügbarkeit über Anfangs- und Endpunkt seines irdischen Lebensweges entzogen, ist ihm also der bewusste und reflektierte Zugang zum Augenblick seiner Geburt – deren Spuren der Körper tragen kann, ohne dass dies doch mehr als eben Spuren wären – wie zum Augenblick seines Todes verwehrt, so bietet ihm der Roman kompensatorisch die Verfügbarkeit über ein gesamtes Leben, über vollständige Lebensläufe an. Die aufmerksame Leserin, der aufmerksame Leser braucht nur zu wählen und dadurch einen immer wieder neuen Sinn der Lektüre, Sinn durch Lektüre zu generieren. Vorbei also die Zeit, in welcher der Sinn für alle Zeiten und für alle Seiten feststand.

---

5 Vgl. Köhler, Erich: *Der literarische Zufall, das Mögliche und die Notwendigkeit.* München: Fink 1973, sowie ders.: „Est-ce que l'on sait où l'on va?" – Zur strukturellen Einheit von „Jacques le Fataliste et son Maître". In (ders.): *Vermittlungen. Romanistische Beiträge zu einer historisch-soziologischen Literaturwissenschaft.* München: Fink 1976, S. 219–239.

Durch Abgeschlossenheit wird Sinn erzeugt, im französischen *sens* ist diese Gerichtetheit des Sinnes mitenthalten. Dieser Zugriff auf eine Totalität an Leben und Lebenserfahrung aber wird der/dem fiktiven Leser*in in der Eingangspassage von Diderots Roman gerade verwehrt, um diese Leserfigur aus der Reserve zu locken. Diese gezielte Ent-Täuschung prägt die gesamte Handlungsstruktur des Romans, der sich an seinem ‚Ende‘ auf verschiedene, teilweise intertextuell zurückverweisende Varianten *öffnet*. Gefragt ist nun die/der aktive, die den Text hinterfragende und frei gestaltende Leser*in.

Jacques le fataliste et son maître fehlt es ausgehend von seiner Figurenkonstellation nicht an literarischen Bezugstexten. Don Quijotes Reiseweg und die experimentelle Romanform von Sternes *Tristram Shandy* führen das itinerarische Schema mit seinen Digressionen, Exkursionen und Unterbrechungen zugleich vor und ad absurdum. Der Roman entzieht sich ostentativ der Verfügungsgewalt ebenso eines sinngebenden Autors wie eines göttlichen Lesers. Doch ist gerade das Lesen sein zentrales Moment und Motiv. Diderots kluges literarisches Spiel, seine Fingerübungen für den Roman der Zukunft, weisen den Weg in eine Emanzipation des Lesers und der Lektüre. Aber die Wege der Literaturen der Welt sind oft auch Umwege, welche das Leben einholt. Und das 19. Jahrhundert ging diesen einen Weg, der von Diderot zumindest skizziert worden war, noch nicht entschlossen weiter. Erst im 20. Jahrhundert werden wir wieder auf literarische Texte treffen, welche die von ihm intendierte ‚Deregulierung‘ von Schreiben und Lesen in die Tat umsetzen sollten.

Chateaubriand oder die Liebe in der Neuen Welt

Das spezifische landschaftliche Setting einer Liebesgeschichte ist, wie wir am Beispiel von Jean-Jacques Rousseaus *Julie ou la Nouvelle Héloïse* mit dem Genfer See und seiner Umgebung gesehen haben, von größter Wichtigkeit für die Entfaltung der Liebesgeschichte. Denn die Einheit einer Landschaft ermöglicht die Entbindung unterschiedlichster thematischer und narrativer Stränge, unterteilt ein durchgängiges Landschaftsbild in spannungsvolle Gegensatzpartien und vermag ein wechselseitiges Zusammenwirken aller vorhandenen Kräfte zu inszenieren, das für die verschiedensten Bewegungen und Emotionen der Protagonisten von hoher Relevanz ist. Innerhalb der Inszenierungsformen dieser *motions and emotions* gehört gerade die Entfaltung einer ‚Seelenlandschaft' zu jenen literarischen Verfahren, die sich in der Epoche der Empfindsamkeit sowie des Übergangs zur Romantik als ein probates Procedere herausstellten, um eine individuelle Liebesgeschichte wirkungsvoll zu orchestrieren.

François-René, Vicomte de Chateaubriand gehört ohne jede Frage zu jenen Autoren, die wie vor ihm Bernardin de Saint-Pierre nach Lokalisierungen ihrer Liebesgeschichten Ausschau hielten, um sie in die tropischen oder subtropischen Regionen unseres Planeten zu verlegen, um neue Formen von Ästhetisierung zu erzielen und die ganz anderen Landschaftsformationen in entsprechende Ausdruckselemente menschlicher Charaktere zu überführen. Denn Hatte Rousseau in seinem Briefroman eine Ästhetisierung der europäischen Gebirgslandschaften erreicht und langfristige Wirkungen erzielt, welche weit über den Bereich der Literatur hinaus reichten, so gelang es Bernardin de Saint-Pierre und Chateaubriand, diese für die europäische Leserschaft „exotischen" Landschaften ebenso für den *plot* wie für die *story* ihrer Liebesgeschichten fruchtbar zu machen.

Ich habe mich für unsere Vorlesung gegen Bernardin de Saint-Pierre, dessen wirkungsvoller und gefeierter Roman *Paul et Virginie* aufschlussreich, aber doch noch sehr an Rousseau angelehnt ist, entschieden und Chateaubriand den Vorzug gegeben, weil er innerhalb unserer Gedankenführung schlüssiger jene neuen inhaltlichen Elemente heraufzuführen verstand, welche dann später im 18. Jahrhundert von so großer Wirkkraft sein sollten. Beschäftigen wir uns aber zuerst mit einigen Angaben zu Leben und Werk Chateaubriands, um uns dann auf seine Texte und deren spezifischen Inszenierungsformen von Liebe einlassen zu können!

Das lange Leben des Vicomte de Chateaubriand begann – geboren als letztes von zehn Kindern, von denen einige früh verstarben – am 4. September 1768 in Saint-Malo und endete am 4. Juli 1848 in der französischen Hauptstadt

Paris. Es ist ein Leben, das ganz im Zeichen des Revolutionszyklus in Frankreich stand und sich im Spannungsfeld von Literatur und Politik ansiedelte. Nach den Plänen seines Vaters sollte François-René in die Marine eintreten, nach dem Willen seiner Mutter hingegen Priester werden: Gleichsam eine Wahl zwischen *le rouge* und *le noir*, die zu den Grundoptionen des gesellschaftlichen Lebens in Frankreich gehörte. Auf dem bretonischen Adelssitz seiner Familie, der Festung Combourg, verbringt er zwischen 1783 und 1785 Jahre einer Melancholie, die er als *mal du siècle* in seinen Romanen zur höchsten literarischen Darstellung bringen sollte. Der Überdruss, der *ennui*, steht freilich in offenem Gegensatz zu einem ebenso literarisch wie auch politisch hochaktiven Leben.

Abb. 80: François-René de Chateaubriand (Saint-Malo, 1768 – Paris, 1848).

Ab 1786 bekleidete er – sein Vater war verstorben, als er gerade seinen Dienst antreten wollte – die Stelle eines Leutnants im Regiment Navarra, doch verließ er bereits 1790, enttäuscht vom Verlauf der Französischen Revolution, seine Division. Er entschloss sich 1791 für die Emigration und ging, versehen mit einem Empfehlungsschreiben für George Washington, nach Nordamerika, wo er seine *vocation d'explorateur* entdeckt. Sein lange Zeit später veröffentlichter Reisebericht *Voyage en Amérique* (1827) ließ offen, wieviel er von den Vereinigten Staaten wirklich gesehen hatte, griff er doch großzügig auf die Berichte von Missionaren, aber auch auf Texte von Bernardin de Saint-Pierre zurück, welche seine eigene Augenzeugenschaft in vielen Teilen als fraglich erscheinen lassen. Doch seine

Voyage musste sich nicht am Faktischen messen lassen: Zu ingeniös sind seine die Zeitgenossen wie die Nachwelt beeindruckenden Landschaftsbeschreibungen, die eine große Wirkung auf die Zeitgenossen entfalteten.

Fakt ist, dass er bereits Anfang 1792 wieder zurück in Le Havre war. Im Juli desselben Jahres schließt er sich der antirevolutionären *Armée des Princes* an, um die Revolution und deren Anhänger zu bekämpfen. Nach dem Scheitern der Antirevolutionäre verlebt er elende Jahre in der Emigration und kann sich nur mühsam durch Übersetzungen und Hauslehrertätigkeiten über Wasser halten. Bereits zwischen 1784 und 1790 waren seine frühen Gedichte unter dem Titel *Tableaux de la Nature* zusammengefasst worden, eine erstaunliche Tatsache, bedenkt man das Faktum, dass Alexander von Humboldt nach dem Vorbild Georg Forsters und dessen *Ansichten vom Niederrhein* seiner populären Zusammenfassung einiger Ergebnisse und Erlebnisse der Reise in die amerikanischen Tropen just den Titel *Ansichten der Natur* oder auf Französisch *Tableaux de la Nature* gab. Doch den vielfältigen literarischen Beziehungen zwischen Humboldt und Chateaubriand können wir an dieser Stelle nicht weiter nachgehen.

Die Nachricht von der Guillotinierung enger Familienmitglieder unter der *Terreur* treibt ihn zurück in die Arme des Christentums. Chateaubriands Konversion zum Katholizismus verwandelt ihn, der der Französischen Revolution stets mit Skepsis und Ablehnung gegenüber gestanden hatte, in einen eloquenten und ferventen Apologeten aller Kräfte und Bemühungen, das Erbe der Aufklärung und damit die Revolution zurückzudrängen und zu unterdrücken. Er paktierte zwar kurzzeitig als Botschaftssekretär in Rom mit der Herrschaft Napoléons, brach aber 1804 mit dem *Empereur* und dem *Empire*. Bereits im April 1801 erscheint sein Roman *Atala*, der einen sofortigen Erfolg erzielt: Noch im Jahr der Veröffentlichung erscheinen fünf Auflagen des kurzen Textes. Chateaubriand publiziert bereits 1802 *Le génie du christianisme*, zu dem sowohl *Atala* als auch sein *René* gehören: Sein Erfolg als Schriftsteller ist außerordentlich. Berühmt geworden sind später auch seine Reiseberichte in den Mittelmeerraum, etwa sein *Itinéraire de Paris à Jérusalem* von 1811.

Nach der Restauration der Monarchie wurde Chateaubriand Minister sowie französischer Gesandter an den europäischen Schlüsselstellen: 1821 in Berlin, 1822 in London und 1828 in Rom. Er führt die Verhandlungen beim Kongress von Verona und bekleidet kurzfristig das Amt des französischen Außenministers. Er beginnt, an seinen Memoiren, den *Mémoires d'outre-tombe*, zu schreiben, tritt vor allem aber als Verfasser politischer Schriften auf, die seine restaurativ-reaktionäre und zum Teil ultramonarchistische Ausrichtung bestätigen. Der Literatur kehrte er, seine *Mémoires d'outre-tombe* ausgenommen, zunehmend den Rücken. Wahre Kultur, so Chateaubriand, habe sich im Grunde nur auf dem Boden des Christentums bilden können. Als Historiker kämpfte er verbissen gegen jegliche

Aufwertung der Französischen Revolution in der zeitgenössischen französischen Geschichtsschreibung. Doch jenseits seiner antidemokratischen Schriften bleibt sein großes Vermächtnis die Naturdarstellung in ihrer literarischen Landschaftsmalerei mit der Spannung zwischen topographischer Landschaft und individueller Subjektivität. Dank einer Ausnahmegenehmigung liegt das Grabmal des 1848 verstorbenen Schriftstellers in Saint-Malo. Unmittelbar nach seinem Tod erscheinen erstmals seine *Memoiren von jenseits des Grabes*.

Abb. 81: Grabmal von François-René de Chateaubriand, auf dem Felsen Grand Bé, Saint-Malo, Frankreich.

Mit seinem Roman *Atala ou les amours de deux sauvages dans le désert* hat Chateaubriand zweifellos eines der großen, prägenden Werke der französischen Romantik – eigentlich der Frühromantik – geschaffen. Das 1801 erstmals erschienene Werk wurde wenig später zusammen mit dem Kurzroman *René* in Chateaubriands *Le génie du christianisme* integriert und erhielt damit eine neue Bedeutung innerhalb dieser Religionsschrift, die sich zum einen als die Apologie des Christentums schlechthin lesen lässt, zum anderen aber auch eine Ästhetisierung des Christentums darstellt, die dieser Religion gerade ihre dogmatischen und kirchenrechtlichen Grundlagen entzieht und einer romantischen Ästhetik den Weg bereitet. Der Text wurde rasch nicht nur innerhalb Frankreichs, sondern – wie wir sehen werden – auch weit jenseits der Grenzen Europas zu einem literarischen Bezugstext, der das Lebensgefühl einer Epoche, einer Generation, ganz entscheidend mitgeprägt hat.

Die Geschichte dieses Romans sei in aller Kürze rasch skizziert: Der greise und – eine deutliche Anspielung auf den Griechen Ödipus – blinde Indianerhäuptling Chactas erzählt seinem Adoptivsohn René, einem jungen nach Amerika ins Exil gegangenen Franzosen, sein Leben in eigentlich mündlicher Sprache. Diese Lebensgeschichte steht im Zeichen der Begegnung mit Atala, die als Tochter eines Weißen und einer Indianerin von seltener, rätselhafter Schönheit ist. Chactas berichtet von beider Schicksal und den glücklichen Zeiten, die sie in großer Unschuld in den Savannen verlebten. Doch ihr Glück kommt urplötzlich zu einem abrupten Ende. Die blonde Christin Atala liebt zwar den *bon sauvage* Chactas, der treu seinen Göttern huldigt, doch ist sie der heiligen Jungfrau versprochen, hat ihrer Mutter als Buße für deren Fehltritt ewige Jungfräulichkeit geschworen und kennt ihre Verpflichtungen nur zu genau. Unfähig, zwischen einem frommen und einem natürlichen Leben zu wählen, geht sie freiwillig in den Tod, so dass wir erneut eine Liebesbeziehung vor uns haben, die *nur über ihre Leiche* gehen und jungfräulich gelebt werden konnte.

Ich möchte Ihnen gerne an dieser Stelle zunächst eine Passage vorstellen, die oftmals zum Gegenstand der Darstellung in der Malerei geworden ist: die erste Begegnung nämlich zwischen jenen beiden *sauvages*, jenen beiden Wilden, die sich nun inmitten des menschenleeren *désert* so herrlich finden, dass sie voneinander nicht lassen können. Es erzählt Ihnen also der greise Chactas, vermittelt durch den Zuhörer René, die Szene der ersten Begegnung zwischen den Liebenden:

> Eines Nachts, als die Muscogulgen ihr Lager am Rande eines Waldes aufgeschlagen, saß ich gerade zusammen mit dem Jäger, der mich bewachen sollte, am *Kriegsfeuer*. Plötzlich hörte ich das Murmeln eines Kleidungsstückes auf dem Gras, und eine halb verschleierte Frau kam und setzte sich an meine Seite. Ein Weinen entrang sich ihren Augenlidern; und im Lichte des Feuers glänzte ein kleines goldenes Kruzifix auf ihrem Busen. Sie war ebenmäßig schön; man bemerkte auf ihrem Gesicht ich weiß nicht was an Tugendhaftem und an Leidenschaftlichem, dessen Anziehungskraft unwiderstehlich war. Sie verband damit noch zärtlichere Reize; eine extreme Sinnlichkeit, vereint mit einer tiefen Melancholie, atmete in ihren Blicken; ihr Lächeln war himmlisch.
>
> Ich glaubte, dies sei die *Jungfrau der letzten Liebe*, jene Jungfrau, die man dem Kriegsgefangenen schickt, um sein Grab zu verzaubern.[1]

Wir befinden uns tief in einer amerikanischen Wildnis, welche Chateaubriand selbst erforscht zu haben behauptete. Und wir sind unter Indianern, wobei der Ich-Erzähler der jugendliche Chactas ist, der in die Kriegsgefangenschaft eines verfeindeten Stammes geraten war. Dann erscheint Atala in all ihrer Größe und Schönheit. In diesem Frauenportrait der jungen Mestizin, die wir uns blond und barbusig vorstellen dürfen, freilich mit einem großen christlichen Kreuz auf der Brust, das diese gleichsam vor den Blicken der Männer schützt, stoßen wir auf eine Vielzahl von Elementen, die uns bereits bekannt sind. Gehen wir sie der Reihe nach durch!

---

1 Chateaubriand, François-René vicomte de: *Atala; René; Les Abencérages; Suivies de Voyage en Amérique*. Paris: Librairie de Firmin Didot frères 1871, S. 30.

Abb. 82: „Die Begegnung mit Atala", Gravur von Gustave Doré, 1863.

Da ist zum einen die Präsenz der unvergleichlichen Frau, die wir schon in Rousseaus *Julie ou la Nouvelle Héloïse* kennenlernen durften, auch hier wiederum mit etwas Engelhaftem, zumindest aber Himmlischem gepaart, das sich in ihrer ganzen Erscheinung, aber auch auf ihren Lippen spiegelt. Wie Julie gehört auch Atala zum Reservoir der engelhaften und doch nicht geschlechtslosen, sondern jungfräulichen Heldinnen, die sich letztlich den Männern immer durch ihren Tod entziehen. Eine junge Frau, die in ein für eine europäische Leserschaft exotisches Ambiente gestellt ist. War Julie an den Folgen eines Unfalls im Genfer See in für Rousseau heimatlichen Gefilden ums Leben gekommen, so wird Atala den Freitod sterben, der die christliche Frau nicht weniger effizient, wenn auch dem Dogma nicht entsprechend, den begehrlichen Blicken – und mehr als nur diesen – der Männer entzieht. Zwischen Chactas und ihr gab es keine Standesgrenzen, welche der Vereinigung hinderlich hätten sein können, wohl aber die Grenzen der Religion und der Herkunft, die beide Liebespartner voneinander trennen.

Da ist des Weiteren das Element des Schleiers, das wir im Zusammenhang mit Jean-Jacques Rousseau bereits besprochen haben, und das hier sowohl den Blicken etwas freigibt, entblößt und zugleich doch wieder entzieht. Schon bei der ersten Begegnung trägt Atala diesen Schleier, auch wenn sie sich den Augen des Indianers nur halb verschleiert zeigt. Atala erweist sich hier als Heldin des Zwischen- oder Grenzbereichs nicht zuletzt zwischen „Wilden" und

„Zivilisierten".[2] Und dies verwundert auch nicht, erfahren wir doch später, dass sie die Tochter eines Weißen und einer Indianerin ist, also auf halbem Wege zwischen den europäischen Eroberern und der amerikanischen Urbevölkerung steht. Diese Position prädestiniert sie als Vermittlerin zwischen den Kulturen, verweist zugleich aber auch auf ihre Schwäche, keiner der beiden Gruppen „wirklich" anzugehören. Die Schönheitsideale, denen sie entspricht, sind noch ausreichend europäisch geprägt, um sie mit einem Hauch Exotik zugleich erotisch aufzuladen.

Es kommen aber auch eine Reihe neuer Elemente hinzu, von denen insbesondere die Melancholie von ungeheurer Bedeutung für diese Epoche ist. In dem in dieser Passage gewählten Zusammenhang erscheint die Melancholie sogleich an die Schönheit und vielleicht mehr noch an den Körper der Frau gekettet, auch wenn – wie wir später noch sehen werden – sie sehr wohl auch Besitz vom Manne ergreifen kann. Und doch ist die Melancholie in grundlegender Weise mit der Frau, mit dem weiblichen Körper, mit einer weiblichen De-Pression verbunden, ein Tatbestand, den Julia Kristeva in ihrem Buch *Soleil noir* sehr schön herausgearbeitet hat.[3] Lassen Sie uns zumindest kurz zu diesem berüchtigten *mal du siècle* vorstoßen, um die wichtige Körpersymptomatik, aber zugleich auch dieses an der Wende zum 19. Jahrhundert häufiger verwendete Diskurselement unglücklicher Liebe besser zu verstehen.

Wir sollten darüber nicht vergessen, dass Atala nicht nur zur Statue der schlafenden Jungfräulichkeit und Unschuld wird, sondern zugleich in eine Nähe mit dem Engel der Melancholie gerückt wird. Dass es an dieser Stelle der Engel von Albrecht Dürers Melancholie-Studie *Melencolia* von 1514 ist, erscheint hier gänzlich unzweifelhaft, zu deutlich sind die Parallelen! Dürers Allegorie der Melancholie ist eines jener großen Bildnisse, das die Romantik, das 19. Jahrhundert, wie ein roter, ich müsste besser sagen: wie ein schwarzer Faden durchzieht. Wir könnten an dieser Stelle bereits eines der berühmtesten Gedichte der Romantik analysieren, das sich justament auf dieses allegorische Bildnis bezieht, nämlich Gérard de Nervals *El Desdichado*. Doch würde uns dieser Ausflug zu weit von der Liebes- wie der Lesethematik entfernen, so dass wir es bei dem Hinweis belassen wollen. Immerhin aber könnten wir uns zumindest einige Augenblicke lang mit der Problematik der Melancholie überhaupt auseinandersetzen, zu der Julia Kristeva das bereits erwähnte Buch verfasste, dessen Titel schon an Nerval gemahnt.

---

2 Vgl. hierzu Bitterli, Urs: *Die „Wilden" und die „Zivilisierten". Grundzüge einer Geistes- und Kulturgeschichte der europäisch-überseeischen Begegnung.* München: dtv 1982.
3 Vgl. Kristeva, Julia: *Soleil noir. Dépression et mélancolie.* Paris: Gallimard 1987.

Abb. 83: „Melencolia I", Stich von Albrecht Dürer, 1514.

Die Melancholie ist zunächst einmal ein Textelement, das sich nicht von ungefähr schon in Rousseaus *Julie ou la Nouvelle Héloïse* oder stärker noch in Bernardin de Saint-Pierres *Paul et Virginie* finden lässt. Die melancholische Haltung des auf eine Hand gestützten Kopfes findet sich an einer Vielzahl von Stellen besonders im Roman über die Liebenden im Indischen Ozean. Die Melancholie betrifft fast alle Mitglieder der kleinen tropischen Gemeinschaft, vor allem aber Paul, der nach dem Tode seiner jungfräulichen Virginie – *nomen est omen* – an dieser Krankheit letztlich zugrunde gehen wird.

Seit der Antike weiß man von der Krankheit der schwarzen Ideen; und als eine Krankheit, die den Körper befällt, sah man dieses *mal du siècle* auch im Übergang zum 19. Jahrhundert. Die Melancholie ist in das Gewand der Traurigkeit gekleidet: Nicht umsonst sprachen auch die Brüder Goncourt von der „tristesse qui n'est pas sans douceur". Atala überbietet nun die Julie Rousseaus und die Virginie Bernardin de Saint-Pierres darin, dass sie sich selbst vom Leben in den Tod befördert und nicht einem Unglück zum Opfer fällt. Atala ist getragen von ihrer Melancholie, die noch auf ihrem toten Körper ein letztes Mal erscheint, bevor die Krankheit dann auf die anderen, natürlich auch in erster Linie auf Chactas, überspringt und ihr Zerstörungswerk vollendet.

Bei der schönen Mestizin Atala führt sie zu einer wahren Implosion, just so, wie Sigmund Freud dereinst diese Krankheitsform auch beschrieb und diagnostizierte. Nicht zufällig greift Atala zum Gift, zur Gabe des Giftes, und zerstört ihren Körper damit von innen und eben nicht von außen her, etwa durch einen Sprung, ein Erhängen oder einen Schuss. Wir haben in unseren Überlegungen zur Liebe immer wieder auf die Wichtigkeit von Flüssigkeiten aufmerksam gemacht; und auch an dieser Stelle ist das Gift im Grunde nur die Inversion, die spiegelsymmetrische Abbildung des Liebestranks, der in Chateaubriands *Atala* freilich zugleich auch ein Trank der Gottesliebe ist.

Damit verstehen wir auch, warum nicht nur die Melancholie, sondern auch die Liebe eine Krankheit ist – eine der wichtigsten Figuren des Liebesdiskurses überhaupt. Natürlich ist die Liebe als Krankheit eingebettet in die von Denis de Rougemont aufgezeichnete doppelte Traditionslinie der Liebe im Abendland. Die Art von Atalas Todeskampf führt noch einmal vor, dass es letztlich eine Krankheit von innen heraus war, die sie zur schönen Leiche und zugleich zur unsterblichen Toten machte.

Das Interesse an der Melancholie, die sich am Ende des 18. Jahrhunderts geradezu epidemieartig in der Gesellschaft ausbreitete, war übrigens auch an der Wende vom 19. zum 20. Jahrhundert recht stark. Nicht umsonst sind gerade die achtziger Jahre, aber auch zum Teil noch die neunziger Jahre ein Haupttummelfeld für die Literaturwissenschaften und ihre Forschungen zum Thema.

Aber lassen wir es mit diesem Seitenverweis bewenden und kehren wir zu unserer Epoche zurück! Es gibt mit Blick auf die Wende zum 19. Jahrhundert eine ganze Reihe von Doktorarbeiten, die sich aus unterschiedlichster Perspektive dieser Problematik zugewandt und die Forschungsdichte beträchtlich erhöht haben. Im Kontext dieser Erforschungen gerade auch der sozialen Dimension der Melancholie ist ein frühes Zeugnis des wachsenden Interesses an dieser Krankheit und Seinsform das Buch von Wolf Lepenies über Melancholie und Gesellschaft.[4] Charakteristischer noch für die Interessenlage der achtziger Jahre war dann das bereits erwähnte Buch von Julia Kristeva, das gerade auch unter genderspezifischen Vorzeichen der Depression – oder in ihrem Sinne eigentlich „De-Pression" – die volle psychoanalytische Aufmerksamkeit schenkte.

Eines jedoch blieb dabei jeweils unbestritten: Es gibt unterschiedlichste Definitionen von Melancholie, mögen sie aus medizinischer oder aus literatur- und kulturwissenschaftlicher Sicht stammen. Doch bei all diesen Forschungen gibt es bis heute keine Definition, die alle Seiten befriedigen könnte. Kierkegaard war es, der aus philosophischer Sicht die Krankheit nicht als Krankheit der Romantik, sondern als ein Phänomen zwischen Neurose und Wahnsinn bestimmte und damit auf eine tiefe Beziehung – vor allem über den Weg der Neurose – zum Schreiben aufmerksam machte.

---

4 Vgl. Lepenies, Wolf: *Melancholie und Gesellschaft*. Frankfurt am Main: Suhrkamp 1969.

Die Melancholie, das wissen wir spätestens seit *Atala*, ist jedoch nicht nur das *mal de vivre*, sondern verstärkt auch die *impossibilité de vivre*, die Unmöglichkeit also, in unserer Welt leben zu können. Laut der Psychoanalytikerin Julia Kristeva kann die Melancholie von der Psychiatrie auch als Verlust der Lebenslust bezeichnet und beschrieben werden, wobei deren leichtere Variante als Depression bezeichnet werden kann. Kristeva greift in diesem Zusammenhang vor allem auf Sigmund Freuds aus dem Jahre 1917 stammendes Werk *Trauer und Melancholie* zurück. Schon bei dem Vater der Psychoanalyse war eine starke Orientierung an seiner gut- bis großbürgerlichen weiblichen Klientel zu beobachten gewesen. Gerade mit Blick auf *Atala* ist die Erkenntnis Kristevas aufschlussreich, dass es sich um ein bei Frauen häufigeres Phänomen handele, das man landläufig im Französischen auch mit *la déprime* bezeichnet. Die französische Psychoanalytikerin und Literaturtheoretikerin betont, dass diese Art der Depression häufig mit einer problematischen Mutterbeziehung einhergehe. Das kann man bei der schönen Atala nun wirklich sagen, ist ihre Beziehung zur Mutter doch gerade das lustvernichtende Prinzip, dem sie selbst – wie auch Chactas – letztlich erliegen wird. Auf sie komme ich noch zurück ...

Von jeher gab es einen Bezug zwischen der Melancholie und dem Kosmos, galt doch der Planet Saturn als Planet der Melancholie schlechthin. Die US-amerikanische Essayistin Susan Sontag hat sich dieser Konstellation in ihrem Buch *Under the Sign of Saturn* auf bemerkenswerte Weise angenähert.[5] Sie beschäftigte sich ausgehend von Walter Benjamin und Photographien, die den großen Essayisten und Theoretiker mit dem auf die Hand aufgestützten Kopf zeigen, mit verschiedenen kulturellen und literarischen Äußerungs- und Inszenierungsformen von Melancholie. In gewisser Weise ließe sich sagen, dass diese Literatur eine Literatur im Zeichen des Saturn ist, vielleicht auch, weil Saturn – wie die Revolution – seine eigenen Kinder frisst. Es besteht keine Frage, dass die Melancholie gerade auch durch Lektüre weitergegeben wird. Jetzt werden Sie mir bitte aber nicht melancholisch!

Depression ist für Julia Kristeva, wie sie in einem Interview formulierte, *le sacre moderne* – und damit ergibt sich erneut eine Beziehung zur Romantik und vor allem zum Lesen und Schreiben. Denn diese Zeit des *sacre moderne* ist auch die Zeit des *sacre de l'écrivain*, einer Aufwertung bis hin zur Sakralisierung des Poeten und Schriftstellers im beginnenden 19. Jahrhundert. Die Melancholie umgibt das Schreiben und den Schriftsteller oder die Schriftstellerin wie eine Logosphäre, also eine Atmosphäre aus Worten, welche seit dem ausgehenden 18. Jahrhundert beständig

---

5 Vgl. Sontag, Susan: *Under the Sign of Saturn*. New York: Vintage Books 1981.

und bedürftig eingeatmet werden. Denn die Logosphäre veränderte sich auf grundlegende Weise am Übergang zum neuen Jahrhundert.

In einer Reihe von Studien wurde darauf hingewiesen, dass für die Medizin der Antike die Melancholie mit der Milz gekoppelt war, jenem Organ, das für die Medizin unserer Tage just mit dem Immunsystem verbunden ist. So lässt sich die Melancholie – und mit ihr in gewisser Weise auch die Liebe – als eine Erkrankung unseres Immunsystems verstehen, das mit den auf den Körper-Leib einprasselnden Belastungen nicht mehr fertig wird. In der Tat stellt die Melancholie eine ganz grundlegende Frage nach der Beziehung zwischen Individuum und Gesellschaft, wie dies Wolf Lepenies in seiner frühen Studie hervorhob. Die Briten übrigens bezeichnen dieses Organ als *spleen*: Spleen steht also für die Milz. Für die Lyrik eines Charles Baudelaire ergeben sich hieraus körperlich-leibhaftige Konsequenzen, denken wir etwa an sein *Le Spleen de Paris*. Ich verzichte an dieser Stelle bewusst darauf, den *Spleen* der Briten mit dem Brexit als ein Milzproblem zu bezeichnen oder mit einer Immunschwäche in Verbindung zu bringen…

Doch zurück zum Ernst der Dinge! Jean Starobinski wies mit guten Gründen darauf hin, dass sich die Melancholie schon zu Homers Zeiten symptomatisch als Kummer, Einsamkeit, Verweigerung jeglichen menschlichen Kontakts und auch in der Form einer umherirrenden menschlichen Existenz äußerte. Es gibt also seit Tausenden von Jahren eine ziemlich genaue Symptomatik dessen, was man unter Melancholie verstand. Aus dieser Sicht erscheint übrigens auch der *Solitaire*, der Eremit, der Einsiedler, als ein Melancholiker, der es geschafft hat, seine eigene Melancholie durch das aktive Handeln für und durch das Christentum zu überwinden und fruchtbar werden zu lassen. Dies ließe sich durchaus vergleichen mit der Art und Weise, wie es der Schriftsteller*in gelingt, aus der Melancholie einen Antrieb zur Kreativität zu gewinnen. Melancholie kann folglich eine sehr produktive Krankheit sein!

Eine ganz besondere Beziehung besteht zwischen Melancholie und Vergangenheit. In gewisser Weise lebt der Melancholiker in der Vergangenheit, so wie Atala letztlich von dem ihrer Mutter gegebenen Schwur nie gänzlich loskommt. Denn Atala hatte ihr geschworen, gleichsam als Buße für deren Fehltritt mit ihrem Vater ewige Keuschheit und Jungfräulichkeit zu bewahren. Diesen Konflikt aber kann die junge Atala, wie wir sahen, *nur über ihre Leiche* lösen.

All dies mag auch auf einen besonderen Bezug der Melancholie zum autobiographischen Schreiben hindeuten, auf eine Rückwärtsgewandtheit, derer das eigene Ich in immer neuen Spiegeln und Reflexionen gewahr werden will. Raymond Bellour meinte zurecht im Anschluss an Roland Barthes, dass angesichts der Melancholie eines Rousseau Voltaire in der Tat als der letzte der glücklichen Schriftsteller bezeichnet werden konnte. Nicht umsonst sieht Bellour hier auch einen Bezug zu Roland Barthes selbst und dessen Buch *La Chambre claire*, in das die tote Mutter eingeschrieben sei,[6] ist ihre Photographie doch als einzige nicht präsent und gerade dadurch *in absentia* gegenwärtig.

In dem hier geschilderten Zusammenhang, aber auch mit Blick auf Chateaubriands *Atala* ist es recht interessant, nach der Problematik der Sprache und ihrer Verbindungen zur Melancholie zu fragen. Denn in der Tat gibt es bei Barthes gerade durch die Photographien einen Bereich, der sich gleichsam der Sprache entzieht, nicht mehr gesagt werden kann und nicht mehr gesagt werden darf. Dieses Unsagbare hat zweifellos mit Melancholie, mit Depression, mit der schwarzen Sonne zu tun, die sich über allem ausbreitet.

An dieser Stelle unserer Vorlesung könnten wir einige Überlegungen der Psychoanalytikerin, Literatur- und Kulturtheoretikerin Julia Kristeva (die übrigens mit dem Schaffen von Roland Barthes bestens vertraut war) einbinden, die sich gerade der Problematik des Sprechens und der Muttersprache widmen.

> Der spektakuläre Zusammenbruch des Sinns beim Depressiven – und extremerweise des Sinns des Lebens – führt uns daher zu der Annahme, dass es ihm schwer fällt, die universelle Kette an Signifikanten, mithin die Sprache, zu integrieren. Im Idealfalle ist das sprechende Wesen mit seinem Diskurs eins: Ist das gesprochene Wort nicht unsere „zweite Natur"? Im Gegensatz dazu aber ist das Sagen des Depressiven für ihn wie eine fremde Haut: Der Melancholiker ist in seiner Muttersprache ein Fremder. Er hat den Sinn – den Wert – seiner Muttersprache mangels des Verlusts seiner Mutter verloren. Die tote Sprache, die er spricht und die seinen Selbstmord ankündigt, verbirgt eine lebendig begrabene Sache. Aber diese wird er nicht übersetzen, um sie nicht zu verraten: Sie wird eingemauert bleiben in der „Krypta" des unsagbaren Affekts, anal gefangen und ohne Ausgang.[7]

Abb. 84: Julia Kristeva (Sliwen, Bulgarien, 1941) im Jahr 2008.

Die eigentlich „natürliche" Sprache, die zweite Natur des Menschen, wird dem Melancholiker zum Ausdruck des Sich-Selbst-Fremdseins: *étrangers à nous-*

---

6 Vgl. Bellour, Raymond: La clé des champs. In: *Magazine littéraire* (Paris) 97 (février 1975), S. 15–18.
7 Kristeva, Julia: *Soleil noir: dépression et mélancolie*, S. 64.

mêmes, um einen anderen Buchtitel Julia Kristevas einzublenden.[8] Die Sprache ist Ausdruck des Nicht-Mehr-Sagbaren: Die Muttersprache geht gleichsam in ihrer Sinnhaftigkeit verloren und wird als zweite Natur dem Melancholiker unzugänglich. Damit aber wird der Sprecher oder die Sprecherin auf sich selbst zurückgeworfen, verständigt sich nicht mehr mit den anderen Menschen: Die Verbindung mit der Außenwelt reißt ab.

Dies aber ist auch das Schicksal der Helden Chateaubriands. Atala wird diesen Abbruch jeder Kommunikation ebenso ins Werk setzen wie René, der andere große melancholische Held und das männliche Gegenstück Atalas in Chateaubriands gleichnamiger Schöpfung. Die Protagonisten und Helden werden in der Präsenz wie später Absenz ihrer Mütter kaum mehr die Möglichkeit zu muttersprachlicher Kommunikation haben: Die Melancholie bedingt damit eine Sprachstörung, eine diskursive Störung, in der sich das Ich selbst zum Fremden oder zur Fremden wird.

Die fehlende Kommunikation führt Atala in den Selbstmord. Doch ist ihr zuvor schon die eigene Muttersprache fremd geworden: Sie ist in ihrem Dazwischen, in ihrer Zwischenposition, in der sie als biologische Mestizin, die zusätzlich zu der von Kristeva konstatierten depressiven Fremdwerdung auch sich selbst als Fremde, als weder den einen – den Weißen – noch den anderen – den Indianern – zuordenbar erlebt, unrettbar gefangen. Sie wird zum Opfer dieser Position im Dazwischen, in der Lücke. In diese Sprachlosigkeit aber begibt sich die Kunst Chateaubriands, und wir könnten hinzusetzen: mit ihm ein gut Teil der romantischen Kunst im 19. Jahrhundert.

Die Depression als entweichende Pression, als weichender Druck, führt gleichsam zu einer Implosion des Ich, das sich nicht mehr *äußern*, also nach außen treten kann. Diese Implosion wird allein auf einer Ebene überwunden: in der Sprache der Kunst, nicht in der Kunst des Sprechens, sondern in der Kunst des Schreibens und des Lesens, das dadurch eine geradezu therapeutische Wirkung entfaltet. Ja, Literatur vermag in vielen Situationen des Lebens zu heilen!

Zugleich zeigt sich in dem hier untersuchten Zusammenhang auch eine weitere Figur der Liebe: jene der Sprachlosigkeit, der Implosion, des Sich-nicht-mehr-mitteilen-Könnens, oder vielleicht auch der Sprachstörung. Denn auch die Sprachfehler, die Agrammatikalitäten sind Teil einer Sprache der Liebe. Denn nicht immer sind die Liebenden so eloquent wie in Rousseaus *Julie ou la Nouvelle Héloïse*.

Seit der Antike erscheint die Melancholie folglich als Krankheit mit einer ganz bestimmten Symptomatik, welche ihre Diagnose erleichtert. Sie ist schon bei Hippokrates mit der Feststellung verbunden, dass wenn Feuchte und Traurigkeit

---

8 Vgl. Kristeva, Julia: *Etrangers à nous-mêmes*. Paris: Gallimard 1988.

lange anhalten, der Zustand der Melancholie vorliege. Eine wichtige Beziehung der Melancholie besteht überdies auch zur Galle, deren schwarze Farbe dieses Organ wohl in besonderer Weise mit den schwarzen Ideen der Melancholie verknüpft. Die Medizin und das Körperwissen der Antike sahen also eine Beziehung der Krankheit Melancholie mit den vier Qualitäten trocken, feucht, warm und kalt einerseits und den vier Elementen Wasser, Luft, Erde und Feuer. Sehen wir uns dies kurz näher an!

Bei diesen Zuordnungen wurde – ähnlich wie in der traditionellen chinesischen Medizin – die Melancholie mit der Erde verbunden, die trocken und kalt ist; aber auch mit dem Herbst, jener Jahreszeit, in der die Galle ihre stärkste Kraft entfaltet. Interessant ist auch der Hinweis von Jean Starobinski, dass das Adjektiv „melancholos" auch im Sinne einer Vergiftung und eines Gifts verwendet wurde, in das Herakles seine Pfeile tauchte, und zwar in das todbringende Gift der Hydra. Es geht also einmal mehr um Gifte und Gaben. Hierher passt der schon in der Einleitung zu dieser Vorlesung gemachte Hinweis, dass William Shakespeare in *Romeo und Julia* nicht von ungefähr die Wirkung der Kräuter je nach der Dosis unterscheidet, könne doch ein *pharmakon* bei niedriger Dosierung heilen, bei hoher Dosierung aber töten.[9] Es geht also nicht nur um die Frage, ob gegen eine Krankheit – wie etwa die Liebe – überhaupt ein Kraut gewachsen sei, sondern darum, wie ein *pharmakon* adäquat angewendet werden soll.

Die Krankheit, so stellte Starobinski ferner fest, könne sich auf den Körper beziehen, wobei sie zu Epilepsien führte, oder aber auch auf die Intelligenz, wodurch sie erst zur Melancholie im Sinne des Hippokrates werde. Nach einer bis ins 18. Jahrhundert hinein vorherrschenden Theorie handelt es sich bei der Melancholie um eine Krankheit der schwarzen Galle, wobei das vergiftete Blut entweder nur den Kopf oder aber den gesamten Körper erreicht. Sie sehen, Atala brauchte eigentlich gar kein äußeres Gift, ihr Körper hatte es gleichsam in sich gespeichert. Es handelt sich letztlich um gefährliche schwarze Dämpfe, die im Körper aufsteigen und nicht nur die schwarzen Ideen, sondern auch bestimmte Halluzinationen beim leidenden Ich hervorrufen.

Die Melancholie der Moderne ist ein freilich weniger stark im Medizinischen verankerter Diskurs. Wie stets in der abendländischen Moderne wird die Zeit zum ausschlaggebenden Faktor. Denn die Melancholie leitet sich ab von einem Zuspätkommen – oder bisweilen auch Zufrühkommen – in einem zu alten Jahrhundert. Wir haben es folglich mit einem Aus-der-Zeit-Gefallensein zu tun. Es gibt so

---

9 Vgl. hierzu Fuest, Leonhard: Materia Cruda. Zur Essentialität des Poetopharmakons. In: Ette, Ottmar / Sánchez, Yvette / Sellier, Veronika (Hg.): *LebensMittel. Essen und Trinken in den Künsten und Kulturen*. Zürich: Diaphanes 2013, S. 81–89; sowie (ders.): *Poetopharmakon. Heilmittel und Gifte der Literatur*. Bielefeld: Transcript Verlag 2015.

etwas wie einen chronologischen Sprung, einen Abgrund, der nicht überbrückt werden kann. Gewiss ist dies kein für die Moderne oder gar für die Romantik spezifischer Zug, denken Sie nur an Miguel de Cervantes' *Don Quijote*, an William Shakespeares *Hamlet* oder auch an Richard Burtons *Anatomy of Melancholy* aus dem frühen 17. Jahrhundert. Doch in der Moderne, mit dem letzten Drittel des 18. Jahrhunderts, verstärken sich diese Symptome und gewinnen an Stärke und Autonomie.

Lassen Sie uns nun wieder direkt zurück zu *Atala* und der Liebe zwischen zwei „Wilden" in den Wäldern der Neuen Welt kommen. Werfen wir dabei an dieser Stelle zumindest einen kurzen Blick auf den sogenannten „Prolog", den ersten Teil von *Atala*. Er beginnt mit Worten, wie wir sie auch in der Reiseliteratur der Zeit oder in geographischen Abhandlungen über den amerikanischen Kontinent finden könnten. In diesen mehr oder minder gelehrten, nur zum Teil auf Chateaubriands eigene Reiseerfahrungen zurückgehenden Ausführungen ist schon bald die Rede vom Mississippi, der das beherrschende Landschaftselement dieser semitropischen exotischen Welt darstellt:

> Frankreich besaß einstmals in Nordamerika ein weites Reich, das sich von Labrador bis nach Florida und von den Ufern des Atlantiks bis hin zu den entferntesten Seen des oberen Canada erstreckte. Vier große Ströme, die ihre Quellen in denselben Bergen besaßen, teilten diese unermesslichen Regionen ein [...].
>
> Dieser letztgenannte Strom bewässert, auf seinem Lauf von mehr als tausend Meilen, eine zauberhafte Gegend, welche die Bewohner der Vereinigten Staaten das neue Eden nennen, eine Gegend, welcher die Franzosen den süßen Namen Louisiana hinterlassen haben.[10]

Diese einleitende Passage Chateaubriands ist in mehrfacher Hinsicht bemerkenswert. Denn stilistisch und inhaltlich ergibt sich eine große Nähe zu geographischen Abhandlungen, welche der französische Schriftsteller bei der Abfassung seines Buches in der Tat auch sehr intensiv las und benutzte. Zugleich wird ein Aspekt des Textes hervorgehoben, den Chateaubriand in seinem Vorwort bereits ansprach: die Tatsache nämlich, dass es sich – wie er meinte – bei seinem kurzen Roman keineswegs um einen rein fiktionalen Text handele. *Atala* ist tatsächlich eingebaut in *Le génie du christianisme* und damit in einen nicht-fiktionalen Text; und so erklärt sich auch der nichtfiktionale Beginn, der gleichsam wie eine Schwelle zwischen dem Bereich der Diktion und der Fiktion liegt und das Vorfinden und Erleben Chateaubriands mit seinem Erfinden verbindet.

Darüber hinaus wird natürlich auch auf die Bezüglichkeit des nachfolgenden fiktionalen Textes auf den vorangehenden diktionalen Text aufmerksam gemacht

---

10 Chateaubriand: *Atala*, S. 19 f.

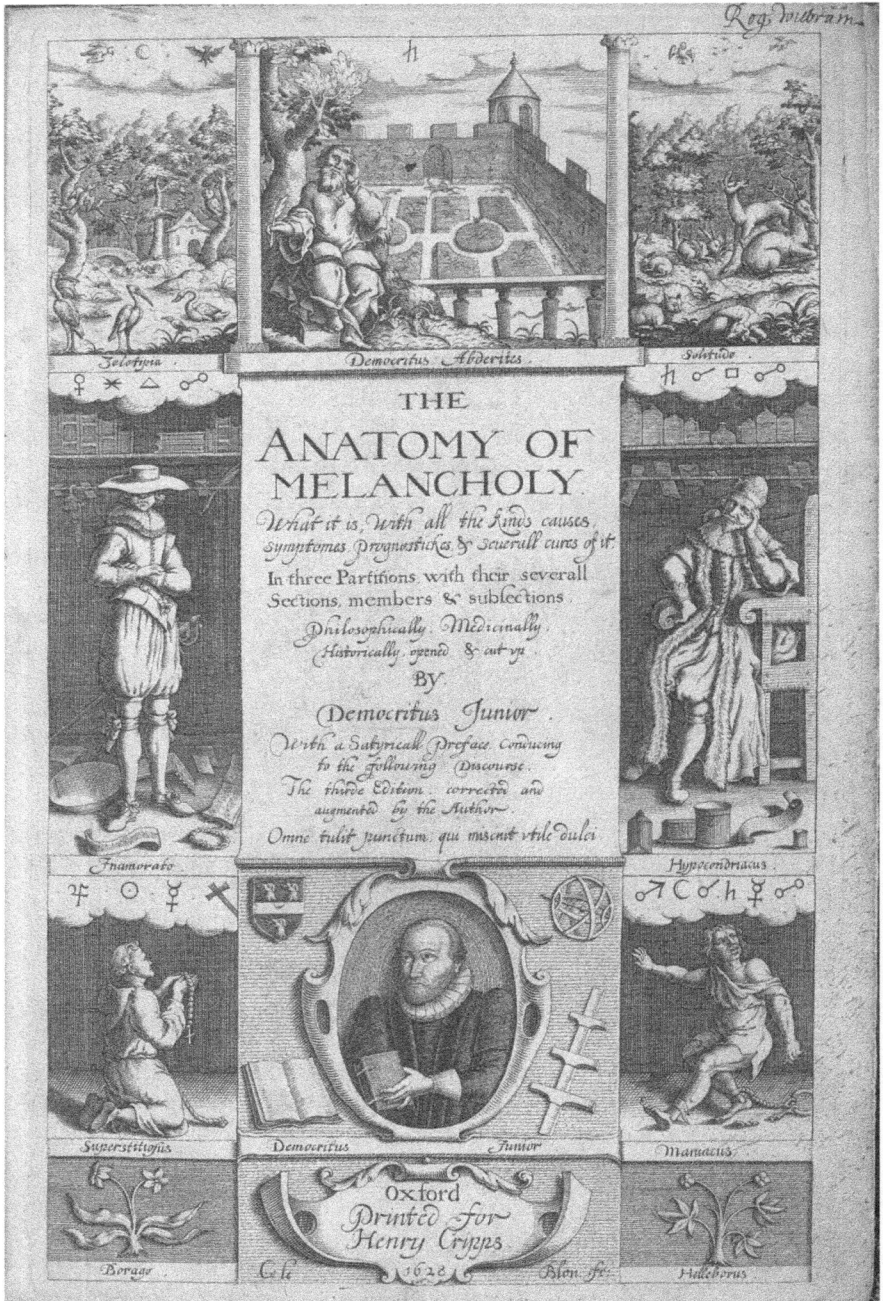

Abb. 85: Frontispiz der dritten Ausgabe von Burtons *Anatomy of Melancholy*, 1628.

und so zugleich nahegelegt, dass *Atala* gleichsam mit fiktionalen Mitteln jene Thesen erläutern will, die im diktionalen Text langatmig entwickelt wurden. Die Fiktion erlaubt hier eine gewisse Verdichtung, durchaus im Sinne einer Dichtung. Zugleich gibt sie natürlich auch die Möglichkeit, gleichsam die irrationalen Restbestände, die in einer diskursiven Textsorte nicht so leicht thematisiert und noch weniger angesprochen und bearbeitet werden können, für die Leserschaft so aufzubereiten, dass hierdurch eine Arbeit an den Affekten geleistet werden kann.

Dass der auf den ersten Blick diktionale Beginn von *Atala* es aber durchaus faustdick hinter den Ohren hat, zeigt sich schon an dem kleinen, scheinbar harmlosen Textelement der vier Ströme. Denn dieses Element ist keineswegs *gratuit*, sondern bezieht sich auf eine Bibelvorstellung, die schon Christoph Columbus geläufig war. Denn vier Ströme bewässerten, folgen wir dem Buch *Genesis*, einst das Irdische Paradies; und einen dieser vier Ströme glaubte der Genuese auch an der Mündung des gewaltigen Orinoco erreicht zu haben. Wer weiß, welche Wichtigkeit Columbus für den jungen Chateaubriand besaß, vermag zu ermessen, dass dies keine rein spielerische Fingerübung des französischen Schriftstellers war.

Damit knüpft Chateaubriand sehr bewusst an die biblische Vorstellung, aber auch an Columbus und dessen Entdeckertradition in Amerika an. Die zitierte Passage führt also zum einen die Dimension des Irdischen Paradieses und damit ein textuelles und interpretatives Element ein, das in der Folge entwickelt wird. Zum anderen ergibt sich eine autobiographische Dimension, insoweit Chateaubriand, der reale Autor wohlgemerkt, ja sehr wohl für sich in Anspruch nahm, zumindest in jungen Jahren eine Entdeckerfigur gewesen zu sein und nach der berühmten Nordwestpassage, also der Durchfahrt vom Atlantik in den Pazifik, gesucht zu haben.

Noch in seinem Vorwort zu *Atala* machte François-René de Chateaubriand darauf aufmerksam, für Frankreich nach Amerika gereist zu sein, um jene damals vermutete und dringlich gesuchte Durchfahrt zu finden, nach der die Spanier seit dem Ausgang des 15. Jahrhunderts – so auch Columbus – gefahndet hatten. Diese Nordwestpassage sollte die Weiterfahrt hinüber nach Asien, zu den Gewürzinseln und den Reichtümern des asiatischen Kontinents ermöglichen, die den europäischen Kaufleuten und Eroberern damit offenstehen würden. Noch im 18. Jahrhundert suchten James Cook, Louis-Antoine de Bougainville und so viele andere Entdecker nach dieser Nordwestpassage, von deren Existenz man lange überzeugt war.

Dabei waren im südlicheren Nordamerika die Verdachtsmomente auf eine derartige Durchfahrt bereits überprüft und ausgeräumt worden. Man suchte sie daher im Bereich der großen Flüsse und Seen des Nordens, also entlang des Sankt-Lorenz-Stroms und der Großen Seen. Auch auf der pazifischen Seite glaubte man mehrere Buchten gefunden zu haben, die eine solche Durchfahrt noch immer möglich scheinen ließen. Im Norden von Nordamerika, im nördlichen Canada etwa wollte Chateaubriand nach eigener Aussage zu einem neuen Columbus werden, zu jener großen Entdeckerfigur, zu der er zumindest in einem geographisch-topographischen Sinne freilich niemals mehr geworden ist.

Gleichzeitig verbindet sich mit diesen Äußerungen ein wehmütiger, fast nostalgischer Rückblick in die Vergangenheit des einstmals großen Kolonialreichs in Amerika, das die Franzosen zu großen Teilen in den fünfziger Jahren des 18. Jahrhunderts verloren. Es sind diese großen Zeiten eines machtvollen Frankreich der alten Monarchie, an die hier appelliert wird, als die Kolonial- und Seemacht England noch Paroli bieten konnte. Es ist zugleich auch eine Erinnerung des Royalisten und Monarchisten Chateaubriand an jene süßen Zeiten, als man ein französisches Kolonialland noch „Louisiane" nennen durfte. Doch all dies ist längst Vergangenheit, der Traum von einer Weltmacht Frankreich erst einmal zerstoben. Und doch träumte Chateaubriand davon, Frankreich wieder zu seiner einstigen Größe zu verhelfen. Nicht umsonst ging der Autor später mit diesen Vorsätzen in die Politik, fast zeitgleich zur Veröffentlichung von *Atala*. Die diktionale Ouvertüre von Chateaubriands Roman ist daher semantisch hochgradig aufgeladen.

All dies macht deutlich, dass Chateaubriand in seinem Text von Beginn an einen europäischen Blick, ja eine eurozentrische Perspektive einnimmt, die selbstverständlich auch seinem gesamten *Génie du Christianisme* die Prägung gibt. Denn an der kulturellen Überlegenheit des Abendlandes ist für den französischen Schriftsteller gar nicht zu zweifeln. Und innerhalb des Abendlandes – dies hielt Chateaubriand in seinem Vorwort fest – kam wiederum dem Christentum die unbestrittene Vorrangstellung zu. Es ist also ein europäischer Blick auf die Neue Welt, zugleich aber einer, der durch die Bewohner der Vereinigten Staaten selbst doch bestätigt werde, denn sie hätten von Beginn an *Atala* einen großen Verkaufserfolg beschert. Wer würde schon, so Chateaubriand weiter, ein Buch über sein eigenes Land kaufen, in dem dieses nicht zutreffend beschrieben worden wäre? In der Tat lässt sich sagen, dass Chateaubriands *Atala* auf dem gesamten amerikanischen Kontinent sehr intensiv gelesen wurde und eine lebendige Rezeptionsgeschichte auslöste. Wir haben es folglich mit einem europäischen Blick zu tun, welcher auf seinen Wahrheitscharakter durch die Rückversicherung der Bewohner Amerikas vertraut und nicht an einer puren Referentialisierbarkeit, sondern an einer symbolhaften Darstellung des neuen Kontinents ausgerichtet ist. Nicht von ungefähr zeigen die vier biblischen Ströme an, dass die symbolhafte Aufladung des Textes von großer Bedeutung und letztlich auch für die nachfolgende Rezeptionsgeschichte wichtig war.

Die narrative Struktur des kurzen Textes ist ebenso wie dessen Einbettung in einen diktionalen Kontext sehr eng am Vorbild Bernardin de Saint-Pierres ausgerichtet. Diese Engführung war den Zeitgenossen Chateaubriands durchaus nicht verborgen geblieben. So kann es auch nicht verwundern, wenn sich Chateaubriand später zum Teil ein wenig zu spektakulär von seinem Vorgänger absetzte und ihn zu einem wahrhaft durchschnittlichen Geist erklären zu müssen glaubte. Der Yale Critic Harold Bloom hat für ein derartiges Verhalten den Begriff der *Anxiety of Influence* gefunden:[11] Man versucht, sich seines unliebsamen Vorgängers, den man doch kopiert hat, zu entledigen. Das ist nicht schön und hat Chateaubriand auch nicht davor bewahrt, mit Bernardin de Saint-Pierre in Bezug gesetzt zu werden.

Tatsache also bleibt, dass letzterer – und insbesondere sein im Revolutionsjahr 1789 erstmals erschienener Roman *Paul et Virginie* – für die Konzeption von Chateaubriands *Atala* von größter Bedeutung war, verweist hierauf doch auch schon der Untertitel des Kurzromans, *Atala ou les amours de deux sauvages dans le désert*. Nicht allein intratextuelle Einbettung und Paratext, sondern auch die Erzählstruktur von *Atala* ist eng an *Paul et Virginie* angelehnt. Auch hier haben wir es mit einer Binnen- und einer Rahmenerzählung zu tun, wobei diese Rahmenerzählung offenkundig ihrerseits noch einmal gerahmt wird durch eine zusätzliche Zeit- und Raumebene, eine zusätzliche Diegese also, welche auch die Verbindung mit der zeitlichen Ebene der Niederschrift des Romans darstellt.

Wie Bernardin de Saint-Pierre nutzt auch Chateaubriand die Figur eines Greises, der eine Vermittlungsfigur der Binnenerzählung darstellt. Im Unterschied zum Greis bei Bernardin ist er neben Atala die eigentliche Hauptperson der Erzählung. Ebenfalls anders als bei *Paul et Virginie* ist dieser Greis blind, damit also an die Erzählsituation bei Homer angelehnt – und an intertextuellen Anspielungen auf antike Vorbilder mangelt es in der Tat auch nicht. Chateaubriand hat sich in diesem kurzen Text einer hochgradigen Verdichtung unterschiedlicher literarischer Vorbilder bedient; dies mag für den Erfolg seines Textes nicht unmaßgeblich gewesen sein. Auch bei ihm ist das Auge zum Hort der Tränen geworden, auch bei ihm dienen die Augen nicht zum Sehen, sondern drehen die Informationsrichtung um: Sie geben Aufschluss über das Innere des weinenden Menschen und tun dessen Seelenlage kund. Chateaubriand verstand es, so viele bekannte Ingredienzien für eine neue Geschichte zu verwenden, dass die Neuheit

---

11 Vgl. Bloom, Harold: *The Anxiety of Influence*. New York: Oxford University Press 1973.

dieser Geschichte durch ihre Situierung in der Neuen Welt zunächst unhinterfragt blieb.

Chactas also erzählt sein Leben einem Franzosen namens René, dessen eigene Lebensgeschichte Chateaubriand in einem nicht weniger berühmten und ebenfalls in *Le génie du christianisme* integrierten Text unter dem Titel *René* behandelt hat. Der Greis ist recht alt, und man könnte aus Indizien der Erzählung schließen, dass er etwa um 1653 geboren sein dürfte. Das Treffen könnte also im dritten oder vierten Jahrzehnt des 18. Jahrhunderts stattgefunden haben, Chactas wie René sind also längst tot. Hier nun tritt ganz am Ende des Textes ein Ich auf, das von einem umherirrenden Indianerstamm diese Geschichte der längst verstorbenen Protagonisten gehört haben will. Damit haben wir drei Zeit- und Raumebenen vor uns, wobei auf der dritten und zeitlich letzten, die auch im Roman erst gegen Ende auftaucht, die Identifikationsmöglichkeit des Ich mit Chateaubriand angeboten wird. Auf diese letztlich doch recht simple Weise wird die gesamte Narration an die Amerikareise des französischen Schriftstellers gebunden.

Ähnlich wie bei Bernardin de Saint-Pierre haben wir es mit einer in die Kolonialgebiete Europas verlagerten *story* zu tun, in diesem Text nun freilich in ein Nordamerika, in dem die Indianer nicht nur in wechselseitigem Streit miteinander liegen, sondern sich auch der vorrückenden europäischen Zivilisation und nicht zuletzt auch ihren christlichen Missionaren zu erwehren haben. Das Zentrum des *plot* wird wiederum von einer Liebesgeschichte gebildet, wobei wir nunmehr einen leibhaftigen Indianer vor uns haben, eben Chactas, welcher den letzten Überlebenden eines untergegangenen Indianerstammes darstellt. Dies ist eine Figur, auf die wir noch mehrfach in der Geschichte nicht nur der französischen Literatur stoßen werden: die Figur des letzten Vertreters eines sich auslöschenden Geschlechts.

Chactas verdankt sein Leben einem Spanier namens López, der ihn mit äußerster Fürsorge behandelte, ihn mit dem Christentum, aber auch der heidnischen Antike vertraut machte und zwar in San Agustín, im heutigen St. Augustin, wo Sie noch jetzt den berühmten Jungbrunnen, den Quell der Ewigen Jugend finden können. Dort sehen sie zwei *originally dressed men* in einer automatisierten Figurengruppe, in der ein Indianer einem rüstigen und gerüsteten Spanier in einem hübschen Plastikbecher etwas von diesem Jungbrunnen zu trinken gibt, unendlich die Geste indigener Unterwürfigkeit wiederholend. Doch zurück zu *Atala*: Denn der junge Chactas beschließt, weder zum Christentum überzutreten noch sich der europäischen Zivilisation anzunähern, sondern in die Wälder zurückzukehren. Für dieses Leben aber ist er nicht mehr gut vorbereitet, so dass ihn – wie zu erwarten war – die Indianer, und zwar vom Stamme der Muscogulges, gefangennehmen. Chactas' Leben ist damit fast beendet, denn die feindlichen Indianer wollen ihn einer rituellen Opferung zuführen, aus der ihn Atala, deren ersten Augftritt wir bereits gesehen haben, in letzter Not und *in extremis* errettet. Es soll nicht bei diesem einen Rettungsversuch bleiben.

Chactas also war nicht mehr für das Leben in der Wildnis vorbereitet; und dies überrascht nach all den Jahren in der Zivilisation der Europäer nicht, denn er ist längst zu einem kulturellen Mestizen geworden. Kurz vor dem emotionalen Höhepunkt des Romans enthüllt sich dem staunenden Indianer die Tatsache, dass die von ihm angebetete Atala ihrerseits eine Mestizin ist, und zwar im biologischen Sinne, während sie kulturell eigentlich eher der europäischen Zivilisation – und dies heißt für Chateaubriand immer: dem Christentum – zuneigt. Wir hatten dies ja schon an ihrem apart getragenen Kreuz auf ihrer Brust erkannt. Biologisch ist sie eine Mestizin, weil sich ihre Mutter Simaghan einmal einen erotischen Fehltritt geleistet hatte. Und zwar, wir ahnen es, just mit jenem Spanier López – die Welt ist klein –, den wir bereits kennenlernen durften.

Chactas erfährt diese Geschichte, als sich die beiden ineinander verliebten jungen „Wilden" längst auf ihrer zweiten Ausreißtour befinden. Denn Chactas wurde erneut gefangengenommen und sollte nun auch tatsächlich hingerichtet werden. Doch gelingt ihm dank Atalas tatkräftiger Hilfe ein zweites Mal die Flucht. Eine lange Odyssee durch den Urwald setzt ein – und dies sind Szenen, die ihre Wirkung auch auf einen Alexander von Humboldt nicht verfehlt haben dürften, gerade auch mit Blick auf einen auf seine *Amerikanischen Reisetagebücher* zurückgehenden Essay von 1849, in welchem er die nächtlichen Tiergeräusche im Urwald portraitierte.

Aber auch andere Autoren ließen sich, wie wir noch sehen werden, von diesem Herumirren in der wüsten Wildnis beeindrucken. Vielfältig sind die Rezeptionszeugnisse dieses Romans, doch kehren wir noch einmal kurz auf die Inhaltsebene der *story*, der *histoire*, zurück!

Die beiden Verliebten irren also durch den Urwald, und eben hier kommt es nun – oh heilige Liebe! – zu jener Szene der (Beinahe-)Vereinigung, die wir im Folgenden wiedergeben wollen. Chateaubriand ging an dieser Stelle durchaus deutlich weiter, als es noch Bernardin de Saint-Pierre mit seinem Liebespaar tat. Ich möchte Ihnen gerne die gesamte Passage einschließlich ihres eher abrupten Endes vor Augen führen.

Wir wissen bereits, dass Atalas Mutter aufgrund ihres Fehltritts ihre Tochter schwören ließ, sich niemals einem Manne hinzugeben, ein Gelöbnis, dem die liebreizende Atala allen Versuchungen und Anfechtungen zum Trotz auch bis zu diesem Zeitpunkt nachgekommen war und das sie eingehalten hatte. Nun aber kommt es zur höchsten Versuchung im Urwald, mitten in der tropischen, die Imagination anregenden wilden und entfesselten Natur!

Soeben haben Atala und Chactas zu ihrer Verblüffung festgestellt, dass sie ihr Leben gleichermaßen demselben Mann verdanken, dem Spanier López. Auf diese eher assoziative Weise gerät ihre Beziehung fast in eine geschwisterliche und damit zugleich auch inzestuöse Schieflage, wie sie im 19. Jahrhundert im Zeichen der Romantik dann besonders attraktiv sein sollte. Denn das Inzesttabu richtete eine ebenso sichere und unüberwindliche Grenze zwischen den Liebenden auf, wie es zuvor die Normen einer Ständegesellschaft im Alten Reich, im *Ancien Régime*, bewerkstelligen konnten. Doch bei Atala und Chactas kann es letztlich nicht zum Inzest kommen, sind beide doch nur auf einer übertragenen Ebene als die Kinder von López anzusehen. Diese Entdeckung, die auf der symbolischen Ebene natürlich mit der Entdeckungsgeschichte des gesamten Kontinents zusammenhängt, hat jedoch ihre letzten Widerstände gegen Realisierung und körperlichen Vollzug ihrer Liebesbeziehung gebrochen. Beide stehen am Rande einer körperlichen Vereinigung, die bei Chateaubriand mit allen Ingredienzien einer romantischen Liebesbeziehung gewürzt und verschönert ist:

Diese brüderliche Freundschaft, die uns mit ihrer Liebe heimsuchte, die sie zu unserer Liebe hinzufügte, war zuviel für unsere Herzen. Fortan waren die Kämpfe Atalas sinnlos geworden: Vergeblich fühlte ich, wie sie ihre Hand auf ihren Busen legte und eine außerordentliche Bewegung machte; schon hatte ich sie ergriffen, schon hatte ich mich an ihrem Atem berauscht, schon hatte ich die ganze Magie der Liebe auf ihren Lippen getrunken. Die Augen zum Himmel erhoben, hielt ich im Lichte der Blitze meine Braut in meinen Armen, in der Gegenwart des Ewigen. Oh Hochzeitsschmuck, unseres Unglückes wie der Unschuld unserer Liebe würdig: Ihr großartigen Wälder, die ihr eure Lianen und eure Kuppeln wie die Vorhänge und den Himmel unseres Ehebettes beweget, ihr flammenden Pinien, die ihr die Fackeln unserer ehelichen Vereinigung gebildet, oh Fluss, der du über deine Ufer getreten, ihr tosenden Berge, oh schreckenswürdige und erhabene Natur, wäret ihr doch nur ein Zierat, um uns zu täuschen, und könntet ihr doch nur einen Augenblick in eurem mysteriösen Grauen das Glück eines Mannes verbergen!

Atala bot einen nur noch schwachen Widerstand; ich berührte bereits den Augenblick des Glückes, als plötzlich ein mächtiger Blitz, gefolgt von einem Widerhall des Donners, die Dichte der Schatten durchpflügt, den Wald mit Schwefel und Licht erfüllt und einen Baum zu unseren Füßen niederstreckt. Wir fliehen den Ort. Oh Überraschung ... mitten im nachfolgenden Schweigen vernehmen wir den Klang einer Glocke! Und beide lauschen wir schreckensstarr diesem Geräusch, das so seltsam mitten in einer menschenleeren Wildnis anmutet. Augenblicklich bellt ein Hund in der Ferne; er kommt näher, verdoppelt sein Geheul, er gelangt zu uns und winselt laut zu unseren Füßen voller Freude; ein alter Eremit, der eine kleine Laterne vor sich trägt, folgt ihm durch die Finsternisse des Waldes. „Die Vorsehung sei gebenedeit! rief er aus, sobald er uns erblickte. Lange schon suche ich nach euch!"[12]

---

12 Chateaubriand: *Atala*, S. 61 ff.

Diese wunderbar dichte, in der Sprache Chateaubriands abgefasste Passage gibt recht genau den Untertitel der Kurzromans wieder. Es ist zweifellos die Schlüsselszene des gesamten Romans, abgefasst in einer romantisch exaltierten Sprache, die uns aus heutiger Sicht vielleicht ein wenig ferne und fremd geworden ist. Denn in der Tat sind die beiden Liebenden hier im *désert*, was eigentlich mit „Wüste" zu übersetzen wäre, auch wenn sie mitten im Urwald stehen. Mit *désert* ist im damaligen Sprachgebrauch jedoch eine menschenleere Region gemeint, nicht notwendigerweise eine Wüste. So befinden wir uns gemeinsam mit unserem Liebespaar inmitten einer menschenleeren Wildnis.

Man könnte die evozierten *forêts* daher auch eher als eine Art Urwald bezeichnen, selbst wenn wir es höchstens mit subtropischen Pflanzenformationen entlang des Mississippi zu tun haben. Riesige Bäume, wahre Urwaldriesen, bilden eine dichte, von Lianen durchzogene Szenerie, die wenig mit dem Unterholz unserer Breitengrade, sehr viel mehr aber mit einer subtropischen und sich jeglicher Durchquerung versperrenden Urwaldmauer zu tun haben dürfte. Hier also kommt es nun in der nahezu tropischen Atmosphäre dieser Wälder zur lange sich schon andeutenden Vereinigung der beiden Liebenden – und zu deren Verhinderung in letzter Minute.

Die Hinführung zur körperlichen, sexuellen Vereinigung ist, erzählt aus der männlichen Perspektive Chactas', buchstäblich einge*bettet* in eine tropische Natur, welche die Atmosphäre in ungeheurem Maße erotisch auflädt, so dass sich der arme Indianer der Naturgewalt dieser Magie der Liebe gar nicht mehr entziehen kann. Diese erotisch semantisierte Natur ist zugleich eine Natur, die der ebenso erotisch aufgeladenen Stimmung zwischen beiden Liebenden entspricht: Daher wird diese Natur auch zum Bett, in dem sich die Vereinigung vollziehen kann und das *hymen*, das Jungfernhäutchen, das hier nur im übertragenen Sinne als eheliche Verbindung erscheint, ins Zentrum der Annäherungen Chactas' rückt.

Diese Natur stellt einen Gleichklang zwischen Individuum und Umwelt her: Sie ist unverkennbar eine *Korrespondenz-Natur*. Angesichts der Aktivität des Mannes, der die körperlichen Attribute der Frau gleichsam verschlingt, in sich einsaugt und sich einverleibt bis zur Trunkenheit, wird der Widerstand von Atala, der jungen und schönen Mestizin, immer schwächer. Sie wird später sagen, dass sie fast schon ihre Mutter in den Abgrund gestürzt hatte, der sich durch den Schwur, den die Mutter sie hatte ablegen lassen, nun inmitten des Waldes auftut. Doch dann tritt urplötzlich eine Wendung ein!

Die beiden brüderlichen und schwesterlichen Wilden, die mitten im Urwald umherstreifen, fühlen, wie sie der Liebe nicht mehr entsagen können, empfinden mit allen Sinnen, wie sie ihr schutzlos preisgegeben sind. Die Kraft der Liebe ist stärker als jeglicher Widerstand. Die Schwester, die *soeur*, ist fast schon zur

Braut, zur *épouse*, geworden, die ihre Augen gen Himmel hebt, von wo aus ein heftiges Donnerwetter herniedergeht. Das ist in der Literaturgeschichte nichts Neues, denn das Gewitter zeigt oftmals den Zeitpunkt der körperlichen Vereinigung im Erzähltext an, ähnlich wie etwa auch das Feuerwerk, das sich just in derselben Weise psychoanalytisch deuten lässt und sich noch bei einem Avantgardisten wie James Joyce findet. Chateaubriand folgt hier einem uralten literarischen Verfahren, ergreift dann aber den die beiden Liebenden gerade noch vor der Vereinigung schützenden letzten Strohhalm.

Die ganze Natur wird zu einer einzigen *couche*, zu einem großen gigantischen Bett einer Liebesnacht inmitten einer korrespondierenden Natur, wo sich die Triebe eben ihren Weg bahnen. Die Natur wird dadurch *affreuse* und *sublime* zugleich: Sie ist eine widersprüchliche Natur, weil sie zum einen den Liebenden ihre Freiheit gibt, zum anderen aber diese Liebenden gerade gegen die Gesetze der Menschen verstoßen lässt. Diese Gesetze der Menschen machen die Zivilisation, die Kultur aus; und sie werden im Kontext des *Génie du Christianisme* selbstverständlich mit dem Christentum an höchster Stelle in eins gesetzt. So kann die christliche Glocke inmitten der Wildnis, an den fernen Ufern des Mississippi erklingen. Chateaubriand steht zweifellos für eine kulturelle und ästhetische Überhöhung des Christentums und hat mit dieser Bewertung die romantische Entwicklung in Frankreich stark geprägt.

Ich möchte Sie an dieser Stelle kurz auf eine sprachliche Besonderheit aufmerksam machen. Denn just an dieser Stelle können Sie beobachten, wie ein *imparfait* von einem *passé simple* unterbrochen, überlagert, in den Hintergrund gedrängt wird. Gerade, als wir kurz vor der endgültigen Vereinigung der beiden Liebenden stehen, fährt von oben, wie ein *Deus ex machina*, von zweifellos göttlicher Hand geleitet, ein Blitz hernieder und fällt einen der Urwaldriesen, unterbricht damit das Liebesspiel der beiden „Wilden" im Urwald. Das Fällen und das Spalten dieses Baumes, der zu Boden gestreckt wird, ist psychoanalytisch ohne weiteres deutbar als eine gleichsam göttliche Kastration des armen Indianers, der so kurz vor dem ersehnten Genuss der Liebeswonnen gestanden hatte. Und in der Tat: Die Kastration ist nachhaltig, denn Chactas wird sein Leben lang nicht mehr in den Genuss der Magie der Liebe kommen!

Wer noch daran gezweifelt hätte, dass hier ein Gott von oben eingegriffen hat, der wird eines Besseren belehrt. Denn augenblicklich erscheint der *solitaire*, der christliche Einsiedler und Eremit, der Mönch als christlicher Retter in höchster Not, auf der Bühne des Urwalds. Er ist der Vertreter der *Providence*, der göttlichen Vorsehung, auch wenn ihm ein Hündchen als Symbol des Gehorsams vorausgeht. Ein Wort an dieser Stelle zum scheinbar belanglosen Hündchen, welches – das sollten wir nicht vergessen – in derlei Situationen nicht selten auch als Höllenhund aufzutreten pflegt. Dass hier etwas Göttliches und zugleich Teuflisches vor sich geht, macht die Gleichzeitigkeit von Licht und Schwefel, einem unverkennbar diabolischen Stoff, mehr als klar.

An die Stelle der Geräusche der Natur und der Sinnlichkeit tritt danach zunächst ein Schweigen, eine Stille, dann der Klang einer Glocke, des christlichen Klanges schlechthin. Wir befinden uns an der Kreuzung zwischen Natur und Kultur: Die Natur wird in ihre Schranken gewiesen, die Kultur bahnt sich ihren Weg. Dieser grundsätzliche, die gesamte Geschichte des Abendlandes und zutiefst auch die jüdisch-christliche Welt prägende Gegensatz charakterisiert in der Folge das Zerrissensein des Menschen, der zwar der Natur zweifellos zugehört, sich aber gerade aus dem Naturzustand befreit, um überhaupt der höheren Werte teilhaftig werden zu können. Dass dieser zivilisatorische Prozess mit starken Verlusten, mit starken Verzichten erkauft wurde und wird, lässt sich an dieser Stelle hervorragend zeigen.

Denn die „Rettung" unserer Liebenden durch das Christentum bringt nicht etwa die Glückseligkeit schlechthin, sie führt gerade nicht zu einem Glück ohne Grenzen, sondern lässt einen geschichtlichen und zivilisatorischen Prozess noch einmal vor Augen treten, an dessen Ende letztlich eine zerrissene Menschheit steht. Es ist eine Menschheit, die sich am Abgrund befindet und in diesem zivilisatorischen Prozess vor allem mit dem eigenen Leben, dem eigenen Körper die Zeche zahlen muss. Dies betrifft ebenso die christliche Atala, über deren schöne Leiche die Geschichte verhandelt wird, wie ihren impulsiven Chactas, der mit einer ständigen Kastration für seine Begierden und Wünsche bestraft werden wird. Da haben wir nun die beiden Liebenden in der Einsamkeit einer menschenleeren Wildnis: Sie können nicht zusammenfinden, und sie können auch nicht mehr voneinander lassen! Der zivilisatorische Gang des Christentums kennt nur einen Weg: Er führt ins Jenseits...

Damit aber ist der Weg gebahnt für die Krankheit des Jahrhunderts, den *mal du siècle*: eben die Melancholie, welche die Menschen angesichts ihrer recht begrenzten Möglichkeiten in diesem Prozess der Zivilisation befällt. Diese Melancholie der beiden Liebenden hat ohne jeden Zweifel mit der uns nun hinlänglich bekannten Konfrontation zweier Liebeskonzeptionen unmittelbar zu tun. Es ist der Konflikt zwischen der leidenschaftlichen, hier der geradezu ,wilden', natürlichen Liebe (im Sinne der Liebe zweier sogenannter „Wilder") einerseits und der vom christlichen Kreuze geprägten Liebe andererseits, die ihre Passion gerade auf den Verzicht der körperlichen Liebe baut und den Menschen gesellschaftliche Normen auferlegt, um sie von ihrer Natur abzutrennen. Liebe wird zu einer Passion, deren Leidensweg in der *Passio Christi* vorbestimmt ist.

Lasssen Sie mich noch kurz auf einige zusätzliche Aspekte in dieser zentralen Szenerie von Chateaubriands *Atala* zu sprechen kommen. Aufschlussreich ist, wie wir schon sahen, der Einschlag des krachenden Blitzes in das Penis-Symbol des gewaltigen Baumes, der dann auch sofort zu Boden sinkt. Chateaubriand schrieb lange bevor Sigmund Freud um 1900 die Symbole seiner *Traumdeutung* festlegte. Die gesamte Struktur des Textes ist erotisiert, erotisch semantisiert, so dass der gesamte Wald mit seinen Bäumen und Lianen ein wirkliches sinnliches Gewebe bildet, wobei gerade den Verbindungsstücken eine große Bedeutung zukommt. Die Liebenden sind gleichsam eingebettet in diese Korrespondenz-Natur: Sie sind Teil des Kosmos und Teil einer allumfangenden Natur, mit der sie eins werden und in ihrer eigenen geschlechtlichen Einswerdung zusätzlich noch verschmelzen.

Genau dieser Verschmelzungsprozess wird durch den heftigen Blitzeinschlag gespalten, und es tritt der zivilisatorische Prozess mit seinen spezifischen menschlichen Kosten auf den Plan. Interesant ist, dass sich in der oben zitierten Passage Atala zunächst an den Busen greift, also eigentlich an den Ort der Verlockung, aber eben noch mehr an den Ort des Kreuzes, das sie nun kaum noch an ihrem Körper-Leib zu halten vermag. Hier treffen Natur und Kultur unmittelbar aufeinander; zugleich ist nun auch der der Mutter geleistete Schwur in Gefahr. In Atala selbst treffen beide Ansprüche, beide Welten unmittelbar und hart aufeinander. Daher ist dem Blitzeinschlag auch ein wenig *soufre*, ein wenig diabolischer Schwefel beigemischt, denn um ein Haar wäre ja die junge Frau dem Teufel auf den Leim gegangen und verfallen. Daher auch das Höllenhündchen, das sich freilich dann als ein freundliches, treues Hündchen erweist, das innerhalb einer anderen Tradition nun für die Treue und den Gehorsam, für die Obedienz der ‚Hunde des Herren‘, die Dominikaner oder *domini canes*, steht. Es bellt auch ganz freudig, klar: Es hat zumindest eine Seele für das Christentum gerettet! Freilich nicht für das Leben, sondern für den Tod. Die *Liebe im Abendland* von Denis de Rougemont lässt grüßen...

Das Christentum ist die Leitlinie dieses hier lediglich in seinen Grundzügen skizzierten Prozesses der Zivilisation. Und die Kosten für die christliche Zivilisation sind hoch. An dieser Stelle gibt es durchaus Berührungspunkte mit Jean-Jacques Rousseau, die freilich an anderer Stelle durchaus in gegensätzliche Positionen zu Chateaubriand münden. Die Parallelen beziehen sich deutlich auf Rousseaus Ansicht, dass die Menschen von Geburt an gut seien und erst durch den Vergesellschaftungsprozess depraviert würden, eine These, die der Bürger von Genf in seinem Essay *De l'origine et des fondements de l'inégalité parmi les hommes* näher auseinandersetzte. Der zivilisatorische Prozess erscheint sinnbildlich in Gestalt des Einsiedlers, der seinerseits im Übrigen sehr wohl weiß um die Kosten, welche die christliche Zivilisation verursacht. Dies wird sich auch in der Szene der Agonie Atalas und im Reinigungsprozess zeigen, den wir uns zum Abschluss unserer Beschäftigung mit Chateaubriand noch näher ansehen werden.

Ich möchte Ihnen nun nicht die verschiedenen Peripetien des weiteren Verlaufs der Geschichte erzählen, in der uns der Priester als ein grundguter Mensch, der es auf das Wohl und Seelenheil der Indianer abgesehen habe, präsentiert wird. Unsere Überlegungen zu Chateaubriands *Atala* beziehen sich ja weniger auf die *histoire* und den *récit*, als vielmehr auf den *discours*, welcher der gesamten romanesken Kreation zugrunde liegt und uns Aufschluss gibt über jene Konzeption christlicher Liebe, die sich über den Tod und die Leiche einer jungen Frau vollzieht. Genau dieser Punkt ist es ja, der uns interessiert!

Die Aufgabe des Priesters ist gleichsam ein zivilisatorischer Prozess *in nuce*: Denn der Gottesmann versucht vorübergehend erfolgreich – er wird am Ende von anderen Indianern umgebracht werden –, nomadisierende Indianer zum sesshaften Leben und zugleich auch zur Verehrung des Christengottes zu bringen; unweit der Ufer des Mississippi und mitten in der menschenarmen Wildnis. Nachdem wir im ersten Teil des Romans viel über angebliche Sitten und Gebräuche der wilden Indianer, die Chactas töten wollten, gelernt haben – darunter übrigens auch allerlei anmutig-erotische Tänze barbusiger Jungfrauen, die Chateaubriand zu den von ihm gelesenen Sittenbildern hinzuflunkerte –, erfahren wir nun einiges über das Leben der dem Christentum sich zuwendenden indianischen Stämme, die sesshaft geworden sind und auf den vom Christentum vorgezeichneten Weg einschwenkten. Allein dieses Thema wäre eine Reihe eigener Reflexionen wert, was hier aber unterbleiben soll, da wir nun die Situation der Liebenden mit ihrem zwischen Natur und Kultur gespaltenen Bewusstsein noch etwas näher anschauen sollten.

Im Grunde ist das Christentum – wie Reinhold R. Grimm in zwei schönen Studien Chateaubriands betonte[13] – zugleich der Verursacher der grundlegenden Spaltung des Menschen *und* das Heilmittel, das *pharmakon*, das die Menschen letztlich wieder auf einer höheren Einheit zu einem Ganzen zusammenführen soll. Das Christentum tritt in *Le génie du christianisme* ungezählte Male in dieser Rolle auf. Auch in *Atala*, sozusagen im romanesken Teil des Werks, sehen wir es just in dieser gesellschaftsbildenden, gesellschaftsbegründenden, zugleich mordenden und heilenden Rolle.

---

13 Vgl. Grimm, Reinhold R.: Romantisches Christentum. Chateaubriands nachrevolutionäre Apologie der Revolution. In: Maurer, Karl / Wehle, Winfried (Hg.): *Romantik. Aufbruch zur Moderne*. München: Fink 1991, S. 13–72; sowie ders.: Wendezeiten. Revolution und Poesie: François-René de Chateaubriand. In: Plocher, Hanspeter / Kuhnle, Till R. / Malinowski, Bernadette (Hg.): *Esprit civique und Engagement. Festschrift für Henning Krauß zum 60. Geburtstag.* Tübingen: Stauffenburg Verlag 2003, S. 171–186.

Die arme Mestizin Atala jedenfalls weiß weder ein noch aus: Auf der einen Seite steht der christliche Schwur ihrer Mutter, verkörpert gleichsam durch das große Kreuz, das ihre Brüste beschützt, und damit ein christliches Verbotsschild, das ihren Körper bewacht. Nicht umsonst hatte es bei den beiden jungen „Wilden" im Paradies geheißen, dass sie angesichts des Klanges der Glocke *interdits* waren, was ich für Sie mit „schreckensstarr" übersetzt habe. Die Früchte im Garten Eden sind verbotene Früchte, man darf sie anblicken, aber bitte nicht genießen! Andererseits weiß sich Atala unerschütterlich in ihrer Liebe zu dem jungen Indianer hingezogen, eine Liebe, gegen deren Kraft und Stärke sie nicht ankommen kann. Dergestalt steht sie auch auf dieser Ebene in einem für sie fatalen Dazwischen.

So tut sie also einen Schritt mehr als Virginie, die Heldin von Berardin de Saint-Pierres *Paul et Virginie*, die sich weigerte, beim Untergang ihres Schiffes die Kleider auszuziehen: Lieber wollte sie den nassen Tod sterben als sich zu enthüllen und den Blicken der Männer preiszugeben. Atala ‚rettet' sich aus dieser verzweifelten und für sie ausweglosen Situation – von der sie erst später erfährt, dass aus Sicht des Einsiedlers ein Bischof sie von der Last ihres Gelübdes hätte befreien können – gerade dadurch, dass sie sich selbst ums Leben bringt und gezielt den Tod wählt. Sie schluckt Gift und bringt sich somit von innen her um. Alle Rettungsversuche kommen zu spät. Diese literarisch sorgfältig gestaltete Sterbeszene, verbunden mit der nachfolgenden Apotheose, in welcher Chateaubriands Grundideologem des *Génie du christianisme* noch einmal aufleuchtet, will ich Ihnen nicht vorenthalten:

> Kaum dass er diese Worte gesprochen, zwingt mich eine übernatürliche Kraft, mich niederzuknien und am Fuße von Atalas Bett mein Haupt zu neigen. Der Priester öffnete einen geheimen Ort, worin eine güldene Urne, von einem Schleier aus Seide bedeckt, verborgen war. Dann beugte er sich in tiefer Anbetung. Die Grotte ward urplötzlich erhellt; man hörte in den Lüften die Worte der Engel und das Erschauern himmlischer Harfen; und als der Einsiedler das heilige Gefäß aus dem Tabernakel zog, glaubte ich, Gott selbst aus einer Flanke des Berges heraussteigen zu sehen.
>
> Der Priester öffnete den Kelch; er nahm zwischen zwei Fingern eine Hostie, die weiß war wie der Schnee, und näherte sich Atala, wobei er mysteriöse Worte raunte. Diese Heilige hatte ihre Augen zum Himmel erhoben und war in Ekstase. All ihre Schmerzen waren wie aufgehoben, ihr ganzes Leben versammelte sich auf ihrem Mund; ihre Lippen öffneten sich leicht und suchten voller Respekt nach dem Gott, der im mystischen Brot verborgen war. Anschließend tränkte der göttliche Greis ein wenig Baumwolle in einem geheiligten Öl und rieb die Schläfen Atalas damit ein, einen Augenblick lang das sterbende Mädchen betrachtend, und plötzlich entrangen sich ihm seine starken Worte: „Brechen Sie auf, oh christliche Seele: Gehen Sie zurück zu Ihrem Schöpfer!" Indem ich nun meinen hängenden Kopf wieder aufrichtete, rief ich beim Anblick dieses Gefäßes mit dem heiligen Öl aus:

„mein Vater, wird dieses Heilmittel Atala ihr Leben zurückgeben?" „Ja, mein Sohn", sagte der Greis, als er in meine Arme sank, „das ewige Leben!" Atala hatte ihren letzten Atemzug getan![14] [...]

Ihre Lippen, die wie eine Rosenknospe waren, die man zwei Morgen zuvor geschnitten, Schienen zu schmachten, schienen zu lächeln. Auf ihren Wangen, die von einer grellen Blässe waren, zeichneten sich blaue Äderchen ab. Ihre schönen Augen waren geschlossen, ihre bescheidenen Füße ruhten beieinander; und ihre Alabasterhände pressten auf ihr Herz ein Kruzifix aus Ebenholz; das Schulterband mit ihren Fürbitten war an ihren Hals gerutscht. Sie schien verzaubert zu sein von dem Engel der Melancholie, verzaubert vom doppelten Schlummer der Unschuld und des Grabes. Niemals habe ich etwas Himmlischeres erblickt. Wer auch immer gedacht, dass dieses Mädchen nicht des Lichtes genossen, hätte sie für die Statue der schlummernden Jungfräulichkeit halten können.

Abb. 86: „Das Begräbnis der Atala", Öl auf Leinwand von Anne-Louis Girodet de Roussy-Trioson, 1808.

Wir haben es hier mit jener berühmten Passage zu tun, an der sich noch viele orientieren sollten, die ihre Romanheldinnen effektvoll sterben lassen wollten. Der berühmteste unter ihnen allen war sicherlich Gustave Flaubert, der seine Emma

---

14 Chateaubriand: *Atala*, S. 94 ff.

Bovary ebenfalls einen Gifttod sterben ließ, wobei er freilich die letzten Zuckungen seiner Heldin noch mit den letzten Segnungen der Kirche in ein ironisches Kontrastlicht setzte. Natürlich fehlt bei Chateaubriands *Le génie du christianisme* jegliche ironische Beleuchtung, ja jeglicher ironische Gedanke, galt es hier doch zu belegen, wie sehr der Glaube an den christlichen Gott ein ewiges Leben im Jenseits sicherstellen konnte.

Denn in der Tat ist in diesen Passagen explizit die Rede davon, die ersehnte Ganzheit durch das Christentum wiederherzustellen. Außerdem wird selbstverständlich das christliche Paradoxon schlechthin zentralgestellt, jenes nämlich, das den Tod zum Leben erklärt, zum Beginn des Ewigen Lebens in einem Leben, das nicht mehr von dieser Welt ist. Dabei kommt es auf den Glauben an, nicht jedoch auf die menschliche Vernunft: *Credo, quia absurdum*, um es mit einem geflügelten Wort christlicher Theologie zu sagen.

Hier also wird es vorgeführt, das Ewige Leben in seinem Beginn! Und zugleich wird eine Vielzahl weiterer christlicher und literarischer Dimensionen in diesen ästhetisch fein gestalteten Tod Atalas – der auch in der Malerei wie allgemein in den Bildenden Künsten so oft festgehalten wurde – eingeblendet. Denn die Bezüge zur spanischen Mystik sind offenkundig: Die zum Himmel erhobenen Augen der jungen Mestizin machen darauf aufmerksam, dass nicht nur ein ewiges, himmlisches Leben an die Stelle des irdischen Lebens tritt, sondern dass auch ein himmlischer Bräutigam nun an die Stelle des irdischen Bräutigams treten wird. Die Aufnahme der Hostie, die Einverleibung des heiligen, göttlichen Leibes Christi, deutet diese Bewegung unverkennbar an.

Im selben Atemzug wird die menschliche Liebe als Leidenschaft von der Leidenschaft christlicher Gottesliebe überboten. Dabei ist diese Liebe zum himmlischen Bräutigam, die in der christlichen Mystik stets eine wichtige Rolle spielte, in der Romantik aber in einem desakralisierten Zusammenhang eine gewiss nicht minder wichtige Bedeutsamkeit besitzen sollte, keine Liebe, welche die Jungfräulichkeit dieser Jungfrau ins Wanken bringen könnte. Nicht umsonst wird sie nach ihrem Tod ihrem frustrierten und kastrierten Liebhaber als die Statue der Jungfräulichkeit schlechthin erscheinen.

Vergleichen wir hier einmal mehr die Jungfrau Atala mit der Jungfrau Virginie aus Bernardin de Saint-Pierres Roman *Paul et Virginie*, so ist Atala eine zweite Virginie, die kurz vor ihrem nassen Tod ebenfalls ihre Augen zum Himmel erhob. Doch ist sie eine Virginie in der Überbietungsstrategie: Sie überbietet Virginie, weil sie sich zum Selbstmord durchgerungen hat; sie überbietet Virginie, weil es fast zum Liebesakt gekommen ist; sie überbietet Virginie, weil sie sich selbst entleibt und keiner Hilfe bedarf; sie überbietet Virginie, weil sie selbst am Ende zu einer Statue wird, also eine Art Repräsentation eines weiblichen Ideals verkörpert, freilich von Männerhand gezeichnet und gemeißelt. In eben diesem Sinne aber ist Atala eine *continuation* von Virginie, eine Fortsetzung der einen durch die andere christliche Jungfrau in der Literatur.

Vergessen wir freilich nicht, dass wir nicht nur die Stimmen der Engel hören, sondern dass uns in der obigen Passage auch der Engel der Melancholie explizit nahegebracht wird und gleichsam auf den Leib rückt. François-René de Chateaubriand greift hier per Hypotypose auf den Bildbestand seines Lesepublikums zurück und knüpft an jene berühmte Gestalt Albrecht Dürers an, die in der europäischen Kunstgeschichte so ungemein präsent ist. Die Figur des Engels mit der schwarzen Sonne, seinen Kopf auf die Hand gestützt, tritt in einem Überblendungsverfahren der himmlischen Atala an die Seite. Atala ist nicht geschlechtslos, wie es die Engel zu sein pflegen; aber ihre Geschlechtlichkeit wird doch neutralisiert, indem sie niemals zu einer körperlichen, geschlechtlichen Liebe finden kann. Diese Welt ist ihr durch ihr Gelübde ein für alle Mal verwehrt.

All dies macht uns nochmals darauf aufmerksam, dass es dieser Engel ist, der die junge Frau durch ihr Leben begleitet, und dass er mit seinem schwarzen Gift der Galle das repräsentiert, was an Vergiftungen in den makellosen Frauenkörper eingedrungen ist. Atala wählt jenen Weg des Todes, der in ihr selbst bereits vorgezeichnet war. Wenn der Engel der Melancholie ein letztes Mal an dieser späten Stelle im Roman erscheint, so bezeugt er nur die Allgegenwart der Figur im gesamten Text und führt uns kunstvoll vor Augen, dass das *mal du siécle,* dass die Melancholie und keine andere Krankheit die junge Frau hinweggerafft hat. Denn das von ihr zusätzlich eingenommene Gift vollendet nur, was an Giften bereits in ihrem Körper war und sie mit den Insignien eines frühen Todes auszeichnete.

Das Christentum hat die junge, schöne Mestizin in sich aufgenommen; und umgekehrt ist sie als ‚Halb-Wilde' zur Verkörperung eines weltumspannenden, Anspruch auf die ganze Welt erhebenden Christentums geworden. Der universalistische Anspruch von Chateaubriands Verständnis des Christentums ist überdeutlich und gipfelt noch in einer Apologie des Todes dieser Mestizin. Atala wird damit zur romantischen Heldin schlechthin, insoweit sie zum Modell all jener ihr nachfolgenden Heldinnen avanciert, die sich der von ihr verwendeten Verfahren dann freilich auf eine desakralisierende Art und Weise bedienen. Das Christentum bringt der Tochter einer Indianerin und eines Spaniers zwar den Tod, wie es die Schlussszene des Romans bezeugt, doch es bringt Atala auch das Ewige Leben, die Einheit in und mit Gott. Die (menschliche) Liebe ist damit auch hier mit der Erkenntnis, wie immer aber auch mit der Hoffnung auf Ewigkeit gekoppelt: Denn jede Lust – auch die der göttlichen Vereinigung – will ganz im nietzscheanischen Sinne Ewigkeit, will tiefe tiefe Ewigkeit. Lassen wir die liebende Leiche also in Frieden und in Liebe ruhen!

José Joaquín Fernández de Lizardi oder die Erfindung einer Leserschaft in Hispanoamerika

Sehen wir uns aber nun nicht länger die europäischen Projektionen mit ihren erfundenen Figuren, ihren *bons sauvages* und ihren imaginierten Landschaften an, die in Richtung der amerikanischen Hemisphäre entworfen wurden, sondern versuchen wir, all jene Veränderungen zu begreifen, die sich mit Blick auf eine in Entstehung begriffene Literatur im künftigen Lateinamerika zu Beginn des 19. Jahrhunderts abzeichneten! Denn es ist spannend zu beobachten, auf welche Weise sich in der Neuen Welt und in den sich langsam herausbildenden proto-nationalen Staatsgebilden des amerikanischen Kontinents zusammen mit einem neuen Lesepublikum eine Literatur herauskristallisierte, die auf die Bedürfnisse und Notwendigkeiten dieser Leserschaft einzugehen suchte.

In seinem vielbeachteten Essay über die Entwicklung des lateinamerikanischen Romans hat der uruguayische Kritiker und Literaturtheoretiker Angel Rama die These vertreten, José Joaquín Fernández de Lizardis Roman *El Periquillo Sarniento* sei von einer ihm zugrunde liegenden „archaischen" Struktur geprägt. Hören wir uns seine Argumente gegen jenen Text einmal an, der als der erste hispanoamerikanische, von einem Hispanoamerikaner in Hispanoamerika verfasste Roman gilt:

> Der *Pícaro*, den Lizardi erfindet, ist nicht nur ein thematischer, sondern auch ein formaler Archaismus. Er restauriert die ursprüngliche Bedingtheit des Romans als Waffe im Kampf um die Zerstörung einer etablierten Ordnung, wobei er die klassische (und im übrigen einzige von der Ordnung zugelassene) List des unverantwortlichen Sprechens eines gesellschaftlich Geächteten anwendet: des Enterbten oder Verrückten, des Blindenführers oder Quijote.[1]

Der Vorwurf des Archaismus lastet – dies verdeutlicht die Argumentation des uruguayischen Literarhistorikers – schwer auf Fernández de Lizardis erstem, 1816 in unvollständiger Form erstmals veröffentlichtem Roman, der bekanntlich Anspruch darauf erheben darf, am Beginn von dessen Entwicklung im künftigen Lateinamerika zu stehen. Denn die Verknüpfung zwischen Herausbildung des Romans und soziopolitischer Entwicklung der unabhängig gewordenen lateinamerikanischen Nationen, die hier geradezu selbstverständlich erfolgt, wird von Angel Rama in der narrativen Modellierung einer Urschuld präsentiert. Denn der renommierte uruguayische Kritiker attackiert die Verstrickung des lateinamerikanischen

---

1 Rama, Angel: La formación de la novela latinoamericana. In (ders.): *La novela en América Latina. Panoramas 1920–1980.* Montevideo – Xalapa: Fundación Angel Rama – Universidad Veracruzana 1986, S. 21.

Romans mit den Zielen und Absichten einer einzigen gesellschaftlichen Klasse, die als Sprachrohr für ihre Forderungen allein die Figur des spanischen *pícaro*, des Enterbten oder Verrückten, akzeptiert habe. Roman und Nation scheinen in Lateinamerika *ab initio* aus der Perspektive Ramas vom selben Virus befallen: vom Virus ihrer Funktionalisierung durch Normen und Werte des aufstrebenden Bürgertums.

Abb. 87: José Joaquín Fernández de Lizardi (Mexiko-Stadt, damals Neuspanien, 1776 – ebenda, 1827).

Es ist in der Tat verlockend, vor dem Hintergrund einer nachweisbaren relativen Gleichzeitigkeit die literarische mit der politischen Formgebung auf dem amerikanischen Kontinent in Verbindung zu bringen, ja Romanschöpfung und Nationbildung miteinander zu parallelisieren. Dies kann, wie etwa bei Rama, in negativ eingefärbter Weise erfolgen. Doch eine solche Vorgehensweise kann auch deutlich positive Vorzeichen erhalten wie bei Noël Salomon, wo Fernández de Lizardis Roman in einem vielzitierten Aufsatz schlicht als Roman der mexikanischen Unabhängigkeit, als „la novela de la independencia mexicana"[2] bezeichnet

---

2 Salomon, Noël: La crítica del sistema colonial de la Nueva España en „El Periquillo Sarniento". In: *Cuadernos Americanos* (México) XXI, 138 (1965), p. 179.

Abb. 88: „Mittel- und Südamerika: Nationalstaaten um 1825 (Ende der Befreiungskriege)".

wurde. Die Übereinstimmung zwischen beiden Herangehensweisen ist beeindruckend, verweist die literarische Gestaltung doch in jedem Falle direkt und unvermittelt auf eine zugrunde gelegte gesellschaftliche Entwicklung zurück.

In beiden Fällen wäre die relative Gleichzeitigkeit der Ereignisse nicht kontingent, sondern epistemologisch wirksam im selben generierenden Kontext zu verorten. Romanentwicklung und gesellschaftliche Entwicklung stünden in

Abb. 89: „Historische, physische und politische Karte von Amerika", Karte von Agustin Codazzi, 1840.

einem unmittelbaren Zusammenhang und wären direkt aneinander gekoppelt. Führten wir diesen Gedanken weiter, so könnten wir den von Rama behaupteten „Archaismus" auf thematischer wie formaler Ebene als Paradoxon (und zugleich

als Aporie) deuten und für die Entwicklungsgeschichte des Romans in Lateinamerika fruchtbar machen. Denn was wäre zeitgemäßer und aktueller innerhalb einer anachronistisch im kolonialspanischen System verwurzelten neuspanischen Gesellschaft als eben jene von Spanien ererbte Figur des literarischen
Schelms, des *pícaro*?

Doch so einfach liegen die Dinge keineswegs! Denn der als so anachronistisch gebrandmarkte Schelmenroman – der im Übrigen bis in unsere Tage weder
in Amerika noch in Europa etwas von seiner kritischen Wirkkraft und ästhe-
schen Potenz verloren hat – erwiese sich so als eben jene Form, welche die literar-
ästhethisch und literarhistorisch überzeugendste Antwort auf die spezifische
Situation Neuspaniens, des künftigen Mexico, am Ausgang seiner langen Kolonialgeschichte zu geben vermag. Und in der Tat soll *El Periquillo Sarniento* – soweit
dürfen wir den nachfolgenden Ausführungen etwas vorgreifen – als innerhalb
neuer gesellschaftlicher, politischer und historischer Kontexte resemantisierte
und refunktionalisierte literarische Form verstanden werden, durch welche Alte
und Neue Welt in einen schöpferischen Polylog miteinander verwickelt werden.
Dies gäbe dem großen Roman von Fernández de Lizardi ein ganz außerordent-
liches Gewicht und eine Bedeutung, die weit über das strikt Literarästhetische
hinausreicht.

Aus einer solchen Perspektive betrachtet, wäre dann die Beziehung zwischen
Roman und Nation weder eine zu geißelnde Verstrickung noch eine zu begrü-
ßende zukunftsträchtige Befreiung. Sie erwiese sich als ein dynamisches und
dynamisierendes Element, das zweifellos gattungskonstitutiv verstanden werden
könnte, ohne doch die gänzlich anders modellierten Räume von literarischer
Äußerung und nationaler Genese als analog strukturierte Aspekte ein und desselben geschichtlichen Prozesses zu verstehen und unvermittelt aufeinander zu
beziehen. Es ginge um die Einschaltung komplexer dynamischer Vermittlungen,
die ein literarisches Artefakt mit einem bestimmten gesellschaftlichen System
und dessen Entwicklung verbinden würde. Der Ausgangspunkt hierfür wäre ein
durchaus literatursoziologischer.[3]

Eine derart veränderte Perspektivik setzte uns in die Lage, die Offenheit
der Lizardi'schen Romankonstruktion für die Zukunft zurückzugewinnen und
von Fernández de Lizardi verwendete narrative Gattungsspezifika der *novela
picaresca* wie auch der Utopie als Beziehungsgeflechte eines polylogischen
Schreibens zu verstehen, das weder als „archaisch" noch als „anachronistisch"
fehlgedeutet werden sollte. Die große ästhetische Spannbreite des Lizardi'schen

---

3 Vgl. etwa Köhler, Erich: *Vermittlungen. Romanistische Beiträge zu einer historisch-soziologischen
Literaturwissenschaft.* München: Fink 1976.

Romanprojekts wäre damit wieder zurückgewonnen – und zugleich dessen Zukunftsoffenheit innerhalb eines literaturgeschichtlichen Prozesses, welcher das 19. und 20. Jahrhundert der lateinamerikanischen Literaturen höchst erfolgreich queren sollte.

Doch es gibt noch ein weiteres Hindernis, das sich vor unserem Verständnis von Lizardis Roman auftürmt. Denn wir müssen unsere Lektüre mit Hilfe dieser Überlegungen zugleich von einem zweiten, die Rezeptionsgeschichte von Fernández de Lizardis *El Periquillo Sarniento* bis heute belastenden Vorwurf befreien, demzufolge diesem Text eine monologische und dogmatische Grundstruktur eigne. Den vielleicht drastischsten Beleg für diese noch immer anhaltende Kritik liefert uns der mexikanische Kritiker Carlos González Peña, der 1910 nicht zögerte, im intellektuellen Kontext des *Ateneo* – und vor dem Hintergrund einer weiteren sich anbahnenden Revolution in Mexico –, Fernández de Lizardis Roman als „die abgeschmackteste Predigt, die unsere Nationalliteratur erinnert" zu bezeichnen.[4] Wie kam Lizardis Roman zu dieser so negativen Wertschätzung?

Zweifellos sind es die zahlreichen diskursiven Einschübe und Digressionen und nicht so sehr (wie noch Rama meinte) die Figur des *pícaro* selbst, die bis in unsere Gegenwart verschiedensten Formen adäquater Rezeption im Wege stehen. Ja, der *Periquillo Sarniento* hat für die Lektüre, hat für unsere leserische Annäherung etwas recht Sperriges! Doch sollten wir uns davor hüten, ein „Moralisieren" mit Monologisieren und die komplexe Struktur dieses Romans mit einer Predigt gleichzusetzen, der selbstverständlich stets etwas Dogmatisches anhaftet. Die nachfolgende Analyse soll vielmehr zeigen, in welch subtiler und komplexer Weise polylogische Strukturen in Fernández de Lizardis Schreiben eingewoben sind und wie sehr es uns die Bewusstmachung dieser Strukturierungen erlaubt, jenseits dieser beiden auf diesem *texto fundador* lastenden Vorwürfe die historische Tiefenschärfe wie auch die ästhetische Leistung von Fernández de Lizardis Romanerstling herauszuarbeiten.

Damit ist nicht allein der Wert des *Periquillo Sarniento* als zeitgeschichtliches Dokument oder gar als nationales Monument gemeint. Fraglos ist dieser Roman ein Fenster in der Zeit, eine „ventana abierta hacia el pasado";[5] doch dürfen wir darüber – ganz im Derrida'schen Sinne[6] – nicht den kunstvoll verfertigten Rahmen vergessen, der den Raum dieses „ersten im eigentlichen Sinne hispa-

---

4 González Peña, Carlos: El Pensador Mexicano y su tiempo. In: *Conferencias del Ateneo de la Juventud*. México, D.F.: Imprenta Lacaud 1910, S. 102; zitiert nach Skirius, John: Fernández de Lizardi y Cervantes. In: *Nueva Revista de Filología Hispánica* (México) XXXI, 2 (1982), S. 259: „el más abominable sermón de que las letras nacionales tienen memoria".

5 Ebda., S. 258.

6 Derrida, Jacques: *La vérité en peinture*. Paris: Flammarion 1978.

noamerikanischen Romans"[7] in der Zeit konfiguriert. Nähern wir uns diesem Text aus der Leserperspektive an, aus jener Perspektive also, die zunächst von außen kommend jenen paratextuellen Apparat überfliegt oder wahrnimmt, der einen literarischen Text über unterschiedlichste Schwellen in Beziehung zur Welt außerhalb des Textes setzt! Denn gerade die Paratextualität, die Vorworte, Nachworte, Glossen oder Titel und Zwischentitel können uns sehr viel über die Leserschaft sagen, die mit diesen Schwellentexten angesprochen werden sollte.

Dabei müssen historische Lektüren berücksichtigt werden, welche ihrerseits zu diversen Editionen und Herausgeberschaften führten. Denn der Vorwurf predigtartigen Monologisierens und moralisierender Langatmigkeit hat in der Editionsgeschichte wohlmeinende Herausgeber auf den Plan gerufen und zu verschiedenen ‚Lösungen' dieser Problematik angeregt. Beispielhaft hierfür – sieht man von der gängigen Praxis gekürzter Ausgaben einmal ab – ist eine mexikanische Edition von 1942, die ihrem Leser den Schnelldurchgang durch den *Periquillo Sarniento* mit Hilfe einer Kursivsetzung all jener Passagen zu erleichtern versuchte, die man der Rubrik der „Digression" zuordnen konnte.[8] Deutlich radikaler und pragmatischer noch ging jene englischsprachige Ausgabe vor, die – im selben Jahr 1942 erschienen – auf derlei „Beiwerk" verzichten zu können glaubte und sich auf das vermeintlich Essentielle beschränkte.[9] Eine derartige Vorgehensweise hat innerhalb der Editions- und Übersetzungsgeschichte des europäischen Schelmenromans berühmte Vorbilder, strich doch kein Geringerer als Alain-René Lesage in seiner Neuübersetzung von Mateo Alemáns *Guzmán de Alfarache* kurzerhand all jene Passagen heraus, die er für überflüssiges Moralisieren („moralités superflues") hielt.[10] Gerade im Schelmenroman hatten sogenannte ‚leserfreundliche' philologische Eingriffe mithin Tradition, glaubte man doch, ganz einfach das ‚Überflüssige' vom ‚wirklich Wichtigen' fein säuberlich trennen zu können.

Nicht viel besser erging es den zahlreichen Paratexten, die Fernández de Lizardi seinem Roman in Form von Vorworten, Widmungen, Motti, Anmerkungen oder herausgeberischen Intermezzi an die Seite gab, wurden doch auch sie in einer Vielzahl von Ausgaben offenkundig aus Platzgründen ‚ausgespart',

---

7 Iñigo Madrigal, Luis: José Joaquín Fernández de Lizardi. In (ders., Hg.): *Historia de la literatura hispanoamericana*. Bd. II: *Del neoclasicismo al modernismo*. Madrid: Cátedra 1987, S. 143: „primera novela propiamente hispanoamericana".
8 Vgl. Vogeley, Nancy: Defining the „Colonial Reader": „El Periquillo Sarniento". In: *PMLA* (New York) CII, 5 (1987), S. 798.
9 Vgl. Skirius, John: Fernández de Lizardi y Cervantes, S. 258.
10 Vgl. hierzu u. a. die schöne Einführung von Micó, José María: Introducción. In: Alemán, Mateo: *Guzmán de Alfarache*. Bd. 1. Madrid: Cátedra ³1994, S. 40.

begrenzt oder schlicht gänzlich gestrichen. Das Fortlassen dieser Textelemente aber bewirkt einen völlig veränderten Zugang der Leserschaft zum gesamten Roman und löscht die Spuren einer subtilen Arbeit am Text aus, die nicht nur für das weite Untersuchungsfeld der von Fernández de Lizardi bewusst eingesetzten literarischen Verfahren, sondern auch für die hier analysierte Entstehung einer Leserschaft in den spanischen Kolonien im Übergang zur Unabhängigkeit sowie die Problematik des Zusammenhangs zwischen Roman und Nation im Spannungsfeld der hispanoamerikanisch-europäischen Literaturbeziehungen von größter Bedeutung ist. Für diese Beziehungen ist selbstverständlich die Verbindung mit der Leserschaft und zur Lektüre überhaupt zentral.

Vorworte oder Widmungen sind von großer Textrelevanz und eine wahre Proliferation paratextueller Elemente stellt ein Wesensmerkmal dieses ersten Romans Fernández de Lizardis dar. Dies betrifft insbesondere die Vorworte, die unserem Roman in vielfacher Weise beigegeben sind, präsentiert sich dieser Text seinen Leserinnen und Lesern doch mit einem „Prólogo, dedicatoria y advertencia a los lectores", gefolgt von einem „Prólogo de Periquillo Sarniento" sowie den „Advertencias generales a los lectores", also allgemeinen Hinweisen für die Leserschaft.

Es geht auf dieser paratextuellen Ebene folglich im Wesentlichen um die Vorworte als Figuren von Leserkonstellationen sowie als Gebrauchsanweisungen für die „richtige" Lektüre. Darüber hinaus erheben im weiteren Fortgang des Romans ein „Prólogo en traje de cuento" sowie die „Notas del Pensador" erneut Anspruch auf die Aufmerksamkeit der Leserschaft.

Diese anonyme Leserschaft wird gleich zu Beginn des ersten Vorworts direkt als „Señores míos" briefformelhaft angesprochen, eine Referenz, die in der Gattungsgeschichte eine direkte Verbindung zum anonymen *Lazarillo de Tormes* herstellt, mit dem *El Periquillo Sarniento* im Übrigen auch das paratextuelle Element des Titeldiminutivs verbindet. Verweisen gleich die ersten paratextuellen Markierungen mithin auf die spanische Gattungstradition, die gleichsam in autobiographischer Variation durch die Verwendung eines Zitats von Torres Villarroel als Motto des gesamten Textes die Kontinuität autobiographischer Schreibformen paratextuell in unseren Roman einblendet, so ist die Wendung an die Leser doch gänzlich verschieden von Lazarillos Anrede von „Vuestra Merced", jener rätselhaften Figur, der schon immer das Interesse und die Neugier der Lazarillo-Forschung galt.[11]

---

11 Beispielhaft für die in der Forschung gerne gestellte Frage ist die Studie von Abrams, Fred: To Whom was the Anonymous „Lazarillo de Tormes" dedicated? In: *Romance Notes* VIII (1966–67), S. 273–277.

Denn dieses Modell eines Schreibens im Auftrag einer höhergestellten Persönlichkeit wird schon in (und zwischen) den ersten Zeilen dieses Vorwortes transgrediert. Nicht umsonst verknüpft dieser kurze Text die Funktionen von „prólogo", „dedicatoria" und „advertencias", also von Vorwort, Widmung und Leserhinweisen miteinander.

> MEINE HERREN: Eines jener Dinge, die mir bei der Geburt von LEBEN DES PERIQUILLO SARNIENTO Schwierigkeiten bereiteten, bestand darin, Personen auszuwählen, denen ich es zueignen konnte, denn ich habe unendlich viele Werke gesehen, von hohen wie von niederen Verdiensten, die zu Beginn mit derlei Widmungen geschmückt waren.
>
> Solcher Vorsatz oder solch fortgesetzte Gewohnheit ließ mich glauben, dass etwas Gutes daran sei, denn alle Autoren versuchten, ihre Mäzene oder Patrone auszuwählen, denen sie ihre Arbeiten zueignen konnten, in dem festen Glauben, dass solches Tun ihnen Gewinn bescherte.
>
> Ich bestärkte mich noch mehr in dieser Vorstellung, als ich in einem alten Büchlein las, dass es welche gab, die mit einem Subjekt paktierten, ihm das Buch zuzueignen, soundsoviel dafür erhielten: und dass es einen anderen gab, der sein Werk einem Potentaten widmete, um es sodann einem ganz anderen Namen zu konsekrieren; der berühmte englische Historiker Thomas Fuller teilte seine Werke in viele Bände auf, und für jeden Band suchte er sich einen anderen Magnaten zur Zueignung; andere haben sich ihre Produktionen selbst gewidmet, und andere schließlich haben sich davon überzeugt, dass der Drucker ihrer Werke sie ihnen zueigne.[12]

So also beginnt der Text von José Joaquín Fernández de Lizardis sicherlich berühmtestem Roman. Gleich zu Beginn des Textes weicht *El Periquillo Sarniento* von den Normen und Selbstverständlichkeiten des damaligen kolonialen „Literaturbetriebes" ab. An die Stelle der *dedicatoria* selbst treten Reflexionen über die Sitte der Widmung, an die Stelle einer direkten Kommunikation und Ansprache an Auftraggeber beziehungsweise Mäzene tritt in der Folge ein Gespräch mit einem Freund, genauer noch: Der Dialog mit dem Freund situiert sich *innerhalb* der durch die Eröffnungsformel initiierten schriftlichen Kommunikationssituation. Damit gelingt es Fernández de Lizardi, dem Paratext von Beginn an jene Struktur zu geben, welche sich vereinfachend als Ineinanderschachtelung verschiedener Kommunikationssituationen und Kommunikationsebenen beschreiben lässt, und dabei sowohl auf Formen der Mündlichkeit als auch der Schriftlichkeit zurückgreift. Grundlage hierfür ist die direkte Ansprache, der Dialog, der von Anfang an dazu dient, eine Idee in ihrer Ausgestaltung vorzuführen. Der lesende Leser wird von Beginn an zum mitdenkenden, mitwirkenden, aktiven Lesepublikum.

---

12 Fernández de Lizardi, José Joaquín: *El Periquillo Sarniento*. Prólogo de Jefferson Rea Spell. Mexico: Editorial Porrúa 1992, S. 1.

Der Gedanke, die schwierige „Geburt" dieses Textes im Lichte seiner Abweichung von vorgegebenen literarischen Regeln und Normen zum Thema des Prologs zu machen, ist indes hintergründiger, als es auf den ersten Blick scheinen will. Denn das Frage- und Antwortspiel mit dem Freund blendet sogleich die soziale Situation des Schriftstellers, die materiellen Bedingungen des Literaturbetriebs wie etwa Druckkosten und Vertriebsmöglichkeiten, vor allem aber auch die nicht mehr nur individuelle Schwierigkeit ein, welche die schriftstellerischen Aktivitäten aller in Amerika Schreibenden betrifft: die grundlegende Problematik, einen Adressaten für die eigenen Werke zu finden. Damit aber ist die Frage nach der Leserschaft, nach den konkreten Leserinnen und Lesern und nicht zuletzt auch nach den Käuferinnen und Käufern derartiger Romane, wie Fernández de Lizardi sie vorlegt, gestellt.

Kein nationaler literarischer Raum, kein Mäzen, kein „Vuestra Merced" ist Partner in diesem Dialog, sondern ein kollektiver Adressat, jene „Señores míos", die dem kolonialspanischen und nicht dem metropolitanen spanischen Raum zugehören. Der paratextuelle Raum gibt dieser spezifischen kolonialen (und zumindest perspektivisch einer unmittelbar postkolonialen) Situation konkreten Ausdruck:

> –Ja, mein Freund–, sagte ich ihm, – und dies ist eine der größten Schwierigkeiten, welche die amerikanischen Talente gehabt haben und noch haben werden, um – wie sie es eigentlich sollten – auf der literarischen Bühne zu glänzen. Die hohen Kosten, die man im Königreich für den Druck der umfangreicheren Werke veranschlagen muss, schrecken viele davon ab, zumal wenn man bedenkt, dass sie das Risiko eingehen, nicht nur den Preis für ihre Mühen nicht zu erhalten, sondern sogar ihr Geld zu verlieren, so dass viele Köstlichkeiten unveröffentlicht im Bücherschrank verbleiben, welche nützlich für ihr Lesepublikum wären und ihren Autoren Ehre machen würden. Dieses Ungemach bewirkt, dass es hier keinerlei Export von keinerlei Werken gibt [...].[13]

Die amerikanischen Autoren befinden sich folglich in einer Zwickmühle, die ihr Schreiben und mehr noch ihr Publizieren extrem behindert. Sie müssten Gelder investieren, über die sie nicht verfügen, um – etwa auch in Übersee – ein Lesepublikum zu erreichen, das für sie aber vorerst unerreichbar bleibt, da es für sie auch keine Mäzene und Förderer in den Kolonien gibt. Es gilt also, so könnten wir folgern, eine eigene amerikanische Leserschaft zu erfinden. Und an eben diese Aufgabe machte sich José Joaquín Fernández de Lizardi.

Der Verfasser des *Periquillo Sarniento* war ein guter Rechner. Doch wir können uns die im weiteren Verlauf dieser Passage ausgeführte genaue Kalkulation der Kosten für Herstellung, Verschiffung und Verkauf des hier vorgestellten Werkes

---

13 Ebd., S. 2.

sparen: Für potentielle Käufer in Spanien käme in jedem Falle dieses Buch zu teuer. Für den in Amerika Schreibenden sind das spanische Publikum und damit das *teatro literario*, die literarische Bühne und der spanische Literaturbetrieb schlechthin unerreichbar.

Damit ergeben sich, wie der Prolog es andeutet, für Fernández de Lizardi wie für alle in Neuspanien schreibenden Autoren letztlich zwei Möglichkeiten: entweder das Verstummen aufgrund des zu hohen finanziellen Risikos oder die Erschließung neuer Leserschichten im kolonialspanischen Bereich. Das Risiko der hohen Kosten für den Druck seiner Schriften ging Fernández de Lizardi ganz bewusst ein. So bleibt der hispanoamerikanische Schriftsteller auf sein Lesepublikum in Amerika verwiesen. *El Periquillo Sarniento* trägt die Spuren dieser bewussten und dem Leser bewusstgemachten Entscheidung: Das intendierte (und auf absehbare Zeit einzig erreichbare) Lesepublikum des Romans lebt in den spanischen Kolonien Amerikas. Wer dieses Lesepublikum erreichen will, muss zu ihm sprechen! Denn die Lektüre dieses Publikums allein kann den Schriftsteller vor dem wirtschaftlichen Ruin retten.

Eine eingehende Analyse des Romans macht deutlich, dass dieses amerikanische Lesepublikum auch der implizite Leser ist, für den viele Latinismen, nicht aber die zahlreichen Mexikanismen übersetzt werden.[14] Dass der reale Leser, an den sich der reale Autor Fernández de Lizardi mit einer Auflage von etwa fünfhundert Exemplaren wandte, diesem Vorhaben entsprach und die verschiedenen Lieferungen des pikaresken Erzählwerkes kaufte, wäre durch rezeptions- und lesesoziologische Untersuchungen erst noch zu belegen. Doch dürfte José Joaquín Fernández de Lizardis Strategie aufgegangen sein, kann er doch, der sich gegen Ende seines Lebens selbst als öffentlicher Schriftsteller, als „escritor público"[15] bezeichnete, als der wohl erste Berufsschriftsteller nicht nur Neuspaniens, sondern der hispanoamerikanischen Literaturen in ihrer Gesamtheit gelten. Mit anderen Worten: Seine Rechnung, sein genaues Kalkül, ging auf.

Vor diesem Hintergrund verwundert es nicht, dass das innerhalb der *novela picaresca* stets zentral behandelte Thema des Geldes nicht erst auf Ebene der *histoire*, sondern bereits in der paratextuell inszenierten Dialogsituation mit einem Freund („amigo") eingeführt wird. Mit Hilfe dieses Kunstgriffs wird die finanziell stets ungesicherte Situation des *pícaro* mit jener des Schriftstellers korreliert,

---

14 Vgl. hierzu auch Cros, Edmond: Estructura testamentaria y discurso reformista en el „Periquillo Sarniento" (México, principios del siglo XIX). In (ders.): *Ideosemas y Morfogénesis del Texto. Literaturas española e hispanoamericana*. Frankfurt am Main: Vervuert 1992, S. 124.
15 Vgl. hierzu ausführlich Franco, Jean: La heterogeneidad peligrosa: Escritura y control social en vísperas de la independencia mexicana. In: *Hispamérica* (Gaithersburg) XII, 34–35 (1983), insbes. S. 12ff.

der ähnlich wie der Protagonist des Schelmenromans ständig auf der Suche nach seinem Platz in der Gesellschaft ist. Die Problematik des Berufsschriftstellers verwandelt damit den Paratext zu einem Bestandteil jenes *teatro literario*, jener literarischen Bühne, die es in Spanisch-Amerika erst noch zu schaffen galt.

Im Dialog der Freunde präsentiert sich uns eine Literatur, die ihre Adressaten, ihren eigenen Raum sucht und bis zum Erscheinen der ersten Lieferungen auch noch nicht gefunden hat. An diesem Punkt ist die interne Kommunikationssituation mit der externen Kommunikationssituation des Paratextes verbunden und zugleich in ihrer textinternen Modellierung auf die textexterne, ‚reale' Kommunikationssituation zugeschnitten. Diese Überlappung beider Ebenen, gleichsam jene des *pícaro* und jene des realen Fernández de Lizardi, macht einen Teil des großen Reizes dieses Romanwerks aus. Dass hiermit auch durchaus intendierte Identifikationsprozesse verbunden waren, versteht sich von selbst.

Wir konstatieren also aus der Perspektive unserer Vorlesung: Ein Roman sucht seine Leser, und zwar dringend! Doch geht es nicht um irgendeinen Text und irgendwelche Leser: Bereits die ersten beiden Seiten des *Periquillo Sarniento* zeigen, dass es sich bei dem ersten von einem Hispanoamerikaner in Hispanoamerika verfassten Roman um ein kulturelles Produkt handelt, das sich auf dem Markt symbolischer Güter an Leserinnen und Leser in Hispanoamerika wendet und in Konkurrenz ebenso zu anderen Druckerzeugnissen neuspanischer und nicht-neuspanischer Provenienz wie auch zu weiteren kulturellen Erzeugnissen oder „Luxusgütern"[16] tritt.

Als Publizist und Herausgeber des *Pensador Mexicano* hatte Fernández de Lizardi zuvor die Möglichkeiten, aber auch die Grenzen jenes diskursiven Raumes[17] erprobt, der sich nur kurzfristig auch in den spanischen Kolonien Amerikas im Gefolge der Verfassung von Cádiz vergrößert hatte. Doch das Handwerk des Schriftstellers war in den spanischen Kolonien risikoreich. Die Verbüßung einer mehrmonatigen Gefängnisstrafe hatte Fernández de Lizardi aufgezeigt, wie nachhaltig sich Staat und Kirche gegen direkte Angriffe zu wehren wussten. Zugleich zeigte ihm diese Erfahrung aber auch, wie sehr die Repräsentanten der Macht derartige Angriffe aber auch zu fürchten hatten, insoweit sich ein Publikum für journalistische Schriften herausgebildet hatte, das gesellschaftskritischen Ansichten offen gegenüberstand. Das Überwechseln von vorherrschend diktionalen zu vorherrschend fiktionalen Schreibformen, für das *El Periquillo*

---

16 Im Gespräch mit dem Freund werden etwa die enormen Aufwendungen der Adligen für Kutschen, Tänze, für das Glücksspiel und andere Zerstreuungen genannt; vgl. ebda., S. 2.
17 Vgl. hierzu auch die Überlegungen von Mora Escalante, Sonia Marta: Le picaresque dans la construction du roman hispano-américain: le cas du „Periquillo". In: *Etudes littéraires* (Québec) XXVI, 3 (1993–94), S. 85.

Sarniento beispielhaft steht, kommt einer erneuten Erprobung der Chancen und der Tragfähigkeit des prekären Marktes für Druckerzeugnisse gleich. Die Situation ist paradox: Fast schiene es, als ob sich ein Roman seinen Markt selbst erzeugen müsste und dies zum Thema seiner eigenen Schöpfung macht. Das Überleben dieser Schöppfung selbst ist aber wiederum vom Markt abhängig.

Doch sind Roman wie angepeilte Leserschaft gewiss keine *creatio ex nihilo*. Werfen wir daher einen kurzen Blick auf die Vorgeschichte! Seit Ende des 18. Jahrhunderts hatten in verschiedenen urbanen Räumen des spanischen Kolonialreichs in Amerika Periodika einen eigenen, wenn auch noch reduzierten Leserkreis geschaffen, der die Grundlage für die Ausbildung eines nationalen literarischen Marktes in den Kolonien selbst schuf. Eine ebenso nachträgliche wie nachdrückliche Vernetzung dieser verschiedenen nationalen Räume sollte übrigens erst gegen Ende des 19. Jahrhunderts insbesondere mit den Zeitschriften der hispanoamerikanischen Modernisten erfolgen. Sie erst schufen die Grundlage für jenen Aufstieg der Literaturen Lateinamerikas, der im 20. Jahrhundert etwa zum bekannten Phänomen des *Boom* führte.[18] Wir befinden uns mit José Joaquín Fernández de Lizardi folglich in einem Schlüsselmoment der Sattelzeit dieser weltliterarischen Entfaltung der künftigen Literaturen Lateinamerikas.

Auch in Neuspanien hatte sich ein gewiss prekärer öffentlicher Raum für Periodika (mit seiner Leserschaft) herausgebildet, wie ihn nach den frühen Zeitschriften der zweiten Hälfte des 18. Jahrhunderts insbesondere der *Diario de México* zu Beginn des 19. Jahrhunderts nutzte und ausgestaltete. Diesem sich erst langsam findenden Stamm einer Leserschaft weiß sich Fernández de Lizardi verbunden. Ihr signalisiert er auch durch die paratextuelle und romaninterne Nennung des „Pensador Mexicano", dass er hier – sozusagen vor den Toren der traditionellen *ciudad letrada* des Vizekönigreichs Neuspanien[19] – das direkt ansprechbare Publikum vermutet.[20]

Eine solche Vorgehensweise deutet bereits der ursprüngliche Titel des Werkes an: *Vida de Periquillo Sarniento, escrita por él para sus hijos, y publicada para los que la quieran leer, por D.J.F. de L. autor del periódico titulado* El Pensador Mexicano. Denn innerhalb des bestenfalls embrionär vorhandenen neuspa-

---

18 Vgl. zum „Boom" der Literaturen Lateinamerikas und ihrer Rezeption in Europa Müller, Gesine: *Die Boom-Autoren heute: García Márquez, Fuentes, Vargas Llosa, Donoso und der Abschied von den großen identitätsstiftenden Entwürfen.* Frankfurt am Main: Vervuert 2004; sowie (dies.): Del pueblo al público o la Revolución cubana revis(it)ada por parte de los autores del boom. In: Gremels, Andrea / Spiller, Roland (Hg.): *Cuba: la Revolución revis(it)ada.* Tübigen: Narr Francke Attempto Verlag 2010, S. 139–150.

19 Vgl. hierzu Rama, Angel: *La ciudad letrada.* Hanover: Ediciones del Norte 1984, S. 59.

20 Vgl. auch Vogeley, Nancy: Defining the „Colonial Reader", S. 792.

nischen Marktes für novohispanische literarische Produkte konnte er als Herausgeber des nach Lockerung der Zensurbestimmungen 1812 begründeten und bis 1814 fortgesetzten *El Pensador Mexicano* darauf hoffen, durch die Bekanntheit seines Namens einen bestimmten Leserkreis insbesondere innerhalb der kreolischen Leserschaft zu erreichen. Diese Stamm-Leserschaft galt es nun also auszuweiten ...

Analog zur doppelten Kommunikationssituation des ersten Prologs wird damit bereits im ursprünglichen Titel – und damit ebenfalls auf der paratextuellen Ebene – eine Kommunikation auf zwei verschiedenen Ebenen angedeutet: textintern zwischen Periquillo Sarniento und seinen Söhnen, textextern zwischen jenen anonymen Lesern, die dieses Buch „lesen mögen", und dem Verfasser des *Pensador Mexicano*, der sogleich den Roman in Beziehung zur journalistischen Produktion Fernández de Lizardis setzt. Dies war gewiss ein kluger Schachzug! Ziel des neuspanischen Autors musste es daher sein, möglichst viele Leserinnen und Leser dazu zu bringen, sein Buch lesen zu wollen und mehr noch den in einzelnen Lieferungen oder *entregas* gelieferten Roman käuflich zu erwerben. Auch diese Form der Fokussierung einer Leserschaft ist eine wesentliche Aufgabe der paratextuellen Ausstattung des *Periquillo Sarniento*, die nicht übersehen werden darf. Es handelt sich um einen Roman, der seine Leser erfinden und finden muss, um überhaupt existieren zu können und die ersten Lieferungen zu überstehen.

Es ist bei José Joaquín Fernández de Lizardi beeindruckend, wie das geschärfte Bewusstsein für die Bedingungen des eigenen Denkens, Schreibens und Publizierens in Neuspanien dieses Schreiben zugleich in das europäisch-amerikanische Spannungsfeld integriert. Spanien, unerreichbar für neuspanische Druckerzeugnisse und zugleich Monopolist der Buchimporte des kolonialspanischen Raumes, wird einem spanischsprachigen Amerika gegenübergestellt, dessen Fähigkeiten sträflich vernachlässigt werden und im kolonialen Kontext brachliegen.

Innerhalb dieses spanisch-hispanoamerikanischen Spannungsfeldes aber muss sich das Schreiben in Amerika notwendig situieren und bewegen. Damit wird die größere Einheit deutlich, innerhalb derer die im Vorwort agierenden Figuren – das Ich, der Freund wie auch das angesprochene Publikum – handeln: das (spanischsprachige) Amerika. Auf kreative Weise wird in diesem „ersten frei lateinamerikanischen Roman"[21] auch der hispanoamerikanische Raum als

---

21 Rama, Angel: *La ciudad letrada*, S. 59: „primera franca novela latinoamericana. " Zur Stellung des Romans im Gesamtwerk vgl. auch Meyer-Minnemann, Klaus: Apropiaciones de realidad en las novelas de José Joaquín Fernández de Lizardi. In: Dill, Hans-Otto / Gründler, Carola / Gunia, Inke / Meyer-Minnemann, Klaus (Hg.): *Apropiaciones de realidad en la novela hispanoamericana de los siglos XIX y XX*. Frankfurt am Main – Madrid: Vervuert 1994, S. 47–61.

eigener Raum des Lesens und Schreibens skizziert und vor allem präsentiert. Eine protonationale Leserschaft ist in Entstehung begriffen – ganz so, wie sich Neuspanien auf dem Weg zur mexikanischen Nationbildung befand.

Doch damit sind die Probleme im entstehenden literarischen Feld der spanischen Kolonie noch keineswegs ausgeräumt. Denn die Begrenzungen des amerikanischen beziehungsweise neuspanischen Schriftstellers sind offensichtlich und nicht einfach zu beseitigen. Seine ökonomische Situation ist auf Grund seines fehlenden materiellen, und des immer noch prekären Wertes seines symbolischen Kapitals auf einem erst embrionär vorhandenen literarischen Markt für eigene, das heißt amerikanische Erzeugnisse stets gefährdet. Dies macht bereits innerhalb des reichhaltigen paratextuellen Apparats der Dialog mit dem Freunde deutlich:

> – Ach, Du Bruder meiner Seele! Du hast bei mir eine Enttäuschung ausgelöst, aber zugleich auch eine große Trauer. Ja, Du hast mir die Augen geöffnet, indem Du mir eine Reihe von Wahrheiten an den Kopf geworfen hast, welche leider unwiderlegbar sind; und das Schlimmste an alledem ist, dass ich zu guter Letzt meine Arbeit verliere; denn obwohl ich begrenzt bin und aus diesen Gründen auch von mir keine erhabenen Dinge zu erwarten sind, sondern eher recht Bescheidenes, Triviales, glaube mir, so hat mich dieses kleine Werk doch Arbeit gekostet, und dies umso mehr, als ich ein *Stümper* bin und ohne Werkzeug gearbeitet habe.[22]

Es mag zunächst überraschen: Wir haben es hier paratextuell mit dem Selbstporträt des literarischen Autors als eines unerfahrenen Stümpers zu tun. Wenn sich das Ich in dieser Passage auch als wenig kenntnisreichen und keineswegs zu sublimen Dingen fähig darstellt – Wesensmerkmale eines literarischen Autors, wie sie auch das noch zu besprechende Selbstporträt gegen Ende des Romans plakatiert –, so erhebt sie doch begründete Ansprüche auf Entlohnung der Bemühungen dieses Ich.

Der in dieser Argumentation ins Zentrum gestellte und von der Gesellschaft zu goutierende Wert ist gerade für den *chambón*, für den Stümper, den wir als Autodidakten mit beschränkten Kenntnissen verstehen können, der seiner *Arbeit*. Verbunden mit dem Streben nach Verbesserung der Gesellschaft handelt es sich bei der Arbeit zugleich um jenen Wert, der auf der Ebene der *histoire* narrativ und auf der Ebene der Kommentare und Digressionen diskursiv ständig als Prinzip in Szene gesetzt wird, an dem sich eine künftige, eine bessere Gesellschaft zu orientieren habe. Der Fokus des gesamten Romans ist zweifellos prospektiv: Stets geht es um eine Gesellschaft, die in der Zukunft eine gerechtere und ausgeglichenere Gemeinschaft sein müsse und sein werde. Schriftstellerische Arbeit tritt hier an

---

22 Fernández de Lizardi, José Joaquín: *El Periquillo Sarniento*, S. 3.

die Stelle von Schmeicheleien und Huldigungen innerhalb einer Ständegesellschaft, die den Autor nur in der Figur des Mäzens, dem alle Ehre zu erweisen ist,
unterstützt.

Worin aber besteht diese schriftstellerische Arbeit genau? Die Widmung
des Werkes an ein keineswegs erlauchtes, sondern bunt zusammengewürfel-
tes Publikum – eine Widmung, die mitunter den Tatbestand der Publikumsbeschimpfung erfüllt – gibt uns auf diese Frage eine erste Antwort. Ebenso die
Publikumsbeschimpfung wie der gesamte paratextuelle Apparat stehen in einem
dialogischen intertextuellen Verhältnis zu den umfangreichen Paratexten des
Guzmán de Alfarache, zu denen gemäß der literarischen Gepflogenheiten der
Zeit nicht nur eine Widmung nebst Herrscherlob, sondern auch ein *vilipendio del
vulgo* zählte. José Joaquín Fernández de Lizardi hat in einer geistreichen Volte
die Funktionen der bei Mateo Alemán voneinander getrennten Widmungen und
Wendungen an einen Mäzen, an das niedere Volk und an den *discreto lector* miteinander verbunden und zugleich dem niederen Volk und allgemeinen Publikum
ebenso Widmung wie Leserorientierung zugedacht. Er erweist sich damit als ein
überaus geschickter Schriftsteller und keineswegs als ein Stümper, der es sehr
wohl versteht, die unterschiedlichsten Traditionslinien für sein eigenes Werk
kreativ fruchtbar zu machen.

Die Rekontextualisierung und Resemantisierung konventioneller Schreibformen verweist auf Verfahren eines dialogischen und in letzter Instanz polylogischen, in mehreren Logiken zugleich agierenden Schreibens, das sich der Notwendigkeit spielerischer Aneignung und interkultureller Übersetzung überaus
bewusst ist. Denn diese Arbeit besteht zuallererst in der Suche nach einem neuen
Publikum und dem Versuch, dieses neue Publikum nicht nur an das eigene
Schreiben, an die Literatur heranzuführen, sondern gleichsam in dieses Schreiben zu verwickeln, Leser und Autor – und sei es nur auf der Ebene der Fiktion –
gemeinsam im besten Sinne zu kompromittieren. Dies aber ist eine fundamentale, um eine neue Grundlage für ein neues Literatursystem ringende Arbeit, wie
Fernández de Lizardi sehr wohl wusste:

> Was soll ich von Euren ruhmreichen Heldentaten berichten, außer dass sie in der Tat
> unwägbar und unwissbar sind?
>   Was werde ich von Euren Titeln und von Euren Abschriften sagen, außer dass Ihr
> nicht nur Du und Sie seid und sein könnt, sondern hochwichtig, hochberühmt, hochvereh-
> renswert und dass Ihr Exzellenzen seid, was weiß ich noch alles, Eminenzen, Serenissimi,
> Hoheiten und Majestäten? Und eingedenk Eurer Tugenden, wer wird denn je genügen, um
> Eure Grandezza und Würde zu bewerten? Wer wollte würdig Eure Verdienste hervorheben?
> Wer vermöchte es, Eure Tugend wie Eure Wissenschaften auch nur zu umreißen? Und wer
> vermag es zuletzt, die hochmögenden Namen Eurer hochberühmten Häuser aufzuzählen
> noch all die Adler, Tiger, Löwen, Hunde und Katzen, welche Eure Adelswappen bevölkern?

Ich weiß sehr wohl, dass Ihr von einem Undankbaren abstammt und verwandtschaftliche Beziehungen besitzt zu brudermörderischen Kains, zu götzenverehrenden Nabucos, zu prostituierten Dalilas, zu heilsverfluchenden Baltasaren, zu den verfluchten Canes, zu den verräterischen Judas, zu den perfiden Sinonen, zu den räuberischen Cacos, zu den ketzerischen Arrios und zu einer Vielzahl von *Pícaros* und *Pícaras*, welche in derselben Welt wie wir gelebt haben und noch leben.

Ich weiß, dass wohl einige von Euch Plebejer, Indianer, Mulatten, Neger, lasterhafte Dummköpfe und Bekloppte sind.

Aber all dies will ich Euch nicht in Erinnerung rufen, versuche ich doch, Euer Wohlwollen und Eure Zuneigung zu erreichen gegenüber jenem Werk, das ich Euch zueigne [...].[23]

Welch eine wunderbare Publikumsbeschimpfung, die selbst noch einen Peter Handke hinter sich lässt! Welch eine Auflistung an Auszeichnungen, die ein angestrebtes Lesepublikum charakterisieren, das sich in Teilen zumindest bereits herauszuschälen begann! Fürwahr ein ausgeklügeltes Lob für eine Leserschaft, die sich direkt vom Autor angesprochen fühlen musste. Doch Vorsicht: Im Kontext einer Gesellschaft, in der nur eine kleine Minderheit des Lesens kundig war, darf dieses Publikumsporträt nicht – wie dies freilich immer wieder gerne geschah – wörtlich genommen und mit dem von Fernández de Lizardi tatsächlich erreichten realen Publikum gleichgesetzt werden! Denn die Leserschaft des neuspanischen Autors bestand gewiss nicht vorrangig aus Arbeitern, Indianern und Schwarzen, die allesamt nicht zur *ciudad letrada*, zur Stadt der Gebildeten, gehörten.

Freilich leben all diese Arbeiter, Plebejer und Spitzbuben, Indianer, Schwarze und Mulatten in eben jener Welt, in der sich das *nosotros*, das Wir des in den Plural wechselnden und mit „El Pensador" signierenden Ich-Erzählers ansiedelt. Perspektivisch mag sich damit durchaus ein künftiges Lesepublikum abzeichnen; das reale oder auch nur intendierte Publikum stellen die hier Angesprochenen keinesfalls dar. Kein Zweifel: Das *nosotros* wendet sich an eine alphabetisierte urbane, kreolische Schicht, die seit dem Ausgang des 18. Jahrhunderts zur Trägerschicht der novohispanischen Aufklärung wurde.

Dabei handelt es sich um eine neue Leserschaft, die sich außerhalb der *ciudad letrada* und deren Konsekrationsmechanismen, außerhalb der Aulen und Hörsäle,[24] in einem buchstäblich doppelten Wortsinne *gebildet* hat. Die Vielfalt an Regionalismen und schicht- wie vermeintlich rassenspezifischen Sprachmerkmalen, die in den *Periquillo Sarniento* Eingang fanden, darf uns nicht darüber hinwegtäuschen, dass es eine Ebene von Sprache und Stil gibt, welche Autor und intendierter Leserschaft gemeinsam sind. Es handelt sich dabei weder um die Sprache der kulturellen Elite (der traditionellen *ciudad letrada*) noch um jene der

---

23 Fernández de Lizardi, José Joaquín: *El Periquillo Sarniento*, S. 3f.
24 Vgl. hierzu auch Franco, Jean: La heterogeneidad peligrosa, S. 13.

urbanen Halbwelt. So erklärt der fiktive Herausgeber „Lizardi" in Hinblick auf die von Pedro Sarmiento gewählte Stilhöhe:

> Er schrieb sein Leben nieder in einem Stil, der weder kriecherisch noch aufgeblasen ist; er hütet sich davor, den Gelehrten zu geben, es ist ein umgänglicher und familiärer Stil, wie wir ihn alle gemeinhin benutzen, in dem wir uns verstehen und mit Leichtigkeit zu verstehen geben.[25]

Diese kurze Passage ist im Rahmen unserer Vorlesung für eine Untersuchung der Leserschaft des *Periquillo Sarniento* von erheblicher Bedeutung. Denn das angesprochene „Wir" dieser Passage verbindet fiktiven Autor, fiktiven Herausgeber und intendierten Leser miteinander und führt auf diese Weise eine Sprachgemeinschaft ein, die auf sprachlicher Gemeinsamkeit gründet und auf möglichst unbehindertes, direktes Kommunizieren und Verstehen abzielt. Hier wird eine Sprache gesucht, die alle miteinander verbindet und die nicht auf Repräsentation, sondern auf bestmöglichen Austausch unter allen gerichtet ist.

Zugleich wird ein (proto-)nationaler Raum auf der sprachlichen Ebene angedeutet und in die literarische Realität umgesetzt. Wird in der Vielfalt verwendeter Sprachen im Roman eine virtuelle Nation in ihren Umrissen skizziert, so kommt der hiervon unterschiedenen Sprachgemeinschaft von Autoren, Herausgebern und Lesern eine zentrale Rolle für die Kommunikation (und letztlich auch Führung) dieses bald schon nationalen Raumes zu. Gleichzeitig bildet diese Schicht nur den Kern einer möglichst breiten und in seiner Heterogenität der Erzählerfigur des Vorworts bewussten Lesegemeinde, welcher dieses Werk vielleicht nicht unmittelbar zugänglich, immerhin aber zugeeignet ist. Vom „gusto" dieser Käuferschicht hängen „los autores, impresores, papeleros, comerciantes, encuadernadores y demás dependientes",[26] also der gesamte Literaturbetrieb, ab. All dies macht deutlich: Die Konturen eines neuen Literatursystems mit neuen Konsekrationsinstanzen, vor allem aber auch einer entsprechenden Leserschicht und Leserschaft, zeichnen sich ab. *El Periquillo Sarniento* belegt in seiner materiellen Existenz die Entstehung dieses neuen Raumes für das Schreiben, Publizieren und nicht zuletzt Lesen in einem Neuspanien, das sich auf dem Weg zum modernen Mexico befand.

Kommen wir nun aber zum internen paratextuellen Raum dieses Romans! In dem diesem ersten Vorwort unmittelbar folgenden „Prólogo de Periquillo Sarniento" gelangen wir von der externen paratextuellen zur *internen* paratextuellen Ebene des umfangreichen Erzähltextes. Die im ursprünglichen Titel des Romans

---

25 Fernández de Lizardi, José Joaquín: *El Periquillo Sarniento*, S. 463.
26 Ebda., S. 4.

angekündigte doppelte Kommunikationssituation wird hier insoweit eingelöst, als es nun die Figur Periquillo Sarnientos selbst ist, die sich zu Wort und an seine unmittelbaren und mittelbaren Leser wendet. Diese Kommunikationssituation ist selbst wiederum zweigeteilt, insoweit sie sich explizit auf zwei verschiedene Adressaten bezieht: Zum einen konstatieren wir die direkte Wendung des Vaters an seine Kinder, denen er gattungsgemäß allerlei Ratschläge, *consejos* und *consejas*, mit auf ihren Weg durch das Leben gibt. Zum anderen können wir die Anrede an eine Leserschaft beobachten, welche über diese erste Kommunikationssituation hinaus durch die Weitergabe des Manuskripts erreicht werden kann. Ist der externe paratextuelle Raum als „Schwelle" (im Sinne Genettes[27]) zwischen textexternem und textinternem Bereich aufzufassen, so handelt es sich hier offenkundig um einen paratextuellen Raum, der unverkennbar textintern organisiert und Teil der Fiktion des Romans selbst ist. Wir überqueren gleichsam die Schwelle zum Roman, wobei auch hier die Leserpositionen von größter Relevanz für die Deutung des Gesamttextes sind.

Denn dies bedeutet nicht etwa, dass im Gegensatz zu Periquillo Sarniento die das erste Vorwort unterzeichnende Instanz („El Pensador") eine reale textexterne Gestalt wäre. Auch sie ist nicht anders als der *pícaro* selbst eine vom realen Autor Fernández de Lizardi geschaffene literarische Figur, die wir in ihrer Artifizialität, in ihrem Geschaffensein, anerkennen und deuten müssen. Doch sind ihr textextern referentialisierbare Attribute beigestellt, welche diese Instanz des Vorworts zu einer für Paratexte typischen, zwischen textexternem und textinternem Bereich oszillierenden, im Text selbst angesiedelten Schwellenfigur machen. Mit dem realen Autor namens José Joaquín Fernández de Lizardi verwechseln dürfen wir auch sie nicht.

Unterscheiden wir um einer größeren Klarheit willen zwischen dem auf der Ebene der erzählten Zeit angesiedelten *pícaro* und dem auf der Ebene der Erzählzeit situierten, seinem Lebensende nahen Erzähler und belegen wir den ersteren mit seinem ihm zugelegten Spitznamen Periquillo Sarniento und den letzteren mit seinem am Anfang und Ende des Romans genannten ‚bürgerlichen' Namen Pedro Sarmiento![28] Bei einer derartigen Unterscheidung zeigt sich deutlich, dass die Instanz dieses zweiten Vorworts jene Erzählerfigur auf Ebene der

---

27 Genette, Gérard: *Seuils*. Paris: Seuil 1987.
28 Diese Trennung ließe sich in gewisser Weise mit jener zwischen Alonso Quijano und Don Quijote vergleichen. Zu den Beziehungen zwischen Fernández de Lizardi und Cervantes vgl. Lasarte, Pedro: Don Catrín, Don Quijote y la picaresca. In: *Revista de Estudios Hispánicos* (St. Louis) XXXIII, 3 (1989), S. 101–112; sowie González Cruz, Luis F.: El Quijote y Fernández de Lizardi: revisión de una influencia. In: Criado de Val, Manuel (Hg.): *Cervantes: su obra y su mundo*. Actas del I Congreso Internacional sobre Cervantes. Madrid: EDI 1981, S. 927–932.

Erzählzeit ist, die uns aus der gattungstypischen rückschauenden Perspektive die Lebensgeschichte, seine *Vida*, präsentiert. Die unmittelbaren und ausdrücklich im Text genannten Adressaten (und damit der explizite Leser) dieses Lebensberichts sind die Kinder, für die allein kein Vorwort nötig gewesen wäre. Doch könnte diese *Vida* auch in andere Hände fallen; und so zeigt sich, dass gerade für diesen in seinen Grenzen unklar bleibenden Leserkreis eine paratextuelle Situierung („una especie de *Prólogo*") des nachfolgenden Textes vonnöten ist. Die bewusst offen gehaltene Leserschaft, die durch den nachfolgenden Bericht belehrt und unterhalten werden soll und in ihren Konturen die anonyme Leserschaft des ersten Vorworts *intradiegetisch* verlängert, wird mit der hintersinnigen Behauptung Pedro Sarmientos konfrontiert, dass nichts „ficción de mi fantasía" sei und daher auch kein Grund bestehe, an „mi verdad", an „meiner Wahrheit", zu zweifeln.[29]

Damit aber wird die Leserschaft noch nicht in den ‚eigentlichen' Text, in die Fiktion des Romans, entlassen. Vielmehr dient das zweite Vorwort als eine Art Schleuse zwischen externem und internem Paratext. Denn nun werden innerhalb des fiktionalen Raums des Romans „Advertencias generales a los lectores" (Allgemeine Hinweise für die Leser) präsentiert, die die konkrete Textgestalt als Ergebnis der Arbeit eines kommentierenden, ergänzenden, streichenden, stilistisch umarbeitenden und den Text mit Anmerkungen versehenden Herausgebers darstellen. Wir haben es hier mit einer Herausgeberfiktion zu tun ...

Aus der Schwellenfigur des „Pensador" ist damit ein intradiegetischer Editor geworden, der von Pedro Sarmiento unmittelbar vor den seinem Lebensbericht nachgestellten „Notas del Pensador" als „un tal Lizardi" (ein gewisser Lizardi)[30] in den Romantext als Figur eingeführt wird. Auch diese Figur darf selbstverständlich nicht mit dem realen Autor gleichen Namens verwechselt werden, was innerhalb der Forschungsliteratur jedoch des Öfteren nicht berücksichtigt oder übersehen wurde.[31] Wir wollen diese Figur ganz einfach „Lizardi" nennen. Und wir beginnen zu begreifen, dass ein Jorge Luis Borges oder ein Italo Calvino, die ihre eigenen Autornamen in ihre Texte einfügten, selbstverständlich keineswegs die ersten waren, die sich derartiger Verwirrspiele bedienten, um die Selbstreflexivität ihres Schreibens als ästhetischen Mehrwert der Lektüre in Bewegung zu

---

29 Fernández de Lizardi, José Joaquín: *El Periquillo Sarniento*, S. 5.
30 Ebda., S. 453.
31 So findet sich selbst in der vergleichsweise differenzierten Studie Nancy Vogeleys die Behauptung, Fernández de Lizardi habe sich damit als Herausgeber selbst in den Text eingeführt (vgl. Defining the „Colonial Reader", S. 793). Auch sie übersieht damit die für eine Analyse des Romans grundlegende Scheidung von textexternem und textinternem Bereich.

setzen. Die fiktionale Erwähnung des eigenen Namens durch einen Schriftsteller besitzt eine lange literarische Tradition, sollte uns aber niemals dazu verführen, die textuell geschaffene Figur für den realen Autor zu halten.

Diese Instanz ist logischerweise befugt, Pedro Sarmiento als „nuestro autor" (unseren Autor)[32] zu bezeichnen und eine gewisse Problematisierung der moralisierenden Exkurse vorzunehmen, welche in der *novela picaresca* gattungsgemäß stets ein großes Gewicht besitzen. Die Erlaubnis für alle Eingriffe in den Text habe ihm der mit ihm freundschaftlich verbundene Autor selbst gegeben. Damit wird deutlich: Auf der Ebene der Fiktion ist „Lizardi" der erste kritische Leser des Lebensberichts Pedro Sarmientos, dessen (Lebens-)Ende er selbst als intradiegetischer Augenzeuge miterlebt hat. Seine Arbeit und Aufgabe ist die eines zugleich Lesenden und Schreibenden, so dass sich die Leserschaft nun mit einer recht komplexen Modellierung von Stimmen konfrontiert sieht, die zu ihr sprechen: Pedro Sarmiento, der Verfasser des Lebensberichts, „Lizardi" als dessen fiktiver Herausgeber und schließlich „El Pensador" als um sein schriftstellerisches Überleben in der neuspanischen Gesellschaft ringender Autor. José Joaquín Fernández de Lizardi hat die paratextuelle Rahmung seines Romanerstlings reichhaltig gestaltet.

Denn selbstverständlich sind all diese Figuren das Werk des realen José Joaquín Fernández de Lizardi, der sie (so etwa auch die Leserfiguren) miteinander in Dialoge verwickelt und damit zu literarischem Leben erweckt. Wir dürfen feststellen, dass die Komplexität dieser Anlage sich mit so erfolgreichen Herausgeberfiktionen wie in Cervantes' *Don Quijote* oder Rousseaus *Julie ou La Nouvelle Héloïse* – wo die Briefe der Liebenden von einem literarisch eingeführten Herausgeber veröffentlicht werden – ohne weiteres messen kann. Der neuspanische Schriftsteller José Joaquín Fernández de Lizardi war, betrachten wir zunächst nur sein paratextuelles Werk, alles andere als ein bloßer literarischer Stümper: Er schrieb durchaus auf Augenhöhe mit der spezifisch spanischen literaturgeschichtlichen Tradition. Erlauben Sie mir an dieser Stelle ein Wort zur allgemeinen Situation! Die neuspanische Literatur, Philosophie oder Malerei, ja Kunst und Kultur insgesamt waren in Neuspanien um die Jahrhundertwende durchaus mit dem kulturellen Reichtum verschiedenster europäischer Länder vergleichbar. Das prachtvolle Museum von Carlos Slim in Mexico-Stadt kann mit seinen Schätzen hierfür den Beweis antreten.

Doch kehren zu unserem Gegenstand, Fernández de Lizardis *El Periquillo Sarniento* mit seiner Ausarbeitung von Lesen und verschiedener Leserfiguren, zurück! Ich kann an dieser Stelle nicht auf die Tatsache eingehen, dass ein länge-

---

32 Fernández de Lizardi, José Joaquín: *El Periquillo Sarniento*, S. 7.

res Zitat aus dem Vorwort von Jamins 1776 in Paris erschienenem *Le fruit de mes lectures* – einem Werk, das Zitate griechischer und römischer Autoren enthält, von denen viele in *El Periquillo Sarniento* eingingen – die Kommunikationsstrukturen wie auch die Autorenposition in ihrer Komplexität noch zusätzlich bereicherte. Doch erweist sich bei der Untersuchung des paratextuellen Raums die im Bachtin'schen Sinne verstandene Vielstimmigkeit von Fernández de Lizardis Roman zunächst auch ohne Einbeziehung des spezifisch intertextuellen Raumes – gerade bei einem Romanerstling – als überaus beeindruckend.

Die auf der Ebene der fiktiven Herausgeberfigur „Lizardi" angesiedelte Inszenierung der editorischen Tätigkeit in einem weiteren, zwischen erstem und zweitem Teil angesiedelten „Prólogo en traje de cuento" (Prolog im Gewand einer Erzählung), stellt dies einmal mehr unter Beweis. So sehen wir nicht nur den Herausgeber zunächst alleine zu Hause bei der editorischen Arbeit, „con la pluma en la mano anotando los cuadernos de esta obrilla", also mit der Feder in der Hand die verschiedenen Lieferungen dieses Werkes mit Kommentaren versehend.[33] Zugleich bemerken wir erneut, dass nach der Ansprache an den geneigten Herrn Leser, den „señor lector", diese Kommunikationssituation von einem Dialog unterbrochen wird, in welchem sich der (fiktive) Herausgeber mit einem Freund namens „Conocimiento universal" oder Universelle Erkenntnis über den bisherigen Erfolg des *Periquillo Sarniento* beim Lesepublikum unterhält.[34] Es sind wiederum diese selbstreflexiven Textelemente, die uns mit Blick auf die Leserschaft interessieren.

Die Heterogenität des Lesepublikums – denn das Publikum sind alle und niemand, „el público es todos y ninguno"; es bestehe aus Gelehrten wie Dummköpfen, aus „sabios" wie aus „necios"[35] – wird dabei ebenso thematisiert wie erste, recht unterschiedliche Leserreaktionen auf die zuvor gelieferten und verkauften Kapitel des Romans. Deutlich wird dabei nicht nur, wie sich die einzelnen Figuren von den verschiedenen Kommunikationsebenen her dieselben Stichworte zuwerfen, deutlich wird auch, wie sehr die Selbstbezüglichkeit dieses Textes dessen unbestreitbare Modernität ausmacht.

Denn am Ende dieser Inszenierung der Herausgeberfigur verwandelt sich diese in eine Autorfigur, welche das als Erzählung verkleidete Vorwort zum zweiten Teil mit einer Wendung an den Leser abschließt und dergestalt die Feder des Herausgebers mit der Feder eines Autors und Schriftstellers vertauscht:

---

33 Fernández de Lizardi, José Joaquín: *El Periquillo Sarniento*, S. 187.
34 Ebda.
35 Ebda.

> Nein, mein Freund, diese Leute werden nicht gut von diesem Werke noch von dessen Autor in seinem Leben sprechen; aber verstehen Sie bitte, dass er von dieser Art von Rivalen größten Vorteil zieht, da – ohne daran zu denken – sie selbst es sind, welche das Werk von Ihnen beglaubigen und es sichtbar bezeugen, dass Sie in nichts von alledem, was Sie schreiben, lügen; und sagen Sie es nur, wie Ihr kleines Werk all jenes Gemurmel verachtet (denn als Kritiker kann man sie nicht und können sie sich nicht bezeichnen).
>   [...] Ich ergriff die Feder und schrieb unser Gespräch nieder, damit Sie, oh Freund und Leser, Geschmack daran finden und weiterlesen in der Geschichte des berühmten *Periquillo*.[36]

Erneut haben wir es in dieser Passage mit einer in Szene gesetzten Dialogstruktur zu tun, welche den Autor mit einem Freund und Leser – und damit zugleich Schreiben und Lesen – in wechselseitige Spiegelungen einbindet und verwickelt. Der Leser sieht auf diese Weise zu bei der Entstehung des Textes, den er vor Augen hat, wird zum Augenzeugen der Entstehung jenes Romans, den er liest. Der distanzierte, anonyme Leser ist zu einem Freund geworden, der die Geschichte Periquillos lesend weiterverfolgen soll: Der „amigo lector" ist der Käufer der nachfolgenden Kapitel und damit zu jener Figur avanciert, die das literarische Spiel überhaupt erst in Gang hält. Im Roman selbst ist er jedoch nur eine unter mehreren Leserfiguren, die von Fernández de Lizardi entworfen wurden. Er bildet – dies macht der Blick ins Atelier, in die Werkstatt deutlich – als Käufer einen notwendigen Bestandteil des textintern entworfenen Literaturbetriebs, der durch den Roman selbst evoziert wird.

Kommen wir nunmehr zum architextuellen, zum gattungsspezifischen Raum unseres neuspanischen Schelmenromans! Am Ende des fünfzehnten Kapitels des dritten und letzten Teils übergibt – wie bereits angedeutet wurde – der dem Tode nahe Pedro Sarmiento dem zu seinem Freunde gewordenen neuspanischen Journalisten Lizardi, der auch als *Pensador Mexicano* bezeichnet wird, zu treuen Händen das Manuskript seines Lebensberichts mit der Bitte, es zu bearbeiten und mit Anmerkungen zu versehen. Zuvor aber findet er noch Zeit und Gelegenheit, diesen Freund namens Lizardi zu porträtieren, einen „escritor desgraciado en vuestra patria y conocido del público",[37] einen unglücklichen und in unserem Vaterlande beim Lesepublikum bekannten Schriftsteller also. Dabei soll uns weniger dieses Selbstbildnis Fernández de Lizardis, das auch selbstkritische Züge enthält und den Roman gleichsam signiert, interessieren als jene kleine Bemerkung, die abschließend die Beziehung zwischen „Lizardi" und Pedro Sarmiento

---

36 Ebda., S. 189.
37 Ebda., S. 453.

erläutert: „So sehr haben wir uns geliebt, dass ich sagen kann, dass ich ein einziger bin mit dem *Pensador* und er mit mir".[38]

Diese Bemerkung Pedro Sarmientos transgrediert offenkundig die Herausgeberfiktion und schließt unmittelbar an das Selbstbildnis die verschiedenen Ebenen des Schelmenromans autobiographisch kurz. Die in dieser wichtigen Passage behauptete Identität der beiden Romanfiguren wird noch dadurch verstärkt, dass „Lizardis" erstes Wort dem kranken Freunde gilt: „Bis hierher schrieb mein guter Freund Pedro Sarmiento, den ich so sehr liebte wie mich selbst".[39] Damit nimmt „Lizardi" nicht nur das Manuskript, sondern auch den Erzählfaden selbst in die eigenen schriftstellerischen Hände, was zum einen die Kontinuität des Erzählvorgangs sicherstellt, zum anderen die paratextuelle Rahmung des Gesamtwerks im nachhinein zusätzlich legitimiert und schließlich die romantechnischen Voraussetzungen dafür schafft, dass die Lebensgeschichte des Pedro Sarmiento von der Geburt bis zum Tode prinzipiell lückenlos dargestellt werden kann. So bietet der Roman seinen Leserinnen und Lesern – und dies ist keineswegs eine Marginalie – die Totalität eines gesamten Lebens.

Hieraus ergibt sich eine gewisse Transgression des architextuellen Grundschemas dieses Schelmenromans. *El Periquillo Sarniento* schreibt sich, wie wir sahen, von Beginn an in das Gattungsschema der *novela picaresca*, also des Schelmenromans, ein. Zu den gattungskonstitutiven erzähltechnischen Voraussetzungen hierfür zählt die Trennung zwischen einem erzählten und einem erzählenden Ich, wobei des ersteren Leben und Abenteuer in mehr oder minder chronologischer Abfolge aus der Perspektive eines zur Ruhe gekommenen, „reiferen" oder „bekehrten" Ich dargestellt werden. Dieses „reifere" Ich, das erzählende Ich also, hat seinen Platz in der Gesellschaft (wenn auch nicht immer widerspruchslos und widerspruchsfrei) gefunden.

Die logische Konsequenz dieser strukturellen Anlage ist ein ständig kleiner werdender Abstand zwischen der Ebene der erzählten Zeit und jener der Erzählzeit, für *El Periquillo Sarniento* mithin die Spanne zwischen 1771 beziehungsweise 1773 (dem Zeitpunkt der Geburt) und 1813 (dem Jahr der Übergabe des Manuskripts und des Todes Don Pedros). Fallen beide Zeitebenen miteinander zusammen, so sind wir am Ende der *histoire*, also jener Summe chronologisch verfügbarer Erzählbausteine, die für die Anordnung durch eine Erzählerfigur bereitgestellt sind, angekommen. Nicht angekommen aber sind wir am eigentlichen Lebensende dieses Erzählers selbst, der von seinem eigenen Tod nur schwerlich berichten kann. Beispiele hierfür lassen sich sehr wohl aus anderen

---

38 Ebda., S. 454.
39 Ebda.

Gattungen, meines Wissens aber nicht aus der Gattung des Schelmenromans selbst anführen.

Die strukturelle Anlage des *Lazarillo de Tormes* – eines gattungsbegründenden narrativen Textes, der sich ebenfalls als *Vida* präsentiert – legt als Ausgangsmodell späterer erzähltechnischer Variationen hiervon beredtes Zeugnis ab. Die im *Periquillo Sarniento* ebenfalls gattungskonform übernommene Trennung zwischen der Mobilität des erzählten Ich und der Statik des erzählenden Ich – eine Ökonomie, auf die noch zurückzukommen sein wird – bleibt ebenfalls bis zur Übergabe der Manuskriptseiten an den fiktiven Herausgeber namens „Lizardi" gewahrt. Dieser Übergabe aber schließen sich gleichsam paratextuell die bereits erwähnten „Notas del Pensador" sowie das sechzehnte und letzte Kapitel des Buches an, in welchem aus der Perspektive „Lizardis" Tod und Bestattung des Pedro Sarmiento dargestellt werden.

Abb. 90: Titelblatt einer der vier Erstausgaben von *La vida de Lázarillo de Tormes*, 1554.

Dabei handelt es sich um Ereignisse, die – so die Kapitelüberschrift – „llevan al lector por la mano al fin de esta ciertísima historia",[40] also den Leser an der

---

40 Fernández de Lizardi, José Joaquín: *El Periquillo Sarniento*, S. 460.

Hand bis zum Ende dieser höchst gewissen Geschichte führen. Dieser literarische Kunstgriff erlaubt es, auf wenigen Seiten innerhalb des Romans nicht nur das Ineinanderfallen (wenn auch nicht die Fusion) von erzählter Zeit und Erzählzeit, von erzähltem Ich und erzählendem Ich, von Periquillo Sarniento und Pedro Sarmiento – und nicht umsonst sind beide Namen auf dem Grabstein verewigt – vorzuführen. Er ermöglicht zugleich, das Gattungsschema des Schelmenromans, wie es der *Lazarillo de Tormes* vorgab, unter Rückgriff auf eine andere literarische Gattung zu erweitern, die den neuspanischen, vom Katholizismus geprägten Lesern zu Beginn des 19. Jahrhunderts wohlvertraut war: die Form der Heiligenviten. Denn diese stellten eine bei einer breiten Leserschaft wie auch bei einem des Lesens unkundigen Publikum eine höchst populäre literarische Erzählform dar, die sofort wiedererkannt wurde.

Die hagiographische Form erst ermöglicht den Zugriff auf ein gesamtes Leben von der Geburt bis zum Tode, einen Zugriff, der dem Menschen bezüglich seines eigenen Lebens verwehrt ist, sind dem individuellen Bewusstsein doch weder die eigene Geburt noch der eigene Tod zugänglich. Das ihm erreichbare Lebenswissen ist ebenso von seinem Anfang wie von seinem Ende her begrenzt. Die Literatur springt hier in die Bresche und ermöglicht die Verfügbarkeit eines gesamten Lebens von dessen Anfang bis zu dessen Ende, wobei der durch diese Verfügbarkeit (und Verfügungsgewalt) erzielte Lustgewinn bei hagiographischen Schreibformen gleichsam ideologisch bezahlt werden muss durch die Einreihung dieses individuellen Lebens in transzendente beziehungsweise heilsgeschichtliche Zusammenhänge. Denn die Leserschaft hat das Leben eines christlichen Heiligen vor Augen.

Was bedeutet dies für *El Periquillo Sarniento*? Pedro Sarmiento macht gegenüber seinen Söhnen sein eigenes Leben zum Exemplum, doch wird die Einordnung in ein transzendentes christlich-katholisches Schema erst dadurch gelingen, dass auch sein Sterben in seiner Sinnhaftigkeit dargestellt wird und so dem Leser als sinnhafte Einheit erscheinen kann. José Joaquín Fernández de Lizardi griff auf dieses Schema der exempelhaften Heiligenviten zurück, modifizierte aber dieses Grundschema nicht nur erzähltechnisch, indem er diese Rolle nicht einem extradiegetischen, sondern einem intradiegetischen Erzähler übertrug, sondern wandelte es auch ideologisch ab, indem er sein Bezugsmodell desakralisierte und nicht mehr in heilsgeschichtliche, sondern in weltlich-historische Zusammenhänge einband.

Auf diese Weise wird ein (erfundenes) Leben beispielhaft für eine Gesellschaft, deren Säkularisierung und Modernisierung fernab aller theologischen Prämissen eingefordert wird. Längst hat sich Neuspanien auf den Weg einer Nationenbildung, eines modernen *nation building* hin zum Nationalstaat Mexico, gemacht. Allein eine historische Rekontextualisierung, etwa hinsichtlich der revolutionären Ereignisse und Aufstände im gärenden Neuspanien, auf die der Roman explizit anspielt,[41] konnte aber nicht genügen. Fernández de Lizardi musste daher eine weitere Gattungsform mit dem Grundmuster der *novela picaresca* verbinden und sein Gattungsschema für *El Periquillo Sarniento* entsprechend abändern.

Die Ersetzung heilsgeschichtlich-transzendenter Sinnangebote erforderte die zumindest perspektivisch angelegte Einbeziehung zukunftsbezogener Entwicklungsmodelle, die freilich erst in den letzten Teil des Romans, nachdem der *pícaro* die gesellschaftlichen Möglichkeiten des kolonialspanischen Herrschaftssystems erprobt und letztlich erfolglos ausgeschöpft hatte, eingeführt werden konnten. Als generisches Modell einer solchen kritisch auf die eigene Gegenwart gemünzten Zukunftsvision wählte der neuspanische Schriftsteller die Form der Utopie in ihrer ,klassischen' Ausprägung.

Er griff dabei auf Vorstellungen Platons und Aristoteles', auf Caussins *La Cour sainte* und Fénelons *Télémaque,*[42] vor allem aber auf Thomas Morus' *Utopia* und damit auf ein Raummodell, nicht aber auf das Zeitmodell der Uchronie zurück, wie es Louis-Sébastien Mercier wenige Jahrzehnte zuvor in seinem *L'An deux mille quatre cent quarante* 1771 ins Werk gesetzt und damit die Form der modernen Zeit-Utopie wesentlich mitgeprägt hatte.[43] Gleichviel, ob wir das 18. Jahrhundert in Europa als das Goldene Zeitalter der Utopien oder als Krisenzeit der literarischen Utopie verstehen: Auffällig ist doch, dass sich der neuspanische beziehungsweise mexikanische Schriftsteller nur an der räumlichen, nicht aber an der zeitlichen Projektion und deren literarischer Filiation orientierte und dabei in starker Gattungskonformität all jene Elemente einblendete, die von Schiffbruch und Inselsituation über statische Stadt- und Gesellschaftsordnung bis hin

---

41 Nehmen wir den „Prólogo en traje de cuento" ernst, so reicht die Romandiegese bis ins Jahr 1816, also dem sukzessiven Erscheinen der einzelnen Teile des *Periquillo Sarniento*.

42 Vgl. hierzu Hudde, Hinrich: Fernández de Lizardi. Literarische Utopie an der Schwelle der Unabhängigkeit Mexicos (mit Bemerkungen zu modernen lateinamerikanischen Utopien). In: *Literaturwissenschaftliches Jahrbuch der Görres-Gesellschaft* N.F. 27 (1986), S. 253–267, sowie speziell zu der grundlegende Vorstellungen Lizardis prägenden Beziehung zum *Télémaque* Strosetzki, Christoph: Fénelon et Fernández de Lizardi: De l'absolutisme au libéralisme. In: *Oeuvres et Critiques* (Tübingen) XIV, 2 (1989), S. 117–130.

43 Zweifellos ein wenig voreilig bezeichnete Raymond Trousson Mercier als „père de l'utopie moderne"; vgl. R.T.: Introduction. In: Mercier, Louis-Sébastien: *L'An deux mille quatre cent quarante. Rêve s'il en fut jamais.* Bordeaux: Editions Ducros 1971, S. 61. Eine nuanciertere und zugleich kritischere Sichtweise der Rolle Merciers geben Krauss, Henning: Der Ursprung des geschichtlichen Weltbildes, die Herausbildung der „opinion publique" und die literarischen Uchronien. In: *Romanistische Zeitschrift für Literaturgeschichte* (Heidelberg) XI, 3–4 (1987), S. 337–352, sowie Kuon, Peter: Utopie et anthropologie au siècle des lumières ou: la crise d'un genre littéraire. In: Hudde, Hinrich / Kuon, Peter (Hg.): *De l'Utopie à l'Uchronie. Formes, significations, fonctions.* Actes du colloque d'Erlangen 16–18 octobre 1986. Tübingen: Gunter Narr Verlag 1988, S. 49–62.

zu streng reglementierten Arbeits- und rigorosen Bestrafungsformen reichte und seinen eigenen utopischen Entwurf zu dem kanonischen Modell des Thomas Morus in enge Beziehung setzte. Fernández de Lizardi war, so dürfen wir kritisch anmerken, in diesem Bezug zur *Utopia* des Thomas Morus nicht ganz auf der literarisch-philosophischen Höhe seiner Zeit.

Doch wir müssen vorsichtig sein mit derartigen Einschätzungen der Roman-kunst des Neuspaniers! Denn all dies bedeutet keineswegs, dass es sich bei Fernández de Lizardis Entwurf um eine literarische „Imitation" oder ein Plagiat handelte. Zum einen ist der Aufenthalt Periquillos auf der Insel Sancheofú die wohl erste literarische Utopie innerhalb der lateinamerikanischen Literaturge-schichte und daher *per se* eine epochemachende Innovation. Und zum anderen stellt die Projektion der Utopie von Hispanoamerika aus in den Osten auch inso-weit eine grundlegende Neuerung, ja einen Bruch mit der europäischen Tradi-tion dar, als nun nicht länger Amerika für die europäischen Autoren die leere Leinwand für deren eigene Projektionen abgab.[44] Fernández de Lizardi betrat auf diesem Gebiet zweifellos literarisch-philosophisches Neuland.

Es gilt also, die Dinge im transatlantischen Spiel literarischer Relationen dif-ferenziert zu beurteilen. Die Entscheidung des neuspanischen Romanciers für die spezifisch utopische und damit gegen die noch junge uchronische Tradition, welcher ebenso literarhistorisch wie auch bezüglich der in ihr angelegten Histo-risierung politisch-gesellschaftlicher Gegenentwürfe eine hohe revolutionäre Potenz zukam, darf nicht aus heutiger Perspektive als ideologisch rückschrittlich missdeutet werden, weil sie sich etwa an einem statischen Geschichtsbild orien-tiert hätte. Gewiss ist nicht von der Hand zu weisen, dass eine statische Vision der Geschichte, wie sie sich innerhalb der an die *Utopia* von 1516 anschließenden Tradition oftmals beobachten lässt, auch dem Utopie-Kapitel des *Periquillo Sarni-ento* nicht fremd ist. Doch dürfen wir diese ästhetisch meiner Ansicht nach über-zeugende Lösung nicht als ein Zeichen für eine wie auch immer geartete rück-wärtsgewandte ideologische Orientierung des mexikanischen Autors deuten, sondern müssen begreifen, welche Erkenntnispotentiale der paradox auf den Raum bezogenen U-topie innerhalb des gesellschaftlichen Projekts Fernández de Lizardis zukamen. Hierzu gilt es, die topographische Dimension des von Fernán-dez de Lizardi in seinem Roman ausgespannten nationalen Raums genauer zu erfassen.

---

44 Vgl. hierzu Cerutti Guldberg, Horacio: Utopía y América latina. In (ders.): *Presagio y tópica del descubrimiento*. México: CCYDEL 1991, S. 21–33. Dabei erstaunt, dass in dieser in Mexico vor-gelegten Arbeit der utopische Entwurf von Fernández de Lizardi unerwähnt bleibt.

Zuvor aber sollten wir in der gebotenen Kürze unsere Analyse des architextuellen Raumes von *El Periquillo Sarniento* abschließen. Dabei stoßen wir zunächst auf die in den Text integrierten lyrischen Formen, die zumeist intradiegetisch verankert sind und von der Fernández de Lizardi gewidmeten Forschung kaum einmal beachtet wurden. Paradigmatisch hierfür scheinen mir jene *décimas* zu sein, die Periquillo unmittelbar nach einem gescheiterten Selbstmordversuch wie in einem Spiegel aus Tinte niederschreibt. Er hatte sich nach seiner glücklichen Rückkehr von der utopischen Insel nach Mexico einmal mehr Lebensformen des Adels und damit nicht dem bürgerlichen Wert der Arbeit verpflichtet gefühlt, war aber bald schon in die urbane Halbwelt abgestiegen und hätte sich nach schmachvollen Erlebnissen selbst ins Jenseits befördert, wäre das von ihm gewählte Verfahren der Selbsttötung nicht zu umständlich und ungeschickt gewesen.

So aber gelangt er nun zur lyrischen Erkenntnis des „Du musst Dein Leben ändern", eine geradezu in der von Rainer Maria Rilke gefundenen Formel modellierte Bewusstwerdung, die nachhaltig nur in der verdichteten Form der Lyrik erfolgen zu können scheint und nicht von ungefähr zugleich die Züge des Lehrgedichts trägt:

Aprended, hombres, de mí,
lo que va de ayer a hoy;
que ayer conde y virrey fui
y hoy ni petatero soy.

Ninguno viva engañado
creyendo que la fortuna
si es próspera, ha de ser una
sin volver su rostro airado.
Vivan todos con cuidado
cada uno mire por sí,
que es la suerte baladí,
y se muda a cada instante:
yo soy un ejemplo andante:
Aprended, hombres, de mí.

Muy bien sé que son quimeras
las fortunas fabulosas,
pero hay *épocas dichosas*,
y llámense como quiera.
Si yo aprovechar supiera
una de éstas, cierto estoy
que no fuera como voy;
pero desprecié la dicha,
y ahora me miro en desdicha:
¡lo que va de ayer a hoy!

Ayer era un caballero
con un porte muy lucido;
y hoy me miro reducido
a unos calzones de cuero.
Ayer tuve harto dinero;
y hoy sin un maravedí,
me lloro, ¡triste de mi!
sintiendo mi presunción,
que aunque de imaginación
ayer conde y virrey fui.

En este mundo voltario
fui ayer médico y soldado,
barbero, subdelegado,
sacristán y boticario.
Fui fraile, fui secretario,
y aunque ahora tan pobre estoy.
Fui comerciante en convoy,
estudiante y bachiller.
Pero ¡ay de mi, esto fue ayer,
y hoy ni petatero soy![45]

Zweifellos stehen wir hier vor einer verdichteten Zusammenfassung aller Ups und Downs im Leben eines *pícaro* und zugleich vor der Formulierung eines Lebenswissens, das im Schelmenroman vom ‚reifen‘, am Ende seines Lebens stehenden erzählenden Ich an seine Leserschaft weitergegeben werden soll. Wir sehen in diesem Gedicht die Funktion der Lebensberatung und den *pícaro* als Ratgeber für das Leben der Leserinnen und Leser. So ist dieses Lehrgedicht im Zeichen eines akkumulierten Lebenswissens vor allem auch ein Lebensgedicht und greift all die Gattungen wieder auf, in denen aus exemplarischer Sicht die Exempla eines Lebens der Leserschaft vor Augen geführt wurden: als Abschreckung oder – häufiger – als Modell eines insbesondere christlichen Lebens. Die Ratgeberfunktion, die gesellschaftliche Funktion der Lektüre ist in Fernández de Lizardis Romanerstling – und darüber hinaus auch in Lateinamerikas Romanerstling – omnipräsent. Ohne all jene Konfigurationen im Bereich von Schreiben, Publizieren, Distribuieren und vor allem Lesen, die wir im Umfeld von José Joaquín Fernández de Lizardis Meisterwerk beobachten können, wäre der Aufstieg des lateinamerikanischen Romans etwas mehr als hundert Jahre später nicht vorstellbar gewesen.

---

45 Fernández de Lizardi, José Joaquín: *El Periquillo Sarniento*, S. 401. Auf eine Übersetzung wurde an dieser Stelle ausnahmsweise verzichtet.

An diesem noch von Periquillo und noch nicht von Pedro Sarmiento niedergeschriebenen Gedicht interessiert uns nicht die intertextuell bemerkenswerte Tatsache, dass es sich um eine freie Anverwandlung von Versen Góngoras handelt, auf die bereits Lope de Vega zurückgegriffen hatte. Auch mag für die Fragestellung der gesamten Vorlesung die architextuell sicherlich signifikante Erkenntnis nur nachgeordnete Bedeutung besitzen, dass sich an dieser Passage zeigt, dass die Gattung des Romans auch in Hispanoamerika von Beginn an fähig war, andere Gattungen in sich aufzunehmen und auf diese Weise andere literarische Traditionsstränge sich anzueignen. Der Roman ist folglich nicht nur in Europa, sondern auch in den Amerikas ein kannibalistisches, gattungsvertilgendes Genre.

Für die Ziele unserer Vorlesung bedeutungsvoller scheint mir, dass in diesem Lehrgedicht, dessen wiederkehrender Vers *Aprended, hombres, de mí* das eigentliche didaktische Leitmotiv des Romans beziehungsweise des Lebensberichts Don Pedros sein könnte, die Grundelemente der *histoire* dem Leser wie dem Schreibenden selbst kopräsent vor Augen geführt und wie in einem gewaltigen textuellen Brennspiegel fokalisiert werden. Dieser Verdichtungsprozess der lyrischen Form allein führt noch nicht zur rettenden Wende, verweist aber auf ein geschärftes Bewusstsein des Protagonisten, das eine unabdingbare Voraussetzung für die den Lebensbericht abschließende *conversión*, seinen ehrsamen Sinneswandel, ist. Zugleich markiert dieses wie auch die anderen in *Periquillo Sarniento* abgedruckten Gedichte einen Ruhepunkt innerhalb der Bewegungen des Textes wie des Lesers. Die bei einem Gedicht stets herabgesetzte Geschwindigkeit der Lektüre verleiht dem Leseprozess in gewisser Weise eine Atempause: Die Schnelligkeit der Textlektüre bei einem Erzähltext wird durch die Gedichte gedrosselt und so recht wirkungsvoll rhythmisiert.

Weitere in den Roman integrierte Gattungen, die innerhalb des gesamten Textes eine wesentlich größere Ausdehnung erreichen, betreffen nicht-fiktionale, nicht-narrative Schreib- und Ausdrucksformen, von denen insbesondere wissenschaftliche Abhandlung, theologisches Traktat, Predigt und Essay als besonders relevant zu nennen sind. Sie stehen zum narrativen Text in einem eigenartigen Spannungsverhältnis, das bereits in den „Advertencias generales a los lectores" thematisiert wurde, nachfolgenden Leserinnen und Lesern aber bis heute die größten Schwierigkeiten bei der Lektüre zu machen scheint. Diese Schreibformen bilden das Gros der sogenannten „Digressionen" und „moralisierenden Abschweifungen", die Fernández de Lizardis Roman immer wieder zum Vorwurf gemacht wurden. Das Spannungsverhältnis zwischen dominant fiktionalen und nicht-fiktionalen Teilen des Romans soll uns am Ende unserer Analyse des *Periquillo Sarniento* beschäftigen.

Bereits jetzt aber dürfen wir festhalten, dass der hier aufgezeigte Einbau der unterschiedlichsten Gattungen und Schreibformen Fernández de Lizardis Roman eine überaus heterogene, ja disparate Textur vermittelt, die dank der ungeheuren Flexibilität und Integrationsfähigkeit der als generatives Grundmuster dienenden *novela picaresca* ausgebildet werden konnte. Der Schelmenroman ist ein heterogenes und zugleich flexibles Genre, das nicht ohne Grund sich über Jahrhunderte quer durch die Geschichte des Romans in den Literaturen der Welt erhält. Der architextuelle Raum des *Periquillo Sarniento* weist dabei eine für den spanischsprachigen Schelmenroman so ungewöhnliche Heterogenität auf, dass deren Ursachen in den Spezifika eines in Amerika angesiedelten Schreibens aufgesucht werden müssen.

Vergessen sollten wir darüber nicht, dass es José Joaquín Fernández de Lizardi in seinem *Periquillo Sarniento* gelang, mit lyrischen und essayistischen Formen just jene Gattungen in den Roman zu integrieren, denen Angel Rama eine gewisse epistemologische Priorität innerhalb der hispanoamerikanischen Literaturen einräumte. Für den Kontext unserer Vorlesung – und daher fallen auch die meisten nachfolgenden Analyseteile einer bereits veröffentlichten Untersuchung[46] zu diesem Thema weg – ist es jedoch entscheidend, dass der Aufbau unterschiedlichster Räume im Roman sich stets am Vorhandensein oder der künftigen Schaffung eines Lesepublikums in Neuspanien orientiert.

Dass Fernández de Lizardi selbst seinen Roman durchaus als Einheit betrachtete, mag schon aus der Tatsache hervorgehen, dass an verschiedenen Stellen dieses Erzähltextes auf eine wechselseitig sich verstärkende Wirkung seiner heterogenen Ingredienzien aufmerksam gemacht wurde. So lesen wir im vierzehnten Kapitel des ersten Teils des *Periquillo Sarniento*:

> Das gute Beispiel bewegt weit mehr als die Ratschläge, die Insinuierungen, die Predigten und die Bücher. All dies ist gut, aber letztendlich sind es Worte, die fast immer vom Wind fortgetragen werden. Die Lehre, welche durch die Augen eintritt, drückt sich stärker ein als jene, die uns durch den Hörsinn erreicht.[47]

Die Gegenüberstellung der Sinnesorgane des Gesichts- und des Hörsinnes zur Aufnahme der *doctrina*, der guten Lehre, und deren Anordnung in einer Hierarchie überrascht in dieser Passage durchaus. Doch wenige Zeilen vor dem Ende des letzten Romankapitels, in welchem erneut in Form eines Dialogs zwischen

---

46 Vgl. Ette, Ottmar: Fernández de Lizardi: „El Periquillo Sarniento". Dialogisches Schreiben im Spannungsfeld Europa – Lateinamerika. In: *Romanistische Zeitschrift für Literaturgeschichte / Cahiers d'Histoire des Littératures Romanes* (Heidelberg) XXII, 1–2 (1998), S. 205–237.
47 Fernández de Lizardi, José Joaquín: *El Periquillo Sarniento*, S. 113.

dem fiktiven Herausgeber und der Witwe Pedro Sarmientos, der Inhaberin der Autorenrechte ihres Mannes also, auf die Nützlichkeit des Buches für das Lesepublikum hingewiesen wird, treffen wir erneut auf die Spezifik von Auge und Ohr. Denn der Herausgeber namens „Lizardi" begründet seine Hochschätzung des Lebensberichts seines Freundes wie folgt:

> Die moralhaltigen Bücher belehren, dies ist richtig, doch tun sie dies nur durch die Ohren; und eben darum vergisst man ihre Lektionen leicht wieder. Werke wie das vorliegende aber instruieren durch die Ohren und zugleich durch die Augen. [...] Wenn wir von diesen Tatsachen lesen, so scheint es uns, als ob wir sie anschauen würden, und so behalten wir sie im Gedächtnis [...].[48]

Wir können daraus auf die dem Schreiben zugrunde liegende Theorie der Wirkkraft von Lektüre bei Fernández de Lizardi schließen. Ziel eines auf Wirkung berechneten Schreibens ist es demnach, Hörsinn und Gesichtssinn, Augen und Ohren der Leserschaft gleichermaßen anzu*sprechen* und für das Gedächtnis zu aktivieren. Aufgabe eines solchen Buches wie des *Periquillo Sarniento* ist es folglich, mehr zu sein als nur einfach Buch; es gilt, das eigene Medium der bloßen Worte gleichsam transmedial zu überschreiten.

Zugleich ergibt sich eine Auffassung, die durchaus kongruent ist mit den gattungsspezifischen Schwerpunkten des traditionellen Schelmenromans. Denn nicht nur die *consejos*, sondern – so dürfen wir ergänzen – auch deren Zusammenspiel mit den *consejas* steht im Zentrum der Aufgabe und der Arbeit des Schreibenden. Diese ‚Arbeit', so erfahren wir nun, besteht in ganz wesentlicher Weise darin, nicht nur ein bestimmtes Lesepublikum an die Literatur heran-, sondern diesem Publikum auch Exempla vor Augen zu führen und sich ihm buchstäblich *einzuprägen*. Das Ohr, bekanntermaßen das Organ des wahren Christen und des rechten Glaubens, vertraut allein dem Medium der Luft, dem Wind, der die Worte der Predigt mit sich trägt. Das Auge dagegen wird durch Lebensbilder angesprochen, die im Gedächtnis festgehalten werden können oder sich, wie es in dieser Passage heißt, dem Gedächtnis einprägen (*imprime*).

Gestatten wir uns hier einen kurzen Seitenblick auf die weitere Geschichte der lateinamerikanischen Literaturen! Denn nicht anders hatte Próspero in José Enrique Rodós kurz vor der Wende zum 20. Jahrhundert in Montevideo verfassten Erfolgsschrift *Ariel* am Ende des Jahrhunderts von seinen Schülern gefordert, sich das Bild des von ihm beschworenen Luftgeistes einzuprägen: „Ich will, dass das leichte und anmutige Bild dieser Bronze sich von nun an dem sichersten Orte im Inneren Eures Geistes einprägt." („Yo quiero que la imagen leve y graciosa de

---

48 Ebd., S. 463f.

este bronce se imprima desde ahora en la más segura intimidad de vuestro espíritu.")[49] Diese Einprägung, diese Prägekraft hat ohne jeden Zweifel etwas Autoritäres, Aufdrückendes, ja Gewalttätiges!

Die Bedeutung, die im *Periquillo Sarniento* dem Auge für die Kraft der Memo-
risierung beigemessen wird, steht dabei zweifellos mit jener Dominanz des
Auges in Verbindung, die sich seit dem Übergang vom 18. zum 19. Jahrhundert
im Bereich der epistemologischen Grundlagen menschlicher Erfahrung nachweisen lässt.[50] Nicht Auge oder Ohr, nicht *consejas* oder *consejos*, nicht Fiktion oder
Diktion, sondern jeweils beides zusammen soll auf das zu bildende Lesepublikum im noch protonationalen Neuspanien einwirken. Dabei gilt es im Kontext
unserer Vorlesung zu berücksichtigen, dass wir uns zu diesem Zeitpunkt in der
Tat noch in einer Übergangsphase zwischen dem lauten und dem stillen Lesen
befinden, dass also in der Tat – auch im Kontext von Lesergruppen, denen dieser
Text vorgelesen wird – ein Miteinander und Ineinander beider Formen des Lesens
besteht, die uns heute eher fremd geworden sind. Wir verstehen so hinsichtlich
der angesprochenen Sinne besser, worum es Fernández de Lizardi in seiner
Findung und Erfindung eines Lesepublikums ging.

Dies führt uns zur Problematik der unterschiedlichen Leserfiguren im
Romantext zurück. Wir können uns dieser Fragestellung nach dem Lesepublikum nun aus einer neuen Perspektive nähern, indem wir die Bewegungen des
pícaro auf der Ebene der erzählten Zeit, also zwischen seiner Geburt um 1771
und seinem Tod im Jahre 1813, als Bewegungen eines Verstehens nachvollziehen und analysieren. Dabei ist es möglich, die Deplatzierungen des Protagonisten in *El Periquillo Sarniento* in Beziehung zu setzen zu verschiedenen Bewe-
gungs- und Verstehensmodellen, von denen sich mindestens fünf verschiedene
Grundfiguren unterscheiden lassen: Erstens eine kreisförmige Reisebewegung, die den Reisenden wieder an seinen Ausgangsort zurückführt; zweitens
ein Pendeln des Reisenden zwischen zwei oder mehreren Orten; drittens eine
lineare Bewegung von einem Ausgangs- zu einem Zielpunkt; viertens eine stern-

---

49 Rodó, José Enrique: *Ariel.* Edición de Belén Castro Morales. Madrid: Anaya & Mario Muchnik
1995, S. 96 f. Ich benutze die deutschsprachige Ausgabe von Rodó, José Enrique: *Ariel.* Übersetzt,
herausgegeben und erläutert von Ottmar Ette. Mainz: Dieterich'sche Verlagsbuchhandlung 1994,
S. 186.
50 Vgl. hierzu Ette, Ottmar: Diderot et Raynal: l'oeil, l'oreille et le lieu de l'écriture dans
l'„Histoire des deux Indes". In: Lüsebrink, Hans-Jürgen / Strugnell, Anthony (Hg.): *L'„Histoire des deux Indes": réécriture et polygraphie.* Oxford: Voltaire Foundation 1996, S. 385–407,
sowie La mise en scène de la table de travail: poétologie et épistémologie immanentes chez
Guillaume-Thomas Raynal et Alexander von Humboldt. In: Wagner, Peter (Hg.): *Icons – Texts –
Iconotexts. Essays on Ekphrasis and Intermediality.* Berlin – New York: Walter de Gruyter 1996,
S. 175–209.

förmige Bewegung, die den Reisenden immer wieder zu seinem Ausgangspunkt zurück und von diesem ausgehend wieder zu neuen Bewegungen führt; und schließlich fünftens die Grundfigur einer Reise, die weder über einen konkreten Ausgangspunkt noch über einen konkreten Zielpunkt verfügt und sich dem Spiel des Zufalls öffnet.[51]

Versuchen wir, diese fünf Grundfiguren von Verstehensbewegungen im Raum auf Fernández de Lizardis Roman zu beziehen, so bemerken wir bald, dass im *Periquillo Sarniento* verschiedene Grundfiguren miteinander klug kombiniert wurden. Zwar ist der Reiseweg des neuspanischen *pícaro* vergleichbar mit seinen spanischen Vorgängern in grundlegender Weise vom Zufall und den zufälligen Bekanntschaften im Verlaufe dieses Weges bestimmt, doch ist für die gesamte Struktur des Romans eine eher sternförmige Konfiguration und Anlage festzustellen, die sehr wohl von den spanischen Vorbildern abweicht. Wenn wir in den gesamten Reiseverlauf eingebettete kreisförmige Reisestrukturen wie etwa die Reise auf die Philippinen mit Hinweg und Rückweg über Acapulco außer Betracht lassen, können wir die Bewegungen des *pícaro* zwar in gewisser Weise einem itinerarischen Schema zuordnen, das von Digressionen und Exkursionen unterbrochen wird. Doch dominiert über den gesamten Romanverlauf zweifellos eine Kombination der soeben genannten vierten und fünften Grundfigur, so dass wir von einer mehr oder minder vom Zufall bestimmten, aber stets am Zentrum der Hauptstadt Mexico sternförmig orientierten zentripetalen Verstehensbewegung sprechen dürfen. Damit zeigt sich nicht nur die Aufhebung einer offenen in einer geschlossenen Form, sondern zugleich auch die Ausrichtung einer weiten Landfläche an einem zentralen Ort, der Hauptstadt des Vizekönigreichs Neuspanien. Es macht sich von Beginn an eine grundlegende Veränderung des neuspanischen Romans gegenüber seinen spanischen Vorbildern und Modellen bemerkbar, eine Veränderung, die mit dem transatlantischen Übersetzungsprozess der *novela picaresca* nach Neuspanien zu tun hat.

Die Abweichung *Periquillo Sarnientos* vom gattungskonformen Bewegungsschema des spanischen Schelmenromans ist insoweit signifikant, als sich hier allen Zufällen zum Trotz eine zentralisierte Bewegung durchzupausen vermag, die mit den politischen Zuständen im Vizekönigreich, aber auch mit der Zentralisierung des künftigen mexikanischen Nationalstaats in Beziehung gesetzt werden darf, aller Auseinandersetzungen zum Trotz, die sich im gerade unab-

---

51 Vgl. zur Unterscheidung sowie Analyse dieser und anderer Bewegungsfiguren Ette, Ottmar: *ReiseSchreiben. Potsdamer Vorlesungen zur Reiseliteratur.* Berlin – Boston: Walter de Gruyter 2020.

hängig gewordenen Staatsgebilde die Anhänger föderativer und zentralstaatlicher Strukturen lieferten. Zugleich erlaubt es die Sternfigur, auch auf der Ebene der erzählten Zeit selbst jenen für die Ökonomie des Schelmenromans grundlegenden Wechsel zwischen Bewegung und Ruhe einzuführen, der die literarische Modellierung bestimmter Umbrüche erlaubt.

Begreifen wir die (Reise-)Bewegungen des *pícaro* im Raum als Verstehensprozesse, die vom Lesepublikum nachvollzogen werden sollen, dann überrascht es nicht, dass die Modellierung bestimmter Orte, an denen sich wichtige Veränderungen ergeben, topisch akzentuiert werden muss. Diese Orte des Wandels und der Bewusstwerdung aber werden nicht wie an anderen Stellen nur durch diskursive Passagen, sondern vor allem durch *verortete* Gedichte bezeichnet. Es handelt sich dabei um lyrische Ausdrucksformen einer individuellen Bewusstwerdung, die bestimmten Orten innerhalb der hermeneutischen Bewegungsabläufe zugeordnet werden können.

Die in den Romanablauf integrierten Gedichte punktieren und rhythmisieren die hermeneutischen Bewegungen des romaninternen Protagonisten wie der romanexternen Leserschaft. Das durch den Gattungswechsel notwendige Innehalten dieses Lesepublikums an bestimmten Orten des vom *pícaro* durchlaufenen Reiseweges führt dabei zu einer Spatialisierung der Verstehensprozesse und damit zu einer effektiven, *augen*fälligen Übertragung der hermeneutischen Bewegung auf die Rezipienten. Wendepunkte des Lebensweges werden auf diese Weise semantisch aufgeladen und der Leserschaft plastisch vor Augen geführt. Leben und Lesen werden miteinander korreliert.

Die von einem aktiven Lesepublikum nachzuvollziehende hermeneutische Bewegung ist an den nationalen, an der Hauptstadt Mexico ausgerichteten territorialen Raum gekoppelt. Ist, wie Dieter Janik[52] nachwies, der Begriff der *sociedad* in Fernández de Lizardis Gesamtwerk bereits am modernen Gesellschaftsbegriff Rousseau'scher Provenienz orientiert und bildet die in Szene gesetzte Vorstellung einer patriarchalisch am Vater ausgerichteten Familienstruktur *in nuce* die grundlegende Sozialstruktur ab, dann lässt sich ein erst noch zu schaffendes nationales Lesepublikum, das die Arbeit des Schriftstellers honoriert und den Einfluss des *escritor público* auf die Formierung der neuen Gesellschaft stärkt, als die grundlegende Vermittlungsebene zwischen einem modern konzipierten Gesellschaftsbegriff und einer neu definierten Rolle des Schriftstellers innerhalb dieser Gesellschaft verstehen. Diese Konstellation ist von fundamentaler Wichtig-

---

52 Janik, Dieter: „El Periquillo Sarniento" de J.J. Fernández de Lizardi: una normativa vacilante (sociedad – naturaleza y religión – razón). In: *Ibero-Amerikanisches Archiv* (Berlin) XIII, 1 (1987), S. 49–60.

keit für die weitere Entwicklung des Romans in den lateinamerikanischen Literaturen des 19. und vor allem des 20. Jahrhunderts.

Innerhalb dieser Gemeinschaft der Lesenden kommt dem Schriftsteller neuen Typs – des Typus einer Moderne, welche sich in den spanischen Kolonien Amerikas nicht zuletzt in der *Independencia* Gehör verschaffen sollte – eine zentrale und als patriarchalisch zu bezeichnende intellektuelle Leitfunktion zu. Es ist daher nicht nur die Kommunikationssituation zwischen einem Vater und seinen Kindern, sondern mehr noch jene zwischen einem von Mäzenen unabhängigen Schriftsteller und seinem sich formierenden Lesepublikum, das die Grundstrukturen einer künftigen neuen Gemeinschaft und Gesellschaft vorwegnimmt. Hieraus erklärt sich das ganze Gewicht, das dem paratextuellen in seiner Verbindung zum nationalen Raum zukommt.

Ist die Beziehung zwischen Literatur und Nation im hispanoamerikanischen Roman der Romantik über die (zumeist missglückende) Liebesgeschichte – wie wir noch sehen werden – in Form einer nationalen Allegorese vermittelt, geschieht dies 1816 im *Periquillo Sarniento* über die erst noch zu definierende Beziehung zwischen einem sich am Literaturmarkt orientierenden Schriftsteller neuen Typs und einem nationalen beziehungsweise protonationalen Lesepublikum, das es trotz seiner sozialen, rassischen und kulturellen Heterogenität als potentielle Käuferschicht anzusprechen und zu gewinnen galt. Fernández de Lizardis erklärtes Ziel war es, einer in Amerika geschriebenen Literatur, welcher der Zugang zum Lesepublikum in Spanien noch ein knappes Jahrhundert lang, bis zu den Erfolgen der *modernistas*, verwehrt bleiben sollte, ein eigenes Publikum zu finden und zu erfinden.

El Periquillo Sarniento bezeichnet diesen für die weitere Entwicklung der lateinamerikanischen Literaturen entscheidenden Augenblick und erklärt ihn zum Ausgangspunkt der literarischen Kreation weit über José Joaquín Fernández de Lizardi hinaus. Die Konstruktion des Nationalen als (prä)nationaler Kommunikationsraum – und nicht so sehr die Kontingenz der Jahreszahlen – macht den ersten Roman des „Pensador Mexicano" zu einem wahrhaften und wirkungsvollen Gründungstext der hispanoamerikanischen Literaturen. Er bildet gleichsam die Basis für jene anhebende Romanproduktion, welche im weiteren Verlauf des 19. Jahrhunderts in Lateinamerika auf grundlegende Weise das Schreiben wie das Lesen ins Zeichen der umkämpften Nation stellen wird. Dass dabei der Liebe und den verbotenen Liebeskonstellationen eine zentrale, da eminent politische Rolle zukommen sollte, wird uns an dieser Stelle unserer Vorlesung nicht überraschen, sind wir doch mittlerweile bestens vertraut mit den politischen Implikationen der Liebe in den Zeiten der Cholera – um Gabriel García Márquez' Romantitel zu zitieren, mit dem wir uns noch beschäftigen werden –, ich meine in den Zeiten politischer Umwälzungen, wie sie die lateinamerikanischen Gesellschaften im weiteren Verlauf des 19. Jahrhunderts prägten. Der schillernden, facettenreichen und widerspruchsvollen Brillanz dieser Liebesgeschichten im hispanoamerikanischen Roman der Romantik wollen wir in der Folge unsere ganze Aufmerksamkeit widmen!

Gertrudis Gómez de Avellaneda oder die Liebe als Grenzerfahrung zwischen zwei Welten

Mit der in Kuba geborenen Gertrudis Gómez de Avellaneda nähern wir uns nun einer großen Schriftstellerin, um die sich noch immer in seltsamer Verbohrtheit zwei nationale Literaturgeschichtsschreibungen streiten. Denn ebenso die spanische wie die kubanische reklamieren diese Autorin vehement für sich und damit für eine je eigene Literaturgeschichte. Besonders hübsch und vorurteilsbeladen sind in diesem Zusammenhang die Ausführungen von Don Marcelino Menéndez y Pelayo, der die Avellaneda aufgrund ihrer Bildung und Ausbildung für eine Spanierin hält, die niemals die kubanische Literatur vertreten könnte. An derlei Argumentationen wird immer wieder deutlich, wie absurd die ganze Vorstellung von Nationalphilologien ist, die ihre Terrains immer wieder neu abstecken müssen, um sich von jeweils anderen Gefährdungen durch Schriftstellerinnen und Schriftsteller zu distanzieren. Als ob Deutsche nur deutsche, Polen nur polnische, Franzosen nur französische, Italiener nur italienische oder Argentinier nur argentinische Nationalliteratur läsen! Mir erschienen derlei nationale oder nationalistische Einteilungen schon von jeher als suspekt.

Doch zurück zu Gertrudis Gómez de Avellaneda! Lorenzo Cruz-Fuentes hat in seiner 1907 erschienenen Ausgabe der von ihm aufgespürten *Autobiografía* und ihrer Briefe an Cepeda, auf die wir gleich zurückkommen werden, betont, wie lächerlich und absurd der Standpunkt des damaligen kubanischen Vizepräsidenten Zayas sei, der davon sprach, dass Tula, wie man die in Kuba geborene Dichterin auch nannte, die spanische für die kubanische Literatur und von kubanischer Seite her erobert habe. All dies mag heute ein wenig wie Folklore erscheinen; Fakt aber ist, dass sich Gertrudis Gómez de Avellaneda bis heute entweder als Kubanerin oder als Spanierin durch die verschiedenen Literaturgeschichten treibt. Dass sie schlicht und ergreifend beides war und beides auch in ihrem literarischen Schaffen in unterschiedlichsten Kontexten zum Ausdruck kam, ist eine schlichte Tatsache, an die sich die Nationalphilologen auf beiden Seiten kaum gewöhnen mögen.

Gewiss, die nationalphilologische Haltung ist durchaus aufgrund der Entwicklung der Disziplinen und nationalen wie nationalhistorischen Geschichtsschreibungen zu verstehen und nachzuvollziehen. Doch all dies weist auf die Absurdität derartiger Anschauungen und letztlich auch auf die Überkommenheit – oder zumindest doch Relativiertheit und Begrenztheit – derartiger Sichtweisen überdeutlich hin.

Doch lassen wir sogleich die schneidige Kubanerin selbst zu Wort kommen! Denn zum Thema Bildung und Erziehung hatte die gute Tula im Übrigen bereits zu ihrer Zeit das Nötige gesagt, schrieb sie doch im Jahre 1839 in ihrer Autobiographie, auf die wir gleich zurückkommen werden, einige recht interessante Zeilen zur unterschiedlichen Erziehung der Mädchen in Kuba und Galicien nieder. Dass für die Kubaner Galicier aufgrund der hohen Einwandererraten gleichbedeutend sind mit den Spaniern, kann man übrigens noch heute im kubanischen Volksmund konstatieren, sind die *Pepes* für die Kubaner doch noch immer in erster Linie *Gallegos*. Doch hören wir Gertrudis Gómez de Avellaneda zur unterschiedlichen Erziehung von Mädchen und jungen Frauen auf der damals noch zu Spanien gehörigen Karibikinsel und auf der *Península*:

> Die Erziehung, welche man in Kuba den jungen Fräuleins angedeihen lässt, unterscheidet sich so sehr von jener, die man ihnen in Galicien gibt, dass eine Frau aus meinem Land, selbst aus der Mittelklasse, tief herabzusteigen glauben würde, müsste sie sich in Dingen üben, welche in Galicien selbst von den stolzesten Frauen für die dem eigenen Geschlecht pflichtgemäßesten Ausübungen gehalten werden. Die weiblichen Verwandten meines Stiefvaters etwa pflegten zu sagen, dass ich zu nichts nutze sei, da ich nicht bügeln, nicht kochen, nicht einmal Socken stopfen könne; weil ich die Gläser nicht abwusch, keine Betten machte, noch nicht einmal mein Zimmer fegte. Ihnen zufolge benötigte ich zwanzig Dienstmädchen, und im Übrigen gäbe ich mir die Allüren einer Prinzessin. Sie machten sich auch über meine Studien lustig und nannten mich spöttisch die *Doktorin*. [...]
>
> Später brach ich alle Verpflichtungen und sah mich als frei an, wenn auch nicht als glücklicher; überzeugt davon, dass ich mich niemals verheiraten dürfe und dass die Liebe mehr Schmerzen hinzufügt als sie Lüste erweckt, überzeugte ich mich davon, ein System anzuwenden, das ich mir schon vor einiger Zeit in meinen Kopf gesetzt hatte. Ich wollte, dass die Eitelkeit das Gefühl ersetzen möge, und es schien mir besser, ein allgemeines Wohlgefallen zu erregen, als von einem einzigen geliebt zu werden: Und dies umso mehr, als dieser einzige niemals ein Objekt sein würde, das all meine Begehren erfüllte. Ich hatte jegliche Hoffnung verloren, einen Mann nach meinem Herzen zu finden.[1]

Dieser Auszug aus Gómez de Avellanedas *Autobiographie* ist hochinteressant, denn er zeigt ganz offensichtlich, wie sehr sich in der spanischen Kolonie Kuba längst eine andere gesellschaftliche und kulturelle Entwicklung für die weißen oder kreolischen Frauen angebahnt und verwirklicht hatte, die mit der in Spanien, etwa in Galicien üblichen Geschlechtererziehung nur noch entfernt verwandt war. Diese Entwicklung ist paradox, denn sie setzt im Grunde ein auf Sklaverei basierendes Plantagensystem voraus, dessen Übertragung auf die Privatsphäre des eigenen Hauses in Form von Hausklaven dann aber plötz-

---

1 Gómez de Avellaneda, Gertrudis: *Autobiografía y epistolarios de amor*. Newark US: Juan de la Cuesta 1999, S. 73.

lich eine größere Freiheit für die Frauen als Mehrwert abwarf. Die unmenschliche Versklavung von Menschen eröffnet folglich zugleich Emanzipationsmöglichkeiten für die Frau, die von ihren lästigen Pflichten im Hause erlöst wurde und ihren eigenen geschlechterspezifischen Emanzipationsprozess in Angriff nehmen konnte.

Das Selbstverständnis der jungen Avellaneda ist hier deutlich kubanisch geprägt und geht von einer geringeren geschlechterspezifischen Determination und Rollenfestlegung der Frauen aus als etwa in Galicien, also in der *Madre Patria* höchstselbst. Zweifellos ist dieses Selbstverständnis als Frau mit der Sklavenhaltergesellschaft in Kuba verbunden, die innerhalb der *Autobiografía* aus dem Jahr 1839 nur ein einziges Mal erscheint. Die Sklaverei und eine auf Sklavenwirtschaft basierende Ökonomie stellen gleichsam den verschwiegenen Hintergrund dar und sind mitverantwortlich für die Tatsache, dass selbst die kubanische Mittelklasse – von der hier die Rede ist – ihre Töchter fernab der hausfräulichen Tätigkeiten erzieht. Kein Wort darüber, dass diese sogenannten „hausfräulichen Pflichten" stillschweigend von den Sklavinnen und Sklaven übernommen und getragen werden müssen.

Einen wichtigen Aspekt aber bildet zweifellos die Tatsache, dass Gertrudis Gómez de Avellaneda zugleich auch das Studium, die Anhäufung von Wissen und Wissenschaft, für sich in Anspruch nimmt, was ihr die Verhohnepiepelung durch ihre galicischen, also spanischen Geschlechtsgenossinnen einbringt. Wie denn, eine Frau mit den Allüren einer Prinzessin, die sich für etwas Besseres hält und nun auch noch Doktorin werden will? Einfach unvorstellbar!

Aber nicht für unsere Tula! Denn sie war in einer Gesellschaft groß geworden, welche der Bildung der Frauen durchaus gewisse Freiräume bot, in welche die schöne junge Frau nicht nur hineinwuchs, sondern die sie sich zusätzlich auch nahm und für sich forderte. Der Anspruch auf die Gleichstellung und Befreiung als Frau kann nicht unabhängig von Bildung und Ausbildung gedacht werden: Und eben hier liegt sicherlich gerade auch das emanzipatorische Hauptmoment der Überlegungen der Avellaneda.

Vor diesem Hintergrund wird deutlich, warum die junge Kubanerin dann in der Folge fast übergangslos auch die zentrale Institution der bürgerlich-ecclesialen Ständegesellschaft Spaniens in Frage stellt, den Grundpfeiler (zumindest für sie) der patriarchalen Gesellschaft überhaupt: das Sakrament der Ehe. Denn ihr „System" besteht auf einer kategorischen Verweigerung gegenüber jeglicher Hochzeit und mehr noch in einer Abkehr von jeder ausschließlichen Orientierung an und absoluten Unterordnung unter einen einzigen Mann, der dann auch juristisch frei über sie verfügen dürfte.

Ihre *Autobiographie* bringt nun an dieser Stelle eine Vielzahl an Beispielen für ihre zumeist unglücklich verlaufenen Liebeserlebnisse und Liebesbeziehungen, die sie freilich nie aus der Perspektive einer Heirat denken konnte. So entzog sie sich stets rechtzeitig einer zwangsweisen Verheiratung, die sie nach ihrer Ansicht in die absolute Unfreiheit geführt hätte. Ihre *Autobiografía* ist im Übrigen primär an einen einzigen Adressaten gerichtet, Don Ignacio de Cepeda, ihren damaligen Liebhaber, dem sie ihre Herkunft, ihr Denken und ihren Lebensstil zu erklären sucht, wobei sie ihn zu Beginn und am Ende bittet, dieses Schriftstück sogleich wieder zu verbrennen.

So ist gerade auch dieser Aspekt einer weiblichen Selbstreflexion *für* den Mann ein Aspekt der Selbstreflexion *von* einer Frau, die beschlossen hat, ihr Leben in die eigenen Hände zu nehmen und dieses Leben zwar nicht ohne Männer, wohl aber ohne den einzigen Mann – obwohl dieser als Traumvorstellung noch nicht endgültig verabschiedet ist – zu verbringen. Die *Autobiographie* von Gertrudis Gómez de Avellaneda ist daher ein unschätzbares Zeugnis vor dem Hintergrund des Dialogs oder mehr noch Kampfes der Geschlechter, der sich in den bürgerlichen Gesellschaften des 19. Jahrhunderts nicht nur in Europa, sondern auch in den Amerikas zuzuspitzen begann. Und so handelt es sich vor allem darum: Die *Autobiografía* ist eine moderne Art Selbstverständigungstext von ungeheurer Bedeutung, der uns einen Einblick in die Diskurse gerade auch zwischen den Geschlechtern zu jenem Zeitpunkt, auf der Höhe der Romantik zwischen zwei Welten, erlaubt.

Gertrudis Gómez de Avellaneda ließe sich in diesem Zusammenhang zweifellos einordnen in eine Reihe von Frauengestalten, die von der in Genf geborenen Germaine de Staël über die Französin Flora Tristan bis hin zur Kubanerin Juana Borrero das 19. Jahrhundert nicht allein in der Romania prägten. Mit ihren Überlegungen und kritischen Selbstreflexionen, aber auch mit ihrem konkreten Tun und Handeln darf sie als eine Vorläuferin all jener Bestrebungen gelten, welche auf die Gleichstellung der Geschlechter abzielten und abzielen. Dass dies paradoxerweise vor dem Hintergrund einer gnadenlosen Sklavenhaltergesellschaft seinen Anfang nahm, habe ich bereits betont.

Lassen Sie uns an dieser Stelle aber erst einmal auf einige biographische (und danach erst autobiographische) Elemente im Leben der kubanischen und spanischen Dichterin, die an beiden Literaturen partizipierte, kommen! Gertrudis Gómez de Avellaneda wurde am 23. März 1814 als María Gertrudis de los Dolores in Puerto Príncipe, der heutigen kubanischen Provinz Camagüey, geboren. Ihr Vater, Leutnant zur See in der spanischen Kriegsflotte, kam 1809 als *Comandante de Marina* für Zentralkuba auf die Insel; ihre Mutter war eine Kubanerin aus einer wohlsituierten einheimischen Patrizierfamilie. Das Paar hat insgesamt fünf Kinder, von denen zwei überleben: Manuel und Gertrudis, die bald schon Tula genannt wird.

Als das Mädchen neun Jahre alt ist, stirbt ihr Vater. Bereits nach zehn Monaten heiratet ihre Mutter wieder, und zwar einen Don Gaspar Escalada mit dem Rang eines *Teniente Coronel* in Puerto Príncipe. Bei Gertrudis macht sich früh schon eine literarische Berufung bemerkbar: In ihrer *Autobiographie* spricht sie von ihrer größten Lust, mit anderen Mädchen zusammen Tragödien aufzuführen. Früh verfasst sie Gedichte und Romane über Giganten und Vampire, doch sei ihre wahre Leidenschaft das Theater gewesen. Sie habe Französisch nur gelernt, um Racine und Corneille deklamieren zu können: Das sind wahrhaftige Motivationen für den Fremdsprachenunterricht!

Abb. 91: Gertrudis Gómez de Avellaneda y Arteaga (Santa María de Puerto Príncipe auf Kuba, 1814 – Madrid, 1873), im Jahr 1857.

Aufgrund ihrer großen Erregung bei der Lektüre wird ihr verboten, fortan Theaterstücke zu lesen. Und da sie sie nicht lesen durfte, schrieb sie eben welche, wie sie später kommentierte. Doch bisweilen sei sie danach fiebrig ins Bett gefallen: Literatur wird zu ihrem Lebensinhalt werden. Kurz vor ihrer Hochzeit bricht sie die Verbindung mit ihrem Verlobten, dem jungen Loynaz, einfach ab. Sie wird in der Familie zur *niña difícil*, zum schwierigen Mädchen. Denn die junge Frau ist nach eigenem Geständnis zu einer „romántica salvaje a la moda", zu einer wilden Romantikerin *à la mode* geworden, der gesellschaftliche Konventionen wenig galten.

Dann erfolgt ein wichtiger Einschnitt in ihrem Leben: Am 9. April 1836 schifft sich die ganze Familie in Santiago de Cuba nach Europa ein. Mit vielen schriftstellerischen Illusionen und Hoffnungen bricht die junge Avellaneda nach Spanien, in die einst so ferne Metropole, auf. Bei der Einschiffung verfasst sie das berühmte Sonett „Al partir", das ihre lyrische Anrufung Kubas beinhaltet und noch heute vielen Kubanern höchst vertraut ist. Auf dem Schiff rezitiert sie Gedichte Heredias, des großen romantischen Exildichters Kubas: Tula ist sich der literarischen Bedeutung ihrer Spanienreise sehr bewusst und wird sie später immer wieder literarisch in Szene setzen.

Eine Woche nach der Ankunft in Bordeaux reist die Familie nach Spanien weiter, zunächst nach La Coruña, nach Galicien also. Doch Gertrudis hält es dort nicht aus, flieht und bricht nebenbei erneut eine weitere Verlobung. Nach einer Reise ins benachbarte Portugal, wo die Familie ihres Vaters lebt, zieht sie nach Sevilla, wo sie von ihrem Teil des Erbes lebt. Fortan widmet sie sich ausschließlich der Literatur und dem gesellschaftlichen Leben, wo die hübsche Kubanerin allem Anschein nach rasch reüssiert. Sie erregt zahlreiche Liebesgefühle, bändelt immer wieder an und erlebt beinahe den Selbstmord eines ihrer Verehrer. Zugleich verliebt sie sich vehement in Ignacio Cepeda, der sie jedoch wegen ihrer Leidenschaftlichkeit und ihrem Feuer fürchtet. Die Briefe an den jungen Mann zählen zu ihren besten literarischen Werken; und dass sie sich ihm in ihrer *Autobiografía* literarisch enthüllte, haben wir bereits zur Kenntnis genommen.

Ab 1839 arbeitet sie in spanischen Literaturzeitschriften wie *La Aureola* mit; sie signiert ihre Gedichte unter dem Pseudonym der „Pilgerin", der *Peregrina*. Generationstypisch ist sie fasziniert von der Lektüre Walter Scotts, aber auch von Lord Byron, George Sand, Madame de Staël, Chateaubriand, Victor Hugo und Lamartine, daneben Quintana, dem Duque de Rivas und unserem Zorrilla, dessen *Don Juan Tenorio* wir ja kennengelernt hatten. Im Juni 1840 wird in Sevilla ihr Drama *Leoncia* über die Problematik einer verführten Frau uraufgeführt. Tula beginnt, ein funkelnder Stern am spanischen Literaturhimmel zu werden.

Im Spätsommer des Jahres 1840 erfolgt dann zusammen mit ihrem Bruder die Übersiedlung ins literarische Zentrum Spaniens – nach Madrid: Es ist ein entscheidendes Jahr in ihrem Leben. Ihrer Familie erklärt sie nun, dass niemand sie mehr von ihrem Weg als Dichterin abbringen könne: sie ist fest entschlossen, alles auf eine literarische Karriere zu setzen und geht in diesem ihrem Vorhaben auf. Das literarische Madrid steht ihr bald schon offen: Man darf ohne Übertreibung von einem Triumphzug in der spanischen Hauptstadt sprechen. Bald steigt die noch junge Kubanerin zu einer wichtigen Figur innerhalb der romantischen Bewegung in Spanien auf. Aus der spanischen Literaturgeschichte ist sie fortan nicht mehr wegzudenken. Ab diesem Zeitpunkt schreibt und veröffentlicht sie eine ununterbrochene Folge von Gedichten, Romanen, Erzählungen und Theaterstücken, die ihren literarischen Ruhm begründen und sichern.

Parallel zu ihren literarischen Erfolgen freilich stellen sich immer wieder Liebeskatastrophen in ihrem Leben ein. Zu ihren Verehrern zählt nicht zuletzt der einflussreiche spanische Schriftsteller Juan Valera und der Dichter Tassara, mit dem sie 1844 ein Kind hat, das nur wenige Monate später stirbt: eine tragische

Erfahrung, da Tasara sie zugleich verlässt. Es handelt sich um eine Episode ihres Lebens, welche in vielen ihrer Gedichte zum Ausdruck kommt und traurige Erwähnung findet. Zugleich aber werden ihre großen Theaterstücke erfolgreich auf Spaniens Bühnen aufgeführt. Tula setzt ihre Korrespondenz mit Cepeda fort, den sie sich inmitten all ihrer Turbulenzen als Freund bewahrt.

1846 bittet der Cortes-Abgeordnete Sabater um die Hand der Dichterin; bewegt nimmt die verlassene Frau diese Geste an. Der junge, aber todkranke Sabater stirbt sechs Monate nach der Hochzeit mit der Kubanerin, die aus diesen tristen, tragischen Geschehnissen eine Inspirationsquelle für ihre religiöse Lyrik macht. 1855 geht sie dann ihre zweite Ehe mit Don Domingo Verdugo ein, einem *gentilhombre de cámara*. Zum damaligen Zeitpunkt nahm die Avellaneda längst eine wichtige Stellung innerhalb des spanischen Parnass sowie des literarischen Feldes auf der iberischen Halbinsel ein. Sie scheint zu einer Spanierin geworden zu sein ...

Nach dem großen Erfolg ihres Bühnenstückes *Baltasar* wird jedoch ihr Mann in einer Auseinandersetzung um dieses Stück schwer verletzt. Tula reist daraufhin im Jahre 1859 mit ihrem Mann nach Havanna, um ein besseres Klima für seine Rekonvaleszenz aufzusuchen. Doch auch in Kuba steht die in Spanien in hohem Ansehen stehende Poetin im Mittelpunkt des Interesses: Am 27. Januar 1860 wird die Avellaneda in Havanna zur Dichterin gekrönt. Sie ist damit als Bestandteil einer kubanischen Literatur konsekriert und im Selbstverständnis der kubanischen Kulturnation seither fest verankert. Doch sie bleibt nur drei Jahre auf der Insel; bereits im Oktober stirbt ihr Mann. Sie kehrt zurück nach Spanien über New York und London: Die letzte Phase ihres Lebens hat begonnen. Gertrudis lässt sich in Sevilla und später erneut in Madrid nieder, wo sie sich bis zu ihrem Tode der Ausgabe ihrer *Obras Completas* widmet; sie stirbt am 1. Februar 1873.

Rekapitulieren wir den gesamten Lebensweg unserer Tula, so handelt es sich fürwahr um ein bewegtes und zugleich bewegendes Leben, das so ganz den Klischeevorstellungen von einer romantischen Dichterin aus den Tropen entspricht. Ich möchte an dieser Stelle gerne noch einmal kurz auf die *Autobiographie* der damals noch sehr jungen Lyrikerin und Dramaturgin zurückkommen. Denn hier findet sich eine Vielzahl von Verbindungselementen, die uns zu verstehen geben, dass Romantik eine ganz spezifische Form soziokultureller Verbindung von Literatur und Leben ist und keineswegs nur eine Bewegung in der Literatur meint. Die Romantik, so ließe sich sagen, schließt einen bestimmten Habitus und einen bestimmten Denk- und Lebensstil mit ein, der sich an der Gestalt von Gertrudis Gómez de Avellaneda sehr schön aufzeigen lässt.

Im Folgenden möchte ich Ihnen einen ganz entscheidenden Moment in der kulturellen Sozialisation der Avellaneda gemäß ihrer *Autobiographie* vorführen: jene Form der Vergesellschaftung von Literatur und jenes Zusammenspiel von

Individualität, Melancholie und Einsamkeit einerseits, von Kollektivität, literarischer Erfahrung und Repräsentation andererseits, ohne das die gute Tula, aber auch ein gut Teil der romantischen Bewegung zwischen zwei Welten einfach nicht zu denken wäre:

> Trotzdem war ich niemals fröhlich und leichtsinnig, wie es Kinder normalerweise zu sein pflegen. Bereits in frühen Jahren hatte ich eine Begeisterung für das Studium und eine Neigung zur Melancholie. Bei den Mädchen in meinem Alter fand ich keine Sympathien; nur drei Nachbarinnen, die Töchter eines Emigranten aus Santo Domingo, verdienten meine Freundschaft. Sie waren drei hübsche Geschöpfe mit einem natürlichen, höchst heiteren Talent. [...] Die drei Carmonas (denn dies war ihr Familienname) gaben sich leicht mit meinem Geschmack zufrieden und hatten daran regen Anteil. Unsere Spiele bestanden darin, Komödien aufzuführen, Erzählungen zu erfinden, darin zu rivalisieren, wer sie am hübschesten ausgestaltete, Silbenrätsel zu spielen und im Wettbewerb untereinander Blumen und Vögelchen zu zeichnen. Niemals mischten wir uns unter die lärmenden Spiele der anderen Mädchen, mit denen wir zusammenkamen.
>
> Später wurde die gemeinsame Lektüre von Romanen, Gedichten und Komödien zu unserer alles beherrschenden Leidenschaft. Mama schimpfte manchmal mit uns, dass wir doch schon so groß seien und so sehr unseren Schmuck vernachlässigten und vor der Gemeinschaft Ausreiß nähmen, als wären wir Wilde. Denn unsere größte Lust war es, im Zimmer mit unseren Büchern eingeschlossen zu sein und unsere Lieblingsromane zu lesen, wobei wir heiße Tränen vergossen angesichts der unglücklichen Episoden unserer imaginären Helden, die wir so sehr liebten.
>
> Auf diese Weise wurde ich dreizehn Jahre alt. Glückliche Tage waren es, die vorübergingen, um nicht mehr wiederzukehren! ...[2]

Ganz nebenbei bemerkt: Hier werden zwei Formen der Selbstinszenierung, genauer: einer romantischen Selbstinszenierung, auf paradoxe Weise miteinander verschränkt – die rückblickende Idyllisierung der eigenen Kindheit und die Stilisierung zur Melancholikerin, die nur in der Lektüre eine Erfüllung ihrer Träume und Wünsche findet. Der kleinste gemeinsame Nenner ist dabei die schwere Süße der Melancholie eines Mädchens, das vor der Gesellschaft in die geteilte Einsamkeit des Lesens von Fiktionen flieht. In derlei Passagen zeigt sich sehr schön, wie das Element der Melancholie sowie der Einsamkeit im Zeichen der Lektüre nicht fehlen darf. Das Ich erfährt seine Individuation durch die Trennung von einer fröhlichen, lärmenden Gesellschaft, mit der es nichts verbindet.

An anderer Stelle hebt die Avellaneda gerade das Element der *sensibilidad* und der eigenen Empfindsamkeit auch in künstlerischen Dingen hervor, zugleich aber auch den Begriff des *tedio*, der im Grunde für den französischen Begriff des

---

2 Ebda, S. 52f.

ennui oder den deutschen der Melancholie und Langeweile steht. Die *Autobiographie* der noch jungen Kubanerin versammelt auf wenigen Dutzend Seiten im Grunde alle Verfahrensmuster und Text- wie Lebenselemente, von denen ausgehend sich ein romantischer Lebensentwurf her definiert, ausschmückt und literarisch in Szene setzt.

Die kleine Tula also entfaltet ihre kreativen Möglichkeiten just in jenem Bereich, der am Ende des kubanischen 19. Jahrhunderts noch ein letztes Mal in der Figur von Juana Borrero in unvergleichlicher Weise aufscheinen wird. Wir werden uns etwas später in unserer Vorlesung noch mit Juana Borrero beschäftigen, einer Frauenfigur, die ebenfalls durch ihre meisterhaften Zeichnungen ab dem Alter von fünf Jahren und ihre frühen Dichtungen die Menschen begeisterte, und die ihre Sozialisation in einer Gruppe gleichaltriger Mädchen, in diesem Falle ihrer Schwestern, erfuhr. Auch bei ihr findet sich noch jener Absolutheitsanspruch und jene melancholische Selbstbesessenheit, deren emanzipatorischen Ausfluss wir bei der Avellaneda im Grunde schon ein für alle Mal geradezu musterhaft vorgeprägt sehen.

Die individuelle Auseinandersetzung mit der Gesellschaft und die damit verbundene Ich-Findung werden also über die Lektüre und damit über die Literatur vermittelt. Die Literatur liefert ihrerseits, über das Lesen transportiert, jene Vorstellungen, Figurenkonstellationen und Ideen, die später dann im ‚richtigen Leben' nachvollzogen und nachgelebt werden können. Rousseau, Chateaubriand und Bernardin de Saint-Pierre, der junge Goethe, Victor Hugo, George Sand und viele andere werden zu ihren Helden und Heldinnen, die in einer ganz grundlegenden Weise ihr eigenes Lebensprojekt und ihr Projekt, sich als Schriftstellerin zu verwirklichen, prägen werden. Mag sein, dass Menéndez y Pelayo an dieser Stelle wirklich recht hatte: Ohne die Avellaneda wäre die romantische Dichtung Spaniens – aber auch jene Kubas – wahrlich nicht vollständig. Gertrudis Gómez de Avellaneda ergänzt jenes Element eines weiblichen romantischen Lebensentwurfes, der so oft an der Wirklichkeit scheiterte und dem ein Gustave Flaubert in seiner *Emma Bovary* ein bisweilen zynisches, stets aber bitteres und zugleich erhellendes und humorvolles Denkmal gesetzt hat.

Ganz gewiss: Bei der Betrachtung dieses Denkmals und bei der Auseinandersetzung mit den Gründen für den Selbstmord Emma Bovarys gefriert einem das Lachen auf den Lippen. Beide Frauengestalten aber, die Emma wie unsere Tula, stellen Lebensentwürfe von Frauen der Romantik dar, welche uns zu verstehen geben, dass wir niemals – und in der Romantik noch weniger – Leben und Literatur auseinanderdividieren dürfen. Wir sind freilich gut beraten, wenn wir Leben und Literatur auch nicht eins zu eins miteinander mischen. Es handelt sich vielmehr bis zu einem gewissen Punkt um eine gelebte Literatur und um ein literarisiertes Leben, in dem die kreative Aneignung von Lebensentwürfen zum eigentlichen Hauptthema des Lebens wie des Lesens wird. Beide sind untrennbar im Lebenswissen miteinander verbunden.

Ich möchte Ihnen gerne an einem letzten Auszug aus der *Autobiographie* einen Einblick in das tiefe Verwobensein von Leben, Lesen und Literatur gewähren, da mir Gertrudis Gómez de Avellaneda in vielerlei Hinsicht repräsentativ für zentrale Entwicklungen des 19. Jahrhunderts in beiden Welten zu sein scheint. Das nachfolgende Zitat begtrifft die Abreise von Kuba, von Santiago de Cuba, jenen Augenblick folglich, als die noch unbekannte Schriftstellerin ein Gedicht niederschrieb, „Al partir", von dem bereits kurz die Rede war. Hier nun die persönliche Bearbeitung in der autobiographischen Rückschau aus Spanien auf jenen Augenblick, der gleichsam die Romantik zwischen zwei Welten inszenierte:

> Am 9. April 1836 schifften wir uns nach Bordeaux auf einer französischen Fregatte ein, und wehmütig, verweint, verließen wir undankbar jenes geliebte Land, das wir vielleicht niemals mehr wiedersehen würden.
>
> Verzeihen Sie; meine Tränen benetzen dies Papier; ich kann nicht ohne Ergriffenheit von jener denkwürdigen Nacht berichten, in der ich das Land von Kuba zum letzten Mal erblickte.
>
> Die Schifffahrt selbst war für mich eine Quelle neuer Emotionen; „Schiffen wir auf den blauen Meeren", sagte Lord Byron, „so sind unsere Gedanken so frei wie der Ozean selbst". Seine erhabene, poetische Seele musste es wohl so begreifen: Auch die meinige empfand es auf dieselbe Weise. Schön sind die Tropennächte, und ich hatte sie genossen; aber schöner noch sind die Nächte auf dem Ozean. Da ist ein unfassbarer Balsam im Hauch der Brise, welche die Segel bläht, die leicht erzittern im fahlen Glanz des Mondlichtes, das sich im Wasser widerspiegelt, in jener Unermesslichkeit, die wir über unseren Köpfen und unter unseren Füßen erblicken. Es scheint, dass sich Gott einer bewegten Seele besser inmitten jener zwei Unendlichkeiten – dem Himmel und dem Meere! – enthüllt und dass eine rätselhafte Stimme inmitten der Geräusche von Wind und Wellen ertönt. Wäre ich damals gottlos gewesen, so hätte ich von Stund an damit aufgehört.[3]

Es ist eine bewegende Szene, die hier von Gertrudis Gómez de Avellaneda in ihrer Prosabearbeitung mit aller romantischen Inbrunst, in der wie schon bei Chateaubriand auch Gott nicht fehlen darf, dargestellt wird. In dieser schönen Passage erscheint die Küste des geliebten Heimatlandes ein letztes Mal und wird entsprechend tränenreich verabschiedet: ein Abschied von der Tropeninsel mit ihren Tropennächten ohne eine wirkliche Aussicht auf ein Wiedersehen. In der Tat finden sich an dieser Stelle auf dem Papier des Manuskripts auch heute noch die Rückstände von Tränen, so dass Sie die Schreibsituation wie die Rezeptionssituation beim Lesen deutlich erkennen können.

---

3 Ebda., S. 68 f.

Abb. 92: „Santiago de Cuba vom Hafen aus, März 1853", Bleistiftzeichnung von Adolf Hoeffler.

Freilich kommt hier nun ein zusätzliches Element hinzu, in dem sich Literatur und Leben ein weiteres Mal miteinander verbinden: die direkte explizite Bezugnahme nämlich auf Lord Byron, die sich in einem Zitat niederschlägt, das gleichsam wie eine Folie wirkt, auf deren Hintergrund die konkrete Lebenserfahrung angesiedelt und nacherlebt werden kann. Zugleich zeigt sich ganz selbstverständlich, dass die Romantik auch hier keine nationalen Grenzen kennt, ist doch in dieser Passage die Sprache des Herzens und der scheinbaren Unmittelbarkeit der Empfindung auf dieselbe oder doch ähnliche, zeitspezifische Weise vorkodiert und wird sie doch dem literarischen Vorbild getreu nachvollzogen.

Die angesprochene Unermesslichkeit ist sicherlich in einem Zusammenhang zu sehen mit der sozialen Erfahrung als Frau, welche hier zum ersten Mal aus ihrer gewohnten und räumlich begrenzten Erfahrungswelt heraustritt und die Unendlichkeit der Welt wie der gesamten Schöpfung kennenlernt, oder doch zumindest erfährt. An dieser Stelle ergibt sich bereits ein Bezug zu den Frauenreisen der Romantik, zu den Reiseschriftstellerinnen des 19. Jahrhunderts, in denen häufig genug – wie etwa bei der Französin Flora Tristan[4] – dieser Gegensatz zwischen der Enge einer geschlechterbedingten Welt daheim und der Weite einer Erfahrungswelt der gesamten Schöpfung vorgeführt wird. Dies gibt dieser Erfahrung der Weite des Ozeans sicherlich eine zusätzliche Dimension, die gerade auf die spezifische Erfahrung – im wörtlichen Sinne des ‚Fahrens' – der Weite von Lebensentwürfen abgestellt ist.

---

4 Vgl. hierzu Ette, Ottmar: *ReiseSchreiben. Potsdamer Vorlesungen zur Reiseliteratur* (2020).

Dass hierbei das christlich-katholische Element nicht fehlen darf, ist letztlich François-Rene de Chateaubriand geschuldet, der in das romantische Erleben des Seins dieses Element aus der Erfahrung des Schönen, als ästhetische Erfahrung also, eingespielt und integriert hat. Sein *Génie du Christianisme* kommt auf dieser Fahrt von Kuba über Frankreich nach Spanien als implizites Zitat zu jenem expliziten von Lord Byron hinzu und vermittelt eine Romantik, die hier in der Tat sich zwischen zwei Welten, auf dem Ozean, gleichsam transatlantisch lokalisiert.

Wenden wir uns aber nun einem weiteren Text von Gertrudis Gómez de Avellaneda zu! Nämlich ihrem 1839 niedergeschriebenen und 1841 veröffentlichten Roman mit dem auf den ersten Blick enigmatisch wirkenden Titel *Sab*. Nein, wir behandeln damit kein Gedicht und auch kein Theaterstück der Kubanerin, sondern ihre erzählende Prosa – und zwar bezogen auf die Insel Kuba. Es handelt sich hierbei um einen in vielfacher Hinsicht ganz anders gearteten Text der kubanischen Literatur, obwohl sich im Verhältnis zu vielen Texten des kubanischen 19. Jahrhunderts, insbesondere zu Cirilo Villaverdes *Cecilia Valdés*, eine Reihe von Parallelen nachweisen lässt. Die romaneske Prosa der Avellaneda stammt ebenfalls aus Kuba und kann wie der Roman über die schöne Mulattin der romantischen Tradition zugeordnet werden; einmal mehr handelt es sich um einen Text, der gesellschaftliche Totalität erfassen will und auf die realgeschichtliche Situation einzuwirken sucht. Darüber hinaus handelt es sich um einen abolitionistischen Roman, welcher der Darstellung der Problematik der nicht-weißen Bevölkerungsgruppen große Aufmerksamkeit schenkt. Auch er war den kolonialspanischen Behörden nicht genehm und wurde in der Tat 1844 von diesen verboten.

Wir könnten die Liste der Parallelen zur zeitgenössischen kubanischen Literatur noch lange fortsetzen: Wichtig ist, dass aus all diesen Beziehungen hervorgeht, in welchem Maße Gertrudis Gómez de Avellaneda eine spezifisch kubanische Schriftstellerin geblieben ist, auch wenn wir in unserer bisherigen Untersuchung vielleicht den Akzent etwas mehr zu Gunsten Spaniens verschoben hatten. Doch die Avellaneda wurde nicht umsonst in La Habana nach allen Regeln der Kunst zur Dichterin gekrönt: Sie ist *auch* eine kubanische Schriftstellerin, die sich ihrer Herkunft sehr bewusst war.

Und doch gibt es auch eine Reihe von Unterschieden, die für die Beurteilung dieses Romans nicht weniger wichtig sind. *Sab* steht sehr wohl in der romantischen Tradition, ordnet sich innerhalb dieser aber deutlich nicht dem historischen Roman zu, sondern der sogenannten *novela sentimental*, welche in eine Filiation mit Jean-Jacques Rousseaus *Julie ou La Nouvelle Héloïse* oder Chateaubriands *Atala*, aber auch Goethes *Werther* in den Kontext der Empfindsamkeit zu bringen ist. Vor allem aber handelt es sich nicht um den Roman eines männlichen

Autors, in dessen Mittelpunkt eine schöne Mulattin steht, sondern um den Roman einer kubanischen Dichterin, die ins Zentrum ihres Textes einen schönen Mulatten – eben unseren Sab, die Titelfigur – stellte. Dies verändert zahlreiche Aspekte speziell bei der Wahrnehmung von Liebesbeziehungen, ruht doch nun ein weiblicher Blick auf dem männlichen Körper des Helden. Wir können also zunächst einmal festhalten: Mit der ‚wilden', romantischen Kubanerin Gertrudis Gómez de Avellaneda ist die Frau vom Objekt zum Subjekt des Schreibens geworden, die ihrerseits wiederum – in einer Art von *chassé-croisé* – den schönen Mann zum Objekt ihres schreibenden Begehrens macht und ihn unter einem weiblichen Blick agieren lässt.

Diese Anmerkung ist leider allzu selbstverständlich; denn all dies war kein Zufall, insofern die Literaturgesellschaft der hispanoamerikanischen Länder ebenso wie diese Gesellschaften selbst von Männern beherrscht werden. Auch wenn Gertrudis Gómez de Avellaneda keineswegs die einzige schreibende Frau war – und auch in unserer Vorlesung nicht die einzige schreibende Frau bleiben wird –, entfaltet sie ihr schriftstellerisches Talent doch in einer patriarchalen Gesellschaft, in welcher die Liebesbeziehungen einem ebenfalls patriarchalen, phallokratischen Schema folgen.

Doch scheint es mir überaus bedeutsam, dass es eine Frau aus einer Spanien noch verbliebenen ultramarinen Kolonie ist, die einen männlichen Helden zur Titelfigur macht, der auf Grund seiner Hautfarbe in Kuba diskriminiert wird. Es verdient an dieser Stelle bemerkt zu werden, dass sie später einen nicht weniger marginalisierten Helden erneut zum Protagonisten eines weiteren ihrer Romane macht, wählt sie doch das Thema der kolonialen Eroberung Amerikas und keinen Geringeren als Cuauthémoc zum Titelhelden ihres Romans *Guatimozín*. Die durch ihre Stellung als Frau und Kubanerin doppelt randständige Autorin beweist ohne jeden Zweifel in ihrer Themenwahl eine hohe Sensibilität, wie sie bei einer spanischen Schriftstellerin wohl kaum zu erwarten gewesen wäre.

Cecilia Valdés, die kubanische Protagonistin von Cirilo Villaverdes berühmtem symbolträchtigen Roman, war als Mitglied der Kolonialgesellschaft, als Angehörige der nicht-weißen Bevölkerungsgruppen und als Frau dreifach diskriminiert. Der schöne Mulatte Sab ist – wie auch der edle Indianer Guatimozín – ebenfalls ein Vertreter marginalisierter bzw. unterdrückter und einem Eroberungsprozess unterworfener gesellschaftlicher bzw. ethnischer Gruppen; doch ist er durch sein Geschlecht – zumindest auf den ersten Blick – keineswegs benachteiligt. Auf die wichtige Rolle weiblicher Protagonisten im hispanoamerikanischen Roman des 19. Jahrhunderts als Projektionsflächen einer nationalen Allegorese, welche den schwierigen Nationbildungsprozess in den ehemaligen spanischen Kolonien buchstäblich verkörpern, kann an dieser Stelle nicht näher eingegangen werden.[5]

Wie aber steht es mit dem kollektiven Identifikations- und Symbolwert männlicher marginalisierter Protagonisten, die nicht weniger tragisch enden und zu Opfern jener gesellschaftlichen und rassistischen Regeln werden, welche ihre jeweiligen Gesellschaften beziehungsweise die diese erobernden Kolonialherren prägen? Besitzen auch sie eine symbolische Bedeutung für diesen Nationenbildungsprozess, der im 19. Jahrhundert und zum Teil weit darüber hinaus in Lateinamerika so stockend und schmerzhaft verlief? *Sab* ist zwar bis heute ein durchaus bekannter Roman geblieben, zu einer nationalen Symbolfigur aber avancierte sein Titelheld nicht. Warum konnte sich die Leserschaft nicht mit diesem Helden, diesem schönen, großherzigen und gebildeten Mulatten identifizieren?

Zur möglichen Beantwortung dieser Fragen ist eine genauere Analyse dieses kubanischen Romans notwendig. Dabei wollen wir uns diesmal nicht allzu lange in paratextuellen Gefilden aufhalten, auch wenn es im kurzen Vorwort der Autorin einiges Bemerkenswertes gäbe. Erwähnt sei nur, dass in den „Dos palabras al lector" (Zwei Worte an den Leser) in romantischer Geste darauf hingewiesen wird, dass der Grund für die Niederschrift dieses Erzähltextes war, sich in Augenblicken der Muße und der Melancholie zu zerstreuen. Dabei sei an eine Veröffentlichung des Werkes nicht gedacht worden.[6] Erst wohlmeinende Freunde hätten der Verfasserin zur Publikation geraten. Wenn wir dies glaubten, dann wären wir so auf eher nebensächliche Weise in den Genuss einer nicht unkomplizierten Liebesgeschichte gekommen, die uns viel sagen kann über die Liebe in den Zeiten fortdauernder Sklaverei und kolonialer Ausbeutung.

Gleich im ersten Kapitel treffen die beiden ungleichen Widersacher um die Liebe der schönen (und weißen) Carlota – ihr Name ist sicherlich eine *hommage* an Goethes beziehungsweise Werthers Charlotte – zusammen. Es treten auf – wie in einem Theaterstück unserer Tula – der gutaussehende Sohn eines zu Reichtum gekommenen englischen Händlers, Enrique Otway, und sein nicht weniger schöner, aber mulattischer Widerpart Sab, der ein Liedlein von einer traurigen Liebe auf den Lippen seinem ihm noch unbekannten Gegenspieler begegnet, ja zum Haus der Geliebten führen muss. Die letzte Strophe von Sabs Lied wird abgedruckt, ein recht interessantes Beispiel dafür, wie bestimmte volkskulturelle Elemente bei den dafür sensibilisierten Romantikern Eingang in die ‚hohe' Literatur fanden: „Una morena me mata / tened de mi compasión / pues no la tiene

---

5 Vgl. hierzu die klassische Studie von Sommer, Doris: *Foundational Fictions. The National Romances in Latin America*. Berkeley, California: The University of California Press 1991.

6 Vgl. Gómez de Avellaneda, Gertrudis: *Sab*. Madrid: Imprenta calle del Barco Num. 26 1841, I, S. 5.

la ingrata / que adora mi corazón"[7] (Ein hübsches dunkles Mädchen tötet mich, / Habt Mitleid mit mir, / Denn diese Undankbare hat dies nicht, / Und doch betet mein Herz sie an). Ja, niemand wird Mitleid mit dem jungen Mulatten haben. Er steht in einer Sklavenhaltergesellschaft unten, ist also *bas*, wenn wir seinen Namen auf Französisch und invers lesen.

Es wird in diesem romantischen Roman zwar eine Weiße sein, die diesen Moreno ins Grab bringt, aber Mitleid in seinen Liebesqualen wird er ebensowenig finden wie Verständnis in einer Gesellschaft, für die er nicht zählt, für die er nichts ist. Eine Fußnote weist die Leserschaft darauf hin, dass es den Kubanern dank ihrer Sprache stets gelänge, selbst dem Trivialen etwas Neues abzugewinnen. Auch hier also begleitet eine erzählerische, kommentierende Instanz den Text paratextuell durch Fußnoten und klärt das geneigte Lesepublikum – gerade auch in Spanien – über bestimmte gesellschaftliche Verhältnisse oder Besonderheiten in Kuba auf. Doch sehen wir uns einmal das Porträt des Mulatten, das dem Leser gleich zu Beginn des Romans präsentiert wird, etwas näher an und versuchen wir, daraus die Skizze des Romans wie der Liebe in *Sab* zu gewinnen:

> Er schien kein weißer Kreole zu sein, doch er war auch nicht schwarz und man konnte ihn auch nicht für einen Nachkommen der ersten Bewohner der Antillen halten. Sein Antlitz sah wie eine einzigartige Zusammensetzung aus, in welcher man die Überkreuzung zweier verschiedener Rassen erblickte, in der sich, um es so auszudrücken, die Verbindung der Züge der afrikanischen Kaste mit der europäischen zeigten, ohne dass er deswegen doch ein perfekter Mulatte gewesen wäre.
>
> Seine Hautfarbe war von einem gelblichen Weiß mit einem gewissen dunklen Grundton; seine weite Stirne ward von ungleichen Strähnen aus schwarzem und glänzendem Haare gesäumt, ähnlich den Flügeln eines Raben; seine Nase war adlerartig gerade, aber seine Lippen dick und dunkel, sie machten auf seine afrikanische Abstammung aufmerksam; er trug einen leicht hervorstehenden dreieckigen Bart, besaß schwarze, große und schön gezeichnete Augen, welche unter horizontalen Augenbrauen lagen, wobei in ihnen das Feuer der ersten Jugend brannte, auch wenn seine Züge bereits erste Falten durchzogen. Die Gesamtheit seiner Züge bildete eine Physiognomie, eine Charakteristik, eine jener Physiognomien, welche bereits die ersten Blicke auf sich ziehen und die man nie vergisst, hat man sie erst einmal gesehen.[8]

Wir haben es hier mit einer für die Romantik typischen Beschreibung der Physiognomie eines Protagonisten zu tun. Das Besondere hieran freilich ist, dass sich die Verfasserin lange mit einer rassischen Zuordnung aufhält, wobei gewisse Unsicherheiten sich in dieses Bild eines schönen jungen Mannes mischen. Doch er besitzt eine leicht ins Gelbliche spielende Haut, ein Charakteristikum, das in

---

7 Ebda., I, S. 10.
8 Ebda., S. 11f.

der Karibik seit langen Jahrhunderten für die Mulatten verwendet wurde, denen man eine gelbliche Hautfarbe nachsagte.[9] Dass dieses biologische Element auch in den kulturellen Bereich rassistisch ausstrahlte, kann man etwa an der von Henri Grégoire verwendeten Metapher der *littérature jaune* für eine Literatur und Philosophie annehmen, welche von Schwarzen und vor allem von Mulatten geschrieben wurde.[10]

In dieser Passage ist unschwer zu erkennen, dass der Begriff der Rasse hier keineswegs nur kulturell konnotiert ist, sondern biologisch und zugleich negativ wertend verwendet wird, wenn von der sogenannten afrikanischen Kaste oder Rasse die Rede ist. Dass dies selbst in einem abolitionistischen Roman vorkommt, braucht uns nicht zu verwundern, zeigt es doch, wie weit verbreitet und quasi ‚natürlich' derartige Rassismen in der damaligen (kubanischen, aber auch europäischen) Gesellschaft verankert waren. Selbst in Cirilo Villaverdes vehement abolitionistischem Roman *Cecilia Valdés* stößt man auf derlei im Rassedenken wie im Rassismus verankerte Vorstellungen.

Dabei wird das Antlitz oder Gesicht beziehungsweise die Physiognomie Sabs wie ein Zeichensystem gelesen, das mit einem bestimmten Schönheitsideal verknüpft ist, von dem kleine Abweichungen aufmerksam konstatiert werden. Die Eröffnungseinordnung der Zugehörigkeit weder zu den weißen Kreolen noch zu den Schwarzen, oder gar zur indigenen Urbevölkerung, hatte diesen Spielraum eröffnet, innerhalb dessen nun die wertenden Abweichungen ‚konstatiert' werden. Diese *écarts*, diese Abweichungen betreffen selbstverständlich die weißen Europäer und deren Schönheitsideal, dem sich ebenso die Erzählerfigur wie ihre impliziten Leserinnen und Leser verpflichtet wissen.

Aufschlussreich ist natürlich auch, dass die Lektürerichtung dieser Gesichtssemantik stets in die Vergangenheit weist, also im genealogischen Sinne rückwärtsgewandt ist, ein Grundzug von Identitätsbestimmungen in Lateinamerika, welche fast immer eine retrospektive und weniger eine prospektive Ausrichtung besitzen. Mit anderen Worten: Die Herkunft zählt, nicht die Zukunft.

Es ist vielleicht nicht ohne Interesse, dem Portrait dieses Mulatten eines jener Portraits entgegenzustellen, die Cirilo Villaverde seiner mulattischen Protagonistin widmete. Dies könnte uns sehr deutlich bezüglich der nur scheinbar

---

9 Vgl. Ette, Ottmar: Kleist – Karibik – Konvivenz. „Die Verlobung in St. Domingo" als Erprobungsraum künftigen Zusammenlebens. In: Blänkner, Reinhard (Hg.): *Heinrich von Kleists Novelle „Die Verlobung in St. Domingo". Literatur und Politik im globalen Kontext um 1800.* Würzburg: Königshausen & Neumann 2013, S. 187–224.
10 Vgl. hierzu ausführlich Müller, Gesine: *Die koloniale Karibik zwischen Bipolarität und Multirelationalität. Transferprozesse in hispanophonen und frankophonen Literaturen*, besonders das Unterkapitel IV.4.1.1: Die „littérature jaune" zwischen Frankophilie und Plagiat.

universalen Gültigkeit europäischer Schönheitsbegriffe belehren. Denn auf diese Weise würde man rasch feststellen, dass auch hier das Schönheitsideal europäischer Herkunft ist, verkörpert etwa von Adela, die den Inbegriff der klassisch-antiken Schönheit repräsentiert, insofern sie – die legitime Tochter Gamboas – mit einer griechischen Venus verglichen wird, während Cecilia von ihrem Äußeren her stets nur bestenfalls die „virgencita de bronce" sein kann. Die nationale Allegorese Kubas wird freilich von Cecilia Valdés verkörpert, die durch ihr Feuer eine ganz andere sexuelle Attraktion auf die Männer ausübt, welche nicht in einer Art interesselosen Wohlgefallens wahrgenommen werden kann. Aber beenden wir hier unseren Seitenblick auf einen anderen abolitionistischen kubanischen Roman des 19. Jahrhunderts.

Die Beschreibung der Physiognomie beziehungsweise des Phänotyps gibt in *Sab* die Leitlinie des Romans vor: Die Benachteiligung des Mulatten gegenüber allen weißen Protagonisten, auch wenn er sie an Charakterstärke, Ausdauer, Treue, Bildung und vielem mehr zum Teil weit hinter sich lässt. Kein Wunder, wenn wir seine eigentliche Herkunft bedenken! Seine Mutter wurde frei im Kongo als Prinzessin (darunter machte es die Avellaneda nicht) geboren – Sab ist also von hoher, gleichsam adliger Abkunft. Und auch von der Seite des Vaters her ist Sab – wie die Leserschaft eher beiläufig erfährt – nicht das Kind irgendeines Weißen: Sein Vater ist der Bruder des Vaters der schönen Carlota – auch wenn Sab selbst seinen Erzeuger nie kennengelernt hat.[11] Als unehelicher Sohn von Don Carlos gehört Sab sozusagen zur Familie – und tut es zugleich aus Gründen der Rassensegregation doch nicht.

Es verwundert keineswegs, dass das Thema der Ausbeutung der Sklaven und ihres schrecklichen Lebens zum ersten Mal im Roman nicht im Erzählerdiskurs, sondern im Diskurs Sabs eingeführt wird.[12] Selbst ein Opfer von Unterdrückung und Ausgrenzung, ist er sensibel für die innerhalb der Skala der Ausgeplünderten noch unter ihm Stehenden, auch wenn er mit ihnen das Los der Versklavung teilt. Er deutet auf das Schauspiel einer „humanidad degradada", auf Menschen, die wie Vieh behandelt würden[13] – eine fürwahr überraschende Äußerung im Munde eines Mannes, der als *Mayoral* auf dem Ingenio des Vaters Carlotas eingesetzt ist.

All dies macht auf die Zwischenposition Sabs nicht nur in rassisch-physiognomischer, sondern auch in sozialer und politischer Hinsicht aufmerksam: Er gehört weder den Weißen noch den Schwarzen an, ist zwar Sklave aber zugleich *Mayoral*, beklagt das Schicksal der versklavten Schwarzen, ist

---

11 Vgl. Gómez de Avellaneda, Gertrudis: *Sab*, I, S. 33.
12 Vgl. ebda., I, S. 15.
13 Vgl. ebda., I, S. 16.

zugleich aber zum Vorarbeiter und Aufseher über sie eingesetzt, will eine gerechtere Gesellschaft, kann zugleich aber doch nicht – und der Roman bietet ihm in seinem weiteren Verlauf reichlich Gelegenheit dazu – aus seiner Rolle herausschlüpfen. Zwischen Sklavenhaltern und Sklaven wird Sab in seiner Liebe zur Sklavenhalterstochter Carlota, mit der zusammen er aufgewachsen ist und erzogen wurde, buchstäblich zerrieben.

Abb. 93: „Corte de caña", Öl auf Leinwand von Víctor Patricio Landaluze, 1874.

Und doch ist seine Figur literarisch so gezeichnet, dass sie alle anderen des Romans deutlich an Größe überragt und zurecht zur Titelfigur des Erzählwerks wird. Sab hat mit Carlota die Bücher und die gemeinsamen Lektüren geteilt, doch wisse er sehr wohl, dass er als Sklave geboren sei. Doch, so erklärt er dem ihm noch Fremden Enrique Otway, als Sklave sei er geboren und als Sklave wolle er Carlota dienen und für sie sterben.[14] Auch an dieser Stelle tut sich eine

---

14 Ebda., I, S. 23 f.

charakteristische Zwischenstellung auf: Sab hat einerseits Anteil an der realen Sklaverei, deren Opfer er ist, andererseits aber auch an der metaphorischen Sklaverei des Liebesdienstes an seiner Herrin Carlota, deren Opfer er ebenfalls wird. Wir sehen hier die Verbindung zwischen Liebe und Sklaverei in gänzlich neuer Weise verankert innerhalb einer Gesellschaft, die sich sehr wohl als Sklavenhaltergesellschaft beschreiben lässt. Denn Sab ist gleichsam zum Sklaven seiner Liebe zu Carlota geworden – und nichts und niemand wird ihn jemals aus dieser Sklaverei erlösen.

Der Begriff der Sklaverei[15] ist hier also bereits in einem doppelten Sinne zu verstehen. Eben hierin liegt eine der reizvollen Seiten dieses Romans von Gertrudis Gómez de Avellaneda. Und zugleich jene Seite, welche die metaphorische Ausweitung der Problematik der Sklaverei auch auf eine Leserschaft ermöglicht, die selbst von der realen und wirtschaftlich für die Zuckerrohrinsel relevanten Sklaverei zumindest nicht direkt betroffen ist.

Die gesamte Komplexität dieser Situation Sabs wird bereits im ersten Kapitel des Romans eingeführt, ein Kapitel also, das seine Funktion innerhalb der Narration bestens erfüllt. Es macht auch klar, was die Problematik der geplanten Heirat Carlotas mit Enrique jenseits der unerwidert bleibenden Liebe Sabs zur schönen, reichen und glücklichen Erbin des *Ingenio* ist: Enrique ist der Sohn eines wirtschaftlich aufstrebenden, wenn auch in Schwierigkeiten gekommenen ausländischen Aufsteigers, während Carlota die Tochter eines ehedem sehr reichen, nun aber wirtschaftlich immer mehr gefährdeten einheimischen Kubaners ist. Liebe und Ökonomie verbinden sich folglich auf sehr filigrane Weise miteinander – und daraus ergibt sich nicht zuletzt auch die Ökonomie der Liebe in diesem Roman.

Zugleich wird damit die wirtschaftliche Problematik der Insel Kuba ins Blickfeld gerückt und auch eine Perspektive besserer ökonomischer Nutzung zumindest angetippt: die eines größeren britischen Einflusses, der freilich – wie der weitere *plot* am Ende zeigen wird – zu einem gewissen Identitätsverlust und zu einer Entwurzelung Carlotas führen wird. Für Enrique wird das schöne Kuba nie die vollgültige Stelle der Heimat einnehmen können. Und Carlota wird ihm in die Fremde folgen müssen. Eine interessante Perspektive, die im Roman freilich nur angedeutet, nicht aber narrativ ausgeführt ist. Nicht umsonst wurde Enrique, wie der männliche Held in Jorge Isaacs *María* (mit dem wir uns noch beschäftigen werden), nach England zur Ausbildung geschickt. Die angelsächsischen Länder galten damals als die ökonomisch vorwärtstreibende Kraft innerhalb einer

---

15 Zu Begriff und Geschichte der Sklaverei vgl. das Grundlagenwerk von Zeuske, Michhael: *Handbuch Geschichte der Sklaverei. Eine Globalgeschichte von den Anfängen bis zur Gegenwart.* Zweite, überarbeitete und erweiterte Auflage. 2 Bände. Berlin – Boston: Walter de Gruyter 2019.

globalisierten Ökonomie, die in Kuba und der Karibik am Anfang des 16. Jahrhunderts unter iberischer Federführung in der ersten Phase beschleunigter Globalisierung begonnen hatte.

Aber die Liebe zwischen Enrique und Carlota steht unter einem unglücklichen Stern. Von Enriques Vater war diese Verbindung aus Kalkül eingefädelt worden; jedoch wurde sie von Carlotas Vater wegen der Herkunft des Schwiegersohnes abgelehnt. Und trotzdem wurden diese Liebesbande von Carlota selbst erzwungen, die in eine melancholische, ihr Leben bedrohende typisch romantische Krankheit verfallen war, welche erst dann ihr Ende findet, als man ihr verspricht, dass sie an ihrem achtzehnten Geburtstag den schönen Enrique heiraten dürfe. Ist damit das Ende der Melancholie Carlotas gekommen?

Keineswegs! Denn Enrique sind die Geschäfte wichtiger als die Liebe. Kaum auf dem *Ingenio* angekommen, kündigt er schon seine baldige Abreise aus geschäftlichen Gründen an, was den romantischen Liebesdiskurs mit erhobenem Zeigefinger unserer leidenschaftlichen Kreolin, unserer „apasionada criolla",[16] hervorruft:

> Wie denn! Es gibt nur einen Unterschied von sieben Tagen? Sieben Tage nur, Enrique! So lange habe ich Dich in dieser ersten Trennung nicht gesehen, und diese Zeit kam mir vor wie eine Ewigkeit. Hast Du denn nicht erlebt, wie traurig es ist, die Sonne an solchen Tagen aufgehen zu sehen ... ohne dass unser Herz die Nebel lichtete, ohne uns einen Lichtstrahl der Hoffnung zu bringen ... weil wir wissen, dass wir nicht das angebetete Antlitz sehen werden? Und später, wenn die Nacht hereinbricht, wenn die Natur inmitten der Schatten und der Brisen einschlummert, hast Du noch nie gefühlt, wie Dein Herz von einer süßen Zärtlichkeit überflutet wird, die so unbestimmbar ist wie der Duft der Blumen? ... Hast Du denn da nicht die Notwendigkeit gefühlt, die geliebte Stimme inmitten des Schweigens der Nacht zu hören? Hat Dich denn noch nie die Abwesenheit, dieses ständige Unwohlsein, diese unermessliche Leere, diese Agonie eines Schmerzes erschöpft, der sich unter tausend verschiedenen Formen fortpflanzt, aber dabei stets treibend, unerschöpflich, ganz und gar nicht auszuhalten ist?[17]

Die rhetorischen Fragen dieses romantischen Liebesdiskurses, in welchem sich ein sehnendes Herz mit einer Seelenlandschaft verbindet, weisen letztlich ins Leere. Enrique entspricht nicht diesem Bild eines von Liebesschmerz zerfressenen Herzens, das jenem Vers aus Lamartines Gedicht *Le lac* gehorchen zu wollen scheint: „Un seul être vous manque / et tout est dépeuplé. " – Ein einziges Wesen fehlt euch, und alles ist entvölkert. Carlotas Liebeskonzeption – wie schon ihre melancholische Krankheit – ist romantisch konzipiert und von Lektüren, von

---

16 Gómez de Avellaneda, Gertrudis: *Sab*, I, S. 60.
17 Ebda., I, S. 59f.

Lese-Erlebnissen und literarischen Liebes-Erlebnissen genährt. Innerhalb eines allgemeinen Weltschmerzgefühls kommt hierbei dem Herzen, kommt der Liebe die entscheidende Rolle als Lebenskraft zu. Dieses Herz des Liebesdiskurses schlägt angstvoll.

Es fällt nicht schwer – und die einschlägige Sekundärliteratur hat es ausführlich getan –, dahinter die Lebenserfahrung der realen Autorin zu suchen, derartige Passagen also nicht als Ausdrucksformen einer literarischen Figur, sondern der Verfasserin und damit autobiographisch zu lesen. Nicht unwichtig ist im Kontext unserer bisherigen Überlegungen aber auch die Frage, inwieweit sich der Liebesdiskurs mit dem Naturdiskurs der Romantik verbindet und eben die Korrespondenz-Natur sich in einen direkten Bezug zur gefühlten, empfundenen oder geteilten Liebe einbringt. Diese Korrespondenznatur entwirft in *Sab*, soviel lässt sich schon bei oberflächlicher Lektüre sagen, eine Seelenlandschaft, in welcher die innere Stimmung der Figuren in landschaftliche Visionen übersetzt oder umkodiert wird.

Kein Zweifel: Enrique kann hier nicht mithalten! Ganz anders aber die junge Carlota, deren Figur und Figurierung auf die für den romantischen Diskurs als Lebenshaltung und Lebensentwurf zentralen Nexus zwischen Liebe, Natur und Landschaft nicht verzichten kann und darf. Diesen Beziehungsreichtum zwischen Natur und Gefühlswelt – vermittelt über eine jeweils konkrete Landschaft – sehen wir sogleich auf einer noch intensiveren Stufe bei der literarischen Arbeit. Höchst aufschlussreich an der Konstellation dieser romantischen und zugleich unerwiderten Liebe ist aber auch, dass hier gegen die *amour-passion* nicht etwa in erster Linie die christliche Liebeskonzeption gestellt wird, sondern die Liebe und Leidenschaft zum Geld, also eine Lebenskonzeption, die an bestimmten Idealbildern kapitalistischen Wirtschaftens ausgerichtet ist. Enrique ist im Grunde nicht zur Liebe fähig. Nur, Carlota bemerkt dies nicht rechtzeitig! Man könnte in antikisierender Wendung sagen, dass Amor gleichsam die goldenen Liebespfeile auf Carlota verschwendet hat, während Enrique nur mit Bleipfeilen bedacht wurde. Diese Asymmetrie unter kapitalistischen Vorzeichen, so scheint mir, wird nunmehr zur großen Herausforderung für den romantischen wie postromantischen Liebesdiskurs seit der zweiten Hälfte des 19. Jahrhunderts überhaupt.

In einer Gefühlslage, wie sie Carlota in ihrer nur lau erwiderten Liebe zu Enrique empfindet, ist ein Gewitter allemal nicht weit entfernt – ein probates literarisches Mittelchen. Und in der Tat brauen sich am Horizont bereits die Gewitterwolken zusammen, wobei es einer karibischen Autorin nicht schwerfallen kann, die romantischen Gewitter Europas orkanartig zu überbieten. So regnet es wieder einmal im hispanoamerikanischen Roman, doch nicht etwa im Sinne eines feinen englischen Nieselregens, sondern mit der ganzen Wucht tropischer Ungewitter – und Gertrudis Gómez de Avellaneda lässt sich da nicht lumpen!

Enrique, in England erzogen, unterschätzt die Gefahr und lässt sich nicht von der Abreise abbringen: Getrieben von seiner Gier nach Geld, verlässt er die Sicherheit des Heimes. Sab muss ihn begleiten und damit seine Gefahr teilen: Er ist ja nur der Sklave und gehorcht im Sinne seiner beiden Versklavungen.

Damit kommt es zum zweiten gemeinsamen Reiseweg der beiden Rivalen Sab und Enrique, nun aber im Bewusstsein ihrer gegenseitigen Anwartschaft auf die Liebe der schönen Carlota, die freilich kein Auge für ihren Haussklaven hat. Zudem weiß Sab – Enrique hatte dies unvorsichtigerweise ausgesprochen, als er sich allein und unbelauscht glaubte – um die interessegeleiteten, vor allem am Geld der vermeintlich reichen Erbin ausgerichteten Gelüste des jungen Briten. Gewiss liebt Enrique die schöne Kreolin; doch größer noch ist seine Liebe zum Geld, seine Habgier, die am Ziel eines Lebens in Komfort und Luxus ausgerichtet ist. Zweifellos entspricht dies dem in spanischsprachigen Ländern weit verbreiteten Vorurteil gegenüber der an Geldgewinn und Utilität der Dinge ausgerichteten Mentalität von Angelsachsen. Doch lassen wir diesen kleinen Rassismus gegenüber den Vorreitern einer globalen Finanzökonomie hier beiseite …

Zurück in unser Tropengewitter! Dieses bricht los, Äste fallen herab und treffen Enrique, der ohnmächtig und blutüberströmt ins Gras sinkt. Wir wissen schon aus *Atala*, mit welcher Gewalt Bäume vom Blitz getroffen herabstürzen können und in welcher Beziehung dieses Umfallen der Bäume mit der sexuellen Potenz oder Impotenz der entsprechenden Liebhaber steht. Sie sehen, es gewittert sehr! Aber zugleich bietet sich dem Mulatten die große Chance seiner Liebe: Denn Sab hat es nun in der Hand, sich seines Widersachers zu entledigen, ohne dass man ihm daran die Schuld geben könnte. Es wäre ihm, so heißt es im Roman, möglich, Enrique „a la nada" zu reduzieren.[18] Was wird der Protagonist von Gómez de Avellanedas Roman tun?

Nicht umsonst ist Sab von adeliger Abkunft: Er ist zwar ein Sklave, aber dennoch von seinem Seelenadel durchdrungen. Denn die Worte Carlotas, die Sab das Schicksal Enriques anvertraute, geben den Ausschlag und die moralische Integrität Sabs hat bald schon die Probe bestanden. So bleibt Carlota das umschwärmte Objekt ihres romantischen Begehrens erhalten. Sab hat Enrique gerettet, Carlota fällt ihm um den Hals und fordert immerhin, dass man ihn baldmöglichst und nicht erst anlässlich seines fünfundzwanzigsten Geburtstages freilasse. Damit fände zwar eine Befreiung des Sklaven aus der realen Sklaverei, nicht aber aus der metaphorischen Sklaverei der Liebe statt. Sab küsst Carlotas Hand, doch diese zieht sie schnell unter dem brennenden Kuss des Mulatten

---

18 Ebda., I, S. 74.

zurück. Die Qualen Sabs gehen weiter.[19] Denn die Verlustangst – also die Angst, ihren Enrique zu verlieren – hat Carlotas Liebe zu dem Briten nur noch verstärkt und gegenüber der Liebe Sabs umso blinder gemacht.

Das Gewitter ist überstanden, der Orkan ist durchgezogen. Am nächsten Morgen sehen wir Carlota, wie sie wie ein unschuldiges Kind durch ihren Garten Eden geht: Umgeben von Blumen und Sträuchern, inmitten einer idyllischen Landschaft. Tauben sitzen auf den Schultern der Vögel fütternden schönen Frau, die einen Schmetterling einfängt und wieder freilässt.[20] Wir sind mitten im Paradies, im Garten Eden. Doch etwas stört die Idylle. Denn Carlota denkt manchmal durchaus über das schreckliche Los der Sklaven nach, die mitansehen müssen, wie ihre eigenen Kinder als Waren verkauft werden. So tröstet sie sich mit dem Gedanken, dereinst alle Sklaven freilassen zu können, wenn sie erst einmal Enrique geheiratet hat.[21] Enriques Gewinnsucht hat sie folglich noch immer nicht erkannt ...

Innerhalb dieses exotisierenden romantischen Settings fragt sie sich, was ihnen am Reichtum liege, sei doch eine einfache Hütte, eine *choza*, genug für die beiden Liebenden. Eine fürwahr grundlegende Verkennung Enriques, gewiss; und doch wird zugleich deutlich, dass Sab einer solchen Konzeption zweifellos entsprochen hätte. Sab, dies ist der Leserschaft längst klar, wäre der in Wahrheit würdigere Liebespartner der schönen Kreolin. Doch was könnte ihr die Augen öffnen? Der junge Mulatte hat längst noch nicht alle Hoffnung aufgegeben.

Zugleich verweist die *choza* darauf, dass hier ein exotisiertes Ambiente aufgerufen wird, das den Roman in eine schlüssige Tradition mit Bernardin de Saint-Pierres *Paul et Virginie* und Chateaubriands *Atala* stellt. Doch wie in diesen beiden Romanen sind die Grenzen zwischen den Liebenden auch hier unüberwindlich, zumal es nun Rassenschranken innerhalb einer Sklavenhaltergesellschaft sind, die nicht überstiegen werden dürfen. Außerdem ist Carlota mit Blick auf Sab nicht von den Goldpfeilen Amors, sondern von dessen Bleimunition getroffen worden.

Freilich gibt es im Vergleich zu den Romanen von Bernardin de Saint-Pierre und Chateaubriand eine grundsätzlich andere Perspektivierung, denn aus der Sicht der gerade nach Spanien übergesiedelten Kreolin – und eine solche ist die Avellaneda zweifellos – handelt es sich sozusagen um das Exotische des Eigenen oder um das Eigene als Exotisches. In *Sab* haben wir es zweifellos mit einer

---

19 Ebda., I, S. 80f.
20 Ebda., I, S. 91f.
21 Ebda., I, S. 93f.

Selbstexotisierung der Kubanerin und des Kubanischen zu tun. Darum wohl auch die andere Perspektivierung der Kreolin Carlota als schönes und krankes Kind ihrer romantischen Zeit. Denn die schöne Carlota ist nicht nur eine romantische Seele, sondern auch standesbewusst, kommt die Sklavenhaltertochter doch nicht einmal auf den Gedanken, dass Sab ihrer Liebe wert sein könnte. Da bleibt dem armen und naturverbundenen Mulatten nur die Zwiesprache mit einem Tier, das als einziges seine große Zärtlichkeit verstehe.

Noch träumt Carlota von einem Leben voller unendlicher, nie versiegender Liebe in der Gemeinschaft mit Enrique. Doch scheint in ihrer Seele sich bereits das kommende Unheil auszudrücken, denn sie stimmt auf einer Gitarre ein Lied an, das auf den Leser wie die Replik auf das triste Lied von Sab wirken könnte, welches bereits als eine Art *mise en abyme* der Romanhandlung zu verstehen gewesen war. Auch in Carlotas Lied geht es um unglückliche Liebe: „Es Nice joven y amable / y su tierno corazón / un afecto inalterable / consagra al bello Damón."[22] (Nike ist jung und liebenswert / und ihr zärtliches Herz / wird von einer unwandelbaren Neigung / zum schönen Damon hingezogen).

Im neunten Kapitel bricht die vielfach amourös und interessegeleitet verwobene kleine Gesellschaft nach Cubitas auf, was der Autorin erlaubt, einige Landschaftsbeschreibungen aus ihrer kubanischen Heimat in der Nähe ihres Geburtsortes Puerto Príncipe, dem heutigen Camagüey, einzufügen. Sab blickt bisweilen in die herrliche Landschaft, bisweilen auf die nicht weniger wunderbare Frau, die ihm in Harmonie mit der Landschaft, mit der Natur erscheint: Alles ist aufs Engste miteinander verwoben. Natur und Frau sind „ambas tan jóvenes y hermosas"[23] (beide so jung und schön) – auch hier jene Engführung von Weiblichkeit und Natur, auf die wir schon mehrfach gestoßen waren und welche die Frau stets in den Kontext einer Naturalisierung und Objektivierung rückt.

Zugleich ist mit diesen Reflexionen offenkundig die Vorstellung von einer noch ‚jungen' Natur in der ‚Neuen' Welt gemeint, eine Vorstellung, die selbst die Schriften Alexander von Humboldts nicht hatten verdrängen können und die von den Geographen des 18. Jahrhunderts in den Köpfen der Zeitgenossen für lange Zeit fest verankert worden war. Die zum Teil phantasiereichen und grotesken Landschaftselemente sind in ihrer Beschreibung im Übrigen deutlich an der Traditionslinie von Chateaubriand und mehr noch Bernardin de Saint-Pierre ausgerichtet. Wie letzterer fügt die Autorin im Fußnotenteil Erläuterungen einzelner Objekte hinzu.[24]

---

22 Ebda., I, S. 119.
23 Ebda., I, S. 128.
24 Vgl. ebda., I, S. 129.

In die Landschaftsbeschreibungen hinein werden aber bald auch narrative Elemente verlagert. So soll Sab nun auch noch eine wunderbare Geschichte erzählen, und er tut dies, indem er auf Martina in Cubitas hinweist, die sich von indianischen Vorfahren auf der Insel herleitet und damit zur Vertreterin einer – wie es im Roman heißt – „raza desventurada, casi extinguida en esta Isla" wird,[25] also zur Vertreterin einer auf der Insel fast vollständig ausgelöschten Rasse. Die alte Martina wiederum erzählte Sab vom barbarischen Tod, den die spanischen Eroberer dem indianischen Kaziken Camagüey bereitet hätten.[26] Die kleine Mythe sei kurz angedeutet: Camagüey – dessen Name jener Provinz, der die Avellaneda entstammt, den Namen verlieh – sei unweit von hier vom Felsen gestürzt worden, worauf sich sein Blut über die Erde vergossen habe. Deshalb sei die Erde in dieser Region auch so rot. Jede Nacht aber kehre Camagüey zu diesem Berg in Form jenes Lichts zurück, das die Reisenden kurz zuvor erblickt hatten. Die kleine Reisegruppe ist tief beeindruckt – und mit ihr wahrscheinlich auch die zeitgenössische spanische Leserschaft.

Kein Zweifel: Chateaubriands *Atala* lässt freundlich grüßen! Und die Geschichte verwandelt sich im Medium der Literatur gleichsam unter unseren Augen in eine Legende und damit in eine volkskulturell tradierte quasi-populäre Form. In dieser Legende wird das Barbarische nicht den Indianern, sondern eben den spanischen Eroberern zugewiesen; und Martina als Nachfahrin des edlen Kaziken erscheint als ein letztes Zeichen dieser edelmütigen Ureinwohner Kubas, die nahezu ausgestorben sind. Dabei erhält vor allem ihre Prophezeiung Gewicht, dass der schon einmal mit Blut getränkte Boden noch ein weiteres Mal mit Blut getränkt werden würde.[27] Die versklavten Schwarzen würden dann die Rächer der ausgelöschten indianischen Rasse sein. Das blutige Beispiel der nahegelegenen Insel Haiti schwebte im 19. Jahrhundert allen Kubanern vor Augen.

Die Vorstellung von den rebellierenden Schwarzen als Rächern der indigenen Bevölkerung ist eine Idee, die sich aus der Feder Diderots stammend übrigens in Guillaume-Thomas Raynals *Histoire des deux Indes* finden lässt. Diese *Geschichte beider Indien* ist gerade auch in den Amerikas höchst präsent und wir waren ihr zuletzt auch kurz in Fernández de Lizardis *El Periquillo Sarniento* begegnet. Im Roman der Avellaneda aber wird Sab in seiner Erzählung unterbrochen, da man in Kuba seit den Ereignissen auf der Nachbarinsel Haiti und der erfolgreichen Sklavenrevolution niemals gerne derlei Sätze und Geschichten höre: Über der Kolonialgesellschaft schwebt die Drohung eines seit Ende des

---

25 Ebda., I, S. 134.
26 Vgl. ebda., I, S. 134 f.
27 Vgl. ebda., I, S. 135.

18. Jahrhunderts immer wieder als Gefahr beschworenen Rassenkrieges (*guerra de razas*), in welchem sich die schwarzen Sklaven über ihre weißen Unterdrücker und zugleich über die spanische Kolonialverwaltung hinwegsetzen könnten.

Carlota freilich vergisst nicht hinzuzufügen, dass sie niemals ohne zu weinen die Geschichte der spanischen Eroberung habe lesen können[28] – auch dies ein Element, das auf den späteren Roman der Avellaneda, auf den zum Zeitpunkt der spanischen *Conquista* in Neuspanien spielenden Roman *Guatimozín*, vorausweist. Carlota weint wegen eben jener *raza*, die einstmals auf diesem Boden gelebt habe, auf dem sie sich gerade bewege. Die indigene Präsenz ist Vergangenheit, doch wird diese Vergangenheit im romantischen Diskurs zum Präsens einer fiktionalen Präsenz. In der dominikanischen Literatur von Manuel de Jesús Galván könnte uns der Roman *Enriquillo* diesen Vorgang belegen, doch wollen wir auch an dieser Stelle nicht zu weit ausholen!

Denn in Gertrudis Gómez de Avellanedas *Sab* wird dies anschaulich in der Phantasie Carlotas: Sie stellt sich vor, Enrique und sie selbst wären Indianer und er würde für sie eine *choza* bauen und sie würden glücklich leben. Dies ist eine Phantasie, die deutlich die Spuren der Lektüre von Chateaubriands *Atala* aufweist, in dessen Tradition sich der Roman einschreibt. Der Mulatte Sab seinerseits denkt, dass Carlota keineswegs als weniger schön erscheinen würde, wäre sie als Indianerin oder als Schwarze geboren.[29]

Diese Tagträumereien eines Mulatten unter der Feder einer kubanischen Kreolin beinhalten insoweit einen interessanten Aspekt, als hier zumindest auf der weiblichen Seite die Schönheitshierarchie der Rassen zumindest andeutungsweise in Frage gestellt wird. Interessant ist darüber hinaus aber auch, dass Sab nicht den indianischen Traum Carlotas hat, sondern seine Phantasie, seinen Tagtraum nach Afrika projiziert, wo sich die beiden so schön lieben könnten.[30] Es handelt sich um eine überaus wichtige Passage, in welcher sich Kuba auf andere Welten und Kulturen, auf die indigene wie die schwarze Kultur – wenn auch nur in exotisierender Weise – hin öffnet und ein Zusammenleben der unterschiedlichsten Herkünfte und Geschichten zumindest erträumt wird. An dieser Frage werden die drei unterschiedlichen Positionen unseres Dreiecks-Liebesverhältnisses deutlich gemacht. Es spricht zunächst die Kreolin Carlota:

> Oh, Enrique! Ich weine darüber, dass ich nicht damals geboren wurde und dass Du, ebenso ein Indianer wie ich, mir eine Palmenhütte bauen würdest, in der wir uns eines Lebens in Liebe und Unschuld, in Freiheit erfreuen würden.

---

28 Vgl. ebda., I, S. 136.
29 Vgl. ebda., I, S. 138.
30 Vgl. ebda.

Enrique lächelte über den Enthusiasmus seiner Braut und machte eine zärtliche Geste; der Mulatte freilich wandte seinen Blick von ihr ab, tränenerfüllt.
– Oh ja, dachte er, Du wärest nicht weniger schön, wenn Du eine schwarze oder eine kupferfarbene Haut hättest. Warum hat dies der Himmel nicht gewollt, Carlota? Du, die Du das Leben und das Glück der Wilden verstehst, warum wurdest Du nicht mit mir geboren in den glühenden Wüsten Afrikas oder in einer unbekannten Gegend Amerikas?[31]

So spiegeln die Tagträume der Liebenden auf unterschiedliche Weise ihre Liebesphantasien hinein in die Pole der indigenen und der schwarzen Kulturen, ohne dass diese freilich mehr wären als unterschiedliche Staffagen, unterschiedliche Decors der immer gleichen Liebessehnsüchte, die jeweils auf das andere Geschlecht projiziert werden. Nur Enrique träumt diese Tagträume romantischer Liebe nicht mit ... er hat dafür nur ein Lächeln übrig und denkt sich seinen Teil.

Aufschlussreich ist dabei die Tatsache, dass der Mulatte Sab ebenfalls das Dreigestirn weiblicher Schönheit – die Weiße, die Schwarze und die Mulattin – ganz so, wie wir es auf ungezählten Abbildungen vom Beginn des 19. Jahrhunderts finden, in seinem Kopf gespeichert hat. Es handelt sich offensichtlich nicht nur um eine individuelle männliche Obsession, sondern um einen wesentlichen Bestandteil des kollektiven Imaginären, dem Gómez de Avellaneda hier nachspürt. Denn dieses Dreigestirn bildet eine Gruppe von drei Grazien, die den Männern in einer patriarchalischen Welt jeweils mit unterschiedlichen Reizen und Verlockungen zu Diensten stehen.

Aufschlussreich ist ferner die Tatsache, dass einmal mehr in dieser Passage der Mulatte eine interessante Zwischenstellung selbst in seinen Phantasien einnimmt, sehnt er sich doch zugleich nach Afrika und an einen verborgenen Ort Amerikas: Zwischen beiden Kontinenten oszilliert seine eigene Identität. All dies sind freilich nur Träume, in welche die harte Realität der Sklavenhaltergesellschaft einbricht. Das bedingungslose Zwangssystem der kolonialspanischen Sklaverei zwingt ihn, Enrique nach der Ankunft in Cubitas eine gute Nacht zu wünschen, ihn also nur insgeheim wegen dessen Herzlosigkeit zu verwünschen. Die Avellaneda hat hier einen sprachlichen Mechanismus der kubanischen Kultur offengelegt, der auch lange noch nach dem Ende des Kolonialismus in einer Gesellschaft fortlebt, in welcher man nicht offen seine Meinung sagen kann.

Sab ist am folgenden Tag der Führer bei der gefährlichen Wanderung durch die wunderschönen Höhlen von Cubitas, deren größte die Höhle der *Cimarrones*, also der entlaufenen schwarzen Sklaven, genannt wird. Sab trägt nicht nur Carlota auf Händen, sondern rettet erneut Enrique vor einem gefährlichen

---

31 Ebda., I, S. 137f.

Sturz,[32] so dass er einen liebevollen Blick der schönen Carlota als Dank ernten kann. Dann werden sie von der alten Indianerin Martina, die bis auf einen schwächlichen Enkel alle Nachkommenschaft verloren hat, in ihrer *choza* zum Essen begrüßt, was nicht ohne eine Art „parodia de la hospitalidad",[33] eine Parodie der Gastfreundschaft also, abgeht. Überdeutlich wird: Die kubanischen Kreolen der Familie Carlotas nebst ihren Begleitern besuchen die letzten Reste einer im Grunde längst ausgelöschten und ausgestorbenen Kultur.

Unterdessen brauen sich Wolken – diesmal nicht am Himmel, sondern im Herzen der schönen Carlota – zusammen, die langsam zu erkennen beginnt, wie wenig Enrique sie liebt. Eine geheime Stimme sage ihr, dass sie unglücklich sein werde,[34] eine Vorahnung, die auch die unscheinbare und stets im Schatten Carlotas stehende Teresa (die strukturell vergleichbar ist mit Nemesia im Schatten von Cecilia Valdés) ausspricht. Teresa freilich fügt hinzu, dass ihr sehr wohl derartiges drohe, wenn es ihr nicht gelänge, die sie plagende extreme *sensibilidad*, ihre übergroße Empfindsamkeit, zu mäßigen. Mit dem Einschlafen Carlotas endet der erste Teil des Romans unheilsschwanger. Es zeichnet sich bereits ab, dass die Liebesbeziehungen im Roman der kubanischen Autorin unter einem unglücklichen Stern stehen.

Zu Beginn des zweiten und letzten Teils treffen sich Sab und Teresa nachts in einer tropischen Landschaft, wobei Sab der nun langsam zu einer eigenen Gestalt entwickelten Teresa seine Liebe zu Carlota gesteht, seine Demütigungen als Sklave und Mulatte darlegt und darauf hinweist, dass es nur eines Mannes bedürfe, der den Sklaven sage *Sois hombres*, Ihr seid doch Männer!, damit diese sich gegen die Ungerechtigkeit ihrer Sklavenhalter erheben.[35] Hier wird die Möglichkeit einer Sklavenrebellion, ja einer Sklavenrevolution wie im benachbarten Haiti mit Händen greifbar.

Doch alles wird in diesem Roman immer wieder von der kollektiven auf die individuelle Ebene transferiert. Sympathie und Mitleid Teresas sind die Folge der offenen Äußerungen des Mulatten. Sie verdrückt eine heiße Träne für den Sklaven Sab. Gegen Ende des Romans wird der Leser erst erfahren, dass Teresa darin Carlota erheblich vorauseilt, wird dann, als Sab mittlerweile bereits verstorben ist, doch auch Carlota eine Träne für den unglücklichen Sklaven vergießen. Dies aber kommt für Sab zu spät! Der Mulatte hat seinerseits sehr wohl schon daran gedacht, sich zu bewaffnen und gegen die Unterdrücker zu erheben und

---

32 Vgl. ebda., I, S. 147 f.
33 Ebda., I. S. 149.
34 Vgl. ebda., I, S. 190.
35 Vgl. ebda., II, S. 13 f.

den „terrible grito de libertad y venganza"[36] ertönen zu lassen, also den schrecklichen Schrei nach Freiheit und Rache. Es fehlt nicht an Phantasien, sich im Blut der Weißen zu baden und die eigenen Geschicke in die Hand zu nehmen. Sab erweist sich auf dieser Ebene als das Bewusstsein eines Unterdrückten, der sich sehr wohl über die gesellschaftlichen Verhältnisse und die Tatsache im Klaren ist, wer genau seine Unterdrücker und Peiniger sind. Doch zu einer Revolution der Sklaven wird es in Kuba weder im Roman noch in der Realität kommen. Und Sab unterliegt im Übrigen ja auch der Sklaverei der Liebe, der er nicht länger entgehen kann.

Der Traum von einer gerechteren Welt, von einer gerechteren Weltordnung, bleibt eben dies: ein Traum. Immer wieder erscheint Sab die Gestalt Carlotas hingegen als luftig und rein, als *aérea y pura*, als eine Schönheit, die mit Bibelzitaten und Anspielungen reich garniert und im buchstäblichen Sinne sakralisiert wird. Doch die engelhafte Vision Carlotas verschwindet, Sab kehrt in die harte Realität als Mulatte und Sklave, als elender Sklave, als „miserable esclavo",[37] zurück. Der Roman der in Spanien, also im kolonialen Mutterland der Sklaverei, lebenden Kubanerin hat hier sein utopisches Pulver bereits verschossen. Die Liebe ist jedenfalls nicht in der Lage, sich wirkungsvoll gegen Rassenschranken und die gesellschaftliche Ordnung aufzulehnen. Und doch eignet der Liebe immerhin ein die gesellschaftliche Ordnung in Frage stellendes Potential, wie sich in der Liebesbeziehung zwischen Carlota und Enrique erweisen wird.

Vor diesem Hintergrund scheitert auch Sabs Plan, Teresa dazu zu überreden, das sich in Sabs Hand befindliche und eigentlich Carlota gehörende Glückslos der Lotterie zu nehmen, dadurch reich zu werden und sich auf diese unlautere Weise mit Enrique (den sie wohl insgeheim doch zu lieben scheint) zu vermählen. Sie erkennt sehr wohl die Antriebskräfte Enriques, und sie weiß auch um die Tatsache, dass Carlota ihr eigenes Leben und Überleben ganz an die Liebe zu dem Briten gebunden hat.

All dies ist für Sab zuviel. Nach langer Meditation bleibt der junge, so unglücklich verliebte Mulatte besinnungslos weit vom Haus entfernt liegen, wo ihn Sklaven am nächsten Morgen finden. Wir erkennen unschwer darin ein erstes Zeichen seines Körpers, der psychischen Belastung nicht länger standhalten zu können. Ein Sklave berichtet später, Sab habe viel Blut aus dem Mund verloren: das Motiv des Blutsturzes, das wir in der Geschichte des hispanoamerikanischen Romans in Echeverrías *El matadero* vorfinden können. Die Flüssigkeit des Lebens und zugleich auch der Liebe tritt unkontrolliert aus Sabs Körper aus,

---

36 Ebda., II, S. 18.
37 Ebda., II, S. 27.

ein Flüssigkeitsverlust, der sein Scheitern am Leben und an der Liebe blutrot vor Augen führt. Auch hier sehen wir es deutlich: Die Liebe greift den Körper an, der Liebesdiskurs wird hier zu einem geradezu medizinischen Diskurs, der die Symptome der Liebe – einer den Körper zerfressenden, dahinraffenden Liebe – zu deuten sucht.

Enrique weiß um den geringen Besitzstand von Don Carlos, dem Vater Carlotas, und sieht seine Hoffnungen zerstört, nicht nur eine reiche Mitgift, sondern auch die schöne Carlota heiraten zu können. Sein Vater hatte ihm bereits gesagt, er werde eine andere, reichere Kreolin für ihn suchen.[38] Doch ausgerechnet Sab trifft vom *Ingenio* kommend bei ihm ein und übergibt ihm einen Brief von Don Carlos, in welchem dieser nicht nur vom baldigen Tod des Bruders Carlotas und zugleich einzigen männlichen Erben seiner Besitzungen berichtet, sondern auch in der Nachschrift ankündigt, Carlota habe den großen Lotteriepreis gewonnen und sei nun reicher als je zuvor. Damit aber nehmen die Dinge eine völlig überraschende, romanesk zu nennende Wendung.

Angesichts des plötzlich und unvermittelt wiedergewonnenen Reichtums Carlotas – der dem Zufall und der Hand Sabs zu verdanken ist – zeigt sich der gewitzte Brite selbstverständlich bereit, die nun wieder reiche Kreolin sofort und ohne jeden Aufschub zu heiraten.[39] Es ließe sich auf der Ebene der *histoire* sagen, dass diese glückliche Fügung des Zufalls Carlota ins Unglück stürzen wird. Denn Sab, der einmal mehr den *postillon d'amour* spielen musste und den entscheidenden Brief übergab, bricht stöhnend angesichts der Vorstellung zusammen, dass Carlota schon binnen weniger Stunden Enrique gehören wird: Enrique gehöre der Himmel, ihm selbst aber die Hölle.[40] Sab bricht über dem Körper seines zu Tode gerittenen Pferdes zusammen. Erneut strömt Blut aus seinem Mund, der sich nie zu einem Kuss mit Carlota öffnete. Abgang Sab, wie man in der Theatersprache der Dramaturgin Gómez de Avellaneda sagen könnte.

Alles im Roman scheint sich nun dem Sterben zuzuwenden: Der Bruder Carlotas, aber bald auch schon Sab werden sterben oder sind schon gestorben. Mit dem Todeskampf des kleinen Luis, des Enkels der Indianerin Martina, wird das Aussterben der indianischen Rasse ein letztes Mal im 19. Jahrhundert besiegelt. Auch Sabs letzte Stunde ist herangerückt: Er schreibt schon mit dem Tode ringend einen letzten Brief, was alles ist, was von ihm bleibt:[41] Die Schrift allein überdauert den Menschen. Und in der Lektüre wird ein Mensch wieder in uns lebendig.

---

38 Vgl. ebda., II, S. 32.
39 Vgl. ebda., II, S. 70f.
40 Vgl. ebd., II, S. 72.
41 Vgl. ebda., II, S. 127f.

Der schöne, aber unglückliche Sab verkörpert nun die Rolle des sublimen Märtyrers der Liebe.[42] Sein Brief wird bei Carlota später die einstmals erhoffte Träne hervortreiben: Seine Schrift ist wie ein Schreiben von jenseits des Todes, bildet *mémoires d'outre-tombe*. Der Mulatte wird spätestens an dieser Stelle zum wahrhaftigen Titelhelden: Seine Schrift ist im Grunde eine Herzensschrift, mit eigenem Blut geschrieben, mit dem Herzblut geschrieben, fast schon so, wie Juana Borrero am Ende des romantischen Jahrhunderts in Kuba einen Brief nicht mit Tinte, sondern mit ihrem eigenen Blut schreiben wird. Doch greifen wir nicht vor!

Zurück zu unserem schönen Mulatten, dessen Liebe im Zeichen der Melancholie stand und die Rassenschranken eines auf Sklaverei und Segregation gegründeten Staatswesens nicht zu überwinden vermochte! Während mehr als einer Stunde schreibt der entkräftete Sab im Angesicht eines Porträts seiner geliebten Carlota und gibt zu Papier, was er nur kann. Er stirbt kurze Zeit später in der Vorstellung, dass genau in seiner Todesstunde Enrique und Carlota sich ihr Jawort geben würden – eine Vorstellung, die im Übrigen wenig verwunderlich genau zutrifft.[43] So findet die Hochzeit Carlotas im Schatten gleich mehrerer Toter statt, wobei freilich die Nachricht vom Blutsturz Sabs die schöne Kreolin kaum zu berühren scheint: Zu sehr ist sie mit sich selbst und mit ihrer Liebe beschäftigt. Es ist das berühmte *amabam amare*, das wir bereits zu Beginn unserer Vorlesung kennengelernt hatten. Diskret, aber dennoch erkennbar werden hier einige negative Charaktermerkmale Carlotas in ihr literarisches Bild eingefügt, welche die Kreolin Gertrudis Gómez de Avellaneda ihrer kreolischen Figur Carlota mit auf den literarischen Weg gab.

Ähnlich wie für Isabel Ilincheta in Cirilo Villaverdes *Cecilia Valdés* ist spätestens jetzt auch kein Platz mehr für Teresa in der kolonialspanischen Gesellschaft Kubas – außer natürlich im Kloster, jenem anderen Hafen, in den sich die Frauen in einer patriarchalisch bestimmten Gesellschaft flüchten konnten. Auch klimatisch passt alles idealtypisch zusammen: Erneut zieht ein schreckliches Gewitter auf, die Natur nimmt aktiv an der Romanhandlung teil. Angesichts des Bildes der vor einem Kruzifix in ihrer engen Zelle knienden Teresa zeigt sich, dass auch sie einen sprechenden Namen besitzt, der wohl auf Santa Teresa de Jesús, die Heilige Teresa von Avila, verweist. Zum gleichen Zeitpunkt sind die Jungvermählten glücklich und werden der kleine Luis und Sab begraben. Kontraste, die in ihrer literarischen Herausarbeitung deutlich romantischen Zuschnitts sind, im gleichen Atemzug aber auch auf der soziopolitischen Ebene auf das Scheitern ebenso der

---

42 Vgl. ebda., II, S. 128.
43 Vgl. ebda., S. II, 143.

eroberten Indianer wie der marginalisierten und ausgebeuteten Schwarzen und Mulatten verweisen. Die verschiedenen ethnokulturellen Bestandteile der kubanischen Nation finden im 19. Jahrhundert nicht zueinander und nicht zusammen.

An dieser Stelle möchte ich Sie aber zurückführen zur überaus dichten, literarisch verdichteten Darstellung des zweiten Zusammenbruches und Blutsturzes von Sab; denn in dieser Szenerie tauchen eine Reihe von Diskurselementen und Requisiten der Liebe auf, die wir bereits in anderen Kontexten kennengelernt hatten. Erinnern wir uns! Zum einen ist die Zerstückelung des Körpers von außen – auch im Sinne der Erotisierung des Körpers – ein wichtiges Fragment des Diskurses der Liebe; und zum anderen ist es die Zerstörung von innen, die Dimension der Liebe als Krankheit folglich, die wie die Melancholie von innen her ihr zersetzendes Werk vollendet:

> Er stand auf und richtete seinen Blick auf die Ausdehnung des Meeres, das vor ihm lag. Dann erzitterte er am ganzen Leib, und als wollte er von sich einen unpassenden Gegenstand vertreiben, streckte er kraftvoll seine Hände aus, wobei er gleichzeitig die Augen verdrehte. Der Tod! Es war eine schreckliche Versuchung für diesen Unglückseligen, und jenes Meer öffnete sich vor ihm, als wollte es ihm in seinen tiefen Abgründen ein Grab anbieten. Viel muss es ihn gekostet haben, dieser schrecklichen Einladung zu widerstehen. Er hob seinen Blick gen Himmel, und mit ihm schien er Gott dieses letzte Opfer anzubieten, mit ihm schien er ihm zu sagen: „Ich nahm den Kelch an, den Du mir rasch auszutrinken sandtest, und ich will ihn nicht von mir abweisen, solange du dies nicht von mir verlangst. Doch er ist schon leer, zerbreche ihn Du, oh Gott der Gerechtigkeit."
>
> Der Himmel hörte zweifellos sein Bittflehen, und Gott warf auf ihn einen Blick des Erbarmens, denn in jenem Augenblick fühlte der Unglückliche seinen ganzen Körper auseinanderbrechen, er fühlte, wie die Kälte des Todes sein Herz einschnürte. Eine innere Stimme schien ihm zuzurufen: „Nur mehr wenige Stunden des Leidens bleiben Dir übrig, und schon ist Deine Mission auf Erden erfüllt."
>
> Sab akzeptierte diese Weissagung, schaute mit Dankbarkeit gen Himmel, ließ sein Haupt auf den Kadaver seines Pferdes fallen und badete förmlich in einem Strom von Blut, der sich aus seinem Mund ergoss.[44]

In dieser Passage des zweiten Blutsturzes wird noch einmal die gesamte Symptomatik der körperlichen, von innen wirksam werdenden Kräfte der Erkrankung, und zugleich auch der Spannung zwischen einer irdischen, aber auf Grund der rassistischen Klassengesellschaft unverwirklichbaren Liebe und einer transzendenten Gottesliebe deutlich, die den armen Sab gleichsam sakralisiert und in einen Blutzeugen, einen Märtyrer des Herrn, verwandelt. Diese fundamentale Spaltung macht ihn in gewisser Weise zu einem Sohn Gottes, der den Kelch seiner Leiden schon fast ganz ausgetrunken hat, so dass er seine irdische Liebe mit dem Blut seines Körpers, seiner Liebe, bezeugt, einen Strom seines Blutes bildend, das

---

44 Ebda., II; S. 72f.

aus ihm herausströmt und wie in der Legende von Camagüey den Boden blutrot färbt. Sab ist im Grunde schon nicht mehr von dieser Welt und in die Gemeinschaft mit Gott aufgefahren.

Schön literarisch ausgeführt ist im Übrigen auch die Szenerie des von Sab zu Tode gerittenen Pferdes: Denn dieses steht in geradezu paradigmatischer Weise für jene Kräfte und Triebe, jene kaum zu zügelnden Leidenschaften, die in Sab selbst bereits abgetötet sind, ja mehr noch, die Sab selbst in sich abgetötet hat. Dabei kommt zugleich sein gesamtes Leben mit seinen stets unterdrückten libidinösen Kräften zum Erliegen. All seine Kräfte haben sich an den Rassenschranken einer unterdrückerischen Gesellschaft aufgezehrt. Das tote Pferd ist das Ende aller Liebesphantasien, aller Vereinigungsphantasien mit der schönen weißen Frau, die unerreichbar bleibt und doch in einer kapitalistischen Warengesellschaft selbst wiederum feilgeboten und für Geld verhökert wird. Gegen dies alles rebellieren die libidinösen, leidenschaftlichen Kräfte in dem unglücklichen Mulatten. Doch alles geht nun in einem Blutsturz zu Grunde, der durch den Mund, durch die Körperöffnung kommt, das Innerste nach außen kehrend und ein letztes Mal die Zirkulation der Flüssigkeit von Leben und Liebe umleitend und umkanalisierend. Nicht die Gesellschaft der Unterdrücker geht in einem alle mit sich reißenden Blutsturz der Revolution zu Grunde, sondern der in seinem Innersten rebellierende Sklave, der doch die Mittel seiner Befreiung durchaus in den eigenen Händen hielt.

Der Lebenssaft wird auf Grund der definitiv gescheiterten Liebe zu einem vergeudeten Liebessaft, der jetzt den Tod des Ich markiert. Die Liebe als ein Aufbegehren gegen alles, was diese Gesellschaft in ihrem Innersten zusammenhält, ist endgültig gescheitert; die Sklaverei der Liebe siegt, ohne doch die Sklaverei als Wirtschaftssystem auch nur in Frage stellen zu können. Es ist ein Tod aus Liebe, kein Selbstmord, aber doch auf halbem Wege zu einem solchen. Die Verantwortung wird ein letztes Mal dem gnädigen Schöpfergott, dem Gott der Gerechtigkeit, aufgebürdet und in die Schuhe geschoben. Und doch ist die Schuld in der Gesellschaft selbst zu suchen.

So ist es nun Zeit für die *Conclusión* des Romans.[45] Fünf Jahre sind seit dem Ende des letzten Kapitels vergangen, ein narrativer *Blanc* also, der dem Leser das weitere Schicksal der Romanfiguren ähnlich wie in Villaverdes Roman oder deutlicher, sarkastischer noch in der *Education sentimentale* von Gustave Flaubert vor Augen führt. Sor Teresa liegt im Sterben und will ein letztes Mal ihre Carlota sehen, die längst zur Señora de Otway geworden ist. Während die arme Teresa die „felicidad tranquila y solemne" erreicht hat, ist die reiche und von allen

---

45 Vgl. ebda., II, S. 112 ff.

umschmeichelte Carlota unglücklich, da sie in einer merkantilen und an Spekulationen orientierten Atmosphäre leben muss.[46] Dies ist ein deutlicher Hinweis auf den Übergang von der Sklavenhaltergesellschaft alten Typs zu einer profitorientierten Kolonialwirtschaft eher britischen Strickmusters, wo die „schönen Illusionen ihres jungen Herzens" schnell verwelkten; *Illusions perdues* also, wie Honoré de Balzac formulieren würde.

Don Carlos ist bereits gestorben, Enrique häufig auf Reisen und ganz in seinen Geschäften in Havanna und den Vereinigten Staaten versunken, die sich als künftige Macht immer mehr auch in Kuba etablieren. Für Carlota ist alles zu Ende: Sie hat ihren Mann, dessen Habgier und das Leben gründlich verstanden. Jetzt ist explizit von „ilusiones perdidas" die Rede![47] Teresa stirbt, doch an ihrem Totenbett liest Carlota Sabs Abschiedsbrief, in welchem der eigene Tod Stück für Stück dargestellt wird. Der Erzähler, wie immer in der ersten Person Plural, behauptet, den Brief selbst gesehen zu haben und getreu in seinem Gedächtnis aufzubewahren.[48]

In diesem langen, literarisch ausgefeilten Abschiedsbrief stellt Sab grundlegende philosophische Überlegungen an und verweist darauf, dass er, obschon Sklave, doch stets das Schöne und Große geliebt habe.[49] Noch einmal berichtet er von der gemeinsamen Lektüre von Liebesgeschichten, denen sich Carlota und Sab während ihrer gemeinsamen Erziehung hingaben. In der Schrift am Rande des Todes wird noch einmal das Lesen und dessen prägender Einfluss bezeugt. Doch aus Carlota und Sab wurden keine Paolo und Francesca, deren Münder sich bei der gemeinsamen Liebeslektüre fanden ...

In gewisser Weise haben wir es jenseits von Dante Alighieri zugleich mit dem Don Quijote-Syndrom zu tun. Folgerichtig begreift sich Sab als ein Märtyrer auf dem Altar der Liebe – wir könnten hinzufügen: auch auf dem Altar der Literatur und der Lektüre. Er wird deren spätes Opfer. Noch in seinen letzten Minuten schreibt er eine Anrufung an den Engel der Lyrik nieder, den „ángel de la poesía",[50] der schon bald seine Strahlen über dem Königreich der Intelligenz erstrahlen lassen werde. Doch wann wird dieses Reich kommen? Selbst in unserer Gegenwart, die von den unterschiedlichsten Figuren der Dummheit und mancherlei gefährlichen politischen Clowns gekennzeichnet ist, scheint dieses Reich nicht heraufzudämmern. Am Ende seines Todeskampfes und des Briefes taucht Sab ein in die Dunkelheit und das Schweigen, in die Stille, das Ende der

---

46 Vgl. ebda., II, S. 116f.
47 Ebda., II, S. 122.
48 Vgl. ebda., II, S. 127.
49 Vgl. ebda., II, S. 140f.
50 Ebda., II, S. 145.

Schrift. Die Feder fällt ihm aus der Hand. Seine Schlussworte sind: „ya no vivo ... pero aún amo":[51] Ich lebe schon nicht mehr ... doch ich liebe noch! Die Liebe steht über allem und strahlt unvergänglich durch alle politischen Finsternisse hindurch.

Die schöne Carlota, gesundheitlich stark angegriffen und von der Liebe enttäuscht, pilgert Nacht für Nacht, während ihres mehrmonatigen Aufenthaltes in Cubitas, zum Grabe von Sab und Luis. Dann verlieren sich schließlich auch die Spuren Carlotas ... Alle Nachforschungen der Erzählerfigur hätten keine Aufklärung ihres weiteren Schicksals gebracht. Man könne nur vermuten, dass sie nun fern ihrer tropischen Heimat in London leben könnte.[52] Damit wäre der finanziell und ökonomisch begründete Kreis des sozialen Aufstiegs der Otways geschlossen, die auf dem Umweg über Kuba zu Reichtum zuhause in England zu gelangen verstanden. Reich werde Carlota schon sein, so die Erzählerfigur, doch endet der Erzählerdiskurs im Roman mit einer letzten rhetorischen Frage:

> Aber welches auch immer ihr Schicksal sein mag und das Land auf der Welt, in dem sie nun lebt, wird denn die Tochter der Tropen jenen Sklaven vergessen können, der in einem einfachen Grab unter jenem herrlichen Himmel ruht?[53]

Der Roman endet mit einer letzten Anrufung der Schönheit der Tropenwelt; und diese Anrufung der Tochter der Tropen ist fraglos eine autobiographische Referenz der in Kuba geborenen Dichterin, die weit von ihrer Insel entfernt in Spanien Karriere macht. Wie sehr die Avellaneda aber auf ihren Geburtsort in den Tropen verweisen mag, stets wird doch auch in ihren Romanen seine Natur für die Augen der europäischen Leserschaft exotisiert.

Die Exotisierung des Eigenen im Zuge der Übernahme literarischer Muster europäischer Provenienz – nicht umsonst hatten wir zu Beginn schon auf Bernardin de Saint-Pierre und Chateaubriand verwiesen – schafft eine narrative Welt, in welcher das Andere letztlich wieder zurücktritt und zu einer bloßen Erinnerung, nicht aber zu einer lebensgestaltenden oder lebensverändernden Haltung gerinnt. Gertrudis Gómez de Avellanedas Roman *Sab* geht keineswegs über seine Vorbilder hinaus: auch nicht im Sinne des Abolitionismus, trotz des Verbotes von 1844, mit dem der Export dieses Romans in die koloniale Welt Spaniens untersagt wurde. Unter den europäischen Vorbildern wäre auch noch Victor Hugos Romanerstling *Bug-Jargal* zu nennen, dessen Übersetzung ins Spanische 1835

---

51 Ebda., II, S. 146.
52 Vgl. ebda., II, S. 152.
53 Ebda.

erschien. Die Welt des Anderen tritt in der literarischen Darstellung bald zurück in das Reich der anderen Welt.

Die kubanischen wie spanischen Zeitgenossen freilich deuteten den Roman der Avellaneda als Verrat an ihrer Klasse und Herkunft, stellte die Dichterin doch nichts weniger dar als die unmögliche Liebe eines Sklaven und Mulatten zu einer hochgestellten weißen Frau. Die umgekehrte Kombination – weiße Männer, die sich der Mulattinnen als Lustobjekte bedienen – war in Kuba längst gang und gäbe geworden, doch barg die von der in Camagüey geborenen Autorin bevorzugte Umkehrung der Geschlechter und sozialen Hierarchien großen gesellschaftlichen Sprengstoff. Hierin ist vielleicht ein wesentlicher gesellschaftskritischer und geschlechterrollenkritischer Aspekt zu erblicken, zugleich aber auch ein wesentlicher Grund dafür, warum weder im Roman *Sab*, in dessen Personenkonstellation, noch in der Figur des Protagonisten *Sab* eine nationale Allegorese breitenwirksam Raum greifen konnte. So wird der Sklave nicht nur zum Subjekt der Geschichte, das sich seiner selbst bewusst wird und agiert: Er erwählt auch die weiße Frau als das Objekt seiner Liebe. Die Formen der Konvivenz, wie sie im Roman erprobt wurden, gefährden deren Normen, wie sie zum damaligen Zeitpunkt galten. Auch hier ist eine Liebesgeschichte das probate Mittel, Formen und Normen des Zusammenlebens in ein Spannungsverhältnis zu setzen und wechselseitig auszutesten.

Es fällt freilich schwer, in der Figur Carlotas ein Aufbegehren gegen die angestammte Geschlechterrolle zu erkennen. Zu sehr hatte die Tula ihre weibliche Protagonistin mit durchaus klassenspezifischen Vorurteilen ausgestattet. Gewiss, Carlota leidet an ihrem Ausgeliefertsein; und sicherlich weist auch die Figur der im Verborgenen unglücklich liebenden Teresa auf die Begrenztheit von Selbstverwirklichungsmöglichkeiten der Frauen im kolonialspanischen Kuba deutlich hin. Dies alles aber scheint mir nicht auszureichen, um hierin aus feministischer Perspektive neue Lebensentwürfe, die pragmatisch auch emanzipatorisch und gesellschaftsverändernd hätten wirken können, zu erkennen.

Doch wäre es meiner Ansicht nach ungerecht, einen derartigen emanzipatorischen Anspruch an die 1860 in Havanna zur *poeta laureata* gekrönten Dichterin zu erheben. *Sab* ist ein interessanter Versuch der Gegenläufigkeit zu Mustern, wie sie in der zeitgenössischen Literatur durchaus an der Tagesordnung waren. Carlota aber kann nicht als nationale Allegorese dienen, es sei denn, dies geschähe in negativer Form als das Ausgeliefertsein der Insel an den angelsächsischen Utilitarismus und die heraufziehende Gefahr einer Großmachtpolitik der USA.

Auch Sab taugt nicht dazu: In einer patriarchalisch strukturierten Gesellschaft sind nationale Bilder nicht auf einen Mulatten, sondern höchstens – und auch dies anfangs nur eingeschränkt – auf eine schöne Mulattin zu projizieren, welche stellvertretend für ihr Land, für ihre Insel auftritt! Bezüglich nationaler Allegorese wie abolitionistischer Stoßrichtung ist aber stets die Liebe das Gleitmittel der literarischen Darstellung oder, wenn Sie so wollen, der diskursive *und* narrative Motor der geschichtsbezogenen Dynamik wie der Aneignung durch eine zeitgenössische wie zukünftige Leserschaft. *Sab* gelang es nicht – was freilich auch nicht in der Intention seiner Autorin lag –, die Figur seines männlichen Protagonisten zur Figur einer nationalen (mulattischen) Fusion unterschiedlicher ethnokultureller Bestandteile werden zu lassen.

Es ist aufschlussreich, dieses Scheitern der Protagonisten im Roman – wie der Liebeskonzeptionen überhaupt – mit dem Erfolg einer anderen männlichen Figur eines karibischen Romans zu vergleichen, die in der Tat nationenbildend wirkte, beziehungsweise einen Entwurf nationaler Identität bei der Leserschaft erfolgreich projizierte. Das Wort ‚projizierte‘ ist hier sehr ernst gemeint, war diese Figur doch nicht mehr Teil einer Bevölkerungsgruppe, die wie die Mulatten eine ernsthafte Konkurrenz für die kreolische Oberschicht im Kampf um die politische Macht darstellte. Die Titelfigur von Manuel de Jesús Galváns *Enriquillo* ist Angehöriger einer ethnokulturellen Gruppe, die innerhalb der dominikanischen Geschichte beziehungsweise der Geschichte der Insel Hispaniola zum damaligen Zeitpunkt seit dreihundert Jahren keinerlei konkrete Bedrohung mehr für die herrschende Gesellschaft darstellte. Enriquillo, die nationale Identitätsfigur der Dominikanischen Republik, nach der bis heute ein großer Binnensee, der Schauplatz einiger im Roman dargestellter Handlungen, benannt ist, ist weder Schwarzer noch Weißer noch Mulatte … Er ist Indianer – und zwar ein guter: ein *bon sauvage*!

Doch gestatten Sie mir einige wenige abschlließende Bemerkungen zu Gertrudis Gómez de Avellaneda! Es steht außer Zweifel, dass die zu Unrecht in Vergessenheit geratende Dichterin just im Kontext eines neuen Interesses an weiblichen Autoren[54] und an der Problematik der Geschlechterbeziehungen wieder mehr ins Rampenlicht treten wird. Hierzu möchte auch diese Vorlesung ihr Schärflein beitragen; denn Gertrudis Gómez de Avellaneda und ihre lyrischen und dramatischen wie ihre narrativen Texte sind dieses hoffentlich in der Tat erneuerten Interesses – das sich bereits in einigen jüngeren Veröffentlichungen niederzuschlagen beginnt – wirklich wert!

---

54 Vgl. etwa Rodríguez Gutiérrez, Milena (Hg.): *Casa en la que nunca he sido extraña. Las poetas hispanoamericanas: identidades, feminismos, poéticas (Siglos XIX – XXI)*. New York – Bern – Frankfurt am Main: Peter Lang 2017.

Die kubanisch-spanische Schriftstellerin, 1814 in Camagüey geboren und 1873 in Madrid verstorben, bietet eine Vielzahl von Ansatzpunkten für die Forschung, die schon an ihren schlichten Lebensdaten erkennbar werden, bewegt sie sich doch wie keine andere (und kein anderer) mit größter Sicherheit auf dem literarischen Parkett der kolonialspanischen Metropole und verfügt damit über direktesten Zugang zum europäischen Literaturraum, dem sie auch zugerechnet wird. Sie besetzt Positionen zugleich innerhalb des kubanischen wie des spanischen literarischen Feldes, wird zu Recht in Madrid wie in Havanna zu Lebzeiten als eine der großen Vertreterinnen der Romantik verehrt.

Darüber hinaus kommt bei ihr zweifellos eine gewisse Vorreiterstellung bezüglich der Infragestellungen von Geschlechterpositionen hinzu, wenn es mir auch – wie bereits betont – als irreührend erscheint, sie *aktuellen* feministischen Positionen anzunähern. Sie ist als Schriftstellerin in den verschiedensten Gattungen zuhause, schreibt Romane, triumphiert mit ihren Stücken auf den madrilenischen Bühnen und besticht durch ihre stets autobiographisch eingefärbte Lyrik, in welcher sie vorzugsweise ihre eigenen Liebesdramen literarisch fruchtbar werden lässt. Gelegenheiten dafür gab es genug, war die Avellaneda doch nicht nur durch den frühen Tod ihres Vaters und die überstürzte Hochzeit ihrer Mutter, sondern auch durch den Tod zweier Ehemänner und ihre unglückliche Liebe mit García Tassara (der ihr eine Tochter hinterlässt, die bald nach ihrer Geburt stirbt) gezeichnet.

Ganz in romantischem Sinne ist ihr Interesse an traditionellen Stoffen und Gegenständen der Volkskultur zu verstehen, wie ihre *Tradiciones* zeigen, welche ebenso kubanische und südamerikanische wie iberische, vorzugsweise pyrenäische und baskische Geschichten und Legenden bearbeiten und neu erzählen. So wird sie auch zur großen Vermittlerin kubanischer Sitten und Traditionen in Spanien und spanischer Lebensbilder in Kuba.

Ganz in diesem Sinne ist ihre Position als Schriftstellerin der Romantik die einer Vermittlerin zwischen zwei Welten: Sie repräsentiert wie keine andere Autorin eine Romantik, die sich aus verschiedensten Quellen in beiden Welten nährt und sich letztlich zwischen und in zwei Welten entfaltet. Die Liebe nimmt dabei in ihrem Schaffen wie in ihrem Leben eine Schlüsselrolle ein. Sie spielt als Darstellungsmuster, Identifikationsschema und somit diskursive wie narrative Bezugsfläche eine entscheidende Rolle, gerade auch mit Blick auf die Geschlechterfrage, die sie zweifellos mitträgt. Gertrudis Gómez de Avellaneda steht daher als repräsentative Figur ein für eine Romantik zwischen zwei Welten und eine Liebeskonzeption, die ihre gesellschaftskritische Schärfe nicht verloren hat.

José Mármol oder das subversive Lesen unter der Diktatur

Reisen wir nun von der Insel Kuba und der Iberischen Halbinsel an den Río de la Plata und zu jenem berühmten Erzähltext, der als erster argentinischer Roman überhaupt anzusehen ist und sicherlich zu den großen Vertretern dieser Gattung im Hispanoamerika des 19. Jahrhunderts zählt: *Amalia* von José Mármol! Wir beschäftigen uns mit einem Text, der bis heute immer wieder in großen Auflagen herausgebracht wird und zusammmen mit Echeverrías *El Matadero* und Sarmientos *Facundo* das Dreigestirn der argentinischen Literatur jener Epoche bildet. Zumindest einen dieser Prosatexte aus dem *Cono Sur*, dem Süden Südamerikas, werden wir in der Folge also kennenlernen.

Die Generation der jungen argentinischen Proskribierten, der sogenannten *proscriptos*, welcher auch José Mármol (1818–1871) angehört, wird nach dem Sturz des recht blutrünstigen Diktators Rosas im Februar 1852 an die politische Macht kommen und wichtige Ämter innerhalb des noch immer labilen jungen Nationalstaats einnehmen. Fragen wir Domingo Faustino Sarmientos *Facundo* und José Mármols *Amalia* nach einem Grundmuster kultureller Pole ab, so zeigt sich rasch, dass die Orientierung am ersten Pol verschiedener abendländischer Traditionsstränge in Literatur und Kultur absolut präsent ist, ja in gewisser Weise noch verstärkt oder radikalisiert wird, insofern eine Ausrichtung an europäischen Normen und Formen zwingend und für die argentinischen Literaten der Zeit geradezu selbstverständlich ist. Nach einem geokulturellen Dominantenwechsel, während dem spätestens seit den Unabhängigkeitskämpfen der *Independencia* an die Stelle von Madrid nun die *ville-lumière* Paris als (wie Walter Benjamin schrieb) „Hauptstadt des 19. Jahrhunderts" trat, ist es nicht nur in dieser argentinischen Generation keine Frage mehr, dass nicht länger das ehemalige Mutterland Spanien, sondern Frankreich sowie in zweiter Linie europäische Länder wie England, Italien oder auch der deutschsprachige Raum neben den langsam immer stärker werdenden Vereinigten Staaten von Amerika die Modernität für die junge Generation lateinamerikanischer Literaten repräsentierten. Dies gilt es nicht aus den Augen zu verlieren, wenn an die Stelle der ehedem normgebenden spanischen Tradition nunmehr vor allem französische Vorbilder und Bezugstexte treten.

Vor dem Hintergrund einer wachsenden europäischen Immigration, insbesondere in den *Cono Sur,* findet im ästhetischen Bereich ein Ideentransfer auf literarischer beziehungsweise künstlerisch-ästhetischer Ebene statt, welcher die Vorherrschaft und Dominanz der *exception culturelle* Frankreich für das 19. wie auch das 20. Jahrhundert festlegen und zementieren wird. Andere kulturelle

Bezugspunkte tauchen nur in zweiter Linie auf und bleiben eher marginal. Von einer Radikalisierung ließe sich insoweit sprechen, als bislang randständige kulturelle Pole wie etwa die Kulturen der indigenen Bevölkerungen oder afrikanisch-amerikanischer Schwarzer nicht mehr nur ausgegrenzt, sondern entweder brutal ausgeschlossen oder gar in eine genozidartige Vernichtung getrieben werden. Gerade unter den Herrschaftsverhältnissen der an die Macht gekommenen Generation gegen die Rosas-Diktatur aufbegehrender Literaten nimmt diese kulturelle Position feste politische Konturen und eine rücksichtslose Handlungsweise an. Die massive Vertreibung und Ermordung indigener Bevölkerungsgruppen legt im weiteren Verlauf des 19. Jahrhunderts hiervon ein ebenso beredtes wie schreckliches Zeugnis ab.

Gobernar es poblar, „Regieren heißt Bevölkern": Der Leitspruch des liberalen argentinischen Politikers Juan Bautista Alberdi meinte im Grunde eine Einwanderungspolitik, in welcher das Bevölkern mit europäischen Immigranten – vorzugsweise nicht-spanischer Herkunft – einherging mit einem Entvölkern von indianischen Gruppen, eine Position, der sich Domingo Faustino Sarmiento literarisch wie politisch, als Schriftsteller wie als argentinischer Präsident, selbstverständlich zugehörig fühlte und für die er offensiv warb und kämpfte. Der moderne Nationalstaat Argentiniens entstand, wobei die USA im politischen Bereich für die argentinischen Eliten immer stärkeren Vorbildcharakter entwickelten. Im Sinne Sarmientos schickte sich Argentinien vermeintlich an, die Vereinigten Staaten des Südens zu werden. Das Vernichtungsspiel, das die USA im Norden mit der indigenen Bevölkerung trieben, verlief mit derselben unmenschlichen Härte nunmehr auch im Süden. Die Geschichte der USA wie auch Argentiniens beruht auf einem planmäßig durchgeführten Genozid.[1] Wer vermochte jemals, Entschädigungen oder auch nur Entschuldigungen hierfür einzuklagen? Wie die fortgesetzten Entrechtungen indigener Gruppen in den USA durch Donald Trump zeigen, ist diese Geschichte noch immer nicht zu einem friedlichen Ende gekommen.

Doch die kulturellen Entwicklungen, Entrechtungen und Ausschließungen gingen in beiden Ländern noch weit darüber hinaus. Denn gleichzeitig mit diesem Genozid an der indigenen Bevölkerung erschienen schwarze Kulturen nicht als kulturtragende Elemente eines künftigen Argentinien, sondern ebenfalls als Zeugnisse einer Barbarei, die es buchstäblich auszumerzen galt. Dabei trat an dieser Stelle ein zutiefst politischer Aspekt mit hinzu, insofern die

---

1 Vgl. hierzu Ette, Ottmar: Funktionen von Mythen und Legenden in Texten des 16. und 17. Jahrhunderts über die Neue Welt. In: Kohut, Karl (Hg.): *Der eroberte Kontinent. Historische Realität, Rechtfertigung und literarische Darstellung der Kolonisation Amerikas.* Frankfurt am Main: Vervuert Verlag 1991, S. 161–182.

schwarze Bevölkerung mehrheitlich auf Seiten der Getreuen der Rosas-Diktatur gekämpft und zu dessen heftigsten Anhängern gezählt hatte. Sie wurde im liberalen Argentinien fortan radikal ausgeschlossen und spielte ebenfalls keine Rolle mehr.

Vervollständigen wir noch unser geokulturelles Panorama um die Mitte des 19. Jahrhunderts im Süden des amerikanischen Doppelkontinents! Der volkskulturelle Pol rückt bei unserer Betrachtung durchaus ins Blickfeld, wurde aber zusammen mit allem Spanischen (abgesehen von der Sprache) zugunsten der neuen kulturellen Zielvorstellungen, die deutlich im nicht-spanischen Europa lagen, vehement ausgegrenzt. Die kulturellen Mischformen, die bei Domingo Faustino Sarmiento in seinem *Facundo* breiten Raum einnehmen, obwohl sie kulturell nicht als tragfähig erachtet werden, fristen ein marginales Dasein im politischen wie im literarästhetischen Bereich: José Mármols *Amalia* bildet, wie wir noch sehen werden, hierin ganz gewiss keine Ausnahme.

All dies gibt uns Hinweise genug auf die Tatsache, dass das kulturelle Projekt, welches der jungen argentinischen Generation, den jungen Rebellen und Rosas-Gegnern vor Augen schwebte, alles andere als revolutionär war. Sie wollten nicht zu Spanien, sondern zu einem anderen Europa aufschließen: Frankreich war ihr Ideal und ihre Zielvorstellung. Und alles, was ihre Träume von einer argentinischen Republik mit Blick auf dieses französische Vorbild störte, musste zwangsläufig ausgeschieden werden. In der Wahl der Mittel verfuhr man dabei nicht zimperlich.

Gleichwohl, diese junge intellektuelle Elite plante die Fortführung der politischen Unabhängigkeit auf der Ebene einer Erziehung zu mentaler und literarischer Unabhängigkeit, die ständig auf den Lippen geführt wurde und die wir sehr wohl ernstnehmen müssen. Es ging der *Joven Generación Argentina* um eine *Independencia* auf kulturellem und ästhetischem Feld, zumindest um eine Unabhängigkeit vom verhassten Spanien. Dafür begab man sich gerne in neue Abhängigkeiten. Doch sind die Beschränkungen des kulturellen Projekts dieser bürgerlichen intellektuellen Elite allzu evident (wenn auch bislang, so scheint mir, nicht genügend berücksichtigt), als dass wir diesen zentralen Aspekt aus den Augen verlieren dürften.

José Mármol gehört – wir haben es schon erwähnt – der Gruppe der *proscriptos* an, und zwar jener des uruguayischen Exils, also des eigentlichen Zentrums des argentinischen Exils in Montevideo, in der *Banda Oriental*. Er erlebte dieses Exil und die Flucht aus Argentinien wie viele seiner Schicksalsgenossen gleichsam mit dem distanzierten Blick aus der Nähe des La Plata, den er 1840, zur Zeit des Höhepunktes des Terrors während der Rosas-Diktatur, kurz nachdem er selbst das Gefängnis für kurze Zeit in Buenos Aires kennenlernen musste, wie Esteban Echeverría auf einer französischen Fregatte überquert hatte. So war der Blick auf

Buenos Aires und Argentinien ein zugleich distanzierter und sehr naher Blick, der es erlaubte, das gesamte Land in seiner Zukunftsträchtigkeit zu bewerten und große Pläne für die nach Rosas heranbrechende nahe wie fernere Zukunft zu machen. In die Verzweiflung mischte sich so immer auch das Visionäre einer Generation, die angetreten war, sich ebenso intellektuell wie konkret politisch durchzusetzen. Dazu galt es, die störende Diktatur zu beseitigen …

Es war kein Zufall, dass José Mármol den Río de la Plata auf einer französischen Fregatte überwunden hatte. Seit 1838 hatten die Franzosen die Rosas-Regierung mit einer Seeblockade belegt, die auch in José Mármols Roman *Amalia* eine gewisse Rolle spielen sollte. In eben jenem Jahr 1840, in welchem der dreiunddreißigjährige Mármol das rettende Gestade Uruguays erreichte, sind die Ereignisse des Romans angesiedelt, genauer zwischen dem 4. Mai und dem 5. Oktober eines Jahres, das in die Geschichte Argentiniens eingehen sollte. Der Roman beginnt mit dem scheiternden Versuch einiger Argentinier, zur Flucht über den La Plata aufzubrechen und dem Rosas-Regime im wahrsten Sinne des Wortes den Rücken zu kehren. Dies weist unmissverständlich auf zwei wichtige Charakteristika dieses Romans: erstens einen historischen und realgeschichtlichen Hintergrund und Bezug, dem eine nur geringe zeitliche Distanz zur Erzählzeit eignet; und zweitens eine stark autobiographische Grundtönung, die den Roman, mithin die Fiktion, auf einer realen Erfahrung, folglich der *erlebten* realhistorischen Faktizität, aufruhen lässt. Auf diesen autobiographischen wie auf den historisch-politischen Charakter oder Grundzug des Romans werde ich noch mehrfach in dieser Vorlesung zurückkommen.

Abb. 94: José Mármol, eigentlich José Pedro Crisólogo Mármol (Buenos Aires, 1817 – ebenda, 1871).

Als der (Diktatoren-)Roman *Amalia* 1851 – also gut elf Jahre nach den berichteten und dargestellten Ereignissen – im Feuilleton des von José Mármol selbst herausgegebenen Periodikums *La Semana* in Montevideo erschien, einer Zeitschrift, in welcher vor allem politische Artikel gegen Rosas und sein Regime publiziert wurden, war der argentinische Autor vor allem als Verfasser von Gedichten, Theaterstücken, vor allem aber einer politischen und journalistischen Prosa bekannt. 1841 hatte er sich erfolgreich an einem *Certamen* in Montevideo beteiligt und kämpfte über lange Jahre mit spitzer Feder gegen seine politischen Feinde jenseits des Río de la Plata. Es war die einzige Waffe, die ihm als Literaten zur Verfügung stand, und er nutzte sie trefflich.

In diesem politischen, ideologischen Kampf des Argentiniers nimmt der Roman *Amalia* eine wichtige, wenn auch nicht unbedingt beherrschende Stellung ein. Doch hat der Roman dem argentinischen Autor einen nicht mehr verblassenden literarischen Ruhm verschafft, der bald vergessen ließ, dass der erste von bisher drei berühmten blinden Direktoren der Nationalbibliothek von Buenos Aires – José Mármol war der erste, der franko-argentinische Literat Paul Groussac der zweite und kein anderer als Jorge Luis Borges der Dritte im Bunde – nach dem Sturz der Rosas-Diktatur und der Rückkehr aus dem Exil seine literarische Kreativität fast vollständig einbüßte und nichts Nennenswertes mehr hervorbrachte. Das Exil und die Schlachten, soll der spätere argentinische Abgeordnete einmal gesagt haben, seien die großen Quellen der Literatur. Beides war für ihn zu Ende gegangen, und damit auch die Literatur. Um sie aber – und vor allem die Inszenierung von Lesen und Lektüre, aber auch Liebe – geht es uns in unserer Vorlesung vorrangig.

Im Jahre 1851 also erschien sein großer Roman im Feuilleton; und man merkt dem Text diesen Ursprung sehr wohl an aufgrund einer Reihe von literarischen Verfahren und Techniken, die diesem Genre eigen sind. Kurz vor Ende des Romans brach die Publikation im zwölften Kapitel des letzten Teiles abrupt ab, weil der Diktator Rosas im Februar 1852 die Schlacht von Monte Caseros gegen die Truppen von Urquiza verlor. Die Ereignisse auf der realhistorischen Ebene schlugen auf jene in Mármols Roman durch.

Aus dem Exil zurück gründete Mármol 1852 eine neue Zeitung, *El Paraná*, wo er die Gründe für den Abbruch der Feuilletonpublikation seines Romans vermerkte. Der argentinische Autor hatte seine Leser noch vor seiner Abreise aus Uruguay mit dem etwas überhasteten Hinweis auf einen baldigen Schluss und die Notwendigkeit des Verfassers getröstet, nach Buenos Aires gehen zu müssen, um dort Dokumente und unveröffentlichtes Material zu sammeln, um es in seinen Roman einzubeziehen. Er sprach's und verschwand nach Buenos Aires ...

Dort erschien der Roman allerdings erst 1855 in Buchform, zu einem Zeitpunkt also, als er der rasch ausgegebenen Devise der neuen Machthaber, es gebe in Argentinien weder Sieger noch Besiegte, nicht mehr zu viel Schaden zufügen konnte. Denn im Roman selbst gab es sehr wohl *vencidos* und *vencedores*, Gute und Böse, Sieger und Besiegte; und gemäß der Ereignisse von 1840 war klar, dass es sich bei den Bösen notwendig um die damaligen Sieger und bei den Besiegten um die Gegner von Rosas handeln musste. Der Roman ergreift Partei, denn er ist die Fortsetzung des politischen und militärischen Kampfes mit der Feder des Schriftstellers.

Ziehen wir nur kurz einige Vergleiche mit zeitgenössischen argentinischen Texten, um José Mármols Roman etwas stärker zu kontextualisieren. Das von Esteban Echeverría in *El Matadero* sehr antinomisch zwischen *federales* und *unitarios* unterscheidend gezeichnete Tableau wird auf eine ganze Nation ausgeweitet; Domingo Faustino Sarmientos in *Facundo* entwickelter Gegensatz zwischen Zivilisation und Barbarei wird bei Mármol in die Fabel wie in die Struktur des Romans eingearbeitet. Und schließlich wird ähnlich wie in Echeverrías *La Cautiva* das Geschehen von einer tragischen Liebesgeschichte belebt, welche den narrativen Motor für das gesamte Buch darstellt. Fertig ist der Roman! Man sieht bei dieser zugegebenermaßen starken Vereinfachung, wie sehr sich José Mármols Hauptwerk mit den großen Werken anderer von der Rosas-Diktatur Proskribierter verband und in diesen gemeinsamen Exilverbund einfügte.

Die im Roman zentral gestellte Liebesgeschichte, das haben wir mittlerweile schon mehrfach gesehen, kann zur Darstellung nationaler Grundbefindlichkeiten und Grundprobleme dienen, ja ist geeignet, als nationale Allegorese den Leserinnen und Lesern präsentiert zu werden. Unsere Analyse wird uns vor Augen führen, wie bewusst und brillant José Mármol dies in seinem Roman in die Tat umsetzt. Liebe und Liebesgeschichten sind, dies dürfen wir uns hinter die Ohren schreiben, die wohl machtvollsten fiktionalen Konstruktionen, welche die Narration auf Seiten des Autors wie des Lesers, auf Seiten von Produktion wie Rezeption mit einem langen Atem, ja mit einer gewissen Unersättlichkeit ausstattet und dafür sorgt, dass eine bestimmte Problematik dem Lesepublikum ein ums andere Mal zugeführt werden kann, ohne dass es dabei ermüdet.

Hier gilt ganz allgemein: Nation und Narration sind aufs Engste miteinander verwoben.[2] Dies stimmt aber auch für die Beziehung zwischen Nation und Liebe, sowie nicht zuletzt für jene zwischen Narration und Liebe. Es ist diese Dreierkonstellation – die man sehr wohl in ihrer Dreifaltigkeit als theoretische Trias wie als künstlerisches Triptychon verwenden könnte –, die in all ihrer Mächtigkeit und narrativen Potenz von José Mármol aufgerufen wird und über so manche Länge

---

2 Vgl. hierzu Bhabha, Homi K. (Hg.): *Nation and Narration*. London – New York: Routledge 1990.

des Romans die geneigte Leserschaft hinwegzutrösten wusste. Nun, Sie fragen nach dem obskuren Objekt der männlichen Begierde? In ganz romantischer (und zugleich französischer) Tradition gibt der Titel die Antwort: Es ist Amalia, die bildhübsche Protagonistin und tragische romantische Heldin der gesamten Narration; zugleich auch die Verkörperung der argentinischen Nation in jener Dreierkonstellation von Liebe, Nation und Narration, mit der wir uns an dieser Stelle beschäftigen.

Beginnen wir unsere Textanalyse – wie wir das schon mehrfach getan haben – mit der paratextuellen Ebene, sprich: mit der kurzen, aber wichtigen *Explicación*, die Mármol seinem Roman voranstellte. Sie ist auf den Monat Mai 1851 in Montevideo datiert und betont damit ihren Charakter als Exilliteratur außerhalb des Territoriums der Rosas-Diktatur. Ich möchte Ihnen gerne den gesamten Text dieser „Erklärung" zur Verfügung stellen:

> Der größte Teil der historischen Figuren dieses Romans lebt noch immer und nimmt dieselbe politische oder soziale Position ein wie in jener Epoche, in welcher sich die Begebenheiten ereigneten, die man in der Folge lesen wird. Aber der Autor nimmt aufgrund einer kalkulierten Fiktion an, dass er seinen Roman mit einigen Generationen Abstand zwischen sich und seinen Figuren schreibt. Eben dies ist der Grund, warum der Leser nie das Präsens bei der Zeitenverwendung mit Blick auf Rosas, seine Familie, seine Minister etc. vorfinden wird.
>
> Der Autor glaubte, dass eine solche Vorgehensweise der größeren Klarheit der Narration gerade bezüglich der Zukunft dieses Werks diente, welches doch dazu bestimmt ist, wie alles Gute oder Schlechte im Lichte jener dramatischen Epoche der argentinischen Diktatur gelesen zu werden, und dies von künftigen Generationen, mit denen sich diese hier angewandte Vorgehensweise harmonisch perfekt verbinden wird, Persönlichkeiten nämlich aus dem Rückblick zu beschreiben, welche gleichwohl in dieser Gesellschaft leben.
>
> Montevideo, im Mai 1851   JOSE MARMOL.[3]

Zunächst einmal gilt festzuhalten, in welch starkem Maße diese *Explicación* auf eine spezielle Leserschaft schielt, welcher dieser argentinische Roman zugedacht ist. Dabei steht ein künftiger Leser aus Argentinien im Vordergrund, der die in diesem Erzähltext dargestellten Ereignisse nicht mehr aus eigener Erfahrung kennt, sondern für den sie zu einem Teil der eigenen Vorgeschichte geworden sind und nur mehr aus zeitlicher Distanz wahrgenommen werden können. Man bemerkt an dieser Stelle der paratextuellen Erläuterungen des Verfassers deutlich, wie stark José Mármol sich und sein literarisches Werk an diesen künftigen Lesergenerationen orientierte und wie sehr er diese Lesergruppen politisch wie ästhetisch adressierte.

---

3 Mármol, José: *Amalia*. Prólogo de Trinidad Pérez. La Habana: Casa de las Américas 1976, S. 9.

Damit aber rückt der Lesevorgang in den Kontext einer großen Distanz der Kommunikation, geht es hier doch gerade nicht um eine mehr oder minder direkte, kaum zeitverschobene Kommunikation zwischen dem argentinischen Autor und seinen Lesern, sondern zwischen der wohlbedachten, ‚kalkulierten Fiktion' eines Romans und einem in die Zukunft projizierten Leser, der möglicherweise zum Zeitpunkt des Entstehens des Textes noch gar nicht geboren war. Die Wendung an den Leser ist also die Wendung an einen Leser der Zukunft, eine Wendung, die wir im 19. Jahrhundert – etwa in Frankreich mit Stendhal – verstärkt beobachten können und die mit der veränderten Zeitvorstellung einer nicht länger zyklischen, sondern linearen und vor allem zukunftsoffenen Entwicklung der Gesellschaft gepaart ist. Doch auf das Lesen und die verschiedenen Lektüremodi kommen wir noch zurück.

Damit wird dem Leser paratextuell klargemacht, dass dieser Roman Abbildanspruch erhebt, seien doch die meisten Figuren „historisch" und noch zum Zeitpunkt der Abfassung dieses Textes innerhalb des Rosas-Systems in Amt und Würden. Der Begriff „historisch" ist an dieser Stelle bewusst ambivalent eingesetzt: Einerseits wird er im Sinne von ‚faktisch' oder mehr noch ‚real' gebraucht, unterstreicht also den mimetischen Charakter des fiktionalen Erzähltextes; andererseits erscheinen die so gezeichneten Personen oder Figuren als historisch im Sinne ihrer Zugehörigkeit zur Geschichte – und zwar nicht der Geschichte des Romans, sondern der gesellschaftlichen und politischen Geschichte Argentiniens schlechthin. Doch versteht sich dieser Roman mit seinem „historischen" Personal auch als *historischen* Roman?[4]

An diese Frage knüpft sich zunächst ein Problem: Als historisch bezeichnet man Figuren oder Menschen zumindest umgangssprachlich erst dann, wenn sie längst verblichen und Geschichte sind. Dies ist mit den von José Mármol porträtierten Figuren aber keineswegs der Fall. Der argentinische Diktator Rosas lebt, mehr noch: Er ist 1851 weiterhin an der Macht. Historisch geworden ist sein Regime also gerade *nicht*; und nichts deutet auf die nahende Niederlage hin, hatte der Diktator doch schon eine Vielzahl von Krisen seiner autoritären Herrschaft gut überstanden.

Die Zugehörigkeit zur realen Geschichte stellt aber noch ein weiteres Zuordnungsproblem dar: das der literarischen Gattung, in welche sich José Mármols Roman einschrieb. Denn sind diese Figuren, die im Roman dargestellt werden „historisch", dann liegt die Vermutung nahe, dass es sich bei *Amalia* sehr wohl um einen *historischen Roman* handeln könnte. Hier setzt das von Mármol

---

4 Vgl. zum historischen Roman in Lateinamerika Balderston, Daniel (Hg.): *The Historical Novel in Latin America. A Symposium.* Gaithersburgh: Hispamérica 1986.

paratextuell nachgeschobene ästhetische Argument an, es handele sich bei diesem Text um eine *ficción calculada*. Was aber ist das Kalkül dieser Fiktion? Wir könnten antworten: Es handelt sich um ein politisches Kalkül des aus dem Exil schreibenden Autors. Die Forschungsliteratur hat sich lange, vielleicht zu lange, mit der bisweilen interessanten, bisweilen aber auch kasuistischen Frage auseinandergesetzt, ob es sich bei diesem Roman um einen historischen *oder* um einen politischen Roman handele. Lösen wir das Problem etwas simpel auf die gordische Art: Es handelt sich um einen historischen *und* um einen politischen Roman. Damit sind wir freilich nur einen kleinen Schritt weiter. Denn wir müssen uns erst einmal darüber verständigen, was wir in diesem Fall unter *historischem* und was unter *politischem* Roman verstehen wollen. Klar ist freilich auch, dass die Darstellung von Rosas und seiner Schergen im Imperfekt für den Autor wie für Rosas-feindliche Leserinnen und Leser einen gewissen Lustgewinn darstellt, wird der Diktator doch damit zumindest innerhalb der kalkulierten Fiktion zu einer Vergangenheit, erscheint als geradezu tot und wird, wie Facundo bei Sarmiento, höchstens literarisch reanimiert. Für das Lesepublikum von 1851 werden die Diktatur und der Diktator, unabhängig von ihrer unvermindert offensiven Gegenwart in Argentinien, ganz einfach in die Vergangenheit gesetzt.

Für eine differenziertere Sichtweise aber ist es unabdingbar, sich mit dem Wesen der *kalkulierten Fiktion* näher zu beschäftigen. Die Fiktion – so die Autorfigur des unterzeichnenden José Mármol – betrifft nicht etwa die Romanfiguren, denn diese werden ja als „real" und „historisch" bezeichnet. Der Begriff bezieht sich vielmehr auf die Art ihrer literarischen Präsentation aus der zeitlichen Distanz, die nicht jene gut elf Jahre zwischen 1840 und 1851 betrifft, auf die hier mit Hilfe der Datierung hingewiesen wird. Der mit den Mitteln der Fiktion erzeugte zeitliche Abstand bezieht sich auf eine Distanz im Sinne von Generationen, die durch die Verwendung der Vergangenheitsform vorgetäuscht wird: als läge die Erzählzeit in einer weit entfernten Zukunft oder die erzählte Zeit in einer schon lange zurückliegenden Vergangenheit, wo doch das eigentliche Problem dieses argentinischen Romans die große Nähe zwischen Erzählzeit und erzählter Zeit ist.

Mit anderen Worten: Die kalkulierte Fiktion situiert sich nicht auf Ebene der erzählten Zeit, also *grosso modo* dem Jahr 1840, sondern auf der Ebene der Erzählzeit, also spätestens 1851, die fiktiv in die Zukunft verlagert wird. Durch diese Verlagerung in die Zukunft wird jene historische Distanz konstruiert, welche zu den Gattungsspielregeln des (europäischen) historischen Romans à la Walter Scott gehört. Und diesen europäischen Gattungsnormen versucht José Mármol zu entsprechen. Nicht das Dargestellte, sondern die Position des Darstellenden ist also fiktiv: eine originelle Verlagerung, deren Konsequenzen – so scheint mir – bislang noch nicht recht durchdacht worden sind. José Mármol verlagert also die politische Aktualität in den historischen Roman nicht dadurch, dass er eine politische Allegorese betreibt, innerhalb derer ein Ereignis etwa der Kolonialzeit allegorisch auf die Erzählzeit bezogen werden könnte, sondern durch eine Auslagerung der erzählenden Instanz, des Erzählers auf Ebene der Erzählzeit. Mit all diesen Ausführungen will ich freilich nicht behaupten, dass José Mármol dieser Kunstgriff wirklich auf allen Ebenen ästhetisch überzeugend gelungen wäre. Der Ansatz aber ist durchaus originell!

Ziel des Kalküls ist der Leser, ist das anvisierte Lesepublikum. Dieses taucht in zweifacher Form auf: als zeitgenössischer Leser, dem das gewählte literarische Verfahren zu größerer Klarheit bei der Lektüre gereichen soll; und als zukünftiger Leser, ein bei den Romantikern in beiden Welten recht häufig apostrophierter Gefährte, welcher dereinst das Werk kennenlernen wird. Dieser letztere wird dann, einige Generationen später, sozusagen die Ebene der kalkulierten Fiktion der Erzählerposition erreicht haben: Für ihn tritt der Roman dann in die Funktion der Historiographie ein. Diese Geschichtsschreibung ist freilich eine parteiische, deren sich dieser Leser zweifellos versichern muss. Denn José Mármol schreibt nicht nur aus unbestreitbar zeitlicher Nähe zum Geschehen, sondern auch aus einer Position heraus, die ihre Leserschaft nach Kräften von dem positiven Tun der Exilierten, der Proskribierten, überzeugen soll.

Wir könnten also fragen: Haben wir das ‚Heute‘, haben wir jenen Zeitpunkt erreicht, den Mármols Roman nicht auf der Ebene des Dargestellten, sondern aus der Position des distanzierten Darstellenden erreicht zu haben vorgab? Ich gebe gleich eine erste Antwort auf diese Frage, die zweiteilig ist. Erstens hat, so glaube ich, diese Fiktion der in die Zukunft projizierten Erzählerposition nicht eine solche Kraft entfaltet, dass sie uns heute sozusagen mit den Zeichen der Gegenwart, mit den Zeichen unserer Gegenwart, entgegentreten könnte. José Mármol hat es versäumt, den in die Zukunft verlagerten Erzähler wirklich diegetisch einzubetten, also bestimmten zeitlich, politisch oder ökonomisch prospektiven Faktoren zuzuordnen, aus deren Kenntnis dann die unmittelbare Vergangenheit und Gegenwart für den Leser als längst vergangene Zeit darstellbar und interpretierbar gewesen wäre. Und zweitens sind die virtuellen Perspektiven einer solchen Fiktion, die sich nicht auf das Erzählte, sondern auf den Erzähler wendet, so überaus verlockend, dass es einmal eines Jorge Luis Borges bedurfte, um sie in ihren Möglichkeiten auszuloten und auszuschöpfen. Mit einem solchen Ansinnen oder Anspruch würden wir den Argentinier Mármol deutlich überfordern. Er begnügte sich in seinem Bemühen um das zeitgenössische Lesepublikum mit einem simplen Tempuswechsel; und tat dies mit Erfolg.

Denn für José Mármol ging es in seinem Erfolgsroman ebenso offenkundig wie vordringlich darum, eine retrospektive Schau und Beobachterposition zu gewinnen, von der aus die historischen Personen vor dem Tribunal der Geschichte mit Hilfe einer historisch legitimierten, und nicht in die damaligen Verhältnisse involvierten, parteiischen Erzählerfigur abgeurteilt werden konnten. Auf diese Weise vermochte es der Text als historischer Roman, Geschichte als Inhalt, Geschichte als Darstellungsweise und Geschichte als juristisches Schauspiel im Zeichen großer Menschheitsepochen – denken wir nur an das von Domingo Faustino Sarmiento zuvor bereits ausgearbeitete Ringen von Barbarei und Zivilisation – publikumswirksam in Szene zu setzen.

Damit freilich wurde die Ebene des autobiographischen Erlebens und Miterlebens – welche den gesamten Roman durchzieht – zugunsten der Gewinnung historischer Distanz und scheinbarer Objektivität vordergründig vernachlässigt, um dann doch letztlich autobiographisch legitimiert die kalkulierte Fiktion historischer Ferne zugunsten eigener parteiischer Ziele effektvoll und literarästhetisch wirkungsvoll einsetzen zu können. José Mármols *Amalia* führt uns vor Augen, warum Literatur nicht schlicht dargestellte Wirklichkeit (wie etwa im Falle der Geschichtsschreibung) ist, sondern die Darstellung einer gelebten, erlebten und in jedem Falle lebbaren Wirklichkeit.

Ein literarisches Spiel mit vielen Ebenen, und doch wiederum nicht so komplex, als dass wir die Perspektive der *Proscriptos* darüber aus den Augen verlieren könnten. *Amalia* erhebt Anspruch auf Darstellung von gelebter und erlebter Realität, auf historische Objektivität, auf die Darstellung gesellschaftlicher Totalität und stellt, wie schon in der zitierten Erläuterung klar wird, Rosas und seine Familie – fast nebenbei, wenn ich dies hier so paradox sagen darf – in den Mittelpunkt der literarischen Repräsentation.

All dies verbindet die Texte Echeverrías, Sarmientos und Mármols zu einer neuen Reihe im Kontext des Diktatorenromans: In *El Matadero* ist der Diktator überall anwesend, aber nirgends sichtbar, in *Facundo* ist er metonym verschoben hinter der Figur des Caudillo versteckt, um schließlich in Mármols *Amalia* dann zu einer richtigen und wichtigen Romanfigur zu avancieren, die vom Romancier nach den Regeln der Kunst (und damit auch der Geschichte) gestaltet worden ist. Mármol hat also in gewisser Weise die ästhetischen Konsequenzen aus den Vorarbeiten seiner Vorläufer gezogen – zumindest auf der spezifisch romantechnischen Ebene. Doch sehen wir uns das Ganze textanalytisch in Ruhe an!

Der aus insgesamt fünf Teilen bestehende Roman setzt im ersten Kapitel des ersten Teils, genau auf den 4. Mai 1840 datiert, mit einer nächtlichen Szenerie des bereits erwähnten Fluchtversuches edler argentinischer Gestalten ins Exil ein, ein Fluchtversuch, der durch Verrat und bösartige Hinterhältigkeit der Anhänger

Rosas' scheitert und in einem Blutbad endet. Die Szene ist in der Dunkelheit der Nacht angesiedelt und die verzweifelten Rosas-Gegner kämpfen schon in dieser ersten Szene gegen die Macht und gegen die Nacht der Barbarei, einer Barbarei, die zu allem entschlossen und übermächtig ist.

Bereits auf den ersten Seiten des Romans wird immer wieder die erste Person Plural verwendet; und dieses „Wir" verweist auf den impliziten Leser, der deutlich als lateinamerikanischer und spezieller noch argentinischer Leser dem Text eingeschrieben ist. Im Grunde scheint der implizite Leser exzellent mit den Verhältnissen, mit den Straßen und Gewohnheiten von Buenos Aires vertraut zu sein, so dass wohl ein *porteño*, ein Bewohner von Buenos Aires, hier als *implied reader* vorgestellt werden kann.

Zu den verzweifelten Fluchtwilligen zählt auch Eduardo Belgrano, nicht von ungefähr Träger eines überaus bekannten argentinischen Namens, war sein Vater doch jener bis heute berühmte argentinische General Belgrano, der sich in den Unabhängigkeitskämpfen der entstehenden Nation einen Namen machte. Ungenannt präsent ist von Anfang an auch ein weiterer junger Mann, Daniel Bello, spricht Eduardo Belgrano doch von einem Freund, der gegen Rosas kämpft, sich aber gegen die Flucht in die Emigration wende und für die Bekämpfung der Diktatur von Buenos Aires aus ganz persönlich eintrete.

Die Beschreibung derer, die nach Montevideo fliehen und emigrieren wollen, zeigt von Beginn an die Koppelung von gesellschaftlicher Distinguiertheit, Physiognomie und moralischer Schönheit, welche den Leser durch den gesamten Roman begleitet und geradezu verfolgt. Die moralische Schönheit ist gleichsam äußerlich sichtbar.[5] Doch der Anführer der Gruppe ist zugleich auch jener Mann, der die Gruppe an die *Mazorca*, die Parteigänger der Diktatur, verrät: kein Wunder, ist doch dieser Merlo von Beruf ein Fleischer und dieses blutige Geschäft ist das der Diktatur selbst. Merlos Beschreibung ist die eines Verräters: Bei ihm taucht das fast schon stereotyp wirkende Messer, mit dem der erste der Flüchtlinge getötet werden wird, auf und zeigt, was all jenen blüht, welche im Argentinien der Rosas-Diktatur Republikflucht begehen. Das Messer wird zum Protagonisten: Es scheint geradezu selbstständig zu töten.

Nun, der schöne Eduardo Belgrano entgeht zunächst dem Blutbad, indem er sich geschickt verteidigend immer mehr zur Stadt hin zurückzieht und den *Mazorqueros* Paroli bietet. Der ungleiche Kampf findet außerhalb der Stadt statt, sozusagen in der Barbarei. Die Stadt ist nahe, doch für den jungen Belgrano unerreichbar fern. Diesen Kampf könnte man durchaus schon als die Vorform der Auseinandersetzung zwischen Stadt und Land deuten: Es ist der verzweifelte

---

5 Mármol, José: *Amalia*, S. 13f.

Versuch, in die Stadt, in die Zivilisation zurückzukehren und den Schrecken der Barbarei zu entfliehen. Doch der Weg ins Exil, in die Stadt des Exils und den Hort der Zivilisation, ist aufs Erste verstellt: Montevideo, die Stadt, in der Mármol den Roman niederschreibt, scheint für die Gegner Rosas' unerreichbar.

Eduardo wird im Kampf mit den feigen, aber zahlreichen Schergen verwundet und schreit seinen künftigen Mördern zum ersten Mal „Barbaren" ins Gesicht.[6] Unmittelbar danach wird er zu Boden gezwungen: Schon kniet ein *Federal* auf ihm, hält ihm den Schopf und schickt sich an, ihm die Kehle durchzuschneiden – eine Szenerie, die in der Literatur der Proskribierten fast schon zum Klischee wurde, insofern sie stereotyp die Verrohung unter der Diktatur zum Ausdruck bringen sollte. Aber dann, oh Rettung, erscheint wie ein *Deus ex machina*, „como caído del cielo",[7] Daniel Bello als Gesandter der Vorsehung und rettet im wahrsten Sinne des Wortes Eduardo Belgrano den Kopf. Daniel tötet die Gegner Belgranos und bringt den schwerverwundeten, blutüberströmten Eduardo in Sicherheit, oder genauer: ins Haus seiner schönen Kusine, die auf den Namen Amalia getauft ist. Sie ahnen schon, was folgt! Denn damit beginnt die große Liebesgeschichte ...

Die Werte Kusine ist nicht irgendeine schöne Frau, denn die moralische Größe Amalias wird der Leserschaft schon von Beginn an vor Augen geführt. Deutlich wird dies, Sie ahnen es, an einer Lesezene, an dem, was diese wunderschöne Frau sich selbst vor Augen führt. Amalia liest nicht irgendein Buch: Sie liest Lamartines *Méditations* und entpuppt sich damit als Leserin der französischen Romantik: Sag mir, was Du liest, und ich sage Dir, wer Du bist! Die französische Literatur bildet einen Schwerpunkt innerhalb des innerliterarischen Raumes, der im Verlaufe des Romans sukzessive entfaltet wird.[8] Nun, die romantische Heldin wird sogleich vom Erzähler zu Beginn des zweiten Kapitels unter dem hintergründigen Titel „La primera curación" (Die erste Heilung) beschrieben:

> Als Daniel Eduardo auf dem Sofa ablud, lief Amalia – denn wir wollen fortan die Kusine Daniels bei ihrem Namen nennen – in ein neben dem Salon befindliches Arbeitszimmer, welches von einer Trennwand aus Glas abgetrennt war, und nahm von einem schwarzen Marmortisch ein kleines Alabasterlämpchen, in deren Licht die junge Frau gerade die *Méditations* von Lamartine gelesen hatte, als Daniel an die Glasscheiben der Fenster klopfte, und damit eilte sie zurück und stellte die Lampe auf einen runden Tisch aus Caoba-Holz, der von Büchern und Blumenvasen überquoll. [...]

---

6 Ebda., S. 15.
7 Ebda., S. 17.
8 Ebda., S. 24.

In diesem Augenblick war Amalia außerordentlich bleich, was auf die unerwarteten Eindrücke zurückzuführen war, welche auf sie einwirkten; und die Locken ihres kastanienbraunen Haares, die sie vor wenigen Augenblicken hinter ihre Ohren zurückgekämmt hatte, beeinträchtigten Eduardo nicht dabei, in einer Frau von zwanzig Jahren eine bezaubernde Physiognomie, eine majestätische und ebenmäßige Stirne, braune Augen voller Ausdruck und Gefühl sowie eine schöne Figur zu entdecken, deren schwarzes Gewand dafür gewählt schien, das strahlende Weiß ihres Busens und ihrer Schultern hervorzuheben, hätte der Stoff nicht verraten, dass es sich um eine Trauerkleidung handelte.[9]

Unsere erste Begegnung mit Amalia könnte nicht eindrucksvoller sein! Denn uns tritt eine strahlend schöne Frau von zwanzig Jahren entgegen, welche Trauerkleidung trägt. War nicht die bezaubernd schöne Witwe ein Topos gerade der französischen Literatur des 19. Jahrhunderts? Amalia jedenfalls wird uns im Zeichen der Lektüre, im Zeichen des Lesens vorgestellt. Und wir begreifen sofort, dass es sich hier um den Inbegriff einer romantischen Heldin des 19. Jahrhunderts handelt, deren weiße Haut und bleiche Gesichtsfarbe all jene Assoziationen aufruft, welche die weibliche Schönheit der Romantik stets in die Gemeinschaft mit Krankheit stellen. Eine schöne, geistreiche und ausdrucksstarke Frau steht vor uns, doch sie begegnet uns im Kontext von Krankheit und Tod. Auch in diesem Roman wird es darum gehen, dass die Geschichte einer sich anbahnenden Liebe nur über eine schöne Leiche zu haben sein wird.

Amalia ist, was sie liest: Die Lyrik des französischen Romantikers Alphonse de Lamartine, die sie im Schein einer Alabasterlampe in einem abgeschlossenen Lese- und Arbeitsraum voller Bücher und Blumen an einem Marmortischchen (womit sich ganz nebenbei der argentinische Autor namens „Marmor" selbst einblendet) zu lesen pflegt, wirft ein bezeichnendes Licht auf ihre Persönlichkeit. Denn die schöne Amalia liest inmitten der blutigen Ereignisse, die sich in der Gesellschaft der Rosas-Diktatur um sie und ihr Haus herum abspielen, in einsamer und letztlich gegen das feindliche Außen gerichteter Weise eine Literatur, die frankozentrisch ist und damit schon jene Macht der (französischen) Ideen einblendet, welche in der Tradition von Freiheit, Gleichheit und Brüderlichkeit gerade für jene, die gegen die Diktatur ankämpften, ein orientierendes Licht in ihrem politischen Kampf darstellten.

Die einsame Lektüre, das wissen wir von Beginn des Romans an, kann subversiv sein; und in diesen Passagen ist sie es ohne jeden Zweifel, wendet sie sich doch gegen eine Welt, die im Zeichen der Barbarei und der Unterdrückung aller freiheitlichen Gedanken steht. Die geschmackvolle Leserin ist an einer besseren Welt orientiert und verabscheut zutiefst die politische Gewalt, die sie und ihr

---

9 Ebda., S. 24 f.

stilvolles Haus von allen Seiten umgibt. Doch noch scheint sie in diesem Hause sicher zu sein.

Die Entzifferung dieser Lektüre am schwarzen Marmortischchen wird uns freilich von Mármol sehr leicht gemacht, ist Amalia doch eine romantische Heldin, die sich bereits vollständig von romantischen Romanen nährt. Dazu ist Amalias Kleid ebenfalls schwarz: Sie trägt Trauer, ist ihr erster Gatte, ein ehrenhafter und wesentlich älterer Ehemann, doch vor wenigen Monaten erst verstorben. Wir erfahren etwas später im Roman, dass er ihr niemals zu nahe trat und sie als Ehefrau, Schwester und Tochter liebte – eine gleich mehrfach mit einem Inzesttabu versehene Liebe, aus der die schöne junge Frau gleichsam unberührt als reizende, attraktive und zugleich doch reine, jungfräuliche Witwe hervorgeht.

Das hervorstechende Merkmal dieser Frauengestalt ist ihre Blässe, die Blässe der romantischen Heldin, die sich kontrastiv vom schwarzen Kleid, aus welchem ihr weißer Körper heraussticht, abhebt. Dabei ist es ganz gewiss kein Zufall, dass gerade auch bei einer lateinamerikanischen Heldin die Hautfarbe Weiß so sehr in den Mittelpunkt gerückt wird, erscheint diese *whiteness* doch auf den unterschiedlichsten Sinnebenen als distinktives Merkmal, das die junge Frau in den Augen der Leserschaft heraushebt.

Die Farbe Schwarz hingegen ist bereits vom ersten Kapitel des Romans an mit der Finsternis der Barbarei konnotiert; und so könnten wir diesen Frauenkörper in seiner schwarzen Umhüllung schon auf jene Barbarei beziehen, die Amalia umgibt und schließlich auch ihren schönen Körper mit Blut beflecken und grausam töten wird. Das Trauerkleid verweist zugleich auf die Präsenz der toten Väter, gehört ihr erster Mann doch jener Generation verstorbener Ehrenmänner an, welche die *Independencia* ins Werk setzten und die Stafette nun jener jüngeren Generation übergeben, die sich anschickt, das Werk der *Independencia* zu vervollständigen. Dies dürfte wohl der Hauptgrund dafür sein, warum José Mármol seine Titelheldin als schöne und reine Witwe profilierte.

Amalia verbindet damit zwei verschiedene Generationen von Argentiniern: jene, die gegen die spanische Kolonialherrschaft, und jene andere, die gegen die Barbarei der politisch schon unabhängigen Diktatur kämpften und kämpfen. In ihrem ersten Auftritt schon steht ihr Körper, ihr Frauenkörper, im Schnittpunkt aller Linien, die den Roman durchziehen, auch wenn man durchaus nicht vergessen darf, dass sie bisweilen nicht nur als bleich und blass dargestellt wird, sondern dass auch ihre literarische Darstellung bisweilen etwas bleich und blass erscheint vor dem Hintergrund eines mit wesentlich mehr Detailfreude ausgemalten politischen Kampfes. Aber wer wollte dies dem exilierten José Mármol, für den der Roman eine Waffe im politischen Kampf war, grundsätzlich verdenken?

Ihr blasser Teint, ihre Haare, ihre Augenfarbe könnten ebenso sehr die einer Britin oder Französin sein; und doch sagt ihr Vetter Daniel Bello von ihr: „Dies ist meine Kusine, die hübsche Witwe, die poetische Tucumanerin".[10] Die sprich-wörtliche Schönheit der Frauen von Tucumán also ist es, die uns hier literarisch vor Augen geführt wird! Der Mythos der Schönen aus Tucumán hat sich bis heute in Argentinien gehalten. Kein Wunder also, dass er auch binnen kurzem bei dem schwerverletzten Eduardo wahre Wunder des liebenden Begehrens und der raschen Genesung hervorbringt.

Amalia wird durch die Einlieferung des verwundeten Flüchtlings Eduardo politisch stark gefährdet und kompromittiert. Doch Daniel Bello erklärt, er werde den Doctor Alcorta (den Mármol sehr gut gekannt hatte, dem er viel verdankte und hier ein kleines literarisches Denkmal errichtete) mit ins Vertrauen ziehen, da sich das gesamte Land längst nur noch in Mörder und Opfer aufteile. Für einen Zwischenbereich, für die Grautöne zwischen Schwarz und Weiß, gibt es keinerlei Platz mehr. Argentinien ist eine radikal polarisierte Gesellschaft, in der sich nur noch zwei Lager gegenüberstehen.

Doktor Alcorta, so erfahren wir, hat einen Lehrstuhl an der Universität von Buenos Aires inne, die also noch in Betrieb zu sein scheint, und zu seinen Schülern gehörte auch der bereits erwähnte Juan Bautista Alberdi.[11] Alcorta verkörpert die Macht des Wortes und der Schrift über die Welt des Handelns und des Lebens insgesamt. Auch Eduardo sei nichts anderes als die Personi-fizierung der Ideen unseres achtunddreißigjährigen Philosophieprofessors an der Universität von Buenos Aires, bei dem auch Daniel Bello Vorlesungen gehört hatte. Als kleinen Einschub erinnere ich daran, dass wir schon bei Fernández de Lizardi erfahren hatten, dass man mit 38 Jahren den Ernst des Lebens erkennen könne, war doch selbst Periquillo Sarniento in diesem Alter zu einem erfahrenen und reflektierten Manne herangereift. Bereits an dieser Stelle deutet sich an, welch ungeheure Wirkung im Roman Buch und Bildung zugemessen werden.

Denn erst durch die Vorlesungen, Schriften und Lehren Alcortas wurden Eduardo und Daniel zu ihrer menschlichen Größe geführt und zu selbständig denkenden Persönlichkeiten, die jeglichem Ansinnen eines autoritären Systems widerstehen. Frauen hatten freilich an der Universität noch nichts zu suchen, das wollen wir nicht vergessen! Geistige Rettung und moralischen Halt aber bringt ihnen offenkundig das Lesen von Büchern (männlicher Autoren), wie wir seit Amalias Lamartine-Lektüre schon wissen. Höchster Ausdruck einer solchen am

---

10 Ebda., S. 25: „Esta es mi prima, la linda viuda, la poética tucumana".
11 Ebda., S. 28.

Buch ausgerichteten Kultur, so erfahren wir rasch in diesem politischen Roman, seien die kultivierten, aufgeklärten Unitarier, die sich den *Federales* entgegenwerfen. Damit werden Bildung und politische Gesinnung sowie moralische Integrität gleich zu Beginn des Romans in Deckung gebracht. In einer für die Literatur der Proskribierten charakteristischen Anlage ist der historische Roman in Antinomien aufgebaut, sind Oppositionen fast obsessiv als Grundstrukturen eingeblendet: Sie dominieren auf nahezu allen Ebenen.

Die strahlende Lichtgestalt des Romans ist der junge Jurastudent Daniel Bello, dessen ausführliche Beschreibung ich Ihnen hier erspare. Auch er hat kastanienbraunes Haar und stammt aus einer reichen Hacendero-Familie, die politisch an Rosas gebunden ist, was dem jungen und reichen Sprössling (und mit ihm auch der Leserschaft) Zugang zu den höchsten Kreisen des Regimes verschafft. Er ist nicht nur wie im ersten Kapitel ein Mann des Schwertes, sondern auch der Feder, schickt er doch diplomatische Briefe sowohl an *Federales* wie an *Unitarios*. Dabei nutzt er geschickt seine vielfältigen Einflussmöglichkeiten für jenes verwirrende Spiel, in dem er nahezu allein dem gesamten Rosas-Regime Paroli bieten will. Er wird dieses gewagte Spiel verlieren und seine Freunde mit in den Abgrund reißen – aber dies weiß der Leser noch nicht, wenn er sich auch seit dem ersten Satz des Romans der Tatsache bewusst ist, dass wir uns im Jahre 1840 und damit auf dem Höhepunkt des Terrors der *Mazorca* befinden.

Sollte das Lesepublikum freilich mit den politischen Ereignissen in Argentinien nicht allzu gut vertraut sein, so bietet das vierte Kapitel des Romans rasche Abhilfe, zeigt es doch panoramatisch die damalige politische Situation Argentiniens – selbstverständlich aus unitarischer Perspektive – auf. Selbst die militärische Situation mit dem Vorrücken der Truppen Lavalles auf Buenos Aires wird bereits eingeführt, eine Situation, welche die Unitarier in der Stadt auf einen militärischen Durchbruch hoffen lässt. Die unverbrüchliche Freundschaft und Allianz zwischen den unitarischen Argentiniern, den Emigranten, der uruguayischen Republik und den Franzosen, die bereits seit zwei Jahren den La Plata blockieren, wird des Öfteren beschworen.

Derartige erläuternde Einschübe gliedern und rhythmisieren den Romantext und geben ihm zugleich eine klare ideologische Botschaft mit auf den Weg. Im Verein mit weiteren politischen Schriften, historiographischen Texten und anderen Romanen hat José Mármols *Amalia* das Bild der Rosas-Diktatur wesentlich mitgeprägt, vor allem, nachdem dann die triumphierende Geschichtsschreibung der Sieger von 1852 hinzutrat. Den diskursiven Passagen folgen häufig deskriptive Seiten, auf welchen beispielsweise das nicht umsonst von Gauchos und Indios bewachte Haus des Diktators beschrieben wird, eine sorgfältige

Beschreibung, welche das ganze Gegenteil des feinen und kultivierten *Intérieurs* darstellt, das die Leserinnen und Leser des Romans zuvor in der *Quinta* Amalias kennengelernt hatten.

Nach dieser kruden Rahmendarstellung erfolgt dann der erste Auftritt des „argentinischen Diktators",[12] wie der Erzähler Rosas nennt. Er scheint zunächst damit beschäftigt, die offizielle Sprachregelung mit der Rede von den „asquerosos unitarios", den ekelhaften Unitariern, all jenen einzuhämmern, welche sie noch nicht in den aktiven automatisierten Wortschatz übernommen haben. Auch dies ist ein Element, das schon bei Echeverría und Sarmiento auftauchte, aber in allen autoritären Systemen gleich zu Beginn erscheint, ist doch jene politische Arbeit an der Sprache die vordringlichste Demonstration nachhaltiger Gewalt, welche – wie Victor Klemperer für die Nationalsozialisten gezeigt hat[13] – von den neuen Machthabern an ihren Untergebenen ausgeübt wird. Insofern dient José Mármols Roman unabhängig von der konkreten Bewertung der Rosas-Diktatur als Instrument der Analyse politischer Gewaltausübung in autoritären oder totalitären Staatssystemen – und dies bis auf den heutigen Tag.

Unmittelbar nach dieser Szene tritt auch erstmals die schöne Tochter des Diktators, Manuela Rosas, auf, der José Mármol im Übrigen bereits Ende der 1840er Jahre ein eigenes Buch gewidmet hatte, welches ihr Bild in der argentinischen Öffentlichkeit wesentlich prägen sollte und die junge Frau in eine deutliche Opferrolle hineinstilisierte. Daher verwundert nicht, dass bereits in der ersten Szene die Tochter vom Vater autoritär erniedrigt wird. Rosas gibt Cutiño, dem Anführer des nächtlichen *Mazorca*-Überfalls auf die Republikflüchtlinge, symbolisch die Hand. An Cutiños Händen klebt noch das Blut der Ermordeten, das damit buchstäblich auf jenen kommt, der den Befehl zur Mordtat gegeben hatte. Rosas ließ alles in bewusster Absicht geschehen, ist er doch hocherfreut, Unitarierblut zu spüren. Hier erscheint die Gestalt des blutrünstigen lateinamerikanischen Diktators, wie sie sich im 20. Jahrhundert dann genrebildend von Miguel Angel Asturias' *El Señor Presidente* bis zu Mario Vargas Llosas *La fiesta del chivo* formieren sollte.

Das Blut, die rote Farbe der Rosas-Diktatur, durchzieht den Roman von der ersten bis zur letzten Szene. In einem nachfolgenden geschichtsphilosophischen Diskurs wird Rosas gar als „Mesías de sangre", als eine Art Gegenschlag gegen die Träumereien der *Independencia*, bezeichnet.[14] Seine Ausstrahlungskraft

---

12 Ebda., S. 48.
13 Vgl. Klemperer, Victor: *LTI. Notizbuch eines Philologen*. Leipzig: Reclam [12]1993.
14 Mármol, José: *Amalia*, S. 61.

auf alle ihn umgebenden, ja mehr noch: die Faszinationskraft von Macht und Gewalt, von Blut und Terror, mit denen er das Land überzieht und die selbst den britischen Botschafter Mandeville erfassen, sind ungebrochen. Wäre nicht Amalia, sondern Rosas die Titelgestalt des Romans, dann müssten wir in diesem Erzähltext tatsächlich eine Frühform der lateinamerikanischen *novela de dictadores* erkennen.

Gewiss, José Mármols literarische Verfahren sind recht simpel, vielfach sogar stereotyp. Meist wird eine Figur zunächst beschrieben und porträtiert, dann folgt dem Porträt der Satz „Tal es el personaje" (So ist diese Person) und der Übergang zum Narrativen ist geschaffen. Sind die Figuren erst einmal in das Feld des blutigen Spiels gestellt, ergeben sich rasch die entsprechenden Figurenkonstellationen. Alles geht nach einer einzigen unitarischen Logik punktgenau weiter. Wir erhalten damit eine Galerie der Bilder, der Portraits einzelner Figuren und Gestalten wie Amalia, Rosas oder Daniel Bello, die dann im Folgenden in Bewegung gesetzt werden. Erst also eine statische Präsentation in einem festen Rahmen, danach erst die narrative Dynamisierung.

Der zweite Teil des Romans setzt mit einem Verweis auf den britischen Reisenden Andrews ein, der nicht von ungefähr auch in Sarmientos *Facundo* auftaucht.[15] Auf seinem 1827 in London veröffentlichten Reisebericht fußt die sich anschließende Darstellung des wunderschönen Tucumán und seiner Provinz. In diesem Rahmen wird Amalia ein weiteres Mal, diesmal als strahlend schöne Göttin, porträtiert.[16] Sie wird mit Lucretia und Cleopatra verglichen, damit „antik" semantisiert und literarerotisch aufgeladen. Die Venus der Medici an Schönheit zu übertreffen, fällt ihr nicht schwer: Amalias äußere und ihre innere Schönheit halten sich harmonisch die Waage.

Auch die Dialoge des Romans sind häufig nach demselben Muster angelegt. Einer der Gesprächspartner besitzt gewöhnlich einen Wissensvorsprung, der nur schrittweise enthüllt wird und die Handlung oder deren Verständnis vorantreibt. Es handelt sich zumeist um ein Herrschaftswissen, gerade auch bei Daniel Bello, der ein besonderer Meister in der nur schrittweisen Aufklärung seiner Gesprächspartner ist und damit Umgangsformen aufweist, die keineswegs demokratisch sind oder, sagen wir es anders, zu einer gleichwertigen Partizipation der Partner an seinen Zielen beitragen. Er verkörpert die überlegene Intelligenz des Romans, doch auch die intelligente Überlegenheit einer moralisch integren Rücksichtslosigkeit, die sich stets im Recht weiß. Denn die Gegner verkörpern stets das Böse, während die Freunde hilfebedürftige Kreaturen sind, die – wie etwa Eduardo Bel-

---

15 Ebda., S. 126.
16 Ebda., S. 128.

grano – längst in die Fänge der Rosas-Diktatur geraten sind. So aber bleibt das gesamte Geschehen in der Schwebe: Weiß der Leser nicht weiter, so mag er sich beruhigt an Daniel Bello wenden, der immer einen Wissensvorsprung besitzt …

Kommen wir nun zum Komplex der romantischen Liebe, welche diesen politischen Roman quer zu allen Längen immer wieder alimentiert! Die erste Liebesbegegnung zwischen Amalia und Eduardo steht im Zeichen einer weißen Rose, die zu Boden fällt. Sie symbolisiert die Unschuld Amalias, was angesichts einer vorangegangenen Ehe im Zeichen eines – wie wir sahen – doppelten Inzesttabus nicht weiter verwundert. Die weiße Rose steht aber auch im Kontrast zur schwarzen Kleidung Amalias. Augen, Lippen, ihre ganze sehnende Figur: Alles zeigt an Amalia die äußeren Zeichen der Liebe, die dennoch unter dem Fatum der gefallenen Rose stehen wird. Amalia allerdings weiß als gute, aufmerksame Leserin romantischer Literatur, dass es sich unleugbar um ein schlechtes Vorzeichen handelt.[17] Damit ist das Lesepublikum vorbereitet und kann das Wiederauftauchen der weißen Rose an späterer Stelle schneller begreifen. Auch im symbolischen Bereich überfordert Mármol seine Leserschaft nicht.

Dem Grundgefühl Eduardos, dass die politischen Träume nicht zu Lebzeiten zu verwirklichen sein würden, entspricht auch das Gefühl, dass die Liebe zu Amalia nicht zu einem dauerhaften Glückszustand, zu einer stabilen Beziehung gebracht werden könne, denn zu feindlich ist die Umwelt, zu gefährlich der Kontext, in welchem sich die beiden Liebenden bewegen. Das erstgenannte Gefühl Eduardos gibt dieser Prophezeiung, von der Erzählzeit im Jahre 1851 aus betrachtet, eine zusätzliche historische Logik insofern, als noch nicht einmal im Jahre 1851 ein Ende der Diktatur von Rosas wirklich abzusehen war. Eduardo kann also noch nicht wissen, was der textexterne Autor weiß: dass die Diktatur noch weit über ein ganzes Jahrzehnt nach den geschilderten Ereignissen fortdauern sollte. Doch der Verfasser gibt seinem Eduardo zumindest ein Gefühl für die historische Tiefenschärfe mit.

Mit Blick auf dessen zweites Gefühl, seine zweite Vorahnung wiederum ließe sich sagen, dass die Liebe zur *Patria* und die erotische Liebe zur geliebten Frau hier in Deckung gebracht werden, überschneiden sie sich doch im Roman und beleuchten sich in ihrem jeweiligen Scheitern wechselseitig. Denn genau so, wie die Vaterlandsliebe angesichts eines (noch) übermächtigen Diktators zum Scheitern verdammt ist, so ist es auch das Begehren der beiden Liebenden, die in diesen Zeitläuften nicht zueinander kommen können. Die intime Ebene der Liebesbeziehung ist an die kollektive Ebene der politischen Verhält-

---

17 Ebda., S. 156.

nisse rückgekoppelt und von dieser abhängig. Die Grenzen der Liebesbeziehung werden von den politischen Verhältnissen diktiert.

Die Hoffnungen von Eduardo und Amalia und das Vertrauen, das beide in ihre Liebesbeziehung wie in die politische Zukunft Argentiniens setzen, werden in der Tat enttäuscht und das Scheitern ihrer Liebesbeziehung ist auch das Scheitern der politischen Realisierbarkeit der eigenen politischen Visionen. Beide Träume gehen zu Bruch, beide sind von der Gesellschaft Enttäuschte und Getäuschte. Amalia trägt ihr schwarzes Witwenkleid zurecht und nicht umsonst umhüllt sie ein melancholischer Ausdruck. Ihre romantische Blässe ist als Signum ihrer Melancholie mehr als gerechtfertigt, bleibt doch kein Platz für die Verwirklichung der Träume einer Jugend, die vom *mal du siècle* gezeichnet ist und nur in Ausnahmegestalten wie Daniel Bello jene *Energie*, jene Kraft aufbringt, um zumindest zu versuchen, gegen das Deplatziert-Sein in Raum und Zeit anzukämpfen. Ihre Liebe steht im Zeichen des Fatums, nicht zur rechten Zeit am rechten Ort geboren zu sein und die junge Frau weiß dies.

Im Grunde sind die amerikanischen Träume der Liebenden aus europäischen Stoffen gemacht: Argentinien, so meint auch Daniel Bello, soll Europa in Amerika sein, so wie die schöne Tucumanerin mit kastanienbraunem Haar, so wie die nicht weniger schöne Florencia Dupasquier, deren Name die europäische Herkunft verrät! Blickt man auf derartige Formulierungen, so beginnt man etwas zu begreifen von der tiefen Sehnsucht nach europäischer Erfüllung, von der Phantasmagorie, die letztlich nur das Gefühl hundertjähriger Einsamkeit, ein Gefühl des Verwaist-Seins, bei den Tagträumenden zurücklässt. Erinnert sei hier nochmals an die Faszinationskraft gerade jener Stadt, die Walter Benjamin als die Hauptstadt des 19. Jahrhunderts bezeichnete. Doch Amerika ist nicht Europa, Argentinien nicht Frankreich ...

Die Beziehung Eduardos zur *Patria* und zu seiner geliebten Amalia als einander überlagernden Liebesbeziehungen wird im Roman explizit thematisiert. Daniel Bello wirft seinem Freund vor, er spreche die ganze Zeit von seiner *Patria*, denke aber nur an Amalia, wolle das Vaterland erobern, denke aber nur an die Eroberung seiner Geliebten.[18] Vaterland und geliebte Frau werden hier für die Leserschaft erkennbar miteinander korreliert und in eine enge Verbindung gebracht. Die göttliche Amalia – wie sie im Roman des Öfteren im Unterschied zu Bellos Freundin, die nur „bellísima" ist, genannt wird – ist schlicht die Allegorie des Vaterlandes, die Allegorie Argentiniens.

Eine weibliche Allegorisierung, die sich im Übrigen bis in unsere Zeit mit Hilfe wechselnder Frauengestalten in der argentinischen Geschichte findet.

---

18 Ebda., S. 188.

Denken Sie etwa an das Musical *Evita* und die darauf basierenden Identifikationsströme oder an eine Tango-Oper, deren Titelheldin María Astor Piazzollas *Opera Tango* namens *María de Buenos Aires* der Allegorie eine neue (oder vielleicht doch nicht ganz so neue) Variante abgewinnt! Gerade im letzteren Fall ist die Allegorie Argentiniens nicht mehr die Frau als Heilige, sondern als Hure, als Prostituierte: arm, aber sexy, wie einmal ein Regierender Bürgermeister zu Protokoll gab.

Politisch entwickeln sich die Dinge ebenso in Buenos Aires wie in Montevideo, das Daniel Bello in jeglicher Hinsicht, vor allem aber mit Blick auf das dortige argentinische Exil und dessen Führer enttäuscht hat, höchst negativ für die Anhänger der „Zivilisation". Die Macht der Verfolger wird größer, jene der Verfolgten stetig kleiner. Daniel Bellos Mitstreiter in der zu gründenden Assoziation sind von knapp dreißig auf mittlerweile sieben zusammengeschmolzen, so stark ist innerhalb kurzer Zeit der Aderlass, der die jungen Argentinier ins Exil treibt. Damit aber wird den ehrgeizigen Plänen Bellos, den Diktator von Buenos Aires zu bekämpfen, der Boden entzogen. Der intelligente und stolze Argentinier kämpft immer mehr mit dem Rücken zur Wand.

Unterdessen übt sich das Liebespaar in schwärmerischer, nicht allein intellektueller Harmonie. Denn beide lesen gemeinsam – und wir wissen ja seit Dante, was dies bedeuten kann! Eduardo übersetzt seiner Amalia die schönsten Stellen des *Manfredo* von Lord Byron.[19] Diese Szene steht paradigmatisch für die Präsenz europäischer Literatur in *Amalia* und zeigt uns zugleich eine Situation, in der das Lesen zum einen in die Liebe überführt wird, zum anderen aber auch zum eigenen Tun, zum Übersetzen und damit letztlich auch zur Literatur auf Ebene des Schreibens zurückführt. Wir haben es hier also erneut mit einer Überschneidung von Lieben und Lesen zu tun. Sehen wir uns diese Passage also etwas eingehender an:

> Es war fünf Uhr an einem kalten und nebligen Nachmittag, und Eduardo saß neben dem Kamin auf einem kleinen Schemel zu Füßen von Amalia. Er übersetzte ihr eine der schönsten Passagen des *Manfred* von Lord Byron; und Amalia stützte ihren Arm auf die Schulter Eduardos, wobei ihre Locken aus Seide leicht ihre hohe und bleiche Stirne streiften. Und sie hörte ihn, sich selbst entfremdet, mehr durch seine Stimme, die zu ihrem Herzen drang, als durch die schönen Kunstgriffe der Einbildungskraft des Dichters hindurch; von Zeit zu Zeit hob Eduardo seinen Kopf und suchte in den Augen seiner Amalia eine noch größere Flut an Poesie, als sie die Gedanken des Adlers unter den Poeten des 19. Jahrhunderts verströmten. Sie und er repräsentierten dort das lebendige und vollkommene Gemälde vollständigen Glückes [...].[20]

---

19 Ebda., S. 253.
20 Ebd.

In dieser aufmerksam gestalteten Szenerie bemerken wir zunächst, dass sich gleichsam beim Five-o'clock-tea das Wetter in Buenos Aires dem in England regelrecht angeglichen hat. Nicht umsonst sitzen wir natürlich beim trauten Schein und der flackernden Wärme eines Kaminfeuers, wie wir es auch in Schottland oder Deutschland antreffen könnten und wie es die Liebenden aller denkbaren Orte näher zusammenrücken lässt: ideale Lebens- und Liebesumstände für eine Lektüre zu zweit und eine liebevolle Auseinandersetzung mit der empfindsamen Literatur eines Lord Byron, der gleichsam das Emblem der romantischen Dichter des europäischen 19. Jahrhunderts verkörpert! Für all jene Leserinnen und Leser, denen diese Rolle Byrons entgangen wäre, macht José Mármol durch seine Erzählerfigur noch einmal explizit darauf aufmerksam.

Stellen wir sodann nüchtern fest, dass wir es hier mit einer Szenerie gemeinsamer Lektüre zu tun haben, die wir aus Dantes *Commedia* sehr wohl kennen, nur dass sich die Münder der beiden Liebenden hier nicht miteinander verbinden. Vielmehr ist die schöne junge Frau hingestreckt wie jene bleichen romantischen Heldinnen der europäischen Literatur, die sie sich anverwandelt und gelesen hat und die sie buchstäblich inkorporiert. Nichts erinnert daran, dass wir uns in Lateinamerika und mitten in den Wirren eines diktatorischen Systems in Argentinien befinden.

Die laute Lektüre der Verse Byrons und die Übersetzungsarbeit Eduardos verweisen uns darauf, dass wir es hier nicht mit der stillen Lektüre, dem leisen Lesemodus zu tun haben, sondern dass in einem abgeschiedenen Raum die Zwiesprache mit der Literatur in die Zwiesprache zweier ineinander verliebter Herzen übergeht. So ist die Aneignung der Übersetzung eine sehr treffende Beschäftigung für jenen interkulturellen Prozess, den wir als Übersetzungsarbeit von Europa nach Argentinien beschreiben könnten, also just jenen Prozess, in welchem José Mármol selbst eine wichtige Rolle zu spielen versucht. Auf dieser Ebene könnten wir in dieser Szenerie zugleich eine *mise en abyme* erblicken, welche die Position des realen Autors, aber auch eine intendierte Haltung der Leser und insbesondere der Leserinnen umschreibt, also das Modell eines Einverleibungsprozesses kraft Lektüre – hier freilich einer lauten Lektüre – in Szene setzt. Auf die geokulturellen Dimensionen dieses literarischen Raumes komme ich am Ende nochmals zu sprechen. Die Übersetzungsleistung ist folglich als eine Übertragungsleistung von der Alten in die Neue Welt zu betrachten.

Gleichzeitig tritt die Literatur in ein eigenartiges Konkurrenzverhältnis mit dem Leben ein, prägt sie doch das Leben und den Habitus der Protagonisten ganz entscheidend. Doch nicht nur Eduardo, sondern auch die geneigte Leserschaft wird im Umkehrschluss wiederum durch die Augen Amalias daran erinnert, dass es diese Schönheit nicht nur in der Literatur, sondern auch im

Bereich der Realität, im Bereich der konkreten Liebesobjekte im Leben gibt. Wir sollten das Eingangszitat von Hans Blumenberg nicht vergessen, der uns daran erinnert hatte, dass es eine „alte Feindschaft"[21] zwischen den Büchern und der Wirklichkeit gebe! Wie sehr sich Literatur und Realität, Buch der Welt und Weltbuch gegenseitig bedrängen und wechselseitig in einem Konkurrenz- und Rivalitätsverhältnis zueinander stehen, müssen wir uns stets vor Augen halten. Wir haben es in jedem Falle mit einer wechselseitigen Resemantisierung zu tun.

Denn Amalia, das wissen wir seit den ersten Zeilen des Romans, wird durch ständige Vergleiche mit Kunstwerken und großen literarischen und biblischen Gestalten fortlaufend in ihrer ästhetischen Potenz neu semantisiert und aufgeladen, während sie nun ihrerseits diese Aufladung in dieser Szene gleichsam in die Wirklichkeit und bis in die Literatur hinein abstrahlt. So wird ein reziprokes Verhältnis von Literatur und Leben geschaffen, das die beiden Liebenden gleichsam in die Bewohner einer eigenen Welt verwandelt. Und in dieser Welt, die sich freilich nur zeitweise von der brutalen Außenwelt abkapseln kann, schließen sich die beiden Liebenden ein.

Eduardo und Amalia sind also, wie wir sehen, ganz in ihrer Welt romantischer Emotionen im gemeinsamen Leben, Lesen und Lieben gefangen. Doch das Netz, das eine weitere Figur des Romans, die Rosas-Anhängerin und Spionin Doña María Josefa, um die Unitarier zieht, wird immer enger, hat sie sich doch bei einem Überraschungsbesuch im Hause Amalias persönlich von der Anwesenheit eines jungen Mannes überzeugt, der zudem aufgrund seiner Verwundung noch aufschreit, als sie sich absichtlich auf seinem linken Oberschenkel abstützt. Eduardo ist entlarvt, das Verderben nimmt seinen Lauf, auch wenn dies durch allerlei retardierende Einschübe und Unterbrechungen immer wieder hinausgezögert wird. Noch scheitert aufgrund der großen Reaktionsschnelligkeit Daniel Bellos, der Eduardo aus dem Hause Amalias entfernt, ein erster Versuch der *Mazorca*, den jungen Belgrano gefangen zu nehmen. Doch das Unheil lässt sich nicht mehr aufhalten, zu übermächtig ist die Diktatur!

So wird die Liebesgeschichte nun wieder stärker in den Kontext der historischen Aktionen gerückt, unterstützt von eingebauten Dokumenten, die vom Vorrücken der Truppen Lavalles auf Buenos Aires sprechen und den Unitariern wieder neuen Mut und neue Hoffnung einflößen. Stets pendelt der Text zwischen romantischem Liebesroman, politischem Thriller und historischem Roman, wobei sich alle drei Pole wechselseitig beeinflussen und in ihrer Wirkung sta-

---

21 Blumenberg, Hans: *Die Lesbarkeit der Welt*, S. 17.

bilisieren: das Erfolgsrezept von *Amalia*. Immer wieder wird die entscheidende Wendung hinausgezögert – auch dies ein Teil jener Strategien, deren sich der Roman des 19. Jahrhunderts durch sein Erscheinen im Feuilleton bediente, um gegenüber der Leserschaft die Spannung aufrechterhalten zu können. Das Lesepublikum wird so bei der Stange gehalten, denn an turbulenten Aktionen im Roman mangelt es nicht.

Vergessen wir nicht: Unser breit angelegter historischer Roman ist zugleich ein Feuilletonroman, der erstmals in einem politisch eindeutig orientierten Periodikum erschien! José Mármol verstand ihn als Waffe im politischen Kampf gegen die Diktatur. Der Feuilletonroman ist, in gewisser Weise vergleichbar mit Fernández de Lizardis *Periquillo Sarniento*, die Fortsetzung des politischen Kampfes des Journalisten mit literarischen Mitteln – und wie in Neuspanien mit Hilfe eines eigenen Periodikums. Auf der Vergleichsebene der Tragödie – und auch auf sie bezieht sich der Roman explizit – entspräche dieser Feuilletontechnik der Verschiebung und Verzögerung die Technik des *retardissement*, eine Verlangsamung und Retardierung, die dem Zuschauer (also dem Lesepublikum) noch ein wenig Zeit zum Atemholen lässt, bevor die Schlusskatastrophe über die handelnden Figuren hereinbricht. José Mármol lässt seinem Leser viel Zeit zum Atemschöpfen, dies sei zugebilligt. Zumindest die heutige Leserschaft läuft bisweilen Gefahr, angesichts der unübersehbaren Längen nicht Atem zu holen, sondern einzunicken ...

Der Roman tritt hier erkennbar an die Stelle einer Geschichtsschreibung, die erst später, lange nach 1852, eine neue offizielle Geschichte Argentiniens verfassen sollte. Die historischen Tatsachen, so erläutert der Erzählerdiskurs,[22] müssten im Roman ausführlich dargestellt werden, damit er daraus die philosophischen Konsequenzen ziehen könne. Der Text erhebt also nicht nur einen mimetischen und historiographischen, sondern auch einen geschichtsphilosophischen Anspruch; auch dies wohl ein Ergebnis der *ficción calculada*, die der Autor auf seine Leserschaft einwirken lässt. Die Romankunst eines José Mármol beansprucht folglich einen Platz, der in Ermangelung einer zeitgenössischen Historiographie nicht nur die Geschichtsschreibung abdeckt, sondern auch noch deren geschichtsphilosophische Einordnung vorzunehmen vermag.

Es häufen sich gegen Ende von *Amalia* die langen Einschübe des Erzählerdiskurses, der die argentinische Geschichte beleuchtet und alles Schändliche und Schreckliche auf Seiten der *Federales* ansiedelt – ohne Facundo Quiroga zu vergessen, der sogar seine eigene Heimatstadt in Flammen habe aufgehen

---

22 Mármol, José: *Amalia*, S. 313.

lassen.[23] Im Roman tauchen all jene Gewaltherrscher oder *Caudillos* auf – neudeutsch würden wir sie wohl als *Warlords* bezeichnen –, die schon in Sarmientos *Facundo* als *Gauchos malos* gebrandmarkt worden waren und die argentinische Geschichte dieser Jahrzehnte prägten. Doch sie alle sind nur ein Vorspiel des Autokraten Rosas und führen dramaturgisch geschickt auf die Inszenierung des Großen Diktators in der Geschichte Argentiniens hin. Dass Mármol in seiner Analyse von Gewaltstrukturen wichtige Erkenntnisse für die Gewaltforschung nicht nur in Südamerika zutage förderte, haben wir in unserer Vorlesung bereits betont.

Freilich geht der Erzählerdiskurs in *Amalia* in derartigen Passagen immer stärker in einen parteipolitisch-propagandistischen Diskurs über, dem eine klar manichäische Struktur zugrunde liegt. Mit Ausnahme der Jesuiten habe der Klerus komplett versagt, habe er sich doch vollständig prosterniert und Rosas hemmungslos unterworfen. Demgegenüber stimmt der Erzähler ein Lob des Christentums an, das mit Christoph Columbus in die Neue Welt gekommen sei.[24] Unschwer können wir hier die Spuren von Chateaubriand, von *Atala* und des *Génie du christianisme*, in ihren Auswirkungen auf ein Verständnis des neuweltlichen Christentums im politischen Bereich erkennen.

Auch die Gauchos und ihre Lebensart, die so sehr jener der Städter entgegengesetzt ist, die aber doch im Grunde das argentinische Volk verkörperte, dürfen in dieser (Liebe-)Geschichte über die Geschichte Argentiniens nicht fehlen![25] Die impliziten künftigen Bezüge zu José Hernández' berühmtem *Martín Fierro* von 1872 weisen in eine Zukunft argentinischer Identitätsbildung, auf die auch noch ein Jorge Luis Borges fruchtbar rekurrieren sollte.

Die stärker geschichtsphilosophischen Reflexionen setzen wenig später mit den Überlegungen zur Sklaverei Amerikas ein, die bereits mit dem Augenblick der spanischen Entdeckung der Neuen Welt begonnen habe.[26] Christoph Columbus ist folglich keineswegs nur der Heilsbringer. Selbst die Befreiung, selbst die *Independencia* habe sich an Europa, an der französischen Revolution orientiert. Das Zusammentreten der französischen Generalstände, die Französische Revolution, die Ereignisse in Spanien, der Einmarsch der Franzosen auf der Iberischen Halbinsel und der Beginn des hispanoamerikanischen Befreiungskampfes werden vom Erzähler in eine direkte Kausalkette gebracht.[27] Die Geschichte Argentini

---

23 Ebda., s. 337.
24 Ebda., S. 340.
25 Ebda., S. 350 ff.
26 Ebda., S. 352.
27 Ebda.

ens ist ohne die Geschichte Europas nicht verständlich, denn Flugschriften und Bücher aus Frankreich seien nach Amerika gelangt.

Die Macht des Wortes und der Schrift ist für den Erzähler letztlich die entscheidende geschichtliche Kraft, welche die Gesellschaften vorwärts und zur Freiheit treibe – und zwar unabhängig davon, ob sich diese Gesellschaften in der Alten oder in der Neuen Welt befinden. Anlässlich der *Independencia* kommt der Erzähler nicht umhin, Buenos Aires jene Rolle zuzuschreiben, die Gott in der Schöpfung spiele. Eine dezente Zurückhaltung, wie sie den Einwohnern der Stadt am Río de la Plata stets eigen war …[28] Der geschichtsphilosophische Erzählerdiskurs beharrt ein ums andere Mal auf der Vorstellung des Ideentransports von der Französischen zur Amerikanischen (sprich: Hispanoamerikanischen) Revolution. Dies ist die Grundlage jeglicher Analyse der politischen Situation im zeitgenössischen Argentinien; und der argentinische Romancier lässt keine Zweifel an seiner fundamentalen Ausrichtung an Frankreich aufkommen, seinem intellektuellen Leuchtfeuer.

Das große Problem habe aber darin bestanden, freiheitliche Vorstellungen dort zu verbreiten, wo alle Geister von monarchistischen und autoritären Gewaltstrukturen beherrscht gewesen seien. Die notwendige Folge davon seien immer häufigere Aufstände gegen die *clase ilustrada* der Städte gewesen.[29] Ähnlich wie bei Domingo Faustino Sarmiento erscheint auch dies als ein langer Kampf gegen das *principio civilizador* innerhalb der noch unfertigen Gesellschaften, die sich erst herausbilden mussten. So sei die koloniale Tradition gegen die revolutionäre Tradition aufgestanden und habe zu Konflikten und Auseinandersetzungen geführt, welche auch die Geschichte Argentiniens geprägt hätten.

Daraus leitet der Erzähler seine Kritik an der Utopie der *Independencia* ab, die davon ausgegangen sei, dass man die hehren Vorstellungen aus Europa einfach auf die Länder Amerikas übertragen könne. Die Barbarei aber habe sich in einem einzigen Manne verkörpert: Rosas, der in jeglicher Hinsicht der beste Gaucho gewesen sei.[30] Rosas habe dem Gaucho den Vorrang eingeräumt und so stünden sich nun Zivilisation und Barbarei in ihrem Kampfe unversöhnlich gegenüber. Sie merken schon: Die Geschichtsdarstellung der *proscriptos* ist erstaunlich homogen! Genau dies machte auch ihre politische Schlagkraft wie ihren langanhaltenden Einfluss auf die Geschichte ihres Landes aus. Ihre Überzeugungen werden in der Tat den ehernen Kernbestand der künftigen offiziellen Geschichte, der *historia oficial* Argentiniens bilden. Die Rollen sind damit für die militärische

---

28 Ebda., S. 353.
29 Ebda., S. 354.
30 Ebda., S. 355.

Entscheidungsschlacht zwischen Rosas und Lavalle gut verteilt: Es ist der Kampf zwischen dem Guten und dem Bösen, zwischen Zivilisation und Barbarei, der unausweichlich seiner endgültigen Entscheidung zutreibt.

Noch aber bleibt Zeit für eine romantische Liebesszene, die ich Ihnen zur Erbauung ans Herz legen möchte und die uns die beiden Liebenden als Leser der Natur und ihrer Zeichen zeigt. Amalia versichert ihrem Geliebten, ihm stets, selbst in der Verfolgung und der Stunde seines Todes, nachfolgen zu wollen – ganz im Sinne jener agonalen Logik, welche die Frau an den Mann fesselt:

> Und wenn das gegenläufige Schicksal, das Dich verfolgt, Dich zum Tode führen sollte, so würde jener Schlag, welcher Dein Leben abschnitte, meinen Geist auf der Suche nach Dir auffliegen lassen ...
>
> Eduardo drückte jenes so großzügige Geschöpf an sein Herz; und just in jenem Augenblick, als sie ihr letztes Wort als Ausfluss jenes Enthusiasmus gesprochen, war ein entfernter, langer und rauer Donner zu hören, der wie das Echo eines Kanonendonners in einem gebirgigen Land widerhallte.
>
> Der Aberglaube ist ein getreuer Gefährte poetischer Geister, und die beiden jungen Menschen, die in diesem Augenblick trunken vor Glück waren, ergriffen sich an den Händen und blickten sich einige Sekunden lang mit unbestimmbarem Ausdruck an. Amalia senkte schließlich ihr Haupt, wie betroffen von einem prophetischen und schrecklichen Gedanken. [...]
>
> Der Sturm ist noch weit entfernt, Amalia. Unterdessen diene ein Himmel, der so rein ist wie Deine Seele, als Schleier über beider Stirne. Das Universum ist unser Tempel, und Gott der heilige Hohepriester, welcher die so stark empfundene Liebe unserer beider Seelen weiht, von diesen Wolken, von diesen Sternen herab; Gott selbst lenkt sie mit seinem magnetischen Blick, und auch uns ... ja ... jener ... jener muss der Stern unseres Glückes auf Erden sein ... Siehst Du ihn nicht? So klar wie Deine Seele, so leuchtend wie Deine Augen, so hübsch und grazil wie Du selbst es bist ... Siehst Du ihn, meine Amalia?
>
> Nein ... jener dort, antwortete die junge Frau, die ihren Arm ausstreckte und auf den kleinen und erstickten Stern wies, der beinahe schon in den mächtigen Fluten des La Plata-Stromes unterging, so ruhig wie die gesamte Natur in diesem Augenblicke.[31]

Der Donner in der Ferne trügt nicht: Die beiden Liebenden wissen dies, spüren dies, sind sie doch mit der Natur im Einklang! Die Natur hat ihr Machtwort gesprochen, auch wenn noch einmal eine trügerische Ruhe eingekehrt ist, bevor der (politische) Sturm über alle hereinbricht. Das Universum ist nur scheinbar Tempel der Liebenden, in welchem Gottvater den Kult der Liebe gestattet. Denn nur zum Schein entspricht das Firmament dem Körper und der Seele der schönen Amalia; und nur scheinbar gelingt es dem nach Worten ringenden Eduardo, eine Beziehung, ja ein Einvernehmen zwischen Makrokosmos und Mikrokosmos noch

---

31 Ebda., S. 384 f.

ein letztes Mal harmonisch herzustellen. Denn in Wirklichkeit sind die Dinge aus den Fugen, die Zeichen der Natur trügen nicht: Amalia und Eduardo wissen, dass ihre Liebe tragisch enden wird.

Der Arm der jungen Frau weist in Richtung des verglimmenden Sterns, in dessen absteigender Bewegung sich das Verlöschen des kalten Feuers im mächtigen Wasser des Río de la Plata bereits andeutet. Die Liebenden versuchen, ihr Schicksal in den Sternen zu lesen, doch ihre Lektüren im Buch der Natur stimmen nicht länger überein. Sie werden beide zu unterschiedlichen Lesern im Weltbuch, das seine Zeichen präsentiert. Doch diese Zeichen sind zumindest mehrdeutig und lassen sich nicht direkt in die reale Zukunft übersetzen. Die Übersetzbarkeit der Welt ist ebenso gegeben wie ihre Lesbarkeit; doch schiebt sich eine Intransparenz, eine Opakheit dazwischen, welche die Eindeutigkeit jeglicher Deutung unterbindet: Die Welt ist vieldeutig lesbar, und so sind es ihre schillernden Zeichen.

An ihrer Oberfläche ist die Natur ruhig geworden, der drohende Sturm scheint fern, das Gewitter zeigte sich nur kurz im Rollen eines Donners. Und doch ist in dieser Szene – die nichts außer Acht lässt, was zur Rezeptur romantischer Liebesszenen im Roman der ersten Hälfte des 19. Jahrhunderts gehört – der verlöschende Stern ein Zeichen des unhintergehbaren Fatums, das über der Liebe zu Amalia und über der Liebe zur *Patria* steht. Der Blick über den La Plata, den die Liebenden noch nicht überqueren wollen, um sich in Montevideo in Sicherheit zu bringen, ist nicht der Blick in eine leuchtende Zukunft in Freiheit, sondern der Blick über den Styx, über den mächtigen Todesstrom, dem nichts entrinnt. Die Liebe ist eine Liebe zwischen Todgeweihten, deren letztes Stündlein bald schon geschlagen hat.

Anders als Eduardo und Amalia gelangen auf von Daniel Bello vorbereiteten Fluchtwegen Florencia Dupasquier und ihre Mutter mit Hilfe der Franzosen ins Montevideaner Exil und damit auf die rettende Seite des La Plata. Amalia jedoch fährt nicht mit, denn sie will nicht mehr von der Seite Eduardos weichen, ganz so, wie sie es in der soeben zitierten Passage kundgetan hatte. Eine Frau, ein Wort! Amalia wird mit Eduardo untergehen – ihre Liebe ist eine Liebe zum Tode. Der junge Eduardo begleitet die Abfahrt des Schiffes – ähnlich wie bei Victor Hugo – mit den Worten „Fatalidad, fatalidad": Das Fatum ist unausweichlich! Damit ist das Urteil über die Liebenden und ihre tragische Liebe gesprochen. Im La Plata wird Eduardos und Amalias Stern verlöschen, was die Ambivalenz dieses gewaltigen Wasserstreifens nochmals aufzeigt: Für die einen bringt er die Rettung und sichere Zuflucht, für die anderen ist er Zeichen des Verlöschens und des Todes. Eduardo ist von den ersten Seiten des Romans an bemüht, den Fluss und Meeresarm zu überqueren, doch wird ihm dies lebendig nie gelingen. Für ihn ist der La Plata der Styx: *Don't pay the ferryman!*

Doch der Roman hält auch eine geschichtsphilosophische Tröstung bereit, denn all dies ist im Sinne Hegels dialektisch aufgehoben, ist für die unumgängliche Nationenbildung notwendig. Die *Independencia* – ähnlich war dies auch in Sarmientos *Facundo* zum Ausdruck gebracht worden – ist noch nicht zu Ende, sie muss erst noch zu Ende gebracht werden.[32] Der kommende Frühling im Roman markiert nicht einen Aufbruch, sondern den Auftakt zu einem schrecklichen Blutbad, durch welches Argentiniens Geschichte gehen muss. All dies erscheint nicht ohne geheimen, alles umgreifenden Sinn, Hegels Weltgeist ähnlich, für den noch die Kastanien aus dem Feuer geholt werden müssen.

Die von Argentiniens Geschichte diktierte Nachricht, dass General Lavalle von Buenos Aires abrückt und sich ins Landesinnere zurückzieht, läutet das blutige Ende des Romans ein. Unsere romantischen Helden sind verloren, wenn sie sich auch noch nicht gänzlich geschlagen geben. Doch selbst Daniel Bello sieht nun ein, dass der Kampf nur noch vom Exil aus weitergeführt werden könne – womit er zugleich das Exil seines Autors rechtfertigt, der wenige Monate zuvor noch rechtzeitig das rettende Ufer, die *veredas de enfrente*, erreicht hatte. Auch erfolgt eine Verteidigung der Tätigkeit José Mármols im Exil als Schriftsteller, wird doch der Kampf mit der Feder in der Hand als überaus wichtig, ja als entscheidend für die zukunftsoffene Geschichte Argentiniens dargestellt.[33]

Ein letztes Mal wird Amalia porträtiert als Göttin vor dem Spiegel,[34] doch die Vögel in Amalias Haus singen nicht mehr.[35] Diesmal ein untrügliches Zeichen der Natur! Die Rose, die Amalia auf ihren *tocador* stellt, fällt zu Boden – und die junge Frau erinnert sich an jene zu Boden fallende weiße Rose an jenem nicht so fernen Tag, an dem sie Eduardo auf immer ihr Herz schenkte. Nun aber ist es der Tag, an dem sie Eduardo ihre Hand geben, ihn also heiraten wird. Es werden *Bodas de sangre*, eine Bluthochzeit – nicht anders als in Cirilo Villaverdes *Cecilia Valdés*.

Der Kreis des Romans schließt sich und damit auch der Lebenskreis seiner Figuren. Der Roman hatte mit Eduardos Kampf gegen die *Mazorca* begonnen, und er endet mit dem Kampf aller positiver Figuren gegen deren finstere Gesellen. Weder die britische Botschaft noch die katholische Kirche schützen die rechtschaffenen Unitarier vor der Grausamkeit der blutrünstigen Rosas-Diktatur. Allein Mister Slade, der typisch amerikanische Konsul der USA in Argentinien, hat trotz seines Phlegmas das Herz am rechten Fleck und ist, Gewehr in der Hand, bereit

---

32 Ebda., S. 473.
33 Ebda., S. 479.
34 Ebda., S. 488f.
35 Ebda., S. 491.

zum Widerstand – ein erstes Auftauchen eines US-amerikanischen Gesandten, dessen Figur im hispanoamerikanischen Roman des 19. und 20. Jahrhunderts zur festen Größe werden wird. Die geopolitischen Veränderungen schlagen auf die lateinamerikanische Literatur durch.

Dieser wackere Diplomat, so die Fußnote des Romans, brachte über hundert Argentinier in seinem Konsulat unter, die freilich für ihre Unterhaltskosten aufkommen mussten, aber dadurch vorläufig vor den Nachstellungen der argentinischen Diktatur geschützt waren. Doch auch der tapfere Slade wird unter ungeklärten Umständen in Buenos Aires den Tod finden. Lange, historisch dokumentierte Listen argentinischer Ermordeter begleiten diesen Schlussteil des Romans.[36]

Noch ist die Liebe nicht erloschen, noch ist der Stern nicht vollständig im La Plata-Strom untergegangen! Ein allerletztes Mal tritt Amalia vor den Spiegel, betrachtet sich und wird mit den biblischen Schönheiten Israels verglichen, biblisch semantisiert und damit sakralisiert.[37] Sie bereitet sich auf die Hochzeit vor, eine Szenerie, die in gewisser Weise an die Hochzeitsszene in Balzacs *Les Chouans* erinnert, wo es ebenfalls kurz vor dem tragischen Ende zu einer Heirat *in extremis* kommt. Noch ist die letzte Hoffnung, ins Exil nach Montevideo zu gelangen (für die Mármols Beispiel selbst einstand, erreichte er doch erst im November 1840 die Hauptstadt Uruguays) nicht gänzlich geschwunden. Doch die Leserschaft bemerkt: Amalia ist extrem bleich, fürchtet sich vor jedem Schlagen der Uhr. Die Blätter der weißen Rose fallen zu Boden, der Brautschleier bedeckt Amalia und Eduardo.[38] Wie also wird das Romangeschehen, wie die Liebe zwischen Amalia und Eduardo enden? Der Roman schürt bei Leserinnen und Lesern dunkle Vorahnungen ...

Und diese erfüllen sich! Schon tauchen die *Federales* auf, gehen unmittelbar zum Angriff über, dringen in das Haus ein, zerstören dessen Inneneinrichtung. Auch der Spiegel, in dem sich Amalia in ihrer Schönheit ein letztes Mal gegenübergetreten war, geht zu Bruch und zerspringt in tausend Stücke.[39] Die teuflische Übermacht ist erdrückend. Alle Hoffnung schwindet, denn der Kampf ist aussichtslos. Die Seele des tödlich verwundeten Eduardo flieht zu Gott, das Blutbad nimmt seinen Lauf. Amalia selbst sinkt ohne jede Hoffnung und Rettung in ihr Blutbett. Ihrem treuen Diener, der ehemals General Belgrano zu Diensten war, wird die Kehle durchgeschnitten. Das überraschende Auftauchen von Daniels Vater, der über beste Kontakte zu Rosas verfügt, kann das Blutbad nicht

---

36 Ebda., S. 510.
37 Ebda., S. 516f.
38 Ebda., S. 522.
39 Ebda., S. 526.

mehr verhindern: Tot sinkt Daniel in seine Arme.[40] Ein kurzer Epilog beschließt den Roman.

José Mármol beendete seine schriftstellerische Karriere nach dem Zusammenbruch der Rosas-Diktatur. Der weit überwiegende Teil seiner Gedichte, Artikel, Streitschriften und vieles mehr war im Exil entstanden und ein geradezu klassisches Produkt des Exils. Mit der Rückkehr in die Heimat Argentinien versiegte diese Quelle der Inspiration. Man könnte die These wagen, dass Mármols Schriften, die stets in Argentinien angesiedelt waren, eine zweite Heimat für den Exilierten boten, welche er seit Februar 1852 nicht mehr benötigte. In der Tat markiert das Jahr 1852 das Ende einer großen Phase der argentinischen Literatur, bei deren Geburt das Exil Pate stand. Die *Proscriptos* kehren nach Argentinien zurück und prägen fortan alle literarischen und politischen Institutionen des sich neu konstituierenden Nationalstaats.

Die Exilliteratur Argentiniens und Hispanoamerikas hatte zum ersten Mal ihre Schrecken, aber auch ihre Stärken sowie ihre überragende Fähigkeit gezeigt, die symbolischen wie ideologischen Grundlagen für eine neue Nationbildung zu liefern. Fast könnte man – zugegebenermaßen etwas nietzscheanisch eingefärbt – von einer Geburt der argentinischen Literatur aus dem Geiste des Exils sprechen. Die Grundlagen für Narrativik und Essayistik der hispanoamerikanischen Literaturen nachkolonialen Typs waren nunmehr gelegt. In Argentinien wurde mit dem Aufbau eines Nationalstaats begonnen, dessen kulturelles Projekt unbeirrbar am ersten Pol unseres kulturellen Modells und insbesondere an den Entwicklungen der französischen Literatur ausgerichtet blieb.

Auf eben diesem Modell – und genau hierin sind die romaninterne Lektüre und der innerliterarische Raum symptomatisch – ist die literarische Referentialität von José Mármols Roman aufgebaut. In seinem Liebespaar kulminieren Literatur und Politik, vereinigen sich die unterschiedlichen Stränge der Inszenierung einer romantischen Liebe und der Etablierung eines romantisch inspirierten Nationalstaates miteinander. Genau hierin ist die große (und durchaus überzeitliche) Bedeutung des Romans zu sehen. Die explizit eingeblendeten und in den Roman eingespielten Texte orientieren sich ausschließlich an unterschiedlichen europäischen Literaturen, die aus argentinischer Perspektive geradezu als Zeugnisse *ein und derselben* europäischen Literatur erscheinen. Wir stoßen auf Lamartine und auf Voltaire, auf Lord Byron und John Locke, auf Rousseau, Victor Hugo oder Gautier. Im Grunde konzentriert sich alles auf die großen französischen und englischen Dichter und Philosophen, die in des Wortes vielfacher Bedeutung in die

---

40 Ebda., S. 529.

Welt der in Entstehung begriffenen hispanoamerikanischen und argentinischen Literatur übersetzt und in ihr fruchtbar werden.

Der einzige Pol, an dem sich (zumindest auf einer expliziten Ebene) diese Literatur ausrichtet, ist also der einer abendländischen Literatur, deren Schwerpunkt sich unübersehbar von der spanischen wegbewegt und auf anderssprachige europäische Literaturen verlegt hat. Alle anderen Kulturen und Literaturen spielen jenseits dieses geokulturellen Dominantenwechsels keine wesentliche Rolle. Letzterer verwandelt London und vor allem Paris in die großen kulturellen Zentren, Madrid jedoch tritt als traditionelles Zentrum aus dem hispanoamerikanischen Roman aus.

Die in diesem Text so schön herauspräparierte Lektüre im Buch verweist hier auf den Gestus einer emergierenden Literatur, die sich aus ihren kolonialen Abhängigkeiten befreit, zugleich aber neue und andere Abhängigkeiten eingeht. Es wird noch lange dauern, bis in den 80er Jahren in José Martís Roman *Lucía Jerez* alias *Amistad funesta* die Protagonisten damit beginnen, hispanoamerikanische Texte zu lesen und sich dabei insbesondere den Roman von José Mármol vornehmen, um zugleich die Liebesbeziehungen in ihren eigenen literarischen Leben umzukrempeln. So erreicht *Amalia* zweifelsfrei jene Leserschicht, die – wie wir sahen – explizit intendiert war: Leserinnen und Leser, die jenseits der historischen Erfahrungen des argentinischen Autors stehen, ein Lesepublikum der Zukunft, zu dem auch wir noch zählen. Der diskursive Treibstoff für das anhaltende Interesse an *Amalia* und seiner Titelheldin aber ist eine romantische Liebe, die sich ganz im Sinne von Denis de Rougemont in ihren tragischen Verstrickungen verzehrt.

Jorge Isaacs oder Liebe, Lesen und eine krank machende Lektüre

Mit dem vielberufenen Roman *María* von Jorge Isaacs gelangen wir zu einer Gelenkstelle zwischen circumkaribischem und andinem Raum sowie zu einer kulturellen wie literarischen Verbindung von größter Bedeutung für die Konstituierung einer relativen Einheit der verschiedenen lateinamerikanischen Literaturen. Beschäftigen wir uns also mit einem Roman, der zusammen mit José Mármols *Amalia* und Cirilo Villaverdes *Cecilia Valdés* in den lateinamerikanischen Literaturgeschichten ein romaneskes Dreigestirn bildet! Und es gibt in der Tat ästhetisch, literarisch wie literarhistorisch gute Gründe, warum *María* so nachhaltig kanonisiert werden konnte.

Der Roman wurde schon bald nach seiner Erstveröffentlichung 1867 zu einem großen Erfolg und hat bis heute mehr als einhundertfünfzig spanischsprachige Auflagen erlebt. Bereits kurz nach seinem ersten Erscheinen in Kolumbien kamen in Argentinien, Mexiko und Chile Ausgaben auf den Buchmarkt, die den Erzähltext zu einem gesamtlateinamerikanischen literarischen Ereignis machten. *María* wurde ohne jeden Zweifel zum erfolgreichsten und meistgelesenen hispanoamerikanischen Roman des 19. Jahrhunderts.

Man dürfte wohl kaum übertreiben, wenn man *María* als eine Art Nationalepos Kolumbiens umschriebe und diesen Erzähltext der Reihe der *novelas fundacionales* im spanischsprachigen Amerika zuordnete. Genau dies ist der Grund dafür, dass wir ihn – anders als *Amalia* von José Mármol – in dieser der Lektüre und den Leserfiguren sowie der Liebe gewidmeten Vorlesung nur kurz und vor allem mit Blick auf die Inszenierung von Leseprozessen behandeln, obwohl es sich zweifellos um einen Text handelt, der schon für die Zeitgenossen einen geradezu kanonischen Status besaß.

Von Beginn an liegt diesem Text, der wiederum eine tragisch endende Liebesgeschichte – oder besser gesagt: deren viele – erzählt, die eingängige Grundstruktur einer Reise zugrunde. Gleich im ersten Kapitel werden wir mit einer Abschiedsszene konfrontiert; der kleine Efraín wird von seiner Familie tränenreich verabschiedet, da er sein Elternhaus verlassen muss, um nach Bogotá ins Colegio zu gehen. Dies ist ganz klar ein Standesprivileg, denn Efraín ist der Sohn eines Hacienda-Besitzers und patriarchalisch-gutdenkend-aufgeklärten Sklavenhalters, der über große Besitztümer verfügt und der Elite des Landes angehört.

Abb. 95: Jorge Enrique Isaacs Ferrer (Cali, 1837 – Ibagué, 1895).

Abb. 96: Denkmal zu Ehren von Jorge Isaac mit den Hauptfiguren seines Romans *María* in Cali, Kolumbien.

Die Abschiedsszene ist ergreifend: Mutter und Schwestern begießen den Knaben und Erben mit vielen Tränen; und ein kleines Mädchen namens María verabschiedet sich ebenfalls von ihm, nicht ohne eine erste Empfindung von Schmerz zu verspüren. Wir sehen die angehenden Liebenden im zarten Kindesalter vor uns, bevor wir sie in der Blüte ihrer Jugendlichkeit erleben werden. Freilich wird auch dann María nicht älter als fünfzehn Jahre sein. Efraín sieht sich am

Ende des Kapitels noch einmal um und erblickt die kleine María, deren Bild wie ein *basso continuo* die Schlusssätze der folgenden Kapitel begleiten und mit dem der Mutter Efraíns verknüpft bleiben. Sechs Jahre später kehrt der Ich-Erzähler Efraín zurück und wieder werden die Blicke des noch hübscher gewordenen Mädchens auf ihm ruhen. Sie ist bereits zu einer jungen Frau geworden, deren kindliche Zuneigung einer entstehenden Liebe Platz gemacht hat. Efraín und María sind im Grunde schon jetzt ein Paar.

Im Verlauf der folgenden Kapitel kristallisiert sich heraus, dass María die anziehende Schönheit der Jüdinnen besitzt. Diese große Schönheit wird des Öfteren biblisch semantisiert, wobei aber auch der Verweis auf eine Jungfrau Raffaellos und damit der Hinweis auf die Portraitkunst der europäischen Renaissancemalerei nicht fehl am Platze ist. Die rein materielle Schönheit der Frau genügt nicht, sie muss durch kulturelle Tradition und Kunst zusätzlich kodiert und semantisiert werden, wie schon Roland Barthes für die „klassische" Schreibweise des 19. Jahrhunderts herausarbeitete.

Abb. 97: „Madonna mit den Nelken", Öl auf Eibenholz von Raffael, circa 1506–1507.

Bald schon erfahren wir, dass die Helden von Isaacs unter „nuestra raza" die jüdische verstehen, ist doch Efraín der Sohn eines zum Christentum konvertierten Juden. Denn dessen künftige Schwiegermutter machte eine Konversion zur Vorbedingung der Hand ihrer Tochter. So verliebte sich der Vater, heiratete Efraíns Mutter aus Liebe, ließ sich in Kolumbien nieder und wurde zu einem Kolumbianer, der zur Elite des Landes aufstieg. Autobiographische Parallelen liegen auf der Hand, ist doch auch Isaacs Vater – der Familienname deutet es bereits an – jüdischer Abstammung und dereinst aus Jamaica nach Kolumbien eingewandert.

María ihrerseits musste sich an ihren Namen erst gewöhnen, wurde sie doch als Tochter eines jüdischen Freundes von Efraíns Vater unter dem Namen Esther geboren und erst mit drei Jahren christlich getauft. Nach dem frühen Tode ihrer Mutter Sara wurde sie von den Antillen, wohin sie deren Ehemann Salomon, der Vetter von Efraíns Vater, geführt hatte in die Obhut der Familie gebracht: ein Waisenkind also. María ist die Kusine Efraíns und hat einen zweifachen Wechsel hinter sich, nämlich den des Namens wie der Religion. Doch sie hat es nicht schlecht getroffen!

Denn ihre neue Familie ist zu Ansehen und Reichtum gekommen. Die Besitzungen im kolumbianischen Cauca-Tal werden immer größer, die paternalistisch geführten Plantagen mit ihren Sklaven scheinen guten Gewinn abzuwerfen, die Geschäfte auf Grundlage der Sklaverei blühen. Und so kann sich der Vater überlegen, seinen einzigen männlichen Nachkommen nach England – und wir sehen: nicht nur unter kulturellen, sondern auch unter wirtschaftlichen und edukativen Aspekten hat London längst Madrid den Rang abgelaufen – zur Weiterbildung zu schicken. Efraín soll binnen vier Jahren sein Medizinstudium in England absolvieren und abschließen, so ward es beschlossen. Wenn da nicht die Liebe wäre! Nun schiebt sich das Motiv der Reise zwischen zwei Liebende und trennt sie, denn um ebensolche handelt es sich spätestens seit einer gemeinsamen Lektüre, die das Grundmotiv des Buchs im Buch deutlich vor Augen führt. Wir stoßen an dieser Stelle einmal mehr auf Dante Alighieris Paolo und Francesca in ihrer unübertroffenen Verknüpfung von Liebe und Lesen. Doch das Motiv erfährt bei Jorge Isaacs, wie wir noch sehen werden, eine in jeglicher Hinsicht starke Abwandlung.

Zwischen María und ihrem Cousin Efraín liegen wohl etwa vier Jahre Unterschied, so dass der Student in spe zu diesem Zeitpunkt etwa achtzehn bis neunzehn Jahre alt gewesen sein dürfte. Der junge Mann sehnt sich nach Liebe und schon tritt bei seiner Rückkehr von einem Ausflug in die Anden das Bild des Mädchens vor sein inneres Auge. Efraín befindet sich im Garten Eden, der mit allen Attributen und Ingredienzien eines *locus amoenus*, eines Lustortes, ausgestattet ist; doch es fehlt ihm noch die unschuldige Jungfrau, die aus der üppigen Pflanzenwelt hervortritt. Und eben diese Rolle nimmt María ein ...

María ist folglich nicht nur Esther, sondern verbindet deren jüdische Schönheit zugleich mit jener der Urmutter Eva. Sie sehen, welch geradezu archetypischen Frauenbilder sich hinter dem emblematischen Namen der Protagonistin und Titelheldin verbergen. So überrascht uns nicht, dass sie die *azucena*, die weiße Madonnenlilie, im Haar trägt. Auf die im Roman ständig vorgetragene

Blumensymbolik kann ich nicht eingehen, sondern nur darauf verweisen, dass die Lilie hier für die Keuschheit Marías und zugleich die Liebesbeziehung zwischen ihr und Efraín steht. Ein wenig so, wie die *Catleya* für die weniger unschuldige Liebesbeziehung zwischen Swann und Odette zu Beginn von *A la recherche du temps perdu* eine leicht zu enträtselnde Chiffre darstellen sollte. Näher an Jorge Isaacs *María* steht freilich eine andere französische Romanfigur, nämlich die berühmte *Kameliendame, La dame aux camélias*, die im Romanschaffen von Alexandre Dumas fils zugleich das Thema der Krankheit einführte.

In *María* werden zwei Motive zusammengebracht, die wir bereits im hispanoamerikanischen Roman miteinander verbunden sahen. Nirgends aber sind sie so stark in eine literarische Tradition eingebettet wie in diesem Text, und nirgendwo sonst wird damit ein drittes, nun romantisches Motiv verbunden: das einer schleichend sich manifestierenden Krankheit.

Der in Bogotá ausgebildete Efraín fungiert gegenüber den Mädchen im Hause als eine Art Lehrer, der ihnen Geographie, aber auch die Literatur – insbesondere Frankreichs – nahebringt. Dies tut er in einer memorablen Szene, die uns nicht vergessen lassen sollte, dass dieses exklusive Bildungserlebnis darauf verweist, wie es um die Ausbildungsmöglichkeiten junger Mädchen selbst der Oberschicht in Hispanoamerika (und natürlich nicht nur dort) bestellt war.

Lieblingsautor des jungen Efraín scheint Chateaubriand zu sein, von dem *Le Génie du Christianisme* geradezu als Pflichtlektüre gelesen werden muss. María, die beste Schülerin Efraíns, unterliegt der Zauberkraft des französischen Schriftstellers; und sie tut dies vor allem dann, wenn die Kraft der Literatur auch noch an die Unverwechselbarkeit und Einmaligkeit der ach so verführerischen Stimme des jungen Lehrers geknüpft ist, die nichts anderes darstellt als die Präsenz des geliebten Körper-Leibes.

Die gemeinsame, laute Lektüre entfaltet die volle Wucht der Verführung durch Sprache, durch ausgesprochene, verkörperte Sprache. Doch hören wir selbst! Der Ich-Erzähler Efraín liest seiner Schwester Emma und der jungen María vor, im Freien, mit Blick auf das majestätische Cauca-Tal, im Setting eines Naturgemäldes, wie es eindrücklicher (und zugleich romantischer) nicht sein kann. Dabei hat er Chateaubriands *Atala* gewählt, das – wie er erklärt – alle Melancholie des französischen Dichters aufgesammelt und in sich vereint habe. Wir haben es im Folgenden wieder mit einem Sonnenuntergang zu tun, diesmal aber nicht bei blanker Imagination, sondern einen Text vor Augen und zugleich in den Ohren: Chateaubriands *Atala* ist zurück in der Neuen Welt! Es ist wieder Nachmittag, die Lesestunde also:

> An einem Nachmittage war es, einem jener Nachmittage meines Landes, die verziert sind mit Wolken von violetter Farbe und einem blassgoldenen Aufleuchten, so schön wie María,

so schön und vorübergehend, wie sie für mich war. Da saßen María, meine Schwester und ich auf dem weiten Felsen eines Abhanges, von wo aus wir zu unserer Rechten die tiefen bebauten Talbereiche mit der schäumenden Strömung des Flusses sich schlängeln sahen, zu unseren Füßen das majestätische und stumme Tal, und ich las die Episode von Atala. Die beiden, bewundernswert in ihrer Unbeweglichkeit und Hingabe, hörten von meinen Lippen all jene Melancholie erblühen, die von diesem Dichter versammelt wurde, „um die Welt weinen zu lassen". Meine Schwester, ihren rechten Arm auf einen meiner Arme gestützt, ihr Haupt fast mit dem meinigen vereint, verfolgte mit den Augen die Zeilen, die ich Satz für Satz las. Währenddessen wandte María, die nahe bei mir kniete, ihre schon feuchten Blicke nicht von meinem Antlitz ab.

Die Sonne hatte sich bereits versteckt, als ich mit veränderter Stimme die letzten Seiten des Gedichtes las. Emmas bleiches Antlitz ruhte auf meiner Schulter. María verbarg sich das Gesicht mit beiden Händen. Nachdem ich Chactas' aufwühlenden Abschied über dem Grabmal seiner Geliebten gelesen, ein Abschied, der so viele Male einen Schluchzer meiner Brust entriss, „Schlafe in Frieden in fremder Erde, Du Junge und Unglückliche! Als Dank, als Vergeltung Deiner Liebe, Deiner Exilierung und Deines Todes wirst Du nun selbst noch von Chactas verlassen." María vernahm meine Stimme nicht mehr und enthüllte ihr Gesicht, über welches dicke Tränen rannen. Sie war so schön wie die Schöpfung des Dichters, und ich liebte sie mit der Liebe, welche er imaginierte. Wir schritten stumm und still langsam zum Haus zurück. Ach, meine Seele und die Seele von María waren nicht nur tief bewegt von jener Lektüre, sie waren vielmehr bedrückt von einem Vorgefühl![1]

In geradezu archetypischer Weise wird in diesen Zeilen eine Aneignungsform von Literatur vorgeführt, wie sie im Grunde schon seit dem 18. Jahrhundert gefordert und gefördert wurde. Es ist eine Lektüre als Seelenverschmelzung, als tränenreiche Identifikation, die einen Idealtyp romantischen Lesens darstellt. Diese Lektüre und diese Lesart sind in den in Anführungszeichen gesetzten und übersetzten Worten des französischen Dichters Chateaubriand gleichsam als Vermächtnis dem Text Isaacs wie der Lektüresituation des dreizehnten Kapitels eingeschrieben. Chateaubriand wird noch einmal im Munde des Ich-Erzählers, aber auch in der Schrift des kolumbianischen Autors auf zweifache Weise lebendig: *Atala* kehrt in die Neue Welt zurück und präfiguriert das tragische Schicksal der Liebenden, über denen eine böse Vorahnung schwebt.

Zugleich wiederholt sich der Aufbau der Lesesituation, insoweit hier eine männliche Stimme aus einem Text der (Früh-)Romantik vorliest und die Frauen sich angesichts dieser lauten Lektüre ganz in die Magie des Textes und des männlichen Vor-Lesers begeben. Die Nähe zum Inzest wird durch die Nähe der Schwester dargestellt, die sich auf den Arm – der sicherlich psychoanalytisch

1 Isaacs, Jorge: *María*. Prólogo de Eduardo López Morales. La Habana: Casa de las Américas 1975, S. 33.

leicht deutbar wäre – ihres Bruders stützt und damit jenes weibliche Begehren verkörpert, das die schon feuchten Augen Marías zum Ausdruck zu bringen versuchen. So also wird der in der Neuen Welt angesiedelte tränenreiche Roman Chateaubriands, der erstmals 1801 von Fray Servando Teresa de Mier ins Spanische übersetzt wurde und einen beispiellosen Siegeszug gewiss nicht nur in Amerika antrat, im Süden des Neuen Kontinents, im kolumbianischen Cauca-Tal, produktiv rezipiert.

In diesem Zusammenhang wird deutlich, was Jean-Jacques Rousseau meinte, als er von der *dangereuse méthode* einer gemeinsamen (und überdies lauten) Lektüre sprach. Denn der lesend angeeignete französische Roman nimmt alle Gefühle der Protagonisten vorweg, noch bevor diese selbst gefühlt werden können. Man könnte sich mit guten Gründen sogar fragen, ob sie ohne ihn, ob sie ohne die Lektüre überhaupt gefühlt werden könnten. Denn alles hängst von den Seiten des Buches und zugleich von den Lippen des Vorlesers ab; diese Seiten und mit ihnen die tragische Liebe werden genau so angeeignet, wie der Dichter dies zu Protokoll gegeben und buchstäblich *imaginiert* hatte.

Daher kommt Chateaubriands *Atala* auch eine schicksalhafte Dimension zu: Denn in dieser Passage wird gleichsam das Schicksal der beiden Liebenden präfiguriert, also in einer Art und Weise vorweggenommen, die die Literatur zur Wirklichkeit, das Lesen zum wahren Leben macht. Kein Wunder also, wenn María nach der gemeinsamen Lektüre in ihrer Gesundheit stark angegriffen ist und krank wird. Es waren der Aufregungen zu viele. Das bildschöne Kind, das nicht umsonst in das Umfeld der schönen Atala gestellt wird, verwandelt sich in ein Opfer der gemeinsamen Lektüre.

Dies ist die eigentliche Schlüsselszene des gesamten Romans, in ihr bündeln sich intertextuell verankert alle Isotopien. Die Situation der gemeinsamen lauten Lektüre ist dabei ein Element literarischer Tradition, die an das Schicksal von Paolo und Francesca im fünften Gesang des *Inferno* in Dantes Göttlicher *Commedia* erinnert: „An jenem Tage lasen sie nicht weiter". Natürlich ist im Blick vom Berge in die weite Fläche auch ein Stückchen Petrarca enthalten, insofern sein Aufstieg zum Mont Ventoux einstmals von der Lektüre im Buch gekrönt worden war und eine Schlüsselszene in der Geschichte der Konstituierung moderner Subjektivität darstellt.[2]

Die gesamte Szenerie ist also literarisch beziehungsweise literarhistorisch vorbestimmt, wird aber bereits situativ mit der Sonnenuntergangsszene romantisch aufgeladen. Auf einer zweiten Ebene nun wird der Intertext, Chateaubriands

---

2 Vgl. hierzu Ritter, Joachim: Landschaft. Zur Funktion des Ästhetischen in der modernen Gesellschaft. In (ders.): *Subjektivität. Sieben Aufsätze*. Frankfurt am Main: Suhrkamp 1989, S. 141–163.

Atala, in den Text von Jorge Isaacs als ins Spanische übersetztes Zitat eingebaut, wird also zu einem integralen Bestandteil des eigenen Textes, wenn auch
explizit mit Gänsefüßchen versehen. Wir haben einen Übersetzungsvorgang in
mehrfacher Hinsicht vor uns, der sich nicht nur auf der sprachlichen und kulturellen, sondern auch auf einer lebenspraktischen (und lebenswissenschaftlich
aufschlussreichen) Ebene ansiedelt. Damit ist nicht nur die Tatsache gemeint,
dass *Atala* ins Spanische übersetzt ist, im Übrigen realhistorisch auch insoweit
interessant, als *Atala* just in Kolumbien von einem der großen kolumbianischen
Schriftsteller ins Spanische übersetzt worden war. Denn *Atala* wird qua Lektüre
zum Paradigma des eigenen Lebens von Isaacs Gestalten: María wird so schön
wie die Schöpfung Chateaubriands und der Ich-Erzähler selbst liebt diese Gestalt
Chateaubriands mit eben jener Liebe, die der französische Autor seinen Gestalten
einflößte. Efraín verwandelt sich folglich zu einem zweiten Chactas.

Damit ist bereits der weitere Lebens- und Sterbensweg der schönen Atala-
María vorgezeichnet, die unser Chactas-Efraín am Ende des Romans besuchen
wird. Eine wahrhaft körperlich-leibhaftige Anverwandlung eines Intertexts!
Die gelesene Literatur wird zur lebenspraktischen Vorgabe romanesker literarischer Gestalten: Jorge Isaacs zeigt auf, wohin die Lektüre führen kann und warnt
zugleich vor den Folgen anverwandelter Literatur. Sein männlicher Protagonist
Efraín bleibt diesem Modell treu, wird er doch nicht nur in seiner Jugend die verstorbene Geliebte beweinen, sondern auch noch als Ich-Erzähler am Ende seines
Lebens und am Ende des Romans das Grabmal Marías aufsuchen und ihr Schicksal untröstlich betrauern. Damit ist zugleich eine Lektürevorgabe gemacht und
ein Warnschild eingeblendet.

In diesen Passagen geschieht allerdings im Grunde nichts anderes als das,
was wir schon in mehreren Romanen der Subgattung *novela sentimental* hatten
beobachten können: die kreative Integration vor allem von Texten der französischen Romantik. Dabei bricht Chateaubriands *Atala* ohne jeden Zweifel alle
Rekorde der Zitierhäufigkeit. Der französische Bezugstext stellt so etwas wie
einen Urmythos dar und die hispanoamerikanischen Romane leisten dabei
(ganz im Blumenberg'schen Sinne) ihre Arbeit am Mythos. Der exotisierend nach
Amerika verlagerte Text des Franzosen wird in Amerika reexotisierend gelesen
und auf Ebene der Autoren in eigene literarische Praxis, auf Ebene ihrer Gestalten in konkrete Lebenspraxis verwandelt. Jorge Isaacs *María* erzielte dabei den
größten Lese- und wohl auch Verkaufserfolg.

Von besonderer Bedeutung scheint mir dabei die Tatsache zu sein – und
sie ist nicht in das Paolo-und-Francesca-Motiv Dantes aufzulösen –, dass hier
die Stimme des geliebten Wesens an (oder besser *in*) das Ohr der geliebten Frau
eindringt. Stimme und Körper stehen im Roman für das Unverwechselbare, für

das vom Körper garantierte Authentische ein. Auf diese Weise wird gerade das Zitat durch den Prozess kreativer körperlicher Anverwandlung zum eigenen Klangtext, hier zum authentisch empfundenen Beleg des eigenen Gefühls, das die Seelen durchdringt, die Körper erschüttert und den schönen Leib der jungen María langsam, aber sicher ruiniert: *Killing me softly with his song.*

So wird auch verständlich, warum María ihre Augen nicht mehr zur Informationsaufnahme, sondern nur noch zur Gefühlsausgabe verwenden kann: María weint und weint ... Und sie wird es im Roman noch so oft tun, dass ein Kritiker einmal schreiben zu müssen glaubte, dass sie nicht an einem epileptischen Anfall, sondern an Wasserentzug gestorben sei. Die vollständige Identifikation, dies zeigt auch der Kommentar des Ich-Erzählers, vollzieht sich zwischen dem ursprünglichen Autor und dem Vorlesenden sowohl aus der Perspektive des Lesenden als auch aus jener der Hörenden. Die Aneignung des Textes durch die Stimme, durch den Körper, verwandelt den Text in etwas, das aus dem Körper des Vortragenden selbst kommt und diesen re-präsentiert. Die Reaktion der beiden Frauen ist – um das obige übersetzte Zitat noch einmal im Original vorzuführen – deutlich: „Las dos, admirables en su inmovilidad y abandono, oían brotar de mis labios toda aquella melancolía aglomerada por el poeta para ‚hacer llorar al mundo‘.“ *His Master's Voice*: Doch hinter der Stimme des Herrn verbirgt sich eine andere Stimme des Herrn, für welche die Stimme des liebenden Subjekts nicht mehr als die Stimme eines Bauchredners ist. Roland Barthes hat in seinen *Fragments d'un discours amoureux* diese Kon-Figuration zur Genüge erläutert.

Die Worte kommen einem natürlichen Prozesse folgend gleichsam sprießend von den Lippen des Lesenden: María wird Efraín gegenüber im vielfachen Sinne *hörig*. Das fremde Wort kommt aus dem Inneren des männlichen Körpers. Allein in der Schriftlichkeit wird es mit Hilfe der Anführungszeichen noch als fremdes Wort erkennbar und markiert. Als angeeignetes Zitat aber ist es für die beiden Mädchen nicht mehr erkennbar, sie geben sich diesen Worten unbeweglich hin. Die Worte dringen in ihre Ohren, in ihre Körper ein. Die Lust am Text, jenes erotische Moment der lauten Lektüre, der *lecture à haute voix*, von der ebenfalls Roland Barthes am Ende von *Le Plaisir du texte* sprach, wird hier in ihrer Wirkungsweise vorgeführt.

Die Verinnerlichung des fremden Wortes führt auch zur Verinnerlichung des fremden Lebens: María und Efraín folgen ihren Vorbildern Chactas und Atala bis in Details. Es wäre ein Leichtes, dies an einer Vielzahl von Passagen in Jorge Isaacs Text zu belegen. Und gerade hier setzt auch die Krankheit Marías an, die wie bei Atala von innen kommt. Sie ist weniger ein Erbgut ihrer früh verstorbenen Mutter Sara als ein Erbgut der französischen Romantik. Lektüre, so dürfen wir folgern, kann krank machen.

Denn gleich im folgenden Kapitel erleidet sie ihren ersten Kollaps, eine Art epileptischen Anfall. Wer die Bedeutung dieser Szene noch nicht verstanden hat, wird sogleich von Autor und Erzähler durch Gewitter und starke Regenfälle daran erinnert, wie eng alles in Isaacs' Roman mit *Atala* verzahnt ist und wie sehr die Natur gerade im hispanoamerikanischen Roman einen aktiven Part übernimmt. Klar ist auch, dass Marías Krankheit unheilbar ist, wie ein herbeigezogener Arzt mit dem notwendigen wissenschaftlichen Aplomb verkündet. Der Mann war leider Schulmediziner! Eine Literaturwissenschaftlerin oder ein Literaturwissenschaftler hätten nicht nur eine Diagnose, sondern auch eine Therapie gefunden. Sie hätte wohl ,kritische Lektüre' geheißen. So aber erfolgt allenfalls der Ratschlag, dass man María jegliche Art von Emotionen ersparen müsse. Efraín wird sogleich von seinem Vater darauf hingewiesen, dass er als künftiges Familienoberhaupt Verpflichtungen für die ganze Familie trage: an eine Heirat mit María sei nicht zu denken! Genau daran aber denken die Liebenden, die nicht mehr wissen, wie sie sich nun verhalten sollen.

Lesen und Lektüre stehen nicht nur inhaltlich, sondern auch strukturell und semantisch ganz im Zentrum dieses Romans, den man mit Vorbehalten durchaus als einen Leseroman bezeichnen kann, welcher um eine heterosexuelle Liebesbeziehung kreist. Er schwankt – mit der argentinischen Literaturwissenschaftlerin Susana Zanetti gesprochen – zwischen einer archaischen und einer modernen Art der Aneignung oder ebensolcher Lektüremodi.[3]

Erst im vierunddreißigsten Kapitel des Romans werden sich die Liebenden wiedersehen; und zum ersten Mal erblickt der Ich-Erzähler Efraín nach seiner Rückkehr aus Übersee María just dort, wo er sie bei der gemeinsamen Lektüre krank machend in seinen Bann gezogen hatte: auf einem jener großen Felsen, die das Cauca-Tal überragen. María ist kaum zu bewegen, von diesen Felsen herabzusteigen, so sehr hat sich das Schicksal Atalas mitsamt der Melancholie, dem *mal de siècle*, auf ihre Stimmung und ihr ganzes Leben gelegt. Nur schwer kommen die beiden Liebenden wieder in ein Gespräch, das damit beginnt, dass Efraín María danach fragt, was sie während seiner langen Abwesenheit denn getan habe. María weiß zunächst nicht, was sie antworten soll, bis die Frage auf die Liebe und das Lesen kommt:

---

3 Vgl. Zanetti, Susana: *La dorada garra de la lectura. Lecturas y lectores de novela en América Latina.* Rosario: Beatriz Viterbo 2002.

- Was hast Du während dieser Tage getan?
- Gewünscht, dass sie vorübergingen.
- Nichts weiter?
- Nähen und viel denken.
- Woran?
- An viele Dinge, die man denkt, aber nicht ausspricht.
- Nicht einmal an mich hast Du gedacht?
- An Dich am wenigsten.
- Ja, gut.
- Denn Du weißt es ja.
- Hast Du nicht gelesen?
- Nein, denn alleine zu lesen macht mich traurig, und mir gefallen nicht länger die *Veladas de la Quinta* oder die *Tardes de la Granja*. Ich wollte *Atala* wieder lesen, aber da Du gesagt hast, dass es da eine Stelle gibt, ich weiß nicht wie …
  [...]
  Wir öffneten die Türe und sahen auf einem der Fensterflügel, welche der Wind hin- und her bewegte, einen schwarzen Vogel von der Größe einer sehr großen Taube sitzen: Er gab einen Schrei von sich, wie ich ihn noch nie gehört habe; er schien einen Augenblick lang durch das Licht, das ich in meiner Hand hielt, glühende Augen zu bekommen, und er löschte es aus, als er über unsere Köpfe hinwegflog, während wir erschrocken die Flucht ergriffen. In jener Nacht träumte ich … Aber was ist mit Dir?[4]

In dieser Passage wird deutlich und schön vorgeführt, wie sehr die Lektüre den Schlüssel zum gesamten Text enthält. Denn das Denken und Fühlen ist immer an das Lesen gekoppelt, genauer noch: an die gemeinsame Lektüre, welche María nicht mehr vergessen kann. Denn zwei Arten von Lektüren fallen nunmehr weg: die Lektüre ebenfalls französischer, aber letztlich wenig aussagekräftiger, harmloser da noch nicht romantischer Texte (die Susana Zanetti näher besprochen hat,[5] die uns hier aber nicht näher interessieren), Texte also, die nichts von der Wirkung der Texte Chateaubriands besitzen. *Atala* wiederum kann aber nur in gemeinsamer, gleichsam archaischer Lektüre angeeignet werden, nämlich mit Hilfe einer vereinten Lektüre beider Liebender. Doch längst ist ein schwarzer Vogel über die Seele der jungen Frau hinweggeflogen.

Die einsame Lektüre ist für María keine Alternative, keine praktikable Lösung, noch nicht einmal ein guter Zeitvertreib. Sie vermittelt der verliebten Frau das Gefühl, völlig alleine zu sein; außerdem gibt es da ja auch noch so eine Stelle, eine Passage, vor der Efraín sie gewarnt hatte – wobei das *je ne sais quoi*, das stets die irrationalen Restbestände anzeigt, hier durchaus zwischen Eros und Thanatos zu verstehen und im Bereich des Irrationalen anzusiedeln ist. Längst ist Efraín die

---

4 Isaacs, Jorge: *María*, S. 159.
5 Vgl. Zanetti, Susana: *La dorada garra de la lectura*, S. 185–205.

Gefährlichkeit der Lektüre deutlich geworden: Sein Vorlesen war es ja, das María so tief ins Innere traf. Ist er sich seiner Mitschuld bewusst?

Dann aber schlägt – ganz wie bei José Mármol – das Lesen des Textes um in ein Lesen der Zeichen der Natur, und auch diese sind nicht weniger fatal und furchterweckend wie in Mármols Roman *Amalia*. Denn der schwarze Vogel, gleichsam Edgar Allan Poes *The Raven*, krächzt erheblich durch die Seiten, so dass der Ich-Erzähler auch erschrickt; denn er weiß früher als die nur im Traum reagierende María die bösen Vorzeichen zu deuten. Die Lesbarkeit der Welt ist ausgerichtet an einer Leseschule, die freilich furchtbare Konsequenzen für die Gesundheit der Leser und insbesondere der Leserinnen besitzt. Denn auch die Lektüre der Zeichen der Natur kann krank machen.

Wir verkürzen die Fabel des Romans ein wenig, indem wir lediglich darauf aufmerksam machen, dass erneut das Motiv der Reise nach Europa – wie bei Enrique Otway in Gertrudis Gómez de Avellanedas *Sab* zur Ausbildung in England – Trennung und Tod herbeiführen beziehungsweise beschleunigen. Wir wollen uns nicht mit der Vielzahl in den Romanablauf integrierter kostumbristischer Szenen oder mit den eingebauten zusätzlichen Liebesgeschichten auseinandersetzen, die nicht nur der Zerstreuung und Spannungserzeugung bezüglich der zentralen Liebesbeziehung dienen, sondern auch eine Vielzahl verschiedener Kultur- und Lebensformen in die Romandiegese einblenden, die soziale Spannbreite des Romans erhöhen und zugleich in unterschiedlichen diegetischen, gesellschaftlichen und kulturellen Kontexten die immer gleiche Liebesgeschichte durchexerzieren!

Die Liebe proliferiert als narrativer Treibsatz so sehr, dass sich ständig Doubletten bilden, die als retardierende Momente gegenüber der Hauptliebesgeschichte auf diese strukturell bezogen sind. Die Sklavenjagd in Afrika, deren Vertreter und Opfer, die Bewohner der kolumbianischen Karibikküste, die Siedler im Caucatal, die Bauern hoch oben in den Anden: Sie alle werden mit ihrer jeweilig stilisierten Sprache eingeblendet, wobei es nicht an Missverständnissen, Quiproquos und komischen Effekten mangelt. Eine Tigerjagd oder die gefährliche Durchquerung eines reißenden Flusses auf dem Pferd, die Flussfahrt auf dem Río Magdalena frei nach Alexander von Humboldt (dessen Bericht zweifellos tiefe Spuren hinterlassen hat) und die Streifzüge durch die Anden: All dies entfaltet ein Panorama, das man sehr wohl mit einem Begriff des Schöpfers der *Ansichten der Natur* als ein literarisches Naturgemälde bezeichnen darf. Es gibt auch in *María* eine Einengung des Blickes und eine Konzentration auf die Geschehnisse rund um die Titelheldin, doch wird eine derartige Verengung mit Hilfe des Kunstgriffs zusätzlicher Liebesgeschichten überwunden oder zumindest konterkariert.

Während der Aktionsradius unseres Tigertöters Efraín schon vor seiner Abreise nach England immer größer wird, schrumpft die Welt der fünfzehnjährigen María immer weiter. Ihre Schönheit ist mehr und mehr die einer romantischen *bellezza*: Sie ist schon jetzt bleich, ja totenbleich. María wird sukzessive zu jener romantischen Frauenleiche, über welche die Geschichten, welche uns der hispanoamerikanische Roman der Romantik zu erzählen hat, fast zwanghaft und obsessiv verlaufen. Auch hier gilt Elisabeth Bronfens Diktum mit aller Schärfe: Nur über ihre (schöne) Leiche.[6]

Carlos, ein ehemaliger Schulfreund von Efraín, war gekommen, um seinerseits um die Hand der bildhübschen María anzuhalten. Doch rasch erkennt er die starke Liebe seines Freundes und fragt ihn im achtundzwanzigsten Kapitel des Romans nachdrücklich angesichts der Krankheit des Mädchens, ob dieser denn ein halbes Leben lang auf dem Grabstein Marías sitzen wolle. Wir könnten ihm an dieser Stelle die philologische Antwort geben, welche die Lektüreszene uns bereits vorgab: Efraín verhält sich ganz wie Chateaubriands edler Indianer Chactas. Doch der nüchternere Carlos, der sich über die Lektüren Efraíns genüsslich lustig macht, hat erkannt, worum es hier geht: um die mehr oder minder kreative Anverwandlung romantischer Liebes- und Lebensmuster. Efraíns Freund hat bald verstanden, welche die Quellen aller Übel sind: die vermaledeiten Bücher! Schauen wir also einmal mit Carlos in Efraíns Bibliothek, in das Innerste eines jungen gebildeten Lesers im kolumbianischen 19. Jahrhundert, um etwas mehr über die spezifischen Aneignungsmuster in dieser Bücherexaminierungsszene zu erfahren:

– Schauen wir mal!, und er begann die Buchrücken zu lesen, *Frayssinous, Christus vor dem Jahrhundert, Die Bibel* ... Hier ist viel Mystisches. *Don Quijote* ... Na klar doch: Ich selbst habe nicht einmal zwei Kapitel davon lesen können.
– Nein wirklich?
– *Blair*, machte er weiter, *Chateaubriand* ... Meine Kusine Hortense ist ganz verrückt danach. *Grammatik der englischen Sprache* ... Was für eine rebellische Sprache! Da fand ich nie rein.
[...]
– *Shakespeare? Calderón* ... Verse, nicht wahr? *Spanisches Theater.* Noch mehr Verse? Komm', gestehe es mir: Schreibst Du noch immer Verse? Ich entsinne mich, dass Du welche machtest, die mich traurig stimmten, wenn ich an den Cauca dachte. Also machst du noch immer welche?
– Nein.
– Da bin ich aber froh, denn sonst würdest du am Ende noch an Hunger sterben.
– *Cortés*, machte er weiter – die Eroberung Mexikos?

---

6 Vgl. Bronfen, Elisabeth: *Nur über ihre Leiche. Tod, Weiblichkeit und Ästhetik.* Würzburg: Königshausen u. Neumann 1994.

- Nein; das ist etwas anderes.
- Tocqueville, *Über die Demokratie in Amerika* ... Die Pest! *Segur* ... Wie Langatmig!

Bis dahin kam er, als das Glöckchen des Speisesaales erklang und ankündigte, dass eine Erfrischung serviert war. Carlos hörte mit seiner Fiskalisierung meiner Bücher auf, näherte sich dem Spiegel und kämmte sich seinen Backenbart und die Haare mit einem Taschenkamm, faltete seine blaue Krawatte wie eine Damenschneiderin ihr Band, und wir gingen hinaus.[7]

Wir haben es hier mit einer ,klassischen' Bücherexaminierungsszene und damit dem Phänomen des Buches im Buch zu tun. Diese Szenerie aus dem zweiundzwanzigsten Kapitel des Romans ist wunderschön ironisch angelegt, gibt zugleich aber den Blick frei auf jene Denkmuster und Aneignungsformen, die sozusagen in der Bibliothek des ehemaligen Dichters Efraín gespeichert sind.

Der anfängliche Verweis auf Frayssinous' *Défense du christianisme* von 1825 – wie zuvor auf Chateaubriands *Le Génie du Christianisme* – verweist im Kontext anderer erwähnter Werke auf den christlichen und sicherlich auch religiös-mystisch-devoten Hintergrund der Bildung des jungen Kolumbianers, *Blair* wiederum auf die *Lecciones sobre la Retórica y las Bellas Artes* und damit auf den künstlerisch-rhetorischen Hintergrund der literarischen Lebensaneignung Efraíns; auch dies eine Komponente einer geschickten literarischen Konstruktion, in der wir leben, was wir lesen. In der Bücherexaminierungsszene ist folglich eine ganze Ästhetik des Romans versteckt.

Der Hinweis darauf, dass die Kusine Hortense ganz wild auf Chateaubriand sei, ruft bestimmte Aneignungsmuster auf, die wir schon kennen, die für Carlos aber nicht positiver Natur sind. Die Kontrolle und Pflege der Sprache wiederum interessiert ihn überhaupt nicht und mit Grammatiken hat er nicht viel im Sinn. Shakespeare und Calderón stehen ganz ohne Zweifel für die von den Romantikern aufgewerteten ,Klassiker' der englischen und spanischen Literatur des 16. und 17. Jahrhunderts, gleichsam eine literarische Basis, auf welche die neueren Dichter zurückgreifen können. Eine europäische Literaturgeschichte *in nuce* entsteht, freilich am Beispiel einer in Amerika angesiedelten Bibliothek. Wir sehen, wie stark der Pol abendländischer Kultur- und Literaturtraditionen ins Gewicht fällt.

Der anschließende Hinweis auf Cortés meint nicht den berühmten Eroberer Mexicos, sondern einen anderen gleichnamigen Autor des Buches *Ensayo sobre el catolicismo, el liberalismo y el socialismo* von 1851, also ein Hinweis auf den liberalen politischen Hintergrund Efraíns, der auch durch die Auffindung von Alexis de Tocquevilles *De la Démocratie en Amérique* verstärkt wird.

---

7 Isaacs, Jorge: *María*, S. 96f.

Doch bevor die Examinierung oder – wie es im Text heißt – Fiskalisierung mit Madame de Ségur weitergehen kann, werden beide unterbrochen. Für Carlos ist der Blick in den Spiegel keine Selbsterkenntnis, keine Veränderung und Bewusstwerdung des eigenen Lebens, sondern dient nur der optischen Oberflächenkontrolle, die sich weit jenseits der Dinge ansiedelt, welche Efraín so umtreiben.

Wir aber wissen nun, wes Geistes Kind Efraín ist, kennen die Gedankenmodelle, die seinen Geist geprägt haben und wohl auch noch immer prägen. So erfüllt die Bibliothek im Buch den Zweck, eine bestimmte Person zu situieren, ihren gebildeten Status zu untermauern und den Raum als Teil eines Hauses zur Geltung zu bringen.

Aufschlussreich ist, dass die Romanfiguren verschiedentlichen Namenswechseln unterliegen. María hieß ursprünglich Esther, die Sklavin Feliciana Nay, und auch andere Figuren haben ihre Namen gewechselt oder andere Namen gewählt. Erneut ist das Problem von Fremdbestimmung und Namensgebung vorhanden, wie es dem gesamten Kontinent und seiner Namensgebung zugrunde liegt. Die Namenswechsel verweisen auch auf Transkulturationsvorgänge: Spanier, Kreolen, Juden, Schwarze, Mulatten, Briten und viele mehr sind die Bewohner dieses kolumbianischen Nationalepos, das auch die Koppelung ethnischer mit sozialen Grenzen belegt. Die Namenswechsel sind Zeichen einer Transkulturation, die sich in den heterogenen Populationen des Kontinents zeigt.

Der Tag der Abreise Efraíns nach England rückt näher. Die Lippen der geliebten Frau bleiben geschlossen, die Blicke der Verängstigten sprechend dafür aber eine umso deutlichere Sprache. Die Briefe, die sie nach England schickt, und mehr noch deren Ausbleiben, künden von der fortschreitenden Krankheit, die sich immer mehr verstärkt und der sie schließlich erliegen wird. Die Liebenden werden sich im Leben nicht wiedersehen! Dem übereilt nach Kolumbien zurückkehrenden Efraín bleibt nur jene Position, die ihm Chateaubriands *Atala* bereits zuwies: die des Liebenden am Grabe seiner Geliebten, untröstlich weinend und ganz der Melancholie verfallen.

Zu den literarischen Höhepunkten des Romans zählt zweifellos die ausführlich dargestellte Flussfahrt den Río Magdalena beziehungsweise den Río Cauca hinauf. Kostumbristische Szenen mischen sich mit naturgeschichtlichen Erläuterungen der Erzählerinstanz: Nicht umsonst wurde der Roman von Jorge Isaacs als *kolumbianisches* Nationalepos gelesen. Majestätisch-traurig sind die Nächte am Cauca; sie zögern nur die Enttäuschung (und Entladung der Spannung) des aus England heimkehrenden Efraín hinaus. Die an Alexander von Humboldt geschulten Beschreibungen einer großartigen Natur – auch Humboldt war ein aufmerksamer Leser Chateaubriands, dem er bisweilen laut aus seinen Schriften vortrug[8] – besitzen nicht nur eine verzögernde Funktion innerhalb des Plots im Sinne eines *suspense*, sondern unterstreichen zugleich die Symbolik des Wassers, die diesen kolumbianischen Roman prägt.

Abb. 98: „Südamerikanische Urwaldlandschaft mit Ureinwohnern am Lagerfeuer", Öl auf Leinwand von Ferdinand Bellermann, 1863.

Efraíns Reisetagebuch ist noch voller Hoffnung auf das Künftige, auf die Verwirklichung seiner Liebesgeschichte. Doch seine Flussreise ist die Reise zum Tod der Geliebten, eine Reise ähnlich jener entlang der Ufer des Mississippi, wie sie bei Chateaubriand erscheint. Schon beim ersten Anfall Marías war der Fluss, den Efraín auf seinem Weg zum Arzt durchqueren musste, beträchtlich angeschwollen. Im Romanverlauf deutet dieses Anschwellen, „la creciente", mehrfach auf

---

8 Zu den Beziehungen des Preußen zur französischen Literatur und ihren Schriftstellern vgl. Lenz, Markus Alexander: Französische Literaten. In: Ette, Ottmar (Hg.): *Alexander von Humboldt Handbuch. Leben – Werk – Wirkung*. Mit 52 Abbildungen. Stuttgart: Metzler 2018, S. 229–235.

das Sterben und den Tod.[9] Ein „torrente", ein Sturzbach durchläuft jenen Garten, in welchem sich María am Ende aufhält; Wasser bildet die Straße, die Efraín zu ihrem Grab führen wird; und Wasser waren auch die Tränen des Abschieds, welche vom ersten Kapitel an den Roman und seine Titelheldin begleiteten – bis hin zu jenem Felsen hoch über dem Cauca-Tal, wo sich bei der fatalen Lektüre die Strömung des Flusses hinter den Lesenden abzeichnete und ihre Windungen tief in die großartige Naturszenerie einschrieb.

Das Unausweichliche vollzieht sich: María stirbt und verlässt diese Erde, einem Engel gleich... Dem Ich-Erzähler bleibt nur das Aufsuchen der mystischen Orte ihrer Vergangenheit zu zweit, darunter auch jener der gemeinsamen Lektüre hoch oben auf dem Felsen.[10] Der Roman endet an einem Ort, der ihm früh schon von Chateaubriands *Atala* vorgegeben worden war: am Grabmal der schönen María. So lesen wir auf der letzten Seite:

> Die untergehende Sonne durchkreuzte das verzweigte Blattwerk des nahe gelegenen Tropenwaldes mit einigen ihrer Strahlen und ließ die Brombeergebüsche und die Blätter der Bäume, welche den Gräbern Schatten spendeten, gelb aufleuchten. Als ich einer Gruppe korpulenter Tamarinden meinen Rücken zuwandte, stand ich vor einem weißen und von den Regenfällen befleckten Sockel, über dem sich ein eisernes Kreuz erhob: Ich trat näher. Auf einer schwarzen Tafel, welche die Zweige der Frauenpantöffelchen halb verdeckten, begann ich zu lesen: „María" ...[11]

Am Ende steht ein letzter Lesevorgang, eine letzte Lektüre. Und wieder gilt diese Lektüre der Liebe, einer tragisch zu Ende gegangenen Liebe. Wir haben im Verlauf unserer Vorlesung bereits eine ganze Menge solcher Kreuze gesehen, die den Text mit einem ‚Ruhe in Frieden' inmitten einer Friedhofsarchitektur abschließen. Ich erinnere hier nur an das Kreuz in Gertrudis Gómez de Avellanedas *Sab* oder eben in Chateaubriands *Atala*.

In Jorge Isaacs Narrativ hat der Roman mit diesen Sätzen seinen intertextuell vorgezeichneten Schlusspunkt erreicht. Dabei ist zunächst einmal bemerkenswert, dass es nicht mehr der Erzähler in seiner Jugend ist, der hier am Grabmal der schönen Verstorbenen steht, sondern ein alt und grau gewordener Efraín, der am Ende des Romans mit unbekanntem Ziel davongaloppiert, ganz jene Weissagung von Carlos erfüllend, er werde wohl den Rest seiner Jahre am Grabe der unvergleichlichen María zubringen. Dies ist kein Wunder: Die Ebenen von Erzählzeit und erzählter Zeit sind zusammengefallen, ein in der Ich-Erzählsituation recht

---

9 Isaacs, Jorge: *María*, S. 320.
10 Ebda., Kapitel 63.
11 Ebda., S. 344.

häufiges Element, das wir schon mehrfach beobachten konnten und das stets den Tod, zumindest den Tod der Geschichte(n), auf romantechnischer Ebene zum literarischen Ausdruck zu bringen versucht.

Aufschlussreich ist aber auch die Tatsache, dass dieses Davongaloppieren, dieses Verschwinden am Horizont mit unbekanntem Ziele, im hispanoamerikanischen Roman mit einer nicht geringen Häufigkeit erscheint. Die Zukunft, so könnten wir diese parallele Gestaltung von Romanschlüssen deuten, ist innerhalb dieser nationalen Allegoresen offen, allerdings oft nicht in einem hoffnungsfrohen, optimistischen, sondern eher in einem dunklen, unbestimmten Sinne. Die Nationbildungsprozesse, welche diese Romane wesentlich thematisieren und vorführen, scheitern fast durchweg und lassen der Zukunft nur eine beschränkte Chance. Das 19. Jahrhundert ist über lange Phasen hinweg für eine große Anzahl der noch jungen lateinamerikanischen Nationen ein verlorenes, ja verschenktes Jahrhundert, das viel aussagt über das Scheitern der an die Macht gekommenen Eliten. Die Helden verschwinden am dunklen Horizont, Die Zeit nach der Kolonie, die postkoloniale Zeit, beginnt im Modus ständiger Irrungen und Wirrungen. Man könnte einen derartigen Romanschluss – wäre er nicht ein literarisches Versatzstück der Romantik – in dieser allegorischen Sichtweise als geradezu prophetisch bezeichnen, denn die Zukunft Lateinamerikas bleibt ungewiss.

Nun aber müssen wir uns gerade an dieser Stelle ein weiteres Mal mit der Verbindung von Erotik und Tod auseinandersetzen, die in diesem kolumbianischen Roman, aber auch schon in seinen französischen Vorbildern und Bezugstexten, eine ganz entscheidende Rolle spielt. Ein kleiner vergleichender Ausflug sei mir hier gestattet: In Eugenio María de Hostos' *La Peregrinación de Bayoán* wird die Körperlichkeit der Heldin just in jenem Augenblick zu einem Thema, ja zu einer Obsession des Protagonisten und des Romans selbst, als diese Heldin vom physischen Tod bedroht ist und ihrem Totenbette nahe scheint, oder schon in diesem liegt. Es ist genau jener Augenblick, in welchem der ersehnte Körper der Frau unmittelbar nahe, zugleich aber unerreichbar ist, der durch diese doppelt lesbare Dimension semantisch ungeheuer aufgeladen wird.

Bereits in Chateaubriands *Atala* war ein weiterer Aspekt miteingearbeitet: der des Inzests. Das Inzesttabu schwebte bereits deutlich über den fast brüderlich-schwesterlichen Beziehungen zwischen Atala und ihrem Chactas, ein literarisches Motiv, das sich selbstverständlich auch in vielen anderen Romanen der Romantik, auch in dem für Isaacs wichtigen Text von Byrons *Manfred* findet. Es liegt ebenso unverkennbar über Villaverdes *Cecilia Valdés*, wobei es in diesem Roman freilich – und dies ist selten – insofern gebrochen wurde, als der eheliche

Sohn und die uneheliche Tochter des alten Gamboa tatsächlich vor ihrem Tod miteinander geschlechtlich und lustvoll verkehren und es sogar zur Geburt einer süßen Frucht dieses Inzests, einer kleinen Mulattin, kommt.

Auch der Roman *Sab* von Gertrudis Gómez de Avellaneda deutete, wenn auch nur sehr vage, ein Inzesttabu an, da auch Sab ein uneheliches Kind ist, hier allerdings lediglich des Bruders des Vaters seiner Angebeteten. In *La Peregrinación de Bayoán* erscheint ebenfalls ein Hauch des Inzests in der Geschichte, ist doch die Mutter der so empfindsamen und schwächlich-schönen Angebeteten eine Figur, die für den Protagonisten von großer Wichtigkeit und Ausstrahlungskraft ist, gerade deshalb aber nie beim Namen genannt wird und nur als *madre* (das heißt als Mutter der Geliebten) oder als *mujer* (und damit als Ehefrau eines Anderen) erscheint. Ihre Namenslosigkeit verweist auf die inzestuöse Bedrohung des jungen Mannes, der noch immer einer Mutterfigur, einer Figuration seiner eigenen Mutter, anhängt.

Steven Boldy hat in seiner lesenswerten Studie von Jorge Isaacs' *María* nachgewiesen, wie sehr auch dieser Roman von inzestuösen Strukturen durchzogen ist.[12] Wenn Boldy auch die intertextuelle Dimension des Inzestuösen als literarische Konvention vernachlässigt und damit die transgressive Dimension des Texts nach meinem Dafürhalten überbetont, ist es ihm doch gelungen, die vielfältigen inzestuösen Netze und Beziehungen herauszuarbeiten. Nicht allein Marías Herkunft selbst – sie ist die Tochter der Schwester von Efraíns Vater –, sondern mehr noch ihre Überlagerungen mit Mutter und Schwester ihres Geliebten machen sie zu einem Mittelpunkt eines ganzen Bündels inzestuöser und daher verdrängter Liebeswünsche.

Bereits zu Beginn des Romans verbinden sich für den kleinen Efraín die Funktionen von Mutter, Schwester und Geliebter in der kleinen María, deren Bild sachte mit jenem ersterer verschmilzt. Und noch am Ende des Romans schließt der aus Europa herbeieilende junge Mann nicht die bereits verstorbene María, sondern – sagen wir versehentlich – seine eigene Schwester Emma in die Arme, die er mit Küssen überschüttet, ohne dass uns von größerem Widerstand der so Behandelten berichtet würde. Vergessen wir darüber nicht, dass die junge Emma in der Schlüsselszene der gemeinsamen Lektüre von *Atala* psychoanalytisch verwertbar ihren Arm auf den Arm ihres Bruders gestützt hatte – so unschuldig ist die bruder-schwesterliche Beziehung mithin nicht!

---

12 Vgl. Boldy, Steven: Jorge Isaacs's „María": a Reappraisal. In (ders., Hg.): *Before the Boom. Latin American Narrative in the Nineteenth Century.* Liverpool: Center for Latin American Studies 1989, S. 40–60.

Efraín kommt auf seiner übereilten Rückreise aus England im Übrigen zu spät, denn María ist bereits begraben – ein Aspekt, der auch auf die inzestuöse Beziehung zwischen María und Efraíns Vater und die Rivalität zwischen Vater und Sohn aufmerksam macht, muss doch schließlich auch der Vater einräumen, dass er den Tod Marías durch sein Handeln zumindest beschleunigt habe und damit Schuld an ihrem verfrühten Dahinscheiden trägt. Da der Körper der Geliebten also nicht mehr auf dem Totenbett, sondern bereits in der Erde liegt, muss die Szene am Bett der Verstorbenen – und damit die Verbindung von Tod und Erotik, von Eros und Thanatos – nachgeholt werden, was denn auch geschieht.

Denn Efraín spielt mit den Zöpfen seiner María – eine Art Ersatz, der zugleich auf die erotische Dimension von Haaren überhaupt hinweist[13] –, als er im Bett der Geliebten liegt und nun träumt, er habe noch einmal seine María in Armen, eine Situation, zu der es zuvor noch nicht gekommen war. Gewiss: Alles erscheint als ein Traum, ein Alptraum, aus dem der junge Mann mit einem Schrei wieder aufwacht. Doch zeigt sich auch in dieser Passage, dass gerade der Tod des geliebten Wesens Phantasien der Verfügungsgewalt über dessen Körper beflügelt, die im Leben offenkundig erfolgreich unterdrückt worden waren.

Wir dürfen uns an diesem Punkt durchaus fragen, aus welchen Gründen denn die Inzestphantasien gerade im romantischen Roman Hispanoamerikas eine derart präponderante Rolle spielen. Natürlich wären als Gründe zum einen die schon in *Atala* angelegte literarische Tradition zu nennen sowie – in einem engeren Sinne – die Häufigkeit dieses Motivs innerhalb des französischen Feuilletonromans, der ja für den Aufstieg des Romans auch in Hispanoamerika eine wichtige, vielleicht sogar entscheidende Rolle spielte. Damit hätten wir gleichsam einen innerästhetischen und einen distributionsspezifischen Grund gefunden, wobei letzterer mit dem Inzestmotiv die Notwendigkeit von Spannungserzeugung und -aufrechterhaltung im Feuilleton verbindet.

Doch dies allein scheint mir nicht zu genügen! Das Inzesttabu ist ein generelles und unüberwindliches Tabu, eine Schranke, die gleichwohl von Menschen gesetzt ist und daher die Unüberwindlichkeit mit der vom Menschen beziehungsweise gesellschaftlich gesetzten Konvention verbindet. Es bindet dadurch die Unerreichbarkeit des romantischen Begehrens an sich, da das geliebte, ersehnte Ziel zugleich als nah und doch unerreichbar erscheint, wobei die Grenze eben letztlich nicht von der Natur, sondern von den Gesetzen gesellschaftlichen Zusammenlebens errichtet worden ist. In dieser Ambivalenz sozialer Konvivenz dient es der Inszenierung romantischen Begehrens bezie-

---

13 Vgl. hierzu Futoransky, Luisa: *Pelos*. Madrid: Ediciones Temas de Hoy 1990.

hungsweise Scheiterns und wird zugleich eingebunden in die Funktion einer nationalen Allegorese, deren Misslingen sozusagen *en famille* und im kleinen Kreise vorgeführt wird.

Damit haben wir einen weiteren wichtigen Grund für die Häufigkeit des Motivs nicht allein in der Romantik, sondern gerade auch in der Romantik Hispanoamerikas dingfest gemacht. Denn es ist die Fusion (verschoben auf die Ebene der unmöglich gemachten körperlich-sexuellen Verbindung von Individuen), die hier nicht durchgeführt werden kann, jene Vereinigung, die von den verschiedenen Nationalitätskonzepten des 19. Jahrhunderts vorausgesetzt und eingeklagt wurde. Die gescheiterte Fusion wird damit in gewisser Weise nicht nur begründet, sondern auch entlastet: Sie ist letztlich unmöglich, da ihr ein Begehren innewohnt, das nicht statthaft ist und zu keiner gesellschaftlich akzeptierten Konvivenz führen kann.

Damit aber verdichtet dieses Motiv in überaus polysemer Weise die Problematik einer gesellschaftlichen Entwicklung der lateinamerikanischen Republiken zu einer tabuisierten Grundfigur, deren Tiefe wir mit Hilfe der hier skizzierten vier Aspekte zwar erkannt, aber längst noch nicht vollständig ausgelotet haben. Deutlich jedoch sehen wir, dass das Motiv in Hispanoamerika zusätzliche gesellschaftliche Funktionen übernimmt, die im französischen Feuilletonroman selbstverständlich nicht vorgesehen sein können und ein bezeichnendes Licht auf jene sozialen Aporien werfen, welche eine gelingende Konvivenz in den jungen Staaten Lateinamerikas unmöglich machten.

Wir stellen auch auf dieser Ebene fest, dass Jorge Isaacs' Roman *María* von 1867 in gewisser Weise eine ganze Vielzahl charakteristischer Inhalts- und Textelemente zusammenführt und daher als einer der sicherlich herausragenden Romane nicht nur des kolumbianischen, sondern auch des hispanoamerikanischen neunzehnten Jahrhunderts gesehen werden darf. Seine zentrale Stellung innerhalb einer hispanoamerikanischen Romangeschichte könnte im Übrigen auch damit begründet werden, dass die Romandiegese sozusagen *a caballo* ist, sich also sowohl auf den südamerikanischen Kontinent, die Karibik (unter Einschluss Jamaicas und der Südstaaten der USA), Mittelamerika, aber auch den Andenraum hin öffnet und zugleich ein Stückchen Europa vermittelt, insofern der London-Aufenthalt des Protagonisten eingeblendet wird.

Sicherlich könnte man an dieser Stelle einfügen, dass die bislang eher vernachlässigte Dimension des Romans jene der gesellschaftlichen Realität ist, die er zumindest auf den ersten Blick sorgfältig ausblendet. Zur Betonung dieser politischen Dimension könnten wir darauf verweisen, dass Jorge Isaac selbst nicht nur Protagonist der Veränderungen auf politischer Ebene war – er wechselte von den Konservativen zu den Liberalen, war zeitweilig Präsident des

Abgeordnetenhauses und wurde als solcher auch in einem Amtsenthebungs-
verfahren ausgehebelt, da er zur Insurrektion aufgerufen hatte –, sondern dass
er auch als Erbe zweier zweitrangiger Haciendas die Modernisierung und ihre
wirtschaftlichen wie gesellschaftlichen Zwänge gerade im Cauca-Gebiet mit-
erlebte.

Denn er verlor nicht nur rasch beide Besitzungen, sondern musste mitansehen, wie diese später von einem US-amerikanischen Einwanderer aufgekauft
und wieder in gewinnabwerfende Betriebe umgewandelt wurden.[14] Doch sollten
wir bei alledem nicht vergessen, dass es Isaacs weitaus weniger als etwa José
Mármol darum ging, einen politischen oder historischen Roman zu schreiben
und dabei die eigene Situierung innerhalb der zeitgenössischen Politik seines
Landes zu bestimmen. Dies bedeutet freilich nicht, dass sich sein Roman nicht
einer historisch-soziologischen Untersuchung öffnen würde.

Doch Jorge Isaacs schrieb sich nicht in derartige Traditionslinien, sondern
weitaus mehr in jene der *novela sentimental* ein, die – wie wir mehrfach beobachten konnten – in ihrer Andersartigkeit und Unterschiedlichkeit doch nur
die Kehrseite jener Münze ist, auf die der Roman auch eines José Mármol setzte.
Es handelt sich also nicht um einen politischen, wohl aber um einen politisch
deutbaren Liebes- und Lektüreroman. Wir lesen folglich keinen historischen,
wohl aber einen Geschichte in Handlungs- und Diegesestrukturen umarbeitenden Roman, in dem vor allem immer wieder die Anverwandlungsformen von
Literatur und unterschiedliche Leserfiguren Gestalt annehmen und vorgeführt
werden.

Im Zentrum von Jorge Isaacs' *María*, so ließe sich aus Sicht unserer Vorlesung
und der damit gewählten Perspektive sagen, steht die Verbindung von Lieben,
Lesen und Leben, steht die kreative Aneignung von Liebe durch das Lesen, von
Lesen durch die Liebe und eine Aneignung von Leseprozessen, die auf das Leben,
dessen Haltungen und Handlungen einen gestaltenden und bestimmenden Einfluss nehmen. Das Lesen wird zu einer *self-fulfilling prophecy* des eigenen Lebens
und Liebens, sind die Protagonisten doch letztlich dazu verurteilt, das leben zu
müssen, was ihren Helden widerfuhr: So wird María wie Atala sterben und Efraín
bis zum Ende seiner Tage das Grab Atalas mit seinen Tränen – den Tränen eines
getreuen Lesers – benetzen. Lesen ist gefährlich! Dass ein derartiger Roman in
seiner Herausarbeitung einer als überzeitlich entwickelten Liebesgeschichte
als Seelendrama nationalpolitisch wirken konnte und wirken sollte, haben wir

---

14 Vgl. zu den politischen Implikationen Bremer, Thomas: Jorge Isaacs: „María". In: Roloff, Volker / Wentzlaff-Eggebert, Harald (Hg.): *Der hispanoamerikanische Roman. Bd. 1: Von den Anfängen bis Carpentier.* Darmstadt: Wissenschaftliche Buchgesellschaft 1992, S. 64–77.

anhand anderer Beispiele schon zur Genüge beobachten können. *María* bietet folglich nicht allein die Lektüre einer individuellen Liebesgeschichte, sondern führt uns tief in die gesellschaftlichen (Liebes-)Verhältnisse in den jungen Nationalstaaten Lateinamerikas. Die Liebesgefühle, so scheint es zumindest für die gesellschaftliche Elite zu sein, werden direkt aus Europa importiert. Liebe ist eine *erlesene* Praxis ...

Juana Borrero oder die Liebe als Rebellion

Juana Borrero ist ein Wunderkind der Literatur und der Malerei. Und genau dies, ihr Ruf als Wunderkind, dürfte wohl zusammen mit der Kürze ihres Lebens dazu geführt haben, dass sie in einer von Männern beherrschten kubanischen Literaturszene als Lyrikerin niemals gänzlich ernstgenommen wurde. Doch beschäftigen wir uns zunächst mit einigen wenigen biographischen Daten, um die materielle Existenz der einzigen kubanischen Modernistin genauer zu fassen!

Juana wurde am 18. Mai 1877 in Havanna geboren und starb am 9. März 1896 in Cayo Hueso, also Key West in Florida. Juana war die Tochter des kubanischen Arztes und Lyrikers Esteban Borrero Echeverría und entstammte einer wahren Dichterdynastie. Sie wurde wie ihre Schwestern in einem erlesenen Ambiente von Kunst und Literatur erzogen. Schon als junges Mädchen erhielt sie privaten Zeichenunterricht von Dolores Desvernine und stellte rasch ihr immenses Talent unter Beweis, so dass man sie 1886 in die Academia de Bellas Artes de San Alejandro aufnahm. Später wurde sie zur Schülerin des Malers Armando Menocal und reihte sich damit ein in eine wichtige Traditionslinie der kubanischen Malerei. Kommen Sie heute nach La Habana, so können sie im *Museo de Bellas Artes* einige wenige Arbeiten dieser herausragenden Malerin bewundern. Aber die Mal- und Zeichenkunst bildete nur eine Seite ihrer vielfältigen Talente.

Denn Juana Borrero war vor allem auch Lyrikerin! Ihre große Liebe galt dem kubanischen Modernisten Julián del Casal, den sie zutiefst bewunderte und in den sie sich als noch jugendliches Mädchen verliebte. Ihre frühen Gedichte erschienen in den großen kubanischen Zeitschriften der Zeit, so dass ihr bald schon der Ruf als Wunderkind der kubanischen Lyrik vorauseilte. 1892 reiste sie mit ihrem Vater nach New York und lernte dort, in seinem Exil, den großen kubanischen Lyriker, Essayisten und Revolutionsführer José Martí kennen, der ihr zu Ehren in Chickering Hall eine *Velada literaria* abhielt.[1] In Washington nahm sie weiter Malunterricht bei Mac Donald, während ihr Vater seine Beziehungen zum kubanischen Exil intensivierte. 1893 kehrte sie nach Kuba zu ihrer Familie zurück, wo ihre Schwestern innerhalb der patriarchalischen Familienstruktur die wichtigsten Ansprech- und Austauschpartnerinnen waren, mit denen sie ihre Geheimnisse zu teilen suchte.

---

1 Vgl. hierzu auch Ette, Ottmar: Geschlechtermodellierungen – Geschlechtergrenzen. José Martí und Juana Borrero. In: Krüger, Reinhard (Hg.): *Grenzgänge, Hybride & Fusionen. Romanistische Beiträge zu polykulturellen Kommunikationsprozessen.* Berlin: Weidler Buchverlag 2008, S. 21–39.

Abb. 99: Juana Borrero (Havanna auf Kuba, 1877 – Key West, Florida, 1896).

Abb. 100: „Las niñas", Öl auf Leinwand von Juana Borrero, circa 1895.

Zu Lebzeiten wurde Juana Borrero in Kuba überwiegend als Teil ihrer Dichterfamilie wahrgenommen. Einige ihrer Gedichte erschienen in der Anthologie *Grupo de familia, poesías de los Borrero* im Jahr 1895. Sie veröffentlichte ihre Gedichte aber zunehmend auch in *La Habana Elegante, El Fígaro* sowie in *Gris y Azul* und machte sich als kubanische Modernistin einen Namen. Über ihre umfangreiche Korrespondenz, darunter ihre berühmten Liebesbriefe, die *Cartas de amor*, und ihre Gedichte hinaus hinterließ sie zahlreiche Zeichnungen und Gemälde, von denen nicht alle erhalten blieben. 1895 emigrierte sie mit ihrer ganzen Familie – ihr Vater hatte sich für den Aufstand gegen die spanische Kolonialherrschaft eingesetzt – krank, geschwächt und widerstrebend nach Key West in Florida, wo sie im Alter von achtzehn Jahren verstarb.

An anderer Stelle habe ich versucht, ihre Malerei- wie ihre Dichtkunst in einer Bild und Text miteinander verbindenden Zusammenschau zu würdigen.[2] Eine solche Vision kann ich an dieser Stelle leider nicht einbauen, doch möchte

---

2 Vgl. Ette, Ottmar: Juana Borrero: convivencia y transvivencia. In: Rodríguez Gutiérrez, Milena (Hg.): *Casa en la que nunca he sido extraña. Las poetas hispanoamericanas: identidades,*

ich im Folgenden einige wesentliche Aspekte ihres Künstlerlebens als *modernista* zumindest ausschnitthaft beleuchten.

Im Februar 1895, zu einem Zeitpunkt, als José Martí vom kubanischen Exil aus intensiv und ruhelos mit den Vorbereitungen ‚seines' Krieges und der Invasion Kubas beschäftigt war, notierte eine erregte Juana Borrero des Nachts in ihrem Tagebuch:

> Ich habe sehr schnell und ohne mich aufzuhalten die Verse von Federico gelesen. Sie faszinieren mich. Aber ich weiß nicht, warum mich Carlos ... mich mit seinem rätselhaften und traurigen Aussehen anzieht. Ich lese noch einmal seine Strophen. *Eingeschlossen* ... Wird er aufrichtig sein?! Oh mein Gott, so sieht der Mann aus, von dem ich geträumt! Warum hast Du ihn so weit entfernt von mir gestellt? [...]
> Nacht.
>   Es ist halb drei Uhr. Ich habe nicht geschlafen und werde es auch nicht. Ich habe gerade etwas Unerhörtes, Unmögliches, Hochgewagtes gedacht. Hör zu, Carlos! *Noch ehe zwei Monate vorüber sind, wirst Du mein sein oder ich tot.*[3]

Dies sind wahrlich starke Worte eines jungen Mädchens! Die siebzehnjährige Juana Borrero sollte das sich selbst gegebene Versprechen, die dem Mann in Abwesenheit entgegengeschleuderte Herausforderung einlösen und den Dichter mit dem rätselhaften und traurigen Ausdruck, Carlos Pío Uhrbach, zu dem Ihren machen. Die Tagebucheinträge der in eine Familie von Literaten[4] geborenen jungen Frau, die bereits mit vier Jahren erste Gedichte schrieb und mit fünf die beeindruckende Zeichnung einer Nelke und einer Rose mit dem Titel „Romeo y Julieta" versah,[5] hatten ihr Bild des Geliebten allein aus der Literatur bezogen und mit jenem des von ihr erträumten Mannes in Übereinstimmung zu bringen versucht. Und diese gleichsam literarisch gestiftete Liebesbeziehung sollte dramatische Folgen haben.

Als Juana Borrero wenige Monate zuvor den soeben erschienenen Gedichtband *Gemelas* der beiden kubanischen Lyriker Carlos Pío und Federico Uhrbach erhielt, fragte sie sich bereits *vor* der Lektüre, die sie sich für die Nacht vornahm: „¿Será un compañero de mis insomnios?" (Wird er ein Gefährte meiner schlaflo-

---

feminismos, poéticas (Siglos XIX – XXI). New York – Bern – Frankfurt am Main: Peter Lang 2017, S. 268–307.

3 Borrero, Juana: *Epistolario De Juana Borrero. Habana Cuba,1877 – Cayo Hueso EEUU,1896.* 2 Bde. La Habana: Academia de Ciencias de Cuba 1966, Bd. I, S. 41.

4 Vgl. hierzu Cuza Malé, Belkis: *El clavel y la rosa. Biografía de Juana Borrero.* Madrid: Ediciones Cultura Hispánica 1984.

5 Diese später berühmt gewordene Zeichnung, die auch der Borrero-Biographie der im Exil lebenden kubanischen Lyrikerin Belkis Cuza Malés den Namen gab, findet sich auf Umschlag und Titelseite der beiden Bände des bereits erwähnten *Epistolario*.

Abb. 101: Fotografie der Familie Borrero.

Abb. 102: „El clavel y la rosa", Zeichnung von Juana Borrero, 1882.

sen Nächte sein?)⁶ Schien damit zunächst das Buch und die darin versammelten Gedichte gemeint zu sein, so sprang die Sehnsucht nach einem realen männlichen Gefährten ihrer schlaflosen Nächte schnell über auf den älteren der beiden Uhrbach-Brüder, dessen Verse sie ebenfalls faszinierten und unwiderstehlich anzogen. Das rasch sich bei der jungen Malerin durch Lektüre hypotypotisch in ihrer Imagination einstellende Portrait war sicher und unsicher zugleich:

> Ich habe mehrere Seiten gelesen, oh Carlos!, und ich kann Dir jubilierend sagen, dass ich keinerlei Enttäuschung fühlte. In diesen Versen ist etwas Originelles, das faszinierend anzieht und anziehend ... fasziniert. Das erste Portrait ...! Es ist ein stolzes Antlitz. Carlos muss wohl bleich sein, ein Kranker. Da ist auf seiner edlen Stirne ein unmerklicher Zug von Überdruss. Vielleicht täusche ich mich – Ich werde heute Nacht nicht weiterlesen ... Ich nehme an, dass ich ganz im ersten Teil des Bandes *verweilen werde*. Carlos muss wohl leiden ... Aber alles in allem, was kümmert mich das ...? Denn ich werde ihn niemals sehen noch wird er jemals wissen, dass ich jetzt beim Einschlafen seinen Namen murmle ...⁷

Zunächst können wir feststellen, dass der Juana Borrero faszinierende Carlos mit jenen Zeichen ausgestattet ist (oder von der jungen Frau ausgestattet wird), welche präzise dem idealen Menschenbild im europäischen wie amerikanischen *Fin de siècle* entsprechen. Denn Carlos ist nicht nur bleich, sondern von jenem *tedio*, von jenem *ennui*, von jenem Überdruss geprägt, der sich bei den Heldinnen und Helden des Jahrhundertendes auf die gesamte Gesellschaft bezieht. Auch fehlt ihm nicht jene Krankheit, die noch immer das Zeichen eines höheren, eines überlegenen Geistes ist. War das *mal du siècle* an der Wende zum 19. Jahrhundert die Melancholie, so ist es nun, an der Wende zum 20. Jahrhundert, der durch nichts aufzulösende *ennui*, der gewaltige Überdruss an der Gesellschaft.

Doch wenden wir uns der Niederschrift dieser Zeilen und jener *écriture* zu, welche Juana Borrero in ihren Briefen an Carlos Pío Uhrbach entwickelte und an der sie immer weiter feilte! Ist die teilweise auftretende Agrammatikalität – die nicht mit einem krankhaften Agrammatismus zu verwechseln ist – Beleg einer raschen Niederschrift oder des Stils dieser Tagebuchaufzeichnung, der in den Bereich des *Stream of Consciousness* rückt? In jedem Falle können wir festhalten – und dies ist ein recht spannender Fall von *gender trouble* –: Juana Borreros Männerideal ist idealerweise kein Mann! „Wird er im Übrigen das Ideal des Mannes erfüllen, den ich erträumt habe? Seine Verse versprechen dies, aber ist er vielleicht kein Mann? ...“⁸

---

6 Borrero, Juana: *Epistolario*, Bd. I, S. 39.

7 Ebda.

8 Ebda., S. 40f: „Además ¿realizará él el ideal del hombre que he soñado? sus rimas lo prometen, pero ¿acaso no es un hombre?“.

Diese Formel verrät viel über das paradoxe Verhältnis von Leben, Lesen und Lieben, das sich um den imaginierten Mann aufbaut und Juana Borrero bis zu ihrem tragischen Tod im nordamerikanischen Exil im März 1896 nicht mehr loslassen sollte. Blenden wir an dieser Stelle eine ebenso denkwürdige wie in ihrer Absolutheit fragwürdige Behauptung von Julia Kristeva ein, insofern die These der Psychoanalytikerin und Literaturwissenschaftlerin vielleicht zusätzliches Licht auf diese Tagebucheinträge oder Briefe der Juana Borrero zu werfen vermag: „Was heißt lieben für eine Frau, dasselbe wie schreiben".[9] Auf die Agrammatikalität auch dieses Satzes sei an dieser Stelle nur hingewiesen.

Fragen wir uns also: Wurde Juana Borrero zu einem simplen Opfer der Lektüre in der Nachfolge von Dantes Paolo und Francesca oder den unsterblich-sterblich Verliebten in Jorge Isaacs' *María*? Fast will es so scheinen, zumal die Nähe zur romantischen Disposition imaginierter Männlichkeit gerade durch einen Vergleich mit der in Puerto Príncipe, dem heutigen Camagüey – auch Juanas Vater, der Lyriker und Arzt Esteban Borrero stammte von dort – geborenen Gertrudis Gómez de Avellaneda deutlich wird. In ihrer 1839 in Briefen an ihren damaligen Geliebten verfassten Autobiographie skizzierte die in Madrid berühmt gewordene und in Havanna zur Dichterin gekrönte Lyrikerin, der Juanas Großvater, der ebenfalls ins Exil getriebene Dichter Esteban de Jesús Borrero gehuldigt hatte, ihre eigene Kindheit im Alter von dreizehn Jahren:

> Später wurde die gemeinsame Lektüre von Romanen, Gedichten und Komödien zu unserer alles beherrschenden Leidenschaft. Mama schimpfte manchmal mit uns, dass wir doch schon so groß seien und so sehr unseren Schmuck vernachlässigten und vor der Gemeinschaft Ausreiss nähmen, als wären wir Wilde. Denn unsere größte Lust war es, im Zimmer mit unseren Büchern eingeschlossen zu sein und unsere Lieblingsromane zu lesen, wobei wir heiße Tränen vergossen angesichts der unglücklichen Episoden unserer imaginären Helden, die wir so sehr liebten.[10]

Zweifellos hatte auch Juana Borrero jene Sozialisation als Mädchen und junge Frau erfahren, auf welche die große kubanische Dichterin der Romantik stolz und – wie wir sahen – in Abgrenzung zur Erziehung der Frauen im spanischen Mutter-Land verwies: eben nicht für das gemacht zu sein, was man in Spanien für die „obligación de su sexo", die Verpflichtungen des Geschlechts, hielt, worunter man Bügeln, Kochen, Sockenstopfen, Bettenmachen und Putzen verstehe. Vielmehr lernten die junge Tula wie auch die junge Juana, sich den Büchern und dem Studium der höheren Dinge zu widmen, weshalb man die gute Gertrudis später in

---

9 Kristeva, Julia: *Histoires d'amour*. Paris: Editions Denoël 1983, S. 296: „Qu'est-ce aimer, pour une femme, la même chose qu'écrire."
10 Gómez de Avellaneda, Gertrudis: *Autobiografía*, S. 52f.

Spanien als „*la doctora*" verspottete.[11] Bis in die Liebesmetaphorik hinein verband gewiss vieles die große Vertreterin und Hoffnung des „ersten *Modernismo* unter uns"[12] mit der Lyrikerin des *Romanticismo*; doch hatten sich trotz aller Kontinuitäten die ästhetischen Parameter zwischen Juana und Tula gewandelt.

Juana Borrero lebte und liebte die Lektüre: Sie war ein Wesen ganz in der Welt der Bücher, welche sie vor der umgebenden Realität beschützten und für sie eine Welt kreierten, in welcher sie ihre Begierden und Bedürfnisse ausleben konnte. An ihrem Lesen richtete sich auch ihr Lieben aus mit einem Anspruch, der im Verhältnis zu der ihr als Frau in einer patriarchalischen Gesellschaft zugebilligten Rolle disproportional war. Denn so, wie sich der von ihr erträumte Mann Carlos Pío Uhrbach zumindest über einen langen Zeitraum bemühte, dem auf ihn projizierten Männerbild eines Nicht-Mannes zu entsprechen, so sah Juana Borrero ihr eigenes Bild und mehr noch ihr Schicksal durch ein Gedicht vorgeformt, das der große Dichter des kubanischen *Modernismo*, Julián del Casal, unter dem Titel „Virgen triste" veröffentlicht hatte.

In diesem Gedicht des früh verstorbenen Dichters sah Juana Borrero ihr Bildnis bis hinein in einen frühen Tod literarisch vorgeformt. Die prospektive Dimension von Literatur war für sie gleichsam prophetisch geworden und konnte durch die Lektüre angeeignet werden, ja mehr noch: Sie sah sich selbst als Verkörperung dessen, was sie in diesem Gedicht gelesen hatte. Dessen letzte Strophe wurde ihr zur Weissagung des eigenen frühen Todes – und auch dies war ein Versprechen der Literatur, welches das Leben einlösen sollte:

> ¡Ah, yo siempre te adoro como un hermano,
> no sólo porque todo lo juzgas vano
> y la expresión celeste de tu belleza,
> sino porque en ti veo ya la tristeza
> de los seres que deben morir temprano!

> [Ach, ich werde stets Dich wie ein Bruder anbeten,
> Nicht allein, weil Du alles als eitel beurteilst
> Und den himmlischen Ausdruck Deiner Schönheit zeigst,
> Sondern weil ich in Dir bereits die Trauer sehe
> Jener Wesen, die früh schon sterben müssen!][13]

---

11 Ebda., S. 68.
12 Vitier, Cintio: Las cartas de amor de Juana Borrero. In: Borrero, Juana: *Epistolario*. Bd. I, S. 31: „primer modernismo entre nosotros".
13 Casal, Julián: *Poesía completa y prosa selecta*. Edición a cargo de Álvara Salvador. Madrid: Editorial Verbum 2001, S. 223.

Die Worte des großen kubanischen Modernisten wogen für Juana Borrero schwer, hatte sich das junge Mädchen doch Hals über Kopf in einen Julián del Casal verliebt, der eine andere Sichtweise der ästhetischen Erneuerung im Schreiben wie im Handeln als José Martí vertrat. Julián del Casal war jener Dichter, der im Gegensatz zu Martí an sein Havanna gebunden blieb und nicht mit einem Exil liebäugelte, in welchem sich die Lebenserfahrung des Dichters der *Versos libres* mit jener großen Welterfahrung gepaart hatte, die Martí zweifellos in den ästhetischen Leuchtturm seiner Generation verwandelte. Casal blieb in seinen zum Teil scharfen Gesellschaftschroniken stets der kubanischen Hauptstadt verpflichtet und beschäftigte sich intensiv mit deren Gestalten und Figuren.

In einer Juana Borrero gewidmeten Studie, die zunächst in *La Habana Literaria* erschien und von Casal später in seine berühmten *Bustos y Rimas* aufgenommen wurde, beschrieb der 1893 kurz vor seinem dreißigsten Geburtstag überraschend verstorbene Dichter, wie er nach einem Besuch im Hause Borrero in Puentes Grandes vor den Toren Havannas erstmals ihr literarisches Portrait auf dem Nachhauseweg („esbocé su retrato por el camino[14]") gleichsam im Gehen entworfen habe. Auch hier lag der Schwerpunkt des Gedichts auf dessen letzter Strophe. Denn hier sehen wir das Bildnis des jungen Mädchens noch einmal aufleuchten:

> ¡Doce años! Mas sus facciones
> Veló ya de honda amargura
> La tristeza prematura
> De los grandes corazones.[15]

> [Zwölf Jahre! Doch in ihren Zügen
> Zeigte sich in tiefer Bitterkeit
> Die allzu verfrühte Traurigkeit
> Der großen, großen Herzen.]

Das Spiel der Literatur mit Leben und Liebe blieb hierbei freilich nicht stehen, ,antwortete' doch gleichsam die erste Strophe des von Julián del Casal in seiner Studie als erstes zitierten Gedichts Juana Borreros unter dem Titel „¡Todavía!" auf dieses literarische Portrait:

> ¿Por qué tan pronto ¡oh mundo! me brindaste
> Tu veneno amarguísimo y letal ...?
> ¿Por qué de mi niñez el lino abierto
> Te gozas en tronchar?[16]

---

14 Casal, Julián: Juana Borrero. In (ders.): *Prosas*. Edición del Centenario. Bd. I. La Habana: Consejo Nacional de Cultura 1963, S. 266.
15 Ebda., S. 267.
16 Ebda., S. 268.

[Warum so früh, oh Welt!, schenktest Du mir ein
Dein bitterstes und tödlichstes Gift ...?
Warum gefällt es Dir, von meiner Kindheit noch
Das offene Linnen zu zerreißen?]

Casals Verse blieben für Juana Borrero ein bleibendes Vermächtnis und zugleich eine schwere Hinterlassenschaft, welche der Dichter kaum als eine für die junge Frau so schwierig zu bewältigende erkannt haben dürfte. Diese Echowirkungen der Literatur über das Leben verliehen Juana Borrero von Beginn an eine im doppelten Wortsinn gemeinte *literarische* Existenz, welche den Interpretationen ihres umfangreichen Schaffens als Künstlerin des Pinsels und der Feder eine grundlegende und bei den bis heute spärlichen Deutungen unverrückte Leitlinie vorgab, die Literatur Juana Borreros mit ihrem Leben kurzzuschließen und geradezu unausweichlich einer ausschließlich autobiographischen Lektüre zuzuführen.[17]

Die Deutung von Juana Borreros Gedichten oder Briefen wurde damit semantisch erheblich, ja bisweilen bis zur Unkenntlichkeit eingeengt. Aus einer derartigen Perspektive wäre auch die Ansicht Cintio Vitiers zu hinterfragen, Juana Borreros Liebesbriefe seien „ihr größtes Werk", weil sie „ihr größtes Bekenntnis" darstellten.[18] Eine derartige Einschätzung läuft Gefahr, die künstlerische und ästhetische Dimension einem bloß autobiographischen Interesse zu opfern. Es gilt aber, die Verschränktheit und Interdependenz von Kunst als Leben und Leben als Kunst im Gesamtwerk der kubanischen Autorin wieder zum Vorschein zu bringen und damit Sorge dafür zu tragen, hinter dem Wunderkind wieder die Künstlerin in ihren literarästhetischen Herausforderungen und Widersprüchen zu sehen.[19] Es gilt zu den Texten und Werken von Juana Borrero zurückzukehren und sich auf deren Interpretation zu konzentrieren!

Wir sollten uns überdies vor der Fehldeutung hüten, Juana Borrero hätte einem von Männern entworfenen Frauenbild nur nachgeeifert, ihre Subjektwerdung gar an einem romantischen Gemeinplatz ausgerichtet! Irrte sich Julián del Casal auch mit seiner Einschätzung, die junge „Künstlerin mit so brillanten Fähigkeiten" werde binnen kurzer Zeit „die glühende Markierung der Berühmtheit" empfangen, so gab er den künftigen Lesern dieser bis heute noch immer kaum bekannten Lyrikerin doch einen wichtigen Hinweis, insofern er abschließend betonte, aller Erfolg werde Juana Borrero niemals von ihrer „absolutesten

---

17 Dies gilt für die genannten Studien ebenso wie für neuere Arbeiten wie die mit einem eher dilettantischen Rückgriff auf Lacan operierende Arbeit von Hauser, Rex: Juana Borrero: The Poetics of Despair. In: *Letras Femeninas* (Ithaca) XVI, 1–2 (primavera – otoño 1990), S. 113–120.
18 Vitier, Cintio: Las cartas de amor de Juana Borrero, S. 25.
19 Vgl. hierzu Ette, Ottmar: Juana Borrero: convivencia y transvivencia, S. 268–307.

Abb. 103: „Misiva floreal", Brief von Juana Borrero an Carlos Pío Uhrbach, am 14. April 1895.

Verachtung" und der „tiefsten Indifferenz" gegenüber den „Meinungen der braven Bürger in der Literatur"[20] abbringen. Denn Juana Borreros künstlerische wie auch lebensbezogene Überzeugungen waren keinesfalls jene der *burgueses de las letras*: Sie ging ihren eigenen Weg im Malen, Schreiben und Lesen, im Leben wie in der Liebe.

Denn Juana Borreros Kunstauffassung war ebenso radikal wie absolut. In eine nur bürgerliche Kunstauffassung, nur bürgerliche Lebensauffassung ließ sich ihr Lebensprojekt, das auch zugleich ihr Kunstprojekt war, nicht einzwängen. Die Dreiecksbeziehung von Lesen, Lieben und Leben lässt sich quer durch ihr gesamtes Schaffen verfolgen und findet sich auch personifiziert in Konstellationen, die dem Leben entnommen zu sein scheinen und gleichzeitig (ästhetisiertes) Leben bilden.

So sind Juana Borreros Liebesbriefe an Carlos Pío Uhrbach durchzogen von Anspielungen auf Julián del Casals Leben, von Zitaten seiner Gedichte und ‚Erscheinungen' des Dichters, deren allererste sich nicht zufällig bereits in ihrem ersten Brief an die Brüder Uhrbach findet. Darin lesen wir:

> Diese Nacht träumte ich von Casal. Ich sah ihn nicht wie sonst immer ekstatisch und traurig, sondern besorgt und stumm. So blieb er über mehr als zwei Stunden unbeweglich, und als er wieder in der Finsternis verschwand, da schaute er mich mit einem Blick an, in welchem man den Vorwurf *erriet* ... Warum und *wofür* sollte ich Schuld tragen?[21]

Julián del Casal ist in den Träumen der jungen Dichterin allgegenwärtig. Sein Bild steht nicht nur für einen jungen, extravaganten und in der Tat nicht selten ekstatischen Mann, sondern für die Kunst und das eigene Leben als Kunstwerk. Zugleich ist sein Bild bei Juana immer wieder mit eigenen Schuldkomplexen belastet, musste sie sich doch vorhalten, bei einer ihrer letzten Begegnungen mit dem Dichter zumindest für Missverständnisse gesorgt zu haben. Aber man darf in dieser Zurückweisung von Schuld, die letztlich die Obsession der Schuld bekräftigt, auch das Eingeständnis der Malerin und Dichterin erblicken, in der Verwandlung des eigenen Lebens und Liebens in Kunst noch nicht so weit vorgedrungen zu sein wie der stumm und vorwurfsvoll blickende, und zugleich doch früh verstorbene Casal, der am Ende wieder im Dunkel des Traumes, im Dunkel des Raumes, verschwindet.

Zu Recht hat Cintio Vitier auf die verborgene Präsenz Casals in Gestalt jenes Dolches, den er ihr einst schenkte, in einem weiteren Traum von Juana Borrero aufmerksam gemacht, in dem die Träumende ihren Carlos mit einer anderen Geliebten zu überraschen meinte:

---

20 Casal, Julián: Juana Borrero, S. 271.
21 Borrero, Juana: *Epistolario*, Bd. I, S. 42.

Niemals, solange ich lebe, wird mir jene Frau, jene Unbekannte aus dem Sinn gehen, die nicht existiert und die leise in ein Gespräch vertieft voranschritt. Ich hob die Hand und versenkte den Dolch in ihrem Herzen. Daraufhin geschah etwas, dessen Erinnerung mich noch immer mit Schrecken erfüllt ... Denn jene Frau war ich selbst. In einer Aufwallung von wilder Eifersucht hatte ich mich gerade selbst getötet. Das Leid Deiner Trauer und das unaussprechliche Gefühl, mich für immer tot zu sehen, waren so gewalttätig, dass ich schluchzend aufwachte. Was für ein seltsamer Traum! Ich selbst hatte mich umgebracht und betrachtete zugleich meine Leiche. Ja, in der Tat, die Träume sind bisweilen dunkel und rätselhaft. Mit Tagesanbruch flohen die „*Herden von Schmetterlingen des Todes*". Danach habe ich oft an meinen Albtraum gedacht. Mir scheint, ich entdecke in ihm ein geheimes und mysteriöses Symbol. Glaubst Du nicht auch? In jedem Falle war es etwas sehr Trauriges, sehr Trauriges ... Das erste, was ich nach dem Aufwachen tat, war Deine letzten Briefe zu lesen, die ich unter meinem Kopfkissen bewahre. Ihre Lektüre beruhigte mich. Ich küsste sie, vor Zärtlichkeit weinend, und ich presste sie erschreckt an mein Herz. Sie haben mich ein weiteres Mal getröstet. Bringen sie denn nicht Deine Seele zu mir? Ach! Könntest Du in die ganze Tiefe meiner Leidenschaft eindringen! Ich leide, weil ich mir vorstelle, dass ich die Bedürfnisse Deiner Seele nicht befriedigen kann ... Andere Male glaube ich, Dein Ideal zu sein und dann bin ich glücklich, oh ja, sehr glücklich! ... In diesem Augenblick bin ich glückselig. Morgen sehe ich Dich. Oh Hoffnung! Du bist die große Trösterin![22]

Der Abschluss dieser dichten und ergreifenden Passage ist durchaus ein wenig zweideutig, denn der Mann wird hier – syntaktisch parallel zur Hoffnung – gleichsam in ein weibliches, vielleicht auch geschlechtsloses Wesen verwandelt. Dies werden wir später noch etwas näher betrachten können. Zunächst aufschlussreicher sind die großen Zusammenhänge im Aufbau der Liebesbriefe Juana Borreros an Carlos Pío Uhrbach. Denn in dieser Passage beginnt, was man in Anschluss an Roland Barthes eine Serie der ‚Figuren der Liebe' nennen könnte. Es handelt sich zugleich um eine Art künstlerischer Figurenfolge, wie sie Giacomo Casanova in seinen Schriften auf so ganz andere Weise und mit immer neuen Liebesobjekten durchspielte. Genau dies vollführt Juana Borrero an nur einem einzigen, ihrem literarisierten und doch realen Carlos, mit dem sie von nun an in eine erst mit ihrem Tod abreißende Abfolge von Figuren der Liebe eintritt.

Medium dieser Liebesfiguren ist in erster Linie die Sprache: Ständige Verdoppelungen und Spiegelungen prägen die Schreibweise Juana Borreros, die ihre Liebesbriefe bisweilen mit ihrem Namen, bisweilen mit „Carlota" oder „Desdemona" und häufiger noch mit „Yvone", der Protagonistin eines romantischen Gedichts des Kolumbianers Abraham Z. López Penha, unterzeichnet. Hinter Carlos Pío Uhrbach, einem Nachfolger Casals in der Ästhetik eines kubanischen *modernismo*, erscheint immer wieder das Bild des 1893 verstorbenen Dichters; und Juana Borrero wird in ihren Briefen nicht müde zu betonen, sie habe Carlos schon

---

22 Juana Borrero: *Epistolario*, Bd. 1, S. 372.

lange *bevor* sie ihn kennenlernte geliebt und bewusst *gewählt*. Diese oftmals in unzähligen Variationen betonte und reflektierte Tatsache der eigenen aktiven Rolle erscheint bisweilen mit drohendem Unterton:

> Jetzt, in der Stille meines Zimmers, alleine mit mir selbst, begreife ich, ach!, dass ich Dich mehr liebe, als Du es vermutest! Und zwar schon seit geraumer Zeit! Denn Du weißt sehr wohl, dass ich es *in dieser Geschichte* war, die die Initiative ergriff, Dich zu lieben.[23]

Abb. 104: Porträt von Juana Borrero „Yvone",
auf dem Titelblatt der Rimas, Carlos Pio
Uhrbach gewidmet, 1895.

Juana Borrero hat in dieser Beziehung, in dieser „Geschichte", die Initiative ergriffen und in einer patriarchalischen Gesellschaft den männlichen Part übernommen. Fiktion und Wirklichkeit, Literatur und Leben in Briefform überlagern sich zunehmend, bis sie ununterscheidbar werden. Das Leben entsteht aus den Spiegelungen der Literatur, welche die Silhouetten des Lebens aus den Reflexen einer absolut gestellten Liebeskonzeption in Bewegung setzen. Das Spiel der Schatten an der Wand, die Figuren der Liebe zwischen beiden Liebenden ist von der jungen Frau handgemacht: ein Schattenspiel, aus Händen gebildet.

Das Leben wird, gegenläufig zu Nietzsches Frauenbild, zu einem Traum, der durch Liebe Leben schafft und direkte Kommunikation gerade dadurch herstellt, dass Unmittelbarkeit unterbunden wird:

---

23 Borrero, Juana: *Epistolario*, Bd. I, S. 138.

Ya que el deber tiránico me exige
que yo te oculte mis tristezas íntimas,
para poder hablarte y conmoverte
voy a escribir a espaldas de mí misma.[24]

[Da die tyrannische Pflicht von mir fordert,
dass ich Dir meine intimen Traurigkeiten verberge,
um mit Dir sprechen und Dich bewegen zu können,
werde ich hinter meinem eigenen Rücken schreiben.]

Das Ich durch das Ich umbringen und sich selbst als schöne Leiche bestaunen sowie ein Schreiben hinter dem eigenen Rücken: Wohl nur auf diese Weise lässt sich die Liebe zu einem Mann verstehen, der nicht Mann sein soll und gerade deshalb geliebt wird, weil er mehr als *ein* Mann ist. Dieser Aufstand der Geschlechter und die Verwirrung der Subjekte schließt dabei stets die Dimensionen von Revolte und Rebellion der jungen Frau innerhalb einer patriarchalischen Gesellschaft ein. In der Verdoppelung der Liebesobjekte spiegelt sich ein Subjekt, dessen modernistische Ästhetik nicht nur die Literatur und das Lesen, sondern auch Liebe und Leben auf grundlegende Weise erfasst.

Die außersprachliche Wirklichkeit wird damit außer Kraft gesetzt, zumindest zeitweise, bis die Familie aufgrund der konspirativen Tätigkeit Esteban Borreros,[25] der für die Sache Martís eintritt, aus Gründen der persönlichen Sicherheit ins Exil gehen muss und Kuba im Januar 1896 in Richtung Florida verlässt, wo Juana wenige Wochen später den Tod fern ihrer Insel finden wird. Das Leben greift in Form der kollektiven Geschichte ein und macht eine letzte Anstrengung notwendig, die Absolutheit des Liebesanspruches als Fusion von Leben, Lesen und Lieben dramatisch und kunstvoll zugleich vorzuführen. Aber mit welchen Mitteln und auf welche Weise kann dies geschehen?

Die Antwort der Arzttochter Juana Borrero ist so einfach wie medizinisch plausibel: Die Substanz des Lebens selbst wird in Literatur verflüssigt, indem Juana Borrero dem Empfänger in absoluter Radikalität einen nicht mit (einer ‚literarischen') Tinte, sondern mit ihrem eigenen (‚lebendigen') Blut – „mit dieser Art von Tinte, welche Dir die Hälfte meiner Gedanken einflößen wird"[26] – geschriebenen Brief zu lesen gibt. In diesem blutroten Schreiben stellt sie ihn in grausamer Zuspitzung vor eine Lebens- und Liebesalternative:

---

24 Borrero, Juana: Ya que el deber titánico me exige … In (dies.): *Poesías*. La Habana: Academia de Ciencias de Cuba 1966, S. 106; das Gedicht ist auf den 15. März datiert.
25 Zur Freundschaft Julián del Casals mit seiner „antítesis viviente" Esteban Borrero sowie den weiteren Mitgliedern der Familie Borrero vgl. Armas, Emilio de: *Casal*, S. 116 ff., hier S. 117.
26 Borrero, Juana: *Epistolario*, Bd. 2, S. 256: „en esta clase de tinta que te sugerirá la mitad de mis pensamientos".

Oh mein einziges Gut meiner Seele, niemals fühlte ich mich zu Beginn eines Briefes an Dich so traurig. Niemals war die Sprache so ungehorsam und auch so ungenügend. Aus diesem Grunde wollte ich Dir mit dieser Art von Tinte schreiben, welche Dir die Hälfte meiner Gedanken einflößen wird ... Ich habe mir die Venen des linken Armes geöffnet, meines so sehr Dir gehörenden Armes, den ich so vertrauensvoll und zärtlich immer auf Deine Schulter stütze. Dies wird Dir meine absolute Leidenschaftslosigkeit im Angesicht der physischen Qualen beweisen. Mit derselben Indifferenz *würde ich es von meiner Stirne oder von meinem Herzen* laufen sehen. Überdies will ich, dass Du die Worte dieses Briefes niemals mehr vergisst. Ich spreche zu Dir im Namen von etwas, das Dir mehr wert sein müsste als hundert Vaterländer, von etwas, das genauso heilig ist wie das Vaterland selbst. Ich werde zu Dir von meiner Trauer sprechen. In diesem Brief, den ich mit meinem eigenen Blute schreibe, will ich Dir meine ganze Liebe in einem einzigen klingenden Seufzer einfangen ... in einem einzigen Angstschrei, in einem Klagen und Anklagen ...! Ich will Dir sagen, dass mir das Leben wie eine Last schwerfällt, und wenn ich lebe, so ist es durch und für Dich. [...]

Auf die eine oder andere Art, ist etwa das Vaterland, la Patria, nicht eine Rivalin wie jede andere auch? Und eine glückliche Rivalin, denn Du opferst mich ihr! *Es scheint Dir* schmachvoll, ihrem Rufe nicht zu folgen ... und es scheint Dir nicht verbrecherisch, mit einem einzigen Schlage alle Hoffnungen einer Seele wie der meinigen zu zerstören? Wenn Dich meine Tränen nicht bewegen, wenn bei Dir die Gewissheit meines Todes nicht den Ausschlag gibt, woraus ist dann Dein Herz gemacht? Entweder Dein Vaterland oder *Deine Juana*: Wähle Du. Wenn Du gehst, verlierst Du mich.[27]

Dieser Brief ist in der Tat erschütternd! In ihm kommt in der spanischen Formel *quiero* zugleich die Liebe und der Wille, das „Ich-liebe-Dich" und das „Ich-will" in absoluter Zuspitzung zum Ausdruck. Es ist ein Brief mit allem, was ein Körper-Leib zu bieten hat und verzweifelt in die Waagschale werfen kann. Erneut stoßen wir hier auf seine Präsenz im Schreiben auf allen – und diesmal wirklich *allen* – Ebenen.

Das Schreiben ist ein einziger Liebes- und Angstschrei, ausgeführt mit dem kühlen Schnitt einer erfahrenen Arzttochter, welche das rinnende Blut nicht in Schrecken versetzt. Es ist schon erstaunlich, dass Juana Borrero mit der *impasibilidad* und der *indiferencia* jene beiden Begriffe auswählt, die bei Gustave Flaubert mit Blick auf seine Roman- und Sezierkunst zugleich als zentrale Voraussetzungen seines analytischen, kühlen und doch aufwühlenden Schreibens bezeichnet wurden. Die Liebe wird zum eigentlichen Leben, für das die physischen Funktionen völlig sekundär geworden sind. Denn das eigentliche Leben ist die Literatur, die als fundamentale *Lebensform* und zugleich Lebenspraxis fungiert, während der Lebenssaft umgekehrt in die Literatur – im wahrsten Sinne des Wortes – einfließt. Äußerste Schärfe und äußerste Emotion, welch ein *chassé-croisé*: Liebe in ihrer extremsten Steigerungsform!

---

27 Borrero, Juana: *Epistolario*, Bd. 2, S. 256 f.

Um der Bedrohung des eigenen Lebens durch das bedrohte Leben des Anderen zu entgehen, verflüssigt in diesem blutroten Brief vom 11. Januar 1896 die Literatin kraft ihrer Liebe das eigene Leben in einer äußersten Kraftanstrengung, die das Risiko eingeht, „mit einem einzigen Schlage" Leben, Liebe und Lesen für immer buchstäblich zu *liquidieren*. Doch das Leben schrieb die Geschichte anders, denn Juana sollte als erste im Exil sterben, bevor Carlos Pío, der sich doch noch den aufständischen Truppen anschloss, am Weihnachtstag des folgenden Jahres fiel – wie lange vor ihm José Martí, der eigentliche Vater des Befreiungskrieges. Die großen Figuren der kubanischen Lyrik und der kubanischen Intelligenz erlebten Jahrhundertwende und Gründung der kubanischen Republik nicht mehr: ein Aderlass ohnegleichen und von verheerenden Folgen für das gesamte 20. Jahrhundert Kubas. Es gibt ein Schweigen in der kubanischen Geschichte und Kultur, das wir von Beginn des 20. Jahrhunderts an nicht länger überhören sollten. Lassen Sie mich an dieser Stelle etwas emotional hinzufügen, dass dieses Schweigen im Grunde noch heute auf der Insel wie im Exil zu hören ist!

Mit ihrem Blut wie ihren über dem Brief vergossenen Tränen unterstrich Juana Borrero buchstäblich ihren mehrfach geäußerten Anspruch, José Martí ähnlich, in Gänze, mit ihrem Körper wie ihrem Leib, in ihren Briefen anwesend zu sein. Cintio Vitier hat zutreffend darauf hingewiesen, dass die Verwandlung der handschriftlichen Briefe in ein gedrucktes Buch mit identischen Druckbuchstaben eine mediale „Übertragung" darstellt, bei der ungeheuer viel verloren gehe – neben der blutroten Schrift nicht zuletzt auch die zahlreichen Tränen, die Flecke auf dem Briefpapier hinterließen. Und der Lyriker, der einst der kubanischen *Orígenes*-Gruppe um José Lezama Lima angehörte, fügte einfühlsam hinzu:

> Diese Schrift, in welcher noch der Puls der Hand und des Herzens zu spüren ist, die sie schrieben, diese so häufig von den Tränen benetzte Schrift, deren Spuren das Papier dunkel färben und die Tinte entfärben, diese fieberhafte, winzige, unwiderstehliche Schrift, welche in einem gewissen Augenblick mit dem Blut der eigenen durchschnittenen Venen und stets mit dem Blut der Seele geschrieben wurde, diese Schrift in die abstrakten Buchstaben der Maschine oder in den Druck zu überführen, kommt der Übertragung aus einer lebendigen Sprache in die Steifheit einer toten Sprache gleich.[28]

Das Körper-Leib-Kunstwerk der Blutschrift Juana Borreros ist folglich intermedial nicht in ein anderes Medium zu übersetzen, da der Körper der kubanischen Dichterin durch diese Übertragung gleichsam herausgefiltert wird. Als erkaltete Herzensschrift nahm die Literatur freilich ihren Körper auf. Das von Juana Borrero

---

28 Vitier, Cintio: Las cartas de amor de Juana Borrero, S. 8.

verschriftlichte Herzblut stellt eine nochmalige Radikalisierung eines körperlichen Schreibens mit einer anderen Körperflüssigkeit, jener der Tränen dar, welche bis heute sichtbar das Briefpapier der kubanischen Künstlerin sinnlich punktieren und ästhetisch präsentieren. Eine Grenze wird hier überschritten, die lebensgefährlich ist für den Lesenden wie für die Liebende und (noch) Lebende; wird damit doch ihr Blut aus dem Kreislauf herausgepresst, um in Schrift zu erstarren. Alle Seiten dieser liebenden Schrift der kubanischen Dichterin sind im Grunde Kunstwerke für sich.

Die Liebe der Juana Borrero war fordernd in einem absoluten, das Leben in ein Kunstwerk transformierenden Sinne. Nur vor einem solchen Horizont kann es als geradezu moderat erscheinen, dass Juana ‚ihrem' Carlos Monate zuvor das Versprechen abnötigte, ihre rein(e) symbolhafte Liebe niemals körperlich zu vollziehen. Das weibliche Subjekt schützt sich davor, zum weiblichen Objekt zu werden, indem es ‚sein' Liebesobjekt zugleich vergöttlicht und fest-stellt, für immer in der Unkörperlichkeit des Nicht-Mannes in ihrem eigenen Nie*manns*land fixiert.

In den ersten Junitagen des Jahres 1895, als José Martí längst im von ihm entfesselten Krieg gestorben war – ob den Heldentod oder den Freitod, war in Abhängigkeit von der jeweiligen ideologischen Position in Kuba seit jeher umstritten –, schickte „Deine keusche Gemahlin", „Deine süße Braut", „Deine Yvone"[29] Carlos Pío Uhrbach einen Brief, der mit der Gebetsformel „Oh Maria! ¡bendita eres entre todas las mujeres!"(Oh Maria, gebenedeit bist Du unter allen Frauen)[30] absichtsvoll marienhaft begann. Die religiös-christliche Marien-Anrufung war gut gewählt, wurde im nachfolgenden Brief doch gleichsam ein Ehevertrag (als „ein unersetzliches *Dokument*"[31]) bekräftigt und unterzeichnet, das als Eheversprechen den (körperlichen) Vollzug der Ehe auf immer aussetzte. Doch hatte Carlos Pío Uhrbach auch wirklich verstanden, worum es Juana Borrero ging?

Beunruhigt erkundigte sie sich bei ‚ihrem' Mann, ob er verstanden habe, dadurch auf „die Logik Deiner *Rechte*" zu verzichten, um sofort hinzuzufügen: „Ich will, dass Du immer mein Idol bist ..."[32]. Und triumphierend dann:

(Oh Maria, gebenedeit bist Du
unter allen Frauen!)

Mein vergötterter Carlos,
Soeben habe ich Deinen beruhigenden Brief erhalten. [...] Ich beschwöre Dich beim Andenken Deines Vaters, der für Dich das Heiligste ist, dass *Du mich keine Hoffnungen bilden lässt,*

---

29 Borrero, Juana: *Epistolario*, Bd. I, S. 158.
30 Ebda., S. 155.
31 Ebda.
32 Ebda.

welche nicht verwirklicht werden. Was Du mir versprichst, ist für mich transzendent, so süß, so groß, so beruhigend, so dass ich es niemals gewagt hatte, *dies mehr als nur zu träumen, und als ich Dich kennenlernte, konnte ich auf meine Träume nicht verzichten ... Eben darum, weil ich Dich so sehr liebe!* Denke und überlege.

Oh meine Liebe! Wie groß und rein bist DU! Wirst Du es immer sein!? *... Dies ist, was so wichtig ist! Meine Fürbitten sind nicht* für jetzt ... Verstehst Du mich? Sie sind nicht für jetzt! Sie sind wenn ... für dann, wenn ich der Logik Deiner *Rechte* weichen muss ... Verstehst Du mich? ... Für dann ist es! ... Denke und überlege. [...] Du hast Recht! Du und ich, wir sind außergewöhnliche Wesen ... Wir haben die Verbindung zwischen Körper und Seele zerbrochen, wir haben das dumpfe und degradierende Joch der körperlichen Heimsuchungen abgeworfen ... Wir können stolz darauf sein, rein zu sein ... aus einer anderen Erde als die Allgemeinheit gemacht zu sein![33]

Diese ganze Passage atmet noch immer, atmet von neuem das *amabam amare* des Augustinus, das uns seit Beginn unserer Vorlesung wohlvertraut ist. Juana Borrero liebt nicht nur ‚ihren' Carlos, sondern gerade auch ihre eigene Liebe zu ihm, die sie immer mehr zuspitzt und im Sinne einer radikalen Außerordentlichkeit versteht. Da muss auch der Liebespartner mitmachen! Ob Carlos Pío Uhrbach wirklich versteht, wie radikal der Ansatz seiner Geliebten ist? Sie selbst zweifelt ja daran, wie ihr mehrfaches Nachfragen verrät. Wieder erkennen wir jenes *amabam amare*, auf das uns Denis de Rougemont im Zusammenhang mit dem *Mythos* von Tristan und Isolde aufmerksam machte.

Im Ausdruck des Glücks über die „ideale und himmlische Vermählung zweier *Zwillings*seelen, welche sich, ihrer selbst sicher, einander übergeben"[34] war jene ideale Liebesformel gefunden, die nicht nur die sakralisierte Jungfräulichkeit Marias, sondern auch die Literatur der *Gemelas* (Zwillinge) – jenes Lyrikbandes der Brüder Uhrbach, der Juanas Liebe nicht auslöste, aber ihr eine neue Richtung gab[35] – in die erträumte Lebenspraxis überführte. Oder wäre diese Jungfräulichkeit, die einen langen dogmengeschichtlichen Streit innerhalb der Kirche auslöste, der erst um die Mitte des 19. Jahrhunderts mit der Verkündung des Dogmas von der unbefleckten Empfängnis Mariens kirchenrechtskräftig ‚entschieden' wurde, ein schlichter Übersetzungsfehler? Vieles scheint dafür zu sprechen ...[36] Doch wollen

---

33 Ebda.

34 Ebda., S. 157: „nupcia ideal, celeste de dos almas *gemelas* que se entregan una a otra seguras de sí mismas".

35 Auch im Rückgriff auf den Titel dieses Lyrikbandes erweist sich die absichtsvolle Vernetzung von Lesen, Leben, und Lieben in Juana Borreros Denken und Schreiben.

36 Vgl. hierzu die folgende Stellungnahme von Julia Kristeva zum dogmengeschichtlich so wichtigen Streit: „Il semblerait que l'attribut „vierge" pour Marie soit une erreur de traduction, le traducteur ayant remplacé le terme sémitique désignant le statut socio-légal d'une jeune fille non mariée, par le terme grec *parthenos* qui spécifie quant à lui une situation physiologique et psychologique: la virginité. On pourra y déchiffrer la fascination indo-européenne, analysée

wir uns hier auf die kreativen Kräfte konzentrieren, welche das Dogma der katholischen Kirche bei Juana Borrero und vor allem in ihrem Schreiben auslöste.

Denn diese Selbstbemächtigung des Subjekts, diese weibliche Subjektwerdung lässt zugleich die ästhetische Tragweite jener paradoxen Verschränkung hervortreten, die Leben, Lieben und Lesen in Juana Borreros Lebens-Werk bilden und die am treffendsten vielleicht in ihrem Sonett „Apolo" zum Ausdruck kommt:

> Marmóreo, altivo, refulgente y bello,
> Corona de su rostro la dulzura,
> Cayendo en torno de su frente pura
> En ondulados rizos sus cabellos.
>
> Al enlazar mis brazos a su cuello
> Y al estrechar su espléndida hermosura
> Anhelante de dicha y de ventura
> La blanca frente con mis labios sello.
>
> Contra su pecho inmóvil, apretada
> Adoré su belleza indiferente,
> Y al quererla animar, desesperada,
>
> Llevada por mi amante desvarío,
> Dejé mil besos de ternura ardiente
> Allí apagados sobre el mármol frío![37]

Zweifellos ist dieses Gedicht eine der herausragenden künstlerischen Schöpfungen einer Dichterin, die so früh schon ihren ästhetischen Höhepunkt erreichte. In diesem im Sinne Nietzsches Apoll und nicht Dionysos gewidmeten Sonett, in dem die bildhauerische Plastizität des französischen *Parnasse* unüberhörbar mitschwingt, wird die Schönheit eines Männerbildes vorgetragen, das in die Regungslosigkeit eines „ídolo" oder – wie sich Juana Borrero in ihrem Tagebuch ausdrückte – eines „Ideals des Mannes, den ich erträumt",[38] der als Mann kein Mann mehr wäre, überführt wurde. Auch in diesem Sinne ist ‚ihr' so schöner Apoll in-different.

---

par Dumézil, pour la fille vierge comme dépositaire du pouvoir paternel; on peut y voir aussi une conjuration ambivalente, par spiritualisation excessive, de la déesse mère et du matriarcat sous-jacent avec lequel se débattaient la culture grecque et le monothéisme juif. Toujours est-il que la chrétienté occidentale orchestre cette „erreur de traduction", qu'elle y projette ses propres fantasmes et y produit une des constructions imaginaires les plus puissantes que l'histoire des civilisations ait connues." Kristeva, Julia: *Histoires d'amour*, S. 298f.

37 Borrero, Juana: Apolo. In (dies.): *Poesías*, S. 80. Auch hier belasse ich es bei der spanischen Originalfassung und überlasse der Leserin und dem Leser die Übersetzung.
38 Borrero, Juana: *Epistolario*, Bd. I, S. 40.

Die Umwandlung des Männerbildes in ein Marmorbild, die Verwandlung der erotischen Umarmung in das Versiege(l)n eines Kusses, die chromatische Einbettung einer Regungslosigkeit, welche durch die Betonung von „indiferente"[39] psychologisiert, aber vergeblich animiert wird, überlässt dem lyrischen Ich jenen Spiel-Raum, in dem die Gesten und mehr noch *Figuren* der Liebe erprobt und in Szene gesetzt werden können. In dieser Choreographie der Liebe, die das *liebende Subjekt* (Roland Barthes nach) zugleich konstituiert und aufführt, wird das männliche liebende Subjekt zugleich fest-gestellt und kalt-gestellt, entfaltet die „brennende Zärtlichkeit" ihr Liebes-Spiel doch auf der plastischen Oberfläche des „mármol frío", des kalten Marmors. Die romantische Überhitzung der Figuren wird in die distante Chromatik modernistischer Ästhetik übersetzt, ohne doch ‚ihr' Göttliches, ihr „ídolo" aus dem Blick zu verlieren. Die Kunst gestaltet hier ein Leben, das sich selbst als Kunstwerk inszeniert und gerade darum immer schon Leben ist. Eben diese ästhetische Einsicht in den Zusammenhang von Leben und Kunst, von Leben und Literatur beherrschte die Lebens-, Liebes- und Kunstauffassung der Juana Borrero.

Auch wenn aus dem in unserer Vorlesung gewählten Blickwinkel die Spannbreite modernistischen Schreibens allein in Kuba schon als schier unermesslich erscheint, sollten wir doch nicht vergessen, dass José Martí, Julián del Casal und Juana Borrero ein Absolutheitsanspruch eint, der die Kunst stets in das Leben eingreifen lässt und umgekehrt das Leben als Kunstwerk inszeniert. Auf die Objektivierung der Frau durch den Mann in einer patriarchalisch bestimmten Gesellschaft antwortet höchst bewusst, und zugleich Juana Borreros eigenes Leben zerreißend, die Objektivierung des Mannes durch die Frau.

Doch so verschieden auch immer die modernistischen Visionen ausfallen mochten, stets herrscht höchste Kontrolle über die Bilder, gleichviel, ob es sich um das Bild des aufopferungsbereiten Kämpfers für das Vaterland,[40] das Bild des filigranen Dekadenten und seiner *Chinoiserien* bei Casal oder das kreativ und mit letzter Konsequenz angeeignete Bild der „Virgen triste", der traurigen Jungfrau, handelt. So unterliegt den *Versos libres* Martís, den *Bustos y Rimas* Casals und den *Rimas* Juana Borreros das gleiche ästhetische Streben, die Absolutheit des

---

39 Die von Casal zitierte Fassung des Gedichts betonte das in Versendstellung hervorgehobene „indiferente" durch eine Lexemrekurrenz noch zusätzlich, indem sie bereits im ersten Vers ein „indiferente" enthält, das später (?) durch „refulgente" ersetzt wurde.

40 Zur Beziehung dieses Bildes zum Lebensprojekt José Martís und der Anfachung des Krieges vgl. Ette, Ottmar: Imagen y poder – poder de la imagen: acerca de la iconografía martiana. In: Ette, Ottmar / Heydenreich, Titus (Hg.): *José Martí 1895 / 1995. Literatura – Política – Filosofía – Estética*. Frankfurt am Main: Vervuert 1994, S. 225–297.

Anspruchs auf Subjektwerdung in ein selbstgewähltes Lebensprojekt zu trans-figurieren, das in der „Reinheit", der *pureza* des selbstbestimmten Zieles Bau-delaires Diktum vom absoluten Modern-Sein in die zeitgenössischen Kontexte übersetzt. All dem hat sich auch die jeweilige Liebeskonzeption zu- und gegebe-nenfalls unterzuordnen – bis hin zur Selbstaufgabe.

Stets ist dieses Modern-Sein des *Modernismo* im kubanischen Kontext aber auch geschlechtlich modelliert. An dieser Stelle wird der *gender trouble*, der nur zum Teil ein „Unbehagen" der Geschlechter ist, von größter Wichtigkeit für Juana Borrero, Julián del Casal oder José Martí, ist er doch stets auf bestimmten Ebenen mit Revolte, Rebellion oder Revolution verknüpft. Hören wir zu diesem *gender trouble* Judith Butler:

> To make trouble was, within the reigning discourse of my childhood, something one should never do precisely because that would get one *in* trouble. The rebellion and its reprimand seemed to be caught up in the same terms, a phenomenon that gave rise to my first critical insight into the subtle ruse of power: The prevailing law threatened one with trouble, even put one in trouble, all to keep one out of trouble. Hence, I concluded that trouble is inevita-ble and the task, how best to make it, what best way to be in it.[41]

An die Stelle der Beziehung zwischen den Kulturen tritt bei Juana Borrero der Versuch, die Beziehung zwischen den Geschlechtern neu zu regeln, ein Versuch, der in der patriarchalisch bestimmten Familienstruktur im Hause Borrero ebenso scheitern musste wie in der zeitgenössischen kubanischen Gesellschaft, die den Frauen nur einen klar bestimmten Lebens- und Liebesraum einräumte. Lesen war hier der erste und wichtigste Schritt, um sich einen eigenen Raum, *A Room of One's Own* im Sinne von Virginia Woolf, zu schaffen. Daher die ungeheure Bedeutung der Lektüre, die auch für Juana Borreros Lieben und Liebesbegehren als Grundlage und Ausgangspunkt dienen musste.

Selbst noch ihre Krankheit zum Tode, der sie symbolhaft erst im Exil erlag, war noch das Signum einer Rebellion, die keine männliche Stimme, auch nicht jene Julián del Casals, an die Stelle ihrer eigenen Stimme treten ließ. Und diese Stimme war die einer *anderen* Moderne, deren Impuls aus dem *gender trouble* kam. Eine Stimme freilich, die lange Zeit nicht gehört wurde und die hinter der Rede vom ‚Wunderkind' verschwand.

In Juana Borreros Schreiben manifestiert sich mit nicht geringerem Nach-druck als in jenem Martís ein Anspruch auf eigene Teilhabe an der Moderne und am hispanoamerikanischen *Modernismo*. Borreros geschlechtliche Modellierung

---

41 Vgl. hierzu Butler, Judith: *Gender trouble. Feminism and the Subversion of Identity.* New York: Routledge, S. vii.

verfolgten in der zweiten Hälfte des vergangenen Jahrhunderts Delmira Agustini, Juana de Ibarbourou, Gabriela Mistral, Alfonsina Storni und viele andere so eindrucksvoll weiter, dass der peruanische Marxist und Essayist José Carlos Mariátegui im letzten seiner in Lima erstmals 1928 erschienenen *Siete ensayos de interpretación de la realidad peruana* hervorheben konnte, dass die Dichterin, die „poetisa", zu einem „Phänomen unserer Epoche" – und damit war zweifellos die Moderne gemeint – geworden sei.[42]

Juana Borrero war in diesem Sinne eine Vorläuferin, die ihren verzweifelten Geschlechterkampf als Kampf im Bereich einer Liebeskonzeption führte, welche ganz bewusst Neuland betrat und die alles beherrschende Position des Mannes in Frage stellte. Großes Glück ist Juana dadurch nicht beschieden gewesen, denn sie zahlte dafür unter den familiären und gesellschaftlichen Bedingungen ihrer Zeit einen hohen Preis. Aber in der mit Tristan und Isolde vergleichbaren Tragik einer Liebesauffassung, in welcher das *amabam amare* des Augustinus so unschwer zu hören war, steckten die Kräfte für eine ungeheure kreative Erweiterung der Ausdrucksformen dessen, was die Gesellschaften im Westen erst in der zweiten Hälfte des 20. Jahrhunderts langsam zu transformieren begann. Darin liegt die politische Dimension von Juana Borreros unbedingter und rebellischer Liebe begründet.

---

42 Mariátegui, José Carlos: *Siete ensayos de interpretación de la realidad peruana.* Barcelona: Editorial Crítica 1976, S. 265.

Joris-Karl Huysmans oder Lesen als kreative Selbstinszenierung

Nicht nur bei Juana Borrero haben wir eindrucksvoll gesehen, dass Lesen immer auch Beschäftigung mit dem eigenen Leben bedeutet, eine kreative Auseinandersetzung, welche für dieses Leben nicht ohne Folgen bleibt. Im Lesen vergewissern wir uns der Welt und unserer selbst, vergewissern wir uns, inwieweit wir uns selbst in der Welt sehen und in welcher Form wir uns unserer selbst buchstäblich sicher sein können. Im Lesen also lesen wir immer wieder und nicht zuletzt uns selbst, unser eigenes Leben, die Alternativen zu unserem Leben und vielleicht auch das, was wir niemals werden leben können, aber doch vielleicht gelebt haben würden. Wir leiten so einen Erkenntnisvorgang ein, der in vielfachem Sinne als Selbstreflexion zu beschreiben ist und uns Auskunft gibt über das, was wir leben, gelebt haben oder leben werden, wie über all das, was wir – aus welchen Gründen auch immer – niemals zu unserem Leben machen werden. Und überall dort, wo ich gerade ‚leben' sagte, können Sie sich gerne an diesen Stellen auch ‚lieben' denken.

Kehren wir nun vom kubanischen *Modernismo* zurück auf den europäischen Kontinent und in die Vorbereitungen zu einem ästhetischen *Take-off* der Moderne in den unterschiedlichen Modernismen, welche sich um die Jahrhundertwende überall in Europa entwickelten und verschiedenartig ausprägten!

Der französische Schriftsteller Marcel Proust, auf den wir im Verlauf unserer Vorlesung noch ausführlicher zurückkommen werden, hat im letzten Band seines Romanzyklus *A la recherche du temps perdu*, dem abschließenden *Le temps retrouvé*, diese Dimension des Lesens und deren Wichtigkeit für das Leben in ganz besonderer Weise hervorgehoben. Im Rückgriff auf einen der literarischen Höhepunkte des 20. Jahrhunderts möchte ich Ihnen gerne einen kleinen Auszug aus diesen Reflexionen präsentieren:

> In Wirklichkeit ist jeder Leser dann, wenn er liest, der eigene Leser seiner selbst. Das Werk des Schriftstellers ist lediglich eine Art optisches Instrument, das er seinem Leser schenkt, um diesem zu erlauben, das zu unterscheiden, was er ohne sein Buch vielleicht niemals gesehen hätte.[1]

Der von Marcel Proust, einem der großen Literaten und Philosophen der Lektüre, in diesen behänden Worten in den Schlussteil seines großen Erzählzyklus einge-

---

1 Proust, Marcel: *À la recherche du temps perdu*, 4 Bde. Édition publiée sous la direction de Jean-Yves Tadié. Paris: Gallimard 1987 (I), 1988 (II), 1988 (III), 1989 (IV), Bd. 4, S. 489f.

fügte Erzählerkommentar verdeutlicht die besondere Fähigkeit des literarischen Textes, gleichsam zu einer Art Spiegel – einem *Speculum* – des Lesers selbst und damit zu einem Instrument in den Händen des Lesers oder der Leserin zu werden, um sich selbst dort zu betrachten, wohin man mit eigenen Mitteln und ohne Instrument eben nicht hinschauen könnte. Das Buch, das uns die Welt zeigt, präsentiert uns zugleich auch uns selbst, lässt vor unseren Augen ein optisches Bild entstehen, in dem wir uns studieren und untersuchen, eben reflektieren können.

Insoweit enthält der literarische Text ein Lebenswissen, das ein Wissen für den Leser und die Leserin bereithält, die sich mit sich selbst beschäftigen wollen und etwas Neues, bislang Ungesehenes über sich selbst in Erfahrung zu bringen hoffen. Lesen als Selbsterkenntnis wird damit zu einer im Sinne Marcel Prousts zentralen Dimension nicht nur des Leseaktes, sondern der Literatur selbst. Auch dies verbindet auf intime Weise den Bereich des Lesens und der Lektüre mit dem der Liebe und des Liebens.

Kein Wunder also, dass manche Leser im vor ihnen aufgeschlagenen Buch ihr eigenes Schicksal zu lesen beginnen. Wir hatten dies mehrfach in Italo Calvinos *Il Barone rampante* sehr plastisch vor Augen geführt bekommen – bis hin zum tragischen Ende eines Banditen am Galgen, im Gleichschritt mit seinem Lesevorgang und seinem literarischen ‚Helden‘ alias Alter Ego. All dies war im positiven wie im negativen Sinne schon immer der Fall: Literatur kann ein Lebenswissen vermitteln, das ein Wissen über das Leben des Lesers enthält, welches sich dieser freilich auf unterschiedlichste Weise anzueignen vermag: als distanzierter Beobachter seiner selbst, als sein eigener Zerstörer oder als ein Künstler, der an seiner Selbstinszenierung beständig zu arbeiten bestrebt ist. Genau dies wollen wir uns nun bei Joris-Karl Huysmans und seinem berühmten Roman *A rebours* näher anschauen.

Beschäftigen wir uns also mit jenem Text, der seit seinem Erscheinen im Jahre 1884 sehr rasch zur sogenannten „Bibel der Décadents" avancierte und das wurde, was man heute schlicht ein Kultbuch zu nennen pflegt! Dies tun wir wie üblich nach einem kurzen Spaziergang durch das Leben seines Autors, denn Joris-Karl Huysmans (1848–1907) war nicht irgendwer in der literarischen Szene Frankreichs: Er war der Lieblingsschüler keines Geringeren als Emile Zola!

Charles-Marie-Georges Huysmans wurde am 5. Februar 1848 in Paris geboren. Erblich war er durchaus vorbelastet, denn von seinem Vater her entstammt er einer langen Abfolge holländischer Künstler und Maler, weshalb er später seinen Vornamen in Joris-Karl verändern sollte. Die Familie seiner Mutter hingegen war eher bescheiden: Es handelte sich um eine Dynastie von Ministerialangestellten.

Schon 1856 starb Huysmans Vater und seine Mutter sollte sich bald wieder verheiraten. Doch Huysmans hegte einen intimen Groll gegen seinen Stiefvater. Der Junge kommt ins Internat und besucht die Institution Portus, von der er ein übermäßig strenges Andenken bewahren wird.

Abb. 105: Joris-Karl Huysmans, eigentlich Charles Marie Georges Huysmans (Paris, 1848 – ebenda, 1907), zu Hause, fotografiert von Dornac.

Abb. 106: Émile Zola (Paris, 1840 – ebenda, 1902) zu Hause, fotografiert von Dornac, circa 1893.

Im Jahre 1862 wechselt er zum Pariser Lycée Saint-Louis; ab 1865 erhält er eine ausschließlich durch Privatunterricht zusammengesetzte Ausbildung. Am 7. März 1866 ist er Bachelier; am 1. April tritt er eine Stelle am Innenministerium an, als *employé de bureau de sixième classe* zum jährlichen Sold von 1500 Francs, und scheint damit eher der familiären Tradition seiner Mutter zu folgen. 1867 besteht er sein erstes Juraexamen, doch schreibt er sich nicht erneut an der Fakultät ein.

Denn das Leben im Quartier Latin und die Freuden der *Bohème* werden ihm rasch sehr vertraut. Zeitgleich zu einer Liaison mit einer drittklassigen Schauspielerin versucht er sich erstmals und recht bescheiden in literarischer Kritik. Doch Huysmans Weg führt ihn unumkehrbar weg von der Ministerialangestelltentätigkeit hin zum Künstlermilieu, in dem er nun zu überleben sucht.

1870 wird er zur *Garde Nationale de la Seine* eingezogen, doch erkrankt er rasch. Huysmans lernt vom Krieg nur dessen lächerlichste Seite kennen; seine Distanz und sein Abscheu gegenüber allen Formen sozialer Organisation und politischen Lebens verstärken sich immer mehr. Im Jahr 1871 arbeitet er am Kriegsministerium und erlebt die Pariser *Commune* von Versailles aus; ab dem Sommer desselben Jahres wohnt er wieder in Paris.

Neben seiner beruflichen Arbeit widmet sich Huysmans der Niederschrift kurzer Erzähltexte, die in unterschiedlichen Zeitschriften erscheinen. 1874 wird seine Gedichtsammlung *Le drageoir à épices*, das später zu *Le drageoir aux épices* wird, vom allmächtigen Verleger Hetzel abgelehnt. Huysmans zeigt sich nicht nur von Charles Baudelaire, sondern auch von den französischen Realisten sehr geprägt. Nach dem Tod seiner Mutter 1876 übernimmt er neben seiner üblichen Arbeit die Buchführung eines Geschäfts in der Rue de Sèvres, von dem er einen Anteil erben wird. Doch vor allem schreibt Huysmans an seinem ersten Roman, *Marthe, histoire d'une fille*, der in Belgien publiziert wird. Er greift darin auf Erinnerungen an die Pariser *Bohème* zwischen 1867 und 1870 zurück.

Mit diesem Roman beginnen seine anhaltenden Beziehungen zu den Goncourt und vor allem zu Emile Zola. 1876 schloss er sich der um letzteren versammelten Gruppe der *Naturalistes* an; eine Reihe von Zeitschriftenartikeln Huysmans' ergreifen Zolas Partei in der zeitgenössischen französischen Literaturszene. Zola und dessen Roman *L'Assommoir* erlauben ihm die Definition seiner naturalistischen Überzeugungen. Am 16. April diniert er mit Flaubert, Goncourt, Zola und dem „Groupe des Cinq": Er ist in die höchsten Kreise des Pariser Künstlerlebens aufgestiegen.

Seine Romane siedeln sich mit Vorliebe im Milieu der Pariser Unterschicht an und beeindrucken durch ihre drastische Erzähl- und Ausdrucksweise. Erzählwerke wie *Les soeurs Vatard* und *Sac au dos* erscheinen und festigen Huysmans Ruf als ausdrucksstarker Realist und mehr noch *naturaliste*. In den von Zola herausgegebenen *Soirées de Médan* erscheint auch eine korrigierte Fassung von *Sac au dos*. Das Projekt der naturalistischen Zeitschrift *La Comédie humaine*, deren Chefredakteur Huysmans geworden wäre, scheitert jedoch. Huysmans ist mit seinen Kräften bald am Ende: 1881 muss er sich erschöpft in einer Privatklinik von seinem anstrengenden Künstlerleben erholen.

1883 erscheinen Huysmans verschiedene kunstkritische Aufsätze in der Sammlung *L'Art moderne*, wo sich seine ästhetischen Orientierungen ebenso deutlich abzeichnen wie seine Vorliebe nicht nur für die Maler des Impressionismus, sondern gerade für die Kunst von Gustave Moreau oder Odilon Redon. Den eigentlichen Wendepunkt in der Literaturauffassung unseres Autors bildet dann 1884 sein Roman *A rebours*, mit dem wir uns ausführlich beschäftigen werden, stellte er doch erstmals Huysmans Abkehr vom Naturalismus Zola'scher Prägung und seinen Weg in einen Ästhetizismus dar, der auch seiner Sichtweise der Lektüre eine neue Orientierung gab. Dabei gelang es Zolas Lieblingsschüler, sich entschlossen von seinem Meister abzuwenden, ohne mit ihm zu brechen.

1885 hält sich Huysmans im Château de Lourps in der Nähe von Provins zusammen mit seiner Lebensgefährtin Anna Meunier, die er spätestens seit 1872 kennt und um deren Gesundheit er bald in Sorge sein wird, sowie mit seinem neuen Freund Léon Bloy auf, mit dem ihn eine intensive, wenn auch eher kurzfristige literarische Beziehung verbinden wird. Der Ort besitzt eine große Anziehungskraft für den nun arrivierten französischen Romancier, der sich immer wieder nach Ruhe sehnt und zugleich stets auf der Suche nach dem Sinn seines Lebens ist. Im Folgejahr wird er hier seinen nächsten Roman *En rade* verfassen.

Auf seiner Sinnsuche, die ihn zeitweise auch nach Deutschland und zu Grünewalds *Kreuzigung* führte, welche ihm die Idee eines „naturalisme spiritualiste" eingab, öffnet sich Huysmans immer stärker okkultistisch-spiritistischen Bewegungen und endet schließlich im Zentrum einer christlichen Frömmigkeit, die sich bereits in seinem Roman *A rebours* deutlich abzeichnete. Lange Aufenthalte in der Abtei Saint-Martin von Ligugé, wo er sich ein Haus bauen lässt, schließen sich an. In vier Romanen wird Huysmans diese Erfahrungen verarbeiten, wobei dessen erster, *Là-bas*, im Jahre 1891 einen höchst erfolgreichen Auftakt zu den sich anschließenden Texten *En route* (1895), *La Cathédrale* (1898) sowie *L'Oblat* (1903) bildet.

Die Serie dieser zu ihrer Zeit durchaus erfolgreichen Romane konnte an den epochalen und langanhaltenden Erfolg von *A rebours* zwar nicht anknüpfen, skizzierte aber anspielungsreich den Weg eines Schriftstellers zwischen christlicher Frömmigkeit und satanischem Okkultismus, bei dem sich unverkennbar ästhetizistische Tendenzen kunstvoll entfalteten. Nicht umsonst wählte Michel Houellebecq für seinen umstrittenen Roman *Soumission* als Protagonisten einen jeglicher Werte und Überzeugungen baren Literaturwissenschaftler, der über Joris-Karl Huysmans promoviert hatte. Am Ende seines Lebens zog sich der historische Huysmans in ein Pariser Benediktinerkloster zurück, wo er schließlich am 12. Mai 1907 einem langen Krebsleiden erlag. Als Schriftsteller hatte er es gleichwohl geschafft: Noch zu Lebzeiten war Huysmans in die *Légion d'Honneur* aufgenommen worden und wurde erster Präsident der *Académie Goncourt*.

Eindeutige Zeichen eines gesellschaftlichen Erfolges, der seinem literarischen Werk zuteilwurde.

Soviel mag als erster Überblick an dieser Stelle genügen! Wir haben in diesen einführenden Abschnitten über eine Reihe von Elementen biographischer Natur gesprochen, die man sehr wohl auch im Roman *A rebours* als autobiographische Züge an der Hauptfigur dieses Textes nachweisen kann. Huysmans Protagonist ist der Duc Floressas des Esseintes, ein wahrhaft klangvoller Name, wie wir ihn oft bei den Helden des *Fin de siècle* beobachten können.

Diese autobiographischen Bezüge wurden nicht durch die Forschung und die Sekundärliteratur zuerst an diesen Text herangetragen, sondern durch Huysmans selbst. Er tat dies neunzehn Jahre nach der Erstveröffentlichung von *A rebours*, also gleichsam aus einer Perspektive des Rückblicks aus dem Jahre 1903 auf das Jahr 1884; sozusagen aus der Erfahrung des *Fin de siècle* von der anderen Seite der Jahrhundertwende zurück auf eine Entwicklung, die für ihn längst Vergangenheit war. Doch es gab Grund genug hierfür, war sein Buch doch nicht – und ist es auch bis heute nicht – gänzlich zur Vergangenheit geworden, sondern behauptete sich als sein bis dato wirkungsvollstes und am meisten gelesenes Werk.

Man könnte ohne Übertreibung sagen, dass es zur Jahrhundertwende kein zweites Buch gab, das wie *A rebours* nicht nur die Tendenzen jener Zeit seismographisch erfasst und in einer großen literarischen Figur eingefangen hätte, sondern auch eine solche Vielzahl an Imitationen und Einflüssen, an Modellen und Einfällen an spätere Autoren weitergab, so dass in gewisser Weise *A rebours* zum Modell des Romans im *Fin de siècle* werden konnte. Viele der in der Folge behandelten Werke beziehen sich direkt oder indirekt auf *A rebours*.

Wir werden beileibe nicht alles an Texten hier aufarbeiten können, was die Spuren von Huysmans bekanntestem Text enthält: Das ist schon aufgrund der Themenstellung unserer Vorlesung nicht möglich! Aber besonders leid tut mir dies bei einem Roman, der noch im selben Jahr 1884 in New York erschien und aus der Feder eines Mannes stammt, der mit Huysmans eigentlich nur sehr wenig gemein hatte: der kubanische Essayist und Revolutionär José Martí. Die Tatsache, dass *A rebours* schon 1884 einen Bezugstext oder im Genette'schen Sinne einen Hypotext in Übersee, bei einem hispanoamerikanischen Autor fand, mag darauf verweisen, welch große Bedeutung der französische Roman seit seinem erstmaligen Erscheinen entfaltet hatte. Die sogenannte ,Bibel der Dekadenz' war eben das: ein Lesebuch, ein Buch der vielen Lektüren gerade auch durch nachfolgende Autorinnen und Autoren.

Beschäftigen wir uns also zunächst mit dem auf das Jahr 1903 datierten Vorwort, der *Préface écrite vingt ans après le roman*! Hier stellte Huysmans den Roman in den Kontext seines gesamten Schaffens, versuchte allenthalben

Entwicklungslinien aufzuzeigen und verwies auf Elemente seiner Biographie, die sich in den Seiten aus dem Jahr 1884 finden lassen. Wir haben es in diesem Vorwort also mit Huysmans als Leser seiner selbst zu tun – freilich vordergründig vor allem als Leser seiner eigenen Bücher. Es handelt sich um einen überaus wichtigen Paratext, der seit seinem ersten Erscheinen stets den Neuausgaben des Bandes beigegeben wurde; und es stellt in mehr als einer Hinsicht das künstlerische und religiöse Glaubensbekenntnis, ein wahrhaftiges *Credo* des französischen Autors im Angesicht seiner eigenen Schöpfung dar.

Jorge Luis Borges hat in einer wichtigen Bemerkung einmal darauf aufmerksam machen können, dass Autoren stets ihre eigenen Vorläufer schaffen, nicht also die Vorläufer ihre Nachfolger. Ein wenig besitzt auch dieses Vorwort eine derartige Funktion, verwandelt es doch den Roman *A rebours* nachträglich in einen Haupttext, in dessen Kapiteln jeweils *en germe* die nachfolgenden Romane Huysmans enthalten seien. Paratextuell wird hier auf eine zentrale Bedeutung des Buches innerhalb der Intratextualität aufmerksam gemacht, freilich aus einer Kontextualisierung heraus, die zunächst einmal intertextuell bestimmt wird.

Denn von Beginn an wird *A rebours* in einen ursprünglichen Entstehungszusammenhang gebracht, innerhalb dessen zum damaligen Zeitpunkt der Naturalismus Zola'scher Prägung noch deutlich vorherrschte. Dieser Naturalismus aber, so Huysmans 1903, sei 1884 schon erschöpft gewesen – eine etwas kühne Behauptung – und habe stets nach denselben Rezepten weitergekocht, wodurch er sich und die französische Literatur überhaupt in eine literarhistorische Sackgasse gebracht habe. Die logische Konsequenz war, nachträglich *A rebours* zu jenem Text zu stilisieren, der aus dieser Sackgasse wieder herausgeführt habe. Das war nicht schwer darzustellen, gibt es doch gute Gründe dafür, diese Entwicklung in der Tat so zu sehen.

Damit finden wir also auf der intertextuellen Ebene – wohlgemerkt, paratextuell vermittelt – eine Frontstellung gegen den Naturalismus, zu dessen Hauptvertretern Joris-Karl Huysmans damals zurecht selbst gezählt worden war. Er gehörte zu den *Soirées de Médan*, dem inneren Kreis der Freunde und Schüler Emile Zolas, und galt durch eine Reihe bereits veröffentlichter Romane als einer der künftigen großen Vertreter des französischen Naturalismus.

Doch Huysmans war zwar durch den Naturalismus zu einer bekannten Größe innerhalb des literarischen Feldes Frankreichs geworden, auf die Funktion eines Schülers des großen Zola wollte er sich jedoch nicht reduzieren lassen. Wir könnten hier im Sinne von Harold Bloom[2] von einer Art *anxiety of influence*

---

2 Vgl. Bloom, Harold: *The Anxiety of Influence*. New York: Oxford University Press 1973.

sprechen, einem Bemühen, sich vom großen Meister loszusagen, wobei wir freilich betonen müssen, dass Huysmans den Bruch mit Zolas Ästhetik niemals als
einen persönlichen Bruch mit Zola selbst inszenierte, dessen Ästhetik er zwar für
tot erklärte, seine schriftstellerische Kraft und Energie er aber noch immer sehr
bewunderte.

So erstaunt es auch nicht, wenn Huysmans in seiner *Préface* von 1903 eine
Begegnung mit Zola inszenierte und zwischen diesem und sich selbst einen
Dialog über ihre unterschiedlichen Positionen nach der Veröffentlichung von *A
rebours* im Jahre 1884 entwickelte. Bei dieser Gelegenheit wirft Zola dem Jüngeren
vor, eine Gattung geschaffen zu haben, die sich bereits in einem einzigen Roman
erschöpft habe, eine Gattung also, der keine Zukunft beschieden sei. Huysmans
solle zum rechten Weg der Sittenstudie, der soziologisch fundierten Untersuchung zurückkehren, wie er sie schon in früheren Romanen erfolgreich durchgeführt habe.

Doch Huysmans war hierzu nicht bereit; und in diesem Gespräch – wie in
der *Préface* selbst – mischen sich in die Erzählerstimme die verschiedenen Zeitebenen, insbesondere jene des Jahres 1884 (die Ebene der erzählten Zeit) und des
Jahres 1903 (die Ebene der Erzählzeit). Dabei kommt Huysmans, oder der Verfasser des Vorwortes, gegen Ende seiner *Préface* zur folgenden Schlussfolgerung:

> Ich hörte ihm zu und dachte, dass er zugleich recht hatte und falsch lag, denn er hatte
> recht, wenn er mich anklagte, die Grundlagen des Naturalismus zu untergraben und mir
> jeglichen Weg zu verbauen, und er lag falsch, weil für mich der Roman, so wie er ihn begriff,
> todgeweiht und von seinen Wiederholungen her verbraucht war, jeglichen Interesses bar,
> ob er dies nun wollte oder nicht.
>
> Es gab so vieles, was Zola nicht verstehen konnte; zunächst einmal das Bedürfnis,
> das ich empfand, die Fenster zu öffnen, einem Milieu zu entfliehen, in welchem ich
> erstickte; dann das Begehren, das mich packte, die Vorurteile abzuschütteln, die Grenzen
> des Romans zu durchbrechen, Kunst hineinzubringen, Wissenschaft, Geschichte, sich mit
> einem Worte nicht länger dieser Form wie eines Rahmens zu bedienen, sondern ernst-
> haftere Arbeiten einzuführen. Ich wollte, und das frappierte mich am meisten in jener
> Epoche, die traditionelle Intrige, ja sogar die Leidenschaft, die Frau abschaffen, wollte
> den lichtvollen Pinsel auf eine einzige Figur konzentrieren, um jeden Preis etwas Neues
> schaffen.[3]

Diese Zeilen klingen noch heute wie ein Glaubensbekenntnis und zugleich eine
Rechtfertigung gegenüber dem naturalistischen Lehrmeister Zola, der den Aufbruch des Jüngeren nicht verstehen konnte oder wollte. Das Neue sollte geschaf-

---

3 Huysmans, Joris-Karl: *A rebours*, Paris: Georges Crès 1922, Préface, S. xix.

fen, die Grenzen des Romans sollten überwunden werden, Aussagen, wie sie seit Beginn der modernen Geschichte des Romans, also seit Cervantes' *Don Quijote de la Mancha*, ein ums andere Mal in immer wieder neuen, aber ähnlichen Formulierungen niedergeschrieben wurden. Darin lag nicht das Neue bei Huysmans, denn dergleichen hatte man schon sehr häufig gelesen und gehört.

Doch Huysmans wollte mehr, wollte mit „der Frau" vor allem auch die *intrigue amoureuse*, die Liebesgeschichte selbst abschaffen, die doch in jedem noch so verschiedenartigen Roman der Naturalisten die gesamte Handlung befeuerte und vorantrieb. Der Roman sollte nicht mehr nur die Form sein, derer man sich beliebig bedienen konnte; er schien Huysmans vielmehr wie geschaffen dafür, etwa Wissenschaft und „ernsthafte Arbeiten", die Ergebnisse unterschiedlichster Studien auf den verschiedenartigsten Gebieten vorzulegen. Dies zielte vor allem auf den wissenschaftlichen Anspruch des *roman expérimental*, wie ihn Zola in Rückgriff auf naturwissenschaftliche Konzeptionen von Wissen und Wiederholbarkeit formuliert hatte und wie sich der Roman auch selbst als ein Laboratorium der Gesellschaft in Szene zu setzen versuchte. „Ernsthafte Arbeiten" und Studien hatte gerade der naturalistische Roman à la Zola in Hülle und Fülle geliefert und sich selbst als Gesellschaftslabor profiliert.

Die Abschaffung der Liebesgeschichte, der *intrigue amoureuse*, war also die eigentliche Stoßrichtung von Joris-Karl Huysmans neuer Ästhetik. Genau an diesem Punkte aber galt es nun, das Strickmuster der Zola'schen Ästhetik zu verändern, in der es, so Huysmans einige Seiten vorher, stets nur um die Frage des sechsten Gebotes, um Ehebruch also, gegangen war, wobei die Hauptfrage der sogenannten Sittenstudien, über die Huysmans sich nun lustig machte, stets nur gelautet hatte: *tombera ou tombera pas?* Mit anderen Worten: Die Frau fällt um oder fällt nicht, es kommt zum Ehebruch oder eben nicht – stets war der Ausgang der Liebesgeschichte in den Augen Huysmans im naturalistischen Erzählmodell das Entscheidende. Aber genau mit diesem uralten Befeuerungsverfahren von Literatur wollte er nun brechen.

Denn man habe Sittenstudien gefertigt, die immer nach demselben Muster verliefen, die man in ihrer gesellschaftlichen Situierung zwar verändern konnte – einmal die Liebe im Adel, ein andermal die Liebe in der Arbeiterschaft –, die letztlich aber langweilig und obsessiv immer wieder auf das zentrale Thema zurückfielen. An dieser Stelle setzt Huysmans Erneuerung an, die *intrigue traditionnelle*, die traditionelle Handlung, das altbekannte Strickmuster des Romans, so grundlegend als irgend möglich zu verändern und dabei die Frage der Liebe möglichst vollständig aus dieser Intrige auszublenden. Dies bedeutete folglich, die Leidenschaft und die Frau, wie es hier so eindeutig wie simpel heißt, komplett aus der *histoire*, aus der *story* des Romans auszuschließen.

Dabei wollen wir uns hier nicht zuerst um die Misogynie von des Esseintes oder Huysmans kümmern, sondern um die Ablösung der Liebe als zentralem Handlungsregister, als wichtigstem Reservoir an Handlungselementen, die jeder Autor oder jede Autorin dann mit wechselndem Erfolg in immer neuen und immer gleichen Kombinationen zusammenzustellen versuchte. Eine einzige Person, eine einzige Figur sollte dargestellt werden – und nicht wie im Naturalismus, zumindest dem Anspruch nach, eine ganze Gesellschaft; und der Rückgriff auf die Metaphorik der Malerei ist hier keineswegs zufällig, wird gerade sie für Huysmans doch zur wichtigsten Bezugskunst seines literarischen Schaffens. Wir sehen hier schon im Paratext die Grundfragen von *A rebours* sich abzeichnen, die für die Literaturen des fin de siécle allesamt von großer Bedeutung sein sollten und gerade die Problematik der Intertextualität (also des Gegenkanons und des literarischen Raumes), aber auch der Intermedialität (also der Beziehung zu anderen Medien und insbesondere Künsten) umfassen, am wenigsten freilich die Problematik der Interkulturalität in den Raum stellen. Dies war fürwahr ein gewaltiges literarisches Arbeitsprogramm, und Huysmans ging es mit seinen selbstgesteckten Zielen und seiner innovativen Programmatik freudig an.

In seinem Vorwort verwandelt Huysmans den Roman zugleich in einen Aerolithen, der gleichsam vom Himmel gefallen sein ganzes späteres Werk bereits enthalten habe, ohne jede Vorankündigung und ohne jeden Plan von seiner Seite. So verwundert es nicht, dass er die letzten Seiten der Frage nach der Gnade und nicht der Literatur widmete.

Denn was Huysmans aus der Rückschau besonders stark bewegte, war die Frage, wie es hatte sein können, dass sein Roman letztlich so viele Anklänge an den Katholizismus, an den Glauben der römisch-katholischen Lehre und mehr noch an ihre Ästhetik enthielt, wo er sich doch damals weder mit Glaubensfragen noch mit anderen religiösen Dingen auseinandergesetzt habe und seine eigentliche Konversion zum Katholizismus erst ein knappes Jahrzehnt später stattfand. In dieser Fragestellung – und dies ist häufig unterstrichen worden – zeichnet sich bereits jenseits der Gnadenlehre eine zum Teil auch ästhetizistisch untermauerte Bewegung ab, die in Frankreich den Namen des *Renouveau catholique* erhielt und den christlichen Glauben wieder in die Literatur einführen wollte. Auch für sie war Huysmans durchaus ein Orientierungspunkt.

Wir haben bereits gesehen, dass die Fragestellung des Katholizismus römischer Prägung nicht ganz zufällig in der Luft schwebte, war er doch eine der beiden tragenden Säulen der nicht nur gallisch-französischen, sondern vor allem lateinischen Identität in Frankreich gewesen. Daher war es nur konsequent, wenn Huysmans sich in seinem Vorwort gerade dem Deutschen Arthur

Schopenhauer gegenüber kritisch verhielt, dem er sich lange – wie alle autoren des *Fin de siècle* – sehr verpflichtet gefühlt hatte, dessen Weg er aber beschritten habe, ohne zu wissen, wohin ihn dieser Weg führen würde.

An dieser Stelle finden wir, wie mir scheint, das durchaus zeittypische Element einer gallischen Identitätskonstruktion, die eigene ‚lateinische' Wurzeln herauszustellen suchte, um die Latinität Frankreichs zu betonen. Es sind die Zeiten der *Revue des races latines* und eines Führungsanspruchs Frankreichs als Hegemonialmacht innerhalb einer lateinischen Völkergemeinschaft, die nun auch ‚Latein'-Amerika wie selbstverständlich miteinbezog. Arthur Schopenhauer war aus dieser Perspektive nichts weiter als ein deutscher Quacksalber, der ein Herbarium trockener Klagen zusammengestellt habe, die ihrerseits nur wieder auf Klagen aus früheren Epochen zurückgriffen, aber keine Lösung zu skizzieren fähig gewesen seien.

In diese Lücke springt für Joris-Karl Huysmans der christliche Glaube; und genau hier findet sich auch die autobiographische Stoßrichtung seines Romans sowie mehr noch seiner paratextuellen Erläuterungen, seiner Ent-wicklung eines Lesemodells des Romans, das er den künftigen Leserinnen und Lesern vorschlug. Folglich erzählt Huysmans in seinem Vorwort auch die Geschichte seiner eigenen Bekehrung zum Glauben, um sie gleichsam als Anschluss an die intellektuelle wie spirituelle Entwicklung von des Esseintes zu präsentieren:

> Nur Schritt für Schritt entledigte ich mich meiner Schale an Unreinheit; ich begann, an mir selbst zu zweifeln, aber ich muckte gleichwohl gegen die Artikel des Glaubens auf. Die Gegenargumente, die ich mir bildete, schienen mir unwiderstehlich zu sein; und eines schönen Morgens, als ich erwachte, hatten sie sich, ohne dass ich genau wüsste wie, einfach aufgelöst. Ich betete zum ersten Male und die Explosion geschah.
> All dies erscheint jenen Leuten, die nicht an die Gnade glauben, als verrückt, während für diejenigen, die ihre Wirkung verspürten, keinerlei Erstaunen möglich ist; und wenn es denn eine Überraschung gäbe, so könnte sie lediglich für die Inkubationszeit gelten, in der man nicht sieht und nichts wahrnimmt, jene Periode des Abräumens von Schutthalden und einer Neugründung, die man nicht einmal erahnt.[4]

Die autobiographische Dimension, die Huysmans zwei Jahrzehnte später seinem *A rebours* unterschiebt, ist auch in dieser Passage eindeutig zu verorten. Denn am Ende erzählt die *Préface* nicht allein die Geschichte des Romans und des bis dato erschienenen Gesamtwerks von Huysmans, sondern gipfelt vor allem in einer Geschichte seiner spirituellen Bekehrung. Diese Bekehrung aber wird zur eigentlichen Lebensgeschichte umstilisiert, die sich gleichsam in der frühen

---

4 Huysmans, Joris-Karl: *A rebours, Préface*, S. xxii.

Abwendung von den Prämissen und Handlungsmustern des Naturalismus schon angedeutet habe, aber nur hatte materialisieren können, weil die göttliche Gnade hinzugetreten war.

So kam *A rebours* wie ein eigentlich ferner, fremder Himmelskörper von ganz oben angeflogen, als Zeichen an die Adresse von Joris-Karl Huysmans, der gleichsam wie einst die Evangelisten Worte niedergeschrieben hatte, die er selber gar nicht verstand. Keinen Plan habe er gehabt, keinerlei Absicht, sich zum wahren Glauben zu bekehren und das römisch-katholische Christentum (und damit zugleich das *génie du christianisme*, wie wir mit Blick auf die in unserer Vorlesung ausgezogenen Traditionslinien hinzufügen könnten) anzunehmen. Und doch habe alles schon dagestanden, seien seine weiteren Romane hier Kapitel für Kapitel vorgezeichnet gewesen, habe er nur dem Vorgehen der Gnade und der Jungfrau keinen Widerstand entgegensetzen müssen, um seine wahre Bestimmung zu finden.

Wir haben es hier im Grunde mit einer literarischen Konstruktion zu tun, die sich romantechnisch oder narratologisch als eine *continuation* des Schlusses von *A rebours* verstehen lässt, wobei hier gleichzeitig eine *transfiguration* hinzukommt. Denn aus dem Herzog des Esseintes ist nun Huysmans selbst geworden, aus dem Aufschrei der Romanfigur die befriedigte Einsicht ihres Autors, nun doch noch vom Herrn in seine Herde zurückgeholt worden zu sein. Hören wir uns diesen Schluss von *A rebours* also ruhig schon an, um zu wissen, wo der Roman endet und woran Huysmans hier autobiographisierend anzuknüpfen versucht:

> Niedergeschlagen sank des Esseintes auf einen Stuhl. „In zwei Tagen werde ich in Paris sein, also los", meinte er, „alles ist damit zu Ende; wie eine Sturmflut steigen die Wellen der menschlichen Mittelmäßigkeit hoch bis zum Himmel und sie werden den Zufluchtsort verschlingen, dessen Dämme ich nun gegen meinen Willen öffne. Ach! Mir fehlt es an Mut und mich packt eine Abscheu! Oh Herr, erbarme Dich dieses Christen, der an dem Ungläubigen zweifelt, welcher glauben will, erbarme Dich dieses Galeerensträflings des Lebens, der alleine und des Nachts ins Schiff steigt, unter einem Firmament, welches die tröstenden Fanale der alten Hoffnung nicht länger erhellen!"[5]

So schließt der Text mit einem einzigen Aufschrei seines Protagonisten. Mit diesem Aufbäumen wird zugleich deutlich, dass *A Rebours* in einer Notsituation endet, in der nur noch die letzte Gnade angefleht und erbeten wird, ein Flehen, das aber – wie wir nun durch das Vorwort wissen – auf offene Ohren und auf Erlösung dieses ungläubigen Christen gestoßen ist. Damit werden dem Roman nachträglich Strukturen eines Bildungsromans untergeschoben, die in ihm so einfach nicht zu entde-

---

5 Huysmans, Joris-Karl: *A rebours*, S. 290.

cken sind, obwohl sie auch nicht gänzlich fehlen. Die Entwicklung wird nachträg-lich vereindeutigt, zugleich christlich-religiös motiviert und vereinnahmt.

Diese Vereinnahmung sollte uns nicht davon abhalten, im Folgenden den Roman zwar vor dem hier skizzierten Hintergrund und der späten Selbstdeutung seines Autors zu lesen, ihn aber nicht darauf zu reduzieren. Denn dem französi-schen Schriftsteller war es darum zu tun, sich selbst in eine Wunschfigur umzu-stilisieren und in seinem eigenen Schreiben das Wirken der christlichen Gnade aufleuchten zu lassen. Letzteres aber war 1884 noch nicht im Roman erkennbar. Im Gegenteil, Huysmans muss sich der Tatsache bewusst gewesen sein, dass sein neuer Roman auf Ungnade werde stoßen müssen, zu deutlich war die Absetz-bewegung und wohl auch das parodistische Element, das ihn intertextuell und über den literarischen Raum mit dem Naturalismus zugleich verband und von diesem abkoppelte. Mit *A Rebours* schuf Huysmans einen Roman, der den Natu-ralismus in erster Linie gegen den Strich las und diese Lektüre von Beginn an deutlich aufzeigte.

Dies wird bereits im ersten Teil sehr deutlich, denn er trägt einen Titel, der wie jener eines (naturalistischen) Paratextes klingt. Doch handelt es sich im Grunde nicht mehr um einen Paratext, sondern bereits um die Einleitung, welche für das Verständnis der sechzehn römisch durchnummerierten und nicht mit Untertiteln versehenen Kapitel unbedingt notwendig ist. Der Titel *Notice* macht zugleich auf den paratextuellen und textinternen Charakter des Abschnitts aufmerksam. Er bildet sozusagen eine Schwelle, die durch die spätere Hinzufügung des Vorworts von 1903 verdoppelt wurde.

Es ist klar, dass der Titel *Notice* sehr wohl einen Paratext suggeriert, dass zugleich aber diese Eröffnung bereits Teil der Romandiegese ist und uns fiktio-nale Gestalten vor Augen führt. Es handelt sich letztlich um ein naturalistisch bestimmtes, der Ästhetik Zolas noch verpflichtetes Stück Literatur, in dem zugleich die Vertrautheit und Verbundenheit mit dem Naturalismus aufscheint, durch die ungeheure Beschleunigung aber parodistisch gewendet wird. Der Titel *Notice* verweist diesen Teil in den Bereich, der außerhalb des eigentlichen bleibt, einen Bereich, an den sich zugleich etwas anderes, das Eigentliche anschließt, wodurch gleichzeitig eine Art Überwindung dieses naturalistisch gestalteten Auf-takts deutlich wird. Daher ist gleich zu Beginn des Romans das Spiel mit dem Paratext recht doppeldeutig und aufschlussreich bezüglich der Herkunft, aber auch des weiteren Weges dieses französischen Autors.

Auf dieser ersten Seite des Romans haben wir es, ausgehend von einigen Por-traits auf einem Schloss, das übrigens in Wirklichkeit existierte und das Huysmans selbst durch mehrfache Aufenthalte recht gut kannte, mit einer Familiengeschichte zu tun, wie eine derartige häufig zu Beginn naturalistischer Romane präsentiert wird. Huysmans zeigt in dieser *Notice* seine ganze Meisterschaft, mit Hilfe einiger weniger Pinselstriche und im Rückgriff auf einige wenige Details die Skizze einer Familie zu entwerfen, die unrettbar dem Verlöschen und dem Untergang geweiht ist.

Derartige Familiengeschichten sind uns selbstverständlich aus jedem besseren naturalistischen Roman Zola'scher Prägung bekannt, ist das Problem der Degenerierung innerhalb einer Familie doch ein Thema, das gerade die Naturalisten stark beschäftigte. Denn diese waren, in einer Art Radikalisierung positivistischer Standpunkte, davon überzeugt, dass die Grundfaktoren von *race*, *milieu* und *moment* in der Tat nach einer geradezu im Voraus berechenbaren Weise über Leben und Wirken, Verhalten und Verhältnisse einer literarischen Figur wie einer lebendigen, realen Person entscheiden würden.

So bekommen wir also im Zeitraffer ein Bild der Familie derer von des Esseintes: eine Entwicklung von den heroischen Zeiten des Feudaladels der Ile-de-France bis hin zum allerletzten Spross der weitverzweigten, aber letztlich erschöpften Familie, eben Jean, Herzog Floressas des Esseintes. Mit siebzehn Jahren, wie wir wenig später erfahren, verfügte er bereits über sein Erbe, denn er verlor zunächst seine Mutter, die an Erschöpfung verstarb, dann seinen Vater, der an einer vagen Krankheit litt und bald das Zeitliche segnete. Jean sollte in der Tat der Letzte seines Geschlechts bleiben und keinen weiteren des Esseintes mehr zeugen. Das unentrinnbare Ende einer stolzen Familiengeschichte, die freilich mit diesem Spross in gewisser Weise noch einmal einen letzten Höhepunkt verzeichnen kann.

Dies gilt aber, wie wir ja schon wissen, nur für die Familie *in* der Literatur. Für die Familie der Literatur gilt dies nicht, denn da gab es nur wenige Figuren, die sich an Zeugungskraft mit des Esseintes messen konnten und so viele literarische Nachfahren zu zeugen verstanden. Im Roman liegt der Grund für des Esseintes' fehlende Zeugungskraft in einer Erschöpfung, die eintritt, weil er die unterschiedlichsten Sinne und Sinneswahrnehmungen aktiviert hat und ständig noch stärkere Reize benötigt, bevor auch diese ermatten. So genügen dem jungen Mann auch schon bald nicht mehr die üblichen Geliebten: Er verlangt nach ausgefeilteren, raffinierteren Genüssen, so dass der Adelige schließlich zu den akrobatischen Gymnastiken und Stellungsspielen jener Frauen gelangt, die ihn in die letzten Geheimnisse der fleischlichen Liebe einweihen. Doch bei Jean wird gerade das Fleisch aller Erregungen zum Trotze schwach. Eine drohende Impotenz bemächtigt sich seiner, die auch durch immer stärkere Reize nicht dauerhaft behoben werden kann. Dies war freilich vorhersehbar gewesen, denn die fatale Degeneration war bereits in den ersten Sätzen des Romans aufgetaucht.

Das naive Lesepublikum konnte also schon der ersten Seite ein naturalistisches Grundschema entnehmen, wobei nur etwas auffällig wirken mochte, dass dieses so schnell, gleichsam im Zeitraffer, abgespult wurde. Das war nicht nur die schriftstellerische Erfahrung von Huysmans, sondern auch kalte Berechnung des Literaten. Denn der Text inszeniert damit von Beginn an ein sehr ambivalentes Verhältnis zum Naturalismus, auch wenn er im Folgenden die anderen Determinanten neben der *race* – also das Milieu und den historischen Augenblick – immer noch im Rahmen der *Notice* abhandelt.

Zugleich wird deutlich, dass im letzten Spross dieser zum Untergang verdammten Familie – die durch ihre Heiratspolitik letztlich geradezu absichtlich zu diesem Prozess beitrug und ihn beschleunigte – noch einmal der älteste Vorfahr sichtbar wird: *La boucle est bouclée*, alles fügt sich zum Kreis, der Zyklus ist abgeschlossen. Wir sind von Beginn des Romans folglich in einer Endzeitstimmung, einer an ihr Ende gelangten Geschichte, die sich nun gleichsam rituell noch einmal vor unseren Augen im letzten Zeugen dieser Familie vollzieht. Das ist zunächst naturalistisch fundiert, schert aber dann bald nach dieser *Notice* aus und schlägt einen ganz anderen romanesken Weg ein, den wir uns nun näher anschauen.

Zunächst aber erfahren wir noch einiges zur Entwicklung des kleinen Jean, der, wie sich das bei der *noblesse* gehört, von Jesuiten aufgezogen wurde, die ihm freilich den rechten Glauben nicht einzuflößen vermochten. Er interessierte sich stets für das Vergangene, etwa die toten Sprachen und insbesondere Latein, findet an den lebendigen, also den modernen Fremdsprachen mit Ausnahme des Französischen jedoch keinen Gefallen. Jean kann sich für die moderne Wissenschaft ebenso wenig begeistern wie für Mathematik, ist aber dem Ästhetischen in all seinen Formen – unter Einschluss der (ästhetisierten) Frauen – sehr zugeneigt. Die Jesuiten erkennen bald, dass ihr Zögling weder der gesamten Gesellschaft noch ihrer Gesellschaft, der *Societas Iesu*, von Nutzen würde sein können. Für des Esseintes könnte Verlaines berühmter Vers aus seinem Gedicht „Langueur" gelten: *Je suis l'Empire à la fin de la décadence.*

Bald schon hat der junge Mann nicht nur einen Großteil seines beträchtlichen Vermögens durchgebracht, sondern auch die ihm zur Verfügung stehenden Genüsse ausgiebig gekostet. Die Frage stellt sich nun, was danach kommen soll. Des Esseintes sehnt sich nach all seinen Anstrengungen und Aktivitäten nach der Evasion, nach einer Arche, auf die er sich zurückziehen könnte. Und es ist nicht zufällig, dass wir hier schon jenes Motiv finden, das dann bei Marcel Proust eine wichtige Rolle spielen sollte und das in *A Rebours* eine Metaphorik der Schifffahrt und der Wellen einführt, welche wir auf der letzten Seite des Romans bereits bemerkt haben. Des Esseintes verkauft daher das alte Stammschloss, mit dem er nichts mehr anzufangen weiß, verkauft weitere Güter und Besitzungen und kauft im Gegenzug Staatsaktien, so dass er sich nun eine beträchtliche Summe als Rente auszahlen lassen kann und überdies eine gehörige Stange Geld erhält, um sich irgendwo neu niederzulassen und einzurichten. Er wird diese Summe dringend benötigen ...

Bald ist auch ein Haus etwas außerhalb von Fontenay-aux-Roses gefunden, das neben seiner Straßenbahn auch über einen kleinen Bahnhof verfügt, wodurch der junge Adlige nach Wunsch von seinem Rückzugsort recht rasch wieder zurück in die Hauptstadt Paris gelangen kann. Der Rückzug ist also nicht notwendigerweise auf Dauer gestellt, doch sind die Reisen zunächst einmal innerhalb des Hauses selbst geplant. Dies lässt sich schon am Mobiliar, insbesondere an der Schiffskabine, die sein Speisezimmer bildet, sehr leicht erkennen.

Am Ende der äußerst klug konzipierten *Notice* zieht sich, als das neue Haus fertiggestellt ist, des Esseintes plötzlich und ohne Vorwarnung, ja ohne eine Adresse zu hinterlassen, aus dem ihn anödenden Pariser Leben zurück auf seine kleine Besitzung, die er sorgfältig abgeschottet hat. Es ist ihm gelungen, eine kleine Welt für sich zu erschaffen. Bis hierher würde noch alles ins naturalistische Schema passen, bis hierher könnte man den Roman Zola'scher Prägung schon im Geiste ablaufen sehen, – mit den zunehmenden Schwierigkeiten des Alterns, den sich aufstauenden finanziellen Problemen und so vielem mehr – noch wäre der Roman naturalistisch zu meistern gewesen.

Doch Huysmans steigt an dieser Stelle im ersten Kapitel resolut aus und bedient sich – ohne auf Elemente des Naturalismus zu verzichten – anderer ästhetischer Mittel und Verfahren, um dem zeitgenössischen französischen Roman neue Wege zu bahnen. Doch scheint mir wichtig, in dieser *Notice* beides zu sehen: die Herkunft aus dem Naturalismus mit ihrer Verankerung in der entsprechenden Ästhetik einerseits und die parodistische Beziehung zu dieser naturalistischen Ästhetik und diesem Romanschema andererseits, dem sich Huysmans in der Folge entziehen sollte. Auch in dieser Hinsicht markiert die *Notice* nicht nur paratextuell, sondern vor allem romanästhetisch eine Schwelle, über die Huysmans nicht wieder zurück in die Gefilde des Naturalismus treten wollte. Die Entscheidung war getroffen: Leinen los!

Das erste Kapitel war ein Kapitel des Übergangs und der Installation von des Esseintes in seinem neuen Domizil. Er ist mit Einrichtungen nicht unerfahren, hatte er doch einst ein *boudoir rose* besessen, das ihm zur Verführung der Mädchen diente, die von den vielen Spiegeln ganz verzaubert waren und sich deshalb darum rissen, sich in diesem rosafarbenen Zimmer in den Spiegeln selbst porträtieren zu dürfen. Die Ansprüche des jungen Mannes an Mobiliar, Einrichtung, Abstimmung aller Bereiche können kaum höher gedacht werden. Und der Einfluss dieser literarischen *Intérieurs* aus Huysmans' Feder auf Texte anderer Schriftsteller*innen war gewaltig.

Dies macht gleich im ersten Kapitel eine recht hübsch gestaltete Szene deutlich, die wir uns – auch wenn sie literarisch nicht so ergiebig ist – etwas anschauen sollten, zeigt sie uns doch explizit jenen Typus Mensch, mit dem wir uns noch auseinandersetzen müssen. Denn des Esseintes ist nicht nur ein Nachfahre der großen Familie von Feudalherren, sondern auch von jenem *mal du siècle* angesteckt, das schon die Helden eines Chateaubriand während der letzten Jahrhundertwende infiziert hatte und das wir gut kennen: Jenem *ennui*, der Geißel und Produktivkraft der Romantiker war. Auch ihn hat jener *spleen* angesteckt, von dem Charles Baudelaire, jener Dichter, den des Esseintes wirklich uneingeschränkt bewundert und vergöttert, berichtete. So lässt sich gleich zu Beginn eine literarische Genealogie ausmachen, ein literarischer Raum, auf den wir noch zurückkommen werden. Zweifellos aber lässt sich in *A rebours* vor allem eine Abfolge kultureller Befindlichkeiten und Produktivkräfte aufzeigen, die uns vom *ennui* der Romantik über den *spleen* der Jahrhundertmitte bis hin zur Figur des *dandy* führt, dessen große finisekulare Verkörperung fraglos des Esseintes ist. Hören wir sein Evangelium!

> Er hatte schließlich einen hohen Saal vorbereiten lassen, welcher für den Empfang seiner Lieferanten vorgesehen war; sie kamen herein, setzten sich nebeneinander ins Chorgestühl einer Kirche, und sodann stieg er auf eine hohe Kanzel und hielt seine Predigt über das Dandytum, wobei er seine Stiefellieferanten und Schneider beschwor, sich auf die absoluteste Weise an seine kurzen Befehle bezüglich des Schnittes zu halten, wonach er ihnen mit einer finanziellen Exkommunizierung drohte für den Fall, dass sie nicht buchstabengetreu seine Instruktionen in seinen Erlassen und Bullen befolgten.[6]

Sie beginnen nun zu erahnen, warum man angesichts der hohepriesterlichen Inszenierung und der Rede von Bullen und Erlassen schnell dabei war, diesen Roman als die „Bibel der *décadents*" zu bezeichnen. Die Szene ist recht aufschlussreich, wird hier Dandytum doch zum einen vor dem Hintergrund des Reichtums gegen die verschiedenen Handwerker, die all dies leisten mussten, ins Feld geschickt und damit mit Geld und Arbeit, die ja geleistet werden musste, in Beziehung gesetzt; zum anderen erscheint es bereits hier in der

---

6 Huysmans, Joris-Karl: *A rebours*, S. 15.

ästhetisierenden Verkleidung der Kirche, freilich gänzlich ihrer religiösen Funktion entkleidet.

So tritt an die Stelle der Bergpredigt die Dandypredigt, an die Stelle der päpstlichen Bullen die Aufforderung zur absoluten Befolgung aller Vorschriften, um die Entwürfe des Dandys nicht durch die stets fehlerbelastete Ausführung mit der niedrigen Realität aufs Schwerste kollidieren zu lassen. Der Dandy war innerhalb einer entsakralisierten und am Mammon orientierten Gesellschaft zu einer Art Ersatzpapst geworden, welcher die reine Lehre des Ästhetischen predigte.

Ästhetik wird damit zu einer Art Religionsersatz, eine für die weitere Entwicklung nicht nur des Romans, sondern des *Fin de siècle* insgesamt überaus aufschluss- und erkenntnisreiche Problematik. Dieser Religionsersatz ist freilich nur für jene zugänglich, die Stendhal schon die *happy few* genannt hatte, eine kleine gesellschaftliche Gruppe, welche sich selbst für die Elite hält. Nicht zuletzt damit sind etwa auch die ständigen Ausfälle von des Esseintes begründet, der sich noch in Paris über die Physiognomien der Bürger erregt und unter ihnen förmlich gelitten hatte. Nun endlich findet er die Möglichkeit, sich von alledem zu trennen und das Unästhetische aus einem Leben zu verbannen.

Die Spitze zielt dabei gegen ein am Geld orientiertes Bürgertum, für das kulturelle Werte, Literatur und Kunst völlig in den Hintergrund gerückt waren – nicht weniger als die Religion selbst, die innerhalb einer säkularisierten Gesellschaft längst zur Privatsache und Angelegenheit zweiter Ordnung degradiert worden war. Gesellschaftliche Modernisierung ging einher mit einer Säkularisierung und einem Verlust transzendenter Werte, gegen den nun der Versuch der Errichtung eines neuen, ästhetischen Wertekanons unternommen wird. An die Stelle der kruden Realität naturalistisch geschilderter Unterschichtmilieus trat nicht erst seit dem *Fin de siècle* die Kunst; doch tat sie dies gegen Ende des Jahrhunderts in deutlich verstärktem Maße. Daher ist die von des Esseintes inszenierte Form des *sermon* sicherlich keine ungeeignete, um diese Problematik auch in *A rebours* nicht nur literarästhetisch aufscheinen und erstrahlen zu lassen.

Halten wir noch ein weiteres, nicht allein für Huysmans' Roman wichtiges Element fest! Es ist die Betonung des Innenraumes, der im *Fin de siècle* als raffiniertes *Intérieur* überhaupt eine ganz ausgezeichnete Stellung einnimmt. Denn der Weg von des Esseintes ist im Verlauf des Romans fast ausschließlich einer zum Innenraum, was freilich nicht mit einem Weg zur Innerlichkeit gleichgesetzt werden darf. Des Esseintes schließt sich förmlich in seinem Hause ein, beschränkt die Kunst unter Abwehr des Außenraumes auf das Innere, gestaltet aber umso mehr dieses Innere, um es vom Außen, von der am Nutzwert orientierten Geschäftswelt der Bourgeoisie abgrenzen zu können. Das *fin de siécle* ist – nicht nur im Bereich der Literatur – immer wieder eine Epoche des Innenraumes, des *Intérieur*, das abgrenzen und ausgrenzen, zugleich aber auch eine andere, eine Gegenwelt zur bourgeoisen Warenwelt erzeugen will.

Abb. 107: Die Epoche des Innenraumes: Gabriele D'Annunzio im Atelier seiner Villa „Mammarella" in Francavilla, Italien, 1895.

Diese Innenräume sind zugleich auch ein Bereich, in dem sich verschiedene Welten, verschiedene Künste, verschiedene Erfahrungen und Empfindungen, verschiedene *sensations* und Sinneswahrnehmungen überlappen, überlagern, miteinander in Kontakt treten, gemeinsam ihre Wirkungen potenzieren und eine Welt künstlerischer Synästhesien begründen, welche zweifellos die Künstlichkeit mit der künstlerischen Gestaltung zu verbinden trachtet. Synästhesie heißt zugleich, die Grenzen zwischen den verschiedenen Künsten zu überbrücken, ja zu durchbrechen, um dadurch neue Kunstwerke, ja Gesamtkunstwerke zu schaffen. Auf Richard Wagners spätromantischen Traum vom Gesamtkunstwerk waren wir bereits an anderer Stelle gestoßen; er beeinflusste nicht umsonst gerade wegen dieser intermedialen Konzeption das europäische *Fin de siècle* zutiefst.

Auch des Esseintes versucht von Beginn an, schon bei den Innenräumen die einzelnen Sinneswahrnehmungen aufeinander abzustimmen und aufeinander zu beziehen, ein Zusammenwirken von Farben und Musik, von Literatur und Bild, von Düften, Edelsteinen, Blumen und Blüten zu erzielen, das durch die Komposition völlig neue, originelle Effekte zeitigt. Gerade die Literatur – des Esseintes widmet sich besonders der nachantiken lateinischen Literatur – wird schon von der Gestaltung der für sie bestimmten Regale her auf diese synästhetischen Zusammen-Wirkungen eingestellt, wird eingebaut in ein Gesamtkunstwerk des Innenraumes, in dem sie kraft Lektüre einen weiteren, großartig gestalteten Innenraum schafft.

Eine besondere Funktion und Bedeutung aber kommt einer kleinen Erfindung von des Esseintes zu, die im vierten Kapitel erscheint und die vom Dandy als *orgue à bouche* bezeichnet wird. Sie bringt im Innenraum des Mundes die verschiedensten Sinneswahrnehmungen miteinander in Verbindung und erzeugt jene überwältigende Erfahrung, jenes überwältigende sinnliche Erleben, das im Herzen jeglicher Ästhetik des *Fin de siècle* steht. Wir werden uns in einer anderen Vorlesung ausführlicher damit beschäftigen ...

Es gibt im Roman eine Vielzahl weiterer, eher skurriler Elemente, die des Esseintes' Leben in Einsamkeit und Abgeschiedenheit punktieren: Da wäre etwa jenes Aquarium, das vor ein Fenster gerückt ist, so dass nur durch das Wasser gefiltertes Licht in den Raum dringen kann. Das Wasser ist gefärbt, um die Lichtwirkungen noch weiter nuancieren zu können. Sie fürchten jetzt um das Leben der Fische? Keine Angst! Den Fischen bekommt es, weil sie eine Aufziehmechanik besitzen, die sich nicht daran stört, verheddern sie sich doch ohnehin in den künstlichen Pflanzen, die ebenso wenig Fütterung und Pflege wie sie selbst benötigen.

Einen etwas tragischeren Ausgang nimmt da die Geschichte einer Schildkröte, die des Esseintes zunächst einmal mit einem golden eingefärbten Panzer ausstatten lässt, bevor er sie zum Juwelier schickt, der genau nach seinen Angaben den Panzer der güldenen Schildkröte mit Gemmen und allerlei Edelsteinen verziert. Das alles ist wunderbar anzuschauen und des Esseintes ist anfänglich begeistert! Dumm nur, dass sich die Schildkröte einige Tage lang nicht mehr bewegt, so dass ihr Besitzer dann doch bemerkt, dass sie längst das Zeitliche gesegnet hat, wohl nicht zuletzt aufgrund der Tatsache, dass sie den blendenden Luxus nicht länger hatte ertragen können. Sie konnte sich gleichsam im Buch der Natur nicht mehr finden.

Doch all dies bleibt dem ausgesperrten Publikum, den Bewohnern von Fontenay-aux-Roses, sorgfältig verborgen. Des Esseintes ist mit allen Wassern und Düften eines Dandy gewaschen, aber wir dürfen uns gleichwohl fragen: Ist er es überhaupt noch? Denn eigentlich zielt ein Dandy auf möglichst großen Effekt in der Öffentlichkeit und braucht die Wirkung, die Auseinandersetzung um seine Kleidung, seine Sitten, seinen Lebensstil und Ansichten. Nichts dergleichen aber ist nach dem Rückzug von des Esseintes in sein abgelegenes Haus zu beobachten. Er ist nun nicht mehr den Blicken der anderen ausgesetzt und versucht vielmehr, sich diesen unschönen Physiognomien zu entziehen und allein in seiner Parallelwelt zu leben.

Man könnte sagen, dass des Esseintes eigentlich kein Idealtyp des Dandy ist und seit seinem Rückzug vielleicht überhaupt nicht mehr als ein solcher gelten kann. Die breite Bevölkerung ist ihm schnuppe, ein Spezialistenpublikum aber erreicht er nicht (mehr). Dies gilt es bei den nachfolgenden Analysen im Gedächtnis zu behalten!

Festhalten wollen wir an dieser Stelle, dass die Kunst des *Fin de siècle* in aller Regel eine Kunst der Innenräume, der räumlichen Abgeschlossenheit, der Trennung von der Natur in einem Reich des Inneren, der Künstlichkeit, der Nachahmung, der Isolierung, der Eigengesetzlichkeit ist. Die Natur wird vehement bekämpft, ihr Reich gleichsam ausgesperrt. Sie findet nur in vielfach destillierter Form, verwandelt in die Genüsse des Gaumens und der Sinne, transponiert in die Kunst in ihren unterschiedlichen Ausdrucksformen, Eingang in das Repertoire der Innenräume.

Wir werden dies auch an den imaginären Reisen erkennen können, die fortan ebenfalls in Innenräumen angesiedelt werden. In dieser Hinsicht ließe sich des Esseintes durchaus mit den Helden von Jules Verne vergleichen, der – wie Roland Barthes in einer seiner *Mythologies* einmal schrieb – im Grunde nur Innenräume zu füllen verstand, ein Reich der Fülle schuf, dem das Äußere höchstens bedrohlich entgegenstand.

Im fünften Kapitel kommen wir zu einer Szenerie, die eine gewisse Zentralstellung in Huysmans' Roman einnimmt: Es geht um die Auseinandersetzung mit der Malerei nicht nur Odilon Redons, sondern weit mehr noch mit jener von Gustave Moreau, die des Esseintes (und natürlich auch Huysmans selbst) tief beeindruckt hatte. So verliert sich der noch junge französische Adelige gleich zu Beginn des Kapitels in eine Träumerei über zwei Gemälde, welche er in einer meisterhaften Ekphrasis literarisch darzustellen sucht. Da es sich bei diesem fünften Kapitel um einen der Höhepunkte und auch auf theoretischer Ebene um eine der interessantesten Passagen des Buches handelt, möchte ich mich hier ein wenig aufhalten und einige Aspekte etwas näher beleuchten:

> Unter allen Künstlern existierte einer, dessen Talent ihn entzückte und zu langen Gefühlsbewegungen hinriss, Gustave Moreau.
> Er hatte seine beiden Meisterwerke erworben und träumte nächtelang vor einem von beiden, dem Gemälde der Salome, das auf die folgende Weise konzipiert war:

Ein Thron erhob sich, einem Altare in einer Kathedrale gleich, unter unzählbaren Bögen, hervorspringend zwischen gedrungenen Säulen sowie romanischen Pfeilern, von vielfarbigen Ziegelsteinen und Mosaiken überzogen, mit eingefassten Lapislazuli und Sartonyx-Steinen, alles in einem Palast, der einer Basilika glich, deren Architektur zugleich halb muslimisch und halb byzantinisch war.

Im Mittelpunkt des den Altar überragenden Tabernakels, von Stufen in halbrunder Beckenform umgeben, saß der Tetrarch Herodes, das Haupt von einer Tiara geschmückt, beide Beine eng beieinander und die Hände auf seinen Knien haltend.

Sein Gesicht war gelblich, pergamentartig, von Falten durchfurcht, vom Alter entstellt; sein langer Bart schwebte wie eine weiße Wolke über den edelsteinfunkelnden Sternen, welche die Konstellation seines Gewandes aus Goldplattierkunst an seiner Brust bildeten.

Um diese unbewegliche, in der hieratischen Pose eines Hindugottes fixierte Statue herum brannten Duftessenzen, aus denen Wolken von Dämpfen hervorquollen, welche die Feuer der an den Wänden des Thrones inkrustierten Edelsteine, phosphoreszierenden Tieraugen gleich, durchbohrten; dann hob sich der Dampf, und unter den Arkaden vermischte sich der blaue Rauch mit dem Goldpulver der großen Lichtstrahlen, die von den Kuppeln herab einfielen.

Im perversen Duft der Parfums, in der überhitzten Atmosphäre dieser Kirche, streckte Salome ihre linke Hand in einer befehlenden Geste aus, während ihr rechter Arm angewinkelt blieb und auf der Höhe ihres Gesichts eine große Lotusblume hielt, und sie bewegt sich langsam auf den Zehenspitzen vorwärts, zu den Klängen einer Gitarre, deren Saiten eine kauernde Frau zupft.

Mit einem konzentrierten Gesichtsausdruck beginnt sie feierlich, fast erhaben, mit ihrem lüsternen Tanz, der die schläfrigen Sinne des alten Tetrarchen wachrütteln soll; ihre Brüste wogen hin und her, und ihre Brustspitzen richten sich bei der Reibung ihrer Colliers, die herumwirbeln, auf; über der Feuchtigkeit ihrer Haut funkeln die aufgefädelten Diamanten; ihre Armreife, ihre Gürtel, ihre Ringe versprühen Funken; auf ihrem triumphalen Kleid, das von Perlen gesäumt, von Silber durchwirkt, von Gold durchwoben ist, gerät der Brustpanzer vollendeter Goldschmiedekunst, an welchem jede Masche eine Perle ist, in Brand, durchquert kleine feurige Schlangen, kribbelt auf dem mattglänzenden Fleisch, auf der teerosafarbenen Haut, so wie gewaltige Insekten mit alles überstrahlenden, karminfarben gezeichneten Flügeldecken, vom gelben Tagesanbruch punktiert, von einem Stahlblau durchzogen, pfauengrün gescheckt.

Konzentriert und mit starren Augen, wie eine Schlafwandlerin, sieht sie weder den Tetrarchen, der erzittert, noch ihre Mutter, die grausame Hérodias, die sie überwacht, noch den Hermaphroditen oder Eunuchen, der sich unterhalb des Thrones mit dem Säbel in der Faust aufhält, ein schreckliches Antlitz, bis zu den Wangen hoch verschleiert, und dessen weibliche Brust eines Kastrierten wie ein Trinksack unter seiner orangebunten Tunika baumelt. Dieser Typus von Salomé, der die Künstler wie die Dichter so sehr fesselt, war seit langen Jahren eine Obsession für des Esseintes.[7]

Da haben wir sie also doch, die Frau und ihre erotisierende Beschreibung! Wenn also Huysmans behauptet, in seinem Roman gänzlich ohne die Frau, ohne die

---

7 Huysmans, Joris-Karl: *A rebours*, S. 67 ff.

Abb. 108: „Salomé dansant devant Hérode",
Öl auf Leinwand von Gustave Moreau, 1876.

Liebe, auszukommen, dann stimmt dies schlicht nicht. Natürlich sind es entweder die gymnastischen Leibesübungen und Stellungsspiele oder die Liebe als Trieb, welche die romanesken Szenen von *A rebours* prägen, und keine eigentliche Liebesgeschichte, die sich auf oder zwischen den Zeilen des Romans entrollt; aber gänzlich ohne die Präsenz von Liebe, Sexualität und Erotik kommt auch dieser Roman entgegen der Behauptungen seines Verfassers nicht aus.

In diesem langen Zitat, das wir gleich zu Anfang des fünften Kapitels finden, präsentiert Huysmans uns ein Meisterwerk der Ekphrasis, also der literarischen Umsetzung ikonischer Texte in (Schrift-)Sprache mit allen Raffinessen, die ein Schriftsteller der literarischen Transposition abgewinnen und entreißen kann: So sind auf dem Gemälde von Gustave Moreau bestimmt nicht die Brustspitzen der schönen Salome erkennbar, wie sie sich aufgrund der Reibung an ihren Gehängen aufrichten und bewegen. Aber genau darüber, ihren ästhetischen Mehrwert und Überschuss, müssen wir bei einer literarischen Ekphrasis detailliert sprechen, denn es geht hier um die literarische Lektüre eines Gemäldes, die mit allen Charakteristika eines Leseaktes ausgezeichnet ist und damit um ein höchst kreatives LiebeLesen.

Ich möchte Ihnen daher diese Passage, die in der Wortwahl überaus komplex ist, gleich zweimal in Erinnerung rufen: einmal nur in Form des schriftlichen Textes und ein zweites Mal kombiniert mit einer Wiedergabe des berühmten Gemäldes von Gustave Moreau, das diesen Text begleitet.

Wir erfahren zunächst vom Erzähler, dass es sich im Privatbesitz von des Esseintes befindet, der es mit in sein Haus in Fontenay-aux-Roses genommen habe. Dort hängt es zusammen mit anderen Meisterwerken, nicht zuletzt Gemälden von El Greco als einem der großen Maler, die das *Fin de siècle* nicht nur in Spanien zelebrierte, in der Innerlichkeit der Räume und Säle, wobei auch das Bild selbst die Struktur des Innenraumes in Szene setzt. Denn Licht von außen dringt in dieses Bildnis der tanzenden Salome höchstens von den hohen Kuppeln im Gemälde herab in den abgeschlossenen, mit einer Basilika verglichenen Innenraum.

Des Esseintes aber, dies macht der kleine Satz zu Anfang deutlich, ist selbst Kunstsammler: Seine fürwahr erlesene Kollektion verwandelt das Haus in Fontenay in ein Museum, und zwar auf verschiedenen Ebenen. Denn er sammelt nicht nur wertvolle Gemälde, sondern auch andere Kunstgegenstände, die sorgfältigst ausgewählt werden. Darauf können wir im Rahmen unserer Liebe und Lesen gewidmeten Vorlesung sicherlich nicht in der erforderlichen Breite eingehen, aber die Struktur des Museums und des *musée imaginaire* ist eine Art Grundstruktur der Literatur der Jahrhundertwende; ein Phänomen, das natürlich an kostbar gestaltete Innenräume gebunden ist.

Die kunstvolle Ekphrasis bezieht sich auf ein Gemälde von Gustave Moreau aus dem Jahre 1876. Dieses Gemälde hält eben jenen Augenblick fest, in welchem der Tanz der Salomé beginnt, der Übergang also von der Bewegungslosigkeit zur Bewegung, in der Ekphrasis von Huysmans der Übergang von der zeitlichen Hintergrundgestaltung in die präsentisch gestaltete Passage, die gleichsam alles zugleich in ein unmittelbares Licht im Vordergrund und in die Offenheit aller Bewegungen taucht.

Anhand der biblischen Geschichte, die des Esseintes auch durch Lektüre der einschlägigen Passagen aus dem Matthäus-Evangelium nachvollzieht – ich überlasse dies ihrer eigenen Lektüre –, identifiziert Huysmans' Erzähler die verschiedenen Gestalten, die mehr oder minder im Hintergrund verharren, doch zumindest vorübergehend von ihm literarisch in Licht getaucht werden. Sie sind fast eingewoben in jene sinnliche Architektur, die in der Ekphrasis zunächst detailreich entfaltet wird: mit ihrer mehrschichtig vielgewölbten Baustruktur der Bögen und Architraven, die kaum einmal das Licht direkt passieren lassen, so dass das *Intérieur* plastisch hervortritt.

Alles betont die Eigenwelt des Innenraumes, wenn auch genügend Licht einfällt, um die eigentliche Hauptszene beleuchten zu können. Alles wirkt ungeheuer symbolisch und erotisch aufgeladen, mehrfach kodiert, rätselhaft und voller geheimer geschlechtlicher Bedeutungen, wobei die Körperlichkeit der erregenden Salomé durch das Präsentische in Huysmans Text gleichsam auf den Leser und die Leserin überspringt. Was in Moreaus Gemälde in einer fast quasi-simultanen Wahrnehmung zusammengesetzt wird, einer Art von offenem, multidirektionalen Weg durch das Gemälde, der ein ständiges Pendeln zwischen einer Wahrnehmung der Gesamtheit und einzelner Details darstellt, ist in der Sprache des Schriftstellers ein In-Bewegung-Setzen aller Teile der Beschreibung, um so die Leserinnen und Leser dieses Textes in eine Abfolge einzelner Wahrnehmungen einbeziehen zu können. Hier ist die quasi-simultane Wahrnehmung verschriftlicht und transponiert in eine Wahrnehmung, die notwendig linear und vor allem sukzessiv ist und daher nach Erzählung, nach dem Narrativen drängt. Und dem gibt Joris-Karl Huysmans genügend Raum.

Der französische Maler Gustave Moreau, der 1826 in Paris geboren und 1898 ebendort verstorben ist, zählte zweifellos zu jenen Künstlern, die das *Fin de siècle* erstmals in Wert setzten, ohne sie freilich gänzlich aus einer gewissen Randstellung befreien zu können. Ähnlich ging es einem anderen Künstler, Odilon Redon, der ebenfalls zu den Lieblingsmalern Huysmans gehörte, der ihm eine Reihe von Kunstkritiken widmete, und welcher von zahlreichen Autoren des Jahrhundertendes wertgeschätzt wurde, ohne doch ein wirklich breites Publikum dauerhaft erreichen zu können. Gustave Moreau freilich gilt bis heute als Meister des französischen Symbolismus in der Malerei. Er verstand es, ausgehend von mythologischen oder biblischen Stoffen die weibliche Schönheit in den raffiniertesten Inszenierungen darzustellen, in einer symbolischen und nicht selten erotischen Aufladung, wie am Beispiel dieser ersten Salomé anschaulich erkennbar wird.

Er darf zweifellos als jener Maler gelten, dem es am überzeugendsten gelang, die raffiniertesten Stoffe, Edelsteine, Lichtbrechungen, Hautfarben und vieles mehr in seine Gemälde einzubringen und Synästhesien hervorzurufen, wie sie die Sinnlichkeit des europäischen wie außereuropäischen *Fin de siècle* so sehr liebte. Der französische Maler machte nicht zuletzt auch durch neue Interpretationen der Mythologie von sich reden, insoweit er altbekannten Stoffen eine neue Wendung gab. Er war ein Meister dessen, was wir mit Hans Blumenberg als *Arbeit am Mythos* bezeichnen dürfen.[8] Auch in dieser Interpretation ist es nicht mehr Hérodias, die Mutter der schönen Salome, die durch ihre Tochter bewirkt, dass der Kopf von Johannes dem Täufer fällt, sondern vielmehr Salome selbst, die im wahrsten Sinne des Wortes in Aktion tritt. Sehen wir uns also diese Salome einmal etwas näher an, um zu erfahren, wie die Bibellektüre Moreaus unter der Feder von Huysmans und dessen Lektüre von Moreau literarische Dimensionen erreicht!

---

8 Vgl. Blumenberg, Hans: *Arbeit am Mythos*. Frankfurt am Main: Suhrkamp 1979.

Abb. 109: Selbstporträt von Gustave Moreau, 1850.

Die Sinnlichkeit dieser Szene, die einen biblischen Stoff in eine noch orientalischere Szenerie einrückt, ist kaum zu überbieten und erinnert nicht von ungefähr an Flauberts *Salammbô*, die der Schöpfer der *Education sentimentale* unter Betonung einer erotisch aufgeladenen Frauenfigur ja auch aus der Bibel destilliert hatte. Das biblische *Hohelied* steht im Hintergrund all dieser Schöpfungen der Malerei wie der Schreibkunst; der Orientalismus, die Suche nach dem Exotischen, kulturell Anderen in einer konsumierbaren, im Orient verorteten Form, ist hier mit Händen greifbar und transportiert alle Legenden und Erwartungen gegenüber Sinnlichkeit und weiblicher Schönheit, welche das Publikum der zweiten Hälfte des 19. Jahrhunderts nicht nur in Frankreich auf derartige Sujets projizierte. Salome steht hier wie Salammbô im Schnittpunkt vielfacher künstlerisch-literarischer Traditionslinien.

Ist die Umsetzung der visuellen Bewegung in literarische, nicht-simultane Bewegung eines der Hauptcharakteristika dieser Ekphrasis, so ist auch von Interesse, dass zugleich die Gerüche, die exotischen Düfte und Parfums, gleichsam aus dem Bild herausdestilliert und literarisch präsent gemacht werden. Erst vor dem Hintergrund dieser perversen Düfte beginnt Salome mit ihrem Tanz, der dann bei Oscar Wilde einen weiteren literarischen Höhepunkt im Tanz der sieben Schleier erreichen wird.

Nicht nur die Sinne des uralten Herodes, sondern auch des Publikums werden beansprucht, wobei Huysmans' Prosa die körperlichen Attribute der Salome in ihrer Nacktheit noch stärker ins Bild rückt als Moreaus Gemälde. Zugleich werden bei Huysmans Bewegungen bevorzugt, wie etwa das Aufstellen der Brustspitzen der Salomé, was der Betrachter des Gemäldes ja eigentlich nicht wahrnehmen und schon gar nicht als körperlich-sensuelle Bewegung fassen kann. Huysmans führt also literarisch gesprochen eine *continuation* oder Verschärfung der Bildvorlage durch, mit welcher er hier in einen Dialog, zugleich aber auch in einen Wettstreit der Künste eintritt. Wir haben es mit einer raffinierten intermedialen Lektüre zu tun, die zugleich ein intermedial produktives Schreiben darstellt. Des Esseintes erweist sich als begnadeter und aktiver Leser eines Malers und eines Gemäldes, das wiederum der Lektüre durch die Leserschaft geöffnet wird. Durch Ekphrasis sehen wir Huysmans gleichsam bei dessen Leseakt über die Schulter und begreifen seine Lektüre als intermedialen Dialog.

Der Traumcharakter dieser Szene wird mehrfach unterstrichen, wobei Begriffe wie „Obsession" oder „Schlafwandlerin" im Romantext selbst diese Assoziationen aufrufen. Salomé ist in Trance, sie unterliegt selbst der Magie des Augenblicks und der verführerischen Kraft der Lotusblume, die sie in ihrer Rechten hält. Die ganze weibliche Sinnlichkeit, aber auch – wie des Esseintes durchaus weiß und zum Ausdruck bringt – die männliche, phallische Dimension sind in dieser Geste zum Ausdruck gebracht.

Zugleich symbolisiert die ausgestreckte linke Hand das Begehren, das sich zugleich auf den Mann (und damit Eros) und den Tod (Thanatos) richtet. Die Darstellung eines Hermaphroditen, der halb verschleiert mit großen Füßen vor uns steht, ist hier nur die Fortsetzung einer erotisch ungeheuer aufgeladenen Szenerie, wobei wir natürlich wissen, dass dem Hermaphroditen, dem Zwitterwesen, gerade im *Fin de siècle* eine besonders große Bedeutung zuteilwurde. Stets war – wie auch im zurückliegenden Jahrhundertende – die Unentschiedenheit und Unentscheidbarkeit gerade auch in geschlechtlichen Dingen ein Faszinosum, welches Kunst und Künstler*innen anlockte.

So können wir festhalten, dass in diesem Gemälde, durch eine meisterhafte Ekphrasis erhellt, die verschiedensten Sinne zusammenströmen in einer Synästhesie, die auch die literarische Sprache selbst beseelt: Düfte, Farben, Haut und Körperlichkeit, Musik, Tanz, Rhythmen, taktile Erfahrungen und körperliche Bewegungen, alles strömt hier zusammen und kulminiert in einem Tanz des Begehrens einer *femme fatale*, die nicht nur das Objekt ihrer Begierde, sondern auch sich selbst zugrunde richtet und in den nahen Tod reißt.

Doch wir sollten nicht nur dieses eine Gemälde von Gustave Moreau, sondern auch sein zweites für unsere Beschäftigung mit diesem Kapitel heranziehen, ein Gemälde, das – wie Sie sahen – vom Erzähler direkt erwähnt wird! Huysmans beziehungsweise des Esseintes konstruiert zwischen dem ersten und diesem etwas später entstandenen Bild eine zeitliche Sequenz, die im Sujet in der Tat angelegt ist, betont dies aber durch eine grundlegend narrative Struktur und Erzählweise in ungewöhnlich verstärkender Weise.

In diesem zweiten Gemälde ist Salomé bereits am Ziel ihrer Wünsche: Sie hat, wie es ihre Mutter wollte, vom Tetrarchen Herodes, ihrem Stiefvater, das geforderte Geschenk für ihren lasziven Tanz erhalten, der nunmehr zu Ende ist. Es erscheint ihr nun der abgeschlagene Kopf von Johannes dem Täufer, der ein letztes Mal zu ihr spricht. Sie ist fast gänzlich entblößt; und in ihrer bedeckten Nacktheit steht sie dem keuschen Täufer und Propheten gegenüber, der ihr nunmehr geradezu in Gestalt eines Christus entgegentritt. Die Erscheinung des Göttlichen, des Transzendenten, überstrahlt das Fleischliche und die Lust, ohne diese doch vollkommen auslöschen zu können. Schauen wir uns diese Szenerie in *A rebours* etwas näher an!

Das abgetrennte Haupt des Heiligen hatte sich von dem Tablett erhoben, das auf den Fußboden gestellt war, und betrachtete alles bleich und mit entfärbtem Munde, mit aufgerissenen Augen und mit puterrotem Kragen, Tränen vergießend. Ein Mosaik umschloss das Gesicht, von dem ein Heiligenschein ausging und Lichtstrahlen unter den Portalen verströmte und dabei den grässlichen Aufstieg des Kopfes beleuchtete und das gläserne Rund der Augäpfel erhellte, welche irgendwie krampfhaft auf die Tänzerin gerichtet waren.

Mit einer Geste des Erschauerns wehrte Salome die Schrecken verbreitende Vision ab, die sie förmlich festschraubte, unbeweglich auf ihren Spitzen; ihre Augen weiten sich, ihre Hand umfasst konvulsiv ihre Brust und ihren Hals.

Sie ist fast nackt; in der Hitze ihres Tanzes hatten sich die Schleier gelöst, ihre Brokatspangen sind zerbrochen; sie ist allein noch mit Goldschmiedeobjekten und leuchtenden Mineralien bekleidet; ein Büstenstöffchen wie auch ein kleines Korsett pressen ihre Taille, und wie eine phantastische Spange züngelt ein wunderbarer Edelstein mit funkelndem Glanz im Zwischenraum ihrer beiden Brüste; tiefer noch, an ihrer Hüfte, umschlingt sie ein Gürtel, den oberen Teil ihrer Schenkel verbergend, welche von einem gigantischen Gehänge gestoßen werden, worin ein ganzer Fluss von Karfunkeln und Smaragden seinen Lauf nimmt; auf ihrem gänzlich nackten Körper schließlich, zwischen Büstenstöffchen und Gürtel, ein hervorstehender Bauch mit einem tief eingefurchten Bauchnabel, der in seiner Tiefe einem Siegel aus Onyx gleicht mit den milchigen Tönen in der rosafarbenen Färbung von Fingernägeln.

Noch immer blutend strahlt das grässliche Haupt, wobei es purpurdunkle Klumpen an den Spitzen des Bartes wie der Haare aufweist. Allein für Salome sichtbar, umschlingt sie mit ihrem düsteren Blick nicht die Hérodias, die ihren endlich ans Ziel gekommenen Hassgefühlen nachträumt, wobei der Tetrarch, ein wenig vornüber gebeugt und seine Hände auf den Knien haltend, noch immer keucht, verrückt nach jener Nacktheit einer Frau, die unverändert nach wilden Gerüchen duftet, in Balsam gerollt, getaucht in den Rauch von Weihrauch und Myrrhe.[9]

---

9 Huysmans, Joris-Karl: *A rebours*, S. 73f.

Abb. 110: „L'Apparition", Aquarell von Gustave Moreau, circa 1876.

Welch eine perverse, kurz nach dem Blutbad, nach der Enthauptung von Johannes dem Täufer festgehaltene Szenerie, die etwas vom kleinen Tod nach einem mitreißenden Höhepunkt an sich hat! Noch einmal versucht hier des Esseintes beziehungsweise die Erzählerfigur, uns das Gemälde in eine lineare Zeitachse der Narrativität zu übersetzen. Überall sehen wir Auswirkungen, Konsequenzen, logische Abfolgen, welche die Gleichzeitigkeit des Bildes mit seiner simultanen Ambiguität freilich immer wieder nicht nur zeitlich, sondern auch semantisch festhalten.

In dieser Passage wird deutlich, dass Ekphrasis immer auch eine ganz bestimmte Deutung beinhaltet, dass also eine Vielzahl möglicher Abfolgen auf eine (oder wenig mehr als eine) reduziert wird, um die Plastizität des Bildes aufzubewahren. Dazu benötigt die Literatur die *story*, die Geschichte.

Zugleich zeigt sich, dass in einem Roman, der von der traditionellen Intrige, ja von der Frau und damit den Liebesaffären Abschied zu nehmen versucht, gerade diese Dimension über die Kunst und deren intermediale Nutzung in den Text eingeblendet wird, und zwar auf eine durchaus statische Weise. Denn es handelt sich hierbei keineswegs um die eigentlichen Beweggründe von des Esseintes. So ist die Sinnlichkeit und Körperlichkeit der Frau präsent, ist ihre Funktion als *femme fatale* sogar überdeutlich markiert, ohne dass doch die Geschichte des Protagonisten hierdurch wesentlich tangiert werden würde.

Man kann darin in der Tat einen überaus geschickten literarischen Kunstgriff sehen, der mit sich bringt, dass das zeitgenössische Publikum zwar auf *sex and crime* verzichten musste auf Ebene der Haupthandlung, dass aber intermedial, mithin ekphrastisch, diese Dimension sehr wohl in den Roman Eingang fand. Zugleich wird die Brutalität des Mordes, der Tötung von Jokanaan, Johannes dem Täufer, auf eine überaus drastische Art dargestellt, ohne dass Huysmans auch hier auf eine Ästhetisierung des Geschehens verzichtet hätte. Denn auch dieser Spross einer Malerfamilie ist wie Gustave Moreau ein Maler der Farben, der dennoch mit Verlaine im fünfzehnten Kapitel des Buches feststellt, dass wir keine Farben, sondern nur Nuancen, immer nur Nuancen wollen.

Dies ist Huysmans hier gelungen, freilich auf der Basis deutlicher Farbkontraste und Schattierungen, die er Moreaus Gemälde entnahm. Auch bei ihm ist jene erotische Lust, jene künstlerische und zugleich künstliche Wollust zu beobachten, die später die Surrealisten in den Gemälden Gustave Moreaus erleben sollten. Denn sie erkannten in dem 1898 verstorbenen Maler, dem man zu Lebzeiten nachsagte, er sei zu literarisch und beladen, einen der großen Vorläufer surrealistischer Malerei. Bei Joris-Karl Huysmans ist bereits ein Vorgeschmack derartiger Deutungen im Lichte der geradezu traumartigen Sequenzen literarischer Ekphrasis zu erkennen.

Neben dem wechselseitigen Durchdringen von Gesichtssinn, Gehör, Olfaktischem und Taktilem ist das nicht weniger wechselseitige Spiel zwischen Fiktion und Realität bemerkenswert, das sich ausgehend von des Esseintes in Literatur und Gesellschaft des *Fin de siècle* ubiquitär finden lässt. Denn gerade auch im sinnlichen Bereich beeinflusst die Realität die Kunst und die Kunst wiederum die Realität in ständiger, unverminderter Wechselwirkung. So haben des Esseintes' Eskapaden – ich habe bereits darauf hingewiesen – eine Vielzahl weiterer *Décadents* und Dandys auf den Plan gerufen; viele begüterte und weniger begüterte Kunstfreunde dürften auch in seine Fußstapfen getreten sein oder dies doch zumindest als kleine Kunstmäzene versucht haben, denn nicht umsonst war der Roman eine Bibel und seine Hauptfigur Kult. Es handelt sich um das alte Problem der Übertragung fiktionaler Welten in die Realität und die daraus entstehende Umformung unserer Lebenswelt wie unserer Lebenswirklichkeit, also dessen, was jede Einzelne und jeder Einzelne von uns um sich als Elemente der Realität anerkennt. Ich möchte dies an einem einfachen, aber sicherlich überraschenden Beispiel belegen!

In dem sich unmittelbar an die Salome-Episode anschließenden sechsten Kapitel sehen wir des Esseintes bei der Lektüre. Wie wir am Ende des Kapitels erfahren, handelt es sich bei diesem Leseakt um ein lateinisches Gedicht des Wiener Bischofs Avitus mit dem schönen Titel *De laude castitatis*. In diesem Kapitel geht es kaum um das „Lob der Keuschheit", auch wenn sich des Esseintes dieser zumindest hinsichtlich seines Körpers, wenn auch nicht hinsichtlich seines Denkens und Kunstempfindens verschrieben hat.

Seine Gedanken sind nämlich gänzlich unkeusch, denn er unterbricht seine Lektüre und denkt zurück an jene Episode in Paris, als er auf der Straße einen sechzehnjährigen Jungen traf, der ihn interessierte. Er beschloss, ihn zu verführen, freilich nicht auf jene Art, welche die Bordellbesitzerin später vermutete, als sie ihm sagte, er brauche wohl sehr junge Jungs für seine Begierden. Nein, des Esseintes hatte vielmehr vor, den jungen Mann zu einem Gegner der Gesellschaft zu machen, zu einem Feind jener *hideuse société*, die er längst zu hassen gelernt hatte.

Um dies zu bewerkstelligen, bringt des Esseintes den jungen, mit keinerlei Luxus vertrauten Mann in ein ihm bekanntes Bordell und lässt ihn zwischen den verschiedenen Frauen – und mehr noch den verschiedenen dort inszenierten Frauentypen – genüsslich wählen. Der Junge entscheidet sich schließlich für den Typ der schönen Jüdin, der in keinem Luxusbordell der Epoche fehlen durfte. So stoßen wir an dieser Stelle unvermutet auf eine Auswahl historischer Frauentypen, die für die Sinnlichkeit des *Fin de siècle* gerade für den Bereich der Literatur von großer Bedeutung sind.

Des Esseintes klärt die Bordellbesitzerin auf, er wolle dem Jungen einige Wochen lang diesen Genuss bieten, um ihn schließlich davon abhängig werden zu lassen. Da er danach nicht mehr über Geld verfüge, müsse sich der junge Mann den Luxus, auf den er dann nicht mehr verzichten könne, durch andere, kriminelle Wege sicherstellen. Auf diese Weise werde er sicherlich zu einem Raubmörder und damit weiteren Feind der Gesellschaft! Das ist recht interessant und mit einem gewissen surrealistischen Charme gedacht, geht aber freilich im Roman nicht auf, da des Esseintes zu seinem Verdruss in den sich anschließenden Monaten von keinem Raubmord aus den Gazetten erfährt, den der Junge begangen haben könnte. Doch wir interessieren uns hier noch für eine andere Dimension.

Denn bereits in dieser Szene wird deutlich, wie sehr die verschiedenen Frauentypen im Bordell gleichsam auf Bestellung verfügbar und vom Erwartungshorizont der Männer geprägt sind. Man darf zunächst darauf schließen, dass es sich bei einem Luxusbordell um eine Einrichtung handelt, die an den speziellen Bedürfnissen reicher, häufig adeliger oder großbürgerlicher männlicher Kundschaft ausgerichtet ist, und daher selbstverständlich auf dem neuesten Stand der Kunstentwicklung sein muss. Genau diesen Vorstellungen entsprechen auch die Modelle, die ,angeboten' oder ,feilgeboten' werden. So fällt es nicht schwer, Beziehungen herzustellen zwischen dem Bild der *femme fatale* – oder anderer Frauenfiguren – im *Fin de siècle* und jenen Prostituierten der Luxusbordelle, die für ihre finanziell potente Kundschaft versuchten, die entsprechenden Frauenbilder nachzuahmen und gleichsam die Kunstwerke in lebendige Körper zu verwandeln, die gegen Aufpreis zu haben waren. Zahlreiche Bildbände mit zeitgenössischen Photographien aus den *établissements* der Jahrhundertwende geben darüber Auskunft.

Wenn wir den Versuch unternehmen, die ikonische Darstellung der Frauenbilder in Literatur und Malerei, wohl aber auch in der Musik und spezifisch der Oper der Jahrhundertwende herauszusuchen und mit den Frauenfiguren in den Bordellen in Verbindung zu bringen, so fallen die enormen Übereinstimmungen, die sich dabei beobachten lassen, ins Auge. Denn man kann durchaus Moreaus tanzende Salome oder auch seine wenig später entstandene Galatea in Verbindung bringen mit historischen Photographien, die Prostituierte aus der Zeit der Jahrhundertwende zeigen. Dies gilt übrigens nicht allein für Europa, sondern nicht zuletzt auch für Lateinamerika, insbesondere Mexiko, wo einer neueren Untersuchung zufolge genau zum Zeitpunkt der Expansion des Bürgertums die Zahl der Prostituierten in Mexiko-Stadt exponentiell anstieg. Die Übereinstimmungen sind oftmals verblüffend und zeigen sich etwa in einem Band mit Photographien, die in jenen Jahren in mexikanischen Edel-Bordellen aufgenommen wurden. Man könnte durchaus einige dieser Photographien heraussuchen und neben die künstlerischen Modelle und Darstellungen von Frauen etwa in der Malerei Gustave Moreaus legen: der Effekt wäre verblüffend – aber auch verblüffend *trivial!*

Bezeichnend ist im Übrigen, dass des Esseintes an anderer Stelle darüber klagt, dass die Zahl der wirklich guten Luxusbordelle in Paris stetig ständig ab-, dafür aber die der billigen Absteigen erheblich zunehme, in denen man mit dem Bäckermädchen von gegenüber ins Bett steigen könne. Diese tue dies auch nicht umsonst, aber ohne jede Kunst! Auch auf diesem Gebiet also ist das *raffinement*, dem sich des Esseintes verschrieben hat, an eine gewisse wirtschaftliche und finanzielle Potenz, zugleich aber auch an die Erfahrung im Umgang mit Kunstwerken gebunden.

Die Kunst des *Fin de siècle* steht in Bezug auf ihre Frauenbilder in einem dialektischen Verhältnis zur Gesellschaft – dies sollten wir auch bei einem Roman nicht vergessen, der geradezu eine Arche-Struktur in einer mehrfachen Abkapselung von der Gesellschaft schafft. Doch genau dadurch, so könnten wir mit Marcel Proust sagen, wird die Welt besser gesehen und erkannt, denn von nirgendwo her eröffnet sich ein besserer Blick auf die Welt als von der Arche aus, auch wenn die Sonne verschwunden und alle Fenster des Schiffes geschlossen sind. Wir sehen damit zugleich: Die Literaturen der Welt sind auch in der Jahrhundertwende keineswegs wirklich am Ende, sie werden vielmehr von der Gesellschaft in so komplexer Weise mitgeprägt, dass sie ihrerseits in komplexer Weise auf diese Gesellschaft zurückwirken – und sei es in der ökonomischen Verfügbarmachung bestimmter künstlerischer Frauenfiguren. Die Abgeschlossenheit der Kunst und ihrer Traditionen erweist sich auch in dieser Hinsicht als Mythos der bürgerlichen Gesellschaft.

Die nachfolgenden Kapitel von *A rebours* zeigen uns einen des Esseintes, der ständig kuriosen Aufwallungen seiner sehr speziellen Gelüste ausgesetzt ist und diese zum Teil selbst wiederum provoziert. So lässt er sich alle möglichen Arten exotischer Pflanzen herbeischaffen, von denen einige – wie die spätere Cattleya Marcel Prousts beziehungsweise Odette Swanns – aus der neuen Welt der Tropen stammen und die, ob fleischfressend oder nicht, stets etwas Fleischhaftes, Fleischliches und Erotisches an sich haben. *Honni soit qui mal y pense.*

Des Esseintes jedenfalls denkt beim Betrachten dieser exotischen Gewächse explizit über die den menschlichen Geschlechtsteilen ähnlichen Gebilde nach, worauf er bald schon deren Anblick zu meiden beginnt. Kein Wunder also, wenn er in der unmittelbar folgenden Szene einem Albtraum ausgesetzt ist, der sich leicht psychoanalytisch deuten ließe und ihn immer wieder im Bann des Erotischen und Körperlichen, zugleich aber auch der Kastrationsangst und der Angst zu versagen zeigt. Dabei kommt wie in der Salome-Episode dem Element der sich aufrichtenden Brustwarzen eine besondere Bedeutung zu, entspringen doch aus den Brustknospen – ein alter Topos – die Blumen des Bösen, die des Esseintes' Träume und Träumereien mit ihrer Sinnlichkeit betören.

Da ist es dann nicht weit zu anderen Ausdrucksformen und Lesarten, die als Aphrodisiakum auf seine erregte Einbildungskraft einwirken und ihn benommen zurücklassen. Nein, Erotik und Sexualität gehen ihm nicht aus dem Kopf, mag er sich noch so sehr darum bemühen! Selbst beim Lesen der Romane von Charles Dickens wird er obsessiv von der Sinnlichkeit angezogen, gerade weil die Heldinnen des englischen Schriftstellers so keusch zu Boden blicken und entweder erröten oder vor lauter banalem Glück zu weinen beginnen. Immer mehr wird des Esseintes in die Abgründe des Erotischen hinabgezogen, eine Phase, die zuvor schon in pathologischen Termini als Neurose beschrieben worden war. Das Leitmotiv der Erotik ist in all diesen Äußerungsformen, seien sie künstlerischer oder nicht-künstlerischer, stets aber künstlicher Art, unverändert und unvermindert wiederzuerkennen. Charles Baudelaires Blumen des Bösen standen hier ohne jeden Zweifel Pate.

Auch für die Ausführungen des zehnten Kapitels sind die diesmal explizit gemachten Gedichte Baudelaires als stimulierende Anregungsmittel nicht wegzudenken. Sie sind hier also Teile des expliziten literarischen Raumes und betreffen nun die verschiedenen Düfte, die unseren Helden auf seiner Abenteuerreise durch die Welt der Sinne begleiten. In diesem Kapitel tut sich erneut eine eigene

Welt auf, die von des Esseintes erfahren und zugleich durchfahren wird, bevor er am Ende auch hier wieder ermattet zusammensinkt. Er wird von der Schwäche seines Blutes übermannt, einer Schwäche, die im scharfen Kontrast zur jungen und starken US-amerikanischen Trapezkünstlerin und Artistin steht, welche er einst als Mätresse besaß. Zweifellos haben wir es hier mit einer Anspielung auf die biologische und materielle Überlegenheit der angelsächsischen ‚Rasse' zu tun, auch wenn ihm die blonde Miss Urania, mit großen fleischfressenden Zähnen bewehrt, an künstlerischer Verfeinerung weit unterlegen ist. Sie schafft es nicht einmal, die sich bei ihm manifestierende ephemere Geschlechtsveränderung zu fixieren, um selbst dauerhaft zur männlichen Figur zu werden und ihn in die passive Weiblichkeit lustvoll und genderqueerend zu locken. Nein, das konnte nicht lange gutgehen! Die Begegnung zwischen der starken Angelsächsin und dem schwachen, aber verfeinerten Romanen war nur von kurzer Dauer, zumal ihre erotische Prüderie bei ihm seriöse Potenzstörungen hervorrief.

Aber zurück zum Reich der Düfte, das natürlich nicht nur bei des Esseintes mit der Erinnerung unmittelbar verkoppelt ist! Nicht von ungefähr sind die am weitesten in unserem Gedächtnis zurückreichenden Erinnerungsspuren Düfte und Gerüche, die wir mit bestimmten Umgebungen und Erfahrungen unserer Kindheit in Verbindung bringen. Für des Esseintes ist dies selbstverständlich auch eine Kunst, eine Chance zum Raffinement und eine erhebliche Erweiterung künstlerischer Ausdrucksformen in einer sinnlich aufgeladenen Welt abgeschlossener Innenräume.

Wir dürfen aus all diesen Passagen folgern, dass in Huysmans' Roman die Frau, *la femme*, in keiner Weise fehlt. Sie ist nicht mehr zum Antriebsmotor der Erzählung oder des Erzählens geworden, sondern hat eine stärker statische Funktion, die gleichwohl eine Art obsessiver Allgegenwart heraufbeschwört. Die Frau ist in der Tat nur *fast* omnipräsent, denn in der Kunst fehlt sie völlig, wenn nicht als Objekt, so doch als Subjekt. Wir können dennoch festhalten, dass weder die *femme* noch die *passion* in des Esseintes Kaleidoskop menschlicher Leidenschaften fehlen und wohl auch nicht fehlen dürfen. Ganz so radikal war er also nicht, der angekündigte und angepriesene Traditionsbruch!

Für unsere Fragestellungen besonders interessant scheint ein Kapitel, in dem die Frauen praktisch überhaupt keine Rolle spielen, und zwar das vierzehnte. In ihm geht es um die französische Literatur des 19. Jahrhunderts, die vor den Augen des Lesers und der Leserin sehr intensiv, jedoch nur anhand einiger weniger Beispiele diskutiert wird. Wir hatten bereits bemerkt, dass seit dem Paratext und den ersten Seiten des Romans der Aufbau eines literarischen Raumes mit großer Intensität betrieben wurde. Wir hatten ferner festgestellt, dass dieser literarische Raum ergänzt wurde durch einen Raum, den wir ohne Zögern als künstlerischen

Raum bezeichnen können, in dessen Zentrum zweifellos die französischen Maler Gustave Moreau und Odilon Redon stehen. Gewiss, es finden auch andere Künstler Erwähnung: so etwa der Spanier Goya oder der englische Präraffaelit Watts; und doch beherrschen die Franzosen ganz deutlich diesen künstlerischen Raum und übertreffen bei weitem jede andere Nation.

Dies ist auch beim spezifisch literarischen Raum der Fall. Wir haben gesehen, dass die lateinischen Autoren der *Décadence* bereits im Vordergrund eines literarischen Kanons der Literatur der Antike stehen, wobei des Esseintes stets die Spätzeiten bevorzugt. Dies ist in gewisser Weise auch bei jenem literarischen Raum der Fall, der nun in Bezug auf die zeitgenössische Literatur des 19. Jahrhunderts entfaltet wird. Dabei geschieht dies in Form einer Bibliothek und damit einer Präsentationsform, die wir im Verlauf unserer Vorlesung bereits kennengelernt haben.

Denn der ermattete und erschöpfte des Esseintes ordnet seine bestehende Bibliothek neu, indem er sich, die eigenen Kräfte schonend, von seinem Domestiken die Bücher bringen lässt und dann anordnet, in welchem Bereich die einzelnen Bände wieder aufgestellt werden sollten. Die Bibliothek im Roman, das Buch im Buch in Form der Bibliothek, ist zweifellos ein Topos, der gewiss nicht von Huysmans ausgeht, der wohl aber von ihm aus neuen Schwung in die Literaturen des *Fin de siècle* und weit darüber hinaus gebracht hat. Nicht nur in der französischen Literatur ist dies zu bemerken; auch in der lateinamerikanischen findet sich noch im selben Jahr 1884 mit José Martís Roman *Amistad funesta* ein Text, der deutlich im Zeichen Huysmans' ebenfalls eine interne Bibliothek aufstellt. Der gemeinsame, von beiden Bibliotheken geteilte Autor ist dabei übrigens Edgar Allan Poe, dessen Wirkung – nach den Übersetzungen Baudelaires – auf die Weltliteratur der zweiten Hälfte des 19. Jahrhunderts gar nicht überschätzt werden kann. Auch später finden sich literarische Texte, die diese interne Bibliothek geradezu auskosten, so etwa José Enrique Rodós Grundlagentext des Jahres 1900, *Ariel*. Selbstverständlich ordnet sich die Bibliothek der Dominanz der Innenräume zu und rückt die Verfeinerung aller Sitten und Usancen in den Mittelpunkt der Betrachtung.

Verwechseln wir aber nicht den literarischen Raum von des Esseintes mit dem von Huysmans: Wir dürfen nicht nur im autobiographischen, sondern auch im poetologischen Bereich beide nicht miteinander gleichsetzen, auch wenn es selbstverständlich eine Vielzahl von Berührungspunkten zwischen dem realen Autor und seiner literarischen Hauptfigur gibt! Des Esseintes' größte literarische Bezugsfigur der Vergangenheit ist jedenfalls der bereits mehrfach erwähnte Charles Baudelaire, dessen maßgebende Präsenz im Roman von keiner zweiten Dichtergestalt eingeholt wird. Er ist sowohl als Schöpfer von

Gedichten als auch von *poèmes en prose* präsent, implizit sicherlich aber auch mit seiner Dichtungstheorie und nicht zuletzt als jener Dandy, als der er zeitweise in die Geschichte der französischen Literatur und Gesellschaft einging. Baudelaire darf als künstlerisch gestaltete Figur und damit als Verkörperung der Kunst im Leben gelten.

Die zweite große literarische Figur ist ein Nicht-Europäer, Edgar Allan Poe, den, wie erwähnt, Baudelaire ins Französische übersetzte und somit fast zu einem französischen Dichter machte. Sein literarisch-künstlerischer Rang ist kaum geringer als der Baudelaires, auch wenn in der Folge bezüglich der allzu keuschen Frauengestalten Poes von des Esseintes doch einige Abstriche gemacht werden. Zuvor aber werden eine Reihe französischer Größen der Literatur einen Kopf kürzer gemacht. Ja sicherlich, Victor Hugo sei schon ein großer Dichter, aber des Esseintes schätzt nicht die Mischung aus nettem Jungen und freundlichem Großvater, die allzu oft aus seinen Versen spreche: *L'art d'être grand-père* lässt grüßen!

Aber es gibt noch schärfere Korrekturen am Kanon: Leconte de Lisle, der große Dichter der französischen Romantik, hat abgedankt; seine Verse sind nur noch Fassaden- und Blendwerk. Überhaupt sei es weitgehend vorbei mit den großen Figuren der Romantik; währenddessen rückt die Generation spätromantischer Dichter und Schriftsteller ins erste Glied. Dabei lobt des Esseintes nicht nur die radikale Prosa von Léon Bloy, der später vorübergehend zu einem persönlichen Freund von Huysmans wurde, sondern auch Barbey d'Aurevilly, der – wen wundert's? – von Huysmans' Roman eine ebenso begeisterte Kritik und Rezension schrieb wie der erwähnte Bloy. Der dritte im Bunde ist Villiers de l'Isle-Adam, eine der großen verkannten Figuren der französischen Literaturgeschichte, die hier bei des Esseintes in die erste Reihe gestellt werden und alternativ-dekadent kanonisiert werden sollen. Nach Baudelaire ist es nicht mehr Théophile Gautier, sondern Verlaine, der die alten Traditionen dekadenter Lyrik weiterführe und zu neuen Höhen treibe.

Im Grunde vereinigt des Esseintes gerade im Bereich der Lyrik jene Dichter, die man als die *poètes maudits* bezeichnete. Wie sich das gehört, hatte des Esseintes auch eigene Anthologien anfertigen lassen, und zwar sowohl im Bereich der Dichtkunst als auch des *poème en prose*. Die in dieser eigenen Anthologisierung dominante Figur ist zweifellos Stéphane Mallarmé, der künftige große Fürst der französischen Dichtkunst für die Neoavantgarden und Theoriekonstrukteure der sechziger Jahre in Frankreich oder Italien. In Mallarmé, so scheint es, kommt die Dichtung Frankreichs zugleich zu ihrer vollen Blüte, zu ihrem vollen Bewusstsein und zugleich zu ihrem Ende. Denn die Literaturen stoßen in der Tat an ein Ende, das freilich mit Zukunft aufgeladen ist. Bei Huysmans begegnen wir dem Kern des künftigen Kanons französischer Literaten. Sehen wir uns dies etwas genauer an, bevor wir nochmals auf den literarischen Raum von des Esseintes beziehungsweise *A rebours* zurückkommen!

Die für Huysmans' des Esseintes alles überragende literarische Gattung war – auch dies natürlich im Gefolge seiner Verehrung des Dichterfürsten Baudelaire – das *poème en prose*. Dies überrascht uns nicht, ist doch schon die Bezeichnung dieser Gattung paradox und verweist auf die kalkulierte Mischung von eigentlich Unzusammengehörigem, also auf die Überschreitung einer vermeintlich scharf gezogenen Grenze zwischen Prosa und Lyrik. Ausgehend von dieser Vorliebe meditiert des Esseintes über die Möglichkeiten der Literatur überhaupt; und diese Passagen haben im Grunde bis heute ebenso wenig von ihrer Aktualität und Schärfe verloren wie jene von Jorge Luis Borges. Sehen wir uns also einige Überlegungen aus den Schlusszeilen des vierzehnten Kapitels in der Folge etwas genauer an!

> Häufig hatte des Esseintes über dieses beunruhigende Problem meditiert, einen verdichteten Roman in einigen wenigen Sätzen niederzuschreiben, welche das Konzentrat aus Hunderten von Seiten darstellten, die doch stets dazu dienten, das Milieu zu fixieren, die Charaktere zu zeichnen sowie zur Abstützung Beobachtungen und kleine Fakten aufzutürmen. Dann wären die einmal gewählten Worte so unwandelbar, dass sie alle anderen ersetzen würden; das Adjektiv, erst einmal auf so ingeniöse und definitive Weise gesetzt, dass es nach Recht und Gesetz nicht von seinem Platze entfernt werden könnte, würde derartige Perspektiven eröffnen, dass der Leser während ganzer Wochen über seine Bedeutung, welche präzise und vielfältig zugleich wäre, nachsinnen, die Gegenwart fixieren, die Vergangenheit rekonstruieren und die Zukunft der Seelen von Figuren erahnen müsste, welche vom Lichte dieses einzigen Adjektivs erhellt wären.
>
> Der Roman, auf solche Weise konzipiert und kondensiert auf einer oder zwei Seiten, würde zu einer Kommunion des Denkens werden zwischen einem magischen Schriftsteller und einem idealen Leser, zu einer spirituellen Zusammenarbeit zwischen zehn höheren, über das ganze Universum verstreuten Persönlichkeiten, zu einem den Feinsinnigen servierten Genuss, der allein ihnen zugänglich wäre.
>
> Mit einem Wort: Das *poème en prose* repräsentierte für des Esseintes dieses konkrete Konzentrat, das Osmazom der Literatur, ja die Essenz der Kunst.[10]

Da haben wir sie also wieder, die Vorstellung von der extremen Verdichtung, von der Destillierung einer Essenz, ganz im alchimistischen oder kabbalistischen Sinne, eine Vorstellung, die fast eine Art mystische Literaturbetrachtung bildet. Daher ist in einer gleichsam religiösen Wortwahl auch die Rede von einer *communion* der Geister, wobei wir zugleich die Figur eines idealen Lesers am Horizont der Literatur und mehr noch der Lektüre erscheinen sehen, welcher die literarische Kommunikation abrundet und quasi als aktives Lesemedium eine

---

10 Huysmans, Joris-Karl: *A rebours*, S. 260.

wahrhaft dialogische Gesprächssituation errichtet, welche etwas zutiefst Spirituelles darstellt. Dass sich dies nur für die *happy few* des Geistes ermöglichen ließe, ist allen im Roman klar. Und so haben wir es auch bei der Leserschaft oder dem Publikum, das derlei noch verstehen könnte, mit einem extrem ausgewählten und erlesenen Kreis zu tun, welcher in diesem Zusammenhang gleichsam den *suc*, das Konzentrat und die Essenz der Literatur repräsentierte. Damit verbunden ist eine Aufwertung der Lektüre wie der Leser*innenrolle: Lesen würde so zu einer kreativen Aktivität, die sich auf Augenhöhe mit der Tätigkeit eines magischen Schriftstellers befände; Leserschaft und Autorschaft wären einander gleichgestellt.

Vergessen wir darüber jedoch nicht, dass die Grundüberlegungen Huysmans' zunächst einmal von bestimmten Worten oder Lexemen ausgehen, die einerseits ungeheuer präzise, andererseits aber auch überaus weite Assoziationsbereiche zulassen! Die Polysemie, die vielfältige Auslegbarkeit des literarischen Wortes wird dergestalt ins Zentrum des Systems Literatur gestellt.

Jedes Wort hat dabei seinen Platz; und es kann auch durch kein anderes Wort verdrängt oder ersetzt werden. Es ist in der Tat ein *mot juste* ganz im Sinne Gustave Flauberts, der den ‚richtigen' Sitz seiner ‚richtigen' Worte in seinem *gueuloir*, folglich durch Herausbrüllen dieser Worte, überprüfte. Alles stimmt in diesem idealen literarischen Text, der als Konzentrat eines Romans all die lästigen Beschreibungen, Milieudarstellungen und Persönlichkeitszeichnungen tilgt, welche gleichsam kommuniziert durch das *mot juste* nun im Lesepublikum evoziert werden und entstehen. Dies bringt eine unglaubliche Verdichtung der literarischen Arbeit ebenso auf Seiten der Autor- wie der Leserschaft mit sich.

Damit ist all das Lästige gleichsam der Kommunikation selbst, nicht mehr in seiner Weitschweifigkeit der kreativen Arbeit und schöpferischen Gestaltung überantwortet, so dass ein reines Destillat von Literatur entstehen kann. Der argentinische Schriftsteller Jorge Luis Borges hat sich ebenfalls – wie vor ihm Paul Valéry – mit derlei Verkürzungen und Verknappungen beschäftigt, ist es doch in der Tat eine beunruhigende Vorstellung, dass es möglich sein könnte, die so weitschweifigen Romane des 19. Jahrhunderts und auch noch der Jahrhundertwende so mir nichts dir nichts einzudampfen. Könnte daraus nicht eine neue Gattung entstehen, deren Würze in der Kürze läge?

Ich will an dieser Stelle nur kurz darauf verweisen, dass diese Überlegungen der Romanfigur des Esseintes, die auf das *petit poème en prose* hinauslaufen, sehr wohl als Grundlage einer Programmatik dienen könnten, welche im 20. Jahrhundert zur Entstehung einer neuen Gattung führte, die zwar nicht ohne Vorläufer war, aber doch etwas Neues in der Geschichte der Literaturen der Welt darstellte. Dieser literarhistorisch höchst relevante Prozess ergab sich weniger im französischsprachigen als im spanischsprachigen Raum und dort wiederum ausgehend von den hispanophonen Literaturen Lateinamerikas. Die Entwicklung hin zum *microrrelato,* zur Mikroerzählung oder insgesamt zu literarischen Kürzestformen, welche wohl am besten eine *Nanophilologie* untersuchen könnte, zeichnen sich auf diesen Seiten unleugbar ab und entwerfen das Bild einer Literatur, die es auf äußerste Verkürzung und Verknappung, zugleich aber auch auf größtmögliche Verdichtung und Kondensierung abgesehen hat. Doch uns fehlt die Zeit, uns im Rahmen unserer aktuellen Vorlesung mit der Entwicklung dieser literarischen Formen näher zu beschäftigen![11]

All dies sind Vorstellungen, welche bald schon die Surrealisten und auch die späteren, nachfolgenden Avantgardisten begeisterten. Für unsere bisherigen Überlegungen ist es dabei von besonderer Bedeutung, dass es gerade die literarische Form ist, das *poème en prose,* das zum Inbegriff und zum Kondensat aller Künste wird. Denn es ist bei Huysmans keineswegs nur die Literatur gemeint: Des Esseintes sieht in der Kurzform des Prosagedichts jene künstlerische Form, in der alles gipfeln kann, zugleich aber auch dem Abgrund entgegentreibt. Nicht von ungefähr glaubt er am Ende des Kapitels nicht länger daran, dass er seine Bibliothek künftig in diesem Bereich noch einmal erweitern müsse. Ein Höhepunkt könnte erreicht sein, der zugleich auch ein alles konzentrierender Schlusspunkt der Literatur wäre.

Im gleichen Atemzug ist diese Vorstellung mit der nicht weit entfernten Idee verbunden, dass es sich hierbei um die Kunst einer Endzeit handeln könnte. Verfolgen wir die Überlegungen von des Esseintes also noch ein kleines Stückchen weiter:

> In der Tat ist die Dekadenz einer Literatur, die irreparabel in ihrem Organismus beschädigt, geschwächt vom Alter ihrer Ideen, erschöpft von den Exzessen ihrer Syntax wäre sowie sensibel allein gegenüber den Kuriositäten, welche die Kranken fiebern lassen und gleichwohl daran ausgerichtet wäre, bei ihrem Untergang noch einmal alles zum Ausdruck zu bringen, versteift darauf, jedwedem Fehlen von Wollüsten entgegenzutreten, die subtilsten Erinnerungen an Schmerzen auf dem Totenbett noch weiterzugeben, in Mallarmé verkörpert, und zwar auf die vollkommenste und exquisiteste Art.
>
> Dies waren, bis zu ihrem allerletzten Ausdruck getrieben, die Quintessenzen von Baudelaire und von Poe; dies waren ihre feinen und machtvollen Substanzen, nochmals destilliert, neue Düfte, neue Trunkenheiten ausatmend.

---

11 Vgl. hierzu Ette, Ottmar (Hg.): *Nanophilologie. Literarische Kurz- und Kürzestformen in der Romania.* Tübingen: Max Niemeyer Verlag 2008.

Dies war die Agonie der alten Sprache, welche, angereichert von Jahrhundert zu Jahrhundert, sich schließlich auflöste, den Punkt erreichte, wo die alte lateinische Sprache zerfloss, die sich in den mysteriösen Konzepten und den rätselhaften Ausdrucksweisen des Hl. Bonifaz und des Hl. Adhelme verstieg.

Im Übrigen war es zu einer plötzlichen Dekomposition der französischen Sprache gekommen. [...] In der französischen Sprache gab es keine Zeiträume, keinerlei Abfolgen von Zeitaltern mehr; der schattierte und superbe Stil der Goncourt und der abgehangene Stil eines Verlaine oder eines Mallarmé begegneten sich in Paris tagtäglich und lebten dort nebeneinander zum selben Zeitpunkt, in derselben Epoche, im selben Jahrhundert.[12]

Diese Vision hat etwas Faszinierendes und zugleich Erstickendes. Denn dies ist die Literatur einer Endzeit, eine Literatur, die in gewisser Weise zur höchsten Stufe möglicher Verdichtung vorgerückt ist und daran letztlich krepieren wird; und einer Literatur, deren Dekadenz innerhalb kurzer Zeit kam und zugleich eingebunden ist in ein System der Gleichzeitigkeit des Ungleichzeitigen, sind doch die Entwicklungslinien nicht mehr linear und gebündelt, sondern verlaufen gleichsam individuell und dispers. Dergestalt können wir in Paris zugleich die literarischen Formen des Aufblühens und der Dekadenz Seite an Seite erleben. Dies sind Gedanken und mehr noch Programmatiken, wie sie sieben oder acht Jahrzehnte später in der westlichen Postmoderne erneut und wesentlich stärker entstanden und eine veränderte Sicht der Zeit und der Zeiten anzeigten, Vorstellungen, welche auf einer trivialen und kommerziellen Ebene in ein *Anything goes* abdrifteten. Denn in der Gleichzeitigkeit des Ungleichzeitigen ist alles zugleich verfügbar und gestaltbar.

Dennoch ist es insgesamt eine Literatur, die früher oder später auf dem Totenbett der Geschichte ihren letzten Stoßseufzer ausstoßen und ihren letzten Atemzug tun wird. Dieser wird wie ein letzter großer Höhepunkt der Kunst sein; und doch ist diese Literatur der Vergangenheit überantwortet, wird – zumindest in den Augen von des Esseintes – bald schon unwiederbringlich historisch geworden sein. Welche Zukunft hat eine solche Kunst aber dann noch?

Eine derartige Kunst ist letztlich wie des Esseintes selbst: Letzter Spross einer langen Genealogie, an deren Anfang die starken, die robusten, die großen Geschlechter standen, die noch ein letztes Mal im letzten Nachkommen in einer raffinierten, destillierten, verdichteten Weise zum Ausdruck kommen und menschliche Gestalt annehmen, bevor sie auf immer verschwinden. Zugleich dürfen wir diese Ebene mit einer zweiten Ebene in Verbindung bringen: jener des Lesens, der Lektüre und damit auch der Leserfiguren. Denn des Esseintes repräsentiert einen neuen Lesertypus, der aktiv in die von ihm gelesenen Werke

---

12 Huysmans, Joris-Karl: *A rebours*, S. 261f.

eingreift und sie sozusagen dekadentisiert, sie verdichtet und in die exquisitesten Düfte auflöst. Es ist hier nicht im Sinne des weit späteren Roland Barthes die Rede vom Tod des Autors, aber sehr wohl die Rede von einer Neudefinition der Rolle des Lesepublikums: einer Geburt des Lesers aus der Erschöpfung der Literatur.

In diesen Denk- und Schreibzusammenhängen ist die *Notice*, die uns die Geschichte von des Esseintes einblendete, als eine Art Roman in Kurzform zu verstehen, so wie wir auch in diesem Kapitel wesentlich mehr als die Panoramasicht der Literaturentwicklung des 19. Jahrhunderts erblicken dürfen. In der Tat versucht der Text, die Poetik von des Esseintes, die gleichwohl utopische Vision und philologische Expertise in einem bleibt, annähernd zu verwirklichen, ja literarisch-künstlerisch ins Werk zu setzen.

So ist auch er getragen vom Gefühl der Spätzeit und Höhe, zugleich aber auch des Umkippens in eine neue Phase, die sich mit den beiden Heiligen andeutet, welche gleichsam aus grauer Spät-Vorzeit nun in chronologischer Umkehrung an die Destillationen eines Baudelaire, Verlaine oder Mallarmé treten. Die Literatur, so scheint es, ist an diesem Punkt wirklich an ihr höchstes Ende gekommen; und sie wird an dieser Stelle vor allem und in erster Linie zu einer Kunst des Lesens, des Lesepublikums, das in seinem Innenraum, dem *musée imaginaire* seiner Bibliothek, eine innere Welt des Lesens sich entfalten lässt, die gleichsam am Ende aller Zeiten – und damit vor dem Jüngsten Gericht – steht. Wir treten vor dieses Tribunal wie einst Jean-Jacques Rousseau mit dem Buch in der Hand.

Doch nähern wir uns den Schlussakkorden von Huysmans' *A rebours*! Denn bislang haben wir eine Kunst noch nicht oder kaum gehört, die doch gerade in einem solchen Roman zu erwarten gewesen wäre: die Musik. Und das Erleben dieser Kunst – *de la musique, avant toute chose*, wie es in der *Art poétique* Paul Verlaines heißt – wird auch brav nachgeholt, wenngleich sie die letzte der abgehandelten Künste darstellt und vielleicht am widerstrebendsten gedeutet wird.

Denn des Esseintes ist auf diesem Gebiet nicht besonders begabt und bewandert. Sicher, er hat die Kunde von Berlioz vernommen und bewundert bestimmte Fragmente seiner Werke, traut sich aber aufgrund der Menschenmassen nicht in eine seiner Aufführungen! Natürlich ist er von der Idee des Gesamtkunstwerks bei einem Richard Wagner und davon, dass man nicht ein einziges Element aus seinem Zusammenhang herausbrechen dürfe tief beeindruckt! Doch sind die Werke Wagners jenen Franzosen, die nicht nach Bayreuth zum Festspielhügel pilgern, nur schwer zugänglich, da ihnen der französische Patriotismus die Opern- und Konzertsäle verschließe. Und Richard Wagner, wie in Marcel Prousts

A la recherche du temps perdu, mittels telefonischer Übertragung zuhause, im eigenen Innenraum, zu genießen, ist in Huysmans' Zeiten leider noch nicht möglich.

Leichter ist es da schon mit Schumann und vor allem Schubert, dessen Lieder des Esseintes gefangen nehmen und bisweilen die fiebrige Erhitzung seines Gehirns musikalisch begleiten. Doch diejenige Musik, die ihn vielleicht am stärksten beeindruckt, ist vor dem Hintergrund seiner katholisch-jesuitischen Erziehung der gregorianische Gesang, jene Form der Musik, die wie ein Schrei der im Elend lebenden Menschheit zu ihrem Erlöser und Retter gedeutet wird. Es wäre daher schön, wenn Sie im Geiste, zusätzlich zu den Ausführungen in dieser Vorlesung, ein wenig gregorianische Musik im Kopfe hätten! Klar ist, dass es auch diese Musik ist, die den Ton anschlägt zum Ende des Romans, das wir ja bereits kennen, mithin den Bogen schlägt zu jenem Schrei des Esseintes', der nun – vor der erzwungenen Rückkehr nach Paris und nach dem Verlassen seines preziösen Refugiums – all seine Hoffnungen den Katholizismus richtet und verzweifelt ersehnt, an Gott, den christlichen Gott, glauben zu können.

Die beiden letzten Kapitel sind durchsetzt mit Bemerkungen und Beobachtungen zur Pathologie der *Décadents*. Ein allwissender Arzt, der mit mancherlei Neurosen, von denen man eigentlich wenig wisse, bei den *gens du monde* viel Erfolg habe, eine Figur, die gleichsam archetypisch jene von Sigmund Freud vorwegnimmt, erscheint – etwas mystisch gesprochen – als Seelenführer, der den letzten Spross einer großen Adelsfamilie aus der Verderbtheit einer zu exquisiten Sinnenwelt wieder herausführt in jene banalen Zerstreuungen, mit denen des Esseintes freilich nichts mehr anfangen zu können glaubt. Denn alles ist in dieser Welt am Ende zugrunde gegangen, ein letztes Mal aufglimmend und dann für immer verlöschend.

Soll er, ein Dandy und Angehöriger des alten Adels, der *noblesse d'épée*, etwa wieder in seinen Faubourg Saint-Germain zurückkehren, in dem der Adel seine kulturelle Führungsstellung und seine Macht auch in politischen Dingen längst verloren hat? Marcel Proust wird die lange Geschichte der Verschmelzung zwischen Adel und Großbürgertum in jenem Stadtviertel des Adels in seiner *Recherche* in epischer Breite erzählen. Bei Joris-Karl Huysmans ist diese gesellschaftliche und kulturelle Entwicklung bereits in kurzen Zügen angedeutet.

Selbst die katholische Kirche ist bereits vom Kapitalismus – der hier nicht so genannt wird, sondern als „Geist des Handels" erscheint – angefressen, müssen die kirchlichen Klöster doch längst Rezepte und Rezepturen, Liköre und andere Wunderdinge verkaufen, um überhaupt überleben zu können. Wir ahnen schon: Am Schluss dieses Romans findet sich die Abrechnung mit dem vorrückenden

Bürgertum und eine allgemeine Kulturkritik des sich seinem Ende nähernden Jahrhunderts.

Wir wollen an dieser Stelle – trotz der auch nicht uninteressanten medizinischen Schilderung des Falles von des Esseintes, die der zeitgenössisch sich so rasch entwickelnden Psychologie viel verdankt – doch nicht vergessen, diese Kulturkritik zur Kenntnis zu nehmen und in unsere allgemeinen Überlegungen zum *Fin de siécle* einzubeziehen. Betrachten wir also ein letztes Mal den Roman *A rebours* von Joris-Karl Huysmans und folgen den Gedankengängen seines Protagonisten des Esseintes!

> Nach dem Geburtsadel war es also nun der Geldadel; es herrschte das Kalifat der Handelshäuser, der Despotismus der Rue du Sentier, die Tyrannei des Kommerzes mit ihren käuflichen und engen Vorstellungen, mit ihren eitlen und betrügerischen Instinkten.
>
> Verbrecherischer und niederträchtiger noch als der entmachtete Adel oder der gefallene Klerus, stahl das Bürgertum beiden ihre frivole Zurschaustellung, ihre hinfällige Großsprecherei, welche es durch seinen fehlenden Lebensstil verhunzte [...].
>
> So wurde die große Strafkolonie von Amerika auf unseren Kontinent verfrachtet; die unermessliche, die tiefgreifende, die inkommensurable Flegelei des Financiers und des Parvenüs kamen hinzu und erstrahlten einer ekelhaften Sonne gleich, über der götzenverehrenden Stadt, die, platt auf dem Bauche liegend, unreine Gesänge im Angesicht des gottlosen Tabernakels der Banken ejakulierte!
>
> Los! Brich doch zusammen, Gesellschaft! Krepiere endlich, alte Welt!, brach es aus des Esseintes heraus, angewidert von der Schande des von ihm entworfenen Schauspiels [...].[13]

Welch eine Dramaturgie in der Darstellung einer gesellschaftlichen, kulturellen und ökonomischen Entwicklung, die der letzte Adelsspross im Geiste des Kapitalismus einer triumphierenden Bourgeoisie in der ihn umgebenden Gesellschaft heraufziehen sah! An dieser Stelle wird der Kreis geschlossen und jenes veränderte Milieu sichtbar, in dem sich die neue Gesellschaft entwickelt, und in dem auch die Künste den ihnen zugewiesenen Ort finden müssen. Es ist eine Welt, die von den Banken und Financiers, den Bürgern, Kaufleuten und Händlern beherrscht wird.

Diese neue Welt ist eine Welt, die für des Esseintes den Stempel Amerikas trägt, den Stempel der Vereinigten Staaten von Amerika wohlgemerkt, die spätestens nach ihrer politischen Unabhängigkeit und ihrer erfolgreichen Revolution in Frankreich seit Alexis de Tocqueville und seiner Schrift über die Demokratie in den USA als Hort bürgerlicher Zukunft und Totengräber der zum Untergang verurteilten Welt, des alten Kontinents und der verfeinerten Kulturen Europas, gelten.

---

13 Huysmans, Joris-Karl: *A rebours*, S. 287f.

Diese neue Welt im Zeichen Amerikas ist aber für den Liebhaber aller möglichen kulturellen Verfeinerungen eine einzige Zwangsvorstellung, eine Dystopie.

So erscheint hier – wie in den etwas späteren Texten von Anatole France, freilich noch nicht von der Erfahrung der Niederlage von 1898 geprägt, in welcher Spanien und die romanisch geprägten Länder Lateinamerikas vor den vorrückenden und siegreichen Angelsachsen der USA auf die Knie gezwungen wurden – das Spektakel einer neuen Macht der Kaufleute und Händler, die kein künstlerisches Raffinement mehr kennen, die nur eine platte Welt zu schaffen in der Lage sind. Sie leben und feiern unter einer banalen Sonne, bringen allerhöchstens noch ein unreines Ejakulieren über einer verderbten Stadt hervor, welche ihre Würde, ihre Kultur, all ihr Menschliches und Menschenwürdiges längst verloren hat. Was für ein Sittengemälde, Jahrzehnte noch vor dem Zusammenbruch der Alten Welt im Wahnsinn des Ersten Weltkrieges, der *Grande Guerre*!

Die Dekadenz von des Esseintes trifft also nicht notwendigerweise die ganze Gesellschaft. Sie betrifft vielmehr ein altes Frankreich, das sich seiner lateinischen Kulturtraditionen noch erinnert, das aber nun aufgesogen wird in einen neuen Taumel, dessen Zentrum nicht mehr notwendigerweise in der Alten Welt liegt, einer Welt, für die nunmehr Amerika zum Inbegriff und zur aktuellen Verkörperung aller Wunschträume des Kommerzes geworden ist. Stellvertretend hierfür sind nicht zuletzt auch die angelsächsischen Frauen, die – so ihr Portrait im Roman – zwar keineswegs als künstlerisch und kulturell sehr hochstehend, dafür aber als putzmunter und grundgesund dargestellt werden. Ihre körperliche *Fitness* überspielt alle Register kultureller Verfeinerungen, wie sie den französischen Dandy auszeichnen.

Als eine Passage, in der diese ganze Entwicklung zusammenfließt, mag jene eher nebensächliche Szene mit den *femmes gaillardes* angelsächsischer Prägung gelten, die beim Warten auf den Zug nach London nicht nur ohne Männer im Restaurant speisen gehen, sondern auch mit ihren kräftigen Zähnen ins Fleisch ihrer Beefsteaks beißen, die Kraft des Tierischen inkorporierend, die des Esseintes höchstens noch in Form von Fleischbrühe als Essenz (oder als Zitat) zu sich nehmen kann. So ist das Ende zugleich auch Anfang, freilich ein Anfang in einem Neuen, das von der alten Welt, von der alten Kultur, radikal abgelehnt und verachtet wird. Die altweltlichen Traditionslinien der Lektüre, aber auch der Liebe, scheinen zerschnitten und zerrissen.

Längst hat etwas Anderes die Herrschaft übernommen, etwas, das im Zeichen eines um unablässige Modernisierung bemühten Kapitalismus steht, im Zeichen der Krämer und Kaufleute, der Börsen und Banken. Aber sind die Literaturen damit am Ende? Nein, so dürfen wir aus heutiger Perspektive sagen! Das Ende der Literatur, das Ende der Literaturen der Welt wurde schon oft verkündet – zum letzten Mal vor nicht allzu langer Zeit in den geisteswissenschaftlichen Departments US-amerikanischer Universitäten. Doch um die Literatur und die Lektüre, um das Lesen und die Liebe muss uns wirklich nicht bange sein! Joris-Karl Huysmans' *A rebours* hat die Literatur an einen Grenzpunkt geführt, an welchem die Liebe und das Erotische, an welchem die Lektüre und das Lesen, kurz: an dem das Leben in all seiner Diversität und Vielverflochtenheit in neuem Glanz erscheint. Unsere Vorlesung geht selbstverständlich weiter.

Marcel Proust oder die Reflexionen des Lesens

Marcel Proust hat die Entwicklung Joris-Karl Huysmans', die mit *A rebours* in eine sehr fruchtbare, aber gleichwohl dauerhafte Aporie eingetreten war, im Kontext der literargeschichtlichen Entwicklung des Romans in Frankreich aufmerksam beobachtet und wieder aus der Sackgasse herausgeholt. Er hat damit in gewisser Weise die ‚Literaturen am Ende' aus ihrer finisekulären Ausweglosigkeit befreit und der französischen wie europäischen Romangeschichte neue Horizonte beschert.

Marcel Proust nimmt eine Vielzahl literarisch-kultureller Elemente Huysmans' auf. Er wird in seiner eigenen Persönlichkeit und Rolle als Dandy eine Vielzahl von Bestandteilen der literarischen Vorlage des Esseintes in eigene Lebenspraxis verwandeln und die Faubourgs der Aristokratie, ganz wie der junge Huysmans, snobistisch und geradezu szientifisch beäugen. Proust wird sich mit der Kunst aus der Perspektive des Dilettanten beschäftigen, Paris auf den Spuren Baudelaires als Flaneur durchstreifen, als Liebhaber und Amateur der Künste auftreten.

Er präsentiert dabei eine ungeheure Verdichtung von Traditionen und Verfahren, die sich in seinem eigenen Leben wie in seiner Kunst kreuzten. Das Thema der Schwäche und vor allem der Krankheit wird er in seinem eigenen Leben, aber auch im Leben seiner fiktionalen Gestalten in eine direkte Beziehung zur Erzeugung von Kunst stellen – und dies in so starkem Maße, dass wir ihn nicht nur als einen der Überwinder des *fin de siècle*, sondern zugleich als einen der großen Repräsentanten des Nachdenkens über die Grundlagen der Literatur und insbesondere des Lesens begreifen dürfen. Denn Proust ist nicht nur der ‚Erfinder' einer ausgefeilten Erinnerungskunst, nicht nur der sorgfältige Beobachter der gesellschaftlichen Veränderungen, welche Frankreich am Übergang zum 20. Jahrhundert charakterisieren, sondern auch Vermittler des 19. mit einem neuen Jahrhundert, dem er die weiten Horizonte literaturtheoretischer Reflexion eröffnete. Kaum ein Theoretiker dieses neuen Jahrhunderts, der sich nicht in irgendeiner Form auf Proust bezöge. Sein Romanzyklus *A la recherche du temps perdu* wird während eines langen 20. Jahrhunderts den immer wieder gesuchten Referenzpunkt für die unterschiedlichsten Theorieansätze ebenso der *ancienne* wie der *nouvelle critique*, ebenso der Konstanzer Rezeptionsästhetik wie der französischen Neoavantgarden bilden. Im Mittelpunkt dieser letztgenannten Ansätze steht das Lesen.

Da wir im Rahmen unserer Vorlesung leider nicht in eine längere Debatte über Marcel Proust eintreten können – dies bleibt einer anderen Vorlesung vorbehalten –, müssen wir etwas Zeit sparen und auf eine Kurzbiographie des 1871 geborenen französischen Romanciers verzichten. Bei vielen Autorinnen und Autoren des ausgehenden 19. Jahrhunderts lässt sich beiderseits des Atlantik gut beobachten, welch enorme Bedeutung der Lektüre zukommt und wie sehr der Raum der Kultur zu einem Bücherraum geworden ist.

Abb. 111: Marcel Proust, fotografiert von Otto Wegener um 1895–1896.

In der Tat ist es auffällig, wie sehr die Problematik des Lesens und der Lektüre ebenso im Roman wie im Essay thematisiert wurde, wie sehr die Bedeutung des Lesens in den unterschiedlichsten Gebieten – ebenso im Bildungsbereich wie in der Frage der Bildungsvermittlung, im Bereich der Kunst wie in der Literatur – intensiv behandelt wurde. Auch bei Marcel Proust wird diese Frage eine entscheidende Stellung einnehmen, wird sie es ihm doch erlauben, der Konversation, die unverantwortlich und mondän ist, die tiefere Auseinandersetzung entgegenzustellen, für welche die konzentrierte und selbstreflexive Lektüre einsteht.

Damit aber wird Proust – und darauf hat bereits der französische Theoretiker Antoine Compagnon hingewiesen – einen Gegensatz einführen, den er dann 1908 in seinem *Contre Sainte-Beuve* ins Zentrum rücken wird: jenen Gegensatz, der das *moi social* vom *moi créateur* trennt und damit schon auf dieser Ebene eine Art Autonomisierung des Künstlers (und damit a fortiori auch der Kunst) ins Blickfeld rückt und weiter vorantreibt. Das bedeutet nicht, dass Proust sich nicht für die Welt, für die Gesellschaft interessiert hätte. Ganz im Gegenteil gibt es zu seiner Zeit keinen aufmerksameren, präziseren Beobachter all jener gesellschaftlichen Transformationen und Umbrüche, welche die Zeit vor Ausbruch des Ersten Weltkrieges prägen und letztlich die Alte Welt im Wirbel der *Grande Guerre* untergehen lassen. Auch er wird, ganz wie Anatole France, die Erklärung der Intellektuellen zugunsten von Dreyfus unterschreiben und damit in der sogenannten Dreyfus-Affäre[1] politische Position beziehen. Und doch geht es

---

1 Vgl. hierzu Jurt, Joseph: Politisches Handeln und ästhetische Transposition: Proust und die Dreyfus-Affäre. In: Maas, Edgar / Roloff, Volker (Hg.): *Marcel Proust. Lesen und Schreiben.* Frankfurt am Main: Insel Verlag 1983, S. 85–107; sowie ders.: Au nom de la vérité et de la justice. Les valeurs littéraires dans le champ politique au moment de l'Affaire Dreyfus. In: Baudelle, Yves /

ihm letztlich um eine Kultur und Literatur, deren Sitz im Leben von einer großen Autonomie, einem großen Freiraum für das Ästhetische geprägt ist.

Marcel Proust hatte sich als Kunstliebhaber bereits Ende der neunziger Jahre des 19. Jahrhunderts mit dem britischen Kunstkritiker und Gesellschaftsreformer John Ruskin intensiv auseinandergesetzt. Es sei an dieser Stelle nur am Rande angemerkt, dass Ruskin für keinen Geringeren als Gabriele d'Annunzio eine nicht unwichtige Bezugsfigur geworden war. Der italienische Romancier hatte erkannt, wie bedeutend die von Ruskin in den Vordergrund gerückten englischen präraffaelitischen Maler waren und wieviel wichtiger noch für ihn jene Ästhetik der italienischen Präraffaeliten sein könnte, die vor Raffaello gemalt hatten und die nun in den Kunstkonzeptionen des *fin de siècle* eine herausragende Rolle spielen sollte. Erlaubte John Ruskin D'Annunzio den über England legitimierten Rückgriff auf die italienische Malerei vor Raffaello, so erlaubte es Ruskin Marcel Proust, seine Ästhetik in jenem Jahrzehnt voranzutreiben, das dem der Niederschrift von *A la recherche du temps perdu* vorausging. Ruskin wird stets ein wichtiger Bezugspunkt für Prousts ästhetische Konzeptionen bleiben.

Der Verfasser der *Recherche* hatte bereits Ruskins *La Bible d'Amiens* übersetzt zu einem Zeitpunkt, als durch Europa und vor allem aber Frankreich, eine wahre Welle der Beschäftigung mit dem im Jahre 1900 verstorbenen schottischen Kunstkritiker einsetzte. Proust wird 1909 Ruskin auch eines seiner *Pastiches* widmen, das er freilich zu Lebzeiten nicht mehr veröffentlichen sollte; eines jener Pastiches, mit Hilfe derer es Proust gelang, den prägenden Einfluss anderer Schriftsteller loszuwerden und eigene Formen und Strategien des Schreibens wie des Lesens zu entwickeln. Bald schon sollte Marcel Proust seinen gigantischen Romanentwurf *Jean Santeuil* hinter sich lassen und mit den ersten Arbeiten an *A la recherche du temps perdu* beginnen.

Bereits 1865 war Ruskins *Sesame and Lilies* in London erschienen, ein Buch, das neben einem Vorwort zwei Vorträge Ruskins enthielt, in dessen erstem sich der schottische Kunstkritiker zu Notwendigkeit und Bedeutung des Lesens äußerte. Dabei ging es ihm in einem Vortrag im Rahmen einer Veranstaltung, bei der Geld für die Eröffnung einer öffentlichen Bücherei gesammelt werden sollte, um die soziale Dimension des Lesens und die gesellschaftliche Wichtigkeit einer auch den Frauen zugänglichen Bildung.

Deguy, Jacques / Morzevski, Christian (Hg.): *A la recherche d'un sens. Littérature et vérité. Mélanges offerts à Monique Gosselin-Noat*. Lille: Presses Universitaires du Septentrion 2004, S. 347–359.

Abb. 112: „Abziens (kasthedralch)": Von Marcel Proust handschriftliche gezeichnete Skizze der Kathedrale von Amiens, circa 1901–1904.

Für Marcel Proust freilich stellte sich die Frage der Lektüre durchaus anders, nämlich als jene Form der Beschäftigung und Wissensaufnahme, in der das Individuum in einsamer, versunkener, von den anderen abgetrennter Lektüre gleichsam zu sich selbst und seinem tieferen, ja zu seinem wahren Ich findet. Diese Vorstellungen hat er dem Vorwort seiner 1905 erschienen Übersetzung von *Sésame et les Lys* unter dem Titel *Sur la lecture* (auch *Journées de lecture*) anvertraut, einem Text, der uns tief in die Ästhetik des französischen Autors einführt. Sehen wir uns den Beginn dieses außergewöhnlich schönen, wegweisenden Vorworts einmal näher an:

> Es gibt vielleicht keine Tage unserer Kindheit, die wir so vollständig erlebt haben wie jene, die wir glaubten verstreichen zu lassen, ohne sie zu erleben, jene nämlich, die wir mit einem Lieblingsbuch verbracht haben. Alles, was sie, wie es schien, für die anderen erfüllte und was wir wie eine vulgäre Unterbrechung eines göttlichen Vergnügens beiseiteschoben: das Spiel, zu dem uns ein Freund bei der interessantesten Stelle abholen wollte; die störende Biene oder der lästige Sonnenstrahl, die uns zwangen, den Blick von der Seite zu heben oder den Platz zu wechseln; die für die Nachmittagsmahlzeit mitgegebenen Vorräte, die wir unberührt neben uns auf der Bank liegen ließen, während über unserem Haupt die Sonne am blauen Himmel unaufhaltsam schwächer wurde; das Abendessen, zu dem wir zurück ins Haus mussten und währenddessen wir nur daran dachten, sogleich danach in unser

Zimmer hinaufzugehen, um das unterbrochene Kapitel zu beenden, all das, worin unser Lesen uns nur Belästigung hätte sehen lassen müssen, grub im Gegenteil eine so sanfte Erinnerung in uns ein (die nach unserem heutigen Urteil um so vieles kostbarer ist als das, was wir damals mit Hingabe lasen), dass, wenn wir heute manchmal in diesen Büchern von einst blättern, sie nur noch wie die einzigen aufbewahrten Kalender der entflohenen Tage sind, und es mit der Hoffnung geschieht, auf ihren Seiten die nicht mehr existierenden Wohnstätten und Teiche sich widerspiegeln zu sehen.²

Dieser wahrhaft Proust'sche Satz, nach dem wir erst einmal tief durchatmen müssen, hat es wahrhaft in sich! Dies ist zum einen schon deshalb der Fall, weil er eine so komplexe hypotaktische Struktur aufbaut, wie sie nicht nur für Prousts gesamtes Schreiben, sondern auch für eine ästhetizistische Schreibtradition typisch ist, für Joris-Karl Huysmans' *A rebours* wie für viele nachfolgende Autorinnen und Autoren des *fin de siècle*, sondern weil sie auch das Proust'sche Grundthema schlechthin vorstellt, den Rückblick auf das für immer Entschwundene, auf die für immer unzugängliche Kindheit. Auf diese kunstvolle Weise wird das Schreiben und mehr noch das Lesen an die Erinnerung geknüpft, wird all das, was unseren gegenwartsbezogenen Sinnen abhandengekommen ist, was ihrer Wahrnehmung für immer verwehrt zu sein schien, ja was nicht einmal mehr in der Wirklichkeit existieren mag, wieder ins Leben zurückgeholt. Mit einem Wort: Die vergangene Zeit, die verlorene Zeit, wird im Kalenderspiel dieser Seiten eines Lieblingsbuches wieder unmittelbar lebendig, greifbar und sinnlich begreifbar.

Denn das Lesen wird in der obigen, fast atemlosen Passage als die Lektüre in der Kindheit vorgestellt, eine Thematik, die vielfach in Prousts Werk zurückkehren wird, die aber erst sehr spät dann zu jener Proust'schen Wendung in der *Recherche* führen sollte, in welcher die Geschichte einer *vocation*, einer Berufung zum Schreiben, zum Roman selbst werden wird – so jedenfalls eine der für mich überzeugendsten Deutungslinien von Prousts *A la recherche du temps perdu*. Hier ist freilich noch die dritte Person, ebenso im Singular wie im Plural, Garantin der direkten Übertragung vom Erzähler zum Lesepublikum, die Proust in der *Recherche* – im Gegensatz zu seinem frühen, großartig gescheiterten Romanprojekt *Jean Santeuil* dann der ersten Person Singular anvertrauen und übertragen wird. Prousts Überlegungen in *Sur la lecture* sind freilich wesentlich mehr als eine Fingerübung für den großen Romanzyklus, den er kurze Zeit später dann gegen die vorrückende, sein Leben beendende Zeit in einem Zimmer mit dichten Korkwänden – ein wenig so wie sein jüngerer Zeitgenosse Albert Einstein in seinem

---

2 Proust, Marcel: *Sur la lecture*. Arles: Actes Sud 1993, S. 9f.

‚Häusle' unweit von hier in Caputh – gegen alle störenden Geräusche abschließen sollte.

Gleich die ersten Worte der obigen Passage weisen auf einen vermeintlichen Gegensatz hin: den Gegensatz zwischen Lesen und Leben, mit dem wir uns bereits zu Beginn unserer Vorlesung beschäftigt haben. In seinen hintergründigen Überlegungen macht Proust mit Blick auf die Kindheit das Lesen gerade zu jenen Augenblicken und Zeiträumen, die wir am intensivsten, am vollkommensten gelebt und – um erneut den Dilthey'schen Begriff zu verwenden – *durcherlebt* haben. Die vielen kleinen, unscheinbaren Details, die in der Folge in Erscheinung treten, bilden eine Art *effet de réel*,[3] welcher das Erleben der Realität noch übersteigert, ja überhöht. Die Wirklichkeit, das sind diese unzähligen Momente und Elemente, ein störender Lichtstrahl, eine summende Biene, die stur einzuhaltenden Essenszeiten. Sie alle sind im Hegel'schen Sinne *aufgehoben* in der Lektüre. In jedem Falle aber enthält hier das Lebenswissen, das sich mit der Lektüre in der Kindheit verbindet, die Dimension eines sich Erinnerns an ein vollkommen gelebtes Leben, das nur als vollkommenes Lesen denkbar zu sein scheint und allein in seiner Gesamtheit, also *vollständig*, vorgestellt werden kann. Das Buch tritt an die Stelle der Welt, wird zu dieser Welt, in der wir längst zu leben begonnen haben. Das Lesen erscheint als verdichtete Form des Lebens.

Doch da ist noch etwas, das uns an den Beginn unserer Vorlesung gemahnt. Denn die Anfangssituation ist erstaunlicherweise mit Italo Calvinos Roman-*incipit* von *Se una notte d'inverno un viaggiatore* in einen unmittelbaren Zusammenhang zu bringen, wird hier doch die Situation derjenigen oder desjenigen, der das Buch öffnet, in gewisser Weise gespiegelt, geht es doch um die Erfahrung einer Lektüre und der notwendigen Schaffung von Einsamkeit, der Herstellung eines ungestörten Raumes, den Lektüre als einsame Tätigkeit nun einmal benötigt.

Damit aber wird wie bei Italo Calvino die Lektüre zum einen gegen andere Vergnügungen gestellt, etwa gegen den Freund, der den kleinen Marcel zum Spielen abholen möchte, oder gegen die Eltern, die ihren Sohn zum Essen herbeiholen wollten; und zum anderen gegen die Konversation, letztlich das Gegenteil der Innerlichkeit und Selbstfindung in der Tiefe, jene Oberfläche, die sich lärmend vor das Erkennen des Eigentlichen in der Tiefe stellt. Die Analogien zu

---

3 Vgl. Barthes, Roland: L'effet de réel. In (ders.): *Le bruissement de la langue. Essais critiques IV.* Paris: Seuil 1984, S. 167–174 (ursprünglich 1968 in der Zeitschrift *Communications* erschienen).

Se una notte d'inverno un viaggiatore sind offenkundig und könnten weiter durchgespielt werden.

Ähnlich wird die Erzählerfigur im letzten Band von Marcel Prousts *A la recherche du temps perdu* betonen, der Schriftsteller solle seinen Roman nicht außerhalb seiner selbst suchen und erfinden, sondern ihn in sich selbst suchen und finden; denn wir alle tragen unseren Roman sozusagen in uns – die wenigsten aber lassen ihn zur Sprache kommen. Und ich müsste eigentlich sagen: zur Schrift kommen. Denn genau um diesen Übergang geht es!

Wollen wir diese Raumstrukturen also noch einmal aufeinander beziehen, so könnten wir sagen, dass eine Metaphorik der Tiefe, man könnte auch Metaphysik der Tiefe sagen, ebenso Huysmans wie Proust oder auch Sigmund Freud gemeinsam ist. Die Wahrheit liegt im Innern unseres Selbst, wo auch der späte Huysmans sie suchte, und nicht in den Oberflächenbeschreibungen eines Zola'schen Romanmodells. Welche Funktion hat aber dann die Lektüre, ist es doch die Stimme eines Anderen, die sich zu Wort meldet?

Marcel Proust grenzt sich an dieser Stelle deutlich von René Descartes ab, der die Lektüre wichtiger Bücher als Gespräche mit den herausragenden Männern der Vergangenheit verstand. Für Proust ist die Lektüre gerade nicht mit einer Konversation, einem eher oberflächlichen Gespräch, vergleichbar:

> Ich habe in den Anmerkungen, welche ich diesem Band beigefügt habe, zu zeigen gesucht, dass die Lektüre nicht einfach mit einer Konversation gleichgestellt werden kann, und fände sie mit dem weisesten der Menschen statt; denn der wesentliche Unterschied zwischen einem Buch und einem Freund besteht nicht in ihrer jeweils größeren oder geringeren Weisheit, sondern in der Art und Weise, wie man mit beiden kommuniziert, beruht doch die Lektüre, ganz im Gegensatz zur Konversation, für einen jeden von uns darauf, die Mitteilung eines anderen Denkens zu empfangen, wobei wir allerdings alleine bleiben, das heißt weiterhin jene geistige Macht genießen, welche man in der Einsamkeit besitzt, während die Konversation unmittelbar zerstreuend wirkt, auch wenn man weiterhin inspiriert bleiben kann und die fruchtbare Arbeit des Geistes an sich selbst erhalten bleibt.[4]

Entscheidend ist in dieser Passage wie in *Sur la lecture* überhaupt, dass nicht nur der Akt des Schreibens, sondern gerade auch der Akt des Lesens überdacht und als geistig-kreativer Kommunikationsakt verstanden wird. Damit ist das Schreiben Prousts in gewisser Weise in die Aktivität des Lesens integriert, so wie Proust auch bei einigen Schriftstellern oder Philosophen wie Ralph Waldo Emerson betont, dass diese kaum einmal mit dem Schreiben anfingen, ohne zuvor einige Seiten großer Autoren gelesen zu haben. Lesen und Schreiben, Rezeption

---

4 Proust, Marcel: *Sur la lecture*, S. 29.

und Produktion werden hier aufeinander bezogen und füreinander fruchtbar gemacht, stehen aber beide in einem schroffen Gegensatz zur Konversation, zum Austausch von Freundlichkeiten und Unverbindlichem, dem keinerlei Dauer und geistige Macht, *puissance intellectuelle,* beschieden ist.

Ist das Buch und dessen Lektüre auf einem Akt der Freundschaft, der *amitié* aufgebaut, so ist die Konversation auf dem Prinzip der *amabilité,* dem Austausch von Freundlichkeiten, errichtet. Besonders aufschlussreich scheint, dass somit Prousts eigenes Schreiben gleichsam auf einer Poetik und zugleich Legetik errichtet ist, also einer Ästhetik des Lesens, die grundlegende Regeln für ein Verständnis von Lektüreprozessen entwickelt hat. Insofern führt uns auch die Legetik Prousts, wie sie in *Sur la lecture* entfaltet wird, direkt ins Zentrum des Proust'schen Denkens und mehr noch seines Schreibens. Lesen ist der Schlüssel zur kreativen Potenz des Menschen.

Nähern wir uns aber einer anderen, einer weiteren Dimension der Lektüre in Marcel Prousts Ästhetik:

> Solange die Lektüre für uns die Initiatorin ist, deren magische Schlüssel uns tief in unserem Innern die Türen der Gemächer öffnen, in die wir nicht einzudringen wussten, so ist ihre Rolle in unserem Leben heilbringend. Sie wird hingegen gefährlich, wenn die Lektüre, anstatt uns zum persönlichen Leben des Geistes zu erwecken, dazu tendiert, an dessen Stelle zu treten, wenn uns die Wahrheit nicht länger als ein Ideal, welches wir allein durch den intimen Fortschritt unseres Denkens und durch die Anstrengungen unseres Herzens verwirklichen können, sondern als ein materielles Ding erscheint, das zwischen den Seiten und Blättern der Bücher aufbewahrt wird wie ein Honig, der von anderen hergestellt wäre und bei dem wir uns nur die Mühe machen müssten, ihn von den Regalbrettern der Bibliotheken herunterzuholen, um ihn anschließend, Körper und Geist in vollkommener Ruhe, passiv zu kosten.[5]

Marcel Proust stellt für seine Leser an dieser Stelle ein Warnschild auf: Er zeigt die Grenzen der Lektüre und ihre Gefahren, insofern sie das Leben nicht mehr bereichert und ihm eine zusätzliche Tiefe, die Schlüssel zu etwas für uns sonst Unerreichbarem gibt, sondern sich dem Leben substituiert, also an die Stelle des Lebens in seiner persönlichen Entfaltung tritt. Dann wird Lektüre zu einer negativen, ja zerstörerischen, die Entfaltung unseres Geistes behindernden Kraft und Tätigkeit. Sie gerät zu einem zwar lustvollen, aber insgesamt doch rein passiven und unkreativen Honigschlecken.

Wenn uns das Lesen also nicht zum eigenen geistigen Leben erweckt, also zu jenem Impuls wird, der uns zum eigenen Schaffen anregt, sondern konsumiert

---

5 Proust, Marcel: *Sur la lecture,* S. 37 f.

wird wie ein fertig dargebotener Honig, dann wird es zur Gefahr für die Ausbildung einer kreativen Persönlichkeit. Prousts Forderung ist folglich die nach einem aktiven, die eigenen Geisteskräfte ständig weiterentwickelnden Lesepublikum. Zugleich dient sie als Warnung vor einer passiven Lektüre, die das fertig Dargebotene nur einzuheimsen sucht, ohne dabei auf größere Anstrengungen angewiesen zu sein. Die Leserschaft ist damit aufgerufen, durch Lektüre ständig an ihrer eigenen Bildung weiterzuarbeiten: Lesen darf nicht zum Konsum werden, sondern zu einer Vertiefung der eigenen Existenz, des eigenen Lebens! Es geht folglich um die Fähigkeit, in uns unseren eigenen Geist zu erwecken.

Dies betrifft gerade auch das Erleben unterschiedlicher Ebenen der Zeit, also dessen, was wir die Gleichzeitigkeit des Ungleichzeitigen nennen können. Am Ende seines Textes spricht Proust von der Lektüre der göttlichen *Commedia* des Dante Alighieri, die plötzlich eine andere Zeit, eine eigentlich längst vergangene Zeit, in unsere Gegenwart einführt und gleichsam unserem Erleben (beziehungsweise Nacherleben) darbietet.

In diesen Wendungen erscheint bereits jene zentrale Idee, die Marcel Proust in *A la recherche du temps perdu* ästhetisch eindrucksvoll entfalten wird, *in nuce* als die Möglichkeit der Literatur und der Lektüre, die Gegenwart geradezu traumartig mit anderen Zeitebenen zu durchsetzen und diese Multitemporalität für uns zugänglich zu machen. Dieses *un peu de temps à l'état pur*, die Zeit im Reinzustand, wird durch Lektüre erreichbar, solange sie eine bewusste, aktive und zugleich doch dem Tagträumen nahestehende Aktivität ist, wie wir dies im Folgenden im Nachklang der Dante-Lektüre ganz am Ende von *Sur la lecture* erfahren. Hören wir noch einmal die Stimme Prousts zum höchst kreativen Vorgang des Lesens und zur Verschiedenartigkeit der Zeiten in einem literarischen Text:

> Darum herum zirkulieren die aktuellen Tage, jene Tage, welche wir leben, pressen sich summend um die Säulen, aber dann halten sie plötzlich inne, fliehen wie verjagte Bienen; denn sie sind nicht in der Gegenwart, diese hohen und feinen Enklaven der Vergangenheit, sondern in einer anderen Zeit, zu welcher der Gegenwart der Zutritt untersagt ist. Um die rosafarbenen Säulen, zu ihren breiten Kapitelen hochragend, pressen sich und summen die aktuellen Tage. Doch sich zwischen sie drängend, schieben die Säulen sie beiseite, wobei sie mit ihrer ganzen zarten Dichte den unberührbaren Platz der *Vergangenheit* reservieren: einer Vergangenheit, die ganz familiär inmitten der Gegenwart aufgetaucht ist mit dieser ein wenig irrealen Farbe der Dinge, welche sie uns in einer Art Illusion nur wenige Schritte entfernt sehen lässt, obwohl sie doch in Wirklichkeit viele Jahrhunderte entfernt sind; sich in ihrem ganzen äußeren Bilde ein wenig zu direkt dem Geiste präsentierend, ihn ein wenig bestaunend, wie man es mit einem Wiedergänger aus einer längst untergegangenen Zeit machte; und dennoch einfach da, in unserer Mitte, nahe, Seite an Seite, anfassbar, unbeweglich, im Lichte der Sonne.[6]

---

6 Proust, Marcel: *Sur la lecture*, S. 53f.

Die ganze architektonische Metaphorik Marcel Prousts, dessen *Recherche* nur zu oft aus gutem Grund mit einer Kathedrale der Zeit verglichen wurde, ist in diesem letzten Zitat aus *Sur la lecture* wunderbar ausgeprägt, klar und doch verwirrend unscharf. Es kommt in dieser Passage durch die Lektüre also gerade nicht zur Vermischung und Überlagerung der Zeiten, sondern zu einem ganz anderen Phänomen, gleichsam der Errichtung einer eigenen, diskontinuierlichen und aus der Kontinuität der Zeiten gerissenen Zeitinsel, wie sie hier – die Szenerie spielt nicht ganz zufällig in Venedig – gemäß des *genius loci* anhand einer Säulenarchitektur vorgeführt wird. Kein Wunder, dass gerade in der von Inseln gebildeten und doch als Einheit wahrgenommenen Stadt Venedig Marcel Proust eine Zeitvorstellung entwickeln konnte, welche zutiefst insulären, ja archipelischen Zuschnitts ist und Zeit als diskontinuierliche Einheit vor Augen führt. Den *Canale Grande* innerhalb dieser Gleichzeitigkeit des Ungleichzeitigen verlor der französische Autor gleichwohl nicht aus seinen Augen.

Die Gegenwart ist nicht in der Lage, diese Enklaven einer anderen, distanten Zeit zu überwältigen und in sich einfach zum Verschwinden zu bringen. Vergangenheit ist in Gegenwart eingelagert, ja mehr noch: sie ist greifbar, anschaulich, lebendig. Die Zeit findet ihren eigenen, nicht zu verletzenden und nicht zu überwältigenden Ort der Vergangenheit, und zwar inmitten der Gegenwart. Die Zeit ist plötzlich aufgespalten, gibt andere Zeit-Räume frei, die uns so nah und doch gleichsam irreal anmuten. Und all dies lässt die Lektüre entstehen!

Die Zeitlichkeit der Lektüre wird in diesen Wendungen deutlich markiert; also nicht nur eine eigene Räumlichkeit des Lesens, wie wir sie von Beginn unserer Vorlesung an genau sich abzeichnen sahen in den Orten des Lesens, den Bibliotheken, den Betten, den Sitzgelegenheiten, die der Lektüre dienen, sondern in der Errichtung eigener ,Räume' der Zeit, eigener ,Zeit-Räume', die sich nicht ineinander auflösen, sondern nebeneinander, ja sogar ineinander fortbestehen. Lesen wird somit zu einem transtemporalen Phänomen, insoweit die Lektüre verschiedenste, zum Teil Jahrhunderte voneinander entfernte Zeiten quert, ohne diese freilich miteinander verschmelzen zu lassen. Die Suche nach der verlorenen Zeit, nach der verlorenen Kindheit des Erzählers, aber auch nach den untergegangenen Jahrhunderten in den Kunstwerken und architektonischen Strukturen unserer Städte, konzentriert sich auf jene materiellen Dinge, die in den so metaphernbeladenen Passagen Marcel Prousts dennoch ganz konkrete Dingwelten entfalten. Auf der Suche nach *un peu de temps à l'état pur* werden dies etwa eine sich im Tee auflösende Madeleine oder die ungleichen Pflastersteine unter den Füßen der Erzählerfigur sein. Doch darauf kann ich an dieser Stelle der Vorlesung nicht weiter eingehen ...

Man könnte analog zur Unterscheidung zwischen Erzählzeit und erzählter Zeit zwischen einer Lesezeit und einer gelesenen Zeit sprechen, die sich ebenfalls nicht einfach ineinander auflösen und miteinander mischen. Transtemporal ist diese Leseerfahrung und Zeiterfahrung – oder müssten wir hier nicht eher von einem Erleben als von einer Erfahrung sprechen? –, weil der Leser selbst zwischen diesen verschiedenen Zeit-Räumen sich hin- und her bewegt, also eine Bewegung in der Zeit vollführt, während er doch auf einem schönen Platz im Herzen von Venedig sitzt und die Stadt auf sich wirken lässt. Mit Proust gelangen wir in den Innenraum einer Lektüre, der letztlich von der Zeit gebildet wird: der Eigenzeitlichkeit des Lesens und des Gelesenen, die sich in uns selbst ausbreitet und zugleich in uns selbst verankert ist. Auch in diesem Sinne ist Literatur – anders als Malerei – eine Zeit-Kunst: und die Kunst des Lesens eine Kunst, die unterschiedlichste Zeiten durch die eigene Bewegung miteinander in Verbindung zu bringen und zueinander in Kontrast zu setzen sucht – *transtemporal*.

Viele der Szenen und Motive, die wir in Prousts *A la recherche du temps perdu* finden und bewundern können, lassen sich bereits zumindest *in nuce* in seinen essayistischen, literatur- und kunstkritischen Schriften finden. *Sur la lecture* war hierfür ein gutes Beispiel. Dazu gehört bei Proust stets die Reflexion über das Lesen, die bei ihm immer eine Reflexion über das *livre intérieur* und damit über das eigene Schreiben ist; über die Entfaltung eines eigenen Romans, den zu verwirklichen der Erzähler der *Recherche* längst nicht aufgegeben hatte.

Ich möchte Ihnen gerne abschließend zu Proust zwei Überlegungen aus seinem bereits erwähnten Band *Contre Sainte-Beuve* vorführen, wobei uns zunächst eine Bibliotheksszene interessieren soll. Proust erzählt uns zunächst von der *petite bibliothèque du second* des Duc de Guermantes, wohin sich der Herzog immer dann flüchtet, wenn seine Frau, die Duchesse de Guermantes, mondänen Besuch erhält. Hierher lässt er sich dann auch seine Biskuits und seinen Sirup bringen. Der Duc de Guermantes verfügt in seiner Bibliothek über das Gesamtwerk von Honoré de Balzac, das er sehr kostbar und edel in vergoldetes Kalbsleder mit grünen Lederetiketten hat binden lassen. Er lässt sich seine Bewunderung für den französischen Romancier also wirklich etwas kosten – ein im Übrigen nicht unwichtiges Detail zur Einschätzung der Wirkung Balzacs im ausgehenden 19. Jahrhundert.

Ein weiteres Detail kommt hinzu: Der Duc de Guermantes kann praktisch alle Romane Balzacs auswendig und kennt sämtliche – und es sind nicht wenige – Figuren der *Comédie humaine* des französischen Schriftstellers. Kommt ihn sein Bruder besuchen, so lesen beide gemeinsam ihren Balzac, den sie erstmals als Kinder in der Bibliothek ihres Vaters entdeckt hatten. Interessanterweise aber zitiert der Duc de Guermantes nicht nur am liebsten die unbekanntesten Werke Balzacs, sondern sehr gerne auch Werke von Autoren, die Zeitgenossen Balzacs waren, heute längst vergessen sind, die er aber in dasselbe aufwendige Kalbsleder hatte binden lassen, insofern sie eben derselben geschichtlichen Zeit angehörten. Welches aber sind nun die Konsequenzen hieraus? Lesen wir als Antwort eine Passage aus *Contre Sainte-Beuve*:

> Wenn man die Bücher öffnete und dasselbe dünne Papier Ihnen in großen Schriftzeichen den Namen der Heldin präsentierte, so als wäre es absolut sie selbst, die sich Ihnen unter diesem tragbaren und komfortablen Aussehen vorstellte, begleitet von einem leichten Duft nach Klebstoff, von Staub und einem Alter, das wie die Ausstrahlung ihrer Reize war, dann fiel es einem recht schwer, zwischen diesen Büchern eine vorgeblich literarische Trennung einzuführen, welche künstlich auf Ideen beruhte, die ebenso dem Gegenstand des Romans wie dem Aussehen der Bände gänzlich fremd waren![7]

Dieser kurze Einblick in die Privatbibliothek des Duc ist sehr aufschlussreich; zeigt er uns doch, wie sehr unser Lesen und unsere Aufnahme literarischer Werke von gänzlich äußerlichen Dingen wie dem aufwendigen Einband oder der Art des Klebstoffes, auf den ersten Blick völlig nebensächlichen materiellen Dingen, mitgesteuert werden. Ich möchte an dieser Stelle nicht auf die Rolle von Privatbibliotheken für die jeweiligen Gesellschaften und die Veränderungen der Lesarten und Leseweisen eingehen! Hier möge nur der Hinweis genügen, dass seit der römischen Kaiserzeit private Bibliotheken als Leseräume in zunehmendem Maße auch Lebensräume geworden waren; und ganz in diesem Sinne dürfen wir auch die Bibliothek des Duc de Guermantes verstehen, ist sie für ihn doch zugleich Zufluchtsort und Lebensort, an dem er auch bestimmte Lebensmittel zu sich zu nehmen pflegt ... seine aufmerksame Dienerschaft weiß ja Bescheid!

Doch es geht in dieser Passage zugleich um ein Zweites: Proust führt hier – anhand heute längst vergessener Autoren wie Roger de Beauvoir oder Céleste de Chabrillon – die haptische und olfaktorische Dimension des Buches ein, das gleichsam eine eigene Konkretheit in seiner Ausstattung und Lagerung erhält, welche stärker seien als jegliche literarische oder literarhistorische Trennung und Kategorisierung. Die Bücher werden gleichsam zu Angehörigen der selben Familie, auch wenn sie eigentlich von gänzlich verschiedenen Autoren stammen. Und ist es in der Tat nicht so, dass wir uns oft an die Ausstattung, an den Duft oder Geruch, an das Berühren eines bestimmten Papiertyps erinnern oder an die

---

7 Proust, Marcel: *Contre Sainte-Beuve*, suivi de Nouveaux Melanges, préface de Bernard de Fallois. Paris: Gallimard 1954, S. 237.

Farben des Umschlages, während wir den Inhalt oder den Autornamen längst schon vergessen haben?

Die gleiche Ausstattung und die gemeinsame Lagerung gibt den Bänden eine fundamentale Gemeinsamkeit, die keineswegs nur visueller Natur ist, sondern alle Sinne anspricht und die Grenzen zwischen den Autorsubjekten sowie den Textinhalten verschwimmen lässt. So ist die Bibliothek nicht nur der Fluchtraum des Duc de Guermantes, in den er sich gerne bei einem Glas Sirup zurückzieht, sondern auch Ort einer ehemals bestehenden Beziehung zwischen Büchern von Autoren derselben Zeit, die in den Literaturgeschichten längst nicht mehr auftaucht, hier aber noch verstärkt wird dadurch, dass diese Bücher ihre eigene Zeitlichkeit und Räumlichkeit in eine gleichartige physische Körperlichkeit und Materialität umgewandelt haben; sie sind kaum mehr voneinander zu unterscheiden.

Die Erzählerfigur in Prousts *Contre Sainte-Beuve* versucht keineswegs, die Leseweise des Herzogs von Guermantes ins Lächerliche zu ziehen, sondern bezieht in ihre eigene Form des Lesens ebenfalls eine Vielzahl an lebensweltlichen und alltagsweltlichen Elementen und Details mit ein, die wir hier sicherlich einem zu erzielenden *effet de réel* zuordnen dürfen. Zugleich werden die Situationen des Lesens deutlicher und fassbarer konturiert. So heißt es denn auch wenig später von Seiten des Proust'schen Erzählers:

> Und bisweilen frage ich mich, ob noch heute meine Art zu lesen nicht wesentlich stärker jener des Herrn von Guermantes ähnelt als jener der zeitgenössischen Kritiker. Ein Werk ist für mich noch immer ein lebendiges Ganzes, mit dem ich von der ersten Zeile an Bekanntschaft mache, dem ich mit Ehrerbietung zuhöre, dem ich Recht gebe, solange ich mit ihm zusammen bin, ohne eine Auswahl zu treffen und ohne zu diskutieren.[8]

Man könnte hier also von persönlichen ‚Begegnungen mit Büchern' sprechen, die gegenüber der Begegnung mit Freunden oder der Begegnung im Rahmen der mondänen Konversation den enormen Vorteil der Schriftlichkeit besitzen. Aus unserer Perspektive entscheidend ist freilich der Hinweis darauf, dass ein Buch für den Proust'schen Erzähler ein lebendiges Ganzes ist, das heißt keineswegs etwas für immer Fixiertes, Festgestelltes, sondern eine lebendige und offene Struktur, die ein Lebenswissen nicht nur enthält, sondern auch lebendig und damit aktiv verkörpert und der Leserschaft anbietet.

Genau dies aber beinhaltet zugleich, dass das Lesen eine letztlich ergebnisoffene, weil ständig in Bewegung befindliche Aktivität ist; und da man Leben im Übrigen auch in den Naturwissenschaften nicht zuletzt dadurch definieren kann, dass es nicht in der Addition der Einzelteile aufgeht, sondern etwas mehr als

---

8 Proust, Marcel: *Contre Sainte-Beuve*, S. 238.

die Summe dieser Fragmente ist, wird deutlich, dass jede Begegnung mit einem Buch und letztlich jedes Buch auch ein Eigenleben besitzt. Es verfügt über einen eigenen Raum, eine eigene Zeitlichkeit und schließlich auch ein eigenes Leben, das natürlich auch als Lebenswissen im Buch und als Buch mit seinem Lebenswissen gespeichert ist.

Das Buch hat im Dialog mit der Leserschaft immer recht; die Leserin und der Leser hören dem Buch zu und verleihen ihm Autorität. Das Lesen wird so zu einer keineswegs asymmetrischen Angelegenheit, bei der die Leserschaft gleichsam nach Belieben Gewalt über das Buch ausüben und bestimmte Passagen vorziehen, andere verdammen könnte. Vielmehr steht das Buch mit seinem Eigenleben im Mittelpunkt und wird als Buch zu einem Lebensmittelpunkt (und Lebensmittel) für den Erzähler selbst, dessen Lektüreweise sich damit jener des Duc de Guermants annähert. Dabei – dies bliebe noch hinzuzufügen – geht es bei Proust nie um ein einziges Buch, sondern um das Gesamtwerk eines Autors und damit um ein vielstimmiges Konzert. Auch hierin aber ist Proust letztlich an einem *lebendigen* Gegenstand ausgerichtet, der dank des ihm eigenen Lebens die Initiative ergreifen, Überzeugungen aussprechen, in einen Dialog mit dem Lesepublikum treten kann und erst wieder in eine leblose Dingwelt zurückfällt, sobald der Akt des Lesens – und ich meine dies nicht nur im Iser'schen Sinne, sondern mit allen Konnotationen – zu Ende ist und verklingt.

Jorge Luis Borges oder die Faszination der Bibliothek

Als Annäherung an den argentinischen Schriftsteller Jorge Luis Borges würde ich Ihnen gerne eine kleine Passage von Alberto Manguel präsentieren, der in seiner *Geschichte des Lesens* recht früh schon auf die für ihn entscheidende Begegnung mit diesem oft als Vater der Postmoderne apostrophierten Autor zu sprechen kommt. Dabei soll uns hier nicht so sehr interessieren, wie Manguel zum Vorleser des blinden Autors wurde und welche Funktionen er dabei übernahm; vielmehr gefällt mir die Szenerie der Begegnung sehr gut, fand dieses erste Zusammenkommen – zumindest nach Aussage dieses ebenfalls literarischen Autors – doch in einer Art Bibliothek, einer Buchhandlung in Buenos Aires statt, in welcher Alberto Manguel zum damaligen Zeitpunkt arbeitete. Ich möchte Ihnen diese Begegnung gerne *à titre anecdotique* kurz vorführen:

> Eines nachmittags kam Jorge Luis Borges in Begleitung seiner achtundachtzigjährigen Mutter in den Buchladen. Er war berühmt, aber ich kannte nur wenige seiner Gedichte und Geschichten und fand sie nicht sonderlich beeindruckend. Er war fast blind, weigerte sich aber, einen Stock zu benutzen, und betastete die Buchrücken in den Regalen, als könnte er die Titel mit den Fingern lesen. Er suchte nach Büchern, die ihm helfen konnten, das Altenglische zu erlernen – seine neueste Leidenschaft. [...] Borges trat ein, begrüßte mich und reichte mir seine weiche Hand. Es wurden keine weiteren Umstände gemacht. Er setzte sich erwartungsvoll auf die Couch, während ich im Sessel Platz nahm, und mit leicht asthmatischer Stimme schlug er mir den Lesestoff für den Abend vor. [...] Heine kannte er auswendig. Kaum hatte ich ein Gedicht begonnen, fiel er mit zaghafter Stimme ein und sprach die Verse unfehlbar aus dem Gedächtnis, unsicher war er im Hinblick auf den Tonfall, nicht auf den Text. Ich hatte viele dieser Autoren vorher noch nicht gelesen, daher war das Ritual für mich interessant. Ich entdeckte Texte, indem ich sie laut vorlas, und Borges tat mit den Ohren, was andere mit den Augen tun: Er nahm die Seite in sich auf, um nach einem Wort, einem Satz oder einer Passage zu suchen, die in seinem Gedächtnis eine Spur hinterlassen hatten. Oft unterbrach er mich und kommentierte den Text, um, wie ich glaube, ihn tiefer in sich zu verankern. [...] Manches, was ich Borges vorlas, benutzte er für seine eigenen Texte. Die Entdeckung eines Geistertigers in der Kipling-Erzählung *Die Trommler der „Von und Zu"*, die wir kurz vor Weihnachten lasen, regte ihn zu einer seiner letzten Erzählungen an – *Blaue Tiger*. [...][1]

Ich möchte dieses Zitat nicht länger ausführen, denn es folgen noch viele weitere Hinweise auf Lektüren, die sich in verwandelter Form in Jorge Luis Borges' Texten finden. Die Szenerie der ersten Begegnung hat etwas Ergreifendes, macht

---

1 Manguel. Alberto: *Eine Geschichte des Lesens*, S. 27–29.

man sich klar, dass der blinde Borges, übrigens als dritter Blinder, zum Direktor der Nationalbibliothek von Buenos Aires avancierte, während ihm Alberto Manguel vor wenigen Jahren als Direktor derselben Institution nachfolgte und die erste Begegnung zwischen beiden bereits in einem Setting aus Büchern stattfand. Und es berührt eigenartig festzustellen, dass für einen, der als langsam Erblindender selbst schon nicht mehr lesen konnte, gerade das Lesen, die Lektüre, eine so entscheidende Rolle spielte. Und sie tat dies vielleicht mehr noch als für andere Autoren, wobei wir anmerken müssen, dass ein Schreiben ohne Lesen im Grunde gar nicht vorstellbar ist.

Abb. 113: Jorge Luis Borges in der Nationalbibliothek der Republik Argentinien in Buenos Aires, 1971.

Jedoch scheint vieles bei Borges zu einer Intensivierung der Leseerfahrung, der Wahrnehmungen des Leseaktes, geführt zu haben. In den kurzen Auszügen, welche dieses Kapitel eröffnen, kommt ein Ineinandergreifen von gemeinsamer lauter Lektüre, auswendigem Rezitieren, Kommentieren sowie Schreiben, und damit der zentralen Funktionen zum Ausdruck, die wir auf unserem Weg durch die Geschichten und Figuren des Lesens bereits kennengelernt hatten: Ich meine selbstverständlich die Unterscheidung zwischen *scriptor, compilator, commentator* und *auctor*.

Wir könnten diese Liste nun insoweit erweitern, als wir dem Begriff des *scriptor* jenen des *lector* an die Seite stellen, der zugleich in seiner Zusammenstellung von Texten Züge eines *compilator* annehmen oder übernehmen kann. Dann wäre dem *compilator* der Begriff oder die Funktion des *recitator* an die Seite zu stellen, der – wie wir gerade sahen – sehr wohl im Einklang mit seinem Publikum vorgehen kann. Sie merken, es lohnt sich stets, sich – von welcher Seite auch immer – mit Jorge Luis Borges zu beschäftigen! Man lernt schlicht sehr vieles über die Grundlagen von Literatur überhaupt wie auch über die Grundlagen der Literaturen der Welt.

An dieser Stelle möchte ich nur wenige biographische Hinweise zu diesem großen argentinischen Autor einfügen. Jorge Luis Borges wurde am 24. August 1899 in Buenos Aires geboren. Seine Vorfahren sind teils spanischer, teils portugiesischer Herkunft, während seine Großmutter väterlicherseits einer englischen

Methodistenfamilie entstammte. Zeitlebens wird sich Borges in besonderem Maße dem Englischen beziehungsweise Altenglischen widmen. Ausgerechnet 1914, im Jahr des Ausbruchs des Ersten Weltkrieges, reiste die Familie nach Europa und bezog ihren Wohnsitz in Genf und Lugano. 1919 knüpfte Borges auf einer Reise seiner Familie wichtige Kontakte zur spanischen und lateinamerikanischen Avantgarde. Der junge Mann ist vom kreativen Potential der historischen Avantgarden stark beeindruckt.

Nach seiner Rückkehr 1921 nach Argentinien gründet der angehende Autor erste literarische Zeitschriften, doch wird er sich von den historischen Avantgarden distanzieren und seine frühen Bände, wo ihm dies möglich war, wieder aus dem Verkehr ziehen. Man sagte ihm nach, eigenhändig Exemplare aus Bibliotheken entwendet zu haben, um seine avantgardistisch-ultraistischen Anfänge zu verbergen ... Erst 1938, nach dem Tod seines Vaters, ist er gezwungen, als Bibliothekar Geld zu verdienen, doch wird er Ende des Jahres bei einem Unfall einen Teil seines Augenlichts verlieren. Fortan wird seine Mutter zu seiner Sekretärin und hilft dem langsam Erblindenden in vielen praktischen Belangen, aber auch als moralische Stütze. Es gehört zu den für Borges' Leben charakteristischen Einschnitten, dass er 1946, im Jahr nach der Machtergreifung Peróns, aufgrund der Unterzeichnung eines antiperonistischen Manifests seines Postens als Bibliothekar enthoben und strafversetzt wird zum Geflügelinspektor der städtischen Marktaufsicht.

Doch Borges ist zu diesem Zeitpunkt – 1944 etwa hatte er den Großen Preis des argentinischen Schriftstellerverbandes erhalten – längst ein anerkannter Intellektueller, der auf seinem weiteren Weg von 1950 bis 1953 zum Präsidenten des argentinischen Schriftstellerverbandes ernannt wird. Seit den zwanziger Jahren war er durch Gedichtbände hervorgetreten, hatte sein erzählerisches Werk aber dann seit den dreißiger Jahren konsequent weiterentwickelt. Die zwei bedeutendsten Sammlungen seiner Erzählungen sind *Ficciones* (1944) und *El Aleph* (1949). Sie begründen seinen internationalen Ruhm. Die meisten dieser Erzählungen stehen in einer Traditionslinie der phantastischen Literatur, wobei es Borges gelang, durch ein ausgeklügeltes Spiel mit fremden (und zum Teil erfundenen) Texten ein Verweissystem zu schaffen, mit Hilfe dessen er die Grenzen von Fiktion und Diktion verschob und im Grunde *friktionale* Literaturformen entfaltete, die von ungeheurer Wirkkraft waren. Doch darauf komme ich zurück! Auf die mit Adolfo Bioy Casares gemeinsam verfassten oder ausgeheckten Werke kann ich in dieser Vorlesung leider nicht näher eingehen.

Nach der Absetzung Peróns wird Borges 1955 von der Militärregierung zum Direktor der Nationalbibliothek bestellt; ein Amt, das er bei zunehmender

Erblindung bis 1983 innehat. Die internationale Anerkennung – französischen und italienischen Kritikern kamen hier Pionierfunktionen zu – wuchs beständig, so dass Borges immer häufiger zu Gastdozenturen und -aufenthalten nach Europa und an die großen US-amerikanischen Universitäten eingeladen wurde. 1986 heiratete er – seine Mutter war 1975 neunundneunzigjährig verstorben – seine langjährige Sekretärin María Kodama; das Paar übersiedelt nach Genf. Dort stirbt Borges, mit internationalen literarischen Auszeichnungen und Preisen (mit Ausnahme des Literaturnobelpreises) überhäuft, am 14. Juni 1986. Seine bisweilen umstrittenen politischen Äußerungen kosteten ihn wohl nicht nur den Literaturnobelpreis, sondern auch die Sympathien seiner lateinamerikanischen Zeitgenossen; längst aber ist sein internationales Renommee auch in Lateinamerika unbestritten.

Die Rezeption lateinamerikanischer Literatur und lateinamerikanischer Autoren in Europa lässt sich zwar punktuell seit dem hispanoamerikanischen *modernismo* verfolgen, bleibt aber auch noch während der Zwischenkriegszeit unverkennbar an kleine literarische und philosophische Zirkel sowie an persönliche Beziehungen zwischen einzelnen Schriftstellern und Intellektuellen gebunden. Diese Situation beginnt sich erst mit dem Namen und Werk von Jorge Luis Borges zu verändern. Dass diese neue Phase gerade mit dem Werk des Argentiniers sowie in Frankreich und Italien einsetzt, scheint mir in vielerlei Hinsicht bedeutungsvoll; nicht nur aufgrund der Tatsache, dass Paris unverkennbar zur zentralen Drehscheibe für die Rezeption lateinamerikanischer Literaturen geworden war.

Diese Rolle der französischen Hauptstadt erstaunt dabei am wenigsten: Paris ist nicht nur, wie Walter Benjamin einmal sagte, die Hauptstadt des neunzehnten Jahrhunderts, sie ist es auch bis in die ausgehenden siebziger Jahre des 20. Jahrhunderts. Auch wenn die europäische Metropole heute nicht mehr die kulturelle Hauptstadt der Welt ist und sein kann, da ihr andere Städte wie New York den Rang abgelaufen haben, so ist die *ville-lumière* doch gerade für die Lateinamerikaner ein zentraler Referenzpunkt geblieben. Paris war das Mekka der hispanoamerikanischen Autoren des 19. Jahrhunderts; es wird auch das Mekka der Intellektuellen, Künstler und Literaten Lateinamerikas bis in die Zeit um etwa 1980 bleiben. Soviel in aller Kürze zu den geokulturellen Verschiebungen und veränderten Konsekrationsbedingungen eines weltliterarischen Systems, das sich in der zweiten Hälfte des 20. Jahrhunderts zunehmend zum viellogischen System der Literaturen der Welt mauserte.

Dabei war zu Beginn der wesentlich von Roger Caillois initiierten Borges-Rezeption durchaus noch nicht absehbar, dass die *Ficciones* oder *El Aleph* sich einmal ein breites europäisches Publikum erschließen würden, wirkten die Bände doch zunächst in den französischen Intellektuellen-Zirkeln, aus denen sich der Neo- und Poststrukturalismus entwickeln sollte. Als Motti oder Epigraphe dienten Fragmente aus Borges' Werken ungezählten Publikationen der sechziger und beginnenden siebziger Jahre als Prä-Texte – nun nicht mehr allein in Frankreich, sondern auch in anderen europäischen Ländern oder in Nordamerika. Ein lateinamerikanischer Schriftsteller war damit – weitaus mehr als die Nobelpreisträgerin Gabriela Mistral – zum gemeinsamen Bezugspunkt breiter intellektueller Kreise im internationalisierten Kulturhorizont geworden.

Jorge Luis Borges begann durch die Rezeption seiner seit Anfang der dreißiger Jahre verfassten *Ficciones* alle anderen Autoren seines Kontinents zu überstrahlen, eine Entwicklung, die durch seine zunehmend geschickter werdenden Interviews noch verstärkt wurde. Die Texte des Argentiniers verwandelten sich innerhalb kurzer Zeit gleichsam in eine Pflichtlektüre aller angehenden Autoren, aber auch der Zeitungs- und Zeitschriftenkritiker sowie des universitären Literaturbetriebs. Dies war auch für die hispanoamerikanischen Literaten eine nicht immer leicht zu verkraftende Situation, mussten doch gerade die argentinischen Schriftsteller ihr Jahrhundert – wie so schön formuliert wurde – mit Borges teilen. Man könnte daher die These wagen, dass es in Europa bezüglich der hispanoamerikanischen Literaturen zunächst zur Grundlegung eines postmodernen Lektüremusters kam, bevor andere Lektüremodi dieses Muster zeitweilig überdeckten. Wir werden sehen, wie es dazu kam und welches die textuellen Grundlagen waren, die sich hierfür als ausschlaggebend erwiesen. Die Modi der Lektüre wie die Referenzpunkte des Lesens veränderten sich in der zweiten Hälfte des 20. Jahrhunderts jedenfalls auf grundlegende Weise.

Diese Rezeption in Europa und den USA stellte gerade jene Elemente in den Vordergrund, die nicht direkt auf einen spezifisch (latein-)amerikanischen Verweisungszusammenhang hindeuten und den Kontext ihrer in Argentinien angesiedelten Genese in Szene setzen. Borges beschäftigte sich zwar sehr wohl in den verschiedensten literarischen Formen und Gattungen mit argentinischen Themen und Traditionen, doch standen diese Schöpfungen nicht im Zentrum der internationalen Rezeption. In aus europäischer Sicht durchaus legitimer Weise ging es vielmehr um den Einbau von Elementen, die mit den aktuellen Fragestellungen der philosophischen und literarischen Avantgarde der späten fünfziger und vor allem der sechziger Jahre zu verbinden waren. Die internationale Borges-Lektüre war eine sehr spezifische, insofern sie argentinische und lateinamerikanische Traditionslinien weitgehend marginalisierte oder ganz ausklammerte.

Gleichzeitig sei verwiesen auf die parallel zu diesem internationalen Lektüremuster in verschiedenen Ländern Europas zunehmend breiter geführten (und vorwiegend in den Feuilletons ausgefochtenen) Diskussionen um die heute eher skurril wirkende Frage, ob Borges eher Lateinamerikaner oder Europäer sei. Auch im akademischen Bereich wurden diese Debatten geführt. So hat

etwa in Deutschland Walter Bruno Berg dieser Frage immerhin seine Antrittsvorlesung gewidmet, ohne allerdings in Antworten zu verfallen, die vor langen
Zeiten unglücklich gegeben wurden. Jorge Luis Borges jedenfalls wurde aller
Unkenrufe, Widerstände und aller unerträglichen politischen Interviews in den
Zeiten der argentinischen Militärdiktatur zum Trotz rasch zum geistigen Vater
einer Literatur, die sich selbst bald schon als postmodern ausrief. Ohne das
hier skizzierte dominante Lektüremuster wäre diese Entwicklung nicht denkbar
gewesen.

Das freie Spiel der Texte des Argentiniers mit einer Vielzahl anderer Texte,
die Metaphorik der Bibliothek, in der gleichsam jedes Buch als potentieller Spiel-
partner des eigenen Textes verfügbar ist, sowie das hintergründige Verwirrspiel
mit Autornamen, Originalen, Kopien und Fälschungen lieferten Grundmuster
für eine neue Ästhetik, die sich in den sechziger Jahren ausgehend von Frankreich und den USA erstmals breiteres Gehör zu verschaffen wusste. Wir werden
sehen, wie es bei Borges zu dieser neuen Ästhetik kam und wie zumindest einige
Entwicklungsphasen des großen Argentiniers dafür geopfert werden mussten;
Phasen, deren Schriften von Borges selbst liebevoll kaschiert wurden und erst in
neuester Zeit wieder zugänglich gemacht worden sind.

Zweifellos ist Jorge Luis Borges längst kanonisiert und ein Klassiker! Er ist
sicherlich auch ein Klassiker der Postmoderne; und so werden wir ihn in der
Klasse, *en classe*, also in unserer Vorlesung, lesen. Über den Umgang mit Klas-
sikern hat Borges selbst sehr viel geschrieben und ein Seitenblick auf seine
Schriften lohnt immer. Es ist daher nicht uninteressant, seine Überlegungen zum
Thema in seinem Essay „Sobre los clásicos" etwas genauer unter die Lupe zu
nehmen.

Dabei werden wir bemerken, dass wir bei Borges auf ein Element treffen, dem
wir uns zu Unrecht in der theoretischen Einführung noch nicht genügend gewidmet haben: der Rezeption und der bestimmenden Kraft der Lektüre. Doch lassen
wir zunächst den Klassiker Borges selbst zu Wort kommen:

> Ein Klassiker ist jenes Buch, welches eine Nation oder eine Gruppe von Nationen oder eine
> lange Zeit beschlossen haben, so zu lesen, als wäre auf seinen Seiten alles so absichtsvoll,
> so fatal, so tief wie der Kosmos und zu endlosen Interpretationen fähig. Voraussehbarer-
> weise variieren diese Entscheidungen. Für die Deutschen und die Österreicher ist der Faust
> ein geniales Werk; für andere hingegen eine der berühmtesten Formen der Langeweile, wie
> etwa das zweite Paradies von Milton oder das Werk von Rabelais. Bücher wie das Buch
> Hiob, die Göttliche Komödie, Macbeth (und für mich einige der Sagen des Nordens) verspre-
> chen eine lange Unsterblichkeit, doch wissen wir nichts über die Zukunft, außer dass sie
> von der Gegenwart abweicht. Eine Vorliebe könnte sehr wohl ein Aberglaube sein.
> [...] Der Ruhm eines Dichters hängt, alles in allem, von der Erregung oder der Apathie
> der Generationen anonymer Menschen ab, welche ihn in der Einsamkeit ihrer Bibliotheken
> auf die Probe stellen.

> Die Emotionen, welche die Literatur erregt, sind vielleicht ewig, aber die Mittel müssen konstant – und sei es auch nur sehr leicht – variieren, um nicht ihre Stärke zu verlieren. Sie verbraucht sich in dem Maße, wie der Leser sie anerkennt. Daher die Gefahr, wenn man bekräftigt, dass es klassische Werke gibt und dass sie dies immer sein werden.[2]

Dies ist bis auf weiteres fraglos eine klassische Stelle im Werk von Jorge Luis Borges, aus der wir vielerlei Schlüsse ziehen können. Zu den wichtigsten gehört zweifellos, dass – so das schöne Oxymoron von Borges – über die mehr oder minder lange Unsterblichkeit nicht die Autoren oder die Bücher oder die Kritiker oder die Literaturwissenschaftler, sondern die Leser, die anonymen Leserinnen und Leser, in nationale oder regionale Gruppen unterteilt, urteilen und entscheiden. Die Klassiker sind also in Bewegung! Was heute klassisch ist, wird morgen vielleicht schon nicht mehr gelesen oder dient nur mehr einer gepflegten Langeweile.

Zugleich erscheint in dieser Passage die Idee der Automatisierung, wie sie die russischen Formalisten entwickelt hatten und die Entautomatisierung als grundlegendes künstlerisches Verfahren herausarbeiteten. Borges wendet dies auf den Bereich der Klassiker an und spricht hier von den *medios*, die ständig verändert werden müssten. Klassiker hängen jedenfalls, so wissen wir nun, nicht von ihrer inhaltlichen Essentialität, von ihrer menschlichen Größe, von der Humanität ihrer Anschauungen oder sonstigen substanziellen Dingen, sondern schlicht davon ab, dass sie sich unendlich vielen Deutungen, unendlich vielen Interpretationen immer wieder von neuem öffnen. Sie müssen, mit anderen Worten, polysem sein – und ich würde hinzufügen: auch polylogisch. Jedenfalls sind wir mit derartigen Überlegungen aus Borges' eigener Feder gut gewappnet für einen leider nur kurzen Durchgang durch das Werk (unter Einschluss der Rezeption) von Jorge Luis Borges, der eigentlich eine eigene, seinen Schriften wie seinem Werk einschließlich dessen Rezeption gewidmete Vorlesung verdiente!

Die Verfügbarkeit von Texten innerhalb eines internationalisierten Kulturhorizonts und die Vergleichzeitigung unterschiedlichster literarischer Epochen waren bereits im hispanoamerikanischen *Modernismo* wesentliche Aspekte einer neuen Ästhetik gewesen, welche ihrerseits in einer spezifischen Tradition Hispanoamerikas standen. Wenn auch Borges als geistiger Vater den Rückgriff auf die Großväter versperrte, wenn also Borges als Postmodernist gelesen wurde und dabei gleichzeitig die Modernisten unter den Tisch fielen, so lässt sich doch eine Rezeptionslinie und mehr noch eine Leseweise rekonstruieren, die man in ihrem weiteren Verlauf als *postmoderne Lektüre* bezeichnen könnte. In einem freien

---

2 Borges, Jorge Luis: Sobre los clásicos. In (ders.): *Nueva antología personal*. México D. F.: Siglo XXI Editores 2004, S. 224–226, hier S. 225 f.

Spiel der Texte (wie der Waren) sind alle potentiellen Intertexte unabhängig von ihren Entstehungs-Kontexten dialogisierbar, können europäische wie nicht-europäische Literaturen in derselben Weise anverwandelt werden. Aber ist dies im Schlepptau eines derart ‚neoliberalen' Textmodells wirklich der Fall?

Aufschlussreich ist in diesem Zusammenhang, dass dies im Fall von Borges gleichsam aus der Exzentrizität heraus erfolgte, dass sich also die Ränder die Literaturen der Zentren in ihrer eigenen Weise anverwandeln und dazu Position beziehen. Borges hat seinerseits zu den damit verbundenen literatur- und kulturtheoretischen Implikationen sehr hellsichtig in seinem Essay „El escritor argentino y la tradición" Stellung genommen. Es geht also ganz wesentlich um Lektüreprozesse; und wir begreifen, dass nicht nur auf einer individuellen, sondern auch auf einer kollektiven, soziologisch relevanten Ebene Lesen und Lektüren auf Asymmetrien beruhen oder diese schaffen können, so dass das Lesen – was wir freilich schon vorher wussten oder ahnten – in keinerlei Hinsicht ein harmloser Prozess ist. Wir integrieren durch Lektüre immer neue Texte, die wir für unsere eigenen Vorhaben gleichsam ausschlachten, in jedem Falle aber uns zu Eigen machen.

Für die spätere dominante Rezeptionsgeschichte – und zumal jene in Übersee, von Argentinien aus gesehen – ist die frühe Lyrik des Jorge Luis Borges nur von untergeordneter Bedeutung. Sie wurde kaum gelesen; und doch kommt ihr vor dem Hintergrund der in unserer Vorlesung verfolgten Fragestellungen eine gewisse Bedeutung zu. Dabei interessiert uns vor allem, wie Borges der Problematik von Zeit und Raum zu Leibe rückt.

In diesem Kontext sollten wir nicht vergessen, dass der an den historischen Avantgarden ausgerichtete Borges, mit dem wir es zwischen 1919 und 1923 zu tun haben, ein wesentlicher Vertreter des *ultraísmo* ist, der seine ästhetische Praxis und Reflexion in grundlegender Weise an einer Theorie der Metapher auszurichten versuchte. Die Metapher ist für ihn dabei keineswegs bloß rhetorische Figur oder literarisches Verfahren, sondern ebenso wie Induktion und Deduktion eine grundsätzliche Möglichkeit des Menschen, die Welt zu denken. Die Metapher ist daher nicht nur literarisch und poetologisch, sondern selbstverständlich auch epistemologisch und philosophisch zu sehen und zu verstehen.

Borges hat damit auf Vorstellungen aufmerksam gemacht, die erst während der letzten Jahrzehnte grundlegend untersucht wurden – denken wir etwa an Hans Blumenbergs Projekt einer Metaphorologie, welche gerade auch die Funktion der Metapher auf epistemologischem Gebiet erforscht hat. Für Borges jedenfalls ist die Metapher eine grundsätzliche Erklärungsform für die Realität und zugleich eine nicht weniger fundamentale Erkenntnisform des Menschen. Denn die Metapher ist in der Lage, verborgene Beziehungen zwischen sehr unterschiedlichen Phänomenen der Wirklichkeit aufzudecken. Diese Metapherntheorie ist keineswegs nur eine Errungenschaft des jungen Borges: Der argentinische Schriftsteller wird in seinem Gesamtwerk dieser Dimension seines Denkens und Schreibens eine große, vielleicht sogar entscheidende Rolle einräumen. Der Metapher kommt daher jene Funktion zu, welche dem Modell in den verschiedensten Wissenschaften zugedacht ist.

Der spätere Borges, jener der dreißiger Jahre, versucht aber geschickt und nicht ohne Talent, ebenso sein lyrisches Frühwerk wie auch seine Essays und Prosabände wie *El tamaño de mi esperanza* oder die Aufsätze zu Literatur und Ästhetik bewusst aus dem Verkehr zu ziehen und ungeschehen, ungeschrieben zu machen. Dies ist ihm recht gut gelungen, indem er zum Teil seine frühen Publikationen in Bibliotheken eigenhändig aus den Buchregalen entfernte oder aber in späteren Publikationen, Vorworten und Erläuterungen versuchte, völlig neue Kontexte für die frühen Veröffentlichungen – wo sie sich nicht mehr kaschieren ließen – zu erfinden. Auch legte er ebenso findig wie hinterlistig in manchen seiner Interviews falsche Fährten aus. Borges, dessen später so grundlegende Ästhetik der Fälschung weltweit Furore machen wird, ist nicht zuletzt ein begabter Fälscher seiner eigenen Schriften.

Er war längst zu einem wichtigen Mitglied der einflussreichen Zeitschrift *Sur* geworden. Seinen eigenen Weg – und von einem solchen muss man trotz allem sprechen – fand er nur, indem er gegenüber seinen frühen Publikationen einen klaren Trennungsstrich zog, ohne dass dadurch freilich jedwedes avantgardistische Element über Bord geworfen worden wäre. Vielmehr verstand er es, derartige Elemente harmlos und geschickt miteinzubauen und damit avantgardistischen Merkmalen und Verfahren eine umso stärkere, da unerwartete Subversionskraft zu sichern. In jedem Falle können wir festhalten: Jorge Luis Borges gehört zu jenen Autoren, die sich nicht nur über die Lektüre und das Lesen ungeheuer viele – und auch ungeheure – Gedanken machen, sondern welche die Lektüre ihrer eigenen Texte möglichst stark kontrollieren oder doch zumindest orientieren wollen. Er war ohne jeden Zweifel ein Fuchs im Literaturbetrieb!

Sein erster großer Gedichtband, *Fervor de Buenos Aires* von 1923, ließ sich nicht mehr wegdiskutieren. Daher entschied sich Borges, dem Text wie auch anderen der frühen Produktionen ein neues Vorwort zu geben, in dem er sich selbst ironisch eine große Kontinuität bescheinigte. Schauen wir uns dieses Vorwort im Auszug einmal an, in dem der Borges von 1969, längst zum Vater der Postmoderne geworden, dem jungen avantgardistischen Schriftsteller, der in der argentinischen Avantgarde des Martinfierrismo um die Zeitschrift *Martín Fierro* aktiv war, einige Dinge für seine spätere Entwicklung mitgab:

> Ich habe das Buch nicht wieder neu geschrieben. Ich habe seine barocken Exzesse gemildert, an seinen Rauhheiten gefeilt, habe Sensiblereien und Vagheiten gestrichen sowie im Zuge dieser bisweilen dankbaren und bisweilen unbequemen Arbeit empfunden, dass jener Junge, der das 1923 niederschrieb, im wesentlichen – und was meint schon im wesentlichen? – jener Herr war, der heute resigniert oder korrigiert. Wir sind derselbe; wir beide glauben nicht an Scheitern oder Erfolg, an literarische Schulen und an deren Dogmen; wir beide glauben ehrfürchtig an Schopenhauer, Stevenson und Whitman. Für mich präfiguriert *Fervor de Buenos Aires* alles, was ich später machte. Denn was ich durchblicken ließ, was ich irgendwie versprach, das wurde großzügig von Enrique Díez-Canedo und Alfonso Reyes akzeptiert.[3]

Borges ließ es bei solchen Gelegenheiten, wenn er sich schon gezwungen sah, einen früheren Text noch einmal aufzulegen, nicht an Geschicklichkeit fehlen. Wir merken diesem Text an, dass hier ein älter gewordener Schriftsteller sich bemüht, ein Gesamtwerk zu runden und alle Brüche zum Verschwinden zu bringen. Borges wird in Vorworten wie diesen zum Leser seiner selbst – und er bemüht sich, alles in seinem Gesamtwerk als eine Einheit erscheinen zu lassen.

Dabei ist er zweifellos gezwungen, sich in ein Verhältnis zu jenem Teil seines Werkes und Lebens zu setzen, der sich nicht so einfach ‚runden' lässt, sondern ihn deutlich als einen Ultraisten und damit als einen Vertreter der historischen Avantgarden ausweist. So verfolgt er denn eine im Text deutliche Doppelstrategie: Er feilt mit der Feile, verändert also, und bringt andererseits das Ergebnis dieser Arbeit in einen direkten Bezug zu dem, was er später ist und sein möchte – und zwar immer noch mit der Feile in der Hand. So wird aus zwei Schriftstellern einer, *el mismo*, ohne dass doch der erste verschwindet. Diese Ambivalenz, diese gerissene Offenheit ist typisch für den im Verlauf seines Lebens sehr medienerfahren gewordenen Jorge Luis Borges. Hierin ist er durchaus ein Schüler Schopenhauers und der Welt als Wille und Vorstellung.

Denn Borges spielt bewusst mit dem Schopenhauer'schen Philosophem der Vorstellung, um sein eigenes Werk als Wille und Vorstellung des späten Borges zu deuten und letztlich umzudeuten. Es gibt einen interessanten Text, den Borges wohl nicht schriftlich festhielt, den er aber in einer 1967 auf Schallplatte veröffentlichten Aufsprache des Gedichts *Fundación mítica de Buenos Aires* voranstellte; und an dieser Stelle festgehalten, dass sich in diesem kurzen Text der alte Borges noch wesentlich schärfer vom jungen Borges distanziert, der mit dem lesenden und das Gedicht ‚aufführenden' nichts mehr zu tun habe. Er sei ein anderer Borges, der nun sein eigenes Gedicht wie das Gedicht eines anderen

---

3 Borges, Jorge Luis: Fervor de Buenos Aires (1923). In (ders.): *Obra poética 1923–1977*. Buenos Aires: Emecé Editores 1977, S. 25–70, hier S. 25f.

lesen werde. Die borgesianischen Versteck- und Verwirrspiele sind, als Ergebnisse unterschiedlicher Lektüremodi, ungeheuer vergnüglich.

Borges war in jenen Jahren die Galionsfigur der Zeitschrift *Martín Fierro*, die zwischen 1924 und 1927 eine kaum zu überschätzende Rolle innerhalb des literarischen Feldes Argentiniens spielte, eine Zeitschrift, in der Gedichte der hispanoamerikanischen Avantgarden, aber auch der jungen Franzosen oder Werke von James Joyce – an dessen Texte sich Borges wohl als erster spanischsprachiger Übersetzer wagte – erscheinen. Die Autoren dieser Gruppe sind auf der Höhe der Zeit; insbesondere Borges selbst, der nicht nur Spanisch und Englisch, sondern auch Französisch, Deutsch sowie Italienisch spricht und mit den jeweiligen literarischen Entwicklungen bestens vertraut ist.

Im Laufe der zurückliegenden Jahrzehnte hat sich in der Borges-Rezeption – fast könnte man von einer *Borges Industry* sprechen – vieles geändert, besann sich doch die argentinische Literaturkritik und -wissenschaft auf ‚ihren' Borges. So hat man ihn, den man stets als „vaterlandslosen Gesellen" verunglimpfte und als den am wenigsten lateinamerikanischen Schriftsteller des Jahrhunderts ächtete, den man aus allen progressiven Zirkeln ausschloss, die sich mit den Literaturen des Subkontinents beschäftigten, nun kurzerhand zum argentinischsten aller Argentinier und Schriftsteller ausgerufen. Die einflussreiche Argentinierin Beatriz Sarlo[4] ist hierfür ein gutes Beispiel; aber auch hierzulande musste ein Karsten Garscha[5] seine früheren Einschätzungen revidieren.

Dies war ein beispielloser Vorgang, der noch immer nicht abgeschlossen ist; Borges selbst freilich war damit längst nach eigener Definition zum Klassiker geworden. Man könnte das Ganze karikieren: Nachdem die Europäer riefen, dass Borges einer der ihren sei, und die Argentinier ihnen hinüberriefen, man möge ihn gerne mitnehmen, schallt es nun aus allen Erdlöchern, Jorge Luis Borges sei wie kein anderer dem Heimatboden Argentiniens verbunden geblieben, sei der Inbegriff Argentiniens schlechthin. So geht das eben mit Schriftstellern, an deren Größe man nicht vorbeikommt: Erst will man sie geistig exilieren, und geht das nicht, dann muss man sie halt assimilieren!

Kein Zweifel: Der Reargentinisierungsprozess von Borges hat in den letzten Jahrzehnten seltsame Blüten getrieben und wird, da fällt das Prophezeien nicht

---

4 Vgl. Sarlo, Beatriz: *Jorge Luis Borges. A Writer on the Edge.* Edited by John King. London – New York: Verso 1993.

5 Vgl. den Aufsatz von Garscha, Karsten: Europa und Lateinamerika bei Alejo Carpentier. Eine polemische Revision. In: Lange, Sabine / Blaseer, Jutta / Lustig, Wolf (Hg.): *„Miradas entrecruzadas" – Diskurse interkultureller Erfahrung und deren literarische Inszenierung. Beiträge eines hispanoamerikanischen Forschungskolloquiums zu Ehren von Dieter Janik.* Frankfurt am Main: Vervuert 2002, S. 225–238.

schwer, auch in den kommenden Jahren dort, wo er noch nicht abgeschlossen ist, viel Interessantes konstruieren und basteln. Wir sollten uns davon nicht den Blick verstellen lassen und im Auge behalten, dass wir es mit einem Schriftsteller zu tun haben, der auf überzeugende Weise die spezifischen Traditionen seiner Herkunft mit Filiationen der Literaturen der Welt kombinierte und auf spielerische Art die literarischen Bewegungsräume seiner Zeit beträchtlich erweiterte. Gerade deshalb erscheint Borges unterschiedlichen Nationen in unterschiedlichem Licht; und genau deshalb ist Borges gemäß seiner eigenen Definition ein Klassiker, lässt sein Werk doch unendliche Deutungen und Interpretationen zu. Jorge Luis Borges ist zugleich, einen Buchtitel von ihm selbst variierend, *el otro* und *el mismo*.

Der argentinische Literat selbst hat sich zu dieser Problematik, wie nicht anders zu erwarten, mehrfach geäußert. Am wortgewaltigsten und einflussreichsten tat er dies wohl in seinem bereits erwähnten Essay „El escritor argentino y la tradición". In diesem ursprünglich als Vortrag konzipierten Text wird in gewisser Weise der doppelte Borges sichtbar und zusammengedacht: zum einen der Borges zwischen 1919 und etwa 1935, mit dem wir uns gerade beschäftigt haben, und andererseits jener Borges, der dann ab 1935 sich von den argentinischen Inhalten abwandte und den Grundstein für seinen universalen Ruhm durch die Behandlung universaler Themen legte. Dies ist die mythische Genese des postmodernen Borges, jenes argentinischen Schriftstellers, der – wie sein Biograph Emir Rodríguez Monegal meinte – zu so etwas wie einem Guru, einem postmodernen Guru, wurde, der auf seinen unzähligen Vortragsreisen durch die USA und Europa bisweilen frenetisch gefeiert wurde. Klar ist, wie wir sahen, dass Borges selbst versuchte, diese vor 1935 liegende Zeit zu verdunkeln oder doch einige Spuren zu verwischen und durch neue, künstliche, mythische Spuren zu verdecken.

In „El escritor argentino y la tradición" geht Borges auf Fragestellungen ein, die sich mit T. S. Eliot in Verbindung bringen ließen, der bereits darauf hingewiesen hatte, dass Homers *Odyssee* nicht mehr ohne die Erfahrung von James Joyce *Ulysses* zu lesen sei; eine Tatsache, der sich noch immer viele Altphilologen verschließen. Eliot hatte ganz allgemein darauf aufmerksam gemacht, dass die literarische Vergangenheit von den Veränderungen der Gegenwart und Zukunft her gedacht und verändert, konstruiert und konzipiert wird. Die literarische Vergangenheit als heute stets neu zu schaffender Raum, in welchem jeder Schriftsteller sich seine eigenen Vorläufer schafft: Dies ist ein zentraler Gedanke, der im Gesamtwerk von Jorge Luis Borges ein durchgängiges Leitmotiv bildet.

Nicht zuletzt anhand dieser Beispiele sehen wir, welch überragende Bedeutung Borges der Lektüre und den Leseprozessen als kreativen, gestaltenden Kräften beimisst. Daher hat auch die Postmoderne sehr wohl das Recht, ,ihren'

Borges für sich zu reklamieren, schafft doch auch sie ihre eigene Vergangenheit neu und findet in jenem argentinischen Schriftsteller, der heute als der argentinischste der Argentinier in Argentinien gefeiert wird, jene Entrückung vom Kontextuellen, jenes unabschließbare Spiel der Differenz und der aufschiebenden Diffärenz (also *différance* im Sinne von Jacques Derrida), welche unsere Ästhetik und literarische Wahrnehmung seit den sechziger Jahren so entscheidend geprägt haben.

Borges wendet sich in diesem Text entschieden gegen alle Vertreter des Autochthonen, die nur so die Schaffung einer autochthonen Literatur für möglich halten würden. Ihnen hält er entgegen, dass Mohammed keine Kamele in den Koran aufnehmen musste, um dieses Buch zu einem arabischen Buch zu machen – ein Satz, den wir uns merken dürfen wie vieles, was Borges sich an Einsichten in den langen Jahrzehnten seiner literarischen Arbeit ausgedacht hat! Obwohl im Koran vielleicht doch auch Kamele vorkommen könnten ...

Bekanntlich sind die wirklichen Europäer nicht die Europäer selbst, sondern die Lateinamerikaner. Denn ein Brite, ein Deutscher, ein Franzose, ein Italiener überblickt nicht die gesamte europäische Kultur, sondern sieht immer wieder vor allem das Nationale und bleibt rückgebunden an seine nationale Kultur- und Literaturtradition. Nicht so der Argentinier! Ihm steht alles zur Verfügung, er kann sich auf alles einlassen, kann mit allem spielen und über alles frei bestimmen. Goethes *Faust* kann ihm als genial erscheinen und doch ein Akt gepflegter Langeweile sein.

Dies ist eine Idee, die verblüffend einfach und in ihren Konsequenzen mehr als weitreichend ist. Mit ihr aber wird die Autorität des vermeintlichen Zentrums subtil untergraben. Denn im selbsterklärten Zentrum weiß man nicht mehr über dieses, sondern höchstens über einige seiner Provinzen. Sind die Europäer also noch die Hüter ihres kulturellen und literarischen Erbes?

Mit Borges gesprochen sind Zweifel angebracht; denn nur aus der vermeintlichen Peripherie kann man das Zentrum überblicken, kann man die Gesamtheit einer wirklich *europäischen* Kultur durchleuchten. Eben hier liegt die eigentliche Bedeutung jener Sätze, welche Borges gleichsam autobiographisch und familiengeschichtlich im Schnittpunkt der verschiedensten Herkünfte und Traditionen zeigen. Es ist auch diese spezifische Position, die seine eigene Selbsteinordnung, aber auch seine ästhetischen Fundamente wesentlich mitbestimmt:

> Daher wiederhole ich, dass wir keine Angst haben und etwa nicht denken sollten, dass unser kulturelles Erbe das Universum ist; wir müssen es mit allen Themen versuchen und können uns nicht auf das Argentinische verlegen, um Argentinier zu sein: denn entweder

ist Argentinier zu sein eine Fatalität, und in diesem Falle sind wir es auf alle Fälle; oder das Argentinier Sein ist eine bloße Affektiertheit, eine Maske.

Wenn wir uns, so glaube ich, diesem willentlichen Traum der künstlerischen Schöpfung überlassen, dann werden wir Argentinier sein und zugleich gute oder erträgliche Schriftsteller.[6]

Damit sind die Positionen von Jorge Luis Borges abgesteckt und auch all die Fragen beantwortet, ob Borges nun ein Argentinier sei oder nicht. Die Frage selbst ist eigentlich schon absurd, postuliert sie doch eine Essenz, eine Wesenheit, welche nichts mit der Komplexität einer Kultur zu tun hat. Derlei Kram mag bei Anhängern der *Alternative für Deutschland* oder, meist schlimmer noch, bei den *Identitären* verfangen, welche von einer einheitlichen und homogenen Identität träumen, die es so weder gab noch die es jemals geben wird! Seit zwei Jahrzehnten habe ich immer wieder gegen das Konzept der Identität und dessen Gefährlichkeit angeschrieben, gleichviel ... Die selbsterklärten Hüter derartiger Identitäten mögen sich nur ehrlich im Spiegel betrachten und ihre eigene Familiengeschichte durchforsten! Doch beschäftigen wir uns nicht länger mit diesen *schlechten* Fiktionen von Identität, die in unseren Gesellschaften genügend Unfug verbreiten und Unheil anrichten! Denn vor diesem Hintergrund von Borges' brillantem Essay sind wir nun gut gerüstet, uns mit den *guten* Fiktionen, den berühmten *Ficciones* von Jorge Luis Borges, auseinanderzusetzen.

Nun, in der modernen Konsumgesellschaft, so Roland Barthes, bleibe es allein Kindern, Alten und Professoren unbenommen, einen Text mehrfach zu lesen. Die *relecture* aber überwinde nicht nur die Mechanismen der Konsumgesellschaft, sie sei – und dies ist eine für Barthes typische paradoxe Formulierung – auch die einzige Möglichkeit, den Text vor der Wiederholung zu retten, denn: „Diejenigen, die auf das Neulesen verzichten, zwingen sich, überall dieselbe Geschichte zu lesen."[7]

Barthes bestreitet nicht nur nachdrücklich die Möglichkeit einer ersten Lektüre in einem absoluten Sinne, sondern insistiert auf einer Lektürekonzeption, die nicht mehr Konsum, sondern Lustgewinn[8] und Spiel sein solle: „Sie ist nicht länger Konsum, sondern Spiel (jenes Spiel, das die Wiederkehr des Differenten ist)."[9] Nähern wir uns folglich in diesem Sinne spielerisch den Texten von Borges an!

---

6 Borges, Jorge Luis: El escritor argentino y la tradición. In (ders.): *Obras completas 1923–1972.* Buenos Aires: Emecé Editores 1974, S. 267–274, hier S. 273f.

7 Barthes, Roland: *S/Z*, S. 22f: „ceux qui négligent de relire s'obligent à lire partout la même histoire."

8 Ebda., S. 171.

9 Ebda., S. 23: „elle n'est plus consommation, mais jeu (ce jeu qui est le retour du différent)".

Denn die Thematik der Lektüre als kreatives, nicht nur sinn- sondern auch textproduzierendes Spiel findet sich in jenen kurzen Texten, die Jorge Luis Borges nicht nur in Lateinamerika, sondern seit Ende der vierziger Jahre auch in Frankreich und Italien, und spätestens seit den sechziger Jahren weltweit bekannt machten: den *Ficciones*. Sie tragen ihre Einordnung als Fiktion im Titel sozusagen offen vor sich her, und gerade deshalb ist Vorsicht geboten, denn Jorge Luis Borges ist mit allen Wassern der Literaturtheorie gewaschen!

Die Klassifikation als Fiktion schließt die Fiktion der Klassifikation in ihr Spiel mit ein. Wer als Schriftsteller seine Texte als Fiktionen deklariert, könnte möglicherweise andere Ware darin schmuggeln. Bekanntlich hat Michel Foucault einen Text des Argentiniers, „El idioma analítico de John Wilkins" (der sich seinerseits auf eine chinesische Enzyklopädie bezieht), zum Ausgangspunkt seiner epistemologischen Untersuchungen in *Les mots et les choses* gemacht; getragen von jenem „Lachen, das bei seiner Lektüre alle Vertrautheiten unseres Denkens aufrüttelt".[10] Wir finden hier bereits eine Technik von Borges, die durchaus der (historischen) Avantgarde entlehnt ist, aber innerhalb neuer Kontexte nun neue Wirkungen entfaltet. Es handelt sich um die im Gewand des Logischen daherkommende Akausalität, welche die Deregulierung abendländischer Logik zum Ziel hat. Genau darum wirkt bei Borges die Akausalität vielleicht noch stärker als in den deklariert avantgardistischen Texten als Dekonstruktion des Logischen, des Kausalen, des Rationalen, des Selbstverständlichen. Die *eine* Logik wird aufgelöst, es beginnt das Spiel des Viellogischen.

Das Hintergründige eines (klassifikatorischen Verwirr-) Spiels zeigt sich bereits in der ersten von Borges' *Ficciones*: „El acercamiento a Almotásim", das schon 1936 in Borges' „libro de ensayos" *Historia de la eternidad* als Essay erschien,[11] 1941 in die Sammlung *El jardín de senderos que se bifurcan* und zusammen mit dieser dann 1944 in die *Ficciones* aufgenommen wurde, gibt sich als Rezension des Romans *The approach to Al-Mu'tasim* eines gewissen Mir Bahadur Alí aus Bombay zu erkennen. Und zumindest die Legende will, dass Adolfo Bioy Casares,[12] der später an manchem literarischen Verwirrspiel Borges' beteiligte argentinische Autor, dieses vorgeblich rezensierte Buch vergeblich in England zu ordern versucht habe. Zurecht betonte Rodríguez Monegal die

---

10 Vgl. hierzu ausführlich Ette, Ottmar: Die Listen Alexander von Humboldts. Zur Epistemologie einer Wissenschaftspraxis (Vortrag am Freiburger FRIAS im Juli 2019).

11 Rodríguez Monegal, Emir: *Borges. Una biografía literaria*, S. 295.

12 Vgl. ebda., S. 240. Auch der uruguayische Kritiker und Borges-Kenner scheint sich die bibliographischen Angaben zu diesem von Borges erfundenen Buch nach der Erstlektüre des „Essays" notiert zu haben. Borges trieb ein kluges Spiel mit der Glaubwürdigkeit vermeintlich nicht-fiktionaler Texte.

Wichtigkeit der „Erfindung" Borges', habe dieser doch damit ein Format erfunden, das unzweifelhaft originell sei.[13] Es habe sich dabei um eine Vermischung des traditionellen Essays mit der literarischen Fiktion gehandelt,[14] die wir auch als Aufhebung der Grenzen zwischen Fiktionalität und Faktizität bezeichnen könnten.

Sehen wir uns die Wirkungen dieses literarischen Vorgehens einmal näher an! Die von Rodríguez Monegal erzählte Anekdote zeigt, dass dieser kurze Text sowohl diktional-referentiell (als bibliographische Referenz beziehungsweise als Essay) als auch fiktional (wie eine Erzählung) gelesen werden konnte. Sein – um mit Roland Barthes zu sprechen – *effet de réel*[15] beruht nicht so sehr auf der Einbeziehung einer Vielzahl geschichtlicher Ereignisse oder lebensweltlicher Details (wie etwa bei Balzac), sondern weit mehr auf der imitativen Annäherung an die literaturkritische Textsorte der Rezension. Und diese gilt bei der Leserschaft bekanntlich als eine nicht-fiktionale Gattung.

Dieses Verfahren einer Fiktionalisierung diktionaler Bezugstexte führt der Text so überzeugend aus, dass ein Leser rasch zum Opfer seiner (ersten) Lektüre werden kann und dem Autor gleichsam auf den literaturkritischen Leim geht; alles ist eine Frage literarischer Glaubwürdigkeit. Man sollte im Übrigen auch keineswegs von einer Mischung unterschiedlicher Gattungen, sondern von einer grundlegenden Hybridität dieses Textes (und anderer „Erzählungen" in seinem Gefolge) sprechen. Doch allein dies kann noch nicht die verlässliche Glaubwürdigkeit eines solchen Textes gewährleisten.

Denn wenn auch die Fiktionalisierung des diktionalen Modells das textgenerierende Grundmuster eines solchen Schreibens darstellt, wird doch das Diktionale nicht einfach ins Fiktionale überführt und damit eine homogene Form erzeugt. Es ist vielmehr der hintersinnige Umgang mit anderen, hier diktionalen Texten, die in ihrer Andersartigkeit nicht aufgelöst werden, was einen wesentlichen Grundzug der verschiedenartigen *Ficciones* ausmacht. Dabei taucht auch hier als Effekt der Lektüre eine notwendige Entautomatisierung als Grundzug auf, erfordert das verstehende Lesen doch zugleich eine Distanzierung vom Schreib- wie auch Lesemodell, eine Distanzierung auch vom mimetischen und referentiellen Anspruch etwa der Textsorte Rezension, so dass es umgekehrt dazu kommen kann, dass man als erfolgreicher Borges-Leser Rezensionen bisweilen nur mehr als fiktionale Textsorte liest, die nicht weniger fiktionale Bücher behandelt.

---

13 Ebda.
14 Ebda.
15 Vgl. Barthes, Roland: L'effet de réel. In (ders.): *Le bruissement de la langue. Essais critiques IV.* Paris: Seuil 1984, S. 167–174 (ursprünglich 1968 in der Zeitschrift *Communications* erschienen).

Doch damit nicht genug! Denn umgekehrt wird es ebenso möglich, diese Form fiktionaler Literatur gegenläufig als literaturwissenschaftliche oder literaturtheoretische Erörterung zu lesen, so dass hier nicht nur die unterschiedlichsten Schreib-, sondern auch Leseformen sowie die oszillierenden Bezugsmöglichkeiten zwischen Diktionalem und Fiktionalem realisiert werden. So heißt es beispielsweise am Ende dieser „Fiktion":

> Man versteht, wie ehrenvoll es ist, dass ein aktuelles Buch sich von einem alten ableitet: Da es (wie Johnson sagte) niemandem gefällt, seinen Zeitgenossen etwas zu schulden. Die wiederholten, aber unbedeutenden Kontakte des *Ulysses* von Joyce mit der *Odyssee* des Homer hören noch immer – ich werde niemals verstehen warum – auf die leichtfertige Bewunderung der Kritik [...]. Ich hingegen signalisiere in aller Bescheidenheit einen weit entfernten und doch möglichen Vorläufer: Isaak Luria, den Kabbalisten aus Jerusalem, der im 16. Jahrhundert ausposaunte, dass die Seele eines Vorfahren oder Meisters in die Seele eines Unglücklichen einziehen könne, um diesem Stärkung oder Belehrung zu bringen.[16]

Diese Textpassage ist auf den ersten Blick gänzlich harmlos gebaut, gibt sie doch vor, einen philologischen Befund eines von sich selbst nicht ganz uneingenommenen Literaturwissenschaftlers darzustellen. Das hier auftauchende Ich ist natürlich das des Erzählers, das zugleich aber auch das Ich im diktionalen Sinne des Verfassers dieses Textes ist; sozusagen eine literaturwissenschaftliche Instanz, die freilich für die Angabe ihrer Quellentexte, ihrer intertextuellen Beziehungen, keine näheren Angaben liefern muss. Denn hier werden die literarischen Vorgänger gleichsam direkt geschaffen.

Es ist aufschlussreich, dass die literaturtheoretischen Ausführungen in derartigen Publikationen des argentinischen Erzählers überwiegend an Bezügen der Texte zu anderen (literarischen) Texten ausgerichtet sind und damit jenes Netzwerk der Literatur entfalten, das später – seit der Einführung des Begriffs durch Julia Kristeva in den sechziger Jahren – als Intertextualität bezeichnet worden ist. Die Intertextualität trat, ungeachtet ihrer sehr unterschiedlichen Definitionen, an die Stelle der Intersubjektivität auch in dem Sinne, dass es nicht mehr um die Intentionen eines Autorsubjekts, sondern um die Materialität der Texte geht. So ist es deren Spiel, das im Vordergrund steht, nicht die Absichten oder Befindlichkeiten, Wünsche oder Obsessionen von Subjekten. Dies implizierte in einem philosophiegeschichtlichen Sinne eine Abkehr von der abendländischen Subjektphilosophie.

An diesem Punkt knüpfen auch die literaturtheoretischen und ästhetischen Essays von Borges an, und genau diese Fragestellung wird in jener Erzählung

---

16 Borges, Jorge Luis: El acercamiento a Almotásim. In (ders.): *Nueva antología personal*. México D. F.: Siglo XXI Editores 2004, S. 69–75, hier: S. 74.

aufgenommen und auf die Spitze getrieben, die Borges definitiv berühmt machen und die Literaturwissenschaftler und Kulturtheoretiker aller Länder bis heute in Atem halten sollte: „Pierre Menard, autor del Quijote". Dies war eine *Ficcion*, welche Borges' Renommee als postmoderner Autor wie kein anderer Text in Europa und den USA befestigen sollte.

Schon der Titel dieses kurzen, wohl 1939 verfassten Textes, der auf Nîmes 1939 datiert ist, hat ebenso wie die Datierung – in der sich der reale Autor Borges mit dem dargestellten fiktiven Autor Pierre Menard vermischt – etwas Verwirrendes. Denn der im Titel genannte Pierre Menard ist, so weiß doch selbst jeder jugendliche Leser, keineswegs der Autor des Quijote. Es scheint sich, schon im Titel erkennbar, um eine Fälschung zu handeln. Doch die Dinge liegen wesentlich komplexer ...

Denn vom ersten paratextuellen Element an, dem Titel, wird die Beziehung zwischen Text und Autorschaft, zwischen dem Text und seinen Bezugstexten sowie zwischen Original und Fälschung vieldeutig hergestellt. Vom Titel an befinden wir uns also in einer Welt, die geradezu ausschließlich am Bereich der Literatur – wir könnten auch sagen am literarischen Raum – ausgerichtet zu sein scheint. Im Grunde befinden wir uns schon in Borges' berühmter Bibliothek, der Umberto Eco in *Il nome della rosa* mit seiner Figur des Jorge de Burgos ein hintergründiges literarisches Denkmal errichtet hat.

Zu Beginn des Silvina Ocampo, der Seele der Zeitschrift *Sur*, gewidmeten Textes erscheint eine Schreibweise oder schriftstellerische Formel, die wir aus Borges' *Ficción* „Acercamiento a Almotásim" bereits gewohnt sind. Schauen wir uns daher gleich den ersten Abschnitt, gleichsam das *incipit* dieses Epoche machenden Textes, einmal näher an, da bereits in ihm wesentliche Grundstrukturen der gesamten Erzählung erkennbar sind:

> Das *sichtbare* Werk, das dieser Romancier hinterlassen hat, lässt sich einfach und kurz aufzählen. Es sind daher die Weglassungen und Hinzufügungen unverzeihlich, die Madame Henri Bachelier in einem trügerischen Katalog vornahm, welche eine gewisse Zeitung, deren *protestantische* Tendenz kein Geheimnis ist, die Rücksichtslosigkeit besaß, ihren beklagenswerten Lesern vorzusetzen – mögen diese auch wenige und calvinistisch, wo nicht Freimaurer oder Beschnittene sein. Die wahrhaftigen Freunde von Menard haben diesen Katalog mit Bestürzung und gar mit einer gewissen Trauer gesehen. Man würde sagen, dass wir uns erst gestern vor dem finalen Marmor und den unheilvollen Zypressen versammelten, und schon versucht der *Irrtum*, sein *Andenken* zu trüben ... Ganz entschieden ist denn eine kurze Berichtigung unvermeidlich.[17]

---

17 Borges, Jorge Luis: Pierre Menard, autor del Quijote. In (ders.): *Obras completas 1923–1972*, Buenos Aires: Emecé Editores 1974, S. 444–450, hier S. 444.

Hatte der Titel bereits eine Vielzahl von Beziehungen zwischen literarischen Texten aufgerufen, so wird dieses Spiel im ersten Absatz des Textes nunmehr auf einer anderen Ebene weitergeführt: der der Literaturkritik oder Literaturwissenschaft. Denn in diesen Zeilen wird philologische Genauigkeit in einem Medium gefordert, das anders als der protestantische Zeitungsverlag Achtung und Autorität genießt.

Wie Sie sehen, will der Ich-Erzähler – auch hier benutzt Borges dieselbe der Diktion angeglichene Formel – dem Andenken von Pierre Menard Genüge tun und den Irrtum aus dem Andenken an diesen französischen Schriftsteller verbannen; ein Irrtum, der durch einen Katalog, eine Bibliothek, wir könnten auch sagen eine bibliographische Auflistung hineingeraten zu sein scheint, welche eine gewisse Madame Henri Bachelier von den Werken Pierre Menards erarbeitet haben soll. Der Text situiert sich damit explizit auf einer literaturkritischen oder literaturwissenschaftlichen Ebene, gibt sich als *rectificación* aus und macht es zu seinem erklärten Ziel, die aufgehäuften Fehler vorheriger Forscher oder Forscherinnen zu beseitigen, denen im Übrigen ebenso wie ihren Veröffentlichungsorganen ein gewisser böser Wille, ja ein quasi-religiöses Ketzertum unterschoben wird.

Damit ist von Beginn an die Ebene der historischen Wahrheit herausgehoben, eine Ebene, zu der sich der gesamte Text in Beziehung setzt oder setzen lässt. Um die eigene Autorität zu unterstreichen, ordnet sich der Ich-Erzähler den authentischen Freunden des verstorbenen Pierre Menard zu und untermauert die Legitimität seines Tuns mit dem im Textverlauf mehrfach unterstrichenen direkten Bezug zu eben jenem Menard, um dessen Werk (wenn auch nicht Leben) es im Folgenden geht. Sie sehen, wir haben es mit einem engagierten Philologen zu tun!

Dabei wird freilich von Beginn an eine klare Scheidung innerhalb des Werkes von Pierre Menard vorgenommen. Bereits der erste Satz spricht vom *sichtbaren* Werk Menards, so dass damit implizit eine Aufteilung zwischen sichtbarem und unsichtbarem Werk aufgeworfen wird. In der Tat verteilen sich die dem sichtbaren wie dem unsichtbaren Werk des französischen Autors gewidmeten Teile des borgesianischen Textes einigermaßen spiegelsymmetrisch auf die Gesamtheit von „Pierre Menard, autor del Quijote"; doch dies wird erst im weiteren Verlauf der Lektüre deutlich.

Im Folgenden wirft der Ich-Erzähler die Problematik seiner eigenen *autoridad* auf, was sehr ambivalent gedeutet werden kann, ist unter dieser doch ebenso seine Autorität als Literaturkritiker und Philologe, der über Menard Bescheid weiß, als auch seine Autorschaft bezüglich seines eigenen literarischen Textes zu verstehen. Damit erscheint eine weitere Isotopie innerhalb des Textes, jene, die bereits im Titel geradezu signalhaft in dem Wörtchen *autor* verkörpert war und in der Tat im Zentrum nicht nur des Titels, sondern des gesamten Textes steht: die Frage nach Autorität und Autorschaft. Bereits in den ersten Sätzen von „Pierre Menard, autor del Quijote" bemerken wir, dass wir mit einer ganzen Reihe postmoderner Charakteristika und Fragestellungen – oder solchen, die später als ‚postmodern' identifiziert wurden – konfrontiert werden. Doch das Spiel dieses Textes hat gerade erst begonnen …

Die eigene Autorität wird durch eine Gegenfigur zu Madame Henri Bachelier – deren Name als *bachelor* schon Bände spricht – gestützt, nämlich durch die Baronesse de Bacourt, in deren Salons der Ich-Erzähler offenkundig Pierre Menard persönlich kennengelernt hatte. Zusätzlich wird auch die Comtesse de Bagnoregio aufgeboten, die ebenfalls die Position des Ich-Erzählers bestärkt und dessen Einbettung in einen mondänen gesellschaftlichen Zusammenhang unterstreicht. Der Name der Zeitschrift, in welcher die Comtesse veröffentlicht, sagt alles! „Luxe", Ausdruck einer mondänen und gewiss auch aristokratisch-exklusivistischen Gesellschaft, wenn auch die Comtesse ihrerseits – wohl wegen Geldmangels – einen Bürgerlichen, vielleicht gar einen reichen Juden aus Pennsylvania heiraten musste. All dies sind Anspielungen auf eine Welt, wie sie Marcel Proust in seinen Werken wenige Jahre zuvor wiederholt eindrucksvoll entworfen hatte. Damit wird deutlich gemacht, in welcher Atmosphäre sich ebenso der Ich-Erzähler wie auch Pierre Menard selbst bewegten, und ein gesellschaftlicher Horizont konturiert, der glaubwürdig eine aristokratisch geprägte Gesellschaft im soziologisch analysierbaren Wandel zeigt.

Der Ich-Erzähler hat aber auch Zugang zum Privatarchiv Pierre Menards, ist also aufgrund seiner Zugehörigkeit zum Kreis des Autors ein enger Vertrauter und Leser seiner Schriften. Daher setzt er gegen den Katalog von Madame Henri Bachelier einen eigenen Katalog, der in chronologischer Anordnung alphabetisch durchnummeriert von A bis S die Teile des *sichtbaren* Werkes Pierre Menards auf philologisch fundierte Weise aufzählt.

So entsteht zunächst eine Kontextualisierung des Autors Pierre Menard, aber auch jener Schrift, um die es eigentlich laut Titel in dieser Erzählung zu gehen scheint, nämlich den *Quijote*, der gerade nicht in den von A bis S durchnummerierten bibliographischen Angaben auftaucht. Die erste (bibliographisch erfasste) Angabe ist auf das Jahr 1899 datiert; nicht ganz zufällig das Geburtsjahr von Jorge Luis Borges selbst. Es handelt sich dabei um ein symbolistisches Gedicht Pierre Menards, wodurch uns der Dichter zusätzlich zu seiner südfranzösischen Herkunft eingeordnet erscheint in jenen Kreis von Dichtern und Theoretikern, deren höchste Gestalt im französischsprachigen Bereich sicherlich Paul Valéry war. Alle Angaben verweisen auf einen textextern von der Leserschaft überprüfbaren Kontext, der leicht nachvollzogen werden kann und somit die Autorität des Ich-Erzählers stützt.

Die zweite bibliographische Angabe enthält bereits den Verweis nicht mehr auf ein fiktionales, sondern diktionales Werk Menards, in dem es um die Schaffung eines von der Alltagssprache abgesetzten dichterischen Vokabulars und damit um sprach- und dichtungstheoretische Erörterungen geht. Bald schon wird deutlich, dass im Zentrum des sichtbaren wie des unsichtbaren Werkes Menards weniger der direkte ‚eigene' literarische Ausdruck, als vielmehr die Beschäftigung mit Texten und Ansichten anderer Autoren steht. Ziel ist die Erstellung eines Vokabulars, das ausschließlich dichterischen Notwendigkeiten dient – und nicht mehr denen alltagssprachlicher oder pragmatischer Kommunikation. Auch dies ist ein weiterer Hinweis auf die spezifische Abtrennung poetologischer Natur, die den Dichter- und Autorenkreis zu charakterisieren scheint, mit dem wir es hier zu tun haben und den wir durchaus bereits jetzt dem Charakteristikum der Immanenz im Sinne des Katalogs postmoderner Kennzeichen von Ihab Hassan[18] zuordnen dürfen.

Eine dritte bibliographische Angabe siedelt das Schaffen Menards definitiv im philosophischen Bereich an, geht es hier doch um eine Erörterung der Verbindungen und Affinitäten – wobei auch hier wieder intertextuelle Aspekte im Vordergrund stehen – zwischen dem Denken von Descartes, Leibniz und John Wilkins, mit denen sich der reale Autor Jorge Luis Borges im Übrigen intensiv auseinandersetzte. Nach einem weiteren Werk Menards zu Leibniz folgt eine Publikation zum Schachspiel, wobei Pierre Menard eine Veränderung vorschlägt, empfiehlt, erörtert und schließlich wieder verwirft, so dass diese Erörterungen über das Spiel letztlich nicht auf eine Veränderung der Praxis des Schachspiels, sondern allein auf dessen logische Möglichkeiten abgestellt zu sein scheinen.

Eine Monographie über die *Ars magna generalis* des Raimundus Lullus schließlich führt uns in den Bereich esoterisch-mystischen Denkens, schlug der berühmte mittelalterliche katalanische Mystiker und Gelehrte – er lebte von 1235 bis 1315 – doch vor, im kystisch-kombinatorischen Unterfangen seiner *Ars magna generalis* mit Hilfe einer Maschine die Zeichen des Alphabets in allen denkbaren Abfolgen zusammenzustellen; eine Idee, die bei Borges in verschiedenen Variationen wiederkehrt und vielleicht in *La Biblioteca de Babel* ihren höchsten Ausdruck gefunden hat. Es folgt eine Übersetzung einer von Ruy López de Segura 1561 veröffentlichten Abhandlung über die Kunst des Schachspiels, wobei diese Thematik damit ein weiteres Mal auftaucht und selbstreferentiell auf die logisch-kalkulatorische Dimension nicht nur der Poetik von Pierre Menard,

---

18 Vgl. Hassan, Ihab: *The Dismemberment of Orpheus: Toward a Postmodern Literature*. Oxford UK: Oxford University Press 1971.

sondern auch Jorge Luis Borges – und zwar auch im Sinne einer fundamentalen Legetik – aufmerksam macht. Alle Teile des sichtbaren Werkes des französischen Autors sind auf direkte wie indirekte Weise mit dem Schaffen des großen Argentiniers verbunden.

Übersehen wir dabei nicht, dass das für die Geschichte des Schachspiels wichtige Werk – und hierauf liegt der Akzent – von Pierre Menard *übersetzt* wird, so dass zusätzlich zur eigentlich literarischen und literaturtheoretischen Arbeit auch eine weitere intertextuelle Beziehungsmöglichkeit erscheint, die in der Form der Übersetzung ebenfalls im Gesamtwerk von Borges allgegenwärtig. Zugleich wird ein Beziehungsmodell vorgeführt zwischen einem Text des 16. Jahrhunderts und seinem Hypertext des 20. Jahrhunderts, parallel zur Beziehung zwischen Menard und dem großen Roman von Miguel de Cervantes.

Wir können aus Zeitgründen nicht alle bibliographischen Verweise hier erwähnen und auflisten; wichtig aber scheint mir die Tatsache, dass hier ein literarisch-philosophischer Raum aufgespannt wird, innerhalb dessen sich das *unsichtbare* Werk Pierre Menards ansiedelt. Gleichzeitig gibt dieser Raum Aufschlüsse über jenen literarischen und philosophischen Bereich, innerhalb dessen sich „Pierre Menard, autor del Quijote" selbst situiert. Dabei fehlen auch spezifisch literaturwissenschaftliche Abhandlungen nicht, die in einflussreichen Publikationsorganen der Romania beziehungsweise Romanistik veröffentlicht wurden. Innerliterarisch entscheidend ist dabei die Tatsache, dass Pierre Menard wohl jenen Schriftstellertypus verkörpert, von dem sich sagen lässt, dass er sich auf den verschiedensten Gebieten profilierte und eine klare Trennung zwischen seinen fiktionalen und diktionalen, literarischen, literaturtheoretischen und literaturwissenschaftlichen Texten bewusst verwischte. Die Grenzen zwischen diesen Bereichen werden hierbei nicht gänzlich unkenntlich gemacht; gerade auch die in der Bibliographie, im borgesianischen Katalog mit seiner scheinbaren Logik mehrfach verzeichnete Tätigkeit der Übersetzung macht auf den polyvalenten Charakter des schriftstellerischen Tuns Menards und seine ständige Beziehung auf zuvor existierende Texte aufmerksam. Literatur ist aus Literatur gemacht, Schreiben ohne Lesen unmöglich; Intertextualität ist das schlagende Herz dieser Literaturkonzeption!

Selbstverständlich hat Pierre Menard auch eine Abhandlung über ‚Die Probleme eines Problems' geschrieben und bezieht sich dabei auf ein Paradoxon, das Borges sehr lieb und teuer war: das von Achill und der Schildkröte. Die philosophische Denkform des Paradoxons ist dem Text also bereits auf dieser Ebene eingeschrieben. Dabei wird auch erwähnt, dass Menard in einem literaturwissenschaftlichen Aufsatz betont hatte, dass Tadel und Lob Gefühlsäußerungen seien, welche mit Kritik nichts zu tun hätten – auch dies eine Äußerung, die der Text in seiner objektiven Sprache als seine eigene poetologische Grundlage zu verstehen scheint. Natürlich darf auch eine Übertragung von Paul Valérys *Le Cimetière marin* nicht fehlen! Ein Gedicht, an dem sich in den zwanziger Jahren übrigens der Mexikaner Alfonso Reyes unter dem Titel *El poema de la memoria* versucht hatte und ein Unterfangen, das ihn im Übrigen auch zu seiner Ausarbeitung von *Ifigenia cruel* führte. So verbirgt sich hinter dieser intertextuellen Referenz und der erneuten Einbeziehung der Übersetzung als Paradigma von Textbeziehungen auch eine Reverenz gegenüber dem großen, von Borges sehr geschätzten mexikanischen Autor.

Schließlich findet sich auch ein Angriff Menards auf eben jenen Paul Valéry in Jacques Rebouls *Blättern zur Unterdrückung der Realität*, in denen die Kehrseite von Menards wirklicher Meinung über Valéry zum Ausdruck komme. Dies bedeutet, dass Aussagen des Textes nicht für wirkliche oder wahre Aussagen des Autors genommen werden dürfen; ein deutliches Warnschild, das Borges hier in den dreißiger Jahren allen seinen Leserinnen und Lesern aufstellt! Gemäß seiner Zugehörigkeit zu aristokratischen Salons fehlen natürlich auch huldigende Sonette Menards an die Adresse seiner Salon-Prinzessin nicht, die im Jahre 1934 erschienen sein sollen.

Den Abschluss bildet eine handgeschriebene Liste von Versen, die ihre Wirkung der Interpunktion verdanken, wobei hier in schöner literaturwissenschaftlicher Tradition eine Anmerkung des Autors beigegeben ist. Dort wird auf fiktive Werke Pierre Menards hingewiesen, die bei Madame Henri Bachelard erwähnt seien, wobei die Existenz einer Übersetzung des Franz von Sales nicht dem unsichtbaren Teil von Menards Werk zugeordnet wird. Zugleich wird damit ein Übergang zum zweiten Teil des Menard'schen Schaffens am Ende dieser Liste oder Katalogs geschaffen.

Dann wendet sich der Ich-Erzähler entschlossen dem *unsichtbaren* Werk des Pierre Menard zu; jenem Teil, den er als das vielleicht bedeutendste Werk unserer Zeit bezeichnet, obwohl oder gerade weil es fragmentarisch, unvollendet, unabgeschlossen und offen blieb und auf den ersten Blick keinerlei sichtbare Spuren hinterließ. Auch an dieser Stelle finden wir also jene Ebene des Fragments vor, dessen reflektierte Bearbeitung zu den Charakteristika postmodernen Schreibens zu zählen scheint – ohne dass ich Borges in meinen Überlegungen auch nur andeutungsweise als einen postmodernen Autor stilisieren möchte. Doch bevor wir uns diesem zugleich unsichtbaren und paradoxerweise wichtigeren Teil des Schaffens von Pierre Menard zuwenden, sollten wir uns zusätzliche Gedanken zur Funktion dieses ersten, auf den ersten Blick viel unscheinbareren Teiles der Erzählung von Jorge Luis Borges machen.

Denn die Funktion dieses innerliterarischen Raumes, der hier skizziert wird, ist sicherlich als zu vereindeutigend beschrieben, wenn wir ihn nur als jenen europazentrierten abendländischen Bereich bezeichnen, als welcher er so lange gedeutet worden ist. Immerhin wendet sich der Text in spanischer Sprache an einen Leser, der sich offenkundig für die französischen Originaltexte interessiert, für den jedoch diese Texte gleichsam übersetzt werden. Damit ist der Text selbst ein Zeugnis jener Übersetzungsakte, welche bereits Pierre Menards Schaffen ausgedrückt hatte. Denn Menard hatte sich stets nicht nur dem englischsprachigen, sondern gerade auch dem spanischsprachigen Bereich zugewandt und auf diesem Gebiet seine grundlegenden Beziehungen entwickelt.

Damit ließe sich aber wiederum die Position des ex-zentrischen Schriftstellers in Argentinien verbinden, der gerade nicht dadurch zum Argentinier wird, dass er die äußerlichen Zeichen seiner *argentinidad* (sozusagen die Kamele im Sinne Mohammeds) ostentativ hervorkehrt, sondern seine Offenheit gegenüber der Welt insgesamt zum Ausdruck bringt. Denn auch diese europazentrierte Welt gehört zum kulturellen Erbe, an dem die *argentinidad* und der argentinische Schriftsteller partizipieren; gerade er, der argentinische Autor, scheint in besonderer Weise berechtigt, eine Gesamtvision dieses kulturellen Erbes zu (re)präsentieren. Daher halte ich es auch nicht für unabdingbar, das ,Argentinische' dieses Textes aus einer nicht gerade leicht zu erhärtenden und zu belegenden Beziehung des Textes zur *literatura gauchesca* abzuleiten. Dahinter steht letztlich der Gedanke, dass auf irgendeine Weise doch die Präsenz des Argentinischen sichtbar werden müsse an eben jenen Topoi der *argentinidad*, mit denen sich Borges zugegebenermaßen sehr intensiv beschäftigte.

Setzen wir uns nun aber mit dem zweiten Teil der Erzählung und des Werkes von Pierre Menard, dem *unsichtbaren* Teil, auseinander, so bemerken wir zunächst, dass im Text nirgends das Wörtchen *invisible* auftaucht, wie es eigentlich zu erwarten gewesen wäre. Mit dieser enttäuschten Lesererwartung wird das Unsichtbare gleichsam schon im Unsichtbaren seiner Benennung sichtbar gemacht, ja erscheint nur als umso sichtbarer, als es nicht benannt wird. Denn offenkundig ist, dass es sich hierbei um das unsichtbare Werk handelt; und die Vermeidung der Bezeichnung stärkt im Grunde nur die aktive Anwendung dieser Vokabel durch den Leser auf diesen zweiten Teil. Nun fragt sich, wie man ein unsichtbares Werk lesen kann! Wie Borges selbst dies tat, wie er also für ihn selbst unsichtbare Texte las, wissen wir ja bereits. Aber was ist mit einer allgemeinen Problematik des Lesens, die hier aufscheint?

Erneut ist es eine Abwesenheit, die auf eine Präsenz verweist. Jedenfalls scheint es mir wichtig, dass Jorge Luis Borges' Äußerungen in „El escritor argentino y la tradición" mit ihrem eigentlich unerhörten Anspruch darauf, dass dem argentinischen Schriftsteller die gesamte abendländische Tradition zur Verfügung stehe, sich auf diesen literarischen Text beziehen lässt. Denn damit ist zugleich die argentinische Komponente im westlich-abendländischen Bereich der Literaturen der Welt aufgehoben und wiederum ex-zentrisch verschoben; erst aus der sogenannten Peripherie, so könnte man meinen, werden die wahren Traditionsstränge abendländischer Texte und Kontexte sichtbarer und sie perspektivisch sichtbar gemacht. Um ein solches Sichtbarmachen des Unsichtbaren geht es in „Pierre Menard, autor del Quijote" und gleichzeitig um ein Lesbarmachen und damit um eine Lektüre jenseits traditioneller Lektüreregister und -perspektiven.

Jaime Alazraki hat vor Jahren in einem nicht uninteressanten, wenn auch etwas eng umrissenen Aufsatz darauf aufmerksam gemacht, dass sich das Gesamtwerk von Jorge Luis Borges wie eine Art Umsetzung der Theorien von Gérard Genette zur Intertextualität lesen lasse:[19] Alle Formen jener intertextuellen Bezüge, die Genette in seiner eigenen Theorie als Hypertextualität bezeichnet, lassen sich im Werk des Argentiniers nachweisen. Umgekehrt aber könnte man behaupten, dass Gérard Genette seinerseits seine zentrale Metapher des Palimpsests von Borges bezog; denn am Ende seines Buches *Palimpsestes. La littérature au second degré*[20] machte Genette darauf aufmerksam, dass sich diese Textmetapher bereits in Borges' „Pierre Menard, autor del Quijote" finden lässt. Sehen wir uns die Schlusspassage von *Palimpsestes* an, wo sich Genette zu einem „offenen Strukturalismus" bekennt[21] und sein Buch über die unterschiedlichsten Formen der Intertextualität ausklingen lässt mit dem Hinweis auf den großen Meister Borges und dessen grundlegenden „Pierre Menard"! Wir erkennen, wie die Immanenz zugleich die Textualitätstheorie oder besser das Dogma von der Textualität berührt:

> Dieses Buch muss man nicht nur wiederlesen, sondern wiederschreiben, und wäre dies wie bei Menard Buchstabe für Buchstabe. So verwirklicht sich die borgesianische Utopie von einer Literatur in perpetueller Transfusion – einer transtextuellen Übertragung, welche sich selbst beständig in ihrer Totalität und als Totalität präsent wäre, in der alle Autoren nur ein einziger Autor wären und alle Bücher ein einziges weites Buch, ein einziges unendliches Buch. Hypertextualität ist nur einer der Namen für diese nicht abreißende Zirkulation der Texte, ohne welche die Literatur nicht eine Stunde lang der Mühe wert wäre. Und wenn ich sage: eine Stunde ...[22]

---

19 Vgl. Alazraki, Haime: El texto como palimpsesto: lectura intertextual de Borges. In: *Hispanic Review* LII, 3 (summer 1984), S. 281–302.
20 Vgl. Genette, Gérard: *Palimpsestes. La littérature au second degré*. Paris: Seuil 1982.
21 Ebda., S. 452: „structuralisme ouvert".
22 Ebda., S. 453.

Dabei interessiert uns wenig, dass Genette in dieser Passage manche Anspielung auf seinen erstmals 1964 erschienenen Text über Borges eingeflochten hat; ein Essay, der wohl weit mehr noch als Blanchots *Le livre à venir* zum Bekanntwerden von Borges beigetragen hat und bis heute lesenswert geblieben ist. Sehen wir uns jedoch näher an, welche Praktiken Borges uns in seinem Text anvertraut, dessen Lektüre im Übrigen weniger als eine Stunde braucht, dessen von ihm ausgehende Intertextualität aber eine Lektürezeit beansprucht, die – so lässt sich vermuten – leicht ein Menschenleben übersteigt.

Beim unsichtbaren Werk von Pierre Menard handelt es sich um das neunte (dort taucht der fiktive Autor Sidi Hamete Benengeli auf) und das achtunddreißigste Kapitel des ersten Teils von *Don Quijote de la Mancha* nebst einem Fragment des zweiundzwanzigsten Kapitels. Eine solche Behauptung zu rechtfertigen, die wie barer Unsinn klinge, sei – so unser Erzähler – „der Hauptzweck dieser Notiz" („de esta nota"). Wie denn, das unsichtbare Werk ist ein Stück aus Cervantes' *Don Quijote*? Ist Pierre Menard also Cervantes oder ein Autor, der sich hinter diesem Namen versteckt und sich als der ‚eigentliche' *Auctor* des ersten Romans der europäischen Moderne entpuppt?

Keineswegs! Angeregt zu seiner unsichtbaren literarischen Arbeit wurde Menard von einem Fragment des Novalis, so der gelehrte Erzähler, der auf dessen Dresdner Ausgabe aufmerksam macht, und welches das Thema der totalen Identifikation mit einem Autor einführt. Weitaus einflussreicher als alle Aktualisierungen bekannter Stoffe – etwa „Don Quijote an der Wall Street" – sei Pierre Menard das Vorhaben Alphonse Daudets vorgekommen, in seiner Figur des Tartarin die Figuren Don Quijotes und Sancho Panzas miteinander zu verschmelzen. Wir befinden uns also in einer schier unendlichen Kette, in der nicht nur eine Vielzahl direkter Bezugstexte, sondern auch Bezugstexte für die Lektüre weiterer Texte aufgerufen und dazu noch kreativ angeeignet werden. Es bildet sich ein einziges, unendliches Buch ...

Dabei geht es keineswegs um die Abfassung eines zeitgenössischen *Don Quijote*, also um so etwas wie James Joyce *Ulysses* in Bezug auf den Ursprungstext Homers. Nein, hier werden die Beziehungen zwischen Bezugstext und eigenem Text nicht mehr als Beziehung zwischen Quelle oder Ursprung und beeinflusstem Text – und damit in der Quellen- und Wassermetaphorik – gedeutet! Was ist dann aber das Projekt des Pierre Menard? Der Ich-Erzähler gibt uns eine ebenso eindeutige wie verwirrende Antwort, die zugleich durch eine Antwort des fiktiven Verfassers, von Pierre Menard selbst, verdoppelt wird:

> Er wollte nicht einen anderen Quijote komponieren – was einfach wäre –, sondern den *Quijote*. Unnütz hinzuzufügen, dass er niemals eine mechanische Transkription des Originals ins Auge fasste; er nahm sich nicht vor, den Text zu kopieren. Seine bewundernswerte

Ambition bestand darin, Seiten zu produzieren, welche – Wort für Wort und Zeile für Zeile – mit denen von Miguel de Cervantes übereinstimmten. „Meine Absicht ist schlicht erstaunlich", schrieb er mir am 30. September 1934 aus Bayonne. „Der schließliche Endzweck einer theologischen oder metaphysischen Demonstration – die äußere Welt, Gott, die Kausalität, universale Formen – ist nicht weniger vorgängig oder allgemein als mein höchst verbreiteter Roman. Der einzige Unterschied besteht darin, dass die Philosophen in angenehmen Bänden die zwischengeschalteten Etappen ihrer Arbeit veröffentlichen und ich beschlossen habe, diese zu verlieren."[23]

Nur am Rande sei hier vermerkt, dass die Problematik des Wieder- oder Neuschreibens biographisch in Borges' Leben keinen geringen affektiven Platz einnahm, hatte ihn doch sein der britischen Wert- und Literaturwelt verpflichteter Vater bei seiner eigenen Erblindung – noch konnte der Sohn lesen – gebeten, sein literarisches Werk fortzuschreiben und zu Ende zu bringen; ein Auftrag, dem sich der junge Borges wie der alte Schriftsteller wohl zeit seines Lebens verpflichtet wusste. Schon früh hatte sich bei Borges weniger die nietzscheanische Frage ‚Wer spricht?' als diese andere, noch beunruhigendere Herausforderung gestellt: ‚Wer schreibt?'

Damit wird zum einen deutlich, dass die Arbeit des Pierre Menard nicht nur in keinster Weise die einer simplen Aktualisierung oder Transposition, sondern ebenso wenig die einer schlichten Kopie oder Fälschung ist. Er geht nicht vom Ursprungstext aus und versucht, genau diesen in seiner eigenen Schrift wiederherzustellen, sondern greift zunächst zurück auf seine eigenen Schreib- und mehr noch Lesemodi, um sich durch eine Reihe von Zwischenschritten, die ihrerseits getilgt und vernichtet werden, dem Ideal des *Quijote* so sehr anzunähern, bis beide Schriften gleichsam miteinander verschmelzen und eins werden. Wir könnten in der Terminologie Gérard Genettes sagen, dass es sich dabei um einen Akt handelt, der nicht wie die Parodie vom Bezugstext ausgeht, um diesen zu transformieren, sondern zum Bezugstext hinführt, nur dass es hierbei zu einer wesentlich radikaleren Beziehung kommt, bei der nicht nur eine Annäherung, sondern gleichsam eine Verschmelzung aus der Distanz stattfindet. Die Zielstellung Menards ist folglich ambitioniert und das von Borges ersonnene Verfahren originell.

Die ursprünglich von Menard erdachte Methode, gründlich Spanisch zu lernen, den katholischen Glauben wiederzuerlangen, gegen die Mauren oder Türken zu kämpfen und zusätzlich die Geschichte Europas zwischen 1602 und 1918 zu vergessen, zielte zunächst auf die Dimension des Autors Miguel de Cervantes und dessen spezifische Erlebnisse und Erfahrungen. Es ging ihm also zunächst um ein ‚Miguel de Cervantes-Sein'. Eine derartige Vorgehensweise,

---

23 Borges, Jorge Luis: Pierre Menard, autor del Quijote, S. 446 f.

aus der dann gleichsam notwendig über die Identifikation mit dem Autor eine Textgestalt erscheinen müsste, die mit der des *Quijote* übereinstimmt, wird von Menard als „zu leicht" verworfen. Dabei betont der Ich-Erzähler, dass das Vorhaben von vorneherein unmöglich gewesen sei, so dass es innerhalb des Unmöglichen durchaus verschiedene Formen der Herausforderung gegeben habe. Welche Methode aber bietet sich dann an?

Pierre Menard, wie sollte es anders sein, stellte sich der größten und anspruchsvollsten Herausforderung: Er wollte auf keinen Fall im 20. Jahrhundert ein populärer Schriftsteller des 17. Jahrhunderts sein! Sein Weg, so wird zunehmend klar, führt nicht über die Instanz des Autors, sondern gerade an ihr vorbei. Diese Ausklammerung der Autorfigur ist ebenso aufschlussreich wie paradox, führt doch gerade sie dazu, dass Pierre Menard – wie der Titel es uns schon verkündete – selbst zum Autor des *Quijote* wird (oder zumindest werden kann).

Es geht also darum, „durch die Erlebnisse Pierre Menards zum *Quijote* zu gelangen", wie der Ich-Erzähler formuliert. Sein Vorhaben, so gesteht der fiktive Pierre Menard unserem nicht weniger fiktiven Ich-Erzähler, sei im Grunde nicht schwierig, müsse er doch nur unsterblich sein, um dieses Vorhaben in seiner Gesamtheit in die Tat umzusetzen. Pierre Menards Werk blieb Fragment, doch hat sich durch dieses Fragment selbst wiederum die Lesart des *Don Quijote* beim Erzähler selbst verändert, glaubt er doch nun bei der Lektüre von Miguel de Cervantes' Roman, es nicht mehr mit dessen Schrift, sondern der Pierre Menards zu tun zu haben: Menard ist zum Autor des *Quijote* geworden.

Das Interessante an Pierre Menards Versuch besteht nicht zuletzt darin, dass seine eigene ästhetische Filiation von Poe, Baudelaire, Valéry und *Monsieur Teste* in Vaterschaft hergeleitet, keineswegs mit der Position des *Quijote* übereinstimmt. Seine Aufgabe ist mithin weitaus schwieriger als die von Cervantes, schrieb dieser doch seinen Roman spontan, während Menard diesen Text nun in einem bewussten Akt wortwörtlich niederzuschreiben und wiederzuschreiben versucht. Das Problem dabei ist, dass nicht umsonst dreihundert Jahre seit Niederschrift des ersten *Quijote* ins Land gezogen sind: Vieles hat sich in der Zwischenzeit verändert, nicht zuletzt durch die Existenz des *Quijote* selbst, wie Pierre Menard bemerkt.

An dieser Stelle fügen sich jetzt die Wertungen des Ich-Erzählers ein, der unmissverständlich darauf aufmerksam macht, um wieviel plumper doch das Werk des Cervantes im Vergleich zu dem Fragment gebliebenen unsichtbaren Vorhaben seines Freundes Pierre Menard sei. Und es folgt eine Untersuchung des achtunddreißigsten Kapitels von Cervantes' *Quijote* mit dessen Rede auf die Waffen und die Wissenschaften, die *armas y letras*. Pierre Menards Quijote spricht sich identisch wie Cervantes' Quijote für die Waffen aus, tut dies im Unterschied zu jenem aber in einer Zeit, in der Bertrand Russell schrieb oder Julien Benda seine *Trahison des clercs*, seinen *Verrat der Intellektuellen* verfasste, in dem es 1927

vor dem Hintergrund der veränderten Funktion der Intellektuellen in der Nachfolge der Dreyfus-Affäre um die Herausbildung eines verantwortlichen Typus von
Schriftsteller und Intellektuellen innerhalb der Gesellschaft ging.

Hintersinnig verweist der Ich-Erzähler dabei jedoch auf die Tatsache, dass
es eine Lieblingsbeschäftigung Pierre Menards gewesen sei, genau jene Ideen zu
propagieren, die das genaue Gegenteil seiner Lieblingsideen waren. Ein deutliches Beispiel hierfür ist aus dem sichtbaren Teil seines Werkes die erwähnte
Diatribe gegen Paul Valéry, den Menard in der Tat verehrte und mit dem ihn eine
unzertrennliche Freundschaft verband. Wie lässt sich nun das Verhältnis zwischen Cervantes' und Menards textidentischen *Quijotes* denken? Handelt es sich
dabei schlicht um eine Identität, das heißt um ein Ineinsfallen beider Fassungen?
Dies ist mitnichten der Fall:

> Der Text von Cervantes und jener von Menard sind wortwörtlich identisch, aber der zweite
> ist geradezu unendlich reicher. (Zweideutiger, werden seine Gegner sagen; aber die Zwei-
> deutigkeit ist ein Reichtum.)
>
> Es ist eine wahre Enthüllung, vergleicht man den Don Quijote von Menard mit dem von
> Cervantes. Dieser etwa schrieb (Don Quijote, Erster Teil, neuntes Kapitel):
>
> *... die Wahrheit, deren Mutter die Geschichte ist, Nebenbuhlerin der Zeit, Aufbewah-*
> *rungsort der Handlungen, Zeugin der Vergangenheit, Exempel und Mahnung des Gegenwärti-*
> *gen, Hinweis der Zukunft.*
>
> Im 17. Jahrhundert und vom „ungelernten Ingenium" des Cervantes niedergeschrieben,
> ist diese Aufzählung ein bloßes rhetorisches Lob der Geschichte. Menard hingegen schreibt:
>
> *... die Wahrheit, deren Mutter die Geschichte ist, Nebenbuhlerin der Zeit, Aufbewah-*
> *rungsort der Handlungen, Zeugin der Vergangenheit, Exempel und Mahnung des Gegenwärti-*
> *gen, Hinweis der Zukunft.*
>
> Die Geschichte, *Mutter* der Wahrheit; diese Idee ist erstaunlich. Menard, ein Zeitge-
> nosse von William James, definiert die Geschichte nicht als eine Untersuchung der Realität,
> sondern als deren Ursprung. Die historische Wahrheit ist für ihn nicht das, was geschah;
> sondern das, von dem wir annehmen, dass es geschah.[24]

In dieser eindrucksvollen Passage wird der Leserschaft – also uns – in aller Deutlichkeit vorgemacht, wie ein identischer Text, bei dem kein Komma verändert und
kein I-Pünktchen verschoben wurde, doch nicht identisch ist. Durch die zeitliche
Verschiebung, eine Bewegung, die Jacques Derrida später als *différance* bezeichnen sollte, werden völlig neue Kontexte aufgerufen, die wiederum dem identischen
Text andere semantische Aufladungen, auch andere Kontrastierungen bezüglich
nur für ihn existierender Kontexte mitgeben. Sie merken, warum es keinen guten
Grund dafür gibt, die Philosophie als Leitschule und Vorgabe der Postmoderne
anzusehen, ist doch die Literatur jenes Archiv, das offeneren Regeln gehorcht und

---

24 Borges, Jorge Luis: Pierre Menard, autor del Quijote, S. 449.

all jene Verfahrensweisen experimentell ausprobiert, die später in den Wissenschaften – und insbesondere auch in der Philosophie – auf den Begriff gebracht und damit zumindest zu einem großen Teil auch fixiert und fest-gestellt werden! Dann aber ist ein postmodernes Schreiben fast schon historisch geworden.

Also gilt, in Abwandlung von Verlaine: *De la littérature, avant toute chose!* Dabei möchte ich betonen, dass die hier vorgeführte Stelle sich keineswegs nur auf den Begriff der *différance* von Derrida beziehen ließe, sondern ebenso auch auf eine Unzahl anderer Begriffe, die landläufig ebenfalls für die Postmoderne herhalten müssen. Es scheint mir wichtig, gerade an dieser Passage diese Beziehung herauszuarbeiten, um zu verstehen, welch enorme Attraktivität und Faszination die Texte von Jorge Luis Borges auslösen mussten, die – wie wir sahen – nicht nur Michel Foucault oder Maurice Blanchot, sondern auch Gérard Genette und sicherlich auch Jacques Derrida in ihren Bann zogen und so wichtige Begrifflichkeiten wie die Archäologie Foucaults, die Hypertextualität Genettes oder die Diffärenz Derridas mitprägten.

Lassen Sie mich hier einen sehr kurzen Exkurs, nur einen Verweis im Grunde, auf die Zusammenhänge mit späteren Theoriebildungen im Frankreich der sechziger Jahre geben, welche wir mit Manfred Frank[25] als Neostrukturalismus bzw. als Poststrukturalismus bezeichnen könnten und die mit der 1968 veröffentlichten Textsammlung der Gruppe *Tel Quel* in der *Théorie d'ensemble* ein erstes Mal weithin sichtbar gipfelten. Wie beeindruckend die Nähe zwischen Julia Kristevas Texttheorie, Roland Barthes' Tyrannenmord am Autor und Jacques Derridas Spiel von *différence* und *différance*, ungeachtet aller metaphorischen Verschiebungen zwischen Geweben und Spuren, zu diesem Zeitpunkt noch war, mag ein kurzer Auszug aus Jacques Derridas Beitrag zur *Théorie d'ensemble* zeigen, wo es heißt:

> Von neuem. Die *différance* ist, was bewirkt, dass die Bewegung der Bedeutung nur möglich ist, wenn jedes sogenannte „gegenwärtige" Element, das auf der Bühne der Präsenz erscheint, sich auf etwas anderes als sich selbst bezieht und dabei an sich selbst die Markierung des vergangenen Elements bewahrt und sich schon von der Markierung seiner Beziehung zum künftigen Element prägen lässt, wobei sich die Spur nicht weniger auf das, was man Zukunft, als auf das, was man Vergangenheit nennt, bezieht, und auf diese Weise durch diese Beziehung zu dem, was es nicht selbst ist, eben das, was man die Gegenwart nennt, konstituiert.[26]

Die von Derrida auch in diesem Essay ins Werk gesetzte Dekonstruktion geht, wie deutlich erkennbar ist, von Vorstellungswelt und Begrifflichkeit der

25 Vgl. Frank, Manfred: *Was ist Neostrukturalismus?* Frankfurt am Main: Suhrkamp Verlag 1983.
26 Derrida, Jacques: La différance. In Barthes, Roland / Baudry, Jean-Louis / Derrida, Jacques (e. a.): *Théorie d'ensemble*. Paris: Seuil 1968, S. 41–66, hier S. 53.

Saussure'schen Linguistik aus und zeigt in derselben Bewegung deren Insuffizienz auf. Wir haben es also mit einer fundamentalen Kritik an den Grundlagen des Strukturalismus und der Identitätsphilosophie zu tun. Die bei Saussure Bedeutung erzeugende Differenz (*différence*) zwischen den einzelnen Elementen wird – durch das Sprachspiel des Neologismus *différance* – zugleich zu einer zeitlichen Verschiebung, welche die synchronische (und als geschlossen behauptete) Struktur in der Form eines ständigen Differierens der Relationen sprengt. Diese Temporalisierung oder Verzeitlichung ist aber entscheidend für die Sichtweise Derridas und für seine Kritik nicht allein des Strukturalismus, sondern auch der abendländischen Philosophie der Identität und des Subjekts.

Denn damit kommt die Bedeutung nie zur Ruhe, wird niemals fixiert oder fest-gestellt, sondern – ähnlich wie in Julia Kristevas Texttheorie – in einen niemals abschließbaren Bedeutungsprozess hineingezogen. Die Gegenwart ist somit zu keinem Zeitpunkt präsent, sondern wird ständig differiert, verschoben, in Vergangenheit oder Zukunft ausgelagert. Die Spuren verweisen noch auf diesen Prozess. Dadurch aber wird gerade infolge der Anlehnung an Vorstellungen des klassischen Strukturalismus dessen von Derrida behauptete logozentrische, noch von der Sinnpräsenz ausgehende metaphysische (Sinn-)Struktur aufgebrochen und für die unabschließbare Bewegung jenseits des Identischen geöffnet. *Différance* und „Spur" werden zusammen mit einem radikalisierten Textbegriff zu Grundelementen dessen, was man als poststrukturalistisches Denken bezeichnen darf; oder jedenfalls als ein Denken jenseits des Strukturalismus und weit mehr noch der abendländischen Subjektphilosophie.

Gestatten Sie noch eine kurze Anmerkung zur Begrifflichkeit! Manfred Frank hat hierfür bekanntlich die des Neostrukturalismus vorgeschlagen, der mir freilich in seiner Begriffsdeutung als neuer Strukturalismus irreführend zu sein scheint. Seiner Analyse des Derrida'schen Begriffs der Spur und des Textbegriffs, die den französischen Philosophen über die Konzeptionen eines Lévi-Strauss weit hinausführt, schließe ich mich jedoch an:

> „Texte", sagt Derrida, sind immer Transformationen anderer Texte; Zeichen sind immer Umwandlungen anderer Zeichen. Das sagte [...] Lévi-Strauss im *Finale* der *Mythologiques* fast in den gleichen Worten. Aber der Unterschied seiner von der Derridaschen Formulierung ist, dass bei ihm die Transformation die Struktur intakt läßt, während sie sie bei Derrida in Mitleidenschaft zieht. Und warum? Weil für Derrida – durch den Gedanken der Unterschiedenheit – zugleich ausgemacht ist, dass kein Zeichen – wie er sagt – sich selbst unmittelbar gegenwärtig ist.[27]

---

27 Vgl. etwa Frank, Manfred: *Was ist Neostrukturalismus?*, S. 95.

Genau dies hat die oben zitierte Passage aus der *Théorie d'ensemble* vorgeführt. Aber ich hoffe, dass Ihnen diese zeitliche Verschiebung bereits früher, im literarischen Text von Jorge Luis Borges, die besprochene Bedeutungsverschiebung vielleicht noch schöner, anschaulicher, sinnlicher vor Augen geführt hat!

Mir ist bewusst, dass es nicht ganz einfach ist, aus dem Stand derartige Überlegungen und Philosopheme nachzuvollziehen; doch schien es mir verlockend, den Zugang gerade nicht über die Philosophie, sondern die Literatur zu wählen und gleichsam Borges als jene Leiter zu benutzen, mit Hilfe derer wir zu Derrida und zur Dekonstruktion gelangen können. Zumal es eine Leiter ist, die bereits Jahrzehnte früher von der Literatur zur Verfügung gestellt wurde. Die Philosophie brauchte sich ihrer nur noch zu bedienen! Wir werden jetzt aber nicht wie der Philosoph Wittgenstein diese Leiter wieder wegwerfen, sondern ihre Beschaffenheit weiter sehr genau beobachten, uns also weiter mit Borges' „Pierre Menard, autor del Quijote" beschäftigen, da wir in diesem Text quasi einen Grundlagentext für das Lesen und die Lektüre im 20. wie im 21. Jahrhundert erkannt haben.

Das oben genannte Zitat von Borges macht nicht nur so ganz nebenbei darauf aufmerksam, dass der Reichtum eines Textes gerade nicht in seiner Prägnanz, seiner Eindeutigkeit, seiner Kohärenz besteht, sondern dass es gerade die Ambiguität und mehr noch Polysemie, die vielfältige Deutbarkeit ist, die seine Bedeutungsvielfalt begründet. Damit treten wir in eine Ästhetik ein, die – wie der Text unmittelbar im Anschluss aufzeigen wird – nicht mehr vom Gegensatz zwischen Identität und Differenz determiniert wird. Die aus Borges' Text zitierten Passagen sind identisch und sie sind different, und sie sind beides zusammen! Genau aus dieser Bewegung heraus erzeugt sich durch die Verschiebung auf der Zeitachse ein unabschließbares Spiel von Bedeutungsveränderungen, mit dem der Ich-Erzähler hier spielt.

So entsteht ein Text, der – um es in Borges' eigener Sprache zu sagen – zugleich *el mismo* und *el otro* ist, die grundlegende Unterscheidung also aufgibt, die in der Identitätsphilosophie von so zentraler Bedeutung war. Für die Literatur und ihre Poetologie wie Ästhetik bedeutet dies, dass kein Bruch mit dem Alten, also etwa mit den Traditionen gesucht wird, sondern diese Traditionen gerade gebraucht werden, um durch die Entstehung eines Netzwerks von kleinen Verschiebungen eben jenes Sich-Fortschreiben der Bedeutungen zu erzielen, in dem Pierre Menard tatsächlich zum Autor des *Quijote* werden kann, ohne dass es dabei um das Subjekt Pierre Menard gehen muss.

Offensichtlich ist natürlich auch, dass wir es bei diesen Verschiebungen mit einem Lektürephänomen zu tun haben, dass also die *différance* in diesem Fall durch den Leser und dessen Relationierung des Textes mit anderen Kontexten bewirkt wird. Das ist durchaus eine Idee, die sich wiederum mit Vorstellungen der Rezeptionsästhetik verbinden ließe, ja selbst noch offen wäre für Ingardens Rede von der Konkretisation oder mit Gadamers Anschauung von Hermeneutik. Ich fürchte nur, dass wir gerade im Bereich der Rezeptionsästhetik in eine Sackgasse geraten würden, in der schon über lange Jahre an immer wieder denselben Ecken Licht gemacht worden ist, um zu beweisen, dass es einen Weg nach außen gibt. Ich will mit diesem Hinweis nur darauf aufmerksam machen, dass wir keineswegs eine dekonstruktivistische Ästhetik oder Philosophie benötigen, um Borges lesen zu können. Hans Robert Jauss' seltene und späte Bemerkungen zu Borges weisen freilich keinen Weg, sondern sind nur hilflose Signale eines seiner selbst nicht bewussten Eurozentrismus.[28] Wir könnten aber Borges sehr gut dafür nutzen, einen gewissen Schematismus der Philosophie wiederum spielerisch aufzulösen und in Bewegung zu setzen.[29]

Sicherlich könnten wir auch einiges zum obigen Borges-Zitat selbst anmerken, denn hier geht es in der zweiten Lektüre des Zitats in der Tat um einen neuen Begriff von Wahrheit und von Geschichte, die beide im Zentrum der Postmoderne-Debatte heute stehen. Ebenso der *truth-claim*, der Anspruch auf Wahrhaftigkeit, wie der Anspruch auf historische Faktizität und geschichtliche Wahrheit sind in den vergangenen Jahrzehnten in eine tiefe Krise geraten, die sich immer mehr verschlimmert hat. Längst sind *alternative facts* nicht nur im politischen Leben aufgetaucht, längst sind informationelle *Fakes* in einer Selbstverdummungsgesellschaft an die Oberfläche getreten. Im Erzählerkommentar wird nicht von ungefähr die Geschichte von der Erforschung der Wirklichkeit abgelöst. Dass gerade der Angriff auf reale Fakten, die durch schlechte Fiktionen ersetzt werden sollen, unser aller Kräfte bedarf, um diese Attacken nicht zuletzt auch auf die Wissenschaft und ihre Datenbanken und Wissensspeicher zu bekämpfen, bedarf keiner Erläuterung. Gleichwohl sollten wir uns einen Wahrheitsbegriff nicht zerstören lassen, der die vielperspektivische Sichtweise und eine polylogische Dimension hervorhebt; denn gerade in den Kulturwissenschaften ist es mehr denn je notwendig, die von der jeweiligen Kultur abhängige Perspektivierung und Sichtweise deutlich zu markieren.

Doch zurück zu Borges' Deutungen des Identisch-Nicht-Identischen! Historische Wahrheit ist nicht länger also das Geschehene, sondern unsere Anverwandlung, unser Urteil des Geschehenen; das, was wir für tatsächlich geschehen halten. Damit wird natürlich an idealistische Positionen etwa Schopenhauers oder Kierkegaards angeknüpft, zugleich aber auch eine Schleuse geöffnet hin zu

---

28 Vgl. Jauss, Hans Robert: *Wege des Verstehens*. München: Wilhelm Fink Verlag 1994.

29 Vgl. Ansätze hierzu in Nuño, Juan: *La filosofía de Borges*. México: Fondo de Cultura Económica 1986; sowie Mateos, Zulma: *La filosofía en la obra de Jorge Luis Borges*. Buenos Aires: Biblios 1998.

jenem nicht mehr kohärenten und festen Geschichtsbegriff, der die zweite Hälfte des 20. Jahrhunderts in immer stärkerem Maße kennzeichnet.

Dies betrifft auch den Bereich der Literatur; und es ist nicht uninteressant, dass der Ich-Erzähler den Ruhm als ein Missverständnis, eine *incomprensión* geißelt, welche vielleicht sogar das schlimmste aller Missverständnisse sei. Wie nahe all dies einigen Vorstellungen und zentralen Metaphern strukturalistischer und poststrukturalistischer französischer Denker der sechziger Jahre ist, mag der Abschluss von Borges' Erzählung zeigen, in welcher der Ich-Erzähler sozusagen die Konsequenzen aus dem von ihm Erzählten auf theoretischer Ebene zieht. Dabei ist klar, dass dieser Art von Kommentar einmal mehr das unaufhörliche Spiel der Oszillation zwischen Diktion und Fiktion zugrunde liegt:

> Ich habe darüber nachgedacht, dass es sich durchaus geziemt, im „endgültigen" Quijote eine Art Palimpsest zu sehen, in welchem die Spuren – nur leicht, aber nicht undechiffrierbar – der „vorgängigen" Schrift unseres Freundes durchscheinen. Unglücklicherweise könnte nur ein zweiter Pierre Menard, welcher die Arbeit des vorherigen umkehrte, diese Trojas exhumieren und wiedererwecken. [...]
>
> Menard hatte (vielleicht ohne es zu wollen) vermittels einer neuen Technik die festgefahrene und rudimentäre Kunst der Lektüre bereichert: durch die Technik des absichtsvollen Anachronismus und der fälschlichen Zuschreibungen. Diese Technik von unendlicher Anwendbarkeit lässt uns die Odyssee von neuem durchlaufen, so als wäre sie später als die Aeneis, sowie das Buch *Le jardin du Centaure* von Madame Henri Bachelier, so als ob es von Madame Henri Bachelier stammte. Diese Technik bevölkert die geruhsamsten Bücher mit Abenteuern. Louis Ferdinand Céline oder James Joyce die *Imitatio Christi* zuzuschreiben, wäre dies nicht eine ausreichende Erneuerung dieser sachten spirituellen Ratschläge?[30]

Die rudimentäre Kunst der Lektüre! Fordert uns der Ich-Erzähler in dieser Passage nicht auf, uns endlich einer neuen Lesart zu bedienen und zugleich am Begriff des Autors zu rütteln? Doch dieses Zitat bietet noch mehr. Und es ist schon erstaunlich, dass Genettes Palimpsest, Foucaults Archäologie, Derridas Spur und vieles andere mehr in einem einzigen Textgebilde am Ende von „Pierre Menard, autor del Quijote" sich ein munteres Stelldichein geben. All dies hat etwas Beunruhigendes; und Sie können vielleicht nun besser verstehen, warum es nicht nur die Staffage war und ist, welche viele Intellektuelle an den Texten wie den Auftritten von Jorge Luis Borges faszinierte.

Schließlich finden wir hier auch eine gänzlich veränderte Poetologie der Lektüre, eine neue Technik des Lesens, die chronologische Zeitachsen nicht nur einfach umdreht, sondern missachtet, ohne diese Zeitachsen als solche zu zerstören; einer Lektüre, die bestimmte Autorfunktionen und Autornamen einfach

---

30 Borges, Jorge Luis: Pierre Menard, autor del Quijote, S. 450.

nicht beachtet, um dadurch im Gegenzug neue Dimensionen des Textes zu erhellen. Es ist die produktive Kraft der Lektüre und des Lesepublikums, die hier geballt zum Ausdruck gebracht wird: Lesen erscheint so nicht mehr als reproduzierende, rezeptive Tätigkeit, sondern als hochgradig schöpferische, kreative Aktivität. Das ist schon fast jene *productivité dite texte*, jene als Text bezeichnete Produktivität, von der Julia Kristeva in den ausgehenden sechziger Jahren sprach.[31]

Mithin liegt die Produktivität nicht mehr nur auf Seiten der Produktion, sondern nun unverkennbar in nicht geringerem Maße auf Seiten der Rezeption, der schon begrifflich etwas Passives, Aufnehmendes anhaftet. Pierre Menard zeigt mit aller wünschenswerten Deutlichkeit, wie die Rolle von Autor und Leser in eins fallen kann, wie der Leser zum Textproduzenten wird und sich beide – Autorfunktion und Leserfunktion – nicht mehr ohne weiteres unterscheiden lassen. Zugleich wird deutlich, dass innerhalb einer solchen Ästhetik Abbild und Urbild denselben Status haben und nicht etwa das Urbild einen wie auch immer gearteten Vorsprung, also eine Priorität oder gar eine Superiorität gegenüber dem Abbild besitzt.

Damit kippen vereindeutigende Lektüremuster, die auf derartigen Hierarchien aufbauen und alles in der Zeit wird erreichbar. Die Verfügbarkeit der gesamten Bibliothek und deren Vergleichzeitung im Text sind Elemente, die als literarische Aspekte in allen *Ficciones* von Borges präsent sind und die ästhetischen Überlegungen eines Schreibens und Theoretisierens im Zeichen der Postmoderne nachhaltig beeindruckt haben. Dies hat nicht zuletzt auch Konsequenzen für den Status der Literaturwissenschaft oder Literaturtheorie; denn wenn das Original als Bezugstext nicht mehr klar ist, dann ist auch die Literaturkritik und -wissenschaft nicht mehr notwendig eine subsidiäre, parasitäre Gattung, sondern wird selbst zu einer kreativen Schreibweise und erlangt so eine neue Dignität. Das ingeniöse Spiel mit der Fußnotentechnik, mit Klammern und anderen typographischen Zeichen, die wir eher aus wissenschaftlichen Texten gewohnt sind, zeigt, dass Jorge Luis Borges auf die kreative und auch spielerische Potenz derartiger Verfahren aufmerksam macht und damit zugleich deren behauptete Objektivität unterläuft und unterminiert.

Wie der puerto-ricanische Schriftsteller Eduardo Rodríguez-Juliá einmal formulierte, gelang es Borges in diesem Text lange vor Roland Barthes, die Problematik der Autorschaft aufzuzeigen und die *autoría* in Frage zu stellen.[32] Pierre Menard

---

31 Vgl. Kristeva, Julia: La productivité dite texte. In: *Communications* (Paris) 11 (1968), S. 59–83.
32 Vgl. Rodríguez Juliá, Eduardo: El final del Quijote. In: Ortega, Julio (Hg.): *La Cervantíada*. Madrid: Editiones Libertarias 1993, S. 185–213.

bietet uns nicht nur das Beispiel perfekter Aneignung eines fremden Textes auf kreative Weise, sondern darüber hinaus und mehr noch die Aneignung einer anderen Schreibweise, die als Prozess höchster künstlerischer Produktivität verstanden wird. Dass Borges hierbei nicht nur auf die reichen Beziehungsgeflechte in seinem Bezugstext, also in Cervantes' *Don Quijote* selbst, zurückgriff, sondern auch eine Vielzahl anderer Texte miteinbezog wie etwa Miguel de Unamunos *Vida de Don Quijote y Sancho*, kann hier nur erwähnt werden und macht jene andere Dimension des literarischen Raumes aus, welche nicht auf der expliziten, wohl aber impliziten Ebene durch komplexe Verweissysteme konstituiert wird. Wir sind schon mitten in Borges' Bibliothek, mithin in einem Lese-Labyrinth ...

Aus dieser Konstrukthaftigkeit des Textes und gewiss nicht in minderem Maße der Lektüre ließe sich – gerade was den Ausgang von „Pierre Menard, autor del Quijote" angeht – ein sehr leichter und einfacher Übergang zur Erzählung „Tlön, Uqbar, Orbis Tertius" herstellen, wird dort doch gerade die Konstruktion von Autoren durch die Verbindung verschiedenster Texte oder auch die Lektüre philosophischer Schriften als literarischer Artefakte repräsentiert. Ich möchte mit Ihnen jedoch am Ende dieses der Lektüre gewidmeten Teiles unserer Vorlesung das Thema der Bibliothek noch kurz wieder aufgreifen; und hierfür bietet sich kein anderer Text von Jorge Luis Borges so überzeugend an wie „La Biblioteca de Babel".

Wir hatten unsere Vorlesung begonnen mit der Frage nach der Rivalität zwischen Leben und Lesen und der am Horizont stets vorhandenen Problematik einer Lesbarkeit der Welt; also der Welt als Buch, in dem wir lesen können, und dem Buch als Welt, insoweit es eine Totalität in sich fasst. Innerhalb dieses Kontexts können wir diese Bewegung jetzt abrunden mit der Überschneidung beider Fragekreise in Jorge Luis Borges' „La Biblioteca de Babel". Denn hier ist nun die ganze Welt, das ganze Universum letztlich eine einzige Bibliothek und umgekehrt. Am Ende erscheint dann noch in einer Fußnote die Idee, dass all dies letztlich auch durch ein einziges Buch mit unendlich vielen Seiten zu repräsentieren wäre. Aber schauen wir uns diese unendliche Bibliothek in ihrem Entwurf auf den ersten Zeilen von Borges' *Fiktion* zunächst einmal an:

> Das Universum (das von anderen die Bibliothek genannt wird) setzt sich aus einer unbestimmten und vielleicht unendlichen Zahl an sechseckigen Galerien zusammen, in der Mitte ausgestattet mit weiten Ventilationsschächten und von ganz niedrigen Geländern gesäumt. Von jedem Sechseck aus sieht man die unteren wie die oberen Stockwerke: unbegrenzbar.[33]

---

[33] Borges, Jorge Luis: La Biblioteca de Babel, In (ders.): *Obras completas* 1923–1972, Buenos Aires: Emecé Editores 1974, S. 465–471, hier S. 465.

Das Universum ist also eine Bibliothek, die Bibliothek das ganze Universum. Alles ist gleichmäßig und unendlich in Sechsecken aufgebaut, die sich ohne Grenzen und Beschränkungen auf immer neue Sechsecke öffnen. Die Menschen durchwandern diese Bibliothek wie Pilger oder bleiben sesshaft, sie begeben sich auf Reisen, geben ihre Reisen durch diese Bücherwelt auf, stürzen sich in die Tiefe oder werden nach ihrem Tod über die niedrige Brüstung in die Tiefe gestürzt. Es gibt nur ein Leben *in* der Bibliothek, nur in der Bibliothek gibt es *Leben*: Das Leben ist ein In-der-Bibliothek-Sein, denn es gibt kein Außerhalb!

Doch Borges' Erzählung konfrontiert uns noch mit weiteren Aspekten: Alle Bücher sind gleich groß, enthalten die gleiche Zahl an Buchstaben, greifen auf dieselbe Zahl an Zeichen zurück und enthalten alle möglichen Buchstaben in allen möglichen Kombinationen, so dass in der Bibliothek, also im Universum, alle denkbaren Bücher immer schon vorhanden sind. Es ist in der Tat der Traum der Bibliothek von Babel – oder auch ihr Albtraum –, immer schon alle Bücher in allen Sprachen vorrätig zu haben, wenn auch auf Grund der unendlichen Ausdehnung dieser Einrichtung in einem begrenzten Menschenleben nicht alles erreichbar ist und gelesen werden kann.

Alles ist schon immer geschrieben, alles ist vorhanden, die Bibliothek existiert seit unvordenklichen Zeiten und es gibt keine Zeitrechnung davor. Dies macht einen entscheidenden Bestandteil der *conditio humana* der in der Bibliothek lebenden Menschen aus – und außerhalb der Bibliothek gibt es ohnehin kein menschliches Leben. Ein Universum ohne den Menschen ist vorstellbar, eine Bibliothek ohne Leser kann Realität werden, so wie es einen Planeten Erde ohne Menschen geben kann oder sich am Ende von Michel Foucaults *Les mots et les choses* das Bild des Menschen am Strand auslöscht. Die Welt als Bibliothek! Wäre das nicht ein Traum für Menschen, die Leser sind? Und wäre eine geräumige, unbegrenzte Bibliothek nicht ein perfekter Aufenthaltsort für den Menschen? Dem scheint nicht so zu sein:

> Ich glaube, die Selbstmorde erwähnt zu haben, die jedes Jahr häufiger werden. Vielleicht täuschen mich das Alter und die Furcht, doch ich vermute, dass die Gattung Mensch – die einzige – vor dem Aussterben steht und die Bibliothek fortdauern wird. Erleuchtet, einsam, unendlich, vollkommen unbeweglich, bewaffnet mit kostbaren Bänden, unnütz, unbestechlich, geheim.[34]

An dieser Stelle schlägt die Utopie (oder Vision) in eine Dystopie um, führt das Bild eines Menschen herauf, der sich immer mehr von dieser Welt verabschiedet, der diese Welt verlässt und definitiv ausstirbt. Die Welt ist also eine Bibliothek,

---

34 Borges, Jorge Luis: La Biblioteca de Babel, S. 470f.

aber als Bibliothek ist sie unendlich in Zeit und Raum. Sie benötigt keine Leserinnen und Leser, sie kann für sich selbst stehen, für sich selbst sein. Die Bibliothek ist nicht dazu da, Bücher vorzuhalten, die gelesen werden sollen. Lektüre ist *kein* Ziel und Zweck dieser galaktischen Bibliothek!

Diese Vorstellung erschreckt, denn das Leben der Menschen ist seinerseits nicht unendlich – und als Leben eben stets irreversibel. Menschen sind Pfeile in Raum und Zeit mit dem Beginn einer Flugkurve und deren unausweichlichem Ende. Die Bibliothek aber ist aus aller Ewigkeit heraus entstanden und besteht fort für alle Ewigkeit, sie ist unbeweglich, fest und damit unmenschlich.

Wie aber soll dann das Rätsel der Welt – das Rätsel der Bibliothek – gelöst werden? Was verbirgt sich hinter einer derartigen Bibliothek, die kein Lesepublikum braucht, hinter einer derartigen Weltsicht, ja Weltanschauung? Der Ich-Erzähler ist gerade hiervon fasziniert und versucht, uns und sich selbst eine Antwort darauf zu geben:

> Ich erkühne mich, diese Lösung des alten Problems nahezulegen: *Die Bibliothek ist unbegrenzt und periodisch.* Würde ein ewiger Reisender sie in gleich welche Richtung durchmessen, so würde er am Ende von Jahrhunderten feststellen, dass sich dieselben Bände in derselben Unordnung wiederholen (einer Unordnung, welche durch die Wiederholung eine Ordnung wäre, die *Ordnung*). Meine Einsamkeit erfreut sich mit dieser eleganten Hoffnung.[35]

Der Mensch kann lediglich Theorien zu dieser Bibliothek, zu diesem Universum ausarbeiten, Hypothesen formulieren, die in ihren Annahmen und Konsequenzen niemals zu überprüfen wären. Damit steht die Bibliothek auf der Grenze zwischen Ordnung und Unordnung, zwischen Chaos und Kosmos, einem Chaos, das durch seine periodische Wiederholung zum Kosmos würde und *die Ordnung* verkörperte. Es kann kein Zweifel daran bestehen, dass Borges' literarischer Entwurf zugleich auch Kosmos im ästhetischen Sinne ist: Die Schönheit dieses Universums ist ebenso unleugbar wie dessen Menschenfeindlichkeit!

Wie das Leben selbst nach aktuellen biowissenschaftlichen Deutungsmustern auf der Grenze zwischen Chaos und Kosmos angesiedelt ist,[36] so zeichnet sich das Universum als Bibliothek gerade dadurch aus, dass sich in ihr alles unendlich wiederholt, damit aber unausweichlich unbeweglich, unendlich und zugleich unendlich einsam ist. Die Welt ist lesbar, ganz ohne Zweifel, und alles steht mit allem in Beziehung; doch nichts erlaubt es uns, von irgendeinem Punkt

---

35 Borges, Jorge Luis: La Biblioteca de Babel, S. 471.
36 Vgl. Cramer, Friedrich: *Chaos und Ordnung. Die komplexe Struktur des Lebendigen.* Frankfurt am Main – Leipzig: Insel Verlag 1996.

aus eine Einsicht zu gewinnen. Denn selbst wenn es mit Sicherheit ein Buch gibt, das gleichsam alle Kataloge der Bibliothek enthalten muss und die Rätsel dieses Universums lösen könnte, so muss es nicht weniger ein Buch geben, das gerade diesen Katalog wieder in Frage stellt und negiert.

Lesen und Leben fallen hier zusammen: Es gibt kein Leben außerhalb der Entzifferung, und doch scheint in diesem Leben nichts zu einem glücklichen Ende gebracht. Es gibt kein Lesen, kein Leben außerhalb der Bibliothek; wir Menschen sind zum ewigen Entziffern verurteilt, sind zu Lesern einer Bücherwelt geworden, die wir nicht ausschöpfen können, die eine Welt von Büchern ist, die sich uns zum Lesen darbieten, uns aber vielleicht auch gar nicht bräuchte, ja sehr gut auf uns verzichten könnte. Die zunehmenden Selbstmorde zeigen es an: Hier ist der Platz für die Menschen beschränkt, es gibt keinen Ausweg, keine Hoffnung, alles ist gleich mit Zeichen bedeckt und tritt miteinander in ein unendliches Spiel von Differenzen ein, die sich freilich nicht festsetzen, die nicht zur festgestellten Differenz, zur gefrorenen Alterität, zum Gegenüber gerinnen wollen. Im Grunde ist dies die schreckliche Vorstellung einer *conditio humana*, die dem Absurden preisgegeben ist: die Bibliothek als Dystopie.

Vor diesem Hintergrund soll am Ausgang unseres Parcours durch die Geschichte(n) und Figuren des Lesens in den romanischen Sprachen der Moderne ein Ausblick auf ein anderes Babel stehen, auf ein glückliches Babel, dessen Bild drei Jahrzehnte später nicht in Argentinien, sondern in Frankreich entworfen wurde: Ich spreche von Roland Barthes und seinem 1973 erschienenen Buch *Le Plaisir du texte*, mit dem wir vor dem folgenden Epilog zu Liebe und Lesen noch einmal zu diesem faszinierenden Zeichen- und Kulturtheoretiker zurückkehren wollen.

Denn mit dieser Lust am Text, dieser Lust am Lesen möchte ich enden und zugleich doch noch einen hoffnungsfroher stimmenden Abschluss für diese Vorlesung entwerfen und anschließen. So heißt es in der zweiten Figur dieses kleinen, aber einflussreichen Bändchens von Roland Barthes unter dem Stichwort „Babel":

Fiktion eines Individuums (eines umgekehrten Monsieur Teste), das in sich alle Barrieren, alle Klassen, alle Ausschließungen abschaffte, nicht aus Synkretismus, sondern einfach, um dieses alte Gespenst loszuwerden: *den logischen Widerspruch*; das alle Sprachen vermischt, selbst wenn sie als miteinander unvereinbar gelten; das still ertrüge, des Illogismus, der Treulosigkeit beschuldigt zu werden; das ungerührt bliebe im Angesicht der sokratischen Ironie (den Anderen zur äußersten Schmach zu treiben: *sich zu widersprechen*) und des legalen Terrors (wieviele strafrechtliche Beweise beruhen auf einer Psychologie der Einheit!). Dieser Mensch wäre der Abschaum unserer Gesellschaft: Gerichte, Schulen, Irrenanstalten und Konversationen würden aus ihm einen Fremden machen: Wer erträgt es ohne Schande, sich selbst zu widersprechen? Nun, dieser Anti-Held existiert: Es ist der Leser eines Textes in dem Augenblick, in dem er seine Lust empfindet. Der alte biblische Mythos kehrt sich dann um, die Verwirrung der Sprachen ist keine Strafe mehr, das Subjekt gelangt zur Wollust durch das Zusammenleben der Sprachweisen, *die Seite an Seite arbeiten*: Der Text der Lust, das ist das glückliche Babel.[37]

Schon Jorge Luis Borges hatte durch seine Erzählerfigur in einem vorangehenden Zitat betont, dass Ambiguität, die Zwei- und Vieldeutigkeit ein Reichtum sei. Roland Barthes machte diesen Reichtum zu einer Lust. In den obigen Zeilen des französischen Zeichentheoretikers steckt eine recht explosive Wendung von einer Poetik zu einer Legetik sowie von einer Ästhetik rationaler Durchdringung zu einer Ästhetik lustvoller Verwicklung und Vernetzung.

Roland Barthes geht wie Jorge Luis Borges vom (Anti-)Modell des *Monsieur Teste* von Paul Valéry aus, der – wie sein Name schon sagt – ganz vom Kopf her organisiert und strukturiert ist und von sich zugleich auch sagen kann, dass er an sich seinen Körper, seine „Marionette", getötet habe. Nicht die Lust steht hier im Zentrum sondern die Rationalität, die keinen Widerspruch, keinen Illogismus, keine vernunftmäßige Entgleisung duldet. Borges noch hätte einer solchen Position zugestimmt ...

Ganz anders hingegen die Position von Roland Barthes, wie sie in *Le plaisir du texte* zum Ausdruck kommt; denn hier wird der Schwerpunkt zum Lesepublikum hin verlagert, das sehr wohl in der Lage ist, gleichsam ein lustvolles *misreading* jeglichen Textes und damit zugleich eine lustvolle Verwirrung aller Sprachen durchzuführen. Bei Barthes ist der Körper keine Marionette, sondern steht im Mittelpunkt und hat seine eigenen Ideen. Der Schauplatz dieser Sprachenverwirrung ist der literarische Text, von dem wir schon wissen, dass sich in ihm ein komplexes Lebenswissen bündelt, das alle Diskursformationen umfasst, an keine Einzeldisziplin zurückgebunden ist, sondern gerade im Bachtin'schen Sinne einen Kosmos der Redevielfalt – beziehungsweise der Sprachenvielfalt – darstellt.

Die Verlagerung hin zur Lust, dem *plaisir*, und der Wollust, der *jouissance*, bringt zugleich einen ganz neuen Ton in die Reflexion über Literatur, denn wir finden hier die Figur eines Lesers und einer Leserin, die ihre eigenen Ideen und ihre eigene Kombinatorik entwickeln und spielen lassen.

Lesen wird – wie bei Italo Calvino – mit Liebe und mit Lust verbunden. Es handelt sich um jenen aktiven Leser, den wir bei Huysmans schon beobachten

---

37 Barthes, Roland: *Die Lust am Text*. Aus dem Französischen von Ottmar Ette. Kommentar von Ottmar Ette. Berlin: Suhrkamp Verlag (Suhrkamp Studienbibliothek 19) 2010, S. 11 f. Originalzitat im Anhang aus Barthes, Roland: *Le Plaisir du Texte*. Paris: Seuil 1973, S. 9 f.

konnten und der von Marcel Proust – für Roland Barthes letztlich stets das Maß aller Dinge – eingefordert wurde. Bei Barthes freilich ist dieser Leser von der Autorintention unabhängig geworden und hat sich emanzipiert. Es geht nicht mehr wie bei Huysmans darum, einem vom Autor hochkomprimierten Text die unterschiedlichsten Seiten abzugewinnen, sondern unabhängig von allen guten Absichten des Autors eine eigene Lesepraxis zu entfalten, die nicht mehr behindert wird durch Barrieren aller Art, seien sie sozialer oder politischer wie kultureller oder individueller Natur. Was hier eingefordert wird, ist nicht mehr und nicht weniger als eine totale Freiheit des Lesens und die Figur eines an der eigenen Lust orientierten Lesepublikums, das sich in der Sprachenverwirrung am Fuße des Turmes von Babel – und der Bibliothek von Babel – wohl fühlt.

Mit diesem Bild möchte ich den historischen Teil unserer Vorlesung beschließen! Es wäre ein Leichtes, es mit Barthes' eigener Entwicklung, vor allem aber auch mit einer insbesondere in der zweiten Hälfte des 20. Jahrhundert deutlich sich abzeichnenden wissenschaftstheoretischen Entwicklung hin zum Lesen und zu den Lesenden in Verbindung zu bringen. Damit meine ich nicht nur literatursoziologische und rezeptionssoziologische Analysen, die zunehmend versucht haben, wichtige Daten über Leserverhalten und Lesegewohnheiten, Distributionszirkel und viele andere Phänomene mehr in Erfahrung zu bringen und herauszuarbeiten. Ich meine aber auch nicht allein jene Entwicklungen innerhalb der sogenannten Rezeptionsästhetik, innerhalb derer den Dimensionen des Lesers – von expliziten Leserfiguren bis hin zu impliziten – immer deutlicher Rechnung getragen wurde.

Vielmehr denke ich, dass wir auch im Bereich der Literaturen der Welt selbst seit dem Ausgang des 19. Jahrhunderts eine deutliche Entwicklung von der Produktion hin zur Rezeption erkennen können, eine Entwicklung, die wir am Beispiel von Huysmans, vor allem aber von Proust in unserer Vorlesung zumindest skizzieren und nachzeichnen wollten. Dabei ging es nicht um ein Nachzeichnen der Reflexionen der Lesenden und ihrer Figuren in der zeitgenössischen Literatur- und Kulturtheorie im 20. und beginnenden 21. Jahrhundert; denn dies wäre sicherlich eine spannende, aber gänzlich andere Vorlesung geworden. Es war uns vielmehr darum zu tun, *in der Literatur selbst* unterschiedliche Figuren und Figurationen, ganz verschiedenartige Choreographien und Bewegungsfiguren des Lesers und der Leserin in den Vordergrund zu rücken und in Zusammenhang mit der Liebesproblematik genussvoll zum Gegenstand einer literatur- und kulturwissenschaftlichen Analyse zu machen.

Nicht mehr, aber auch nicht weniger wollte der historische Teil unserer Vorlesung; und nicht zuletzt dies: Sie zum Lesen animieren, zu einem möglichst lustvollen Lesen, welches sich der Traditionen des Lesens im Abendland bewusst ist! Denn – und ich meine dies in einem durchaus bejahenden, aber zugleich anderen

Sinne als Hugo Friedrich dies tat[38] – die Literaturwissenschaft und die Kulturwissenschaft sind genießende Wissenschaften, die sich ihrem Gegenstandsbereich auf eine möglichst lustvolle Art nähern und sich nicht weniger lustvoll mit ihm auseinandersetzen sollten. Auch wenn wir Monsieur Teste nicht einfach abschaffen, sondern in unser Denken durchaus kritisch integrieren sollten, kommt es für uns darauf an, die sinnstiftende Kraft der Literaturen der Welt und vor allem auch die Kraft der Lektüre und des Lesens für unser Leben in den Mittelpunkt zu rücken. Denn auf diese Weise können wir das Lebenswissen der Literaturen der Welt für uns fruchtbar machen.

Damit aber sind wir ein letztes Mal an jenem Ausgangspunkt unserer Überlegungen gelangt, von denen sich ein roter Faden quer durch die gesamte Vorlesung hindurch spannte: zu jener Beziehung, zu der so oft tabuisierten und totgesagten Relation zwischen Lesen, Leben und Lieben. Denn vielleicht ist in jener Bibliothek, die andere das Universum nennen, in jener Welt des Lesens der Schlüssel zu unserem eigentlichen Leben verborgen, das wir viel tiefer, viel intimer verstehen, wenn wir uns des Lebenswissens der Literaturen der Welt versichern und uns dieses immer wieder vor Augen führen und ins Bewusstsein rufen. Die Welt der Literaturen und die Welt der Theorien als eine Welt, in der sich die unterschiedlichsten Sprachen aneinander reiben? Fürwahr die Vision eines nicht Unglück, sondern Glück verheißenden viellogischen Babel! Dazu aber braucht es lustvolle Leserinnen und Leser: Ich setze auf Sie! Und will zugleich unserer Vorlesung über die Liebe, das Lesen und das Leben noch einige abschließende Bemerkungen widmen.

---

38 Vgl. zur Figur von Hugo Friedrich wie Monsieur Teste Ette, Ottmar: Ein Fest des Intellekts, ein Fest der Lust. Hugo Friedrich, Paul Valéry und die Philologie. In: *Jahrbuch der Deutschen Schillergesellschaft – Internationales Organ für neuere deutsche Literatur* (Göttingen) LVII (2013), S. 290–321.

Teil IV: **Epilog: Die Liebe nach der Liebe**

Gustave Flaubert, Johann Wolfgang Goethe, Gabriel García Márquez oder wie man sich verliebt

Zweifellos war diese Vorlesung viel zu kurz, um alles über die Liebe im Abendland und in den abendländischen Literaturen zu erfahren! Aber zum Trost sei Ihnen in diesem allerletzten Teil unserer Vorlesung mitgegeben, was Roland Barthes einmal bezüglich einer seiner Vorlesungen am *Collège de France* sagte. Er wies darauf hin, dass die ideale Vorlesung niemals erschöpfend sein dürfe, sondern viele Aspekte und Gegenstände zu weiterer Bearbeitung den Hörerinnen und Hörern überlassen solle.

Zu guter Letzt möchte ich an dieser Stelle die literarische und gewiss auch philologische wie liebeswissenschaftliche Frage stellen, wie man sich eigentlich verliebt. Sie wissen das vielleicht alle ganz genau und winken angesichts dieser gar nicht einfach zu beantwortenden Frage schlicht ab! Ich bin mir sicher, dass viele von Ihnen sich nun einen ganz bestimmten, angesichts Ihres Alters gar nicht lange zurückliegenden Vorgang vor das innere Auge holen und versuchen, sich möglichst genau und bildreich daran zu erinnern, wie es eigentlich begann, wann es eigentlich funkte und was an diesem Augenblick funkensprühend war. So will ich Sie gerne Ihrer jeweiligen Hypotypose überlassen ...

Aber war es wirklich der Augen-Blick in dem Sinne, wie wir ihn gemeinhin verstehen, also die plötzliche Begegnung zweier Augenpaare, die abrupt aneinander hängen bleiben: *et leurs yeux se rencontrèrent* ... und schon schlug der Blitz ein? War es nicht vielleicht eher und häufiger ein belangloser Kontext, innerhalb dessen einer der künftigen Liebespartner – oder vielleicht auch beide – mit gänzlich nebensächlichem Tun beschäftigt war und gerade nicht auf den großen Augenblick wartete, auf den man ansonsten in einsamen Bars oder überfüllten Diskotheken mit klopfendem Herzen nicht selten vergeblich zu warten pflegt? Und was ist aus dieser Ihrer ganz persönlichen Liebesgeschichte geworden? Oder war es vielleicht so, wie es zwischen Charles Bovary und Mademoiselle Emma Rouault begann? Rekapitulieren wir dazu kurz jene Romangeschichte, die Gustave Flaubert berühmt machte und die zu einem Klassiker des französischen Romans im 19. Jahrhundert avancierte!

Flauberts Roman *Madame Bovary* erschien, wie im 19. Jahrhundert üblich, zunächst als Feuilletonroman ab 1856 in der *Revue de Paris*, bevor er 1857 in Buchform publiziert wurde. Dabei beruhte alles auf einem Misserfolg, rieten literarische Freunde nach anstrengenden Lektüren eines nicht enden wollenden Romanmanuskripts – es handelte sich um die erste Fassung von *La Tentation de Saint-Antoine* – doch dringlich, der junge Autor möge sich bitte mit zeitgenössischen Themen beschäftigen und ein durchweg alltägliches Geschehen als

Ausgangspunkt für sein Schreiben wählen. So kam Flaubert auf die eher triviale Geschichte einer Frau und Ehebrecherin, die sich – wie er zunächst Zeitungsberichten entnahm – nach einigen Liebesaffären schließlich 1848 vergiftet hatte.

Abb. 114: Gustave Flaubert (Rouen, 1821 – Canteleu, Normandie 1880), gemalt von Eugène Giraud, um 1857.

Mit ungeheurer Leidenschaft und höchster dokumentarischer Akribie widmete sich Flaubert ein ganzes Jahrfünft der literarischen Gestaltung dieses Stoffes, mit Hilfe dessen es ihm gelang, die Gesellschaft seiner Zeit und deren Veränderungen hinreißend zu portraitieren. Jedes Wort in diesem Roman ist ganz nach dem Willen Flauberts – der vom *mot juste* sprach – an seinem Ort. Doch bis zu diesem Erfolg war es ein langer Weg, denn nur höchst langsam arbeitete er sich voran, besuchte die Originalschauplätze, fluchte über die „Schrecknisse des Stils", aber blieb bei der Sache und gab nicht auf. Die Sklavenarbeit – wie Flaubert sie selbst nannte – lohnte sich und bescherte dem französischen Autor nicht nur einen alle Mühen überstrahlenden Erfolg, sondern auch das, was der peruanische Literaturnobelpreisträger Mario Vargas Llosa – der in vielem Flaubert durchaus nahesteht – eine „andauernde Orgie" nannte.[1] Gustave Flaubert landete einen Skandalerfolg, wurde wie weitere zeitgenössische französische Autoren des Immoralismus angeklagt[2] und erhielt so die große nationale Bühne. Er war nach seinem Freispruch ein gemachter Mann, der sich jenseits des Skandalon freilich

---

1 Vgl. Vargas Llosa, Mario: *La orgía perpetua. Flaubert y Madame Bovary.* Barcelona: Seix Barral 1969.

2 Vgl. hierzu die klassische Studie von Heitmann, Klaus: *Der Immoralismusprozeß gegen die französische Literatur im 19. Jahrhundert.* Bad Homburg – Berlin – Zürich: Verlag Gehlen 1970.

nun erst recht sein literarisches Prestige erkämpfen musste, denn ein Skandalautor wollte er nicht sein.

Die Geschichte des dumpfen und anspruchslosen Landarztes Charles Bovary wird ab dem Augenblick interessant, an dem die junge Emma in sein Leben tritt. Er wird ihre Liebe wie ihre Sehnsüchte, genährt von der Lektüre vieler romantischer Romane, die sie während ihrer Erziehung auf einer Klosterschule andächtig verschlang, niemals verstehen und so auch niemals begreifen, was ihm eigentlich widerfuhr. Wir haben in unserer Vorlesung ja bereits gesehen, wozu die Lektüre romantischer Romane diesseits wie jenseits des Atlantiks fähig ist; doch ganz so, wie Charles niemals Emma verstehen wird, so wird auch sie niemals die Herkunft ihrer Sehnsüchte und Traumbilder begreifen.

Die Banalität des Alltagslebens als Gemahlin eines Landarztes erschüttert die junge Frau. Die Rührigkeit, aber zugleich Anspruchslosigkeit ihres Ehemanns stößt sie ab und erfüllt sie mit einem Sehnen nach einem anderen Leben, das sich in der Folge auf die unterschiedlichsten Gegenstände richtet. Nur kurz ist ihr Mutterglück, nur kurz sieht sie sich als Inkarnation der Tugend: Bald schon wird sie von verschiedensten Liebhabern verführt und zur Ehebrecherin, also genau dem, wovon sich Huysmans als literarischer Tradition in seinem *A rebours* mit Grauen abwendet. Doch ihre Träume von einem erfüllteren, glücklicheren Leben zerplatzen rasch und am Ende steht ihr Selbstmord, ausgeführt mit Hilfe von Arsen, das sie aus der Apotheke von Monsieur Homais entwendet. Dieser Apotheker Homais ist eine von Flaubert mit Witz und bitterer Komik gestaltete Figur, die den unaufhaltsamen Aufstieg eines phantasie- und niveaulosen Bürgertums vor Augen führt. Noch in Emmas lange Todesszene hinein streut Flaubert den Hohn ihrer Zeit und die ausweglose Borniertheit, welche die gesamte dumme Provinzgesellschaft beherrscht.

Flaubert gab später zu Protokoll, er habe bei der Vergiftung seiner Heldin am eigenen Körper, sozusagen auf seiner Zunge, das Arsen gespürt: „Emma Bovary, das bin ich!" Doch er zeichnet nicht allein die *bêtise amoureuse* und die *bêtise bourgeoise*, sondern den ganzen *ennui* einer der Kunst wie hohen moralischen Werten entfremdeten Gesellschaft. Mit bewundernswerter Leidenschaftslosigkeit entwirft Flaubert ein Sittengemälde, das akribisch zeitbezogen ist und zugleich Überzeitlichkeit beanspruchen darf, denn Flauberts Roman hat bis in die Gegenwart eine zahlreiche Nachkommenschaft hinterlassen.

Ich kann hier nicht auf die perspektivische Darstellungsweise Flauberts oder auf seinen berühmten *style indirect libre* eingehen, den er zwar nicht erfand, wohl aber zur literarischen Meisterschaft führte. Unbarmherzig spießt Flaubert die Gefühlsklischees romantischer Liebesträumereien auf, ohne doch in seinen Roman kommentierend eingreifen zu müssen. Kein Autor hat eindrucksvoller die Gemeinplätze seiner Zeit – deren Verzeichnis er führte – unter Beschuss genommen. Wir können uns leider nicht mit der Frage auseinandersetzen, wie es Flaubert gelang, wissenschaftliche Darstellungsweisen in sein Romankonzept zu integrieren; wohl aber können wir auf die große Sachlichkeit und Objektivität eines Erzählstils verweisen, der jegliche romantische Überhöhung zerpflückt und jeder Sentimentalität unbestechlich den Spiegel vorhält. Flauberts Schreibweise war klangdurchdacht, seine Prosa musikalisch und rhythmisch bis in alle Miniaturisierungsformen gesprochener Musik durchkomponiert; er bereitete entscheidend die weitere Entwicklung des Romans im 20. Jahrhundert vor.

Vor diesem Hintergrund stellen wir uns nun der Darstellung des alles entscheidenden Augenblicks in Gustave Flauberts *Madame Bovary*. Charles Bovary ist wegen einer banalen Sache auf den Hof der Rouault geholt worden, wo der im Grunde unglücklich verheiratete Landarzt die Tochter des Hauses erblickt:

> Die Fraktur war einfach, ohne jede Komplikation. Charles hätte nicht gewagt, um eine noch einfachere zu bitten. [...] Um Schienen dafür zu fertigen, holte man unter einem Karren ein Packen Holzlatten hervor. Charles wählte eine davon aus, sägte sie in Stücke und polierte sie mit einer Glasscherbe, während die Magd Stoff zerriss, um daraus Bandagen zu fertigen, während Fräulein Emma Polster zu nähen suchte. Da sie lange mit der Suche nach ihrem Etui beschäftigt war, wurde ihr Vater ungeduldig; sie antwortete nichts; aber sie stach sich beim Nähen in die Finger, die sie sogleich zum Munde führte, um sie auszusaugen.
>
> Charles war überrascht, wie weiß ihre Fingernägel waren. Sie glänzten und strahlten alles in allem reiner noch, mandelförmig geschnitten, als das Elfenbein von Dieppe. Ihre Hand hingegen war nicht schön, bei weitem nicht bleich genug vielleicht und etwas trocken an den Fingergliedern; sie war außerdem zu lang und ohne weiche Rundungen konturiert. Schön an ihr waren aber ihre Augen: Obwohl sie braun waren, schienen sie aufgrund der Wimpern schwarz, und ihr Blick richtete sich auf einen mit naiver Kühnheit. [...] Die Reitpeitsche war zu Boden gefallen, zwischen Säcke und Mauer. Fräulein Emma bemerkte es; sie neigte sich zu den Getreidesäcken hin. Charles machte aus Galanterie eine rasche Bewegung, und da auch er seinen Arm in derselben Bewegung ausstreckte, fühlte er, wie seine Brust leicht den Rücken des jungen Mädchens berührte, die sich unter ihm krümmte. Sie richtete sich puterrot wieder auf und sah ihn über ihre Schulter an, wobei sie ihm seinen Ochsenziemer hinhielt.[3]

So banal kann das Leben sein – und daher auch die Fiktion! Auf diese Weise also kommt es zum ersten Kontakt zwischen den beiden so ungleichen Partnern. Ohne an dieser Stelle auf die gesamte Abrechnung Flauberts mit den romantischen Liebeskonzeptionen, die wir in *Emma Bovary* finden, eingehen zu können, ist hier doch entscheidend, auf welch meisterhafte Weise es Flaubert versteht, gleich-

---

3 Flaubert, Gustave: *Madame Bovary*. In (ders.): *Œuvres complètes*. Bd. 1: *Écrits de Jeunesse. Premiers romans. La tentation de saint Antoine. Madame Bovary. Salambo*. Paris: Seuil 1964, S. 579.

sam nebenbei, noch nach der Dienstmagd, das junge Mädchen völlig belanglos einzuführen und sie bei der Verrichtung einer Tätigkeit zu zeigen, bei der sie sich erstmals dem Blick des Mannes zeigt.

Es ist eine im 19. Jahrhundert typisch weibliche Tätigkeit, die des Nähens; und zugleich verhält sie sich ungeschickt dabei, ja verletzt sich leicht, führt damit aber ihren weiblichen Körper ein und vor allem auch die Flüssigkeit, welche nun die gesamte Struktur dieser Passage einfärbt: das Blut. Diese Einführung des Körperlichen lenkt den Blick des Erzählers, hinter dem wir an dieser Stelle den Blick von Charles annehmen können, auf andere körperliche Besonderheiten der jungen Emma, etwa ihre so weißen Fingernägel, die in einem eigenartigen Kontrast nicht nur zu ihrer Hand, sondern auch zu ihren „schwarzen" Augen stehen. Wir halten fest: Für den Haushalt scheint Emma nicht gemacht!

Die Zerstörung der heilen Oberfläche ihres Körpers, das Erscheinen des Blutes und damit der Herzensflüssigkeit, die sie wiederum an ihren Mund führt und aussaugt, stellen eine gestische Bewegung dar, die nunmehr den Körper, den fragmentierten Körper, in den Mittelpunkt des Interesses rückt. Um weibliche Schönheit geht es dabei nicht an erster Stelle! Emmas Hände werden ausführlich als eher nicht so schön beschrieben. Aber ihre Farbe steht in einem eklatanten Gegensatz zur Röte ihres Blutes, das an den Fingern erscheint. Und diese Röte taucht dann auch in Emmas starkem Erröten wieder auf, als es zu einer ersten Körperberührung zwischen beiden kommt. Sie hat sich gerade gebeugt, um Charles' psychoanalytisch leicht deutbare Reitpeitsche aufzuheben, als er sie von

Abb. 115: „Gustave Flaubert, der Madame Bovary zergliedert", Karikatur von Achille Lemot, 1869.

hinten berührt und damit erneut das Blut zum Vorschein auf der Hautoberfläche bringt. Auch diese Szenerie ist mehr als banal, etabliert aber einen ersten direkten Körper- und Augenkontakt, der Folgen haben wird.

Die Zufälligkeit des gesamten Geschehens, vom Nadelstich zum Herzstich sozusagen, ist wunderbar inszeniert, so wie die Augen ebenfalls derart eingeführt werden, dass sie bereits auf grundlegende Paradoxien im Leben und Lieben der künftigen Emma Bovary verweisen. Kein Wunder also, wenn Emma dem Landarzt gleichsam seinen *nerf de bœuf*, seinen Ochsenziemer, darbietet: Sie reicht ihm die Reitpeitsche, das Symbol der Männlichkeit, das zu Boden gefallen war, zurück, wobei er den *bœuf*, den Ochsen, schon in seinem Namen Bouvard trägt. Flaubert hatte auf seiner Orientreise lange an diesem Namen gebastelt, um sein Hornvieh dann danach zu benennen. Übrigens wird er am Ende seiner Schriftstellerkarriere noch einmal zu den Ochsen zurückkehren in der Benennung eines seiner Protagonisten in *Bouvard et Pécuchet*.

Charles Bovary jedenfalls hat Blut geleckt! Er wird in der Folgezeit unmotiviert dem Hof Visiten abstatten, denn auch er ist getroffen, gleichsam durchbohrt, in jedem Falle von der jungen Frau berührt. Sein erster Blick auf sie hatte schon jene Flüssigkeit zum Vorschein gebracht, die nicht nur für das (romantische) Herz, sondern gerade für den weiblichen Körper wie keine zweite steht: eben das Blut, das periodisch in der Menstruation erscheint. Hätten Sie gedacht, dass man sich auf so banale und doch zugleich hinterhältige Art verlieben kann? Und dann auch noch auf so vielsagende Weise, die den Verlust von Charles' Männlichkeit und die Dominanz des Blickes von Emma in ihrer Beziehung bereits ankündigt? Gustave Flaubert ist ein Meister in der Banalisierung all jener Gesten, die vor ihm romantisch verklärt worden waren, aber auch im Pathos jener Banalität, die dem Handeln seiner Figuren im bürgerlichen Milieu auf dem Lande eignet.

Wir werden in der Folge sehen, dass der kolumbianische Schriftsteller und Literaturnobelpreisträger Gabriel García Márquez in seinem Roman *El amor en los tiempos del cólera* sich einen anderen Arzt auswählt und ihn sich in seine künftige, aber von ihm niemals zu befriedigende Frau gleichfalls bei einer banalen Visite verlieben lässt. Auch bei García Márquez sind überdies viele Anspielungen auf die berühmte literarische Szene der ersten Berührung in Flauberts *Madame Bovary* enthalten. Dies überrascht freilich nicht, war Flauberts Roman doch eine Art Generalabrechnung mit dem Topos der romantischen Liebe und überdies mit einer Literatur, die nur Sinnenschwüle fördert und herbeilockt.

Schon Gustave Flauberts ungeheuer präzise konstruierter Roman ist in gewisser Weise ein Text über die Liebe *nach* der Liebe. Wenn von der Liebe des romantischen *amour-passion* im Sinne Stendhals nicht viel mehr übrig ist als die

ewig gleichen Worte, die ewig wiederholten Gesten, die beständig und beschwö-
rend repetierten Figuren, die auf seltsame Weise immer wieder leerlaufen, was
bleibt dann noch von der Liebe überhaupt?

Was die Liebe nach der Liebe sein kann, wollen wir uns gleich näher bei
Gabriel García Márquez anschauen. Doch zuvor sollten wir uns die Frage stellen,
wie sich ein anderer, vielleicht noch berühmterer Liebender der Weltliteratur in
seine Angebetete verliebte, wie es bei Werther geschehen konnte, dass er sich
in seine Lotte verknallte. Auch an dieser Stelle zunächst ein kurzer Blick auf die
Kontexte dieses Romans, der in seiner ersten, noch nicht von Goethe überarbeite-
ten Fassung im Jahre 1774 erschien. Wir gehen also ins letzte Drittel des 18. Jahrhunderts zurück ...

In diesem Roman, der unzweifelhaft auf autobiographische Erlebnisse des
jungen und verliebten Goethe zurückgeht, versucht der jugendliche und empfindsame Werther, in einer Reihe von Briefen, zwischen Mai 1771 und Dezember 1772
seine große, schwärmerische Liebe zu verdeutlichen, die freilich an die Grenzen
einer bürgerlichen Gesellschaft stößt. Doch die Gefühlsbewegungen einer für den
Sturm und Drang charakteristischen Liebe fallen so heftig und die sture Gegen-
wehr einer bourgeoisen Umgebung so ablehnend aus, dass dem jungen Werther
schließlich kein anderer Ausweg als der Selbstmord zu bleiben scheint. Ein
Selbstmord mit Folgen, brachten sich die Leser von Goethes Roman doch gleich
reihenweise selbst um; eine von Goethe durchaus nicht beabsichtigte Folge intensiver identifikatorischer Lektüre. Denn Lesen ist alles andere als harmlos – aber
dies wissen Sie ja bereits!

Abb. 116: Johann Wolfgang von Goethe
(Frankfurt am Main, 1749 – Weimar, 1832)
im 80. Lebensjahr.

Durch die vertrauliche Briefform des Romans war einer derartigen Identifikation der Leserschaft freilich Vorschub geleistet worden: Erlebnishafte Landschaftsdeutung und empfindsame Erlebnislyrik sorgen für ein aufgewühltes Gefühlsklima, das mit seiner exaltierten Sinnlichkeit für die Zeitgenossen ansteckend wirkte. Denn das Sich-Bescheiden mit dem Gegebenen, dem unmittelbar Erreichbaren, auf Kosten des vielleicht doch irgendwie Möglichen und Realisierbaren, war Werthers Sache nicht; und genau in diesem unbändigen Drang folgte ihm eine große begeisterte Leserschaft, für welche die ästhetischen Qualitäten einer rhythmisierten Prosa oder die kunstvollen Naturschilderungen des Romans zweitrangig blieben.

Auffällig ist, wie stark Werthers Gefühle in seinen Lektüren gründen, wie sehr er also ist, was er liest: Immer wieder werden explizit seine Lektüren von Klopstock, Ossian oder Homer erwähnt und in die Handlungsstränge eingebaut. Werthers Liebe zu Lotte, einer schon vergebenen jungen Frau, nährt sich aus Lektüren und ist stark intertextuell aufgeladen. Das Phänomen der Lektüre beflügelt also nicht nur die Rezeption des Romans, sondern bereits das Romangeschehen selbst und bildet folglich eine wichtige Rezeptionsvorgabe für die geneigte Leserschaft. Auch Werthers leidenschaftliches Plädoyer für den Selbstmord, das von seinem Gegenspieler in Sachen Lotte entrüstet verworfen wird, darf getrost als ein Vorprogrammieren des Überspringens eines solchen Handelns vom Roman auf eine lektüretrunkene Leserschaft gedeutet werden; denn noch die Selbstmordszene ist von Goethe kunstvoll in eine Lektüre von *Emilia Galotti* gekleidet.

Goethe hatte zweifellos ein Bedürfnis bei der Leserschaft getroffen, ihre Kritik an einer ständischen Gesellschaft und Verhältnissen, an denen sich das kühne Individuum abarbeitete, in eine Figur zu packen, mit der sich dieses Lesepublikum identifizieren konnte. Eine epidemiehaft um sich greifende Werther-Mode, aber auch zahlreiche literarische Nachkommenschaft waren die Folge. Doch nicht dieser, sondern der Frage gehen wir ja nach, wie man sich denn verliebt. Und damit nun zu jener Szene, von der aus alles seinen Anfang nahm; von jenem Augenblick an, der das ganze Unheil auslösen und Werther in den Taumel, in den Strudel der Liebe ziehen sollte, aus dem er sich nicht mehr befreien konnte. In einem auf den 27. Mai datierten Brief – im Wonnemonat Mai also – schreibt Werther seinem Freunde das Folgende:

> Ich ging durch den Hof nach dem wohlgebauten Hause, und da ich die vorliegenden Treppen hinaufgestiegen war und in die Tür trat, fiel mir das reizendste Schauspiel in die Augen, das ich je gesehen habe. In dem Vorsaale wimmelten sechs Kinder, von eilf zu zwey Jahren, um ein Mädchen von schöner Gestalt, mittlerer Größe, die ein simples weißes Kleid, mit blaßroten Schleifen an Arm und Brust, anhatte. Sie hielt ein schwarzes Brot und schnitt ihren Kleinen ringsherum jedem sein Stück nach Proportion ihres Alters und Appetits ab, gabs jedem mit solcher Freundlichkeit, und jedes rufte so ungekünstelt sein: Danke! indem es mit den kleinen

Händchen lange in die Höhe gereicht hatte, ehe es noch abgeschnitten war, und nun mit seinem Abendbrote vergnügt entweder wegsprang, oder nach seinem stillen Charakter gelassen davonging nach dem Hoftore zu, um die Fremden, und die Kutsche zu sehen, darinnen ihre Lotte wegfahren sollte. [...] Ich machte ihr ein unbedeutendes Kompliment, meine ganze Seele ruhte auf der Gestalt, dem Tone, dem Betragen, und ich hatte eben Zeit, mich von der Überraschung zu erholen, als sie in die Stube lief, ihre Handschuhe und den Fächer zu holen.[4]

Abb. 117: „Vorlesung aus Goethes *Werther*", Öl auf Leinwand von Wilhelm Amberg, 1870.

In dieser Passage soll es uns nicht um den gesamten Text, sondern nur um die Szene gehen, in der die libidinöse Besetzung durch den Briefeschreiber beginnt und zu jener starken Liebe führt, die mit dem Selbstmord Werthers endet. Denn alles wird fortan auf diese Szene und auf das weiße Kleidchen mit den blassroten Schleifen projiziert, auf jene Szene einer weiblichen Tätigkeit, in der die Geliebte gerade ganz eingetaucht ist und somit zur Überraschung des Betrachters – auch hier fehlt das Element der Überraschung nicht – ein Stück Intimität preisgibt.

---

4 Goethe, Johann Wolfgang: *Die Leiden des jungen Werther. Erster Theil.* Leipzig: Weygand 1774, S. 30 f.

Abb. 118: „Werther holt Lotte zum Ball ab", Radierung von Wilhelm von Kaulbach, 1859–1861.

Dieses Stückchen Intimität wird zum Ansatzpunkt der libidinösen Besetzung durch den nicht mehr interesselosen Betrachter der Szene. Es handelt sich um eine gleichsam unschuldige Szene, in der ein noch unschuldiges, wenn auch nicht mehr ‚freies' Mädchen in der Rolle der Mutter oder älteren Schwester Brotstücke verteilt, ein Lebensmittel also, das gleichsam eine lebensnotwendige Bedeutung und Semantik in unserer Gesellschaft besitzt. Die Dimension des Blutes hat sich gleichsam in eine blassrote Farbe verflüchtigt, und doch scheinen die Schleif-chen an Armen und Brust – ebenfalls ein scheinbar harmloses Detail – die Augen und das Gemüt des Ich-Erzählers, des briefschreibenden Werther, so sehr an sich gezogen zu haben, dass sie ihn mit ihren Schleifchen eingefangen haben und mit der Gestalt Lottes untrennbar verknoten.

Das männliche Ich betrachtet die ihm noch unbekannte junge Frau in Aktion, ohne dass sie wüsste, dass sie beobachtet wird: eine Voyeur-Stellung. Intimität entsteht also gerade durch diese voyeurhafte Beziehung zu einem Objekt, das zuvor unbekannt war, von dessen Existenz man gar nicht wusste, in dessen Inti-mität man geradezu unversehens eintaucht und eindringt, ohne dies geplant gehabt zu haben. Die noch unbekannte junge Frau, deren ganze Gestalt mit Wohl-gefallen erblickt wird, hat sich gerade mehreren dankbaren Kindern zugewandt und weiß nichts von dem männlichen Blick, dem Augen-Blick, der auf ihr ruht. Genau dies erlaubt die libidinöse Besetzung, gleichsam die Investierung aller Lust in diesen Punkt – und auf einen Schlag: Werther hat sich verliebt!

Lotte verteilt hier ein Grundnahrungsmittel; und ebenso wird ihre ganze Gestalt für Werther zu einem Lebens-Mittel,[5] dessen Entzug schließlich zu seinem Tode führen muss, als sie sich ihm endgültig aus größter Nähe entzieht, in ihr Zimmer läuft und sich einschließt. Dies ist die Verweigerung jener starken Geste, mit der sie ihm erschienen war; aus dieser Intimität wird sie ihn für immer ausschließen und ihm wird nichts anderes übrigbleiben, als diese Beziehung ein für alle Mal zu kappen, sich ohne Abschied zu verabschieden und sich die Pistolen zu besorgen, mit denen er sich erschießen wird.

Gleichzeitig ist auch deutlich, dass die Geste Lottes, die glaubt, unbeobachtet zu sein, etwas unbestreitbar Mütterliches hat; eine mütterliche Intimität, die von Werther überrascht wird und in die Werther eindringt. Damit haftet der libidinösen Besetzung auch etwas Inzestuöses an, gleichsam eine Übertragung einer inzestuös besetzten und daher tabuisierten Beziehung auf eine noch unschuldige Frauengestalt, deren blassrote Schleifen eine deutliche Symbolsprache sprechen. Wir haben es mit einem Stück Mutterliebe zu tun, das übertragen wird auf eine erhoffte geschlechtliche Beziehung zu einer Werther zunächst noch unbekannten, aber letztlich doch schon so vertrauten Figur, auf die er seine Liebe projiziert. Die Intimität selbst ist also mit Mutterliebe besetzt, und genau deshalb wird Werther von diesen Schleifen angezogen und gefesselt. Vielleicht lässt sich auch die Spur des Selbstmords gleichsam schon in der blassroten Farbe der Schleifen lesen, nicht anders, als die unwillentliche Selbstverletzung Emmas in der vorigen Szene schon auf ihre Selbstzerstörung aufmerksam macht, auf die zerstörerische Kraft, die sich letztlich an ihrem eigenen Körper entfalten wird, hat sie erst einmal Arsen zu sich genommen.

Lassen Sie mich nun aber zu einem Roman kommen, der ähnlich wie Gustave Flauberts *Madame Bovary* gleichsam ein Roman über die Liebe nach der Liebe ist, freilich nicht in den Hochzeiten der Moderne, sondern in den ‚unbeschwerten‘ Zeiten der Postmoderne: Gabriel García Márquez' Roman *El amor en los tiempos del cólera*! Bevor wir eine Stelle daraus analysieren, die wir als Szene eines einseitigen Sich-Verliebens verstehen dürfen, vorab auch hier einige Hintergrundinformationen zu diesem weltweit äußerst erfolgreichen Erzähltext des von der Karibikküste stammenden Kolumbianers.

In diesem 1985 erschienenen Roman des Literaturnobelpreisträgers von 1982 erhalten wir Einblicke in Liebesbeziehungen in einem Dreiecksverhältnis, wobei

---

5 Vgl. Ette, Ottmar / Sánchez, Yvette / Sellier, Veronika (Hg.): *LebensMittel. Essen und Trinken in den Künsten und Kulturen*. Zürich: diaphanes 2013.

es sich dabei freilich nicht – wie gewöhnlich – um eine gleichzeitige Beziehung einer Frau zu zwei Männern oder eines Mannes zu zwei Frauen handelt, sondern die Liebesverhältnisse nacheinander stattfinden. Sie mögen einwenden, dass es dann kein Dreiecksverhältnis mehr sei; aber sehen wir uns zunächst einmal die Roman- und Handlungsstruktur näher an! Denn nach dem Tod ihres Mannes nach über fünfzigjähriger Ehe taucht noch am Abend der Totenfeier ein Liebhaber auf, den die in Trauer versunkene Witwe Fermina Daza ein halbes Jahrhundert zuvor entschieden abgewiesen hatte: Florentino Ariza bewahrte seine Liebe für die von ihm verehrte Frau sein ganzes Erwachsenenleben hindurch für sie auf und legt sie Fermina nun in diesem Augenblick zu Füßen. Doch die Witwe reagiert unmissverständlich und wirft ihren Liebhaber in spe entschlossen ein weiteres Mal hinaus.

Abb. 119: Gabriel García Márquez (Aracataca, Kolumbien, 1927 – Mexiko-Stadt, 2014), 1982.

Dies schreckt diesen jedoch nicht ab, denn nach einundfünfzig Jahren, neun Monaten und vier Tagen des Wartens gibt sich Florentino mit einer erneuten Absage keineswegs zufrieden. Er glaubt zu wissen, dass seine Fermina ihren Ehemann nur geheiratet hatte, weil ihr Vater dies wollte und weil es sich um einen höchst angesehenen Arzt handelte – also das, was man landläufig eine gute Partie nennt. Beide lernten in einem ein halbes Jahrhundert umfassenden Prozess, einen der Liebe nicht unähnlichen Zustand zu erzeugen, der freilich mit dem jähen Tod des Arztes abbricht. Aus einer Vernunftheirat war eine stabile eheliche Liebesbeziehung entstanden – nicht mehr, aber auch nicht weniger. Kein Wunder also, wenn Fermina Daza um ihren Ehemann trauert und ihren alten Liebhaber, stolz wie schon immer, weit von sich weist.

Doch Ariza hatte ein Leben lang auf seine Chance gewartet und ist nicht bereit, seine Hoffnungen auf eine späte Erfüllung seiner großen Gefühle einfach fahren zu lassen. Er war gesellschaftlich aufgestiegen, war zum einflussreichen Chef der karibischen Flussschifffahrtsgesellschaft avanciert und hatte als provinzieller Don Juan ephemere Liebesbeziehungen gelebt, die ihn von seiner großen, einzigen Liebe jedoch nicht abbringen konnten. Denn seine romantischen Gefühle, in Aberhunderten von Liebesbriefen bezeugt, gelten einzig und allein der einstmals schönen Fermina.

Es gelingt ihm aufopferungsvoll, die trauernde Witwe von der Notwendigkeit eines Weiterlebens zu überzeugen, so dass sie neuen Lebensmut fassen kann. Bald schon sind seine regelmäßigen Besuche bei ihr ein Lebenselixier für die verwitwete Frau. So kommt es, dass sie gegen den Willen ihrer Kinder Florentino Ariza auf eine Schiffsreise auf dem Río Magdalena folgt. Und beiden gelingt es in ihrem Alter, die Liebe neu zu erfinden. Der Titel des Romans erklärt sich daraus, dass man auf dem Schiff die gelbe Cholera-Flagge hisst, um die den Liebenden feindlich gesonnene Gesellschaft, welche die Liebe der beiden Alten als unschicklich ablehnt, definitiv auszuschließen und die erfundene und endlich gefundene Liebe, ihrer gealterten Körper zum Trotz, endlich in vollen Zügen genießen zu können.

Mehr müssen Sie über diesen Roman, der in einer wunderschön ausladenden, barocken Erzählweise aus auktorialer Perspektive daherkommt, nicht wissen! Wir haben es mit dem Werk eines Schriftstellers zu tun, der niemandem mehr seine Meisterschaft beweisen muss und seiner Fabulierlust freien Lauf lassen kann. Sehen wir uns also nun näher an, wie innerhalb dieses Romans eine Liebe beginnt, die über ein halbes Jahrhundert auf ihre Erfüllung – zu der es am Ende ja kommen wird – warten muss und versuchen wir zu verstehen, auf welche Weise die Fäden einer Beziehung geknüpft werden, welche Florentino Ariza von Fermina Daza (und weniger umgekehrt) nicht mehr wird loskommen lassen!

Es vollzieht sich alles, wie Sie gleich sehen werden, eher nebensächlich, beiläufig, aber nicht ohne Überraschungsmomente: Florentino, der junge Telegraphistenlehrling, hatte ein Telegramm erhalten, das er nicht ohne weiteres zustellen konnte, so dass er gezwungen war, den Empfänger dieses Telegramms persönlich aufzusuchen und ihm das Telegramm auszuhändigen. Auf diese Weise gelangt er erstmals in das Haus des Vaters von Fermina, dem er zunächst die Nachricht überbringt, dann aber rasch wieder herausgeführt wird, ohne dass es eigentlich zu einem Treffen mit der Tochter hätte kommen können. Aber der Zufall will es anders!

Später verabschiedete er ihn mit einem Händedruck, der mit einem Boten vom Telegrafenamt nicht üblich war, und die Hausangestellte begleitete ihn bis zum Tor zur Straße, weniger um ihn zu führen, als ihn zu beaufsichtigen. Sie absolvierten denselben Parcours durch den Arkadengang in umgekehrter Richtung, aber diesmal wusste Florentino Ariza, dass es da noch jemanden im Haus gab, weil die Helle des Patio von einer Frauenstimme eingenommen wurde, welche eine Vorleselektion wiederholte. Als er am Nähzimmer vorbeiging, sah er durch das Fenster eine ältere Frau und ein Mädchen, die beide eng in zwei Sesseln zusammen saßen: Beide folgten dem Lesetext im selben Buch, das bei der Frau offen auf dem Schoß lag. Es erschien ihm wie eine seltsame Vision: Die Tochter brachte der Mutter das Lesen bei. Diese Einschätzung war nur zum Teil unzutreffend, weil die Frau die Tante und nicht die Mutter des Mädchens war, obwohl sie sie großgezogen hatte, so als wäre sie tatsächlich die Mutter. Die Lektion wurde nicht unterbrochen, aber das Mädchen hob den Blick, um zu sehen, wer da vor dem Fenster vorbeiging, und dieser zufällige Blick war der Ursprung eines Liebeserdbebens, das noch ein halbes Jahrhundert später nicht aufgehört hatte.[6]

Wieder ist bei der Liebe ab dem ersten Augenblick der Zufall im Spiel und es ist erneut ein Augen-Blick, der über alles weitere entscheidet. Florentino Ariza sieht also das kleine Schulmädchen Fermina, wie sie gerade damit beschäftigt ist, ihrer Tante Escolástica (ein hübscher Namenseinfall) das Lesen beizubringen. Auch hier haben wir es mit einer fast klassischen Frauenrolle, jener der Hauslehrerin, zu tun, auch wenn in diesem Falle die Rollen etwas anders verteilt sind, da das ‚Kind‘ dieser Lehrerin nicht wirklich ihr Kind ist, sondern eine eigentlich ältere Frau, die im kolumbianischen Hinterland offensichtlich nicht alphabetisiert wurde.

Auch in dieser Passage kommt der Blick von außen und dringt in eine Intimität vor, die jene im Zusammenhang einer fast mütterlichen Rolle ist, obwohl sich die junge Dame damals noch mitten in ihrer Schulausbildung befindet und weit entfernt davon ist, an Liebe zu denken. Es ist die Vision des gleichsam ungeschützten Innenlebens eines Frauendaseins, das den männlichen Blick so anzieht und fasziniert, dass es daraus kein Entweichen mehr geben kann. Es sind die kleinen Gesten, die alles entscheiden …

Bei *Madame Bovary* war es das Nähen und Blutsaugen, also der Stich und die Geste, mit der sich Emma den Finger an den Mund führt. In Goethes *Werther* war es Lottes Verteilen des Brotes unter den Kindern, eine schwesterliche oder mütterliche Geste, welche ebenfalls auf den ersten Blick nichts mit Liebe zu tun hat. Und in García Márquez *El amor en los tiempos del cólera* schließlich war es ein leichtes Kopfheben innerhalb der Szenerie des Hausunterrichts, welche dem männlichen Voyeur einen intimen Bereich vor Augen führt, zu dem er eigentlich keinen Zutritt haben sollte. Dieser gibt ihm aber ein Inneres, gleichsam das Innere eines Frauenzimmers, preis.

Freilich gibt es noch einen zweiten *moment d'amour* in der Geschichte der Liebesverhältnisse in diesem Roman von Gabriel García Márquez; jenen Augen-Blick, in dem sich Doktor Juvenal Urbino, der hochangesehene, in Frankreich ausgebildete, mit Frauen erfahrene und von vielen Frauen nach seiner Rückkehr nach Lateinamerika begehrte Arzt in Fermina verliebt. Auch er betritt nicht

---

6 García Márquez, Gabriel: *El amor en los tiempos del cólera*. Barcelona: Buivguera 1987, S. 77 f.

aus privaten, sondern aus beruflichen Gründen erstmals ihr Haus. Denn er wird von ihrem Vater gerufen, weil dieser fürchtet, seine Tochter könnte sich mit der Cholera, die zum damaligen Zeitpunkt in der Stadt wütete, angesteckt haben, was sich bald aber als Fehleinschätzung herausstellt. Wir erhalten so die Gelegenheit, den jungen Arzt bei seiner Visite zu sehen, bei der es freilich zu keinem Doktorspielchen kommt!

Alles läuft routiniert und geschäftsmäßig ab; und doch passiert irgendetwas, das niemand so genau erklären kann. Denn der junge Arzt ist zunächst unbewegt, die junge Dame aber durchaus schamhaft berührt, als es zu jenen Untersuchungen kommt, die feststellen sollen, ob die Krankheitssymptome Ferminas tatsächlich auf eine Choleraansteckung hindeuten. Sehen wir uns diese wichtige Stelle einmal näher an! Wie sich dies gehörte, sitzt der Vater – als der künftige Kuppler übrigens – im Halbschatten im Hintergrund:

> Es wäre nicht einfach herauszufinden gewesen, wer von beiden schüchterner war, der Arzt mit seinem schamhaften Taktgefühl oder die Kranke mit der Zurückgezogenheit einer Jungfrau in ihrem Seidenhemdchen; aber beide sahen sich nicht in die Augen, vielmehr fragte er mit unpersönlicher Stimme und sie antwortete mit zitternder Stimme, wobei sie beide den Mann im Halbschatten im Auge hatten. Am Ende bat Doktor Juvenal Urbino die Kranke, sich zu setzen, und öffnete ihr mit ausgesuchtester Behutsamkeit das Nachthemdchen bis zum Gürtel: Ihr vollständiger und stolzer Busen strahlte mit seinen noch kindlichen Brustknospen einen Augenblick lang wie ein Feuerschein in der Dunkelheit des Alkoven auf, bevor sie sich beeilte, ihn mit ihren überkreuzten Armen zu verbergen. Unbeeindruckt öffnete der Mediziner ihre Arme, ohne sie anzusehen, und hörte sie direkt mit dem Ohr an ihrer Haut ab, zunächst ihre Brust und dann ihren Rücken.
>
> Doktor Juvenal Urbino pflegte zu erzählen, dass er keinerlei Emotion verspürte, als er die Frau kennenlernte, mit der er bis zum Tage seines Todes zusammenleben sollte. Er erinnerte sich an das himmelblaue Nachthemdchen mit Spitzenrändern, an die fiebrigen Augen, an das lange, über die Schultern fließende Haar, aber er war durch das Auftauchen der Pest in der kolonialen Altstadt so abgelenkt, dass er nichts von dem vielen wahrnahm, das sie von einer jungen Frau in Blüte besaß, abgesehen von auch nur den kleinsten Anzeichen, die bei ihr auf eine Pest deuten würden. Sie war unverblümter: Dieser junge Arzt, von dem sie so viel gerade mit Blick auf die Cholera gehört hatte, erschien ihr als ein Pedant, unfähig, irgendetwas anderes zu lieben als sich selbst. Die Diagnose lautete auf Lebensmittel zurückgehende intestinale Infektion, die man mit Hausmittelchen in drei Tagen werde beheben können.[7]

Auch hier haben wir die Ingredienzien von Intimität und alltäglicher Begegnung. Doch in dieser Szenerie kommt es – wie wir sehen – gar nicht erst zum erotischen Augenblick zwischen beiden im Sinne eines Blickkontakts, obwohl zusätzlich

---

7 García Márquez, Gabriel: *El amor en los tiempos del cólera*, S. 153f.

das Element der Nacktheit und damit einer körperlichen Intimität gegeben ist. Der Blickkontakt wird geradezu peinlich genau vermieden, da er ja möglicherweise unkontrollierbare Emotionen und vielleicht sogar Liebesregungen auslösen könnte.

Die Gefühle der beiden sind freilich völlig unterschiedlich: Für den Mediziner steht ausschließlich die Ausbreitung einer Cholera-Epidemie im Vordergrund, alles andere hat sich für ihn verdunkelt; er tritt gleichsam mit einem Tunnelblick an die Kranke heran. Sie hingegen hält ihn für einen Pedanten, der aufgrund seiner Routine und Betriebsamkeit nicht ihre Befindlichkeiten als junge Frau wahrzunehmen fähig sei. Die Begegnung, der *encuentro*, erweist sich als *desencuentro*, als ein Sich-Verpassen zweier Menschen, die zu diesem Zeitpunkt freilich noch nicht ahnen konnten, dass sie einen Großteil ihres Lebens miteinander verbringen würden.

Und doch hatte es deutliche Anzeichen für die Liebe gegeben! Das künftige Ehepaar hatte diese freilich noch nicht erkennen können, denn unter der Beziehung zur Cholera verbirgt sich im Roman immer die Beziehung zur Liebe. Wir erfahren bei der Lektüre von García Márquez' Roman, dass Florentino etwa Cholera-Symptome produziert, während er sich seiner unglücklichen Liebe zu Fermina bewusst wird. Die Liebe erscheint wie eine Krankheit, die von innen den Körper befällt und in Symptomen nach außen tritt, welche eindeutig bestimmten Erkrankungen zugeordnet werden können. Bis zu seinem Ende durchläuft den Roman ein roter Faden von Pest und Liebe, die sich an der Körperoberfläche in ihren Anzeichen ähneln und darauf verweisen, dass sich bei der wahren Liebe wie bei Cholera und Pest die entscheidenden Vorgänge im Inneren und damit den Blicken verborgen abspielen. Die Liebe, so scheint es, ist eine Krankheit, die von innen kommt ... aber das kennen Sie ja bereits aus Chateaubriands *Atala*!

Aufschlussreich ist an dieser Stelle, dass wir es wie bei Flaubert – García Márquez war ein äußerst kundiger Leser – mit einem Arztbesuch zu tun haben, der nach der ersten Visite medizinisch völlig unbegründet recht häufig wiederholt wird. Denn ganz so, wie Charles Bovary bei dem von ihm erfolgreich behandelten Vater Emmas gerne mal ,vorbeischaut', um die hübsche Emma dabei sehen zu können, wird auch Doktor Juvenal Urbino immer wieder dem Haus Ferminas einen Besuch abstatten. Und er tut dies trotz der demonstrativen und verletzenden Abweisung durch die von ihm erwählte stolze Frau.

Wie bei Flaubert ist auch bei García Márquez der Vater ausschlaggebend dafür, dass es zu einer Liebesbeziehung zwischen den beiden kommt. Übrigens aus durchaus materiellen Gründen, will er sich doch die gute Partie für seine Tochter nicht durch die Lappen gehen lassen. Anders als bei Flaubert aber ist der Patient die junge Dame selbst, die von den fachmännischen, aber irgendwie doch männlichen Fingern des Arztes abgetastet und von seinem männlichen Ohr an Brust und Rücken abgehorcht wird. Wir wissen freilich nicht, was konkret die Liebesgefühle des jungen Arztes auslöste; zwar hatte Juvenal die körperliche Schönheit der jungen Frau sehr wohl gesehen, ließ sich davon laut Erzähler aber nicht beeindrucken. Nicht anders die zunächst abwehrende Haltung Ferminas; denn Liebessymptome bringt der Körper der jungen Frau, die eben nicht verliebt ist, keineswegs zustande, im Gegenteil. Es ist eher eine Magenverstimmung, die von einer Lebensmittelvergiftung oder ähnlichem ausgelöst wurde und bald wieder geheilt sein wird.

Und doch ist der Arzt von der Liebe getroffen, trotz Meiden des Blickes, trotz des Versuches, alles möglichst professionell und unbeteiligt ablaufen zu lassen. Das Licht geht nicht von Ferminas Augen, sondern gleichsam – zumindest für einen kurzen Augenblick, einen *fogonazo* – von ihren Brustspitzen aus. Dies dürfte offensichtlich genügt haben! Auch in dieser Passage hat die Szenerie etwas geradezu Jungfräuliches; und bei Fermina Daza ist, anders als bei Lotte oder bei Emma, im Übrigen auch keine Spur Herzblut dabei. Fermina wird sich im Grunde niemals wirklich Hals über Kopf in Doktor Juvenal Urbino verlieben oder mit ihm in tiefer Liebe verbunden sein, auch wenn sie über lange Phasen ein erträgliches und bisweilen sogar zärtliches Eheleben mit ihm führt. An dessen Ende wird ihr Juvenal kurz vor seinem Tod gestehen, sie könne gar nicht wissen, wie sehr er sie geliebt habe.

Fermina Daza ist und bleibt im Grunde die Verschlossene, die sich erst im Alter und als ihr Körper längst nicht mehr ihren Ansprüchen genügt, gänzlich einem Manne öffnen wird. Interessant ist aber ohne Zweifel, dass das Ausblenden der Augen und des Augenblicks nicht immer hilft, um ein Verlieben oder Sich-Verlieben zu verhindern. Denn in der obigen Szene sind es vorrangig das Taktile wie das Auditive, welche letztlich die Liebe auslösen. Dabei ist alles eingebunden in eine Situation großer Intimität, in die das männliche Subjekt von außen eindringt. Dies dürfte die Konstante all jener *moments érotiques* sein, die oft so banal und nebensächlich erscheinen und gerade nicht so sind, wie sie die Liebes- und Heimatromane melodramatischen Zuschnitts nur allzu gerne porträtieren.

Florentino Ariza, den Fermina Daza hatte abblitzen lassen, bewahrte seiner Angebeteten – wie wir bereits sahen – seine Liebe über ein halbes Jahrhundert auf. Gleichwohl bedeutet dies nicht, dass er jungfräulich in diese letzte Phase seines Lebens eingetreten wäre. Aus purer Verzweiflung hatte er ein Schiff der Flussschifffahrtsgesellschaft den Río Magdalena aufwärts genommen; dabei waren auch drei Frauen mit einem schlafenden Kind eingestiegen. Es sollte ihm auf immer unklar bleiben, welche der drei Frauen es war, die ihn eines Abends, als er an einer Kajütentür vorbeiging, am Hals packte, ins Kajüteninnere zerrte, auf ein Bett warf, auszog und vergewaltigte – für ihn die erste Erfahrung körperlicher Liebe und damit Entjungferung Florentino Arizas, die ihm ein Leben lang in allen Gliedern stecken bleiben sollte! Jedenfalls wird er die Frau, hinter der er eine der drei Mitreisenden, am wahrscheinlichsten eine gewisse Rosalba vermutete, niemals identifizieren und schon gar nicht wiedersehen.

Seit diesem Zeitpunkt spielt die Liebe an Bord eines der Schiffe der Flussschifffahrtsgesellschaft auf dem Río Magdalena in seinem Leben eine wichtige Rolle; schließlich war dies ein Vorspiel zur Erfüllung seiner Liebe zu Fermina. Denn an ihrem Lebensabend verbarrikadieren sich beide auf einem Schiff, hissen die Cholera-Flagge und fahren den Fluss hinauf und hinab, hinauf und hinab ... Sie richten sich auf diesem Schiff ein, das zu ihrer ganz persönlichen Heterotopie wird, und kosten jene Liebe aus, die sie im Verlauf ihres Lebens zuvor nie in ihrer ganzen Fülle hatten erfahren dürfen.

Seit seiner denkwürdigen Vergewaltigung entwickelte Florentino Ariza freilich eine Neigung zur körperlichen Liebe, welche diesem neuen Don Juan Hunderte und Aberhunderte von Frauen zuführte: Frauen, die er zwar körperlich liebte, die ihm auch jeweils sehr sympathisch waren, um die er bisweilen lange kämpfen musste, die ihm letztlich aber immer erlagen; und mit denen er sich oftmals gleichzeitig im Hinterzimmer seiner Chefetage zu nächtlichen oder täglichen Spielen traf. Es ist eine Liebe nach der großen Liebe und zugleich eine Liebe im Wartezustand, bevor sich am Ende des Romans doch noch einmal das Tor zur großen, wahren Liebe öffnen wird. Die Letzte in dieser langen Reihe von Liebesbeziehungen im Wartezustand wird wieder ein junges Schulmädchen sein, América Vicuña, die aus seiner eigenen Verwandtschaft stammt. Damit wird wiederum ein inzestuöses Element in die Handlung eingebracht. Auf ihr trauriges und tödliches Schicksal will ich am Ende noch kurz zu sprechen kommen.

Zunächst aber soll es um Olimpia Zuleta gehen, die Florentino einst beim Füttern ihrer Brieftauben aufgefallen war und die ihm einen mehrmonatigen verbissenen Widerstand entgegengesetzt hatte, bevor sich die verheiratete Frau schließlich dem Werben des gesellschaftlichen Aufsteigers hingab! Zur ersten großen Liebesnacht kommt es an Bord eines gerade in der Werft befindlichen Schiffes, in dessen Kajüte sich beide ein Liebesstelldichein geben. Dabei spielen die rote Farbe und das Blut – wie wir gleich sehen werden – eine entscheidende Rolle:

> Sechs Monate nach ihrem ersten Treffen sahen sie sich endlich in der Kajüte eines Flussschiffes, das wegen Malerarbeiten an der Mole des Flusses lag. Es war ein wunderbarer Nachmittag. Olimpia Zuleta besaß die fröhliche Liebe eines vielbesuchten Taubenschlages und es gefiel ihr, mehrere Stunden lang nackt zu bleiben, in einer langsamen Erholung, welche für sie so viel Liebe besaß wie die Liebe. Die Kajüte war auseinandergebaut, nur

halb bemalt, und der Geruch nach Terpentin war gut geeignet, um ihn in der Erinnerung an einen glücklichen Nachmittag zu bewahren. Plötzlich machte Florentino Ariza, einer unerhörten Eingebung folgend, einen Behälter mit roter Farbe auf, der in Reichweite der Schlafkoje stand, tauchte seinen Zeigefinger ein und malte auf die Scham der schönen Taubenhalterin einen nach Süden gerichteten blutigen Pfeil und schrieb einen Text auf ihren Bauch: *Diese Muschel ist mein.* In derselben Nacht zog sich Olimpia Zuleta vor ihrem Ehemann aus, ohne noch an die Aufschrift zu denken, und er sagte nicht ein Wort, nicht einmal sein Atem ging anders, nichts, er ging nur ins Bad, um sein Rasiermesser zu holen, während sie sich das Nachthemd anzog, und schlitzte ihr mit einem Schnitt die Kehle auf.[8]

Ist dies Liebe oder pure patriarchalische Sexualität? Im Grunde führt die Szene zum einen eine unbeschwerte, ja glückliche Erotik vor, wie sie Florentino immer wieder mit unterschiedlichen Frauen während seiner langen Wartezeit auf Fermina erleben durfte; und doch ist dies für ihn nie die Verkörperung der echten, wahren Liebe. Ob es zu einer solchen in seinem Leben noch einmal kommen wird, kann er nicht wissen, so dass diese Liebesbeziehungen gewiss auch die Sicht der Liebe nach der großen Liebe bieten. Zum anderen aber zeigt sich wieder, dass die Farbe Rot von ungeheurer Bedeutung ist: Florentino schreibt mit roter Farbe einen blutigen Pfeil auf das Geschlecht und seinen Besitzanspruch auf den Körper Olimpias, die damit im doppelten Sinne kein unbeschriebenes Blatt mehr ist. Nach der ersten körperlichen Liebe ist sie für ihn zu einem Objekt geworden, einem Gegenstand, auf dem er seine Erfahrungen wie seinen Besitzanspruch einschreibt. Wir haben es mit einer Liebesbeziehung in Zeiten patriarchalischen Besitzdenkens zu tun.

Doch noch einmal zurück zu jener Farbe, die in allen literarischen Darstellungen dieses Epilogs eine wichtige Rolle spielt! Die Farbe Rot ist in der obigen Szene von einer grundlegenden Ambivalenz gekennzeichnet: Sie dokumentiert zum einen Florentinos Liebe, nimmt aber zugleich auch schon die blutrote Rache jenes Ehemannes vorweg, der an ihr eine patriarchalisch fundierte Bluttat verübt. Rot ist die Farbe des Herzens und damit der Liebe, zugleich aber auch des Blutes und damit des Lebens. Der gehörnte Ehemann wird Olimpia schlicht mit seinem Rasiermesser aufschlitzen und seine Frau wie ein Stück Vieh ausbluten lassen, bevor man ihn dafür ins Gefängnis steckt. Der rote Pfeil ist die männliche Geschlechtlichkeit, welche den weiblichen Körper durchdringt, perforiert und letztlich dieses eindringen noch ein letztes Mal mit Hilfe des tödlichen Messers vor Augen führt. Das Messer aber steht im Grunde nur als letztes Element in einer unerbittlich logisch – um mit Derrida zu sprechen – phallogozentrischen Abfolge.

---

8 García Márquez, Gabriel: *El amor en los tiempos del cólera*, S. 276.

Was für Florentino Ariza lediglich eine von vielen Frauenbeziehungen darstellt und gleichsam die Halbzeit zwischen Rosalba und Fermina in der Heterotopie des Schiffes markiert, wird für Olimpia Zuleta zu einem tödlichen Spiel mit fatalem Ausgang. Keiner der Protagonisten oder Protagonistinnen in *El amor en los tiempos del cólera* wird wirkliche Befriedigung oder gar die erträumte Liebe in der körperlichen Vereinigung finden; ja mehr noch: Als sich Fermina und Florentino am Ende ihres Lebens nackt gegenüberstehen und sich mit ihren alt und unansehnlich gewordenen Körpern lieben, da geht dieses erotische Liebesspiel völlig daneben, man könnte auch sagen – in die Hose. Kein Zweifel, wir haben es hier mit der Liebe *nach* der Liebe zu tun!

Doch diese Schwierigkeiten und körperlichen Unzulänglichkeiten werden die Liebeserfüllung nur ein wenig stören, keineswegs aber wirklich gefährden oder gar verunmöglichen. Die körperliche Liebe ist bei García Márquez zweifellos ein wichtiges Element, aber sicherlich nicht das entscheidende für jene wahre Liebe, die doch das Schwierigste im ganzen Leben ist. Die Figur einer körperlichen Liebe, die in der Vereinigung mit einem Geliebten oder einer Geliebten gipfelt, enthält keine weiteren Glücksversprechen in diesem Roman über die Liebe nach dem Ende der Liebe. In ihr ist keinerlei Zukunft, keinerlei Rettung und Glücksversprechen enthalten; und sie macht zugleich auch auf die Dimension (männlicher) Gewalt aufmerksam, die in dieser Zirkulation des Blutes und des blutroten männlichen Pfeiles enthalten ist.

Auch in Gustave Flauberts *Madame Bovary* bietet eine bewusst angestrebte körperliche Liebesvereinigung jenseits einer wirklichen Liebesbeziehung keinerlei Lösung. Dies mag vielleicht eine jener Szenen am deutlichsten machen, die Flauberts Roman die Anklage im gegen ihn erhobenen Immoralismusprozess einbrachten: Emma Bovary hat bei einem Besuch in Rouen den ehemals in sie verliebten Clerc Léon wiedergetroffen und sich nach anfänglichem Zögern als nun reife Frau mit dem jungen Mann eingelassen. Eine berühmt gewordene stundenlange Kutschenfahrt mit geschlossenen Vorhängen durch Rouen hatte ihre erotische Beziehung besiegelt und zugleich angedeutet, dass es letztlich nur eine unkontrollierte und unkontrollierbare Irrfahrt sein würde, die beide auf den Wegen der Liebe absolvieren sollten.

Emma aber ist stolz, einen Liebhaber zu besitzen – denn sie hat Léon weit mehr zu ihrem Geliebten gemacht als er sie zu seiner Maîtresse. Charles, ihr Ehemann, hat nicht den blassesten Schimmer – nicht umsonst hatte er in der Szene der ersten Berührung seinen Ochsenziemer verloren – und ist völlig einverstanden, als Emma unter dem Vorwand, regelmäßig Klavierstunden in Rouen nehmen zu müssen, häufig ihren jungen Liebhaber besucht und mit ihm ein Schäferstündchen nach dem anderen genießt. Flauberts Leserschaft wird zunächst noch im Unklaren darüber gelassen, ob diese Liebschaft Madame Bovary aus ihren Problemen heraushelfen wird.

Doch der Genuss, die Lust, ja Wollust, sind nicht von allzu langer Dauer, denn schnell schon schleicht sich eine gewisse Ermüdung in diese Figur körperlicher Liebe ein, aller Verführungskünste zum Trotz, die Emma aufbietet, um Léon weiterhin bei der Sache zu halten. Gustave Flaubert ist es gelungen, in einer denkwürdigen Szene all dies zu konzentrieren und gerade im höchsten erotischen Akt die größte Ermüdung, Leere, Monotonie und Sinnlosigkeit aufscheinen zu lassen: Nein, der körperliche Vollzug der Liebe allein bietet keinen Ausweg, so schön er auch sein mag!

Die eheliche Liebe aber ist längst für Madame Bovary keine Alternative mehr; und so zeichnet sich in diesem Kapitel nicht nur die von Lheureux geschickt genutzte Verschwendungssucht Emmas ab, die in ständig neuen Verkleidungen ihre Lust mit Léon erhöhen möchte, sondern es taucht auch jener blinde Bettler auf, der ein frivoles kleines Liedchen singt, das in ihrer Sterbeszene dann alles zu Kälte erstarren und erschaudern lässt. Mitten in das Herz einer großen erotischen Szene hinein ist all dies gebaut; doch kann ich Ihnen nur den zentralen Teil dieser meisterhaft dargestellten Episode bieten:

> Sie versprach sich ständig für ihre nächste Reise ein tiefes Glück; doch danach gestand sie sich, nichts Außergewöhnliches zu fühlen. Diese Enttäuschung verwischte rasch wieder unter einer neuerlichen Hoffnung, und Emma kehrte zu ihm noch entflammter, noch gieriger zurück. Sie zog sich auf brutale Weise aus, riss sich das leichte Bändchen ihres Korsetts vom Leibe, welches um ihre Hüften pfiff wie eine dahingleitende Schlange. Sie ging auf ihren nackten Zehenspitzen noch einmal nachsehen, ob die Türe wohl verriegelt war, dann ließ sie alle ihre Kleider in einer einzigen Geste fallen; – und bleich, wortlos, ernst ließ sie sich mit einem langen Erschaudern auf seine Brust fallen.
>
> Gleichwohl gab es auf dieser Stirne, die von kalten Schweißtropfen bedeckt war, auf diesen stammelnden Lippen, in diesen geweiteten Augäpfeln, in der Umklammerung dieser Arme, etwas Extremes, Undeutliches und Finsteres, was sich aus Léons Sicht zwischen sie beide so subtil schob, als wollte es sie trennen. Er wagte nicht, ihr Fragen zu stellen; aber wenn er sie so überaus erfahren sah, musste sie, so sagte er sich, durch alle Prüfungen des Leidens und der Lust gegangen sein. Was ihn früher angezogen hatte, erschreckte ihn nun etwas. Im Übrigen revoltierte er gegen die jeden Tag noch größere Absorption seiner Persönlichkeit. Er grollte Emma wegen ihres permanenten Sieges. Er zwang sich sogar, sie nicht zu liebkosen; dann wiederum fühlte er sich beim Krachen ihrer Stiefelchen feige wie die Betrunkenen, wenn man ihnen starke Schnäpse zeigt.[9]

In dieser wunderbaren Szene zeigt sich, wie Emma Bovary die Bänder an ihrem aufspringenden Korsett geradezu wie Schlangen pfeifen lässt, eine letzte Reminiszenz an die christliche Symbolik der verführerischen Schlange, mit der Eva von

---

9 Flaubert, Gustave: *Madame Bovary*, S. 669.

Beginn aller abendländischen Überlieferung an im Bunde steht. Doch unübersehbar ist zugleich auch, dass all dies gegen die ständige Enttäuschung aufgeboten wird, eine unausweichliche Enttäuschung bei aller Suche nach Erfüllung und Befriedigung, Glück und Liebe. Die Reize müssen ständig verstärkt werden, um das Spiel noch weiterspielen zu können, das doch im Grunde längst verloren ist; die körperliche Vereinigung muss immer schärfer gewürzt werden, um an die Stelle einer Liebeskonzeption zu treten, die Emma Bovary als Mädchen und Jugendliche in den romantischen Büchern gelesen hatte, Traumvorstellungen, von denen sie als Erwachsene nicht mehr loskommt. Wie Cervantes in seinem *Don Quijote* versieht Flaubert in seiner *Madame Bovary* die Literatur mit einem Warnschild, das von einer identifikatorischen Lektüre abhalten soll. Aber gibt es unter dem Lesepublikum da nicht Trinker, denen man starke Alkoholika zeigt?

Gustave Flaubert macht mit einer unerbittlichen Schärfe deutlich, wie sehr all dies Emmas Illusionen fernsteuert und die Liebe somit nichts Natürliches, sondern etwas im höchsten Maße kulturell Geformtes und Tradiertes ist. Liebe erscheint als Emotion aus zweiter Hand, erzeugt und weitertransportiert von Literatur, die ihrerseits auf Literatur zurückgreift – nicht zuletzt auch auf jene Art von Literatur, welche wir in unserer Vorlesung behandelt haben und die den von Denis de Rougemonts so stark ins Zentrum gerückten Gegensatz zwischen der christlichen und der höfischen Liebe in all ihren lustbetonten Varianten in den Mittelpunkt stellte.

Gestatten sie mir an dieser Stelle, einen Song von Tina Turner einzublenden, und zwar *What's Love got to do with it*, zu dessen Beginn es heißt:

> You must understand though the touch of your hand
> Makes my pulse react
> That it's only the thrill of boy meeting girl
> Opposites attract
> It's physical
> Only logical
> You must try to ignore that it means more than that ooo
> What's love got to do, got to do with it
> What's love but a second hand emotion
> What's love got to do, got to do with it
> Who needs a heart when a heart can be broken.

Ohne auf alle Facetten des Songs eingehen zu können, der gewiss auch manch autobiographische Reminiszenz an Ike Turner beinhaltet, so ist doch die zentrale Vorstellung die, dass es sich bei der Liebe um ein Gefühl aus zweiter Hand handelt und dass uns dieses Gefühl nicht gleichsam innerlich gegeben ist, sondern uns gleichsam von außen vermittelt und eingespeist wird. So heißt es gegen Ende des Songs, der in seiner visuellen Inszenierung durch die US-amerikanische

Sängerin heterosexuelle Liebesbeziehungen im Kontext großer ethnischer Diversität vor Augen führt:

> But I have to say
> I've been thinking about my own protection
> It scares me to feel this way oh oh oh
> What's love got to do, got to do with it
> What's love but a second hand emotion
> What's love got to do, got to do with it
> Who needs a heart when a heart can be broken
> What's love got to do, got to do with it
> What's love but a sweet old fashioned notion
> What's love got to do, got to do with it
> Who needs a heart when a heart can be broken.

Noch immer spielt das Herz eine entscheidende Rolle; doch bei der Liebe handle es sich um einen altmodischen Begriff, welcher in diesem Text gleichsam verabschiedet wird. Als Erfahrung aus zweiter Hand erscheint die Liebe nicht mehr als Erfüllung, sondern als Bedrohung. Nun erscheinen Beziehungen *nach* der Liebe als denkbar und pragmatisch realisierbar, da sie dem Herzen keinen Schaden mehr zufügen können. Auch Tina Turners Song siedelt sich unverkennbar *nach* der Liebe an.

Doch kehren wir noch einmal zurück zu Denis de Rougemont und seiner Unterscheidung zwischen zwei antagonistischen Liebeskonzeptionen. Erinnern wir uns an Chateaubriands *Atala* oder auch an Bernardin de Saint-Pierres *Paul et Virginie*, so mussten beide romantische Liebespaare jeweils an diesen Gegensätzen zerschellen, zerbrechen an einer Konzeption der Liebe, wie sie das Christentum entfaltet hatte. Doch bereits bei Gertrudis Gómez de Avellanedas *Sab* hatten wir bemerkt, dass die sakralisierte christliche Liebe zunehmend durch ein kapitalistisches Profitdenken ersetzt wird, welches nach den Vorteilen einer bestimmten Verbindung fragt und darauf aus ist, auch die Liebesbeziehung an einem noch höheren Wert auszurichten, dem des Geldes und der Profitmaximierung.

Bei Flaubert zeigt sich unverkennbar, dass die christliche Konzeption der Liebe im Grunde keine Gegenposition mehr darstellt; sie ist gleichsam implodiert unter dem Ansturm bürgerlich-kapitalistischer Zweckrationalität. Dies bedeutet aber nicht, dass – wie allein schon der Fall der Titelheldin zeigt – die Menschen aufgehört hätten, sich nach der Liebe zu sehnen. Doch ist es bereits ein Sehnen, das sich sozusagen schon *nach* der Liebe anzusiedeln beginnt; mit anderen Worten: Es geht um die Suche nach der Liebe unter den Bedingungen einer Moderne, in der die das Abendland konstituierende und garantierende Liebeskonzeption über Bord geworfen worden ist.

Insoweit ist bereits Flauberts *Madame Bovary* unverkennbar nicht nur ein Erzähltext, in dem die verschiedensten Figuren der Liebe durchgespielt werden, sondern auch ein Roman, der die Liebe *nach* der Liebe zu entwickeln sucht und dabei das Scheitern seiner Heldin und seiner Helden zu Protokoll gibt. Gustave Flaubert hat die Tatsache, dass die das christliche Abendland komplex zum Ausdruck bringende Liebeskonzeption an ihr Ende gekommen ist, vielleicht am deutlichsten in jener berühmten Szene der *Comices Agricoles* mit der für ihn typischen Leidenschaftslosigkeit dargestellt, in der die Figur des Verführers Rodolphe mit jenen Versatzstücken eines im Grunde schon damals überholten Diskurses der Liebe zu spielen beginnt, als gleichzeitig die Ochsen und Zuchtbullen oder eine alte Magd prämiert und ausgezeichnet werden. Die alte Liebeskonzeption ist längst zu Markte getragen; das Ineinanderschneiden des Bäuerlich-Banalen und der trivialen, aber Emma betörenden Verführungskünste Rodolphes machen diesen Konflikt in aller Schärfe deutlich!

Flaubert rechnet in derlei Passagen nicht allein mit der Romantik ab, sondern auch mit der Moderne und den allfälligen Modernisierungsprozessen seiner Zeit. Sein berühmter Ausspruch „*Madame Bovary, c'est moi*" deutet darauf hin, dass hier ein Prozess stattgefunden hat, der nicht anders denn als kritische Wertung einer Entwicklung zu verstehen ist, die *seiner* Emma im Grunde nur noch Illusionen und Sinn- wie Sinnenleere, mithin bunte Luftblasen zu bieten hat. Aus der Wut auf die Bourgeoisie speist sich angesichts einer solchen Entwicklung das Romanwerk wie das ästhetische Denken Gustave Flauberts. Wie sonst wären die bitteren Beifügungen und trauernden Tropen zu verstehen, welche Flaubert seinen Texten – auch in der oben aufgeführten Passage – beigab?

Der historische Zeitraum, mit dem sich Gabriel García Márquez' *El amor en los tiempos del cólera* auseinandersetzt, ist ein ganz anderer: Zum Zeitpunkt des Erscheinens dieses Romans ist so etwas wie eine Epochenschwelle erreicht, eine Grenze der Moderne ist sichtbar geworden, aus deren Perspektive die gesamte Epoche überschaubar geworden zu sein scheint. So verwundert es nicht, wenn der Roman des kolumbianischen Schriftstellers nicht nur an intratextuellen, sondern auch intertextuellen Verweisen nur so strotzt, ohne dass dies freilich den Spaß an der Lektüre zu einem pedantischen Unterfangen verkommen ließe. Er überblickt gleichsam – bei Gabriel García Márquez nicht ungewöhnlich – einen Zeitraum von einhundert Jahren, der von allerlei Modernisierungen geprägt wurde: von Verbesserungen im Bereich der Medizin bis hin zur größeren Effizienz der Flussschifffahrt. An deren Beispiel wird aber vor allem deutlich, dass Modernisierung und Fortschritt nur durch größere Umweltschäden erkauft werden können. Dies sind die Zerstörungen, die im Grunde die Last und das Erbe der Moderne darstellen – und wir dürfen aus heutiger Sicht hinzufügen: auch das Erbe der Postmoderne. Der Mensch tritt heute – und bei weitem nicht allein im Abendland – in eine neue Epoche ein; ob er dieser Epoche, die wir stolz das Anthropozän getauft haben, seinen Stempel aufdrückt oder sie ihn von diesem Planeten verjagt, wird die Zukunft zeigen …

Die Liebe aber ist aus diesen Prozessen der Modernisierung und Kannibalisierung der Umwelt nicht ausgenommen, denn sie ist – zumindest zu einem hohen Prozentsatz – von geschichtlich-kultureller Natur und keineswegs bloße, nackte Natur. Dies sollte man gerade in Zeiten betonen, in denen Genforscher jedweder Couleur plötzlich alles auf genetische Anlagen zurückführen zu können meinen. Die Liebe ist in diesem Sinne gerade kein ‚klassischer' Mythos, sondern – wie Roland Barthes dies ausdrücken würde – als bürgerlicher Mythos ein geschichtliches Phänomen, dessen Sprache man gleichsam entführen muss, um ihm ein Überleben zu sichern.[10] Vielleicht könnte man *Die Liebe in den Zeiten der Cholera* als einen derartigen Versuch deuten, gleichsam die Liebe und den Liebesdiskurs in einer Zeit zu retten, in der beide bestenfalls noch als Mythos und Bezugspunkt für in der Zeit Stehengebliebene erscheinen. Dieser Roman eines kolumbianischen Literaturnobelpreisträgers ist also die literarisch raffinierte Darstellung einer *Liebe nach der Liebe* und zwar nicht nur in jenem inhaltlichen Sinne, in dem Fermina Daza und Florentino Ariza am Ende nach all ihrer vergangenen Liebe doch noch zusammenkommen; er ist vielmehr eine historische Bestandsaufnahme.

Dass es sich auf verschiedenen Ebenen um eine Liebe *nach* der Liebe handelt, zeigen jene Passagen, in denen sich Florentino an all seine verflossenen Liebschaftenn erinnert, die er unzweifelhaft in sein Herz geschlossen hat. Diese Szenerie situiert sich unmittelbar vor der Wendung zu einem Happy End, wenn denn das unendliche Befahren des Río Magdalena als ein glücklicher Ausgang beschrieben werden kann. Gegen Ende des Romans, als beiden Liebenden die Rückkehr an Land und damit in die Gesellschaft droht, die sie ein letztes Mal vermeiden können, scheint jene andere Seite der Liebe auf, die – gleichsam aus postmoderner Sicht – etwas jenseits der Geschichte Angesiedeltes besitzt, obwohl oder gerade weil sie in der Geschichte tief verwurzelt ist. Gibt es vielleicht doch noch eine Liebe, die in allen geschichtlichen Liebesverhältnissen anwesend ist; eine Liebe, die durch alle Eheerfahrungen hindurch fortbesteht, sozusagen einen harten Kern der Liebe besitzt?

Dies scheint die Frage zu sein, der sich Fermina und Florentino kurz vor dem Ende ihres Weges stellen, der sich ihrer Sterblichkeit zum Trotz dann doch noch

---

10 Vgl. zur Methode des Sprachendiebstahls Ette, Ottmar: Der Schriftsteller als Sprachendieb. Versuch über Roland Barthes und die Philosophie. In: Nagl, Ludwig / Silverman, Hugh J. (Hg.): *Textualität der Philosophie: Philosophie und Literatur.* Wien – München: R. Oldenbourg Verlag 1994, S. 161–189.

auf eine unabschließbare Bewegung hin öffnet. Ich möchte Ihnen diese wichtige Passage nicht vorenthalten:

> Am Vorabend der Ankunft veranstalteten sie ein großes Fest mit Papiergirlanden und Farb-spiegeln. [...] Sie trank so viel Anisschnaps, dass sie ihr helfen mussten, die Treppen hin-aufzukommen, und sie erlitt einen Lachanfall mit Tränen, welcher alle alarmierte. Als sie den Anfall schließlich im parfümierten Stauwasser der Kajüte beherrschte, liebten sie sich dennoch wie etwas abgenutzte Großeltern ruhig und gesund, was sich in ihrer Erinnerung als das schönste Andenken ihrer mondsüchtigen Reise erwies. Sie fühlten sich nicht wie ein frisches Brautpaar, anders als es der Kapitän und Zenaida vermuteten, und weniger noch wie späte Liebhaber. Es war vielmehr, als hätten sie den schweren Kreuzweg des Eheleben übersprungen und wären ohne weitere Umwege in den Kern der Liebe vorgedrungen. Sie gingen schweigsam wie zwei alte, vom Leben klug gewordene Ehepartner vorüber, jenseits aller Fallen der Leidenschaft, jenseits des brutalen Spotts der Illusionen und Spiegeleien der Desillusionen: jenseits der Liebe. Denn sie hatten zusammen genug erlebt, um sich Rechenschaft darüber abzulegen, dass die Liebe in jedweder Zeit und an jedwedem Ort die Liebe war, umso dichter, je näher am Tod.[11]

In dieser Passage werden Fermina und Florentino zu jenem bewundernswerten Paar, das im hohen Alter eine gewisse Weisheit der Liebe, zumindest aber ein tiefes Wissen um die Liebe erworben hat, welches letztlich nicht nur ein Liebes-, sondern vor allem ein Lebenswissen ist. Im gesamten Roman von Gabriel García Márquez ist die Frequenz des Wörtchens *vida* sehr hoch, aber kaum irgendwo höher als gegen Ende, von wo aus nun beider – und vieler anderer – Leben deutlicher überschaubar wird. Die beiden alten Leutchen scheinen zum Kern der Liebe vorgestoßen zu sein, in dem auch ihre alten und verlebten Körper etwas von ihrer Lust erfüllt bekommen, ohne dass damit doch allzu viele Illusionen und Hoffnungen verknüpft wären. Denn der Tod ist diesem Leben schon nahe ...

Dabei erscheint nun doch am Ende jenes Zipfelchen an Ewigkeit als Verlo-ckung, die wir bereits zu Beginn unserer Vorlesung am Horizont ausgemacht hatten. Um ein letztes Mal mit Nietzsche zu sprechen: Alle Liebe – wie alle Lust – will Ewigkeit, will tiefe tiefe Ewigkeit! Die beiden Alten sind zu einer Stelle vor-gestoßen, in der die Liebe *jenseits der Liebe* aufgetaucht ist, eine paradoxe For-mulierung, die aber anzeigt, um welchen Preis diese Liebe für sie zu haben war: um den Preis unendlicher Geduld und vielleicht auch um den Preis dessen, was Roland Barthes – ich hatte ebenfalls zu Beginn der Vorlesung darauf aufmerksam gemacht – die *délicatesse* genannt hatte. Es ist eine Liebe, die den Anderen nicht in ein Bild packt und nicht fixiert, eine Liebe, in der das Ich und das Du nicht allzu viel Gewicht haben, nicht *pesados* werden und dem Anderen und vor allem

---

11 García Márquez, Gabriel: *El amor en los tiempos del cólera*, S. 439 f.

der Liebe auf die Nerven gehen, auf den Wecker fallen. Liebe scheint hier in jeglicher Hinsicht auch leicht sein zu können!

So entsteht bei García Márquez eine Art Utopie des Zusammenlebens, eine Utopie liebevoller Konvivenz. Diesen U-Topos aber hat der kolumbianische Schriftsteller an einem wunderschönen Ort angesiedelt: in einer Utopie als Heterotopie nämlich, die als Ort *kein Ort – nirgends* ist, weil sie sich in ständiger Bewegung befindet. Wir haben es folglich mit einer Vektopie zu tun.[12] Das Schiff, auf dem die beiden Liebenden fahren, soll ständig den Río Magdalena hinauf- und herunterfahren, in ständiger Bewegung sein, vom Zugriff und vom Zugang der anderen geschützt durch die gehisste gelbe Flagge, die die Cholera, die Pest an Bord signalisiert. Wie lange aber soll denn diese Reise dauern? Die letzten Sätze des Buches geben auf die diesbezügliche Frage des Kapitäns eine einfache und erschütternde Antwort:

> Danach blickte er Florentino Ariza an, seine unbesiegbare Herrschaft, seine unerschrockene Liebe, und es erschreckte ihn der späte Verdacht, dass es das Leben weit mehr als der Tod ist, das keine Grenze besitzt.
> „Und bis wann glauben Sie, dass wir weiter bei diesem verdammten Hinauf und Herab bleiben?", fragte er ihn.
> Florentino Ariza hatte seit dreiundfünfzig Jahren, sieben Monaten und elf Tagen mit ihren Nächten die Antwort parat:
> „Das ganze Leben", sagte er.[13]

Am Ende des Textes steht damit das Wörtchen „Leben", ganz schlicht; und zwar ein ganzes Leben lang. Denn unübersehbar ist, dass die Liebe – wie auch das vorige Zitat deutlich machte – ohne den Tod gar nicht vorstellbar und gar nicht denkbar ist, und dass die Liebe umso stärker ist, je stärker sie am Tod partizipiert; und selbstverständlich auch den kleinen Tod immer schon in sich aufgenommen hat. Liebeswissen ist Lebenswissen, und dieses Lebenswissen ist keineswegs nur süß.

Denn beide Liebende haben eine ganze Reihe von Missetaten und selbst Toten auf ihrem Gewissen. Die letzte in der langen Serie von Geliebten im Wartestand der Liebe Florentinos, América Vicuña, die zu Beginn so alt war wie einst das Schulmädchen Fermina Daza zum Zeitpunkt der ersten Begegnung, konnte

---

12 Vgl. zu diesem Begriff Ette, Ottmar: Welterleben / Weiterleben. Zur Vektopie bei Georg Forster, Alexander von Humboldt und Adelbert von Chamisso. In: Drews, Julian / Ette, Ottmar / Kraft, Tobias / Schneider-Kempf, Barbara / Weber, Jutta (Hg.): *Forster – Humboldt – Chamisso. Weltreisende im Spannungsfeld der Kulturen.* Mit 44 Abbildungen. Göttingen: V&R unipress 2017, S. 383–427.
13 García Márquez, Gabriel: *El amor en los tiempos del cólera*, S. 442f.

es nicht verwinden, ihren Geliebten Florentino Ariza verloren zu haben, der doch so viel älter war als sie. Und so bringt sich das junge Mädchen noch während der Schiffsreise von Fermina und Florentino kurzerhand um.

Dieser Selbstmord lastet auf dem Glück der beiden Liebenden und dem Ende der hochkompliziert verlaufenen Lebensläufe. Der Tod ist auch hier allgegenwärtig! So wie das Leben nur definiert werden kann, wenn wir den Tod in unsere Bestimmung miteinbeziehen, so kann auch die Liebe nur bestimmt werden, wenn wir den Tod nicht aussparen, sondern beständig mitdenken. Mit dem Tod freilich kommt die Frage der Grenzen, des Anfangs und Endes, auf uns zu. Noch aber sind wir in unserer Vorlesung nicht an das Ende gekommen ...

Michel Houellebecq oder die Unterwerfung der Liebe nach der Liebe

Es wäre zu verlockend gewesen, unsere Vorlesung mit dem von Gabriel García Márquez wunderschön angerichteten Glücksgefühl der erfüllten Liebe unserer zwei alten Leutchen aus *Die Liebe in den Zeiten der Cholera* zu beenden; doch ganz so wohlig und gemütlich wollte ich Sie nicht in das Leben außerhalb der Vorlesung entlassen. Beschäftigen wir uns also mit einem letzten Text aus dem Jahre 2015, der die Frage nach der Liebe im Kontext politischer Lektüren und einer Überschreitung der Grenzen weg von der Demokratie hin zur Diktatur in seinen Mittelpunkt rückt und damit den Zusammenhang zwischen Liebe und Politik, der uns im Verlauf unserer Vorlesung immer wieder beschäftigt hat, intensiv erkundet.

Der Protagonist von Michel Houellebecqs Roman *Soumission* ist ein Akademiker, genauer ein Literaturwissenschaftler und Spezialist für französische Literatur des 19. Jahrhunderts. Er hat die große Liebe seines Lebens, den Verfasser der ‚Bibel‘ der *Décadence* und des Ästhetizismus, in den Gegenstand seiner philologischen Dissertation verwandelt, die er an der Université Paris IV – Sorbonne unter dem Titel *Joris-Karl Huysmans, ou la sortie du tunnel* einreichte und höchst erfolgreich verteidigte. Huysmans ist für uns wahrlich kein Unbekannter, denn wir haben uns in unserer Vorlesung ausführlich mit ihm beschäftigt! Die große Liebe ist für ihn folglich eine Lektüre.

Literaturwissenschaft und Literatur bilden gleichsam Gläser, durch welche in dem nachfolgend zu besprechenden Roman eine außersprachliche Wirklichkeit betrachtet wird, die zumindest einer französischen Leserschaft durch die Einbeziehung vieler zeitgenössischer und historischer Namen sowie einer Vielzahl nachprüfbarer Details sehr vertraut ist. Die Mimesis einer denkbaren französischen Wirklichkeit des Jahres 2022 und die intratextuellen Bezüge zu einem Schriftsteller des *Fin de siècle* bilden so das Textgewebe, aus dem dieser Roman gefertigt ist.

Rolle und Funktion der Literatur werden im Verlauf dieses Werkes immer wieder diskutiert und auf die dargestellten Ereignisse bezogen. So heißt es bereits kurz nach dem *incipit*, in dem sich der Protagonist namens François seiner „triste jeunesse"[1] und seiner frühen Liebe zu Huysmans erinnert:

> Allein die Literatur kann Ihnen erlauben, in Kontakt mit dem Geist eines Toten zu treten, auf eine direktere, vollständigere und tiefere Art, als dies selbst die Konversation mit einem

---

1 Houellebecq, Michel: *Soumission. Roman*. Paris: Flammarion 2015, S. 11.

Freund ermöglichen würde – ebenso tief und ebenso dauerhaft wie eine Freundschaft, denn man liefert sich in einer Konversation niemals so vollständig aus, wie man es vor einem leeren Blatt Papier tut, wenn man sich an einen unbekannten Adressaten wendet. Wohlgemerkt, geht es um die Literatur, dann besitzen die Schönheit des Stils, die Musikalität der Sätze ihre Wichtigkeit; die Tiefe der Reflexion des Autors, die Originalität seiner Gedanken sind nicht zu verachten; aber ein Autor ist vor allem ein menschliches Wesen, das in seinen Büchern gegenwärtig ist, möge er nun sehr gut oder sehr schlecht schreiben, ist dabei definitiv nicht von Belang, das Wesentliche ist, dass er schreibt und tatsächlich in seinen Büchern gegenwärtig ist [...].[2]

Wir können aus den Leseerfahrungen unserer Vorlesung unschwer feststellen, dass dieses Zitat aus Houellebecqs Roman *Soumission* sich direkt an Marcel Prousts *Sur la lecture* annähert, auch wenn im Schlussteil dann die Akzente anders gesetzt werden. Denn das Lob des Schreibens und die Abwertung der Konversation sind große Themen nicht bei Huysmans, sondern beim Autor von *A la recherche du temps perdu*.

Diese Passage führt zugleich sehr schön die Vorgehensweise des textexternen Autors Michel Houellebecq – 1958 auf La Réunion geboren, bei einer Großmutter und im Internat aufgewachsen, zweimal geschieden und als Erfolgsautor und *enfant terrible* der französischen Gegenwartsliteratur eher zurückgezogen lebend – vor Augen, der zunächst zwar seine Figur namens François über sein Verhältnis zu Huysmans und, in einem zweiten Schritt, zur Literatur im Allgemeinen reflektieren lässt, dann aber in seinem Diskurs Aussagen platziert, welche die klare Grenzziehung zwischen textinternen und textexternen Sprecherpositionen zu verwirren und zu vervielfachen suchen.

Abb. 120: Michel Houellebecq, eigentlich Michel Thomas (Saint-Pierre auf La Réunion, 1958), 2008.

Houellebecq geht es hier keineswegs darum, sich für den ‚Inhalt' eines Textes zu Ungunsten der literarischen ‚Form' auszusprechen, sondern gleichsam eine direkte Stimme des „menschlichen Wesens" namens Autor innerhalb des Textes zu situieren und damit Möglichkeiten zu eröffnen, Aussagen sich selbst

---

2 Houellebecq, Michel: *Soumission*, S. 13f.

als textexternem Autor zu attribuieren. Es geht damit um die Frage, welche und wessen Stimmen wir hören, wenn wir einen Text lesen. So handelt es sich um ein raffiniertes Verwirrspiel zwischen Romanfiguren und Autorfiguration, das der oft als Skandalautor Verschriene wiederholt sehr erfolgreich mit der Kritik gespielt hat. Denn sollen wir nicht Houellebecqs reale Stimme hören, wenn wir Worte und Sätze seiner Romanfiguren lesen, seien sie nun gut oder schlecht geschrieben? Die Art und Weise der Lektüre, die Funktionen und Modi des Lesens sind für die Romane dieses französischen Autors von zentraler Bedeutung.

Der Roman mit dem Titel *Soumission*, der am 7. Januar 2015 erschien, just dem Tag des mörderischen Terroranschlags auf die französische Satirezeitschrift *Charlie Hebdo*, ist sehr präzise durchkomponiert und gerade hinsichtlich seiner Möglichkeiten effizient, ein ständiges Verwirrspiel zwischen textinterner Figur und textexternem Autor in Gang zu setzen. Houellebecq provoziert ganz bewusst, als Rassist oder Frauenhasser, als Gegenaufklärer oder islamophober Anti-Intellektueller beschimpft zu werden. Erst das literarische Verfahren eines textuellen Quiproquo eröffnet alle Möglichkeiten einer polemischen, dem Autor oft vorgeworfenen provokativen Dimension seiner Texte, insofern nun dem Autor-Ich zugerechnet werden kann, was ‚eigentlich' nur François denkt und schreibt, lebt und ausagiert. Michel Houellebecq, der von Rita Schober wiederholt in eine literaturgeschichtliche Reihe mit dem Naturalisten Emile Zola gestellt wurde,[3] nutzt damit auf wirkungsvolle Weise raffinierte Textverfahren, um seine Figur François immer wieder als Sprachrohr vermeintlich eigener Ansichten zu nutzen.

Es kann wohl kaum ein Zweifel daran bestehen, dass Michel Houellebecq gegenwärtig „l'auteur le plus controversé de la littérature contemporaine française"[4] ist und auf der Grundlage seiner „approche philosophique" wie der „complexité scientifique" seines Schreibens zugleich „une théorie de la vie",[5] eine Theorie des Lebens zu entfalten versucht. Seien wir an dieser Stelle deutlich, ja kategorisch: Dies bedeutet weder auf Ebene einer solchen Lebenstheorie noch auf jener einer durch verschiedenste Äußerungen in Gang gesetzten Polemik, dass der reale Autor in seinen Texten direkt zu uns spräche und uns seine Ansichten unmittelbar kundtäte!

---

3 Vgl. das Kapitel „Renouveau du réalisme?" in Schober, Rita: *Auf dem Prüfstand. Zola – Houellebecq – Klemperer.* Berlin: Walter Frey 2003, S. 195–207.

4 Diop, Ibou Coulibaly: *Mondialisation et monde des théories dans l'œuvre de Michel Houellebecq.* Mit einer ausführlichen deutschsprachigen Zusammenfassung. Berlin: Verlag Frank & Timme 2018, S. 7.

5 Ebda. Diese Theorie des Lebens selbst erfolge geradezu unwillentlich (S. 155).

Abb. 121: Titelseite der Zeitschrift *Charlie Hebdo*, Ausgabe vom 7. Januar 2015.

Wir sollten uns vielmehr gerade mit Blick auf den in unserer Vorlesung erarbeiteten Lektürebegriff davor hüten, die Grenze zwischen textinternen und textexternen Erzählinstanzen niederzureißen! Denn bei François haben wir es mit einer von Houellebecq klug und überlegt geschaffenen Figur zu tun, die keineswegs für den textexternen Autor einsteht oder dessen Gewährsmann wäre. Autor und Autorschaft, Autorität und Autorisierung fallen bei diesem Erzählmodell nicht in eins. So müssen wir zur Kenntnis nehmen, dass die Wirkungsmacht sowie das Skandalisierungspotential des Schreibmodells Michel Houellebecqs in diesem wie auch anderen Romanen des französischen Schriftstellers von einer gezielten Vervielfachung und Verwischung der Grenzen ausgehen. *Soumission* ist kein gesellschaftspolitisches Traktat, basiert sehr wohl aber auf politischen und gesellschaftlichen, kulturellen und demographischen Analysen, denen man eine gewisse Stringenz nicht absprechen kann.

Gleichzeitig sollten wir nicht der Versuchung erliegen, Leben und Literatur strikt durch eine feste Grenze voneinander zu trennen! Wir haben in unserer Vorlesung von Beginn an und ausführlich die komplexen Zusammenhänge zwischen Leben, Lieben und Lesen gesehen. Denn Literatur und Leben sind aufs Engste miteinander verbunden, ohne selbstverständlich miteinander deckungsgleich zu sein. Gerade in den neueren Interviews – etwa in einem kurz nach dem Erscheinen von *Soumission* und den Anschlägen auf *Charlie Hebdo* mit Iris Radisch für die ZEIT geführten – hat Houellebecq selbst immer wieder ironisch darauf verwiesen, dass es zwischen ihm und seinen Figuren durchaus Unterschiede in den

Einschätzungen und Überzeugungen gebe.[6] Mit seinem Leben aber haben all diese Figuren sehr viel zu tun; Literatur und Leben sind auf den unterschiedlichsten Ebenen friktional miteinander vermittelt und verknüpft.

Dies wird auch auf der Textebene selbst eindrücklich in Szene gesetzt: Die enorme Bedeutung, welche Leben und Werke des Joris-Karl Huysmans für die literarische Figur François besitzen, bildet dank ständiger Einblendungen von Textfragmenten Huysmans' das narrative wie diskursive Rückgrat von Houellebecqs Roman. Der *décadent* steht freilich nicht für die Komfortzone des Literaturwissenschaftlers; Huysmans bleibt für diesen nicht nur intimer Freund, sondern stetiger Herausforderer in einer Gegenwart ohne Sinn, Sinnhaftigkeit und Sinnlichkeit. Es ist gerade diese Sinnsuche seines Lesevorbilds wie intertextuellen Modells, die in der Figur François in ihrer ganzen Abgründigkeit von Michel Houellebecq zutage gefördert wird.

Durch die Literatur wird zugleich die Grenze zwischen Leben und Tod durchlässig, geht es in ihr doch um den „contact avec l'esprit d'un mort",[7] den Kontakt mit dem Geist eines Toten. Insofern beinhaltet und transportiert die Literatur nicht nur ein Lebenswissen und Überlebenswissen, sondern zugleich ein Weiterlebenswissen,[8] das die vermeintlich so scharfen Grenzen zwischen Leben und Tod unterläuft. Die Literatur verfügt hier über eine sehr spezifische Form des Wissens, die durch Lektüre angeeignet werden kann; die Grenzen des Lebens sind von den Grenzen des Lesens nicht unabhängig.

Huysmans wird dadurch keineswegs zu einem Wiedergänger oder zu einem Huysmans *redivivus*; vielmehr werden Leben und Werke des Autors von *A rebours* für François zu einem Interpretament, in dessen Koordinatensystem sich das Handeln der Romanfigur immer wieder verortet und befragt. In Huysmans' eigener Deutung von des Esseintes spiegelt sich geschickt die Liebe von François zum Verfasser von *A rebours*. Mit Blick auf andere Romane des französischen Autors wird diese Konfiguration zum „Laboratorium eines Lebens"[9] und dieses literarische Laboratorium seinerseits zu einem Modell der Welt, zu einem WeltFraktal,[10] in dem uns in einem literarisch modellierten Mikrokosmos durch Prozesse wechselseitig projizierter Selbstähnlichkeit grundlegende Einsichten

---

6 Houellebecq, Michel: Der Tod ist nicht auszuhalten. Interview von Iris Radisch. In: *Die Zeit* (Hamburg) (23.1.2015).
7 Houellebecq, Michel: *Soumission*, S. 13.
8 Vgl. Ette, Ottmar: Welterleben / Weiterleben. On Vectopia in Georg Forster, Alexander von Humboldt, and Adelbert von Chamisso. In: *Daphnis* (Amsterdam) 45 (2017), S. 343–388.
9 Diop, Ibou Coulibaly: *Mondialisation*, S. 14.
10 Vgl. Ette, Ottmar: *WeltFraktale. Wege durch die Literaturen der Welt*. Stuttgart: J.B. Metzler Verlag 2017.

in einen textexternen Makrokosmos ästhetisch zu Bewusstsein gebracht werden können. Huysmans ist durch die wiederholten Lektüren und literaturwissenschaftlichen Recherchen von François in der Gegenwart präsent und eröffnet Möglichkeiten, denkbare Wege in die Zukunft abzustecken. Zugleich aber wird seine Sinnsuche nach christlicher Transzendenz in ihr islamisches und mehr noch islamistisches Zerrbild verkehrt.

Der Literaturwissenschaftler präsentiert sich uns von Beginn an als ein zwar mit den Regeln im akademischen Feld wohlvertrauter Spezialist für die französische Literatur des 19. Jahrhunderts, ist ansonsten aber von einer völligen Sinnleere erfasst, die mit seiner eigenen Tätigkeit als Universitätslehrer beginnt; denn literaturwissenschaftliche Studien führten, das wisse man ja, „zu mehr oder minder nichts"![11] Es handele sich um ein System, das nur der eigenen Reproduktion von Spezialisten diene und ansonsten über 95 Prozent Abfall („déchet")[12] produziere, wenn man einmal außer Acht lasse, dass gebildete Studentinnen auf dem Arbeitsmarkt größere Chancen hätten, als Verkäuferinnen angestellt zu werden. Das Lachen des französischen Autors ist gewiss durch die Lektüre hindurch noch deutlich zu hören ...

Auch in anderer Hinsicht funktioniert die Universität als geschlossenes System: François selbst wählt seine Liebespartnerinnen jeweils semesterweise aus der Studentinnenpopulation aus, wobei er zeitweise polygame, später eher monogame Frauenbeziehungen bevorzugt. Sehr rasch zeigt sich François' Misogynie, eine grundlegende Frauenfeindlichkeit, die letztere lediglich als rasch dem physischen Verfall preisgegebene Lustobjekte betrachtet. Gleichaltrige Kolleginnen kommen da für den Mittvierziger schon lange nicht mehr wirklich in Frage. Dies wird an einigen Szenen durchgespielt, die nicht nur – wie oft bei Houellebecq – *sexually explicit* sind, sondern brutal aus patriarchalischer Sicht Frauen in ihrem körperlichen Verfall vorführen; ein Element, das im weiteren Verlauf des Romans innerhalb polygamer Beziehungen im Schutze des Islam resemantisiert werden wird. Abendländische Misogynie und morgenländische Frauenausbeutung werden im Frankreich des Jahres 2022 schon bald eine unheilige Allianz eingehen. Huysmans' ästhetisch bedingte Abkehr von der Liebe als Romansujet gerät bei François offenkundig zu einer phallogozentrischen Sichtweise heterosexueller Liebe, welche sich als Liebe *nach* der Liebe entpuppt.

Da weite Teile von *Soumission* im universitären Milieu spielen, lassen sich in diesem Text zweifellos Elemente eines Campus-Romans ausmachen: eine

---

11 Houellebecq, Michel: *Soumission*, S. 17.
12 Ebda.

kleine Welt mit ihren Regeln, Hierarchien und oft erstaunlichen Gepflogenheiten. Zugleich ist *Der Campus* als *Small World* – um die Titel der Romane von Dietrich Schwanitz und David Lodge miteinander zu kombinieren – der Mikrokosmos einer größeren Welt, in der wichtige politische Gewichtverschiebungen, ja seismische Erschütterungen vor sich gehen. In dem Maße, in dem sich das politische Leben Frankreichs in den Roman drängt, wird aus dem Campus-Roman ein historischer Roman, in welchem sich historisch beglaubigte Figuren französischer Politiker mit ihren leicht identifizierbaren Namen um eine erfundene Zentralfigur gruppieren, die in Gestalt von François gewiss keine Identifikationsfigur darstellt.

Denn aus seiner Perspektivik, die von (mehr oder minder aufgeklärtem) Rassismus, Kolonialismus, Antisemitismus und Misogynie gekennzeichnet ist, wird eine Welt in Umbrüchen skizziert, in welcher nach langen Jahren einer als langweilig beschriebenen Machtteilung zwischen eher linken und eher konservativen Regierungen nun, im Jahre 2022, im Vorfeld der Präsidentschaftswahlen in Frankreich ebenso die rechtsradikalen und identitären wie die islamistischen und fundamentalistischen Bewegungen auf dem Vormarsch sind und letztlich die bisherigen demokratischen Parteien an den Rand drängen. Der historische Roman mutiert hier zum Zukunftsroman und begibt sich in ein *futur proche* von hoher Aktualität und keineswegs ausschließbarer Wahrscheinlichkeit: Houellebecq hat eine verteufelt gute Fiktion erfunden, in der wir die Faktizität der Dinge neu zu beleuchten lernen! Insofern ergeben sich Züge einer Dystopie, droht die bisher zwischen zwei politischen Lagern fein säuberlich aufgeteilte Welt doch nun in gewalttätige Auseinandersetzungen, einen blutigen Bürgerkrieg und einen letztlich demokratiefeindlichen, diktatorischen Regimetypus abzugleiten. Denn wir sehen Frankreich nicht an der Schwelle zum Bürgerkrieg: Der Bürgerkrieg hat vielmehr im Vorfeld der *Présidentielles* bereits begonnen.

Der Einbruch der politischen Veränderungen in die heile akademische Welt erfolgt bereits zu Beginn des zweiten Teiles des Romans, als während einer netten Gartenparty der Spezialisten für die französische Literatur des 19. Jahrhunderts plötzlich und in unmittelbarer Nähe mitten in Paris längere Schusswechsel sowie Detonationen hörbar werden. Man ist beunruhigt, aber man spricht noch etwas über Huysmans oder Mallarmé, verabschiedet sich, hofft, dass die eigene Wohnung nicht betroffen sein möge, enthält sich ansonsten aber jeglicher Stellungnahme. Niemand scheint sich hier für die Aufrechterhaltung eines demokratischen Systems engagieren zu wollen. Das akademische System erscheint als eine *kleine*, in sich geschlossene und nur auf sich selbst gerichtete Welt, in der für Politik kein Platz ist. Dies wird im Roman Folgen haben ...

Überhaupt scheinen viele die Lage nicht für gefährlich zu halten – und Parallelen zum zeitgenössischen Frankreich sind auch hier nicht ausgeschlossen.

Staatliche Sicherheitsbeamte mit umgehängten Maschinenpistolen schlendern angeregt plaudernd und mit heiterer Mine vorbei; François fällt es schwer zu begreifen, warum sie sich um nichts zu kümmern scheinen, so als wäre nichts geschehen: „ils font absolument comme si de rien n'était."[13] Längst hat eine grundlegende Normalisierung stattgefunden, in welcher der Ausnahmezustand[14] den Blick auf eine Welt jenseits der Demokratie freigibt. Und rasch zeigt sich, dass einer der Kollegen mit dem sprechenden Namen Lempereur – so wie bei Flaubert der Händler Lheureux – über beste Verbindungen zur identitären Bewegung verfügt, ja möglicherweise seit längerer Zeit schon als einer ihrer Vordenker fungiert. Nichts in der akademischen Welt regt sich, um für den Erhalt der Demokratie einzutreten oder gar zu kämpfen; sie ist kein Hort des Widerstands in diesem zeitkritischen Roman voll beißender Ironie. Man ist versucht, die Frage zu stellen, ob sich denn in unserer akademischen Welt Widerstand regen würde, und schaudert vor der Antwort zurück … Nein, die Universität war – allen Göttinger Sieben zum Trotz – noch nie ein Hort des Widerstands gegen autoritäre Regime!

So zeigt sich in dieser von Houellebecq hintergründig arrangierten Szenerie bereits modellhaft, dass eine Vielzahl von Grenzen in Richtung Diktatur überschritten werden, ohne dass von der Welt der Akademiker auch nur die geringste Aktivität zugunsten demokratischer Prozesse und Verfahren ausginge. Man fürchtet nur um die eigene Sicherheit, um das eigene Hab und Gut, um die eigene Wohnung oder das eigene Auto. François bleibt ruhig und wie stets lakonisch; er begleitet Lempereur und nimmt durchaus mit Interesse zur Kenntnis, in welchem Denksystem und Diskursuniversum sich dieser Kollege bewegt, der von seiner Machstellung innerhalb rechtsradikaler Bewegungen offenkundig auch finanziell stark profitiert und an der Vorbereitung eines Bürgerkrieges maßgeblich beteiligt ist. Deutlich lesbar wird in Lempereurs luxuriös ausgestatteter Wohnung der Titel einer Schrift zur Vorbereitung eines Bürgerkrieges: „PREPAREZ LA GUERRE CIVILE".[15]

Das eher sanfte, kollegiale Eintauchen in ein rechtsradikales Diskursuniversum führt vor, wie sehr sich die Logosphäre im Vorfeld der anstehenden Präsidentschaftswahlen in Frankreich zwar unmerklich, aber nachhaltig verändert hat. Ebenso im rechtsradikalen Spektrum und bei Marine Le Pens Front National wie in den unterschiedlichen islamistischen Bewegungen ist 2022 der Antisemitismus wieder gesellschaftsfähig; und dies nicht nur auf der politischen Ebene, sondern auch im Alltagsleben. François wird davon direkt betroffen, denn

---

13 Ebda., S. 69.
14 Zur Normalität des Ausnahmezustands vgl. Agamben, Giorgio: *Stato di eccezione. Homo sacer, II, 1.* Torino: Bollati Boringhieri 2003.
15 Houellebecq, Michel: *Soumission*, S. 74.

seine derzeitige Sexpartnerin Myriam, deren junge und erregende Körper- und Geschlechtsteile er liebt und in unterschiedlichen Stellungen der Unterwerfung für sich lustgewinnend nutzt,[16] wird wie ihre ganze Familie in einer immer offener antisemitischen Atmosphäre zum Verlassen Frankreichs und zur Flucht nach Israel gezwungen. François bedauert dies zwar, denn keine andere junge Studentin gestaltet seine Liebesnächte und Wochenenden so angenehm und aufregend wie Myriam, der er viel Sympathie entgegenbringt. Aber als ihrer Familie schließlich keine andere Wahl mehr bleibt, als nach Israel zu emigrieren, gewöhnt er sich rasch an den Gedanken. Er akzeptiert die neue Situation in einem zutiefst antisemitischen Frankreich ohne Murren; denn letztlich hat er keineswegs seine Liebe verloren, sondern nur ein erotisch erregendes Sexual- und Lustobjekt, das er jederzeit wieder ersetzen kann. Wir haben es offenkundig mit der Liebe *nach* der Liebe zu tun! Wie schon bei Huysmans hat die große, die das ganze Wesen des Menschen erfassende Liebe längst abgedankt; Myriam ist für François bestenfalls eine neue Salomé.

Damit ist zugleich eine weitere der vielen Grenzen überschritten; die Logosphäre verändert sich immer rascher hin zu militanten Ausdrucksformen von Exklusion, wobei die Konfrontationen nicht nur verbal, sondern zunehmend gewalttätig ausgetragen werden. Gewalt rückt immer mehr ins Zentrum des Romans. Auf der Ebene sexueller Befriedigung hält François sich im Übrigen schadlos ... Wie andere männliche Protagonisten Houellebecqs findet auch hier, wie Rita Schober lange vor dem Erscheinen von *Soumission* formulierte, eine „Unterwerfung der Geschlechter in der Liebeskonkurrenz unter die Marktgesetzlichkeit"[17] statt. Die kapitalistische Warenordnung, deren aufkommen wir in Gertrudis Gómez de Avellanedas Roman *Sab* hatten beobachten können und etwa bei Flauberts *Madame Bovary* in ihrem weiteren Fortschritt begleitet hatten, ist in der von Michel Houellebecq skizzierten Gesellschaft omnipräsent und dominant geworden.

Der Roman setzt diesen zu Beginn fast unmerklichen Prozess eines immer schnelleren Überschreitens von Grenzen in Richtung einer in ihren Konturen noch offenen autoritären Herrschaft meisterhaft in Szene. Der anfängliche Campus-Roman ist zu einem historischen und dieser zu einem politischen Roman geworden, ohne dass die Verbindungen zwischen diesen einzelnen Subgattungen gekappt würden. Der Campus ist eine ganze Welt, so wie François schon mit seinem Namen für die Welt der Franzosen einsteht. In vielen kleinen, fast unmerklichen Schritten zeigt sich, wie eine Demokratie in eine Diktatur

---

16 Ebda., S. 108–113.
17 Schober, Rita: *Auf dem Prüfstand*, S. 260.

beziehungsweise ein autoritäres Regime übersetzt werden kann und abgleitet. Dazu bedarf es nur weniger grundlegender Veränderungen, wohl aber einer Querung zahlreicher Grenzen, die freilich ohne größeren Widerstand überwindbar sind.

Längst ist in der Konvivenz verschiedener politischer, kultureller und religiöser Gemeinschaften ein Zusammenlebenswissen geschwunden, ja fast schon verschwunden, das von unterschiedlichen Seiten absichtsvoll zersetzt wird, um ein friedliches Zusammenleben populistisch aufkündigen zu können. Die demokratischen Strukturen funktionieren noch, die Präsidentschaftswahlen werden abgehalten und trotz aller Probleme auch in der zweiten Runde durchgeführt. Die traditionellen demokratischen Parteien Frankreichs verschwinden dabei jedoch; eine völlig neue Parteienlandschaft beginnt sich zu konstituieren. Der Roman macht es schwer, ja bewusst unmöglich, die genaue Grenze zu bestimmen, an welcher eine Demokratie sich in ihr Gegenteil verkehrt. Es gibt diese eindeutige Grenze nicht, es gibt nur eine Vielzahl von Grenzen.

An die Bilder vom Zusammenbruch einer alten Ordnung, die gerade den Beginn des dritten Teiles durchziehen, setzt sich immer mehr die Silhouette einer neuen Ordnung, welche dank der gut vorbereiteten Strukturen der islamischen Bruderschaften nur einen einzigen wirklichen Nutznießer kennt. Spätestens mit dem Wahlsieg über Marine Le Pen in der zweiten Runde der Präsidentschaftswahlen sehen wir unter der geschickten Führung des neuen Präsidenten Ben Abbes eine autoritäre Führung islamischen bis islamistischen Zuschnitts heraufziehen, die es versteht, die von ihr angestrebten politischen und gesellschaftlichen Umwälzungen mit dem Verweis auf die Herstellung rascher politischer Stabilität zu versehen. Dieses Versprechen lockt, wie die Aussicht auf stabile Verhältnisse immer schon ein Trumpf autoritärer Herrschaftsordnungen war. Allein auf diese Weise scheint ein Bürgerkrieg in Frankreich noch vermeidbar zu sein.

Nach dem Wahlsieg von Ben Abbes werden binnen kürzester Zeit die Sorbonne und andere staatliche Universitäten gleichgeschaltet, die Frauen ihrer Dozentenstellung beraubt und islamistische Universitätsstrukturen geschaffen, ohne dass sich innerhalb wie außerhalb der universitären Mauern auch nur im geringsten Widerstand bemerkbar machen würde. Die Universität erscheint erneut als Fraktal der gesamten französischen Gesellschaft, doch das universitäre Milieu ist erfreut: Denn die Einführung der Polygamie knüpft nahtlos an die Träume vieler Mitglieder des Professorats und Patriarchats an, wobei den Professoren nach Bedarf Studentinnen zur Verfügung gestellt werden, die sich aufopferungsvoll ihren Studien wie ihren neuen Aufgaben jeweils mit und ohne Burka zuwenden. Die Unfähigkeit zur Liebe bei Männern wie bei Frauen, wie wir sie in den vorgängigen Romanen Michel Houellebecqs überdeutlich skizziert finden, wird hier als Suche nach Liebe gleichsam religiös instrumentalisiert und in eine scheinbar höhere Sphäre gehoben. Staatlich beglaubigte Kupplerinnen kümmern sich erfolgreich um die Eheanbahnungen im Zeichen des Islam; Liebe wird in dieser Fiktion mit dem Schleier der Transzendenz verbrämt.

Auch auf anderen Ebenen gewinnt das Pariser Patriarchat in *Soumission* der nunmehr religiös begründeten Geschlechterhierarchie zahlreiche positive Seiten ab: Die ehemaligen Kolleginnen sind längst zu herausragenden Köchinnen geworden, die sich zur Freude ihrer Männer ganz auf ihre neue alte Aufgabe am Kochtopf konzentrieren. Nicht einmal Gewalt muss angewendet werden; Misogynie und Phallogozentrismus der westlich geprägten europäischen Gesellschaften gehen hier geradezu sanft und widerspruchsfrei in eine kulturell und religiös fundierte Männerherrschaft ein, die sich den neuen Gesetzen gerne beugt, weil sie sich dadurch die Frauen zu unterwerfen vermag. Kein Zweifel: Wir haben es mit einer Dystopie zu tun! Aber die Arbeitslosigkeit in Frankreich sinkt, denn die Frauen verschwinden zunehmend vom Arbeitsmarkt; ihr Platz ist fortan (wieder) zuhause. Eine neue, nicht länger vom Bürgerkrieg bedrohte stabile Gesellschaftsordnung autoritären Zuschnitts ist noch im Wahljahr 2022 an die Stelle der längst überkommenen Gesellschaften westlich-demokratischer Tradition getreten. Die Demokratie hat sich selbst abgewählt, hat sich selbst abgeschafft.

Nicht nur innerhalb der Universitätslandschaft, sondern auch außerhalb des akademischen Feldes haben sich zunächst fast unmerklich Leben und Zusammenleben der Menschen verändert. François hat anfänglich Mühe zu erkennen, woran dieser grundlegende Wandel etwa auf der Straße, im Alltagsleben, beim Shopping in den großen Einkaufszentren, festgemacht werden kann und sichtbar wird. Der Franzose flaniert zu Beginn von Teil IV, unmittelbar nach der Machtübernahme der Bruderschaft, durch die Straßen von Paris und registriert aufmerksam, dass es weniger die Geschäfte selbst sind als „le public en lui-même qui avait, subtilement, changé",[18] das Publikum selbst hatte sich augenscheinlich verwandelt! Die Veränderungen zeichnen sich erst langsam ab und werden nicht sofort bemerkbar:

> Und die weibliche Kleidung hatte sich verändert, ich fühlte es sofort, ohne dass es mir freilich gelungen wäre, diese Verwandlung zu analysieren; die Zahl islamischer Schleier hatte sich kaum vergrößert, das war es nicht, und ich brauchte fast eine Stunde des Herumspazierens, bis ich auf einen Schlag erfasste, was sich verändert hatte: Alle Frauen steckten jetzt in Hosen. Die Enthüllung weiblicher Oberschenkel, die mentale Projektion des weiblichen Geschlechtsteiles in den Schritt, ein Prozess, dessen erregende Macht unmittelbar proportional von der Länge der entblößten Beine abhängt: All dies war bei mir so unwillentlich und maschinenhaft, so genetisch in gewisser Weise, dass es mir nicht sofort bewusst

---

18 Houellebecq, Michel: *Soumission*, S. 185.

wurde, aber das Faktum war da, alle Kleider und Röcke waren verschwunden. Zugleich hatte sich eine neue Bekleidung verbreitet, eine Art langer Baumwollbluse, die bis zur Mitte der Oberschenkel reichte und jegliches objektives Interesse an den körperbetonten Hosen raubte, die gewisse Frauen eventuell noch hätten tragen können; was die Shorts betraf, so war es klar, dass es darum schon längst nicht mehr ging. Selbst die Betrachtung weiblicher Pos war als minimaler träumerischer Trost fortan unmöglich geworden.[19]

Im Reich der Zeichen[20] non-verbaler wie verbaler Art reagiert das System der Mode[21] wie ein kollektives Frühwarnsystem, das die grundlegenden Veränderungen durch sanfte Anpassungsmodi manifestiert. Seismographisch genau übersetzen sich die gesellschaftlichen und politischen Veränderungen in Verrückungen der Grenzen von Sichtbarkeit und Sichtbarmachung am weiblichen Körper, der als Spielfläche männlicher Projektionen neu vermessen, kartographiert und semantisiert wird. Mit Liebe hat dies alles nichts mehr zu tun; hier geht es nur noch um Körper, Sexualität, Macht und Gewalt!

Dabei sind es gerade nicht die ostentativen und semantisch klar definierten weiblichen Kleidungsstücke wie Schleier oder Burka, sondern die Vervielfachungen von vestimentären Grenzziehungen, welche die politischen Transformationen in alltägliche Grenzen übersetzen, an denen die Bewegungen zwischen einer Demokratie westlichen Typs und einem autoritären Regime nach islamistischem Vorbild in die Sprache weiblicher Kleidung übertragen werden. Es sind folglich keineswegs allein diskursive und verbale Übersetzungen, sondern Zeichensysteme unterschiedlichster Art, innerhalb derer die Translationsprozesse ablaufen. Das gesamte System kultureller Ausdrucksformen wird neu kodiert; eine neue Politik, aber auch eine neue Poetik und Polemik der Grenze ist entstanden, anschaulich vermessen am Körper der Frauen, die einmal mehr entrechtet und zu Objekten gemacht werden.

Die Allgegenwart von Joris-Karl Huysmans ist auch in diesen Teilen des Romans ungebrochen, in denen es um die radikale Umgestaltung einer demokratischen Gesellschaft geht sowie um den Umbau der Europäischen Union in ein künftiges Europa nach dem Vorbild des Römischen Reiches – freilich unter der Vorherrschaft des Islam. Der Werteverfall war im literarischen Kosmos wie in der Lebensgeschichte des finisekulären Literaten gerade in der übersteigerten Sinnsuche deutlich geworden, und eben deshalb wird Huysmans für Houellebecq zum intertextuellen Referenzpartner. François selbst lernt als ständiger Leser des Verfassers der ‚Bibel' aller *Décadents* buchstäblich immer neue Seiten am von

---

19 Ebda., S. 185 f.
20 Barthes, Roland: *L'Empire des Signes*. Paris – Genève: Flammarion – Skira 1970.
21 Barthes, Roland: *Système de la Mode*. Paris: Seuil 1967.

ihm verehrten französischen Autor kennen; er ist ein aufmerksamer, philologisch genauer Leser. Huysmans' Verhältnis zum Christentum hat Folgen für François' Beziehung zum Islam.

Dabei wird zunehmend deutlich, dass Huysmans nicht nur einer Reihe sexistischer Einstellungen von François Pate stand, sondern auch in seiner fervente Glaubenssuche Strukturen weitergab, die es dem hochspezialisierten Literaturwissenschaftler später ermöglichen werden, sich der religiösen Herrschaft über die französische, wie auch perspektivisch über alle europäischen Gesellschaften freudig zu unterwerfen. Ganz so, wie es dem deutschen Literaturwissenschaftler Hans Robert Jauss gelang, sich *allen* Veränderungen anzupassen, die sich innerhalb seines Zeithorizonts ereigneten – von der nationalsozialistischen Diktatur über den Kampf gegen den Bolschewismus bis hin zur bundesrepublikanischen Demokratie und ihren Reformbewegungen –, gelingt es auch dem Literaturwissenschaftler François, seine Lektüren den jeweiligen Umständen anzuschmiegen.[22]

Daher überrascht es letztlich auch nicht, dass er sich nach einigem Zögern und opportunistischem Abwarten den neuen, islamistischen Spielregeln an der Sorbonne unterwirft und noch ein letztes Mal einen längeren Text über Huysmans verfasst, um den er gebeten wurde und um eine neue systemkonforme Lesart des Autors von *En route* vorzulegen, mit dessen als Motto vorangesetztem Zitat der Roman beginnt. *Soumission* stellt hier als Campus-Roman der Literaturwissenschaft von einer politisch-literarischen Warte aus ein wenig schmeichelhaftes Zeugnis aus, das im Übrigen auch Huysmans' Kanonisierung zum Klassiker des Ästhetizismus und der *Décadence* nicht unbeschädigt lässt; denn die Politik der Unterwerfung beinhaltet stets nicht nur eine Polemik, sondern auch eine Poetik der Unterwerfung – und umgekehrt.

Der Ausklang des vierten und der Beginn des fünften und letzten Teiles entfalten diese Relation auf bohrende, insistierende Weise. Dies erfolgt vor dem Hintergrund einer politischen Entwicklung, in der die Vertreter der Identitären wie des *Front National*, die doch einst gegen die Islamisten kämpften und einen Bürgerkrieg gegen letztere, aber auch gegen die demokratisch verfassten Institutionen anzettelten, nun das Lager gewechselt haben und sich der neuen Sammlungsbewegung unter Ben Abbes und dessen islamischer Führung anschließen. Der neue französische Präsident befleißigt sich einer taktisch klugen und ausgewogenen Sprache, mit deren Hilfe für die ehemalige demokratische Mehrheitsgesellschaft

---

22 Vgl. hierzu Ette, Ottmar: *Der Fall Jauss. Wege des Verstehens in eine Zukunft der Philologie.* Berlin: Kulturverlag Kadmos 2016; vgl. hierzu auch die Rezension der französischen Ausgabe dieses Bandes durch Seurat, Alexandre: La philologie dévoyée par le non-dit: Jauss face à son passé SS. In: *Acta fabula* XXI, 1 (janvier 2020), 10 p. < http:/ /www.fabula.org/revue/document12572. php?fbclid=lwAR29ai_PMtaqim8KxYgihnvsFRbMRk3M2dOMAnRn8hs3Lcbmy9FXPK6Hes> .

viele Brücken gebaut werden können, um von einem demokratischen zu einem nicht-demokratischen Gesellschaftssystem überzusetzen. Es geht alles ganz leicht und einfach ...

Die explizit vom britischen Kulturphilosophen Arnold J. Toynbee[23] geborgte Grundthese des Romans, der zufolge Kulturen nicht durch Angriffe von außen, sondern durch ihre Zersetzung im Inneren zugrunde gehen, erfasst zweifellos die Rolle von Literaten wie Huysmans ebenso wie jene von Akademikern, die sich wie François nahezu bruchlos und ohne größere Schwierigkeiten nicht nur veränderten Universitäts-, sondern auch Gesellschaftssystemen anzupassen vermögen. Problemlos kann die Sorbonne von einem Jahre zuvor bereits zum Islam konvertierten Rektor Rediger, in dessen Figur sich die unterschiedlichen antidemokratischen Kräfte bündeln und zugleich mit einem hohen Bildungsstand verbinden, übernommen und in eine gegenüber dem neuen Staatswesen dienende Funktion überführt werden. Die Gleichschaltung der Universität, wie sie hinsichtlich der Universität Freiburg ebenfalls von einem hochgebildeten Rektor namens Martin Heidegger durchgeführt wurde, orientiert sich dabei zum einen an der von ihm gewonnenen Einsicht, dass Europa längst schon geistigen Selbstmord begangen habe,[24] sowie an der Überzeugung, das höchste Glück des Menschen bestehe in seiner Unterwerfung; womit hier ebenso die sexuelle Unterwerfung der Frau unter die Macht des Patriarchats wie die Unterwerfung der Menschheit unter die Gebote einer islamistisch konsekrierten Diktatur verstanden wird. Unterwerfung wird an dieser Stelle zu einem transzendenten Begriff, durch welchen die Selbstaufgabe des Individuums normalisiert und religiös gerechtfertigt wird.

Vor diesem Hintergrund erstaunt es nicht, dass auch François – im Übrigen unter der populärphilosophischen Anleitung eines kleinen Büchleins von Rektor Rediger – zum Islam konvertiert und mit diesem Schritt ein zweites Leben beginnt, „la chance d'une deuxième vie, sans grand rapport avec la première".[25] Der Schlusssatz des Romans – „Je n'aurais rien à regretter." (Ich werde nichts zu bedauern haben.)[26] – steht für den vollzogenen Transformations-, Konversions- und Übersetzungsprozess von Demokratie in Diktatur und von einem westlichen Geschlechtermodell in eine islamistische Polygamie, in der alle Liebesbeziehungen gemäß Houellebecqs Fiktion neu definiert werden. Doch dieses westliche Modell hatte lange zuvor schon abgewirtschaftet und sich selbst, so will es der Roman wissen, *ad absurdum* geführt.

---

23 Houellebecq, Michel: *Soumission*, S. 268.
24 Ebda. S. 269.
25 Ebda., S. 315.
26 Ebda.

Mit Liebe hat all dies nichts mehr zu tun; oder genauer: Wieder einmal zeigt uns die Literatur, wie eng verklammert Liebesbeziehungen mit politischen Beziehungen sind und in welch tiefgreifendem Maße Lesen, Leben und Lieben miteinander verkettet sind! Wenn in diesem Epilog die Liebe *nach* der Liebe zunehmend in den Mittelpunkt unserer Vorlesung gerückt wurde, so heißt dies nicht, dass damit das Spiel der Liebe an ein Ende gekommen wäre. Dies wird im Übrigen auch niemals der Fall sein, ist die revolutionäre Kraft der Liebe doch ein Faktor, der niemals aus unseren Gesellschaften, wie auch immer sie beschaffen sein mögen, auszuklammern ist. Wohl aber gilt es sich zu fragen, in welchem Maße wir heute einer erneuten fundamentalen Transformation ebenso aller Leseverhältnisse wie auch aller Liebesbeziehungen näher gerückt sind. Dies soll in einer abschließenden Volte unserer Vorlesung prospektiv diskutiert werden!

Stehen wir heute mitten in einer Leserevolution und Liebesrevolution?

Wir leben zu Beginn der zwanziger Jahre des 21. Jahrhunderts nicht nur im Westen, sondern in vielen unserer Gesellschaften auf diesem Planeten in einer Epoche rasch fortschreitender Digitalisierung, welche unsere Gewohnheiten und Standards gerade auch des Lesens und der Lektüre grundlegend verändert hat und noch weiter verändert. Die Tatsache, dass wir einen immer höheren Prozentsatz all jener Texte, die wir tagtäglich durcharbeiten, nicht mehr als Druckerzeugnis lesen, sondern immer stärker in einer wie auch immer digitalisierten Form wahrnehmen, verändert unsere Lesegewohnheiten fundamentaler, als wir dies bisweilen wahrhaben wollen.

Es kann daher aus meiner Sicht kein Zweifel mehr daran bestehen, dass wir uns mitten in einer Leserevolution befinden. Diese Leserevolution betrifft das Transportmedium, auf dem wir unsere Texte wahrnehmen, aber natürlich auch die Orte, wo wir lesen, und die Kontexte, in welchen wir Lektüren angehen und unternehmen. Selbstverständlich bleiben auch die Größendimensionen jener Texte, die wir alltäglich lesen, davon nicht unberührt. Dies sind Erfahrungen, wie man sie sehr leicht in jedem Literaturseminar machen kann; längst sind die Zeiten vorbei, zu denen man ganz selbstverständlich dreitausend gelesene Seiten zu Beginn einer Veranstaltung voraussetzen konnte. Verstehen Sie mich nicht falsch! Dies ist keine der zahllosen Klagen über das Lesepensum von Studierenden heutzutage. Die Dinge sind, beschleunigt durch den Bologna-Prozess,[1] nicht schlechter, sondern anders geworden; genau darauf möchte ich hinaus!

Dies sind Einschätzungen, welche sich auch im unmittelbaren Umfeld wahrnehmen lassen: Die Fähigkeit, lange literarische wie literaturwissenschaftliche Texte zu lesen und kognitiv zu erfassen, ist bei einer keineswegs geringen Zahl an Studierenden gesunken. Denn die Tatsache, dass in immer höherem Maße kurze und kürzeste Texte auf Bildschirmen am Computer zuhause, auf dem iPad an der Universität oder in öffentlichen Transportmitteln auf dem Smartphone gelesen werden, lässt die Fähigkeit, sich über einen längeren Zeitraum zu konzentrieren, ganz ohne Zweifel schwinden. Es scheint mir wichtig, diesen Prozess nicht nostalgisch, zornig oder gar strafend zu begleiten, sondern die veränderten Fähigkeiten im Umgang mit Texten nicht zuletzt auch an der Universität dynamisch

---

1 Vgl. Ette, Ottmar: Exzellenz(en), velociferische. Zum Bestiarium blendender Bologna-Eliten. In: Horst, Johanna-Charlotte / Kaulbarsch, Vera / Kreuzmair, Elias / Kuhn, Léa / Severin, Tillmann / Tkachenko, Kyrylo (Hg.): *Unbedingte Universitäten. Bologna-Bestiarium.* Zürich – Berlin: diaphanes 2013, S. 105–110.

zu betrachten und für die Lehre entsprechend zu nutzen. Denn ja, wir stecken mitten in einer Leserevolution, deren Ziele, Enden und Folgen noch lange nicht absehbar sind! Wird der Mensch am ‚Ausgang' dieses Prozesses noch in der Lage sein, sein kulturelles Erbe noch immer speichern und selbst nach Jahrhunderten inhaltlich unverändert abrufen zu können?

Aus der Logik unserer Vorlesung stellt sich auch eine nicht weniger dringliche Frage: Stecken wir zudem in einer Liebesrevolution? Um diese etwas beunruhigende Frage ganz direkt und vorab zu beantworten: Ich meine ja! Denn die gesellschaftlichen, technischen und kulturellen Kontexte unserer Liebesbeziehungen haben sich grundlegend gewandelt und verändern sich mit beeindruckender Geschwindigkeit weiter. Was bedeutet dies für den *discours amoureux*, dessen Fragmente in dieser Vorlesung zusammengefügt werden sollten?

Ich meine mit der Aussage, dass wir mitten in einer Liebesrevolution stecken, nicht allein, dass wir in Sachen Liebe etwa für die Aufnahme von partnerschaftlichen Beziehungen mittlerweile digitale Dienste und Apps heranziehen und in Anspruch nehmen können; Liebe wird somit jederzeit und an jedem Ort verfügbar, erreichbar, was auch immer wir unter ‚Liebe' verstehen mögen. Die Vermittlung von Liebesbegegnungen per Smartphone in unserer unmittelbaren Umgebung ist dabei sicherlich nur ein Element, das gänzlich neue Folgen für unsere Liebesbeziehungen zeitigen wird. Auch die Verfügbarkeit von leicht über das Internet zugänglichen erotischen und pornographischen Bildfolgen konfiguriert nur einen weiteren Punkt innerhalb dieses Horizonts, der gerade auch für Kinder und Jugendliche die Vorstellungswelt gelebter Sexualität und Liebe längst grundlegend transformiert hat. Dabei ist nicht so sehr entscheidend, wie häufig derartige Kanäle benutzt werden, sondern die Tatsache der Zugänglichkeit überhaupt, welche sich auch in einem veränderten Sexualbewusstsein etwa an unseren Schulen widerspiegelt und mit dem Sie als Lehrerinnen oder Lehrer bald konfrontiert sein könnten; denn lange vor der eigenen Pubertät haben unsere Schülerinnen und Schüler eine sehr klare und plastische Anschauung von Liebe als Geschlechtsverkehr und dessen einzuhaltender Grammatik.

Es war ganz gewiss kein Zufall, dass Roland Barthes mit seinen *Fragments d'un discours amoureux* eine Analyse des Liebesdiskurses unternahm, die ohne jede Konkretisierung von Geschlechteridentitäten auskam; dabei war es im Grunde gleichgültig, ob er auf Texte und Vorstellungen der Antike, des Hochmittelalters oder der Jetztzeit zurückgriff. Die Tatsache einer Nicht-Markierung der Geschlechteridentität der Figur seines Liebenden war der entscheidende Schritt hin zu einem neuen Verständnis von Liebesbeziehungen, auch wenn es dem französischen Zeichentheoretiker und Semiologen selbst nicht bewusst sein mochte.

Gewiss haben wir im Verlauf unserer Vorlesung ‚traditionelle' Liebesverhältnisse historisch bedingt stärker in den Vordergrund gerückt; doch ich hoffe, dass Sie durch unseren theoretischen Vorspann einen anderen, offeneren Zugang auch zu diesen tradierten Liebesbeziehungen erhalten haben!

Im Zusammenhang der *Fragmente eines Diskurses der Liebe* war das autobiographische Faktum keineswegs ausschlaggebend, dass Roland Barthes selbst Homosexueller war; die Offenheit seines geschlechterspezifischen Liebesdiskurses quer durch alle literarhistorischen und kulturgeschichtlichen Epochen hindurch ermöglichte ein freieres, ja ein freies Spiel dieser diskontinuierlichen Inseln und Archipele von Liebesdiskursen, die gerade für unsere Gegenwart in den westlichen Gesellschaften oder, um Denis de Rougemont zu zitieren, für unser Verhältnis zur Liebe im Abendland von entscheidender Bedeutung waren.

Roland Barthes erkannte – bewusst oder unbewusst – mit der ihm zeit seines Lebens eigenen Spürnase für bereits einsetzende und stärker werdende Entwicklungen, dass eindeutige Geschlechteridentitäten zunehmend ins Wanken gerieten; zugleich funktionieren seine *Fragmente eines Diskurses der Liebe* so, dass die massive Einblendung historischer Liebesdiskurse aus der mittelalterlichen Mystik oder von Goethes *Werther* in der Gegenwart vergleichzeitigt werden und gleichsam am selben Ort *auf Lager* liegen und abgerufen werden können. Dies bedeutet nicht zuletzt, dass – ganz im Sinne von Jorge Luis Borges – eine aktuelle Liebespraxis ihre Vorläufer selbst schafft und nicht (nur) von ihren Vorläufern geschaffen wird, so dass aktuelle Liebespraktiken sich bisweilen auch bis ins *Gilgamesch-Epos* hinein zurückprojizieren vermögen. Literarische Texte sind vieldeutig und viellogisch; sie öffnen sich auf Lektüren der Zukunft und erlauben immer neue, polylogische Bilder der Vergangenheit.

Vor dem längst historisch gewordenen Hintergrund einer sexuellen Revolution in den Ländern des Westens haben sich die Geschlechteridentitäten beizeiten von den biologischen Grundlagen zunehmend fortentwickelt und eröffnen Möglichkeiten, die zuvor als Liebespraktiken nicht nur – wenn überhaupt – versteckt ausgeübt werden mussten, sondern nicht selten auch kriminalisiert wurden und unter Strafe standen. Doch seien wir uns nicht zu sicher! Die historisch erworbenen Spielräume und Freiheiten stehen bei einem politischen *Roll-back* jederzeit wieder zur Disposition. Die Familienphotos arabischer Familien sprechen da eine eindeutige Sprache: Während die Großmütter Dekolleté trugen, finden wir ihre Töchter und Enkelinnen zunehmend bekleidet und verhüllt auf jüngeren Bildern an der Wand vor. Das kleine Beispiel zur Kleiderordnung im Paris des Jahres 2022 von Michel Houellebecq sollte Ihnen zeigen, dass politische Veränderungen selbstverständlich bis in die Kleiderordnung und mehr noch in die Körperpolitiken durchschlagen; denn jederzeit können Leiber wieder zu politischen Körpern, zu Körper-Objekten, gemacht werden.

Heute kann fraglos ein wesentlich breiteres Spektrum an Liebesbeziehungen, Liebesverbindungen und Liebespraktiken ausgelebt werden, als dies in früheren Zeiten in westlichen Ländern der Fall war; dabei soll nicht übersehen werden, dass es sehr wohl historisch praktizierte Liebesformen gibt, die zum Teil noch immer oder wieder neu in unseren Gesellschaften marginalisiert oder gar kriminalisiert werden. Wir hatten auf unserem Weg durch die unterschiedlichsten Normen und Formen der Liebe gesehen, dass jede Form der Liebe in ihrer Statik wie in ihrer Dynamik eine politische Form und Norm darstellt, und die in einer Gesellschaft ausgeübten Liebespraktiken uns sehr viel über die politische Verfasstheit dieser Gesellschaften auszusagen vermögen. Nicht allein unsere Körper-Leiber stehen im Zeichen von *body politics*, sondern auch unsere Liebesformen und Liebesnormen insgesamt; wir leben und erleben das Intime in einem hochpolitischen Zusammenhang!

Geschlechteridentitäten können heute in einigen Ländern des Westens, aber keineswegs etwa in allen Staaten auch nur der Europäischen Union relativ frei gewählt werden. Eine mexikanische Kollegin berichtete neulich, dass sie zu Beginn ihrer Seminare an New Yorker Universitäten all ihre Studierenden bittet, mit Hilfe eines kleinen Schildchens kundzutun, wie sie im weiteren Verlauf des Seminars geschlechterspezifisch angesprochen werden wollen. Ich glaube nicht, dass dies schon im Mittleren Westen so einfach wäre! Geschlechteridentitäten sind auf unserem Planeten sehr stark raumbedingt.

Zugleich hat der ostentative Gebrauch von Liebesbeziehungen und Liebesverhältnissen zugenommen. Selbst in rechtsradikalen Parteien haben gleichgeschlechtliche Partnerschaften explizit ihren Platz. Ob dies allerdings bei einer Machtübernahme dieser Parteien dann noch lange Bestand haben würde, sei dahingestellt! Ich für meinen Teil bin davon überzeugt, dass es sich dabei nur um die scheinbar so liberalen Aushängeschildchen handelt, die sofort einkassiert werden, wenn die Macht derartigen Parteien zufällt. Michel Houellebecq hatte hieran in seiner Roman-Vision von der französischen Gesellschaft der Zukunft keinen Zweifel gelassen. Ein „Das haben wir nicht gewollt!" wird bei einem echten *Roll-back* hin zu autoritären Parteien und meinetwegen auch nur ‚illiberalen Demokratien' recht geräuschlos im gesellschaftlichen Nirgendwo verhallen; und kein Schiff irgendeiner Flussschifffahrtsgesellschaft würde dann noch die Gelegenheit bieten, eine mobile Vektopie für derartige Liebespraktiken zu sein.

Selbstverständlich sind auch Tristan und isolde in unseren Gesellschaften quicklebendig; davon konnten wir uns nicht nur in Assia Djebars Roman *Les Nuits de Strasbourg* mit seinen Anklängen an Gottfried von Straßburg überzeugen! Die tragische Liebe ist Teil (nicht nur) des westlichen Repertoires all jener Liebesfiguren, die wir tagtäglich bilden und nachbilden; zugleich steht zu vermuten, dass sich mit der ostentativen Zurschaustellung von Liebesbeziehungen die Präsenz des *amabam amare* des Augustinus deutlich erhöht haben dürfte. Ich liebe also nicht so sehr den Partner oder die Partnerin meiner Liebesbeziehung, sondern vielmehr meine eigene Liebe selbst, die ich diesen Liebespartner*innen entgegenbringe. Denn noch immer spiegelt sich das Ich als kleines Püppchen in der *Pupille* der Liebenden …

Wir stecken also, so meine ich, nicht allein in einer Leserevolution, deren Ende offen ist, sondern zugleich mitten in einer Liebesrevolution, deren Ausgang uns nicht weniger Rätsel aufgibt. Damit scheint sich an dieser Stelle ein letztes Mal in unserer Vorlesung ein Kreis zu schließen; Lesen und Liebe, Lektüre und Liebespraktiken sind aufs Engste miteinander verwoben und konstituieren in nicht geringem Maße die Normen und Formen unseres Lebens, unserer Leben. Die weitere Entwicklung dieses Verhältnisses von Lieben und Lesen ist völlig offen; genau dies macht die Lust unseres Lebens, unsere Lust am Leben aus. An meinem Schreibtisch lese ich gerade diesen eingerahmten Satz des Kubaners José Martí: *No se canse de amar, no se canse de amar nunca.*

Was am Ende unserer derzeitigen Lese- und Liebesrevolutionen stehen wird, wissen wir nicht! Vielleicht aber werden sich noch immer die Liebenden mit jener Lerche aufschwingen, die in der atemberaubenden Schönheit der Troubadour-lyrik eines Bernart de Ventadorn in „Can vei la lauzeta mover" erscheint. Nein, wir wollen am Ende unserer Vorlesung die Studien eines Erich Köhler[2] ausblen-den und die literatursoziologisch relevanten Dimensionen dieses Liedes, das wir uns gesungen vorstellen müssen, einmal überhören! Denn die ästhetische Kraft dieser Liebesverse aus dem 12. Jahrhundert ragt weit in die Zukunft jenes großen Gefühls, das wir Liebe nennen:

Can vei la lauzeta	Das Lerchenlied
Can vei la lauzeta mover	Wenn ich die Lerche sehe,
De joi sas alas contral rai,	wie sie voller Freude ihre Flügel zu den Strahlen der Sonne trägt,
Que s'oblid' e.s laissa chazer	Wie sie sich dann voller Lebenslust
Per la doussor c'al cor li vai,	Vergißt und fallen läßt,
Ai tan grans enveya m'en ve	– Weh mir! – wie beneide ich dann

2 Vgl. Köhler, Erich: Observations historiques et sociologiques sur la poésie des troubadours. In: *Cahiers de Civilisation Médiévale* VII (1964), S. 40–51; sowie ders.: Sens et fonction du terme „jeunesse" dans la poésie des troubadours. In: *Mélanges offerts à René Crozet*. Poitiers 1966, S. 569–583; sowie schließlich ders.: „Can vei la lauzeta mover". Überlegungen zum Verhältnis von phonischer Struktur und semantischer Struktur. In: *Estudis de llengua i literatura catalanes: Offerts a R. Aranon i Serra en el seu setantè aniversari*. Barcelona: Ed. Catalanes 1979, S. 337–349.

De cui qu'eu veya jauzion,
Meravilhas ai, car desse
Lo cor de dezirer no.m fon.

Alle, die ich glücklich sehe,
Und ich wundere mich, daß mein Herz
Nicht sofort vor Sehnsucht zerspringt.

Ai, las tan cuidava saber
D'amor, e tan petit en sai,
Car eu d'amar no.m posc tener
Celeis don ja pro non aurai.
Tout m'a mo cor, e tout m'a me,
E se mezeis e tot lo mon!
E can se.m tolc, no.m laisset re
Mas dezirer e cor volon .

Weh mir! Wie viel glaubte ich von der Liebe zu wissen,
Und wie wenig weiß ich davon!
Denn ich kann nicht anders, als die lieben,
Bei der ich nie etwas erreichen werde.
Mein Herz hat sie mir genommen, und mich selbst,
Und dann sich und damit die ganze Welt.
Und da sie sich mir nahm, ließ sie mir nichts
Als Sehnsucht und ein unstillbares Verlangen.

Anc non agui de me poder
Ni no fui meus de l'or' en sai
Que.m laisset en sos olhs vezer
En un miralh que mout me plai.
Miralhs, pus me mirei en te,
M'an mort li sospir de preon,
C'aissi.m perdei com perdet se
Lo bels Narcisus en la fon.

Nie mehr hatte ich Macht über mich,
Nie mehr gehörte ich mir selbst
Seit der Stunde, da sie mich in ihre schönen Augen sehen ließ:
In einen Spiegel, der mir so sehr gefällt.
Spiegel, seit ich mich in dir spiegelte,
Haben mich die Seufzer aus der Tiefe getötet,
Und ich verlor mich, so wie sich
Der schöne Narziss verlor, in der Quelle.

De las domnas me dezesper!
Ja mais en lor no.m fiarai!
C'aissi com las solh chaptener,
Enaissi las deschaptenrai.
Pois vei c'una pro no m'en te
Vas leis que.m destrui e.m cofon,
Totas las dopt' e las mescre,
Car be sai c'atretals se son.

An den Frauen verzweifle ich;
Nie mehr werde ich ihnen vertrauen.
Stets habe ich mich für sie eingesetzt,
Aber jetzt werde ich sie im Stich lassen.
Weil ich sehe, daß auch nicht eine einzige mir helfen will
Bei derjenigen, die mich vernichtet,
Fürchte ich sie alle und mißtraue ihnen,
Denn ich weiß wohl: Sie sind alle gleich.

D'aisso's fa be femna parer
Ma domna, per qu'e.lh o retrai,
Car no vol so c'om deu voler,
E so c'om li deveda, fai.
Chazutz sui en mala merce,
Et ai be faih co.l fols en pon!
E no sai per que m'esdeve,
Mas car trop puyei contra mon.

Darin läßt sich meine Dame als wahres Weib erkennen
– Und deshalb werfe ich ihr das auch vor –,
Daß sie nicht will, was man wollen soll,
Und das tut, was man ihr verbietet.
Ich bin in Ungnade gefallen,
Und ich habe mich benommen wie der Narr auf der Brücke
Und ich weiß nicht, warum mir das geschieht,
– Außer vielleicht, weil ich mich zu hoch verstieg.

Merces es perduda, per ver,
Et eu non o saubi anc mai,
Car cilh qui plus en degr'aver,
No.n a ges, et on la querrai
A can mal sembla, qui la ve,

Die Gnade ist wirklich verlorengegangen,
Und ich wußte es nicht, bis jetzt.
Denn diejenige, die am meisten Gnade haben sollte,
Hat überhaupt keine – wo soll ich sie jetzt suchen?
Ach! Wie soll man glauben, wenn man sie sieht,

Qued aquest chaitiu deziron	Daß sie diesen unglücklichen Verehrer,
Que ja ses leis non aura be,	Der ohne sie niemals Freude haben wird,
Laisse morrir, que no l.aon	Sterben läßt – erbarmungslos?

Pus ab midons no.m pot valer	Da mir bei meiner Dame nichts helfen will,
Precs ni merces ni.l dreihz qu'eu ai,	Weder Bitten, noch Mitleid noch mein Recht,
Ni a leis no ven a plazer	Und weil es ihr nicht gefällt,
Qu'eu l'am, ja mais no.lh o dirai.	Daß ich sie liebe, werde ich ihr nie mehr davon sprechen.
Aissi.m part de leis e.m recre!	Ich nehme Abschied von der Liebe und ziehe mich zurück,
Mort m'a, e per mort li respon,	Sie wollte meinen Tod und soll ihn haben.
E vau m'en, pus ilh no.m rete,	Und ich gehe, da sie mich nicht zurückhält,
Chaitius, en issilh, no sai on.	Unglücklich ins Exil, weiß nicht, wohin.

Tristans, ges no.n auretz de me,	Tristan, Ihr werdet nichts mehr von mir bekommen,
Qu'eu m'en vau, chaitius, no sai on.	Denn ich gehe, jämmerlich, weiß nicht wohin.
De chantar me gic e.m recre,	Ich verzichte auf das Singen
E de joi e d'amor m'escon .	Und verberge mich fern der Lebensfreude und der Liebe[3]

3 Quelle der deutschen Übersetzung: © Dr. Angelica Rieger. Lehr- und Forschungsgebiet Inter-kulturelle Studien – Romanistik. RWTH Aachen University, Kármánstraße 17–19, 52062 Aachen.

Anhang: Die Zitate in der Originalsprache

Die Zitate sind in alphabetischer Reihenfolge nach den Nachnamen der Autor*innen angeordnet. Bei mehreren Zitaten derselben Autorin oder desselben Autors aus verschiedenen Werken oder Werkausgaben erfolgte die Anordnung in chronologischer Reihenfolge nach den Publikationsjahren der verwendeten Ausgaben, wobei mit den älteren Publikationen begonnen wurde. Bei mehreren Zitaten innerhalb einer Textausgabe richtet sich deren Abfolge nach den Seitenzahlen.

Barthes, Roland: *Le Plaisir du Texte*. **Paris: Seuil 1973, S. 9f.:** Fiction d'un individu (quelque M. Teste à l'envers) qui abolirait en lui les barrières, les classes, les exclusions, non par syncrétisme, mais par simple débarras de ce vieux spectre: la *contradiction logique*; qui mélangerait tous les langages, fussent-ils réputés incompatibles; qui supporterait, muet, toutes les accusations d'illogisme, d'infidélité; qui resterait impassible devant l'ironie socratique (amener l'autre au suprême opprobre: *se contredire*) et la terreur légale (combien de preuves pénales fondées sur une psychologie de l'unité!). Cet homme serait l'abjection de notre société: les tribunaux, l'école, l'asile, la conversation, en feraient un étranger: qui supporte sans honte la contradiction? Or ce contre-héros existe: c'est le lecteur de texte, dans le moment où il prend son plaisir. Alors le vieux mythe biblique se retourne, la confusion des langues n'est plus une punition, le sujet accède à la jouissance par la cohabitation des langages, *qui travaillent côte à côte*: le texte de plaisir, c'est Babel heureuse.

S. 25f.: Texte de plaisir: celui qui contente, emplit, donne de l'euphorie; celui qui vient de la culture, ne rompt pas avec elle, est hé à une pratique confortable de la lecture. Texte de jouissance: celui qui met en état de perte, celui qui déconforte (peut-être jusqu'à un certain ennui), fait vaciller les assises historiques, culturelles, psychologiques, du lecteur, la consistance de ses goûts, de ses valeurs et de ses souvenirs, met en crise son rapport au langage.

Or c'est un sujet anachronique, celui qui tient les deux textes dans son champ et dans sa main les rênes du plaisir et de la jouissance, car il participe en même temps et contradictoirement à l'hédonisme profond de toute culture (qui entre en lui paisiblement sous le couvert d'un art de vivre dont font partie les livres anciens) et à la destruction de cette culture: il jouit de la consistance de son moi (c'est son plaisir) et recherche sa perte (c'est sa jouissance). C'est un sujet deux fois clivé, deux fois pervers.

ᵭ Open Access. © 2020 Ottmar Ette, publiziert von De Gruyter. [cc BY-NC-ND] Dieses Werk ist lizenziert unter der Creative Commons Attribution-NonCommercial-NoDerivatives 4.0 International Lizenz.
https://doi.org/10.1515/9783110665093-027

Barthes, Roland: *Fragments d'un discours amoureux*. **Paris: Seuil 1977, S. 10:**
A chacun de ces incidents (ce qui lui « tombe » dessus), l'amoureux puise dans sa
réserve (le trésor ?) des figures, selon les besoins, les injonctions ou les plaisirs de
son imaginaire. Chaque figure éclate, vibre seule comme un son coupé de toute
mélodie – ou se répète, à satiété, comme le motif d'une musique planante.

S. 85f.: Son corps était divisé: d'un côté, son corps propre – sa peau, ses
yeux – tendre, chaleureux, et, de l'autre, sa voix, brève, retenue, sujette à des
accès d'éloignement, sa voix, qui ne donnait pas ce que son corps donnait. Ou
encore : d'un côté, son corps moelleux, tiède, mou juste assez, pelucheux, jouant
de la gaucherie, et, de l'autre, sa voix – la voix, toujours la voix –, sonore, bien
formée, mondaine, etc. [...] (Je voyais tout de son visage, de son corps, froide-
ment : ses cils, l'ongle de son orteil, la minceur de ses sourcils, de ses lèvres,
l'émail de ses yeux, tel grain de beauté, une façon d'étendre les doigts en fumant ;
j'étais fasciné – la fascination n'étant en somme que l'extrémité du détachement –
par cette sorte de figurine coloriée, faïencée, vitrifiée, où je pouvais lire, sans rien
y comprendre, *la cause de mon désir*).

S. 121: Hors l'accouplement (au diable, alors, l'Imaginaire), il y a cette autre
étreinte, qui est un enlacement immobile : nous sommes enchantés, ensorcelés :
nous sommes dans le sommeil, sans dormir ; nous sommes dans la volupté
enfantine de l'endormissement : c'est le moment des histoires racontées, le
moment de la voix, qui vient me fixer, me sidérer, c'est le retour à la mère (« dans
le calme aimant de tes bras », dit une poésie mise en musique par Duparc). Dans
cet inceste reconduit, tout est alors suspendu : le temps, la loi, l'interdit : rien
ne s'épuise, rien ne se veut : tous les désirs sont abolis, parce qu'ils paraissent
définitivement comblés

S. 180f.: De là, nouvelle vue du *je-t-aime*. Ce n'est pas un symptôme, c'est une
action. Je prononce, pour que tu répondes, et la forme scrupuleuse (la lettre) de la
réponse prendra une valeur effective, à la façon d'une formule. Il n'est donc pas
suffisant que l'autre me réponde d'un simple signifié, fût-il positif *(« moi aussi »)* :
il faut que le sujet interpellé assume de formuler, de proférer le *je-t-aime* que je
lui tends [...] ; ce que je veux, c'est recevoir de plein fouet, entièrement, littéralement, sans fuite, la formule, l'archétype du mot d'amour : point d'échappatoire
syntaxique, point de variation : que les deux mots se répondent en bloc, coïnci-
dant signifiant par signifiant [...] ; ce qui importe, c'est la profération physique,
corporelle, labiale, du mot : ouvre tes lèvres et que cela en sorte (sois obscène).
Ce que je veux, éperdument, c'est *obtenir le mot* [...] le Hollandais Volant erre, en
quête du mot ; s'il l'obtient (per serment fidélité), il cessera d'errer (ce qui importe
au mythe, ce n'est pas l'empirie de la fidélité, c'est sa profération, son chant)

S. 251: La solitude de l'amoureux n'est pas une solitude de personne
(l'amour se confie, il parle, se raconte), c'est une solitude de système: je suis

seul à en faire un système (peut-être parce que je suis sans cesse rabattu sur le solipsisme de mon discours). Paradoxe difficile: je puis être entendu de tout Je monde (l'amour vient des livres. son dialecte est courant), mais je ne puis être écouté (reçu « prophétiquement ») que des sujets qui ont exactement et présentement le même langage que moi. Les amoureux, dit Alcibiade, sont semblables à ceux qu'une vipère a mordus: « Ils ne veulent, dit-on, parler de leur accident à personne, si ce n'est à ceux qui en ont été victimes. Comme étant les seuls à même de concevoir et d'excuser tout ce qu 'ils ont osé dire et faire sous le coup de leurs douleurs »

Barthes, Roland: *S/Z*. In (ders.): *Oeuvres complètes*. Edition établie et présentée par Eric Marty. 3 Bde. Paris: Seuil 1993–1995, Bd. II, S. 674: On a donc substitué à la description du discours amoureux sa simulation, et l'on a rendu à ce discours sa personne fondamentale, qui est le « je », de façon à mettre en scène une énonciation, non une analyse. C'est un portrait, si l'on veut, qui est proposé, mais ce portrait n'est pas psychologique; il est structural: il donne à lire une place de parole: la place de quelqu'un qui parle en lui-même, amoureusement, face à l'autre – l'objet aimé – qui ne parle pas.

Barthes, Roland: *Comment vivre ensemble. Simulations romanesques de quelques espaces quotidiens. Notes de cours et de séminaires au Collège de France, 1976–1977*. Paris: Seuil 2002, S. 179f: On rejoindrait ici cette valeur que j'essaye peu à peu de définir sous le nom de « *délicatesse* » (mot quelque peu provocant dans le monde actuel). *Délicatesse* voudrait dire: distance et égard, absence de poids dans la relation, et, cependant, chaleur vive de cette relation. Le principe en serait: ne pas manier l'autre, les autres, ne pas manipuler, renoncer activement aux images (des uns, des autres), éviter tout ce qui peut alimenter l'imaginaire de la relation.

Bolívar, Simón: *Carta de Jamaica. The Jamaica Letter. Lettre à un Habitant de Jamaïque*. Caracas: Ediciones del Ministerio de de Educación 1965, S. 58: A pesar de todo, los mexicanos serán libres porque han abrazado el partido de la patria, con la resolución de vengar a sus antepasados o seguirlos al sepulcro. Ya ellos dicen con Raynal: llegó el tiempo, en fin, de pagar a los españoles suplicios con suplicios y de ahogar esa raza de exterminadores en su sangre o en el mar.

Borges, Jorge Luis: *Obras completas 1923–1972*. Buenos Aires: Emecé Editores 1974, S. 273f.: Por eso repito que no debemos temer y que debemos pensar que nuestro patrimonio es el universo; ensayar todos los temas, y no podemos concretarnos a lo argentino para ser argentinos: porque o ser argentino es una fatalidad, y en ese caso lo seremos de cualquier modo, o ser argentino es una mera afectación, una máscara.

Creo que si nos abandonamos a ese sueño voluntario que se llama la creación artística, seremos argentinos y seremos, también, buenos o tolerables escritores.

S. 444: La obra *visible* que ha dejado este novelista es de fácil y breve enumeración. Son, por lo tanto, imperdonables las omisiones y adiciones perpetradas por Madame Henri Bachelier en un catálogo falaz que cierto diario cuya tendencia *protestante* no es un secreto ha tenido la desconsideración de inferir a sus deplorables lectores – si bien estos son pocos y calvinistas, cuando no masones y circuncisos. Los amigos auténticos de Menard han visto con alarma ese catálogo y aun con cierta tristeza. Diríase que ayer nos reunimos ante el mármol final y entre los cipreses infaustos y ya el Error trata de empañar su Memoria ... Decididamente, una breve rectificación es inevitable.

S. 446f.: No quería componer otro Quijote – lo cual es fácil – sino el *Quijote.* Inútil agregar que no encaró nunca una transcripción mecánica del original; no se proponía copiarlo. Su admirable ambición era producir unas páginas que coincidieran – palabra por palabra y línea por línea – con las de Miguel de Cervantes.

«Mi propósito es meramente asombroso» me escribió el 30 de septiembre de 1934 desde Bayonne. «El término final de una demostración teológica o metafísica – el mundo externo, Dios, la causalidad, las formas universales – no es menos anterior y común que mi divulgada novela. La sola diferencia es que los filósofos publican en agradables volúmenes las etapas intermediarias de su labor y que yo he resuelto perderlas.»

S. 449: El texto de Cervantes y el de Menard son verbalmente idénticos, pero el segundo es casi infinitamente más rico. (Más ambiguo, dirán sus detractores; pero la ambigüedad es una riqueza.)

Es una revelación cotejar el Don Quijote de Menard con el de Cervantes. Este, por ejemplo, escribió (Don Quijote, primera parte, noveno capítulo):

... la verdad, cuya madre es la historia, émula del tiempo, depósito de las acciones, testigo de lo pasado, ejemplo y aviso de lo presente, advertencia de lo por venir.

Redactada en el siglo diecisiete, redactada por el «ingenio lego» Cervantes, esa enumeración es un mero elogio retórico de la historia. Menard, en cambio, escribe:

... la verdad, cuya madre es la historia, émula del tiempo, depósito de las acciones, testigo de lo pasado, ejemplo y aviso de lo presente, advertencia de lo por venir.

La historia, *madre* de la verdad; la idea es asombrosa. Menard, contemporáneo de William James, no define la historia como una indagación de la realidad sino como su origen. La verdad histórica, para él, no es lo que sucedió; es lo que juzgamos que sucedió.

S. 450: He reflexionado que es lícito ver en el Quijote «final» una especie de palimpsesto, en el que deben traslucirse los rastros – tenues pero no indescifrables – de la «previa» escritura de nuestro amigo. Desgraciadamente, sólo un segundo Pierre Menard, invirtiendo el trabajo del anterior, podría exhumar y resucitar esas Troyas. [...]

Menard (acaso sin quererlo) ha enriquecido mediante una técnica nueva el arte detenido y rudimentario de la lectura: la técnica del anacronismo deliberado y de las atribuciones erróneas. Esa técnica de aplicación infinita nos insta a recorrer la Odisea como si fuera posterior a la Eneida y el libro *Le jardin du Centaure* de Madame Henri Bachelier como si fuera de Madame Henri Bachelier. Esa técnica puebla de aventura los libros más calmosos. Atribuir a Louis Ferdinand Céline o a James Joyce la *Imitación de Cristo* ¿no es una suficiente renovación de esos tenues avisos espirituales?

S. 465: El universo (que otros llaman la Biblioteca) se compone de un número indefinido, y tal vez infinito, de galerías hexagonales, con vastos pozos de ventilación en el medio, cercado por barandas bajísimas. Desde cualquier hexágono, se ven los pisos inferiores y superiores: interminablemente.

S. 470f.: Creo haber mencionado los suicidios, cada año más frecuentes. Quizá me engañen la vejez y el temor, pero sospecho que la especie humana – la única – está por extinguirse y que la Biblioteca perdurará: iluminada, solitaria, infinita, perfectamente inmóvil, armada de volúmenes preciosos, inútil, incorruptible, secreta.

S. 471: Yo me atrevo a insinuar esta solución del antiguo problema: *La Biblioteca es ilimitada y periódica*. Si un eterno viajero la atravesara en cualquier dirección, comprobaría al cabo de los siglos que los mismos volúmenes se repiten en el mismo desorden (que, repetido, sería un orden: el Orden). Mi soledad se alegra con esa elegante esperanza.

Borges, Jorge Luis: *Obra poética 1923–1977*. Buenos Aires: Emecé Editores 1977, S. 25f.: No he reescrito el libro. He mitigado sus excesos barrocos, he limado asperezas, he tachado sensiblerías y vaguedades y, en el decurso de esta labor a veces grata y a veces incómoda, he sentido que aquel muchacho que en 1923 lo escribió ya era esencialmente – ¿qué significa esencialmente? – el señor que ahora se resigna o corrige. Somos el mismo; los dos descreemos del fracaso y del éxito, de las escuelas literarias y de sus dogmas; los dos somos devotos de Schopenhauer, de Stevenson y de Whitman. Para mí, *Fervor de Buenos Aires* prefigura todo lo que haría después. Por lo que dejaba entrever, por lo que prometía de algún modo, lo aprobaron generosamente Enrique Díez-Canedo y Alfonso Reyes.

Borges, Jorge Luis: *Nueva antología personal*. México D. F.: Siglo XXI Editores 2004, S. 74: Se entiende que es honroso que un libro actual derive de uno antiguo: ya que a nadie le gusta (como dijo Johnson) deber nada a sus contemporáneos. Los repetidos pero insignificantes contactos del *Ulises* de Joyce con la Odisea homérica, siguen escuchando – nunca sabré por qué – la atolondrada admiración de la crítica [...] Yo, con toda humildad, señalo un precursor lejano y posible: el cabalista de Jerusalén, Isaac Luria, que en el siglo XVI propaló que el alma de un antepasado o maestro puede entrar en el alma de un desdichado, para confortarlo o instruirlo.

S. 225f.: Clásico es aquel libro que una nación o un grupo de naciones o el largo tiempo han decidido leer como si en sus páginas todo fuera deliberado, fatal, profundo como el cosmos y capaz de interpretaciones sin término. Previsiblemente, esas decisiones varían. Para los alemanes y austríacos el Fausto es una obra genial; para otros, una de las más famosas formas del tedio, como el segundo Paraíso de Milton o la obra de Rabelais. Libros como el de Job, la Divina Comedia, Macbeth (y, para mí, algunas de las sagas del Norte) prometen una larga inmortalidad, pero nada sabemos del porvenir, salvo que diferirá del presente. Una preferencia bien puede ser una superstición.

[...] La gloria de un poeta depende, en suma, de la excitación o de la apatía de las generaciones de hombres anónimos que la ponen a prueba, en la soledad de sus bibliotecas.

Las emociones que la literatura suscita son quizá eternas, pero los medios deben constantemente variar, siquiera de un modo levísimo, para no perder su virtud. Se gastan a medida que los reconoce el lector. De ahí el peligro de afirmar que existen obras clásicas y que lo serán para siempre.

Borrero, Juana: *Epistolario De Juana Borrero*. Habana Cuba,1877 – Cayo Hueso EEUU,1896. 2 Bde. La Habana: Academia de Ciencias de Cuba 1966, Bd. I, S. 41: He leído de prisa y sin detenerme las rimas de Federico. Me fascinan. Pero Carlos ... no sé por qué me atrae con su semblante enigmático y triste. Vuelvo a leer sus estrofas. *Enclaustrado* ... ¿será sincero! ¡Oh Dios mío así es el hombre que yo he soñado! ¿Por qué lo has colocado tan lejos? [...]

Noche.

Son las dos y media. No he dormido ni dormiré. Acabo de pensar algo inaudito, imposible, temerario. Oye Carlos. *Antes de dos meses tú serás mío o yo estaré muerta.*

I, S. 39: He leído varias páginas ¡oh Carlos! y puedo decir con júbilo que no he experimentado un desengaño. Hay en estas rimas algo original que atrae fascinando y fascina ... atrayendo. El primer retrato ... ! Es un rostro altivo. Carlos debe ser pálido, un enfermo. Hay en su frente noble un rictus imperceptible de tedio. Quizás me engañe – No leeré más esta noche ... Presumo *que me quedaré* en la primera parte del libro. Carlos debe sufrir ... Después de todo ¿qué me importa ... ? Ni lo he de ver jamás ni él sabrá jamás que yo me duermo ahora murmurando su nombre ...

I, S. 42: Anoche soñé con Casal. No lo vi como siempre extático y triste sino preocupado y mudo. Así estuvo inmóvil más de dos horas y cuando se desvaneció en las tinieblas me miró con una mirada en que *se adivina* el reproche ... ¿Por qué, y *de qué* culparme?

I, S. 138: Ahora en el silencio de mi habitación, a solas conmigo misma, comprendo ¡ay! que te quiero más de lo que tú sospechas! Y, hace tiempo! Porque tú sabes muy bien que *en esta historia* yo fui quien tomé la iniciativa de quererte.

I, S. 155:

(Oh María! ¡bendita eres
entre todas las mujeres!)

Mi Carlos idolatrado:

Acabo de recibir tu tranquilizadora carta. [...] Yo te conjuro por la memoria de tu padre, que para ti será lo más sagrado, que *no me hagas concebir esperanzas que no serán realizadas. Lo que me prometes es para mí trascendental, tan dulce, tan grande, tan tranquilizador* que nunca me había atrevido *más que a soñarlo y cuando te conocí no pude renunciar a mis sueños ... Por lo mismo que te amo tanto!* Piensa y reflexiona.

Oh amor mío! qué grande y puro eres! Lo serás siempre!? ... *esto es lo que importa! Mis súplicas no son* para ahora ... ¿Me comprendes? ¡no son para ahora! Son para cuando ... para cuando tenga que ceder ante la lógica de tus *derechos* ... Me comprendes? ... ¡Para entonces! ... Piensa y reflexiona. [...] Tienes razón! tú y yo, somos seres excepcionales ... Hemos roto el vínculo del cuerpo y el alma, hemos quebrantado el yugo abrumador y degradante de las solicitaciones corporales ... ¡Podemos estar orgullosos de ser puros ... de ser de otro barro que la generalidad!

I, S. 372: Jamás, mientras viva se me olvidará aquella mujer, aquella desconocida que no existe y que caminaba despacio conversando en voz baja. Levanté la mano y le hundí el puñal en el corazón. Entonces pasó algo cuyo recuerdo me horroriza ... Aquella mujer era yo misma. En un arranque de celos salvajes acababa de matarme. El pesar de tu desesperación y la sensación inexplicable de verme muerta para siempre fueron tan violentos que me desperté sollozando. ¡Qué sueño tan extraño! Yo misma asesinándome y contemplando mi propio cadáver. A la verdad los sueños son a veces sombríamente enigmáticos. Con el día huyeron «*las fúnebres mariposas, en tropel*». Después he pensado mucho en mi pesadilla. Me parece descubrir en ella un símbolo oculto y misterioso. No crees? De todos modos fue algo muy triste muy triste ... Lo primero que hice al despertar fue leer tus últimas cartas que tengo bajo mi almohada. Su lectura me tranquilizó.

Las besé llorando de ternura y las estreché contra mi corazón sobresaltado. Ellas una vez más me han consolado. ¿No me traen tu alma? ¡Ah! Si tú pudieras penetrar toda la profundidad de mi pasión! Sufro porque me figuro que no satisfago las necesidades de tu alma ... Otras veces creo ser tu ideal y entonces soy feliz oh sí! muy feliz! ... En este momento me siento dichosa. Mañana te veré. Oh esperanza! Tú eres la gran consoladora!

II, S. 256 f.: Unico bien de mi alma jamás me he sentido tan triste al comenzar a escribirte. Jamás el lenguaje ha sido más indócil ni más insuficiente tampoco. Por eso te he querido escribir en esta clase de tinta que te sugerirá la mitad de mis pensamientos ... Me he abierto las venas del brazo izquierdo de ese brazo tan tuyo y que tan confiada y tiernamente reclino siempre en tu hombro. Esto te probará mi absoluta impasibilidad ante la tortura física. Con la misma indiferencia *la vería correr de mi frente o de mi corazón*. Además quiero que las palabras de esta carta no se te olviden nunca. Voy a hablarte en nombre de algo que debiera valer para tí más que cien Patrias de algo tan sagrado como la Patria misma. Voy a hablarte de mi tristeza. En esta carta escrita con mi sangre quisiera encerrar todo mi amor hecho un sollozo vibrante, hecho un grito de angustia, hecho una queja ... ! Quiero decirte que la vida me abruma como un fardo, y que si vivo es por y para ti. [...]

De un modo u otro, la Patria ¿no es una rival como otra cualquiera? Y rival dichosa porque me sacrificas a ella! ¿ *Te parece* vergonzoso no acudir a su reclamo ... y no te parece criminal hundir de un solo golpe todas las esperanzas de un alma como la mía? Si no te conmueven mis lágrimas y si la certeza de mi muerte no te deciden, de qué tienes el corazón? [...] Tu patria. o *tu Juana*: elige. Si te vas me pierdes.

Calvino, Italo: *Il barone rampante. Prefazione e note di Tonio Cavilla*. Turin: Einaudi 1965, S. 11.: *Il barone rampante* non fu scritto espressamente per un pubblico di giovanissimi; ma la sua filiazione dai classici dalla fanciullezza, il caleidoscopio avventuroso, lo sfondo storico, la chiarezza e precisione della scrittura, la vena moraleggiante, erano altrettante ragioni che spingevano il libro a cercare il suo pubblico anche tra i ragazzi. Difatti, dal testo com'era stato pubblicato per la prima volta nel 1957, l'Autore stesso, con un minimo lavoro di tagli e di raccordi, estrasse l'edizione per ragazzi (di dimensioni un poco raccorciate rispetto al *editio major*), che uscì, con illustrazioni a colori, nel 1959, e che continuò a richiedere puntualmente (come l'*editio major*) una ristampa ogni anno. Molte classi delle scuole medie l'adottarono come testo di lettura, tanto che se ne rese necessaria un'edizione concepita espressamente per la scuola, cioè questa che ora presentiamo.

S. 37 ff.: Era una bambina bionda, con un'alta pettinatura un po' buffa per una bimba, un vestito azzurro anche quello troppo da grande, la gonna che ora, sollevata sull'altalena, traboccava di trine. La bambina guardava a occhi socchiusi e naso in su, come per un suo vezzo di far la dama, e mangiava una mela a morsi, piegando il capo ogni volta verso la mano che doveva insieme reggere la mela e reggersi alla fune dell'altalena, e si dava spinte colpendo con la punta degli scarpini il terreno ogni volta che l'altalena era al punto più basso del suo arco, e soffiava via dalle labbra i frammenti di buccia di mela morsicata, e cantava: – Oh là là là! La *ba-la-nçoire* ... – come una ragazzina che ormai non le importa più nulla né dell'altalena, né della canzone, né (ma pure un po' di più) della mela, e ha già altri pensieri per il capo. [...]

Viola scese dall'altalena e prese a dare delle leggere spinte all'altalena di Cosimo. – Uh! – Aveva afferrato tutt'a un tratto il sedile dell'altalena su cui mio fratello teneva i piedi e l'aveva rovesciato. Fortuna che Cosimo si teneva ben saldo alle corde! Altrimenti sarebbe piombato a terra come un salame!

– Traditrice! – gridò, e s'arrampicò su, stringendosi alle due corde, ma la salita era molto più difficile della discesa, soprattutto con la bambina bionda che era in uno dei suoi momenti maligni e tirava le corde da giù in tutti i sensi.

Finalmente raggiunse il grosso ramo, e ci si mise a cavalcioni. Con la cravatta di pizzo s'asciugò il sudore dal viso. – Ah, ah! Non ce l'hai fatta!

– Per un pelo!

S. 148: Prima che il romanzo fosse finito, venne il giorno dell'esecuzione. Sul carretto, in compagnia d'un frate, Gian dei Brughi fece l'ultimo suo viaggio da vivente. Le impiccagioni a Ombrosa si facevano a un'alta quercia in mezzo alla piazza. Intorno tutto il popolo faceva cerchio.

Quand'ebbe il cappio al collo, Gian dei Brughi sentì un fischio di tra i rami. Alzò il viso. C'era Cosimo col libro chiuso.

– Dimmi come finisce, – fece il condannato.

– Mi dispiace di dirtelo, Gian, – rispose Cosimo, Gionata finisce appeso per la gola.

– Grazie. Così sia di me pure! Addio! – e lui stesso calciò via la scala, restando strozzato.

La folla, quando il corpo cessò di dibattersi, andò via. Cosimo rimase fino a notte, a cavalcioni del ramo da cui pendeva l'impiccato. Ogni volta che un corvo si avvicinava per mordere gli occhi o il naso al cadavere, Cosimo lo cacciava agitando il berretto.

S. 149: Il dodicesimo capitolo, molto diverso dai precedenti, forma quasi un racconto a sé: un apologo satirico sugli effetti della cultura, una specie di «racconto filosofico» alla maniera settecentesca (ma costruito con tecnica narrativa moderna, attraverso dialoghi). Anche gli elementi della narrazione sono settecenteschi: il tradizionale motivo dei briganti (un mito che viene qui messo in burletta; il leggendario brigante è un poveraccio buono a nulla, che non sogna altro che letture sentimentali) e la voga del romanzo che già nel Settecento cominciava a dar vita a una industria. Il contrasto tra l'ex brigante che rimbecillisce a leggere romanzi e Cosimo che attraverso la lettura diventa un uomo responsabile e attivo, può rappresentare il contrasto tra lettura come evasione e lettura come formazione. Ma la vera funzione del capitolo nello svolgimento del romanzo è quella di darci conto delle letture di Cosimo, un motivo che acquisterà importanza in seguito. Nonostante l'arguzia della favola, il capitolo è caratterizzato da una certa freddezza (anche la morte del brigante impiccato resta soltanto un'immagine visiva); siamo ormai lontani dalla pienezza di rappresentazione dei primi capitoli del libro.

S. 240f.: Ogni tanto scrivendo m'interrompo e vado alla finestra. Il cielo è vuoto, e a noi vecchi d'Ombrosa, abituati a vivere sotto quelle verdi cupole, fa male agli occhi guardarlo. Si direbbe che gli alberi non hanno retto, dopo che mio fratello se n'è andato, o che gli uomini sono stati presi dalla furia della scure. [...]

Ombrosa non c'è più. Guardando il cielo sgombro, mi domando se davvero è esistita. Quel frastaglio di rami e foglie, biforcazioni, lobi, spiumi, minuto e senza fine, e il cielo solo a sprazzi irregolari e ritagli, forse c'era solo perché ci passasse mio fratello col suo leggero passo di codibugnolo, era un ricamo fatto sul nulla che assomiglia a questo filo d'inchiostro, come l'ho lasciato correre per pagine e pagine, zeppo di cancellature, di rimandi, di sgorbi nervosi, di macchie, di lacune, che a momenti si sgrana in grossi acini chiari, a momenti si infittisce in segni minuscoli come semi puntiformi, ora si ritorce su se stesso, ora si biforca, ora collega grumi di frasi con contorni di foglie o di nuvole, e poi s'intoppa, e poi ripiglia a attorcigliarsi, e corre e corre e si sdipana e avvolge un ultimo grappolo insensato di parole idee sogni ed è finito.

Calvino, Italo: *Se una notte d'inverno un viaggiatore*. Turin: Einaudi 1979, S. 3: Stai per cominciare a leggere il nuovo romanzo Se una notte d'inverno un viaggiatore di Italo Calvino. Rilassati. Raccogliti. Allontana da te ogni altro pensiero. Lascia che il mondo che ti circonda sfumi nell'indistinto. La porta è meglio chiuderla; di là c'è sempre la televisione accesa. Dillo subito, agli altri: «No, non voglio vedere la televisione!» Alza la voce, se no non ti sentono: «Sto leggendo! Non voglio essere disturbato!» Forse non ti hanno sentito, con tutto quel chiasso; dillo più forte, grida: «Sto cominciando a leggere il nuovo romanzo di Italo Calvino!» O se non vuoi non dirlo; speriamo che ti lascino in pace.

Prendi la posizione più comoda: seduto, sdraiato, raggomitolato, coricato. Coricato sulla schiena, su un fianco, sulla pancia. In poltrona, sul divano, sulla sedia a dondolo, sulla sedia a sdraio, sul pouf. Sull'amaca, se hai un'amaca. Sul letto, naturalmente, o dentro il letto. Puoi anche metterti a testa in giù, in posizione yoga. Col libro capovolto, si capisce.

Certo, la posizione ideale per leggere non si riesce a trovarla.

S. 36: Quello che conta è lo stato d'animo con cui ora, nell'intimità della tua casa, cerchi di ristabilire la calma perfetta per immergerti nel libro, allunghi le gambe, le ritrai, le riallunghi. Ma qualcosa è cambiato, da ieri. La tua lettura non è più solitaria: pensi alla Lettrice che in questo stesso momento sta aprendo anche lei il libro, ed ecco che al romanzo da leggere si sovrappone un possibile romanzo da vivere, il seguito della tua storia con lei, o meglio: l'inizio d'una possibile storia.

S. 78: Ascoltare qualcuno che legge ad alta voce è molto diverso da leggere in silenzio. Quando leggi, puoi fermarti o sorvolare sulle frasi: il tempo sei tu che lo decidi. Quando è un altro che legge è difficile far coincidere la tua attenzione col tempo della sua lettura: la voce va o troppo svelta o troppo piano.

S. 180: Lettrice, ora sei letta. Il tuo corpo viene sottoposto a una lettura sistematica, attraverso canali d'informazione tattili, visivi, dell'olfatto, e non senza interventi delle papille gustative. Anche l'udito ha la sua parte, attento ai tuoi ansiti e ai tuoi trilli. Non solo il corpo è in te oggetto di lettura: il corpo conta in quanto parte d'un insieme d'elementi complicati, non tutti visibili e non tutti presenti ma che si manifestano in avvenimenti visibili e immediati: l'annuvolarsi dei tuoi occhi, il ridere, le parole che dici, il modo di raccogliere e spargere i capelli, il tuo prendere l'iniziativa e il tuo ritrarti, e tutti i segni che stanno sul confine tra te e gli usi e i costumi e la memoria e la preistoria e la moda, tutti i codici, tutti i poveri alfabeti attraverso i quali un essere umano crede in certi momenti di star leggendo un altro essere umano.

S. 180 f.: E anche tu intanto sei oggetto di lettura, o Lettore: la Lettrice ora passa in rassegna il tuo corpo come scorrendo l'indice dei capitoli, ora lo consulta come presa da curiosità rapide e precise, ora indugia interrogandolo e lasciando che le arrivi una muta risposta, come se ogni sopraluogo parziale non le interessasse che in vista d'una ricognizione spaziale più vasta. Ora si fissa su dettagli trascurabili, magari piccoli difetti stilistici, per esempio il pomo d'Adamo prominente o il modo che hai d'affondare la testa nel cavo del suo collo, e se ne serve per stabilire un margine di distacco, riserva critica o confidenza scherzosa; [...].

S. 305: Ora siete marito e moglie, Lettore e Lettrice. Un grande letto matrimoniale accoglie le vostre letture parallele.

Ludmilla chiude il suo libro, spegne la sua luce, abbandona il capo sul guanciale, dice: – Spegni anche tu. Non sei stanco di leggere?

E tu: – Ancora un momento. Sto per finire *Se una notte d'inverno un viaggiatore* di Italo Calvino.

Calvino, Italo: *Il barone rampante*. **Mailand: Mondadori 1990, S. 138:**
- Baciami.
  La premette contro il tronco, la baciò. Alzando il viso s'accorse della bellezza di lei come se non l'avesse mai vista prima. – Ma di': come sei bella ...
- Per te, – e si sbottonò la blusa bianca. Il petto era giovane e coi botton di rosa, Cosimo arrivò a sfiorarlo appena, Viola guizzò via per i rami che pareva volasse, lui le rampava dietro e aveva in viso quella gonna. [...]
- Si conobbero. Lui conobbe lei e se stesso, perché in verità non s'era mai saputo. E lei conobbe lui e se stessa, perché pur essendosi saputa sempre, mai s'era potuta riconoscere così.

Certeau, Michel de: *L'invention du quotidien*, **Bd. 1,** *Arts de faire*, **Paris: Gallimard, S. 251:** Bien loin d'être des écrivains, fondateurs d'un lieu propre, héritiers des laboureurs d'antan mais sur le sol du langage, creuseurs de puits et constructeurs de maisons, Les lecteurs sont des voyageurs; ils circulent sur les terres d'autrui, nomades braconnant à travers les champs qu'ils n'ont pas écrits, ravissant les biens d'Egypte pour en jouir. L'écriture accumule, stocke, résiste au temps par l'établissement d'un lieu et multiplie sa production par L'expansionnisme de la reproduction. La lecture ne se garantit pas contre l'usure du temps (on s'oublie et l'on oublie), elle ne conserve pas ou mal son acquis, et chacun des lieux où elle passe est répétition du paradis perdu.

Chateaubriand, François-René vicomte de: *Atala; René; Les Abencérages; Suivies de Voyage en Amérique*. **Paris: Librairie de Firmin Didot frères 1871, S. 19 f.:** La France possédait autrefois, dans l'Amérique septentrionale, un vaste empire qui s'étendait depuis le Labrador jusqu'aux Florides, et depuis les rivages de l'Atlantique jusqu'aux lacs les plus reculés du haut Canada. Quatre grands fleuves, ayant leurs sources dans les mêmes montagnes, divisaient ces régions immenses [...].

Ce dernier fleuve, dans un cours de plus de mille lieues, arrose une délicieuse contrée que les habitants des Etats-Unis appellent le nouvel Eden, et à laquelle les Français ont laissé le doux nom de Louisiane.

S. 30: Une nuit que les Muscogulges avaient placé leur camp sur le bord d'une forêt, j'étais assis auprès du *feu de la guerre*, avec le chasseur commis à ma garde. Tout à coup j'entendis le murmure d'un vêtement sur l'herbe, et une femme à demi voilée vint s'asseoir à mes côtés. Des pleurs roulaient sur sa paupière; à la lueur du feu un petit crucifix d'or brillait sur son sein. Elle était régulièrement belle; l'on remarquait sur son visage je ne sais quoi de vertueux et de passionné, dont l'attrait était irrésistible. Elle joignait à cela des grâces plus tendres; une extrême sensibilité, unie à une mélancolie profonde, respirait dans ses regards; son sourire était céleste.

Je crus que c'était la *Vierge des dernières amours*, cette vierge qu'on envoie au prisonnier de guerre, pour enchanter sa tombe.

S. 61ff.: C'en était trop pour nos cœurs que cette amitié fraternelle qui venait nous visiter, et joindre son amour à notre amour. Désormais les combats d'Atala allaient devenir inutiles: en vain je la sentis porter une main à son sein, et faire un mouvement extraordinaire; déjà je l'avais saisie, déjà je m'étais enivré de son souffle, déjà j'avais bu toute la magie de l'amour sur ses lèvres. Les yeux levés vers le ciel, à la lueur des éclairs, je tenais mon épouse dans mes bras, en présence de l'Eternel. Pompe nuptiale, digne de nos malheurs et de la grandeur de nos amours: superbes forêts qui agitiez vos lianes et vos dômes comme les rideaux et le ciel de notre couche, pins embrasés qui formiez les flambeaux de notre hymen, fleuve débordé, montagnes mugissantes, affreuse et sublime nature, n'étiez-vous donc qu'un appareil préparé pour nous tromper, et ne pûtes-vous cacher un moment dans vos mystérieuses horreurs la félicité d'un homme!

Atala n'offrait plus qu'une faible résistance; je touchais au moment du bonheur, quand tout à coup un impétueux éclair, suivi d'un éclat de la foudre, sillonne l'épaisseur des ombres, remplit la forêt de soufre et de lumière, et brise un arbre à nos pieds. Nous fuyons. O surprise! ... dans le silence qui succède, nous entendons le son d'une cloche! Tous deux interdits, nous prêtons l'oreille à ce bruit, si étrange dans un désert. A l'instant un chien aboie dans le lointain; il approche, il redouble ses cris, il arrive, il hurle de joie à nos pieds; un vieux Solitaire portant une petite lanterne, le suit à travers les ténèbres de la forêt. « La Providence soit bénie! s'écria-t-il, aussitôt qu'il nous aperçut. Il y a bien longtemps que je vous cherche! »

S. 94ff.: A peine a-t-il prononcé ces mots, qu'une force surnaturelle me contraint de tomber à genoux, et m'incline la tête au pied du lit d'Atala. Le prêtre ouvre un lieu secret où était renfermée une urne d'or, couverte d'un voile de soie; il se prosterne et adore profondément. La grotte parut soudain illuminée; on entendit dans les airs les paroles des anges et les frémissements des harpes célestes; et lorsque le Solitaire tira le vase sacré de son tabernacle, je crus voir Dieu lui-même sortir du flanc de la montagne.

Le prêtre ouvrit le calice; il prit entre ses deux doigts une hostie blanche comme la neige, et s'approcha d'Atala, en prononçant des mots mystérieux. Cette sainte avait les yeux levés au ciel, en extase. Toutes ses douleurs parurent suspendues, toute sa vie se rassembla sur sa bouche; ses lèvres s'entr'ouvrirent et vinrent avec respect chercher le Dieu caché sous le pain mystique. Ensuite le divin vieillard trempe un peu de coton dans une huile consacrée et l'en frotte les tempes d'Atala, il regarde un moment la fille mourante, et tout à coup ses fortes paroles lui échappent: « Partez, âme chrétienne: allez rejoindre votre Créateur! » Relevant alors ma tête abattue, je m'écriai en regardant le vase où était l'huile sainte: « Mon père, ce remède rendra-t-il la vie à Atala? » « Oui, mon fils, dit le vieillard en tombant dans mes bras, la vie éternelle! » Atala venait d'expirer! [...]

Ses lèvres, comme un bouton de rose, cueillie depuis deux matins, semblaient languir et sourire. Dans ses joues d'une blancheur éclatante, on distinguait quelques veines bleues. Ses beaux yeux étaient fermés, ses pieds modestes étaient joints, et ses mains d'albâtre pressaient sur son cœur un crucifix d'ébène; le scapulaire de ses vœux était passé à son cou. Elle paraissait enchantée par l'Ange de la mélancolie, et par le double sommeil de l'innocence et de la tombe. Je n'ai rien vu de plus céleste. Quiconque eût ignoré que cette jeune fille avait joui de la lumière, aurait pu la prendre pour la statue de la Virginité endormie.

De Rougement, Denis: *L'amour et l'Occident*. Édition définitive. Paris: Plon 1972, S. 7f.: L'agrément de parles des choses de l'amour est un prétexte assez peu convaincant, lorsqu'il s'agit d'un volume aussi dense. Douteux avantage d'ailleurs : on rougirait de le partager avec tant d'auteurs à succès. Aussi me suis-je donné quelques difficultés. Je n'ai pas voulu flatter ni déprécier ce que Stendhal nommait l'amour-passion, mais j'ai tenté de le décrire comme un phénomène historique, d'origine proprement religieuse. Or les hommes, et les femmes, tolèrent for bien que l'on parle d'amour, et même ils ne s'en lasseront jamais, si commun que soit le discours; mais ils redoutent que l'on *définisse* la passion, pour peu de rigueur que l'on y apporte. [...] Il s'ensuit que ce livre montrera sa nécessité dans la mesure où d'abord il déplaira ; et il n'aura d'utilité que s'il convainc ceux qui auront pris conscience, en le lisant, des raisons qu'ils pouvaient avoir de le trouver d'abord déplaisant. [...] Pourquoi perdre son temps et son style à expliquer sans cesse que la réalité est plus complexe que tout ce qu'on peut en dire ? Que la vie soit confuse ne saurait signifier qu'une œuvre écrite doit l'imiter.

S. 15f.: Amour et *mort*, amour mortel : si ce n'est pas toute la poésie, c'est du moins tout ce qu'il y a de populaire, tout ce qu'il y a d'universellement émouvant dans nos littératures ; et dans nos plus vieilles légendes, et dans nos plus belles chansons. L'amour heureux n'a pas d'histoire. Il n'est de roman que de l'amour mortel, c'est-à-dire de l'amour menacé et condamné par la vie même. Ce qui exalte, le lyrisme occidental, ce n'est pas le plaisir des sens, ni la paix féconde du couple. C'est moins l'amour comblé que la *passion* d'amour. Et passion signifie souffrance. Voilà le fait fondamental.

Mais l'enthousiasme que nous montrons pour le roman, et pour le film né du roman ; l'érotisme idéalisé diffus dans toute notre culture, dans notre éducation, dans les images qui font décor de nos vies ; enfin le besoin d'évasion exaspéré par l'ennui mécanique, tout en nous et autour de nous glorifie à tel point la passion que nous en sommes venus à voir en elle une promesse de vie plus vivante, une puissance qui transfigure, quelque chose qui serait au-delà du bonheur et de la souffrance, une béatitude ardente.

S. 54f.: Il me paraît que cela explique une bonne partie de notre psychologie. Sans traverses à l'amour, point de « roman ». Or c'est le roman qu'on aime, c'est-à-dire la conscience, l'intensité, les variations et les retards de la passion, son crescendo jusqu'à la catastrophe – et non point sa rapide flambée. Considérez notre littérature. Le bonheur des amants ne nous émeut que par l'attente du malheur qui le guette. Il y faut cette menace de la vie et des hostiles réalités qui l'éloignent dans quelque au-delà. La nostalgie, le souvenir, et non pas la présence, nous émeuvent. La présence est inexprimable, elle ne possède aucune durée sensible, elle ne peut être qu'un *instant* de grâce – le duo de Don Juan et Zerline. Ou bien l'on tombe dans une idylle de carte postale.

L'amour heureux n'a pas d'histoire *dans la littérature occidentale*. Et l'amour qui n'est pas réciproque ne passe pont pour un amour vrai. La grande trouvaille des poètes de l'Europe, ce qui les distingue avant tout dans la littérature mondiale, ce qui exprime le plus profondément l'obsession de l'Européen : connaître à travers la douleur, c'est le secret du mythe de Tristan, l'amour-passion à la fois partagé et combattu, anxieux d'un bonheur qu'il repousse, magnifié par sa catastrophe, – *l'amour réciproque malheureux.* [...]

Amour *réciproque,* en ce sens que Tristan et Iseut « s'entr'aiment », ou du moins, qu'ils en sont persuadés. Et il est vrai qu'ils sont, l'un envers l'autre, d'une fidélité exemplaire. Mais le *malheur*, c'est que l'amour qui les « demeine » n'est pas l'amour de l'autre tel qu'il est dans sa réalité concrète. Ils s'entr'aiment, mais chacun n'aime l'autre qu'*à partir de soi, non de l'autre.*

S. 117f.: L'on assiste au XIIe siècle dans le Languedoc comme dans le Limousin, à l'une des plus extraordinaires confluences spirituelles de l'Histoire. D'une part, un grand courant religieux manichéen, qui avait pris sa source en Iran, remonte par l'Asie Mineure et les Balkans jusqu'à l'Italie et la France, apportant sa doctrine ésotérique de la Sophia-Maria et de l'amour par la „ forme de lumière ". D'autre part, une rhétorique hautement raffinée, avec ses procédés, ses thèmes et personnages constants, ses ambiguités renaisant toujours aux mêmes endroits, son symbolisme enfin, remonte de l'Irak des soufis platonisants et manichéisants jusqu'à l'Espagne arabe, et passant par-dessus les Pyrénées, trouve au midi de la France une société qui, semble-t-il, n'attendait plus que ces moyens de langage pour *dire* ce qu'elle n'osait et ne pouvait avouer ni dans la langue des clercs, ni dans le parlier vulgaire. *La poésie courtoise est née de cette rencontre.*

Et c'est ainsi qu'au dernier confluent des „ hérésies " de l'âme et de celles du désir, venues du même Orient par les deux rives de la mer civlisatrice, naquit le grand modèle occidentale du langage de l'amour-passion.

S. 135f.: [...] l'amour courtois est né au XXIe siècle, en pleine révolution de la *psyché* occidentale. Il a surgi du même mouvement qu'fit remonter au demi-jour de la conscience et de l'expression lyrique de l'*âme*, le Principe Féminin de la *çakti*, le culte de la Femme, de la Mère, de la Vierge. Il participe de cette épiphanie de l'Anima qui figure à mes yeux, dans l'homme occidental, le retour d'un Orient symbolique. Il nous devient intelligible par certaines de ses marques historiques : sa relation littéralement congénitale avec l'hérésie des cathares, et son opposition sournoise ou déclarée au concept chrétien du mariage. Mail il nous resterait indifférent s'il n'avait gardé dans nos vies, au travers des nombreux avatars dont nos allons décrire la procession, une virulence intime, perpétuellement nouvelle.

Derrida, Jacques: La différance. In Barthes, Roland / Baudry, Jean-Louis / Derrida, Jacques (e. a.): *Théorie d'ensemble*. Paris: Seuil 1968, S. 41–66, hier S. 53: Repartons. *La différance*, c'est ce qui fait que le mouvement de la signification n'est possible que si chaque élément dit « présent », apparaissant sur la scène de la présence, se rapporte à autre chose que lui-même, gardant en lui la marque de l'élément passé et se laissant déjà creuser par la marque de son rapport à l'élément futur, la trace ne se rapportant pas moins à ce qu'on appelle le futur qu'à ce qu'on appelle le passé, et constituant ce qu'on appelle le présent par ce rapport même à ce qui n'est pas lui [...]

Diderot, Denis: Supplément au Voyage de Bougainville ou Dialogue entre A et B. In (ders.): *Œuvres*. Editions établie et annotée par André Billy. Paris: Gallimard 1951, S. 964 :
A. Je n'entends rien à cet homme-là. L'étude des mathématiques, qui suppose une vie sédentaire, a rempli le temps de ses jeunes années; et voilà qu'il passe subitement d'une condition méditative et retirée au métier actif, pénible, errant et dissipé de voyageur.
B. Nullement. Si le vaisseau n'est qu'une maison flottante, et si vous considérez le navigateur qui traverse des espaces immenses, resserré et immobile dans une enceinte assez étroite, vous le verrez faisant le tour du globe sur une planche comme vous et moi le tour de l'univers sur notre parquet.

Diderot, Denis / Lecontre, Simone (Hg.) / Le Galliot, Jean (Hg.): *Jacques le fataliste et son maître*. Genève: Droz 1977, S. 3: Comment s'étaient-ils rencontrés? Par hasard, comme tout le monde. Comment s'appelaient-ils? Que vous importe? D'où venaient-ils? Du lieu le plus prochain. Où allaient-ils? Est-ce que l'on sait où l'on va? Que disaient-ils? Le maître ne disait rien; et Jacques disait que son capitaine disait que tout ce qui nous arrive de bien et de mal ici-bas était écrit là-haut.

Le Maître: C'est un grand mot que cela.

Jacques: Mon capitaine ajoutait que chaque balle qui partait d'un fusil avait son billet.

Le Maître: Et il avait raison ...

Djebar, Assia: Pourquoi écrire. Nachdruck in: *Présence de femmes. Atelier de recherches sur les femmes algériennes (ARFA): Gestes acquis, gestes conquis.* **Alger: Hiwar 1986, S. 69:** J'écris contre la mort, j'écris contre l'oubli ... J'écris dans *l'espoir* (dérisoire) de laisser une trace, une ombre, une griffure sur un sable mouvant, dans la poussière qui vole, dans le Sahara qui remonte ...

Djebar, Assia: *L'Amour, la fantasia.* **Paris: Albin Michel 1995, S. 11:** Fillette arabe allant pour la première fois à l'école, un matin d'automne, main dans la main du père. Celui-ci, un fez sur la tête, la silhouette haute et droite dans son costume européen, porte un cartable, il est instituteur à l'école française. Fillette arabe dans un village du Sahel algérien.

Djebar, Assia: Neustadt Prize Acceptance Speech. In: *World Literature Today* **(Norman) LXX, 4 (autumn 1996), S. 784:** I mentioned that I am a writer of fiction. The Peruvian novelist Maria Vargas Llosa has defined fiction in one of his essays as "truth through lying." He adds a remark that I would like to have written myself: "In the heart of all fiction, the flame of protest burns brightly."

Djebar, Assia: *Les Nuits de Strasbourg.* **Roman. Arles: Actes Sud 1997, S. 11:** Les habitants de la ville chassés. Chassés ? Non. On a préparé leur départ en bloc, depuis des mois, plutôt depuis deux ans, ou trois. Depuis le massacre de Guernica par les Messerschmitt allemands.

La ville se trouve au-delà de la ligne fortifiée ; la ville ainsi qu'une frange de quarante villages. [...] Tous, d'un coup, au-dehors, sur le pavé ou par les routes, c'est une armée, une horde ; un exode.

S. 53 f.: Il ne répond pas, l'homme. Ses doigts tâtent le visage de la parleuse, en palpe les lèvres, l'une après l'autre.

Ce n'est pas le froid ! (Elle respire longuement sous ses doigts à lui, elle trouve en un éclair la vérité.) Je vis un commencement ...

S. 54 f.: Elle reste recroquevillée en partie sur lui, pèse sur lui de tout son poids et chuchote :

– Où étais-tu alors ? ... (Sa question est impérieuse)

– La guerre chez toi ? ... [...]

– Tu es mon amant et tu es Français ! ... Il y a dix ans, quand j'arrivais à Alger pour aller à l'université, une telle ... intimité m'aurait parue invraisemblable ! ...

S. 56: Elle voir leurs corps dressés et liés se déployer dehors, s'envoler jusqu'aux toits, flotter au-dessus des clochers, du beffroi le plus altier, lorsque dans un ressac de leur désir confondu, elle s'agrippe à lui, à ses hanches, à ses reins, à ses jambes et s'engloutit alors dans un mugissement profus. Souffle du fleuve invisible, poussées rythmées de l'amant, prolongées au tréfonds d'elle, et qui la portent ... Elle s'étale, s'emplit, plonge dans ce flux luisant. Une houle battant ses tempes, elle coule enfin dans le cours de la jouissance qui va peu à peu s'épuiser. [...]

– O Neige, soupire-t-il, femme ardente qui me brûle !

S. 56f.: Ella a ri ; puis la chambre s'est emplie d'un silence liquide. [...] Lui, absent et présent ; lui et sa peau que mes doigts parcourent rêveusement, car ce sont eux, mes doigts se mouvant, qui rêvent – es se parle à elle-même, l'amante, elle qu'il a enlacé ...

Elle ferme les yeux, se concentre intensément: plus tard, elle pensera à cet instant de la première nuit; elle aime tant « regarder avec le bout de ses doigts », ainsi se rappellera-t-elle ce moment précis où leurs corps enchevêtrés se tendent, s'allongent en travers du lit.

S. 70: Il s'est mis à étudier le français avec méthode ; il dit qu'il apprendra ensuite le dialecte ... Moi, je me donne. J'ai tout joué d'un coup. Je suis en enfer et en paradis (« en enfer » pour la mémoire, « en paradis » pour la volupté).

S. 108f.: On se retrouve, lui et moi, au même café-restaurant, mais moi, je tiens alors à changer chaque nuit d'hôtel. Comme j'ai toute la journée pour arpenter les rues anciennes au hasard, je choisis tel ou tel quartier selon mon humeur ... Je lui ai proposé ce jeu, dès le premier soir ... Je ne lui dis mon choix de la nuit qu'au moment du dîner ! ... Pourquoi ? Peut-être une façon de lui faire sentir, chaque soir, qu'il doit devenir nomade ! Sans attaches, comme moi, mais dans a propre ville, celle de son passé, celle où il travaille ! Peut-être qu'ainsi il ressentira, chaque matin, combien je suis prête, à tout instant, à partir : je ne suis pas venue pour une « liaison », comme on dit ici, je ...

S. 164: « I would like my love to die! » Le vers d'un poète irlandais lui revient précisément là, pas avant ? ... Pourquoi ne vivent-ils pas leur amour en Irlande ? Pourquoi pas dans cette île, mais pas dans cette ville (île dans l'Ill pourtant) où Eve croyait ... tout oublier ? Ainsi il passe le fleuve chaque semaine, mon Tristan, et moi, me voici soudain non pas en la véritable Iseult, plutôt en la fausse Iseult aux mains blanches. En la Iseult aux mains ennemies ...

S. 184: Quand ils entrèrent dans la chambre de la veille, la lampe, dans un coin de la table, restait allumée. Un vase avec des fleurs champêtres – marguerites, dahlias et un tournesol – trônait sur la commode.

S. 270f.: [...] elle ne se donne pas, elle accueille l'homme en rut et le repousse et le reprend, tandis que sa voix scande le mot inlassable « inta », c'est un autre, c'est un « toi » arabe, elle résiste de son tréfonds, [...]

S. 399f.: Je me suis laissé surprendre, et pourquoi ? Jusque-là, à peine l'aube éclaircit-elle de sa grisaille bleue les rues profondes du centre-ville, je me terre – comme lors de ma première visite, je vais d'hôtel en hôtel pour dormir le matin. On me croit débarquée d'un avion ou d'un train ; alors que j'ai, toute la nuit, navigué dans l'ombre de Strasbourg. Ville offerte à moi seule ! ... « La ville des routes » l'appelait-on à l'origine ; les miennes, entremêlées ici ...

Djebar, Assia: La mémoire des femmes. Propos recueillis par Aliette Armel. In: *Magazine littéraire* (Paris) 410 (2002), S. 102: J'ai longtemps tâtonné, dans une psycho-auto-analyse d'écrivain. J'avais plus de quarante ans ; je constatais que je n'avais jamais pu dire des mots d'amour en français ! ... Pour aimer et le dire, fallait-il que je parle seulement ma langue, que la tendresse ou l'abandon dans le grain de la voix n'ait que le son maternel ? [...] Bref, il m'a fallu démêler cet enchevêtrement franco-arabe, en moi, et au présent ! C'était d'une nécessité absolue pour mon écriture.

Fernández de Lizardi, José Joaquín: *El Periquillo Sarniento*. Prólog de Jefferson Rea Spell. Mexico: Editorial Porrúa 1992, S. 1: SEÑORES MÍOS: Una de las cosas que me presentaba dificultad para dar a luz la VIDA DE PERIQUILLO SARNIENTO era elegir persona a quien dedicársela, porque yo he visto infinidad de obras, de poco y mucho mérito, adornadas con sus dedicatorias al principio.

Esta continuación, o esta costumbre continuada, me hizo creer que algo bueno tenía en sí, pues todos los autores procuraban elegir mecenas o patronos a quienes dedicarles sus tareas, creyendo que el hacerlo así no podía menos que granjearles algún provecho.

Me confirmé más en esta idea cuando leí en un librito viejo que ha habido quienes han pactado dedicar una obra a un sujeto, si le daba tanto; otro que dedicó su trabajo a un potentado y después lo consagró a otro distinto nombre; Tomás Fuller, famoso historiador inglés, que dividía sus obras en muchos tomos, y a cada tomo le solicitaba un magnate; otros que se han dedicado a sí mismos sus producciones, y otros, en fin, que han consentido que el impresor de sus obras se las dedique.

S. 2: – Sí, amigo – le dije–, y ésta es una de las trabas más formidables que han tenido y tendrán los talentos americanos para no lucir, como debieran, en el teatro literario. Los grandes costos que tiene en el reino que gastarse en la impresión de las obras abultadas retraen a muchos de emprenderlas, considerando lo expuestos que están no sólo a no lograr el premio de sus fatigas, sino tal vez a perder hasta su dinero, quedándose inéditas en los estantes muchas preciosidades que darían provecho al público y honor a sus autores. Esta desgracia hace que no haya exportación de ninguna obra impresa aquí [...].

S. 3: – ¡Ay, hermano de mi alma! Tú me has dado un desengaño, pero al mismo tiempo una gran pesadumbre. Sí, tú me has abierto los ojos estrellándome en ellos una porción de verdades que por desgracia son irrefragables; y lo peor es que todo ello para en que yo pierdo mi trabajo; pues aunque soy limitado y, por lo mismo, de mis tareas no se puede esperar ninguna cosa sublime, sino bastante humilde y trivial, créeme, esta obrita me ha costado algún trabajo, y tanto más cuanto que soy un *chambón* y la he trabajado sin herramienta.

S. 3f.:¿Qué diré de vuestras gloriosas hazañas, sino que son tales, que son imponderables e insabibles?

¿Qué, de vuestros títulos y dictados, sino que sois y podéis ser, no sólo tú ni vos, sino usías, ilustrísimos, reverendísimos, excelentísimos y que sé yo, si eminentísimos, serenísimos, altezas y majestades? Y, en virtud de esto, ¿quién será bastante a ponderar vuestra grandeza y dignidad? ¿Quién elogiará dignamente vuestros méritos? ¿Quién podrá hacer ni aun el diseño de vuestra virtud y vuestra ciencia? ¿Ni quién, por último, podrá numerar los retumbantes apellidos de vuestras ilustres casas, ni las águilas, tigres, leones, perros y gatos que ocupan los cuarteles de vuestras armas?

Muy bien sé que descendéis de un ingrato, y que tenéis relaciones de parentesco con los Caínes fratricidas, con los idólatras Nabucos, con las prostitutas Dalilas, con los sacrílegos Baltasares, con los malditos Canes, con los traidores Judas, con los pérfidos Sinones, con los Cacos ladrones, con los herejes Arrios, y con una multitud de pícaros y pícaras que han vivido y aún viven en el mismo mundo que nosotros.

Sé que acaso seréis, algunos, plebeyos, indios, mulatos, negros, viciosos, tontos y majaderos.

Pero no me toca acordaros nada de esto, cuando trato de captar vuestra benevolencia y afición a la obra que os dedico [...].

S. 113: El buen ejemplo mueve más que los consejos, las insinuaciones, los sermones y los libros. Todo esto es bueno, pero, por fin, son palabras, que casi siempre se las lleva el viento. La doctrina que entra por los ojos se imprime mejor que la que entra por los oídos.

S. 189: No amigo, éstos no hablarán bien de la obra, ni de su autor en su vida; pero tenga usted entendido que de esta clase de rivales saca un grandísimo partido, pues ellos mismos, sin pensarlo, acreditan la obra de usted y hacen ver que no miente en nada de cuanto escribe; y así siga usted su obrita, despreciando esta clase de murmuraciones (porque no se llaman ni pueden llamarse críticas).

[...] yo tomé la pluma y escribí nuestra conversación, para que usted, amigo lector, haga boca y luego siga leyendo la historieta del famoso *Periquillo*.

S. 463: Escribió su vida en un estilo ni rastrero ni finchado; huye de hacer del sabio, usa un estilo casero y familiar, que es el que usamos todos comúnmente y con el que nos entendemos y damos a entender con más facilidad.

S. 463f.: Los libros morales es cierto que enseñan, pero sólo por los oídos; y por eso se olvidan sus lecciones fácilmente. Estos instruyen por los oídos y por los ojos. [...] Cuando leemos estos hechos nos parece que los estamos mirando, los retenemos en la memoria [...].

Flaubert, Gustave: *Madame Bovary.* **In (ders.):** *Œuvres complètes.* **Bd. 1:** *Écrits de Jeunesse. Premiers romans. La tentation de saint Antoine. Madame Bovary. Salambo.* **Paris: Seuil 1964, S. 579:** La fracture était simple, sans complication d'aucune espèce. Charles n'eût osé en souhaiter de plus facile. [...] Afin d'avoir des attelles, on alla chercher, sous la charreterie, un paquet de lattes. Charles en choisit une, la coupa en morceaux et la polit avec un éclat de vitre, tandis que la servante déchirait des draps pour faire des bandes, et que Mlle Emma tâchait à coudre des coussinets. Comme elle fut longtemps avant de trouver son étui, son père s'impatienta; elle ne répondit rien; mais, tout en cousant, elle se piquait les doigts, qu'elle portait ensuite à sa bouche pour les sucer.

Charles fut surpris de la blancheur de ses ongles. Ils étaient brillants, fin du bout, plus nettoyés que les ivoires de Dieppe, et taillés en amande. Sa main pourtant n'était pas belle, point assez pâle, peut-être, et un peu sèche aux phalanges; elle était trop longue aussi et sans molles inflexions de lignes sur les contours. Ce qu'elle avait de beau, c'étaient les yeux: quoiqu'ils fussent bruns, ils semblaient noirs à cause des cils, et son regard arrivait franchement à vous avec une hardiesse candide.

[...] La cravache était tombée à terre, entre les sacs et la muraille. Mlle Emma l'aperçut; elle se pencha sur les sacs de blé. Charles, par galanterie, se précipita, et, comme il allongeait aussi son bras dans le même mouvement, il sentit sa poitrine effleurer le dos de la jeune fille, courbée sous lui. Elle se redressa toute rouge et le regarda par-dessus l'épaule, en lui tendant son nerf de bœuf.

S. 669: Elle se promettait continuellement, pour son prochain voyage, une félicité profonde; puis elle s'avouait ne rien sentir d'extraordinaire. Cette déception s'effaçait vite sous un espoir nouveau, et Emma revenait à lui plus enflammée, plus avide. Elle se déshabillait brutalement, arrachant le lacet mince de son corset, qui sifflait autour de ses hanches comme une couleuvre qui glisse.

Elle allait sur la pointe de ses pieds nus regarder encore une fois si la porte était fermée, puis elle faisait d'un seul geste tomber ensemble tous ses vêtements; – et, pâle, sans parler, sérieuse, elle s'abattait contre sa poitrine, avec un long frisson. Cependant, il y avait sur ce front couvert de gouttes froides, sur ces lèvres balbutiantes, dans ces prunelles égarées, dans l'entreinte de ces bras, quelque chose d'extrême, de vague et de lugubre, qui semblait à Léon se glisser entre eux, subtilement, comme pour les séparer. Il n'osait lui faire des questions; mais, la discernant si expérimentée, elle avait dû passer, se disait-il, par toutes les épreuves de la souffrance et du plaisir. Ce qui le charmait autrefois l'effrayait un peu maintenant. D'ailleurs, il se révoltait contre l'absorption, chaque jour plus grande, de sa personnalité. Il en voulait à Emma de cette victoire permanente. Il s'efforçait même à ne pas la chérir; puis, au craquement de ses bottines, il se sentait lâche, comme les ivrognes à la vue des liqueurs fortes.

García Márquez, Gabriel: *El amor en los tiempos del cólera*. **Barcelona: Buivguera 1987, S. 77 f.:** Luego lo despidió con un apretón de manos, que no era de uso con un mensajero del telégrafo, y la criada lo acompañó hasta el portón de la calle, no tanto para conducirlo como para vigilarlo. Hicieron el mismo recorrido en sentido contrario por el corredor de arcadas, pero esta vez supo Florentino Ariza que había alguien más en la casa, porque la claridad del patio estaba ocupada por una voz de mujer que repetía una lección de lectura. Al pasar frente al cuarto de coser vio por la ventana a una mujer mayor y a una niña, sentadas en dos sillas muy juntas, y ambas siguiendo la lectura en el mismo libro que la mujer mantenía abierto en el regazo. Le pareció una visión rara: la hija enseñando a leer a la madre. La apreciación era incorrecta sólo en parte, porque la mujer era la tía y no la madre de la niña, aunque la había criado como si lo fuera. La lección no se interrumpió, pero la niña levantó la vista para ver quién pasaba por la ventana, y esa mirada casual fue el origen de un cataclismo de amor que medio siglo después aún no había terminado. **S. 153 f.:** No era fácil saber quién estaba más cohibido, si el médico con su tacto púdico o la enferma con su recato de virgen dentro del camisón de seda, pero ninguno miró al otro a los ojos, sino que él preguntaba con voz impersonal y ella respondía con voz trémula, ambos pendientes del hombre sentado en la penumbra. Al final, el doctor Juvenal Urbino le pidió a la enferma que se sentara, y le abrió la camisa de dormir hasta la cintura con un cuidado exquisito: el pecho intacto y altivo, de pezones infantiles, resplandeció un instante como un fogonazo en las sombras de la alcoba, antes de que ella se apresuraba a ocultarlo con los brazos cruzados. Imperturbable, el médico le apartó los brazos sin mirarla, y le hizo la auscultación directa con la oreja contra la piel, primero el pecho y luego la espalda.

El doctor Juvenal Urbino solía contar que no experimentó ninguna emoción cuando conoció a la mujer con quien había de vivir hasta el día de la muerte. Recordaba el camisón celeste con bordes de encaje, los ojos febriles, el largo cabello suelto sobre los hombros, pero estaba tan obnubilado por la irrupción de la peste en el recinto colonial, que no se fijó en nada de lo mucho que ella tenía de adolescente floral, sino en lo más ínfimo que pudiera tener de apestada. Ella fue más explícita: el joven médico de quien tanto había oído hablar a propósito del cólera le pareció un pedante incapaz de querer a nadie distinto de sí mismo. El diagnóstico fue una infección intestal de origen alimenticio que se dió con un tratamiento casero de tres días.

S. 276: Seis meses después del primer encuentro, se vieron por fin en el camarote de un buque fluvial que estaba en reparación de pintura en los muelles fluviales. Fue una tarde maravillosa. Olimpia Zuleta tenía un amor alegre, de palomera alborotada, y le gustaba permanecer desnuda por varias horas, en un reposo lento que tenía para ella tanto amor como el amor. El camarote estaba desmantelado, pintado a medias, y el olor de la trementina era bueno para llevárselo en el recuerdo de una tarde feliz. De pronto, a instancias de una inspiración insólita, Florentino Ariza destapó un tarro de pintura roja que estaba al alcance de la litera, se mojó el índice, y pintó en el pubis de la bella palomera una flecha de sangre dirigida hacia el sur, y le escribió un letrero en el vientre: *Esta cuca es mía.* Esa misma noche, Olimpia Zuleta se desnudó delante del marido sin acordarse del letrero, y él no dijo una palabra, ni siquiera le cambió el aliento, nada, sino que fue al baño por la navaja barbera mientras ella se ponía la camisa de dormir, y la degolló de un tajo.

S. 439 f.: La víspera de la llegada hicieron una fiesta grande, con guirnaldas de papel y focos de colores. [...] Tomó tanto anisado que tuvieron que ayudarla a subir las escaleras, y sufrió un ataque de risa con lágrimas que llegó a alarmarlos a todos. Sin embargo, cuando logró dominarlo en el remanso perfumado del camarote, hicieron un amor tranquilo y sano, de abuelos percudidos, que iba a fijarse en su memoria como el mejor recuerdo de aquel viaje lunático. No se sentían ya como novios recientes, al contrario de lo que el capitán y Zenaida suponían, y menos como amantes tardíos. Era como si se hubieran saltado el arduo calvario de la vida conyugal, y hubieran ido sin más vueltas al grano del amor. Transcurrían en silencio como dos viejos esposos escaldados por la vida, más allá de las trampas de la pasión, más allá de las burlas brutales de las ilusiones y los espejismos de los desengaños: más allá del amor. Pues habían vivido juntos lo bastante para darse cuenta de que el amor era el amor en cualquier tiempo y en cualquier parte, pero tanto más denso cuanto más cerca de la muerte.

S. 442 f.: Luego miró a Florentino Ariza, su dominio invencible, su amor impávido, y lo asustó la sospecha tardía de que es la vida, más que la muerte, la que no tiene límites.

– ¿Y hasta cuándo cree usted que podemos seguir en este ir y venir del carajo? –le preguntó.

Florentino Ariza tenía la respuesta preparada desde hacía cincuenta y tres años, siete meses y once días con sus noches.

– Toda la vida –dijo.

Genette, Gérard: *Palimpsestes. La littérature au second degré.* **Paris: Seuil 1982, S. 453:** Ce livre, il ne faut pas seulement le relire, mais le récrire, fût-ce, comme Menard, littéralement. Ainsi s'accomplit l'utopie borgésienne d'une Littérature en transfusion perpétuelle – perfusion transtextuelle –, constamment présente à elle-même dans sa totalité et comme Totalité, dont tous les auteurs ne font qu'un, et dont tous les livres sont un vaste Livre, un seul Livre infini. L'hypertextualité n'est qu'un des noms de cette incessante circulation des textes sans quoi la littérature ne vaudrait pas une heure de peine. Et quand je dis une heure ...

Gómez de Avellaneda, Gertrudis: *Sab.* **Madrid: Imprenta calle del Barco Num. 26 1841, I, S. 11 f.:** No parecía un criollo blanco, tampoco era negro ni podía creérsele descendiente de los primeros habitantes de las Antillas. Su rostro presentaba un compuesto singular en que se descubría el cruzamiento de dos razas diversas, y en que se amalgamaban, por decirlo así, los rasgos de la casta africana con los de la europea, sin ser no obstante un mulato perfecto.

Era su color de un blanco amarillento con cierto fondo oscuro; su ancha frente se veía cubierta con mechones desiguales de un pelo negro y lustroso como las alas del cuervo; su nariz era aguileña pero sus labios gruesos y amoratados denotaban su procedencia africana, tenía la barba un poco prominente y triangular, los ojos negros, grandes, rasgados, bajo cejas horizontales, brillando en ellos el fuego de la primera juventud, no obstante que surcaban su rostro ligeras arrugas. El conjunto de estos rasgos formaba una fisonomía, una característica, una de aquellas fisonomías que fijan las miradas a primera vista y que jamás se olvidan cuando se han visto una vez.

I, S. 59 f.: ¡Pues qué! ¿no hay siete días de diferencia? ¡Siete días, Enrique! Otros tantos he estado sin verte en esta primera separación y me han parecido una eternidad. ¿No has experimentado tú cuán triste cosa es ver salir el sol, un día y otro ... sin que pueda disipar las tinieblas del corazón, sin traernos un rayo de esperanza ... porque sabemos que no veremos con su luz el semblante adorado? Y luego, cuando llega la noche, cuando la naturaleza se adormece en medio de las sombras y las brisas, ¿no has sentido tu corazón inundarse de una ternura dulce, indefinible como el aroma de las flores? ... ¿No has experimentado una necesidad de oír la voz querida en el silencio de la noche? ¿No te ha agobiado la ausencia, ese malestar continuo, ese vacío inmenso, esa agonía de un dolor que se reproduce bajo mil formas diversas, pero siempre punzante, inagotable, insufrible?

I, S. 137 f.: ¡Oh, Enrique! lloro no haber nacido entonces, y que tú, indio como yo, me hicieses una cabaña de palmas en donde gozásemos una vida de amor, de inocencia y de libertad.

Enrique se sonrió del entusiasmo de su querida haciéndola una caricia; el mulato apartó de ella sus ojos preñados de lágrimas.

– ¡Ah!, ¡sí! – pensó él–; no serías menos hermosa si tuvieras la tez negra o cobriza. ¿Por qué no lo ha querido el cielo, Carlota? Tú, que comprendes la vida y la felicidad de los salvajes, ¿por qué no naciste conmigo en los abrasados desiertos del Africa o en un confín desconocido de la América?

II, S. 72 f.: Levantóse y tendió su mirada en la extensión del mar que estaba delante de él. Entonces se estremeció todo, y como si quisiera apartar de sí un objeto inoportuno extendió las manos con fuerza, desviando los ojos al mismo tiempo. ¡La muerte! Era una terrible tentación para el desventurado, y aquel mar se abría delante de él, como para ofrecerle una tumba en sus abismos profundos. ¡Mucho debió costarle resistir a esta terrible invitación! Levantó al cielo su mirada y con ella parecía ofrecer a Dios aquel último sacrificio, con ella parecía decirle: "Yo acepté el cáliz que me has mandado apurar, y no quiero arrojarlo mientras tú no me lo pidas. Pero ya está vacío, rómpele tú, Dios de justicia".

El cielo oyó sin duda sus votos y Dios tendió sobre él una mirada de misericordia, pues en aquel momento sufrió el infeliz quebrantarse todo su cuerpo, y helar su corazón el frío de la muerte. Una voz interior pareció gritarle: "Pocas horas de sufrimiento te restan, y tu misión sobre la tierra está ya terminada".

Sab aceptó aquel vaticinio, miró al cielo con gratitud, dejó caer la cabeza sobre el cadáver de su caballo y le bañó con un caño de sangre que brotó de su boca.

II, S. 152: Pero cualquiera que sea su destino, y el país del mundo donde habite, ¿habrá podido olvidar la hija de los trópicos, al esclavo que descansa en una humilde sepultura bajo aquel hermoso cielo?

Gómez de Avellaneda, Gertrudis: *Autobiografía y epistolarios de amor.* **Newark US: Juan de la Cuesta 1999, S. 52 f.:** Sin embargo, nunca fui alegre y atolondrada como lo son regularmente los niños. Mostré desde mis primeros años afición al estudio y una tendencia a la melancolía. No hallaba simpatías en las niñas de mi edad; tres solamente, vecinas mías, hijas de un emigrado de Santo Domingo merecieron mi amistad. Eran tres lindas criaturas de un talento natural despejadísimo. [...] Las Carmonas (que este era su apellido) se conformaban facilmente con mis gustos y los participaban. Nuestros juegos eran representar comedias, hacer cuentos, rivalizando a quien los hacía más bonitos, adivinar charadas y dibujar en competencia flores y pajaritos. Nunca nos mezclábamos en los bulliciosos juegos de las otras chicas con quienes nos reuníamos.

Más tarde, la lectura de novelas, poesías y comedias llegó a ser nuestra pasión dominante. Mamá nos reñía algunas veces de que siendo ya grandecitas, descuidásemos tanto nuestros adornos, y huyésemos de la sociedad como salvajes. Porque nuestro mayor placer era estar encerradas en el cuarto de los libros, leyendo nuestras novelas favoritas y llorando las desgracias de aquellos héroes imaginarios, a quienes tanto queríamos.

De este modo cumplí trece años. ¡Días felices, que pasaron para no tornar más! ...

S. 68 f.: El día 9 de abril de 1836 nos embarcamos para Burdeos en una fragata francesa, y sentidas y lloradas, abandonamos, ingratas, aquel país querido, que acaso no volveremos a ver jamás.

Perdone usted; mis lágrimas manchan este papel; no puedo recordar sin emoción aquella noche memorable en que vi por última vez la tierra de Cuba.

La navegación fue para mí un manantial de nuevas emociones. – «Cuando navegamos sobre los mares azulados, ha dicho Lord Byron, nuestros pensamientos son tan libres como el Océano.» – Su alma sublime y poética debió sentirlo así: la mía lo experimentó también. Hermosas son las noches de los trópicos, y yo las había gozado; pero son más hermosas las noches del Océano. Hay un embeleso indefinible en el soplo de la brisa que llena las velas, ligeramente estremecidas, en el pálido resplandor de la luna que reflejan las aguas, en aquella inmensidad que vemos sobre nuestra cabeza y bajo nuestros pies. Parece que Dios se revela mejor al alma conmovida en medio de aquellos dos infinitos – ¡el cielo y el mar! – y que una voz misteriosa se hace oír en el ruido de los vientos y de las olas. Si yo hubiese sido atea, dejaría de serlo entonces.

S. 73: La educación que se da en Cuba a las señoritas difiere tanto de la que se les da en Galicia, que una mujer, aún de la clase media, creería degradarse en mi país ejercitándose en cosas que en Galicia miran las más encopetadas como una obligación de su sexo. Las parientas de mi padrastro decían, por tanto, que yo no era buena para nada, porque no sabía planchar, ni cocinar, ni calcetear; porque no lavaba los cristales, ni hacía las camas, ni barría mi cuarto. Según ellas, yo necesitaba veinte criadas y me daba el tono de una princesa. Ridiculizaban también mi afición al estudio y me llamaban *la Doctora*. [...]

Luego que rompí mis compromisos y me vi libre, aunque no más dichosa; persuadida de que no debía casarme jamás y de que el amor da más penas que placeres, me propuse adaptar un sistema, que ya hacía algún tiempo tenía en mi mente. Quise que la vanidad reemplazase al sentimiento, y me pareció que valía más agradar generalmente que ser amada de uno sólo: tanto más cuanto que este uno nunca sería un objeto que llenase mis votos. Yo había perdido la esperanza de encontrar un hombre según mi corazón.

Houellebecq, Michel: *Soumission. Roman.* Paris: Flammarion 2015, S. 13 f.: Seule la littérature peut vous permettre d'entrer en contact avec l'esprit d'un mort, de manière plus directe, plus complète et plus profonde que ne le ferait même la conversation avec un ami – aussi profonde, aussi durable que soit une amitié, jamais on ne se livre, dans une conversation, aussi complètement qu'on ne le fait devant une feuille vide, s'adressant à un destinataire inconnu. Alors bien entendu, lorsqu'il est question de littérature, la beauté du style, la musicalité des phrases ont leur importance; la profondeur de la réflexion de l'auteur, l'originalité de ses pensées ne sont pas à dédaigner; mais un auteur, c'est avant tout un être humain, présent dans ses livres, qu'il écrive très bien ou très mal, en définitive importe peu, l'essentiel est qu'il écrive et qu'il soit, effectivement, présent dans ses livres [...]

S. 185 f.: Et l'habillement féminin s'était transformé, je le ressentis immédiatement sans parvenir à analyser cette transformation; le nombre de voiles islamiques avait à peine augmenté, ce n'était pas cela, et il me fallut presque une heure de déambulation pour saisir, d'un seul coup, ce qui avait changé: toutes les femmes étaient en pantalon. La détection des cuisses de femmes, la projection mentale reconstruisant la chatte à leur intersection, processus dont le pouvoir d'excitation est directement proportionnel à la longueur des jambes dénudées: tout cela était chez moi tellement involontaire et machinal, génétique en quelque sorte, que je n'en avais pas pris immédiatement conscience, mais le fait était là, les robes et les jupes avaient disparu. Un nouveau vêtement aussi s'était répandu, une sorte de blouse longue en coton, s'arrêtant à mi-cuisse, qui ôtait tout intérêt objectif aux pantalons moulants que certaines femmes auraient pu éventuellement porter; quant aux shorts, il n'en était évidemment plus question. La contemplation du cul des femmes, minime consolation rêveuse, était elle-aussi devenue impossible.

Huysmans, Joris-Karl: *A rebours,* Paris: Georges Crès 1922, Préface, S. xix: Je l'écoutais, pensant qu'il avait tout à la fois et raison et tort, – raison, en m'accusant de saper le naturalisme et de me barrer tout chemin, – tort, en ce sens que le roman, tel qu'il le concevait, me semblait moribond, usé par les redites, sans intérêt, qu'il le voulût ou non, pour moi.

Il y avait beaucoup de choses que Zola ne pouvait comprendre; d'abord, ce besoin que j'éprouvais d'ouvrir les fenêtres, de fuir un milieu où j'étouffais; puis, le désir qui m'appréhendait de secouer les préjugés, de briser les limites du roman, d'y faire entrer l'art, la science, l'histoire, de ne plus se servir, en un mot, de cette forme que comme d'un cadre pour y insérer de plus sérieux travaux. Moi, c'était cela qui me frappait surtout à cette époque, supprimer l'intrigue traditionnelle, voire même la passion, la femme, concentrer le pinceau de lumière sur un seul personnage, faire à tout prix du neuf.

S. xxii: Je me détachais seulement, peu à peu, de ma coque d'impureté; je commençais à me dégoûter de moi-même, mais je rebiffais quand-même sur les articles de Foi. Les objections que je me posais me semblaient être irrésistibles; et un beau matin, en me réveillant, elles furent, sans que j'aie jamais su comment, résolues. Je priai pour la première fois et l'explosion se fit.

Tout cela paraît, pour les gens qui ne croient pas à la Grâce, fou. Pour ceux qui ont ressenti ses effets, aucun étonnement n'est possible; et, si surprise il y avait, elle ne pourrait exister que pour la période d'incubation, celle où l'on ne voit et où l'on ne perçoit rien, la période du déblaiement et de la fondation dont on ne s'est même pas douté.

S. 15: Enfin, il avait fait préparer une haute salle, destinée à la réception de ses fournisseurs; ils entraient, s'asseyaient les uns à côté des autres, dans des stalles d'église, et alors il montait dans une chaire magistrale et prêchait le sermon sur le dandysme, adjurant ses bottiers et ses tailleurs de se conformer, de la façon la plus absolue, à ses brefs en matière de coupe, les menaçant d'une excommunication pécuniaire s'ils ne suivaient pas, à la lettre, les instructions contenues dans ses monitoires et ses bulles.

S. 67f.: Entre tous, un artiste existait dont le talent le ravissait en de longs transports, Gustave Moreau.

Il avait acquis ses deux chefs-d'œuvre et, pendant des nuits, il rêvait devant l'un d'eux, le tableau de la Salomé, ainsi conçu:

Un trône se dressait, pareil au maître-autel d'une cathédrale, sous d'innombrables voûtes jaillissants de colonnes trapues ainsi que des piliers romans, émaillées de briques polychromes, serties de mosaïques, incrustées de lapislazuli et de sardoines, dans un palais semblable à une basilique d'une architecture tout à la fois musulmane et byzantine.

Au centre du tabernacle surmontant l'autel précédé de marches en forme de demi-vasques, le Tétrarque Hérode était assis, coiffé d'une tiare, les jambes rapprochées, les mains sur les genoux.

La figure était jaune, parcheminée, annelée de rides, décimée par l'âge; sa longue barbe flottait comme un nuage blanc sur les étoiles enpierreries qui constellaient la robe d'orfroi plaquée sur sa poitrine.

Autour de cette statue, immobile, figée dans une pose hiératique de dieu hindou, des parfums brûlaient, dégorgeant des nuées de vapeurs que trouaient, de même que les yeux phosphorés de bêtes, les feux des pierres enchâssées dans les parois du trône; puis la vapeur montait, se déroulait sous les arcades où la fumée bleue se mêlait à la poudre d'or des grands rayons de jour, tombés des dômes.

Dans l'odeur perverse des parfums, dans l'atmosphère surchauffée de cette église, Salomé, le bras gauche étendu, en un geste de commandement, le bras droit replié, tenant à la hauteur du visage, un grand lotus, s'avance lentement sur les pointes, aux accords d'une guitare dont une femme accroupie pince les cordes.

La face recueillie, solennelle, presque auguste, elle commence la lubrique danse qui doit réveiller les sens assoupis du vieil Hérode; ses seins ondulent et, au frottement de ses colliers qui tourbillonnent, leurs bouts se dressent; sur la moiteur de sa peau les diamants, attachés, scintillent; ses bracelets, ses ceintures, ses bagues, crachent des étincelles; sur sa robe triomphale, couturée de perles, ramagée d'argent, lamée d'or, la cuirasse des orfèvreries dont chaque maille est une pierre, entre en combustion, croise des serpenteaux de feu, grouille sur la chair mate, sur la peau rose thé, ainsi que des insectes splendides aux élytres éblouissants, marbrés de carmin, ponctués de jaune aurore, diaprés de bleu d'acier, tigrés de vert paon.

Concentrée, les yeux fixes semblables à une somnambule, elle ne voit ni le Tétrarque qui frémit, ni sa mère, la féroce Hérodias, qui la surveille, ni l'herma-phrodite ou l'eunuque qui se tient, le sabre au poing, en bas du trône, une terrible figure, voilée jusqu'aux joues, et dont la mamelle de châtré pend, de même qu'une gourde, sous sa tunique bariolée d'orange.

Ce type de la Salomé si hantant pour les artistes et pour les poètes, obsédait, depuis des années, des Esseintes.

S. 73f.: Le chef décapité du saint s'était élevé du plat posé sur les dalles et il regardait, livide, la bouche décolorée, ouverte, le cou cramoisi, dégouttant de larmes. Une mosaïque cernait la figure d'où s'échappait une auréole s'irradiant en traits de lumière sous les portiques, éclairant l'affreuse ascension de la tête, allumant le globe vitreux des prunelles, attachées en quelque sorte crispées sur la danseuse.

D'un geste d'épouvante, Salomé repousse la terrifiante vision qui la cloue, immobile, sur les pointes; ses yeux se dilatent, sa main étreint convulsivement sa gorge.

Elle est presque nue; dans l'ardeur de la danse, les voiles se sont défaits, les brocarts ont croulé; elle n'est plus vêtue que de matières orfévries et de minéraux lucides; un gorgerein lui serre de même qu'un corselet la taille, et, ainsi qu'une agrafe superbe, un merveilleux joyau darde des éclairs dans la rainure de ses deux seins; plus bas, aux hanches, une ceinture l'entoure, cache le haut de ses cuisses que bat une gigantesque pendeloque où coule une rivière d'escarboucles et d'émeraudes; enfin, sur le corps resté nu, entre le gorgerein et la ceinture, le ventre bombe, creusé d'un nombril dont le trou semble un cachet gravé d'onyx, aux tons laiteux, aux teintes de rose d'ongle.

L'horrible tête flamboie, saignant toujours, mettant des caillots de pourpre sombre, aux pointes de la barbe et des cheveux. Visible pour la Salomé seule, elle n'étreint pas de son morne regard, l'Hérodias qui rêve à ses haines enfin abouties, le Tétrarque, qui, penché un peu en avant, les mains sur les genoux, halète encore, affolé par cette nudité de femme imprégnée de senteurs fauves, roulée dans les baumes, fumée dans les encens et dans les myrrhes.

S. 260: Bien souvent, des Esseintes avait médité sur cet inquiétant problème, écrire un roman concentré en quelques phrases qui contiendraient le suc cohobé des centaines de pages toujours employées à établir le milieu, à dessiner les caractères, à entasser à l'appui les observations et les menus faits. Alors les mots choisis seraient tellement impermutables qu'ils suppléeraient à tous les autres; l'adjectif posé d'une si ingénieuse et d'une si définitive façon qu'il ne pourrait être légalement dépossédé de sa place, ouvrirait de telles perspectives que le lecteur pourrait rêver, pendant des semaines entières, sur son sens, tout à la fois précis et multiple, constaterait le présent, reconstruirait le passé, devinerait l'avenir d'âmes des personnages, révélés par les lueurs de cette épithète unique.

Le roman ainsi conçu, ainsi condensé en une page ou deux, deviendrait une communion de pensée entre un magique écrivain et un idéal lecteur, une collaboration spirituelle consentie entre dix personnes supérieures éparses dans l'univers, une délectation offerte aux délicats, accessible à eux seuls.

En un mot, le poème en prose représentait, pour des Esseintes, le suc concret, l'osmazôme de la littérature, l'huile essentielle de l'art.

S. 261f.: En effet, la décadence d'une littérature, irréparablement atteinte dans son organisme, affaiblie par l'âge des idées, épuisée par les excès de la syntaxe, sensible seulement aux curiosités qui enfièvrent les malades et cependant pressée de tout exprimer à son déclin, acharnée à vouloir réparer toutes les omissions de jouissance, à léguer les plus subtils souvenirs de douleur, à son lit de mort, s'était incarnée en Mallarmé, de la façon la plus consommée et la plus exquise.

C'étaient, poussées jusqu'à leur dernière expression, les quintessences de Baudelaire et de Poe; c'étaient leurs fines et puissantes substances encore distillées et dégageant de nouveaux fumets, de nouvelles ivresses.

C'était l'agonie de la vieille langue qui, après s'être persillée de siècle en siècle, finissait par se dissoudre, par atteindre ce déliquium de la langue latine qui expirait dans les mystérieux concepts et les énigmatiques expressions de saint Boniface et de saint Adhelme.

Au demeurant, la décomposition de la langue française s'était faite d'un coup. [...] Dans la langue française, aucun laps de temps, aucune succession d'âges n'avait eu lieu; le style tacheté et superbe des de Goncourt et le style faisandé de Verlaine et de Mallarmé se coudoyaient à Paris, vivant en même temps, à la même époque, au même siècle.

S. 287 f.: Après l'aristocratie de la naissance, c'était maintenant l'aristocratie de l'argent; c'était le califat des comptoirs, le despotisme de la rue du Sentier, la tyrannie du commerce aux idées vénales et étroites, aux instincts vaniteux et fourbes.

Plus scélérate, plus vile que la noblesse dépouillée et que le clergé déchu, la bourgeoisie leur empruntait leur ostentation frivole, leur jactance caduque, qu'elle dégradait par son manque de savoir-vivre [...].

C'était le grand bagne de l'Amérique transporté sur notre continent; c'était enfin, l'immense, la profonde, l'incommensurable goujaterie du financier et du parvenu, rayonnant, tel qu'un abject soleil, sur la ville idolâtre qui éjaculait, à plat ventre, d'impurs cantiques devant le tabernacle impie des banques!

Eh! croule donc, société! meurs donc, vieux monde! s'écria des Esseintes, indigné par l'ignominie du spectacle qu'il évoquait [...].

S. 290: Des Esseintes tomba, accablé, sur une chaise. – Dans deux jours, je serai à Paris; allons, fit-il, tout est bien fini; comme un raz de marée, les vagues de la médiocrité humaine montent jusqu'au ciel et elles vont engloutir le refuge dont j'ouvre, malgré moi, les digues. Ah! le courage me fait défaut et le cœur me lève! – Seigneur, prenez pitié du chrétien qui doute, de l'incrédule qui voudrait croire, du forçat de la vie qui s'embarque seul, dans la nuit, sous un firmament que n'éclairent plus les consolants fanaux du vieil espoir!

Isaacs, Jorge: *María*. Prólogo de Eduardo López Morales. La Habana: Casa de las Américas 1975, S. 33: Una tarde, tarde como las de mi país, engalanada con nubes de color de violeta y lampos de oro pálido, bella como María, bella y transitoria como fue ésta para mí, ella, mi hermana y yo, sentados sobre la ancha piedra de la pendiente, desde donde veíamos a la derecha en la honda vega rodar las corrientes bulliciosas del río, y teniendo a nuestros pies el valle majestuoso y callado, leía yo el episodio de Atala, y las dos, admirables en su inmovilidad y abandono, oían brotar de mis labios toda aquella melancolía aglomerada por el poeta para «hacer llorar al mundo». Mi hermana, apoyado el brazo derecho en uno de mis brazos, la cabeza casi unida a la mía, seguía con los ojos las líneas que yo iba leyendo. María, medio arrodillada cerca de mí, no separaba de mi rostro sus miradas, húmedas ya.

El sol se había ocultado cuando con voz alterada leí las últimas páginas del poema. La cabeza pálida de Emma descansaba sobre mi hombro. María se ocultaba el rostro con entrambas manos. Luego que leí aquella desgarradora despedida de Chactas sobre el sepulcro de su amada, despedida que tantas veces ha arrancado un sollozo a mi pecho: «¡Duerme en paz en extranjera tierra, joven desventurada! En recompensa de tu amor, de tu destierro y de tu muerte, quedas abandonada hasta del mismo Chactas», María, dejando de oír mi voz, descubrió la faz, y por ella rodaban gruesas lágrimas. Era tan bella como la creación del poeta, y yo la amaba con el amor que él imaginó. Nos dirijimos en silencio y lentamente hacia la casa. ¡Ay, mi alma y la de María no sólo estaban conmovidas por aquella lectura: estaban abrumadas por el presentimiento!

S. 96f: – Veamos, empezó leyendo el rótulo de los libros, «Frayssinous», «Cristo ante el siglo», «La Biblioa» ... Aquí hay mucha cosa mística. «Don Quijote» ... Por supuesto: jamás he podido leer dos capítulos.

– ¿No, eh?
– «Blair», continuó; «Chateaubriand» ... Mi prima Hortensia tiene furor por esto. «Gramática inglesa» ... ¡Qué lengua tan rebelde!, no pude entrarle. [...]
– ¿«Shakespeare»? «Calderón» ... versos, ¿no? «Teatro Español». ¿Más versos? Confiésamelo, ¿todavía haces versos? Recuerdo que hacías algunos que me entristecían haciéndome pensar en el Cauca. ¿Conque haces?
– No.
– Me alegro de ello, porque acabarías por morirte de hambre.
– «Cortés», continuó; ¿Conquista de México?
– No; es otra cosa.
– «Tocqueville, Democracia En América» ... ¡Peste! «Segur» ... ¡Qué runfla!

Al llegar allí sonó la campanilla del comedor avisando que el refresco estaba servido. Carlos, suspendiendo la fiscalización de mis libros, se acercó al espejo, peinó sus patillas y cabellos con una peinilla de bolsillo, plegó, como una modista un lazo, el de su corbata azul, y salimos.

S. 159: – ¿Qué has hecho en estos días?
– Desear que pasaran.
– ¿Nada más?
– Coser y pensar mucho.
– ¿En qué?
– En muchas cosas que se piensan y no se dicen.
– ¿Ni a mí?

– A ti menos.
– Está bien.
– Porque tú las sabes.
– ¿No has leído?
– No, porque me da tristeza leer sola, y ya no me gustan los cuentos de las *Veladas de la Quinta*, ni las *Tardes de la Granja*. Iba a volver a leer a *Atala*, pero como has dicho que tiene un pasaje no sé cómo ... [...]

S: 344: Abrimos la puerta, y vimos posada sobre una de las hojas de la ventana, que agitaba el viento, un ave negra y de tamaño como el de una paloma muy grande: dio un chillido que yo no había oído nunca; pareció encandilarse un momento con la luz que yo tenía en la mano, y la apagó pasando sobre nuestras cabezas a tiempo que íbamos a huir espantadas. Esa noche me soñé ... Pero ¿por qué te has quedado así?

El sol, al ponerse, cruzaba el ramaje enmarañado de la selva vecina con algunos rayos, que amarilleaban sobre los zarzales y en los follajes de los árboles que sombreaban las tumbas. Al dar la vuelta a un grupo de corpulentos tamarindos, quedé enfrente de un pedestal blanco y manchado por las lluvias, sobre el cual se elevaba una cruz de hierro: acerquéme. En una plancha negra que las adormideras medio ocultaban ya, empecé a leer: «María» ...

Kristeva, Julia: *Soleil noir: dépression et mélancolie*, S. 64: L'effondrement spectaculaire du sens chez le dépressif – et, à l'extrême, du sens de la vie – nous laisse donc présupposer qu'il a du mal à intégrer la chaîne signifiante universelle, le langage. Dans le cas idéal, l'être parlant fait un avec son discours: la parole n'est-elle pas notre « seconde nature »? Au contraire, le dire du dépressif est pour lui comme une peau étrangère: le mélancolique est un étranger dans sa langue maternelle. Il a perdu le sens – la valeur – de sa langue maternelle, faute de perdre sa mère. La langue morte qu'il parle et qui annonce son suicide cache une Chose enterrée vivante. Mais celle-ci, il ne la traduira pas pour ne pas la trahir: elle restera emmurée dans la « crypte » de l'affect indicible, captée analement, sans issue.

Mármol, José: *Amalia*. Prólogo de Trinidad Pérez. La Habana: Casa de las Américas 1976, S. 9: La mayor parte de los personajes históricos de esta novela existen aún, y ocupan la misma posición política o social que en la época en que ocurrieron los sucesos que van a leerse. Pero el autor, por una ficción calculada, supone que escribe su obra con algunas generaciones de por medio entre él y aquéllos. Y es ésta la razón por la que el lector no hallará nunca en presente los tiempos empleados al hablar de Rosas, de su familia, de sus ministros, etc.

El autor ha creído que tal sistema convenía tanto a la mayor claridad de la narración cuanto al porvenir de la obra, destinada a ser leída, como todo lo que se escriba, bueno o malo, relativo a la época dramática de la dictadura argentina, por las generaciones venideras, con quienes entonces se armonizará perfectamente el sistema, aquí adoptado, de describir en forma retrospectiva personajes que viven en la sociedad.

Montevideo, mayo de 1851.   JOSE MARMOL.

S. 24f.: Cuando Daniel colocó a Eduardo sobre el sofá, Amalia, pues ya distinguiremos por su nombre a la joven prima de Daniel, pasó corriendo a un pequeño gabinete contiguo a la sala, separado por un tabique de cristales, y tomó de una mesa de mármol negro una pequeña lámpara de alabastro, a cuya luz la joven leía las *Meditaciones*, de M. Lamartine, cuando Daniel llamó a los vidrios de la ventana y, volviendo a la sala, puso la lámpara sobre una mesa redonda de caoba, cubierta de libros y de vasos de flores.

[...]

En aquel momento Amalia estaba excesivamente pálida, efecto de las impresiones inesperadas que estaba recibiendo; y los rizos de su cabello castaño claro, echados atrás de la oreja pocos momentos antes, no estorbaron a Eduardo para descubrir en una mujer de veinte años una fisonomía encantadora, una frente majestuosa y bella, unos ojos pardos llenos de expresión y sentimiento y una figura hermosa, cuyo traje negro parecería escogido para hacer resaltar la resplandeciente blancura del seno y de los hombros, si su tela no revelase que era un vestido de duelo.

S. 253: Eran las cinco de una tarde fría y nebulosa, y al lado de la chimenea, sentado en un pequeño taburete a los pies de Amalia, Eduardo le traducía uno de los más bellos pasajes del *Manfredo*, de Byron; y Amalia, reclinado su brazo sobre el hombro de Eduardo y rozando con sus rizos de seda su alta y pálida frente, lo oía, enajenada, más por la voz que llegaba hasta su corazón, que por los bellos raptos de la imaginación del poeta; y de cuando en cuando, Eduardo levantaba su cabeza para buscar en los ojos de su Amalia un raudal mayor de poesía que el que brotaban los pensamientos del águila de los poetas del siglo XIX.

Ella y él representaban allí el cuadro vivo y acabado de la felicidad más completa [...].

S. 384f.: Y si el destino adverso que te persigue te condujera a la muerte, el golpe que cortase tu vida haría volar mi espíritu en tu busca ...

Eduardo estrechó contra su corazón a aquella generosa criatura; y en ese instante, cuando ella acababa su última palabra inspirada por el rapto de entusiasmo en que se hallaba, un trueno lejano, prolongado, ronco, vibró en el espacio como el eco de un cañonazo en un país montañoso.

La superstición es la compañera inseparable de los espíritus poéticos, y aquellos dos jóvenes, en ese momento embriagados de felicidad, se asieron de las manos y miráronse por algunos segundos con una expresión indefinible. Amalia al fin bajó su cabeza, como abrumada por alguna idea profética y terrible.

[...]

La tempestad está muy lejos, Amalia. Y entretanto, un cielo tan puro como tu alma sirve de velo sobre la frente de los dos. El Universo es nuestro templo, y es Dios el sacerdote santo que bendice el sentido amor de nuestras almas, desde esas nubes y desde esos astros; Dios mismo que los sostiene con el imán de su mirada, y entre ellos el nuestro ... , sí ... , aquélla ... , aquélla debe ser la estrella de nuestra felicidad en la Tierra ... ¿No la ves? Clara como tu alma, brillante como tus ojos, linda y graciosa como tú misma ... ¿La ves, mi Amalia?

No ... , aquélla – contestó la joven extendiendo su brazo y señalando una pequeña y amortiguada estrella que parecía próxima a sumergirse en las ondas del poderoso Plata, tranquilo como toda la Naturaleza en ese instante.

Molière: *Don Juan, ou Le Festin de pierre*. Texte établi par Charles Louandre. In (ders.): *Œuvres complètes*, tome II. Charpentier 1910, I, 2, S. 65f.: Quoi? Tu veux qu'on se lie à demeurer au premier objet qui nous prend, qu'on renonce au monde pour lui, et qu'on n'ait plus d'yeux pour personne? La belle chose de vouloir se piquer d'un faux honneur d'être fidèle, de s'ensevelir pour toujours dans une passion, et d'être mort dès sa jeunesse à toutes les autres beautés qui nous peuvent frapper les yeux! Non, non: la constance n'est bonne que pour des ridicules; toutes les belles ont droit de nous charmer, et l'avantage d'être rencontrée la première ne doit point dérober aux autres les justes prétentions qu'elles ont toutes sur nos cœurs. Pour moi, la beauté me ravit partout où je la trouve, et je cède facilement à cette douce violence dont elle nous entraîne. J'ai beau être engagé, l'amour que j'ai pour une belle n'engage point mon âme à faire injustice aux autres; je conserve des yeux pour voir le mérite de toutes, et rends à chacune les hommages et les tributs où la nature nous oblige. Quoi qu'il en soit, je ne puis refuser mon cœur à tout ce que je vois d'aimable; et dès qu'un beau visage me le demande, si j'en avais dix mille, je les donnerais tous. Les inclinations naissantes, après tout, ont des charmes inexplicables, et tout le plaisir de l'amour est dans le changement. On goûte une douceur extrême à réduire, par cent hommages, le cœur d'une jeune beauté, à voir de jour en jour les petits progrès qu'on y fait, à combattre par des transports, par des larmes et des soupirs, l'innocente pudeur d'une âme qui a peine à rendre les armes, à forcer pied à pied toutes les petites résistances qu'elle nous oppose, à vaincre les scrupules dont elle se fait un honneur et la mener doucement où nous avons envie de la faire venir. Mais lorsqu'on est maître une fois, il n'y a plus rien à dire ni plus rien à souhaiter; tout le beau de la passion est fini, et nous nous endormons dans la tranquillité d'un tel amour, si quelque objet nouveau ne vient réveiller nos désirs, et présenter à notre cœur les charmes attrayants d'une conquête à faire. Enfin il n'est rien de si doux que de triompher de la résistance d'une belle personne, et j'ai sur ce sujet l'ambition des conquérants, qui volent perpétuellement de victoire en victoire, et ne peuvent se résoudre à borner leurs souhaits. Il n'est rien qui puisse arrêter l'impétuosité de mes désirs: je me sens un cœur à aimer toute la terre; et comme Alexandre, je souhaiterais qu'il y eût d'autres mondes, pour y pouvoir étendre mes conquêtes amoureuses.

Proust, Marcel: *Contre Sainte-Beuve,* **suivi de Nouveaux Melanges, préface de Bernard de Fallois. Paris: Gallimard 1954, S. 237:** Quand on les ouvrait et que le même papier mince couvert de grands caractères vous présentait le nom de l'héroïne, absolument comme si ce fût elle-même qui se fut présentée à vous sous cette apparence portative et confortable, accompagnée d'une légère odeur de colle, de poussière et de vieillesse qui était comme l'émanation de son charme, il était bien difficile d'établir entre ces livres une division prétendue littéraire qui reposait artificiellement sur des idées étrangères à la fois au sujet du roman et à l'apparence des volumes!

S. 238: Et je me demande quelquefois si encore aujourd'hui ma manière de lire ne ressemble pas plus à celle de M. de Guermantes qu'à celles des critiques contemporains. Un ouvrage est encore pour moi un tout vivant, avec qui je fais connaissance dès la première ligne, que j'écoute avec déférence, à qui je donne raison tant que je suis avec lui, sans choisir et sans discuter.

Proust, Marcel: Journées de lecture. In (ders.): *Pastiches et mélanges.* **Paris: Gallimard 1970, S. 181:** Le matin, en rentrant du parc, quand tout le monde était parti faire une promenade, je me glissais dans la salle à manger, où, jusqu'à l'heure encore lointaine du déjeuner, personne n'entrerait que la vieille Félicie relativement silencieuse, et où je n'aurais pour compagnons, très respectueux de la lecture, que les assiettes peintes accrochées au mur, le calendrier dont la feuille de la veille avait été fraîchement arrachée, la pendule et le feu qui parlent sans demander qu'on leur réponde et dont les doux propos vides de sens ne viennent pas, comme les paroles des hommes, en substituer un différent à celui des mots que vous lisez. [...] Malheureusement la cuisinière venait longtemps d'avance mettre le couvert; si encore elle l'avait mis sans parler ! Mais elle croyait devoir dire: « Vous n'êtes pas bien comme cela; si je vous approchais une table ? » Et rien que pour répondre: « Non, merci bien, » il fallait arrêter net et ramener de loin sa voix qui, en dedans des lèvres, répétait sans bruit, en courant, tous les mots que les yeux avaient lus; il fallait l'arrêter, la faire sortir, et, pour dire convenablement: « Non, merci bien, » lui donner une apparence de vie ordinaire, une intonation de réponse, qu'elle avait perdues.

Proust, Marcel: *À la recherche du temps perdu,* **4 Bde. Édition publiée sous la direction de Jean-Yves Tadié. Paris: Gallimard 1987 (I), 1988 (II), 1988 (III), 1989 (IV), Bd. 4, S. 489f.:** En réalité, chaque lecteur est quand il lit le propre lecteur de soi-même. L'ouvrage de l'écrivain n'est qu'une espèce d'instrument optique qu'il offre au lecteur afin de lui permettre de discerner ce que sans son livre, il n'eût peut-être pas vu soi-même.

Proust, Marcel: *Sur la lecture.* **Arles: Actes Sud 1993, S. 9f.:** Il n'y a peut-être pas de jours de notre enfance que nous ayons si pleinement vécus que ceux que nous avons cru laisser sans les vivre, ceux que nous avons passés avec un livre préféré. Tout ce qui, semblait-il, les remplissait pour les autres, et que nous écartions comme un obstacle vulgaire à un plaisir divin: le jeu pour lequel un ami venait nous chercher au passage le plus intéressant, l'abeille ou le rayon de soleil gênant qui nous forçaient à lever les yeux de sur la page ou à changer de place, les provisions de goûter qu'on nous avait fait emporter et que nous laissions à côté de nous sur le banc, sans y toucher, tandis que, au-dessus de notre tête, le soleil diminuait de force dans le ciel bleu, le dîner pour lequel il avait fallu rentrer et où nous ne pensions qu'à monter finir, tout de suite après, le chapitre interrompu, tout cela, dont la lecture aurait dû nous empêcher de percevoir autre chose que l'importunité, elle en gravait au contraire en nous un souvenir tellement doux (tellement plus précieux à notre jugement actuel, que ce que nous lisions alors avec tant d'amour) que, s'il nous arrive encore aujourd'hui de de feuilleter ces livres d'autrefois, ce n'est plus que comme les seuls calendriers que nous ayons gardés des jours enfuis, et avec l'espoir de voir reflétés sur leurs pages les demeures et les étangs qui n'existent plus.

S. 29: J'ai essayé de montrer dans les notes dont j'ai accompagné ce volume que la lecture ne saurait être ainsi assimilée à une conversation, fût-ce avec le plus sage des hommes; que ce qui diffère essentiellement entre un livre et un ami, ce n'est pas leur plus ou moins grande sagesse, mais la manière dont on communique avec eux, la lecture, au rebours de la conversation, consistant pour chacun de nous à recevoir la communication d'une autre pensée, mais tout en restant seul, c'est-à-dire en continuant à jouir de la puissance intellectuelle qu'on a dans la solitude et que la conversation dissipe immédiatement, en continuant à pouvoir être inspiré, à rester en plein travail fécond de l'esprit sur lui-même.

S. 37f.: Tant que la lecture est pour nous l'initiatrice dont les clefs magiques nous ouvrent au fond de nous-mêmes la porte des demeures où nous n'aurions pas su pénétrer, son rôle dans notre vie est salutaire. Il devient dangereux au contraire quand, au lieu de nous éveiller à la vie personnelle de l'esprit, la lecture tend à se substituer à elle, quand la vérité ne nous apparaît plus comme un idéal que nous ne pouvons réaliser que par le progrès intime de notre pensée et par l'effort de notre cœur mais comme une chose matérielle, déposée entre les feuillets des livres comme un miel tout préparé par les autres et que nous n'avons qu'à prendre la peine d'atteindre sur les rayons des bibliothèques et de déguster ensuite passivement dans un parfait repos de corps et d'esprit.

S. 53f.: Tout autour, les jours actuels, les jours que nous vivons circulent, se pressent en bourdonnant autour des colonnes, mais là brusquement s'arrêtent, fuient comme des abeilles repoussées; car elles ne sont pas dans le présent, ces hautes et fines enclaves du passé, mais dans un autre temps où il est interdit au présent de pénétrer. Autour des colonnes roses, jaillies vers leurs larges chapiteaux, les jours actuels se pressent et bourdonnent. Mais, interposés entre eux, elles les écartent, réservant de toute leur mince épaisseur la place inviolable du Passé: — du Passé familièrement surgi au milieu du présent, avec cette couleur un peu irréelle des choses qu'une sorte d'illusion nous fait voir à quelques pas, et qui sont en réalité situées à bien des siècles; s'adressant dans tout son aspect un peu trop directement à l'esprit, l'exaltant un peu comme on ne saurait s'en étonner de la part du revenant d'un temps enseveli; pourtant là, au milieu de nous, approché, coudoyé, palpé, immobile, au soleil.

Rama, Angel: La formación de la novela latinoamericana. In (ders.): *La novela en América Latina. Panoramas 1920–1980.* **Montevideo – Xalapa: Fundación Angel Rama – Universidad Veracruzana 1986, S. 21:** El pícaro que inventa Lizardi no es sólo un arcaísmo temático, sino también formal. Restaura la originaria condición de la novela como arma de combate para destruir un orden establecido, apelando a la clásica argucia (única por lo demás que ese orden fue capaz de admitir) del hablar irresponsable del marginado social: el desheredado o el loco, Lázaro o Quijote

Raynal, Guillaume-Thomas: *Tableau de l'Europe. Pour servir de Supplément à l'Histoire philosophique & politique des Etablissements & du Commerce des Européens dans les deux Indes.* **Amsterdam 1774, S. 128:** Peuples, chez qui les Rois ordonnent aujourd'hui tout ce qu'ils veulent, relisez votre histoire. Vous verrez que vos aïeux s'assembloient, qu'ils délibéroient toutes les fois qu'il s'agissoit d'un subside. Si l'usage en est passé, le droit n'en est pas perdu; il est écrit dans le ciel, qui a donné la terre à tout le genre humain pour la posséder; il est écrit sur ce champ que vous avez pris la peine d'enclorre [sic!], pour vous en assurer la jouissance; il est écrit dans vos coeurs, où la Divinité a imprimé l'amour de la liberté. Cette tête élevée vers les cieux n'est pas faite à l'image du Créateur, pour se courber devant un homme.

Raynal, Guillaume-Thomas: *Histoire philosophique et politique des établissemens & du commerce des européens dans les deux Indes* Genf 1781, livre **VI, S. 223:** Leur race n'est plus. Il faut que je m'arrête ici un moment. Mes yeux se remplissent de larmes, & je ne vois plus ce que j'écris.

VI, S. 323: Etes-vous méchans? êtes-vous bons? Si vous étiez bons, vous vous refuseriez, ce me semble, au récit des calamités; si vous étiez méchans, vous l'entendriez sans pleurer. Cependant vous pleurez.

VII, S. 117f.: Qui que tu sois qui m'interpelles ainsi, homme avare, homme sans goût, qui, transporté au Mexique & au Pérou, n'étudierois ni les moeurs, ni les usages [...]; je vois que tu es entré dans la lecture de mon ouvrage, comme les féroces Européens dans ces riches & malheureuses contrées; je vois que tu étois digne de les y accompagner, parce que tu avois la même âme qu'eux. Hé bien, descends dans ces mines; trouves-y la mort à côté de ceux qui les exploitent pour toi; & si tu en remontes, connois du moins la source criminelle de ces funestes trésors que tu ambitionnes; puisses-tu ne les posséder à l'avenir sans éprouver le remords. Que l'or change de couleur, & que tes yeux ne le voient que teint de sang.

X., S. 203: On n'arrête point les progrès des lumières; on ne les ralentit qu'à son désavantage. La défense ne fait qu'irriter & donner aux ames un sentiment de révolte, & aux ouvrages le ton du libelle; & l'on fait trop d'honneur à d'innocens sujets, lorsqu'on a sous ses ordres deux cent mille assassins, & que l'on redoute quelques pages d'écriture.

XI, S. 43: L'homme contemplatif est sédentaire; & le voyageur est ignorant ou menteur. Celui qui a reçu le génie en partage, dédaigne les détails minucieux de l'expérience; & le faiseur d'expériences est presque toujours sans génie.

XV, S. 16: Leur ame s'exprimoit comme leurs yeux voyaient: c'étoient toujours des êtres physiques qu'ils retraçoient avec des couleurs sensibles, & leurs discours devenoient pittoresques.

XV, S. 22: Européens si fiers de vos gouvernemens, de vos loix, de vos institutions, de vos monumens, de tout ce que vous appelez votre sagesse, permettez que je vous arrête un moment. Je viens de vous exposer avec simplicité & sans art le tableau de la vie & des moeurs du sauvage. Je ne vous ai ni dissimulé ses vices, ni exagéré ses vertus. La sensation que mon récit vous a fait éprouver, je vous demande de la conserver jusqu'à ce que le plus beau génie, l'homme le plus éloquent d'entre vous ait apprêté ses crayons & vous ait peint avec toute la force, avec toute la magie de son coloris les biens & les maux de vos contrées si policées. Son tableau vous transportera d'admiration, je n'en doute point: mais croyez-vous qu'il laisse dans vos âmes l'émotion délicieuse que vous ressentez encore?

XVII, 201f.: Combien de temps le Nouveau-Monde resta-t-il, pour ainsi dire, ignoré, même après avoir été découvert? Ce n'étoit pas à de barbares soldats, à des marchands avides, qu'il convenoit de donner des idées justes & approfondies de cette moitié de l'univers. La philosophie seule devoit profiter des lumières semées dans les récits des voyageurs & des missionnaires, pour voir l'Amérique telle que la nature l'a faite, & pour saisir ses rapports avec le reste du globe.

XVII, S. 216: Peuples civilisés, ce parallèle est, sans doute, affligeant pour vous: mais vous ne sauriez ressentir trop vivement les calamités sous le poids desquelles vous gémissez. Plus cette sensation vous sera douloureuse, & plus elle sera propre à vous rendre attentifs aux véritables causes de vos maux. Peut-être enfin parviendrez-vous à vous convaincre qu'ils ont leur source dans le dérèglement de vos opinions, dans les vices de vos constitutions politiques, dans les loix bisarres, par lesquelles celles de la nature sont sans cesse outragées.

XVII, S. 217: Tout-à-coup l'homme y parut, et l'Amérique Septentrionale changea de face. Il y porta la règle & la faulx de la symmétrie, avec les instrumens de tous les arts. Aussi-tôt des bois impraticables s'ouvrent, & reçoivent dans de larges clairières des habitations commodes. Les animaux destructeurs cèdent la place à des troupeaux domestique [sic!]; & les ronces arides aux moissons abondantes. Les eaux abandonnent une partie de leur domaine, & s'écoulent dans le sein de la terre ou de la mer, par des canaux profonds. Les côtes se remplissent de cités, les anses de vaisseaux; & le Nouveau-Monde subit le joug de l'homme à l'exemple de l'ancien. Quels ressorts puissans ont élevé ce merveilleux édifice de l'industrie & de la politique Européenne?

XVIII, S. 150: Ce succès fut le premier pas de l'Amérique Angloise vers la révolution. On commença à la desirer hautement. On répandit de tous côtés les principes qui la justifioient. Ces principes nés en Europe & particulièrement en Angleterre, avoient été transplantés en Amérique par la philosophie. On se servoit contre la métropole de ses propres lumières [...].

XIX, S. 173: L'esprit des loix parut, & l'horison du génie fut agrandi. L'histoire naturelle d'un Pline François, qui surpassa la Grèce & Rome dans l'art de connoître & de peindre la physique; cette histoire hardie & grande comme son sujet, échauffa l'imagination des lecteurs, & les attacha fortement à des contemplations dont un peuple ne sauroit descendre sans retomber dans la barbarie. Alors un assez grand nombre de citoyens furent éclairés sur les vrais besoins de leur patrie.

XIX, S. 180f.: Favoriser les arts & négliger l'agriculture, c'est ôter les pierres des fondemens d'une pyramide, pour en élever le sommet. Les arts méchaniques attirent assez de bras par les richesses qu'ils procurent aux entrepreneurs, par les commodités qu'ils donnent aux ouvriers, par l'aisance, les plaisirs & les commodités qui naissent dans les cités où sont les rendez-vous de l'industrie.

XIX, S. 269: Le commerce des lumières est devenu nécessaire à l'industrie, & la littérature seule entretient cette communication. La lecture d'un voyage autour du Monde, a occasionné, peut-être, les autres tentatives de ce genre: car l'intérêt seul ne fait pas trouver les moyens d'entreprendre. Aujourd'hui, rien ne se peut cultiver sans quelque étude, ou sans des connoissances transmises & répandues par la lecture.

XIX, S. 272: En effet, au tribunal de la philosophie & de la raison, la morale est une science, dont l'objet est la conservation & le bonheur commun de l'espèce humaine. C'est à ce double but que ses règles doivent se rapporter.

XIX, S. 273: Il y a deux tribunaux, celui de la nature & celui des loix. L'un connoît des délits de l'homme contre ses semblables, l'autre des délits de l'homme contre lui-même.

XIX, S. 288f.: La vie sédentaire est la seule favorable à la population; celui qui voyage ne laisse point de postérité. [...] Les expéditions de long cours ont enfanté une nouvelle espèce de sauvages nomades. Je veux parler de ces hommes qui parcourent tant de contrées qu'ils finissent par n'appartenir à aucune; qui prennent des femmes où ils en trouvent, & ne les prennent que pour un besoin animal: de ces amphibies qui vivent à la surface des eaux; qui ne descendent à terre que pour un moment; pour qui toute plage habitable est égale; qui n'ont vraiment ni pères, ni mères, ni enfants, ni frères, ni parens, ni amis, ni concitoyens; en qui les liens les plus doux et les plus sacrés sont éteints; qui quittent leur pays sans regret; qui n'y rentrent qu'avec l'impatience d'en sortir; & à qui l'habitude d'un élément terrible donne un caractère féroce. Leur probité n'est pas à l'épreuve du passage de la ligne; et ils acquièrent des richesses en échange de leur vertu & de leur santé.

XIX, S. 291: Puissent des écrivains plus favorisés de la nature achever par leurs chefs-d'œuvre ce que mes essais ont commencé! Puisse, sous les auspices de la philosophie, s'étendre un jour d'un bout du monde à l'autre cette chaîne d'union & de bienfaisance qui doit rapprocher toutes les nations policées! Puissent-elles ne plus porter aux nations sauvages l'exemple des vices & de l'oppression! Je ne me flatte pas qu'à l'époque de cette heureuse révolution mon nom vive encore. Ce foible ouvrage qui n'aura que le mérite d'en avoir produit de meilleurs, sera sans doute oublié. Mais au moins je pourrai me dire: j'ai contribué, autant qu'il a été en moi, au bonheur de mes semblables, & préparé peut être de loin l'amélioration de leur sort.

Rousseau, Jean-Jacques: *Julie ou la Nouvelle Héloïse*, **Paris: A. Houssiaux 1852–1853, S. 30:** Qu'as-tu fait, ah! qu'as-tu fait, ma Julie? tu voulais me récompenser, et tu m'as perdu. Je suis ivre, ou plutôt insensé. Mes sens sont altérés, toutes mes facultés sont troublées par ce baiser mortel. Tu voulais soulager mes maux! Cruelle! tu les aigris. C'est du poison que j'ai cueilli sur tes lèvres; il fermente, il embrase mon sang, il me tue, et ta pitié me fait mourir.

O souvenir immortel de cet instant d'illusion, de délire et d'enchantement, jamais, jamais tu ne t'effaçeras de mon âme; et tant que les charmes de Julie y seront gravés, tant que ce cœur agité me fournira des sentiments et des soupirs, tu feras le supplice et le bonheur de ma vie!

S. 41: Quand les lettres d'Héloïse et d'Abélard tombèrent entre vos mains, vous savez ce que je vous dis de cette lecture et de la conduite du théologien. J'ai toujours plaint Héloïse; elle avait un cœur fait pour aimer: mais Abélard ne m'a jamais paru qu'un misérable digne de son sort, et connaissant aussi peu l'amour que la vertu. Après l'avoir jugé, faudra-t-il que je l'imite? Malheur à quiconque prêche une morale qu'il ne veut pas pratiquer!

S. 71f.: Julie! me voici dans ton cabinet, me voici dans le sanctuaire de tout ce que mon cœur adore. Le flambeau de l'amour guidait mes pas, et j'ai passé sans être aperçu. Lieu charmant, lieu fortuné, qui jadis vis tant réprimer de regards tendres, tant étouffer de soupirs brûlants; toi qui vis naître et mourir mes premiers feux, pour la seconde fois tu les verras couronner; témoin de ma constance immortelle, sois le témoin de mon bonheur, et voile à jamais les plaisirs du plus fidèle et du plus heureux des hommes.

Que ce mystérieux séjour est charmant! Tout y flatte et nourrit l'ardeur qui me dévore. O Julie! il est plein de toi, et la flamme de mes désirs s'y répand sur tous tes vestiges: oui, tous mes sens y sont enivrés à la fois. Je ne sais quel parfum presque insensible, plus doux que la rose et plus léger que l'iris, s'exhale ici de toutes parts, j'y crois entendre le son flatteur de ta voix. Toutes les parties de ton habillement éparses présentent à mon ardente imagination celles de toi-même qu'elles recèlent: cette coiffure légère que parent de grands cheveux blonds qu'elle feint de couvrir; cet heureux fichu contre lequel une fois au moins je n'aurai point à murmurer; ce déshabillé élégant et simple qui marque si bien le goût de celle qui le porte; ces mules si mignonnes qu'un pied souple remplit sans peine; ce corps si délié qui touche et embrasse ... quelle taille enchanteresse! ... au-devant deux légers contours ... O spectacle de volupté! ... la baleine a cédé à la force de l'impression ... Empreintes délicieuses, que je vous baise mille fois! Dieux, dieux! que sera-ce quand ... Ah! je crois déjà sentir ce tendre cœur battre sous une heureuse main! Julie! ma charmante Julie! je te vois, je te sens partout, je te respire avec l'air que tu as respiré; tu pénètres toute ma substance: que ton séjour est brûlant et douloureux pour moi! Il est terrible à mon impatience. O viens, vole, ou je suis perdu.

Quel bonheur d'avoir trouvé de l'encre et du papier! J'exprime ce que je sens pour en tempérer l'excès; je donne le change à mes transports en les décrivant.

Il me semble entendre du bruit; serait-ce ton barbare père? [...]

Oh! mourons, ma douce amie! mourons, ma bien-aimée de mon cœur! Que faire désormais d'une jeunesse insipide dont nous avons épuisé toutes les délices?

S. 112: Mon ami, l'on peut sans amour avoir les sentiments sublimes d'une âme forte: mais un amour tel que le nôtre l'anime et la soutient tant qu'il brûle; sitôt qu'il s'éteint elle tombe en langueur, et un cœur usé n'est plus propre à rien. Dis-moi, que serions-nous si nous n'aimions plus? Eh? ne vaudrait-il pas mieux cesser d'être que d'exister sans rien sentir, et pourrais-tu te résoudre à traîner sur la terre l'insipide vie d'un homme ordinaire, après avoir goûté tous les transports qui peuvent ravir une âme humaine? [...] Je ne sais si tu retrouveras ailleurs le cœur de Julie; mais je te défie de jamais retrouver auprès d'une autre ce que tu sentis auprès d'elle. L'épuisement de ton âme t'annoncera le sort que je t'ai prédit; la tristesse et l'ennui t'accableront au sein des amusements frivoles; le souvenir de nos premières amours te poursuivra malgré toi; mon image cent fois plus belle que je ne fus jamais, viendra tout à coup te surprendre. A l'instant le voile du dégoût couvrira tous tes plaisirs, et mille regrets amers naîtront dans ton cœur. Mon bien-aimé, mon doux ami, ah! si jamais tu m'oublies ... Hélas! je ne ferai qu'en mourir; mais toi tu vivras vil et malheureux, et je mourrai trop vengée.

Rousseau, Jean-Jacques: *Les Confessions*. Paris: Launette 1889, I, S. 1f.: Je forme une entreprise qui n'eut jamais d'exemple et dont l'exécution n'aura point d'imitateur. Je veux montrer à mes semblables un homme dans toute la vérité de la nature; et cet homme ce sera moi.

Moi seul. Je sens mon coeur et je connais les hommes. Je ne suis fait comme aucun de ceux que j'ai vus; j'ose croire n'être fait comme aucun de ceux qui existent. Si je ne vaux pas mieux, au moins je suis autre. Si la nature a bien ou mal fait de briser le moule dans lequel elle m'a jeté, c'est ce dont on ne peut juger qu'après m'avoir lu.

Que la trompette du jugement dernier sonne quand elle voudra; je viendrai, ce livre à la main, me présenter devant le souverain juge. Je dirai hautement: voilà ce que j'ai fait, ce que j'ai pensé, ce que je fus. J'ai dit le bien et le mal avec la même franchise. Je n'ai rien tu de mauvais, rien ajouté de bon, et s'il m'est arrivé d'employer quelque ornement indifférent, ce n'a jamais été que pour remplir un vide occasionné par mon défaut de mémoire; j'ai pu supposer vrai ce que je savais avoir pu l'être, jamais ce que je savais être faux. Je me suis montré tel que je fus, méprisable et vil quand je l'ai été, bon, généreux, sublime, quand je l'ai été: j'ai dévoilé mon intérieur tel que tu l'as vu toi-même. Etre eternel, rassemble autour de moi l'innombrable foule de mes semblables; qu'ils écoutent mes confessions, qu'ils gémissent de mes indignités, qu'ils rougissent de mes misères. Que chacun d'eux découvre à son tour son coeur aux pieds de ton trône avec la même sincérité; et puis qu'un seul te dise, s'il l'ose: *Je fus meilleur que cet homme-là.*

S. 4: Je sentis avant de penser: c'est le sort commun de l'humanité. Je l'éprouvai plus qu'un autre. J'ignore ce que je fis jusqu'à cinq ou six ans; je ne sais comment j'appris à lire; je ne me souviens que de mes premières lectures et de leur effet sur moi: c'est le temps d'où je date sans interruption la conscience de moi-même. Ma mère avait laissé des romans. Nous nous mîmes à les lire après souper mon père et moi. Il n'était question d'abord que de m'exercer à la lecture par des livres amusants; mais bientôt l'intérêt devint si vif, que nous lisions tour à tour sans relâche et passions les nuits à cette occupation. Nous ne pouvions jamais quitter qu'à la fin du volume. Quelquefois mon père, entendant le matin les hirondelles, disait tout honteux: allons nous coucher; je suis plus enfant que toi.

En peu de temps j'acquis, par cette dangereuse méthode, non seulement une extrême facilité à lire et à m'entendre, mais une intelligence unique à mon âge sur les passions. Je n'avais aucune idée des choses que tous les sentiments m'étaient déjà connus. Je n'avais rien conçu, j'avais tout senti. Ces émotions confuses que j'éprouvais coup sur coup n'altéraient point la raison que je n'avais pas encore; mais elles m'en formèrent une d'une autre trempe, et me donnèrent de la vie humaine des notions bizarres et romanesques, dont l'expérience et la réflexion n'ont jamais bien pu me guérir.

Rubio, Fanny: *El embrujo de amar. Amantes, pasiones y desencantos.* Madrid: Temas de hoy 2001, S. 15: Hay un instante en la vida de todos nosotros en que hemos de realizar una elección amorosa, sólo una, de cuyas consecuencias probablemente vivamos o malvivamos gran parte de nuestras vidas, incluso en los casos de culturas habituadas a la *rectificación*, con su equivalente afectivo legal, el divorcio, asumido hasta por un buen puñado de creyentes de todas las religiones que entienden que el hecho de haber realizado una elección concreta a una determinada edad no se debe premiar, sin más, con la felicidad añadida; o castigar a perpetuidad a quien descubre haberse equivocado.

S. 213ff.: A medida que las mujeres ocupan nuevos espacios tradicionalmente masculinos y avanzan en el disfrute de su independencia económica y otros respirillos individuales, y, también, a medida que tanto hombres como mujeres se sienten incitados continuamente a cambiar de electrodomésticos, de vivienda y de pareja, también reaparecen los celos, esa locura cavernosa que puede conducir hasta el crimen si el más fuerte pierde los estribos. Me refiero a los celos sentimentales, que son los más sufridos, aunque los celos profesionales y sociales forman parte también de la conducta torcidilla de los sujetos. [...] Los celos están irrevocablemente ligados a la idea de felicidad y a los movimientos de posesión de las parejas y surgen al primer descuido, en el escenario de los primeros juegos, antes, incluso, de declararse los amores. [...]

Las enamoradas heterosexuales actuales deben de tener claro varias cosas: la primera, que no somos iguales unos y otras, aunque tengamos los mismos derechos y trabajos, saquemos lass castañas del fuego de distintos sitios, tomemos copas unos con otros y hagamos ejercicios de gimnasia conjuntamente. Empecemos por lo más detestable de cada uno: ellos esgrimen la conquista – cualquier conquista – en sentido cuantitativo, yo más, yo más, yo más. [...] Las mujeres hemos vuelto al dónde y al cuándo, una obsesión acerca de lo que no vemos o lo que transcurre como queremos: dónde está la ex mujer, de dónde lo han llamado, a dónde va [...].

S. 219 f.: ¡Qué sería del amado o la amada sin la magia del amor que crean para ellos sus enamorados! ¡Qué sería de esa piedra sin la brisilla que espera encontrarla de nuevo, viento de amor que salta los semáforos como una corriente eléctrica que lleva consigo el germen de la inseguridad y la esperanza! [...]

Esos amantes que entregan su tiempo en presencia y ausencia, que lloran de emoción cuando aman, que duermen pensando en la última palabra que escucharon de sus amados, que viven en perpetua burbuja, que superan la prueba de la Navidad, la prueba del verano, que se prestan a ser barro en manos del capricho del otro, que enmudecen en presencia de quien aman, ésos merecen los amores más generosos. [...]

La verdadera *historia de amor* la tejen los amantes en la deliciosa soledad de sus espejos.

Sade, Donatien Alphonse François de: *Justine ou les Malheurs de la vertu,* **« en Hollande chez les Libraires associés ». Paris: Girouard 1791, S. 54f.:** Le troisième me fit monter sur deux chaises écartées, et s'asseyait en dessous, excité par la Dubois placée dans ses jambes, il me fit pencher jusqu'à ce que sa bouche se trouvât perpendiculairement au temple de la nature; vous n'imagineriez pas, madame, ce que ce mortel obscène osa désirer; il me fallut, envie ou non, satisfaire à de légers besoins ... Juste Ciel! Quel homme assez dépravé peut goûter un instant le plaisir à de telles choses! ... Je fis ce qu'il voulut, je l'inondai, et ma soumission tout entière obtint de ce vilain homme une ivresse que rien n'eût déterminée sans cette infamie.

Tirso de Molina: *El Burlador de Sevilla.* **Buenos Aires: Ediciones Colihue 2008, II, 7, S. 74:**
¿No parece encantanmiento
Esto que ahora ha pasado?

A mí el papel ha llegado
Por la estafeta del viento,
Sin duda que es de la dama
Que el Marqués me ha encarecido:
Venturoso en esto he sido.
Sevilla a veces me llama
El Burlador, y el mayor
Gusto que en mí puede haber,
Es burlar una mujer
Y dejarla sin honor.
¡Vive Dios, que le he de abrir.
Pues salí de la plazuela!
Mas, ¿si hubiese otra cautela?
Gana me da de reir.
Ya está abierto el papel,
Y que es suyo es cosa llana.
Porque aquí firma Doña Ana.
Dice así: *Mi padre infiel*
En secreto me ha casado,
Sin poderme resistir:
No sé si podré vivir,
Porque la muerte me ha dado.
Si estimas, como es razón,
Mi amor y mi voluntad,
Y si tu amor fue verdad,
Muéstralo en esta ocasión.
Porque veas que te estimo,
Ven esta noche a la puerta:
Que estará a las once abierta [...].
Mi amor todo de ti fío,
Y adiós, desdichado amante.
¿Hay suceso semejante?
Ya de la burla me río.
Gozaréla, vive Dios,
Con el engaño y cautela
Que en Nápoles a Isabela.

Vargas Llosa, Mario: *Cervantes y la ficción – Cervantes and the Craft of Fiction*. Basel: Schwabe 2001, S. 19f.: Pero la imaginación ha concebido un astuto y sutil paliativo para ese divercio inevitable entre nuestra realidad limitada y nuestros apetides desmedidos: la ficción. Gracias a ella somos más y somos otros sin dejar de ser los mismos. En ella nos disolvemos y multiplicamus, viviendo muchas más vidas de la que tenemos y de las que podríamus vivir si permaneciéramos confinados en lo verídico, sin salir de la cárcel de la historia.

Los hombres no viven sólo de verdades; también les hacen falta las mentiras: las que inventan a su libre albedrío, no las que les imponen; las que se presentan como lo que son, no las contrabandeadas con el ropaje de la historia. La ficción enriquece su existencia, la completa, y, transitoriamente, los compensa de esa trágica condición que es la nuestra: la de desear y soñar siempre más de lo que podemos alcanzar. [...] De esa libertad nacen las otras. Esos refugios privados, las verdades subjetivas de la literatura, confieren a la verdad histórica que es su complemento, una existencia posible y una función propia: rescatar una parte importante – pero sólo una parte – de nuestra memoria: aquellas grandezas y miserias que compartimos con los demás en nuestra condición de entes gregarios.

Vitier, Cintio: Las cartas de amor de Juana Borrero. In: Borrero, Juana: Epistolario. Bd. I, S. 8: El hecho de pasar esas letras en que vibra apresado el pulso de la mano y el corazón que las escribió, esas letras tantas veces mojadas por lágrimas cuyas huellas oscurecen el papel y destiñen la tinta, esas febriles, diminutas, irrestañables letras cierta vez escritas con sangre de las venas cortadas y siempre con sangre del alma, a la letra abstracta de la máquina o la imprenta, equivale a trasladar el texto de una lengua viva al hieratismo de una escritura muerta.

Zorrilla, José: *Don Juan Tenorio*. Edición, prólogo y notas de Salvador García Castañeda. Barcelona: Editorial Labor 1975, 1a. parte, IV, 3, S. 158–162:
Don Juan: Cálmate, pues, vida mía;
Reposa aquí, y un momento
Olvida de tu convento
La triste cárcel sombría.
¡Ah! ¿No es cierto, ángel de amor,
Que en esta apartada orilla
Más pura la luna brilla
Y se respira mejor?
Esta aura que vaga, llena
De los sencillos olores
De las campesinas flores
Que brota esa orilla amena;

Esa agua limpia y serena
Que atraviesa sin temor
La barca del pescador
Que espera cantando el día,
¿no es cierto, paloma mía,
Que están respirando amor?
Esa armonía que el viento
Recoge entre esos millares
De floridos olivares,
Que agita con manso aliento;
Ese dulcísimo acento
Con que trina el ruiseñor,
De sus copas morador,
Llamando al cercano día,
¿no es verdad, gacela mía,
que están respirando amor?
Y estas palabras que están
Filtrando insensiblemente
Tu corazón, ya pendiente
De los labios de don Juan,
Y cuyas ideas van
Inflamando en su interior
Un fuego germinador
No encendido todavía,
¿no es verdad, estrella mía,
Que están respirando amor?
Y esas dos líquidas perlas
Que se desprenden tranquilas
De tus radiantes pupilas
Convidándome a beberlas,
Evaporarse a no verlas
De sí mismas al calor;
Y ese encendido color
Que en tu semblante no había,
¿no es verdad, hermosa mía,
Que están respirando amor?
¡Oh! Sí, bellísima Inés,
Espejo y luz de mis ojos;
Escucharme sin enojos
Como lo haces, amor es;

Mira aquí a tus plantas, pues,
Todo el altivo rigor
De este corazón traidor
Que rendirse no creía,
Adorando, vida mía,
La esclavitud de tu amor.
Doña Inés: Callad, por Dios, ¡oh!, don Juan,
Que no podré resistir
Mucho tiempo, sin morir,
Tan nunca sentido afán.
¡Ah! Callad, por compasión;
Que, oyéndoos, me parece
Que mi cerebro enloquece
Y se arde mi corazón.
¡Ah! Me habéis dado a beber
Un filtro infernal, sin duda,
Que a rendiros os ayuda
La virtud de la mujer.
Tal vez poseéis, don Juan,
Un misterioso amuleto,
Que a vos me atrae en secreto
Como irresistible imán.
Tal vez Satán puso en vos
Su vista fascinadora,
Su palabra seductora
Y el amor que negó a Dios.
¿Y qué he de hacer, ¡ay de mí!,
Sino caer en vuestros brazos,
Si el corazón en pedazos
Me vais robando de aquí?
No, don Juan; en poder mío
Resistirte no está ya;
Yo voy a ti, como va
Sorbido al mar ese río.
Tu presencia me enajena,
Tus palabras me alucinan,
Y tus ojos me fascinan,
Y tu aliento me envenena.
¡Don Juan! ¡Don Juan! Yo lo imploro
De tu hidalga compasión:

O arráncame el corazón,
O ámame, porque te adoro

2a parte, II, 3 und 4, S. 234–236:
Don Juan: ¡Dios clemente! ¡Doña Inés!
Doña Inés: Fantasmas, desvaneceos;
Su fe nos salva ...; volveos
A vuestros sepulcros, pues.
La voluntad de Dios es;
De mi alma con la amargura
Purifiqué un alma impura,
Y Dios concedió a mi afán
La salvación de don Juan
Al pie de la sepultura.
[...] los justos comprenderán
Que el amor salvó a don Juan
Al pie de la sepultura.
Don Juan: ¡Clemente Dios, gloria a Ti!
Mañana a los sevillanos
Aterrará el creer que a manos
De mis víctimas caí.
Mas es justo; quede aquí
Al universo notorio
Que, pues me abre el purgatorio
Un punto de penitencia,
Es el Dios de la clemencia
El Dios de don Juan Tenorio.
(Cae don Juan a los pies de doña Inés, y mueren ambos. De sus bocas salen sus almas, representadas en dos brillantes llamas, que se pierden en el espacio al son de la música. Cae el telón.)

Abbildungsverzeichnis

Abb. 1: Hans Blumenberg, Porträt (Lübeck, 1920 – Altenberge bei Münster, 1996).
(Bildarchiv der Universitätsbibliothek und des Universitätsarchivs Gießen)

Abb. 2: Dante Alighieri, Porträt (Florenz, 1265 – Ravenna, 1321).
Tempera von Sandro Botticelli (Maler, 1445–1510), 1495.
(Bibliotheca Bodmeriana – Cologny, Schweiz)

Abb. 3: *Vergil, Dante, Paolo und Francesca*, Miniatur aus der Göttlichen Komödie des Alfons von Aragon, Mitte des XV. Jahrhunderts.
Dante Alighieri: *Divina Commedia* etwa 1300–1321, Inferno, 5. Gesang, folio 10r.
Pergament-Kodex, Italien (Toskana, Siena?), 1444–c. 1450.
Priamo della Quercia (Zeichner, um 1400–1467)
Handschrift Yates Thompson 36 (British Library – London)
© The British Library

Abb. 4: *Dante und Vergil begegnen Paolo und Francesca*, Miniatur aus Dantes Göttlichen Komödie, Ende des XIV. Jahrhunderts.
Dante Alighieri: *Divina Commedia* etwa 1300–1321, Inferno, 5. Gesang, 73–142, folio 13r.
Pergamenthandschrift, Lombardei, um 1391–1410.
Codice N° 1076 Trivulzio (Archivio Storico Civico e Biblioteca Trivulziana – Mailand)

Abb. 5a und b: Titelblatt der Zeitschrift *Die Horen* und des Beitrags von Alexander von Humboldt, 1795.
Alexander von Humboldt: „Die Lebenskraft oder der Rhodische Genius. Eine Erzählung", in: *Die Horen. Eine Monatsschrift*, Bd. 1, Tübingen 1795, S. 90–96.
<http://www.deutschestextarchiv.de/humboldt_lebenskraft_1795>
© Deutsches Textarchiv

Abb. 6: Alexander von Humboldt, Porträt (Berlin, 1769 – ebenda, 1859).
Öl auf Leinwand von Friedrich Georg Weitsch (Maler, 1758–1828), 1806.
Fotograf/in: Karin März
(Alte Nationalgalerie – Berlin)
© Nationalgalerie der Staatlichen Museen zu Berlin – Preußischer Kulturbesitz

Abb. 7: Hans-Georg Gadamer (Marburg, 1900 – Heidelberg, 2002), in seinem Heidelberger Arbeitszimmer, im Jahr 1999.
Fotograf/in: Rothe
© Pressestelle der Universität Heidelberg

Abb. 8: Michel de Certeau (Chambéry, 1925 – Paris, 1986).
Fotograf/in: Jacques Robert
© Gallimard

Abb. 9: Italo Calvino (Santiago de las Vegas, 1923 – Siena, 1985) Anfang der 80er Jahre.
(Sammlung: Archivio Calvino, Roma)

Abb. 10: Mitglieder der Gruppe *Oulipo* im September 1975 in Boulogne (Frankreich).
Von links nach rechts, sitzend: Italo Calvino, Harry Mathews, François Le Lionnais, Raymond Queneau, Jean Queval, Claude Berge. Von links nach rechts, stehend: Paul Fournel, Michèle Métail, Luc Etienne, Georges Perec, Marcel Benabou, Paul Braffort, Jean Lescure, Jacques Duchateau.

Abb. 11: Italo Calvino: *Se una notte d'inverno un viaggiatore*, Cover der Erstausgabe, Turin: Einaudi 1979.
Abbildung: „Confidences d'un chef de gare", Zeichnung von Dominique Appia (Maler, 1926–2017)

Abb. 12: *Mönch beim Studium im Bett*, Buchillumination aus einem Manuskript der Bibliothèque Mazarine in Paris, um 1260.
„Recueil", um 1260. Beschriftung: „domnus W. de Curtracho".
Ms 753, fol. IXr (Bibliothèque Mazarine – Paris)
Vgl. Alberto Manguel: *Eine Geschichte des Lesens*, Reinbek bei Hamburg: Rowohlt 1999, Abbildung S. 185: „Ein Mönch beim Studium im Bett an einem kalten Wintertag; französische Buchillumination aus dem 13. Jahrhundert".

Abb. 13: Die Grabplatten der Eleonore von Aquitanien und Heinrichs II. von England, in der Abtei-Kirche von Fontevraud, Frankreich, XIII. Jahrhundert (Detail).
Fotograf/in: GuyFrancis
Quelle: Wikimedia Commons, CC BY-SA 3.0
Vgl. Alberto Manguel: *Eine Geschichte des Lesens*, Reinbek bei Hamburg: Rowohlt 1999, Abbildung S. 178: „Lesen bis in alle Ewigkeit".

Abb. 14: Alberto Manguel (Buenos Aires, 1948) im Jahr 2014.
Während der Veranstaltung „Fronteiras do Pensamento", Salão de Atos da UFRGS in Porto Alegre.
Fotograf/in: Luiz Munhoz
Quelle: Wikimedia Commons, CC BY-SA 2.0

Abb. 15: Alberto Manguel: *Eine Geschichte des Lesens*, Cover, Reinbek bei Hamburg: Rowohlt 1999.
Umschlagbild: „Lesendes Mädchen", Öl auf Leinwand von Gustav Adolph Hennig um 1828. (Museum für bildende Künste – Leipzig)

Abb. 16: Italo Calvino: *Se una notte d'inverno un viaggiatore*, nachträgliches Schema der Gliederung.
Das Schema wurde nach dem Schreiben des Buches gezeichnet und in der Zeitschrift *Alfabeta* veröffentlicht.
Italo Calvino: „Se una notte d'inverno un narratore", in: *Alfabeta* 8 (Dezember 1979), S. 4.
Vgl. Ders.: „Se una notte d'inverno un viaggiatore", in: Italo Calvino, Claudio Milanini (Hg.), Mario Barenghi (Hg.), Bruno Falcetto (Hg.): *Romanzi e Racconti*, 2. Band, *Note e notizie sui testi*, Mailand: Arnoldo Mondadori 1992, S. 1396–1394.

Abb. 17: Italo Calvino: *Se una notte d'inverno un viaggiatore*, Inhaltsverzeichnis, Turin: Einaudi 1979.

Abb. 18: *Paolo and Francesca da Rimini*, Aquarell von Dante Gabriel Rossetti (Maler, 1828–1882), 1855.

Beschriftung: „O lasso! ", „Quanti dolci pensier Quanto disio", „Menò costoro al doloroso passo!"
(Tate Gallery – London)

Abb. 19: Roland Barthes (Cherbourg, 1915 – Paris, 1980), am Schreibtisch in Paris, 1972.
Fotograf/in: Daniel Boudinet (1945–1990)
(Bibliothèque Nationale de France, Fonds Roland Barthes – Paris)
© Bibliothèque Nationale de France
Vgl. Roland Barthes: *Roland Barthes par Roland Barthes*, Paris: Le Seuil, Reihe „Écrivains de
toujours" 1975, S. 44: „Mon corps n'est libre de tout imaginaire que lorsqu'il retrouve son
espace de travail. Cet espace est partout le même, patiemment adapté à la jouissance de
peindre, d'écrire, de classer."

Abb. 20: *Plaisir certain*, Zeichnung von Roland Barthes, 1971.
(Bibliothèque Nationale de France, Fonds Roland Barthes – Paris)
© Bibliothèque Nationale de France
Vgl. Roland Barthes: *Roland Barthes par Roland Barthes*, Paris: Le Seuil, Reihe „Écrivains de
toujours" 1975, S. 84: „Roland Barthes, Markers de couleur, 1971".

Abb. 21: Die von Julia Kristeva fotografierte Gruppe der Zeitschrift *Tel quel* auf dem Tian'anmen-
Platz, Peking, im April 1974.
Von links nach rechts: François Wahl, Philippe Sollers, Marcelin Pleynet, Roland Barthes und
ihre chinesischen Reiseführer.
Fotograf/in: Julia Kristeva
(Bibliothèque Nationale de France, Fonds Roland Barthes – Paris)
© Julia Kristeva © Bibliothèque Nationale de France

Abb. 22: Le déjeuner structuraliste: Michel Foucault, Jacques Lacan, Claude Lévi-Strauss et
Roland Barthes.
Zeichnung von Maurice Henry (Zeichner, 1907–1984), in: *La Quinzaine littéraire* (1. Juli 1967).
Vgl. Roland Barthes: *Roland Barthes par Roland Barthes*, Paris: Le Seuil, Reihe „Écrivains
de toujours" 1975, S. 130: „La mode structuraliste. La mode atteint le corps. Par la mode,
je reviens dans mon texte comme farce, comme caricature. Une sorte de „ ça " collectif se
substitue à l'image que je croyais avoir de moi, et c'est moi, „ ça "."

Abb. 23: Notizen zur Vorbereitung der *Fragments d'un discours amoureux*: chronologisches
Notizheft.
Vorgestellt in der Ausstellung „Les Ecritures de Roland Barthes, Panorama", Mai-Juli 2015,
Bibliothèque Nationale de France.
(Bibliothèque Nationale de France, Fonds Roland Barthes – Paris)
© Bibliothèque Nationale de France

Abb. 24a und b: Roland Barthes: *Fragments d'un discours amoureux*, Cover und Klappentext
der Originalausgabe, Paris: Seuil, Reihe „Tel Quel" 1977.
Abbildung: „Tobias und der Engel", Andrea del Verrocchios Werkstatt, um 1470–1475 (Detail)
Andrea Del Verrocchio (Maler, 1435–1488)
(National Gallery – London)

Abb. 25a und b: Erté: *Alphabet*.
Buchstaben „E" und „O".
Erté, eigentlich Romain de Tirtoff (Zeichner, 1892–1990)

Abb. 26: Roland Barthes mit der *Groupe de théâtre antique de la Sorbonne* während einer Reise in Griechenland, Sommer 1938.
(Bibliothèque Nationale de France, Fonds Roland Barthes – Paris)
© Bibliothèque Nationale de France

Abb. 27a und b: Roland Barthes: *Fragments d'un discours amoureux*, Seitenlayout der ersten Seiten, Paris: Editions du Seuil 1977, S. 15–16.

Abb. 28: Notizen zur Vorbereitung der *Fragments d'un discours amoureux*: Index der Figuren. Vorgestellt in der Ausstellung „Les Ecritures de Roland Barthes, Panorama", Mai-Juli 2015, Bibliothèque Nationale de France.
(Bibliothèque Nationale de France, Fonds Roland Barthes – Paris)
© Bibliothèque Nationale de France

Abb. 29: „Les troncs de la veine cave avec leurs branches disséquées dans un corps adulte, &c. d'après les Transactions Philosophiques", Kupferstichtafel aus der *Encyclopédie* nach einer Zeichnung von James Drake.
James Drake (Arzt, 1667–1707)
In: Denis Diderot, Jean le Rond d'Alembert: *Encyclopédie, ou Dictionnaire raisonné des sciences, des arts et des métiers*, Anatomie, Tafel IX, Paris: Briasson, David, Le Breton, Neuchâtel: Faulche 1751–1772.
Vgl. Roland Barthes: *Roland Barthes par Roland Barthes*, Paris: Le Seuil, Reihe „Écrivains de toujours" 1975, S. 157: „Ecrire le corps. Ni la peau, ni les muscles, ni les os, ni les nerfs, mais le reste: un ça balourd, fibreux, pelucheux, effiloché, la houppelande d'un clown".

Abb. 30: Roger Chartier (Hg.), Cavallo Guglielmo (Hg.): *Die Welt des Lesens. Von der Schriftrolle zum Bildschirm*, Cover, Frankfurt am Main/New York: Campus-Verlag, Paris: Edition de la Fondation Maison des Sciences de l'homme 1999.
Originalausgabe: Roger Chartier (Hg.), Cavallo Guglielmo (Hg.): *Storia della lettura nel mondo occidentale*, Editori Laterza 1995.

Abb. 31: Ramellis Bücherrad aus dem 16. Jahrhundert.
Tafel CLXXXVIII in: Agostino Ramelli: *Le diverse et artificiose machine del Capitano Agostino Ramelli Dal Ponte Della Tresia, Ingegniero del Christianissimo Re di Francia et di pollonia*, casa dell'autore 1588.
(Bibliothek des Max-Planck-Instituts für Wissenschaftsgeschichte)
Vgl. Alberto Manguel: *Eine Geschichte des Lesens*, Reinbek bei Hamburg: Rowohlt 1999, Abbildung S. 157: „Ramellis raffinierte Lesemaschine aus dem Jahr 1588".

Abb. 32: Digitale Kartierung eines Tagebuchs, Bildschirmfoto aus der Berliner *edition humboldt digital* der Berlin-Brandenburgischen Akademie der Wissenschaften (Transkription und Annotation einer Tagebuchseite, Scan ebd. Seite aus dem Nachlass Alexander von Humboldt).
<https://edition-humboldt.de>

Abb. 33: Tontafel V des *Gilgamesch*-Epos.
Mesopotamien, Irak, 2000–1600 v. Chr.
Fotograf/in: Osama Shukir Muhammed Amin
(Sulaymaniyah Museum – Region Kurdistan, Irak)
Quelle: Wikimedia Commons, CC-BY-SA-4.0

Abb. 34: Italo Calvino: *Il Barone rampante*, Cover der Erstausgabe, Turin: Einaudi, Reihe „I Coralli" 79, 1957.
Abbildung: *Der Nestausnehmer*, Öl auf Holz von Pieter Bruegel dem Älteren (Maler, um 1525 /1530 – 1569), 1568 (Detail).
(Kunsthistorisches Museum, Wien)

Abb. 35: Italo Calvino: *Barone rampante*, Handschriftliches Incipit.
© Palomar S.r.l.
Vgl. Luca Baranelli, Ernesto Ferrero: *Album Calvino*, Mailand: Arnoldo Mondadori 1995, S. 147: „Il manoscritto della prima pagina del *Barone rampante*".

Abb. 36: Schloss Sanssouci in Potsdam am Hang eines Weinbergs (1745–1747).
Fotograf/in: Steffen Heilfort
Quelle: wikimedia commons, CC BY-SA 3.0

Abb. 37: *Die Schaukel*, Öl auf Leinwand von Jean-Honoré Fragonard, 1767–1768.
Jean-Honoré Fragonard (Maler, 1732–1806)
(Wallace Collection, London)

Abb. 38: *Les Hazards heureux de l'Escarpolette*, Stich von Nicolas de Launay nach Jean-Honoré Fragonard, um 1782.
Nicolas Delaunay (Kupferstecher, 1739–1792)
(Widener Collection, National Gallery of Art, Washington DC)

Abb. 39: Italo Calvino: *Il barone rampante. Prefazione e note di Tono Cavilla*, Cover der Neuausgabe, Turin: Einaudi, Reihe „Lettere per la Scuola Media" 4, 1965.

Abb. 40: Der Text als Gewebe, *Soierie. Etoffes en plein. Satin à dix Lisses, Vu de côté de l'envers*, Kupferstichtafel aus der *Encyclopédie* von Denis Diderot et Jean le Rond d'Alembert.
In: Denis Diderot, Jean le Rond d'Alembert (1751–1772): *Encyclopédie, ou Dictionnaire raisonné des sciences, des arts et des métiers*, Volume Z 373, Paris: Briasson, David, Le Breton; Neuchâtel: Faulche, Tafel LI.
(Bibliothèque Nationale de France – Paris)

Abb. 41: Denis de Rougemont (Couvet im Kanton Neuenburg, 1906 – Genf, 1985), siebziger Jahre.
Fotograf/in: Erling Mandelmann
© ErlingMandelmann

Abb. 42: Denis de Rougemont: *L'amour et l'Occident*, Cover, Paris: Union Générale d'Editions, Reihe „10/18", 1974 [1939, 1972].
Umschlagbild: „Der Tod der Geliebten: Isolde küsst Tristan auf seinem Sterbebett",
Bilderhandschrift aus dem von Gassien de Poitiers geschriebenen *Roman du Chevalier Tristan et de la reine Yseult*, Manuskript auf Pergament, XV. Jahrhundert.
Évrard d'Espinques (Zeichner, zweite Hälfte des XV. Jahrhunderts)
Ms. 647, folio 262 recto (Musée Condé, im Schloss Chantilly)

Abb. 43a–c: Miniaturen aus *Tristan und Isolde* des Gottfried von Straßburg mit der Fortsetzung des Ulrich von Türheim.

Manuskript auf Pergament, erste Hälfte des XIII. Jahrhunderts
Cgm 51, folio 67v, 90r, 107v (Bayerische Staatsbibliothek – München)
Abb. 43a: [67v], „Die Königin, Isolde und Brangan reiten zum toten Drachen; Sie ziehen den ohnmächtigen Tristan aus dem Wasser; Die Frauen reiten mit Tristan zurück; Regina verhindert, dass Isolde Tristan erschlägt."
Abb. 43b: [90r], „Verbannung Tristans und Isoldes vom Hof Markes; Marke beobachtet Tristan und Isolde in der Minnegrotte; Wiederaufnahme an den Hof."
Abb. 43 c: [107v] „Isolde fährt zum kranken Tristan; Isolde, Kahendins Frau und Marke trauern an Tristans Bahre; Überführung der Toten nach Curnewal; Marke trauert an den Gräbern; Marke legt die Krone ab; Marke im Mönchsgewand."

Abb. 44: Ludwig und Malwine Schnorr von Carolsfeld als Tristan und Isolde in der Münchner Uraufführung, Fotografie von Joseph Albert (Fotograf, 1825–1886), 1865.
(Staatliche Verwaltung der Schlösser – München)
Vgl. Schlussszene von Richard Wagners Oper *Tristan und Isolde*, Einspielung von Georg Solti mit den Wiener Philharmonikern von 1961, Birgit Nilsson singt „Isolde".
<https://www.youtube.com/watch?v=2PlC2sBlPOU>

Abb. 45: *Die Verzückung der heiligen Theresa*, Frontalskulptur von Gian Lorenzo Bernini (Bildhauer, 1598–1680), 1645–1652 (Detail).
Cornaro-Kapelle der Karmeliterkirche Santa Maria della Vittoria – Rom.
Quelle: Wikimedia Commons, CC BY-SA 3.0

Abb. 46: René Schickelé (Oberehnheim im Elsass, 1883 – Vence in den Alpes-Maritimes, 1940), auf der Rheinbrücke um 1930.
Fotograf/in: Hans Schickele
Vgl: Adrien Finck (Hg.), Alexander Ritter (Hg.), Maryse Staiber (Hg.): *René Schickele aus neuer Sicht. Beiträge zur deutsch-französischen Kultur*, Hildesheim / Zürich / New York: Georg Olms Verlag 1991, S. 5.

Abb. 47: Gedenkstätte und zerstörte Landschaft am Hartmannsweilerkopf, nach dem ersten Weltkrieg.
2 Fi 1069 (Archives Départementales du Haut-Rhin)

Abb. 48: Die Landschaft der Rheinebene zwischen Vogesen und Schwarzwald, Aussicht vom Schloss Hohkönigsburg.
„La plaine du Rhin entre Forêt Noire et Vosges. Vue depuis le Haut Koenigsbourg, Orschwiller".
In: François Bonneaud (et alii): *Atlas des paysages d'Alsace* [online] 2015.
© Atlas des paysages d'Alsace

Abb. 49: Assia Djebar (Cherchell bei Algier, 1936 – Paris, 2015), in Casablanca, 1965.
Fotograf/in: Franck Le Guen
© Franck Le Guen

Abb. 50: Assia Djebar: *Les nuits de Strasbourg*, Inhaltsverzeichnis, Arles: Actes Sud 1997.

Abb. 51a–d: Archivfotografien der evakuierten Stadt Straßburg, Winter 1939/1940 – Frühjahr 1940.
Fotograf/in: Henri Carabin (Fotograf, 1884–1966)
(Archives de la Ville et de l'Eurométropole de Strasbourg)

Abb. 51a: 1 Fl 8 115, „Ufer Saint Nicolas, am Pont du Corbeau, einen Wagen ziehende Person, Winter 1939/1940"
Abb. 51b: 1 Fl 122 4, „Ufer Saint Nicolas, aus dem Pont du Corbeau, Winter 1939/1940"
Abb. 51 c: 1 Fl 123 54 „Strasbourg évacué, printemps 1940. Straße der Pontonniers, Frühjahr 1940"
Abb. 51d: 1 Fl 123 37 „Platz Kléber, Denkmal Kléber, Winter 1939/1940"

Abb. 52: *Straßburg, von der Grande-Île zur Neustadt, eine europäische Stadtszenerie*, Luftbild von 2014.
Fotograf/in: Frantisek Zvardon
© Frantisek Zvardon © Ville et Eurométropole de Strasbourg

Abb. 53: Handschriftliche Nachschrift der *Straßburger Eide*, folio 13 recto, Ende des X. Jahrhunderts.
Nithardus: *De dissensionibus filiorum Hludovici Pii libri quatuor* [1r-18r, *Straßburger Eide*: 12v-13v], Ende des X. Jahhunderts. Flodoardus Remensis: *Annales* (19v-46v), XI. Jahhundert.
Nithardus (Autor, 800?–844)
Flodoardus (Autor, 894?–966)
Ms BN. latin 9768 (Bibliothèque nationale de France – Paris)

Abb. 54: Karte der fränkischen Reichsteilung nach dem Vertrag von Verdun im Jahr 843. Reiche Lothars I., Ludwigs des Deutschen, Karls II. des Kahlen (schraffierter Bereich: Zugehörigkeit unbestimmt).
Quelle: Wikimedia Commons, 2019, CC BY-SA 4.0

Abb. 55: Europäische Landschaft zwischen Straßburg und Kehl: Luftaufnahme des grenzüberschreitenden *Gartens der zwei Ufer* am Rhein
mit der 2004 von Marc Mimram entworfene „Passerelle des Deux Rives".
Marc Mimram (Architekt, 1955)
© Adeus

Abb. 56: W. G. Sebald (Wertach im Allgäu, 1944 – Norfolk, England, 2001), während einer Lesung im deutschen Literaturarchiv Marbach im April 2000.
© Deutsches Literaturarchiv Marbach

Abb. 57: W. G. Sebald: *Schwindel. Gefühle*, Cover und Inhaltsverzeichnis, Frankfurt am Main: Eichborn Verlag, 1990.
Umschlagfoto: Mailänder Dom

Abb. 58: Stendhal, eigentlich Marie-Henri Beyle, Porträt (Grenoble, 1783 – Paris, 1842). Öl auf Leinwand von Olof Johan Södermark (Maler, 1790–1848), im Jahr 1840 in Rom. Beschriftung: „O SODERMARK FEET ROMA 1840".
Fotograf/in: Gérard Blot
(Schlösser Versailles und Trianon)
© Réunion des Musées Nationaux – Grand Palais (Châteaux de Versailles et de Trianon)

Abb. 59: *Passage du Mont St. Bernard, le 30 floréal an 8*, Radierung von Jean Duplessi-Bertaux (Zeichner und Radierer, 1750?-1819) und Louvet nach einer Zeichnung von Carle Vernet (Maler, 1758–1836).

Alpenüberquerung der französischen Armee unter Napoleon Bonaparte über den Großen Sankt Bernhard, am 20. Mai 1800.
Abgedruckt in: Carle Vernet: *Campagnes des Français sous le Consulat & L'Empire. Album de cinquante-deux batailles et cent portraits des maréchaux, généraux et personnages les plus illustres de l'époque et le portrait de Napoléon Ier accompagné d'un fac-similé de sa signature. Collection de 60 planches, dite Carle Vernet, peintre d'histoire, faite d'après les tableaux de ce grand maitre et les dessins de Swebach*, Paris: Librairie Rue Visconti [1850], Tafel 27.
(ETH-Bibliothek Zürich)
Vgl. W. G. Sebald: *Schwindel. Gefühle*, Frankfurt am Main: Eichborn Verlag, 1990, S. 7.

Abb. 60: Fanny Rubio, eigentlich Francisca Rubio Gámez (Linares, Jaén, 1949).
© Center for the Art of Translation

Abb. 61: Fanny Rubio: *El embrujo de amar*, Cover, Madrid: Planeta, Temas de Hoy 2001.

Abb. 62: Simón Bolívar, Porträt (Caracas, Neugranada, 1783 – Santa Marta, Großkolumbien, 1830), circa 1823–1825.
Öl auf Leinwand von José Gil de Castro (Maler, 1785–1841).
Fotograf/in: Daniel Giannoni
(Museo de Arte de Lima – Lima, Peru)

Abb. 63a und b: Titelblatt von Raynal, Guillaume-Thomas; Diderot, Denis (et alii): *Histoire philosophique et politique des établissemens et du commerce des Européens dans les deux Indes*, 3. Ausgabe, Genève: Jean-Leonard Pellet 1780.
Frontispiz: Guillaume-Thomas Raynal, Porträt (Lapanouse, 1713 – Chaillot, 1796)
Kupferstich von Nicolas de Launay (Kupferstecher, 1739–1792) nach einer Zeichnung von Charles-Nicolas Cochin (Zeichner, 1715–1790), 1780.
© Bibliothèque Nationale de France

Abb. 64: Manès Sperber (Zabłotów in Galizien, Österreich-Ungarn, 1905 – Paris, 1984) bei einer Preisverleihung durch Bürgermeister Gratz, 1974.
(Österreichesche Nationalbibliothek, Bildarchiv und Grafiksammlung – Wien)

Abb. 65: Giacomo Girolamo Casanova, Porträt (Venedig, 1725 – Dux in Böhmen, 1798), in seinem dritten Lebensjahrzehnt, porträtiert von seinem Bruder Francesco Casanova, circa 1750–1755.
Francesco Giuseppe Casanova (Zeichner, 1727–1803)
(Staatliche Historische Museum Moskau)

Abb. 66: Giacomo Casanova: *Die Geschichte meines Lebens*, Originalmanuskript der erste Seite.
Casanova, Giacomo Girolamo: *Histoire de ma vie*, Livre I 1789–1798, Folio 5r.
(Bibliothèque nationale de France – Paris)

Abb. 67a–c: Zeichnungen aus Julius Nisles *Casanova-Gallerie*.
Julius Nisle (Zeichner, 1812–1850)
Adolf Gnauth (Stecher, 1812–1876)
In: Julius Nisle: *Gallerie zu den Memoiren des Venetianers Jakob Casanova, von Seingalt* Paris / Stuttgart: Deutscher Kunstverlag 1850.
Abb. 67a: „Lucrezia und ihre Schwester Angelica", Tafel 7
Abb. 67b: „Marine", Tafel 10
Abb. 67c: „Bernis mit M.M. & C.C.", Tafel 31

Abb. 68: Tirso de Molina, eigentlich Gabriel Téllez, Porträt (Madrid, 1579 – Almazán in der Provinz Soria, 1648).
„Retrato de Fray Gabriel Téllez (Tirso de Molina)", Kupferstich von Bartolomé Maura Montaner (Zeichner, 1844–1926), Madrid: Imprenta de Fortanet 1878.
Faksimile der handschriftlichen Unterschrift: „Fr. Gabriel Tellez"
(Biblioteca Nacional de España – Madrid)

Abb. 69: Molière, eigentlich Jean-Baptiste Poquelin, Porträt (Paris, 1622 – ebenda, 1673).
„Molière in der Rolle des Julius Caesar im Stück *La Mort de Pompée* von Pierre Corneille",
Öl auf Leinwand von Nicolas Mignard (Maler, 1606–1668), um 1650.
(Musée Carnavalet – Paris)

Abb. 70: Molière: *Dom Juan ou le festin de pierre*, Frontispiz, gezeichnet von Pierre Brissart (1645?–1682) und gestochen von Jean Sauvé (16..–17..?).
„Dom Juan, ou le festin de pierre. Comédie. Par J. B. P. de Molière. Représentée pour la première fois, le quinzième Février 1665. Sur le Théâtre de la Salle du Palais Royal. Par la Troupe de MONSIEUR Frère Unique du Roy."
In: Molière: *Les Œuvres posthumes de Monsieur de Molière. Tome VII. Imprimées pour la première fois en 1682. Enrichies de Figures en Taille-douce.* Paris: Denys Thierry, Claude Barbin, Pierre Trabouillet, 1682.
Die Abbildung zeigt Dom Juan, Sganarelle und das Standbild des Komturs (Akt IV, Szene 8).
(Bibliothèque Nationale de France – Paris)

Abb. 71: Donatien Alphonse François de Sade, genannt Marquis de Sade, Porträt (Paris, 1740 – Saint-Maurice bei Paris, 1814).
Angebliches Porträt des jungen Marquis de Sade, gezeichnet von Charles-Amédée-Philippe van Loo (Maler, 1719–1795), um 1760–1762.
(Privatsammlung)

Abb. 72: Marquis de Sade: *Justine ou les Malheurs de la vertu*, Titelblatt der Erstausgabe von 1791.
Frontispiz von Philippe Chéry (Zeichner, 1759–1838).
In: Donatien Alphonse François de Sade: *Justine ou les Malheurs de la vertu*, „en Hollande chez les Libraires associés"/ Paris: Girouard 1791.
Der Name des Schriftstellers ist nicht auf das Titelblatt aufgeführt und der Name des Verlags (Girouard in Paris) ist durch den Vermerk „En Hollande, chez les Libraires associés" ersetzt geworden.

Abb. 73: José Zorrilla y Moral (Valladolid, 1817 – Madrid, 1893), fotografiert im Jahr 1862 vom Fotostudio Moliné y Albareda.
Auf der Rückseite handschriftliche Widmung: „A Juan Castané su amigo J. Zorrilla"
(Biblioteca Nacional de España – Madrid)

Abb. 74: Jean-Jacques Rousseau, Porträt (Genf, 1712 – Ermenonville, 1778).
Pastellzeichnung von Maurice Quentin de La Tour (Zeichner, 1704–1788), um 1763 [1753]
(Musée d'art et d'histoire – Genf)

Abb. 75: *Premières lectures*, Zeichnung von Maurice Leloir (Zeichner, 1851–1940), Illustration zu *Les Confessions* von Jean-Jacques Rousseau, 1889.
In: Jean-Jacques Rousseau: *Les Confessions*, Paris: H. Launette & Cie 1889 [1782–1789], Band I,

Abbildung S. 41.
Quelle: Wikimedia Commons

Abb. 76: Fotografie des Grabmals von Héloïse (um 1092–1164) und Abélard (1079–1142), auf dem Friedhof Père-Lachaise, 1925.
Fotograf/in: Agence Rol
Das Grabmal wurde von Alexandre Lenoir (Archäologe, 1761–1839) 1807 rekonstruiert und 1817 auf den Friedhof Père-Lachaise verlegt.
Inschrift: „Les restes d'Héloïse et d'Abélard sont réunis dans ce tombeaux. Les restes d'Abélard et d'Héloïse ont été transportés dans ce lieu en l'an MDCCCXIX."
(Bibliothèque Nationale de France – Paris)

Abb. 77: *Promenade de Julie et Saint-Preux sur le lac de Genève*, Öl auf Leinwand von Charles Edouard de Crespy Le Prince (Maler, 1784–1851), 1824.
Fotograf/in: Didier Fontan
(Musée Jean-Jacques Rousseau – Montmorency)

Abb. 78: *Le premier baiser*, Zeichnung von Jean-Michel Moreau le Jeune (1741–1814), Illustration zu *La Nouvelle Héloïse* von Jean-Jacques Rousseau, 1773.
In: *Dessins de J.-M. Moreau et de J.-J.-F. Lebarbier pour les Œuvres de J.-J. Rousseau*, Bruxelles: Edition de Londres 1774–1783.
Département des Manuscrits, Rothschild 229 fol. 12 (Bibliothèque Nationale de France – Paris)

Abb. 79: Denis Diderot, Porträt (Langres, 1713 – Paris, 1784).
Öl auf Leinwand von Louis-Michel Van Loo (Maler, 1707–1771), 1767.
Fotograf/in: Stéphane Maréchalle
(Musée du Louvre – Paris)
© Réunion des Musées Nationaux – Grand Palais (Musée du Louvre)

Abb. 80: François-René de Chateaubriand, Porträt (Saint-Malo, 1768 – Paris, 1848).
„Homme méditant sur les ruines de Rome", Öl auf Leinwand von Anne-Louis Girodet de Roussy-Trioson (Maler, 1767–1824), um 1808.
(Musée d'Histoire de la Ville et du Pays Malouin – Saint-Malo, Bretagne)

Abb. 81: Grabmal von François-René de Chateaubriand, auf dem Felsen Grand Bé, Saint-Malo, Frankreich.
Fotograf/in: Jean Jablonski
(Französisches Ministerium für Kultur, Médiathèque de l'architecture et du patrimoine)
© Monuments historiques, diffusion RMN-GP, 1992

Abb. 82: *Die Begegnung mit Atala*, Gravur von Gustave Doré (1832–1883), gestochen von Charles Laplante (1837–1903), 1863.
In: François-René de Chateaubriand: *Atala; par le Vte de Chateaubriand; avec les dessins de Gustave Doré*, Paris: L. Hachette 1863, gegenüber S. 11.
„Tout à coup j'entendis le murmure d'un vêtement sur l'herbe."
(Bibliothèque nationale de France)

Abb. 83: *Melencolia I,* Stich von Albrecht Dürer (Zeichner, 1471–1528), 1514.
(Biblioteca Nacional de España – Madrid)

Abb. 84: Julia Kristeva (Sliwen, Bulgarien, 1941) in Paris im Jahr 2008.
Quelle: Wikimedia Commons, Public Domain

Abb. 85: Robert Burton: *Anatomy of Melancholy*, Frontispiz der dritten Ausgabe von 1628.
Christian Le Blon (Stecher)
In: Robert Burton: *The Anatomy of Melancholy: what it is. With all the kindes, causes, symptomes, prognosticks, and seuerall cures of it*, 3. Ausgabe, Oxford: John Lichfield, for Henry Cripps 1628.
(British Library – London)

Abb. 86: *Das Begräbnis der Atala*, Öl auf Leinwand von Anne-Louis Girodet de Roussy-Trioson (Maler, 1767–1824), 1808.
„Atala au tombeau, dit aussi Funérailles d'Atala"
Bildunterschrift: „J'ai passé comme la fleur, j'ai séché comme l'herbe des champs."
Fotograf/in: René-Gabriel Ojéda
(Musée du Louvre – Paris)
© Réunion des Musées Nationaux – Grand Palais (Musée du Louvre)

Abb. 87: José Joaquín Fernández de Lizardi, Porträt (Mexiko-Stadt, damals Neuspanien, 1776 – ebenda, 1827).
„Retrato de José Joaquín Fernández de Lizardi", von J. Ballescá y Compañía, Sucesor im Jahr 1897 in Mexiko Stadt herausgegebener Abdruck.
Faksimile der handschriftlichen Unterschrift: „J. Joaquin Fernandez de Lizardi"
(Biblioteca Nacional de España – Madrid)

Abb. 88: *Mittel- und Südamerika: Nationalstaaten um 1825 (Ende der Befreiungskriege)*.
In: *Diercke Weltatlas*, Braunschweig: Westermann 2015, S. 228 Abb. 2.

Abb. 89: *Historische, physische und politische Karte von Amerika*, 1840.
„America historica, fisica y politica actual. 1840", gezeichnet von Agustin Codazzi (Kartograf, 1793–1859) und gestochen von U. Muschani.
In: Agustin Codazzi: *Atlas fisico y politico de la Republica de Venezuela dedicado por su autor, el Coronel de Ingenieros Agustin Codazzi al Congreso Constituyente de 1830*, Caracas / Paris: Thierry Freres 1840, Tafel II.
Quelle: David Rumsey Historical Map Collection

Abb. 90: Titelblatt einer der vier Erstausgaben von *La vida de Lázaro de Tormes*, 1554.
La vida de Lázaro de Tormes y de sus fortunas y adversidades, Alcalá de Henares: en casa de Salzedo, 1554.

Abb. 91: Gertrudis Gómez de Avellaneda y Arteaga; Porträt (Santa María de Puerto Príncipe auf Kuba, 1814 – Madrid, 1873), im Jahr 1857.
Ölbild von Federico de Madrazo y Kuntz (Maler, 1815–1894)
(Museum der Fundación Lázaro Galdiano – Madrid)

Abb. 92: *Santiago de Cuba vom Hafen aus, März 1853*, Bleistiftzeichnung von Adolf Hoeffler (Maler, 1825–1898).
(Städel Museum – Frankfurt am Main)

Abb. 93: *Corte de caña*, Öl auf Leinwand von Víctor Patricio Landaluze (Maler, 1830–1889), 1874.
(Museo Nacional de Bellas Artes de Cuba – Havanna)

Abb. 94: José Mármol, eigentlich José Pedro Crisólogo Mármol, Porträt (Buenos Aires, 1817 – ebenda, 1871).
„Retrato de José Pedro Crisólogo Mármol", in: José Mármol: *Amalia*. Novela histórica americana, París: Casa editorial Garnier hermanos, Reihe „Biblioteca de los novelistas" 1889.
© Ibero-Amerikanisches Institut – Preußischer Kulturbesitz

Abb. 95: Porträt von Jorge Enrique Isaacs Ferrer (Cali, 1837 – Ibagué, 1895).
Quelle: Cultura Banco de la República

Abb. 96: Denkmal zu Ehren Jorge Isaacs mit den Hauptfiguren seines Romans *María* in Cali, Kolombien.
1920 geschaffen von Luis A. Parrera (katalanischer Bildhauer), 1937 eingeweiht.
Fotograf/in: Javier Villegas
Quelle: Wikimedia Commons

Abb. 97: *Madonna mit den Nelken*, Öl auf Eibenholz von Raffael (Maler, 1483–1520), circa 1506–1507.
„La Madonna dei Garofani"
(National Gallery – London)

Abb. 98: *Südamerikanische Urwaldlandschaft mit Ureinwohnern am Lagerfeuer*, Öl auf Leinwand von Ferdinand Konrad Bellermann (Maler, 1814–1889), 1863.
Fotograf/in: Wolfgang Pfauder
(Stiftung Preußische Schlösser und Gärten Berlin-Brandenburg – Potsdam)
@ Stiftung Preußische Schlösser und Gärten Berlin-Brandenburg, CC-BY-NC-SA

Abb. 99: Juana Borrero (Havanna auf Kuba, 1877 – Key West, Florida, 1896).
Foto abgeruckt in: Juana Borrero: *Epistolario De Juana Borrero*, La Habana: Academia de Ciencias de Cuba 1966.

Abb. 100: *Las niñas*, Öl auf Leinwand von Juana Borrero, circa 1895.
Beim Mädchen auf der rechten Seite handelt es sich um Mercedes Borrero, damals vier Jahre alt.
(Museo Nacional de Bellas Artes de Cuba – Havanna)

Abb. 101: Die Familie Borrero.
Von links nach rechts: Lola, Consuelo Pierra mit Sarita im Arm, Don Esteban mit Estebita, Juana auf einem Tisch sitzend, Dulce María; auf dem Boden sitzend: Consuelito, Ana María und Elena.
Abgedruckt in: Juana Borrero: *Poesías*, La Habana: Academia de Ciencias de Cuba 1966.

Abb. 102: *El clavel y la rosa*, Zeichnung von Juana Borrero, 1882.
„Die Nelke und die Rose", im Alter von fünf Jahren gezeichnet.
Abgedruckt auf dem Cover von: Juana Borrero: Epistolario De Juana Borrero, La Habana: Academia de Ciencias de Cuba 1966.

Abb. 103: *Misiva floreal*, Brief von Juana Borrero an Carlos Pío Uhrbach am 14. April 1895.
Abgedruckt in: Juana Borrero: *Epistolario De Juana Borrero*, La Habana: Academia de Ciencias de Cuba 1966.

Abb. 104: Juana Borrero „Yvone", auf dem Titelblatt von *Rimas*, Carlos Pio Uhrbach gewidmet, 1895.

In: Juana Borerro: „Rimas", La Habana: Biblioteca de Gris y Azul 1895.
Abgedruckt in: Juana Borrero: *Poesías*, La Habana: Academia de Ciencias de Cuba 1966.

Abb. 105: Joris-Karl Huysmans, eigentlich Charles Marie Georges Huysmans (Paris, 1848 –
ebenda, 1907), zu Hause, fotografiert von Dornac (Fotograf, 1858–1941).
Quelle: Abgedruckt in: Dornac: *Nos contemporains chez eux*, 1887–1917, Tafel 8
(Bibliothèque Nationale de France)

Abb. 106: Émile Zola (Paris, 1840 – ebenda, 1902) zu Hause, fotografiert von Dornac, circa 1893.
Quelle: Abgedruckt in: Dornac: Nos contemporains chez eux, 1887–1917, Tafel 18 (Bibliothèque
Nationale de France)

Abb. 107: Die Epoche des Innenraumes: Gabriele D'Annunzio (Pescara, Italien, 1863 – Gardone
Riviera, Italien, 1938) im Atelier seiner Villa „Mammarella" in Francavilla, Italien, 1895.
(Archivio Fondazione Vittoriale degli Italiani)

Abb. 108: *Salomé dansant devant Hérode*, Öl auf Leinwand von Gustave Moreau, 1876.
(Armand Hammer Museum of Art – Los Angeles, Kalifornien)

Abb. 109: Gustave Moreau, Selbstporträt (Paris, 1826 – ebenda, 1898), 1850.
Öl auf Leinwand.
Beschriftung: „Gustave Moreau – Se ipsum – 1850 – GM"
(Musée Gustave Moreau – Paris)

Abb. 110: *L'Apparition*, Aquarell von Gustave Moreau, circa 1876.
„Die Erscheinung" (Salomé und der Kopf Johannes des Täufers).
Fotograf/in: Jean-Gilles Berizzi
(Musée d'Orsay, Musée du Louvre – Paris)
© Réunion des Musées Nationaux – Grand Palais (Musée d'Orsay) / Jean-Gilles Berizzi

Abb. 111: Marcel Proust (Paris, 1871 – ebenda, 1922) um 1895–1896.
Faksimile von Man Ray (um 1922) nach einem Negativ von Otto Wegener (Fotograf, 1849–1924)
(Privatsammlung)

Abb. 112: *Abziens (kasthedralch)*, von Marcel Proust handschriftliche gezeichnete Skizze der
Kathedrale von Amiens, circa 1901–1904.
Beschriftung: „ABZIENS (KASTHEDRALCH) (facadch wwwouest) Aspect général de la cathédrale
d'Amiens en négligeant justement ce que je sais (porche ouest) bien que ce soit la façade ouest
mais de mémoire très vague. Je n'irai pas gare."
(Fotografie Auktionshaus Sotheby's)

Abb. 113: Jorge Luis Borges in der Nationalbibliothek der Republik Argentinien in Buenos Aires,
1971.
Fotograf/in: Eduardo Comesaña
(Museo Nacional de Bellas Artes – Buenos Aires)

Abb. 114: Gustave Flaubert, Porträt (Rouen, 1821 – Canteleu, Normandie 1880), Öl auf Leinwand
von Eugène Giraud (Maler, 1806–1881), um 1857.
Fotograf/in: Hervé Lewandowski
(Musée national des châteaux de Versailles et de Trianon – Versailles)
© Réunion des Musées Nationaux – Grand Palais (Château de Versailles)

Abb. 115: Gustave Flaubert, der Madame Bovary zergliedert.
„Flaubert disséquant Madame Bovary"
Karikatur von Achille Lemot (Karikaturist, 1846–1909), erschienen in: *La Parodie*, 5–12
Dezember 1869.

Abb. 116: Johann Wolfgang von Goethe, Porträt (Frankfurt am Main, 1749 – Weimar, 1832) im 80.
Lebensjahr.
Öl auf Leinwand von Joseph Karl Stieler (Maler, 1781–1858), 1828.
(Neue Pinakothek, München)

Abb. 117: *Vorlesung aus Goethes „Werther"*, Öl auf Leinwand von Wilhelm Amberg (Maler,
1822–1899), 1870.
Fotograf/in: Reinhard Saczewski
(Alte Nationalgalerie, Staatliche Museen zu Berlin)

Abb. 118: *Lotte*, Radierung von Wilhelm von Kaulbach (Maler, 1805–1874).
Druckplatte hergestellt von Christoph Preisel (Kupferstecher, 1818–?), veröffentlicht von Eduard
Hallberger (1822–1880) in Stuttgart, 1859–1861.
(Freies Deutsches Hochstift, Frankfurter Goethe-Museum – Frankfurt am Main)

Abb. 119: Gabriel García Márquez (Aracataca, Kolumbien, 1927 – Mexiko-Stadt, 2014), 1982.
Fotograf/in: José Lara
Quelle: Wikimedia Commons

Abb. 120: Michel Houellebecq, eigentlich Michel Thomas (Saint-Pierre auf La Réunion, 1958),
2008 in Warschau.
Fotograf/in: Mariusz Kubik
Quelle: Wikimedia Commons, CC BY 3.0

Abb. 121: Titelseite der Zeitschrift *Charlie Hebdo*, Ausgabe vom 7. Januar 2015.

Personenregister